A CONSTRUÇÃO DO DIREITO

ENTREVISTAS INESQUECÍVEIS COM GRANDES JURISTAS

GUSTAVO TEPEDINO

A CONSTRUÇÃO DO DIREITO

ENTREVISTAS INESQUECÍVEIS COM GRANDES JURISTAS

Belo Horizonte

FÓRUM
CONHECIMENTO

2025

FÓRUM
CONHECIMENTO

Luís Cláudio Rodrigues Ferreira
Presidente e Editor

Coordenação editorial: Leonardo Eustáquio Siqueira Araújo
Thaynara Faleiro Malta
Revisão: Gabriela Sbeghen
Capa, projeto gráfico e diagramação: Walter Santos

Rua Paulo Ribeiro Bastos, 211 – Jardim Atlântico – CEP 31710-430
Belo Horizonte – Minas Gerais – Tel.: (31) 99412.0131
www.editoraforum.com.br – editoraforum@editoraforum.com.br

Técnica. Empenho. Zelo. Esses foram alguns dos cuidados aplicados na edição desta obra. No entanto, podem ocorrer erros de impressão, digitação ou mesmo restar alguma dúvida conceitual. Caso se constate algo assim, solicitamos a gentileza de nos comunicar através do *e-mail* editorial@editoraforum.com.br para que possamos esclarecer, no que couber. A sua contribuição é muito importante para mantermos a excelência editorial. A Editora Fórum agradece a sua contribuição.

Dados Internacionais de Catalogação na Publicação (CIP) de acordo com ISBD

T314c Tepedino, Gustavo

A construção do direito: entrevistas inesquecíveis com grandes juristas / Gustavo Tepedino. Belo Horizonte: Fórum, 2025.

638 p. 17x24cm
ISBN impresso 978-85-450-0828-6
ISBN digital 978-85-450-0832-3

1. Entrevistas. 2. Direito. 3. Juristas. 4. Professores. I. Título.

CDD: 340
CDU: 34

Ficha catalográfica elaborada por Lissandra Ruas Lima – CRB/6 – 2851

Informação bibliográfica deste livro, conforme a NBR 6023:2018 da Associação Brasileira de Normas Técnicas (ABNT):

TEPEDINO, Gustavo. *A construção do direito*: entrevistas inesquecíveis com grandes juristas. Belo Horizonte: Fórum, 2025. 638 p. ISBN 978-85-450-0828-6.

MISTO
Papel | Apoiando o manejo florestal responsável
FSC® C111076

Dedico este volume às sucessivas gerações de juristas que, atuando hoje em diversas universidades brasileiras, na advocacia e nas profissões jurídicas, integram a nossa Escola de Direito Civil. Todos nós, de uma forma ou de outra, tivemos a influência decisiva dos entrevistados neste volume, no âmbito da Revista Trimestral de Direito Civil, que se constituiu em extraordinário fórum de diálogos, de debates e de interlocução acadêmica ao longo de 12 anos.

Agradeço penhoradamente aos companheiros e jovens discípulos que construíram comigo, coletivamente, esses diálogos e a Revista Trimestral de Direito Civil, permitindo a consolidação e multiplicação de nossa Escola de Direito Civil.

Agradeço à Professora Danielle Tavares Peçanha, que, com carinhosa dedicação, organizou e reviu a publicação destas entrevistas, bem como à Ingrid Balinski, minha ex-aluna de Graduação na UERJ, pela transcrição das entrevistas.

SUMÁRIO

APRESENTAÇÃO

A publicação das entrevistas da *Revista Trimestral de Direito Civil – RTDC* constitui-se em pequeno tesouro. Reunidos os 53 depoimentos em um só volume, o leitor poderá compartilhar, passo a passo, a emoção sentida pelos editores e assessores editoriais da *RTDC* desde a seleção dos juristas entrevistados, à aproximação, ao contato e ao extraordinário registro das experiências acadêmicas, profissionais e pessoais dos entrevistados, cujas vidas e obras influenciaram, decisivamente, sucessivas gerações de estudiosos.

Em um país desmemoriado, este acervo é poderoso. Para além do prazer da leitura e do admirável repertório de ideias e exemplos de vida, a obra permitirá resgatar nossas raízes culturais que, entranhadas na doutrina e na jurisprudência, chegam aos métodos interpretativos e à forma de raciocinar do advogado e do magistrado dos nossos tempos.

A maior parte das entrevistas foram colhidas pessoalmente, ao lado de um bravo grupo de discípulos, pelo signatário. Foi o caso, por exemplo, dos professores Caio Mario da Silva Pereira e Silvio Rodrigues, os primeiros entrevistados, considerados, à época, os maiores civilistas em atividade. O depoimento do Professor Stefano Rodotà, prestado em sua casa, em Campo dei Fiori, estendeu-se demasiadamente, graças à gentilíssima acolhida do casal Carla e Stefano e a inteligência e cultura fulgurantes do entrevistado. O longo e fascinante diálogo avançou sobre a partida final da Copa do Mundo de 2002, no dia 30 de junho de 2002, só restando ao signatário, acompanhado dos amigos Luciana e Danilo Doneda, inebriados pela fascinante conversa, assistirem, no telão da vizinha Piazza Navona, à já iniciada vitória do Brasil sobre a Alemanha por 2 x 0.

A entrevista com o Ministro José Paulo Sepúlveda Pertence, igualmente encantadora, terminou tarde da noite no gabinete do Supremo Tribunal Federal. À saída, o entrevistado, aceitando o convite para jantar, dispensou assessores e seguranças, desceu pelo elevador comum, diante de atônitos funcionários e seguranças e, cruzando a Praça dos 3 Poderes, caminhou calmamente até o nosso pequeno automóvel, para que o levássemos ao restaurante.

Nessa mesma esteira, cada entrevista, pelo genuíno amadorismo de sua preparação, execução, degravação e edição, retrata momentos de afeto, admiração e consciência dos jovens entrevistadores quanto à importância histórica de seu lúdico e trabalhoso mister, no que seria o nascimento e a consolidação da Escola de Direito Civil da UERJ e do Grupo de Estudos Perfis de Direito Civil. Oxalá possam os estudantes e estudiosos das novas gerações se inspirarem, com a leitura desta obra, para prosseguirem, com persistência e paixão, em suas trajetórias de pesquisas, estudos e dedicação ao Direito.

Gustavo Tepedino

Petrópolis, abril de 2025.

ENTREVISTA COM O PROFESSOR CAIO MÁRIO DA SILVA PEREIRA[1]

RTDC: Quais são as principais lembranças sobre seus estudos universitários? Quem foram os mestres que mais o influenciaram? Qual era o método didático utilizado e como se dava a relação entre professores e alunos? Que peso teve a sua formação universitária no desenvolvimento de sua vida profissional?

CMSP: Cursei a Faculdade de Direito de Minas Gerais, entre os anos de 1931 e 1935, tendo, portanto, sido alcançado pela Reforma Francisco Campos que alterou o currículo de Direito, em âmbito nacional, suprimindo algumas matérias do curso de bacharelado, a exemplo do Direito Internacional Privado e do Direito Romano.

Recordo-me que a Faculdade não realizava concursos e, portanto, atribuía à livre-docentes a regência integral das matérias.

Posso citar, de imediato, Magalhães Drumont e Alberto Deodato, ilustres mestres que marcaram a minha vida universitária. Outros, como Carlos Campos, que inaugurou o ensino de Introdução à Ciência do Direito, e Olinda de Andrada, professor de Economia Política, não corresponderam à expectativa dos alunos, não obstante o seu grande valor intelectual.

Devo citar, no entanto, com destaque, a figura extraordinária de Orosimbo Nonato, marcado por uma didática muito firme e, principalmente, pelo senso de responsabilidade.

Dele recebi a maior influência para a minha formação universitária, não somente para a minha aproximação acadêmica com a disciplina que ele lecionava com maestria, mas, sobretudo, por servir de inspiração para que eu me dedicasse, mais efetivamente, ao Direito Civil.

Recordo-me com nitidez de suas aulas e de seu vitorioso concurso de Cátedra junto à Faculdade de Direito. Este último foi, entre outros, fato que me motivou para prosseguir na carreira acadêmica.

Mestre Orosimbo foi presença que se projetou em minha vida, prestigiando-me sempre, quer na Cátedra, quer na vida profissional.

---

[1] Entrevista concedida à *Revista Trimestral de Direito Civil – RTDC*, v. 1, jan./mar. 2000. Este trabalho, realizado em fevereiro de 2000, contou com o inestimável apoio da Professora Tânia da Silva Pereira e das acadêmicas de Direito Gabriela Neves Delgado e Cláudia Fernandez Gonzalez.

Quando escrevi um comentário sobre o Decreto-Lei nº 4.737, de setembro de 1942, a propósito do reconhecimento de filhos adulterinos, defendendo tese avançada e pioneira, recebi de Orosimbo pleno apoio no STF, seguido pelo Ministro Hanneman Guimarães e, depois, por toda a magistratura brasileira.

Ao me transferir para o Rio de Janeiro, em 1970, tive a honra de conviver com ele no mesmo escritório, em que atendia a meus clientes e compartilhava de sua experiência, atuando como advogado e parecerista.

Decidido a perseguir na carreira acadêmica, assisti a todos os concursos realizados na Faculdade de Direito, assim como no Colégio Estadual, do qual era também professor, de tal forma que, ao prestar, mais tarde, o meu concurso, já estava familiarizado e consciente do espírito polêmico de tal prélio.

Exemplo disto, posso mencionar o fato de que, trabalhando na *Revista Forense* desde o meu primeiro ano de faculdade, já antes de me formar, escrevi sobre a "Teoria da Posse", focalizando a ocorrência de interrupções sucessivas do possuidor junto à coisa possuída, tema que, naquela época, já inspirava autores no Direito Civil.

A convivência com os professores era distante e poucos eram aqueles que permitiam perguntas em aula ou mesmo ao seu final. Sentíamos privilegiados quando um professor nos dirigia pelo nome, por alguma referência acadêmica ou familiar.

Durante o tempo em que frequentei a universidade, prevalecia o método das chamadas "aulas-conferências".

Causou-me, entretanto, boa impressão o sistema adotado por Euríalo Canabrava no Curso Pré-Jurídico, em que sua exposição era entrecortada pela interpelação dos alunos sobre a matéria explicada, bem como de Orosimbo Nonato nas aulas de Direito Civil.

O Curso Pré-Jurídico foi experiência inédita para a época, quando o Prof. Mendes Pimentel abriu para os alunos um contato com a universidade, para o aprendizado de matérias que lhes abrissem o espírito, para o conhecimento de outras ciências, como ocorreu com a Filosofia do Direito, Psicologia Experimental e Literatura, para as quais a faculdade convocava grandes Mestres.

Lembro-me com respeito de Magalhães Drumont ministrando Sociologia, as inesquecíveis aulas de Literatura de Arduino Bolivar e as controversas exposições de História da Filosofia de Euríalo Canabrava.

Sem dúvida, foi significativo na minha formação universitária o preparo pré-acadêmico em Latim, História e Francês ministrado por meu pai, Leopoldo da Silva Pereira, que era, essencialmente, um professor.

Leopoldo Pereira nasceu em uma aldeia, que é distrito do Serro, denominada Nossa Senhora dos Prazeres do Milho Verde. Nasceu em uma fazenda e, seu pai, numa visão excepcional para um homem do interior, entendeu que o filho mais velho devia estudar. Foi, então, a Diamantina e combinou com o padre diretor do Seminário, naquela época, que Leopoldo Pereira iria estudar. Com o receio de que a vida dele não fosse tão longa, contratou desde logo e pagou antecipadamente sete anos de estudos, no Seminário. Desta forma, teve a chance de cursar durante sete anos aquela importante instituição educacional da época, sem interromper seus estudos, já que estes haviam sido pagos.

Leopoldo Pereira era muito fechado e hermético, de pouca conversa e de muita seriedade. No entanto, existiam determinados assuntos, profissionais e acadêmicos, nos quais eu cheguei a ser confidente dele. Lembro-me de meu pai como um homem sistemático e organizado. Lia constantemente. Lecionando e escrevendo sempre, dedicou-se com afinco à educação de seus filhos.

Éramos dez irmãos, de dois casamentos; meu pai foi casado duas vezes. Eu sou o filho mais velho do segundo casamento. Então, eu estava mais ou menos no meio. Havia três irmãos meus, mais velhos, dos quais, dois deles, médicos, ficavam internos em hospitais, permanecendo pouco em casa e, por consequência, conviviam pouco com Leopoldo Pereira. Dos irmãos, os três são mais novos do que eu; em razão da idade, não tiveram a mesma aproximação com meu pai.

O fato de ser o filho do meio possibilitou-me uma identificação maior com ele, além de ter tido o privilégio de ter estudado com ele. Eu fui o filho que sempre esteve mais próximo, como filho e como aluno; com ele aprendi Geografia, História, Latim e Francês.

Aos sessenta anos, iniciou a tradução dos *Anais de Tácito*. Tácito na literatura romana é conhecido como um escritor difícil, fechado e hermético. Meu pai enfrentou os *Anais de Tácito*, aprofundando-se nos estudos da história romana. Acompanhei de perto os três anos de trabalho investidos nesta tradução.

Importa saber que Leopoldo Pereira era muito preciso. Ao traduzir os *Anais*, achava que as palavras tinham que ser muito exatas para expressar o pensamento do autor. Ele não via a possibilidade de ver publicado seu livro, passando-me, por isso, os originais e a responsabilidade de divulgar a obra.

Assumindo o encargo de publicar sua obra, transformou-se isto em um desafio pelo qual lutei por muitos anos. Somente quando exerci a função de Chefe de Gabinete do Ministério de Justiça foi que consegui a publicação de três livros de meu pai: *Anais de Tácito*, *Poetas e Prosadores Latinos* e *Eneida*.

RTDC: O senhor refere-se a seu pai como um "homem fechado e de poucas amizades, mas amizades fiéis". O senhor identifica-se com este traço da personalidade de Leopoldo Pereira?

CMSP: Por ser advogado, pela própria profissão, fui sempre o mais sociável, participando de instituições jurídicas e de inúmeros trabalhos fora do Brasil. Por exemplo, fui aos EUA, no ano de 1965, participar de um curso de aperfeiçoamento em Direito Americano, porque tinha sido criada, em Belo Horizonte, uma cadeira de Direito Comparado. Fui nomeado professor catedrático de Direito Civil Comparado, por título de nomeação. Passei longo tempo na Europa aperfeiçoando-me no Direito Francês.

Fui professor universitário por mais de quarenta anos, proporcionando-me, a vida acadêmica, especial contato com a juventude.

Participei, também, de instituições jurídicas e de grupos sociais, chegando a ser presidente do Automóvel Clube, em Belo Horizonte, Minas Gerais.

Portanto, fui mais sociável e por isso tive maior familiaridade com as pessoas do que o meu pai teve.

RTDC: Qual a influência dos *Anais de Tácito* em sua formação jurídica?

CMSP: Os *Anais de Tácito* descrevem um período de Roma que abrange quatro imperadores: Augusto, César, Calígola e Nero. Por meio da leitura dos *Anais* obtive informações sobre o que foi a vida de Roma naquele período.

Sem dúvida, os *Anais de Tácito* influenciaram minha formação jurídica, porque o conhecimento da vida romana, para o jurista, é importante para se saber como o romano vivia e procedia. Além disto, por razões afetivas, apeguei-me a essa obra, uma vez que aquele foi o último livro de meu pai, o qual tive a responsabilidade de publicar.

RTDC: Qual a importância do Direito Romano para a formação do acadêmico de Direito? Existe ainda hoje essa importância?

CMSP: Indiscutivelmente, das civilizações mediterrâneas, a Grécia produziu a Filosofia e a Literatura. Os romanos dedicaram-se, essencialmente, ao Direito.

O *Corpus Iuris Civilis*, compilação realizada no tempo de Justiniano, de todo Direito preexistente, identificado como um Código de Direito Romano, é base de todos os institutos jurídicos da atualidade. O Direito das Coisas, por exemplo, é fundamentalmente originário do Direito Romano. Embora tenha sofrido flagrantes modificações, o nosso Direito de Família também tem suas bases no Direito Romano.

O Direito Romano exerceu enorme influência para a elaboração do nosso Direito. Além disso, o seu conhecimento, para o jurista moderno, facilita a compreensão da origem dos institutos de Direito.

RTDC: A literatura, a poesia, as artes em geral contribuíram para a sua formação de jurista? Quem são seus autores preferidos? Que leituras recomendaria às novas gerações?

CMSP: É difícil indicar que obras literárias contribuíram para a minha formação, porque eu li de tudo, poesia, história, romances, biografias.

Especialmente no ano de 1935, ano em que me formei, eu trabalhava na Forense. Nesta época, Bilac Pinto, dono da Forense, transferiu a editora para o Rio de Janeiro. No entanto, eu não tinha condições de me mudar para o Rio para trabalhar, porque não possuía rendimentos para suportar a mudança e, ao mesmo tempo, ajudava minha mãe. Compreendi que eu não poderia, estando no 5º ano de Direito, arranjar um emprego, porque, se o fizesse, iria me contentar com ele, e, quando me formasse, alguns meses depois, não teria interesse em iniciar a advocacia. Então, dediquei-me, quase que exclusivamente, à leitura.

Sem distinguir entre autores brasileiros e portugueses, li com entusiasmo as obras completas de Maupassant, autor agradável e de estilo leve. Entre os portugueses, li, sobretudo, Eça de Queiroz e Camilo Castelo Branco.

Também gostava muito de ler biografias por descreverem pessoas e fatos históricos, como exemplo, Maria Antonieta e Zweig.

Devo destacar entre as minhas preferências na juventude a obra de Anatole France, autor que influenciou toda uma geração do início do século, por ser uma leitura que formava mentalidades, caracterizada por seu pessimismo metódico. Constituiu, para mim, o desafio de procurar compreender as razões desse escritor. Todos os jovens daquele tempo achavam que era importante ler Anatole France.

Além disso, li os inúmeros escritores franceses e um pouco da literatura americana.

Quanto à literatura brasileira, dediquei-me especialmente a Machado de Assis, José de Alencar, e à literatura dos nordestinos, especialmente aqueles que se referiam ao ciclo da cana-de-açúcar. Guimarães Rosa foi para mim uma conquista: inicialmente, com uma certa desconfiança, seguido de efetivo entusiasmo.

Jorge Amado é um escritor que foi muito difundido no nosso meio. Existem pelo menos duas fases distintas na literatura de Jorge Amado; a primeira, na época do comunismo-socialismo e a segunda, referente à literatura nordestina, em que ele concilia o leitor, principalmente, com o ciclo baiano.

Fernando Sabino é um dos autores modernos brasileiros.

Li com dedicada atenção Agripa de Vasconcelos, cujas obras descreveram vários episódios da vida brasileira (às vezes, fantasiosa), a exemplo de *Chica da Silva, Chico Rei, Dona Beija, Sinhá Braba*. Merecem, com certeza, ser difundidas.

Por ora, não saberia recomendar autores determinados às novas gerações; lembraria, talvez, buscarem, entre outras leituras, biografias e retrospectivas históricas. Alguém já disse que "quem esquece o passado tende a revivê-lo"!

RTDC: Como comparar a universidade de ontem à de hoje? No decorrer de sua experiência didática, foram perceptíveis os momentos de transição, as inflexões relevantes no currículo, as alterações importantes de rumo?

CMSP: Indiscutivelmente, foram flagrantes as mudanças no mundo acadêmico nas últimas décadas! Em primeiro lugar, a formação universitária era muito reduzida, eram poucos os cursos de Direito e estes não pertenciam às universidades. No Brasil, elas são mais recentes e permitiram o desenvolvimento do ensino de forma mais relevante.

Preocupa-me, sobretudo, a facilidade com que são criadas as faculdades ou os cursos de Direito. O Conselho Federal de Educação tem sido excessivamente liberal quanto às condições mínimas para a criação e o funcionamento de cursos de Direito. Pequenas cidades ou lugares, onde não se justifica este tipo de ensino pela própria vocação local para o trabalho, investem neste tipo de empreendimento e com isso se tornam deficientes.

Deficientes em dois sentidos: primeiro, pela facilidade de admitir alunos de outras cidades. Por exemplo, Belo Horizonte tem universidades e boas faculdades de Direito. No entanto, eu tenho conhecimento de alunos que buscavam outras faculdades pertíssimo de Belo Horizonte, atraídos pela facilidade do vestibular e frequência. Até onde acompanhei, este era um problema, sobretudo quanto à deficiência do ensino e a falta de controle pelo MEC.

O outro problema vincula-se à qualidade do magistério. Os mantenedores das faculdades têm interesse em manter o funcionamento destas e, por isso, admitem professores que não estão capacitados para a matéria, no aspecto pedagógico.

Por exemplo, o professor de Latim no colégio local é chamado para dar aulas de Direito Romano; o juiz da cidade, que não possui nenhum tipo de experiência acadêmica, é convocado para ser professor de Direito Civil ou Processo. Considero relevante a exigência de titulação mínima para o ensino do Direito. Mais ainda, deve ser maior o controle no sentido de que juristas ou professores conhecidos "emprestam" seus nomes, mas pouco comparecem para dar aulas.

Desta forma, o ensino ficou prejudicado e, com isto, a multiplicidade de bacharéis é muito grande. Nesse sentido, faz-se necessária a obrigatoriedade do Exame de Ordem, já que seleciona o ingresso de bacharéis, no mercado de trabalho, como advogados. O problema vincula-se àqueles que não se habilitam à seleção da OAB e que se apresentam como " advogados" em desleal concorrência.

Ao mesmo tempo em que o ensino universitário tornou-se mais exigente, a juventude que entra nas universidades é atualizada e menos estudiosa. Preocupa-se mais em terminar o curso e exercer a profissão do que em estudar, aprofundando seus conhecimentos.

Fui professor de Direito por mais de quarenta anos. Pela experiência que tive, considero que os alunos que entravam nas faculdades, no tempo em que comecei a lecionar, eram muito mais preparados do que os atuais.

As aulas que ministrei nos primeiros anos eram mais avançadas; depois, os alunos foram ficando menos habilitados e não tinham condições de acompanhar o ritmo. Nasceu daí a ideia de escrever *Instituições de Direito Civil* para facilitar aos alunos a aprendizagem e dar-lhes um ensinamento mais avançado e sistemático.

Com a triagem feita nos vestibulares, é possível uma melhor seleção para o ingresso nas universidades. Sinto, no entanto, não serem realizados mais os tradicionais concursos para compor seus quadros docentes. Portanto, os professores, em geral, nem sempre são habilitados.

Analisado no seu conjunto, posso afirmar com segurança que, apesar das alternativas tecnológicas, o ensino fundamental universitário no Brasil piorou e, consequentemente, é maior a deficiência pela qualidade dos alunos. O curso secundário no Brasil forma jovens menos habilitados do que anteriormente. Os alunos, hoje, no curso médio, são muito menos estudiosos. Daí o ingresso na universidade menos habilitados para acompanhar o curso.

O amor à leitura diminuiu muito. A juventude, hoje, talvez pela influência da televisão, lê muito pouco e, por isso, é menos habilitada. A leitura é um caminho para o desenvolvimento. A deficiência de leitura reduz a oportunidade dos conhecimentos.

RTDC: O senhor considera que a universidade vem cumprindo adequadamente o seu papel na formação jurídica? Esta formação deveria, na sua opinião, dar prioridade à técnica ou à humanística? O senhor entende que o currículo deva ser sempre genérico ("generalista") ou deva já ocorrer, nos últimos anos da graduação, algum tipo de especialização?

CMSP: Fui convidado numerosas vezes para examinar concursos no Brasil inteiro, desde o Amazonas até o Rio Grande do Sul, tomando conhecimento dos estudos jurídicos em todos os estados. Cheguei à conclusão de que, salvo honrosas exceções, os cursos jurídicos não estão preenchendo as suas finalidades, deixando de proporcionar aos alunos aquilo que eles devem obter ao cursar uma faculdade de Direito.

Algumas faculdades são mais cautelosas na formação dos docentes e, por isso mesmo, dispõem de melhor aparelhamento técnico para formação de bacharéis, diferentemente de outras.

Não posso apontar faculdades modelos, mas posso identificar boas faculdades, em melhores condições, como exemplo, as faculdades federais de São Paulo, Porto Alegre e Belo Horizonte. Outras estaduais, a exemplo da UERJ, destacam-se nos *rankings* pela qualidade do ensino e incentivo à pesquisa.

Os cursos jurídicos devem dar ao acadêmico tanto a formação técnica como a humanística. Houve uma época, no entanto, em que se entendeu que se deveria reformular o curso jurídico dando prioridade, apenas, à técnica, sob o fundamento de que a finalidade de uma faculdade de Direito é formar profissionais. Mas não é bem isso. As duas finalidades devem ser preenchidas.

Por fim, considero que nos últimos anos de graduação devem existir, nas faculdades de Direito, especializações aliadas a cursos práticos ou a estágios.

Lembro que, muitas vezes, a faculdade, para proporcionar um curso prático, destaca um de seus professores para dirigi-lo. Pode ocorrer, no entanto, que o professor designado não tenha experiência no exercício da atividade propriamente dita.

O que hoje concorre para aprimorar o conhecimento prático do bacharel, além de selecioná-lo, é o Exame de Ordem, instituído pela Ordem dos Advogados do Brasil. Isto tem exigido da parte dos alunos a necessidade de se aproximarem de escritórios de advocacia ou escritórios-modelos. A atual exigência de atendimento à população, além da disciplina Prática Forense, permite ao aluno um contato com a realidade social de sua comunidade.

RTDC: Algum fato político efetivamente marcou a sua vida e influenciou a sua formação política, acadêmica ou doutrinária? Ao longo de sua experiência científica como doutrinador, o senhor manteve-se fiel ao método apreendido durante sua formação acadêmica ou decidiu adotar outros critérios e perspectivas de investigação?

CMSP: Meu primeiro contato com a vida política foi a Aliança Liberal de 1929. Washington Luiz, então Presidente da República, quis fazer seu sucessor – um paulista como ele. O Presidente de Minas – Antônio Carlos Ribeiro de Andrada – opôs-se com apoio de João Pessoa, Governador da Paraíba, e levantou a candidatura de Getúlio Vargas. Foi um movimento de grande vigor. Aluno de ginásio, entusiasmei-me e ouvi as oratórias de mineiros e gaúchos, sobressaindo Assis Brasil, Batista Lizardo, Osvaldo Aranha e o maior de todos – João Neves da Fontoura.

Como signatário do Manifesto dos Mineiros, este foi, sem dúvida, o fato político do qual diretamente participei com mais intensidade na minha juventude e, talvez, tenha me despertado para a necessidade de uma reformulação da ordem jurídica.

Recém-formado em Direito e iniciando minha vida profissional em Minas Gerais, me mantinha em contato com homens que se tornaram, posteriormente, autores do *Manifesto*. Todos nós vivíamos mais ou menos empenhados numa só luta que era a preocupação com o restabelecimento do regime democrático no país, verdadeiramente abolido desde 10.11.1937 com a outorga da Carta Constitucional daquele ano.

Hoje, voltando os olhos para o passado, analiso o grande mal do regime de 1937, ao eliminar da vida pública toda uma geração que estava começando, de tal maneira que nós, recém-formados, ficamos inteiramente desaparelhados para exercer a atividade política, quando ela foi restabelecida. O que aconteceu foi que os antigos políticos voltaram e, com eles, as velhas práticas.

Apesar deste afastamento forçado da vida pública, um grupo continuou a se encontrar, em caráter particular, para conversar. Faziam parte deste grupo, dentre outros: Odilon Braga, Milton Campos, Pedro Aleixo, João Franzen de Lima, em Minas. No Rio de Janeiro eram: Adauto Lúcio Cardoso, Sobral Pinto, Virgílio de Mello Franco.

Em 1943, realizou-se, no Rio de Janeiro, um Congresso Jurídico Nacional, com preocupação de Vargas dar ao país e, talvez, ao mundo, a ideia de um Brasil totalmente democrático, uma vez que, nesse Congresso, juristas estariam reunidos para aprimorar teses e voltar a seus estados com um movimento de fachada. Diante disso, as bancadas de Minas Gerais e do então Distrito Federal se retiraram do Congresso e fizeram um protesto. Faziam parte da bancada de Minas Gerais Pedro Aleixo, José Monteiro de Castro e eu.

A partir de então, começaram as reuniões de advogados em Minas e no então Distrito Federal com a preocupação de discutir o destino do país. Destas reuniões saiu um manifesto para caracterizar nossa posição. Então, ainda não tinha um nome, era o esboço do *Manifesto*. Uma vez composto, tive a oportunidade de lê-lo na sua forma definitiva e assiná-lo conscientemente. Como aquele grupo que não tinha a preocupação de apontar um líder, as assinaturas foram feitas em ordem alfabética.

A princípio, achei o *Manifesto* um pouco inexpressivo, não correspondia a nossas conversas e discursos, muito mais veementes. Acredito que era porque não tínhamos interesse em criar um estado de coisas que pudesse gerar um recrudescimento das reações ditatoriais. Verificamos, então, que foi sábia decisão.

Fizemos um manifesto não "dos mineiros", mas "aos mineiros", para lembrar as responsabilidades que tinha Minas Gerais, e até hoje ainda tem, na condição da vida pública brasileira. Uma responsabilidade constante na história de Minas e do Brasil, que vem desde Felipe dos Santos, passando por Tiradentes e no século passado com Bernardo Pereira de Vasconcelos, um grande parlamentar do Império, homem de cúpula de Minas. Enfim, os mineiros estão presentes em todos os momentos da vida política brasileira.

Empenhado que sempre estive no Direito Civil, desde quando cumpria o meu curso na faculdade, nada mais razoável que me dedicasse à advocacia cível. Foi o que aconteceu. Ligado ao escritório do Dr. Jair Lins, que se dedicava à advocacia cível, segui o meu caminho, advogado no cível. Acompanhei boas causas e me especializei nesse campo. Com isto, desenvolvi meus conhecimentos, fui organizando a minha biblioteca, hoje muito boa. Adotei sempre o cuidado de estudar a fundo as questões judiciais que acompanhei e, desta sorte, fui me aperfeiçoando no Direito Civil.

Posso afirmar que a minha atividade profissional concorreu para o meu aperfeiçoamento no Direito Civil, aliando as atividades acadêmicas com advocacia. Elas corriam paralelas, completando-se.

Não houve mudança na minha conduta como doutrinador. O que eu pretendia era me fazer compreendido pelos futuros leitores, independentemente de alterar a forma das minhas exposições. Não houve mudança no método de trabalho. Cuidei sempre de me manter fiel ao pensamento fundamental.

RTDC: Tendo sido professor, jurista e advogado, como o senhor conseguiu, ao longo dos anos, equilibrar, com sucesso, tantas atividades? Qual o seu método de trabalho? Quando e como escreve? A mão, a máquina, costuma ditar? Que momentos encontrou para produzir tão extensa e relevante obra? De todos os seus livros e artigos, há algum que o senhor considera mais importante?

CMSP: Eu sempre consegui manter o equilíbrio fundamental na minha produção, especialmente no trabalho. Dediquei-me com afinco a tudo que me propus. Trabalhava intensamente, seja no preparo das aulas, como também nos artigos que escrevia.

Quanto à forma adotada, passei por alterações básicas; inicialmente, escrevia a mão, depois, passei a datilografar, eu mesmo. Com o tempo, desenvolvi esta última modalidade, adquirindo notória velocidade. Eu me sentava em frente à máquina e escrevia sem utilizar anotações.

Quando exerci funções públicas, o que me proporcionava o auxílio de secretária, escrevia os manuscritos e os passava a uma auxiliar.

Depois que deixei as funções públicas, continuei utilizando datilógrafo para copiar os meus escritos. Isso durou alguns anos, porque contava com uma exímia datilógrafa, até o momento em que esta, desculpando-se por todos os meios, deixou de atender aos meus trabalhos.

Como já estava habituado à cópia datilográfica, perdera a habilidade nos manuscritos. Então, contratei um hábil copista a quem confiava para reduzir, à forma impressa, os meus manuscritos.

Foi uma troca lastimável, porque o que recebia em letra de fôrma era, muitas vezes, de entendimento difícil para mim mesmo. Mas, não tinha outro recurso. Somente vim a encontrar solução adequada quando passei a utilizar o computador.

Não tenho preferência por qualquer dos meus trabalhos, tendo em vista que a todos dedicava o mesmo empenho e a preocupação de traduzir, fielmente, as minhas ideias.

Sempre tive atração pelo *Direito das obrigações*. Embora não manifestasse preferência cabal, considerava mais adequado ao meu entendimento o livro versado no Direito Obrigacional.

Dos meus livros, entendo sobressair esta minha preferência. Acredito que *Lesão aos contratos*, juntamente com o relativo à *Responsabilidade civil*, encontra maior receptividade entre meus leitores.

O que me permitiu produzir obra volumosa foi o fato de dedicar todo o tempo disponível a escrever. Como a advocacia me obrigava a atender no escritório e no Fórum à tarde, dedicava as manhãs a compor os meus artigos e trabalhos. Estou me referindo às manhãs, porque, habitualmente, não trabalho à noite.

RTDC: Como explicar a abundância de tratados no passado e sua escassez no presente? O senhor pensa ser ainda possível produzir obras do gênero? Os juristas mais jovens deveriam a ele se dedicar ou o Senhor considera que o sistema de Direito Civil hoje se encontra mais fragmentado, não permitindo que se atinjam aqueles resultados?

CMSP: Eu não creio que no passado a abundância de tratados seja mais acentuada do que no presente. É uma questão, talvez, de modalidade de apresentação. Hoje, predominam, entre os alunos, as apostilas e resumos, dos quais os alunos se utilizam, deixando de lado as obras de maior profundidade.

Quanto aos resumos, recordo-me das "sebentas", que são a origem das apostilas de hoje, o que é largamente criticado, por se entender que passavam de mão em mão, nas universidades e faculdades de Direito, não permitindo que os alunos tivessem a oportunidade de alargar os seus horizontes.

Isto mesmo eu vejo com as apostilas, que nunca receberam a minha aprovação, muito embora continuem sendo utilizadas nas faculdades de Direito.

O que predomina na atividade bibliográfica é o comentário direto de qualquer lei. Vai nisso um certo teor mercantil. Muitos autores, que não irei mencionar, adotam este critério. Ao sair uma lei, apressam-se em lançar o seu comentário, muitas vezes superficial, e encontram receptividade pela facilidade de seu entendimento.

Eu vejo nisso um grande desacerto, porque no comentário imediato a uma lei, falta desenvolvimento intelectual mais profundo. Não vou mencionar os autores que assim procedem, porque não tenho o propósito de criticá-los.

Por fim, acredito que os jovens juristas devem dedicar-se a estudar nas obras mais profundas e não despender o seu tempo na leitura dos comentários imediatistas que somente lhes impõe um conhecimento superficial da lei, examinada gramaticalmente, quando, na verdade, devam aprofundar-se no estudo dos tratados que desenvolvem o seu conhecimento e abram suas vistas para o mais profundo entendimento do Direito, em sua essência, ao invés de se limitarem à interpretação literal.

Destaque-se, no entanto, a importância das revistas de direito especializadas, iniciativas das universidades, de instituições jurídicas e das grandes editoras. Esta nova forma de produção doutrinária tem o condão de reunir especialistas e pessoas interessadas em debater com profundidade os temas atuais. Elas são, inclusive, importantes espaços para a visão interdisciplinar entre os vários temas da atualidade.

RTDC: O que o senhor pensa sobre a moderna produção bibliográfica brasileira? Ela mantém a qualidade do passado, tratando das novas questões e dos novos institutos do Direito Civil adequadamente, contribuindo para a solução dos novos problemas, auxiliando a jurisprudência?

CMSP: Eu considero que a bibliografia brasileira ainda conserva, em parte, as características anteriores. Bons autores reeditam suas obras, atualizando-as e, com isto, o painel bibliográfico conserva-se muito rico e construtivo.

Alguns autores novos procuram seguir a trilha dos antigos e isto representa uma boa contribuição para o Direito atual.

Lamentavelmente, porém, como já falei em resposta ao quesito anterior, jovens escritores e outros, não muito jovens, limitam-se a comentários apressados sobre leis que são publicadas. Estes não participam da mesma referência favorável porque não se aprofundam, ficando limitados a comentários quase gramaticais, sem perquirirem a origem e o evoluir dos institutos.

A jurisprudência tem trazido muito boa contribuição. Alguns assuntos, abordados pelo Tribunais, oferecem ao leitor boa contribuição. A título de exemplo, posso mencionar a Súmula nº 380 do Supremo Tribunal Federal, que abriu novos horizontes ao direito das companheiras em relação aos concubinos.

É tão importante essa súmula, que por muito tempo permitiu a propositura de ações com fundamento apenas nela, ao contrário da orientação essencial de nosso Direito, que é, fundamentalmente, assentado nas normas legais.

Outras decisões têm fornecido aos Tribunais e aos juristas, de modo geral, elementos para uma avaliação global de nosso Direito.

Infelizmente, a elaboração legislativa não acompanha as exigências sociais. Várias tentativas têm sido feitas no Legislativo para fixar o conceito de fonte essencial de Direito.

É certo que eu tenho proclamado, com certa assiduidade, não caber ao legislador formular definições. Isto é objeto de elaboração doutrinária. Em alguns setores, a contribuição jurisprudencial vem mostrando que os Tribunais marcham adiante do Legislativo.

A floração bibliográfica pode ser considerada construtiva no sentido de fornecer ao grande público informações a propósito dos institutos jurídicos. Como eu disse, entretanto, peca, às vezes, pela superficialidade.

Pode parecer uma contradição frontal no que tenho dito. Esclareço, entretanto, que esta contradição não é tão grande, dizendo que a proliferação bibliográfica contribui para a difusão das inovações e, ao mesmo tempo, lamento a forma superficial que vem sendo tratada por alguns escritores.

Esclarecendo essa aparente contradição, devo dizer que se muitos autores se limitam à análise gramatical dos textos, abrem, entretanto, oportunidade para que os leitores possam pesquisar os assuntos, encontrando, eles mesmos, o suporte doutrinário que lhes faz falta.

Concluindo e encarando objetivamente a pergunta, cabe esclarecer que a resposta à indagação que me foi apresentada não é totalmente negativa. Muitos autores, antigos e recentes, trazem inequívoca colaboração para o desenvolvimento de nosso Direito.

RTDC: É conhecida a sua opinião acerca da codificação. O senhor entende ser oportuno e/ou necessário promulgar tais novos Códigos? O que o senhor pensa do Projeto de Código Civil ora em tramitação no Congresso Nacional? Quais as suas impressões sobre a descodificação, os microssistemas e a constitucionalização do Direito Civil?

CMSP: Tenho afirmado com muita segurança que as codificações cumpriram sua missão histórica de assegurar a manutenção dos poderes adquiridos. Assistimos entre as duas grandes guerras a um movimento de socialização do Direito, seguido de novos ramos do Direito Privado e Público, dotados de princípios próprios, reconhecidos como "microssistemas". Não mais se pode reconhecer ao Código Civil o valor de Direito Comum. Não podemos permitir que as vaidades humanas dos codificadores "cristalizem" o Direito Civil neste novo século que já se inicia.

As normas constitucionais, notadamente, a proteção de Direitos Fundamentais, passaram a assumir a posição ocupada pelos Princípios Gerais de Direito. Consolidou-se um Direito Civil Constitucional reconhecido, definitivamente, pela Doutrina, nos meios acadêmicos e pelos Tribunais.

Sou favorável à descodificação do Direito Civil e considero que melhor seria se as modificações conduzissem à elaboração, por exemplo, de um Código de Família e Sucessões, e outro de Obrigações e Contratos adaptados às inovações criadas pela elaboração de normas autônomas, desprendidas de um sistema monolítico, constituindo tais Códigos novos "microssistemas" com procedimentos próprios, baseados nos princípios constitucionais e nos documentos internacionais de proteção aos direitos da pessoa humana, a exemplo do Código de Defesa do Consumidor, Estatuto da Criança e do Adolescente etc.

O Projeto de Código Civil, mesmo após inúmeras modificações, viola, muitas vezes, regras constitucionais, citando como exemplo a hipótese de condicionar a investigação de paternidade em caso de filho adulterino à dissolução da sociedade conjugal (parágrafo único do art. 1.630 c/c art. 1.624 do Projeto). Tal estipulação, totalmente superada por nossa Doutrina e Jurisprudência, conflita com a isonomia entre filhos, prevista no art. 227, §6º da Constituição Federal e reflete especial retrocesso do legislador.

Algumas inovações assustadoras refletem um flagrante potencial de problemas em todas as áreas do Direito Civil.

Entre as várias modificações introduzidas no capítulo da Família, citaria como exemplo a regra prevista o art. 1.766, ao criar a figura do protutor, para exercer fiscalização dos atos do tutor. O "protutor" terá direito, inclusive, a uma "gratificação" (art. 1.776, §19). É lamentável que, enquanto a tutela já se incorporara como forma de família substituta visando, sobretudo, à proteção dos menores de 21 anos, o Projeto retoma a antiga concepção do Código Civil, em que se sobrepõem os interesses patrimoniais aos pessoais do tutelado.

Cabe lembrar que a maioria das tutelas, nesse país, visam à proteção de pessoas carentes, com parcas pensões previdenciárias. Existem mecanismos jurídicos suficientes para que a fiscalização seja exercida com eficiência pelo Ministério Público, pelos magistrados e pelos operadores de Direito, em geral.

No livro das "Sucessões", entre as "novidades" que irão tumultuar o cotidiano do cidadão e do Sistema de Justiça cabe citar o novo regime de bens do casamento, identificado como de "participação final nos aquestos".

Tal regime teve sua origem no Direito Costumeiro húngaro e é adotado nos países escandinavos; constitui na Alemanha um regime legal supletivo desde 1957 e foi introduzido na França, experimentalmente, como "convencional", desde 1965.

Preveem os arts. 1.684 e 1.685 do Projeto do Código Civil, ao definir o novo regime, que "cada cônjuge possui patrimônio próprio e lhe cabe, à época da dissolução da sociedade conjugal, direito à metade dos bens adquiridos pelo casal, a título oneroso, na constância do casamento. Integram o patrimônio os bens que cada cônjuge possuía ao casar e os por ele adquiridos, a qualquer título, na constância do casamento".

É lamentável que depois de termos incorporado à cultura jurídica brasileira a "partilha dos bens adquiridos com o esforço comum", quer no casamento, a partir da Lei do Divórcio, em 1977, quer na sociedade de fato, como na união estável, a insegurança do novo regime vai exigir, permanentemente, a realização de pactos antenupciais, estabelecendo regras patrimoniais de convivência. A Doutrina Internacional vê com reservas este regime em razão dos problemas que surgem por ocasião da dissolução da sociedade conjugal.

O cidadão brasileiro não tem o hábito de acordos pré-nupciais; os tabeliães serão os únicos a se beneficiarem com o novo regime. Será deficitária a assistência jurisdicional à população de baixa renda, que passará a depender de complexos cálculos numéricos para garantir os seus direitos.

Outros aspectos, inclusive negociais, representam um flagrante retrocesso se passarem a vigorar entre nós.

Cabe lembrar que, desde a publicação do Anteprojeto, em 1972, tenho me preocupado em fazer críticas objetivas, tratando o texto como uma produção intelectual, com o cuidado de ressalvar as qualidades e a minha admiração pessoal pelos seus redatores.

Embora considere que uma polêmica desta ordem é infrutífera, convocado ao debate, nunca me desertei. O projeto de 1984, já modificado em boa parte, incorporou modificações importantes. Guarda, no entanto, resquícios de um período autoritário, que a história brasileira procura esquecer.

Se a mim fosse dado decidir, os livros de "Família" e de "Sucessões" seriam objeto de mudanças mais profundas para adaptá-los à realidade da vida social, tendo em vista que a grande parte já está superada, bem como os referentes a Obrigações e Contratos e aos Direitos Reais.

RTDC: Questão atual e polêmica diz respeito à "súmula vinculante". O que o senhor pensa a respeito? Parece-lhe conveniente a adoção desta tese?

CMSP: O problema da atualidade consiste na indagação sobre se é conveniente adotar-se a tese de a súmula ser vinculante. Os Tribunais, pelo menos alguns deles, estão muito empenhados na sua adoção, enquanto que muitos juristas se opõem, abertamente.

De um modo geral, a vinculação das súmulas já aprovadas é fator negativo na evolução do Direito. Muitos juízes e Tribunais em face de uma súmula acomodam-se, sem estudar, devidamente, as questões que lhes são submetidas.

Dizer que a observância das decisões dos Tribunais é fator negativo no desenvolvimento do Direito constitui tese não muito exata. Basta atentar que nos países de "direito não escrito" vigora a consulta às decisões proferidas. A este ponto, costuma-se dizer, com alguma malícia, que no Direito norte-americano o que é importante é indagar como o Tribunal resolveu certo problema. Não é bem verdade, porque é irrecusável a evolução do Direito norte-americano e do Direito inglês.

Quando nós projetamos pesquisar alguns temas constitucionais, valemo-nos de votos de juízes norte-americanos altamente categorizados, como é o caso de Marshall, que até hoje é invocado pelos juristas norte-americanos, como pelos juristas brasileiros, para a solução de litígios que foram por ele solucionados.

Não se pode dizer que Marshall escreveu um livro tendo por objeto o Direito Constitucional americano. Pode-se, contudo, afirmar que os seus votos foram tão importantes na evolução do Direito nos EUA que os livros são editados compendiando os seus votos na Corte Suprema.

É tão flagrante a elaboração jurisprudencial que o princípio contido no art. 28 do Código de Defesa do Consumidor – CDC – adotou a tese que foi objeto de decisões nos Tribunais ingleses e norte-americanos e encontrou amparo em numerosos dos nossos juristas brasileiros, seja em comentário a essa disposição do CDC, como na elaboração de uma tese jurídica de grande repercussão nas questões que envolvem problemas surgidos com pessoas jurídicas.

É o assunto conhecido como *Disregard*, doutrina que ingressou em nosso Direito tendo, como ponto de partida, notável conferência proferida pelo Professor Rubens Requião, na Faculdade de São Paulo. Outros autores seguiram-lhe os passos e construíram em nosso Direito a mesma doutrina norte-americana originária, convertida em disposição legal e aprovada.

Esses dois exemplos mostram que a elaboração jurisprudencial pode concorrer para a construção de nosso sistema jurídico.

O mal da "súmula vinculante" é o comodismo. Pode acontecer, e disto há exemplos frequentes em nosso Direito, que juízes e Tribunais, diante de uma questão mais complexa, em vez de procurarem resolvê-la pelo estudo mais aprofundado dos assuntos que afloram em questões práticas, fiquem satisfeitos em consultar, apenas, determinada súmula no Supremo Tribunal.

A elaboração de súmulas proliferou em outros Tribunais nestes pontos, podendo-se considerar que a evolução do Direito como ciência cristalizou-se, nesses, lamentavelmente.

Os defensores da súmula vinculante justificam-na com o fato de que muitos assuntos são repetitivos e, trazidos à justiça, obrigam a uma perda de tempo enorme.

Em matéria fiscal, os Tribunais são chamados a se pronunciarem sobre o mesmo assunto numerosas vezes, o que caracteriza uma perda de tempo flagrante.

Não adianta estabelecer que o Presidente de um Tribunal pode indeferir o seguimento de um recurso especial ou de um recurso extraordinário porque a frequência de se manifestarem recursos especiais ou extraordinários não impede o encaminhamento dos processos à instância superior, não obstante saber que a sua improcedência é fatal.

Casos dessa natureza justificam, inequivocamente, a adoção de jurisprudência vinculante, tendo em vista que a invocação da súmula permite desafogar o Tribunal, além de o desfecho processual ser, necessariamente, previsível. Permite o aproveitamento do tempo de seus componentes, para a decisão de matérias, muitas vezes de maior importância, mas que ficam subordinadas a pautas numerosas.

O difícil de se definir a favor ou contra a súmula vinculante consiste em estabelecer normas que abranjam apenas os casos em que a sua adoção seja, efetivamente, satisfatória. Pode-se falar em súmula vinculante em "Direito de Família"?

Minha maior preocupação se liga à necessidade imediata de uma uniformização de procedimentos a ser adotada pelos Tribunais, em todos os graus de jurisdição, vinculada a princípios legais e constitucionais. Reduzir-se-iam, consideravelmente, os recursos relativos aos conflitos negativos de competência e as discussões meramente formais nos processos, abrindo espaço para uma efetiva apreciação das questões de mérito.

RTDC: Como advogado, presidente da OAB em momento de grande conturbação política em nosso país, que dificuldades o senhor enfrentou na defesa das liberdades civis e políticas? O senhor gostaria de se manifestar acerca da democracia que vivenciamos já há dez anos?

CMSP: Eu fui eleito Presidente do Conselho Federal da Ordem dos Advogados do Brasil (OAB), em 1975. Estávamos atravessando no país um quadro difícil. Era o governo Geisel que procurava, com esforço, encontrar um caminho liberal.

A OAB, entretanto, foi atingida por inúmeros ataques, não só da instituição, mas de muitos advogados, individualmente.

Vínhamos defendendo a autonomia da OAB e esta foi a minha bandeira quando aceitei concorrer à eleição.

Uma noite, estava eu organizando meus documentos para uma viagem ao exterior, que eu programava para data próxima, quando recebi o telefonema do ex-Presidente Ribeiro de Castro anunciando que se preparava, na surdina, uma intervenção na Ordem dos Advogados, subordinada ao Ministério do Trabalho e a mando do Conselho de Contribuintes.

Imediatamente, movimentei-me para apurar o que havia. Procurei o Ministro da Justiça, a quem dirigi indagação frontal e aberta: "se era verdade que se pretendia a subordinação da OAB". Respondeu-me ele, na mesma franqueza da minha pergunta, que não era do seu conhecimento qualquer movimento de cunho intervencionista.

Acreditei na sua palavra porque vi, na sua atitude, um pronunciamento absolutamente leal. Prossegui minha indagação, depois de lhe dizer que chegara ao meu conhecimento o propósito de intervenção na OAB.

O Ministro respondeu-me que, na verdade, não existia no seu Ministério qualquer vestígio de um trabalho naquele sentido.

Viajei no dia seguinte para Brasília e consegui saber, depois de muitas indagações e pesquisas, que era verdadeira aquela informação. Confirmava o processo de intervenção na OAB, não promovido pelo Ministério da Justiça, porém, pelo Conselho de Contribuintes.

Dirigi, portanto, as indagações nesse sentido e tive a cautela de interpelar alguns membros daquele Conselho, inclusive seu Presidente. Concluí, então, que o processo intervencionista estava em andamento no sentido de subordinar a OAB a uma prestação de contas periódica.

Devido aos meus esforços junto a alguns conselheiros, consegui paralisar o processo. Fiquei mais tranquilo, regressando ao Rio de Janeiro.

Fiz a minha programada viagem para a Europa por um período de cerca de três semanas, sempre preocupado com a informação que recebera, e me dirigindo a colegas e amigos no Rio de Janeiro, por telefone ou telegrama. Não foi confirmada qualquer atividade do Governo nesse sentido.

Algum tempo depois do meu regresso, houve uma cerimônia no Rio de Janeiro a que compareceu o Ministro do Trabalho, Arnaldo Prieto.

Recebi dele o telefonema solicitando um encontro nosso, mas com a cautela de não ocorrer em qualquer forma pública, para não vazar a conversa.

A seu convite, dirigi-me ao Hotel Internacional, no bairro São Conrado, para onde fui, na hora marcada. Esperei-o por algum tempo e, quando chegou, pediu-me para que me dirigisse ao seu apartamento para termos uma conversa.

Lá chegando, o Ministro, muito atenciosamente, me disse, em nome do Presidente Geisel, que ouvisse a sua proposição, a qual continha, na verdade, uma sugestão referente à intenção governamental de controlar a OAB.

Para chegar ao assunto, disse-me que o Presidente Geisel acompanhava todas as minhas atividades e que era meu antigo admirador desde o tempo em que ele fora do Gabinete Militar do Presidente da República Médici.

Depois dos elogios, abriu o verbo: precisava de uma subordinação na OAB ao órgão público e, para me conciliar com a ideia, eliminou a hipótese de ser ao Ministério do Trabalho.

Respondi no mesmo tom atencioso que não podia concordar porque a OAB já nascera livre num regime ditatorial, no tempo que se seguiu à Revolução de 1930, quando o Presidente Getúlio Vargas implantara um regime forte no país.

O Ministro Arnaldo Prieto, ainda no mesmo tom conciliatório, me disse que iria fazer uma proposta de acordo, a qual se conciliava com a prestação de contas da OAB ao Tribunal de Contas do país.

Eu lhe disse, quase literalmente, que não me preocupava a prestação de contas, pois que a realizava por três vezes, a cada ano: prestação dos companheiros de diretoria ao Conselho da OAB em reunião plenária e Assembleia-Geral, que se realizava todos os anos antes de eleição presidencial. Desta sorte, não obstante a forma atenciosa do Ministro Prieto, declarei-lhe a inviabilidade da sugestão.

Em resposta, ele me disse que me considerava muito rígido e, com pesar, iria levar ao Presidente Geisel a minha resposta. Eu acrescentei: "Senhor Ministro, quem está sujeito a prestação de contas não tem a possibilidade de sustentar sua autonomia. A OAB sempre vivera gozando de liberdade e não seria pela minha mão que ela iria entregar-se ao Governo".

A conversa encerrou-se aí e eu tenho a alegria de considerar que não foi somente a conversa, porém, o propósito intervencionista nunca mais foi reaberto.

Destarte, a OAB permaneceu livre e independente no restante da minha gestão como com os presidentes que me seguiram. Tenho, portanto, convicção de que a minha resistência incondicional manteve a OAB livre, como sempre acontecera com os meus antecessores na Presidência, desde a sua criação, até hoje.

Assim, toda a minha conduta como jurista e cidadão reflete a forma como a Democracia sempre esteve presente em minha vida. É um assunto a que sempre me refiro com grande prazer.

Toda a minha formação liberal correu paralela a uma busca permanente do exercício dos ideais democráticos.

Conscientemente, acredito que, pela classe dos Advogados e por meu país, o período em que exerci a Presidência da OAB Federal representou em minha vida, sem grandes alardes, o momento em que mais lutei para este meu ideal político.

Analisando o sistema jurídico e político atual, considero que a verdadeira Democracia passa, essencialmente, pelo acesso à Justiça e sua concretude dependerá, sobretudo, da atuação dos operadores de Direito em consonância com os postulados processuais, sempre com base constitucional. Daí a importância da OAB na sua luta constante em prol do exercício dos direitos básicos dos cidadãos.

RTDC: A reedição exacerbada de medidas provisórias na atualidade, caracterizando a soberania do Poder Executivo em relação aos outros Poderes, limita a Democracia vivenciada em nosso país?

CMSP: Não me parece que a Democracia foi atingida pelas medidas provisórias. Elas foram contidas em leis ordinárias ou decretos presidenciais, e encaminhadas ao Congresso Nacional que esteve, sempre, aberto a se manifestar, livremente.

O grande desafio está na atitude do Congresso, ao discutir as medidas provisórias, levando-as a um franco debate. Cabe às instituições da sociedade civil, a exemplo da OAB e outros órgãos de classe, participar destes momentos que refletem um efetivo exercício democrático. É tempo de o Ministério Público assumir suas novas atribuições constitucionais.

RTDC: Qual é a herança mais preciosa que os estudos do Direito Civil ofereceram ao séc. XXI? Como o senhor vê o futuro do Direito Civil? Qual o papel do jurista neste novo tempo?

CMSP: Estou convencido de que o jurista do final de milênio vive a hora do conflito, que prognostiquei há mais de trinta anos. Analisando o Direito Positivo no seu conjunto, com olhos de observador imparcial, é permanente o desajuste constante entre a fenomenologia social e o direito legislado, aquela sempre mais avançada que este.

Tenho acusado a existência desse contraste flagrante que somente o intransigente misoneísmo teimava em não enxergar: os quadros jurídicos superados, em confronto com a realidade social.

Podemos afirmar que o Direito Civil, no seu conjunto e nos seus lineamentos, vem seguindo um rumo bem definido. Cabe ao jurista do novo século prever de que maneira e em que direção se hão de estabelecer as perspectivas do Direito.

Como proposição exordial, é preciso, desde logo, aceitar que o Direito está em mutação constante, *Perpetum mobile*. Cada época difere da anterior, e forçosamente será diversa da que lhe sucederá. Em alguns setores segue linha contínua. Em outros, procede como na evolução social muito frequentemente acontece: marcha sincopada de avanços e recuos, já acusados por Giovani Baptista Vico, nos seus *Princípios de filosofia*, escritos em 1827, que seriam quase uma lei, designada como os *corsi e ricorsi* (que eu já mencionara no encerramento de meu livro *Lesão nos contratos*). Não se pode jamais desprezar o seu percurso pretérito.

Acompanhando as reformas do Direito Civil, há mais de meio século venho assinalando as mutações por que tem passado, trazendo as minhas críticas às que merecem ser combatidas e os meus aplausos ao que entendo proveitoso. Participei da construção legislativa, elaborando o Anteprojeto de Código de Obrigações em má hora retirado do Congresso. Participei com Orosimbo Nonato e Orlando Gomes da feitura do Projeto de Código Civil, que não teve melhor sorte. Redigi Projeto de Lei de Condomínio e Incorporações, que sobrevive há mais de trinta anos a todas as inovações impostas pelo desenvolvimento imobiliário.

Não me considero um improvisador de reformas, mas tenho o cuidado de não me pavonear pelas galas proféticas de futurologista. Acredito na previsibilidade, quando assentada na observação e no conhecimento.

Ao enveredar por esses caminhos, ora limpos e claros, ora sombrios e misteriosos, não me posso descartar da palavra segura e sábia de Del Vecchio, ao reclamar do jurista "que responda verdadeiramente à convocação de sua consciência jurídica" (*La justice, la vérité*, p. 132).

Tenho a consciência de haver, em todas as fases de minha vida, acudido aos apelos de minha consciência jurídica e alertado a minha geração para os dramas e as angústias desses tempos. E tenho apelado para as mutações dos conceitos jurídicos. Às vezes com êxito, às vezes como aquela *vox clamantis in deserto* de que dão notícia as Escrituras.

Ao receber a honrosa Medalha Teixeira de Freitas, que o Instituto dos Advogados do Brasil honrosamente me outorgou em 1962, e que eu conservo como um dos mais significativos troféus de minha trajetória intelectual, pronunciei discurso que levantou sobre minha pessoa enorme polêmica. Não sei por que miraculosa compreensão deixei de sofrer os rigores do *establishment* militar, que encampou o país. Naquela efeméride, ante a Augusta Assembleia da Casa de Montezuma, eu acusava a Ordem Jurídica de haver extrapolado de seus quadros, e proclamava a necessidade de se realizar, sem demora, uma atuação reformista.

Naquele momento dizia eu, e hoje mais gravemente o repito, chegara a hora de deixar o jurista a especulação abstrata do gabinete, para usar os seus conhecimentos e a sua capacidade criadora, e elaborar um direito que atenda aos anseios da hora, sob pena de sua omissão concorrer para a subversão desta ordem vigente. Dizia, ainda, que o jurista, o verdadeiro jurista, tem o dever de preservar os valores da ética autêntica, para que se não vá ao ponto de aniquilar a dignidade humana.

Lembrava eu, então, que o nosso sistema jurídico, posto que assentado formalmente nos princípios democráticos, é expressão do postulado maior que há dois mil anos fora fixado com as características da civilização cristã e romana. E terminava o meu apelo no sentido de que seja reformulada urgentemente esta ordem jurídica, e sejam rearticulados os conceitos e os preceitos que a estruturam (cf. meu livro *Reformulação da ordem jurídica e outros temas*, Forense, Rio, 1980).

Não foi por outra razão senão o desejo de ver efetuadas inovações imprescindíveis que a minha oração, de cunho inequivocamente acadêmico e realista, foi capitulada de pregação ideológica, e eu mesmo qualificado de rebelde.

Os acontecimentos vieram demonstrar, dois anos depois, quanto estava eu coberto de razão, e quão proféticas eram as minhas despretensiosas palavras.

Naquela oportunidade, como em oportunidades análogas, tenho-me pronunciado em face das mudanças em nosso Direito, seja pela construção doutrinária, seja por força de reformas legislativas ou construções constitucionais, alertando para os deslocamentos axiológicos nos institutos jurídicos fundamentais e cambiantes, às vezes inevitáveis, e outras vezes subliminares, no panorama econômico, social e jurídico do Brasil.

Nunca é demais repetir que muitas normas constitucionais e muita preceituação legislativa se descompassa do pulsar da consciência coletiva. Não se pode negar que a influência de grupos de pressão ou que as reivindicações de certas categorias sociais, permanentes ou transitórias, conseguem moldar a legislatura na conformidade de suas conveniências. Essas influências já foram observadas e denunciadas por George Ripert, quando apareceu há pouco mais de meio século e fez época, seu livro rico de conceitos, mas um pouco amargo, *Le régime democratique et le Droit Civil moderne.*

É patente, e vale enfocar, o influxo de fatores políticos e de forças econômicas na elaboração de nossa Constituição de 1988, bem como das novas leis editadas pelo Congresso. É inegável que forçosamente percutem no quadro de nosso direito positivo, seja no que importa em socialização dos bens, seja na economia do contrato, seja em termos gerais de cunho protetivo aos mais fracos em seu confronto com os mais fortes, seja nos institutos de Direito de Família, seja enfim nas reivindicações de massas, cada vez mais exigentes.

Quem se aventurar a falar sobre a evolução do Direito Civil terá de proceder à "penetração filosófica da essência do direito positivo", como propõe François Geny no pequeno volume publicado em 1951, com o título merencório *Ultima verba,* no qual o grande decano honorário da Faculdade de Nancy, aos 89 anos, quase cego, divulga o que ele mesmo denomina seu "testamento intelectual".

Não se podem desprezar, igualmente, os motivos de ordem global que legitimam o direito positivo, atentando nas "necessidades sociais" a que faz referência Jean Dabin (*Philosophie de l'ordre juridique positif,* Sirey, Paris, 1929, p. 22).

Será de todo conveniente, posto que em ponto maior, proceder a uma penetração integral nas linhas mestras civilistas, como aquela que efetuou por menor Julien Bonnecase, em visão global da filosofia do Código Napoleão, tomando por objeto o Direito de Família (*La philosophie du Code Napoléon appliquée au Droit de Famille,* E. Brecard, Paris, 1928).

Visualizando o direito, sem me ater a particularismos que interessam a tal ou qual categoria social, penso que se deve ter em vista que ele é, "todo inteiro, a vida humana, pois que inexiste atividade que não seja juridicamente qualificada", no dizer de Del Vecchio.

É sempre presente esta palavra do grande jusfilósofo, professor da Faculdade de Roma: "todo Direito é, em verdade, um complexo sistema de valores!", e, mais especificamente, dizer que todo sistema jurídico representa uma conciliação "dos valores da ordem e os valores da liberdade" muito embora para assegurar um desses valores seja necessário sacrificar correspondentemente o outro (*Evoluzione ed involuzione del diritto,* Roma, 1945, p. 11).

Nesta mesma linha de raciocínio, não se pode desprezar a palavra de Hauriou, quando assevera que a estrutura do Direito reside no "discernimento do justo e do injusto", e esse discernimento qualitativo é "próprio do espírito humano" (Georges Hauriou, *Principes de Droit Publique,* p. 58).

Eu fugiria da realidade social se permanecesse no plano puramente ideal dos conceitos abstratos, ou se abandonasse o solo concreto "do que é", e voltasse pelas áreas exclusivas do "dever ser".

O Direito não pode jamais considerar-se pura abstração filosófica. Especialmente para uma pessoa que tem labutado nessa área por mais de sessenta anos, lutando no dia a dia das competições e dos conflitos humanos, o Direito tem de ser encarado no concretismo instrumental que realiza, ou tenta realizar, o objetivo já enunciado na palavra de Ulpiano, há cerca de dois mil anos.

O Direito, para o profissional que sempre fui, jamais deixa de ser o veículo apto a permitir que se dê a cada um aquilo que lhe deve caber – *suum cuique tribuere.* E se é verdade que viceja na sociedade a tal ponto que *ubi societas ibi ius,* é também certo, como eu disse em minhas *Instituições,* que não se pode abstrair da sociedade em que floresce o direito – *ubi societas, ibi ius.*

Não se pode, em verdade, ignorar o direito positivo, o direito legislado, a norma dotada de poder cogente, ele é necessário. Reprime os abusos, corrige as falhas, pune as transgressões, traça os limites à liberdade de cada um, impedindo a penetração indevida na órbita das liberdades alheias. Não é aceitável, porém, que o Direito se esgote na manifestação absoluta do poder estatal. Para desempenhar a sua função básica de "adequar o homem à vida social" como eu o defini, há de ser permanentemente vitalizado por um mínimo de ideal, contribuindo para o equilíbrio de forças e a harmonia das competições.

Para promover a necessária "adequação", há mister atentar nas instituições jurídicas em seu conteúdo intrínseco, desconsiderando as exterioridades que, a pretexto de inovarem, não passam da superfície, mascarando-a de um formalismo quase cabalístico.

O Direito, no seu conjunto, como na expressão morfológica de sua elaboração, tende a perder, cada vez mais, o exagerado tecnicismo de uma linguagem esotérica, posta exclusivamente ao alcance dos iniciados. Sem se desvestir de uma linguagem vernácula, há de expressar-se de tal modo que seja compreendido sem o auxílio do misticismo hermenêutico dos especialistas.

Quanto à indagação sobre o papel do jurista do nosso tempo, reporto-me às minhas palavras proferidas em Coimbra em 1999, quando fui honrado com o título de *Doutor Honoris Causa* daquela tradicional universidade europeia.

Posso afirmar com irrefutável segurança que o Direito deve buscar, também em outras ciências, sobretudo sociais e humanas, apoio e parceria para afirmar seus princípios, reorganizando, metodologicamente, estudos e pesquisas. As relações humanas não podem ser tratadas pelo Sistema Jurídico como se elas fossem apenas determinadas pelo mundo da objetividade. Outras ciências indicam novos rumos ao Direito.

Convivendo com um sistema normativo em que predomina a solução dos conflitos, cabe o meu alerta no sentido de assumi-lo com a "função promocional do Direito", a qual já pregara Bobbio na década de setenta.

Passou a hora de legislar consequências, a exemplo do que vem ocorrendo no Brasil com as múltiplas iniciativas de regulamentar a união estável. Disciplinar relações que envolvem sentimentos humanos deve conduzir o legislador de gabinete a estar atento para que não se cometam os equívocos do passado e do presente.

Não mais se pode reconhecer ao Código Civil o valor de Direito Comum. Não podemos permitir que as vaidades humanas dos codificadores "cristalizem" o Direito Civil neste novo século que já se inicia.

É tempo de se reconhecer que a posição ocupada pelos Princípios Gerais de Direito passou a ser preenchida pelas normas constitucionais, notadamente, pelos Direitos Fundamentais.

Tal proposta consolidou em nossa Doutrina um Direito Civil Constitucional reconhecido, definitivamente, nos meios acadêmicos e pelos Tribunais.

Sem adentrarmos nos debates doutrinários concernentes à diferença entre os Direitos Fundamentais e os Direitos da Personalidade, neste momento de indefinição do que é público ou privado, é preeminente que o Estado e os demais operadores de Direito assumam suas principais responsabilidades com base nos ditames constitucionais.

Na função de intérprete, é nossa atribuição visualizar os novos textos legais como dispositivos estabelecidos a serviço da criatividade.

Acima do Direito codificado pairam os conceitos criadores de uma "superlegalidade" a que tende, irresistivelmente, o desejo universal de uma convivência de harmonia e paz.

ENTREVISTA COM O PROFESSOR SILVIO RODRIGUES[1]

RTDC: Quais são as suas principais lembranças sobre seus estudos universitários? Quem foram os mestres que mais o influenciaram, qual era o método didático utilizado e como se dava a relação entre professores e alunos? Que peso teve a sua formação universitária no desenvolvimento de sua vida profissional?

SR: Tive a feliz oportunidade de fazer, simultaneamente com o curso de Direito na Faculdade de São Francisco, que hoje é da Universidade de São Paulo, o curso de Ciências Sociais na Faculdade de Filosofia, da Universidade de São Paulo. Estudava Direito pela manhã e Filosofia à tarde. Preenchia esse intervalo ouvindo música. Havia uma grande discoteca pública, ao lado do Teatro Municipal, que era dirigida por uma mulher inteligentíssima, grande poetisa, Oneida Alvarenga. Penso que ainda hoje existe, incorporada à biblioteca pública. Era preciso fazer um cadastramento, uma ficha. Havia quatro cabines para audição: recebíamos os discos, ouvíamos e ao final devolvíamos. Lá se encontravam os clássicos, mas era necessário entrar em uma fila. Havia obras como a *Nona sinfonia* de Beethoven, gravada em nove discos, que exigiam entrar duas vezes na fila. Em geral, havia um intervalo de mais ou menos uma hora e meia, podendo ouvir até quatro discos. Após o almoço, umas três vezes por semana, ia para a discoteca e depois para a faculdade. Até hoje sou aficionado por música, tendo preferência por Beethoven, Mozart, Bach, Villa Lobos, embora a televisão tenha prejudicado o hábito da boa música.

Na escola de Filosofia, na 4ª turma que cursei, todos os professores eram estrangeiros, em geral, franceses. Um deles era Lévi-Strauss, que era um homem formidável, fantástico e que esteve aqui durante dois ou três anos e me deu aulas durante esses anos. A maioria das aulas eram dadas em francês e algumas em italiano. Em Estatística, também tínhamos um dos grandes nomes da época. Embora todos fossem "normaliens", professores secundários que vieram para cá com formação francesa e que nos deixaram seu próprio método, sua sistemática de exposição, que consistia em fazer as coisas sistematicamente, no sentido de ter começo, meio e conclusão. Esse método,

[1] Entrevista concedida à *Revista Trimestral de Direito Civil – RTDC*, v. 2, abr./jun. 2000. Entrevista realizada no primeiro semestre de 2000, em São Paulo, por meio dos Professores Heloisa Helena Barboza e Luciano de Souza Godoy.

de projetar e escrever, reflete-se em minha obra que tem recebido elogios por ser clara, e essa clareza vem um pouco desse sistema.

Certa vez ia fazer um concurso para livre-docente e tinha um ponto na prova escrita que era a sub-rogação real, sobre o qual tinha uma ideia ainda muito vaga. Tinha vinte e cinco pontos para fazer em dez dias. Recorri a Planiol, que dizia o que outros autores procuravam explicar com uma sistemática fácil; foi como um lampejo de luz. Em um só dia resolvi minhas dúvidas. Acho que essa foi a grande herança de todos eles, a grande lição herdada dos professores franceses e que beneficiaram as gerações seguintes da Faculdade de Filosofia da Universidade de São Paulo com o método de estudo e exposição. Os grandes mestres como Roger Bastide, Claude Lévi-Strauss, Paul Hugon, Fernand Braudel, além de ensinarem suas matérias, ensinaram principalmente a seus alunos um método, que foi a sua grande herança. Tentei manter-me fiel às lições ali aprendidas.

Era um confronto excitante, o de comparar essas duas orientações universitárias. Na faculdade de Direito, o sistema de preleções era bastante útil para os alunos aplicados e, em geral, os mestres que regiam suas classes eram a elite da cidade, pois todos eles, como até hoje, eram concursados.

A relação entre professores e alunos se apresentava mais ou menos distante, porque de um lado estava a cátedra e, de outro, os estudantes que ouviam os mestres, em geral com grande respeito. Aliás, quando passei ao corpo docente, em 1956, esse ambiente de respeito e consideração ainda era o mesmo na Academia de São Francisco.

A formação universitária ajudou-me a reiniciar meus estudos nos quais se desenvolveu minha vida profissional.

RTDC: Como comparar a universidade de ontem e a de hoje? No decorrer de sua experiência didática, foram perceptíveis os momentos de transição, as inflexões relevantes no currículo, as alterações importantes de rumo?

SR: A meu ver a universidade de hoje é melhor que a de ontem, tanto no que diz respeito ao corpo docente, como ao discente. O que de certo modo é óbvio, a não ser que se negue o processo de evolução da educação no país.

No decorrer de minha experiência didática, ocorreu a mudança fundamental, derivada da transformação das cátedras, que eram as unidades de ensino, em departamentos. Parece-me fora de dúvida que o sistema novo, tirando a inteira autonomia da cátedra e transferindo para o departamento, representou um inegável progresso.

RTDC: Considera que a universidade vem cumprindo adequadamente o seu papel na formação jurídica? Esta formação deveria, na sua opinião, dar prioridade à técnica ou à humanística? Entende que o currículo deva ser sempre generalista ou, nos últimos anos da graduação, deva já ocorrer algum tipo de especialização? Como avalia a atual proliferação de cursos jurídicos?

SR: A primeira questão dessa pergunta e a última são conexas. Saber se a universidade vem cumprindo seu papel na formação jurídica implica que em sua resposta se encare o problema da proliferação dos cursos jurídicos. É certo que entre as escolas particulares existem as boas, as médias e as péssimas – estas só interessadas no lucro fácil. É evidente que estas últimas constituem um mal para o ensino jurídico.

Entendo que na graduação o currículo genérico deve ser preferido, pois as ideias genéricas são a base para os estudos específicos posteriores.

RTDC: A literatura, a poesia, as artes em geral contribuíram para a sua formação de jurista? Quem são seus autores preferidos? Que leituras recomendaria às novas gerações?

SR: A literatura e a poesia contribuem para a formação jurídica, pois elas dão a principal arma do jurista, que é a palavra, transmissora de seu pensamento. Na minha geração, em que não havia a televisão, nossa diversão era a leitura.

Meus escritores preferidos encheriam páginas, desde Tolstói, Proust, Hemingway, Fernando Pessoa, Eça de Queiroz, até brasileiros, de Machado de Assis a Jorge Amado. Contudo, altero minhas preferências. Houve uma época em que lia Hemingway apenas. Conheço muito bem sua obra. Mais tarde minha preferência era Proust, quando tinha vinte e poucos anos e havia tempo para ler. Atualmente mudou meu gosto literário, tenho lido os americanos que são muito rápidos, contam as coisas muito depressa, não tendo paciência para uma descrição, como Eça de Queiroz. Talvez essas minúcias façam falta. Proust, por exemplo, escreve às vezes duas páginas sem uma vírgula, um ponto final ou mesmo um parágrafo. Saramago está fazendo mais ou menos o mesmo, parágrafos de duas páginas. Isso torna a leitura muito difícil. Nos livros de escritores americanos, ao contrário, tudo acontece muito depressa, já na terceira página houve um assassinato, um sequestro, um estupro, um ritmo mais condizente com os dias de hoje. A literatura americana mudou um pouco o meu gosto. Atualmente estou relendo *Testamento*, de John Grishman, que já lera em inglês. Verifiquei na versão em português que havia perdido alguma coisa, por isso estou relendo várias partes. Todos os fatos da trama acontecem com muita rapidez.

No campo das artes em geral, gosto muito de cinema. Até uns dez anos atrás, ia ao cinema quase todos os dias. Mesmo no auge da advocacia, frequentava umas três vezes por semana, sessão de seis às oito, assistindo a praticamente tudo que estava em cartaz. Ia ao cinema japonês, que fica no bairro da Liberdade. Gosto do cinema espanhol, do francês e dos americanos. São muitos os filmes americanos e que traduzem o estilo de vida deles, o que, afinal, cansa um pouco. Já o cinema inglês é uma obra-prima. Não sou, porém, dos mais modernos, sou mais conservador. Dentre os filmes que me marcaram estão *My Fair Lady*, ao qual assisto a cada três meses, sempre que possível, e *Guerra e Paz*, este talvez por causa do livro que releio muitas vezes. É tão bonito que sempre me apaixono. Ambos os filmes foram estrelados por Audrey Hepburn, uma grande atriz. Em ambos os filmes, os temas são muito bonitos.

De certo modo, sempre mantive minhas leituras paralelamente ao meu trabalho, embora me cansasse em épocas nas quais trabalhava muito, já que sempre trabalhei muito depressa e sistematicamente todos os dias, além de ter uma vida esportiva intensa. Durante mais de cinquenta anos, joguei golfe. Comecei a jogar golfe em 1943, e só parei há cerca de dois anos. Comecei a jogar golfe por influência do meu amigo Abilio Pereira de Almeida, teatrólogo, o qual um dia me convidou para jogar. Fui ao clube e gostei tanto que me tornei sócio e não parei mais de jogar. Várias vezes fui ao Rio de Janeiro disputar competições.

Certa vez, passei longo tempo na Europa e me interessei por touradas, passando a ler sobre touros. Li um livro sobre dois toureiros, um deles chamado Manolete, que morreu na arena em 1941. Desde então houve uma mudança: o touro vem em velocidade e o pé do toureiro não deve se mexer, ele deve "tirar" o touro. A partir daí, a tourada passou a ser um bailado. Quando descobri isso, aficionei-me pelas touradas, pela perícia do toureiro, que é um bailado, mas deve dominar o touro. Atualmente, todos exigem muito do toureiro e vaiam se foge do touro. Fui várias vezes à Europa assistir a touradas. Atualmente vejo touradas pela televisão, que permite melhor visualização, melhor enquadramento e análise da técnica do toureiro. É muito emocionante. Tive uma vida muito intensa nesses meus 83 anos.

Recomendo sempre às novas gerações que leiam, que cultivem o hábito da leitura. Devem ler sistematicamente, principalmente os que encaram a possibilidade de continuar na profissão. Alguns autores brasileiros não podem deixar de ser lidos. Alguns bons estudantes não leram Machado de Assis. É preciso ler Eça de Queiroz e Padre Antônio Vieira, do qual tenho uma coleção que releio de vez em quando. É impossível escrever bem sem ler.

Em maio de 1950, fui para Portugal e voltei em dezembro. Ler Eça de Queiroz em uma quinta em Portugal era uma delícia, bem ambientado. Na volta de Portugal decidi ser professor. Chegando ao Brasil comecei a ler o *Comentário do Código Civil*, de Clóvis Bevilaqua, página por página, linha a linha. Lia, sistematicamente, quinze a vinte artigos por dia. Tenho ainda os livros inteiramente marcados. Depois li Manuel Inácio Carvalho de Mendonça, as obrigações, os contratos e continuei a leitura. Li integralmente Planiol, *Droit Civil*, assim como Aubry et Rau. Li. Mantive-me fiel ao método recebido dos franceses.

RTDC: Ao longo de sua carreira, como professor, doutrinador e advogado, houve algum fato marcante, algum acontecimento particular, político ou pessoal que tenha contribuído para definição daquela?

SR: Optei pelo estudo do Direito e pela busca da cátedra, em 1950, como acima relatado. Nessa época, era advogado do Estado, da Procuradoria da Assistência Judiciária, onde fiquei até me aposentar, e tinha a possibilidade de ter um pequeno escritório, para onde ia estudar. Em 1951, enfrentei um desafio. Apresentei à faculdade de São Francisco, em dezembro desse ano, uma tese denominada "Condomínio Geral em Edifícios" e fui mal, não fui bem recebido. Quando deixei o concurso, fui para o escritório e comecei a escrever outra tese sobre arras, levando três anos. Fiz novo concurso para Livre-Docência. Embora tenha sido muito hostilizado, fui aprovado e me tornei livre-docente.

Entrei para a faculdade em 1956, mas só comecei a dar aulas em 1957, passando a reger uma cadeira, substituindo Jorge Americano no curso noturno. Por trinta anos lecionei em São Francisco. O fato de ter dado aulas por Jorge Americano foi raríssimo, visto existirem muitos professores livre-docentes e poucas vagas. Naquela época, abriram-se duas vagas para a cátedra, concorrendo Washington de Barros Monteiro e Paulo Barbosa de Campos para uma delas. Concorri para a outra com mais quatro candidatos, entre eles um Professor chamado Nicolau Nazo. Fui muito bem e, embora este último professor fosse o mais cotado para o cargo, não fizera boas provas. A banca era severíssima: Orlando Gomes, Caio Mario da Silva Pereira, Serpa Lopes, Vicente Rao e Jorge Americano. Aconteceu uma coisa curiosa: houve um empate de notas e o desempate seria por votos; eu e o Nicolau tivemos dois votos e um dos examinadores votou em um terceiro candidato. Houve, portanto, novo empate, cabendo à Congregação desempatar. Votavam oito professores: quatro votaram em mim e quatro no Nicolau. Deu-se mais um empate. O Diretor, Professor Gama e Silva, desempatou a favor do Nicolau Nazo, e eu perdi o concurso de um modo muito curioso. Fiquei muito magoado, mas comecei a fazer a tese para um novo concurso, pois provavelmente haveria nova vaga.

Aberta a vaga, tive um concorrente muito difícil, o Professor Buzaid, que, embora processualista, era um bom civilista, e ele me disse: "infelizmente vamos ter que concorrer". Contudo, morreu um professor de processo e o Buzaid assumiu sua vaga. Passei a disputar a vaga com o Antônio Chaves, e ganhei.

Assim foi minha carreira universitária. Depois que se enfrenta o primeiro desafio, ficamos vinculados a ele. Queria muito ser professor e posso dizer que o dia em que venci o concurso foi o mais feliz de minha vida. Fiquei muito contente.

Após minha primeira reprovação, queria dar aulas na Mackenzie, faculdade feita com muito zelo. Jorge Americano era o Diretor e, embora me considerasse como filho, disse que não podia me convidar, porque eu havia perdido o concurso. Contudo, o juiz Vieira Neto que lá lecionava convidou-me para ser seu assistente e comecei a dar aulas na Mackenzie, praticamente de graça, já que o professor era o Vieira Neto. Fiz o concurso para livre-docente, e Jorge Americano me disse que seria professor catedrático. Quando passei no concurso para professor catedrático, Jorge Americano convidou-me para ser catedrático na Mackenzie. Tive o prazer de ser professor da minha filha, que ali estudava. Quando minha filha se formou, deixei a Mackenzie e me dediquei à faculdade de São Francisco.

RTDC: O que despertou seu interesse para o Direito Civil?

SR: Logo que me formei fui assistente de Paul Hugon em Economia Política, e dessas experiências optei pelo Direito Civil, pela sua enorme abrangência, constituindo o retrato da vida privada da sociedade. Quem trabalha com o Direito Civil trabalha com muitas áreas: não há nada mais diferente do que o direito das sucessões e o condomínio em edifícios, e o civilista precisa conhecer os dois. Fascinou-me sempre o seu estudo.

Houve também um fato curioso. Eu e Jorge Americano frequentávamos o mesmo clube e ele me parecia um bom civilista, alguém que pudesse me ajudar. Quando lhe revelei minha intenção de fazer concurso para a faculdade de Direito, disse-me que esse intento era uma temeridade. Contudo, mandei-lhe minha tese seis meses depois e recebi elogios de sua parte, mesmo dizendo que não pensava que eu fosse capaz de fazê-la.

No concurso houve um árduo debate, em que sofri muito, basicamente sobre linguagem, aspecto de que faço muita questão. A linguagem era o elemento primordial para a banca. Se havia um verbo mal colocado, quase me tiravam a vida. Houve muita hostilidade inicialmente. Mas não desanimei, e quando resolvi fazer novo concurso, estava na França, com o Professor Jorge Americano. Comprei livros, manuais. Passei quase todo ano na Europa, sendo um mês e meio em Paris. Já tinha em mente fazer o concurso para Direito Civil. Nunca pensei em desistir da carreira ou do Direito Civil.

RTDC: Tendo sido professor, jurista e advogado, como conseguiu, ao longo dos anos, equilibrar, com sucesso, tantas atividades? Qual o seu método de trabalho? Quando e como escreve? A mão, a máquina, costuma ditar? Que momentos encontrou para produzir tão extensa e relevante obra?

SR: Acho que o sucesso do intelectual é sempre produto de trabalho. Sempre busquei escrever com a maior clareza e o meu eventual sucesso nesse campo acalenta minha vaidade, tanto que, até hoje, quando tenho algo de sério para escrever, deixo o computador de lado e escrevo a mão. Não sou avesso ao computador, mas costumo brincar dizendo que minha sensibilidade é maior com a caneta.

Minha pretensão inicial era a literatura. Aos dezessete anos publiquei um livro de contos em São Paulo, *Fúria e outras histórias*, que vendeu uma edição, não tendo reeditado. Curioso é que não tenho nenhum exemplar dessa obra. Escrevi posteriormente alguns contos, para as revistas *Cruzeiro* e *Claudia*. Parei há quarenta anos. Meu primeiro livro teve um sucesso muito pequeno. A literatura é uma arte em que a linguagem é muito importante, deve ser muito contundente. Tenho muita vaidade por essa minha obra.

Trabalho de madrugada, acordando às 5:30, em minha casa. Escrevo muitos pareceres, que já somam oito volumes publicados, em geral sobre matéria cível.

Resolvi escrever meu manual de Direito Civil logo após ter sido aprovado na livre-docência. Procurei o Max Limonad e lhe dei o projeto. Tinha um plano da obra que iniciei no volume um, só não escrevendo o quarto. Fiz o livro na época para não corrigir as preleções, o que era muito trabalhoso. Escrevia naturalmente as preleções, sendo a forma do texto elementar para os alunos, e as notas dirigidas aos professores. Escrevi mais ou menos um livro por ano e os seis primeiros eram utilizados no curso.

Faltava, porém, a parte dedicada à responsabilidade civil. Queria escrever um livro o mais brasileiro possível, já que as obras existentes eram praticamente baseadas na doutrina francesa, contendo apenas citações de livros franceses e italianos. Procurei me basear na jurisprudência brasileira, o que foi motivo de elogio do professor Caio Mário, que considerou tal fato uma inovação.

Um dia fui procurado pelo dono da Editora Saraiva, que estava interessado na minha obra, e, portanto, fiquei muito admirado. Na época, publicava pela editora de Max Limonad, o qual fazia as revisões pessoalmente, com sua mulher, embora não gostasse das minhas obras. Por tal motivo, mudei para a Saraiva, e minhas vendas aumentaram muito, bem como as revisões passaram a ser mais minuciosas.

RTDC: Que pensa da moderna produção bibliográfica brasileira? Mantém a qualidade do passado, tratando das novas questões e dos novos institutos do Direito Civil adequadamente, contribuindo para a solução dos novos problemas, auxiliando a jurisprudência? Na eventual resposta negativa, o que pode ser feito para alterar este estado de coisas?

SR: No meu entender, a produção científica brasileira é cada vez melhor, porque as gerações novas encontram maior concorrência e estão cada vez mais bem equipadas em relação às antigas. E, ainda, as novas gerações se valeram dos trabalhos do passado. Examino teses que são apresentadas em concurso da Fadusp, e acho que, em geral, são mais profundas do que as da primeira metade do século XIX. Um exemplo curioso se encontra na análise dos estatutos novos, como o da criança e do adolescente, o da proteção ao consumidor. O auxílio da doutrina à jurisprudência é manifesto, e sua evolução orgulha este país.

RTDC: Quais as suas impressões sobre os novos "movimentos" da civilística moderna, em particular, a descodificação, os microssistemas e a constitucionalização do Direito Civil?

SR: Cada um dos "movimentos" mencionados no quesito merecia uma entrevista em si mesma. Em tese sou favorável a toda ação que vise a agitar a indagação científica. Alguns são a ressurreição de discussões velhas, que voltam de tempo em tempo, como a codificação do Direito Civil. Tal movimento representa uma agitação talvez passageira e de menos conteúdo. No entanto, repito: toda ação que agite a indagação científica é proveitosa.

O problema da codificação é um problema ardente. Discutimos muito a questão da codificação por ocasião do projeto de Código Civil. Voltei-me contra a codificação na parte relativa ao direito de família, especialmente em face da Constituição que contém dois ou três parágrafos que alteram todo projeto. Melhor seria fazer uma consolidação das normas já atualizadas, como proposto pelo Ministério da Justiça. A codificação vincula as normas, e qualquer alteração no direito de família modificará a codificação.

Não sou inteiramente favorável aos denominados microssistemas. Há vinte anos defendo o projeto na parte relativa à responsabilidade civil, tendo feito inclusive recentemente uma conferência sobre o assunto. O projeto aproveitou o anteprojeto de Agostinho Alvim, que é extremamente bem-feito, com algumas inovações muito úteis. A primeira delas é a admissão da teoria do risco em tese, fora dos casos específicos. Há um dispositivo no projeto que prevê que, além dos casos especificados na lei, admitir-se-á a indenização por dano por aquele que explora ordinariamente uma atividade, e tem lucros, criando riscos para terceiros. É a admissão da teoria do risco fora dos casos específicos, o que é uma inovação formidável.

Outra inovação muito grande é a respeito dos graus de culpa. O grau de culpa não interfere, em regra, na indenização. Indenizar significa tornar indene. Em caso de culpa insignificante, pode haver uma indenização desmedida. Segundo a regra do art. 946 do projeto, a indenização mede-se pela extensão do dano; de acordo com o parágrafo único do citado artigo, se houver excessiva desproporção entre a realidade da culpa e o dano, poderá o juiz reduzir equitativamente a indenização. Permite-se ao juiz utilizar a equidade, o que poderá ser justo, por exemplo, na hipótese de um atropelamento provocado por um homem muito cuidadoso, tendo a vítima vinte filhos. Nesse caso, o juiz poderá evocar a equidade e reduzir a indenização, em face da desproporção constatada. Cito um exemplo em meu livro: um homem cuidadoso, ao retirar o carro da garagem, sem querer atropela um homem que conduzia um galão de gasolina que explode e mata um chefe de família. A indenização seria muito alta, e a culpa, insignificante.

Nos casos de culpa grave, muitas vezes o juiz, para não dar uma indenização enorme, julga não haver culpa e não há indenização alguma. Considere-se, ainda, o dano causado por um incapaz, não tendo o seu representante meios suficientes para arcar com a indenização. Como o incapaz não tem discernimento, não responde, e a vítima fica sem reparação.

Sou contra a codificação, em tese. Alguns doutrinadores deturpam o meu entendimento. Sou favorável a códigos temáticos: um código sobre contratos, outro sobre direito de família, outro sobre pessoa jurídica. Não seriam microssistemas propriamente ditos. Há um engano, por exemplo, em se considerar que os povos modernos fizeram códigos completos. Não é verdade. O recente Código holandês foi feito em várias etapas: primeiro foi feita a parte de família, votada em 1970, como lei em separado. Posteriormente, votou-se a parte dedicada a pessoa jurídica, durante mais de oito anos. Seguiu-se o que denominam direito patrimonial, envolvendo direitos reais e obrigações. Todos foram analisados como projetos de lei em separado, em épocas diferentes, como "fatias" do código. O tratamento em separado de cada tema permite melhor discussão, mobilizando o congresso, a imprensa e a sociedade para determinada matéria. Após essas discussões temáticas, feitas em separado, de projetos distintos, considerou-se o conjunto, em 1992, como Código Civil, mas no fundo há vários códigos. O mesmo se deu com as tentativas de unificação dos códigos na Europa, que são códigos temáticos, como o de contratos, para o qual já há dois esboços.

Não se trata, portanto, propriamente de descodificação. Do mesmo modo, há uma confusão quanto ao microssistema, no uso dessa palavra. Orlando Gomes a utilizou e alguns entenderam que se tratava de sistemas fechados, como um "sisteminha", que não se comunica com os demais, o que não corresponde a uma ideia verdadeira.

No que tange à denominada constitucionalização do direito civil, sou inteiramente favorável em alguns casos, especialmente quanto a conquistas sociais, como a igualdade dos filhos, hoje cláusulas pétreas, só alteráveis se modificada a Constituição. O mesmo se deu com outros dispositivos constitucionais que são ótimos.

RTDC: Entende ser oportuno e/ou necessário promulgar novos Códigos? O que pensa do Projeto de Código Civil ora em tramitação no Congresso Nacional?

SR: Tenho veementemente combatido a admissão do Projeto do Código Civil de 1975, pelo menos na parte de direito de família, por meio de artigos, conferências e mesmo livros. E a razão é a de que o Projeto está inteiramente superado, nesta parte. O anteprojeto de 1972 foi aprovado na Câmara em 1975. Após sua aprovação, veio a lei do divórcio de 1977; o Projeto foi aprovado antes também da Constituição de outubro de 1988, que trouxe enorme revolução no Direito de Família do Brasil; e foi finalmente aprovado antes do Estatuto da Criança e do Adolescente de 1990. Só as circunstâncias de sua aprovação anterior àqueles novos textos mostram a sua extemporaneidade. Aliás, em tese, não vejo grande necessidade de promulgar novos códigos.

RTDC: No Brasil atual, em que imperam a desigualdade social, a banalização da violência, a impressionante concentração de renda e bolsões de miséria, alguma responsabilidade pode ser atribuída ao Direito Civil, aos seus operadores? Terão o legislador, o juiz e o jurista fracassado na regulamentação das relações privadas, permitindo que a pessoa humana fosse relegada a uma posição de inferioridade ante os interesses e os valores do mercado?

SR: O Direito Civil e seus operadores não têm qualquer responsabilidade pela desigualdade social, pela concentração de renda e pelos bolsões de miséria que se encontram na vida deste país. O civilista não poderia, de qualquer modo, mudar esse lastimável quadro.

RTDC: Entende necessário, e até que ponto, que os direitos fundamentais da pessoa humana ou direitos humanos sejam considerados no estudo do Direito Civil?

SR: Os direitos fundamentais da pessoa humana, cuja regulamentação é constitucional, são uma das bases nas quais se assenta o Direito Civil. No projeto de Código Civil, há um capítulo sobre direitos fundamentais, que compreendem os direitos da personalidade no campo do Direito Civil. O Estatuto da Criança e do Adolescente, por exemplo, contém diversos direitos que são garantidos constitucionalmente e, portanto, intangíveis. Na verdade, esses direitos são uma meta, não um preceito de direito propriamente dito, já que não se vai conseguir garantir toda a vida de uma pessoa, sua sobrevivência, seu estudo. São uma meta a ser alcançada.

RTDC: Qual é a herança mais preciosa que os estudos do Direito Civil oferecem ao século XXI?

SR: Penso que é o contrato, que é fundamental no campo do direito privado, na verdade toda a estrutura do direito das obrigações. A questão é difícil, porque para alguns a propriedade tem uma importância fundamental, o que não se verifica para aqueles que são contra a propriedade privada. Contudo, difícil será alguém não considerar o contrato fundamental.

Se fizermos um paralelo entre o contrato no Código Civil e no Código de Defesa do Consumidor, vamos constatar que há diferenças enormes, como exemplo, a possibilidade de revisão do contrato pelo juiz no caso de lesão, o que nos conduz, de certo modo, aos direitos humanos.

O Direito Civil contém, no meu entender, um conjunto de normas que vêm vigendo há três mil anos, havendo grande interesse principalmente para as classes possuidoras. O contrato não tem qualquer interesse para um mendigo, no entanto, é fundamental para um homem com recursos. Como se vê, a questão é muito complexa. Não seriam os direitos fundamentais, na vertente dos direitos da personalidade, a grande herança? Se a presente pergunta fosse feita no século XIX, diria que a maior herança seria a declaração dos direitos do homem, que na verdade pertence ao direito público.

RTDC: Como vê o futuro do Direito Civil?

SR: Vejo com muito otimismo. Quanto mais se desenvolver o Direito Privado em si, mais estabilidade terá a sociedade. Mesmo em um país como o nosso, em que há tantas escolas que nem sempre têm um compromisso social, privilegiando muitas vezes o aspecto comercial, mantenho o otimismo, visto que, de qualquer modo, as pessoas estão entusiasmadas com a escola. Todas essas pessoas, de algum modo, trabalharão para a solidificação do Direito. Quem escreve um livro, por exemplo, tem fé, cria alguma coisa que é importante para o Direito, para os direitos humanos, para a sociedade. Assim, um elaborador do Direito, um colaborador, um professor do Direito, é naturalmente importante.

Na verdade, não há que se temer uma prevalência do Direito Público. Normas, se retirada a designação de Direito Civil, são todas normas de Direito. Em algumas épocas, o Direito Privado tem um desenvolvimento extraordinário, em outras, o Direito Público, como no período da ditadura. Esse fenômeno não guarda necessariamente conexão com a situação política. Atualmente, por exemplo, vivemos o momento da privatização. Esse aspecto é, como se vê, também bastante complexo.

ENTREVISTA COM O PROFESSOR ERIK JAYME[1]

Catedrático da Universidade de Heidelberg, Alemanha. Diretor do Instituto para Direito Estrangeiro, Direito Internacional Privado e Direito Econômico da Universidade de Heidelberg, Alemanha.

RTDC: Quais são as suas principais lembranças sobre os seus estudos universitários? Quem foram os mestres que mais o influenciaram, qual era o método didático utilizado e como se dava a relação entre professores e alunos? Que peso teve a sua formação universitária no desenvolvimento de sua vida profissional?

EJ: Com relação a estudos universitários, estudei três semestres na Faculdade de Direito de Frankfurt, depois cinco semestres de Direito e História da Arte na Universidade de Munique. Após o primeiro exame de Estado, estudei um ano na Universidade de Pavia (Itália), e apresentei o doutorado em Munique. Depois do segundo Exame de Estado, estudei um ano na Universidade de Berkeley, na Califórnia, e recebi o título de Master of Law (LL.M.).

O mestre que mais influenciou meu pensamento foi Albert A. Ehrenzweig, que ensinava Direito Internacional Privado em Berkeley. Ele vinha da Áustria, possuía uma forte influência filosófica e uma impressionante maneira de vincular os problemas jurídicos com perguntas e questionamentos vindos da Psicologia. Ele via o Direito como um todo, trabalhava interdisciplinarmente. Hoje eu visualizo o Direito por meio das tendências – pós-modernas – da Filosofia. Eu agradeço a Ehrenzweig a coragem para fazer isto. Eu aprendi também como se escreve cientificamente em Direito. Juntos publicamos dois livros em inglês.

A técnica do Direito Internacional Privado agradeço a Murad Ferid (Munique), de quem fui mais tarde sucessor – e a Rodolfo De Nova (Pavia). De Hans G. Ficker (Mainz) aprendi a não excluir o Direito da Arte.

Meus modelos encontrei no passado: Pasquale Stanislao Mancini (1817-1888), liberal, aberto para o mundo, professor, ministro da Justiça e advogado, foi o grande

[1] Entrevista concedida à *Revista Trimestral de Direito Civil – RTDC*, v. 3, jul./set. 2000. Tradução da Profa. Dra. Claudia Lima Marques – Universidade Federal do Rio Grande do Sul.

ídolo de minha vida; mais tarde, também para o Direito Comparado, Emerico Amari (1810-1879). Mas o ideal vínculo entre Arte e Direito está no grande escultor Antonio Canova (1757-1822).

RTDC: Como comparar a Universidade alemã de ontem com a de hoje? No decorrer de sua experiência didática, foram perceptíveis os momentos de transição, as inflexões relevantes no currículo, as alterações importantes de rumo?

EJ: Quando eu tive a oportunidade de estudar, alcançavam a universidade apenas 5% dos alunos de Ginásio. Os estudantes vinham das classes mais altas e cultas da Burguesia; eu tinha estudado em um Ginásio Humanístico e aprendido 5 línguas (9 anos de Latim, 7 anos de grego antigo, 5 anos de inglês, 3 anos de francês e 2 anos de italiano). Hoje os estudantes (aproximadamente 50% de todos os alunos de ginásio, na Alemanha, chegam à Universidade) trazem uma formação totalmente diferente. Meu estilo de ensinar foi extremamente influenciado por minha passagem nos Estados Unidos. Incentivar e conduzir as aulas com perguntas. Eu prefiro a aula por meio do diálogo. Na minha época de estudante, falávamos apenas nos seminários, nunca nas aulas magistrais dos professores.

RTDC: Ao longo de sua experiência científica, como doutrinador, manteve-se fiel ao método apreendido durante sua formação acadêmica ou decidiu adotar outros critérios e perspectivas de investigação? A eventual mudança deveu-se a algum acontecimento particular, político ou pessoal?

EJ: Até 1980, eu utilizava os métodos tradicionais da Dogmática civilística e os métodos de pensamento conflituais do Direito Internacional Privado. Então voltei-me, por algum tempo, totalmente para a evolução das ideias jurídicas, pois as ideias mudam a realidade. Minha simpatia voltou-se para os questionamentos, que também movimentavam minha pessoa e meu tempo, sobretudo a identidade cultural do indivíduo.

RTDC: A literatura, a poesia, as artes em geral contribuíram para a sua formação de jurista? Quais são os seus autores preferidos? Que leituras recomendaria às novas gerações? Que autores clássicos não devem deixar de ser conhecidos?

EJ: Escritos jurídicos, que influenciaram minha vida, foram, por exemplo, Mancini, *Il principio di nazionalità come fondamento del diritto delle genti* (1851) ou *Ehrenzweig, Psychoanalytic Jurisprudence* (1971). Somente com mais idade consegui unir minhas duas áreas de interesse por meio do Direito da Arte (*Kunstrecht*). Eu amo ópera (Vincenzo Bellini, Richard Strauss), leio com prazer a literatura austríaca (Hugo von Hofmannstahl, Robert Musil). Meu interesse principal é a pintura, da Renascença (Giorgione) até a pós-modernidade (Rainer Fetting). Às jovens gerações recomendaria eu a leitura de *Bildungsromane* (leitura sobre a formação do próprio indivíduo, do ser) e *A montanha mágica*, de Thomas Mann.

RTDC: O que despertou seu interesse para o Direito Civil e o Direito Internacional Privado?

EJ: Inicialmente me fascinou o Direito Internacional Público. Foi Ferid Murad que despertou meu interesse pelo Direito Civil Comparado e o Direito Internacional Privado. O que me prende é a realidade, o destino humano (Schicksale), os caminhos e problemas dos indivíduos. Daí eu ter iniciado com o Direito de Família.

RTDC: Quais as suas impressões sobre os novos "movimentos" da civilística moderna, em particular, a descodificação, os microssistemas, a constitucionalização do direito civil?

EJ: Na Alemanha estamos agora recentemente incluindo as leis esparsas de proteção dos consumidores no Código Civil Alemão (BGB), especialmente na Parte Geral (§13 Definição de Consumidor).[2] Codificações claras facilitam, em minha opinião, a aplicação e interpretação do Direito (*die Rechtsfindung*). No mais, defendo o "Diálogo das Fontes".

RTDC: São conhecidos seus estudos acerca da codificação, e, de outro lado, sobre a influência da cultura pós-moderna no direito. Neste sentido, entende ser oportuno e/ou necessário promulgar novos Códigos Gerais? O que pensa do Projeto de Código Civil brasileiro ora em tramitação no Congresso Nacional?

EJ: A existência de codificações diminui as antinomias e as contradições na ordem jurídica (*die Widerspruchfreiheit der Rechtsordnung*). No atual Código Civil Brasileiro, eu admiro a Parte Geral, que inclui também os atos ilícitos.

RTDC: Em tempos pós-modernos, de pluralismo de fontes nacionais e internacionais, normas cogentes e normas de inspiração, duas ideias suas têm chamado a atenção dos brasileiros, o que o senhor denominou "normas narrativas" e a necessidade de "diálogo das fontes". O senhor poderia esclarecer melhor estas suas expressões e teorias?

EJ: Com a ideia de "normas narrativas" tento eu descrever alguns fenômenos. No Direito Internacional Privado alemão, houve uma reforma em 1986 que duplicou os textos, tratados internacionais e uma codificação. Normas narrativas têm o sentido de indicar outros textos para aplicar. Então descobri normas que não têm nenhum outro fim, senão descrever valores (por ex., art. 3,2 Convenção de Bruxelas de 1968). Normas narrativas neste sentido são normas que trazem valores (*Wertträgernormen*), as quais ajudam no desenvolvimento do Direito (*Fortentwicklung des Rechts*) com orientações e ajudas. Daí retirei o vínculo com a *soft law*. Os códigos de conduta, deontológicos, ou as normas criadas por cientistas, como as normas de *création savante* (UNIDROIT), que não obrigam, apenas "iluminam". Finalmente conclui a ponte entre a narração e o pós-moderno. Isto tem dois significados. Narração significa, em primeiro lugar, na arte, que o objeto de arte, também as edificações, irá descrever seu sentido, sua função. De outro, narração significa também legitimação. Valores só serão usados quando são descritos e narrados. Por isso, podemos entender o grande significado das Diretivas Europeias. Elas contêm inicialmente uma descrição de sua finalidade e são elas mesmas um modelo de regra para as legislações nacionais. O "diálogo das fontes" significa que decisões de casos complexos da vida são hoje o somar, o aplicar conjuntamente, de várias fontes (Constituição, Direitos Humanos, Direito Supranacional e Direito Nacional). Hoje não mais existe uma fixa determinação de ordem entre as fontes, mas uma cumulação destas, um aplicar lado a lado. Os direitos humanos são direitos fundamentais, mas somente às vezes é possível deles retirar efeitos jurídicos precisos.

---

[2] No original: "BGB- §13 Verbraucher – Verbraucher ist jeder natürliche Person, die ein Rechtsgeschäft zu einem Zweck abschliesst, der weder ihrer gewerblichen noch ihrer sebständigen beruflichen Tätigkeit zugerechnet werden kann" (BGB- §13 Consumidor – Consumidor é qualquer pessoa física que conclui um negócio jurídico, cuja finalidade não tem ligação comercial ou com sua atividade profissional).

O Direito Civil hoje é determinado por cláusulas gerais, como Boa-fé, Equidade, Bons Costumes, Ordem Pública. Minhas reflexões partem da pergunta, como são estas cláusulas gerais concretizadas, com, por exemplo, *standards* vindos do Direito Comparado (veja meu trabalho *Métodos de Concretização da ordem pública*, de 1989) ou através dos Direitos Humanos (veja meu trabalho *A Ordem pública nacional e a Integração europeia*, Viena, 2000).

RTDC: Em conferência proferida em Porto Alegre, na UFRGS, o senhor afirmou que "o Direito de Família vive renascimento científico e dogmático com o aparecimento de novos sujeitos e a pós-modernidade". Observa-se este fenômeno apenas na Europa ou também no Brasil?

EJ: Meus escritos mais recentes contêm uma crítica à livre circulação na Europa como valor máximo do Direito de Família europeu. Os direitos das pessoas, em minha opinião, não podem ser tratados como mercadorias. Hoje, os direitos humanos estão incluídos no art. 6, 2 do Tratado da União Europeia como princípios gerais do Direito Comunitário Europeu.

Em minha aula na academia de Direito Internacional de Haia em 2000, "A proteção da pessoa humana face a globalização e o direito internacional privado", tentei alcançar a proteção do indivíduo por meio de um reforço na autonomia deste, ao mesmo tempo que se criem e se assegurem direitos de informação.

RTDC: Qual é a herança mais preciosa que os estudos do Direito Civil oferecem ao séc. XXI?

EJ: Para o novo século recomendaria eu dois valores: Autonomia e Transparência.

Novas publicações do Prof. Erik Jayme

Langue et Droit (Bruxelas, Ed. Bruylant, 2000).

Rechtsvergleichung – Ideengeschichte von Emerico Amari zur Postmoderne (Heidelberg 2000) (Direito Comparado e história das Ideias de Emerico Amari até a Pós-modernidade).

Nationaler order public und europäische Integration (Viena, 2000) (Ordem pública nacional e Integração europeia).

Rechtsschutz für ikonographische Programme historischer Gärten (Conferência Viena, 2000) (Proteção jurídica de programas iconográficos de jardins e parques históricos).

Zum Jahrtausendwechsel: Das Internationale Privatrecht zwischen Postmoderne und Futurismus, IPRAX 3/2000, p. 165 e seg. (Mudança do século: O Direito Internacional Privado entre Pós-Modernidade e Futurismo).

Antonio Canova: die politische Dimension der Kunst (Frankfurt, 7Main, 2000) (Antonio Canova: A Dimensão Política da Arte).

Le droit international privé du nouveau.

La protection de la persone humaine face à la globalisation (Haia, 2000).

ENTREVISTA COM O PROFESSOR ANDRÉ-JEAN ARNAUD[1]

RTDC: Como foi sua formação universitária? Quais eram suas principais áreas de interesse e quem foram os mestres que mais o influenciaram em sua trajetória?

AJA: Tive a sorte de receber uma formação muito tradicional, no espírito da antiga Universidade francesa, com uma especialização em Direito Civil, principalmente na Universidade de Estrasburgo, com os Professores Alex Weil e François Terré. Fiz uma especialização também em Direito Comparado com o Professor Michel Virally. Havia previsto inicialmente destinar-me ao Concurso de Agregação das Faculdades de Direito, mais precisamente em História do Direito, dado que não existe este concurso em Filosofia do Direito. Tive como Mestre o Professor Michel Villey, que me obrigou a desenvolver estudos interdisciplinares em História, Filosofia e Direito Canônico. Nesta última disciplina, tive o privilégio de assistir aos cursos dos grandes especialistas, o Cônego René Metz e o Professor Jean Gaudemet, bem como alguns seminários, importantíssimos, ministrados pelo Decano Gabriel Le Bras. Também segui neste momento cursos em Literatura Clássica e Moderna. Minha tese de doutorado – na época tratava-se de um "Doutorado de Estado" francês, que foi infelizmente suprimido nos anos 1980 – analisou a origem fundamentalmente doutrinal do trabalho de elaboração legislativa do Código Napoleônico.[2] Nesta ocasião, tive também a oportunidade de manter uma correspondência muito interessante, para mim, com vários professores estrangeiros, como exemplo, Norberto Bobbio, Hans Thieme, Franz Wieacker. Na época da preparação da minha tese de doutorado, encontrei também algumas pessoas que tiveram uma importância enorme sobre mim, e que marcaram alguns traços da minha visão científica, como foi o caso do Professor Henri Lévy-Bruhl, falecido muito cedo em 1964, e do Professor Jean Carbonnier, que sempre foi um grande conselheiro para mim, dada minha especialização no campo da História do Direito Civil, principalmente pelo seu conhecimento do pensamento jurídico dos séculos XVII ao XX.

---

1 Entrevista concedida à *Revista Trimestral de Direito Civil – RTDC*, v. 4, out./dez. 2000. Para a realização desta entrevista, a *RTDC* contou com o inestimável apoio da Prof. Wanda Capeller, a quem agradece ainda pela excelente tradução realizada.

2 O Prof. Arnaud se refere à obra *Les origines doctrinales du code civil français*, que foi publicada, com prefácio do Prof. Michel Villey, pela Librairie Générale de Droit et de Jurisprudence em 1969.

Recebi o título de Doutor de Estado (Ph.D.) em Direito em 1964, e comecei minha militância na advocacia. Mas o Professor Michel Villey convidou-me a integrar o Centro de Filosofia do Direito que havia criado na Universidade de Paris (Panthéon Sorbonne). Resolvi, então, candidatar-me para o Centro Nacional de Pesquisa Científica, em Paris, e desta forma pude passar mais de um quarto de século no Centro de Michel Villey, mesmo depois de seu falecimento, o que foi verdadeiramente frutuoso em termos científicos. Especializei-me assim em História do Pensamento Jurídico Europeu, e os dez anos seguintes foram dedicados às relações científicas internacionais. Neste período, trabalhei nos quadros da Associação Internacional de Filosofia do Direito e de Filosofia Social, mantendo contatos com muitos professores que se destacavam nesta área por sua importância e que, pouco depois, participaram na aventura que foi a realização do *Dicionário Enciclopédico de Filosofia e de Sociologia do Direito*.[3] Mantive, com alguns desses colegas, laços de amizade, principalmente com Neil McCormic, com o brasileiro Tércio Sampaio Ferraz Jr. e outros.

Nos últimos anos da década de 70, passei progressivamente para a Sociologia do Direito. Com efeito, dada a incapacidade do Direito e da Filosofia do Direito para responder aos eventos dos anos 1968 e seguintes, e lembrando dos ensinamentos contidos na obra sócio-histórico-jurídica de Henri Lévy-Bruhl, e ainda mais incentivado pelo Professor Jean Carbonnier, pareceu-me importante avaliar em que medida a Sociologia do Direito podia promover a interconexão entre o Direito e as expectativas da sociedade.

Em seguida, entrei como membro do *Research Committee on the Sociology of Law da International Sociological Association*, em que tive o prazer de conhecer o Professor Renato Treves, e meus sempre amigos Vincenzo Ferrari e Elías Díaz, este último grande opositor do franquismo na Espanha, os professores Lawrence Friedmann, Richard Abel, e muito outros que, de maneira desinteressada e amiga, colaboraram com a elaboração do dicionário (acima citado) que eu estava coordenando.

Foi nesta época que, sempre com um pé na Filosofia e outro na Sociologia do Direito, criei o núcleo que seria mais tarde conhecido como *Droit et Société*. Este foi o início de uma colaboração científica "histórica" com alguns colegas e amigos de sempre, entre eles Jacques Commaille, Jean-François Perrin, François Ost, Michel Van de Karchove.

RTDC: É possível fazer uma comparação entre a vida universitária da época de seus estudos, os seus primeiros anos de cátedra e a universidade de hoje? Registraram-se substanciais mudanças no relacionamento entre alunos e professores?

AJA: Farei alusão primeiramente a uma mudança de caráter espacial. Na época em que estudei, todos os departamentos e todos os estudantes encontravam-se num só lugar, ou seja, no Palácio Universitário de Estrasburgo, onde passei meus últimos anos de estudo e onde lecionei no início de minha carreira. Neste prédio, passava-se de uma área de conhecimento a outra simplesmente atravessando o corredor. Encontravam-se estudantes de Literatura, de História, de Direito, de Teologia, de Filosofia no próprio *hall*

---

3 Esta obra, cujo título original é *Dictionnaire encyclopedique de theorie et de sociologie du droit* (editada em 1988 e com uma segunda edição de 1993), foi recentemente publicada no Brasil pela Editora Renovar (1999), traduzida sob a direção de V. P. Barretto. Na edição brasileira, a comissão de revisão científica composta por Celso de A. Mello, G. Tadeu Monteiro, Heloisa H. Barboza, J. Ribas Vieira e L. Mateotti acrescentou novos verbetes, próprios do contexto da cultura jurídica nacional.

do prédio, um grande espaço que se abria para as várias salas de aula. As possibilidades de intercâmbio cultural eram imensas!

A partir dos anos 1960, a abertura da universidade francesa a uma sociedade de democracia de massa acabou por impor uma separação física das diversas áreas de conhecimento. Em 1964, por exemplo, apresentei minha tese doutoral num novo edifício construído exclusivamente para a Faculdade de Direito. Os anos pós-1968 – apesar de terem tido a imensa vantagem de destruir o reino dos "mandarins" (ou seja, daqueles que abusavam da autoridade e do poder adquiridos pela cátedra por vezes com o passar do tempo, e não por mérito científico) – incitaram, infelizmente, alguns professores a exercerem certa demagogia. Por não haver repensado estruturalmente a formação dos ciclos superiores, a universidade francesa, hoje "universidade de massa", transformou-se pouco a pouco em escolas de seleção, o que é feito nos primeiros dois anos (*baccalauréat* + 2) de ensino universitário. A Universidade tornou-se uma formação alternativa às Grandes Écoles, em nível inferior, principalmente para aqueles que conseguem seguir os estudos nos dois ou três anos seguintes, mas não conseguiu manter o antigo espírito universitário que ainda tive a sorte de conhecer.

Quando fui convidado para criar o Instituto Internacional de Sociologia Jurídica em Oñati (ao norte da Espanha), e, em razão de minha dupla formação em Direito e Sociologia, quis oferecer aos alunos uma formação de tipo realmente universitário, no velho espírito da *universitas*. Os alunos que passaram pela Academia Europeia de Teoria do Direito, criada em Bruxelas, pouco depois, pelo Comitê Diretor ao qual pertenço, reconhecem ter recebido uma formação muito especial, e ter tido a oportunidade de compartilhar um verdadeiro "espírito universitário".

RTDC: O senhor define a sociologia jurídica como "o estudo do *ser* do direito". Qual é a principal contribuição que uma ciência do *ser* oferece a uma ciência do *dever-ser*?

AJA: Esta pergunta supõe uma questão preliminar: é possível existir uma "ciência" do prescritivo? Trata-se aqui de uma reflexão epistemológica, conhecida como a "querela da ciência normativa". Na verdade, a Sociologia do Direito pode intervir em vários níveis. Para o Decano Jean Carbonnier, por exemplo, essa disciplina ajuda essencialmente a "tomar o pulso" da sociedade no caso em que o legislador deseje empreender uma obra adequada à sociedade para a qual o Direito se dirige.

Mas, podemos ver as coisas de outro modo e questionar a cientificidade da distinção entre o *ser* (o que acontece na sociedade) e o *dever-ser* (as referências do modo como são impostas pelo legislador ou juiz por meio do Direito). O grande problema é o seguinte: se aplicamos a lei de Hume (não se pode logicamente deduzir um *dever-ser* de um *ser*), deve-se admitir que o Direito é um fenômeno completamente arbitrário, dotado de uma lógica própria. Podemos facilmente imaginar os perigos que podem advir de tal tese. Por outro lado, afirmar que o Direito deriva dos fatos pode até levar a crer que o Direito é determinado pela História, e, consequentemente, que, os homens sendo mestres de sua História, o Direito deriva – por que não? – da genética!

Devemos, pois, sair da era positivista e adotar uma perspectiva construtivista. Desta forma, a distinção clássica entre *ser* e *dever-ser*, entre ciência jurídica e filosofia do Direito, entre julgamento jurídico e julgamento moral, só será pertinente se o objeto a ser estudado encontra-se suspenso em um momento dado dos processos sociais, considerado "no momento", fora do tempo e do espaço. A perspectiva construtivista mostra-nos que o Direito lida na verdade com fenômenos que são "contínuos", quer dizer, não se trata mais de indivíduos isolados, mas da "totalidade" do fenômeno estudado, cruzando as perspectivas interna e externa, disjuntas no instante, mas contínuas na duração. Se adotamos esta perspectiva, vemos que se transforma totalmente a própria noção de observação científica. Uma ciência jurídica não tratará do *ser* ou do *dever-ser*, mas fundamentalmente de processos jurídicos e sociais. Em outras palavras, o enfoque construtivista permite reconciliar a sociedade com o seu Direito.

RTDC: Como o senhor qualificaria o estudo de sociologia jurídica realizado nas faculdades de Direito? Na sua opinião, a atenção e o enfoque destinados à disciplina são satisfatórios? Há uma percepção maior, hoje em dia, da importância deste estudo?

AJA: O problema do reconhecimento de uma disciplina sociojurídica é duplo. Trata-se primeiramente de um problema epistemológico na medida em que se coloca a questão de saber se pode ser chamada disciplina uma área de pesquisa que não tem um objeto próprio, que não tem uma função própria e que não desenvolve métodos próprios. Mas trata-se também de um problema prático na medida em que, por exemplo, as várias disciplinas jurídicas encontram aplicação imediata na prática forense. Neste caso, quais serão as funções atribuídas aos alunos titulados em Sociologia Jurídica? O desenvolvimento dos cursos de Sociologia Jurídica depende de uma mudança na mentalidade dos professores, dos alunos e dos profissionais do Direito. Só uma formação em Sociologia do Direito permite aos alunos compreender que a distância entre a sociedade e o Direito formal pode ser reduzida graças a uma apreensão diferente da parte dos próprios juristas. Com efeito, as questões práticas fundamentais da Sociologia Jurídica encontram-se na busca de alternativas não somente à criação tradicional do Direito, mas também à aplicação tradicional do Direito e às soluções judiciais dos conflitos, ao papel dos juristas ante o hiperdesenvolvimento das políticas públicas, das políticas sociais, das políticas familiares, das políticas de meio ambiente etc. Quer dizer, a Sociologia Jurídica procura desenvolver uma reflexão sobre o papel dos juristas na vida social do Direito. Tudo isso faz parte das matérias oficialmente ensinadas aos alunos de Direito?

Atualmente, desenvolve-se uma reflexão no Brasil sobre este tema (por exemplo, o Colóquio organizado pelo IDES, no Rio de Janeiro, em agosto de 2000), e observa-se um grande esforço por parte de alguns colegas para implementar uma disciplina sociojurídica. Isso é muito importante, imprescindível. Mas, na verdade, não sei se se deve impor a Sociologia Jurídica como disciplina, pois isso reforça a resistência dos professores dogmáticos. Por outro lado, sem esta disciplina os estudantes não têm acesso institucional a este tipo de conhecimento e formação.

RTDC: O senhor já afirmou que os manuais de direito desconhecem as profissões jurídicas, como se estes profissionais "não existissem realmente". Na sua opinião, qual o motivo desta "ausência" histórica? Como a sociologia jurídica pode ajudar a dissipar esta névoa?

AJA: Segundo a tradição positivista ocidental das profissões jurídicas, a prática do Direito deve limitar-se à interpretação do Direito formal, e por essa razão o profissional do Direito é apenas a "boca da lei", sem que nenhum lugar lhe seja atribuído no ensino do próprio Direito.

Com o desenvolvimento mundial do sistema cultural jurídico americano, por meio das *law firms*, e em razão dos processos de globalização, assistimos, há três décadas, a uma mudança radical no papel do jurista. A avaliação dos custos e dos benefícios tende atualmente a superar a solução tradicional dos conflitos; a negociação tende a superar o conflito; a Justiça do Estado é cada vez mais marginalizada pelas empresas transacionais etc. O estudo sociojurídico permite observar e compreender tal evolução, esboçar modelos de comportamentos, pensar na mudança das profissões jurídicas suscetível de responder às necessidades do tempo presente. Neste contexto, o profissional do direito retoma seu lugar natural de ator sociojurídico na elaboração, na aplicação e no controle do Direito. Tudo isso deve ser ensinado aos estudantes de Direito, e esta é uma das missões da Sociologia Jurídica.

RTDC: O senhor vem lecionando, participando de colóquios e grupos de pesquisas e até mesmo integrando e dirigindo instituições em diversos países. Quais os principais frutos que o senhor colheu destas experiências? Qual a importância deste intercâmbio para o estudioso do direito? Quais as diferenças mais marcantes entre os ordenamentos dos países de mesma tradição romano-germânica que poderiam ser ressaltadas?

AJA: A ideia de *limer sa cervelle contre celle d'autrui* vem do século XVI. É verdade que, desde muito cedo, pude reconhecer a especificidade das diversas culturas que se manifesta através dos vários idiomas portadores dessas culturas. Percebi igualmente que não há hierarquia de valores entre as culturas, e que a variedade deve ser aceita. Isso vale também para as culturas jurídicas, e conduz ao reconhecimento do pluralismo jurídico. Desde então, dei-me conta da importância da flexibilidade e do relativismo das verdades, aprendi a arte da comunicação e a relevância da comparação. Compreendi que o progresso nasce não de uma visão imperialista, mas, segundo as palavras de Claude Lévi-Strauss, da "coalizão de culturas". Foi por isso que incluí, na segunda edição do dicionário anteriormente citado, um verdadeiro tratado das tradições e culturas jurídicas, sob a responsabilidade do Professor japonês Masaji Chiba.

Quanto à sua última questão, gostaria de destacar que as diferenças – por mais importantes que sejam – entre ordenamentos de países de mesma tradição jurídica podem ser consideradas expressões locais de blocos culturais momentaneamente divididos por contingências históricas. Na era da globalização e da (re)constituição de blocos regionais (econômicos/identitários), tais diferenças parecem ligeiras e devem resolver-se tranquilamente, sem conflito na medida em que as necessidades comuns dos países-membros assim o exigem.

RTDC: O senhor afirmou que, se o jurista quer ser um excelente profissional, ele não pode ser apenas o homem de gabinete, um manejador de códigos e de compilações de jurisprudência, mas deve "saber pôr, em certos momentos, o direito entre parênteses para observar o pluralismo jurídico em ação dentro da sociedade". Como se deve proceder para atingir este objetivo?

AJA: Isso pode ser feito com um espírito aberto à flexibilidade e à relatividade, e com um método apropriado. Já sugeri a aplicação de um enfoque "complexo", e mostrei como pode produzir-se uma "decisão complexa". Uma decisão assim tomada adquire um caráter coletivo, pois supõe a participação ativa e específica das diversas partes implicadas, como o advogado, o juiz etc. De fato, tal processo aplica-se diariamente nos assuntos jurídicos, mas pode não ser visível (por ex., as negociações do tipo *law firms*), pode não ser sistemática (por ex., a intervenção negociada dos juízes em conflitos sem previsão formal e legislativa de negociação). A Sociologia Jurídica deve poder apresentar ao legislador modelos diferentes de soluções de conflitos, e desenvolver a formação dos alunos para tais tipos de processos extrajudiciais.

RTDC: Nos últimos meses, os jornais brasileiros noticiaram três histórias bastante semelhantes: uma aldeia de pescadores criou um "código" para reger as relações entre os seus habitantes, conseguindo, inclusive, racionalizar a pesca na região; uma fábrica criou uma "câmara" para promover acordos com os trabalhadores demitidos ou demissionários, alcançando a conciliação em 70% dos casos; a associação de moradores de uma favela criou um "registro imobiliário" paralelo ao oficial, fornecendo aos moradores um "título de propriedade" que serve como prova para dirimir os conflitos entre os habitantes da comunidade. Estas experiências têm algo de positivo a nos ensinar? É possível traçar um paralelo entre estas histórias e o uso cada vez mais intenso da arbitragem e da mediação, especialmente no âmbito do comércio internacional e das grandes empresas?

AJA: Há dois movimentos que não devem ser confundidos. De um lado, quando uma comunidade toma consciência de sua existência, e não encontra regras formais existentes que evitem os conflitos internos, cria suas próprias regras. Isso foi perfeitamente analisado no caso das comunidades negras da África do Sul durante o período mais duro da segregação (cf. *Dicionário* cit., verbete "Alternativas"). Por outro lado, com o desenvolvimento das privatizações e a regressão do papel do Estado, surgem cada vez mais nas empresas, nos sindicatos, em vários grupos e comunidades, nas bolsas de valores etc., códigos de comportamentos, ou "Cartas" para definir eticamente e/ou juridicamente o papel das pessoas pertencentes ao grupo. O ponto comum a estes vários processos consiste na criação de um sistema normativo fora do Direito estatal, quer dizer, o surgimento de um pluralismo jurídico.

A análise desses fenômenos deve fazer parte dos cursos ensinados nas faculdades de Direito. É verdade que a Sociologia Jurídica tem um papel importantíssimo no sentido de desvendar os lugares onde nascem estes novos *corpus* de Direitos "privados", para classificar os diversos tipos que estão aparecendo, para determinar os modelos, para mostrar, por meio de experiências minuciosamente estudadas, as vantagens, os aspectos de flexibilidade, mas também os riscos de cada modelo, principalmente no que se trata da ausência de proteção do Estado, da falta de segurança e certeza garantidas pelas regras de Direito, os modos de coerção, os recursos contra decisões etc.

RTDC: A proliferação de acordos regionais, formando blocos como o Nafta e o Mercosul, decerto trará grandes transformações, não só no cenário da economia, mas também no Direito. As maiores atenções nesta matéria voltam-se para o Velho Continente, não só pelo vanguardismo da União Europeia como pela ousadia da proposta. Um dos grandes motivos de ansiedade é a difícil tarefa de harmonizar os direitos nacionais e o direito comunitário – tensão que não é particularmente nova, se levarmos em conta, *mutatis mutandis*, o período anterior aos nacionalismos. No que esta experiência histórica europeia pode auxiliar a compreensão deste "renascimento de um pluralismo jurídico", como o senhor definiu? Como evitar a supressão das garantias consagradas pelas constituições dos países-membros?

AJA: Antes de mais nada, gostaria de lembrar que as experiências estrangeiras devem ser consideradas não como padrões suscetíveis de "transplantes" mais ou menos harmoniosos (ver sobre este tema e sobre a história penal brasileira a excelente análise da Prof. Wanda Capeller), mas como simples modelos que servem para a reflexão, quer dizer, podemos a partir deles questionar por que tal modelo, em tal lugar, em tal contexto, acabou sendo adequado para a realização de tais ou tais objetivos sociais.

Em relação à União Europeia, o Mercosul tem uma grande vantagem: a existência e a prática de somente dois idiomas. Quanto às desvantagens, elas vêm de longe, de uma longa história de mal-entendidos originados da própria colonização, como a exploração por parte dos colonizadores que aqui chegavam para retirar os recursos e dizimar as populações nativas. Esta trágica história reforçou um sentimento, creio que generalizado, de necessidade de protecionismo que, naturalmente, em função da tradição ocidental do Direito e do Estado, parece ter que passar necessariamente pelas instâncias estatais, o que reforça os nacionalismos. Paradoxalmente, poucos acreditam hoje nas capacidades do Estado, em razão principalmente de sua ineficácia em resolver as crises econômicas permanentes geradas por este contexto histórico secular.

Não obstante, verifica-se atualmente um movimento irreversível de regionalização, acelerado pelo processo da globalização econômica e a volatilidade crescente dos fluxos financeiros. O controle desses fenômenos escapa cada vez mais das mãos dos Estados-Nações. Uma maneira inteligente de preservar o que pode ser preservado consiste na aplicação de alguns princípios básicos da globalização, ou seja, a consolidação dos blocos econômicos regionais capazes de resistir melhor que os próprios Estados, ou, ainda, o reforço da dinâmica global/local com o intuito de evitar que a globalização se apresente como um novo tipo de colonização. Parece-me que a instauração de normas regionais comuns para implementar tais objetivos e sua aplicação imediata nos Estados-Membros seriam, para os Estados-Nações, um meio de salvação mais do que um fator de dissolução dos particularismos nacionais.

RTDC: Um dos paradoxos da pós-modernidade, na sua concepção, reside no conflito entre a praxe neoliberal – que traz em seu bojo exigências de desregulamentação – e uma demanda por novas leis, estimulada por segmentos da sociedade e às vezes até mesmo pela mídia, face à perplexidade gerada por situações surpreendentes, como no caso dos avanços da biotecnologia. Qual tendência deverá prevalecer, e quais as consequências disso?

AJA: Essas duas tendências devem desenvolver-se no futuro. Com efeito, com a diminuição do papel do Estado – e consequentemente de sua proteção – num momento de grandes desenvolvimentos tecnológicos, os cidadãos requerem uma aplicação cada dia mais precisa do princípio da precaução. Isso gera a produção de textos jurídicos normativos cada vez mais minuciosos, constituindo leis, que, por tradição, aparecem como modos simbolicamente fortes de evitar os riscos (pessoais ou outros). Além disso, em vários setores da vida quotidiana, principalmente na vida comercial e financeira, produz-se também um processo contrário. As empresas precisam de uma grande liberdade para enfrentar um mercado cada vez mais flexível, rápido, complexo. A lei, ao contrário, tem vocação à racionalidade, à generalidade e à perenidade. Essas características são frequentemente vistas como incômodas quando se deve proceder a uma boa gestão do mercado, que é pragmático, mas funciona no caso, segundo o momento.

Trata-se, então, de uma profunda transformação na percepção de qual é o papel do Estado e do seu instrumento de predileção: o Direito. Isso não significa o desaparecimento do Estado. Significa, sim, a multiplicação das fontes da normatividade jurídica. É por isso que o ensino da sociologia jurídica é imprescindível, dado que os estudantes devem aprender a enfrentar, a gerenciar, a cuidar e a controlar tais fenômenos, decorrentes do pluralismo jurídico, que se multiplicam na prática.

RTDC: Como o senhor, que define o período e a ideologia inerente às grandes codificações como "a paz burguesa", vê as atuais discussões sobre a codificação? Esta forma de legislar ainda é necessária ou tornou-se anacrônica, tendo em vista, como também o senhor afirmou, "que as leis não possuem mais vocação para perpetuidade"?

AJA: Que "as leis não possuem mais vocação para perpetuidade" não é uma afirmação, mas uma constatação que faço com certa decepção! Fala-se de "leis experimentais"! Como se uma lei pudesse ser "experimental". Não é o "ser" da lei, precisamente, a permanência? Desenvolvem-se hoje, por exemplo, algumas políticas públicas voltadas para este tipo de normas "experimentais". Mas, a força da lei é tão grande, que essa espécie de "compromisso" sociojurídico parece ser uma maneira de satisfazer grupos de interesses opostos (por exemplo, grupos que reclamam reconhecimento de direitos e grupos que se opõem às mudanças). Uns e outros são cidadãos com direito ao voto! Vejo como um excesso de democracia o fato de que os governantes cedam sem pensar nas consequências de seus atos. Desse ponto de vista, chegamos a uma descaracterização da natureza da lei. Abre-se a porta à desqualificação da lei. Ou ainda pior: já não podemos assegurar que se trata de uma "paz" (como a "paz burguesa") no sentido de um conjunto de regras jurídicas capazes de assegurar a paz social. A paz supõe intrinsecamente apontar possíveis caminhos, indicar quais são os marcos mais seguros, aqueles que são permanentes.

A codificação napoleônica foi o resultado de séculos de esforços para justamente evitar as ambiguidades e contradições entre as diversas fontes do Direito. Não se tratou de uma questão de "desnaturação" da lei. A filosofia "moderna" do Estado e do Direito fez da lei o elemento básico do Decálogo da democracia (elemento com valor geral e vocação para a eternidade). A "paz burguesa" significou o tempo do reino deste Decálogo, elaborado pelos burgueses e para os burgueses. Os tempos mudaram; mas temos que tomar cuidado para não jogar fora o bebê com a água do banho!

Hoje falamos de codificação numa perspectiva radicalmente diferente da codificação "moderna". Não se fala mais de codificação a partir de uma "razão jurídica" nova que ninguém seria capaz agora de definir. Fala-se atualmente de codificação no sentido da reunião de muitas disposições normativas relativas a um único tema. Algumas pessoas consideram que isso se tenha tornado inútil, em razão por exemplo das facilidades trazidas pelos computadores. Com efeito, graças às novas tecnologias, não é difícil encontrar rapidamente e facilmente todos os textos que tratam de uma mesma matéria. Mas, a verdadeira codificação impõe a coerência, e supõe a eliminação de lacunas e contradições. Por isso é trabalho de juristas; e é bom que os juristas intervenham frequentemente neste campo para "limpar" o conjunto de normas de vários tipos que os políticos acumulam sobre a pressão dos fatos. Outro aspecto de interesse relativo a este tipo de codificação é a necessária atualização da matéria jurídica. Surgem assim debates sobre a necessidade ou a utilidade de tais ou tais disposições jurídicas, especialmente nesta época de grandes transformações.

RTDC: Com relação à família, o senhor afirmou, em recente obra, que "o contrato familiar contemporâneo oscila entre o parentesco e a amizade". Quais as consequências que estas novas formas de relacionamento trarão para a sociedade? A tendência é que haja um aumento da solidariedade ou, ao contrário, uma exacerbação do individualismo?

AJA: São os sociólogos da família que afirmam que o contrato familiar contemporâneo oscila entre o parentesco e a amizade. Se isso é verdade, e se admitimos o postulado de que o Direito deva corresponder à sociedade que regula e controla, então os juristas (e os legisladores) devem pensar de outra maneira o Direito de Família atual que está sendo concebido num contexto tão diferente, tão antigo. Quanto a saber se essas mudanças levam a mais solidariedade ou mais individualismo, o que se observa no Fórum, por exemplo, mostra bem que há muita falta de solidariedade nas famílias quando muito podemos ter a sorte de encontrar demonstrações de uma solidariedade na amizade.

É verdade que todos buscamos novas formas de solidariedade num mundo (neoliberal) em que, segundo a formulação de Friedrich A. Hayek, temos cada vez mais liberdade e menos proteção. Neste sentido, talvez possamos pensar que podem aparecer novas formas de família que assegurem mais solidariedade, quer dizer, mais proteção aos membros do grupo familiar. Mas querer encontrar novamente antigas formas familiares, ou seja, vasto núcleo de solidariedade, em que cada um tem seu lugar e seu papel bem definido, os avós, os pais, os filhos, os netos, nem em sonho. O passado é passado; a vida é dinâmica, bem como os processos sociais, e o jurista tem precisamente como missão adaptar as normas aos novos contextos.

RTDC: No caso específico da França, como o senhor viu toda a polêmica em torno do PACS, o Pacto Civil de Solidariedade, com o qual originariamente se pretendia a regulação – e a legitimação – das relações homossexuais, mas que acabou ganhando um escopo mais amplo e menos contundente?

AJA: Este é um bom exemplo do que acabamos de falar. Mas a polêmica relativa ao PACS foi o resultado de uma discussão mais política que jurídica. Ela foi a consequência, basicamente, do fato de que os políticos pediram a elaboração das primeiras propostas de reforma dos textos jurídicos não aos juristas, mas aos sociólogos!

Minha posição é a seguinte: o Código Civil reconhece como "pacto" válido toda vontade recíproca das partes. Mas só as pessoas vinculadas pelo matrimônio ou por concubinato reconhecido oficialmente poderiam, na França, adquirir algumas vantagens econômicas e sociais. Face às importantes mudanças nas formas de vida, e à vontade dos indivíduos não desejosos ou não capazes de assumir um vínculo matrimonial ou concubinário, era juridicamente (e legislativamente) necessário conceber um tipo de acordo "aberto" que respondesse aos anseios desses indivíduos, legitimando assim um pacto de vida comum capaz de assegurar certas vantagens sociais.

Direito não é Religião nem Ética social. O Direito deve fornecer os elementos que propiciem a "paz" social (como definida anteriormente) a uma sociedade específica. Na França, atualmente, o PACS correspondeu a uma esperança legítima de certas camadas da sociedade sem que isso tenha significado transformações radicais no Direito de Família... o que seria outro assunto! Graças ao PACS, muitas pessoas puderam, de um dia para o outro, encontrar-se novamente dentro da "legalidade". Quanto mais pessoas estiverem "fora da lei", menos o grupo social é coerente.

RTDC: O senhor aponta a crença no valor universal dos princípios como uma das ilusões da modernidade, contrapondo a esta ideia de simplicidade a complexidade pós-moderna, expressa, entre outros elementos, por uma ideia de relativismo – antes de tudo, cultural. Como evitar que o respeito às culturas e aos costumes de uma comunidade sobreponha-se ao respeito aos direitos das pessoas que compõem aquele grupo? Há algum parâmetro confiável para auxiliar este julgamento?

AJA: O "universalismo" tal como é concebido pela filosofia "moderna" do Direito e do Estado diz respeito a um indivíduo desencarnado, fora de todo contexto social, político, econômico e psicológico. Grandes filósofos do Direito tentaram recentemente resolver este problema. Os conceitos de "audiência universal" e "consenso internacional" de Chaïm Perelman foram considerados ambíguos por Aulis Aarnio. Por outro lado, a tentativa de concretização do grupo humano universal por meio do conceito de "audiência ideal" concebido por Ronald Dworkin também não resolve o problema que surgiu em razão do contexto mesmo de produção desta noção: a cultura ocidental. O chamado "debate entre Hart e Rawls" não teve nenhuma consequência concreta na resolução desta problemática.

Penso que os juristas podem analisar positivamente esta questão a partir da globalização: o universalismo refere-se ao global; o relativismo diz respeito ao local. Há princípios gerais que são relevantes ao global, mas cuja aplicação deve ser considerada com referência ao "local"'. Mas, de que local falamos? Isso já é relativo: o "regional" (blocos regionais) constitui um nível "local" em relação ao "global"; o "nacional" constitui um nível "local" em relação ao "regional". Os diferentes costumes no âmbito de um Estado, por exemplo, constituem um nível "local" em relação ao "nacional".

Podemos tirar daí várias conclusões. Primeiramente, que não é inútil que os blocos regionais editem "Cartas" regionais de Direitos Humanos. Já é uma maneira de contextualizar princípios gerais sem deixar demasiado espaço aos níveis inferiores, em que há sempre uma tendência latente à proteção tribal (como diria o próprio Hayek). Além disso, o papel do juiz será cada vez mais importante no futuro, porque o juiz é o profissional que pode aplicar normas gerais no contexto local. A existência de juízes regionais que têm legitimidade para controlar os veredictos dos juízes nacionais é uma segurança de uniformidade da aplicação dos princípios regionais. É mais fácil assegurar a uniformidade da jurisprudência de um número restrito de blocos regionais do que a jurisprudência de centenas de Estados-Nações.

RTDC: O desenvolvimento de uma ideologia universal dos direitos humanos ajuda a minimizar o caráter subjetivista que o senhor identifica com a gênese dessas garantias? A *superideologização* dos direitos humanos é um risco real?

AJA: Em matéria de Direitos Humanos, seria importante que os representantes de todos os povos concordassem com certos princípios que então chamaremos "universais". Quanto à natureza dos direitos humanos, reconhecer a natureza diversa dos vários tipos de direitos é melhor do que atribuir a todo direito um valor subjetivo, ligado por essência ao sujeito. É este justamente o trabalho dos pesquisadores especializados nas questões relativas aos Direitos Humanos. O jurista, no entanto, deve qualificar a natureza de cada direito; aos direitos vinculados à pessoa humana, ao indivíduo, advêm consequências que não derivam dos direitos sociais, por exemplo, que têm uma natureza diferente. A cada categoria de direitos corresponde um tratamento específico. Só assim se afasta o espectro de *superideologização*.

Quanto ao perigo de *superideologização*, acho que nós, juristas, nos preocupamos com as esperanças de equidade e de justiça que existem na sociedade. Não podemos decepcionar a sociedade, mas, por outro lado, devemos preservar a legitimidade de nossa função aplicando a lei formal democrática. Isso não significa que, em situações específicas (Estado autoritário, ditadura), os juristas não possam atuar também como pessoas "engajadas" politicamente. Na França, René Cassin, e outros nos anos 1940, e no Brasil, a OAB nos anos de "chumbo", por exemplo, honraram a profissão. Esta situação encontra-se na raiz dos grandes debates brasileiros iniciados com a "revolta" dos "juízes alternativos". Trata-se de um dilema importantíssimo. Não podemos certamente tolerar um Direito injusto, mas também é verdade que toda *superideologização* é portadora de um risco real para o Direito e para a democracia.

RTDC: A globalização – que, "com suas teses neoliberais, responde a uma racionalidade única, a da lei do mercado", como o senhor aponta – acena com a possibilidade de uma era de exclusão ainda mais grave que a "paz burguesa" proporcionada pelas codificações liberais. Qual o papel do jurista neste contexto?

AJA: É verdade que a lei do mercado ajuda os mais fortes e tende a excluir os demais. Isso é uma atualização da velha "paz burguesa". Neste contexto, cada um tem seu próprio papel. O legislador pode tentar conter este processo. O jurista que exerce suas práticas no interior dos processos de mercado deve respeitar o direito formal, mas tem também que ter, em algumas ocasiões, recursos próprios da sua profissão para limitar os efeitos perversos desses processos. O professor de Direito deve ensinar, além do Direito formal, os mecanismos do mercado que causam impacto sobre o Direito e as maneiras de lidar com situações novas (desenvolvimento da negociação, das alternativas etc.).

Nós, juristas, somos também membros da sociedade civil. Devemos fazer valer este estatuto para desenvolver respostas "locais" ou "globais a partir da base" (*globalization from below*). Nos tempos gloriosos do sindicalismo, este foi o papel dos sindicatos. Atualmente, temos que criar, reinventar, mas podemos ver que em todos os países há movimentos neste sentido. O movimento dos sem-terra no Brasil, o da reabilitação das (ex)favelas e muitos outros poderiam enquadrar-se neste movimento geral de reivindicação pelo "local" de direitos, quer dizer, a recusa da exclusão.

RTDC: Qual a principal herança que o estudo da sociologia jurídica legará ao século XXI? E a principal esperança?

AJA: Quando falamos de "estudos sociojurídicos", tratamos não só do ensino, mas também de pesquisa e debates com certa visibilidade (publicações, por exemplo). Quer dizer, a implementação de estudos sociojurídicos supõe uma verdadeira mudança nas mentalidades ante as propostas da Sociologia Jurídica, uma aceitação da parte dos juristas de um ensino que não concorre com os ensinos tradicionais, mas contribui para uma melhor formação dos futuros juristas, mais aberta à dinâmica da vida social, política, econômica e financeira.

A maior herança que tal mudança deixará não será somente a implementação, nas faculdades de Direito, de mais uma disciplina, mas a oportunidade dada às gerações futuras de desenvolver o espírito crítico sem desprezar as vantagens trazidas pela dogmática jurídica. Ou seja, a inventividade face à rigidez, o potencial de negociação face às culturas do conflito, as possibilidades de gestão do pluralismo e da complexidade que invadem os espaços normativos. A sociologia jurídica deve levar os jovens juristas ao convencimento de que a prática do Direito consiste não na relativamente fácil aplicação silogística de uma regra, mas na laboriosa e permanente procura de uma adequação entre as normas jurídicas e as esperanças da sociedade, sem deixar de respeitar, com a maior consideração, os valores fundamentais que são o profissionalismo no trabalho e o respeito da transparência na busca da verdade pela Justiça.

ENTREVISTA COM O PROFESSOR JOSÉ LUIS DE LOS MOZOS[1]

RTDC: Quais são as suas principais lembranças sobre os seus estudos universitários? Quem foram os mestres que mais o influenciaram, qual era o método didático utilizado e como se dava a relação entre professores e alunos? Que peso teve a sua formação universitária no desenvolvimento de sua vida profissional?

DLM: Guardo uma boa lembrança da Universidade de Valladolid, onde estudei no início dos anos quarenta, em plena Guerra Mundial. Éramos poucos alunos, de sessenta a oitenta por curso. Entre os professores, recordo aquele que depois se tornaria meu mestre, D. Ignacio Serrano y Serrano, catedrático de Direito Civil, que era um verdadeiro poço de sabedoria; mas outros professores também exerceram uma grande influência sobre mim, como o Professor Pérez Blesa, catedrático de Filosofia do Direito, e D. Teodoro Gonzáles, catedrático de Direito Político, sem esquecer de D. Juan del Rosal e tantos outros. O método era o da "aula magistral", mas também tínhamos seminários, as provas eram sempre orais e a relação com os professores era muito respeitosa, porém cordial. Vivia-se um ambiente muito universitário, e ali a minha geração aprendeu um estilo de comportamento que conservaria para sempre.

RTDC: Como comparar a Universidade espanhola de ontem com a de hoje? No decorrer de sua experiência didática, foram perceptíveis os momentos de transição, as inflexões relevantes no currículo, as alterações importantes de rumo?

DLM: São dois modelos universitários distintos. Naquela época existiam, em toda Espanha, onze universidades públicas e uma privada; agora, há mais de sessenta instituições públicas e cerca de dez privadas. A Universidade de Valladolid tinha então aproximadamente quatro mil e quinhentos alunos; agora, são mais de trinta e cinco mil. Apesar disso, na Faculdade de Direito, o currículo de disciplinas continua essencialmente o mesmo.

RTDC: O senhor considera que a Universidade vem cumprindo adequadamente o seu papel na formação jurídica? Esta formação deveria, na sua opinião, dar prioridade à técnica ou à humanística? Entende que o currículo deva ser sempre genérico

[1] Entrevista concedida à *Revista Trimestral de Direito Civil – RTDC*, v. 5, jan./mar. 2001.

("generalista") ou, nos últimos anos da graduação, deva já ocorrer algum tipo de especialização?

DLM: Nos cursos de graduação, a contribuição da Universidade não pode ir além de suscitar o interesse pelos estudos jurídicos; a vocação jurídica vem necessariamente depois. Sem ter uma formação humanística adequada, não creio que se possa chegar a ser jurista. Quanto ao currículo, ele deve ser sempre generalista. A especialização corresponde aos estudos de pós-graduação, que podem se iniciar ou se compatibilizar com o final da graduação.

RTDC: Entende necessário, e até que ponto, que os direitos fundamentais da pessoa humana ou direitos humanos sejam considerados no estudo do Direito Civil?

DLM: A consideração dos direitos fundamentais da pessoa deve estar presente em todos os ramos do direito; no Direito Civil, ela contribui para enriquecer e gerar uma nova versão dos direitos da personalidade.

RTDC: Ao longo de sua experiência científica, como doutrinador, o senhor manteve-se fiel ao método apreendido durante sua formação acadêmica ou decidiu adotar outros critérios e perspectivas de investigação? A eventual mudança deveu-se a algum acontecimento particular, político ou pessoal?

DLM: Mantive-me fiel, ou ao menos assim tentei proceder, ao método que aprendi – impulsionado por meu mestre e pelos mestres alemães que depois me ajudaram, Max Kaser e Hans Thieme – durante os estudos do meu Doutorado, que não é outro senão o método da *Neueren Privatrechtsgeschichte* (História Moderna do Direito Privado), pois o Direito Civil é uma disciplina histórica.

RTDC: A literatura, a poesia, as artes em geral contribuíram para a sua formação de jurista? Quais são os seus autores preferidos? Que leituras o senhor recomendaria às novas gerações? Que autores clássicos não devem deixar de ser conhecidos?

DLM: Já diziam os clássicos: *humanarum atque divinarum rerum notitia*. Dos autores da literatura universal, deve-se conhecer o máximo possível, além dos historiadores, economistas e filósofos.

RTDC: O que despertou seu interesse para o Direito Civil?

DLM: Inicialmente eu pensava em estudar Filosofia ou História do Direito, mas logo me convenci que se chegava antes a ser jurista estudando Direito Civil.

RTDC: Como explicar a abundância de tratados no passado e sua escassez no presente? O senhor pensa que ainda seja possível produzir obras do gênero? Os juristas mais jovens deveriam a elas se dedicar ou o senhor considera que o sistema jurídico hoje se encontra mais fragmentado, não permitindo que se atinjam aqueles resultados?

DLM: Esta é uma sociedade em trânsito, que está mudando constantemente, e mesmo depois de meio século ainda não conseguiu acomodar-se definitivamente.

RTDC: O que pensa da moderna produção doutrinária espanhola? Mantém a qualidade do passado, tratando das novas questões e dos novos institutos adequadamente, contribuindo para a solução dos novos problemas, auxiliando a jurisprudência? Na eventual resposta negativa, o que pode ser feito para alterar este estado de coisas?

DLM: A doutrina espanhola se ressente um pouco da situação indicada: atualmente não há um manual que cumpra a função que cumpriu Castan Tobeñas. Entretanto, é aceitável.

RTDC: Qual a sua opinião sobre a doutrina da *Drittwirkung* (efeito irradiante dos direitos, garantias e liberdades individuais na ordem jurídica privada)? Parece-lhe oportuno e/ou necessário proceder à "constitucionalização" do Direito Civil? Acredita estar superada a dicotomia Direito Público x Direito Privado?

DLM: Tudo o que se refere aos direitos fundamentais da pessoa deve ter um reflexo adequado sobre todo o ordenamento, mas não se pode ir além disso, especialmente no Direito Civil, já que suas instituições tradicionais e mais representativas, apesar de anteriores à Constituição, devem estar de acordo com seus princípios, pois não se pode esquecer que o Direito Civil moderno nasce com o constitucionalismo. Assim ocorre com a família, os contratos, a propriedade, as sucessões. Tampouco me parece que a dicotomia Direito Público x Direito Privado se encontre superada – desde que entendida de modo adequado.

RTDC: No seu entender, a "constitucionalização da ordem privada" tem um futuro promissor? Como pode a doutrina jusprivatista que se dedica a este tema contribuir para o seu adequado desenvolvimento?

DLM: Creio que há um exagero do constitucionalismo no estilo de alguns autores, o que não me parece adequado, pois ao se discorrer por cláusulas gerais acaba se fomentando certo maximalismo – o que é sempre muito perigoso, pois o Direito é um saber do particular e do concreto.

RTDC: Quais as suas impressões sobre alguns "movimentos" da civilística moderna, em particular, a descodificação e os microssistemas?

DLM: Isto vai de encontro a todos os princípios existentes e por existir, pois o Direito tem uma indubitável unidade. Em nenhum momento esta ideia deixou de ser uma metáfora, que atualmente perdeu todo o seu prestígio.

RTDC: Nos Estados democráticos, a dignidade da pessoa humana foi erigida a valor fundamental. Está a merecer o *locus* de cláusula geral do ordenamento jurídico? Como proceder diante da colisão de princípios fundamentais naqueles casos em que ambos os princípios remetem à tutela da pessoa humana?

DLM: Em tudo que é humano há algo que transcende a sua própria realidade, e o mesmo se passa no Direito: a justiça não é de todo justiça quando não se identifica com o bem.

RTDC: No Brasil atual, em que imperam a desigualdade social, a banalização da violência, a extraordinária concentração de renda e os bolsões de miséria, alguma responsabilidade específica pode ser atribuída ao Direito ou a seus operadores? É possível (ou talvez provável) que o legislador, o juiz, ou o intérprete tenham fracassado na regulamentação das relações jurídicas, permitindo que a pessoa humana fosse relegada a uma posição de inferioridade ante os interesses e os valores do mercado?

DLM: Não se deve pedir ao Direito aquilo que corresponde à Política.

RTDC: Qual é a herança mais preciosa que os estudos de Direito Civil, realizados no decorrer do século XX, oferecem ao século XXI?

DLM: De um ponto de vista técnico, o enorme desenvolvimento do Direito Comparado, como instrumento para enfrentar a tarefa da globalização.

RTDC: Como vê o futuro do Direito Civil?

DLM: Será sempre uma tarefa apaixonante, porém, muito difícil.

ENTREVISTA COM O PROFESSOR PIETRO PERLINGIERI[1]

RTDC: O que determinou sua opção pelo Direito? Foi uma escolha simples ou o senhor chegou, em algum momento, a pensar em seguir outra carreira?

PP: Desde os primeiros anos na universidade, decidi dedicar-me aos estudos para empreender a carreira acadêmica. A escolha dos estudos jurídicos, auxiliada por um ambiente familiar de juristas, foi realizada com convicção, ainda que a propensão pelas disciplinas científicas tenha me tentado mais de uma vez.

RTDC: Como foi a sua formação universitária? É possível comparar a universidade de então e a atual, principalmente no que diz respeito ao método didático utilizado e ao relacionamento entre alunos e professores?

PP: Estudei na Universidade de Nápoles e frequentei todos os cursos: inclusive aqueles que, na verdade, pude *a posteriori* considerar não de todo úteis. A universidade de então (1954-1959) era muito diferente: a maior parte dos docentes era de grandíssimo renome, os estudantes eram bem poucos; raríssimo o diálogo, caracterizado por um forte temor reverencial. À época, o método didático esgotava-se, na maior parte das vezes, nas lições catedráticas, e os exames eram muito seletivos.

RTDC: A literatura, a poesia, as artes em geral contribuíram para a sua formação de jurista? Quais os autores que mais o impressionaram e influenciaram? Que leituras recomendaria às novas gerações?

PP: Certamente a literatura, a poesia, as artes, o conhecimento do homem e da sociedade, bem como a experiência influenciaram fortemente minha formação de homem e de jurista. Sugeriria aos jovens a leitura dos historiadores e dos filósofos quando escrevem com clareza e honestidade intelectual. Quando jovem, me apaixonavam os diálogos de Platão e o estilo, essencial, de Tácito.

---

[1] Entrevista concedida à *Revista Trimestral de Direito Civil – RTDC*, v. 6, abr./jun. 2001. A realização desta entrevista só foi possível graças ao empenho da Professora Maria Cristina de Cicco; de igual importância foi o auxílio do Professor Frederico Henrique Viegas de Lima, no que tange à entrevista do Professor José Luiz de los Mozos publicada em nossa última edição (p. 321-324). A *Revista Trimestral de Direito Civil* aproveita o ensejo para agradecer a estes ilustres professores por sua gentil e valiosa colaboração.

RTDC: O senhor considera que a universidade vem cumprindo adequadamente seu papel na formação jurídica? Há um equilíbrio entre o caráter técnico e o humanista, ou há ainda muito por fazer neste campo?

PP: A universidade atual não está completamente à altura de seu papel na formação do jurista. Excessivamente ligada ao positivismo legislativo, muito pouco atenta ao balanceamento dos valores e à filosofia de vida presentes nos diversos ordenamentos nacionais, que aparecem, na maior parte das vezes, apartados dos princípios da Comunidade supranacional e internacional. Não obstante, está ainda por se realizar um equilíbrio entre as ciências tecnológicas e aquelas humanísticas. É preciso nunca esquecer que a sociedade da informação deve sempre colocar no centro de si própria o homem e suas necessidades, reduzindo ao máximo toda artificialidade que possa incidir sobre o hábitat cultural e biológico no qual o homem é naturalmente destinado a viver.

RTDC: O que despertou o seu interesse específico pelo Direito Civil? Importou nesta escolha a influência de algum mestre em particular? Quando estudante, quais os mestres que mais lhe causaram impressão?

PP: A inclinação pelo estudo do direito civil nasceu naturalmente, como disciplina vocacionada à formação do jurista europeu continental. Os meus interesses foram, rapidamente, orientados aos argumentos mais estritamente técnicos acerca da teoria geral do direito, e ainda do estudo do mercado e das instituições, do direito da empresa e do direito constitucional com as necessárias aberturas à problemática comunitária. Iniciei com o Professor Luigi Cariota Ferrara, que foi orientador da minha tese sobre "As situações jurídicas subjetivas preliminares: o direito ao direito". Dos tempos de estudante, recordo-me de mestres como Alessandro Graziani, Michele Giorgianni, Domenico Rubino, Aldo Sandulli, Francesco De Martino, Virgílio Andrioli. O meu primeiro trabalho publicado foi o texto de uma tese em direito processual civil discutida com o professor Virgílio Andrioli, homem humaníssimo, ainda que aparentemente introvertido. De Aldo Sandulli recordo a fineza da argumentação e o afeto que me reservou também nos anos que se seguiram.

RTDC: O jurista que se ocupa do direito privado costumava – ou costuma – ser visto por seus pares como "mais conservador" do que os estudiosos do direito público? Algo mudou nesse sentido?

PP: Sim, é verdade: o privatista é habitualmente definido como um conservador. Todavia, hoje não creio mais que esta condição possa ser atribuída à maior parte dos privatistas, que, ao contrário, estão fortemente empenhados no reconstruir do sistema jurídico, na valorização dos direitos fundamentais do homem e, portanto, do papel central da pessoa humana, colocando-se com sensibilidade na defesa dos direitos do consumidor e na estigmatização de um mercado sem regras. Com a consciência de que direito civil e instituições (isto é, a engenharia constitucional) são inseparáveis, os civilistas hoje empenhados nesta direção são certamente mais progressistas do que quem se declara defensor das instituições enquanto tais, quaisquer que elas sejam.

RTDC: O senhor alcançou a cátedra de Direito Civil na Universidade de Camerino em 1968, um ano reconhecidamente tumultuado e considerado como característico de uma série de mudanças e de novas exigências socioculturais. Quais as principais lembranças que o senhor traz dessa época? Quais são as características que poderiam ser consideradas comuns aos juristas que ascenderam à cátedra naqueles anos e que os diferenciariam das outras gerações?

PP: Venci, em 1968, o concurso da cátedra de direito civil na pequena, mas gloriosa, Universidade de Camerino, em meio ao clima de forte dissensão que soprava na Europa. Recordo, daqueles anos de contestação estudantil, atitudes diversas: os maximalistas de sempre, que aspiravam à descontinuidade, negligenciando o papel da tradição; e aqueles que não compreendiam a relevância do que estava acontecendo e esperavam a restauração. Recordo a dispersão na seriedade dos estudos, mas também a benéfica sacudida que aquele clima cultural provocou sobre conteúdos e métodos de ensino. Naqueles anos ascenderam à cátedra juristas nem sempre sensíveis e nem sempre coerentes com aquilo que haviam dito e praticado nos anos de contestação. Com o tempo – que tudo iguala, às vezes até as consciências –, aqueles professores abandonaram toda e qualquer coerência. Poucos souberam permanecer equilibrados à época da contestação, conservar em seus ânimos os valores inovadores daqueles anos e elaborar um programa de estudos e de compromisso científico-didático coerente com aquela revolução, da qual ninguém que tivesse um mínimo de honestidade intelectual poderia se esquivar. Naqueles anos, eu também senti a necessidade de abandonar, ainda que não por completo, o tecnicismo e de dedicar a minha reflexão a temas de escopo mais amplo. Em plena contestação desenvolvi um curso, registrado e depois publicado, *La personalità nell'ordinamento giuridico*, o qual creio ter representado uma etapa importante na minha formação de jurista.

RTDC: Durante toda sua carreira acadêmica, o senhor vem se notabilizando pelo caráter empreendedor, participando da criação e consolidação de diversas instituições. Como o senhor vê o cenário atual do ensino jurídico e quais as perspectivas imediatas que se abrem? O que determina o sucesso de uma instituição e o que pode atrapalhar o seu desenvolvimento? Como promover a utilização racional de novas tecnologias, como a internet, de modo a que elas se tornem ferramentas úteis para o ensino do Direito?

PP: Sim, contribui para a formação e a consolidação de diversas instituições universitárias: a Escola de Aperfeiçoamento em Direito Civil de Nápoles, a Escola de Especialização em Direito Civil e a própria Universidade de Camerino, a Faculdade de Economia da Universidade de Salerno, a Faculdade de Direito de Catanzaro, a Universidade do Molise, o Departamento das Relações Civis da Universidade Federico II de Nápoles, a Faculdade de Economia da Universidade do Sannio. No entanto, o que sempre me apaixonou foram a pesquisa e a formação dos jovens juristas. Penso que o perigo maior para uma instituição não é tanto a carência de fontes e de tecnologia, também necessárias, quanto a incapacidade de adequar-se à realidade que muda: o jurista deve ter olhos e ouvidos sempre abertos e capazes para captar também aquilo que ainda não mudou, mas que está para mudar. Eis porque eu não distingo nunca o jurista do homem. Bem-vindas as novas tecnologias, cuja importância é indubitável; mas nenhuma nova tecnologia poderá jamais substituir a sensibilidade do intérprete, o apuro da sua argumentação, a capacidade de se adaptar às mudanças da sociedade.

RTDC: As instituições de ensino que o senhor dirige costumam ser centros que aglutinam estudiosos oriundos de partes bem diversas do mundo. Por outro lado, sua intensa atividade acadêmica o leva a viajar constantemente, entrando em contato com diferentes culturas jurídicas. Qual é a importância deste tipo de intercâmbio, e quais são os principais frutos que o senhor vem colhendo destas experiências? Quais são as principais diferenças – e semelhanças – entre os ordenamentos dos países de mesma tradição romano-germânica que merecem ser ressaltadas?

PP: A troca de experiências é fundamental na formação dos juristas. Mas o direito representa não apenas o conjunto das leis de um país; pressupõe antes o conhecimento da sua história, do nível cultural dos seus cidadãos, das tradições, da moral, dos vários cultos religiosos. Em suma, o direito é o conjunto da cultura de um país. Necessita, portanto, de intercâmbio, mas também de uma recusa consciente de toda forma de recepção mecânica de soluções adotadas em outros lugares. É necessário que sejam adequadamente sublinhadas as peculiaridades, as circunstâncias subjetivas dos problemas e das soluções. Com o tempo, semelhanças e diferenças entre ordenamentos se justificam cada vez mais e quando as afinidades, fruto de técnicas e valores, tendem a prevalecer em uma mesma tradição, a homogeneidade que daí surge representa um fertilíssimo húmus para a solução de novas questões.

RTDC: Ao longo de sua carreira, o senhor vem desempenhando um papel importantíssimo na editoria jurídica e científica e como fundador e diretor de revistas especializadas, como a *Rassegna di diritto civile*. Qual é a importância das revistas para a produção científica contemporânea? Como deve se comportar o editor para promover a difusão da cultura, e quais são as principais dificuldades enfrentadas neste campo?

PP: Sim, fundei e dirijo a *Rassegna di diritto civile* e outras revistas. Há muitos anos me dedico à editoria científica e em particular jurídica, preferindo a publicação de textos inovadores àqueles que visam puramente à divulgação. Arrisquei-me mais de uma vez, todavia, na realização de textos de divulgação, caracterizados, porém, pelo rigor científico. Penso no Código Civil italiano anotado com doutrina e jurisprudência, na Legislação civil anotada com doutrina e jurisprudência, no Manual de direito civil, no Comentário teórico-prático à Constituição Republicana. As dificuldades encontradas na publicação de textos científicos dizem respeito especialmente ao seu custo e à pouca disponibilidade, por parte dos operadores práticos, de consultar os seus conteúdos. As dificuldades para as editoras pequenas e médias são enormes, porque o mercado editorial (isto é, a distribuição) é caracterizado por posições dominantes e por uma imprensa que frequentemente expressa esta posição.

RTDC: De 1994 a 1996, o senhor esteve no Senado italiano. Que influência o seu trabalho de décadas como jurista exerceu sobre a sua atividade de senador? Por outro lado, o ambiente político mudou, de alguma maneira, a sua visão sobre os problemas do Direito?

PP: A minha formação de jurista influenciou fortemente a atividade de parlamentar, permitindo-me apresentar muitos projetos de lei e a contribuir com os trabalhos das Comissões e do Plenário, com a propositura de muitas emendas, quer na qualidade de vice-presidente da Comissão de Assuntos Constitucionais do Senado, quer como presidente da Comissão de Pareceres Constitucionais ou ainda como presidente do Conselho de Garantia do Senado (órgão jurisdicional de último grau), exatamente graças à minha formação. Esta experiência parlamentar foi muito frutífera para aprofundar e analisar as técnicas legislativas, ampliando a minha bagagem de experiências e fazendo com que eu adquirisse cada vez mais a convicção de quanto o direito se funde com a política e do quanto a política necessita de regras jurídicas.

RTDC: O direito constitucional da atualidade destina um papel fundamental, em suas discussões científicas, para noções como "proporcionalidade" e "razoabilidade". Como o senhor vê esta tendência? A ela não poderia corresponder, no campo do direito civil, uma retomada dos estudos sobre o "abuso do direito"?

PP: A jurisprudência, não apenas da Corte constitucional, e a própria doutrina não podem deixar de utilizar noções como a proporcionalidade e a razoabilidade na reconstrução dos institutos jurídicos. A sua incidência deverá ser particularmente forte no momento da decisão, a qual deverá se distanciar cada vez mais de uma inspiração dogmática, de um enquadramento mecânico do fato numa rígida *fattispecie* abstrata. A decisão deverá cada vez mais inspirar-se no conhecimento das peculiaridades do caso concreto, a uma avaliação destas em termos axiológicos, com uma atitude equilibrada, congruente, adequada, equitativa, em suma, razoável. Tudo isto envolve uma mudança de mentalidade e de método, uma aproximação diferente, mais direta, menos condicionada por dogmas não mais atuais. Não basta uma retomada dos estudos sobre o abuso do direito, ainda que isto possa representar um corolário necessário.

RTDC: Muitos são os espaços de colisão, na atualidade, entre a liberdade individual e outros valores fundamentais como a dignidade e a integridade físico-psíquica. É dado ao Estado, à sociedade, enfim, ao Direito promover uma intervenção que vise a garantia destes valores, mesmo contrariando a vontade individual daqueles de cuja dignidade ou integridade se trata?

PP: Liberdade e responsabilidade, dignidade e deveres inderrogáveis não representam aspectos conflituosos, mas, necessariamente, um todo único que encontra na pessoa humana e no respeito ao outro, sem nenhuma distinção, o parâmetro sobre o qual construir um direito humano.

RTDC: Quais seriam os melhores meios que o Estado contemporâneo dispõe para garantir uma adequada tutela dos direitos da personalidade?

PP: A tutela dos direitos da personalidade não pode ser separada da consciência da unidade direito-dever, do senso de solidariedade e responsabilidade sobre os quais é construída qualquer sociedade moderna. Não será útil dilatar a tutela do dissenso, a qual pode comprometer a dignidade do consenso. Os direitos da personalidade não podem ser efetivados apenas por meio do Estado; devem se transformar em patrimônio cultural de um povo, no conteúdo ético do ordenamento.

RTDC: Como o senhor vê as tendências modernas da responsabilidade civil? Caminhamos para um direito dos danos ou dos acidentes, que destina uma função destacada ao sistema de seguros? O senhor concorda com aqueles que enxergam consequências deletérias – como a deterioração do notório caráter moral da responsabilidade – no crescente recurso a uma responsabilização que prescinda da verificação da culpa?

PP: A cobertura dos riscos não pode ser garantida além da medida da responsabilidade civil sem desnaturar a sua função. Nem parece louvável distanciar-se dos critérios razoáveis de coordenação que justificam o nexo de causalidade entre o comportamento da pessoa e o dano. É necessário passar a um sistema de segurança social que saiba repartir as consequências do dano não sobre este ou aquele, mas sobre toda a coletividade, com base no princípio da contribuição fiscal, inspirado no princípio da capacidade contributiva e na progressividade dos impostos. Utilizar a responsabilidade objetiva além da medida pode representar uma substancial injustiça e acarretar uma espécie de "desresponsabilização" ou uma responsabilização injustificada. Diferente é o sistema securitário que representa apenas a transferência das consequências dos danos para algumas pessoas, e não para toda a coletividade. Responsabilidade baseada na culpa, sistema securitário, segurança social são técnicas que devem ser utilizadas de maneira harmônica, realizando um equilíbrio entre o ressarcimento individual e o coletivo.

RTDC: A reparação do dano moral ou extrapatrimonial deve observar também um caráter punitivo? O que o senhor pensa de decisões como a recentemente prolatada pela Corte de Cassação francesa, beneficiando o jovem Nicolas Perruche pelo dano de "ter nascido", tendo em vista que as graves moléstias que o acometem são fruto de erros de diagnóstico perpetrados à época da gravidez de sua mãe?

PP: Tendencialmente, toda reparação de um dano tem caráter sancionatório. O problema não é se ressarcir um dano, mas a sua liquidação, que pode variar de maneira sensível. Os erros de diagnóstico durante uma gravidez representam uma negligência profissional, a qual é fonte certamente de responsabilidade e, pois, causa de ressarcimento.

RTDC: Muito tem se falado sobre a importância dos princípios da prevenção e da precaução, principalmente em face dos acidentes ambientais e de problemas como a contaminação do sangue humano e dos rebanhos bovinos – sem esquecer dos constantes avanços da biotecnologia e da ciência de um modo geral. O senhor considera que a aplicação deste princípio deva ser estendida a qualquer situação e a qualquer agente? Como o Direito pode colaborar para a viabilização de um "progresso cauteloso"?

PP: A prevenção representa o aspecto mais moderno da solidariedade e a escolha mais conveniente sob o perfil da análise econômica. Prevenir o dano custa frequentemente muito menos do que o ressarcir, e contrasta com a filosofia segundo a qual "quem polui paga". Problema é evitar que se possa poluir e, em tal setor, os progressos da biotecnologia e da ciência podem ser postos a serviço da filosofia da prevenção e da precaução. A precaução representa um parâmetro no qual deve se inspirar a própria ciência, com as suas aplicações principalmente no âmbito da genética e da saúde.

RTDC: Umas das últimas barreiras concernentes ao pleno reconhecimento das uniões entre homossexuais – a impossibilidade de adotar crianças – começa a ruir em alguns ordenamentos, como o holandês. Como o senhor analisa esta nova possibilidade e o próprio fenômeno da aceitação mais larga destes enlaces, gerando não só o reconhecimento dos direitos individuais à não discriminação, como emprestando-lhes caráter familiar?

PP: A família fundada no casamento e a não fundada no casamento pressupõem, de igual maneira, a diversidade de sexo dos parceiros. A união entre homossexuais pode certamente representar uma convivência, mas não uma família. A criança, inclusive a que tenha sido adotada, tem o direito de realizar um desenvolvimento sadio na presença de ambos os genitores, tanto da figura paterna como da materna. Obviamente, entre a solução ótima e aquela na qual a criança é abandonada afetiva e fisicamente, não há dúvida de que, no interesse do menor, não pode ser preferida a segunda, ainda que de modo residual. Entre deixar a criança na rua ou pô-la sob a guarda de solteiros ou conviventes, será preferível a segunda opção. Daí para a adoção é um breve passo.

RTDC: Como resolver, na prática, a necessidade cada vez mais evidente de reconhecer aos menores uma ampliação de sua capacidade no que tange, principalmente, às situações existenciais que lhes digam diretamente respeito?

PP: Reconhecer aos menores a possibilidade de exercer as situações existenciais que lhes digam respeito (escolha da religião, escolha dos amigos, escolha da escola) não pressupõe, necessariamente, como ainda hoje se pensa, a antecipação da capacidade de agir, noção que foi construída para as situações patrimoniais e, em particular, para os atos negociais. Para o exercício dos direitos da pessoa, é suficiente a capacidade de discernimento, a necessária maturidade para escolher, para decidir, ainda que adotando as garantias necessárias ao caso. Reconhecer a titularidade de um direito da pessoa não pode deixar de pressupor a possibilidade de seu imediato exercício. Negar o exercício de tal direito significaria desconhecê-lo.

RTDC: Como o senhor analisa o impacto, no direito civil e no trabalho do jurista de um modo geral, da globalização, do discurso neoliberal voltado para o mercado e da formação de blocos econômicos? Como o senhor vem observando o processo de formação da Comunidade Europeia? É possível – e desejável – elaborar uma Constituição Europeia, e neste sentido a Carta dos Direitos Fundamentais poderia ser considerada um primeiro passo?

PP: O mercado busca suas regras não apenas nas leis nacionais ou estatais ou no recurso à autodisciplina. Adverte-se a exigência de criar regras comuns em condições de governar a globalização. O primado da política e, portanto, do direito deve encontrar novas formas idôneas para governar a economia globalizada. Mercado, solidariedade e direitos humanos devem proceder *pari passu*, se se quiser evitar um embrutecimento das relações sociais e um desequilíbrio mundial entre o Norte e o Sul, que ameace a paz entre os povos. O processo de formação da União Europeia baseou-se excessivamente, e de modo prevalecente, em regras mercantis, propondo-se ainda hoje mais como mercado único europeu do que como união política. O déficit democrático existente na engenharia constitucional da Europa, que ainda hoje se comporta mais como Europa de "governos" que como Europa de "cidadãos", deixa pouca esperança de que em breve possa existir uma Constituição europeia ou uma Corte constitucional europeia. A Corte de Justiça tentou, em mais de uma ocasião, aplicar como parâmetro de suas decisões a tradição do constitucionalismo europeu, que, na verdade, é demasiadamente diversificado e se apresenta em posição hierárquica não muito elevada. Por último, a Carta dos Direitos Fundamentais, à qual certamente a Corte de Justiça fará referência em sua atividade jurisdicional, sancionando assim, *a posteriori*, sua relevância jurídica, por vários aspectos representa um retrocesso diante do conteúdo já existente em muitas cartas constitucionais dos países-membros da União Europeia.

RTDC: Qual o melhor caminho para um Estado que, como o Brasil, presencie um contraste entre os valores constitucionais e os codificados: um novo código, vários códigos temáticos ou simplesmente privilegiar uma interpretação sistemática e axiológica do ordenamento? Qual a técnica legislativa mais adequada à solução dos problemas do homem contemporâneo: princípios, cláusulas gerais, conceitos jurídicos indeterminados? Onde resta indispensável o uso da regulamentação casuística exaustiva?

PP: Para um país como o Brasil, caracterizado pelo contraste entre valores qualitativamente diversos, o caminho a ser percorrido não é o dos atalhos, mas sim aquele que investe em uma adequada formação jurídica dos operadores, que os prepare para efetivar, no respeito à hierarquia das normas e dos valores, uma interpretação sistemática e axiológica do ordenamento com grande sensibilidade para a pessoa e o social. As técnicas legislativas, em abstrato, são todas apreciáveis. Deve-se, portanto, escolher entre elas de acordo com a matéria e segundo o estado da jurisprudência e da doutrina a respeito do assunto. Legislar por princípios pressupõe uma classe de juristas e de administradores dos setores privado e público à altura para efetuar o seu cumprimento na vida cotidiana. A disciplina casuística – formada por *fattispecie* abstratas, meticulosas e pontuais – pode às vezes ser útil, especialmente em uma fase de transição na qual o intérprete se mostra pouco disponível para mudar. Entretanto, um ordenamento se caracteriza em primeiro lugar pelos princípios gerais que enuncia, pelos valores que exprime, pela adequação das estruturas que oferece para a sua atuação. O perigo de propor reformas que permanecem no papel, reformas apenas prometidas, é muito grande se a classe dos juristas, em sua esmagadora maioria, não está à altura da tarefa: a legalidade pressupõe o profissionalismo dos intérpretes, que se constrói no respeito à legalidade substancial, não meramente formal.

RTDC: Partindo de um ponto de vista que consagra à Constituição o papel de centro unificador do sistema e repositório das opções políticas da sociedade, como deve o jurista proceder na eventualidade de um Estado que altere a Carta Fundamental, em particular os seus princípios, descaracterizando-a como uma longa constituição de um Estado Social de Direito ou abandonando o primado das situações existenciais sobre as patrimoniais?

PP: A legalidade de um país se funda sobre a legitimidade. A legitimidade encontra a sua origem no pacto constitucional e nos valores que este acordo exprime. Um Estado social de direito é um Estado que se empenha em realizar a justiça social, ainda que historicamente condicionada, entendendo as situações patrimoniais como instrumentos – não fins em si mesmos, mas dirigidas ao pleno e livre desenvolvimento da pessoa. Um Estado que, legitimado por este pacto, o traísse, perderia a sua legitimidade e, consequentemente, a legitimação. Para esta situação há os remédios processuais, mas principalmente há a sanção política. Uma vez mais a opinião pública, digamos simplesmente o povo, detém o poder de decidir, mas esta decisão pressupõe que ele esteja livre da ignorância e da necessidade. A história não dá saltos, a evolução cultural não se improvisa, o direito efetivo de um povo não é representado somente por suas leis escritas, mas pelo modo como tais leis encontram aplicação.

RTDC: Qual a herança e a esperança mais preciosas que os estudos sobre direito civil realizados ao longo do século XX legaram ao século que se inicia?

PP: Os estudos de direito civil realizados durante o século XX na Europa deixam, tudo somado, uma herança positiva. As mudanças ocorridas na sociedade vieram, às vezes, a reboque das soluções jurídicas adotadas; em outras ocasiões, as soluções jurídicas foram determinadas pelas mudanças sociais. A esperança é que o civilista se dispa da sua hiperespecialização e se torne cada vez mais jurista, superando a contraposição, ainda nítida, entre o público e o privado, entre as exigências individuais e as coletivas, entre a autonomia e a heteronomia. São necessários novos instrumentos, novos conceitos, mas acima de tudo um método adequado, interdisciplinar, inspirado no conhecimento "daquilo que foi", na história do pensamento jurídico e sobretudo no conhecimento da sociedade contemporânea, caracterizada por novos poderes e por novas exigências.

RTDC: Se o senhor tivesse que ir para uma ilha deserta com um único livro, qual escolheria?

PP: A Bíblia.

ENTREVISTA COM O PROFESSOR NELSON SALDANHA[1]

RTDC: Quais são as suas lembranças sobre seus estudos universitários?

NS: Quando fiz vestibular de Direito, em 1951, as Universidades Federais eram recentes no país. Havia algumas unidades importantes. Geralmente, nos grandes centros havia Direito, Medicina e Engenharia, como era o caso do Recife. Eram três Faculdades com uma boa tradição, e em 1946/1947 criou-se a Universidade Federal. Então, quem se interessava por Ciências Sociais ou por Filosofia ingressava na Faculdade de Direito, mais tradicional, mesmo depois de já criados, dentre outros, os ainda incipientes cursos de Filosofia e de Letras. Dois anos depois, em 1953, entrei na Faculdade de Filosofia da Universidade Católica, porque não se podia acumular dois cursos na mesma Universidade. Filosofia era um assunto que eu estudava pessoalmente, lia muito com alguns amigos; discutíamos sobre Filosofia desde os quinze ou dezesseis anos, mas na Faculdade de Direito encontrei um ambiente mais amplo, havia ecos ainda da redemocratização (1945), ocorrida seis anos antes, muita politização dos estudantes e, ao mesmo tempo, muita efervescência literária, porque, como disse, quem se interessava por essa área de humanidades seguia para Direito.

RTDC: Quais foram os mestres que mais o influenciaram e qual era o método didático utilizado?

NS: Tínhamos professores importantes. Lembraria, desde logo, Aníbal Bruno, que foi meu professor durante os últimos seis meses de suas atividades docentes, antes de ser atingido pela aposentadoria compulsória. Aníbal Bruno dava aulas inesquecíveis. Devo citar também o grande civilista Soriano Neto, que foi meu professor durante cinco anos: quatro de graduação e um de pós-graduação. Era um professor com uma mitologia em torno dele; dava poucas aulas, mas eram aulas luminosas. Apesar de ser um germanista, não deixava de ter uma clareza muito grande. No entanto, naquele tempo, a didática era uma coisa pouco cuidada, ninguém se preocupava muito com a didática. Quando Soriano Neto chegava no ponto de posse, aí eram semanas em torno de Savigny, Ihering, Brinz e muitos outros, e quem disse o que sobre a posse. Geralmente ele tinha uma opinião

---

[1] Entrevista concedida à *Revista Trimestral de Direito Civil – RTDC*, v. 7, jul./set. 2001. Realizada em 18.4.2001, com a presença dos professores Mauricio Mota, André Fontes, Eduardo Takemi e Leonardo Mattietto.

extremamente negativa sobre o Código Civil, e mais negativa ainda sobre os juristas brasileiros: Beviláqua, Espinola etc. Considerava todos negativamente. A contribuição de Soriano foi pequena, porque ele tinha uma vida muito excêntrica, desorganizada, mas conhecia realmente direito civil, conhecia inclusive, minudentemente, a obra daqueles civilistas da Escola da Exegese, Colmet de Santerre, Baudry-Lacantinerie etc., também os alemães da própria Escola de Savigny. A obra de Puchta, por exemplo, conhecia profundamente. Outro professor de que recordo ou de quem tenho boas recordações é o Prof. Guedes, de Finanças, um grande conhecedor do direito público; e o Prof. Mário de Souza, grande processualista, muito ligado aos italianos. Depois vem uma geração posterior, uma geração de assistentes que se tornaram titulares. O ambiente de estudos era muito positivo.

RTDC: Quais as diferenças entre as faculdades daquela época e as de hoje?

NS: Há um poema que eu não sei de que origem é, que começa dizendo: "antigamente a Escola era risonha e franca". A Escola antigamente era diferente, e tanto mais porque tendemos a ver o passado com certa pátina romântica. Tendemos a pensar que as coisas antigas eram melhores, sobretudo depois de passarmos de certa idade. Eram melhores sob certo aspecto, porque eram de alguma maneira menos formais; não havia, por exemplo, exigência de carga horária. O professor faltava e não tinha que repor a aula. Mas não é isso o que era bom propriamente. O bom era uma certa informalidade, que, de alguma maneira, coincidia com um certo personalismo. O catedrático era o Sr. Catedrático, respeitado por todo mundo. O catedrático tinha uma soberania muito grande dentro da sua disciplina. A didática propriamente dita era, como eu dizia, informal. Hoje há muito mais exigências didáticas. O professor tem que ter mais cuidado em ministrar suas aulas, tem de haver um certo preparo de curso. A própria metodologia das citações não existia naquele tempo como exigência. Hoje há muito mais exigência nesse campo, e o alunado é, creio eu, muito menos heterogêneo. Apesar de continuar havendo alunos bons e maus, fracos e estudiosos, há, nos dias atuais, uma relativa homogeneidade. Os alunos têm um padrão mais ou menos reconhecível, podendo variar de uma Faculdade para outra, de uma Universidade para outra, de um Estado para outro, mas o tipo de aluno é mais ou menos o mesmo. Naquele tempo havia alunos que não compareciam, embora não sofressem grandemente com isso. Havia aluno político, aluno que não queria saber de aula. Só estava ali para fazer política, e quem fazia política dentro da Faculdade geralmente partia para a política fora, quando terminava o curso. Havia os alunos que estavam ali e estudavam realmente, eram reconhecidamente os futuros professores. Enfim, essa diferenciação, de certa forma, continua havendo, mas era mais caracterizada, mais demarcada. Considero altamente criticável a reforma que foi imposta ao Brasil em uma das piores fases da ditadura militar, entre 1968/1970. No Brasil, essa reforma no ensino nas universidades federais fez das turmas, de então, cobaias; criaram diversos sistemas: de departamentos, de créditos, o sistema semestral e outros mais. Isso impôs uma homogeneização inicial que resultou muito artificiosa. Entretanto, essa reforma também obrigou as universidades a se organizarem, obrigou o professor a ter certa didática, criou uma pós-graduação diferente da anterior, que era muito precária. No antigo doutorado da Faculdade de Direito, o aluno tinha acesso sem prova nenhuma. Terminava o curso e se inscrevia no doutorado. Não havia prova de qualificação dentro do doutorado, os alunos é que optavam por continuar ou não.

Muitos dos meus contemporâneos daquele tempo de doutorado não fizeram tese. A seleção se dava, assim, de maneira informal e faticamente. Existe, hoje, um sistema de acesso à pós-graduação, do mesmo modo que há um sistema de carreira universitária mais complicado que o anterior. Antigamente o indivíduo era nomeado assistente por benesse do catedrático; ele não era obrigado a fazer pós-graduação, não era necessário ter nenhum título especial. Por vezes, o assistente era só um apaniguado, que não fazia nada, nem aula dava. Mas, em muitos casos, os assistentes ajudavam, davam efetivamente as aulas e tornavam-se depois grandes professores. Atualmente, o sistema é mais definido, mais racional, mais organizado, embora mais artificial. Com frequência, parece-me que há certa artificialidade na carreira universitária. Mas, sob diversos aspectos, o sistema atual é preferível.

RTDC: Na pós-graduação, hoje, o que precisa mudar? O que precisa ser feito?

NS: A pós-graduação no Brasil está bem, ela condicionou o surgimento de uma série de exigências positivas. Lembro-me bem, naquele tempo, isso me surpreendia, que às vezes o advogado, ou uma pessoa que não era nem professor e que nunca tinha sido nem assistente, se inscrevia para uma cátedra, com um trabalho de quarenta páginas, citando quatro ou cinco livrinhos, bisonhamente encontrados na biblioteca. Nem sempre essas pessoas conseguiam a cátedra, mas eram admitidas a concurso. Havia também uma instituição positiva que poucas universidades no Brasil mantêm, que é a livre-docência. De origem alemã, era muito valorizada porque conferia o grau de doutor a quem não tinha tido tempo, chance, gosto ou disciplina para fazer o doutorado convencional. Assim, a livre-docência era por um lado um doutoramento e, por outro, uma qualificação para ministrar cursos paralelos. O livre-docente podia oferecer um curso paralelo ao do titular que, dependendo da direção da Faculdade, seria reconhecido ou não, e que, com frequência, traduzia emulações pessoais. Com isso, o estudante poderia escolher entre o curso de um professor e o de outro; era uma instituição saudável, sobretudo se entendida dentro de um sistema de etapas. Em princípio, ou por certa lógica, a livre-docência viria, como geralmente veio, depois do doutorado. O estudante de doutorado que terminasse a sua tese de doutorado, após defendê-la, fazia o concurso de livre-docência. Isto porque a livre-docência era um concurso com todas as características de um concurso de cátedra: prova escrita, defesa de tese, prova de títulos e prova didática. Para a prova de títulos, a posse de um título de doutor já pesava bastante. Mas havia pessoas que se inscreviam para a livre-docência sem essa qualificação. Muitas vezes era um advogado importante que a Faculdade tinha interesse em ter em seu quadro docente, então se insistia para que fizesse o concurso. Não se tinha essa ideia de ser professor como uma forma exclusiva de vida; geralmente o professor era também advogado, o que, aliás, continua sendo até hoje. Só que para muitos o título de professor funcionava mais como uma possibilidade de exibi-lo, qualificando o seu escritório. Havia políticos também, como Assis Chateaubriand, que foi professor de Direito Romano, embora quase não comparecesse à Faculdade.

RTDC: Como foi sua formação filosófica? Quais foram as suas principais influências? Em suma, como se desenrolou a sua trajetória na filosofia?

NS: Quando entrei como aluno na Universidade Católica, no curso de Filosofia, já tinha leituras caóticas do tempo de adolescência. Li muito Nietzsche na adolescência. Li, ao mesmo tempo, manuais didáticos, como o excelente manual de Estevão Cruz, que todos nós líamos, e que era um bom manual para a época. Li, também, com grande proveito, os manuais franceses. Na Universidade Católica predominava o tomismo, o que me afligia muito, porque havia padres que exigiam uma grande penetração no tomismo, o que não me atraía nem um pouco. O tomismo como visão geral, sim, mas não as minudentes e determinadas questões da Suma Teológica: o que São Tomás de Aquino diz na parte dois, número tanto, artigo tal. Era de certo modo um ensino que deixava a desejar. Os professores da Universidade Católica eram padres que se improvisavam em professores. Alguns deles tinham certa consistência intelectual, outros não, o que acarretava sérias deficiências do curso. O ensino da Filosofia na Universidade Federal estava começando, porque a Faculdade de Filosofia, como ocorreu em toda parte, teve seus quadros preenchidos por pessoas arregimentadas da política, das profissões jurídicas etc. Na Universidade Federal, mesmo em filosofia, os professores eram improvisados, como foram em Letras e em outros cursos.

Não obstante essas circunstâncias, continuei minhas leituras por conta própria, e comecei na década de 50 a ler Ortega Gasset, que era um autor muito lido tanto pela minha geração como pela anterior. Assim, quem teve sua formação entre 1940 e 1960, todo esse segmento de geração, leu muito Ortega Gasset. Ortega teve uma fortuna muito grande no Recife. Ainda me lembro que um de meus professores jovens dizia que era uma pena ter lido Ortega, porque o bom era lê-lo pela primeira vez. Comecei também a ler muito os autores espanhóis, inclusive Recaséns Siches, que é hoje um autor injustiçado. O seu livro *Vida humana, sociedade e direito* é considerado, por mim, um dos maiores livros da primeira metade do século XX, mas ninguém fala mais dele. Dentro da Faculdade de Direito comecei a ler Kelsen e, ao mesmo tempo, Ortega, como disse anteriormente, preocupando-me muito com uma estruturação histórica dos conhecimentos filosóficos. Sempre me pareceu que estudar Filosofia tinha de ser uma coisa historicamente dirigida e, assim, não adianta ler Wittgenstein, Heidegger ou Sartre sem saber como se chegou à filosofia desses autores. Por que Wittgenstein? Por que Heidegger? Heidegger porque antes houve a filosofia de Husserl; Husserl porque antes houve a filosofia de Brentano, ou seja, tem que haver um *background* que vamos reconhecendo. Isso sempre me preocupou, embora não tivesse quem me orientasse muito nisso: havia os tomistas da Universidade Católica, havia um professor de História da Filosofia na Federal na minha época, o Padre Sales, que tinha feito um curso na Universidade de Roma, possuía uma boa biblioteca, mas era uma pessoa meio desinteressada, tinha uma certa *nonchalance*; não tinha muito o que dar em termos de orientação. O Prof. Gláucio Veiga influiu bastante sobre mim, ele era um *soi-disant* marxista, mas só *soi-disant*; bem informado, culto, inteligente e era uma pessoa com quem eu dialogava muito em termos de filosofia.

RTDC: Gostaríamos que o senhor falasse um pouco da sua trajetória como professor.

NS: Comecei no segundo grau com 23 anos de idade, ensinando Filosofia e História Geral. Com 26 anos, ensinei Finanças na Faculdade de Ciências Econômicas; com 27, fiz a livre-docência e fui indicado para assistente de Teoria do Estado. Ensinei Teoria do Estado durante 30 anos, na Faculdade de Direito, sempre com uma dificuldade relativa. Não era uma dificuldade muito grande; certa dificuldade, porque o titular era um kelseniano, formalista, com tendências ao analítico e eu, um historicista axiológico, que é uma expressão com a qual me batizo às vezes. Essa expressão, aliás, foi usada por alguns autores para batizar a filosofia de Reale: historicista axiológico. Acho que Reale não é bem um historicista, será mais um culturalista, o que é uma lacuna, porque se o historicista é também um culturalista, é melhor para as duas coisas. Mas Reale não é propriamente historicista, como Ortega também não era um culturalista, era um historicista. Acho que sou um historicista axiológico, até porque não entendo a história sem os valores nem posso entender os valores sem a história.

A essas alturas tinham me nomeado para a Faculdade de Ciências Econômicas, onde ensinei Finanças. Em 1970, transferi-me para a Faculdade de Filosofia, até porque o ambiente na Faculdade de Ciências Econômicas estava *buio* (*scuro, senza luce*). Todo dia você chegava e ouvia: rapaz, vão demitir, vão cassar, vão prender! No Centro de Filosofia criaram a cadeira de História das Ideias Políticas para mim, receberam-me de braços abertos e, a essa altura, era titular sem concurso, porque houve um decreto que fazia ascender à condição de titular quem tivesse cinco anos de exercício de assistente – o que é um absurdo –, ou quem tivesse livre-docência. Eu preenchia ambas as condições e passei a titular. Ensinei História das Ideias Políticas e Ética. Ensinei também História da Filosofia, na Universidade Católica, durante um ano.

O ambiente da Faculdade de Filosofia era um ambiente muito bom. Hoje mudou bastante; de uns dez anos para cá, tenho sabido que há certa política universitária um tanto negativa.

Então, ensinei Filosofia até minha aposentadoria em 1988, e me aposentei por causa desses problemas político-departamentais que surgiram. Logo em seguida, um ano após a minha aposentadoria, pediram-me para voltar a ensinar Direito na pós-graduação. Havia um pequeno grupo de uns quatro ex-alunos, excelentes, e, em função deles, voltei a ensinar na Faculdade, no então mestrado, depois no doutorado. Condicionei a minha participação a somente ministrar aulas de Filosofia: primeiro por uma questão de afirmação pessoal, segundo, para não me dispersar demais.

Em 1997 tive a honra de ser convidado para professor visitante da UERJ, e tenho hoje, entre meus títulos, a honra de ser professor da UERJ, o que me ilustra muito.

RTDC: Nas Faculdades de Direito hoje, qual a importância da Filosofia e da Sociologia do Direito?

NS: Veja, essa é uma boa pergunta; é um assunto que mudou e continuou mudando a atitude dos dirigentes do ensino no país. Quando foi feita a reforma de 1968, havia uma mentalidade no sentido de tornar mais técnico o ensino, e criou-se uma visão negativa da parte humanística tradicional dentro das Faculdades: tirou-se ou tornou-se meramente facultativa a disciplina Direito Romano, tirou-se o Latim e o Francês dos colégios etc. Filosofia nunca houve; é curioso que, das faculdades do Brasil, poucas tinham o ensino de Filosofia. Em Pernambuco, com toda aquela tradição filosófica, ou ao menos uma relativa tradição, com Tobias Barreto, a Escola do Recife e as discussões em torno disso, não existia a disciplina Filosofia do Direito. Um dos autores mais curiosos ou mais representativos de certa época foi Laurindo Leão, que se intitulava fenomenista. Ele não escreveu sobre filosofia, escreveu um livro com conteúdo de filosofia que se chamava *Introdução ao Estudo do Direito*. Não havia, como algo organizado, a disciplina filosofia. A sociologia é mais tardia ainda: um dos primeiros autores que, em Pernambuco, propôs o ensino da sociologia foi Joaquim Pimenta, que era um homem extremamente talentoso, mas com uma cultura muito confusa, desordenada e polêmica. Era líder operário, promovia greves, liderava movimentos sociais, de modo que a sua cultura acadêmica era precária, mas foi o primeiro que escreveu, abriu novas vertentes e caminhos. Ele trouxe uma nova visão do Direito Romano, uma visão histórica e filosófica do Direito Romano, superando a concepção anterior que tratava essa disciplina de uma forma exclusivamente dogmática.

Joaquim Pimenta é uma figura situada dentre os anos de 1930 e 1950, foi o primeiro a propor a disciplina sociologia na Faculdade de Direito. Sociologia em graduação nessa época não existia, só depois do curso, na segunda fase, na pós-graduação. Havia filosofia, disciplina que existia desde 1930/1940, em pós-graduação, no velho doutorado. Fiz esse doutorado e nele era precariamente ensinada a filosofia, tanto que tive de estudar por minha conta, porque os professores não tinham muito o que dar. Entre os anos de 1985/1990, criou-se a disciplina Filosofia do Direito, em parte por minha causa. Como estava irritado com certas coisas, aborrecido com certas políticas locais, comecei a falar em aposentar-me, então me ofereceram a disciplina Filosofia do Direito em graduação para que eu ficasse. Terminei ficando por alguns anos e criei, de certa forma, a disciplina em graduação. Mas não há uma tradição do ensino de filosofia na Faculdade de Direito do Recife.

É curioso, não sei se seria o caso de falar nisso neste momento, mas sempre foi sensível, no Recife, na Universidade Federal de Pernambuco, um fenômeno que me parece ocorrer em todo o Brasil, que é uma dissensão entre a Faculdade de Direito e as demais Faculdades de Ciências Sociais. O jurista é por um lado avesso a certos contatos; por instinto ou por tradição se fecha, não se interessa com frequência pelos estudos sociológicos, filosóficos. Se um professor de Direito Civil faz algum artigo de índole sociológica sobre a propriedade ou se um professor de Direito Penal se preocupa com a criminologia, no sentido de ciência dos fatos, ele é imediatamente acoimado de não jurista. Ele não é um jurista, isto aqui não é um trabalho de direito. Por outro lado, as outras Faculdades dos *campi* têm uma mistura de desdém e ressentimento em relação à Faculdade de Direito. Há pouco tempo, arguindo uma tese de doutorado na Faculdade de Direito, aconteceu um caso paradigmático. Para a banca de doutorado temos que convocar pessoas estranhas ao quadro do mestrado e do doutorado da casa. Integrou a banca um professor de História, filho de um velho médico conhecido, importante e muito ilustre. Esse rapaz, que é professor de História com doutorado no exterior, depois da avaliação, disse que se surpreendeu muito porque nunca julgou que os juristas da Faculdade de Direito pudessem também se interessar por Filosofia, por História, por Sociologia ou por Ciência Política. Há um fechamento muito grande das outras Faculdades para com tudo aquilo que acontece na Faculdade de Direito.

Vou dar um outro exemplo. Quando, em novembro do ano passado, Miguel Reale fez noventa anos, decidiu-se fazer uma obra comemorativa. A minha colaboração, porque eu não estava com tempo, não foi um artigo doutrinário, mas um depoimento de umas oito páginas sobre a presença de Reale na filosofia jurídica brasileira. Tive oportunidade de mencionar um aspecto curioso: no Brasil, os grupos que se dizem filosóficos, os docentes das Faculdades de Filosofia – e em São Paulo é muito flagrante –, todos estes que formam a comunidade *soi-disant* filosófica, admitem que um psiquiatra escreva sobre filosofia, que um economista escreva sobre filosofia, que um historiador escreva sobre filosofia, mas um jurista, não; um jurista não pode escrever sobre filosofia.

Daí haver aquela resistência contra a obra de Reale por parte dos integrantes da Faculdade de Filosofia da Universidade de São Paulo. Resistência contra os docentes e discípulos da Faculdade de Direito da USP que trabalharam e trabalham em torno de Reale, porque há um preconceito contra o bacharel, que é de certa forma um preconceito contra o próprio Direito, enquanto saber acadêmico. Então, agora que se disseminaram as Faculdades de Filosofia e de História, que se tornou institucional a existência de filósofos e de historiadores, essa comunidade tende a colocar no gelo os amantes da filosofia oriundos do Direito. Isso é uma coisa desastrosa para a cultura brasileira. Você escreve um livro de Filosofia do Direito, uma abordagem filosófica sobre um importante aspecto da realidade, o jurídico, e os integrantes institucionais do campo da Filosofia ignoram isso completamente. Você escreve sobre Sociologia do Direito, os membros dos ofícios acadêmicos sociológicos, ligados às instituições formalmente sociológicas, também não se interessam.

RTDC: O senhor é um escritor muito profícuo, tem livros sobre teoria geral do direito, filosofia do direito, hermenêutica jurídica, ética, história do direito, sociologia jurídica etc. Qual o seu método de trabalho; como o senhor escreve e como tem inspiração?

NS: Chamamos de subconsciente aquilo que os gregos chamavam, poeticamente, as musas: é uma frase de Borges sobre inspiração. Veja, acho que a minha versatilidade, ou melhor, a minha dispersão, se explica por dois motivos: em primeiro lugar, no meu entender, há pessoas que vieram ao mundo para ser especialistas e outras para não ser especialistas. Até porque, como eu digo, tem que existir os não especialistas, para que o especialista se sinta especialista. Eu sou uma pessoa inquieta, sou um espírito inquieto. Nunca estou contente com o que estou fazendo, sempre estou pretendendo fazer uma coisa diferente e não me encaixo numa especialidade, talvez seja até uma falha minha. Em segundo lugar, ocorre que, tendo percebido que não ia ser advogado, comecei a ministrar aulas de várias disciplinas: ensinei desde cedo Sociologia e Filosofia. Fui também assistente de História Geral na antiga Escola Normal, depois chamada Instituto de Educação, quer dizer, trabalhei no ensino secundário durante muitos anos, enquanto fazia tese de doutorado. Posteriormente, concentrei-me em Direito Constitucional, porque ia fazer docência em Direito Constitucional. Apareceu um primeiro emprego para mim na Universidade para ensinar Ciência das Finanças; o que vale é que não era na Faculdade de Direito, era na Faculdade de Ciências Econômicas. Não havia muita exigência em torno disso e eu passei um ano ensinando Ciências das Finanças. De toda essa dispersão de atividades docentes resulta que eu tive de me forrar um pouco em cada uma dessas coisas e a desenvolver um mínimo de interesse sobre diversos assuntos.

Não sou tão insensível ou tão inconsequente a ponto de não perceber que a dispersão também é um perigo. A dispersão, porém, pode ser uma qualidade, na medida em que a sua visão das coisas é plural, você enxerga as coisas da vida cultural através da literatura, da filosofia, da sociologia, da ciência política e do direito, a sua visão é bem mais rica, mais complexa do que se você for somente jurista, somente sociólogo, somente filósofo. Tenho tentado encontrar para mim mesmo, em mim mesmo, e no que escrevo, uma linha que seria a seguinte: o estudo compreensivo e histórico-crítico das instituições, porque aí eu colocaria a história das ideias políticas (que sempre foi uma das minhas fixações) e a análise histórico-crítica dos comportamentos (uma análise cultural dentro de paradigmas histórico-críticos). Isso é o que eu tento fazer em Direito, quer escrevendo sobre o Estado, quer escrevendo sobre a Filosofia do Direito. Uma análise cultural, totalizante, abrangente. A minha visão não é técnico-formal, não é normativa, não é analítica. Por exemplo, escrevi sobre poder constituinte. Na minha tese de livre-docência sobre o poder constituinte, reeditada há alguns anos pela Revista dos Tribunais, eu não estava ainda trabalhando com o ponto de vista histórico, mas hoje reivindicaria, resgataria aquela tese, trazendo-a para um ponto de vista histórico e colocaria a problemática do poder constituinte dentro da problemática da racionalização política pretendida pela Revolução Francesa. Escrevi também, por exemplo, o *Estado Moderno e a Separação de Poderes*, que é uma visão histórico-crítica da estruturação do Estado moderno e sua relação com a separação de poderes. Escrevi *Ordem e Hermenêutica*, que é uma tentativa de analisar o que é a ordem como fenômeno histórico incidindo sobre o Direito, a Política, a Religião: toda a ordenação institucional em cada sociedade histórica.

Deste modo, tento trazer para uma coerência temática, que é sempre relativa, é claro, esta minha flagrante e incômoda dispersividade, porque, às vezes, sei que dá a impressão de que estou sendo um diletante.

RTDC: Do ponto de vista crítico, o que pensa da dicotomia que é tradicional e que é ensinada no Brasil entre Direito Público e Direito Privado?

NS: Acho que é um fenômeno histórico, geralmente se diz, e acho válido, pois se trata de uma variável histórica, inclusive porque só surge esse acento sobre a diferença entre público e privado, quando o Estado se apresenta mais forte. Em Roma houve uma época em que o Estado, realmente, apareceu como uma realidade dominante; na Idade Média, como muitos dizem, e até certo ponto é verdade, não houve bastante diferença entre a dimensão pública e privada, a diferença reaparece aos poucos com o Estado moderno, em sua fase inicial, que é o Estado Absoluto. De uns anos para cá, está-se estudando a interpenetração do Direito Constitucional com o Direito Civil, Direito Civil Constitucional, há professores trabalhando especialmente sobre isso, no Brasil. Acho essa experiência muito interessante, porque às vezes me dá a impressão de que a junção, embora relativa do Direito Civil com o Direito Constitucional, talvez seja uma forma de salvar o Direito Civil da descodificação, das diluições conceituais e normativas que estavam rondando, corroendo o direito privado. Se o Direito Civil se junta com o Constitucional, isso lhe dá maior solidez, que é uma coisa muito paradoxal, pois durante milênios o Direito era o Direito Civil. O Direito Romano era predominantemente Civil; depois de um certo tempo é que civilistas italianos e alemães, na década de 20 ou 30, começaram a fazer história do Direito Romano. Então tivemos o Direito Romano visto historicamente, por autores como Riccobono, Kunkel etc. Mas, enfim, o Direito Romano era o Direito Civil; Direito Romano e, por extensão, o nosso. Direito Privado é o que era o Direito, toda a sistemática do Direito, ato jurídico, relação, personalidade, tudo isso foi construído dentro do Direito Civil. Por outro lado, o Direito Constitucional começou a crescer muito. De certo modo, as bases do Direito Processual e as bases do processo penal, por exemplo, estão na Constituição etc.

Estivemos perto de uma predominância do Direito Constitucional. Agora deverá sair desse conúbio do Direito Constitucional com o Direito Civil alguma revisão da estrutura do próprio ordenamento, uma revisão do que é o Direito, inclusive da hermenêutica, porque o Direito Civil e o Direito Constitucional trazem consigo, cada um, uma perspectiva hermenêutica.

RTDC: O senhor se definiria melhor como um historicista axiológico ou como um culturalista histórico-hermenêutico?

NS: Eu tenho um trabalho escrito a propósito do centenário de Ortega, em 1983, em que afirmo que Ortega exemplifica em grau egrégio o historicista que não é culturalista. Ortega se insurgia inclusive contra *la beateria de la cultura*. Os alemães começaram a mencionar *die Kultur*, como um absoluto, o que ele não gostava. Mas era um historicista. Reale é o contrário. A melhor parte para mim da filosofia de Reale é aquela sobre a relação entre valores e cultura. Reale não dá à visão da cultura um tratamento histórico ou suficientemente histórico. O culturalismo carece, por vezes, de um assentamento histórico, que o desvie do idealismo.

Agora, eu me interesso muito por hermenêutica. A hermenêutica, até escrevi essa frase ousada e questionável, que a "axiologia" está para a ontologia, como a hermenêutica para a epistemologia. Acho importantíssimo descobrir Hegel. Considero que Hegel e Platão foram, talvez, os dois maiores pensadores de todos os tempos. Hegel dizia que nossa civilização é interpretativa, veja bem, dizia isso em mil oitocentos e pouco; a nossa é uma civilização hermenêutica, e ele captou isso genialmente. A hermenêutica é, penso eu, o destino intelectual dos pensadores do século XXI, porque a saturação de soluções, de informações, de conflitos é tão grande que o intelectual que começa a pensar não tem mais necessidade de juntar dados. A grande tarefa dos intelectuais é hermenêutica, em Direito, inclusive. O operador jurídico é um interpretador; tornou-se válida, hoje, de pouco tempo para cá, uma frase que Max Ascoli escreveu no começo do século: o primeiro intérprete é o legislador. Hoje, fala-se numa continuidade hermenêutica que há entre legislar e aplicar.

RTDC: O senhor foi influenciado de alguma maneira pelo ambiente culturalista que sucedeu à tão conhecida Escola do Recife? Alguns autores entendem que o senhor seria um dos integrantes de tal vertente de ideias.

NS: A Escola do Recife existiu e vale solidamente como referência histórica, mas não há mais nada da Escola do Recife. Há quem pense, inclusive, que Gilberto Freire tinha alguma relação com a Escola. Nada a ver, Gilberto Freire é outra história. Não há mais nenhum seguimento, nenhuma continuação da Escola do Recife hoje. Ela é apenas um assunto, que pode ser uma fonte de inspiração, um tema para trabalhos. Acho que Tobias Barreto foi genial, Sílvio Romero não tanto, mas veja: quando me insurjo contra o anti-historicismo de Popper, que foi um eminente metodologista das ciências positivas, mas mau pensador em política e a respeito do historicismo, quando me insurjo contra isso, digo que o historicismo vem sendo erroneamente concebido. Há duas maneiras principais de conceber equivocadamente o historicismo. A primeira, a maneira de Popper: historicismo é uma posição filosófica que pretende encontrar leis na História e, através disso, prever o futuro. Não é nada disso. Popper assim afirmava porque ele queria combater o marxismo e identificava, o que era outro erro, marxismo com historicismo. O marxismo não é um historicismo e, mesmo que fosse, seria apenas uma das formas do historicismo. A outra forma de entender erroneamente o historicismo é o historicismo como mero relato cronológico. Exemplo: um jurista escreve um artigo sobre contratos, aí desenvolve que em Roma o contrato foi definido deste e daquele modo, na Idade Média, era dessa outra maneira. Aliás, há um livro notável de Calasso sobre *Il negozio giuridico* com todo esse material. O historicismo não é uma forma pura nem excludente de filosofia, é uma posição, um modo de ver, uma atitude epistemológica. Veja, nenhum dos grandes historicistas do século XX se enquadra nem na visão de Popper, que é capciosa, nem na meramente cronológica. Temos, por exemplo, Benedetto Croce, grande historicista, completamente alheio a essas imagens. Karl Mannheim, que pouca gente se lembra que tem um ensaio muito bom sobre historicismo; Ortega Y Gasset; Meinecke, ou seja, autores que entenderam historicamente o processo institucional e, junto com ele, o processo ideológico. Tanto as ideologias quanto as instituições se entendem historicamente. O que é entender-se historicamente? Entender-se historicamente é entender que sem a referência histórica você não compreende suficientemente um objeto. O historicismo condiciona a hermenêutica, a história é um objeto da hermenêutica, é um dos objetos da hermenêutica.

RTDC: Qual seria então a sua vertente de ideias como historicista?

NS: Nem todo historicista está preocupado com valores. O meu historicismo, se é que posso dizer assim, o historicismo que acho mais válido preocupa-se com valores. Porque o que é a história senão uma sucessão de experiências, de expressões do humano? Na medida em que a história consiste numa sucessão de formas de experiência do humano, ela é uma sucessão de formas de valoração, porque a organização do humano, a estruturação das coisas humanas, é sempre uma experiência axiológica. Entendo muito melhor os sacrifícios astecas, ou as pirâmides egípcias ou as tapeçarias normandas, através de valores; aquilo expressa valores. Nós estamos condenados ao historicismo, e o historicista é aquele que assume esse fato. Há um livro, daquele autor alemão que escreveu *Mimesis*, Erich Auerbach, "sobre a Cultura na Roma tardia", que afirma que todos somos hoje historicistas, no sentido de que somos obrigados a dar conta histórica do que acontece. Você não pode escrever um trabalho sobre o conceito de Constituição sem trazer tal conceito como ele era no tempo de Rousseau, como ele era na Revolução etc. O historicista, filosoficamente falando, é aquele que se dá conta desse fato e faz a sua reflexão tomar isto como ponto de partida. O historicista reconhece que toda cultura atual está pejada de material histórico e faz disso um ponto de partida, daí a extensão do sentido da frase de Ortega Y Gasset: "El hombre no tiene naturaleza, sino que tiene historia". É uma frase bonita, sugestiva, aliciadora, porém, exagerada. Para que eu fale do homem, ele tem que ter uma natureza. Basta que eu diga *el hombre* tem uma natureza. Se atribuo alguma coisa a ele, ele tem uma natureza. Agora, digo, é uma natureza que só se compreende através da história, aí é historicismo. Não entendo a diferença entre caldeus e cristãos, ou entre Maquiavel e Bismarck, sem uma perspectiva histórica. É sentir que Bismarck não podia ter vivido na época de Maquiavel; é sentir que no tempo de São Tomás de Aquino ninguém poderia escrever *O Príncipe*, que ninguém poderia escrever o Tratado da Posse de Savigny, no tempo de Bártolo. Não podiam escrever porque há um processo histórico que leva até aquilo; então compreender o objeto num prisma historicístico é compreendê-lo dentro de um processo que o explica. Tudo que é humano é ambíguo: o amor, o ódio, a ação, o pensamento. Há que se ter em conta o devir e a essência. Quer dizer, o pensamento humano precisa de uma referência estável. Há algo que não muda: é o ser ou é a essência ou são as categorias. Há uma referência necessária, não sei se totalmente fundamentada. Há uma referência ao ser e há uma referência ao vir e ao devir que é óbvia; tudo muda, ora aquilo que muda é aquilo que muda, alguma coisa muda, e essa coisa é uma coisa; então o mudar é flagrante e a filosofia tem que se dar conta deste fato. Mas o mudar é o mudar de determinada coisa, que é determinada coisa, as duas coisas estão aí, o pensamento historicista ou não historicista tem que perceber isso. Só que o não historicista acha que aquilo que muda, aquilo que é histórico, a diferença entre Maquiavel e Bismarck, ou coisa parecida, não vale nada, é apenas ilustrativo.

Acho que tudo se explica historicamente, embora a explicação pela história peça uma consideração axiológica e comporte o plano propriamente conceitual, porque o afã de todo pensamento é o conceito, todo pensamento requer o conceito, o ideal é conceituar. Agora você deve partir de onde para chegar ao conceito? Acho que deve partir da visão histórica.

RTDC: Do ponto de vista da teoria geral do direito, como podemos partir dos conceitos, passar pelos valores e chegarmos aos princípios?

NS: A minha ideia, traduzindo desde logo a coisa em termos didáticos, questionáveis, provisórios, mas a formulação a que eu chego, no momento, é a seguinte: valores, princípios, normas. Acho que a identificação entre princípio e norma, mesmo colocando no esquema o conceito de regra, não me convence, pelo seguinte: os valores são entidades metafísicas, posso acreditar ou não nos valores. Se sou um juspositivista eu não acredito em valores, não há valores, valores são uma ilusão, é uma noção que corresponde a algo que não existe. Mas para quem acredita em valores, eles são uma entidade metafísica. Aliás, penso que não há Filosofia sem metafísica. Se tirou a metafísica, matou a Filosofia, porque ela vai ser quando muito uma reflexão epistemológica, metodológica, uma reflexão sobre o fato da ciência, mas não há uma autonomia filosófica se não houver pelo menos um transfundo metafísico. Os princípios traduzem valores e alimentam a norma, porque de toda norma você pode retirar valores ou pode entender que ela traduz valores. Sempre se diz, a norma foi elaborada com base em tal princípio ou então se pega a norma e se "desentranha", de dentro dela, um princípio.

RTDC: Por que o princípio não seria uma norma, com determinado conteúdo axiológico ou diretamente aplicável como um princípio constitucional?

NS: Acho que o princípio não é norma porque ele não tem o poder de obrigar, a não ser que seja positivado. Veja bem, se um princípio é positivado, ele passa a fazer parte da letra constitucional, agora é uma norma e é um princípio. Se você cancela esta norma, faz uma reforma constitucional, esta norma não existe mais, mas o princípio continua existindo, ele já não está presente na positividade constitucional, mas continua existindo como princípio. Ele deixou de ser um princípio? Não.

RTDC: Mas ele tem força obrigatória?

NS: O princípio em si não tem força obrigatória, é uma proposta axiologicamente caracterizada. Ele tende a ser positivado, pretende ser positivado, existe para ser positivado. Mas, por vezes, ele existe não para ser positivado, mas para ser utilizado na hermenêutica. Os princípios são uma construção hermenêutica. Penso que o princípio é uma construção hermenêutica, tanto é assim que muitas das formulações, digamos assim, que se tratam como princípios são frases de autores que se perderam no tempo, algum autor romano ou medieval. Aquilo virou princípio, tornou-se impessoal. O princípio é uma construção, de alguma forma, é uma construção hermenêutica. E a norma é uma parte do ordenamento positivo. Não sou positivista mas acho que a norma é positiva. Fora da norma positiva o que há são princípios, formulações da justiça, referências, *standards*.

RTDC: O senhor entende que pode existir um princípio não positivado, porém subjacente ao conjunto do ordenamento jurídico ao qual poderia ser dado determinado conteúdo para ser aplicado. Vamos dar exemplos: o princípio da eficiência, que foi introduzido agora na Constituição, ou o enriquecimento sem causa. Não se poderia dar a estes princípios determinado conteúdo e aplicá-los, ainda que não fossem norma positiva?

NS: Veja bem, não daríamos a eles um conteúdo, porque já têm conteúdo. Iríamos explicitar esse conteúdo, sem positivar, o que é trabalho hermenêutico, trabalho de interpretação. A hermenêutica é uma teoria geral da interpretação, sob certo aspecto; ou seja, é o aspecto abrangente do trabalho interpretativo, sendo a interpretação algo que acontece ao Direito quando ele vai ser aplicado.

RTDC: Vamos imaginar a seguinte situação: que um juiz fosse dar uma sentença, o princípio da eficiência ainda não estava positivado na Constituição, ele fixa na argumentação dele determinado conteúdo para esse princípio. Não estaríamos aí diante de uma norma, referenciada diretamente a um caso concreto?

NS: Todo ordenamento tem um patrimônio de princípios, faz parte do que certos autores franceses chamavam *standards* jurídicos. Há uma porção, um patrimônio de princípios que pode estar apenas implícito, mas perceptível dentro de um programa. Se o legislador lança mão dele, passa a ser norma positiva. Se o juiz, mesmo sem apoio normativo direto, sem apoio expresso da norma, lança mão desse princípio, ele está recorrendo a um patrimônio de princípios que são hermeneuticamente caracterizados.

RTDC: Nesse caso, não poderíamos dizer que o princípio é norma?

NS: Para mim, não. No sentido de Friedrich Müller: no momento da aplicação é que surge a norma. Não há norma antes da aplicação. Há um potencial, há uma disponibilidade de referências normativas, mas a norma para o caso só surge no ato da aplicação. Nesse momento passa a ser norma, porque o juiz escolheu a forma de decidir. Acho surrealista esta teoria de Friedrich Müller. No meu conservadorismo parcial, porque sou parcialmente um conservador, penso que, quando você entra com a petição inicial, você já invoca a norma, ou não? Não pensamos nela como simples potência, ou que aquilo ainda não é a norma etc. Por isso mantenho a minha posição.

RTDC: É importante colocarmos, por fim, uma questão da Teoria Geral do Direito, que é o modo como esta vem sendo abordada pelos chamados juristas analíticos. O senhor acha que há uma distorção da Teoria Geral do Direito por essa construção feita pelos analíticos?

NS: No meu entender, o que prejudica o pensamento jurídico, como o sociológico, como o filosófico, é o reducionismo. A alusão ao reducionismo é uma das grandes críticas, a meu ver, válidas, feitas a Kelsen. Por mais respeitáveis que sejam as razões epistemológicas de Kelsen, por mais que eu possa até achar que naquela ocasião era interessante, era fecundo, que ele propusesse aquele enxugamento metodológico, este implicou um reducionismo que empobrece a reflexão. Na segunda metade do século XIX, foi criada a expressão "Teoria Geral do Direito", no tempo de Korkounov. Criou-se a Teoria Geral do Direito com o fito de acabar com a Filosofia do Direito, entendida no sentido de acabar com o Direito Natural: já que os filósofos falam em Direito Natural, vamos pôr de lado esse negócio de Filosofia, porque o Direito Natural é ilusão, vamos fazer uma Teoria Geral do Direito. Mas a Teoria Geral do Direito naquele tempo era entendida no sentido de teoria geral mesmo: era o Direito visto como um fato histórico, sociológico, teórico-filosófico, e também especificamente formal.

Depois de Kelsen, depois da geração pós-kelseniana, inclusive já um pouco com Bobbio, começa essa história de uma Teoria Geral do Direito, consistindo numa visão meramente formal do Direito como estrutura e como sendo uma análise, um levantamento analítico dos conceitos basilares do saber jurídico: conceito de relação, conceito de ato jurídico, os conceitos que estão centralmente no pensamento jurídico positivo. Então, a Teoria Geral do Direito tendeu para essa formalização, que é um reducionismo. Os kelsenianos aproveitaram muito essa ideia e fizeram a Teoria Geral do Direito no sentido meramente formal, lógico-formal etc. A lógica presidindo esses cortes, essa redução. Isso passou facilmente, obviamente, para os analíticos. O analítico é um estudioso, que esmiúça todas as correlações conceituais, as possibilidades linguísticas e as acepções formalmente dadas em determinado problema. A meu ver, é uma redução. Como eu disse uma vez, há uns dez anos, o método dos analíticos é como o cavalo de Átila: onde ele passa, nem a grama cresce mais.

ENTREVISTA COM O MINISTRO SEPÚLVEDA PERTENCE[1]

RTDC: Ministro Sepúlveda Pertence, em primeiro lugar, gostaríamos de saber quais as principais lembranças de seus estudos universitários; quem foram os mestres que mais o influenciaram; qual era o método didático usado e quais as diferenças na relação entre professores e alunos naquele tempo; como o senhor vê os métodos atuais e, finalmente, qual o peso dessa formação universitária na sua vida profissional?

SP: Eu me bacharelei na Faculdade de Direito da Universidade de Minas Gerais, que tinha à época corpo docente com figuras de grande expressão. Seria difícil destacar alguns sem esquecer de outros, mas é inevitável falar, por exemplo, de Washington Albino, que teve um papel decisivo para mim, não só pelo professor que era, mas pelos primeiros sinais de modernização do método do ensino jurídico. O tempo, ainda com essa exceção, e em certos aspectos da de Orlando de Carvalho, professor de Teoria Geral de Estado, era o do velho e tradicional método coimbrão da aula-conferência. Algumas primorosas, como eram, já ao findar o curso, as aulas de Direito Internacional Privado de Amílcar de Castro, considerado por sucessivas gerações o melhor professor que a faculdade teve em todas aquelas décadas. Mas tivemos outros grandes professores: fomos a primeira turma de que foi professor Alma Xavier; na área de Direito Civil, algumas figuras notáveis, como Caio Mário, Darcy Bessone, Durval Ferreira; no Direito Comercial, o excelente professor Eunápio Borges.

RTDC: Houve influência desses professores na sua vocação para o Direito Público, para as áreas do seu gosto, como o Direito Constitucional?

SP: Fui menos um estudante do que um militante estudantil. O curso propiciava isso, era também de duas provas escritas, uma em julho e outra em dezembro, a média 7 aprovava e, eventualmente, uma prova oral. Isso possibilitou dedicar-me mais à política estudantil e dedicar em cada semestre 15 dias ao estudo – aí varando noites (risos).

RTDC: Quais eram, naquela época, as principais bandeiras da política estudantil?

[1] Entrevista concedida à *Revista Trimestral de Direito Civil – RTDC*, v. 8, out./dez. 2001. Entrevista realizada com a indispensável colaboração dos Procuradores Regionais da República Drs. Antônio Carlos Bigonha e Odim Brandão Ferreira, aos quais a RTDC agradece.

SP: Foi, basicamente, a época de lutas nacionalistas, coincidentes com o quinquênio de Juscelino Kubitschek – 1956 a 1960. Então, eu diria que a bandeira que unificava o movimento estudantil era a da luta de desenvolvimento com bases nacionalistas.

RTDC: A sua geração se considera vencedora em relação a essas bandeiras ou frustrada? No movimento estudantil a gente sonha muito... Como o senhor se sente diante disso?

SP: Aí depende da geração, é difícil falar em nome da geração; da minha parte, é claro, se soma a esta aspiração da formação nacional, formação econômica, a de um desenvolvimento nacional. Quanto às aspirações de justiça social, de solidariedade social com base na organização do país, evidentemente que este outono vivido é de profunda frustração.

RTDC: Portanto, este período tão rico de vida, na casa de Afonso Pena, na Universidade de Minas Gerais, dos estudos com esses grandes nomes que foram seus professores e dessas bandeiras de luta, influenciou a sua maneira de ver o mundo, a vida pública e a profissão, teve um grande peso ou houve uma ruptura entre a fase universitária e a fase profissional?

SP: Não, pelo contrário, eu diria que a fase universitária prosseguiu naturalmente, quase sem interrupção, quando, já tendo me transferido para Brasília, acabei seduzido pela oportunidade de participar da grande aventura universitária da época, que foi o ensaio da criação da Universidade de Brasília, pensada na época como a verdadeira revolução do ensino universitário no Brasil. E tive então, aí sim, a oportunidade de viver uma experiência absolutamente inesquecível, não só pela vivência que era a Universidade de Brasília, naqueles anos muito ricos de crise brasileira, infelizmente mal terminados com a implantação do autoritarismo de 64, mas no ponto estritamente universitário, do que era, enfim, um ensaio de novas metodologias no ensino de direito.

RTDC: Chegou-se a concretizar parte desse projeto?

SP: Sim, é preciso explicar que participei nos três primeiros anos da vida da Universidade de Brasília como instrutor, que era o estudante de pós-graduação, que, ao tempo de preparar o seu mestrado, prestava o serviço de auxiliar docente. Por exemplo, para ficar só na metodologia das aulas, havia o sistema de monitor. Chamávamos, então, aula maior, uma vez por semana, proferidas pelos nomes de grande titulação, que iniciava o curso com uma aula clássica, tipo conferência, de duas horas de duração – a aula maior. E isso era desdobrado em três aulas menores, e aí participávamos nós, os instrutores e outros auxiliares: em pequenas turmas, de no máximo 20 estudantes, se discutia, em 50 minutos, o tema da unidade da semana, aí com ampla participação dos estudantes.

RTDC: E a avaliação?

SP: A avaliação se fazia também com trabalhos de pesquisa, com provas, entrevistas etc. Além dessas aulas menores, entregues a um professor auxiliar de uma turma pequena, os estudantes tinham seu orientador pessoal com quem dialogavam permanentemente sobre assuntos afeitos à organização de seu currículo, sobre suas dificuldades nesta ou naquela disciplina.

RTDC: Esse modelo era coordenado pelo Anísio Teixeira e Darcy Ribeiro; havia uma filosofia?

SP: Esta estrutura básica vem do plano Anísio Teixeira-Darcy Ribeiro. No campo do ensino jurídico, aquela época ainda sem condições de instalar o que no plano definitivo seriam os institutos básicos, criamos o que se chamou o curso-tronco de direito, economia e administração, no qual os três ou quatro primeiros semestres eram dedicados ao estudo de disciplinas básicas desses três cursos, dentro de um critério básico, de um critério fundamental do plano Darcy Ribeiro, que era evitar a duplicação dos esforços. Assim, o estudante de economia tinha aquelas disciplinas de informativos, de elementos de direito público privado, sob a responsabilidade dos professores de direito, assim como os estudantes de direito estudavam introdução à economia no departamento de economia.

Efetivamente, o que me recordo destes anos, além de toda a agitação do ambiente pelos anos vividos pelo País, é de um rendimento excepcional, porque o sistema provocou e exigiu dos estudantes de direito daqueles anos um esforço, eu diria que, por mês, talvez maior do que me tenham exigido os cinco anos de duração do curso de direito, se deles se subtraírem os seminários de Washington Albino de direito econômico e as pesquisas de Orlando de Carvalho, mas, estas, voluntárias.

RTDC: Ministro, e as demais influências da literatura? Sabe-se de seu gosto por Ciências Políticas e por Direito do Estado. A respeito da formação não jurídica, teria autores prediletos ou leituras recomendadas às novas gerações? O que lhe vem à cabeça se eu lhe perguntar sobre sua formação humanista, sobre os seus gostos por temas não jurídicos?

SP: Sim, nada muito disciplinado, mas fui desde a época do curso secundário um leitor que hoje os agravos não permitem ser mais de literatura de todos os gêneros e até de todas as qualidades (risos).

RTDC: A gente tem sempre a impressão, quando ouve pessoas da geração do senhor falando sobre o curso de direito, que, no passado, a faculdade de direito e o corpo de alunos eram mais iluminados, existia um humanismo maior, o estudante de direito daquela época era sempre o motor dos movimentos estudantis, da formação de opinião estudantil, ao passo que a imagem do estudante de direito hoje seria um pouco burocrática, técnica, profissionalizada. Isso é um subproduto mesmo da repressão? O estudante de direito hoje vive fora do ambiente acadêmico, ele perdeu o referencial humanista?

SP: Para fechar o ciclo de Brasília, você perguntou a diferença... Bem, é claro que, naquela época, especificamente no campo de direito, a universidade teve a oportunidade de ter um número muito expressivo de professores e que, de minha parte, me influenciaram profundamente, desde Machado Neto e Anísio Lima, na área de Teoria Geral do Direito e de Filosofia do Direito, como a influência que, depois, viria a ser marcante na minha vida, de Vitor Nunes Leal, na área de direito público, e de Roberto Lira Filho, no campo do direito penal. Depois, passado o período da grande crise de 65, quando se teve de recompor a qualquer custo o corpo docente, a universidade, até pelas facilidades de Brasília, voltou a ter um corpo docente de boa categoria. Mas eu não tenho hoje informações mais pormenorizadas quanto a ter ou não restado algo daquela tentativa de modernização de métodos e de maior interação com os estudantes, que foi a nossa tentativa.

RTDC: Essa geração de hoje de estudantes, de jovens que às vezes seguem a advocacia, perdeu um pouco desse referencial do estudante de direito como uma pessoa profundamente politizada e preocupada com as ciências humanas? Isso teria ocorrido por força do processo político ou por outras forças, outras causas?

SP: Ocorreu a perda do que as faculdades de direito tinham tradicionalmente: a condição de ser o centro de todas as ciências sociais e de grande parte da cultura humanística e literária.

Aos poucos, vão ganhando autonomia os cursos: primeiro pela faculdade de filosofia, de letras, depois com as faculdades de economia e de ciências sociais, toda essa área, de tal modo que se foi especializando o próprio universo do estudante de direito. Isto somado a uma confusão recorrente do pensamento jurídico brasileiro – deixe-me vender meu peixe – ainda nostalgicamente kelseniano, entre normativismo e exegetismo rasteiro, pode ter levado à perda, em termos globais, desta ebulição política, filosófica e literária, de que as faculdades de direito foram a sede tradicional, e, eu quase diria, inevitáveis.

RTDC: Muito sugestiva esta sua designação, escola da exegese rasteira... A que o senhor atribui isso? Geralmente, isso nos preocupa muito – esse excesso de tecnicismo, o que o senhor teria a dizer a esse respeito?

SP: Estando há tanto tempo distante, infelizmente para mim, de estudos mais pretensiosos de teoria jurídica, eu não me aventurarei neste mar revolto. Eu prefiro dizer, neste sentido, quase na defensiva em que me pus antes que, no *que-fazer* cotidiano do jurista, ou se quiser – na terminologia hospitalar em voga – dos operadores do direito, Kelsen continua insuperável instrumento de lógica formal do direito, que nada tem a ver, nem em Kelsen, com exegetismo. E as subleituras de Kelsen, a meu ver, insistem nessa confusão.

RTDC: O que significou Vitor Nunes, para o Brasil e para o senhor?

SP: Para mim, em termos vitais, a coisa cairia até em tons sentimentais. Foi uma figura humana que me marcou profundamente, em todos os sentidos, até por ser uma das cabeças intelectualmente mais privilegiadas que conheci e um dos poucos homens humildes que conheci. Vitor nunca procurou fazer um tipo, mas seguramente foi um dos poucos homens que começava por não ter ideia sequer parcial do seu valor. As circunstâncias da vida foram nos aproximando desde minha função como um de seus auxiliares, nos primeiros cursos de direito constitucional; de seu orientando nos projetos frustrados da dissertação de mestrado; depois, de seu colaborador voluntário, do que foi então uma revolução de métodos de trabalhos no Supremo Tribunal e, finalmente, de companheiro de advocacia depois de sua arbitrária aposentadoria do Supremo Tribunal até a sua morte, que coincidiu também com meu afastamento da advocacia, primeiro para a Procuradoria-Geral da República e depois para o Supremo Tribunal.

RTDC: Fale-nos a respeito da importância do Ministro Vitor Nunes Leal no Supremo Tribunal Federal, que as gerações de hoje pouco conhecem. O senhor se referiu a uma revolução de métodos no STF...

SP: Bem, Vitor tinha também uma qualidade que não é muito comum: a do intelectual brilhante com uma rara capacidade de organização de trabalho, completada por essa humildade a que me referi. Comecei a frequentar o Supremo Tribunal Federal no primeiro ano seguinte ao meu bacharelado, quando Vitor acabava de ser empossado no Supremo Tribunal. Foi dezembro de 1960 ou janeiro de 1961. Já então impressionava um dado novo, que às vezes irritava os colegas: o sistema de cruzamento de anotações de dois tipos de cadernos, que ele preenchia durante as sessões e que lhe permitia, não só em intervenções orais, referir precedentes, com data de julgamento do relator e eventualmente da publicação, e também – daí a irritação –, indagar frequentemente dos colegas se haviam mudado de opinião sobre determinado tema, porque, anteriormente, às vezes com o intervalo de uma semana ou duas, haviam acompanhado o relator em sentido oposto. É desses cadernos que nasce a ideia da súmula, que Vitor Nunes explicava como fruto da sua falta de memória: dizia que sempre teve memória fraca e se via obrigado àquelas anotações.

Verificava-se, então, não apenas o dispêndio da rediscussão de temas, que, naquele momento do Tribunal, eram considerados entendimentos absolutamente consolidados, sem perspectiva de alteração, mas, também, por eventuais faltas de memória dos outros, certo saber lotérico de vacilações jurisprudenciais, devidas não a mudanças de opiniões, mas a eventuais desatenções. Então, partiu daí a sua proposta das súmulas como uma afirmação explícita e oficial pelo Tribunal do que entendia como jurisprudência sobre determinados temas, determinadas questões. E das súmulas pretendeu extrair, vencendo resistências naturais daquela época, alguns modestos efeitos procedimentais: por exemplo, no recurso extraordinário por divergência jurisprudencial, dispensar a parte de outra documentação de acórdãos divergentes senão a referência à súmula. E a grande inovação daquela época foi dar ao relator a oportunidade de arquivar agravos de instrumento ou recursos extraordinários cuja tese contrariasse a súmula, obviamente sujeita à revisão do colegiado mediante agravo regimental. Esta grande contribuição se somou a várias outras, até mesmo à racionalização da caminhada física dos autos, do momento em que chegado ao protocolo do Tribunal até a mesa do ministro relator. Cito este exemplo apenas para mostrar o tipo de preocupações de que era capaz um intelectual do nível de Vitor. Ele demonstrava que havia, entre esses dois momentos, dezessete movimentos físicos dos autos. Coincidindo com a revolução da "xerox", aquilo foi reduzido a dois ou três movimentos.

Mas é evidente que a resistência da rotina burocrática a inovações é sempre brutal. Os autos ainda iriam fisicamente à distribuição, que era feita com esferas de víspora retiradas pessoalmente pelo Presidente do Tribunal, à vista dos autos. Logo depois da aposentadoria compulsória de Vitor e da aposentadoria de Antônio Gonçalves, lhe dera carta branca para comandar esses aspectos da administração do Tribunal, o Presidente que veio a suceder Gonçalves, meu querido amigo Oswaldo Trigueiro, velho advogado do Tribunal também, chegou para a primeira sessão de distribuição e não viu o que era normal, o que ele como advogado se acostumara a acompanhar: o Presidente "afogado" em um mar de autos que lhe eram postos um a um sobre a mesa. Ele disse: "Mas como fazer a distribuição?". Diz-lhe um funcionário: "O Ministro Vitor inventou um negócio: agora só vêm essas folhas aqui". Ele disse: "Não, isso sempre deu certo, vamos voltar ao sistema antigo", aí vieram os carrinhos. Isto fica apenas como um exemplo destas rotinas, que têm muito a ver com as frustrações da administração de qualquer tentativa racionalizadora da administração judiciária, até pela extrema rotatividade e brevidade das administrações dos Tribunais. Depois, eu verifiquei isso no Superior Tribunal Eleitoral, no Supremo Tribunal particularmente, como a burocracia olha para a gente com certo ar de pouco caso quando se prescreve alguma inovação, alguma ruptura com a rotina. Como a dizer: ele passa, nós ficamos.

RTDC: Conte o episódio do Ministro Vitor, técnico em eletrônica...

SP: Quando começava a primeira perspectiva de que o cérebro eletrônico poderia ter algo a ver com a racionalização do serviço judiciário, da rotina judiciária, aproveitando-se do que era o ensino secundário em Brasília naqueles primeiros anos, planejado ainda por Anísio Teixeira, Vitor matriculou-se em um curso técnico noturno de um dos colégios – eram as primeiras ideias de um curso técnico paralelo ao curso secundário tradicional. Mas tudo isso terminou em 1969, sob o Ato Institucional nº 5, quando a ditadura resolveu aposentar compulsoriamente do Tribunal os três Juízes tidos então como politicamente suspeitos, que eram Vitor Nunes, Evandro Lins e Silva e Hermes Lima. Dessa aposentadoria, que já corria pelos boatos, Vitor toma conhecimento quando está em sua casa discutindo com um belga que o assessorava nas primeiras formulações do que seria a preparação do Tribunal para o momento em que fosse possível pensar em iniciar a informatização de certas áreas. Em sua própria casa, na sala de jantar, ouvia o belga explicar-lhe alguns planejamentos que fizera.

Ao mesmo tempo, com o outro ouvido, prestava atenção na *Voz do Brasil*. Até que vem a notícia que Hermes Lima nunca perdoou, pelos seus termos: ao final de uma reunião, o Presidente da República aproveitara a oportunidade para comunicar ao Conselho de Segurança Nacional que resolvera aposentar os três Ministros. Dizia Hermes Lima: "Oportunidade se aproveita é para desejar Feliz Natal e Próspero Ano Novo, para protestos de estima e consideração... Aproveitar para cassar?". E vinha o palavrão (risos), do *gentleman* que era Hermes Lima. Vitor Nunes apenas se limitou a dizer ao belga: "Estou curiosíssimo, e teria o maior prazer de continuar ouvindo a sua explicação, mas o senhor já não estará explicando ao Ministro do Supremo, mas a um aposentado".

RTDC: Que coisa chocante! Na sua trajetória, Ministro, retomando aqui o caminho entre as lutas na advocacia, na OAB, na frente da Procuradoria-Geral da República, a passagem pelo Ministério Público local, não poderíamos perder aqui a ocasião de registrar tantas importantes memórias. O que o senhor teria a dizer dessa experiência nesses cargos públicos tão elevados e, no caso do Ministério Público, o interesse pessoal por aquilo que foi a organização da defesa dos interesses coletivos, em sua gestão na Procuradoria-Geral da República?

SP: Bem, entre o início da adversidade e a cassação, como é sabido, prestei concurso para o Ministério Público do Distrito Federal e nele atuei alguns anos, com a interrupção provocada pelos dois anos que passei como secretário jurídico de outra grande figura do Tribunal daquela época, que foi Evandro Lins e Silva. Voltei ao Ministério Público e depois de alguns ensaios de ditadores individuais, tenho a glória de ter sido necessária uma junta para me aposentar. Dali voltei a advogar, o que coincidiu mais ou menos com a montagem do primeiro dos escritórios organizados por Vitor Nunes; voltei, então, intensamente à advocacia, paralelamente à militância na Ordem, que era a tribuna restante para evitar a castração completa da cidadania naquela época.

Seguem-se aí coisas do destino, a escolha por Tancredo Neves para a Procuradoria-Geral da República, numa fase que eu considero, particularmente, fascinante, em que um grupo de procuradores começava a perceber as potencialidades do Ministério Público no regime democrático e assentou algumas bases, naquele período de transição do que pretendíamos que viesse a ser, com a Constituição, o Ministério Público. Se o Ministério Público Estadual, nos sucessivos textos constitucionais e até, por paradoxal que pareça, no desenvolvimento do "pacote de abril", vinha tendo desenvolvimentos sensíveis, o Ministério Público Federal ficaria, até aquela época – ressalvada a atividade dos pareceristas junto ao Supremo Tribunal e aos outros Tribunais –, dominado pela outra função que lhe cabia, a advocacia do Estado. Então, aqueles anos foram férteis no pensamento de outras perspectivas do Ministério Público, até porque – e hoje eu já posso dizer, pois os meus amigos já não ficarão bravos comigo – eu já tinha a clara percepção de que, na Assembleia Constituinte, era fatal a cisão das duas funções então confiadas ao Ministério Público Federal e, a exemplo do que já sucedera com o Ministério Público dos estados, a entrega a outro órgão da função de advocacia da União. Ali houve, realmente, além da preparação administrativa, a emancipação administrativa da Procuradoria em relação ao Ministério da Justiça.

Assumi a Procuradoria-Geral quando o seu diretor-geral se reportava ao diretor administrativo do Ministério da Justiça, órgão de terceiro escalão da pasta. Então, puderam ser feitos alguns experimentos do que viria efetivamente a ser o Ministério Público da União. Lembro-me, por exemplo, de uma troca de ideias com Dom Paulo Evaristo Arns em São Paulo, ainda vivo. Tancredo Neves, quando surgiu aquilo a que se referiu: o primeiro aceno ao papel que o Ministério Público poderia desempenhar na defesa dos direitos difusos e dos direitos humanos fundamentais. Isso surgiu no Ministério Público mediante uma simples portaria, pensada em conjunto com Cláudio Fontelles, então meu chefe de gabinete, da qual surgiu uma sigla que mais parece farmacêutica – SECODID – Setor de Coordenação da Defesa dos Interesses Individuais e Difusos. Isso se desenvolveu na designação, em cada estado, de pelo menos um Procurador da República encarregado do setor, o que, pelo menos nas seções mais tradicionais da Procuradoria, gerou na época uma resistência que era inevitável: de repente, movimentos negros, verdes, índios, homossexuais etc. passavam a invadir, sem muita cerimônia, os corredores da Procuradoria com o tom reivindicativo, nem sempre muito gentil, que lhes é próprio.

RTDC: Essa sua passagem pelo Ministério Público e pela Procuradoria-Geral da República, especialmente no que tange à sua experiência na defesa dos direitos humanos, exerceu uma influência decisiva na sua atuação no Supremo Tribunal Federal?

SP: Sim, em primeiro lugar, em minha vivência no dia a dia do controle concentrado de constitucionalidade. A antiga representação de inconstitucionalidade, naquela época, como se sabe, era monopólio da iniciativa do Procurador-Geral da República. Na medida compatível com a dúplice função do meu cargo à época, creio ter logrado começar a liberalizar, no sentido de trazer ao conhecimento do Supremo Tribunal algumas questões polêmicas, nem sempre no sentido mais conveniente ao governo. E, pelo menos no caso da Lei de Informática, tomando a posição do governo, mas sem usar da prerrogativa do Procurador-Geral de simplesmente arquivar a provocação que submetesse ao Supremo a arguição de inconstitucionalidade, o que parece estar historicamente nas origens de um instituto, que viria a ser consagrado na Constituição e que eu sei não é muito popular: a ação declaratória de inconstitucionalidade.

RTDC: A biografia de um Ministro do Supremo é determinante em seus votos?

SP: Bem, para um Ministro do Supremo emitir sobre isso um juízo definitivo, deveria tentar converter-se em um estudioso de si mesmo. Mas é claro que eu não tenho dúvida de que, desde que superada a ilusão exegetista – e não kelseniana – do silogismo judicial, parece ser uma evidência a respeito da teoria da decisão judicial de hoje que o juiz se põe em maior ou menor grau nas suas decisões. E esta intromissão da biografia e da cosmovisão do juiz, como foi referida, obviamente cresce, quando se chega à jurisdição constitucional – por definição, repleta de tarefas de concretização de conceitos indeterminados e de colisões de direitos e de princípios fundamentais contrapostos. Fossem outras as condições e circunstâncias de trabalho do Supremo Tribunal, isso poderia ganhar uma dimensão fascinante, em face das características da própria Constituição brasileira de 1988, não apenas repleta de pretensões quase holísticas, mas também por sua natureza extremamente compromissória, pelas próprias condições em que foi elaborada, em que pululam conceitos indeterminados e ponderações a fazer entre princípios opostos. Por isso, exatamente por reconhecê-lo e frequentemente dizê-lo ao Plenário, às vezes sei ou percebo que colegas meus podem considerar-me um tanto ou quanto desajuizado, porque, é claro, que ainda consciente desta intervenção da biografia nos seus julgados, o juiz se sente, e é bom que se sinta, obrigado ao final a reduzir a fundamentação do seu voto a termos mais ou menos silogísticos (risos).

RTDC: Ministro, qual a justa medida entre o julgamento pelos meios de comunicação e a solene desconsideração ou impermeabilidade judicial à realidade?

SP: Os senhores querem que eu faça vestibular para a mais alta filosofia do direito (risos) ou, pelo menos, a mais alta filosofia da função judicial. Isto hoje na sociedade de comunicação de massa e, particularmente, na vivência da jurisdição constitucional, é talvez o seu maior drama. Até porque a resposta dependeria de outra indagação: a distinção entre o que é a realidade social subjacente e a pressão da mídia de cada dia. Porque frequentemente se chama a atenção à opinião pública, a atenção à realidade do País, o que não passa de ser o quadro apresentado pelos veículos de comunicação de massa e, sobretudo, pelos interesses empresariais a que servem. Isso é profundamente angustiante, desde as grandes questões constitucionais ao dia a dia da jurisdição penal do Supremo Tribunal Federal, neste grande drama, neste grande dilema vivido pela prática da jurisdição penal contemporânea, que é o pêndulo entre o discurso *law and order*, que consegue conjugar numa aliança forças diversas sem que elas próprias percebam, e o discurso de preservação de garantias fundamentais do direito penal e sobretudo do processo penal. Isto é um drama cotidiano e está tão enraizado em cada juiz, na sua mundividência, que é angustiante e ao mesmo tempo é aquele em que menos o juiz percebe como está sendo influenciado por esta sua visão, pela pré-compreensão do mundo. E transparente para o juiz, porque internalizou o discurso *law and order* e que acredita, realmente, na universalização ilusória, universalização da resposta penal a todos os problemas; sobretudo os problemas de violência e de corrupção da sociedade contemporânea, parecendo-lhe absolutamente dramático ter que fazer concessões às garantias.

RTDC: Em termos das garantias, há vários pontos na sua atividade jurisdicional que interessam muito aos leitores da *RTDC*, alguns que entram em xeque, que trazem à cena colisões de princípios fundamentais relacionados às matérias de direito privado, atividade econômica privada, matéria de família. Gostaríamos de lembrar dois votos vencidos seus, e ouvir a sua opinião atual sobre estas duas questões muito polêmicas para o Supremo. O primeiro foi trazido pelo exame de DNA, quando num *habeas corpus* vindo do Rio Grande do Sul, o réu de ação de investigação de paternidade se recusara ao exame de investigação de paternidade e, portanto, a tese que se discutia era a da possibilidade de levar, *manu militari*, o pai para fazer o exame; ou se deveria prevalecer o princípio da intimidade, da privacidade do réu que se recusava a se submeter ao exame. O seu voto, assim como os dos Ministros Francisco Rezek e Ilmar Galvão, foi derrotado, prevalecendo a privacidade e a intimidade, não se autorizando, portanto, a produção coativa da prova. A Corte ainda não alterou o ponto de vista dela, sua posição ainda é minoritária. Portanto, essa garantia fundamental de descoberta da identidade genética, como expressão da dignidade da pessoa humana, teria sido deixada de certa maneira de lado por uma presunção processual em matéria probatória? Qual a sua opinião, hoje, já passados alguns anos deste *leading case*?

SP: É evidente que o tema é dramático. Votei naquele momento, ainda não me convenci do contrário, no sentido de que o direito à identificação da paternidade deveria prevalecer, naquela hipótese, sobre a invocação da intimidade. Eu creio que nós vivemos, hoje, uma época do duplo abuso da intimidade. O primeiro é a invasão abusiva da intimidade, particularmente quando se cuida de dois extremos, ou das pessoas notórias, das pessoas que põem em causa as sérias discussões sobre a ampliação da zona de iluminabilidade de suas vidas, o que tem também leituras difíceis e outras que não têm nada do encanto, da sofisticação narrados pelas figuras notáveis da história ou pelo menos da crônica de seus próprios livros. O outro prisma do mesmo abuso à intimidade é o que vemos cotidianamente perpetrado contra a privacidade e a intimidade das personagens de episódios policiais ou similares, desde que saídos das classes marginalizadas. Outro abuso da intimidade é o abuso da invocação do princípio da intimidade, como se fosse algo de absoluto e unilateral. Nesse sentido é que se põe frequentemente o problema da ponderação e da escolha de valores e impondo-se, então, voltando à pergunta anterior, a necessária ingerência da biografia da pré-compreensão do juiz nos seus votos.

A propósito do DNA, tive o voto, aí acompanhado pela Primeira Turma, num caso absolutamente típico de abuso de DNA. Cuidava-se de uma curiosa ação proposta contra o pai presumido, pelo companheiro de sua mulher, para afirmar a paternidade do filho havido de sua relação adulterina antes da separação do casal. Não satisfeito com a própria prova positiva que lograra do cotejo do seu DNA com o da criança, pretendeu ele, e o que é pior, obteve ordem judicial para submeter o chamado pai presumido ao exame.

RTDC: Bem, e como acabou esta questão?

SP: Nessa, foi deferido unanimemente o *habeas corpus*.

RTDC: Ministro, a questão da prisão civil por dívida atinge diretamente as relações jurídicas privadas. A posição do Supremo é contrária à posição que acabou prevalecendo no Superior Tribunal de Justiça. Nas decisões do Supremo, e o seu voto também foi minoritário, discutia-se se deveria prevalecer o art. 7º da Convenção de San José da Costa Rica, que proibia a prisão civil por dívida no Brasil. Acabou prevalecendo no Supremo a tese de que a Constituição, estando acima das leis infraconstitucionais – tanto que a matéria incluída nos tratados internacionais é submetida ao Superior Tribunal de Justiça – deveria prevalecer. Estaria, então, ainda em vigor no Brasil, segundo o Supremo Tribunal Federal, por maioria, a prisão civil nos casos de alienação fiduciária em garantia. Na academia a tese é altamente polêmica. Afirma-se: "Mas o Supremo não enfrentou ainda o §2º do artigo 5º, que permitiria que, nas hipóteses de princípios consagrados em tratados internacionais, se pudesse aumentar o elenco dos direitos e garantias fundamentais". Então, sempre tivemos a curiosidade de perguntar ao senhor, que lavrou um memorável voto vencido – depois outros tantos em sua Turma, ressalvando sua posição no voto, mas admitindo a posição do colegiado –, por que não se deu maior efetividade ao §2º do art. 5º da Constituição, com a introdução de novos direitos e garantias fundamentais?

SP: Bem, a minha perspectiva pessoal da inconstitucionalidade da prisão civil do devedor na alienação fiduciária em garantia vem de convicção firmada ao tempo da advocacia e que, talvez, decorra de certa desconfiança de quem sabe muito pouco do direito privado e das artes dos civilistas de, por meio de construções inteligentíssimas, transformar a essência das coisas. Sempre me pareceu, ainda sob o texto constitucional anterior, que quando a Constituição estabelecia, como exceção à prisão civil, sua admissão contra o depositário infiel (sem entrar aqui em que limites é válida a interpretação da Constituição a partir do direito infraconstitucional) tinha em conta as noções clássicas do depósito. De tal modo que me parecia ladear a proibição constitucional criar-se, por normas infraconstitucionais, figuras equiparadas ao depósito, mas que não tinham os dados essenciais dos quais me parecia ter derivado a exceção constitucional. Por isso, sempre insisti nesta visão, ao lado das novas questões surgidas.

Quanto ao aspecto da questão, relacionado ao §2º do art. 5º da Constituição, segundo o qual "os direitos e garantias expressos nesta Constituição não excluem outros decorrentes do regime e dos princípios por ela adotados, ou dos tratados internacionais de que a República Federativa do Brasil seja parte": ao meu ver, esse esboço de interpretação do dispositivo não está no voto sobre a prisão civil, mas no voto sobre a questão do duplo grau de jurisdição. E há aí exageros das duas partes. De um lado, dos que pretendem ver neste dispositivo constitucional algo que, no atual estágio das noções consolidadas sobre a relação entre a Constituição e o direito internacional convencional, me parece inadmissível, que é a possibilidade de alteração da Constituição por tratados e, sobretudo, por tratados incorporados ao direito interno após a Constituição. Seria, em termos de direito constitucional, de direito interno, admitir que os órgãos nacionais de celebração, ratificação e promulgação dos tratados detivessem, na verdade, um poder de revisão constitucional, sem seguir o processo das emendas constitucionais, e afetando um campo delicadíssimo, que é o das garantias individuais.

Outra coisa é saber se o tratado pode ir além das garantias constitucionais, acrescentando-lhes outras. E, aí, confesso que, sem aprofundamento para juízo definitivo, pois o caso que examinei não o impunha, a minha tendência seria assegurar à norma internacional prevalência sobre a lei ordinária.

No que diz respeito, especificamente, à questão suscitada – a da prisão civil na alienação fiduciária, da prisão em geral do depositário infiel à luz do Pacto de San José – é uma outra indagação que, também sem tê-la aprofundado, me inquieta. É se, na verdade, no contexto de um rol de declaração de direitos qual a do art. 5º, a permissão das duas hipóteses de prisão civil deve ser interpretada como exceções admissíveis à garantia individual, que é a vedação da prisão civil, ou, ao contrário, como imperativos constitucionais de que aquelas duas hipóteses de prisão civil sejam admitidas.

RTDC: Assim como o crime hediondo, por exemplo...

SP: Sim, então o art. 5º seria o lugar adequado para uma garantia do crédito? A grande defesa da permissão da prisão civil na hipótese de alienação fiduciária é esta: só ela viabiliza o crédito de bens duráveis de maior valor e o exemplo inevitável em nossa civilização, que é o do automóvel, a devedores de menor fortuna. Agora, o que me pergunto é se, em termos de análise do art. 5º como rol, como declaração constitucional de liberdades, isso se converte em um imperativo.

RTDC: O Tratado de San José da Costa Rica, mesmo como lei infraconstitucional, poderia revogar outra lei infraconstitucional e o assunto poderia se considerar resolvido, sem se chegar a uma ampliação da lista de garantias.

SP: A defesa da posição contrária, que surge agora a respeito dos crimes hediondos, é respeitável e, por outro lado, como disse, eu só enfrentei como relator com a responsabilidade de juízos mais assentados à questão do duplo grau de jurisdição, que conclui o contrário: o sistema constitucional não apenas não consagrava como garantia o duplo grau de jurisdição, como, em certas hipóteses, não o admitia; particularmente naquela em que se reclamava, que era o recurso ordinário das decisões nos processos penais de competência originária dos Tribunais de segundo grau. Eu quero dizer que esse problema é uma indagação que eu me faço: se, no contexto do art. 5º, o que há de prevalecer ali é a afirmação da obrigatoriedade da prisão por dívida, ou ter as exceções ali estabelecidas como imperativo.

RTDC: Essa confusão de perspectiva é recorrente. Recentemente, em discussão sobre a medida provisória da quebra de sigilo bancário, a mídia tratava pessoa jurídica e pessoa física indistintamente, sem cerimônia, como se a intimidade de contas fosse a mesma coisa que intimidade pessoal enquanto garantia individual...

Há uma última curiosidade, antes de entrarmos em outras questões de direito público; ela diz respeito à defesa do consumidor e à questão dos direitos individuais homogêneos. Sua passagem na Procuradoria-Geral da República marcou esse início da defesa dos interesses coletivos. A matéria hoje está chegando ao Supremo, que, volta e meia, reconhece a possibilidade de as associações de consumidores defenderem direitos individuais homogêneos em ações coletivas. Criou-se uma nova perspectiva para a defesa de bens que antes não eram defendidos, mas há tendências um pouco radicais no que tange aos interesses individuais homogêneos, aos interesses mais restritivos. Em geral, qual sua visão a respeito dos interesses coletivos, esses novos direitos coletivos, no que tange aos consumidores?

SP: O Ministério Público brasileiro, neste campo, tem vencido uma incredulidade internacional. A discussão sobre a tutela jurisdicional de interesse difuso vem pelo menos do começo do século, e a grande indagação é a que personagens seria possível entregá-la.

Ao menos para os teóricos italianos com os quais pude ter maior contato, a grande descrença era que o Ministério Público pudesse ter, neste campo, um papel de algum relevo. O que era até natural, ante a visão do Ministério Público continental europeu, primeiro inteiramente dominado pela função da acusação penal e, por outro lado, compreendido, dizia a lei orgânica portuguesa, como um corpo essencialmente hierarquizado e centralizado. O certo é que em função mesmo de suas singularidades no direito comparado, como organização, como autonomia, como descentralização, o Ministério Público tende a um quase monopólio desta função. Ao que nós temos assistido, não sei se os dados da minha observação ainda são atuais, é que ainda quando as ONGs têm a iniciativa do questionamento do problema, elas preferem levá-lo ao Ministério Público a propor, elas próprias, a ação civil pública. Neste campo é preciso evitar um outro extremo: desde a "paternidade" da velha SECODID, tenho, é claro, um grande entusiasmo pela afirmação do Ministério Público neste campo. Mas é preciso fugir do outro extremo, que é o da imposição de uma curatela universal da sociedade.

RTDC: O senhor acha que esta atuação ainda um pouco comedida das organizações não governamentais está ligada ao fato recente da ditadura militar e a uma sociedade que está ainda aprendendo a caminhar com as próprias pernas? A participação do Ministério Público será mitigada por uma sociedade atuante?

SP: Eu creio que a tendência é que vá ocupar não tudo, porque eu creio que o Ministério Público tende a desempenhar definitivamente um papel neste proscênio. Agora, não tenho dúvidas de que isto é fruto da fragilidade congênita das organizações intermediárias da sociedade civil brasileira.

RTDC: O senhor poderia esclarecer um pouco mais este risco do Ministério Público, dessa curatela geral?

SP: A questão em que eu mais me aprofundei no exame do problema é a da defesa da ação civil pública para contestar, com base na inconstitucionalidade da lei, a exigibilidade de determinado tributo de todo município. E fiquei aí numa posição intermediária: nem neguei, em termos abstratos, a legitimidade do Ministério Público para discutir questões tributárias, nem me comprometi com a sua legitimidade irrestrita. No caso, por exemplo, porque creio que certos resíduos emocionais de autoritarismo ainda insistem nesse ponto, a ver que na questão tributária há dois interesses sociais a contrapor-se. É preciso distinguir aí uma função, que também incumbe ao Ministério Público, hoje dividida com várias autoridades e entidades de defesa objetiva da Constituição, essa legitimação para a ação civil pública que a meu ver passa, sobretudo quando se trata de interesses disponíveis, por uma avaliação do interesse social concreto na causa. Então, situei-me nesta posição intermediária no caso – cuidava-se então de IPTU –, dizendo que, no perfil da sociedade, não me parece, abstraída a questão da defesa objetiva da Constituição, que tinha outras vias constitucionais adequadas, que o interesse social prevalecente mais dependente do patrocínio do Ministério Público fosse o do universo dos contribuintes em tese do imposto sobre a propriedade, e não o da coletividade dos não proprietários. Daí você tem que se despir de qualquer valoração em tese da Constituição. E se chegaria a uma petição de princípio, o Ministério Público seria legítimo quando o tributo fosse inconstitucional, quando o que vai se discutir é exatamente a constitucionalidade dele. E segundo que, para a defesa objetiva da Constituição, o próprio Ministério Público tem outras vias.

RTDC: O importante é fixar este ponto de vista porque a opinião mais radical entende que, como o direito individual homogêneo é divisível, acaba sendo disponível, portanto, nunca haveria legitimidade.

SP: A não ser naqueles direitos mais tipicamente difusos – meio ambiente, patrimônio histórico –, na área do consumidor isso praticamente fecha a possibilidade da defesa coletiva, se ele não estiver envolvido com problema de saúde, de meio ambiente, de segurança etc., serão, naturalmente direitos individuais, patrimoniais e indisponíveis. Aí o que prevalece é, exatamente, por toda a construção teórica da defesa da tutela jurisdicional em processos coletivos dos interesses difusos, os interesses relevantes de uma comunidade que não se viabilizariam em termos de defesa individual.

Voltando ao IPTU, deve-se levar em conta a multiplicidade de vias abertas a esta defesa, mesmo no campo dos proprietários, as amplas possibilidades abertas pela legitimação representativa das chamadas entidades associativas, e até, em certos limites, pelo mandado de segurança coletivo.

RTDC: A jurisprudência do Supremo já admite o direito civil como a concretização do direito constitucional ou ainda mantém os dois planos separados?

SP: É manifesto que todos nós, componentes do Supremo Tribunal, temos consciência de que a Constituição invadiu, temerariamente, segundo os civilistas, campos que alguns defendem como infensos a esta "invasão dos bárbaros" do direito nacional. Mas, se eu lhe dissesse que a prática do Supremo Tribunal lhe tem dado oportunidade de enfrentar concretamente questões ligadas a áreas de constitucionalização do direito civil, não é verdade... Eu diria que, talvez, até este quase silêncio da jurisprudência do Supremo Tribunal em matéria de direito constitucional civil, ou vice-versa, se deva aos obstáculos processuais do recurso extraordinário. Sinceramente, são barreiras impostas em grande parte pelo próprio drama de inviabilização do Supremo Tribunal, que a falência do modelo da estrutura judiciária de cúpula da Constituição Federal de 1988 tem levado.

É evidente que o radicalismo do Tribunal na negativa, na oclusão das vias do recurso extraordinário pela chamada violação reflexa da Constituição ou violação indireta por contrariedade à norma infraconstitucional interposta, teoricamente correta, tem, porém, uma vertente radical muito a ver com uma posição, eu já nem diria de legítima de defesa, mas de estado de necessidade de um Tribunal que eu já nem digo estar à beira de inviabilizar-se, está virtualmente inviabilizado. É óbvio que, no momento em que se tivesse o mínimo de condições de trabalhar com as questões constitucionais resolvíveis, e de liquidar, e digo liquidar sumariamente, como têm feito todas as Cortes Constitucionais do mundo que conseguem trabalhar, a utilização da jurisdição constitucional como instrumento de chicana, o Tribunal tenderia necessariamente a abrir-se, não para toda a especulação como vemos, eu diria, na maioria dos recursos extraordinários trabalhistas, por exemplo, em que tem que enfrentar a ilusão de que foi afrontado o art. 5º, II, da Constituição, porque se obrigou a pagar horas extras, contando ou não contando com o horário de almoço, e com isso se obrigou a fazer algo que a CLT não manda.

Mas, de cambulhão, é óbvio que se chega às vezes a certo radicalismo desta negativa completa de exame de violações reflexas da Constituição, que são de lamentar. Enfim, empobrecem grandemente a própria função de guarda da Constituição que o Tribunal tem. Obviamente, se um dia se chegar ao descongestionamento do modelo, eu tenho certeza de que se multiplicarão as possibilidades, não só nas áreas das diretivas e princípios especificamente de direito privado, mas também em certas garantias genéricas, das quais o maior exemplo é o do *substantive due process of law*, que muito pouco frequenta até agora os anais do Supremo, e significativamente, salvo engano meu, apenas na via do controle concentrado; jamais na via do recurso extraordinário.

RTDC: Ministro, tem muito a ver com essa sua observação final a preocupação atual de várias escolas de direito civil com relação à despatrimonialização, quer dizer, o direito civil deixar de ser voltado só para o fato econômico e ser instrumentalizado a valores existenciais, o que se chama também de socialização, de constitucionalização do direito civil. Já que o Supremo não tem podido enfrentar essas matérias, qual a sua visão pessoal?

SP: Vejo com grande fascínio esta tendência, esta busca de um caminho de ver o direito civil a partir da Constituição, até como um passaporte para que eu não me sinta tão humilhado (risos). E a despatrimonialização a que você se refere também é muito importante para o futuro de vocês, civilistas. O mundo é, cada vez menos, pensado em termos do indivíduo, de uma sociedade girando em torno da propriedade. O direito civil tende a ampliar o seu futuro na medida em que ele descubra outras áreas do cidadão comum, cada vez menos um proprietário, um herdeiro.

RTDC: A Constituição de 1988 é muito boa, é ruim, é a melhor das brasileiras, no seu tempo?

SP: É muito difícil, obviamente, comparar 88 com 91, quiçá com 1824. Cada uma vindo em determinado momento, representaram, ao seu tempo, saltos significativos nessa – lugar-comum inevitável – tarefa fascinante, porque sempre inacabada, de construir a democracia. Eu acho que a Constituição de 1988 é a melhor das Constituições do Brasil, talvez porque tenhamos assistido ao seu nascimento fascinante, como agitação da cidadania, como ampliação da discussão constitucional, qualidades que obviamente repercutem nos seus defeitos técnicos. Eram inevitáveis, numa Constituição que sucede um sistema de autoritarismo consciente, não a intervalos ditatoriais, mas de um autoritarismo que se pretendia, definitiva e solidamente edificado até doutrinariamente, a ruptura, a reabertura, a partir dali, do regime com o impacto da descoberta da falácia das compensações socioeconômico-financeiras prometidas pelo autoritarismo em troca das garantias. Tudo isso fez com que cada setor da sociedade, pelo menos cada setor da sociedade que tenha conseguido uma voz na discussão constituinte, seja no plenário da assembleia, seja nos corredores que se abriram ineditamente ao vozerio de setores populares, quisesse assegurar o seu pedaço na Constituição, e disso resultou até os seus pormenores, que, ao observador distante – e a nós mesmos, às vezes – parecem anedóticos, soldados da borracha, mas que, talvez, sob a perspectiva das injustiças e dos sofrimentos de que esses setores procuravam se resguardar, tenham a sua justificativa. Embora seja evidente que a Constituição de 2001 não é a mais à Constituição de 1988: a sua visão econômica... Não vou entrar em maiores juízos de valor, mas é evidente que a Constituição econômica mudou.

RTDC: Em quais casos o senhor foi vencido no STF e mais queria ganhar?

SP: Bom, a vida no colegiado é muito enriquecedora, até do ponto de vista puramente pessoal. Ela abala certezas a cada dia ou, pelo menos, ainda quando não abale certezas, multiplica o coeficiente de tolerância. As verdades contrastantes são a verdade para cada um expostas, com boa-fé, e assim têm que ser recebidas. Então, mágoas eu não guardo e até tenho certa satisfação de ser o vice-campeão dos votos vencidos, ainda que distante do campeão (risos), porque eu acho que isso dá testemunho de certa contribuição importante para o Tribunal, que é a de desafiar algumas vezes a visão dominante. Então, é sem nenhuma mágoa. Agora, é claro que, com todas as vênias, há certos inconformismos intelectuais, começando com o fechamento da via do controle abstrato para as leis ordinárias anteriores à Constituição, que, conforme a perspectiva, fez com que se demitisse ou liberou o Supremo Tribunal de viver uma fase fascinante de alguns tribunais constitucionais europeus que também surgiram a partir da superação de regimes autoritários.

A sentença nº 1 da Corte italiana é, precisamente – coroando a luta gigantesca de seu maior pregador, Calamandrei – a afirmação da submissão ao controle abstrato, pela Corte, das leis pré-constitucionais, o que viabilizou certa revisão histórica do resíduo legislativo do fascismo. E isso se repetiu, em termos, em Espanha e Portugal, e até na Alemanha, com certas distinções tipicamente germânicas. Agora, isto se liga muito a outro sentimento difuso que me resta, às vezes, de certo misoneísmo constitucional do pensamento do Tribunal em certas decisões.

Eu me refiro ao exame constitucional, no sentido que Barbosa Moreira fala da interpretação retrospectiva, um esforço para mostrar que, ao final de contas, as mudanças textuais da Constituição nada significaram, e as coisas continuar tal como dantes. Se eu pudesse dar apenas alguns exemplos dessas áreas de inconformismo, eu lhe diria a compatibilidade que a jurisprudência do Tribunal continua a afirmar entre a presunção de não culpabilidade e a execução provisória da sentença penal condenatória. Para tanto, reduzindo, logicamente, a presunção a uma mera regra de direito probatório *in dubio pro reo*, que seria, se a tanto se limitasse a inovação constitucional, um retumbante grito do óbvio. Na mesma linha, a minha dificuldade de entender, numa Constituição que assegurou outros princípios diretores da educação pública na sua gestão democrática, a recusa a qualquer tentativa, por mais tímida que fosse, de participação da comunidade – é o exemplo da história da educação americana – na escolha, na pré-seleção de dirigentes de escolas públicas ou da própria gestão dos estabelecimentos. Mas, como eu digo, isso são inconformidades, repito, que não abalam a minha certeza e a minha convicção, essa já absolutamente incorporada, de que, no colegiado, a maioria sempre sabe mais.

RTDC: O Ministro Evandro diz que no caso do Supremo é preferível errar com o Supremo que acertar contra ele.

SP: Creio que, com todos os percalços da República brasileira, o Supremo Tribunal ainda tem sido uma instituição com saldo altamente positivo. É óbvio que, para quem sonha com grandes transformações da sociedade, elas não se farão pela jurisprudência. Se salvarmos as garantias e a ambiência de um pluralismo político, isto já bastará à realização histórica do Tribunal.

ENTREVISTA COM O PROFESSOR ANTÔNIO AUGUSTO CANÇADO TRINDADE[1]

RTDC: Quais são suas principais lembranças sobre seus estudos universitários? Quem foram os mestres que mais o influenciaram, qual era o método didático utilizado e como se dava a relação entre professores e alunos? Que peso teve a sua formação universitária no desenvolvimento de sua vida profissional e na escolha do Direito Internacional Público, em particular dos Direitos Humanos?

AACT: Pertenço à última geração que estudou latim antes de ingressar na universidade, o que me foi muito útil. E também à última cujo exame de ingresso na universidade, inteiramente distinto do de hoje, compunha-se de provas escritas e orais; meu examinador oral foi Edgar Godoy da Matta-Machado, cujas obras eu gostava de ler. Na Faculdade de Direito da UFMG, as turmas eram numerosas, mas eu mantinha convivência pessoal com meus primeiros professores, como, dentre outros, Orlando M. Carvalho, e o romanista Antônio Augusto de Mello Cançado, homem de bem. Alguns de meus professores da juventude vieram a tornar-se meus amigos, sempre solidários em diferentes etapas da vida, como Washington Peluso Albino de Souza e Sálvio de Figueiredo Teixeira, dentre outros. Sempre me impressionaram mais as qualidades pessoais do que as intelectuais; o mundo está repleto de pessoas brilhantes (ou que se consideram como tais), mas raros são os generosos e íntegros.

O método didático que prevalecia era o dedutivo, buscando aplicar os princípios de direito aos fatos. Minha geração universitária, da segunda metade dos anos sessenta, tinha muitas inquietações culturais. Seguíamos numerosos cursos de extensão, em que estudávamos os últimos desenvolvimentos doutrinários, no Brasil e no exterior, em diferentes ramos do direito. Não estávamos contaminados pelo pragmatismo e carreirismo que passaram a predominar nas décadas seguintes. O conhecimento não era tão especializado ou fragmentado como o de hoje, felizmente. Os horizontes pareciam mais amplos.

Em 1971, pouco antes de concluir o Bacharelado em Direito, visitei Estrasburgo pela primeira vez, onde segui os cursos do recém-criado Instituto Internacional de Direitos Humanos (cujo Conselho Diretor tenho hoje a satisfação de integrar), e conheci

---

[1] Entrevista concedida à *Revista Trimestral de Direito Civil – RTDC*, v. 9, jan./mar. 2002.

pessoalmente René Cassin e seu braço direito, Karel Vasak. O Instituto havia sido criado com os recursos do Prêmio Nobel da Paz outorgado a Cassin, que exercera um papel importante na redação da Declaração Universal de Direitos Humanos de 1948. De minhas conversas com Vasak, que mais tarde tornou-se consultor jurídico da Unesco, emergiu o tema que escolhi para meu doutorado em Cambridge. Ao concluir meus estudos de Direito na UFMG em fins de 1971, já estava determinado a especializar-me em Direito Internacional, com concentração no domínio dos direitos humanos. Havia me identificado com a matéria. Tenho a impressão de tê-la escolhido, da mesma forma de ter sido por ela escolhido. Penso que as claras vocações se manifestam muito cedo na vida. Recordo-me que, durante meu curso de Direito em Belo Horizonte, eu escapava de algumas aulas de outras disciplinas (como Medicina Legal), para ficar na Biblioteca lendo Direito Internacional; coisa de jovem. Cheguei a indexar toda a volumosa coletânea do *Recueil des Cours* da Academia de Direito Internacional da Haia, resumindo todos os cursos que versavam sobre a "soberania" no Direito Internacional.

Em 1974, depois de submeter-me a exames escritos e orais, recebi, em Estrasburgo, das mãos de René Cassin, o diploma do Instituto. Viajei para Haia, onde segui seu curso na Academia; ele faleceu pouco depois. Permaneci dois meses na Haia, onde concluí um projeto sobre a erosão do "domínio reservado dos Estados" no Direito Internacional, no Centro de Pesquisas da Academia da Haia; aí tornei-me amigo, para toda a vida, de Daniel Bardonnet, que anos depois assumiria a Secretaria-Geral da Academia, sucedendo a R. J. Dupuy. Na companhia de Bardonnet, percorri vários países, como expositor das sessões externas da Academia. Em 1987, a convite do *Curatorium* da Academia, ministrei meu curso em sua sede na Haia, publicado pouco depois; quando o vi figurando no volume 202 do *Recueil des Cours* da Academia, experimentei o que me pareceu um gratíssimo reencontro comigo mesmo.

RTDC: Em sua notável carreira acadêmica, destacam-se entre outras atividades e láureas seu doutorado na Universidade de Cambridge, o recebimento do Prêmio Yorke e do título de *Doutor Honoris Causa* da Universidade de San Marcos, a mais antiga da América. Que lembranças traz dessa época, quais os professores que ficaram na memória? Qual o título e principal enfoque de sua tese de mais de mil páginas?

AACT: Quando parti para Cambridge, em 1972, tinha absoluta clareza quanto ao projeto de pesquisa que iria aí desenvolver em meus estudos de mestrado e doutorado em Direito Internacional, e grande parte do material já havia selecionado. Lá encontrei um ambiente propício à reflexão, o que muito me agradou, pois sempre fui um cultor da chamada vida interior, que me parece o lugar mais seguro – talvez o único – onde refugiar-se das injustiças e insultos do mundo. Passei a trabalhar febrilmente na velha *Squire Law Library* (hoje desativada em favor de um edifício moderno de vidro, infelizmente), de cuja janela gostava de admirar os contornos da bela arquitetura de *King's College Chapel*, quase ao seu lado. Caminhava com frequência pelos vastos gramados adjacentes, admirando as mutações das estações do ano nas árvores e plantas.

Conhecia a vasta Biblioteca em seus mínimos detalhes, era meu *habitat*. Lia todo o tempo; creio ter lido toda a doutrina do Direito Internacional então disponível, nos idiomas acessíveis. Preparei centenas de resumos de minhas leituras, que guardo até hoje em meus arquivos pessoais. Em Cambridge tive meu primeiro contato com o método indutivo, tão adequado ao estudo do Direito Internacional (sobretudo a partir da jurisprudência), dada a descentralização da sociedade internacional. Segui os cursos de uma geração de professores que marcou época, como D. W. Bowett, R. Y. Jennings, K. Lipstein, E. Lauterpacht, L. Collins, G. Marston, dentre outros. Minha amizade com Ian Brownlie, que então ensinava em Oxford, ficou registrada na Introdução que escrevi à edição em língua portuguesa de seus *Princípios*, publicada em Lisboa em 1996. Tive convivência com todos eles, mas o que mais me impressionou foi Clive Parry. De sua obra, e da de Alexandre Charles Kiss (jurista visionário e meu amigo até hoje, com quem me encontrava nos verões em Estrasburgo), extraí a inspiração para preparar o Repertório da Prática Brasileira de Direito Internacional Público, em seis tomos, que me ocupou durante boa parte dos anos oitenta (1984-1988), graças à qual o Brasil é hoje o único país da América Latina dotado de um Digesto de Direito Internacional. Foi um trabalho de fôlego e verdadeiramente artesanal.

Quanto à minha tese de doutorado em Cambridge, intitulada *Desenvolvimentos na Regra do Esgotamento dos Recursos Internos no Direito Internacional*, com 1.728 páginas, essa recebeu o Prêmio Yorke, concedido pela Faculdade de Direito daquela Universidade, como a melhor das teses de Ph.D. nela defendidas na área do Direito Internacional no biênio 1977-1978 (e cujos originais encontram-se depositados em sua biblioteca central desde então). Com seu característico *sense of humour*, a Congregação da Faculdade, depois de agraciá-la, mudou as regras do doutorado, estabelecendo um limite máximo de 450 páginas para as teses doutorais a partir de então. Foi difícil encontrar examinadores para a minha tese, que ficou famosa; em 1983, um resumo dela, de 445 páginas, foi publicado em forma de livro pela Cambridge University Press. A versão brasileira, *O Esgotamento dos Recursos Internos no Direito Internacional*, também resumida, surgiu um ano depois, e a 2ª edição, revista em 1997, foi publicada pela Editora Universidade de Brasília.

O enfoque principal poderia ser assim resumido: distintamente da aplicação da regra do esgotamento na proteção diplomática discricionária no contencioso interestatal (em que se busca evitar a intervenção), no contexto da proteção internacional dos direitos humanos, na aplicação do requisito do prévio esgotamento dos recursos de direito interno prima o elemento da reparação ou ressarcimento dos danos, ao enfatizar a função e o aprimoramento dos tribunais nacionais na administração da justiça, o qual é certamente mais importante do que o processo formal ou mecânico de esgotamento dos recursos internos. O critério a aplicar-se é o da eficácia dos recursos internos, sem a qual estaria o demandante facultado a recorrer prontamente à instância internacional.

Os atrasos indevidos ou desarrazoados na prestação jurisdicional constituem uma exceção à regra do esgotamento dos recursos internos, culminando na denegação da justiça, abrindo caminho à interposição de uma denúncia internacional por violação dos direitos humanos. Outra exceção é a existência de uma jurisprudência nacional adversa, o que tornaria os recursos internos ineficazes. Em todo caso, a aplicação ou não da referida condição de admissibilidade de denúncias internacionais de violações de direitos humanos dependerá do exame criterioso das circunstâncias de cada *cas d'espèce*. Não faltaram, naturalmente, os reacionários que tentaram opor-se à nova visão, juridicamente revolucionária, que sustentei, para a aplicação da regra dos recursos de direito interno no âmbito da salvaguarda dos direitos humanos. Mas o tempo deu-me razão, e o *rationale* que desenvolvi daquela regra é hoje seguido por todos os órgãos de proteção internacional dos direitos humanos dotados de um sistema de petições ou denúncias, nos planos global e regional, em benefício do ser humano.

RTDC: A literatura, a poesia, as artes em geral contribuíram para a sua formação de jurista? Quem são os seus autores preferidos? Que leituras recomendaria às novas gerações? Que autores não devem deixar de ser conhecidos?

AACT: Da literatura cheguei ao direito, e ainda espero, no futuro breve, regressar do direito à literatura. Enquanto cursava Direito, em Belo Horizonte, concluí a Licenciatura em Letras, também na UFMG, em 1969. Era frequentador assíduo da Cultura Inglesa e da Aliança Francesa, em que passava horas discutindo literatura com o amigo Arthur José Almeida Diniz. Seguia os cursos de "cinema novo", de "existencialismo hoje", de "personalismo", tão comuns nos anos sessenta.

Como muitos jovens da época, era leitor da poesia de Cecília Meireles, e da obra poética e em prosa de Fernando Pessoa, entre outros tantos. Minha mãe era exímia pianista, e eu passava horas, feliz, ouvindo-a tocar sobretudo Chopin e Liszt.

Muitos foram os livros que me causaram impressão, a começar pelos gregos, que me pareciam haver pensado tudo. A *Apologia de Sócrates*, de Platão, parece-me atemporal, leitura obrigatória para todas as gerações. O mesmo quanto ao *Fédon*. As tragédias de Sófocles são outro guia, com sua sábia advertência para não esperar muito desta vida, pois a ninguém é dado considerar-se verdadeiramente feliz até que transpasse seu limite extremo (a morte), livre da dor.

A tensão do *chiaroscuro* (como na sucessão de noite e dia), dos avanços mesclados com retrocessos, é própria da condição humana, e constitui, a meu ver, um dos legados mais preciosos do pensamento dos antigos gregos (sempre tão contemporâneos) à evolução do pensamento humano, que tem penetrado na consciência humana ao longo dos séculos. A alegoria platônica da caverna, por exemplo (outra leitura obrigatória para todas as gerações), revela, com toda lucidez e sua grande densidade existencial, a precariedade da condição humana, e, por conseguinte, a necessidade da transcendência, mais além da suposta "realidade" crua dos fatos. No campo do Direito, bem mais além do positivismo jurídico, creio que há que ter sempre presente a realidade da consciência humana.

A dramaturgia sempre me atraiu: lia as peças de Bertolt Brecht, Bernard Shaw e Arthur Miller; me chamava a atenção a maneira como Ionesco, por meio de seu teatro, se investia contra os totalitarismos (como na mensagem final de *O rinoceronte*); a obra de Shakespeare me impressionava pelo conhecimento íntimo da natureza humana, e por retratar tão bem os grandes dilemas da existência humana (como no solilóquio célebre de *Hamlet*). A esse respeito, também me atraíram a atenção as obras de outros mestres da literatura universal, como F. Dostoiévski e Machado de Assis.

Depois de ler o ensaio *A vida intelectual*, de A. D. Sertillanges (escrito em 1920), disciplinei-me em meus estudos, e aguцei esta disciplina em meus anos de Cambridge. Ali, a par de meus estudos de Direito Internacional, ingressei voluntariamente na *Philosophical Society*. Fiquei emocionado ao ver o quartinho, em Queens College, onde Erasmo de Roterdã escreveu parte de seu *Elogio à loucura* – que eu havia lido e relido anos antes, juntamente com a *Utopia* de seu contemporâneo e amigo Thomas Morus.

Deleitava-me também a ler a *Cidade do sol* de Campanella, os *Ensaios* de Montaigne e de F. Bacon, a *Paz perpétua* de Kant, toda a obra de Voltaire. Aliás, além de Kant e Voltaire, impressionavam-me todos os expoentes do Iluminismo. Voltando ao ambiente de Cambridge, tinha – e tenho – grande reverência por Karl Popper, que ali ministrava raras conferências por ano, e que sem dúvida foi um dos grandes intelectuais do século XX.

Li praticamente toda a obra filosófica (acrescida de sua magistral autobiografia) de outro grande livre pensador da época, Bertrand Russell. Nas minhas visitas anuais a Estrasburgo, gostava de passar diante da casa (no belo bairro da Petite France) onde Fustel de Coulanges escreveu *A Cidade antiga*.

As célebres sátiras de A. Huxley e G. Orwell pareceram-me, ao longo dos anos, um exercício de lúcida premonição, uma antecipação da realidade, do mundo massificado em que hoje vivemos, do pensamento dirigido, dos computadores e da chamada "realidade virtual" (uma *contradictio in terminis*); decorridas algumas décadas, *Admirável mundo novo* e *1984* são mais atuais do que nunca.

Tanto é assim que, recentemente, G. Sartori retomou o tema, em sua crítica contundente (*Homo videns*) à sociedade contemporânea teledirigida. Outros pequenos grandes livros, de cuja leitura guardei memória, são *O sentido trágico da vida* de Miguel de Unamuno, e *La porte* étroite de A. Gide; este último me mostrou que nem sempre o caminho a trilhar é o mais fácil, que por vezes há que passar pela porta estreita (parafraseando o evangelista Lucas).

Nos anos sessenta, cheguei a escrever – pelo prazer de fazê-lo – um ensaio sobre o *Retrato do artista* quando jovem de James Joyce.

Hoje, decorridas quatro décadas, em meus Votos na Corte Interamericana de Direitos Humanos, por vezes me permito transcrever algum texto literário que me aflora à mente; recentemente, por exemplo, citei um trecho de Dante Alighieri em meu Voto no caso paradigmático do assassinato dos "meninos de rua" na Guatemala (caso *Villagrán Morales e Outros*, reparações, 2001). Como alguns dos casos que resolvemos são particularmente dramáticos, a meu ver inclusive trágicos, envolvendo verdadeiras atrocidades, sinto a necessidade de ir mais além do Direito; nestes momentos, é na literatura que encontro as melhores intuições sobre a extrema precariedade de nossa condição humana, da capacidade do ser humano para o bem e para o mal.

Também me interessei pela história universal, consultando frequentemente os volumes de A. Toynbee, M. Crouzet, H. G. Wells, além dos estudos de E. Hobsbawn. Quanto à história das ideias, interessava-me pelos escritos de Isaiah Berlin, sobretudo por sua atenção ao pensamento que não se tornava *conventional wisdom*, como em seu *Against the Current*.

Como o sofrimento humano sempre me pareceu envolto em mistério, lia com particular atenção muitos dos escritos de A. Schopenhauer e de A. Camus, nos quais vislumbrava certo espírito de compaixão humana. O mesmo com os escritos de C. G. Jung. Não há dúvida de que aprendemos muito com o sofrimento.

Outro mistério insondável da existência humana, que sempre me prendeu a atenção, é o da passagem do tempo; daí minha predileção pelas páginas insuperáveis de Santo Agostinho e Jorge Luis Borges a respeito, assim como pela poesia de T. S. Eliot em que aborda o tema (como na peça *Crime na catedral* e seus *Quatro quartetos*).

Recordo-me que não raro buscava ler os autores que me pareciam haver mantido coerência durante a vida, e que mereciam meu respeito por terem se mantido fiéis aos seus ideais: refiro-me à sensibilidade de Simone Weil, de Stefan Zweig, de Ernst Cassirer, cujos escritos se identificam com sua história de vida. A morte prematura de S. Weil (cuja obra, a meu ver injustamente, não recebeu o mesmo reconhecimento brindado à de outra grande pensadora, H. Arendt) muito me impressionou; ainda aos trinta anos de idade ela escreveu com uma profundidade de reflexão que outros não lograram alcançar em idade bem mais avançada.

Sempre fui amigo de meus alunos, e uma das maiores graças que pode um professor receber é ver sua mensagem captada e entendida pelas novas gerações; graças a sua generosidade – com os jovens, quanto mais se dá mais se recebe – já fui homenageado por 16 turmas de meus ex-alunos formandos da Universidade de Brasília, e já prefaciei numerosos livros de meus ex-alunos, tanto no Brasil como no exterior.

A meus alunos sempre digo que os instrumentos eletrônicos, a meu ver, jamais superarão os livros. Os livros – a escrita – permitem-nos desenvolver nossa capacidade de abstração, sem a qual dificilmente entenderemos o mundo em que vivemos. Popper costumava dizer, a meu ver com toda razão, que a criação da linguagem humana foi o maior logro da consciência humana até hoje, que deu lugar à própria concepção da humanidade.

Para mim, a aquisição do conhecimento é uma forma – talvez a mais eficaz – de emancipação humana. E só conhecemos aquilo com que nos identificamos. A base do conhecimento – suspeito – é afetiva e não intelectual. Assim, nosso conhecimento é inelutavelmente limitado, e a consciência disto é o melhor remédio para lutar contra os dogmatismos, a ignorância e os fanatismos, hoje tão comuns em nosso mundo "eletrônico" dito "globalizado".

Estou convencido de que a fonte material de toda a evolução do Direito é a consciência humana, que é, naturalmente, metajurídica. Se quisermos buscar com seriedade a verdade, temo que não a encontraremos no universo conceitual limitado do Direito; é mais provável que a encontremos na literatura e nas artes. É por isso que ainda espero algum dia regressar do direito à literatura.

RTDC: O senhor considera que a universidade vem cumprindo adequadamente o seu papel na formação jurídica? Que aspectos, em sua opinião, devem ser priorizados?

AACT: Sou egresso da universidade pública brasileira, e defensor desta, e vejo, portanto, com grande tristeza o que vem ocorrendo com o ensino superior em nosso país nos últimos anos. Nos meus tempos de universitário, o professor era uma pessoa respeitada, que vivia da universidade, do que se orgulhava, e tinha sua obra. Hoje o professor universitário tem um número de matrícula e é tratado indistintamente como um "servidor" como qualquer outro, um integrante dos chamados "recursos humanos" da unidade de ensino respectiva. É evidente que todo tipo de trabalho é um serviço prestado aos demais, sem que seja necessário rotular alguém administrativamente desta forma ou de qualquer outra.

No final dos anos setenta, o salário de um Professor Titular era simplesmente superior ao dobro do que é hoje, em uma forma de reconhecimento pela qualidade dos serviços prestados à comunidade, decorrente dos anos de estudos investidos com sacrifício em sua própria formação. Ainda que os responsáveis por esta degradação da remuneração dos professores universitários se gabem disto, cabe a pergunta: isto é ser "esperto"? A resposta é um contundente "não"! O excesso de "esperteza" individual está em razão direta da inconsciência coletiva. No final, todos – inclusive o próprio país – saem perdendo, e as maiores vítimas são as novas gerações, que antes mesmo de ingressar na universidade já se dão conta das dificuldades que vão encontrar.

Ser professor universitário, hoje, em nosso país, é um exercício de heroísmo, que de início pressupõe conviver com a insensibilidade e o menosprezo dos governantes, mesclados com a indiferença do meio social. Um país que não valoriza a educação dos jovens simplesmente não tem futuro. E termina por tampouco ter passado. Em nossas universidades, hoje, já não se cultiva a memória institucional. Já vi vários colegas, de pensamento próprio, que, depois de aposentados ou falecidos, caem rapidamente no mais completo olvido, como se jamais tivessem estado nas Universidades que durante décadas serviram. É uma tristeza. Tudo é efêmero.

Há sociedades que continuam a valorizar seus mestres, como em alguns países da velha Europa. Há outras que, estimuladas pelos meios de comunicação, mostram-se muito mais atentas ao montante dos contratos de *top models* e às transações dos passes de jogadores de futebol. *Ubi societas, ibi jus*. Como a esperança é a última que morre, ainda ousaria dizer (mesmo sabendo que em toda probabilidade isto não ocorrerá) que o que se deve priorizar é, a meu ver, a própria formação jurídica como um todo, em seus múltiplos aspectos. Isto requer o incentivo a que os jovens desenvolvam um espírito crítico, um pensamento independente, para que saibam discernir. Requer, ademais, o desenvolvimento de um sentido de solidariedade humana, de atenção à condição dos demais, porque, em última análise, a sorte de um está ligada à sorte de todos.

É impossível viver feliz em meio à desgraça, à miséria e ao desamparo dos demais. Não se trata apenas de informar, de ensinar o direito positivo. Ao contrário do que supunham os positivistas, o Direito não é autossuficiente, mas necessita a contribuição de outras áreas do conhecimento humano, como exemplo, a científica, e as humanidades. Ademais, as normas jurídicas são produto de seu tempo, porquanto encerram valores, e se encontram assim em constante evolução. Para apreciar esta evolução, é necessário compreender o mundo em que vivemos. Sem o conhecimento, jamais o compreenderemos.

A biblioteca deveria ser o "coração" das universidades, dotada de recursos suficientes para se manter sempre atualizada. Hoje, a aquisição de livros para nossas bibliotecas jurídicas é tratada com certo descaso, sob o pretexto de "escassez de recursos", porque – como já ouvi em diversas ocasiões, a partir dos anos noventa – os livros passaram a ser tidos como "bens supérfluos de consumo". Em muitas de nossas Faculdades de Direito, as bibliotecas estão inteiramente desatualizadas.

Enquanto isso, montam-se centros de computação de "última geração", e multiplicam-se "no mercado" as "apostilas", os manuais "papa-níqueis", os "comentários" apressados a códigos e leis, freneticamente reeditados, que refletem a nova mentalidade prevalecente em nosso meio social, guiada por um pragmatismo inculto e barato. Para os próprios docentes, inclusive, a "captação de recursos" passa a ser mais incentivada e a valer mais do que o trabalho de pesquisa acadêmica. O ensino transforma-se em uma mercadoria a mais, submetida às "leis do mercado"

Para mim, nada substitui a leitura de um livro sério. A investida contra a universidade pública com base no argumento da pretensa necessidade de se pôr fim ao ensino "elitista" parece-me uma falácia irresponsável, que está levando à formação de novas "elites", já não mais culturais, mas as que emergem da "lógica do mercado" (ou de sua falta de lógica), ou seja, da comercialização e banalização do ensino. As maiores vítimas, como disse, são as novas gerações; será cada vez mais difícil compreender o mundo dissimulado em que vivemos.

RTDC: Algum fato político efetivamente marcou a sua vida e influenciou a sua formação política, acadêmica ou doutrinária, no âmbito nacional e internacional?

AACT: Quando parti em 1972 para Cambridge, não tinha pressa alguma em concluir minha pós-graduação, pois o obscurantismo tinha se instaurado – e se agravado – em nosso país, e eu já estava decidido a especializar-me em Direito Internacional Público, com atenção especial aos direitos humanos. Preocupava-me a situação do Brasil, mas pensava que a melhor maneira de contribuir ao meu meio seria dedicando-me a minha formação. Hoje vejo que não me equivoquei. Ademais, sempre fui uma pessoa privada, avesso aos holofotes e aos paladinos de ocasião; partia simplesmente em busca de conhecimento, que desse sentido à vida profissional. Durante meus seis anos de Europa, minhas constantes idas a Estrasburgo (desde esta época até hoje, a visito todos os meses de julho) me possibilitaram acompanhar de perto a formação e consolidação do sistema europeu de proteção dos direitos humanos.

Fiz vários estágios no Conselho da Europa, e acompanhei de perto o florescimento e consolidação do sistema europeu de proteção dos direitos humanos, conhecendo pessoalmente seus protagonistas, em sua maior parte professores famosos das velhas universidades europeias (até hoje guardo a correspondência que troquei com alguns deles). Reservou-me o destino – como que por seu desígnio (parafraseando Schopenhauer) – a grata responsabilidade de, uma década depois, fundamentar decisões importantes que o Brasil viria a tomar neste domínio de proteção, e, pouco mais de duas décadas após, passar a exercer uma posição de relevância central no desenvolvimento e consolidação do sistema interamericano de proteção dos direitos humanos – pelo que sou enormemente grato à Providência.

Ao regressar ao Brasil em 1978, pude aplicar grande parte do que aprendi. Meu primeiro grande caso consistiu na assessoria jurídica que prestei à Delegação brasileira que negociou com a francesa, em 1981, nossa última fronteira: o limite lateral marítimo entre o Brasil e a Guiana Francesa. Antes, havia passado seis meses na Representação das Nações Unidas em Genebra, onde processei as 40 primeiras reclamações interpostas sob o primeiro Protocolo Facultativo ao Pacto de Direitos Civis e Políticos. Na meia década em que servi como Consultor Jurídico do Itamaraty (1985-1990), além de representar o Brasil em numerosas conferências internacionais, emiti 200 pareceres sobre questões atinentes a todos os capítulos do Direito Internacional Público (e de modo muito especial ao Direito Internacional dos Direitos Humanos). Uma seleção destes pareceres encontra-se programada para publicação no curso deste ano de 2002.

Tanto naquela época, como na década de noventa, tive a fortuna de acompanhar de perto os grandes temas de nossos tempos (direitos humanos, meio ambiente e desenvolvimento, desarmamento, dentre outros), tratados em meus livros. Participei, por exemplo, como relator, das Consultas Mundiais das Nações Unidas sobre o Direito ao Desenvolvimento (Genebra, 1990), e dos trabalhos do PNUMA sobre o projeto de Convenção sobre Biodiversidade (Nairóbi, 1991-1992). Participei, igualmente, como Delegado do Brasil, da II Conferência Mundial de Direitos Humanos (Viena, 1993), dentre outras conferências da ONU e da OEA.

Avaliei para o ACNUR os resultados da CIREFCA, ao final de uma década de conflitos na América Central (México, 1994). Em 1995 atualizei, para o ACNUR e o Comitê Internacional da Cruz Vermelha, toda a sistematização da prática do Direito Internacional dos Refugiados e do Direito Internacional Humanitário, respectivamente, no continente americano e no Caribe. Realizei, no Capitólio de Havana, em 1996, o primeiro Curso de Direitos Humanos copatrocinado pelo Instituto Interamericano de Direitos Humanos e pela União Nacional de Juristas de Cuba (UNJC); desde então, tenho visitado Cuba uma vez por ano, a convite dos colegas cubanos da UNJC, para participar de seminários sobre a matéria.

Dos meus anos de Consultoria Jurídica do Itamaraty, guardo a recordação da grata convivência com vários diplomatas, hoje Embaixadores do Brasil, que se tornaram meus amigos pessoais; dos já aposentados, recordo-me com satisfação da participação com Geraldo Eulálio do Nascimento e Silva na negociação da segunda Convenção de Viena sobre Direito dos Tratados (entre Estados e Organizações Internacionais, de 1986), e com João Clemente Baena Soares (então Secretário-Geral da OEA), das gestões que puseram fim à crise institucional da Nicarágua de 1993-1994. Ainda hoje, quando nos reencontramos, nos recordamos destes e outros episódios.

Nunca deixei de lecionar; a par de minhas atividades docentes continuadas na Universidade de Brasília e no Instituto Rio Branco, continuei a participar de bancas examinadoras e a conviver com meus colegas de áreas, igualmente meus amigos, como, em distintas épocas, Haroldo Valladão, Celso D. de Albuquerque Mello, Antônio Celso Alves Pereira, Vicente Marotta Rangel, Gerson de Britto M. Boson, dentre outros, a par dos das novas gerações. Com o valioso apoio de meus contemporâneos – e fiéis amigos do Comitê Internacional da Cruz Vermelha (Christophe Swinarski e Gérard Peytrignet) e do ACNUR (Jaime Ruiz de Santiago), organizei (1989-1993) os primeiros seminários, em nosso país, de mobilização em prol da adesão pelo Brasil aos dois Pactos de Direitos Humanos das Nações Unidas e à Convenção Americana sobre Direitos Humanos (objeto de meus mencionados pareceres no período 1985-1990).

RTDC: Como vem conseguindo, ao longo dos anos, equilibrar, com sucesso, suas múltiplas atividades, que incluem, notadamente no campo internacional, a de Juiz e Presidente da Corte Interamericana de Direitos Humanos, além de Professor Titular da Universidade de Brasília e do Instituto Rio Branco, sem prejuízo da sua marcante atuação como doutrinador? Qual o seu método de trabalho? Como e quando escreve? De todas as suas obras, há alguma que o senhor considera mais importante?

AACT: A teoria e a prática se retroalimentam, uma complementa a outra. A disciplina acadêmica que desenvolvi nos anos de Cambridge me tem sido de grande valia. Como a OEA alega não ter recursos suficientes que permitam à Corte Interamericana de Direitos Humanos operar em uma base permanente, esta se reúne quatro vezes ao ano; como a maioria de meus colegas Juízes é formada de professores universitários como eu, que vivem essencialmente de seu trabalho acadêmico nos respectivos países de origem, programamos as sessões de deliberações, na sede da Corte na Costa Rica, para os períodos de recesso ou férias nas universidades. Sempre que posso estou lendo; inclusive nos voos internacionais tenho programadas minhas "leituras de bordo". Nas férias, dedico-me inteiramente à leitura e à reflexão. No quotidiano, escrevo sobretudo à noite e de madrugada, e pela manhã, e sempre aos fins de semana. Para mim não é um sacrifício, tampouco uma "sobrecarga" de trabalho, mas uma fonte de satisfação de uma necessidade vital.

Quanto a minhas obras, já tive ocasião de citar algumas delas. Tenho, até o presente, 27 livros e mais de 300 monografias e artigos publicados em diversos países, até o presente. Aos livros já mencionados, agregaria, *inter alia*, meu *Tratado de Direito Internacional dos Direitos Humanos* (com dois tomos já divulgados, e o terceiro em vias de publicação), como a primeira sistematização do gênero entre nós; meu *Direito das Organizações Internacionais* (2ª edição de 2002), que introduziu o estudo da matéria em nossos círculos jurídicos; o *Derecho Internacional de los Derechos Humanos en el Siglo XXI* (publicado em Santiago do Chile e distribuído também na Argentina, México e Espanha, em 2001), além de *Direitos Humanos e Meio Ambiente: Paralelo dos Sistemas de Proteção Internacional* (1993), *Proteção Internacional dos Direitos Humanos: Fundamentos Jurídicos e Instrumentos Básicos* (1991), e, recentemente, *O Direito Internacional em um Mundo em Transformação* (2002), que retrata a evolução do Direito Internacional nos últimos 25 anos, por meio de uma seleção de meus ensaios a respeito.

RTDC: Quais os pontos mais relevantes do parecer que o senhor deu para o Conselho da Europa sobre a compatibilidade do tratado concluído pela Rússia e as Repúblicas Federadas com a Convenção Europeia de Direitos Humanos, o qual acabou por ser adotado, derrotando um grande jurista alemão?

AACT: Guardo a melhor das lembranças do desfecho deste caso (relativo à Federação Russa) sobre o qual versou o parecer que emiti, em 1995, em atenção à solicitação do Conselho da Europa. No continente europeu, naquele ano, ante a fragmentação da União Soviética e a emergência e consolidação da Comunidade dos Estados Independentes (CEI), o Conselho da Europa me solicitou um parecer sobre as implicações jurídicas da coexistência entre a Convenção Europeia de Direitos Humanos e a Convenção de Minsk sobre Direitos Humanos de 1995. Tratava-se, aparentemente (e somente na aparência), de uma questão de conflito de tratados. Recordo-me que, na época, havia muitos em Estrasburgo que temiam que uma aproximação com a Rússia poderia baixar os padrões de proteção dos direitos humanos em um Conselho da Europa ampliado. Daí sua iniciativa de pedir-me – um não europeu – um parecer a respeito.

Ponderei que a preocupação não deveria ser aquela, mas sim auxiliar a Rússia a que elevasse seus próprios padrões de proteção, trazendo-a para dentro do Conselho da Europa, e não a excluindo, como equivocadamente ocorrera no passado com Cuba no sistema interamericano. Assinalei, ademais, que, de todo modo, a operação da Convenção de Minsk não poderia "prejudicar" em nada o mecanismo da Convenção Europeia de Direitos Humanos, pois se tratava de procedimentos dotados de natureza e efeitos jurídicos distintos; com isto, os Estados da CEI sentiram-se encorajados a ratificar a Convenção Europeia de Direitos Humanos, independentemente de terem ou não ratificado anteriormente a Convenção de Minsk (cujo mecanismo de supervisão era particularmente débil). O parecer que apresentei ao Conselho da Europa em 6.10.1995, acatado por sua Assembleia Parlamentar, contribuiu, para minha grande satisfação, ao ingresso da Federação Russa no Conselho da Europa e a que se tornasse ela Parte na Convenção Europeia de Direitos Humanos, ampliando, assim, consideravelmente o número de pessoas protegidas por esta última.

RTDC: No que respeita à eficácia dos direitos humanos, questão tormentosa apontada pela doutrina especializada, qual a sua posição atual sobre o problema? Na sua atuação como Presidente da Corte Interamericana de Direitos Humanos, qual o caso que considera de maior importância para a solução desse problema e para a evolução da proteção internacional dos direitos humanos? Como poderia resumir o caso da lei de autoanistia concedida pelo anterior governo peruano?

AACT: A referida questão abarca dois aspectos complementares: as medidas de direito interno para execução das sentenças internacionais, e os mecanismos de seguimento, para supervisão do cumprimento destas sentenças. Quanto ao primeiro, em nosso continente poucos Estados têm tomado iniciativas a respeito: até o presente, apenas Colômbia, Peru e Argentina. No Brasil, há um projeto de lei tramitando no Congresso Nacional, originado da Comissão de Direitos Humanos da Câmara dos Deputados (em consulta com entidades de nossa sociedade civil), que, se aprovado como espero, poderá significar um avanço, no sentido de assegurar um procedimento para a execução das futuras sentenças da Corte Interamericana de Direitos Humanos. Nos demais países, há certa improvisação, e busca de soluções *ad hoc*. Mas felizmente, até o presente, a quase totalidade de nossas 80 sentenças (sobre exceções preliminares, mérito e reparações) tem sido cumprida. Isto, no entanto, não pode permanecer à mercê da "boa vontade" dos Estados; cabe dotá-los de mecanismos de direito interno para assegurar, em base permanente, a fiel execução das sentenças internacionais em matéria de proteção dos direitos humanos.

O segundo aspecto da questão diz respeito à própria garantia coletiva dos tratados de direitos humanos. No sistema europeu de proteção, o Comitê de Ministros do Conselho da Europa supervisiona o cumprimento das sentenças da Corte Europeia; a eficácia deste mecanismo tornou-se patente, recentemente, na firme intervenção do Comitê ante as hesitações da Turquia de dar cumprimento à sentença no caso *Loizidou* (nas Nações Unidas, o Comitê de Direitos Humanos sob o Pacto de Direitos Civis e Políticos chegou a designar um relator para o seguimento de suas decisões).

No nosso sistema interamericano de proteção, como não existe um mecanismo equivalente, *propus*, em minhas intervenções nas duas últimas Assembleias-Gerais da OEA (em Windsor, Canadá, 2000, e em San José da Costa Rica, 2001), que se confiasse a tarefa de supervisão a uma Comissão Nuclear, subsidiária da Comissão de Assuntos Jurídicos e Políticos (CAJP) do Conselho Permanente da OEA, que teria a vantagem de atuar em base permanente; a ideia está ganhando adeptos em diversos países. Nesse meio-tempo, dedicamos um dia inteiro de cada período de deliberações da Corte Interamericana a supervisionar *motu proprio* o cumprimento de nossas sentenças.

O maior desafio que enfrentamos até hoje foi o relativo à rebeldia do Governo Fujimori, a partir do caso *Castillo Petruzzi* (maio de 1999). Por razões de ordem política interna, Fujimori pretendeu "retirar" o instrumento de aceitação da jurisdição obrigatória da Corte com "efeitos imediatos". Quando assumi a Presidência da Corte aos 16.9.1999, herdei este problema. Nossa reação foi firme. No dia 24.9.1999 (o dia mais dramático de toda a história do Tribunal), emitimos nossas duas Sentenças sobre competência, nos casos do *Tribunal Constitucional* e de *Ivcher Bronstein*, declarando inadmissível a pretendida "retirada" do Estado peruano da competência contenciosa da Corte, com "efeitos imediatos".

A Corte deixou claro que sua competência não poderia estar condicionada por atos distintos de suas próprias atuações, e que, no presente domínio de proteção, as considerações superiores de *ordre public internacional*, a especificidade dos tratados de direitos humanos, e o caráter essencialmente objetivo das obrigações que consagram, certamente primam sobre restrições indevidamente interpostas e adicionais às manifestações originais do consentimento estatal, e sobre a concepção tradicional voluntarista do ordenamento jurídico internacional.

No dia 27.10.1999, em apressada visita ao Secretário-Geral da OEA, César Gaviria, na sede desta em Washington, especialmente para tratar do assunto, ponderei-lhe que urgia que o sistema interamericano de proteção reagisse aos ataques do Governo peruano à Corte. Respaldado por meus pares, pedi providências também ao Conselho Permanente da OEA. Posteriormente, na Assembleia-Geral da OEA de junho de 2000 (realizada em Windsor, Canadá), relatei, em aplicação do disposto no artigo 65 da Convenção Americana, às Delegações dos Estados-Partes na Convenção Americana sobre Direitos Humanos, o descumprimento das Sentenças da Corte por parte do Estado peruano. Pouco após fui reeleito, com dois de meus colegas, para novo mandato como Juiz da Corte, por aclamação.

A queda do regime de Fujimori ocorreu pouco depois. Mas no momento em que ainda era prestigiado pelos governos de outros Estados da região, até seus últimos momentos, as violações sistemáticas dos direitos humanos que cometia já eram amplamente conhecidas de todo o povo peruano (só no ano de 1992, da promulgação das leis contra o terrorismo, houve 4.200 vítimas de violações dos direitos humanos, mais do que nos 15 anos da ditadura de Pinochet; esta história ainda será conhecida com detalhes algum dia).

A documentação recente, relativa à plena normalização das relações entre a Corte Interamericana e o Estado peruano (fevereiro de 2001 em diante), encontra-se reproduzida no Anexo 14 do livro, recém-publicado pelo Tribunal, intitulado *Informe: Bases para un Proyecto de Protocolo a la Convención Americana sobre Derechos Humanos, para Fortalecer Su Mecanismo de Protección* (Relator: A.A. Cançado Trindade, San José de Costa Rica, Corte Interamericana de Derechos Humanos, 2001, p. 529-538).

Uma das lições que extraio de todo este episódio é no sentido de que o Direito Internacional é efetivamente uma realidade, como também hoje o são os Direitos Humanos. Tenho a consciência tranquila, ao recordar-me dos fatos aqui relatados, por ter a Corte, sob minha Presidência, dado primazia, como lhe incumbia como tribunal internacional de direitos humanos, à operatividade do sistema interamericano de proteção, no âmbito do direito dos tratados. Assim atuando, demonstrou a Corte, ademais, nestes casos concretos, que é possível, e necessário, fazer com que as normas do Direito Internacional, em sua aplicação, sejam um instrumental não de mera regulamentação, mas sim de proteção e de libertação.

Efetivamente, se olharmos para trás, vemos que já se logrou muito, com poucos recursos humanos e materiais; resta, no entanto, um longo caminho a percorrer. Estamos em meio à luta pelo primado da razão de humanidade sobre a razão de Estado, que, como na reflexão de Camus sobre o *Mito de Sisifo*, é uma luta que simplesmente não tem fim. O mais importante, no entanto, é que a linguagem dos direitos humanos alcance as bases das sociedades nacionais, como está ocorrendo em nossos dias. Aqui, uma vez mais, me permito insistir em minha percepção de que o que move o Direito é, em última análise, a evolução da própria consciência humana.

Enfim, o episódio da pretendida "autoanistia" do regime Fujimori (para encobrir graves violações dos direitos humanos) resultou em outro caso dramático, que ficará certamente na história da proteção dos direitos humanos na América Latina e nos anais do Direito Internacional dos Direitos Humanos em geral. Quando recebemos a denúncia da matança de Bairros Altos, prontamente convoquei uma sessão extraordinária da Corte Interamericana, em março de 2001, para uma audiência pública e a deliberação sobre o mérito do caso, dadas a gravidade e as implicações desse. Os próprios agentes do Estado (já no novo governo de transição democrática de Vicente Paniágua) solicitaram que a Corte se pronunciasse sobre as chamadas "leis de autoanistia", pois disto dependeria a abertura dos processos contra Montesinos e seus colaboradores no serviço nacional de informações.

Em nossa Sentença de 14.3.2001, determinamos que as referidas "leis" manifestamente incompatíveis com a Convenção Americana careciam de todo e qualquer efeito jurídico. Em meu Voto, agreguei que, de acordo com a doutrina e jurisprudência internacionais mais lúcidas, não eram sequer leis (não satisfaziam os prerrequisitos destas), não passavam de aberrações pseudojurídicas. Permiti-me inclusive invocar a síntese do pensamento filosófico de Jacques Maritain (que eu havia lido em minha juventude) sobre a relação entre o ser humano e o poder público.

O Estado peruano deu cumprimento à Sentença, e os responsáveis pela opressão do regime anterior estão hoje sendo devidamente processados. A Anistia Internacional em Londres emitiu prontamente uma circular, destacando a importância da sentença de Bairros Altos, e qualificando-a de "histórica". Pouco depois foi ela invocada por um juiz nacional na Argentina.

Em 12.9.2001, fui recebido em Lima pelo Presidente Toledo, o Ex-Presidente Paniágua, o Chanceler García Sayán, diversos membros do Congresso Nacional, magistrados do Tribunal Constitucional, e numerosas ONGs de direitos humanos, que me manifestaram o seu reconhecimento à Corte pela posição que assumiu na luta contra a repressão. Na homenagem que me prestou a Universidade de San Marcos no dia seguinte – da qual jamais me esquecerei –, foram lembrados e citados alguns de meus escritos por integrantes da Congregação da Faculdade presentes à cerimônia, que me incorporaram à Universidade Decana das Américas como seu Professor Honorário. Foi um dos momentos mais gratificantes de toda a minha vida – ademais de um momento de luz na história da Corte Interamericana –, que me revelou que a *Universitas* ainda existe, e que a solidariedade humana não conhece fronteiras.

RTDC: Na sua opinião, qual a maior contribuição do Direito Internacional para a solução dos problemas que vêm afligindo a comunidade internacional? Há algum outro campo de atuação tão significativo como o da proteção internacional dos direitos humanos? Caso entenda cabível algum tipo de consideração no momento, após os últimos acontecimentos nos Estados Unidos que abalaram o mundo, o que se alterou na sua perspectiva sobre os direitos humanos?

AACT: Em meu último livro, *O Direito Internacional em um Mundo em Transformação* (2002), desenvolvo algumas reflexões que venho cultivando há anos, em torno da evolução que vislumbro do Direito Internacional contemporâneo, rumo a um novo *jus gentium* do século XXI, em que a razão da humanidade passa a primar sobre a razão de Estado. Cito exemplos atinentes a distintos capítulos do direito internacional (sujeitos, regulamentação dos espaços, responsabilidade, jurisdição e imunidades, dentre outros), ilustrando a nova tendência à universalização. Para isto muitos fatores têm contribuído, como a emergência da sociedade civil como importante ator internacional, o tratamento de temas que afetam a humanidade como um todo (como os examinados nas Conferências Mundiais das Nações Unidas na década de noventa, a saber, meio ambiente e desenvolvimento, direitos humanos, população, desenvolvimento social, direitos da mulher, assentamentos humanos, jurisdição penal internacional). O Direito Internacional dos Direitos Humanos tem contribuído, mais do que qualquer outro domínio, para a evolução do Direito Internacional de um enfoque estatocêntrico a uma nova visão antropocêntrica. E o próprio Direito Ambiental Internacional, de Estocolmo (1972) a Rio de Janeiro (1992), evoluiu de um prisma cosmocêntrico a uma visão também antropocêntrica. Creio que estamos vivendo um processo de humanização do Direito Internacional (como tenho ressaltado em alguns de meus Votos na Corte Interamericana de Direitos Humanos), ao qual todos os verdadeiros jusinternacionalistas temos o dever de contribuir.

Sobre os últimos acontecimentos nos Estados Unidos que abalaram o mundo (a partir de 11 de setembro último) – que, por sinal, revelam uma vez mais a impossibilidade de reduzir o Direito Internacional a uma dimensão puramente interestatal –, temo que seu impacto no plano dos direitos humanos seja negativo. Limitar-me-ei à consideração de um aspecto jurídico específico da questão. No dia 13 de novembro passado, o Presidente George W. Bush emitiu, como "Comandante-Chefe das Forças Armadas" dos Estados Unidos, uma Ordem Executiva (de natureza militar), intitulada *Detenção, Tratamento e Julgamento de Certos Estrangeiros na Guerra contra o Terrorismo*. Para justificá-la, o Procurador-Geral John Ashcroft declarou (em 26 de novembro) que terroristas estrangeiros "não merecem a proteção da Constituição" de seu país. Adotada em resposta à agressão terrorista de 11 de setembro passado, a referida Ordem Executiva abarca estrangeiros que o Presidente considere devam ser detidos e processados como responsáveis por atos de terrorismo. A violação dos princípios da não discriminação e da igualdade de todos perante a lei é manifesta. O terrorismo não é sequer definido, dada a generalidade dos termos do documento, o que colide com o princípio da legalidade. Em lugar do princípio da presunção da inocência (consagrado em todos os sistemas jurídicos), a medida presidencial presume bisonhamente a culpabilidade.

Atribui, ademais, um poder discricionário ilimitado ao Presidente da República. Dispõe que os acusados serão julgados por comissões militares especiais a serem criadas – sejam ou não militares os detidos –, excluídos os tribunais ordinários, em flagrante lesão ao direito ao juiz natural. Esquecida das conquistas norte-americanas em prol dos *civil rights*, a Ordem Executiva nada dispõe sobre o direito dos acusados de comunicar-se livremente com seus advogados (direito de defesa), nem sobre a proteção contra confissões forçadas, e tampouco sobre a publicidade dos julgamentos (por conseguinte, secretos). E exclui expressamente a aplicação de princípios gerais do Direito em matéria probatória, assim como qualquer recurso ante tribunais norte-americanos ou internacionais: somente o Presidente da República, ou o Secretário de Defesa, podem revisar as decisões das comissões militares, que podem inclusive impor a pena de morte. Estes dispositivos chocam-se com o Pacto de Direitos Civis e Políticos das Nações Unidas (que vincula os Estados Unidos), e com o próprio constitucionalismo do país.

A Ordem presidencial tampouco se coaduna com a normativa do Direito Internacional Humanitário, ao deixar de distinguir entre atos de terrorismo e atos de guerra. Os atos perpetrados pelo grupo paramilitar Al Qaeda, a contrário do que parecem pensar o Presidente e seu Procurador-Geral, não são propriamente crimes de guerra (para efeito dos pretendidos julgamentos), mas atos de terrorismo, cujo combate é hoje regulado por doze convenções internacionais (adotadas entre 1970 e 2000), que cabe aplicar.

As comissões militares a que alude a Ordem Executiva não integram o Poder Judiciário independente, mas sim o Executivo. Seu Chefe atribui assim responsabilidade às forças armadas de administrar "justiça" em casos de terrorismo, a par de sua função precípua de combater e destruir o terrorismo; ora, não se pode ser concomitantemente parte beligerante e "juiz" em uma situação de conflito armado internacional, como pretende a referida Ordem presidencial. Ao assiná-la, o Sr. G. W. Bush adotou exatamente as mesmas medidas condenadas pelos Estados Unidos quando outros países (Peru, Nigéria, Egito e Rússia) recentemente pretenderam aplicá-las, ou efetivamente as aplicaram. Como poderão doravante os Estados Unidos reclamar a observância do devido processo legal em outros países, quando a negam em seu próprio sistema penal?

Há uma vasta jurisprudência internacional condenatória de medidas de exceção (como o foro militar especial), que representa hoje um baluarte contra as tentações do cesarismo e um verdadeiro patrimônio jurídico de todos os povos. Recorde-se, a propósito, que, já no século XVI, em suas memoráveis *Relecciones Teologicas* de 1538, Francisco de Vitoria, o grande mestre de Salamanca, advertia com coragem e lucidez que "o imperador não é senhor do orbe", porquanto não há lei alguma que tal poder lhe outorgue. A nenhum Estado é dado considerar-se acima do Direito; não se pode combater o terrorismo com a repressão indiscriminada, à margem do Direito. Em seu luminoso ensaio *Civilization on Trial*, publicado em 1948, o historiador Arnold Toynbee questionou as bases do que se entendia por civilização, caracterizando-a como não mais do que avanços modestíssimos nos planos social e moral; debaixo de sua capa tênue, persistia – e persiste – lamentavelmente a barbárie, como o demonstra a escalada de violência neste início do século XXI. É nos momentos difíceis de crise como a atual, de consequências mundiais imprevisíveis, que há que preservar os princípios e valores fundamentais nos quais se alicerça o Estado democrático de Direito. Somente com o primado do Direito sobre a força, as vítimas inocentes dos atentados de 11 de setembro passado, e outras tantas das quais não se tem notícia, serão verdadeiramente reivindicadas, sob o império do Direito.

RTDC: Em sua obra *A Proteção Internacional dos Direitos Humanos e o Brasil: As Primeiras Cinco Décadas*, de 1998, o senhor se propôs a examinar e avaliar a trajetória das posições do Brasil no âmbito da proteção internacional dos direitos humanos: houve, desde então, alguma modificação na avaliação feita? Como se poderia verificar, de modo mais eficaz e rápido, a adequação do ordenamento jurídico interno à normativa de proteção internacional, prevista nos próprios tratados de direitos humanos que vinculam o Brasil, como destacado na referida obra? Como estabelecer a relação direitos humanos-cidadania de modo eficaz em nosso país?

AACT: Entendo que a avaliação crítica a que procedi na obra citada permanece inalterada: o único fato de real importância, entre o lançamento da 1ª edição do livro pela Editora Universidade de Brasília em início de 1998, e o da 2ª edição em meados de 2000, foi o reconhecimento pelo Brasil da jurisdição obrigatória da Corte Interamericana em matéria contenciosa, efetuado em 10.12.1998. As iniciativas de adequação do ordenamento jurídico interno à normativa de proteção internacional, ainda que representem um passo positivo, padecem de algumas imperfeições, como assinalado no referido livro. Há que prestar atenção à prática dos tribunais nacionais (nem sempre satisfatória), que constitui um indicador importante para o exame da matéria. Há, igualmente, que acompanhar a tramitação de projetos pertinentes no Congresso Nacional. Em suma, ainda há muito o que fazer.

A relação direitos humanos-cidadania é uma meta de todos, a começar pelas entidades de nossa sociedade civil. Esta tem se capacitado consideravelmente a respeito, nos últimos anos, mas ainda não acompanha de perto a aplicação da normativa de proteção internacional dos direitos humanos no plano de nosso direito interno. Em perspectiva histórica, os avanços na salvaguarda dos direitos humanos se têm logrado graças em grande parte à mobilização da sociedade civil contra todas as manifestações do poder arbitrário. Importa que todos os segmentos de nossa população estejam suficientemente conscientizados de seus próprios direitos; daí a importância crucial da educação – formal e não formal – em direitos humanos, em todos os níveis.

RTDC: Qual a herança mais preciosa que o Direito Internacional oferece ao século XXI? Como o senhor vê o futuro do Direito Internacional? Qual o papel do jurista nesse novo tempo?

AACT: A meu ver, o Direito Internacional experimenta, hoje, ao início do século XXI, de certa forma um retorno às origens, no sentido em que foi originalmente concebido como um verdadeiro *jus gentium*; desde os escritos de seus chamados fundadores, o ideal da *civitas maxima gentium* foi propugnado e cultivado. Francisco de Vitoria ensinava que a comunidade internacional era constituída por seres humanos organizados socialmente em Estados e coextensiva com a própria humanidade; em suas já lembradas e célebres *Relecciones Teológicas* (1538-1539), sustentou que o ordenamento jurídico obriga a todos (governados e governantes), e a comunidade internacional (*totus orbis*) prima sobre o arbítrio de cada Estado individual.

Para Francisco Suárez, autor do tratado *De Legibus ac Deo Legislatore* (1612), o direito das gentes revela a unidade e universalidade do gênero humano, sendo os Estados-Membros da sociedade universal. Na concepção do *jus gentium* de Hugo Grotius (autor da célebre obra *De Jure Belli ac Pacis*, 1625), o Estado não é um fim em si mesmo, mas sim um meio para assegurar o ordenamento social e aperfeiçoar a sociedade comum que abarca toda a humanidade. Ainda antes de Grotius, Alberico Gentili (autor de *De Jure Belli*, 1598) sustentava que é o Direito que regulamenta a convivência entre os membros da *societas gentium* universal. Samuel Pufendorf (autor de *De Jure Naturae et Gentium*, 1672), por sua vez, defendeu a sujeição do legislador à "lei da razão". E Christian Wolff (autor do *Jus Gentium Methodo Scientifica Pertractatum*, 1749) ponderou que, assim como os indivíduos devem promover o bem comum, o Estado tem, a seu turno, o dever correlativo de buscar sua perfeição.

Quando o ordenamento jurídico internacional, posteriormente, se afastou desta visão, sucessivas atrocidades foram cometidas contra o gênero humano. É certo que o mundo mudou inteiramente, desde que Vitoria, Suárez, Gentili, Grotius, Pufendorf e Wolff escreveram suas obras, mas a aspiração humana continua a mesma. Um grande legado da ciência jurídica do século XX foi haver afirmado a personalidade e capacidade jurídicas do ser humano no plano internacional. O Direito Internacional passou a ser um *corpus juris* de emancipação. Não há "neutralidade" no Direito; todo Direito é finalista, e os destinatários últimos das normas jurídicas tanto nacionais como internacionais são os seres humanos.

As profundas transformações do mundo nas últimas décadas têm repercutido na teoria e prática do Direito Internacional. Episódios marcantes como o colapso das negociações em prol de uma nova ordem econômica internacional em fins dos anos setenta, a queda do muro de Berlim e o chamado "fim do comunismo" ao final dos anos oitenta, e o ciclo das grandes Conferências Mundiais das Nações Unidas ao longo da década de noventa, requerem hoje uma reavaliação de todo o *corpus juris* do Direito Internacional Público contemporâneo. O processo de formação de suas normas torna-se cada vez mais complexo. Os organismos internacionais, que romperam o monopólio estatal da personalidade jurídica, têm hoje o dever de reestruturar-se para atender, juntamente com os Estados, às necessidades da comunidade internacional.

Com a superação definitiva da dimensão puramente interestatal da disciplina, modificações marcantes já se fazem sentir em todos os seus capítulos. Há que dispensar um tratamento equânime às questões que afetam a humanidade como um todo (a erradicação da pobreza, a proteção dos direitos humanos, a realização da justiça social, a preservação ambiental, o desarmamento, a segurança humana), em meio a um sentimento de maior solidariedade e fraternidade humanas.

Permito-me insistir em minha percepção de que o processo de humanização me parece o grande legado do Direito Internacional ao século XXI: o ser humano reconquistou sua centralidade também no ordenamento jurídico internacional. Nenhum jusinternacionalista sensato ousaria negar hoje sua personalidade e capacidade jurídicas internacionais. Todo verdadeiro jurista deve atuar à altura dos grandes desafios de seu tempo. Emerge, neste início do século XXI, um novo *jus gentium*, em que ocupa posição central a preocupação com as condições de vida dos indivíduos e dos povos em todo o mundo, e em que a nova razão de humanidade passa a primar sobre a velha razão de Estado.

ENTREVISTA COM O PROFESSOR CARLOS MARÍA ROMEO-CASABONA[1]

RTDC: Fale um pouco da sua história acadêmica. Como foram seus estudos universitários, sua formação?

CMR-C: Comecei com os estudos de Direito, graduação em Direito, na Universidade de Zaragoza, na Espanha, e fiz também os estudos de Criminologia, na Universidade de Madrid, ao mesmo tempo, mas um em 3 anos e o outro em 5, foi muito complicado. Depois eu iniciei os estudos de pós-graduação para a obtenção do doutorado, eu estudei um tempo na Alemanha, no Instituto Max Planck de Direito Penal estrangeiro internacional, na cidade de Freiburg, depois nas Universidades de Bonn, de Munique, mais de um ano no total, um ano e vários meses. E depois voltei à Espanha e defendi minha tese de doutorado, obtive o doutorado em Direito. Muitos anos mais tarde fiz os estudos para a obtenção do doutorado em Medicina, na faculdade de Medicina da Universidade de Zaragoza, eu era já catedrático de Direito Penal e também naquele momento eu era o diretor da faculdade de Direito – um pouco estranho que o diretor da faculdade tivesse aprovada a tese de doutorado... (risos).

Esses foram os estudos que eu realizei. Imediatamente depois de terminar os estudos de graduação em Direito, comecei como assistente de Direito Penal, depois fiz um concurso público para professor titular, mas não é a mesma coisa que professor titular no Brasil, é como professor adjunto. E uns anos mais tarde, um concurso público para catedrático de Direito Penal, que é o mesmo que professor titular no Brasil e... o que mais?... Esses são meus estudos.

Neste momento sou catedrático de Direito Penal e diretor da cátedra, da cadeira, de Direito Humano, que foi criada por uma instituição, pela fundação do Banco BBV, do governo provincial de Vizcaya, onde moro neste momento, para assumir duas universidades de Bilbao, a Universidade do País Basco, que é como uma universidade federal ou estadual, pública, e a Universidade de Deusto, que é uma universidade privada. Esta cátedra pertence às duas universidades.

[1] Entrevista concedida à *Revista Trimestral de Direito Civil – RTDC*, v. 10, abr./jun. 2002. Entrevista realizada em junho de 2002 por Carlos Nelson Konder, Gustavo Espírito Santo e Pablo Renteria.

RTDC: Falando ainda da sua experiência universitária, até mesmo como diretor, com um cargo administrativo na universidade, como o senhor vê o papel da universidade hoje em dia, principalmente com a mudança de paradigmas do Direito, com relação ao positivismo, mesmo... Como o senhor vê o papel que a universidade vem desempenhando na formação do estudante de Direito?

CMR-C: Bem, acredito que o papel da universidade ainda é muito importante na formação de estudantes de graduação em Direito. Mas o problema dos estudos em graduação em Direito é que o conteúdo das matérias de Direito neste momento é muito maior que quando eu era estudante. Isso faz com que sejam muito mais complexos os estudos de Direito, porque são estudos generalistas, enquanto em outros estudos de graduação o estudante tem uma especialização durante os anos que faz a faculdade. Em Direito isso não é possível... É possível certa especialização, mas o estudante de Direito tem que conhecer as disciplinas mais importantes, não pode deixar de estudar Direito Processual, Direito Penal, que é mais importante ainda, ou Direito Civil, mais importante ainda para a *RTDC* (risos)... Então acho que há um desenvolvimento científico e das matérias que faz muito mais difíceis os estudos de graduação, mas a especialização, em todo caso, deve vir depois com os estudos de pós-graduação, se há interesse por eles. Mas estes estudos de pós-graduação, neste momento, também devem ter uma finalidade diferente da que tinham no passado, quando não eram muito importantes: é a formação contínua dos profissionais. Porque antes, no passado, os profissionais faziam seus estudos, os concursos ou o que tivessem que fazer, e não tinham uma formação além do que conseguiam ler e aprender com suas atividades profissionais.

Mas neste momento é também muito importante que o profissional mantenha sua formação, de maneira contínua. Essa formação contínua pode ser dada pela universidade também, mas com a colaboração dos profissionais, porque a universidade dá uma formação teórica, ainda que em alguns países haja tentativas de que essa formação teórica seja também um pouco prática; no meu país, caminha-se para que a formação tenha também um conteúdo prático.

Na Alemanha, por exemplo, quando os estudantes terminam os estudos de graduação, têm que fazer primeiro um exame estatal, uma prova pública, com os conteúdos de todos os estudos que fizeram e depois ficam um tempo, um ano, dois anos, em estágios, depois têm que fazer outra prova pública, se chama prova de Estado, então esses são caminhos para também obter uma formação prática. Mas voltando aos estudos de pós-graduação, têm essa função hoje muito importante porque o Direito muda, a sociedade muda também, hoje o movimento científico de Direito também muda, é necessário que os profissionais tenham uma formação também científica, não meramente experimental, isso é muito importante. Creio que estes dois blocos, a graduação e a pós-graduação *lato sensu*, são muito importantes para todos, para todas as pessoas vinculadas com o mundo do Direito; depois o mestrado, o doutorado, unicamente para aquelas que queiram ter o nível máximo de formação jurídica, ou então a pesquisa, mais que o aprendizado profissional.

RTDC: O senhor acredita que o Direito, em relação às outras ciências sociais, tem um papel atualmente de destaque? Qual é a importância do Direito para a Sociologia, para a Filosofia, e qual é a importância da Filosofia do Direito e da Sociologia do Direito nos cursos jurídicos?

CMR-C: Bom, a importância do Direito para a Filosofia primeiro: o Direito tende a criar conceitos, teorias jurídicas, e isto se faz com a ajuda da Filosofia, então temos um caminho de ida e de volta. O Direito pode aportar seus mecanismos, seus métodos de conceituação a Filosofia como âmbito mais geral da estruturação do pensamento. O Direito não se limita, como pensam as pessoas que não conhecem o Direito, a simplesmente enunciar as leis, os artigos, memorizá-los, não. É preciso sistematizar as leis e construir o Direito, o Direito se constrói com conceitos, e isto requer uma estrutura de pensamento mais elevada. Como digo, a Filosofia, concretamente a Filosofia do Direito, pode ser um instrumento de ajuda para que o Direito construa estes conceitos, estas teorias. Já as relações com a Sociologia do Direito são cada vez mais importantes, o Direito reflete o estado de uma sociedade em um momento determinado, os maiores interesses, as preocupações, as matérias que se consideram mais dignas de regulação jurídica, portanto, é uma mostra da vida social, de uma sociedade num momento determinado. O conhecimento da realidade social é importante também para o Direito, para saber por onde tem que se guiar, que caminhos tem que seguir para as suas regulamentações. Seria inútil que se estabelecessem regulamentações muito precisas, muito detalhadas em âmbitos da vida social que não têm nenhuma transcendência, ou em âmbitos da vida social que não são muito complicados. É possível que sejam necessárias regras jurídicas, mas é mais importante visar os âmbitos sociais mais complexos, mais complicados, para estabelecer as regras jurídicas e saber quais poderiam ser essas regras jurídicas. A Sociologia, por exemplo, no âmbito do Direito Penal, oferece uma visão do Direito do Crime como uma realidade social, mas em conjunto é útil também para saber a política criminal que se deve seguir no futuro.

RTDC: Já que se tratou da importância da Filosofia na formação teórica do profissional de Direito, qual a sua formação filosófica, que autores foram influências da área da Filosofia?

CMR-C: A filosofia clássica, a filosofia grega, para mim foi muito importante num momento determinado. Depois teríamos que dar um salto um pouco longo ao século XIX, com as diferentes correntes do pensamento filosófico como reflexo desse movimento das ciências experimentais, as ciências empíricas, dentro das construções filosóficas que se fizeram, como o positivismo, por exemplo. Então, depois, a filosofia dos valores do século XX, a filosofia de Nicolai Hartmann, da liberdade, e também as filosofias mais diretamente relacionadas com a ideia de responsabilidade, no sentido de convicção, ou seja, não unicamente a ideia de responsabilidade orientada às consequências, mas também às valorações, a filosofia da convicção...

RTDC: O sentimento de responsabilidade? Há uma relação com Hans Jonas, pensador alemão?

CMR-C: Sim, bem, em geral a Filosofia alemã é orientada para a Filosofia do Direito alemã porque muitos filósofos do Direito na Alemanha são também penalistas, alguns são penalistas e especialistas em Direito Processual e Penal, mas outros são especialistas em Filosofia do Direito e Direito Penal. Então tive influência desses filósofos do Direito Penal, também tiveram importância para mim pensadores como [Jürgen] Habermas, [Karl-Otto] Appel. Também foram, realmente, muito importantes para mim os trabalhos de Hans Jonas, um filósofo que está orientado em direção à ciência da tecnologia, especialmente à Filosofia da Biotecnologia, e penso que há umas ideias muito importantes que ele destacou, como a ideia de que os erros do mundo mecânico são reversíveis normalmente, mas os erros do mundo da vida, com a matéria viva, são, ou podem ser, irreversíveis. E isso é muito importante porque muda um pouco a visão das valorações do Direito sobre a matéria viva. E mais recentemente tenho tido muito interesse pelos aportes da Física, pela contraposição da Física clássica à evolução da Física mais moderna, pela Física Quântica, e alguns físicos posteriores, relacionados também com a Física da relatividade, com a teoria da relatividade. A Física clássica estabeleceu leis para a explicação do universo, do mundo, da realidade, estabeleceu leis físicas causais, que digamos, são leis imutáveis, supõem uma concepção imutável do universo, determinista, e eu acredito – neste momento estou lendo e começando uma pesquisa sobre isto –, que esta concepção determinista do mundo pelos físicos exerceu a sua influência nas Ciências Sociais, especialmente no Direito. Se fizermos um estudo mais profundo do século XIX, do positivismo do qual falei antes, e do desenvolvimento tão importante que tiveram as ciências empíricas ao longo do século XIX, a teoria evolucionista de Darwin, vemos que todo o universo parte de uma concepção mecanicista, automática, e, portanto, é fácil então compreender que se tenha transportado estas ideias ao campo do Direito. Isto tudo foi quando começou a discutir-se o determinismo ou indeterminismo quanto ao comportamento humano, tão importante para o Direito, especialmente para o Direito Penal. O que acontece depois? Com a física quântica e também – esta é uma questão que não conheço ainda muito bem – a teoria da relatividade, descobre-se que o universo não é determinista, que as leis da causalidade não são deterministas, não são imutáveis, que, sobretudo, nos sistemas complexos da realidade existe a probabilidade, não o determinismo, mas sim a probabilidade. Nós, por exemplo, dizemos que dois mais dois são quatro, é uma realidade imutável, mas, de acordo com a teoria da física quântica os desenvolvimentos que houve depois com algum prêmio Nobel... nunca me lembro... Prigogine!?[2] Dois mais dois pode normalmente ser quatro, mas pode ser cinco, pode ser três. Isto, creio, é muito importante levar em conta no Direito, como ocorreu com a Física tradicional, que exerceu uma influência muito importante no mundo das leis de causalidade, de causa e efeito. E, também, como eu falava, há uma discussão sobre o determinismo da pessoa, do ser humano, quer dizer, na discussão sobre o livre-arbítrio, creio que devemos levar em conta também estas teorias, não as transferir automaticamente, mas sim refletir sobre elas, elaborá-las, para ver que impacto poderiam ter nestes dois pontos: a relação de causalidade e a questão do determinismo, o determinismo do ser humano. Até agora, com relação ao Direito Penal, em relação à discussão que existe desde o final do século XIX sobre o determinismo e indeterminismo do ser humano, e portanto sobre a culpabilidade penal, muitos prestigiados penalistas diziam que a culpabilidade não poderia ser considerada fundamento da pena, porque não se podia comprovar empiricamente que o ser humano seja indeterminado, seja livre; e que, portanto, como não se pode demonstrar, prescindiam desta culpabilidade, ou prescindiam de uma concessão da culpabilidade sobre a base da liberdade do ser humano. Mas acredito que as teorias mais recentes, como as deste prêmio Nobel Prigogine, Ilya Prigogine, demonstram que não é verdade que o ser humano não seja livre, quer dizer,

---

2 llya Prigogine, nascido na Rússia em 1907 e naturalizado belga, ganhou o Prêmio Nobel de Química no ano de 1977.

se pode rejeitar o determinismo. Então com estas teorias, como a teoria do caos que também a Física desenvolveu, precisamente para explicar que um fator determinado de um sistema complexo pode produzir uma desordem – por isso se chama teoria do caos –, enfim, com estas construções creio que se pode demonstrar que é falsa a afirmação de que o ser humano seja determinado, que não seja livre, pelo menos isso. Daí a se demonstrar que o ser humano é livre, isto é mais complicado... Mas acho que há outras teorias que ajudariam a demonstrar o indeterminismo do ser humano. Indeterminismo, em todo caso, relativo, não somos todos plenamente livres, mas temos, sim, uma liberdade limitada. Todas estas teorias da Filosofia, da Filosofia da Ciência e das Ciências Físicas, as Ciências Biológicas, com todas as minhas inquietudes e preocupações na cátedra de Direito Humano, tudo isto foi minha preocupação filosófica, não só da filosofia geral, mas também da Filosofia da Ciência, para aplicá-las ao Direito.

RTDC: O senhor falou da filosofia da responsabilidade e citou Hans Jonas, para quem a responsabilidade enquanto sentimento ou convicção tem o efeito de predefinir eticamente determinada ação, ou seja, é o sentimento de responsabilidade que levaria os indivíduos a fazer ou deixar de fazer algo. Isto parece um pouco fora do âmbito do Direito positivo, que, ao imputar o seu sistema de responsabilidade se baseia na regra da causalidade, do ato já feito e do dano sofrido. O que o Direito pode esperar da responsabilidade enquanto sentimento, como convicção, como isso pode contribuir para o Direito?

CMR-C: Bem... Primeiro, é uma reflexão ética, mas creio que não necessariamente tem que ficar em uma reflexão ética, não se esgota numa reflexão ética, mas sim pode ter o seu interesse para o Direito. A ideia de Jonas aponta para a consciência de responsabilidade das pessoas, e sobretudo dos cientistas, diríamos também dos tecnólogos, então, o Direito também pode estabelecer mecanismos preventivos fixando a responsabilidade das pessoas, dos cientistas, pode fixar também mecanismos preventivos para evitar a produção de danos futuros, sobretudo danos irreversíveis. Isto está também relacionado com o problema da causalidade, sobre o qual se falou, mas eu falava dessas leis de causalidade automática, da concepção científica clássica, então significa que, na atualidade, o Direito deve também intervir quando não há leis científicas conhecidas entre uma ação e um possível resultado, quando não se sabe ainda se uma ação dará lugar a determinado resultado danoso ou não. Eu acho que, sobretudo o Direito Penal, que é um direito sancionador, que estabelece responsabilidades, tem que evoluir, deve desenvolver-se, tem que mudar diante da nova evolução da sociedade científica e tecnológica, de relações tão complexas. E para isto deve intervir, inclusive para prevenir, naqueles casos em que não se pode determinar causalmente a relação entre uma ação, uma atividade, e um resultado. Esta intervenção pode se dar pelo estabelecimento de medidas obrigatórias de precaução, aplicando-se o princípio de precaução diante destas atividades que não se conhece ainda muito bem, em que cientificamente não está demonstrado que pode ocorrer determinado resultado danoso, grave, incontrolável e até talvez irreversível e catastrófico para a sociedade, como dizia Hans Jonas. Então, diante dessas situações, a resposta do Direito não pode ser deixar que cada qual faça o que quiser, mas sim estabelecer mecanismos para prevenir estes riscos. Por outro lado, referindo-me mais ao Direito Penal – e partindo do pressuposto de que neste ramo não se deve romper o princípio da responsabilidade pelo próprio fato –, é muito difícil determinar, precisar, quem foi o responsável, tendo em vista a complexidade da vida social, as relações interindividuais, as atividades de produção industrial ou de outro tipo, há uma grande conexão entre umas pessoas e outras no processo produtivo. Então, o que tem que fazer? Penso que, em algumas ocasiões, é preciso buscar formas de incriminação nas quais não seja necessário constatar a relação de causalidade entre uma ação e um resultado, porque não se saberá se foi uma pessoa ou outra, sobretudo em processos de produção em hierarquia ou encadeada, ou nos outros casos em que cientificamente a demonstração não é possível. Por conseguinte, o modelo de delito mais claro, que é o delito de resultado material, já não serve para poder perseguir todas as condutas não desejáveis, socialmente não desejáveis, e que poderão causar perigos para os bens jurídicos. Deve-se, pois, ultrapassar, em alguns casos, a barreira de intervenção do Direito Penal mediante a criação de delitos de simples atividade, nas quais não se tenha depois que provar o vínculo causal entre um resultado material ou entre um resultado de perigo. Quais seriam, portanto, esses delitos de simples atividade? Os chamados delitos – não sei como se diz aqui no Brasil – "de perigo abstrato concreto", "delitos de perigo hipotético", ou "delitos de atitude para perigo" – são diferentes nomes que querem dizer a mesma coisa. Eu, pessoalmente, chamo – ninguém mais chama assim (risos) – de "delitos de ação perigosa", porque se trata de, em alguns casos, não sempre, construir delitos nos quais basta que a ação seja perigosa para que o Direito Penal já possa intervir. Se, entretanto, é assim, deve-se demonstrar que a ação era perigosa desde uma perspectiva *ex ante,* que a ação era perigosa para um ponto jurídico determinado que se queira proteger, ainda que seja mais remotamente; deverá demonstrar-se que a ação era perigosa, mas não se deverá demonstrar que essa ação produziu perigo jurídico concreto, ou que inclusive produziu uma lesão. Isto se supõe ante os delitos de perigo abstrato, nos que se castigam condutas que normalmente são perigosas para os bens jurídicos, mas que talvez num caso concreto não o sejam, então, estes delitos, rejeito-os, porque todo esse direito penal se afasta demais do fim de proteção dos bens jurídicos, ultrapassa demais a barreira de intervenção do Direito Penal. Portanto, em alguns casos, sobretudo naqueles que estão vinculados à atividade científica ou tecnológica, que podem por exemplo afetar o meio ambiente, e principalmente nas atividades entre indivíduos, os delitos de ação perigosa podem ser muito úteis, porque há que se provar que a ação era perigosa *ex ante* mas não há que se demonstrar relação de causalidade entre o comportamento de um sujeito e o resultado. E por outro lado também, os delitos de omissão, os delitos de comissão por omissão, os delitos impróprios de omissão, não sei que nome se dá aqui, também podem desempenhar um papel, claro, já vinculados com um resultado hipotético, porque nesses delitos, o que se faz é imputar objetivamente um resultado determinado à omissão de uma pessoa, pensando que, se esta pessoa houvesse realizado uma ação – a causalidade é hipotética, não uma causalidade real –, teria podido evitar o resultado. Todos estes tipos de delitos poderiam, digamos, de algum modo, representar o futuro do Direito Penal, sempre trabalhando à luz dos novos desenvolvimentos sociais.

RTDC: O senhor tem uma vasta experiência internacional, já trabalhou em diversos países. Fale um pouco sobre essa experiência profissional, esta oportunidade de trabalhar com sistemas jurídicos tão diferentes, como o sistema espanhol, o sistema europeu em geral e o sistema americano.

CMR-C: Bom, eu posso falar mais de Direito Penal, que é o que conheço... Nos séculos XVI e XVII, a Espanha exerceu grande influência no campo do Direito, com diversas correntes, como o naturalismo, que tinham influência no resto da Europa, sobretudo na Alemanha. Digo isto porque logo aconteceu o contrário, principalmente desde o século XX, começos do século XX, o Direito alemão – falo do Direito Penal alemão – adquiriu um grande desenvolvimento, e a Espanha experimentou uma grande influência do Direito Penal, da dogmática penal alemã, com alguns importantes penalistas espanhóis importando ideias e, sobretudo, mais que ideias, a própria metodologia do Direito Penal alemão, as ideias de sistematização do Direito Penal...

Agora a Espanha tem um grande nível de Direito Penal; antes os professores de Direito penal, os juristas alemães, eram convidados a colaborar, e agora os alemães convidam os professores espanhóis, o que significa que respeitam, que valorizam o desenvolvimento que experimentaram os penalistas espanhóis também. Digo isto porque o Direito Penal tem esse tronco alemão, todos os países que falam alemão e mais alguns, como Holanda, Espanha, Itália, Portugal, têm essa mesma base jurídica. Outros países, ao contrário, ficaram mais isolados, como é o caso da França, que teve grandes desenvolvimentos jurídicos, mas nunca, há que se dizer, nunca no Direito Penal; na França não houve grandes aportes, mas sim no Direito Constitucional, no Direito Civil, ou inclusive no Direito Administrativo; também a Alemanha teve estes três blocos. A França exerceu uma grande influência nestas matérias, e inclusive também no Direito Internacional, mas eu acho que está ficando cada vez mais afastada porque não compartilha as grandes bases do pensamento atual. Este sistema jurídico (do troco alemão) exerceu influência em outros países não europeus; tem, por exemplo, uma grande influência na Coreia do Sul – houve muitos coreanos que foram à Alemanha, e inclusive o Código Penal coreano é quase uma cópia do Código Penal alemão. Na América, está acontecendo mais ou menos a mesma coisa que na Coreia do Sul (risos), claro, pela dupla influência que exerceram sobretudo Portugal e Espanha, a comunicação que houve entre Portugal e Espanha com os países ibero-americanos, então o desenvolvimento do Direito Penal em alguns países teve um nível muito alto por influência da Espanha e de Portugal e, indiretamente, da Alemanha, através da Espanha e de Portugal. Ou em alguns casos diretamente da Alemanha: há muitos penalistas norte-americanos que foram também à Alemanha para trabalhar ou que vão à Espanha, há, portanto, uma grande proximidade conceitual e teórica no âmbito de Direito Penal. Há diferenças nos códigos penais, mas não há tantas, porque no desenvolvimento dos novos códigos penais que se estão aprovando nos diferentes países – como é o caso do Brasil –, vê-se a influência da dogmática penal europeia. Então há uma linguagem jurídica comum e conceitual muito próxima; por exemplo, a parte geral do Código brasileiro foi muito desenvolvida dogmaticamente e nela notam-se as influências deste pensamento dogmático moderno, a omissão, por exemplo, a imprudência, nisto tudo está claríssimo que se compartilha uma mesma cultura jurídica, que não se pode dizer que seja nem alemã, nem espanhola, mas sim que possui aporte de todas. Isto acontece também em outros países, como a Argentina, que tem uma ampla tradição jurídica própria; nos últimos anos, nota-se também esta influência europeia. No México não tanto, porque ainda que haja penalistas mexicanos muito bem formados, o Código Penal está muito atrasado, tentou-se modificá-lo várias vezes, mas os práticos de Direito não querem que se modifique porque então os advogados nos tribunais teriam que mudar suas ideias...

Há uma série de conceitos básicos que não estão sequer implícitos no Código Penal mexicano. Enfim, há outros países, como o Chile, que também têm um desenvolvimento dogmático muito importante, outros já nem tanto, como ocorre na Venezuela, na Costa Rica, nos países da América Central, no Peru; há alguns penalistas importantes mas não muitos... Aqui no Brasil há penalistas muito bons, é um país tão grande que tem coisas boas em tudo, o que acontece é que é necessário estender mais... Há, repito, penalistas muito bons, reconhecidos fora do Brasil, como [Cezar Roberto] Bitencourt, outros que conheço, Luiz Flávio Gomes, que tem muito boa formação dogmática, e outros mais que agora não lembro. Quero, portanto, dizer que neste âmbito existe uma proximidade, uma afinidade muito próxima, deixando, claro, à parte o sistema anglo-saxão, porque este é muito diferente... Mas é verdade que o sistema anglo-saxão vem evoluindo no campo do Direito Penal, aproximando-se ao que foi o grande aporte do Direito Penal europeu, dos elementos relativos ao delito: ação, omissão, tipicidade, atipicidade, culpabilidade. Estes conceitos nos Estados Unidos são ainda embrionários, entretanto, os EUA estão trazendo contribuições à Europa em matéria de política criminal, em criminologia, enfim, em aspectos que não estão no campo da dogmática.

RTDC: E quanto à sua experiência na redação do projeto de lei de transplantes na Espanha? Como é a experiência de legislar, de regrar e prever as situações que possam vir a ocorrer?

CMR-C: Foi a minha primeira experiência legislativa, e a única; na próxima semana, quando voltar à Espanha, farei uma intervenção no Senado espanhol para falar da "Biotecnologia e o Direito", sobretudo vou falar da possibilidade de pesquisas com embriões humanos. Bom, eu havia estudado os problemas jurídicos que a legislação então vigente apresentava, era uma lei muito antiga, de 1950, naquela época não se podia fazer transplantes de órgãos, isso foi posterior. Faziam-se transplantes de tecidos, cartilagens, ossos, e córneas também, depois. Então a primeira parte do trabalho foi um livro, um livro pequeno: na primeira parte eram os problemas jurídicos, que não estavam bem desenvolvidos, bem resolvidos, e depois como se teria que resolver todos os problemas. Eu terminei com um "desafio jurídico", uma conclusão com um texto, um texto de lei "teórico", como eu pensava que se devia fazer. E... coisas da vida... Um grupo parlamentar de oposição conheceu o texto da lei e o apresentou, o governo não rejeitou; o grupo parlamentar que apoiava o governo também não rejeitou, mas queriam introduzir algumas modificações e assim fizeram. Por exemplo, eu havia previsto infrações administrativas e também alguns delitos, com sanção penal, eles retiraram. Foi engraçado porque eu não sei como, mas não foi durante o processo de discussão, o grupo parlamentar retirou do meu texto os dois artigos sobre infrações administrativas e de delito, mas outro grupo parlamentar apresentou como emenda esses dois artigos... Como eu publicara o projeto em um livro, era um texto público. Bom, o caso é que se aprovou a lei. No Senado, fui convidado quando eles estavam trabalhando para modificar o texto da lei, convidaram-me a estar com o grupo mais reduzido de representantes parlamentares que iam discutir as emendas para apresentá-las à sessão plenária do Senado.

Então eu consegui evitar algumas modificações muito ruins, eu tinha 26, 27 anos, era muito jovem, então um senador dizia, "eu quero isto, o que o senhor acha?" – "Ótimo", eu dizia, "melhorou muitíssimo o texto"... Então, dizia isto, mas também: "Creio que aqui há um problema muito grave", e explicava o problema.... Ele tinha 60 anos, e eu 26... Ele dizia para a secretária copiar, qualquer coisa que fosse ele falava de memória, com muita originalidade, e perguntava "O que você acha?", eu dizia "Muito bem, ótimo, mas..." (risos), já então pela terceira vez... E ele disse "Eu não modifico mais o texto", mas modificou. E também o presidente do grupo parlamentar do governo, que finalmente tinha que defender a lei para a votação em plenária, pediu-me que escrevesse o discurso de defesa, eu escrevi.

RTDC: Professor, além da questão dos transplantes, o senhor tem trabalhado muito com o genoma humano. Fale um pouco sobre isso, sobre os novos desafios que se colocam, o Projeto Genoma, a descoberta do genoma humano... O que o Direito vai ter que tutelar em face destes desafios que se apresentam?

CMR-C: Bom, o genoma humano é um grande desafio para a sociedade, para o ser humano... As pesquisas do genoma humano consideram muitos aspectos jurídicos, alguns problemáticos, mas eu quero unicamente apresentar dois. Um: a informação genética é uma novidade para o ser humano. Dois: é uma informação nova que tem como maior importância sua capacidade de predizer as influências que uma pessoa pode ter, ou desenvolver; que pode desenvolver necessariamente ou não necessariamente, pois umas pessoas têm mais facilidade para desenvolver uma doença que outras pessoas. E, portanto, aqui unicamente se podem tomar medidas preventivas, e no futuro talvez medidas muito mais precisas, mais exatas, mas claro, tudo isto, esta capacidade de previsão é muito importante porque esta informação pode ser utilizada contra a pessoa humana, contra o próprio indivíduo, de forma muito mais grave que outras informações pessoais. Eu digo, além disso, que há outras informações pessoais que a própria pessoa criou por sua vontade, e essas informações podemos destruir, e não se saberá o que havia escrito; mas não posso destruir meu genoma, ele não depende da nossa vontade, fomos concebidos assim, pelos gametas do pai e da mãe, e também não dependeu do pai e da mãe, eles herdaram, por sua vez, essa informação. Portanto, toda essa informação tem uma grande importância para o futuro da saúde dos tratamentos médicos, esse é o aspecto positivo que os juristas esquecem porque ressaltamos sempre o negativo, mas isso requer uma maior proteção jurídica destes dados pessoais para evitar atentados contra a intimidade, atentados, agressões, contra o princípio de igualdade e, portanto, abusos discriminatórios; e inclusive no âmbito da reprodução humana, também pode haver abusos, tudo isto tem que ser prevenido. Este seria o primeiro aspecto, muito resumido, o segundo é a possibilidade de manipular, de intervir nos genes humanos, esta é a grande novidade científica das pesquisas do genoma humano. Até agora o ser humano aproveitava-se da natureza, mas agora pode modificar a natureza e, portanto, também poderá, no futuro, modificar a sua própria natureza. Então é também muito importante que se reflita sobre isso. Se quisermos manter as características biológicas do ser humano essencialmente como são, mas sem preconceito contra as possibilidades de intervir nos genes, de modificá-los, porque talvez no futuro possa-se utilizar também delas no tratamento de algumas doenças. Estes são dois dos aspectos mais importantes, e a soma dos dois, em relação à reprodução humana, volta aos problemas da eugenia, que foram tão importantes no passado, no primeiro terço do século XX, quando houve muitos abusos, houve leis que se aprovaram nos Estados Unidos, e em outros países, como os escandinavos, que aprovaram leis de eugenia. A eugenia "de agora", com algumas exceções, vai ser diferente, porque naquela época os poderes públicos impunham coercitivamente aos cidadãos algumas medidas, como proibição de casamentos, esterilização, proibição de imigração por motivos eugênicos, não por motivos econômicos como poderia acontecer agora. O problema é a dificuldade de diferenciar eugenia e tratamento, prevenção de doenças. A própria eugenia agora se apresenta como um problema de saúde, um problema entre os médicos e os casais que querem ter filhos sem doenças. É possível que no futuro possa existir não só responsabilidade moral mas também responsabilidade jurídica por ter filhos com doenças quando se podia evitá-las, é uma pergunta que eu faço, não digo que deva ser assim, sim que pode ser, e acredito que há que se pensar muito sobre isto porque, se não se introduz alguma limitação, os pais não vão querer ter filhos, para evitar que seus filhos quando sejam maiores apresentem um processo, como já acontece, quando os filhos se dirigem contra o médico e dizem "eu não queria nascer". Os tribunais disseram que o nascimento não é um dano, não é um mal, e o não nascer não sabemos o que é. Até agora, os filhos se dirigem contra os médicos, nunca contra os pais, e se no futuro dirigirem-se contra os pais? Não sabemos o que vai acontecer.

RTDC: Qual é a sua posição sobre a questão do estatuto jurídico do embrião?

CMR-C: Eu vou publicar um livro aqui no Brasil sobre os genes e as suas leis, em que eu exponho minha posição sobre o embrião. É tudo muito complicado, porque até alguns anos atrás um embrião *in vitro* não existia, portanto, o Direito não tinha nenhuma preocupação pela proteção do embrião, com o estatuto jurídico do embrião, porque era uma realidade inexistente, só existia o ventre da mãe, o que não trazia nenhum problema específico além do aborto. Na tradição jurídica sobre a vida humana foi o Direito, não a Ética, não a Religião, mas o Direito, que protegeu a vida humana com muita intensidade, é o bem jurídico talvez mais protegido, na alçada do Direito Penal especificamente, mas também no Direito Civil, no Direito Constitucional, no Direito Administrativo. O Direito protege a vida humana com muita intensidade, especialmente a vida do nascido, das pessoas; protege também a vida do não-nascido, do feto, do nascituro, mas não com a mesma intensidade que a vida dos nascidos. Isto numa escala de valores tem um sentido, significa que o Direito considera mais valiosa a vida dos nascidos que a vida dos não nascidos, dos fetos. Do ponto de vista ético, há quem considere que não é assim, que as duas vidas têm o mesmo valor, e a religião católica também considera que matar um feto, um nascituro, é um homicídio, como matar alguém já nascido. Jamais as pessoas que mantêm estas teses na Ética ou na Religião pronunciaram-se contra o fato de que o delito de aborto tenha uma pena menor, inferior, mais baixa, que o delito de homicídio, nunca disseram nada. Então o que acontecerá com o embrião? Com o embrião *in vitro*, há uma forma de vida humana que tem que ser protegida pelo Direito, pelo Direito Penal ou pelo Direito Civil, enfim, pelas diferentes disciplinas do Direito. Mas também acho que se nestes casos se consideram os embriões congelados, deve-se distinguir a proteção de embriões que serão utilizados para a reprodução, protegendo-os de forma máxima, sobretudo para evitar que possam nascer com má formação ou nascer com as modificações genéticas que eu falava antes – o que é muito complicado, porque há modificações genéticas para evitar doenças e má formação –, daqueles embriões que não serão utilizados para a reprodução, para gerar crianças. Estes podem ter também uma proteção jurídica, mas inferior, porque não serão destinados a gerar um ser vivo. Finalmente, há os embriões *in vitro* que não são viáveis biologicamente ou que estão mortos, esse é o último nível, e o Direito não tem que protegê-los de nenhuma forma.

Isto seria uma espécie de esquema abreviado destes níveis de proteção. Pode-se entrar também na questão de saber se o embrião é ou não uma pessoa, que é uma discussão mais própria da Ética que do Direito, porque quando se discute no âmbito do Direito se o embrião é pessoa ou não, são juristas que introduzem seus valores éticos e religiosos no debate jurídico. E uma questão também de Direito Constitucional e de Direito Privado, Direito Civil, e eu acho que o conceito de pessoa é um conceito jurídico que tem uma função utilitária, é diferente do conceito filosófico, ético ou inclusive religioso de pessoa. Mas para o Direito tem uma finalidade utilitária, é saber a quem se podem atribuir direitos subjetivos, essa é a única finalidade do conceito jurídico de pessoa, portanto, se podem atribuir direitos subjetivos a quem potencialmente pode exercê-los e eu acho que não há por que considerar o embrião uma pessoa, porque o Direito também não considera, nunca considerou, o feto uma pessoa, então por que agora consideraria o embrião uma pessoa? O problema é outro, é a proteção jurídica que se deve dar ao embrião e ao nascituro, o Direito tem que protegê-los, sejam ou não pessoas, da mesma forma que deve proteger os não nascidos, sejam inteligentes ou sejam deficientes mentais, estejam a ponto de morrer ou não estejam a ponto de morrer. Não há que se fazer distinções quantitativas nem qualitativas; o problema é a proteção que se oferece à pessoa. Claro, a distinção tradicional no Direito, sobretudo no Direito Privado, dá-se entre duas variedades, pessoas ou coisas, não há outra.

Então podemos dizer que o embrião não é pessoa e o feto também não, não é pessoa porque a ele não se podem atribuir direitos subjetivos, ou, ao contrário, não tem direitos subjetivos porque não é pessoa, talvez seja um círculo vicioso. Ainda assim, merece proteção, não é uma coisa que se possa negociar. Não é ou não deve ser uma coisa, mas também não podemos dizer "não é coisa nem pessoa, é algo mais que coisa e algo menos que pessoa", porque é algo diferente de uma coisa e de uma pessoa. Portanto, não podemos dizer que esta é uma situação intermediária entre uma pessoa e uma coisa, mas sim que é algo diferente, não tem a ver nem com a coisa nem com a pessoa. Agora, isso na prática é muito complicado. Esta ideia é um pouco o núcleo para tentar, a partir daqui, desenvolver um estatuto jurídico para o embrião, com os diferentes níveis de proteção jurídica, de valoração e proteção jurídica, baseando-se nesta ideia de que o embrião não é coisa e também não é pessoa, tampouco algo intermediário.

RTDC: Para o senhor, será eugênica qualquer alteração genética que não se dê por motivos de doença, como exemplo, a determinação do sexo, ou de determinada característica física da pessoa que vai nascer?

CMR-C: Eu aí mantenho uma ideia que não é simples nem aceita: creio que, na atualidade, o conceito de eugenia foi ampliado em relação à ideia de eugenia que se tinha no final do século XVIII, com Galton, conhecem? Galton foi o pai da eugenia, era sobrinho de Darwin; questões de gosto de família... (risos). A ideia que se tem tradicionalmente de eugenia é a eugenia coativa, que responde às políticas demográficas da qualidade da população. Essa foi a ideia fundamental da eugenia, não de Galton, mas das leis que foram feitas nos Estados Unidos, nos países escandinavos, no Japão. Agora acho que o conceito de eugenia... não o conceito, mas a eugenia, ampliou-se. Porque temos, ante essa eugenia coativa, como existe na China, por conta de uma lei de 1994, uma eugenia que é da qual eu falava antes, que se apresenta na relação médico/paciente, os pais são doentes que não podem ter filhos sãos, mas querem tê-los. Então, para mim, portanto, a eugenia é tudo isso: qualquer ação para conseguir que uma criança nasça melhor é eugenia. Por exemplo, quando se evita que ela tenha doenças, utilizando-se as novas técnicas de diagnóstico ou os possíveis tratamentos do futuro. Mas o que há que se distinguir é uma eugenia aceitável da eugenia não aceitável; há pessoas que dizem "não, isso não é eugenia. Eugenia é a coativa, como política populacional, demográfica". Eu acho que não, que tudo é eugenia, mas agora temos que distinguir uma eugenia aceitável na medida em que tenta melhorar a saúde dos indivíduos, de uma eugenia que é coativa, porque claro, essa eugenia também pode ser coativa em determinados âmbitos que estejam destinados também a conseguir a saúde dos indivíduos. Então, dito isto, considero que todas aquelas intervenções genéticas que possam contribuir a evitar doenças das futuras crianças para mim são eugenia, uma eugenia aceitável, uma eugenia que não merece nenhuma rejeição por parte do Direito e por parte da sociedade. Agora, quando essas manipulações genéticas pretendem já selecionar algumas características biológicas, estaremos numa eugenia perfectiva, numa eugenia da saúde, mas perfectiva, ou seletiva, ou que responde aos caprichos dos pais e neste caso acho que o Direito deveria intervir para restringir, limitar ou inclusive proibir essas possibilidades. Sobre a escolha do sexo, não se pode dizer que seja eugenia, é uma forma de intervenção, de decidir o sexo dos filhos, onde não estipulam genes. Eu não era muito favorável, porque pensava que é uma maneira de banalizar a vida humana, escolher se quero ter uma menina ou um menino, na cultura ocidental. Em outras culturas, orientais, estão sendo utilizadas técnicas genéticas mais complexas ou mais simples, como unicamente o diagnóstico pré-natal, e se, por exemplo, sabe-se que o feto é uma menina, faz-se um aborto, se é um menino, continua-se com a gestação.

Isto está acontecendo na Índia, e em muitos países do Extremo Oriente, porque há uma carga cultural que considera que as meninas são um peso, um peso econômico para a família, já que elas não trabalham – nestas sociedades ainda não é bem-visto o trabalho das mulheres. Elas estão destinadas ao casamento, mas os pais têm que pagar um dote para as filhas; não há, portanto, nenhum "benefício" com as filhas. Inclusive na China já houve, desde os anos 70, uma política demográfica muito restritiva, permitia-se um filho por casal, não se aprovou nenhuma lei, mas era uma política muito firme das autoridades; quem tinha dois filhos era sancionado de forma indireta. Esta política está sendo suavizada em algumas regiões da China; o que ocorria era que, quando nascia a criança, principalmente entre os camponeses, numa cultura mais tradicional e sem meios técnicos, se era uma menina, abandonava-se num rio, porque só podiam ter um filho. Então esse risco é muito grande nesses países, mas no Ocidente não há discriminação atualmente por motivos de sexo, pelo menos nos nascimentos, ainda há discriminação no trabalho, em alguns países ocidentais, mas não há uma discriminação ao preferir o nascimento de um menino em vez do de menina ou o contrário. Então, algumas posições foram mantidas, mas já aceito que nos países ocidentais, ou nos países onde não haja discriminação, se possa eleger o sexo do segundo filho, sempre que o sexo seja diferente do primeiro filho. Por exemplo, se o primeiro filho é um menino, poderia se escolher que o segundo fosse menina, com técnicas muito simples, com o exame dos espermatozoides. O espermatozoide com a carga genética do cromossomo Y tem um peso molecular menor que o espermatozoide com cromossomo X; Y é menor, as mulheres pesam mais (risos); então, por um procedimento muito simples de centrifugação, os cromossomos X ficam embaixo e os espermatozoides com cromossomos Y, em cima. É muito fácil, não é 100% seguro, mas é muito fácil. Posso aceitar essa solução, acho que poderia considerar-se a escolha do sexo da segunda criança desde que seja diferente do da primeira. É uma posição talvez de equilíbrio entre um rigor extremo e uma banalização da determinação do sexo.

ENTREVISTA COM O PROFESSOR STEFANO RODOTÀ[1]

O que determinou sua escolha, aos 18 anos, da faculdade de direito? Foi uma decisão fácil ou o senhor pensou em seguir outra carreira?

Eu devo dizer a verdade. Esta não foi uma escolha particular. Não havia uma verdadeira vocação para o direito. Se posso contar uma coisa muito pessoal, eu tinha na casa dos meus avós maternos muitos livros, e meu avô materno, que nunca conheci, era advogado. Tinha também um tio meu advogado, mas até o momento em que eu entrei na universidade, naquela casa onde havia muitos livros, eu lia de tudo, mas nunca tinha lido um livro de direito. Isso me impressiona muito, eu os tinha ali muito perto. Livros muito importantes, era uma biblioteca muito rica. São tantos livros, em belas edições. A análise do Código Civil de Maleville, enfim, havia Savigny, eu tinha tudo na minha casa, em Cosenza, e não os havia jamais tocado, porque os meus interesses eram mais de caráter histórico, literário.

O senhor se lembra de um livro do qual gostou muito?

Tantos livros. Eu devo dizer que quando eu era um menino era um grande leitor de romances. Eu li de tudo. Um romance italiano, entre os últimos, eu leria o Calvino (Ítalo Calvino) mas, no entanto, leio ainda agora, mesmo indo dormir – façamos uma ponte entre direito e literatura –, Balzac. Balzac foi um grande descritor da sociedade francesa e creio que se possa entender muito mais do direito comercial francês lendo os livros de Balzac que estudando os livros do século XIX.

Como eu escolhi a faculdade de direito? Eu escolhi por fim porque me parecia – mas muito obscuramente, que eu não era absolutamente determinado – que existia uma ligação entre a sociedade assim como se vive e o modo como é regulada e organizada.

---

1 Entrevista concedida à *Revista Trimestral de Direito Civil – RTDC*, v. 11, jul./set. 2002. Realizada em Roma, no dia 30.6.2002, por Gustavo Tepedino, Danilo Doneda e Luciana Cabral Doneda. A *RTDC* agradece aos dois últimos, não só a transcrição e a tradução do depoimento, mas, sobretudo, o dedicado empenho que tornou esta entrevista possível.

Comecei a frequentar esta Faculdade de Roma e, parece um pouco estranho, para quem conhece um pouco os meus trabalhos, porque muitos ficaram maravilhados depois dizendo: "Mas como você foi se interessar pelo direito privado e não, por exemplo, pelo direito constitucional ou pela história do direito?". Porque depois eu fiz muitos trabalhos no limite entre o direito público e o direito privado, aliás, algumas incursões exatamente no campo da história do direito, sobretudo nos estudos sobre a propriedade. Eu conto sempre que tinha então um professor de direito comercial que se chamava Alberto Asquini, que fazia um curso certamente o mais longe possível daquilo que podia ser um interesse desse tipo, muito na fronteira público/privado, constitucional, história e direito. Fazia um curso sobre a lei falimentar e o nosso livro era um livro muito difícil, mas extraordinariamente bonito, de Salvatore Satta, *Istituzione di Diritto Fallimentare*. Asquini dava aula assim: chegava, lia um artigo da lei falimentar e o comentava, mas no estilo de um velho jurista. Porém tinha uma tal capacidade analítica, que eu fiquei fascinado com essa capacidade de pegar um artigo absolutamente árido – a lei falimentar não é certamente uma que inspira paixões – e, no entanto, mostrar todas as implicações de um ponto de vista absolutamente, rigorosamente, jurídico. Depois tem um segundo momento.

Eu me formei com Emilio Betti. Emilio Betti era um personagem extraordinário. Naquela época, parte do curso que ele dava era seu estudo em matéria de interpretação. A outra parte do seu curso era sobre o conceito de obrigação. Estes dois filões de pesquisa depois deixaram, certamente, em mim uma marca.

O Professor Emilio Betti era pessoalmente interessante como é a sua obra?

Sim, era uma pessoa extraordinária, devo dizer, também, humanamente. Era uma pessoa absolutamente distante, não envolvida com a vida cotidiana; a sua capacidade de abstração na vida cotidiana era como no direito. Se posso dar um passo atrás, quando eu fiz o exame de direito eclesiástico o professor era um grande jurista, histórico, um homem público que se chamava Arturo Carlo Jemolo. No fim do exame – eu não tinha ainda vinte anos, era um dos primeiros exames que fazia – ele me disse: "Você deve ler dois livros que para um jurista são fundamentais, *L'ordinamento giuridico* de Santi Romano e *La teoria del negozio giuridico* de Emilio Betti". Eu fui conquistado – eu li, obviamente, imediatamente esses dois livros –, mas depois quando eu li a *Teoria da interpretação* e esses estudos complexos sobre obrigações, tinha uma parte de antigos estudos, o conceito de obrigação construído do ponto de vista da ação. Mas eu me fortaleci nessa convicção que esse devia ser o setor no qual eu queria trabalhar e eu fiz uma tese em matéria de interpretação que tinha um título estranho: *L'interpretazione nella coerenza del diritto*. Eu sentia que através do trabalho interpretativo havia um modo de reconstruir o ordenamento que não fosse apenas aquele dogmático fechado. Era um trabalho em construção, a interpretação como um elemento vivo. Eu fiz essa tese e depois a abandonei porque Betti passou a ensinar direito romano, e essa não era a minha vocação. Naquele momento, chegava na minha faculdade – eu estudei em Roma e Roma foi um pouco o meu lugar de formação, onde depois retornei como professor – chegava Rosario Nicolò. Nicolò era um estudioso de grande relevo e eu fui seu assistente por muitos anos, eu comecei a trabalhar com ele e comecei a trabalhar desde logo sobre a responsabilidade civil.

Mas eu tive, em um certo momento, essa paixão pelo direito de propriedade, parecia-me que era preciso estudá-lo para compreender verdadeiramente como tinha se desenvolvido junto aos conceitos jurídicos, e depois o direito de propriedade é um daqueles temas nos quais é mais visível a relação entre a realidade e o ordenamento jurídico. Eu interrompi o trabalho sobre responsabilidade civil e trabalhei por um ano e meio em um ensaio que foi publicado em 1960 (*Note critiche in tema di proprietà*).

O senhor tinha 27 anos...

Sim, aquele eu terminei um ano antes e depois escrevi esse ensaio. O tema da propriedade depois me acompanhou e não me abandonará mais...

Pode-se comparar a universidade de então e a de hoje?

Aquela era uma universidade de elite. Não há dúvidas. Eram poucos professores, poucos estudantes, mas havia um relacionamento muito forte, muito mais direto que hoje. Atualmente isso é muito variável de faculdade a faculdade. Na minha faculdade, a Faculdade de Roma La Sapienza, não há esse relacionamento, não é um lugar em que exista verdadeiramente um tecido de relações científicas e também pessoais bastante forte. Não é que exista uma nostalgia da universidade de elite, eu digo é que não fizemos na Itália tudo aquilo que era necessário para adequar a organização universitária à ampliação da sua dimensão.

Precisava-se de mais investimentos, precisava-se de maior atenção exatamente no modo em que os estudantes entram e permanecem na universidade, nos interesses deles, nas ofertas para os estudantes. Eu, se posso fazer uma referência, quando entrei na universidade e deixei o parlamento, isto é, em 1994, fiz um curso por alguns anos, sobretudo no início, que se chamava *Tecnologie e diritti*, que transformei em livro, uma reunião de ensaios e documentos que eu tinha preparado exatamente para a universidade e, devo dizer, sem querer fazer polêmica com os meus colegas, que aquilo parecia um pouco uma extravagância.

"Mas qual é o conteúdo jurídico desse tipo de trabalho?". Pareciam ser questões marginais, que com o direito pareciam ter pouco a ver, enquanto hoje sabemos muito bem que os temas ligados à bioética e à informática são não apenas temas capitais para a pesquisa do jurista, mas temas que transformaram profundamente também o modo em que o jurista olha a realidade e obrigaram-no a rever categorias como o corpo e a pessoa.

São categorias que então estavam fora da atenção do jurista. Devo dizer ainda que a universidade italiana – com exceções importantes, por favor – tem dificuldades em seguir essa novidade importante no papel do direito e a repassar aos estudantes. Isto que vou dizer, no entanto, exibe uma curiosa contradição porque a qualidade e o nível dos estudos jurídicos italianos permanecem altos, aliás altíssimos neste momento, e há uma defasagem entre a capacidade de pesquisa e o ensino. A formação e ainda a universidade italiana, a faculdade de direito, não todas, porém muitas, estão um pouco pela metade.

E como o senhor explica esse momento?

Explico de diversas maneiras. A herança dogmática estratificante agora não é mais tão importante e há muito realismo. Depois falaremos do que aconteceu. Há muita influência hoje, direi substancialmente, mesmo se nos últimos anos qualquer coisa está mudando; antes havia uma dependência quase obsessiva, sobretudo dos civilistas da escola jurídica alemã, pela tradição, por história, e agora há uma maior atenção ao pensamento jurídico americano. Quase todos conhecem inglês e poucos se preocupam em trabalhar com toques alemães. Nesse sentido, tornou-se mais autônoma a ciência jurídica italiana. Na faculdade, isto foi um pouco difícil de entrar, porque houve um imobilismo no que se refere aos planos de estudo, às matérias e ao currículo universitário. Ficaram, ao contrário, bloqueadas no esquema dos anos 30: muito direito romano, as matérias civilísticas não adequadamente organizadas e, desse ponto de vista, a universidade como organização, como conteúdo e como oferta aos estudantes ficou em atraso, mesmo existindo uma ciência jurídica que, na minha opinião, foi fortemente renovada sob o estímulo de vários fatores. Depois, retornando e fechando rapidamente esse parêntese autobiográfico, eu trabalhei em Roma com Nicolò por muitos anos e me dediquei ao estudo da responsabilidade civil e depois passei ao contrato. Isso é uma banalidade, mas o digo, existem esses três institutos-chave do direito civil que são propriedade, responsabilidade e contrato, e parecia-me que fosse exatamente um percurso de formação seguir esses três pilares.

Le fonti di integrazione del contratto...

Sim, e depois progressivamente orientei minha atenção em direção à fronteira entre o direito público e o privado nas minhas pesquisas, sobretudo em matéria de propriedade. Antes se fazia muito pouco. Por exemplo, a referência à Constituição era quase desconhecida dos estudos civilísticos e eu me encontrei de fato no fim dos anos 50, início dos anos 60, a utilizá-la não apenas em matéria de propriedade, mas também na de responsabilidade civil e de contrato, ao construir a cláusula de solidariedade por meio do referimento aos dados constitucionais. Portanto, esse foi um outro momento de mudança em atenção aos dados constitucionais, pouco a pouco, e em seguida em atenção aos perfis dos direitos, de como nasciam no âmbito privado, mas depois se traduziam geralmente como instrumentos de tutela individual e coletiva. E realmente esta foi a razão pela qual, em certo ponto, me dei conta, era o início dos anos 70, que as mudanças determinadas pelas tecnologias colocavam a duras provas muitos instrumentos conceituais dos privatistas. Eu escrevi um livro em 1973 sobre computadores (*Elaboratori elettronici e controllo sociale*), que era uma análise do conceito de privacidade. E dessa época em diante e com esse filão de pesquisa – depois começaram a aparecer outros aspectos, de tecnologia do direito e da bioética –, fui quase naturalmente levado a trabalhar sobre essas coisas e agora, seja pelo trabalho que faço, que não é somente aquele jurídico, pois sou presidente da Autoridade Garante italiana para a proteção dos dados pessoais, e também presidente do grupo de garantes europeus para a proteção dos dados pessoais – porque em todos os países da comunidade europeia existe hoje uma comissão para a tutela dos dados pessoais que tem um estatuto previsto na diretiva europeia, logo representantes dos quinze países se reúnem regularmente em Bruxelas e nesse momento eu sou o presidente deste grupo. E não o digo para fazer referência aos meus cargos, mas para dizer que a dimensão global da reflexão jurídica hoje me parece um outro argumento com o qual eu me confronto, aquele em que estou trabalhando, em parte aquele ensaio que eu escrevi exatamente sobre esse problema do direito e que é ainda um esboço de um trabalho que estou tentando fazer sobre direito e globalização. Um pouco é essa a minha história com o direito, que depois, naturalmente, se misturou com o fato de em certo ponto, por muitos anos, talvez anos demais, ter sido um parlamentar. Fui parlamentar italiano, estive na Assembleia Parlamentar do Conselho da Europa e depois, recentemente, fui membro da Convenção Europeia que escreveu a Carta dos Direitos Fundamentais da União Europeia, logo, não perdi esses contatos.

Enfim, um pouco dividido entre o trabalho de pesquisa e, como dizer, responsabilidade pública, atividade pública.

O senhor venceu o concurso para a cátedra de direito civil em 1966. Quais são as principais recordações que o senhor tem desse período? Quais são as características que poderiam ser consideradas comuns aos juristas que conquistaram a cátedra naqueles anos e o que os diferencia das outras gerações? Junto ao senhor, toda uma geração queria mudar o sistema universitário. Se tornaram titulares os professores Barcellona, Lipari, Di Majo, Roppo, Perlingieri, Alpa, Irti. Qual o balanço que o senhor faria da sua geração?

Eu devo dizer sinceramente que este trabalho é, certamente, na Itália como nos outros países, um marco que teve incidência também sobre o trabalho dos juristas naquele verão de 1968. Mas esse trabalho é de reflexão crítica sobre o método, sobre o modo de estudar, sobre a mesma escolha que tínhamos começado antes. E tinha começado de um modo curioso na Itália, em geral esse tipo de reflexão começa sobre a parte do direito mais em contato com as mudanças sociais, políticas, isto é, o direito constitucional. Enquanto que na Itália começa no direito civil e no direito do trabalho, antes de 68, porque muitos dos trabalhos das pessoas que o senhor citou são anteriores, e certamente muitos dos meus trabalhos são anteriores a 1968. Por quê?

Porque havia a consciência de que uma fase da pesquisa italiana, no que se relacionava ao método, estava se exaurindo. Estava se exaurindo a grande temporada da dogmática realmente pura. Mesmo se depois nós começamos a olhar dentro da história da dogmática italiana, fortemente influenciada pelos alemães. São diversos filões de pesquisa. De qualquer forma, digo logo quais são. A *Teoria Geral* de Betti foi um livro fundamental e um livro com uma grande consciência política das suas implicações. Se alguém o lê, na introdução da primeira edição, é até muito político, se poderia dizer, pelos acenos polêmicos que exibe, por exemplo, em confronto à Inglaterra e ao direito inglês. Betti era um fascista convicto. Ainda que fosse considerado tão extremista no seu ponto de vista na época por suas posições, quando foi feita a codificação ele foi colocado à margem, não participou da obra de codificação mesmo sendo certamente um dos grandes civilistas da época e sobre isso eu sei bem. Ele ficou muito magoado.

Mas, por assim dizer, havia a consciência política da importância dos instrumentos jurídicos porque, quando Betti trabalha sobre o conceito de causa e o define como função econômico-social do negócio, certamente ele muda a atenção da lógica puramente formalista para a relação com a realidade. Logo, este é um livro de grande força dogmática e é, no entanto, um livro muito realista, se alguém o lê usando as categorias adequadas. Assim, uma parte dos estudiosos, por exemplo, Pugliatti, dá início ao renovamento do estudo sobre a propriedade, porque o ensaio sobre a propriedade é aquele do qual eu pego o mote, escrevendo um pouco maravilhado que aquele ensaio deixou um sinal na doutrina jurídica italiana. Há Rosario Nicolò, que foi aluno de Pugliatti, cuja produção romana é dedicada ao tema de empresas, ou seja, um civilista que procura reconstruir esse instituto que substituiu em importância econômico-social a propriedade. Logo, atrás da civilística italiana e da sua fachada dogmática, descobrem-se personalidades muito diversas. Eu, no início dos anos 60, junto com outras pessoas, nos demos conta que aquela temporada tinha chegado ao fim, que tínhamos começado a trabalhar levando em consideração a importância histórica e teórica daquela experiência usando outros instrumentos: uma análise mais realista, o discurso através da utilização do argumento histórico e as referências às outras disciplinas para refletir sobre os instrumentos jurídicos. E há alguns momentos, na minha opinião, importantes.

Naqueles anos quase desaparece dos títulos dos livros que estávamos escrevendo a referência ao negócio e se fala muito mais de contrato. Enquanto o negócio jurídico era a categoria abstrata, o contrato tem conteúdo de realidade muito mais forte. Assim a propriedade, assim a responsabilidade civil, que era um argumento ao qual a doutrina italiana tinha dedicado pouquíssima atenção, se tornam, entretanto, exatamente daqueles argumentos de fronteira para vermos como uma série de mudanças se refletem na necessidade de renovar os instrumentos jurídicos. De fato, houve mesmo uma inflação de novas figuras de dano nos últimos anos na doutrina italiana, como o dano existencial, o dano biológico. Então se começou a trabalhar e se criou uma comunicação entre civilistas e trabalhistas, por volta de 68.

Com tanta resistência a essas mudanças, a magistratura as absorveu?

Sim, naqueles anos mesmo, ou um pouco depois, mas certamente havia uma parte jovem da magistratura. Muitos na Itália fazem uma periodização, dizendo que uma série de renovações começaram em 68, ano no qual houve uma grande revolução na universidade, e houve naquele momento uma passagem da universidade de elite para uma universidade de massa.

Aquele era um momento em que, por exemplo, na faculdade de direito podiam se inscrever somente estudantes provenientes do liceu clássico, e quando houve a abertura se tornou possível se inscrever vindo do liceu clássico ou dos institutos técnicos.

Aquele era um momento de abertura do acesso à universidade. Nesse sentido há uma revolução, havia uma forte pressão dos estudantes para que se realizassem cursos ligados à realidade, mas seria um erro acreditar que toda a renovação que houve nos estudos jurídicos e no relacionamento com a magistratura seja uma consequência. Eu devo dizer que, ao contrário, uma parte consistente da geração de estudiosos mais jovens nas diversas disciplinas e na magistratura estava preparada para essas mudanças, no sentido que se alguém analisa toda uma série de estudos que foram feitos...

Mas *Note critiche* foi escrito nos anos 60.

Sim, mesmo o livro sobre responsabilidade, todos saíram antes. E também uma série de trabalhos, como aqueles que citou: Lipari, Barcellona, foram escritos antes de 68. Naqueles anos houve uma aceleração no sentido que depois essa ideia de trabalho coletivo, de trabalho interdisciplinar, essa é uma novidade que vem em meio às mudanças de 68, acelera qualquer coisa. O fato é que essas pessoas, trabalhando juntas e aproveitando esse clima cultural favorável, aceleram a passagem do velho ao novo modo de estudar o direito. Este é o fato. Eu não quero dizer que a velha geração de civilistas se rendeu sem combater.

Eram nossos mestres. Mas eles se deram conta, entretanto, que o momento de passagem era verdadeiro. Os meus primeiros trabalhos desconcertaram um pouco. Se alguém lê os relatórios das comissões, eram absolutamente repletos de elogios, mas se via que eram pessoas que se encontravam um pouco ameaçadas por esse outro modo de escrever sobre o direito. Mas eu devo dizer aquilo que é importante. Houve um grande respeito. Não houve uma resistência da parte da velha geração de civilistas italianos contra essa renovação dos estudos.

Houve embaraços, houve até quem dissesse: "Mas são ainda livros de direito!". Ou mesmo não, mas começava-se a ter uma consciência de que o modo de estudar deles não podia mais ser indicado como modelo. Tudo isso depois produziu essas renovações, houve muito trabalho coletivo naqueles anos, vários grupos foram criados.

Isso foi uma revolução porque antes o jurista trabalhava sozinho.

Sim, trabalhava sozinho. Mas depois eu, junto a outros, fundei uma revista, exatamente em 1970, que se chama *Politica del Diritto*, que é uma revista absolutamente interdisciplinar, com o título já indicava. Agora todos falam de política do direito, é quase um lugar comum. Mas à época tinha ainda um impacto polêmico e era uma revista em que escreviam e colaboravam juristas das mais diversas disciplinas, dos historiadores aos civilistas, aos constitucionalistas, aos estudiosos do direito do trabalho, que eu insisto em dizer, tiveram naqueles anos uma importância notável sobre a renovação dos estudos e é exatamente essa relação que se estabelece entre o sistema jurídico e o sistema político institucional, porque eles renovavam exatamente as categorias e, naquele momento, o direito do trabalho foi rigorosamente reconstruído segundo os civilistas. O livro-chave dessa sistematização foi *Nozioni di diritto del lavoro*, de Santoro Passarelli. O direito do trabalho nasceu na Itália e se chamava direito corporativo, porque era esse o modo como o fascismo afrontava as questões de trabalho. O mundo do trabalho era organizado por profissão ou por grandes setores de atividade, o direito do trabalho não era o direito dos trabalhadores, mas o de várias categorias de trabalhadores em diversos setores: trabalhadores agrícolas, trabalhadores marítimos, trabalhadores mecânicos etc. Após a guerra, reagindo a essa imposição que era muito publicista, o direito do trabalho foi reconstruído segundo as categorias civilísticas. Santoro Passarelli foi capaz de fazer isso, assim como fez um trabalho sobre direito civil, com o seu livro sobre doutrina geral. O direito civil faz a mesma operação sobre o direito do trabalho e por muitos anos este permanece sendo o modelo de organização. Toda uma geração de civilistas – e eu ponho em primeiro lugar Gino Giulio e Federico Mancini, em particular Gino Giulio no livro sobre o ordenamento sindical, renovam esse tipo de estudo, com um conteúdo fortemente realístico.

Esse é depois um extrato comum a esses vários tipos de pesquisa, isto é, é a realidade que entra nos esquemas jurídicos, de onde foi um pouco excluída. Naturalmente também com muitos limites, porque naqueles anos houve toda uma série de escritos que foram organizados em torno de referências sociológicas, econômicas e históricas, enquanto a parte jurídica é mais fraca. Mas se entende a razão, isto é, o momento de reação. Disto tudo eu faço um julgamento geral positivo, no sentido de que aquela fase, não digo da geração à qual pertenço, mas aquela fase mudou muito o modo de estudar o direito. Mudou por esse motivo o que se refere exatamente à orientação, os temas que pouco a pouco foram escolhidos, mudou porque houve mais diálogo e atenção interdisciplinar. Depois, naturalmente, foi uma fase fortemente polêmica, a qual depois se seguiram momentos que assumiram um padrão marcadamente mais conceitualista, mas isto é muito normal. Mas todos os trabalhos hoje são assinalados por uma fortíssima atenção à realidade. Isto, devo dizer, é um extrato que permaneceu depois de mais de trinta anos e é um elemento característico da vida científica italiana sobre a qual depois foi possível suscitar mais facilmente também outras orientações, por exemplo, aqueles que existem nos Estados Unidos. O terreno era também fecundado pela análise econômica do direito, um filão ao qual eu pessoalmente estive muito atento. E depois fizemos uma operação junto a um estudioso de política econômica, Franco Romani, e fizemos, a um certo ponto, uma grande antologia sobre a análise econômica do direito. Ele era muito mais competente que eu nessa matéria, e sobretudo ele a abraçava muito mais de quanto eu a aceitasse. Mas nos parecia oportuno que esse trabalho fosse conhecido também na Itália, porque o clima era favorável.

O senhor considerava um pouco reducionista a análise econômica do direito. O que pensa hoje? Porque depois que a análise econômica do direito se desenvolveu, existem jovens professores, como Ugo Mattei...

Eu faço duas observações. Eu creio que esta linha de pesquisa o estudioso de direito deve conhecer, não há dúvida. Logo, resta um enriquecimento cultural importante. De outro lado, ela desenvolveu um pouco também uma dogmática autorreferencial, porque aqueles que estão dentro do esquema de análise econômica do direito, me parecem – eu me lembro desse ponto porque tenho uma vida bastante longa – com aqueles que estavam nos esquemas pandetísticos e sustentavam que esse fosse o único modo possível de estudar o direito e que todos os outros não somente fossem heréticos, mas em realidade não estudassem verdadeiramente o direito. Isto é, nasceu uma conceitualista abstrata que é um pouco paradoxal, porque quem deve prestar contas à realidade deveria ser vacinado contra esse risco de abstração extrema e, em consequência, dessa redução do inteiro instrumentário do jurista somente aos instrumentos que possam ser reconduzidos à análise econômica. Enquanto, evidentemente, no âmbito do material que nós utilizamos, são outras considerações. É claro que o estudioso da análise econômica do direito tende a excluir tudo que é referência, por exemplo, de valores que acredita serem irredutíveis ao cálculo econômico se não em modo muito formalizado e muito redutivo.

Enquanto isso, ao invés, há toda uma parte do discurso jurídico, no estado atual confiado a tratados internacionais, constituições, leis ordinárias, que não se deixam reduzir a esse tipo de metodologia. Evidente que se eu analiso o caso de transplante de órgãos apenas do ponto de vista da eficiência e da disponibilidade e uso dos recursos escassos da análise econômica, chego à conclusão de que o modo economicamente mais eficiente é aquele de consentir, por exemplo, a venda de um rim. Se eu acredito, entretanto, que nessa matéria possam intervir outras considerações, parto de um ponto de vista diferente e introduzo a análise jurídica.

Logo, sirvo-me de instrumentos que, ao invés, partem da premissa de que o corpo humano não é uma mercadoria. Neste sentido, eu acho a contribuição da análise econômica importantíssima, porém corremos o risco de fechar toda a matéria jurídica ante outros aspectos da realidade, dos valores, do modo em que nós percebemos a regulamentação jurídica, exatamente como por certas vezes faziam os herdeiros da dogmática. Na Constituição italiana, que além disso é regra jurídica, tudo que não entrava nos conceitos jurídicos não era considerado. As leis ordinárias muitas vezes não eram consideradas porque eram incompatíveis com as categorias que tinham sido construídas.

Logo, havia uma clássica inversão metodológica pelo qual o elemento normativo era subordinado a um conceito e tudo aquilo que não entra no conceito, mesmo se escrito em uma lei ou uma constituição, eu ponho de lado porque é impuro. Aqui está. E assim, a ideia de purificar o direito a qualquer custo levava a uma consequência paradoxal, isto é, nós estudávamos um direito que não era aquele que regulava as relações sociais, as efetivas relações econômicas.

Não era só uma revolta metodológica, existia também a Constituição, a consideração que nós não estudávamos um direito como era, não existiam as normas, não havia a jurisprudência e havia um paradoxo, porque uma boa parte dos privatistas, dos civilistas italianos, eram também advogados. E depois era paradoxal que escrevessem livros nos quais a jurisprudência não aparecia. Isso foi o que nos impressionou depois, falo no plural porque isto é verdadeiro, que não havia correspondência entre o direito que vinha sendo utilizado pelos estudiosos para escrever suas monografias e seus trabalhos.

O direito se desenvolvia, a Constituição, a jurisprudência, a legislação especial e, logo, essa revolução metodológica era também uma maneira de reconstruir um sistema jurídico na sua realidade. Esse é um sistema jurídico que é feito não apenas do Código Civil, mas é feito de materiais muito mais ricos e que todos nós devemos levar em consideração. Este senso de realidade permaneceu como um instituto, hoje ninguém ignora os elementos constitucionais, até porque nesse ponto a Corte Constitucional, que começa a funcionar em 1957, é um patrimônio importante, ninguém pode ignorá-la, e a legislação especial é significativa. O Código Civil foi modificado em muitos pontos importantes – da matéria de direito da família a partes importantes do direito dos contratos. Logo, acredito que o trabalho que foi feito representou uma passagem, não quero dizer decisiva porque talvez seja excessivo, mas uma passagem importante na reorganização da pesquisa. Depois de então não foram registrados fatos coletivos de mudança no modo de estudar como o que ocorreu nos anos 60, início dos anos 70.

Podemos encontrar na doutrina, italiana ou mundial, sobre a análise econômica do direito, aqueles que procuram um contato mais forte com a realidade sem esse dogmatismo conceitual ao qual o senhor faz referência?

Eu acredito que sim, porque, de fato, existem livros e as pesquisas de Guido Calabrese, que são muito diferentes daquelas de Posner. Existem dois modos diferentes de interpretar a análise econômica do direito. Eu acredito, por exemplo, para que nós nos entendamos bem, que uma pessoa como Guido Calabrese saiba usar o melhor desse instrumento da análise econômica do direito sem torná-lo uma diferença dogmática no qual o estudioso se feche. E depois ele usou toda uma série de instrumentos muito mais ricos nas várias pesquisas que ele fez, enquanto Posner, mesmo com a sua abertura, e sendo o grande sacerdote da análise econômica do direito, marca os limites de sua análise e ali permanece solidamente. Eu creio que, por este motivo, não me arrependa de ter feito em anos distantes aquele trabalho de introduzir na discussão italiana também isso. Hoje temos, você lembrou de Ugo Mattei, excelentes estudiosos, como Roberto Pardolesi, que faz um excelente trabalho e sem necessidade de ir sozinho a buscar modelos estrangeiros. Nós temos na última e penúltima geração de civilistas italianos estudiosos excelentes, que estão todos em condição de servirem-se desses instrumentos, que creio sejam hoje parte do instrumentário do jurista.

O senhor, que criou na área do direito tantas revistas importantes, como a *Politica del Diritto*, o que pensa do papel das revistas jurídicas nesses processos de mudança?

Eu acredito ser uma testemunha suspeita, pois sempre me foi dito: "Mas você tem a mania de fundar revistas". Ou então: "Mas na Itália existem tantas revistas, nunca foi um problema para os estudiosos poder publicar os seus trabalhos, as revistas eram tantas, por quê uma nova revista?". Eu creio que as razões sejam duas e eram muito fortes até o fim dos anos 60, quando nasce *Politica del Diritto*. Na época, havia não somente uma pesquisa individual inovadora da parte dos estudiosos, mas não havia de qualquer modo um movimento coletivo que recolhesse estudiosos de diversas disciplinas. Então me pareceu que fosse necessário dar evidência a este fato coletivo porque, é certo, cada um de nós podia publicar e então se publicava em diversas revistas os escritos novos que preparava. Mas reuni-los em um único lugar dava evidência, dava esse sentido de grupo que ampliava a influência e depois, de fato, ter um único lugar significa dar um ponto de referência a quem queria trabalhar. Portanto, eu acredito que as revistas tenham um papel importantíssimo na renovação dos estudos, porque os estudos e a pesquisa são fatos individuais, ligados a cada um de nós, mas depois o direito e a pesquisa jurídica têm uma fortíssima liderança social. E, nesse sentido, a organização da cultura, que é um ponto essencial, pede instrumentos idôneos. Quando há uma novidade, são necessários instrumentos novos, os instrumentos são certamente aqueles conceituais e, logo, aquilo que eu falei antes, da renovação dos conceitos, a reconstrução do sistema jurídico na sua integralidade, não mais amputado de constituições ou leis especiais. Mas também a organização do saber jurídico e, logo, a revista, neste sentido, é importante, e devo dizer, em certo momento eu me dei conta de que muitas coisas tinham mudado. Mesmo no setor civilístico, era necessário o mesmo tipo de operação que foi feita de forma mais generalizada pela ciência jurídica. E logo eu entro em outra aventura que é a *Rivista Critica di Diritto Privato*. Mas então me diziam: mas existem revistas importantes, prestigiosas, a *Rivista Trimestrale di Diritto di Procedura Civile*, a *Rivista di Diritto Civile*, a *Rivista di Diritto Commerciale*, todas revistas excelentes, mas que, no entanto, tinham uma outra história, não davam evidência a essas novidades. E que isso fosse verdadeiro hoje demonstra o fato de que depois da *Rivista Critica di Diritto Privato* vieram fora as novas revistas que mudaram o panorama, também desse ponto de vista, da civilística italiana, *Contratto e impresa*, dirigida por Galgano, a *Rivista di Diritto Privato*, *Europa e Diritto Privato*. Também aqui eu acredito que essa não seja uma mania minha, aquela de criar revistas. Sinto-me muito feliz de ouvir que de fato um momento de renovação também no Brasil esteve ligado também à criação de um novo instrumento. Eu creio que esses instrumentos de organização cultural sejam importantes. Aliás, eu digo: são essenciais.

A verdade é que a civilística tem sua maioria ainda muito conservadora. O senhor fez uma provocação no Congresso de Messina ao concluir sua conferência dizendo que "o direito é muito importante para ser deixado apenas nas mãos dos juristas". Segundo o senhor, que tem um papel político importante e sempre foi um professor de direito civil, como procurar propor a renovação através do direito civil? Ainda é possível à cátedra de direito civil influir na renovação social?

Eu acredito que sim e o digo não só porque permaneço afeiçoado ao meu papel e à minha etiqueta de professor de direito civil. Digo isto por convicção, porque sobretudo quando eu estava no Parlamento, naqueles anos eu ocupei, escrevi muito, também em matérias que são de direito público, direito constitucional, e eu vinha definido nos jornais como "constitucionalista". E de vez em quando um dos meus colegas constitucionalistas dizia: "Mas você é um constitucionalista abusivo". Eu replicava dizendo: "Eu posso me tornar um constitucionalista abusivo, mas vocês não podem se tornar jamais civilistas abusivos". Porque o direito civil é ainda, na tradição dos nossos países, um lugar onde se é obrigado, por tradição, por história, a utilizar categorias próprias da pesquisa jurídica. Eu trabalhei muito para procurar inovar as categorias civilísticas tradicionais por meio de forte referência, por exemplo, à Constituição. Logo, não vejo uma exclusividade dos instrumentos jurídicos, mas encontro os civilistas ligados a este tipo de trabalho. Por exemplo, a realidade ajudou os civilistas, porque parecia que o direito civil fosse em certo momento destinado a ser um direito residual. De um lado, havia o direito constitucional, que tinha atraído para a Constituição de Weimar os conceitos fundamentais: propriedade, contrato, família, os grandes princípios passaram a estar presentes na Constituição. De outro lado, havia o direito comercial, isto é, a realidade, a mudança de atenção do instituto da propriedade, instituto clássico de direito civil, da empresa, o instituto clássico do direito comercial. Entretanto, o que aconteceu? Como se diz que a ética salvou a filosofia, assim a tecnologia salvou o direito civil. Se eu fosse fazer um gracejo, seria esse. Porque a tecnologia obrigou os civilistas, aliás, obrigou toda a sociedade, a dar-se conta de que havia uma série de novas exigências de regulação, que se referiam de fato à vida de todos: individuais, relações interpessoais e relações coletivas, e que necessitavam de um outro tipo de disciplina jurídica. Houve esse lado da realidade, que se assim posso dizer, ajudou muito os civilistas no sentido até mesmo de os colocar de frente àquelas situações de excesso às quais eu fazia referência em Messina. Agora, apenas se cria um problema ligado ao uso da tecnologia informática ou genética, e serve uma lei, serve uma regra e, logo, há um excesso de solicitações ao direito. Eis o problema. Mas, ao mesmo tempo, criou-se atenção social pelas matérias que são aquelas clássicas do direito civil; isto é, a pessoa, em todo os seus aspectos, causando uma reviravolta da sua atividade.

O comércio eletrônico implica, hoje, não só do ponto de vista estritamente da conclusão de um contrato entre o consumidor e um fornecedor de bens de serviço, mas antes de tudo, e como base, um contrato que não é aquele clássico de quem entra em uma loja e compra um bem, mas um contrato em que há a utilização da tecnologia e a modalidade de contato intersubjetivo é toda nova, a aquisição se junta aos elementos necessários para concluir o contrato e uma parte da pessoa do contraente. Se eu entro na loja aqui em frente à minha casa, compro algo, a minha imagem desaparece no momento em que saio da loja, ao menos que eu não use um cartão de crédito, e aqui entramos em uma outra dimensão. Mas se faço isso na rede, eu deixo uma marca e dou um pedaço de mim, isto é, das minhas informações a este outro sujeito que poderá utilizá-las além da relação que foi estabelecida. Portanto, isso implica necessariamente que, além da relação contratual clássica, seja também utilizada a inovação da assinatura eletrônica e os contratos telemáticos; assim dizendo, há um aspecto que faz referência à pessoa. Tudo isto que diz respeito àquilo que depois chamamos bioética, ou seja, nascer, viver, morrer e, aliás, antes do nascimento e depois da morte, eram matérias que eram marginais também na disciplina. Porque dizíamos tantas vezes: ali estavam os processos naturais, eram as leis da natureza que regiam esta matéria e o direito se limitava a se ocupar das situações extremas ou marginais, como a presunção de paternidade depois da morte ou do filho nascido até os 360 dias, que se presumia nascido do marido e, portanto, a proibição de matrimônio antes daquele período; a proibição dos atos de disposição do corpo.

No entanto, havia pouca coisa, não por não ser necessário, mas porque viver e nascer era ligado aos processos naturais. Então eu acredito que, desse ponto de vista, do direito civil espera-se hoje uma atuação também socialmente de muito empenho, se posso usar uma expressão talvez excessiva, até mesmo dramática, do momento que se encontra a ser confrontado com os momentos de mais empenho da existência. Assim, o direito civil reencontrou uma sua centralidade porque esta revolução da pessoa o obrigou a se repensar, e tudo isso chamou a atenção também para outros temas. Por exemplo, tudo aquilo que vem hoje definido como patrimônio comum da humanidade, do espaço atmosférico ao genoma, implica uma reflexão nova sobre toda uma série de categorias.

Em um congresso sobre ação coletiva, o senhor falava de um despertar global da magistratura...

De fato, nos anos 60, a magistratura começa um trabalho de reflexão sobre si própria, e se encontra com esta parte renovadora da doutrina jurídica italiana mesmo antes de 68 e depois; obviamente o 68 provoca um curto-circuito também ali e há um trabalho comum muito mais forte – mas volto à questão anterior: eu creio que nesse momento há não apenas uma possibilidade, mas uma grande responsabilidade dos civilistas, por todas essas matérias que, impropriamente, vão sob a etiqueta de privacidade. Por exemplo, porque nas legislações que vejo neste momento, observo que está se estendendo seu conteúdo, e isto me parece um outro momento importantíssimo e, para mim, muito bonito, de relação intercultural entre Europa e América Latina.

Sobretudo no terreno da vida privada, vejo que a legislação da América Latina vai se desenvolvendo segundo a versão que foi elaborada mais na Europa que a dos Estados Unidos, aliás por alguns pontos conceitualmente vocês se valeram dessa noção de *Habeas Data* – que eu vejo muito mais forte conceitualmente de quanto não exista neste momento na Europa. Então, aqui não há apenas a ideia tradicional de estar protegido da invasão, mas a de não ser discriminado. Os assim chamados "dados sensíveis" – a opinião política, sindical, religiosa, a vida sexual, a saúde – por que são assistidos por um particular e forte tutela privatista? Não para isolar a pessoa da coletividade, mas para evitar que a condição do doente, a orientação sexual, a opinião política, a inscrição a um sindicato se transformem em instrumentos de discriminação. Nós confiamos a instrumentos que são o patrimônio tradicional do civilista um dos valores constitucionais mais fortes, isto é, a igualdade. Eis porque eu creio que, neste momento, há uma grande responsabilidade do civilista no trabalho que fazemos. Naturalmente, por que digo que o direito é coisa muito séria para ser confiado apenas ao jurista? Mas por que o jurista?

Na minha opinião, o jurista tem uma outra responsabilidade neste momento, de frente às solicitações sociais muito fortes de regras, que eu percebo que em frente à genética, à procriação assistida, aos excessos que isto pode provocar, ou às mudanças que provoca, socialmente ele esteja desorientado. Eu digo que nesta matéria é difícil para o indivíduo e para a coletividade metabolizar a mudança. É preciso tempo. Os sistemas de parentesco – o "ser filho de alguém" – têm atrás de si não apenas a história, mas a antropologia, nós sabemos.

É trabalhoso culturalmente fazer isso entrar na nossa cabeça. E, ao mesmo tempo, no entanto, isso não pode ser confiado à regra jurídica. Hoje, na Itália, há uma discussão muito intensa no Parlamento, que se presta a proibir a inseminação heteróloga. Ora, esta é uma passagem puramente ideológica, porque se pergunta qual será o efeito e o efeito será como acontece em qualquer outro país, por exemplo, na Suécia, que a veta para as mulheres sozinhas, ou que as mulheres italianas vão para outros países, e logo haverá um efeito de manobra e de deslegitimação da norma jurídica. Os juristas hoje têm uma dupla responsabilidade: adequar não apenas as normas, mas também os conceitos à nova realidade que levou as pessoas e suas relações ao centro das atenções. De suma importância é o direito à saúde: O direito à saúde hoje é algo que dá forma a toda uma série de disciplinas que não só o direito civil, mas, do modo em que nós reconstruímos o direito fundamental à saúde, quais são as consequências? O direito de patentes, por exemplo: qual deve ser o direito das patentes em matéria sanitária? O Brasil tem uma experiência extraordinária, importantíssima, de adequação, de demolição do sistema tradicional do direito de patentes sobre os medicamentos, exatamente porque pôs no centro da questão o direito à saúde. A questão na África do Sul é semelhante e a pressão em se refletir sobre isso é muito forte em todos os países.

Há também o sistema da responsabilidade civil, com a ampliação de todas as categorias dos danos que, mesmo distantes, são reconduzidas a uma modificação na saúde conceitualmente reconsiderada, porque atualmente a saúde não é apenas bem-estar físico, mas, ao bem-estar psíquico – esta é a definição da Organização Mundial de Saúde –, também se acrescenta o bem-estar social. Logo, tudo isto provoca, como disse a Corte Constitucional italiana – mas não só ela – que o dano à saúde é um dano que deveria ser sempre restituído, pois a saúde é um direito fundamental que não pode estar compreendido por uma lei ordinária, e se eu estendo conceitualmente, como civilista, o direito à saúde, estendo a regra de ressarcimento dos danos. Logo, a responsabilidade que nós temos é verdadeiramente muito grande e incide sobre toda uma série de outros setores. Ao mesmo tempo, nós devemos pensar no imperialismo do direito, porque existem matérias que devem ser, ao invés, confiadas à discussão pública e ao confronto – não se pode julgar a sociedade, isto é, fechá-la em uma gaiola de normas, mesmo porque a sociedade reage. Eis porque o direito é uma coisa muito séria para ser deixada aos juristas, no sentido de que os juristas devem ter o senso dos limites.

O senhor fala sempre da Constituição, da sua importância nas relações de direito civil. Se há um consenso no que se refere à importância da Constituição, não o há em consideração ao modo como a Constituição deve ser aplicada: se diretamente, renunciando às normas ordinárias, ou não. Segundo o senhor, como se dá o relacionamento entre Constituição e direito civil, sobretudo no momento em que se fala de mudanças constitucionais e, de vez em quando, em retirar os direitos fundamentais protegidos pela Constituição?

Este relacionamento, na minha opinião, pede duas considerações. Uma de tipo histórico e uma de política do direito.

Aquela de tipo histórico compreende a mudança, seja na Europa, em particular, em quanto compreende a passagem das constituições tradicionais às assim chamadas "longas constituições", como a Constituição de Weimar de 1919, em primeiro lugar – que são longas não apenas porque existem mais artigos, mas porque ampliam a área das matérias constitucionais. Matérias que eram antes confiadas apenas ao Código Civil entram na Constituição: a propriedade, o contrato, a família; e não há a simples transferência dos princípios civilísticos dos códigos às constituições, mas há também uma mudança qualitativa. Se alguém vai sempre à matéria de propriedade, a Constituição de Weimar, no parágrafo 154, abre com uma afirmação que é politicamente e juridicamente subversiva, pois diz que "a propriedade obriga", logo subverte aquilo que foi um dos esquemas conceituais e políticos mais fortes, isto é, a propriedade como direito absoluto. Isto acontece porque, naquele momento, ao sujeito histórico da construção do direito moderno na Revolução Francesa e por todo o século XIX, que foi a burguesia, se junta um outro sujeito histórico que, por todo o século XX, será a classe operária. No século XIX, isto já tinha sido posto em evidência, como se fosse um descolamento entre o Código Civil e as exigências das outras classes que não fosse a burguesia. Nas longas constituições, entram estes elementos de sociabilidade que o Código Civil ou não conhecia ou conhecia muito relativamente e, logo, há esta mudança. O papel da Constituição muda porque, enquanto antes havia uma distinção, pela qual a Constituição se ocupa do que é relacionado à vida privada e, mesmo se não formalmente, substancialmente o Código Civil tinha um valor constitucional que em certos casos era até mesmo mais forte que o valor da Constituição. Porque as constituições não eram rígidas, mas podiam ser modificadas pelas leis ordinárias, enquanto o Código Civil tinha uma força histórica tal pela qual era mais intangível que uma Constituição. Esta relação muda, os princípios migram para as constituições e, logo, também para reconstruir o sistema civilístico, deve-se partir da Constituição.

Naturalmente este é um processo que encontra muitos obstáculos. Na Itália, a Constituição entra em vigor em 1948 e deverão passar muitos anos – décadas, que na história da cultura não é tanto assim – para que a Constituição comece a se transformar em instrumento efetivo de trabalho dos civilistas, também através da aplicação direta das normas. Isto é, a superação do esquema pelo qual a norma constitucional era mais um programa para os legisladores do que um instrumento dos juízes, e logo, não tão forte a ponto de poder ser levado em consideração na reconstrução do sistema geral da parte do estudioso, do jurista. Enquanto isso, o sistema dos princípios foi profundamente modificado pela Constituição. E naturalmente este é um problema inicial das partes da Constituição nas quais se concentra uma reunião de direitos fundamentais. Não é que apenas os direitos que estavam nos códigos civis entrem no sistema dos direitos fundamentais, é que se cria uma nova dialética entre direitos velhos e direitos novos. E depois, os direitos ligados às novas tecnologias em parte entram nas constituições, nas constituições mais recentes, como a espanhola, a portuguesa, a grega, as dos novos Länder da Alemanha, todas incorporam estes direitos. A Carta dos Direitos Fundamentais da União Europeia tem nos seus primeiros artigos normas sobre a bioética e informática. E logo há um enriquecimento através das constituições, ou então, digamos, das declarações dos direitos, do quadro de direitos fundamentais.

Primeiro entram os direitos que tradicionalmente eram confiados somente ao Código Civil e depois entram os novos direitos ligados à pessoa que são, no entanto, o resultado de fatos complexos, porque há a saúde, há também o direito ao ambiente, que é um direito coletivo, mas com fortes implicações pessoais. E há todos estes outros direitos ligados à tecnologia. Naturalmente, tocar as constituições nas partes que dizem respeito aos direitos fundamentais pode ter um efeito muito notável sobre esse modo de olhar o direito, os princípios, assim como reconstroem os civilistas. Porque uma redução do valor destes direitos pode incidir fortemente sobre o modo como funcionam os institutos civilísticos.

Se, por exemplo, se devesse chegar a redefinições restritivas do direito à saúde, evidentemente, seria reduzida não apenas a área de suporte público a cada um de nós no que se refere à tutela da saúde, mas, por exemplo, o direito da responsabilidade civil, no que se refere ao ressarcimento do dano.

Aquilo que aconteceu recentemente na França, no caso Perrouche, que provocou a intervenção do legislador, que vetou naqueles casos o ressarcimento do dano, com efeitos negativos. Esta semana, na França, há uma revolta contra a lei que limitou o ressarcimento do dano, porque uma série de pessoas viu surgir por isso problemas muito graves para o nascimento dos filhos, e são hoje privados de tutela jurídica porque a lei é inadequada e a jurisprudência não pode mais intervir. Logo, a redução normativa dos sistemas dos direitos fundamentais pode ter efeitos muito graves. Se observo a situação italiana, e aqui entro no terreno da política do direito, é claro que, nesse momento, existem muitas tentativas de propor uma reescrita de algumas normas em matéria de, por exemplo, propriedade ou de direito dos trabalhadores e isso certamente teria efeitos redutivos e efeitos que obrigariam também nós, civilistas, a repensar, ao menos em parte, o discurso sobre tutela e sobre princípios que levem em consideração os direitos individuais. Mas há um outro aspecto: Na Itália, por exemplo, foi modificado o artigo quinto da Constituição, introduzindo certo tipo de federalismo. Agora se diz que uma série de direitos fundamentais, considerados como os da primeira parte da Constituição ou mesmo definidos como direitos fundamentais, não entram na competência regional. Logo, desse ponto de vista, poder-se-ia dizer que nada muda.

Eu fui ouvido pelo parlamento e pude dizer em via de princípio que, no que diz respeito à proteção dos dados pessoais, esta é uma matéria que, pelo modo como é considerada a nova diretiva europeia de 1995, pelo modo como que é considerada a Carta dos Direitos Fundamentais, pelo modo como é considerada pelo artigo 1 da lei italiana que fala a ela como de um direito no interior do quadro dos direitos e liberdades fundamentais, é uma matéria que não está na competência regional. Isso em via abstrata, em via de princípio, é verdadeiro. Porém as regiões têm competência em muitas matérias, por exemplo, em matéria escolástica, em matéria de assistência, em matéria de saúde, e uma lei regional pode introduzir modalidades de utilização dos dados pessoais que podem estar em conflito com aquilo que é estabelecido pela disciplina geral. E então aqui existem dois problemas.

As autoridades independentes podem aliviar o conflito porque agora lhes é confiado um encargo de tutela de princípios; segundo: o governo central controlará todas as situações em que esta disparidade de tratamento dos direitos fundamentais deva ser eficaz. Somente haverá o conflito diante da Corte Constitucional e, última consideração, isso levaria a um posterior fortalecimento do papel da Corte Constitucional porque é juíza da existência dos direitos fundamentais iguais, sobretudo no território do estado. E como isso acontece em nível nacional, assim pode acontecer em nível internacional. Por exemplo, se a Carta dos Direitos Fundamentais se tornará, como eu desejo egoisticamente, tendo feito parte daquele grupo que escreveu aquela Carta, mas não apenas por isso, porque tenho para mim que temos necessidade de um quadro dos direitos fundamentais no nível europeu; se é transformada em uma parte do tratado ou mesmo de uma Constituição Europeia, não será necessária uma corte constitucional europeia, isto é, uma transformação da atual Corte de Justiça de Luxemburgo em verdadeira corte constitucional para garantir o respeito a estes direitos fundamentais?

É uma verdadeira proposta que foi feita. Logo, eu acredito que a relação permanece nesse momento muito forte entre Constituição e o direito civil, porque as mudanças constitucionais podem incidir sobre os princípios fundamentais importantes para o direito da pessoa, que constituem o coração do direito civil. E depois, para evitar os riscos de um particularismo legislativo, o direito civil sempre teve uma função unificante, isto é, de atribuir a todos os sujeitos os mesmos tipos de direitos sem dizer "você tem mais saúde se mora na Lombardia do que se morasse na Calábria". Neste sentido, a crítica que foi feita nos anos 60, também para muitos de nós – eu um pouco menos, outros um pouco mais –, ao sujeito abstrato, porque o sujeito abstrato ocultava a realidade das relações socioeconômicas nas quais se encontrava cada um de nós – carrega um aspecto verdadeiro em si.

Quando o sujeito abstrato é, ao invés, considerado o instrumento, a categoria que me consente de impedir as discriminações, porque historicamente nasce contra o favorecimento feudal. Se você nasceu com certo *status* pessoal, deve carregá-lo por toda a sua vida; enquanto o sujeito abstrato diz "você nasce na mesma condição de igualdade de todos os outros". Manter esta subjetividade jurídica forte através do direito civil serve para evitar a discriminação. Voltamos a este forte valor de garantia dos institutos civilísticos, que pode ser colocado em discussão, como a lei bem dizia, por certo tipo de modificação constitucional.

Isso vem em mente no momento em que cada dia o neoliberalismo e a globalização procuram renunciar à intervenção estatal. No seu livro *Quale stato?*, o senhor disse que falar de "estatalismo" hoje se transformou em uma acusação, um insulto. Então as pessoas procuram retirar o Estado das relações privadas. Há este perigo, segundo o senhor, de os direitos conquistados durante o *welfare state*, de um momento a outro, serem transformados em regras somente de mercado, sem uma posição mais forte do Estado?

Eu acredito que há este risco e é um risco que eu abordo no meu ensaio sobre a globalização. Porque neste momento se faz muita referência à globalização como critério descritivo, pelo modo em que se organizam as relações sociais e se faz também muito uso da fórmula *lex mercatoria*, recuperando uma expressão típica do modo em que na Idade Média nasce o direito comum e comercial. Então este discurso reflete certamente um elemento de realidade – assim hoje há um direito dos contratos internacionais, um direito produzido pelas grandes empresas internacionais que é um direito muito mais forte que os direitos nacionais, muitas vezes também das convenções internacionais, e é um direito produzido – eis onde eu vejo o problema – é um direito produzido pelo mercado e que reflete apenas um dos interesses em campo, porque o mercado é certamente um lugar importante, mas o mercado não é uma entidade natural; o mercado é uma criação social que funciona através de modalidades muito complicadas – nós estamos vendo, neste momento, com aquilo que acontece nos Estados Unidos, com estas contínuas descobertas de verdadeiras fraudes no âmbito das grandes sociedades transnacionais e, justamente, muitos colocam em evidência hoje que ter acreditado que fossem suficientes as regras do mercado e que fosse necessário um total abstencionismo legislativo para conseguir o melhor funcionamento possível do mercado é desmentido por aquilo que está acontecendo no fato que a mesma administração Bush – que certamente não brilha por excessos estatalistas –, neste momento, procura correndo os reparos através da regra. Ocorre neste sentido aquilo que os economistas chamaram de falência do mercado, e surge, novamente, continuamente, o problema das regras que não são regras, que querem, como dizer, sancionar uma ingerência do Estado. Mas são pelas regras que desejam que se perceba todos os interesses que estão presentes no mercado, porque neste momento o mercado e as suas regras são reduzidos a um só projeto: a empresa de dimensões transnacionais e o interesse daquela que se denomina a *business community*. Assim, todos os outros interesses que entram em campo, o interesse do consumidor, o interesse do usuário, o interesse à tutela do ambiente, o interesse dos países que se encontram em condição que não seja de paridade no que diz respeito às trocas internacionais, todos são completamente ignorados por este tipo de regra e, logo, é necessário – porque a regra jurídica é também uma regra de mediação entre interesses – uma regra jurídica para restituir a voz a todos os interesses presentes. Depois, a regra jurídica é também uma garantia de democracia, porque a regra jurídica é uma regra posta de modo transparente, é uma regra posta de modo que reflita não apenas a vontade brutal, como a chamou Tocqueville, "a tirania da maioria", mas a transparência, o fato que seja colocado aos sujeitos controláveis no parlamento, não apenas eleitos, mas controláveis, é uma garantia que todos os interesses possam ser levados em consideração. Entretanto, neste momento, as regras do mercado global – a chamada *lex mercatoria* – são o puro produto de grandes estudos internacionais dos advogados aos quais se dirigem as sociedades internacionais. Logo, deste modo, não há nenhuma "democraticidade", nenhuma transparência, nenhum controle na produção de regras jurídicas que dizem respeito a milhões de pessoas. A regra jurídica – é difícil reconstruí-la a nível supranacional – torna-se, ao mesmo tempo, um modo de restituir a voz a todos os interesses e um modo para restituir o aspecto democrático à mesma norma jurídica. De outro modo, os movimentos no global põem, no fundo, um grande problema que é ineludível, isto é: o retorno à produção democrática das regras.

Aqueles que põem as regras válidas para todos não podem ser sujeitos que têm uma valentia puramente técnica: o Fundo Monetário Internacional, o Banco Mundial, a Organização Mundial do Comércio, e tanto menos sujeitos que obedecem somente à lógica privada e os sistemas das empresas.

Isto me parece hoje o grande problema que temos a enfrentar. Logo, é verdade a observação empírica do falimento do mercado. Neste momento, há uma situação nos Estados Unidos, da Enron, da WorldCom...

E da Argentina, que aceitava a receita do Fundo Monetário Internacional.

É certo. E neste momento, com a queda das bolsas, os problemas para os poupadores, os efeitos sobre a ocupação, isto é, toda uma série de direitos é atingida pelo fato de que o mercado funcionava sem regras. Aqui há um problema.

E qual seria o papel do Estado?

Aí está. Existem de um lado esses excessos de retirada do Estado e confiança total no mercado do poder de regular, e isso de modo que devemos parar e refletir sobre este ponto. Depois, há o problema de começar a produzir regras em nível supranacional. Neste sentido, eu não sou entusiasta daquilo que está acontecendo na União Europeia, porque também aqui as pressões do mercado são fortíssimas.

Na sua opinião, haveria um déficit de democracia?

Certamente. Este é um problema. Há um déficit de democracia. Eu vejo no trabalho de todo dia que, para manter um nível adequado de tutela do direito à proteção dos dados pessoais, a pressão de toda uma série de empresas, e mesmo de empresas não italianas. Um dos problemas da ordem do dia é o novo programa *Passaport* da Microsoft. Outro problema é que veio um representante do tesouro americano, que deseja que possam chegar livremente, ou quase, nos Estados Unidos, dados que se referem aos serviços financeiros, que são dados muito delicados e que passariam da Europa aos Estados Unidos, perdendo a tutela, pois, no mundo global, uma vez que o dado chega em um país onde a tutela é menor, perde-se a tutela – evidentemente a tutela lá é mais atrasada porque os dados nos Estados Unidos são menos protegidos que na Europa, onde há uma maior proteção. Eu acredito que se deve, de um lado, redescobrir e revalorizar o papel dos Estados nacionais para as partes que são ainda tantas e podem ser objeto de suas intervenções. Por outro lado, é preciso começar a experimentar modelos de tutela supranacional e também convenções internacionais, nas quais são introduzidas as cláusulas sociais, isto é, condições mínimas de trabalho. Também aqui há uma grande polêmica, como aconteceu em Seattle nas discussões da Organização Mundial do Comércio, com alguns representantes dos países menos desenvolvidos que viam estas cláusulas sociais que diziam respeito ao trabalho infantil e o respeito ao salário mínimo como um modo de os países mais avançados colocarem em dificuldade a economia dos países menos avançados. Naturalmente aqui há um ponto de verdade, que é que se deve trabalhar sobre as razões de troca entre os países mais ricos e países menos ricos – porque de outra forma os países menos ricos seriam condenados – para acompanhar o caminhar do mercado, a sacrificar os direitos fundamentais das pessoas. Aqui está porque eu creio que nós devemos trabalhar em muitos planos, e não acredito que a globalização faça desaparecer uma possibilidade regulativa, e logo de tutela, dos estados nacionais, porque ainda isto é possível. O caso do Brasil ou da África do Sul, no que diz respeito aos medicamentos, é muito importante porque aquilo que aconteceu nestes dois países está agora tendo efeitos globais, pois uma série de outros países tem mostrado o mesmo tipo de problema.

Paradoxalmente, os Estados Unidos, que se opõem a todos esses tipos de intervenção e que defendem até a morte – mas não tanto – os direitos de patente, quando se encontraram de frente ao alarme de antraz e tiveram que negociar com a Bayer na Europa, disseram: "Mas nós devemos comprar uma grande quantidade de medicamentos e não temos o dinheiro disponível". Na realidade mesmo os países mais ricos do mundo têm exatamente o mesmo discurso dos países menos avançados – mas neste terreno são muito mais avançados. Aqui está o problema da análise econômica do direito. Eu não posso julgar tudo na base do direito de patentes, da eficiência que produzem, ali não há um valor fundamentador, que é o direito à saúde que deve entrar no cálculo, que não entra através da formalização da parte, digamos, mais "matematizada" da análise econômica do direito.

Logo, os estados nacionais podem ter um papel que não é somente aquele no interior dos estados, porque dão também uma indicação de princípio, de modelo. Em segundo lugar, os que podem ser chamados, em tese, regiões – a Europa é uma região – e aqueles que são as convenções internacionais. Não penso que se possa chegar de repente a um direito e a um governo mundial. Mas certamente, neste momento, por exemplo, os Estados Unidos se recusam a assinar o Protocolo de Kyoto, mas estão em certo sentido isolados, porque os outros países vão adiante nessa estrada, que é uma estrada de tutela dos direitos fundamentais, além dos direitos gerais. Como o direito ao ambiente é também uma forma de tutela dos direitos individuais da pessoa, como é o direito à saúde.

Na sociedade globalizada, a predominância de um modelo de proteção dos dados pessoais, baseado principalmente na chamada *deregulation* e na livre utilização destes no âmbito do mercado, pode impedir que outros sistemas jurídicos escolham modelos diferentes, com um intervencionismo maior e que deixe um espaço mais reduzido ao mercado?

Este é um problema que nós temos. Eu sempre digo que ocorre na matéria de proteção dos dados pessoais e da privacidade um paradoxo, porque modernamente este direito foi inventado no século XIX nos Estados Unidos, imigrou para a Europa e aqui encontrou a tradição e a tutela legislativa dos direitos fundamentais. E hoje há um paradoxo, pois este direito, nascido nos Estados Unidos, é mais tutelado na Europa. E nos Estados Unidos, não completamente, porque todas as associações que se ocupam da tutela dos direitos civis são a favor da posição europeia, incentivam os europeus a não fazer muitas concessões aos americanos, porém a administração americana faz enorme pressão para que a transferência dos dados da Europa aos Estados Unidos seja permitida. Porque a regra na Europa é que dentro dela os dados circulam livremente. Por qual razão? Porque em todos os países há um nível adequado de proteção e eu não corro riscos se os meus dados, ao invés de serem tratados na Itália, são tratados na Alemanha, França ou Espanha. A regra da União Europeia é que a transferência para fora da União Europeia seja efetuada somente nos países onde há uma proteção adequada, para evitar a criação de fenômenos como o que se conhece em matéria fiscal, que são os paraísos fiscais, ao se criarem os paraísos dos dados. Se meus dados são levados a um país onde não há nenhuma proteção ou uma proteção muito débil no mundo global, todos vão ali pegar os dados. A proteção aos dados pessoais da União Europeia começa a funcionar como um mecanismo, pois a União Europeia está dando permissão ao Canadá, à Hungria, à Suíça e está negociando com a Austrália para que proporcione proteção semelhante. E também com a Argentina, que tem uma lei bastante conforme ao padrão europeu e aqui quase certamente – eu sou, por exemplo, favorável a que se dê um juízo positivo sobre a sua adequação, mesmo por uma razão política, que eu confesso sinceramente: se a União Europeia valoriza modelos de disciplina, não o faz por um imperialismo do modelo europeu, por favor, mas sim para assegurar exatamente uma tutela elevada contra as pressões do mercado.

Porque o Canadá adotou um padrão de proteção dos dados pessoais muito elevado? Por uma razão, isto é, a tradição jurídica e política canadense tem não só o componente, digamos, liberal dos Estados Unidos, mas tem também a tradição francesa, logo, é uma razão cultural. Mas tem uma razão muito clara, isto é, eles estão interessados em ter o máximo possível de trocas com a Europa e depois parece que seja esse o nível adequado. Do ponto de vista de política econômica, é aquela que nos rende mais fácil a transferência dos dados da Europa aos Estados Unidos e, logo, o Canadá aceita este modelo. Quanto à Austrália, que não tem aquele componente cultural do Canadá, mas está interessada em ter relações com a Europa, nós, no nosso primeiro parecer, dissemos: "Não, a legislação de vocês não é adequada"; agora a Austrália está mudando a sua legislação. Portanto, se nós dissermos sim à legislação argentina, na minha opinião, será um sinal político e cultural muito importante de que a Europa encontra um interlocutor importante em um continente essencial para o desenvolvimento da tutela dos direitos fundamentais. Enquanto que, com os Estados Unidos, um acordo foi estabelecido. A negociação com os Estados Unidos exige muito empenho.

Em abril eu fui, como garante europeu, a Washington e lá encontramos a administração americana. Quando fomos ao Departamento de Comércio, o subsecretário que se ocupa dessas coisas disse que hoje essa é a disputa econômica mais forte porque, sem circulação de dados, obviamente, ficará bloqueada toda uma série de atividades econômicas. E aquele é um dos terrenos em que, na minha opinião, o jogo dos direitos fundamentais – não digo porque me ocupo disto – me parece particularmente difícil e exige muito empenho. Eu creio que aqui, exatamente pelo que a tutela dos direitos fundamentais significa hoje, ao pensarmos nos dados genéricos, pensarmos nos dados sobre a saúde, que nos Estados Unidos são pouquíssimo tutelados; pensarmos se os dados genéricos terminam nas mãos de asseguradoras ou empregador, os dados sobre a saúde circulam sem nenhum controle, isto tudo leva a considerar a pessoa como uma mercadoria negociável no mercado. Esta é uma passagem essencial porque hoje nós somos conhecidos mais pelas nossas informações que pelo nosso corpo físico, logo, se nós não oferecemos uma adequada tutela à informação, colocamos em risco o direito fundamental da pessoa e mesmo da cidadania. Entenda-se cidadania como os conjuntos de direitos de que cada um de nós deve poder gozar como pessoa, independentemente do fato de ser nascido na Argentina, nos Estados Unidos, no Brasil ou em Cingapura.

Como o Brasil pode começar a trabalhar com este tipo de tutela?

Eu acredito que o Brasil já tenha começado. Nós tivemos um encontro organizado à margem do encontro entre União Europeia e América Latina em Madri, no mês de maio, no qual houve uma reunião entre o grupo dos garantes europeus e muitos estudiosos latino-americanos e, se não fui informado mal, está em fase avançada também no Brasil a elaboração de uma lei sobre esta matéria. Se atingir seus objetivos, nós, eu digo nós como europeus, correremos a reconhecê-la para ter este outro interlocutor, porque é fundamental que os grandes países protagonistas do fato econômico estejam juntos nesta ação. Há o Canadá, está chegando a Austrália e está na porta, muito perto, o Japão, logo uma outra grande potência econômica, se estiver também o Brasil. Neste ponto, aqueles que devem negociar com os Estados Unidos terão uma força muito maior, eu falo disso colocando à parte o valor de princípios. Isso se transforma verdadeiramente em um dos grandes princípios comuns do mundo globalizado, cuja integração não é apenas através do mercado, mas é uma interação através dos direitos porque isto me parece o outro modelo que nós podemos utilizar.

A Autoridade Garante no modelo italiano tem o poder de dar a última palavra nos casos de violação das liberdades fundamentais? O senhor tem um mandato? Mesmo se eventualmente um governo não quisesse respeitar as liberdades fundamentais, o garante da privacidade tem o poder de impor sua decisão?

Um poder assim tão forte, não. Por duas razões. Primeiro porque o parlamento é sempre livre para modificar a lei. Nós podemos dar nossa opinião diante da opinião pública, mas diante de uma modificação legislativa não podemos intervir. Poderia acontecer também aquele outro problema de legislação regional que modifica o quadro nacional. No que diz respeito aos nossos procedimentos, não dizemos a última palavra no sentido de que, tratando-se dos direitos, nossas medidas são impugnáveis diante do juiz ordinário. Aquele procedimento especial, pois a primeira parte acontece diante do tribunal e depois vai diretamente à Cassação. Logo, é uma tutela importante que reconhece exatamente a natureza dos direitos fundamentais. Nós desejamos obviamente que o legislador não os diminua.

A Autoridade Garante seria uma autoridade moral...

Certo. E estas autoridades devem ter uma alta credibilidade diante da opinião pública. Por outro lado, são um pouco vítimas de um parlamento que quisesse... Mas esperamos que a consciência que existe sobre estes direitos fundamentais nos ajude.

Qual é a sua opinião sobre a proporcionalidade e a razoabilidade, que são princípios novos, mas aos quais a civilística não dedicou ainda tantos trabalhos e talvez sejam importantíssimos pontos de coalizão dos princípios, como é o caso da privacidade?

Eu estou de acordo, seja por uma razão de princípios, seja por uma razão prática. Os civilistas se encontram hoje com responsabilidade, como eu dizia antes, em frente a velhos e novos direitos fundamentais. Mesmo tratar dos direitos tradicionais da pessoa, o direito à saúde, que bem ou mal é escrito na Constituição italiana desde 1948, assumiu todo um outro peso, um outro papel, ou seja, de direitos novos. Os civilistas se encontram diante da necessidade de fazer aquele balanceamento de interesse quando estão em campo outros direitos fundamentais, que podem ser o direito à informação, o direito à segurança coletiva, que pode comportar limitações também ao direito à saúde. Por exemplo, determinadas informações pessoais, para poder atacar uma epidemia, para poder desenvolver determinada pesquisa, podem ser colocadas à disposição também das outras pessoas. Este problema do equilíbrio dos interesses e da razoabilidade de alguns interventos era um cânone, um critério típico, sobretudo da doutrina e da jurisprudência institucional, e hoje entra também na nossa disciplina. Do ponto de vista dos princípios, é verdade que a colisão entre direitos, que era bem organizada do ponto de vista dos critérios de solução de conflitos tradicionais, hoje é complicada pelo fato de que os princípios civilísticos entram novamente no quadro constitucional e logo também estão sujeitos às técnicas de balanceamento que forem utilizadas pela civilística. O fato é que a disciplina não possa sempre e, aliás, em certos casos, não deva ser uma disciplina analítica, mas ser uma disciplina por princípios, como se vê, por exemplo, nos projetos de parte geral do código dos contratos europeus. Também ali, em se tratando de princípios, o problema de balanceamento, da razoabilidade, tem a sua razão de ser. Aqui se deve levar em conta a proporcionalidade, por exemplo; e por que faço referência concreta? Porque se o trabalho destes cinco anos da Autoridade Garante italiana é examinado, como também dos outros garantes europeus, se vê que muitas decisões, muitos pareceres que foram feitos por esta autoridade refletem exatamente o princípio de proporcionalidade e, isto é, eu quero insistir neste determinado objetivo e, proporcionado um instrumento que eu quero utilizar, por exemplo, quero controlar através de sistemas de câmeras de vídeo o ingresso as áreas protegidas das cidades e centros históricos para evitar que entrem pessoas não autorizadas. E faço um exemplo muito banal para que possamos entender bem: o princípio de proporcionalidade que nos inspirou e o sistema de câmeras de vídeo. O sistema de câmeras de vídeo pode ser utilizado, porém a proporcionalidade em respeito a esta finalidade – impedir que não entrem no centro histórico aqueles que não são autorizados – consente em registrar a placa do carro, mas não os ocupantes do carro. Logo, com o registro da placa, que consente em impedir que entrem carros não autorizados, caso eu fizesse a imagem também das pessoas, não seria mais proporcional, porque eu controlaria, ao contrário, os movimentos de um sujeito e isto vai de encontro a um direito fundamental da pessoa à liberdade de movimento, e este é um caso em que nós temos que utilizar o princípio da proporcionalidade, como em muitas outras situações. Por exemplo, se existem sistemas de identificação, como agora na Itália, onde se discute muito sobre as impressões digitais, se se deve recolher de todos, recolher seletivamente, como geri-las; nós mandamos uma carta ao governo e ao parlamento baseada no princípio de proporcionalidade. Isto é, se a finalidade é aquela de identificar quais são os casos em que esta finalidade de identificação é legitimamente satisfeita pelo recolhimento das impressões digitais e quando, pelo contrário, ela é excedente. Nós tivemos um caso específico, creio que dar algum exemplo ajude a compreender como funciona o princípio da proporcionalidade. Por exemplo, se diz na Itália que há um risco de roubos em bancos, e os bancos pediram com muita insistência que na entrada do banco fosse registrada também a impressão digital de quem entra. Então, como resolvemos? Tudo com o princípio da proporcionalidade.

No momento em que havia a passagem da lira para o euro, havia grandes depósitos de dinheiro no banco, e cresciam os riscos dos roubos. Logo, nós dissemos que se houvesse uma situação objetiva que justificasse o recolhimento das impressões digitais, isto é, não em todos os casos, mas quando é proporcionada à finalidade de segurança, ela seria permitida. Se não há o risco de roubo, eu digo: "Sua impressão digital não pode ser recolhida". O risco de roubo pode ser identificado através de vários parâmetros, um banco situado perto de uma estrada com muitas ligações com outras estradas de onde se pode escapar rapidamente ou se naquela zona estatisticamente houve certo número de roubos.

Depois você deve oferecer a quem vem ao banco a possibilidade, se não quiser dar a impressão digital, de entrar de outra forma. Esta impressão digital, se tiver uma finalidade pura de segurança, implica que você, a organização do banco, não têm o direito de vê-la. Ela é recolhida em uma caixa, como a caixa preta dos aviões, digamos, criptografada, e ninguém do banco pode ter acesso. Poderão ter acesso a ela se acontecer um roubo somente a polícia ou a magistratura e, em quinze dias, há um mecanismo automático de destruição das impressões digitais. Isto tudo é construído sobre o critério da proporcionalidade. Esta é uma finalidade legítima, mas um fim legítimo não justifica qualquer uso do recolhimento de informações pessoais. Eu farei de modo a torná-lo proporcional. Este é um discurso que, evidentemente, diz respeito também a outros setores, por exemplo, a liberdade de informação e o direito à tutela dos dados pessoais. A liberdade de informação refere-se às chamadas figuras públicas, políticos, atores e gente do espetáculo esportivo, para elas este direito é muito menos forte que para as pessoas comuns, porque aquelas são pessoas que escolheram viver em público, logo eu devo dar a seus eleitores ou admiradores o direito de as controlar. Mais: proporcionalidade; o cidadão tem certamente o direito de saber muito sobre parlamentares porque deve decidir se vota neles ou não, isto pode comportar também o conhecimento de aspectos importantes da vida privada. Mas isto não significa que não exista nenhuma tutela da dignidade dessa pessoa. Por exemplo, ela deve ser tutelada em situações como a edição de notícias sobre a saúde totalmente sem influência na sua atividade política ou mesmo notícias que, pelo modo em que sejam divulgados os dados, por exemplo, detalhes de uma ficha clínica, são uma grave lesão à dignidade da pessoa. Logo, a finalidade, informar os cidadãos sobre aquilo que fazem as figuras públicas, é legítima.

Proporcionalidade, isto deve ser proporcional a quê? À necessidade de manter uma área de dignidade e intimidade que não pode ser negada a ninguém, independentemente da atividade que desenvolve. Logo, é toda uma casuística que, no entanto, aqui está, eu trago a vocês estes casos para dizer que o princípio da proporcionalidade se tornou e, na minha opinião, se tornará muito mais, um critério de juízo realmente sobre o maior ou menor uso da norma jurídica. Eu quero atingir determinados objetivos que dizem respeito à reprodução assistida e proporcionado o uso de proibição da fecundação heteróloga ou mesmo este tipo de proibição me provocará dois efeitos. De um lado, aquele que chamamos "turismo procriativo", pessoas se deslocam de um país a outro e logo, uma coisa muito fácil na Suécia, onde se pega o carro e já existe até uma ponte sobre o estreito entre a Dinamarca e a Suécia. Na Itália, pegam um trem e vão para outro país vizinho. Esta é uma fórmula que nasceu na Itália quando havia a proibição do aborto. Partiam da Itália voos *charter* que iam para a Inglaterra ou Holanda, tudo incluído: bilhete, hospedagem, interrupção da gravidez. Nasceu assim esta horrível expressão, "turismo abortivo", que deslegitimou a lei e que provocou depois o fim da proibição e da punição. O efeito é propriamente a deslegitimação da lei. O segundo efeito é que isso se transforma em uma lei de classes, no sentido de que quem tem dinheiro pode ter o filho recorrendo a quem o faça no exterior e quem não tem dinheiro é condenado à esterilidade na Itália. Logo, não há proporção neste caso entre o uso do instrumento jurídico e o resultado social que se quer atingir. Eu acredito que o critério de proporcionalidade já se tornou e será cada vez mais, como critério da razoabilidade, um dos instrumentos gerais, enquanto é um instrumento que foi confiado e elaborado sobretudo no interior do direito público e do direito constitucional em particular.

Segundo o senhor, o critério da proporcionalidade seria também suficiente para regular as colisões dos princípios que se referem à integridade psicofísica, como exemplo, pessoas que se recusam a receber tratamento sanitário por motivos religiosos – um problema no Brasil – ou doentes cujo sofrimento, somado à pouca ou nenhuma esperança de cura, transforma a morte em um desejo, programas de televisão cujos participantes se submetem a situações degradantes – temos diversos programas assim no Brasil. É dado ao Estado ou à sociedade o direito de promover uma intervenção para garantir estes valores? A proporcionalidade seria suficiente caso a caso?

Na minha opinião, a proporcionalidade é importante, porém creio que nestes exemplos a proporcionalidade existe em função de um valor que está assumindo sempre mais relevo, que é o da dignidade. Está escrito em muitas constituições, aliás, a Constituição italiana usa uma expressão que é "dignidade social". E, todavia, quando a Itália devia transpor a diretiva europeia sobre a proteção dos dados pessoas, a diretiva europeia dizia que a proteção dos dados pessoais é ligada à tutela dos direitos e das liberdades fundamentais. Na Itália, a tutela dos direitos e das liberdades fundamentais tem também somado respeito aos princípios de dignidade e devo dizer que a Carta dos Direitos Fundamentais da União Europeia foi uma longa discussão. Deve começar como são iniciadas muitas declarações de direitos com referência à igualdade ou neste momento é mais importante a dignidade? Eu devo dizer que, de início, um pouco ligado a uma tradição, pela qual considero e continuo a considerar a igualdade um dos valores irrenunciáveis, eu hesitei.

Mas depois me convenci de que é a dignidade o ponto de partida. Então, de fato, o artigo da carta diz que a dignidade da pessoa é inviolável e é daqui que se parte. Nestes casos, o uso do princípio da proporcionalidade serve para respeitar a dignidade da pessoa – no caso da religião, há um valor religioso em relação ao qual a vontade do estado de substituir uma valoração própria com aquela do símbolo, "você deve continuar a viver", é considerada excessiva. Na Itália, há uma famosa sentença da Cassação sobre Testemunhas de Jeová, que reconheceu o direito de recusar a transfusão de sangue por motivo religioso. Neste caso, também há o direito de deixar-se morrer, se a transfusão de sangue é necessária para salvar a vida da pessoa, e geralmente a recusa de cura pode comportar este caso. Depois, há o caso do espetáculo, e ali está em jogo exatamente a dignidade da pessoa. Todos estes espetáculos, como o *Grande Fratello*, o *Big Brother*.

A dignidade poderia ser considerada valor absoluto?

Naturalmente. Eu creio que dignidade e igualdade são duas palavras às quais devemos prestar uma particular atenção.

No campo da integridade, nos casos de transplantes de órgãos, tínhamos no Brasil uma lei que presumiam doadoras todas as pessoas que não renunciassem a isso. Mas disseram que isto era excessivo e veio uma outra lei que revogou aquela. Segundo o senhor, podemos interpretar essa presunção de doador como expressão de solidariedade?

Eu me ocupei muito dessas coisas, mesmo no parlamento. Cada um de nós é livre. Agora na Itália há uma norma que está na metade entre a presunção e manifestação de vontade. Mas eu sou de opinião de que nesta matéria há exatamente o princípio de solidariedade, princípio constitucionalmente relevante que deve prevalecer ao menos que não exista uma declaração expressa sobre a matéria. Sobre isto estou absolutamente de acordo. O princípio de dignidade e o princípio de igualdade como princípios não flexíveis, naturalmente isso abre uma outra partida, aquela do chamado paternalismo do legislador, expressão que vem dos Estados Unidos. Voltamos ao discurso sobre valores, que a pura lógica do mercado pode atropelar uma certa dose de paternalismo do legislador, se podemos usar esta expressão, não apenas é possível, mas é necessário para evitar que toda uma série de valores seja atropelada por um único valor reconhecido que é o mercado. Este é um ponto muito importante.

A responsabilidade civil. O senhor antecipou tantos temas: a responsabilidade objetiva, o interesse coletivo, a bioética. Como o senhor vê a tendência moderna, a cada dia mais exagerada, como nos Estados Unidos, com a responsabilidade elevadíssima e depois os danos punitivos, e de outro lado a tendência à asseguração para evitar os excessos da responsabilidade objetiva?

Quarenta anos depois da sua afirmação, como o senhor vê a tendência dos novos danos e estas decisões talvez exageradas norte-americanas, com os danos morais e os danos punitivos?

Eu faria dois tipos de considerações. A primeira é que a disciplina da responsabilidade civil é uma disciplina que se presta muito a seguir as novas tendências determinadas em uma organização social, e que oferece a elas uma primeira forma de tutela quando as outras formas de tutela, que demandariam uma intervenção do legislador, ainda não estão maduras e percebidas pela sociedade e pelos parlamentos. Um primeiro lugar para emergir interesses novos no momento em que, por exemplo, houve a consciência da importância do ambiente, do valor crescente da saúde individual e coletiva. O uso da responsabilidade civil serviu para dar ingresso ao mundo do direito a uma série de interesses que, de outra forma, seriam deixados do lado de fora da porta. Deste ponto de vista, esta flexibilidade, esta adaptabilidade da disciplina da responsabilidade civil, mantém sua importância. Em segundo lugar, o próprio fato de que vivemos em uma organização social com alto grau de danosidade a mantém em um papel importante. Isto pode comportar, e comporta, uma série de riscos e de utilizações impróprias da técnica de responsabilidade civil que pode ter implicações jurídicas e sociais negativas. Em qualquer cidade americana, ao consultar as páginas amarelas na seção de advogados, haverá um número inacreditável das páginas e uma publicidade que aos olhos europeus é estranha. Oferece-se de tudo. Esta é uma banalização do ressarcimento do dano. Deste ponto de vista, é necessário um ponto de vista crítico no uso deste instrumento. Depois, há muitos efeitos negativos no setor médico, no qual, para fazer frente às muito frequentes requisições de indenização e de concessão de danos muito elevados, o recurso aos seguros cresceu muito, seja da parte dos operadores, médicos e enfermeiros, seja da parte do consultório ou hospital, o que encarece o valor dos serviços.

É o que eu dizia antes: a responsabilidade civil é como a campainha de um alarme, há um problema que deve ser resolvido em termos jurídicos, então veremos o quanto pode permanecer no âmbito da responsabilidade civil sem alterar a sua função.

Porque, se a sua função é alterada, como ocorreu nos Estados Unidos, o uso da responsabilidade civil pode ter um efeito bumerangue também em relação às pessoas que deveria tutelar. Depois há a situação italiana, porque se multiplicaram nestes anos os tipos de danos. Dano biológico, dano à vida de relação, danos à saúde, dano existencial; aqui não é somente a fantasia dos juristas que tentam adaptar as disciplinas tradicionais aos novos casos. Há também o fato de que nós tínhamos uma disciplina que limita o ressarcimento do dano moral somente aos casos previstos em lei, como diz o artigo 2.059. Este artigo foi primeiramente interpretado de uma forma bastante restritiva, até mesmo contra a letra da lei, porque os casos previstos pela lei se referiam somente aos casos nos quais houvesse um crime, portanto, caso previsto pela lei penal, artigo 185 do Código Penal, que era clamorosamente contrário à lei.

Mas porque havia esta preocupação de dizer quais eram as normas que nós devemos buscar, agora se começa a raciocinar e a distinguir o dano moral do dano não patrimonial, dizendo que o dano não patrimonial é uma coisa diferente do dano moral, portanto, é ressarcível. Depois, para aumentar a área dos danos ressarcíveis, fez-se recurso ao direito à saúde e à multiplicação desta figura. Eu acredito que este é um dos resultados mais interessantes. Quem observa como funciona a reflexão dos juristas diz que, em geral, a jurisprudência consegue com muito retardo metabolizar e aceitar os resultados da pesquisa científica. Neste caso, porém, isto não é sempre verdade. É verdade que existe uma defasagem no tempo da pesquisa, pois não se pode nem mesmo pretender da parte dos estudiosos que a pesquisa de ponta seja feita na própria jurisprudência. Há uma troca bastante interessante. Mas nestes casos tem havido uma proximidade muito grande entre juízes e estudiosos e, portanto, como caso a estudar, é bastante interessante. Porém eu devo dizer sinceramente que, no ponto em que estamos, me pareceria mais razoável uma intervenção legislativa que remova este tipo de obstáculo porque, de outra forma, se nós continuarmos a manter esta situação, quais seriam e quais já são as consequências que os interesses fortes que se sintam danificados por este proliferar de novos danos tentem intervir para limitar o montante destas indenizações. Por exemplo, para o dano biológico, as companhias de seguro, que são um grupo de pressão bastante forte, obtiveram uma pequena norma que limita a possibilidade de liquidar o dano biológico.

Então, antes de fazer e tornar possível esta operação, creio que se deva reconhecer que desde já o esquema tradicional da distinção clássica entre dano patrimonial e dano moral não funciona. Articular também normativamente a categoria dos danos ressarcíveis e ver quais são os poderes dos juízes, que devem manter-se flexíveis nas diversas situações, serve para adequar a disciplina da responsabilidade civil às situações reais e também científicas que sejam criadas e, ao mesmo tempo, evitar – entre nós, os riscos são evidentemente menores, mas há também na Itália este ano um proliferar de ações de indenização, sobretudo em relação a médicos, que não são justificadas com os danos no setor, mas são um reflexo desta orientação nos Estados Unidos.

O que o senhor pensa dos *punitive damages*?

Os *punitive damages* são um problema. Para mim, em certas situações, os *punitive damages* têm uma razão de ser. Principalmente, por exemplo, em situações de danos coletivos nas quais é difícil identificar aqueles que tenham efetivamente sofrido o dano para fins de ressarcimento; ou então as situações nas quais a cifra determinada para a reparação do dano, após ser dividida por todos os que sofreram o dano, torna-se um valor insignificante para cada um destes, sendo que, se fosse estabelecido um ressarcimento adequado a todos estes, o montante total a ser pago subiria a ponto de ter efeitos econômicos devastadores para quem o paga. De outro lado, há situações nas quais ao dano podem corresponder sanções diversas do ressarcimento, como exemplo, a de restabelecer a situação ambiental anterior ao momento do dano, em caso de dano ambiental; ou mesmo a intervenção dos *punitive damages*, que podem ser destinados a finalidades como modificar a situação daqueles prejudicados pela atividade danosa, desde que usados com certa inteligência.

E os *punitive damages* pedem uma regulação?

Eu creio que certa regulação seja necessária.

Em relação ao meio ambiente e à responsabilidade civil, o senhor falou dos princípios da precaução e da prevenção no passado. Esse argumento parece ser muito importante hoje. O senhor crê que o princípio da prevenção deve ser estendido a outras situações, que não somente o direito ambiental? Esta tentativa seria bem vista hoje?

Eu devo dizer que já tratei dos princípios da prevenção e da precaução, dois princípios dos quais hoje muito se fala, de uma maneira por muitas vezes retórica. Nas declarações internacionais, incluída a Carta de Direitos da União Europeia, a necessidade do desenvolvimento sustentável faz entrar em campo estes princípios. Isto no sentido de que não é atribuído ao desenvolvimento um valor absoluto, o que quer dizer que desenvolvimento não significa somente o desenvolvimento econômico, mas desenvolvimento a respeito de uma série de valores que não são somente aqueles do mercado. Para chegar a este resultado, para poder balancear os interesses e colocar em plena ação, por exemplo, o princípio da proporcionalidade, pode entrar em campo o princípio da precaução. Você quer atingir determinados interesses, mas sua atividade é desproporcionada porque não consente de ter toda a precaução que seria necessária; por exemplo, cultivar a céu aberto determinados organismos geneticamente modificados com o risco de que o vento, os agentes atmosféricos, os insetos ou os pássaros transportem-nos a outro local. Aqui há um princípio que deve ser respeitado porque, por outro lado, se é consentida esta experimentação, a proporcionalidade entre a finalidade que se deseja atingir e o instrumento adotado simplesmente não existe.

Creio, portanto, que estes sejam princípios que estão modificando o panorama dos princípios de referência, pois esta nossa discussão é feita basicamente sobre princípios. E está ao lado de um princípio, um dos grandes princípios canônicos, que é o princípio da igualdade. Mesmo assim, temos visto seu crescimento nestes últimos anos, mesmo em ambientes jurídicos que, por sua cultura, lhes eram hostis, como a França. Na França, o princípio da dignidade era hostilizado, pois o legislador francês – que era o legislador jacobino, um legislador parlamentar de um povo soberano – estabelecia com precisão quais eram as modalidades de intervenção do juiz. Um critério assim elástico como o princípio da dignidade, que transfere muito do poder ao juiz, era visto como uma verdadeira alteração do princípio da soberania popular. Porém, isto mudou nos últimos anos. Assim ocorreu largamente na Alemanha, cujo Tribunal Constitucional Federal o fez, assim como a Itália vem fazendo, o princípio da dignidade está sendo adotado até mesmo em um país como a França. Portanto, temos este princípio da dignidade e depois estes outros princípios que são extraídos de instrumentos internos ou internacionais: a proporcionalidade e o princípio da finalidade – valorar uma série de intervenções em razão do seu fim e não somente dos interesses perseguidos – e depois a prevenção e a precaução. Os juristas encontram-se em frente à necessidade de reconstruir também o sistema de princípios, isto é, até mesmo os princípios fortes que nós temos. A soberania e a igualdade não bastam mais.

Aqui está a propriedade. Nos anos sessenta, as lições de Pugliatti eram fundamentais, mas não eram suficientes. Era necessário ir além, em busca de um novo significado da função social. Quarenta anos depois, a propriedade é ainda *il terrible diritto* ou estas construções a ajudaram a ser relativizada e, portanto, mais regulada e, de certa maneira, a ser mais útil à sociedade?

Devo dizer que neste momento tenho propensão ao pessimismo. A continuar imperando a lógica da globalização através do mercado, é o próprio princípio da propriedade que se torna ainda mais terrível. Corremos o risco de perder uma das grandes heranças da reflexão jurídica e política que se desenvolveu entre os séculos XIX e XX, que é não somente a relativização do direito de propriedade, mas também tê-lo tornado compatível com outros interesses de idêntica importância existentes nas organizações sociais. E este é um dos grandes resultados do que se chama de modelo jurídico e social europeu – não para enfatizar a Europa, mas porque nela houve toda uma reflexão, ao contrário dos Estados Unidos, onde o modelo dos direitos continuou sendo classicamente o modelo dos direitos individuais. Toda a reflexão europeia – eu digo mesmo a revolução constitucional feita pela Europa – consiste em não renegar os direitos fundamentais, porém torná-los compatíveis com os direitos sociais. E é a fórmula clássica. Com todos os equívocos e ambiguidades que carrega, a função social da propriedade é a que melhor exprime esta reflexão. Mas, se nós lermos as constituições europeias, veremos que há um contínuo contato entre os direitos individuais e os outros direitos, valores e princípios que tenham uma equivalência social ou coletiva, pelo que a ideia puramente individualista destes direitos, que provoca algumas críticas de comunitários e também de norte-americanos, no sentido de que são um instrumento de divisão mais de que um instrumento de tutela; mais um instrumento de conflito do que um instrumento de relação entre as pessoas. Assim, sacrificamos os direitos e confiamos a tutela dos bens individuais e coletivos à coletividade, à comunidade na qual vivemos. Este é um tipo de crítica que, felizmente, ainda não se aplica à Europa, porque há uma tradição pela qual existem o balanceamento de interesses, o princípio da proporcionalidade, os direitos sociais dos trabalhadores, novos direitos como o direito ambiental, o direito à saúde, que se tornou um dos mais importantes; todos põem em evidência que mesmo os direitos individuais mais fortes são imersos em uma rede de relações sociais. Ora, passa-se, porém, de maneira dramática e violenta, a uma globalização sem regras, uma privatização que, levada adiante, é confiada a regras produzidas unilateralmente – e esta é uma dramática vingança da propriedade. Nós vivemos em organizações sociais nas quais devemos reconhecer que existem interesses proprietários e interesses não proprietários. Se eu fiz uma reflexão ulterior a respeito do que escrevi no início dos anos sessenta, diria que a fiz em duas direções.

De um lado, ler a função social da propriedade não apenas como a individuação de vínculos legislativos que visam à tutela de interesses diferentes daqueles do proprietário clássico, mas especificamente como a possibilidade de sujeitos diferentes terem sua devida influência na utilização de determinado bem. Para isso há diversos procedimentos que podem ser adotados.

De fato, os procedimentos de participação, de consulta dos cidadãos, que hoje são objeto de grande discussão, são importantes não apenas para uma série de decisões públicas, mas em diversas hipóteses. Por exemplo, um plano regulador de uma cidade, que destina áreas a determinada utilização, é cada vez mais participativo e, portanto, mais fiel às expectativas do cidadão. A tecnologia hoje permite uma intervenção muito mais rica do cidadão, e, portanto, torna-se mais fácil proporcionar à cada propriedade individual sua colocação adequada dentro do interesse coletivo. Eu, porém, diria que hoje é necessária uma reflexão ulterior, isto é, distinguir mais claramente os interesses proprietários dos interesses não proprietários. Existem interesses que não podem ingressar no mercado.

Este é o ponto, este é o limite. Porque a ideia da função social da propriedade nasceu em uma situação na qual se dizia: "Eu reconheço que o direito de propriedade existe e quero relativizar seu absolutismo, e o faço com o instrumento da função social da propriedade". Não que esta segunda consideração não fosse presente, porque a categoria das coisas *extra commercium* existia mesmo antes, mas hoje esta consciência, para mim, tornou-se mais forte. Há uma série de bens que devem ser mantidos fora do mercado: todos aqueles que são definidos como patrimônio comum da humanidade; toda uma série de bens que dizem respeito à saúde, ao ambiente, uma série de aspectos que interessa à dignidade pessoal. Para estes, não se aplica o instrumento da função social, mas sim o instrumento que é estar "fora do mercado". E, naturalmente, em um momento no qual se vê uma espécie de mercado triunfante, eis a razão pela qual eu me digo pessimista, ao menos no curto prazo. Espero que, a partir do discurso que vimos, surja a consciência de que atualmente está havendo uma crítica social ao individualismo proprietário muito forte. Os movimentos ambientalistas representam uma crítica muito forte à propriedade absoluta, pois dizem: "Você não pode utilizar o bem terra, à bem água, o bem ar, o bem floresta, o bem mar, como se fossem qualquer coisa que pudesse ser submetida ao interesse egoístico individual, tanto de uma pessoa como de um Estado".

Ao contrário, há bens que devem ser transferidos para fora da possibilidade da decisão individual e coletiva que prejudique a sobrevivência. Naturalmente isso cria muitos problemas que nós devemos tomar como exemplo. Eu recordo de uma velha frase de um jurista francês do século XIX: "Na divisão da soberania, ao cidadão pertence a propriedade, ao Estado, o império" – todas estas duas soberanias foram colocadas em discussão. A soberania individual; você não pode destruir um bem colocando em risco o ambiente, mas mesmo o Estado não pode destruir um bem coletivo usando da sua soberania. Todas estas duas questões foram postas em discussão em função deste interesse geral de deixar determinados bens fora do mercado. Naturalmente, isto cria um problema, e um dos casos emblemáticos, sempre citado, é o da Floresta Amazônica. A Floresta Amazônica é tida como um bem não somente do país onde ela se encontra, mas um instrumento essencial para o equilíbrio global do ecossistema térmico.

Portanto, a discussão permanece sempre sobre a propriedade?

Exato, permanece. E a soberania. Porém permanecerá até quando a tese pela qual este é um bem comum da humanidade não comporte responsabilidades comuns. Por exemplo, a Malásia destrói sua floresta porque tem necessidade dos produtos derivados da madeira para poder manter viva a economia local. Dizer que a Amazônia é o pulmão do mundo deve implicar que outros Estados que se beneficiem deste bem comum assumam responsabilidades, mesmo as econômicas. E se, neste momento, o Brasil ou outros países que têm parte da Floresta Amazônica digam: "Mas eu desfruto da floresta porque desejo atingir um determinado resultado econômico", nós devemos ter uma nova capacidade, aqui sim, de cálculo econômico, para determinar quais são os sujeitos que devem contribuir para a manutenção da Floresta Amazônica, intervindo para financiar este tipo de exigência. Aqui temos uma nova dimensão, de uma parte a leitura da função social, certamente do modo tradicional, sobre quais seriam os limites que hoje o legislador pode impor ao proprietário privado. De outra parte, verificar quais são os casos nos quais a natureza do bem exige que, para sua utilização, leve-se em conta a voz de sujeitos outros que somente o proprietário, outros que o próprio legislador. Portanto, uma participação coletiva no processo de decisão.

Há dois assuntos que queremos destacar. Um é que, nos Estados Unidos, utiliza-se a propriedade para tratar dos problemas da *privacy*, dos problemas em relação ao próprio corpo; e outro é que não é recente este alargamento da utilização da propriedade. Consta que Flaubert,

por exemplo, valeu-se do fato de ser um proprietário para demonstrar respeitabilidade perante os Tribunais franceses. É possível mudar esta situação?

Concluindo o assunto anterior, a função social deve ser vista não somente como procedimento legislativo, mas também como um fato do procedimento administrativo, da maior participação dos sujeitos, da possibilidade de influir nas decisões sobre a utilização de um bem e depois, mais radicalmente, na exclusão do mercado de uma série de bens que apresentem problemas. Sinceramente, o que eu disse sobre a Floresta Amazônica é um discurso de expropriação, pois quando se cria a categoria da indenização, o que isso significa? Significa dizer: "De você subtraio um bem ou alguma modalidade de utilização deste bem e por isso concedo uma contrapartida econômica". Se eu expropio do Brasil, do Peru, o bem "Amazônia", deverei indenizá-los.

Assim, devemos fazer referimento a este tipo de lógica, e então o discurso torna-se complexo. Nos Estados Unidos, até mesmo pela centralidade do papel da propriedade no seu sistema cultural, compreende-se que a ela se recorra para definir uma série de situações. A construção da *privacy* nos Estados Unidos baseia-se em circunscrever um território, uma esfera de intimidade da pessoa, assim como se circunscreve um pedaço de terra e se diz que nele "você não pode entrar". A lógica do *trespass*, da violação, vale para a terra e vale também para a minha esfera privada. Naturalmente, isto vale para o corpo e também para as informações pessoais. Ainda além, alguns estudiosos, e não os mais recentes, como Alan Westin, que foi quem, antes de todos, reabriu as discussões ao colocar juntas a privacidade e a liberdade, agora diz que o melhor modo para tutelar a privacidade é considerar uma informação propriedade da pessoa, pois assim ela a poderá negociar no mercado. Porém aqui ele entra em contradição com seu pensamento anterior, presente em seu livro, que é um livro dos anos setenta, no qual via a privacidade como um valor. É aqui que o mercado ameaça se impor com o argumento, por si próprio apreciável, de reforçar a tutela dos novos direitos – porém reforçando o instrumento proprietário, com todos os riscos que isso comporta. Assim, aquilo que vem qualificado como propriedade torna-se depois negociável no mercado. Entra então a discussão se toda uma série de novos direitos, que são atribuídos ou reconhecidos à pessoa – o corpo e as informações pessoais em primeiro lugar – deva ser tratada como direitos de propriedade ou como direitos da personalidade, para os quais não é excluída a utilização econômica. O fato de que sejam direitos da personalidade afirma que não é possível andar para além de certo limite, pois assim seriam negados os próprios fundamentos daquele direito. Porém, se permanecermos dentro da lógica dos direitos da personalidade, isto não seria possível.

No Brasil, temos um novo Código Civil, e quando falo sobre este assunto sempre deve ser citado seu magnífico texto de 1967, no qual menciona o "trabalho de formiga" do legislador. Infelizmente, temos no Brasil este novo Código, com o negócio jurídico como categoria geral, com as cláusulas gerais. O legislador buscou exatamente uma forma de purificar o sistema, tentando melhorar cada artigo –

um trabalho de formiga. Hoje também na Itália o tema é posto em discussão, em respeito à codificação europeia – se deve ser um código principiológico ou não etc. O que o senhor diria sobre este momento histórico, quando temos um novo Código, porém ainda com um pouco da mentalidade dos códigos do século passado, como o Código italiano de 1942, no mesmo momento que na Europa se fala em codificação?

Deste dilema eu trato em meu artigo. Digo substancialmente duas coisas: de uma parte, é claro que hoje nós olhamos os códigos com olhos diversos daqueles dos codificadores dos séculos XIX e XX. Eu vejo com simpatia o fato de que na Europa, por exemplo, sejam feitas estas tentativas de códigos, porque em relação à tendência supranacional de estabelecer regras produzidas diretamente pelo mercado, as regras produzidas – mesmo que, por um momento sejam somente, como dizer, códigos – são produzidas pelos estudiosos. Espero que – dado que existem documentos da União Europeia que fazem referência explícita à necessidade de códigos comuns – possam tornar-se códigos da área europeia e, deste modo, que a legislação se democratize, deixando de ser somente o produto dos interesses unilaterais do sistema das empresas, mas voltando a ser o produto de uma atenção pública. Ainda, atrás da palavra *código* existem coisas diversas das que havia no tempo de Napoleão ou do código do Império Germânico do fim do século XIX. Em segundo lugar, em relação à técnica, eu vejo uma modificação muito clara, porque existem tentativas europeias de se proporcionar largos espaços aos princípios. Apesar de alguns vetos – eu sou suspeito! – isto é bom. Por exemplo, a cláusula da boa-fé, da qual eu fui um dos fautores, é hoje um dos eixos do direito contratual europeu, segundo a elaboração da chamada Comissão Lando. Portanto, isto também dá a este código uma forte flexibilidade, uma adaptabilidade a situações que são fortemente dinâmicas do ponto de vista social, do ponto de vista econômico e também do ponto de vista dos direitos. Porque esta flexibilidade não deve ser entendida somente como um crescimento do poder discricionário dos juízes; são cláusulas gerais e é claro que a última palavra deve ser do juiz. Eu vejo um forte nexo na inserção na esperada Constituição Europeia destes direitos fundamentais, pois a partir deste momento o juiz terá, seja a flexibilidade que lhe é atribuída por este novo tipo de código, seja também a referência obrigatória aos princípios que serão as novas cartas de direitos.

E eu vejo isto como um modelo que pode ser projetado também em escala global, pois até o codificador nacional, que se encontrará mais e mais em áreas sobre as quais haverá regras supranacionais, como na Europa, ou então tratados e convenções, deverá jogar com este duplo registro e, portanto, vejo uma espécie de retorno ao código pelas razões que mencionei. Sem, porém, pensar que o código tenha o conteúdo analítico ou então a pretensão constitucional, porque ele antes era uma própria Constituição, digamos a verdade. A França mudou de constituição um número inacreditável de vezes no século XIX; somente entre 1789 e 1804 foram, ao que me parece, cinco constituições. Ao chegar o Código Civil, a situação solidificou-se.

Depois houve a Constituição do segundo império, a Constituição da segunda república, a Constituição da terceira república, da quarta e da quinta e o Código Civil ficou no lugar. Nós não podemos pensar que o código mantenha aquele valor fundante.

Agora, a dialética entre código e constituição muda e também dá, acho, uma resposta – mesmo ainda tendo que ser construída culturalmente – na relação entre código de princípio e constituição. Eu vi nos últimos anos amigos meus, um jurista importante como Rodolfo Sacco, que até há poucos anos assim dizia: "Mas a Constituição, mas você, Stefano, você tem uma fixação na Constituição". Mesmo porque ele trabalhou com modelos diferentes, com os chamados formantes jurídicos e viu que eles estão evoluindo para modelos também principiológicos e a relação entre princípios civilísticos e princípios constitucionais tornou-se mais forte – ele divertiu-se muito a me dizer: "Agora eu te surpreendo, veja como eu também cito a Constituição".

Como exemplo da forma que a discussão científica reflete naqueles que não são, como dizer, aferrados às suas ideias de uma forma acrítica, também esta dinâmica cultural me parece que seja bastante aberta na Itália neste momento, apesar dos limites da organização universitária dos quais falamos anteriormente.

Qual seria a herança da sua geração para os novos juristas e quais são as esperanças mais preciosas que os estudos sobre direito civil realizados no século passado deixaram ao século que se inicia e às novas gerações?

Herança é sempre uma palavra muito difícil. Eu gostaria de dizer uma coisa muito mais simples. Penso que o trabalho que muitos de nós fizemos foi um trabalho que, de uma parte, pode-se definir realístico, isto é, o direito é sempre um confronto com dados da realidade. Em primeiro lugar, com a realidade constituída pelas próprias normas. O jurista não pode construir o sistema que lhe pareça melhor – "a Constituição não me agrada, a Constituição é difícil de manejar porque me impõe cânones interpretativos diferentes dos do Código Civil, portanto eu a excluirei do sistema jurídico que eu construo". A reconstrução completa da realidade jurídica hoje é muito complexa, porque hoje temos um multiplicar das fontes que complica o trabalho do jurista. Há fontes supranacionais, há fontes nacionais, há fontes infranacionais por causa do surgimento de processos de descentramento do tipo federal, há cláusulas contratuais de validade mundial, há códigos deontológicos, que frequentemente não são produzidos pelas categorias interessadas.

Por exemplo, o código deontológico para os dados pessoais na Itália é o produto misto do trabalho de uma categoria, mas também de uma autoridade pública, a Autoridade para a Garantia dos Dados Pessoais e, portanto, tem força de lei. O realismo, em primeiro lugar, no sentido de trabalhar sobre toda a realidade que temos à frente, incluída a realidade jurisprudencial para a qual as decisões das cortes constitucionais são de particular relevo. Em segundo lugar, realismo na dinâmica da realidade, que é seguramente quem impõe a dinâmica dos interesses que se refletem na ação jurídica e, aqui em particular, também não eliminar a pretensão do direito de regular tudo e de regular tudo da mesma forma, pois há matérias, como o direito penal, por exemplo, nas quais nós colocamos em jogo a liberdade pessoal de alguém, nas quais a regra deve ser muito analítica, precisa. Não pode haver o arbítrio do juiz, não podem existir cláusulas gerais, cláusulas gerais que valem muito mais em outros setores, mas, ao contrário, técnicas procedimentais que em muitos casos consentem a todos os sujeitos de poder exprimir a sua opinião, segundo a área de consideração. Depois, naturalmente, em relação ao método, hoje não existem mais situações como aquela na qual eu me formei, na qual havia uma prevalência absoluta do método dogmático clássico. Hoje existem neoexegéticos, neodogmáticos, realistas e *law and economics* a pleno vapor, portanto, há uma difusão de diversos métodos, este é outro dado a valorar. Bem, eu não quero hipotecar o futuro. Aquilo que eu creio poder dizer, em meu nome e não dos outros de minha geração, é a herança de remover a preguiça intelectual, porque, a um certo ponto, aquilo que chegou a ser um grande resultado, até científico, da dogmática, havia se tornado retórica, moda, escola, preguiça intelectual. O único mérito que eu acredito que possamos levar, nós de uma certa geração, é o de ter tido a coragem de recolocar em discussão coisas que pareciam verdades adquiridas. Nas verdades eu não creio, nos princípios sim, porém os princípios são também resultado de um confronto cultural que deve ser mantido aberto. Se o direito cumpre esta função, de ser um dos instrumentos de resolução de conflitos, sem ser um instrumento autoritário com o qual se impõe um ponto de vista, porém mantendo aberta a discussão, faz bem o seu dever.

Qual o livro que levaria a uma ilha deserta?

Como sou um bibliófilo, leitor impenitente, sofreria muitíssimo se levasse somente um. Levaria, então, uma biblioteca.

ENTREVISTA COM O PROFESSOR JORGE MOSSET ITURRASPE[1]

RTDC: O que guiou sua opção pelo Direito, em um primeiro momento, e pelo direito civil, mais especificamente? Pode-se dizer que sua experiência educacional pregressa influenciou esta escolha ou ela se deveu a outros fatores?

JMI: Minha vocação pelo Direito foi despertada na minha casa: meu pai era advogado e meu avô, procurador. A conversação diária girava, preferencialmente, em torno destes temas. Iniciada a Faculdade, afirmou-se minha afeição pelo Direito Civil, encontrando na Universidad Nacional Del Litoral (1948-1950) professores muito bons nessa disciplina. Meu pai foi professor de Direito Público e Provincial e de Direito Político. Lidava com o Direito mais voltado à pessoa humana, mais preocupado com ela.

RTDC: Quais foram os mestres que exerceram maior fascínio sobre o estudante Jorge Mosset Iturraspe?

JMI: Já nos meus anos de estudante e, mais tarde, no exercício profissional, exteriorizei minhas preferências pelo Direito Privado Patrimonial. Dentre os juristas argentinos admirava o professor Lafaille (uruguaio de nascimento) que era, no seu todo, um exemplo de humanismo. Por esses anos, de indubitável influência francesa, gostava muito de ler Josserand.

RTDC: A literatura, o cinema, as artes em geral ocuparam um papel de destaque na sua formação? Este conhecimento de outras especialidades desempenha um papel vital para o jurista ou pode "desviá-lo" do conhecimento da sua ciência?

JMI: A literatura em geral, o teatro e o cinema, os quais recriam temas jurídicos, exerceram e ainda exercem em mim uma enorme atração. Devo confessar, no entanto, que a absorvente dedicação à ciência jurídica não me deixa horas livres para encarar leituras seguidas.

RTDC: Sabemos que a globalização econômica atinge a ordem jurídica dos países, transformando em palavras de ordem expressões como "capital especulativo", "otimização dos lucros", "protecionismos comerciais", "barreiras alfandegárias", entre outras. Diante de tal ordem mundial, qual passa a ser a função das faculdades de Direito da Argentina? Ao elaborarem suas grades curriculares, têm elas privilegiado um ensino

[1] Entrevista concedida à *Revista Trimestral de Direito Civil – RTDC*, v. 12, out./dez. 2002.

técnico ou humanístico? Há preocupação com a interdisciplinaridade? Que papel tem desempenhado o estudante de Direito, bem como a juventude argentina em geral, ante tal estado de coisas?

JMI: A década de 90 trouxe à Argentina uma enorme preocupação com as questões econômicas. Ela ocorreu a partir do "milagre argentino", como foi considerado o triunfo ante a hiperinflação, a partir de 1º.4.1991. Durante os anos seguintes, foi notória a influência americana, em temas como "a interpretação econômica do Direito", o descrédito acerca do "Direito do Estado", a preferência pela mediação etc. O fim da década mostrou, conjuntamente aos avanços das ideias próprias à "globalização", a presença forte do "Mercado", com seus "fios invisíveis" e suas "regras espontâneas". O empresariado assumiu, na Argentina, um importante papel nas decisões do Governo, mas todo esse processo entrou em crise com a "saída da conversibilidade", a "pesificação", a "bancarização forçada", e o *default*. Hoje, as "receitas econômicas" dos anos 90 estão desacreditadas e despertam enorme desconfiança. É como se voltasse a fé no Direito que havia sido acuado. O humanismo tende a substituir o tecnicismo; a juventude que havia deixado de lado as ideologias parece voltar a elas.

RTDC: Ainda em referência à pergunta anterior, como o senhor compararia a juventude de hoje – e os estudantes de Direito em particular – com a sua época de estudante, e ainda com os anos 70, quando a Argentina, assim como o Brasil, passou por difíceis anos?

JMI: O compromisso ideológico da juventude dos anos 70 pareceu desaparecer nos 90. Optou-se, majoritariamente, por posturas hedonistas, pela relativização dos valores, pelo abandono das ideologias. A juventude assumiu posturas pragmáticas, livres de compromissos. Foi, talvez, o contágio com a "leviandade" que imperou nesses anos. A sociedade argentina, ou melhor, as classes média e alta, aceitaram os desígnios do neoindividualismo, do liberalismo e de certo conservadorismo, ou postura de "direita".

RTDC: A atual década também vem se revelando um período delicado para a América Latina, com a eclosão de crises institucionais que se julgavam superadas. Como jurista e cidadão de um mundo irreversivelmente globalizado, quais são as atuais perspectivas do nosso continente, e, em especial, da Argentina, ante a intensa crise que está enfrentando?

JMI: Nós, homens de Direito, vivemos obcecados pelo destino limitado da pessoa humana (vivemos obcecados por delimitar as manifestações e características – o trajeto – da pessoa humana): o respeito a sua dignidade, um certo conforto, a satisfação de suas necessidades mínimas etc. Não compreendemos como os avanços científicos e tecnológicos não dão sustentação a uma maior felicidade, a superação das carências extremas, tampouco a satisfação das necessidades básicas da pessoa humana. Em síntese, como podem os países do terceiro mundo ou em vias de desenvolvimento sair dos anos 90, no que tange à felicidade da maioria da população, muito pior do que quando entraram na referida década?

Preocupa-nos o "capitalismo selvagem", a sociedade não solidária, a desumanização do Direito; que uma maior igualdade seja vista como uma empreitada da extrema esquerda e uma tentativa de resistência à globalização e ao progresso.

RTDC: Como o senhor vê a produção editorial argentina contemporânea na área do Direito? O que se tem feito é satisfatório? Para o senhor, os grandes manuais e tratados continuam a desempenhar um papel importante no cenário atual?

JMI: Nós, argentinos, cremos firmemente na "doutrina como fonte do Direito". Nossos códigos comentados referem-se permanentemente a ela. Tanto como às decisões dos juízes e à doutrina judicial. Isso nos difere dos outros Direitos, que se atêm menos à doutrina autoral. Acredito que a inquietude jurídica é canalizada felizmente em obras jurídicas e que a Argentina, por essa razão, encabeça a produção de livros de Direito, desde tratados a manuais, passando por inúmeros trabalhos de investigação, monografias e obras sobre temas específicos.

RTDC: Como o senhor, que foi membro da Comissão de Reforma ao Código Civil argentino, enxerga o papel das codificações na atualidade? O senhor acha que a saída ideal é mesmo erigir novos "monumentos" ou, ao revés, deveríamos buscar a implementação de tendências mais modernas, pautadas pela decodificação e pela proliferação de leis especiais? Poderíamos abrir mão da segurança advinda da elaboração de grandes codificações para privilegiar pequenas leis setoriais, buscando um direito mais dinâmico?

JMI: Não acredito ser conveniente aos nossos países latino-americanos abandonar a codificação. Creio, sim, na atualização dos Códigos, porém não meramente reconhecendo "avanços técnicos", e sim comprometendo esses corpos legislativos a uma determinada "concepção do homem e da vida". Tal como o fez o Brasil, em seu novo Código Civil, ao reconhecer o "princípio da socialidade". Todavia, os Códigos não podem apagar os microssistemas, como os dedicados ao consumidor e ao meio ambiente. Tampouco deve-se pensar em Códigos "para sempre" (eternos, definitivos), devendo-se formar uma consciência acerca de suas reformas, como também acontece no Brasil com a Constituição.

RTDC: Em vista dessa tendência, as leis especiais têm feito previsão expressa de "artigos-ponte", que possibilitam o que se tem chamado, seguindo a doutrina alemã, de "diálogo das fontes", em substituição ao antigo "conflito de normas". Para o senhor, como deve se dar o entrelaçamento dos institutos de direito civil, direito penal, direito comercial, direito do consumidor etc.?

JMI: Creio em uma relação rica e fluida entre o macro e o microssistema. Como se dirigíssemos numa "avenida de mão dupla" pela qual as ideias e influências são mútuas e recíprocas: vão e vêm. Do Código ao consumidor, e o inverso, por exemplo. Sou partidário da unificação do Direito Privado, Civil e Comercial ou Empresarial, sem prejuízo de excluir certas leis como as de falência, papéis de comércio, sociedades e outras.

RTDC: A Constituição brasileira de 1988 trouxe ao Direito Privado referências normativo-axiológicas como a dignidade da pessoa humana, o melhor interesse da criança, a defesa do consumidor, a função social da propriedade, entre outros. Há na Argentina, como no Brasil, a busca de uma releitura do direito privado à luz da Constituição?

JMI: O processo denominado "a constitucionalização do Direito Civil" também se deu na Argentina, a partir da reforma da Constituição Nacional do ano de 1994. Incorporaram-se nessa ocasião os direitos a um meio ambiente são, os direitos do consumidor e do usuário, assim como os direitos de incidência coletiva. Entre as atribuições do Congresso, art. 75, XIX, incorporou-se o seguinte propósito: "Conduzir ao desenvolvimento humano, ao progresso econômico com justiça social, à produtividade da economia nacional, à geração de empregos, à formação profissional dos trabalhadores, à defesa do valor da moeda...". Embora estas normas programáticas não tenham tido ainda princípio de execução, considero importante que as tenham constitucionalizado.

RTDC: O Direito Civil hoje é determinado por cláusulas gerais, como boa-fé, equidade, bons costumes, ordem pública. Como os juízes argentinos têm norteado suas decisões diante de ofensas a cláusulas gerais?

JMI: A ordem pública e os bons costumes estavam no Código Civil em sua redação original como limites à autonomia da vontade. Receberam escasso desenvolvimento até a Reforma do Código Civil de 1968 (Lei nº 17.711), que tentou mudar o espírito liberal-individualista do Código por outro mais humanitário e atento às necessidades comunitárias. A equidade e a boa-fé aparecem precisamente nesta reforma de 68, junto com a previsão do abuso de direito. A magistratura argentina, nossos juízes, embora tenha aplicado estes princípios gerais em algumas ocasiões, não lhes deu um desenvolvimento amplo e enriquecido. A nulidade das cláusulas abusivas apareceria na lei de tutela aos consumidores e usuários (Lei nº 24.240) no princípio dos anos 90. Tampouco contaram com a simpatia dos nossos juízes, apesar de existirem decisões que invalidaram as pretensões abusivas e usurárias.

RTDC: Quais avanços e retrocessos o senhor apontaria no Código Civil brasileiro de 2002? O senhor entende que este diploma, cujo projeto é de 1975, conseguiu superar os ranços histórico-culturais tradicionalmente a ele arraigados e assumir a postura progressista a que almejava?

JMI: A incorporação ao Código Civil de institutos com os mencionados no ponto precedente – boa-fé, equidade, proibição do abuso, princípio da socialidade – é, de per si, uma atividade francamente "progressista", de defesa dos débeis e "fracos". Completa-se com institutos como a lesão e a onerosidade excessiva superveniente. Conversa à parte, dentro dessa visão de "avanço", constituiu-se a recepção da responsabilidade objetiva, que abarca os produtos incorporados ao comércio, tenham ou não defeitos, quando se tornam danosos, e o denominado "risco de desenvolvimento e crescimento". Não nos escapa que se, por outro lado, se julga conforme a globalização o retrocesso do "Direito do Estado", com a incorporação da *lex mercatoria*, tais institutos opostos à semelhante posição mostram-se "contrários à economia livre de mercado", uma vez que possibilitam a intervenção do Estado – mal tida pelos porta-vozes do "economicismo" como "interferência cultural". Para os que escrevem sobre os institutos reiteradamente mencionados – boa-fé, abuso, função social etc. – estes não são de uma época determinada – dos anos 60 ou dos anos 70 – são, pelo contrário, "o melhor do Direito, as descobertas mais perduráveis".

RTDC: Como é a atuação dos principais meios de tutela do consumidor na Argentina? Há facilitação da defesa do consumidor em juízo? O direito do consumidor desfruta de um *status* elevado ou é visto como um ramo de menor importância?

JMI: Na Argentina, as empresas seguem vendo a defesa do consumidor como um ataque aos seus interesses. Não é concebível até hoje que o mundo empresarial aceite como razoável e justa a tutela dos consumidores e usuários. É muito pouco o que se tem feito para quebrar esta resistência desde a edição da Lei nº 24.240, no início dos anos 90 e desde a reforma constitucional, que incorporou essa tutela em 1994. Há, sim, pareceres favoráveis ao consumidor. São ainda muito poucas as associações de tutela reconhecidas. A maioria dos juristas considera que se trata de um "ramo menor", um aspecto pouco importante do saber jurídico. Nossa opinião é exatamente contrária e destacamos o trabalho dos que se ocupam destes problemas que compõem a vida diária, a felicidade quotidiana.

RTDC: São conhecidos seus estudos acerca das obrigações de meio e de resultado nos serviços, vistas sob a ótica do consumidor. Explique-nos, em especial, sua visão a respeito da obrigação assumida pelo médico junto a seu paciente, tema que no Brasil ganhou novos contornos com a promulgação do Código de Defesa do Consumidor.

JMI: Lamentavelmente, na Argentina, a lei de tutela do consumidor e usuário foge da sua compreensão – não alcança – aos profissionais liberais. A distinção entre obrigação de meio e de resultado se converteu em um "escudo protetor" dos médicos em caso de prática maléfica. É quase a única aplicação da dita distinção. Creio que o dever do médico perante o paciente busque sempre um resultado, ainda que seja próximo, como é a boa atenção clínica e cirúrgica; de onde o médico, com base na carga dinâmica da prova, deve demonstrar que "sua gestão" foi eficiente, que o fez bem, de acordo com a melhor ciência médica, o que se comprometeu a fazer. Não é suficiente demonstrar que "possui os meios". Basta convencer o juiz de que acertou com a medicação indicada ou com a intervenção efetuada no paciente, mesmo com resultado final negativo.

RTDC: Já há algum tempo, países como Itália, França e Alemanha têm elaborado teorias concernentes a categorias de danos diversas das clássicas teorias dos danos material e moral, como o dano biológico, o dano fisiológico e o dano à identidade. Estas matérias também vêm sendo objeto de estudo e pesquisas nos EUA e Canadá, bem como em alguns países da América Latina. Qual a sua posição a respeito destas teorias e como o senhor vê a sua evolução? Qual o atual estágio de desenvolvimento do "subsistema argentino de danos"?

JMI: Na Argentina, há mais de vinte anos começou-se a estudar a categoria dos denominados "novos danos"', superação da diferença clássica entre danos patrimoniais e morais. Construiu-se esta nova categoria sobre os "danos à pessoa", deixando de lado – como uma mera espécie – os danos morais e os *daños-dolor*. Começaram com os relativos à intimidade e com o dano estético. Logo, os danos relacionados à vida e aos projetos de vida; o biológico e o psíquico etc. A doutrina desenvolveu-os com muito entusiasmo e a jurisprudência os tem reconhecido pouco a pouco. Busca-se sua incorporação no Código Civil em uma eventual reforma. Assim foi nos últimos projetos.

RTDC: Tratando de responsabilidade civil, o senhor aponta para uma amplitude das hipóteses de responsabilidade, como se vê, por exemplo, em sua obra sobre responsabilidade coletiva de 1992. Mais recentemente, em seu livro *Daños, globalización, estado e economia*, de 2000, o senhor voltou ao tema. Este caminho se acentua diante da ideia de economia de mercado, podendo-se estabelecer uma forma de compensação por riscos criados dentro desta realidade econômica?

JMI: Nos anos 90, o forte avanço "economicista", com base na "economia de mercado", nas regras invisíveis e espontâneas do mercado, em um momento de defesa da empresa e de seus anseios por lucro, tratou de frear o avanço do Direito de Danos. Sustentava-se por setores minoritários "que haviam estado demasiadamente distantes", ignorando o "custo social", a interpretação econômica do direito. A crítica apontava, em primeiro lugar, para a responsabilidade imputável a risco – sem culpa – e em especial ao denominado "risco de empresa" pela colocação de bens e serviços no mercado. Invocou-se, mais de uma vez, a presença de "danos casuais" ou fortuitos e a "culpa" da vítima, como elementos válidos. Creio que esta tendência começou a declinar e que o direito dos danos mantém a plenitude de sua vigência.

RTDC: Na sua vasta obra sobre contratos, pode-se verificar uma linha que se inicia em 1961 com uma obra de cunho marcadamente dogmático, e passa, em 1975, por uma obra sobre a justiça contratual e por uma, de 1991, sobre as vicissitudes da vida contratual, até chegar a *Como contratar en una economia de mercado*, de 1996. O que mudou na sua visão do contrato como meio de circulação de riqueza até esta obra e o que mudou de 1996 até hoje?

JMI: A observação sobre a evolução dos meus trabalhos sobre contratos é absolutamente correta. Minha primeira obra, dogmática, é dos primeiros anos da década de 60 e está de acordo com a visão sobre direito que havia na época, basicamente uma visão afrancesada e clássica. A reforma de 1968, na Argentina, Lei nº 17.711, teve nessa evolução uma notável relevância. Foi uma volta ao "humanitarismo jurídico" ou ao direito com função social. Nos anos 90, percebo a incidência dos usos e costumes da empresa, a *lex mercatoria*, e trato de travar um combate contra "o contrato sem direito e sem lei"; a sobreposição das normas do Estado às normas de mercado. A preocupação está concentrada nos "débeis da contratação", na usura e abuso em um mercado com grandes e importantes "falhas". É também o momento de enfatizar uma "visão cristã do Direito".

RTDC: O senhor considera apropriado, ou mesmo possível, falar em um "Direito Sul-Americano" ou "Latino-Americano"?

JMI: Creio que devemos nos empenhar em conseguir, passo a passo, um Direito Latino-Americano. Que o futuro nos encontre, como disse um presidente argentino, "unidos e submetidos" aos habitantes da América Central e do Sul, ou melhor, do México para baixo. Que devemos preservar nossas origens e tradições jurídicas, nossa base comum, romano-latina. Pensando em um "mercado sem falhas" e, portanto, em um Direito preocupado em tutelar os mais débeis, desamparados e desprotegidos: o consumidor, o trabalhador, o pedestre, o locador etc. Os pobres, em primeiro lugar.

ENTREVISTA COM O PROFESSOR MICHELE GIORGIANNI[1]

RTDC: Como foi sua educação?

MG: Segui os estudos pré-universitários regulares, desde a escola primária até o ginásio e o Liceu Clássico.

RTDC: E sua formação universitária? O senhor acha que há muita diferença entre a Universidade da sua época e a atual? Onde se podem notar as mudanças no método didático e na relação entre estudantes e docentes?

MG: Eu frequentei regularmente os quatro anos de curso na Faculdade de Direito da Universidade de Catânia, entre 1932 e 1936. Ainda havia os antigos professores nomeados pelas autoridades locais, e havia também os novos professores que passaram no concurso nacional. Estes professores novos eram poucos, dois ou três.

Não há dúvida de que existe uma grande diferença entre a universidade daquela época e a de hoje, também levando em conta o enorme aumento do número de alunos – em toda a Faculdade de Direito de Catânia os estudantes da minha época eram uns 200, hoje devem ser 5.000. Só esse fato, mesmo conservando tanto os métodos didáticos quanto as relações entre docentes e discentes, certamente impôs mudanças consideráveis. Deixei a Universidade de Catânia, onde ensinei a partir de 1939, em 1955, quando fui ensinar na Universidade de Bolonha, até 1960; depois na Universidade de Nápoles de 1960 a 1963, e, enfim, a partir de 1963 aqui, na Universidade de Roma, que na época não era tão cheia como hoje. Os professores da Faculdade eram 16, hoje o número de professores multiplicou-se, daí a mudança. O método didático em si acredito que não mudou. Contudo, reparei que são recomendados aos alunos do primeiro ano textos que levam em conta os problemas e não mais, como acontecia antes, textos do tipo "catequese", ou seja, textos que apresentavam os institutos como se não existissem os problemas.

RTDC: O que despertou seu interesse específico no Direito e, em especial, no Direito Civil? Houve algum professor em particular que teve um papel importante nessa escolha? Quando o senhor era estudante, quais foram os professores que o impressionaram mais?

---

1 Entrevista concedida à *Revista Trimestral de Direito Civil – RTDC*, v. 13, jan./mar. 2003. A *RTDC* agradece, uma vez mais, ao Professor Danilo Doneda, responsável pela realização desta entrevista.

MG: No meu caso, o Liceu Clássico não me deu nenhum estímulo para o Direito, que nem fazia parte das matérias do curso. Matriculei-me na Faculdade de Direito porque almejava a carreira judiciária. No curso de Direito Civil, fui notado pelo Professor Rosario Nicolò, que me incentivou a continuar os estudos depois de formado.

RTDC: O senhor acredita que a universidade está desempenhando adequadamente seu papel na formação jurídica? Existe um equilíbrio entre o caráter técnico e a visão humanista, ou ainda é preciso progredir neste campo?

MG: As recentes reformas do ensino universitário foram realizadas numa época em que eu já estava fora da universidade por causa da minha idade. Portanto, não posso julgar. Considero positiva a introdução da obrigatoriedade do ensino do direito comparado, principalmente porque pode tornar possível a realização da tendência à unificação do Direito Europeu, para a qual os jovens juristas estarão preparados.

RTDC: Há vinte anos, Umberto Eco identificou um novo tipo de intelectual: "aquele que vai para a discoteca e é consumidor de cultura de massa", em contraposição à velha imagem dos intelectuais fechados nas bibliotecas. O senhor, que é um dos mais importantes pensadores do Direito italiano e mundial, atravessou todos estes períodos em sua atividade intelectual, e continua escrevendo e atuando na era da globalização e da informação rápida. Como o senhor se coloca ante essas mudanças no comportamento dos intelectuais? Como conseguir não ser um homem "de uma época só", admitindo que esta possa ser uma posição desejável?

MG: Em meus estudos atravessei quase todo o século XX e continuo no XXI. Mas não me parece, no tocante aos docentes universitários de minha matéria, que a descrição do novo tipo de intelectual feita por Umberto Eco possa ser aplicada a nós.

RTDC: Qual acontecimento político italiano ou internacional deixou marcas em sua vida, influenciando sua formação política, acadêmica ou doutrinária?

MG: A Segunda Guerra Mundial, na qual tive experiências dramáticas, pois fui preso e feito prisioneiro pelas SS alemãs, certamente deixou fortes marcas em minha vida interior, mas não em minha atividade de docente e de estudioso, pelo menos é no que acredito.

RTDC: É inevitável uma pergunta sobre a Europa, cenário de muitas mudanças desde que o senhor começou sua profícua atividade de docente. O que o senhor pensa da Europa de hoje? A União Europeia pode representar um risco, um perigo, não exatamente para os nacionalismos, mas para as particularidades dos ordenamentos nacionais?

MG: Embora eu não possa prever o êxito e as consequências da União Europeia, posso apreciar a tendência para um direito comum europeu em matéria contratual, que já provocou algumas Convenções, numerosas Diretivas Comunitárias e três Projetos importantes. Neste direito comum, o direito dos países mais fortes pode influenciar o direito dos mais fracos. Até este momento, existe a tendência para um direito comum apenas no âmbito contratual. No Direito de Família, ao contrário, até o momento não vejo tendências para a unificação; o mesmo acontece para os direitos reais. Existe, porém, uma grande resistência a um direito comum europeu por parte da Inglaterra, que tem um direito muito diferente daquele dos outros países do continente europeu.

RTDC: O Brasil, uma vez restabelecida a democracia com a volta do estado de direito, aprovou, em 1988, uma nova Constituição que, assumindo como valor primário do ordenamento a dignidade da pessoa humana, se sobrepôs à típica codificação civil liberal de 1916. O conflito resultante pode ser comparado com algumas situações vividas anteriormente por outros países, como a Itália. Em 2002, foi aprovado o Novo Código Civil brasileiro, elaborado com base num projeto apresentado no início dos anos 70, durante o regime militar. Este código, embora atualize em vários pontos a disciplina civilista, não pode se afirmar que realize os valores expressos na tábua axiológica constitucional. Como administrar este impasse?

MG: Respondendo à pergunta, quero destacar que na Itália se considera, pacificamente, que a Constituição, aprovada em 1947, pode influenciar, inclusive modificando-as, normas do Código Civil, com o suporte da doutrina. A Corte Constitucional, que tem a função de aplicar a Constituição, frequentemente modifica algum artigo do Código Civil. Portanto, certamente o Código Civil é influenciado pela Constituição, tanto na interpretação quanto até mesmo nas modificações feitas pela Corte Constitucional.

RTDC: A constitucionalização do Direito Civil brasileiro se enquadra, parafraseando uma expressão sua, no âmbito "do ofuscamento das fronteiras" entre Direito Público e Direito Privado. Não é por acaso que seu artigo "O Direito Privado e suas fronteiras atuais" – já muito conhecido entre os civilistas brasileiros – depois de ter sido traduzido para o português no décimo aniversário da Constituição de 1988, tornou-se uma das referências mais citadas em nossa recente literatura jurídica; basta pensar que, numa pesquisa na internet sobre o seu nome, o português aparece como o segundo idioma em cujo contexto ele é mais citado. Hoje o senhor o escreveria novamente ou acrescentaria alguns passos?

MG: Esse artigo foi uma aula inaugural que escrevi há mais de 40 anos, estando, portanto, "datado". Ele se refere a um período em que pareciam confundir-se os limites entre o Direito Público e o Direito Privado, e em que parecia que a autonomia privada precisasse defender-se das ingerências dos poderes públicos, o que foi considerado superado pelas necessidades do mercado e da economia. Em particular, a intervenção do legislador interno e da Comunidade Europeia foi considerada oportuna no que diz respeito aos contratos com os "consumidores" na defesa do contratante "fraco", o que aconteceu também com outras normas, como aquelas sobre a publicidade enganosa, sobre as vendas domiciliares, sobre as televendas, sobre as cláusulas vexatórias e abusivas etc. Enquanto nos contratos entre empresas se torna cada vez mais presente a avaliação da boa-fé, quer nas negociações, quer na interpretação e execução do contrato. Hoje fala-se numa autonomia privada "condicionada", não mais livre, conforme era no século XIX.

RTDC: A tradução do seu texto chegou numa época em que a situação brasileira apresentava-se semelhante àquela italiana da época em que fora escrito seu ensaio; isto contribuiu para o entusiasmo com que a obra foi acolhida pelos já entusiastas operadores do direito. Como o senhor explicaria esta coincidência, que se verificou com mais de trinta anos e um oceano de distância? O senhor acredita que se possa atribuir ao seu texto uma abrangência universal?

MG: Provavelmente, como você afirma, a situação brasileira era semelhante à italiana daquela época.

RTDC: No ensaio "O Direito Privado e suas fronteiras atuais", o senhor cria uma imagem não exatamente lisonjeira, embora realista, do civilista. Existe, naquele retrato, algum resquício de autocrítica? Como seus colegas receberam o ensaio?

MG: Não acredito que houvesse uma crítica. Na época muitos civilistas – principalmente franceses, pois na França a liberdade contratual era mais sentida do que na Itália – estavam excessivamente alarmados com a ingerência dos poderes públicos no direito civil, mas eu considerava que este alarme era, ao meu ver, injustificado. Não lembro de críticas por parte de meus colegas.

RTDC: "Direito do Consumidor", "Direito Autoral", e muitos outros setores: a inclusão desses assuntos no ramo civilista traduz uma efetiva necessidade metodológica ou a antiga necessidade de afirmar a "supremacia territorial" do direito privado?

MG: Acredito já ter respondido em pergunta anterior.

RTDC: Hoje, na era do consumismo e do pragmatismo nas relações jurídicas, que retrato o senhor faria dos civilistas?

MG: Hoje a posição dos civilistas sofre a incerteza da situação que deriva dos contrastes próprios da era em que vivemos. Se quisermos falar em tendências, pode-se constatar o abandono gradual da dogmática pura em troca de uma consideração dos casos práticos, e, portanto, uma maior atenção à jurisprudência. Depois da Segunda Guerra Mundial, encontramos nos civilistas italianos, e também nos alemães, uma grande influência do ordenamento anglo-saxão, que privilegia a jurisprudência.

RTDC: Qual é a sua opinião sobre o fenômeno da "decodificação"?

MG: Eu não concordo, porque os conceitos fundamentais – como o contrato, a propriedade – estão todos no Código Civil. As leis especiais não falam por si sós, mas usam a linguagem do Código Civil, que é o centro da legislação, inclusive daquela especial. Por exemplo, nos contratos celebrados por computador, deve-se usar sempre a regulamentação do Código Civil. Portanto, também nestes fenômenos mais recentes, mais modernos, a linguagem é sempre a do Código Civil.

RTDC: Entre suas obras, qual o senhor considera a mais importante?

MG: Parecem-me mais significativos meus ensaios sobre os direitos de usufruto (1940) e sobre a causa (1962). No primeiro, acredito ter delineado um método para a distinção entre direitos de crédito e direitos reais, que tive oportunidade de aprofundar sucessivamente. No segundo, acredito ter relacionado o conceito de causa na Itália à concepção dos outros ordenamentos europeus. Ambos foram criticados. Por exemplo, no tocante à causa, na Itália havia certa concepção que era única, diferente de todas as outras. Parece-me mais exata uma concepção que seja idêntica ou semelhante àquela da Alemanha ou da França ou da Espanha, ao invés de uma concepção exclusivamente italiana.

RTDC: Que método de trabalho o senhor usa para manter o alto nível e a continuidade de sua produção acadêmica? O tempo mudou alguma coisa em seus hábitos neste sentido?

MG: Sempre respeitei as opiniões alheias, mesmo criticando-as quando necessário. Meu método de trabalho é, antes de mais nada, ler o que os outros escreveram, o que me parece indispensável. Eu escrevo sempre a mão, nunca escrevi a máquina e muito menos no computador.

RTDC: Uma característica de suas obras é a fluência, a clareza com que transmite seus ensinamentos. Essa foi uma qualidade conquistada ano após ano ou já estava presente em suas primeiras obras? Esse estilo foi influenciado por algum autor?

MG: Não acredito que meu estilo tenha sido influenciado por alguém, é um estilo meu, pessoal, que já me pertencia quando escrevia como estudante. Comecei a escola primária aos três anos, e o meu professor sempre dizia que meu estilo era muito claro. Nas provas finais no Liceu, eu usava sempre um estilo claro, que agradava os professores. Por exemplo, nas aulas de Filosofia, mesmo nas teorias mais complicadas, eu tentava simplificá-las.

RTDC: Quais são seus autores preferidos na literatura italiana ou mundial? O senhor já pensou em ser escritor?

MG: Eu leio sobretudo livros de história, do século XVIII em diante, e algumas vezes também livros de história mais antiga, por exemplo, sobre Frederico II, Carlos V, Lutero. Na literatura, gosto dos clássicos do século XIX. Acho que os jovens devem ler tudo, principalmente os clássicos franceses, italianos e russos do século XIX, os latinos e os gregos, como Platão e Sócrates, e também os modernos. Não pensei em me tornar escritor de romances. Tentei escrever algumas novelas, mas foram apenas tentativas de estudante, quando jovem.

RTDC: A arte em geral influenciou de alguma forma sua vida, sua carreira? Em que sentido e em que medida?

MG: Compreendo apenas em parte a arte moderna, e não acredito que tenha influenciado minha vida ou minha carreira.

RTDC: Hoje, sem sombra de dúvida, escreve-se mais. Qual é sua opinião sobre a atual produção jurídica?

MG: Acredito que o multiplicar-se da produção jurídica prejudicou seu nível, que hoje me parece consideravelmente inferior. Há gente demais escrevendo. Quando eu me tornei professor universitário, havia 1.600 professores em toda a Itália, para todas as matérias. As universidades eram apenas 26; hoje são muitas mais. Também do ponto de vista da remuneração, o salário de um professor universitário era nivelado com o dos mais altos escalões do Estado, como o Presidente do Conselho de Estado, enquanto hoje o salário não é mais comparável àqueles parâmetros.

RTDC: Nos primeiros anos do século XX, a doutrina alemã teve grande influência sobre a italiana. E hoje?

MG: Hoje não é mais assim. Hoje somos mais voltados para o estudo da doutrina anglo-saxônica, sem, contudo, abandonar a alemã. Eu atravessei todo o século XX e, quando comecei meus estudos, a pátria do direito civil era considerada a Alemanha. Eu mesmo ganhei uma bolsa para estudar na Alemanha. Não fui porque estourou a guerra, e eu iria para Berlim exatamente no dia 1º.9.1939. Naquela época, a doutrina francesa era considerada inferior, porque era mais pragmática, como são, de fato, os franceses; a anglo-saxônica era considerada muito distante, quase exótica. Tudo isto mudou, o que, ao meu ver, é bom.

RTDC: Qual seria o papel do direito comparado e como deveria ser ensinado hoje?

MG: Eu estou convencido de que o direito comparado tem uma importância fundamental na formação dos juristas, seja porque as relações entre os Estados são mais frequentes, seja porque o conhecimento dos outros Direitos serve para compreender o próprio. Isto é importante também para a formação dos estudantes. Naturalmente, para um italiano poder entender o direito comparado, deve conhecer pelo menos três idiomas: o alemão, o inglês e o francês.

RTDC: Qual seria hoje o valor do direito romano?

MG: O direito romano é o progenitor do direito privado, do nosso e de todos os direitos do continente europeu, com exceção do direito inglês. Houve um momento, na Idade Média, em que o chamado direito comum era aplicado em toda a Europa.

RTDC: O direito comunitário poderia ser considerado um novo direito comum?

MG: Como já tive oportunidade de destacar, existe a tendência a um direito comum europeu dos contratos, que encontra certa resistência por parte dos ingleses. Por exemplo, nos direitos alemão, italiano e francês existe a tendência, conforme já mencionei, a aplicar o cânone da boa-fé, que na Alemanha também é codificada pelo BGB. Os ingleses observam que este conceito é tão elástico que torna incerto o direito, e vai contra o que chamam a "santidade do contrato". Em outras palavras, segundo esta concepção, o contrato, assim como está escrito, não precisa de nenhuma interpretação, nem mesmo através do cânone da boa-fé.

RTDC: De que maneira as cláusulas gerais, como a da boa-fé, poderiam tornar menos incerto o direito?

MG: Todas as cláusulas gerais provocam incerteza. Isto depende da medida em que são aplicadas, e principalmente da prudência dos juízes.

RTDC: Como deveria ser a formação dos juízes, dos juristas, para aplicar cláusulas gerais como estas? Talvez menos formalista?

MG: A preparação não é suficiente, é a aplicação concreta, caso a caso, que forma o juiz. A formação universitária é importante, mas não é suficiente. Na Itália, houve uma reforma de que eu não gosto. O Tribunal funciona com um juiz único, que muitas vezes é um jovem que acabou de passar no concurso. Quando o Tribunal era um colegiado, a experiência do mais velho servia também como formação para os dois mais novos.

RTDC: Retomando a significativa expressão "ofuscamento das fronteiras", parece que seu uso encontra cada vez mais legitimação não apenas com referência à dicotomia público/privado, mas também no que diz respeito à fronteira que separa (ou não) a jurisprudência dos outros campos do saber. É o que acontece, por exemplo, no campo da biotecnologia, em que o jurista cada vez mais é chamado a intervir. Qual deve ser o comportamento do jurista nestas situações?

MG: A intervenção do jurista no campo da biotecnologia certamente é influenciada por suas convicções éticas e religiosas. Seria necessário, portanto, que o jurista se despisse delas, o que, com certeza, não é fácil.

RTDC: O senhor dedicou-se ao estudo do direito à privacidade, uma área que sofreu muitas mudanças nos últimos anos, principalmente em razão da influência da normativa comunitária. O senhor acredita que hoje o direito civil consiga tutelar adequadamente a pessoa, especialmente nas situações em que a rapidez das mudanças na tecnologia torna difícil a aplicação das formas tradicionais de tutela?

MG: Não há dúvida de que o direito à privacidade, que na Itália foi afirmado há pouco tempo, sofre contínuos atentados pela necessidade de tutela de outros interesses da comunidade. Não acredito que o direito civil possa opor-se ao sacrifício do direito da pessoa ante os interesses da comunidade. Por outro lado, às vezes defendeu-se uma tutela exagerada da privacidade.

RTDC: Quais são as heranças e as esperanças mais importantes que os estudos sobre o direito civil realizados durante o século XX deixaram para o século que acaba de começar?

MG: Acredito que na Itália os estudos de direito civil realizados no século XX foram marcados pela seriedade da pesquisa. Nos últimos anos, estendeu-se o interesse ao exame dos ordenamentos estrangeiros de *common law*, o que enriqueceu seu conteúdo. Trata-se de uma tendência que deve ser mantida, visto que o século XXI parece sensível à chamada "globalização".

ENTREVISTA COM J. J. GOMES CANOTILHO[1]

RTDC: Quais são suas impressões mais longínquas?

JJGC: Traumáticas. Uma, a de meu irmão que foi preso por atividades políticas. E outra, um homem que andava sempre lá em nossas terras, fugido da polícia. Eu perguntei: "minha mãe, quem é?" Ela dizia: "dizem que é um refugiado da guerra civil espanhola e os oficiais andam à procura dele para fuzilar". E o homem nunca foi fuzilado porque tinha a proteção das aldeias... Minha mãe tinha uma obsessão muito clara... "Tens que sair daqui do colégio, porque não há o curso todo aqui no colégio, vais logo ao Liceu Central de Coimbra, porque é melhor a gente ter cultura".

RTDC: Como é que foi a sua vida na universidade?

JJGC: No plano cultural, achei péssima. As universidades culturalmente não são muito ricas e para mim foi um grande trauma, porque eu tinha frequentado um excelente liceu.

RTDC: Em sua cidade?

JJGC: Não, em Coimbra, nos últimos anos. O liceu era o Liceu D. João III, chama-se hoje José Falcão. Era um liceu de estagiários. Eu tinha professores estagiários, mas tinha um professor que orientava os estagiários. E aprendíamos; era um liceu muito importante, porque em primeiro lugar os professores orientadores eram excepcionais em Literatura, em História, em Filosofia, em Latim, todos excepcionais. Havia um professor que era excepcional em História, o senhor Martins Carvalho. Ele era absolutamente rigoroso na questão do horário, e eu seguia o mestre, no que se referia a isto. Depois eu tive um professor de Literatura que foi muito importante. Dizia muito bem as coisas, ouvia muito bem, tinha grande emoção para recitar poesias e obrigava-nos a decorar textos. Desde a primeira poesia portuguesa, do *Cancioneiro*, até coisas do Camões, os principais sonetos, depois algumas coisas de Almeida Garret, e era curioso porque nos encontrava na rua, puxava-nos a orelha e "Diz lá a poesia". Referia-se à poesia que era obrigatória para aquele ano. "Os senhores nem sequer sabem ler, eu vou ler é poesia". E começava automaticamente a infiltrar nos jovens essa ideia, o sentido literário, o sentido estético. Depois passava para o professor de Latim que era um homem muito engraçado.

[1] Entrevista concedida à *Revista Trimestral de Direito Civil – RTDC*, v. 14, abr./jun. 2003.

O esquema dele era assim: "não há estudo em casa. Minhas lições têm que ser aprendidas nas aulas que eu dou". Ao mesmo tempo havia também outros professores interessantes. Portanto, tudo isto nos dava muito ânimo. Estas pessoas me ensinaram Literatura, História; quando cheguei à Faculdade, aquilo era um deserto no plano cultural. Os professores eram muito competentes, salvo raras exceções; mas eu gostava mais do Liceu na parte final do que, propriamente, da Faculdade. Qual era, então, a defesa? A defesa era, no fundo, a socialização cultural; se a faculdade não dava, nós procurávamos nos grupos. O Professor Orlando de Carvalho era um homem absolutamente excepcional: ele foi para Coimbra, convivi com ele no Liceu, e ele tinha uma enorme cultura, prodigiosa. Naquelas noites, reuníamo-nos nos quartos das mulheres que, em geral, tinham melhores condições. Nós ficávamos em uns quartos que não eram grande coisa.

RTDC: Tinha muitos colegas?

JJGC: Não havia muitos colegas. Também não eram só colegas nossos, eram também do Curso de Letras. Então, quando o Dr. Orlando de Carvalho estava inspirado, era uma noite inteira, porque começava assim: "agora vou dizer umas poesias do Paul Valéry, em francês". Era uma pronúncia absolutamente indicada. Ficávamos por ali e dizíamos: "agora estamos com saudades do Shakespeare". E ele: "é em inglês, mas vou dizer". Continuávamos pela noite inteira. Também poderia cair num castelhano castiçal, e tal... "Agora vou dizer uma poesia do Garcia Lorca em castelhano". Verdadeiramente emocionante e a noite continuava por aí, era por volta de umas três horas da manhã, quando ele dizia: "oh fulano, agora precisávamos do Brecht ou do Göethe. Vou dizer alguma coisa do Brecht". Fabuloso, aquilo era impressionante! E, às cinco horas da manhã, "agora temos que tocar a nossa saída com a Divina Comédia", num italiano... Ele sabia quase tudo. Depois, nessa altura, também, todos nós que não sabíamos nada de cinema, éramos sócios do clube de cinema, líamos os *Cahiers du Cinema*, e também íamos aos filmes, e era nessa altura que adquiríamos alguma cultura também no plano cinematográfico. Era este ambiente rico... e ao mesmo tempo conspirávamos contra o governo de Salazar. Isso era por volta de 1962. O problema é este: primeiro gostamos de uma certa cultura humanística, no Direito, depois ter um bom curso de literatura portuguesa é excelente. Depois, também esses incentivos a lermos outros autores. Por exemplo, eu comecei por ler vários autores, digamos que é imprescindível a leitura de *A Montanha Mágica*, de Thomas Mann, depois, *O Vermelho e o Negro*, de Stendhal. É imprescindível que *o Vermelho e o Negro* seja lido pelos jovens. Isso é absolutamente fundamental.

Depois, um autor que eu gosto, particularmente, é o Herman Hesse; em língua castelhana, sou um adepto incondicional de Jorge Luis Borges. Não é que eu concorde com o ideal dele, mas é uma escrita apuradíssima, muito culta, muito bela. Em termos, por exemplo, de poesia, o Drummond de Andrade é o melhor. Tanto leio o Fernando Pessoa quanto o Drummond: são homens um pouco parecidos na estrutura e no esquema racional... Só que o Fernando Pessoa era um introvertido, era um solitário, e o Drummond não gostava da vida. Vemos isto nas poesias. Mas eu, em geral, aprecio os dois... Isso tudo era uma grande riqueza no plano cultural. E daí que eu diga aos meus assistentes: nada substitui poesia e literatura. Ou seja, não escrevem bem se lerem apenas autores, filósofos ou outros, porque é preciso ler outra literatura. Eu tenho um certo estilo, um estilo que é totalmente diferente. É um estilo poético.

É engraçado, dizem que eu tenho um estilo poético diferente. Isto não é através dos livros de Direito, e sim através de outras leituras, por isso eu insisto sempre com isso. É impossível ser uma pessoa universitária se não tiver tempo às leituras. A leitura da noite é sagrada. O jovem aluno não pode ser pragmático, querer saber apenas do processo. Não pode ser um grande jurista quem não for um homem culto também. Quaisquer que sejam os autores que a gente escolha, cada um tem a sua preferência, é óbvio, mas me parece absolutamente indispensável a leitura. Infelizmente, hoje há muita mensagem esparsa.

RTDC: Em todas as áreas, não é? As especializações foram levando as pessoas a se concentrar excessivamente num ponto do saber, sem ampliar essa visão humanística...

JJGC: A iniciativa privada em Portugal começou com muitas licenciaturas: Engenharia disto, Engenharia daquilo, Direito disto, Direito daquilo... Com tudo isso, o problema que se põe hoje, não sei se também aqui no Brasil, é a opção entre cursos de "banda larga", como nós dizemos, ou cursos multiespecializantes. Isso é uma dicotomia importante. Nos cursos de banda larga, os alunos nos criticam dizendo que somos muito teóricos e que nós procuramos dar uma formação geral. Eles dizem: "Ah, o importante é a prática". Prática é muito importante, mas ela não nos ensina a ver o detalhe. E mais, é importante uma formação generalista. Uma revista portuguesa, há pouco tempo, perguntou aos empresários portugueses o que eles esperavam dos estudantes que postulavam uma vaga em suas empresas. É uma pergunta boa. As pessoas que estavam a falar – diretores de grandes empresas, como a Phillips – disseram, em primeiro lugar: não cremos em engenheiros de parafusos. Cremos em generalistas, jovens inteligentes com preparação sólida em termos gerais. Depois, tem que ser curioso, gostar de línguas. E ainda duas afirmações muito sugestivas, por parte dos empresários: eles preferem jovens que tenham tido alguma participação na vida de seu tempo, e, depois, que foram um pouco "vadios" na vida, ou seja, como nós fazemos na Europa, ir para outras terras, andar a passear, ir com as malas nas costas, o que não faz mal nenhum. Ganha-se experiência. A gente tem que ter alguma atenção também para isto. Porque saímos das faculdades com mestrado, normalmente, aos 30 anos, e não há empresa nenhuma que nos queira. Nós, universitários, devemos ser humildes: a universidade não serve para servirmos a nós próprios; serve para buscarmos o mercado de trabalho. Mas, muitas vezes, nós não estamos atentos a isto. Estamos formando pessoas para a vida, para a sociedade, para a atividade e, disto, muitas vezes, nos esquecemos.

RTDC: Quando despertou o seu interesse para o Direito Constitucional?

JJGC: Eu fui contratado para assistente, só não era ainda Direito Constitucional. Entretanto, fui para a guerra, onde fiquei quatro anos, sendo dois anos na Guiné (de 29.9.1968 a 30.10.1970). Ao todo, fui com 24 anos e voltei com 28. Isto não é pouca coisa. Eu nunca soube por que eu tinha ido para a Guiné nem o que estava por acontecer. Eu era o defensor dos militares, o advogado daqueles que estavam na cadeia.

Portanto, esta foi minha primeira experiência prática: advogado dos militares. Dentre os militares, um deles era informador da polícia e escreveu uma carta, dizendo: "Comandante, há aqui um aspirante provinciano que está a causar subversão". Era uma pessoa que esteve dez dias sem se apresentar, um desertor. É um crime de mera conduta, nós chamamos de crimes formais, digamos assim. Então, o que é que eu fiz? Como um jovem licenciado que não sabia muito Direito Penal, disse: "Não, para isso tem que haver aqui o *animus desertandi*" (risos)... Porque uma pessoa pode estar na França, passar algumas horas com intenção de voltar e pode andar a auxiliar a mãe, a poupar nos serviços domésticos durante vinte dias, não tem intenção de desertar, é apenas ignorância. Naquele caso, era um refratário de uma parcela das inspeções militares. Um cigano, vendedor ambulante, sem residência fixa, sem saber ler ou escrever e que tinha sido convocado por edital, e queriam para ele uma pena de dois a quatro anos. Era assim. E ao juiz eu disse: "o senhor não pode condenar esse homem!". Nas condições em que ele era, um vendedor ambulante, sem residência fixa, sem saber ler ou escrever, convocado por edital, acusado de ser refratário... quatro anos na cadeia! Que crime cometera? Por que era vendedor ambulante, da raça cigana, tinha dezoito anos? Veja se não há aqui necessidade de centrarmos os crimes de mera conduta com o direito material... era absolutamente injusto! E, portanto, eu surgi com o *animus desertandi*... Vejam, em Guiné ganhei uma grande experiência, por exemplo, sobre como é que a pessoa humana reage de forma diferente diante de tanta atrocidade – não há regras quando está em pauta o gênero humano. Havia ainda aquelas coisas caricaturais que me ensinaram como se deve ser adulto também na tropa. Eu recordo, e conto sempre em termos engraçados, algo que aconteceu lá no serviço. Nós éramos licenciados em Direito, nós éramos muito amigos, fazíamos o que queríamos, tínhamos motorista, tínhamos jipe, tínhamos um soldado para tirar o pó dos processos. Eram presos e preferiam ficar conosco – porque ali tinham uma ressocialização, uma "família" – a ficar na cadeia. E nós dávamos empregos para os presos todos. Então os presos adoravam, ficar no ar-condicionado, nessa altura. Eu perguntei a um deles que me procurou: "Mas o que aconteceu?". "Há um processo contra mim", disse. "Um processo contra você? O que foi que você fez?". Ele contou que estava na farra, com mulher, e vinha a altas horas da cidade, de carro, e a polícia militar interveio. Com a lucidez do alcoólatra, ele perguntou: "Quem são os senhores?", "Somos da polícia militar". "Então se identifiquem" (risos)... Apesar de tudo, saí da Guiné com louvor, um oficial bravamente excepcional, absolutamente contente, com o serviço em dia. Nunca estive doente e vivemos uma robustez, quer dizer, nos tornamos mais homens. Não tenho grandes cerimônias, digamos, mas sei que é uma vida, podia ter morrido na primeira noite quando fui à ronda em uma zona perigosíssima, completamente inexperiente. Eu era despreparado para a vida lá e, quando cheguei a Coimbra, tornei-me assistente de Direito Constitucional. Mas o Direito Constitucional ainda não era totalmente o que eu queria, porque eu havia começado a fazer tese de mestrado em Direito Administrativo. Lá tinha um professor que disse: "Eu acho que você deve fazer uma tese sobre o domínio público, que isso não tem sido estudado". "Mas eu não gosto muito disso", retruquei. "Então você deve fazer uma tese sobre Responsabilidade do Estado", é aí que aparece aquele livro da Responsabilidade do Estado. Por quê? Porque domínio público eu nunca havia estudado e a responsabilidade havia sido estudada em direito penal e direito civil, sempre como instrumento que permitia ligar com a responsabilidade do Estado, claro, porque a licitude, o valor do resultado, o valor da conduta são coisas também que a gente aprende, aqui está o problema teórico. Serve para tudo o que a gente aprende no direito penal e no civil, serve para a gente aplicar depois. De 1975 a 1977, eu fui a vice-reitor, e a despreparação continuou (risos).

RTDC: Não para a vida, não é?

JJGC: Não. A experiência de vice-reitor foi traumática porque, primeiro, era um ambiente de muita exclusão política e eu fiquei com a fama de ser um oficial fascista.

Ensinou também para a vida: nunca mais cargos burocráticos, porque eu era um vice-reitor encarregado do serviço social. Havia cantinas, a Casa do Estudante, tinha a creche, jardins de infância, tudo.

Então eu nem sabia que mundo era aquele, aí comecei a ver que as crianças bebem tanto leite e consomem tanto pão... E comecei a observar isso também. E então verifiquei que os carrinhos que levavam o pão e o leite das crianças "tropeçavam" em todas as casas dos funcionários, dando pão e leite aos funcionários. E o descanso... Eu disse: "os senhores descansam e acabou. A partir deste momento não haverá sequer almoço, porque para quem fica a dormir não é preciso ter almoço". O que eu fui fazer? "O fascista retira direitos sociais", passaram a dizer de mim... Depois, no outro dia, os cozinheiros queriam ser promovidos, e eu queria saber qual é a lei que os rege: "É a lei da função pública e contrato relativo de trabalho", responderam. Eu disse: "Vocês querem ter as vantagens do contrato relativo de trabalho como privados e a lei da função pública quanto à jornada. Vocês querem a garantia de um hotel cinco estrelas". Daí veio a guerra! Tanto dos estudantes quanto dos funcionários! O que eu fui fazer, novamente? "Oficial fascista vice-reitor retira direitos sociais dos trabalhadores"... Até que aconteceu uma coisa também inédita: o partido que ficou em maioria demitiu o reitor, e o reitor tinha dito: "Bem, vão ter que demitir também o vice-reitor, porque tenho quase certeza de que não ficará sem mim". Chego à noite para ver televisão e vejo que fui demitido pela televisão. Aos 31, 32 anos eu decidi: tenho que me doutorar. Como se deu? Arranjei uma bolsa que era fabulosa, para ir à Alemanha. Lembro-me que nunca tinha tido tanto dinheiro, os marcos... Pagaram-me de outubro a janeiro. E me disseram: "Chamamos-lhe a atenção que nós só lhe voltamos a pagar em janeiro. Não vá gastar o dinheiro todo". Isso tudo enriquece!

RTDC: E como o senhor, que hoje é um dos mais importantes constitucionalistas da Europa, vê as atuais relações entre o Direito Privado e o Direito Público, e mais especificamente, entre o ramo civil e o constitucional?

JJGC: Há um livro interessante de um civilista, Neuner, professor de Munique, *O Direito Privado e o Estado Social*, que é curioso. O livro começa com uma ideia interessante: quando nós nos aproximamos do Direito Constitucional e do Direito Civil, há duas pré-compreensões absolutamente antagônicas; os constitucionalistas entendem que, a partir da entrada em vigor de uma Constituição, todo o mundo desapareceu e a partir daí há um mundo novo. Já os civilistas têm uma pré-compreensão totalmente contrária: nada aparece de novo no mundo, as estruturas profundas do direito privado continuam, continua o Direito Romano, e, portanto, não temos que conhecer a Constituição. Portanto, continuam os princípios de divisão do Código Civil e, portanto, estamos todos bem. Não é nada disto. Nem o Direito Constitucional pode ser imperialista para dissolver o Direito Civil nem o Direito Civil pode dizer, "bem, não temos nada a ver com a Constituição que está aí, vou seguir minhas regras próprias". Um bom exemplo, com o qual inclusive trabalhei nas aulas do Mestrado, é o seguinte: há uma lei de proteção dos cônjuges, em Portugal, que garantia mais ou menos isto: cônjuges casados, investidos na função pública, tinham a possibilidade de eles viverem na mesma terra.

Só que agora aconteceu que foram duas pessoas, em união de fato, para pedir para morarem na mesma terra, porque viviam lá e tinham lá os filhos. Espera: é lei de proteção dos cônjuges. Abrange ou não a união de fato? Vem o pedido nos tribunais ordinários e acaba no Supremo, no Tribunal Constitucional. Como é que ele deve se manifestar? É lei de proteção dos cônjuges, a matéria chegou em termos constitucionais. Uma parte radical disse assim: o que está aqui na lei, interpretação dos cônjuges, é para proteger o casamento legalmente constituído. Veja bem, isto podia ser uma interpretação razoável há 30 anos. Só que a leitura que o Tribunal Constitucional fez, e a mim parece boa, é diferente: o que se está querendo é proteger fundamentalmente a família, e aqui a família é um casal, duas pessoas que têm os filhos vivendo com eles. E, portanto, parece lógico que estando a viver há vinte anos, tendo filhos, o que o direito protege é a situação de fato, o fundamento da família. É o entender do Tribunal Constitucional. Não é que a gente queira legalizar tudo, nem dizer que são coisas idênticas. Agora, lei de proteção dos cônjuges... se por acaso se apresentam duas pessoas que vivem juntas há não sei quanto tempo, com filhos... com filhos o que é que nós constituímos? Família! Deve se adaptar a situação de acordo com a Constituição.

RTDC: E aqueles casais sem filhos?

JJGC: Sem filhos é mais complicado. Mas há lá uma interpretação de que devem ser protegidos, mesmo sem filhos. É certo que a família sem filhos também é família, eu não excluiria mesmo esta hipótese, porém é mais complicado. É evidente que não pode ser um encontro qualquer, episódico, em que duas pessoas se conheceram e agora querem ir os dois para a mesma localidade, por ser uma "união de fato"... É assim que surgem os problemas do Direito Civil, que não são problemas fáceis. Temos que viver no limite, com um olhar do Direito Constitucional e um olhar do Direito Civil. E eu penso que não devemos nem dissolver o Direito Civil nem dissolver o Direito Constitucional. Mas há aqui umas pontes e uns conflitos, digamos assim. Eu acho que devemos ter prudência em analisar as coisas. Ainda tem um pouco esta articulação e esta relação de extensão que também são criativas. Portanto, a ideia que eu tenho é sermos cautelosos quanto à constitucionalização do Direito Civil e quanto à civilização do Direito Constitucional. Eu penso que o Direito Constitucional é fragmentário, portanto, não pode absorver a utilização privatística. Mas tem alguns preceitos importantes que devem conformar a legislação privatística. A Constituição diz que os cônjuges têm iguais direitos, e que os filhos nascidos dentro ou fora do casamento têm os mesmos direitos. Não podemos lhes dizer que no cálculo da partilha, por um lado, como eu aprendi no Direito das Sucessões, os filhos ilegítimos não tinham nada. Depois, o problema da própria posição da mulher na partilha: primeiro para os filhos. Aquilo lá era uma coisa injusta. A Constituição obrigou a alteração. O legislador alterou isto, alterou o Código.

RTDC: E quando o legislador não altera, como foi o caso do Brasil?

JJGC: O problema era este, que nós tínhamos antes da própria alteração do Código Civil. As situações em algumas coisas eram mais complicadas. A autoridade administrativa, conservadora do registro, fazia o averbamento: "filho de pai incógnito" ou "filho ilegítimo". A partir do momento em que entrou a nova Constituição, esses averbamentos tornaram-se proibidos. Porque eram averbamentos inconstitucionais. Isto é uma aplicação direta, não há problema nenhum aqui. O problema mais complicado era o que tinham os juízes nos processos de partilha que estavam no Tribunal. Alguns juízes pensaram assim: "Neste caso, fica suspensa a instância, até pela razão de eu não saber bem resolver esta questão". Outros disseram: "enquanto não vier o Código Civil, tenho que continuar a aplicar este Código Civil velho". Só que essas normas se tornaram inconstitucionais, portanto, o juiz estava a aplicar normas inconstitucionais. E isto deu origem depois à grande discussão: se o Supremo Tribunal Constitucional podia abster-se da inconstitucionalidade das decisões e do direito pré-constitucional.

RTDC: Foi a grande missão do Tribunal Constitucional italiano. E no caso o brasileiro, o Supremo renunciou a esse papel, logo no julgamento da primeira ação direta de inconstitucionalidade.

JJGC: Aquele problema era muito complicado, não era o Tribunal Constitucional em Portugal, era a Comissão Constitucional. Havia duas perspectivas. Uma que entendia: a Constituição impõe-se para o futuro e é a ordem básica para o futuro. E a posição italiana dizia: não, a Constituição italiana também fiscaliza as normas pré-constitucionais. Eu acho que no plano normativo, no plano tópico, o problema era complicado, porque no fundo tínhamos aqui uma inconstitucionalidade que poderia ser uma inconstitucionalidade superveniente. Entrou em vigor a Constituição e esta lei está contra a Constituição. E o problema que se expõe é: esta lei não deve ser aplicada pelos juízes, por estar revogada. Porque a Constituição também é uma lei. Portanto, a lei 2, posterior, revoga a lei 1; em termos lógicos, este é o primeiro argumento. Mas não é só. A Constituição, em vez de ser um instrumento de arguição, pode também ser um instrumento de inconstitucionalidade. Ela torna inconstitucional uma norma porque é uma norma superior e torna aquela, em teor, inconstitucional. E o problema é este: é que a revogação se opera automaticamente. O juiz deve conhecê-la e a lei não exige? E a inconstitucionalidade? O melhor é declarar a inconstitucionalidade. É mais seguro para a relação jurídica, portanto, considerar inconstitucionais as normas. E melhor o tribunal dizer se é ou não inconstitucional.

RTDC: Fale-nos um pouco sobre a sua passagem para o Direito Ambiental...

JJGC: É curiosa. Fui à Alemanha em 1995 e em 1997. Lembro que o Prof. Peter Häberle, que eu conhecera na primeira ocasião, estava ministrando aula no curso de Letras, porque no de Direito já não podia dar aulas, e eu disse: "O que o senhor quer que eu traga para cá?". Ele respondeu: "Traz o Direito Ambiental que agora é o mais progressista". E eu: "O que o senhor quer dizer com isso?". E ele: "O Direito Ambiental está nos fazendo rever tudo o que nós ensinamos aos alunos. Direito adquirido, por exemplo: não há direito adquirido. É preciso saber se a fábrica que está a laborar pode continuar a laborar. Nós ensinamos que não há retroatividade das leis. As leis ambientais têm que ser retroativas sob pena de não haver meio ambiente. Há que se aplicá-las retroativamente". E foi assim. Mas, na verdade, é preciso deixar claro que eu cobiço essas duas dimensões, digamos assim – Direito Ambiental e Direito Constitucional –, e é nesse contexto que estou.

RTDC: Então, não irá se dedicar inteiramente ao Direito Ambiental?

JJGC: Não. Costumo dizer que a bandeira portuguesa tem duas cores: a vermelha e a verde. E, portanto, há o Direito Constitucional Ecológico. O Estado Constitucional Ecológico... As coisas hoje são mais sérias. É preciso resgatar o compromisso social razoável do direito de propriedade privada, o direito de propriedade constitucional, a autoridade, o ambiente, como é que faz e como é que não se faz a conversão, como é que articulamos essas coisas. E assim novamente temos o contato dos direitos. Tem havido alguma dificuldade tanto no Direito Civil quanto no Direito Administrativo em compreender, hoje, a realidade das relações poligonais.

RTDC: Precisamos de novos conceitos?

JJGC: Eu penso que devemos buscar novos conceitos, é evidente que há relações ambientais, poligonais, em que já não tenho como fazer uma relação bilateral. Os civilistas dizem, por exemplo: "Então, bem, se é prédio contíguo, se não é prédio contíguo... Não é preciso grande contiguidade, mas é preciso alguma proximidade". Eu digo: "Olha, isto está tudo errado!". Na minha urbanização tem um problema, que pode acontecer em qualquer lado: transformaram grades em um canil, e é evidente que os cachorros ladram e incomodam. Um canil não pode se dar numa zona como aquela. Como é que o civilista constrói a relação urbanística e ambiental? Estudando conceito típico do Direito Civil, não é? Tempo, espaço, quem são as pessoas, quem tem legitimidade. Portanto, quem tem legitimidade aqui tem que abrir mão da formação, eliminar o canil, claro que é um problema do cotidiano.

RTDC: O Superior Tribunal de Justiça aqui no Brasil decidiu, em um caso de um casal que criava 150 cães, pela eliminação do canil.

JJGC: E quem é que tinha legitimidade?

RTDC: Quem impetrou a ação foi a Procuradoria do Município de São Paulo, ao que parece...

JJGC: Mas, supondo que fosse privado, quem teria a legitimidade? Para um ambientalista qualquer um tem a legitimidade. Primeiro, em termos urbanísticos. Agora, aqui neste caso se me disserem que qualquer indivíduo pode ter, não pode ser, porque tem que ter um mínimo de conexão com aquele espaço. E eu digo assim: "Bem, é que não defendo apenas minha região, eu defendo o ambiente que está aqui nesta zona". Ou seja, tem que haver alguma conexão de espaço, de localização de pessoas, mas não em termos civilísticos, porque senão não resolvemos os problemas. Porque o meu prédio não está ligado, não está próximo, a pessoa não está na mesma organização... Está aqui uma relação de ciência urbanística e de ciência ambiental. É coisa da vida que está aqui em pauta, porque os cachorros ladram e... os civilistas, coitados! Mas não é muito fácil a gente obrigar a tirar o canil. Eu acho que deve haver uma interligação entre o Direito Civil, o Direito Constitucional e o Direito Ambiental. Não pretendemos ser uns melhores do que os outros.

RTDC: Ou seja, tem que haver alguma ligação, não é apenas uma questão de mais próximo ou menos próximo...

JJGC: Vamos lá ver. Se eu disser que eu moro em Lisboa, sou vizinho urbanístico! E se eu disser: eu moro em Lisboa, sou vizinho ambiental! Você diz: "Vizinho ambiental, como? Não pertence a nenhuma associação nacional, não governamental de defesa do ambiente... Afinal, é vizinho como?". Afinal, também tem que ter alguma lógica, porque senão vem um do Algarve, ou vem um de Porto Alegre e diz: "Eu sou vizinho ambiental do Ceará, de Fortaleza!". Quer dizer, tem que haver ali um jurista sensível a essa questão. Eu acho que tem que ser sensível a algumas questões. E, noutros casos, por exemplo, eu acho que os civilistas são particularmente agudos, mesmo em condições mais progressistas. A evolução do Direito de Família, por exemplo. O que podemos concluir dessa evolução do Direito de Família? Verdadeiramente uma coisa: é que ninguém quer ficar sozinho. As pessoas casam, se descasam; juntam, se separam. Em termos psicológicos ninguém quer ficar sozinho. O que podemos concluir? É que a família é o próprio legislador, e o legislador significa, neste caso aqui, que a família excluiu o Estado, excluiu a Igreja, a religião. Então, um pai e uma filha podem estar vivendo em união de fato; dois irmãos podem ter uma união de fato, porque aí estão os impedimentos impedientes do casamento. Aquilo que é válido para o casamento não é válido, agora, para a união de fato. Porque aqui é como a ordem pública que não está totalmente resolvida. Só que o Estado não pode fiscalizar tudo. Porque, evidentemente, nós não podemos fiscalizar que um pai estaria com a filha, porque não tem a publicidade dos pregões, é feito na clandestinidade... São estruturas profundas, não são invenções nossas.

RTDC: E o que o Direito faz com um filho eventual dessa relação?

JJGC: É o que eu digo, a questão aparece na maternidade: filho de pai e filha, filho de dois irmãos. E o Estado tem que olhar para isto. Há sérias implicações, em termos de consanguinidade, com problemas complicados e por outro lado há uma violação clara da ordem pública. Não é fácil!

RTDC: Mas a criança não tem nada a ver com isto.

JJGC: Não há dúvida nenhuma... O casamento tem impedimentos impedientes e dirimentes, não é por acaso...

RTDC: Mas esse filho incestuoso aqui tem pai e tem mãe. Ele é registrado?

JJGC: É registrado. Por isso que eu digo que o Estado não é "expulso". Porque esta criança precisa da tutela desse pai em vários níveis, desde logo, não é clandestino, existe! Pode ter problemas graves de doença, existe e tem que ser tratado. Mas como é que vamos resolver? Não se trata de dissolver o Direito Civil e dissolver o Direito Constitucional. Entre eles está um conservadorismo. Eu penso que não é assim! Nem "civilização" nem "constitucionalização". Este diálogo que é muito difícil e muito sutil em algumas coisas, por exemplo, nos obriga a estar permanentemente atentos, a mim me obrigam a estudar Direito Civil.

RTDC: Professor, o senhor não acha que o fato de terem sido inseridos na ordem pública constitucional muitos aspectos que eram "privados", como a propriedade, a empresa, a família, traria mais do que uma simples interdisciplinaridade? Não haveria, propriamente, uma nova ordem pública constitucional em que a pessoa humana se torna de tamanha importância que, mesmo nas relações privadas, não pode ser excluída a intervenção do Estado?

JJGC: Isto diz respeito à aplicação direta dos direitos fundamentais. Vocês sabem, tem uma teoria, cautelosa, embora de eficácia direta. O problema é este: um pouco de nossa discussão é importado da Alemanha e ela não tem o que tem a Constituição brasileira e a portuguesa. Tem apenas que esses direitos vinculam os poderes. Mas não dizem como nós: "público e privado". Nós é que acrescentamos, porque a teoria é centrada nesta ideia também de ser possível a extensão dos direitos fundamentais, sobretudo os de garantias, às relações privadas. Qual é a primeira questão que surge que eu não sei ainda bem resolver? Tem um professor francês que diz que "o problema é que nós temos que saber que muitas vezes nós temos três Códigos e duas morais no seio da sociedade". Por exemplo, na França, um caso complicado é o divórcio nas escolas, porque há pessoas que são contratadas por colégios particulares católicos, que se divorciam e depois se casam uns com os outros e o colégio diz: "Bem, vocês já sabiam que iam entrar aqui". E eles respondem: "o colégio não tem nada a ver com a nossa vida". Quer dizer, não é muito fácil! Aqui a pré-compreensão é moral e religiosa, não é muito fácil. Portanto, temos que ser cautelosos. Como sabem, existem vários planos em que tem que haver a liberdade das pessoas. O exemplo que nós damos aos nossos alunos: eu posso pôr na rua uma pessoa que não é do meu clube, mas que também podia pôr porque ele não está pagando, isso ninguém pode impedir, é óbvio. Mas em outros casos eu fico condicionado. E esses casos começam a ser mais complicados, por exemplo, num programa que nós temos na televisão, o *Big Brother*. É assim: são pessoas que estão durante quatro meses numa casa – eu não vejo porque estou na cama a essa altura. São rapazes e mulheres, que vão estando ali no convívio e vão expulsando uns aos outros também, até que fique um. Intensificam-se as relações: foi o caso de um jovem e uma jovem que resolveram ter relações sexuais, e a máquina filmando. E, no dia seguinte, ficou tudo visível para os pais, ou sejam, os pais começaram a ver o filho e a filha tendo relações sexuais bem em frente deles... No fundo, o jurista não inventa coisas, é a intimidade da vida privada que acende também um sentimento que é o pudor. O sentimento transmite o seu valor e a intimidade da vida privada, e esta é a norma utilizada como direito fundamental. Esta ordem que conseguimos é um sentimento que se transmuda em valor, e o valor depois é capturado pela Constituição. Então é um direito fundamental, um direito civil, um direito constitucional... Eu não sei se o programa é ou não inconstitucional. O problema teórico que eu ensinei aos meus alunos, o problema que eles me perguntavam, era este: se havia renúncia aos direitos fundamentais e se, através do contrato, nós podíamos exercer restrições que não podíamos obter através de lei. E eu disse aos meus alunos: "Eu não sei se é algo que eu já disse, porque é algo que eu ensino, que não pode haver renúncia que afeta o núcleo essencial, de um direito fundamental de garantia. É um caso complicado o da violação da intimidade. Mas eu não sei ensinar-vos, uma vez que li nos jornais que os pais ficaram todos contentes" (risos). Então, é esta a dimensão da intimidade, quer dizer, está tudo bem! Esta é a síntese, então fica difícil um professor de Direito Constitucional ensinar a eficácia dos direitos fundamentais nas relações jurídicas privadas, e o que eu vejo hoje na magistratura é um pouco isso.

RTDC: E a questão do chamado "livre desenvolvimento da personalidade"?

JJGC: A minha concepção sobre o desenvolvimento da personalidade é diferente da concepção dos civilistas alemães e portugueses, não está no livro e significa, primeiro, que o desenvolvimento é também a capacidade de desenvolver, não é apenas a liberdade. Antes de eu ter a liberdade eu tenho que ter a capacidade de desenvolvê-la. É evidente que uma criança tem que ter vontade, tem que ser bem alimentada, tem que ser vestida, tem que ser cuidada, porque este é o desenvolvimento dos jovens e das crianças. Portanto, o que nós temos que ter é, primeiro, uma dimensão que assegura uma prestação para o desenvolvimento da personalidade. Eu coloco a capacidade em primeiro lugar e a liberdade vem depois. É eu assegurar a cada um em termos da autonomia, em termos de vontade.

RTDC: Há uma questão que ocorreu na França, interessante, das meninas muçulmanas, na escola francesa, usando xador. E a escola dizia "não", não é permitido vir à escola vestidas desta maneira...

JJGC: Eu aí tenho uma posição mais laica, digamos assim, que é esta – para mim, não tenho nada contra ir à escola com xador porque também as mulheres aparecem de minissaia, aparecem de vestido comprido, outra aparece de chapéu e a gente não se mete muito com elas. O único problema que tem a ver com a ordem pública é que a religião não pode suplantar a ordem pública, é quando eu digo: a senhora agora retira o véu que eu quero tirar uma foto para a carteira de identidade, quero uma fotografia do seu rosto descoberto. "Ah, mas isso é religião!!!". Não é religião nenhuma, se é religião a senhora saia da França, saia de Portugal. O que não posso é tirar a foto com o véu. A senhora então me traga uma foto de seu rosto para a carteira de identidade e para o passaporte. Se a senhora quiser fazer a foto dentro de casa, tudo bem. Se eles quiserem estar na comunidade, têm que cumprir algumas regras básicas, e uma delas é essa.

RTDC: Então tem que ter autoridade e ao mesmo tempo respeitar a liberdade...

JJGC: Exato.

RTDC: Há um limite tênue às vezes; aqui no Brasil nós temos as testemunhas de Jeová...

JJGC: Isto nós já resolvemos. O Ministério Público substitui e dá autorização aos médicos para atender às crianças.

RTDC: E quando se trata de adultos, testemunhas de Jeová?

JJGC: Aí é que está o problema da renúncia. Isso é um problema que discutimos: qual o limite, digamos assim. Então em relação a essas pessoas eu acho que não devemos intervir na vida delas. Agora o problema se constitui quanto aos médicos, que têm o dever de salvar as pessoas com transfusões de sangue...

RTDC: Nas salas dos tribunais em Portugal ainda há o crucifixo?

JJGC: Não sei, eu tenho a impressão de que já não há. Na Alemanha houve um grande problema por causa da cruz. A mim, que sou agnóstico, não me afeta muito o crucifixo, agora eles vieram dizer que o crucifixo era uma mensagem de morte, que as crianças... Eu penso que uma comunidade inclusive tem que aceitar tudo isso.

RTDC: Quanto a estes princípios de direitos fundamentais na experiência portuguesa, tem se estabelecido uma hierarquia de valores na jurisprudência, na doutrina portuguesa?

JJGC: Eu tenho combatido sempre isso. Mas alguns direitos, penso, não admitem relativização através da ponderação, seria inadmissível... É o caso da vida. Esse é um dado cultural, é um dado civilizacional. Eu entendo que nós devemos continuar a ser dom quixotes no mundo, não pode haver pena de morte. Há internacionalistas e constitucionalistas que são a favor. Porque eles acham que a prisão perpétua, relativamente a alguns crimes que se cometem – Timor, Pinochet... o que é uma prisão perpétua para uma pessoa dessas, que lança dos aviões milhares de pessoas para o Oceano Atlântico? Não é fácil julgar. Agora, para mim, é evidente que a pena de morte é completamente diferente, porque esta é irreversível.

RTDC: Por isso não é pena.

JJGC: Não é pena, a pena de morte não é pena, por que o que ela pretende? Ela pretende eliminar fisicamente a pessoa. Porque as penas são penas, mas para serem aplicadas às pessoas estando elas vivas.

RTDC: Nesses casos, então, nem se pune a pessoa, nos piores casos não se pune a pessoa?

JJGC: No fundo, quanto à ideia de pena de morte nós continuamos intransponíveis, agora se eu lhes disser que fizemos um inquérito com nossos alunos e o resultado foi 70% a favor da pena de morte... Um inquérito informal. E sabem por quê? Esse código, por exemplo, existe nas cadeias. Todo pedófilo que passa por lá eles matam.

RTDC: Os estupradores aqui no Brasil também são mortos na cadeia...

JJGC: Numa rixa qualquer, numa luta em que o indivíduo mata o outro, é mais digno que o pedófilo. É engraçado o código de honra que vigora nas próprias cadeias. Fica-se impressionado por eles próprios fazerem justiça dentro das cadeias, é quase uma justiça dual, também...

RTDC: Por outro lado, o Direito e o ordenamento jurídico, o Estado para organizar tudo isso, existe no fundo para contrariar os nossos impulsos, digamos, mais animais. E, portanto, isso é civilizatório – não matar, neste caso...

JJGC: Há pessoas que não têm senso algum. Nós tivemos lá um caso absolutamente incrível, de um pedófilo que violou uma menina de 6 anos e a matou, e os advogados foram, sucessivamente, declinando a responsabilidade de defesa. Até que alguém aceitou. A pessoa tem que ter um advogado, porque vai para a prisão... E este disse: "Se fosse uma filha minha eu sei que faria justiça pelas próprias mãos". Um tolo que foi mais hipócrita que os outros advogados que não aceitaram fazer a defesa... É absolutamente impróprio ele dizer isso. Das duas uma, ou não defendia ou ficava calado. Apenas dizia: toda pessoa tem o direito de defesa e estou a cumprir porque me impõe a ordem dos advogados fazer a defesa. Eu acho que este mundo está bastante complicado, mas apesar de tudo eu tenho uma mensagem: apesar de tudo nós caminhamos para uma civilização melhor.

RTDC: As mulheres podem dizer isto: vivem infinitamente melhor hoje que há 30 anos...

JJGC: É evidente. Eu tenho acompanhado em minhas viagens a evolução das mulheres. Por exemplo, na minha faculdade, a minha professora de Direito Civil, assistente no primeiro ano, não foi professora porque era mulher. Agora, depois de passar por vários cargos, foi contratada como professora auxiliar, e depois com mais de 70 anos foi doutora *honoris causa*.

Para compensarmos a injustiça referente à discriminação de sexo... Eu dou aula no primeiro ano, eu noto que há muitas mulheres, eu fico muito espantado porque noto que não faltam às aulas, apontam tudo, são sistemáticas, utópicas, trabalhadoras, e o rapaz na altura dos 18 anos é muito diferente. Por isso, nos concursos para juiz e para o Ministério Público elas ficam nos primeiros lugares. Mas, pelos dados que nós temos, a Justiça não fica melhor, porque a mulher é muitas vezes mais injusta, não é mais benévola. Verificou-se que não havia uma humanização da justiça através da mulher. Parece que com isso se conclui, a Justiça não está melhor, e quem leva a culpa é a mulher...

RTDC: Como a nova visão do Direito atuou para melhorar, efetivamente, a condição feminina?

JJGC: Digamos que nesse aspecto aqui interessa, por exemplo, alguma antiga situação: a Constituição, mesmo sem legislação que a contradissesse, mas, enquanto não fosse modificado o Código Penal e essa legislação toda, o Código Comercial, não se aplicava diretamente a Constituição. A autorização do marido para a mulher ser comerciante, a autorização para se deslocar ao estrangeiro, a fixação do domicílio, a entrega coativa da mulher casada...

RTDC: Então não seria muito mais fácil, ao invés de se ficar dizendo: mas aqui então se abre exceção, aqui também, ali também... Não seria mais fácil, mais respeitador à hierarquia constitucional entender que as normas ordinárias têm que ser todas elas interpretadas à luz da Constituição?

JJGC: Isso é a abordagem perfeita, mas o problema é saber, por exemplo, a interpretação de conformidade com a Constituição. Mas é que alguns me dizem que isso não é ser interpretado em conformidade com a Constituição...

RTDC: Há quem sustente, por aqui, que se o legislador não especificar quais os reflexos da igualdade nas relações conjugais, nós não poderemos interpretar. Ou, por exemplo, que as uniões estáveis não são entidades familiares, mas agrupamentos sociais com proteção do Estado. Porque a Constituição só disse isso, não se poderia dar um passo maior. Então, num país como o nosso, em que o legislador não operou...

JJGC: Mas isso também pode minar um pouco a ideia da força normativa da Constituição. Em relação a algumas coisas nós não aplicamos diretamente a Constituição, porque o legislador não legislou, não revogou. Agora o que eu acho é que em algumas coisas o juiz pode ter problemas para resolver os casos.

RTDC: A idade para casar, por exemplo. Em relação à igualdade entre homem e mulher, a idade é diferente para casar. O que faz o juiz?

JJGC: Aí eu penso que é um pouco incontornável, ou então vamos inventar cada um a sua idade para casar. Não é totalmente discricionária, repara, entre os 16, 15, 14. Ora bem, a idade para casar não é uma invenção do legislador: há dados naturais para impor uma idade diferente para homens e mulheres se casarem. Agora, eu compreendo que o juiz deva ter cuidado com o que vai inventar agora. Inventou-se o direito de voto dizendo: "Eles estão maduros aos 16 anos", "Eles estão maduros aos 18". Bem, isso tem que ser dito por uma Constituição legisladora.

RTDC: Nos debates que se seguiram àquela sessão comemorativa do provedor de justiça e o efeito horizontal dos direitos, ao responder uma das numerosas questões que surgiram, o senhor afirmou: "Eu gostaria que os civilistas começassem a dizer cláusulas contrárias a direitos, liberdades e garantias, ao invés de andar a dizer 'cláusulas contrárias à ordem pública'. Os civilistas deveriam dizer cláusulas contrárias a direitos, liberdades e garantias, concretamente plasmadas da Constituição". Como o senhor explica tal resistência?

JJGC: A resistência se explica de várias maneiras, por um lado os civilistas não aplicam a Constituição como lei, portanto desconhecem a Constituição. Agora, há limites quando se invoca um conceito determinado de ordem pública, vamos dizer assim: intimidade da vida privada. Eu tenho que recorrer a um conceito de ordem pública para dizer que em um contrato, por exemplo, em que eu admito que o patrão ponha um sistema de televisão dentro da minha casa, eu renuncio à inviolabilidade da vida privada – o contrato é nulo, porque viola a ordem pública. Mas o que viola, afinal de contas? Viola primeiramente um direito, um direito fundamental da intimidade da vida privada. Em algumas ocasiões é mais correto aplicarem normas constitucionais. Por exemplo, uma pessoa que diz: eu deixo o meu testamento à Sra. tal – isso é um caso que aconteceu! –, desde que ela não case com judeu. É uma cláusula sobre a qual o juiz diz: "Esta cláusula testamentária viola a ordem pública porque há discriminação em virtude da raça". A cláusula viola a ordem constitucional, desde logo – o princípio da igualdade. Por que nós recorremos à ordem pública e não falamos em violação do princípio da igualdade em virtude da discriminação previsto no artigo da Constituição?

Claro, seria o mais correto. É uma relação interprivados... Vamos dar um exemplo que é este, que dou aos alunos, do direito americano: os chamados contratos de urbanização com cláusulas limitativas de venda. Na urbanização, diz assim, quem adquirir um prédio nesta organização compromete-se a não vender este prédio a pessoas de raça negra. Isto é um contrato. Eu adquiro um prédio dessa organização, aceito a cláusula do contrato, não vou vender este prédio a indivíduo de raça negra. Mas o indivíduo vendeu o prédio. O que veio dizer o juiz? Ele veio dizer que a venda é nula porque viola uma cláusula contratual do contrato de compra e venda. E, portanto, por amor ao contrato, anula-se a venda. Aí, veio dizer a Suprema Corte dos EUA: "Não, por amor à Constituição, considera-se nula a cláusula pela discriminação". Não é nula a venda, mas é nula a cláusula do contrato. O que está sendo aplicado pela Suprema Corte dos Estados Unidos é, diretamente, a Constituição. É o princípio da igualdade e da não discriminação. Isso mexe com a nossa estrutura...

RTDC: E no campo da Responsabilidade Civil, como se dá este diálogo?

JJGC: Eu ministrei alguns cursos de Mestrado sobre Responsabilidade do Estado, voltei aos meus tempos de "infância". Eu aceitei dar este curso porque, como tenho arguido teses de doutoramento e de mestrado sobre Responsabilidade, estou a par da matéria. Então nos programas veio um dossiê de uma revista francesa que era sobre o sangue contaminado. Mas, dentro desse conjunto de trabalhos, havia um que era sobre a responsabilidade pela área terapêutica no hospital. Era sobre um jovem que foi fazer uma circuncisão. Ele tinha problemas de equilíbrio e foi fazer uma arteriografia vertebral e ficou paraplégico. O problema é este: uma pessoa entra no hospital e sai paraplégica. E se dizia que tudo estava normal: a anestesia estava correta, as operações, de acordo, "simplesmente isso resultou assim". Portanto não há culpa dos médicos, dos serviços. Eu expus aos meus alunos perguntando: isso é responsabilidade ou não? Não há dúvida nenhuma de que uma pessoa entrou no hospital razoavelmente bem... Então vamos lá: qual o tipo de responsabilidade? Responsabilidade pelo fato de não estar uma estrada bem sinalizada e eu com o automóvel ter destruído a lateral do carro: eu tenho direito de requerer a responsabilidade, contra o Município ou contra o Estado, conforme o caso, contra aquele que tiver o dever de manutenção das estradas. No caso de um hospital público, eu vir de lá paraplégico, qual é, afinal de contas, a unidade do sistema jurídico?

RTDC: Mas aí nós temos que pensar no nexo de causalidade.

JJGC: O problema é esse, que nós não vamos pensar em nexo de causalidade...

RTDC: Então deixa de ser responsabilidade, passa a ser solidariedade.

JJGC: Esse autor, o autor francês, vem e diz assim: o que há aqui é uma outra ideia. No fundo é solidariedade. Mas então vamos ver: e se fosse no hospital privado? Porque no hospital público a solidariedade é o dinheiro do contribuinte. Mas o fato no caso da gente, há responsabilidade, há pena? A mim me impressiona muito esta lógica toda, mas ainda não foi bem resolvido isso.

RTDC: Outro caso muito interessante é a privacidade do trabalhador. Aqui há basicamente aquele problema da possibilidade ou não da renúncia, é uma grande questão.

JJGC: Nós e os civilistas concordamos em quase tudo, nós e os civilistas aí andamos próximos, quanto aos direitos de personalidade, andamos relativamente próximos. E eu penso que isso é importante porque no fundo o que está aqui em causa é a dignidade.

RTDC: É, mas a dignidade às vezes desce à liberdade...

JJGC: E... a ideia da liberdade contratual também tem que ter algum valor, agora, eu preciso também possibilitar algumas coisas...

RTDC: Esse é que é o problema; há na internet, por exemplo, páginas de "amputados por opção". Pessoas que querem ter o direito de retirar, voluntariamente, uma parte do corpo. Não como no caso da "doação" de um rim, que se justifica porque tem uma destinação, será útil para outra pessoa de alguma maneira, mas o sujeito diz que ele só se sente normal se lhe for amputado o braço ou a perna... soa como uma coisa assustadora, monstruosa. No entanto, há 50 anos, era monstruosa também a ideia do transexual, cirurgia que hoje é garantida tanto aqui como na Comunidade Europeia.

JJGC: Não, isso nós não garantimos não. Viver é movimentar a família, é o direito de constituir família. Não cabe no âmbito normativo constitucional, na interpretação da família, aplicação aos homossexuais. No Estado de direito não cabe discriminação, mas não podemos estender o âmbito normativo da Constituição de proteger a família a estes grupos. Veja como o mundo é complicado, e eu nisso lhes digo que eu estou atrasado. Eu acho que temos centralizado coisas que não são centrais. Portanto, "tese sobre a transexualidade", basta uma. Basta uma tese, não há de ser mais nada, não há problema, portanto. Sobre as uniões de fato homossexuais, basta uma tese, não é preciso mais nada. Ou seja, minha ideia é de que estamos a dar centralidade a problemas que não são centrais.

RTDC: Por que são minorias?

JJGC: Depois vêm ativistas feministas... eu vi um caso na televisão em que estava lá uma mulher médica, mãe de dois filhos, que agora vive com uma namorada. E dizia: "Portugal não é uma verdadeira democracia, não respeita os direitos humanos porque não me reconhecem", até os próprios filhos dela aceitam. Pois bem, o problema é este, tem a ver com estruturas profundas da educação que eu tive. No interior de Portugal só há lá dois valores: a virilidade e a fertilidade. O resto não é valor, tanto que eu tive sete irmãos e quatro irmãs...

RTDC: Para finalizar, qual a importância do intercâmbio internacional com os colegas para a sua produção?

JJGC: No Direito Constitucional, os meus parceiros estão atentos. Uma vez escreveu-me um professor da África do Sul, é um homem curioso, porque ele deve saber português, eu ainda não sei bem, porque não o conheço pessoalmente. "Sempre teve um estilo absolutamente magnífico, eu é que não aprecio o estilo português". E depois dizia assim: "No seu livro há um problema, sabe qual é? Só serve para professor e não para alunos". Eu nunca tinha reparado nisso. Isso é um problema do leitor. Não é para alunos, é para professor, para mestrado. "E, então, um homem que conhece bem o direito alemão faz pouca menção da jurisprudência". E eu disse assim: "Eu vou responder e dizer que realmente cito alguma jurisprudência, mas não muita". E o meu assistente me disse: "Não! Repare que isso é um elogio quando ele diz que o senhor cita pouca jurisprudência. Porque hoje a jurisprudência está vencida, pois se coloca num prato da balança tantos acórdãos e no outro prato da balança outro tanto de acórdãos. Os juízes já não sabem direito, copiam os acórdãos". Ou seja: muda-se a forma, começam a ser repetitivos, pouco estimulantes, não há novidade, citam uns aos outros, com as mesmas fórmulas. Isso não acrescenta nada. E, portanto, reproduzem uns aos outros e não há nada de novo na jurisprudência, o que não é estimulante. É um pouco com esse contato que a gente se enriquece. Daí que o Direito Constitucional não foi nada artificial. Foram todos atos que não foram pensados. Como os senhores veem, minha opção nunca foi opção.

ENTREVISTA COM O PROFESSOR FÁBIO KONDER COMPARATO[1]

RTDC: Qual deve ser o papel da universidade? Uma formação mais generalista ou mais especializante? E na pós-graduação, o que precisa ser mudado?

FKC: Há hoje um consenso a respeito das três funções próprias de toda universidade, a saber: o ensino, a pesquisa e a prestação de serviços à comunidade. Entendo que essas três funções capitais só podem ser plenamente cumpridas pela universidade pública. As universidades privadas estão sempre, necessariamente, ligadas ao interesse próprio do seu órgão de controle, e não dispõem de liberdade para exercer o papel de centros críticos da realidade nacional e internacional, à luz dos grandes princípios éticos e científicos. No tocante à função de ensino, a universidade, segundo a boa tradição, deve formar antes o homem e o cidadão, do que especialistas ou técnicos profissionais. É esta, aliás, a grande distinção entre uma Universidade e um instituto isolado de ensino superior. Nessa perspectiva, que não é obviamente a do sistema empresarial capitalista, seria preciso organizar todos os cursos universitários em dois ciclos sucessivos: o de formação geral – no campo das humanidades, ou das ciências matemáticas, físicas e biológicas, por exemplo – e o de formação especial em determinado ramo do saber. É escusado acrescentar que a economia deve ser classificada no gênero "humanidades". Em matéria de cursos de pós-graduação, aqueles destinados à formação de futuros docentes deveriam enfatizar, muito mais do que hoje, a preparação pedagógica dos alunos. Já quanto aos cursos de pós-graduação *lato sensu*, isto é, especialização e extensão cultural, seria preciso, nas universidades públicas, suprimir um bom número de exigências burocráticas e, sobretudo, a exigência ilegal de pagamento por parte dos alunos.

RTDC: Qual a importância da filosofia e da sociologia nas faculdades de direito?

FKC: O que falta, sobretudo, nos cursos jurídicos, tanto aqui, quanto no exterior, é um estudo sério sobre a extraordinária complexidade do ser humano. Que eu saiba, em nenhuma faculdade ou instituto jurídico, salvo a partir de 2002 na Universidade de São Paulo, organizou-se um curso regular de antropologia filosófica aplicada ao direito, em nível de graduação.

---

[1] Entrevista concedida à *Revista Trimestral de Direito Civil – RTDC*, v. 15, jul./set. 2003.

Os cursos (raros) de filosofia do direito nada mais são, em geral, do que exposições superficiais e livrescas sobre assuntos próprios de uma teoria geral do direito, a qual, aliás, tem sido gravemente negligenciada, tanto aqui, quanto alhures.

RTDC: A literatura, a poesia e as artes contribuíram para sua formação? O que recomendaria, neste sentido, para as próximas gerações?

FKC: É, justamente, pela literatura que os bons alunos de direito suprem a ausência de antropologia filosófica e teoria geral do direito nos cursos de bacharelado. Para a formação de bons profissionais da área jurídica (por favor, não me falem em "operadores do direito"), uma boa orientação de leituras vale mais, geralmente, do que muitos anos de estudo meramente técnico dos "mecanismos jurídicos". Seria importante, também, estimular os alunos a organizar sessões de teatro, como forma de educação dos sentimentos.

RTDC: Como o senhor analisa a questão, hoje recorrente na doutrina, dos "custos" dos direitos sociais? Os direitos que demandam prestações estatais devem ser enquadrados sob a ótica do "mínimo necessário"? Como compatibilizar a assim chamada "reserva do possível" com as demandas dos jurisdicionados?

FKC: Entendo que é muito mais importante analisar a questão dos custos do não respeito aos direitos sociais, porque eles são incomparavelmente mais relevantes, pela sua extensão no tempo e no espaço, que os custos das políticas sociais. Aliás, a economia falsamente considerada científica é incapaz de sair da dimensão quantitativa. Ela contabiliza a produção de máquinas, sapatos, noites de hotel etc., no lado ativo, e gastos de consumo e investimento, promiscuamente, do lado passivo. Ou seja, ela é incapaz de apreender o verdadeiro objeto das ciências sociais que é o próprio homem, mesmo sob as vestes do *homo economicus* da teoria clássica. Sem dúvida, o IDH (Índice de Desenvolvimento Humano), criado pelo PNUD (Programa de Desenvolvimento das Nações Unidas), representou um progresso considerável.

Mas trata-se de uma medida ainda muito tosca de apreensão da extrema complexidade do sistema social. Na composição do IDH, entram apenas dois fatores sociais – saúde e educação – e mesmo esses, com uma abrangência muito limitada: mortalidade infantil e expectativa de vida, para a saúde; alfabetização e anos de escolaridade fundamental, para a educação. Basta confrontar esses elementos componentes do índice da ONU com os direitos sociais mencionados no art. 6º de nossa Constituição, para verificar a sua manifesta insuficiência.

Em suma, salvo raríssimas exceções, os economistas atuais, como autênticos "intelectuais orgânicos" do sistema capitalista, desconhecem a verdade elementar, afirmada por Jean Bodin no século XVI: "il n'y a de richesses que d'hommes". A tão martelada questão da "reserva do possível" na teoria constitucional dos direitos sociais é muito mal posta. Ela deveria ser substituída pelo princípio fundamental da mínima dignidade exigível. Nesta última óptica, o objetivo supremo é o estabelecimento de uma igualdade básica de condições de vida, entre todos os que vivem no território nacional. Ou seja, a justiça distributiva ou proporcional de Aristóteles. Os orçamentos públicos deveriam, portanto, ser compostos a partir das verbas destinadas à satisfação daquele critério fundamental. Tudo o mais seria atendido, aí sim, na medida do possível. É para a consecução desse resultado que deve tender a política pública mais abrangente de todas: a de desenvolvimento nacional.

RTDC: No que a chamada "terceira geração de direitos humanos" veio a influenciar o direito internacional? Surgiram, afinal, novos sujeitos de direito internacional?

FKC: O princípio da solidariedade internacional foi estabelecido, pela primeira vez, na Carta das Nações Unidas, abrangendo não somente a paz, como também o progresso econômico e social dos povos. A Declaração Universal dos Direitos Humanos veio afirmar, logo em seguida, que "todo homem tem direito de ser, em todos os lugares, reconhecido como pessoa perante a lei" (art. VI). Com isto, acederam à condição de sujeitos do direito internacional geral, a par dos Estados, os indivíduos, os povos e agora a própria humanidade (pela proteção do meio ambiente e a preservação do genoma humano, por exemplo).

Assistimos, portanto, ao nascimento daquela "sociedade comum do gênero humano" de que falou Cícero.

RTDC: O que esperar da atuação do Tribunal Penal Internacional, na forma como foi configurado?

FKC: A criação do Tribunal Penal Internacional representou um primeiro passo no caminho do estabelecimento de uma responsabilidade mundial de qualquer pessoa pela prática de certos crimes que, como declara o Estatuto do Tribunal, "constituem uma ameaça à paz, à segurança e ao bem-estar da humanidade". O fato de mais de metade da atual população do mundo ainda não estar sujeita à jurisdição do Tribunal, pela não adesão ao Estatuto dos seus respectivos Estados, não apaga o fato de que esse primeiro passo é irreversível, e de que a pressão da consciência ética mundial acabará por vencer as atuais resistências.

RTDC: A atuação internacional norte-americana no governo de George W. Bush vem sendo apontada como um "retorno ao estado de natureza", com o predomínio da "lei do mais forte" sobre qualquer resquício de recurso à razão. Quais os antídotos para esta retomada obscurantista? Há esperança, neste cenário, para os chamados organismos multilaterais?

FKC: Apesar de contarem com o maior PNB do mundo e de serem a maior potência militar do planeta, os Estados Unidos acham-se, hoje, em situação de manifesto declínio no plano mundial. Sob o aspecto econômico, o país passou da condição de maior produtor industrial do mundo, em 1945, à de maior consumidor mundial. A produtividade industrial norte-americana é declinante há décadas. A taxa de poupança dos indivíduos ("as famílias", segundo o jargão econômico) é praticamente igual a zero. Os Estados Unidos são também os maiores devedores no campo internacional, em termos absolutos e relativos, e apresentam um déficit crescente de transações correntes. No campo militar, é bem de ver que se os Estados Unidos detêm um poder de fogo inigualável, eles obviamente só o exercem, sob a forma de espetáculo televisivo, contra países fraquíssimos. A possível aliança militar com a Rússia, que permanece sendo a segunda potência nuclear do planeta, foi definitivamente afastada. A Rússia, hoje, mantém laços econômicos e políticos, cada vez mais estreitos, com a União Europeia. Sob o aspecto político, e ao contrário do falso lugar-comum, os Estados Unidos não chegaram e jamais chegarão a exercer um poder imperial no mundo todo, pela boa razão de que esse poder pressupõe uma dominação territorial, que o país conseguiu alcançar no passado em alguns territórios, de modo permanente (o Norte do México, Porto Rico, Havaí), ou temporário (Filipinas, Cuba), mas que não está mais em condições de manter no presente (veja-se o que sucede atualmente no Iraque). Resta, portanto, a posição de hegemonia, que corresponde ao chamado poder de controle externo, no direito empresarial. Efetivamente, a hegemonia internacional dos Estados Unidos foi largamente exercida, diretamente ou por intermédio do FMI, sobre nações subdesenvolvidas. Agora, porém, ela é sempre mais contestada. E, de qualquer forma, ninguém, nem mesmo em estado de embriaguez ou delírio, imagina que a hegemonia norte-americana possa, no futuro, exercer-se sobre a União Europeia, a China ou o Japão.

RTDC: Após a posse de Tony Blair, o Reino Unido já lançou mão, em algumas ocasiões, de um expediente que passara quase despercebido, até então, no constitucionalismo britânico – o referendo. Esta é uma tendência ou uma excentricidade? O senhor vê alguma utilidade neste instrumento de participação popular no constitucionalismo brasileiro? O que deveria, a seu ver, ser alterado no sistema eleitoral brasileiro para atender aos reclamos de uma democracia mais participativa?

FKC: A democracia do futuro será participativa, ou não será. Não há a menor possibilidade de se superar o atual estado de oligarquia crônica, em que vive a quase totalidade da espécie humana, a não ser mediante a aplicação crescente do princípio da soberania popular ativa. No Brasil, o avanço no programa de efetiva instauração da democracia participativa (que começou de modo brilhante com os orçamentos populares) exige uma reforma constitucional – esta sim, urgente e imprescindível – para: a) estender-se o referendo às emendas constitucionais e aos tratados internacionais, e o plebiscito a toda e qualquer política pública cujos efeitos possam afetar mais de uma geração de brasileiros; b) facilitar o uso da iniciativa popular legislativa; c) instituir o *recall* de chefes do Poder Executivo e a dissolução popular das Casas Legislativas.

RTDC: O Ministério Público ganhou, após a Constituição de 1988, uma projeção muito grande. Em certa ocasião (fazemos referência ao artigo "As garantias institucionais dos direitos humanos"), o senhor afirmou que esta instituição, assim como o Judiciário, deveria ter uma organização mais coesa, a fim de que pudesse realmente atuar, unitariamente, como poder estatal autônomo e independente. Quais medidas deveriam ser tomadas em uma eventual reforma?

FKC: O essencial é estabelecer a verdadeira submissão do Poder Judiciário e do Ministério Público aos princípios republicano e democrático. Dois exemplos: 1 – instituir o controle externo, pois em toda república quanto maior o poder, maior a responsabilidade; 2 – reforçar a independência desses órgãos, determinando-se que todas as emendas constitucionais que digam respeito à composição, às prerrogativas e ao funcionamento desses poderes sejam de iniciativa dos seus órgãos de cúpula: STF ou Tribunal de Justiça e órgão colegial supremo do Ministério Público.

RTDC: Como o senhor vê a promulgação do novo Código Civil, tanto no aspecto técnico quanto no político? No primeiro aspecto, há a questão do próprio papel das grandes codificações e de sua relação com o sistema, com a Constituição e com as leis especiais. No que diz respeito à questão política, há o fato significativo de que o Código foi, quase em sua inteireza, redigido antes da retomada democrática...

FKC: O "novo" Código Civil já nasceu velho, no fundo e na forma. Ampliou a área da codificação unitária, numa época em que se procura suprimi-la. Abrangeu a matéria empresarial, segundo o modelo do Código Civil italiano de 1942, mas deixou de lado as grandes inovações do Código peninsular nesse campo, a saber, o contrato plurilateral e o instituto da atividade (muito diferente do ato jurídico). Além disso, não melhorou em nada a regulação da família e das sucessões.

RTDC: O art. 50 do novo Código Civil, sobre a desconsideração da personalidade jurídica, dá uma aplicação mais restrita ao instituto do que o art. 28 do Código de Defesa do Consumidor? Caso afirmativo, isto é um retrocesso?

FKC: O problema, aí, não é o de que o art. 50 contém uma norma de abrangência mais restrita que a disposição do art. 28 do Código do Consumidor, pois, no caso, tem aplicação o disposto no art. 2º, §2º, da Lei de Introdução ao Código Civil: "A lei nova, que estabeleça disposições gerais ou especiais a par das já existentes, não revoga nem modifica a lei anterior". O problema surge quando se verifica que a regra de superação da personalidade jurídica foi estabelecida para as sociedades limitadas (art. 1.080) e não para as sociedades por ações, em que de fato foi, pela primeira vez, formulada, no direito estrangeiro.

RTDC: Entre os fundamentos da República, no art. 1º da Constituição, são mencionados tanto a dignidade da pessoa humana como os valores sociais do trabalho e da livre-iniciativa. É possível estabelecer uma hierarquia, funcionalizando a livre-iniciativa, mas sobretudo a atividade empresarial, ao valor da dignidade da pessoa? Como pode se dar a conjugação da livre-iniciativa e da atuação empresarial com os direitos dos consumidores?

FKC: Essa "funcionalização" pretendida da livre-iniciativa ao princípio da dignidade humana já existe no plano constitucional. A liberdade empresarial é uma instituição fundamental da ordem econômica (no sentido de que não pode ser suprimida), mas não é um direito fundamental. Portanto, ela não pode ser exercida contra os interesses dos trabalhadores e dos consumidores. Em suma, a livre-iniciativa deve existir para servir o povo e não para servir-se dele.

ENTREVISTA COM O PROFESSOR ROBERT ALEXY[1]

RTDC: O senhor é um dos maiores filósofos do direito de nosso tempo, personalidades como o senhor são um exemplo acadêmico a ser seguido. Se não se importasse, antes de começarmos com as questões relativas ao conteúdo de seu trabalho, poderia nos falar sobre sua formação acadêmica? Quais são suas melhores recordações de sua graduação e pós-graduação? Quais professores mais o influenciaram? Como o interesse pelo direito despertou no senhor?

RA: Minha formação acadêmica seguiu o padrão tradicional alemão de formação científica. Comecei com filosofia e acrescentei posteriormente direito. Depois de aproximadamente quatro anos e meio, fiz meu primeiro exame no direito e depois escrevi minha *Teoria da argumentação jurídica*, para a qual despendi o tempo de dois anos e meio. Ao terminá-la, ingressei na prática jurídica, trabalhando nas cortes com advogados, e na administração por cerca de três anos e, então, prestei o exame final, que corresponde ao término oficial da formação como jurista. Após isso, tive a sorte de me qualificar para a carreira acadêmica na Universidade de Gottingen. Tornei-me assistente de Ralf Dreier e durante seis anos trabalhei como seu assistente na Teoria dos Direitos Fundamentais. Eu serei para sempre agradecido a Ralf Dreier, que me deixou completamente livre; não só não influenciou o conteúdo de meu livro, como não exigiu que trabalhasse muito para ele. Eu tive um ótimo período de seis anos, em uma boa idade, eu penso, quando já possuía alguma experiência em ciência, o que me ajudou neste trabalho. Assim que terminei o livro, de acordo com a tradição alemã, deveria encontrar um lugar em outra universidade, o que pode ser um problema, mas, no meu

[1] Entrevista concedida à *Revista Trimestral de Direito Civil – RTDC*, v. 16, out./dez. 2003. Entrevista realizada no dia 26.4.2002, em Fortaleza (por ocasião da vinda do Prof. Robert Alexy para o Colóquio sobre Direitos Fundamentais e Argumentação Jurídica em Robert Alexy, na Universidade Federal do Ceará), pela Profa. Alice Wolf (doutoranda pela PUC-Rio e professora da UCP), que também a elaborou, transcreveu e traduziu, sob a supervisão do Prof. Antonio Maia (PUC-Rio e UERJ), e contando com a colaboração de outros professores (Margarida Lacombe, Cláudio de Souza Neto e Bruno Lewicki), na formulação de algumas perguntas. A Profa. Marise Chinetti de Barros foi a responsável pela revisão ortográfica e gramatical da versão em inglês. Alice Wolf gostaria de agradecer ao Prof. Robert Alexy a revisão da versão final em inglês desta entrevista, no esforço feito para que esta traduzisse do modo mais fiel possível as suas ideias. A *RTDC*, por fim, agradece à Profa. Alice Wolf o empenho na realização deste trabalho, o qual se traduz no alto nível do resultado obtido, de relevante importância para os estudos jurídicos brasileiros.

caso, tive a sorte de receber ofertas de três universidades. Então, não tive problemas em continuar com minha carreira acadêmica. Fui para Kiel e continuei lá, a despeito do fato de que outras universidades, como Graz na Áustria e Gottingen na Alemanha, há quatro anos, convidaram-me para assumir uma cátedra em suas universidades, porém preferi continuar em Kiel. No que se refere a professores que mais me influenciaram, devo distinguir entre professores de filosofia e de direito. Na filosofia, em meu primeiro ano de universidade, tive a sorte de encontrar o filósofo que mais profundamente me influenciou, Günther Patzig, em Gottingen.

Günther Patzig é um distinto professor na Alemanha que combina filosofia analítica e filosofia antiga, sendo especialista em Aristóteles. Em resumo, posso dizer que Günther Patzig era o principal filósofo em Aristóteles, de um lado, e em Gottlob Frege e Wittgenstein, de outro. Portanto, fiquei desde cedo sob a influência da filosofia analítica, o que devo a Günther Patzig. Enquanto estudava com Günther Patzig, encontrei Jürgen Habermas, e esta foi a outra grande influência ao lado da filosofia analítica: a teoria crítica de Jürgen Habermas. Do ponto de vista do direito, fui profundamente influenciado por Franz Wieacker, um historiador jurídico. Participei de seminários com ele, viajei algumas vezes com ele, e sempre debatíamos assuntos acadêmicos. No que diz respeito à filosofia do direito, fui influenciado por Ralf Dreier, quem, contudo, encontrei somente no final de meus estudos, depois de ir para Gottingen, quando eu havia acabado de terminar minha formação filosófica e jurídica, mas tive então a oportunidade de escrever minha dissertação com ele.

RTDC: Literatura, poesia e artes em geral contribuíram para a sua formação? Que autores mais o impressionaram e influenciaram? Que livros o senhor recomendaria e que autores precisam ser conhecidos?

RA: Eu penso que literatura, poesia e artes me influenciaram. Fui muito influenciado por artes quando era jovem e, durante meus estudos em Gottingen, tive minha própria exposição de arte em uma galeria em Gottingen. Era uma exposição de esculturas e quadros de minha autoria, e foram todos vendidos. Mas eu tive a necessidade de decidir o que fazer, não era possível trabalhar nas artes e também como advogado e filósofo, o que fiz quando tinha vinte e poucos anos. Ser advogado e filósofo já era muito, às vezes e, então, desisti das artes. Agora, ainda me interesso muito por artes, mas não quero ser um artista por *hobby*.

Você só pode ser um artista profissional ou então não é nada, e eu só fui um até meus vinte e três anos. No que diz respeito à literatura, sempre tive e tenho muito interesse. Há três autores que mais me impressionaram: Dante, Shakespeare e Goethe. Se os alunos me perguntassem o que deveriam ler, eu lhes recomendaria três obras: de Dante, a *Divina comédia*; de Shakespeare, *Hamlet*; e de Goethe, não somente *Fausto*, mas também *Wilhelm Meister*. Atualmente, quase ninguém conhece esta última obra, ninguém a lê, mas eu acredito que é importante ler *Wilhelm Meister* e sempre recomendo este livro a meus alunos.

RTDC: No seu trabalho, notamos a preocupação em construir uma teoria que proporcione uma base racional para o direito. Como o senhor desenvolveu este pensamento? Quando escreveu a *Teoria da argumentação jurídica*, já possuía a *Teoria dos direitos constitucionais* em mente?

RA: Eu não a tinha em mente quando comecei a escrever a *Teoria da argumentação jurídica*, mas, se olhar para trás, então a *Teoria dos direitos fundamentais* já se encontrava implícita em meu trabalho, mesmo que eu não tivesse consciência disso.

RTDC: Em uma colisão de princípios, é possível que um princípio colida com ele mesmo, por exemplo, quando ambos os interesses forem fundados diretamente na dignidade humana?

RA: Naturalmente. É possível uma colisão com um mesmo princípio nos dois lados em dois sentidos. Em primeiro lugar, quando o mesmo princípio se referir a diferentes pessoas.

A liberdade de demonstração de um grupo e de outro é um exemplo. Este é o caso mais simples. Em segundo lugar, quando diferentes aspectos de um princípio estão em jogo. Um exemplo é o aspecto negativo da liberdade religiosa, o qual, *prima facie*, exclui dar aulas em escolas públicas sob o crucifixo, e o aspecto positivo, o qual, *prima facie*, inclui a prática ativa da religião, não somente em igrejas, mas também nas escolas públicas.

RTDC: Em seu livro *Teoria dos direitos fundamentais*, o senhor expõe três modelos para a compreensão das normas jusfundamentais. O modelo puro de princípios, o modelo puro de regras e um modelo combinado regra/princípio. O senhor indica este terceiro modelo como o mais adequado. Mais adiante, defende o duplo caráter da norma jusfundamental. No art. 5º da Constituição brasileira, há diversas normas jusfundamentais positivadas. De acordo com o seu ponto de vista, qual é o caráter destas normas? São princípios ou possuem um caráter duplo?

RA: Eu acredito que possuam um caráter duplo. Como os direitos constitucionais são direitos fundamentais, precisam ter o caráter de princípio, porque, de outro modo, não teríamos um sistema racional de limitação ou restrição. O princípio da proporcionalidade não seria utilizado, portanto, elas precisam ter o caráter de princípio. Mas, além disso, elas precisam ter o caráter de regra também. Se, contudo, existem algumas decisões concretas já realizadas pela Constituição, as quais podem, em certa extensão, ser aplicadas sem sopesamento, então a Constituição resolveu estes casos definitivamente e isto possui, portanto, o caráter de regra.

RTDC: E a dignidade da pessoa humana?

RA: A dignidade humana possui um caráter duplo em outro sentido. Nós não podemos nunca afirmar que a dignidade humana precisa ser um pouco sacrificada em prol de outras regras coletivas. No entanto, o conceito de dignidade humana é um conceito de resultado. Se a dignidade humana for infringida, o ato estatal é inconstitucional. Este constitui o caráter de regra da dignidade humana. Por outro lado, se a dignidade humana é infringida ou violada, depende das razões em jogo contrárias e a favor de sua ação. Logo, atrás de um uso apodítico dos julgamentos cujo cerne é a dignidade humana, há outros julgamentos que concernem não somente à dignidade humana, mas também a razões contra uma decisão a qual é, *prima facie*, demandada pela dignidade humana.

RTDC: De acordo com a Teoria dos Direitos Fundamentais, princípios são comandos de otimização que requerem que algo precisa ser realizado na maior medida possível. Diante de uma colisão de princípios, esta será resolvida através da utilização da lei do balanceamento, da dimensão do peso, quando estabeleceremos em qual nível a precedência ocorrerá. Habermas, seguido por Günther, tece algumas considerações a este modelo: ele entende que a diferença entre princípios e regras não é uma diferença estrutural, mas que repousa nas condições da ação. Ele também não acredita que princípios podem ser preenchidos em diferentes graus. Ele afirma que, embora o senhor distinga princípios de valores, dizendo que o primeiro pertence à deontologia e o último, à axiologia, o procedimento da lei do balanceamento possui uma natureza axiológica e, então, princípios não possuem uma natureza deontológica. Como o senhor responde a estas colocações?

RA: O conceito de estrutura deontológica habermasiano é muito complexo, combina diversos aspectos. No entanto, duas coisas são de especial importância: um elemento é a binariedade do código binário da lei. Este conceito é retirado de Luhmann e significa que a lei é definida, somente, pelos critérios de certo e errado, sem a possibilidade de critérios intermediários. Habermas parece entender que, se houver uma consideração gradual, estaremos fora do campo da deontologia. Esta é a sua ideia. Minha resposta é, e esta é uma parte muito importante de minha teoria, binariedade de resultado – eu chamo isto em alemão de *Ergebnisbinarität* – não pressupõe binariedade de justificação. Esta é a minha resposta completa, a qual inclui que o resultado de uma justificação legal é sempre um julgamento que afirma que algo é proibido, obrigatório ou permitido. O resultado precisa conter as modalidades deônticas. Mas, se ao Estado é ou não permitido infringir um direito, as razões para isto não podem ter a estrutura binária, podem ser graduadas e balanceadas. Minha resposta implica dizer que Habermas e também Günther cometem uma falácia, a falácia binária. Esta falácia consiste em não enxergar que binariedade de resultado não implica binariedade de justificação. Eu desenvolvi este argumento em uma conferência em 2001 na Universidade de Washington em St. Louis, EUA, onde havia uma discussão entre Michelman e eu de um lado, e Habermas e Dworkin de outro lado.

RTDC: O senhor poderia nos explicar a relação entre a *Teoria dos direitos fundamentais* e a *Teoria da argumentação jurídica* antes e após as novas alterações que foram feitas?

RA: Podemos encontrar na *Teoria da argumentação jurídica* muitas referências aos princípios. Por exemplo, nas formas de argumento do discurso prático racional geral encontramos as relações de preferência e, na parte que especificamente a argumentação jurídica é abordada, encontramos princípios que devem ser trazidos para um relacionamento coerente.

Porém, naquela época, eu não possuía consciência da importância da diferença entre regras e princípios. Eu não fazia uma distinção. Eu não fazia um uso sistemático desta diferença na *Teoria da argumentação jurídica*. Acredito que ainda não reconhecesse quão importante ela era. Como um primeiro passo, ideias referentes a uma teoria de princípios ocorreram imediatamente após terminar e publicar a *Teoria da argumentação jurídica* quando fui convidado para uma conferência em München, da seção alemã da IVR, para dar uma palestra sobre o tópico *A análise lógica das decisões judiciais*. Nesta palestra tentei aplicar à ideia de justificação interna o famoso caso Lebach da corte constitucional alemã, e demonstrei que há igualmente uma estrutura dedutiva na justificativa interna definida na *Teoria da argumentação jurídica*, mas fui forçado pela análise a reconhecer que lá também havia uma estrutura de ponderação. Naquele artigo, escrito no ano de 1978, pode-se já fazer uma leitura da lei do balanceamento. Já está explicitamente formulada lá, mas, mesmo assim, não estava completamente consciente de sua importância, embora já estivesse pela primeira vez explicitamente elaborada. Então, foi um processo natural, quando escrevi o primeiro artigo sobre princípios, o próximo passo da teoria – posso dizer que foi o principal passo de minha teoria – foi o desenvolvimento do comando de otimização. A respeito de princípios, pode-se encontrar uma vasta literatura. Esser, Wilburg e Dworkin falaram sobre princípios, mas a pista, a chave para uma teoria dos princípios completamente elaborada, não havia ainda sido descoberta.

A verdadeira chave é o conceito de otimização, com o qual tentei, então, reconstruir toda a teoria de sopesamento ou balanceamento. Em suma, podemos afirmar que desenvolvi a teoria dos princípios desde meus primeiros escritos, antes de me tornar plenamente consciente disso. A tarefa da teoria dos princípios, após alcançar o nível do comando de otimização, era o desenvolvimento de uma articulada teoria de escalas. E isto teve lugar somente nos últimos dois anos, e foi, talvez, para mim, a parte mais difícil, mas, por outro lado, o mais importante desenvolvimento na teoria dos princípios. Neste ponto, pude desenvolver uma nova fórmula, que chamei "fórmula do balanceamento" e confesso que fiquei surpreso quando a inventei. É do mesmo tipo que uma regra na argumentação jurídica, como uma forma mais geral de justificação interna. Então, podemos dizer que retornei ao ponto que iniciei, ou seja, a um esquema dedutivo de estrutura matemática, o qual se compara, neste aspecto, completamente com a justificação interna. Eu retornei ao começo, mas, espero, em um nível mais elevado.

RTDC: E o impacto destas mudanças na justificação externa?

RA: A fim de assegurar a compreensão, a justificação externa no contexto da "fórmula do balanceamento" se refere a proposições sobre graus de interferência em ambos os lados, pesos abstratos em um lado e no outro lado – na maioria das vezes são iguais, mas podem ser diferentes, então devem fazer parte da fórmula –, e a confiabilidade das premissas empíricas de um lado e do outro. Estes serão os elementos da justificação externa, estas são as premissas que ingressam na "fórmula do balanceamento" e são muito comuns. Não há mais premissas, somente estas seis. A justificação externa, no contexto da "fórmula do balanceamento", consiste na justificação destas premissas, e na justificação externa, todos os argumentos do discurso jurídico são permitidos. Mas o texto constitucional não ajuda muito na maioria dos casos de balanceamento, e o mesmo se aplica ao intento original daqueles que fizeram a Constituição, porque na maioria dos casos de balanceamento eles queriam ambos; o direito de um lado e o direito oposto ou o princípio oposto do outro lado.

Ou seja, os cânones tradicionais ou regras de interpretação não auxiliam muito na justificação externa no contexto do balanceamento, mas o que é muito importante na lei constitucional é o uso do precedente. Se houver uma Constituição nova – e tive a sorte de ser engajado no desenvolvimento de uma Constituição nova para a Estônia – então a corte constitucional, quando prolatar a sua primeira decisão sobre direitos básicos, não poderá apoiá-la em quase nada. Mas, quanto mais antiga for uma Constituição, haverá mais material, o qual consiste nas normas de decisão concretas, produzidas de acordo com a lei de colisão. Isto pode ser usado como uma base para o argumento constitucional. Nunca será suficiente simplesmente fazer analogias, ou aplicar precedentes; sempre por trás disso deverá existir uma estrutura de ponderação. Mas a adjudicação constitucional pode se tornar mais e mais consistente e segura, desde que não tenham sido cometidos erros nos precedentes. Precedentes podem ser bons ou maus. Se o precedente é bom, deve continuar, se é mau, deve ser alterado.

RTDC: Quando o senhor apresentou a sua "fórmula do balanceamento", disse algo sobre um limite onde se pode reconhecer a discricionariedade na igualdade entre as escalas na "fórmula do balanceamento". Quando houver um empate, o legislador pode fazer o que ele quiser. Como neste caso haverá um controle judicial? Por que o senhor disse que a Constituição é sempre relevante, mas, às vezes, não é decisiva. Como podemos controlar os atos do legislador nestes casos, por que estão sempre sob a possibilidade de um controle judicial, o senhor não acha?

RA: Eu acredito que esta é uma das questões mais importantes referentes à revisão constitucional. Se os direitos constitucionais são concebidos como princípios, então se terá, em cada caso, a possibilidade de se aplicar um princípio, ao menos se for incluída a liberdade geral de ação, uma liberdade geral de ação, como fazemos na Alemanha, sob os princípios da Constituição. Então cada decisão legal consistirá em uma infringência na liberdade de um igual ou na posição do outro. Contudo, cada caso jurídico pode ser construído como um caso constitucional. Até aqui, tudo bem. Mas a possibilidade de se construir um caso como constitucional não significa que a Constituição decida este caso. Ela não decide o caso quando tivermos o que eu chamo empate ou paridade, o que ocorre, por exemplo, quando tivermos uma interferência leve justificada por uma razão leve, ou uma interferência média justificada por uma razão média, ou ainda uma interferência severa justificada por uma razão severa. A revisão constitucional, nestes casos, precisa somente controlar se o parlamento, o legislador, realmente atua dentro da moldura de discricionariedade, a qual é, nos três casos, definida por três situações: 1) interferência leve e razão leve; 2) interferência média e razão média; e 3) interferência severa e razão severa. Nestes casos de empate, o legislador está livre para decidir se quer ou não interferir. A este respeito ele pode fazer o que quiser. Se o legislador estiver em uma moldura, definida pelo empate, isto significa que não há obrigação constitucional definitiva, porque a obrigação constitucional é igualmente forte em ambos os lados; e isto quer dizer que ele pode decidir pelas suas razões. Ninguém pode decidir, e isto é válido *per definition*, um caso na moldura de empate por meio de razões constitucionais. É verdade que existem razões constitucionais, mas são igualmente fortes. No entanto, se for obrigatório haver uma decisão, esta deverá ser tomada com base em outras razões que não princípios constitucionais, as quais são, no caso de legislação, ideias políticas, ou, se tivermos o controle constitucional de uma adjudicação inferior, razões provenientes de diferentes áreas do direito, razões especiais, por exemplo: do direito penal, do direito tributário e do direito contratual.

Isso resolve dois problemas: primeiro, resolvemos o problema da relação entre revisão constitucional e democracia. Nós temos a base lógica, não mais, porém temos a base lógica para uma solução coerente para o eterno problema da relação entre revisão constitucional e democracia. Segundo, resolvemos o problema da relação entre a corte constitucional e a adjudicação inferior por ela controlada. Através disto, podemos prevenir que a corte constitucional se torne algo como a corte mais elevada para todas as questões jurídicas, ou seja, uma supercorte de apelação. O último problema é, contudo, não muito interessante para sistemas legais que combinem revisão constitucional e revisão ordinária nas mãos de todas ou da maioria das cortes. Acredito que na Bolívia todas as cortes possuem o poder de revisão constitucional. No Brasil, também. Então devemos acrescentar isto: meus comentários que se referem à relação entre revisão constitucional e adjudicação ordinária das cortes só são relevantes em sistemas cuja revisão constitucional seja centralizada. Tão logo as cortes ordinárias ao mesmo tempo exerçam revisão constitucional (controle difuso), a distinção que faço concernente à relação entre revisão constitucional e adjudicação ordinária não possui relevância.

RTDC: Klaus Günther tece algumas críticas a respeito da tese do caso especial. Consistem basicamente em duas objeções: i) acredita que a pretensão de correção (de acordo com uma ética discursiva) não caracteriza os argumentos jurídicos; e ii) não concorda que exista nem uma coincidência parcial nem uma coincidência estrutural entre as regras do discurso prático geral e as do discurso jurídico. Seu argumento é que aquelas regras e formas para a universalidade, que são essenciais para um discurso geral, não são encontradas, por uma boa razão, no discurso jurídico. Como o senhor responde a estas considerações?

RA: Eu já respondi a estas objeções de Günther em alguns artigos, e minha resposta consiste em duas partes: primeiro, não se pode fazer uma distinção estrita entre justificação e aplicação da lei. Isto é claro especialmente com relação à lei constitucional, não somente porque a Constituição fala muito pouco, mas também porque a sua concretização não é possível sem criarem-se novas normas. Seria traçar um panorama completamente equivocado da decisão jurídica, simplesmente ter um olhar geral sobre a função de elaboração da lei pelo Judiciário. Esta é a primeira parte da minha resposta. Se concordamos que a adjudicação possui uma função de elaboração legal, o que pode ser demonstrado mais claramente nas normas de decisões concretas, as quais são criadas pelo Judiciário, então, a segunda parte de minha resposta a Günther começa com a questão de se as normas criadas pelo Judiciário devem ser justificadas de um modo diverso do das normas morais. E minha resposta é sim, naturalmente, devem ser justificadas de outro modo, mas não de um modo completamente diferente. Günther afirma que elas devem ser justificadas de uma forma completamente diferente, eu entendo que elas devem ser justificadas diferentemente somente de modo parcial ou em uma certa medida. Isto quer dizer que elas são parcialmente justificadas da mesma maneira. E são justificadas parcialmente da mesma maneira porque em todo sistema jurídico há uma combinação de estruturas particulares ou convencionais (do que é típico em uma sociedade e em suas tradições) e estruturas universais. Todas as questões de justiça possuem uma dimensão universal e, portanto, a dimensão universal da moralidade, à qual se referem as questões de justiça, afloram na argumentação jurídica. Esta é exatamente minha tese do caso especial.

RTDC: Sua posição intelectual pode ser compreendida como uma posição pós-positivista? O que o senhor pensa a respeito do pós-positivismo? O senhor pode ser considerado um jusfilósofo pós-positivista?

RA: Todos estes conceitos opostos são difíceis e devem ser usados com cuidado. Naturalmente, o conceito de pós-positivismo pode encontrar significado em dois sentidos: sempre fui profundamente influenciado especialmente por Hans Kelsen, Herbert Hart e Alf Ross, que são todos positivistas. Eu nunca desistiria do que aprendi com eles. Neste aspecto, penso que estamos todos sustentados nos ombros dos grandes positivistas do século XX. Mas não é suficiente ser um positivista, porque a lei positiva, que é o primeiro passo, suscita uma pretensão de correção. E não é a partir de um ponto de vista metafísico externo que trago a pretensão de correção para o campo jurídico. A pretensão de correção já se encontra na lei positiva, está sempre implícita na lei positiva e alcançou enorme importância devido ao que Hart intitula "textura aberta", ou seja, a textura aberta de cada e toda lei positiva. A pretensão de correção constitui, no direito, uma pretensão de justiça, porque a justiça não é nada além do que distribuição correta e balanceamento. Se pusermos ambas juntas, a pretensão de correção e a textura aberta da lei, poderemos ver que a lei positiva é, de um lado, importante para a democracia por razões democráticas, pois, em uma democracia, a lei positiva está procedimentalmente justificada pelo processo democrático público, o qual dá os contornos à lei positiva; mas, contudo, sempre existe, por outro lado, uma pretensão de correção e uma textura aberta. Não há outra opção que não seja a de preencher a textura aberta de acordo com a pretensão de correção; que necessariamente inclui uma pretensão de justiça. Isto torna necessária a relação entre direito e moral. Se vocês quiserem chamar isto de pós-positivismo, por favor, o façam. Este conceito se refere a uma relação histórica de minha teoria com o positivismo e não com a relação lógica entre ambos. Não se pode pôr de lado a lei positiva, mas é necessário incorporar a lei positiva em uma justificação moral. A lei positiva é necessária por razões morais, pois se não tivéssemos a lei positiva, estaríamos não somente sem a segurança e eficiência legal, mas também sem a proteção dos direitos que são requeridos pela moralidade. Por outro lado, desde o momento que temos a lei positiva, no interior desta, a moralidade é necessária. Então há uma necessidade moral externa de lei positiva e uma necessidade interna de moralidade no interior da lei positiva.

RTDC: Qual é a diferença entre princípios e valores?

RA: Princípios e valores são, como eu disse em todos os meus escritos, a mesma coisa, com uma exceção, princípios contêm um operador deôntico, enquanto valores são determinados por um conceito axiológico. O primeiro trabalha com o conceito de dever, como está, por exemplo, contido na obrigação de se otimizar a liberdade de expressão. O segundo trabalha com o conceito de bom, como está contido no julgamento valorativo de que é bom se ter tanta liberdade de expressão quanto for possível. No discurso jurídico, não importa se é usada uma ou outra forma. Encontramos ambas na atual argumentação das cortes constitucionais. Mas o aspecto decisivo é que, no final, se estamos na área do direito, e acredito até mesmo que isto define o direito, precisamos usar o conceito deontológico. O resultado é sempre formulado de um modo deontológico. Exatamente por esta razão, quando falamos de preceitos de otimização, usamos o conceito de dever no conceito de princípio. O ponto decisivo é, e acredito já ter mencionado isto, a gradação. Este é outro aspecto que é comum a valores e a princípios.

ENTREVISTA COM O PROFESSOR JOSÉ CARLOS BARBOSA MOREIRA[1]

RTDC: Professor, quais são as principais lembranças de seus estudos universitários?

JCBM: Fiz o meu curso de bacharelado na então Faculdade Nacional de Direito, que depois passou a se chamar de Faculdade de Direito da UFRJ, e hoje está de novo com a denominação antiga, situada na Rua Moncorvo Filho, esquina com o Campo de Santana. O meu curso foi tranquilo. Tive bons e maus professores e acho que isso não mudou muito.

Depois, aquela Faculdade passou por um período que eu classificaria de "menos bom". Ficou um pouco descuidada durante algum tempo. Levei muitos anos sem regressar ali, até que, há dois ou três anos, e outra vez recentemente, fui convidado por alunos a fazer uma palestra. Fiquei bastante emocionado ao rever a casa em que fiz meus estudos universitários.

RTDC: Quais foram os mestres que mais o influenciaram?

JCBM: No curso da Faculdade Nacional de Direito, tive alguns professores que me influenciaram bastante. Começo lembrando o Professor Oscar Stevenson, que foi meu professor de Direito Penal, e um pouco responsável por minha inclinação inicial para esta área. Cheguei a fazer o curso de doutorado em Direito Penal, embora não tenha chegado a defender tese, mas gostava muito e continuo gostando, só que evidentemente não há possibilidade de nos mantermos atualizadíssimos nos vários ramos do direito. Em um só já é um problema! Depois o Professor Hélio Tornaghi, de Processo Penal, do qual fui assistente por um ou dois anos depois de formado, porque o meu curso de processo civil, infelizmente, não foi bom e eu só vim a me interessar realmente por Direito Processual por via do Processo Penal: isso eu acho que devo às aulas sempre tão interessantes do Professor Hélio Tornaghi.

Fora do curso, devo recordar aqui a figura de uma pessoa muito querida, que, embora não tenha sido meu professor na Faculdade, depois representou papel muito importante na minha formação jurídica – o Professor Luiz Machado Guimarães,

[1] Entrevista concedida à *Revista Trimestral de Direito Civil – RTDC*, v. 17, jan./mar. 2004. A *RTDC* agradece ao Procurador da Fazenda Nacional Gustavo Magno de Albuquerque o precioso auxílio para a realização da entrevista.

autor de poucos livros. Infelizmente ele não deixou uma obra escrita que reflita o seu extraordinário valor de jurista, mas foi uma pessoa a quem me afeiçoei muito, desde o momento em que fiz o concurso para Procurador do Estado, sendo ele um dos examinadores. Como ele morava perto, na Rua Leopoldo Miguez, e eu, naquela época, na Rua 5 de Julho, passei a frequentar sua casa com certa assiduidade. Quase toda a semana eu ia lá pelo menos uma noite. Realmente para mim esse convívio foi de extraordinária importância e acho que também o foi para ele, que não tinha filho, apenas uma filha. O fato é que ficamos muito amigos e para mim foi realmente um benefício enorme essa convivência. Nós formávamos aquilo a que ele chamava jocosamente de "Escola Processual de Copacabana" (naquela época era muito comum falar-se na "Escola Processual de São Paulo")...

RTDC: Professor, na época dos seus estudos universitários, qual era o método didático utilizado e como se dava a relação entre professores e alunos?

JCBM: A relação era bem mais formal do que se tornou depois. Aliás, até o modo de trajar dos alunos, naquela época, era bem mais formal do que hoje. Não me lembro de haver frequentado as aulas na então Faculdade Nacional de Direito senão de terno e gravata. Depois eu próprio dei aulas a outras turmas de jeans e camisa esporte. Naquela época isso era impensável. Entretanto, alguns professores se aproximavam mais e permitiam um contato mais íntimo. Outros se mantinham mais distantes. Isso não quer dizer que fossem antipáticos ou presunçosos. Era um modo de ser próprio daquela época, que depois, como tantas outras coisas, mudou.

RTDC: Que peso teve a sua formação universitária no desenvolvimento de sua vida profissional?

JCBM: Acho que teve o peso comum, quer dizer, não acho que o curso universitário por si só habilite alguém, sem mais nada, a exercer bem uma atividade profissional. É claro que depois você continua estudando e vai aprender também com a prática. O curso tem importância na medida em que lhe fornece, ou deveria fornecer, uma preparação básica, um conhecimento básico do ordenamento jurídico com que você vai atuar. O resto depois é por sua conta, a sua contribuição pessoal é que vai ser decisiva daí em diante.

RTDC: O senhor já se referiu a seus ex-alunos como "filhos espirituais". Como o senhor avalia a sua relação com os seus alunos e ex-alunos?

JCBM: Minha relação com meus alunos e ex-alunos, graças a Deus, foi sempre ótima. Não me lembro de ter tido aborrecimentos sérios com alunos no curso das várias décadas em que eu lecionei, não só na Faculdade de Direito da UERJ, mas mesmo antes, na PUC e na Cândido Mendes, em que lecionei antes de fazer meus concursos para a UERJ. Durante algum tempo, dei aula também na Faculdade Nacional e sempre tive a felicidade de me relacionar muito bem com meus alunos. Tenho até a convicção de que, em pelo menos em grande parte, eles se tornam mesmo meus amigos; continuamos a nos encontrar pela vida afora, alguns frequentam a minha casa, sou padrinho de casamento de vários. Esse é um dado muito valioso para mim, é algo que me torna muito feliz, ter essa relação com os alunos, que na minha vida tem sido muito importante. E aonde quer que eu vá e encontre um ex-aluno, é logo uma alegria, o que até me tem sido muito útil, do ponto de vista prático, para abrir certas portas.

RTDC: Professor, o senhor considera que a universidade hoje vem cumprindo adequadamente o seu papel na formação jurídica? E que aspectos o senhor acha que deveriam ser priorizados numa universidade?

JCBM: Dizer que a universidade desempenha a sua função adequadamente, quer dizer, cabalmente, satisfatoriamente, seria excesso de otimismo. A nossa universidade padece de defeitos muito graves, como quase todas as instituições brasileiras, infelizmente, embora tenham, algumas delas, melhorado o nível de seu desempenho nos últimos tempos. A Universidade tem altos e baixos, e fica muito dependente, a meu ver, no seu funcionamento, de uma infraestrutura de serviço, de uma infraestrutura administrativa, eu diria mesmo burocrática, que na minha opinião funciona mal. Quanto ao papel que ela tem de representar na sociedade brasileira, é assunto muito discutido entre especialistas – qual o verdadeiro papel da universidade em relação à sociedade em que ela se insere. Uns dão mais ênfase à preparação profissional, outros ao aspecto da pesquisa. Acho que esses aspectos teriam de ser complementares. Para isso, seria preciso também que se pudesse dispor de ambiente e condições de trabalho melhores do que os que em geral se proporcionam às pessoas que lá trabalham – principalmente aos professores. Hoje é curioso que, às vezes, os meios de comunicação social – principalmente a propósito da Reforma da Previdência – têm apontado os professores universitários como se fossem privilegiados, como se fossem verdadeiros marajás. O que é algo absolutamente insano: imaginar que o professor universitário goze hoje de privilégios no tocante à sua remuneração, e não só em relação a ela, mas também a outros aspectos. A UERJ acho que tem melhorado nisso. A Faculdade de Direito, em que estive no ano passado ministrando o curso de Pós-Graduação, já proporcionava aos professores ambiente e condições de trabalho melhores do que os que conheci quanto lecionava no curso de bacharelado. Penso que houve melhora, mas que está longe ainda de ser o ideal.

O ideal é inatingível, mas tem de ser perseguido. É a meta para a qual devemos dirigir-nos. É isso que posso dizer, em resumo, sobre a universidade. Meu conhecimento é restrito, porque não conheço bem as outras universidades, nem as do Rio de Janeiro. O que digo é um depoimento baseado quase que exclusivamente nas universidades onde trabalhei, principalmente na UERJ, onde trabalhei mais tempo. Não conheço bem o que se passa nas universidades privadas. Hoje há uma dezena delas só no Rio de Janeiro. Não lhe saberia dar um depoimento a respeito disso, porque o meu contato tem sido muito esporádico: às vezes sou convidado a fazer uma palestra, por exemplo, mas isso evidentemente não bastaria para que eu tomasse conhecimento da realidade existente nessas entidades.

RTDC: A literatura, a poesia, as artes em geral, também contribuíram para sua formação de jurista. A leitura de quais autores o senhor considera que seria indispensável, essencial? Que autores o senhor recomendaria para as novas gerações?

JCBM: Não posso fazer aqui uma enumeração completa, porque seria muito longa. Acho que, com muitas exceções, em grande parte, as gerações posteriores à minha tiveram, em geral, menos informação de cultura geral do que havia em certa época. Noto isso às vezes, por exemplo, em relação à literatura. Noto quando faço alusão, no transcurso de uma aula, a um personagem literário conhecido, pelo menos que eu presumia que fosse conhecido, e aquela menção não desperta nenhuma reação de reconhecimento por parte dos ouvintes.

Uma vez, lembro-me de que falei no Conselheiro Acácio, disse: "essa é uma observação digna do Conselheiro Acácio", e aquilo não despertou nenhuma reação; não senti nenhuma luz acender nos olhos dos alunos que ali estavam. O Conselheiro Acácio, no meu tempo, era um personagem muito conhecido, lia-se muito Eça de Queiroz. Há exceções. Uma delas ocorreu em uma turma em que comecei a recitar pequena poesia de um dos meus poetas prediletos, que é Fernando Pessoa. E para minha grande surpresa e alegria, quando comecei a recitar os primeiros versos, vi que dois alunos, um rapaz e uma moça, acompanhavam, diziam comigo o texto do poema. Aquele foi um momento de emoção para mim – descobrir que dois alunos sabiam de cor o meu poema predileto. Mas acho que hoje se lê menos, ou então se leem menos coisas que valham a pena serem lidas.

Há muita coisa que circula, mas há também uma grande concorrência de outros focos de atenção em relação ao livro, por exemplo, a televisão, a internet. Tudo isso pode ser ou poderia ser também veículo de difusão cultural, mas sabemos que, na prática, a televisão, por exemplo, e não só no Brasil, está longe de corresponder a esse papel. A quantidade de tolices que aparece na tela é espantosa. A quem tem de se expressar em português, como é o caso desses advogados que trabalham no Brasil, eu recomendaria uma leitura maciça de Machado de Assis, pelo menos umas 10 páginas por semana, porque realmente foi o autor que melhor compreendeu o espírito da língua portuguesa e soube trabalhá-la com uma graça incomparável. A linguagem, o estilo, a gente adquire assim, até imitando no começo. A leitura é o único jeito de você desenvolver suas qualidades de expositor, permite verificar como é que as pessoas que sabiam expor, expunham. Na Faculdade, eu notava que, também com as exceções de praxe, muitos tinham dificuldade no trato com a língua; por vezes o que ocorria não era ignorância jurídica, era dificuldade de expressar o pensamento em um português correto e não muito feio. O português é uma língua linda quando bem trabalhada, mas às vezes se torna grotesca quando manejada por quem não tem intimidade com ela.

RTDC: Professor, qual o seu método de trabalho? Quando e como o senhor escreve?

JCBM: Eu não tenho propriamente um método. Sou uma pessoa ordenada, em geral, não sou dado a coisas exóticas, mas um método de estudo e de trabalho, no sentido, por exemplo, de que trabalho sempre à tarde, ou pela manhã, ou que escrevo pela manhã e leio à noite, isso não existe, varia muito. Hoje eu me canso mais, de modo que à noite raramente escrevo, posso até ler, mas prefiro escrever durante o dia. Há pessoas que se preocupam obsessivamente com o método. É como o violinista que passasse a maior parte do tempo preocupado com a afinação do instrumento em vez de tocar. Eu prefiro tocar.

RTDC: Tem alguma obra que o senhor considera mais importante de todas as que já escreveu?

JCBM: Não acho que o que escrevi seja assim tão importante, embora às vezes até goste...

RTDC: Dentre as suas obras o senhor destacaria alguma?

JCBM: A que posso destacar pelo tamanho, a mais extensa, é o volume de *Comentários ao Código de Processo Civil*. Essa é a obra que me deu mais trabalho para fazer.

RTDC: Entretanto, a mais conhecida não seria *O novo Processo Civil brasileiro*?

JCBM: Talvez porque seja a mais acessível, inclusive a estudantes. É um trabalho mais simples, que não tem citações nem notas de rodapé. É um texto enxuto e, para certo tipo de público leitor, de fato, talvez seja a mais adequada.

RTDC: Qual a obra que lhe deu mais prazer em escrever?

JCBM: Todas. Não faço distinção porque enquanto escrevo, escrevo com prazer, mesmo pequenos trabalhos, pequenos artigos. Há alguns até que leio muitos anos depois – e digo: "ora veja, como eu abordei bem este tema aqui!". De vez em quando nos ocorrem esses acessos de narcisismo...

RTDC: Algum fato político marcou a sua vida, influenciou sua carreira?

JCBM: Um fato internacional que me marcou muito, e que para vocês é tão remoto como a invenção da pólvora, foi a Segunda Guerra Mundial. Eu era criança, tinha oito anos.

Eu sempre morei no Rio de Janeiro e, a despeito de tudo, de todos os problemas, amo intensamente o Rio de Janeiro e sou talvez mais carioca do que qualquer outra coisa. Voltando à história da Segunda Guerra Mundial, ela começou em 1939 e foi até 1945, ou seja, me "apanhou" de 8 anos a 14 anos, portanto, no fim da infância e no princípio da adolescência, e me marcou extremamente. O curioso é que naquela época não tínhamos essas notícias e imagens instantâneas, como tivemos há pouco tempo com a Guerra do Iraque (que aliás não terminou, está havendo lá um período de muita ebulição), mas havia o jornal e havia o rádio.

O meu pai, que era um tremendo partidário dos aliados antinazistas, sintonizava todas as noites um programa da *BBC* de Londres, em português, feito por um brasileiro que morava lá e se chamava Aimberê. Meu pai ligava o rádio todas as noites e a gente escutava aquelas notícias.

Eu me interessei tanto pelo assunto que cheguei a fazer um álbum com recortes de jornais mostrando a evolução do *front*. Porque naquele tempo existia uma coisa chamada *front*. A guerra era disputada sobretudo em terra. A questão era ocupar o máximo de território inimigo. Então, todo dia vinha notícia daquela linha que às vezes se deslocava em um sentido, às vezes, em outro, e eu recortava aquilo tudo e colava em um álbum. Lembro-me do dia em que a França se deu por vencida, pediu armistício, meu pai chegou em casa desolado e eu também me senti assim.

No plano internacional, esse período me marcou muito, também por causa da minha idade – um garoto que se torna rapazinho e que, portanto, recebe com grande intensidade essas expressões do mundo exterior, porque está começando a situar-se. Claro que depois acontecimentos importantíssimos houve e me marcaram, mas, se tivesse de destacar algum, destacaria esse: a Segunda Guerra Mundial.

RTDC: Em 1962, o senhor fez o concurso para Procurador do Estado e foi seu primeiro concurso. Como o exercício da advocacia pública marcou a sua carreira?

JCBM: Marcou muito. Eu e todos os colegas aprovados nesse concurso, que foi o primeiro a ser realizado para aquele cargo, entramos na Procuradoria com grande entusiasmo, e a maioria deu muito de si no exercício daquele cargo. A Procuradoria teve um momento esplêndido. Eu gostava muito de lá e trabalhava com grande conforto, não necessariamente do ponto de vista físico, mas pelo ambiente muito bom; nós nos tornamos quase todos muito amigos. Enfim, isso me marcou e deixou no meu ser grande apreço pelas causas públicas.

Não tenho nenhuma simpatia por certa tendência em desvalorizar o interesse da Fazenda, o interesse do Estado. Pelo contrário, prezo muito esse interesse, tanto que sou francamente partidário da manutenção da revisão obrigatória das sentenças proferidas contra a Fazenda Pública.

Certa vez li em um autor, por quem tenho muita consideração e que é meu amigo pessoal, que a forte preocupação com o patrimônio público era uma ideia fascista. A mim não me parece que seja fascista, mas, ainda que fosse, seria o caso de dizer "bendito fascismo" nesse ponto. Em toda doutrina, por pior que seja, encontra-se sempre alguma coisa verdadeira. O erro absoluto não existe. Não há nenhuma doutrina que esteja errada da primeira à última linha. Alguma coisa de aproveitável sempre há. Seja como for, no Brasil, sobretudo, temos visto a criação de instrumentos processuais destinados precipuamente à defesa do interesse público – como a ação popular, a ação civil pública – que não têm nada de fascista, pelo contrário, são instrumentos progressistas, democráticos, de participação de sociedade em geral na defesa desse patrimônio que, afinal, é de todos nós.

Quando se fala na Fazenda Pública, alguns pensam em algo estranho, em algo até contrário a nós. Não é nada disso: a Fazenda Pública é um patrimônio de todos nós. Embora eu, como juiz, depois, muitas e muitas vezes tenha julgado contra a Fazenda Pública, sempre tive consciência da necessidade de sopesar muito bem aquele interesse.

RTDC: Professor, como foi sua transição para o Tribunal de Justiça na década de 1970?

JCBM: A transição para o Tribunal de Justiça se deu porque eu tinha vários amigos lá, que de vez em quando me perguntavam: "Por que você não se candidata ao Tribunal?". Durante algum tempo não me interessei por aquilo, mas depois achei que seria para mim uma experiência boa, uma oportunidade valiosa, até para pôr em prática os meus conhecimentos. Eu tinha me especializado em Direito Processual e achei que nada melhor para um estudioso do Direito Processual do que exercer durante algum tempo a magistratura, porque ele vai ter de, quotidianamente, aplicar aquilo que estudou. E realmente assim foi. Acho que, inclusive para a atividade docente, é salutar essa possibilidade, que não existe em alguns países, de combinar, conjugar, exercer simultaneamente a magistratura e o magistério, principalmente para uma matéria como o Direito Processual, porque as duas experiências se enriquecem reciprocamente. Como juiz você aplica o que diz como professor, e como professor você muitas vezes vai poder adequar melhor suas concepções à luz da experiência prática do quotidiano forense. Acho que essas duas coisas devem coexistir e integrar-se, porque são complementares. Em alguns países isso não é possível, o juiz não pode ser professor ou o professor universitário não pode ser juiz. Mas no Brasil essa possibilidade existe e acho muito salutar.

RTDC: Como seria possível resolver ou pelo menos minorar um dos mais graves problemas da Justiça, que é a sua falta de celeridade? O que pode ser feito, por exemplo, nos próprios cartórios, nos procedimentos?

JCBM: Muita coisa pode e tem de ser feita. O nosso Código de Processo Civil, por exemplo, tem sido reformado sucessivamente, e em muitos pontos de modo positivo, eliminando formalidades supérfluas, como a liquidação por cálculo de contador e outras assim.

Mas é preciso que nos convençamos de vários pontos, para discutirmos seriamente o assunto: primeiro, o problema não é só brasileiro, é universal. Eu participo de congressos nacionais e internacionais há muitos anos. Desde os anos 70 para cá, certamente participei de dezenas de congressos internacionais e nunca vi um só em que não se fizessem ouvir queixas a respeito da lentidão dos processos. Não é um fenômeno nacional, embora isso evidentemente não constitua motivo de nos sentirmos bem, de acordo com aquela frase "mal de muitos, consolo é". Em segundo lugar, há o seguinte fator que salta aos olhos: a demanda por serviço judicial tem crescido em ritmo vertiginoso nos nossos tempos por várias razões: o aumento da população por si só bastaria, mas ao lado disso há o crescente desenvolvimento econômico, a complexidade da vida econômica, o aumento incrível dos contatos internacionais com a consequente possibilidade maior de surgirem conflitos de interesses. Em certos casos, como no Brasil, soma-se a isso a emergência da consciência de certos direitos que não costumavam ser reclamados em juízo. Hoje o Poder Judiciário se vê a braços com uma série enorme de problemas que tradicionalmente lhe eram estranhos. Quem se lembrava de suscitar em juízo, 40, 50 anos atrás, problemas, por exemplo, relativos à defesa do meio ambiente? Era algo com o que o juiz não tinha, em geral, de preocupar-se. Essa consciência progressiva é salutar, mas tem essa consequência, aumenta a demanda. Muito mais gente vai a juízo hoje em razão de assuntos que outrora não chegavam ao juiz. Então, a demanda está cada vez maior e não é possível, por uma série de razões, aumentar o aparelho judiciário na mesma proporção.

Você não pode aumentar indefinidamente um Tribunal, porque chega um momento em que se torna praticamente inviável. Os Tribunais muito grandes em geral não são bons, porque toda entidade muito grande é difícil de administrar, criam-se problemas internos que dificultam, atrapalham o funcionamento daquele mecanismo. Quando entrei para o Tribunal de Justiça em 1978, éramos 32 desembargadores, agora são mais de 100. É muito mais difícil de administrar. Portanto, há esse fator que é óbvio: o aumento da demanda não encontra correspondente e jamais poderá encontrar correspondente exato no aumento da oferta do serviço do Judiciário por "n" razões, algumas das quais saltam à vista – não se pode aumentar um Tribunal sem medida, indefinidamente. Para a criação de Juízes de 1º grau precisa haver sempre novos órgãos, novos juízes, que possam absorver o crescimento da demanda. Você teria problemas orçamentários, em primeiro lugar – recursos financeiros, sobretudo em países ainda não desenvolvidos como é o caso do Brasil; e teria também o problema da captação de material humano à altura de exercer o cargo; no caso do juiz, o problema assume uma relevância que talvez não exista em outros casos. Um juiz ruim pode atrapalhar a vida de uma quantidade imensa de pessoas. Lá no Tribunal fazíamos concursos sucessivos e nunca se conseguiam preencher as vagas existentes, porque infelizmente a qualidade dos candidatos deixava a desejar.

Quanto a outros aspectos, aparece uma dificuldade que tenho procurado acentuar sempre: a falta de dados concretos, objetivos, colhidos por métodos tecnicamente rigorosos a respeito da realidade do foro. Nós não temos, digamos assim, na proporção e num grau de confiabilidade desejáveis, estatísticas a respeito dos vários fatores que podem contribuir para a maior demora dos processos. Não há a preocupação de apurar isso; em geral encaramos a norma jurídica como se a história dela terminasse no momento em que é posta em vigor – fazemos a reforma, pomos a reforma em vigor e pronto, não nos interessamos pela verificação objetiva, concreta, de como aquela reforma está atuando na realidade, que é o que interessa.

O que importa não é o texto, é a realidade, e com isso não costumamos preocupar-nos. Certa vez, há mais de dez anos, no Tribunal, sugeri ao desembargador Miranda Rosa, que é sociólogo, uma pesquisa. Todo o mundo sabe que os processos demoram, mas, se alguém perguntar quanto tempo demoram, ninguém saberá dizer, a não ser como palpite.

O brasileiro é muito pródigo em palpites, tem vergonha de dizer que não sabe algo, então responde qualquer coisa, e num tom tanto mais peremptório e dogmático quanto menos entenda do assunto. Quem entende de um assunto sabe que ele é difícil, e que há, portanto, zonas de penumbra; mas quem é ignorante não tem dúvida. O ignorante não tem dúvida sobre nada; responde a tudo num tom absolutamente categórico. Sugeri ao Desembargador reunir uma equipe e colher dados, em processos findos, sobre quanto tempo demorou entre, suponhamos, a distribuição e o despacho inicial, entre o despacho inicial e a citação do réu, para ver onde estão os pontos de estrangulamento, porque senão ficamos combatendo moinhos de ventos, como o Dom Quixote, e deixando em paz os verdadeiros inimigos.

Fizemos aquela pesquisa a muito custo, com enormes dificuldades, quando viam os funcionários incumbidos de compulsar autos, pensavam que aquilo era com o intuito de apurar irregularidades e impor sanções. Nós queríamos apontar dados. Chegamos ao resultado após vários meses de trabalho. Esse resultado foi publicado no *Diário Oficial*, com estatísticas e gráficos, o que era um modo de mantê-lo inédito – quem é que lê o *Diário Oficial*? Só os advogados, que precisam ler os despachos. Arranjaram para eu dar uma entrevista ao *Jornal do Brasil* e distribuímos cópias daqueles relatórios a várias entidades que nós supúnhamos estivessem interessadas no problema. Ninguém respondeu, nem sequer acusou o recebimento. Foi como um tiro em massa de pastel. Esse trabalho já tem mais de 10 anos. Ele foi feito em algumas Varas da Comarca da Capital, separadamente para o procedimento ordinário e para o que então se chamava procedimento sumaríssimo. Está, naturalmente, desatualizado e seria preciso refazê-lo. Não adianta nada tomar aquele trabalho hoje e tirar conclusões, porque a realidade pode ter mudado muito.

RTDC: E nessa esfera, o que o senhor acha dos Juizados Especiais?

JCBM: Os Juizados Especiais como ideia são excelentes. A princípio eles tiveram muita dificuldade, mas alguns apresentaram resultados positivos. Só que há um autor americano que diz: "construir uma reforma judicial é como construir uma estrada; quanto melhor a estrada, maior o tráfego, e quanto maior o tráfego, pior fica a estrada". A própria atração que o órgão exerce em virtude de estar funcionando bem, acaba por entupi-lo de trabalho, e aí ele começa a funcionar mal. Isso aconteceu aqui no Rio de Janeiro em vários lugares. Há também algumas distorções. Por exemplo, criou-se um Juizado Especial no Morro do Pavão-Pavãozinho, e a ideia era a de dar acesso à Justiça mais fácil ao pessoal carente que ali morava, mas o órgão atendeu muito pouco aos favelados. Atendia mais à clientela de Ipanema, que ia se queixar de problemas de condomínio etc. Eu não sou contrário à ideia e à prática dos Juizados Especiais e a acho positiva, embora haja problemas. Creio que em muitos casos a ideia foi aprovada.

RTDC: Como o senhor vê a divisão curricular das matérias referentes ao Processo no curso da graduação?

JCBM: Isso também varia muito. Hoje em dia, com esses currículos flexíveis, com o aluno podendo antecipar matérias, não há mais aquele quadro, aquela grade, como chamam, palavra muito antipática, pois dá ideia de prisão.

RTDC: Hoje há diretrizes curriculares.

JCBM: Muda-se a terminologia. Não podendo mudar a substância das coisas, mudam-se os nomes, pensando que com isso se resolvem problemas.

RTDC: Pensando na distribuição das cadeiras na UERJ, por exemplo, como o senhor sabe muito bem, há um ano de Teoria Geral do Processo, dois anos de Processo Civil, um ano de Processo Penal. Como o senhor vê a distribuição de cadeiras? O senhor acha que há algum excesso?

JCBM: Não, a distribuição em si eu não acho ruim. Talvez o professor de Processo Penal se queixe de ter um ano só. Mas eu, como professor de Processo Civil, que dava a Teoria Geral do Processo primeiro e depois os quatro semestres de Processo Civil, gostava muito.

RTDC: O senhor acha que essa é a divisão ideal?

JCBM: Não sei se é a ideal. Eu, como professor de Teoria Geral do Processo e de Direito Processual Civil, achava muito satisfatória essa distribuição. Eu conseguia, sem dificuldade, dar os programas por inteiro, e era bom quando o ex-aluno me dizia: "Professor, eu me inscrevi para o concurso de Defensor, Promotor etc., olhei o programa e pensei lá comigo – já ouvi dizer alguma coisa sobre tudo isso".

RTDC: O que o senhor pensa da proposta que alguns fazem de não mais ministrar Teoria Geral do Processo?

JCBM: Sou contrário.

RTDC: Alguns negam até a existência de uma Teoria Geral.

JCBM: Que é que ainda não foi negado? O próprio Cristo foi negado três vezes por São Pedro, na mesma noite. Por aí você vê que não há nada no mundo que não tenha sido negado.

RTDC: Professor, o senhor já expressou opinião no sentido da necessidade de enxergar os direitos supraindividuais, também como deveres substanciais. E quanto aos direitos individuais?

JCBM: Tudo na vida tem o anverso e o reverso: quando você fala em direito, necessariamente você subentende a existência de um dever correlato. Às vezes, as pessoas têm uma tendenciazinha (compreensível, não é?) a só olhar aquilo que as favorece. Olhar o seu direito, mas não os deveres correspondentes aos direitos alheios. Isso em matéria de direitos coletivos é muito comum. A gente fala em "direito coletivo ao meio ambiente"; isso implica a existência de um dever de preservar o meio ambiente. Há o lado ativo e o passivo, evidentemente. Essa visão bilateral é absolutamente necessária em todo fenômeno jurídico. Não há fenômeno jurídico bilateral, o que eu digo "direito" é algo que se refere necessariamente a um convívio. Não existe direito para uma pessoa isolada. Robson Crusoé, em sua ilha, enquanto não apareceu o Sexta-Feira, estava subordinado a uma norma ética, mas não estava subordinado a uma norma jurídica, porque a norma jurídica pressupõe necessariamente uma relação entre pessoas. Então, tudo na vida do direito tem de ser olhado por dois ângulos.

RTDC: Qual a importância que o senhor atribui à correção de linguagem, ao uso correto dos termos jurídicos, ao vocabulário?

JCBM: Eu dizia nas turmas que o art. 13 da Constituição Federal do Brasil determina que o idioma oficial é o português. Ora, se o idioma oficial é o português, quem ofende o português, ofende a Constituição, e não é admissível que num curso jurídico o aluno ofenda livremente a Constituição. Eu sempre levei em conta esse aspecto na atribuição de notas.

RTDC: O que o senhor acha que pode ser feito para melhorar essa habilidade?

JCBM: A leitura. Só se aprende a escrever bem, ou pelos menos corretamente, lendo. Claro que alguns terão sempre um pendor singularíssimo, personalíssimo, uma noção de estilo mais apurada, outros, não. Ninguém pode aprender a ser um grande escritor, mas pode aprender a escrever decorosamente a sua língua.

RTDC: O senhor escreveu recentemente um artigo sobre o abuso do direito no novo Código Civil. Como o senhor vê o novo Código Civil, especialmente nas suas passagens quanto às matérias de ordem processual?

JCBM: Há tempos escrevi um trabalho sobre as repercussões do novo Código Civil na área processual. Acho que em alguns pontos ele avançou o sinal, quer dizer, resolveu disciplinar matérias que não pertenciam ao seu campo próprio. Noutros casos ele assinalou um avanço. É um Código, penso eu, em vários pontos, tecnicamente mais bem formulado que o anterior. Embora não seja um especialista em Direito Civil, evidentemente tenho acompanhado o Direito Civil e penso que o novo Código marca, sem dúvida, em vários pontos, talvez não em todos, progresso em relação ao anterior. Sobretudo do ponto de vista do apuro técnico, da terminologia exata. Este Código é mais técnico que o anterior. Muitos o criticam porque ele não incorporou regras sobre problemas atuais referentes à bioética, clonagem, e assim por diante. Acho que isso não está amadurecido o suficiente para figurar em um código. É melhor mesmo que se deixe primeiro que vá sendo disciplinado por meio de leis especiais, porque um Código é algo que não deve ser objeto de mudanças muito frequentes, sob pena de desfigurar o sistema. Então, esses assuntos que ainda estão em elaboração, a cujo respeito não existe ainda consenso, não existe ainda uma base sólida, às vezes nem mesmo do ponto de vista científico, é melhor que eles fiquem fora do Código e sejam objeto, quando necessário, de leis especiais, para não formarem uma parte do Código sujeita a envelhecimento precoce.

RTDC: Dê um exemplo para nós de um ponto que o senhor ache positivo no novo Código Civil em relação ao anterior.

JCBM: Por exemplo, a disciplina das consequências dos defeitos dos atos jurídicos – nulidade, anulabilidade –, isto estava muito mal expresso no Código de 1916. Havia grande confusão terminológica entre nulidade, anulabilidade, nulidade relativa, que não permitia com facilidade uma sistematização clara. Hoje isso está, ao meu ver, muito bem tratado no novo Código.

RTDC: Sobre a nulidade, no novo Código, nós encontramos o art. 169, que prevê que o negócio jurídico nulo não convalesce pelo decurso de tempo, nem é suscetível de confirmação. Mas nesse aspecto de não convalescer pelo decurso do tempo, podemos notar que na jurisprudência, inclusive a dos Tribunais Superiores, há certa tendência, ou havia antes do novo Código, de se entender pela prescrição do tempo máximo, a prescrição vintenária, não se desconstituindo os efeitos produzidos pelo negócio nulo. Haveria aí um descompasso entre a lei e a jurisprudência?

JCBM: Não sei, porque essa jurisprudência a que você se refere foi constituída na vigência do Código de 1916; é um pouco prematuro para nós, hoje, pouco tempo depois de ter entrado em vigor o novo Código, querer fazer esse confronto. Vamos ver como se comporta a jurisprudência à luz do novo Código.

RTDC: O senhor acha que andou bem o legislador em dizer que o negócio nulo não convalesce?

JCBM: Sim.

RTDC: Então a pretensão ficaria aberta?

JCBM: A nulidade significa exatamente a ausência de valor do ato perante o direito, o que é um fenômeno que se prolonga no tempo. O que é nulo é nulo hoje e o será amanhã e todo o sempre. No campo da nulidade, não há que se falar em pretensão.

RTDC: Mas não há o interesse de segurança jurídica também a se tutelar?

JCBM: Isso não é incompatível com o fenômeno da prescrição. A prescrição diz respeito às pretensões. As pretensões podem prescrever, mas no dia em que o juiz tiver que examinar uma causa para cuja solução seja necessário avaliar a validade ou nulidade de um ato jurídico, ele poderá considerar sempre o ato jurídico nulo. Agora, as pretensões decorrentes dos atos jurídicos em geral, essas são prescritíveis, sem sombra de dúvida.

RTDC: Mas e os efeitos materiais que o ato nulo produziu?

JCBM: Os efeitos materiais, na medida em que já se produziram, podem até ser insuscetíveis de reversão, porque um efeito material muitas vezes não pode ser desfeito, mas as coisas não são incompatíveis. O reconhecimento de que certos efeitos materiais são ou podem ser irreversíveis não é incompatível com a ideia de que o ato nulo não convalesce. Porque uma coisa é o ato em si, outra coisa são esses efeitos materiais a que você se refere. Por exemplo, se o contrato é nulo, mas ambos os contraentes o cumprem, resolvido está o problema do ponto de vista prático. O que não quer dizer que um belo dia, se algum deles vai a juízo em relação a um efeito que não foi produzido, o juiz fique impedido de declarar nulo o ato.

RTDC: E se o efeito já tiver sido produzido vinte anos atrás?

JCBM: Se o efeito já tiver sido produzido, produzido está; as duas coisas não são incompatíveis.

RTDC: E se o efeito for, digamos, a transmissão de propriedade?

JCBM: Se a transmissão de propriedade se baseou em um contrato nulo, aí há vários problemas: o contrato é nulo e estará nulo sempre. Mas pode ser que o ordenamento jurídico, por amor à segurança jurídica, estabeleça que determinada consequência, ainda que fundada em um ato nulo, subsista; sobretudo em matéria de circulação de imóveis, há uma grande preocupação com a proteção de terceiros de boa-fé. Então você pode dar ao registro imobiliário um efeito insuscetível de ser desconstituído. O que não quer dizer que aquele contrato seja válido. É o registro que está interposto entre o contrato e o resto do tempo que vai decorrer.

RTDC: Então nós teríamos que separar as pretensões?

JCBM: Sim, é claro, isso não pode ser tratado assim de maneira muito simples, em um esquema muito geral, porque as leis, por vezes, parecem fugir à rigidez lógica das consequências, na medida em que atenuam essas consequências para proteger outros interesses que seriam dignos de tutela e estariam ameaçados caso nós tirássemos consequências rigorosamente lógicas de tudo. Houve um grande ministro da Suprema Corte americana que dizia: "A vida do direito não é a lógica, é a experiência". É exagero isso, mas chamo a atenção para o fato de que nem sempre o sistema jurídico extrai de determinada premissa todas as possíveis consequências lógicas; ele pode cortar isso, atenuar isso em função de outros interesses, porque toda norma jurídica surge do propósito de conjugar e harmonizar interesses contrastantes. Toda norma jurídica é uma resposta a esse problema: como harmonizar interesses contrapostos. Então o sistema jurídico pode perfeitamente dar uma solução que não seja rigorosamente adequada, do ponto de vista lógico, a determinadas premissas, porque ele tempera – aliás no processo isso é comuníssimo. As nulidades processuais, por exemplo, ficam preclusas depois do trânsito em julgado, com exceção daqueles casos de vícios específicos que ensejam a ação rescisória. Veja só: nem em execução a nulidade pode ser alegada, a não ser a nulidade da citação inicial, quando o processo correr à revelia. Os outros defeitos do processo de conhecimento não podem ser alegados em embargos à execução, porque a lei acha que dali em diante é preferível você atender mais a outro tipo de interesse. Então, o sistema jurídico não é ferreamente lógico, não leva a lógica às suas últimas e extremas consequências. Ele tempera essas consequências, tendo em vista a necessidade de harmonizar interesses diferentes.

RTDC: Professor, em relação às provas no novo Código Civil, o art. 232 estabelece que a recusa à perícia médica ordenada pelo juiz poderá suprir a prova que se pretendia obter com o exame. Em um conflito de interesses entre o direito à integridade física de um pai, de fornecer material genético para exame e, por outro lado, o interesse de um filho em reconhecer a sua ascendência biológica. Nesse conflito de interesses, o senhor acha que o pai poderia ser submetido à força à realização desse exame?

JCBM: Isso tem sido muito discutido na doutrina e na jurisprudência no Brasil e em outros países. Em primeiro lugar, nem sempre há a necessidade de submetê-lo à força. Por exemplo, se ele vai ao barbeiro e este lhe corta o cabelo, você pode apanhar ali algum fio e mandar para o exame de DNA. Nem é preciso tirar sangue hoje em dia.

RTDC: Houve o caso de uma moça que fumou um cigarro e jogou a guimba fora e esta foi usada para o exame de DNA.

JCBM: Então, às vezes, não há necessidade de submeter a pessoa pela força a uma retirada de tecido. Na minha visão, você apanhar um fio de cabelo que foi cortado, ou um pedacinho de unha que ele mesmo cortou e jogou fora, não causa nenhum constrangimento físico insuportável. Mas o problema não pode ser posto só nesses termos, porque haverá casos em que você queira mesmo obter algo que dependa da colaboração dele. Então, o que a lei faz é estabelecer que a recusa constitui um indício em desfavor daquela pessoa, ou seja, é sinal de que ela teme que o resultado lhe seja desfavorável. Em geral é assim, é uma regra de experiência: toda vez que você se recusa a submeter-se ao exame, a experiência humana diz que isso se deve ao fato de você recear o resultado daquele exame.

RTDC: Mas nós teríamos que nos contentar com a presunção *hominis*?

JCBM: Isso tudo tem que ser pesado no conjunto probatório, não é este elemento só, nunca é só um elemento....

RTDC: Mas a verdade biológica ainda assim não seria alcançada.

JCBM: O juiz nem sempre pode dar-se ao luxo de pretender uma verdade absoluta.

RTDC: Com a realização do exame, ainda que à força, ele a alcançaria.

JCBM: Mas aí talvez já se esteja colocando esse interesse em uma posição demasiadamente preponderante sobre a preservação da intimidade dele. É difícil traçar uma linha divisória entre o campo em que deve predominar um determinado interesse e o campo em que deve predominar outro determinado interesse. A lei se esforça para fazer isso, mas as soluções não são perfeitas. Depois vem a interpretação, o trabalho jurisprudencial, porque dificilmente o legislador pode estabelecer um traçado geometricamente perfeito separando os dois campos dos interesses contrapostos.

RTDC: A relevância do interesse do filho não deveria preponderar?

JCBM: Em princípio, sim, mas talvez não seja bom levarmos isso às últimas consequências, porque teríamos que chegar a momentos em que seria preciso agarrar o indivíduo à força para obter material para o exame.

RTDC: Como já aconteceu pelo menos em um caso que chegou ao Supremo Tribunal.

JCBM: Mas o Supremo recusou a tese que levava às últimas consequências, entendendo que se estava invadindo demais. A linha é colocada de tal maneira que supostamente represente o resultado de uma avaliação comparativa. É claro que a solução perfeita não existe.

Nos Estados Unidos, por exemplo, ninguém protesta. A Suprema Corte admite tranquilamente que você seja forçado a fornecer padrões de gráficos, que você seja forçado a falar para que sua voz seja submetida à comparação com outra voz gravada. Aqui, em nome do direito ao silêncio, tem-se recusado isso. Quer dizer, nós estamos sendo até mais realistas que o rei em certas coisas.

RTDC: Qual a sua opinião sobre a evolução da arbitragem?

JCBM: A princípio, até algum tempo atrás, a arbitragem, salvo em contratos internacionais, era letra morta; nunca se cogitou aqui seriamente disso. Em parte, era por causa da situação que se configurava quando um dos contratantes depois se recusava a cumprir a cláusula compromissória, apesar de a ter inserido no contrato. A cláusula compromissória era uma obrigação de contratar e, de acordo com a tradição, as obrigações de contratar se resolviam em perdas e danos; era uma solução absolutamente insatisfatória que a lei procurou remediar, permitindo que a parte vá a juízo e peça ao juiz inclusive que este supra a vontade da outra parte.

RTDC: O senhor acha que há ou não uma invasão da arbitragem naquela esfera que seria própria do Poder Judiciário?

JCBM: Não, ninguém pode ser obrigado a estabelecer em um contrato a cláusula compromissória. A arbitragem apresentaria um problema se ela fosse considerada obrigatória. A arbitragem não pode ser obrigatória. Houve um tempo em que foi assim. Certas matérias no Império eram obrigatoriamente submetidas à arbitragem. Isto hoje não seria possível, mas, se as partes voluntariamente concordam em submeter o conflito de interesses ao juízo arbitral, não vejo em que isso possa desprestigiar a justiça estatal. O futuro da arbitragem no Brasil é aleatório, porque o processo arbitral, a despeito das vantagens que possa ter em relação ao processo judicial, sobretudo no tempo, é muito caro, extremamente caro. Só grandes empresas é que podem recorrer à arbitragem; o cidadão comum nunca recorrerá a ela, pelo menos enquanto for extremamente dispendiosa.

RTDC: O senhor acha que pode o próprio tribunal arbitral decidir sobre sua competência ou, uma vez havendo conflito, é necessário que esta questão seja levada ao Poder Judiciário?

JCBM: O tribunal pode decidir sobre sua competência, agora, nada impede que aquele que se julgue prejudicado recorra ao juiz. Isso é que é inafastável, mas em princípio, dentro do processo arbitral, o órgão julgador decide sobre sua própria competência. Depois, há maneiras que até a própria lei prevê de impugnar a sentença arbitral em juízo. Há lá uma ação de impugnação da sentença arbitral; embora o juiz não controle o mérito da decisão dos árbitros, controla a legalidade desta decisão.

RTDC: No programa de pós-graduação de direito processual na Faculdade de Direito da UERJ, o senhor certamente é um dos marcos teóricos, e lá os alunos de Direito Civil têm frequentado disciplinas de Direito Processual e vice-versa. Na sua opinião, isso é reflexo de um diálogo maior entre o Direito Civil e o Direito Processual? Que benefícios podem advir dessa construção mais próxima?

JCBM: Certamente. São óbvios, como qualquer tipo de aproximação entre disciplinas. O direito é um só; essas divisões são todas didáticas, metodológicas, não são ontológicas. O tecido jurídico é contínuo, e evidentemente ninguém pode fazer da sua especialização um álibi para não entender nada do resto. Você até pode encontrar pessoas, inclusive professores, que pensem assim. Os processualistas menos, porque estes não podem se dar ao luxo de ignorar totalmente o resto: eles têm de citar exemplos, e os exemplos vêm do direito civil, do direito constitucional, do direito administrativo; mas às vezes alguns cultores desses outros campos manifestavam uma certa aversão, olhavam de cima para baixo para o processo (isso aconteceu com alguns civilistas, não os de hoje, mas os do passado) e, quando se metiam a falar de assuntos processuais, era um verdadeiro descalabro. Hoje isso já não ocorre. Hoje já há essa comunicação, esse maior convívio entre os especialistas dos vários ramos. Há muito maior intercâmbio de ideias do que houve no passado.

RTDC: O que o senhor pensa do movimento chamado de "constitucionalização dos diversos ramos do direito"?

JCBM: Penso que, em princípio, obviamente, se existe uma Constituição, ela tem de ser posta como a norma primeira e tem de influir em todos os ramos do direito. Agora, isso não impede que eu possa achar que houve na nossa Constituição de 1988 certo exagero na elevação ao plano constitucional de matérias que talvez não precisassem ser tratadas nesse nível. Isso teve até uma consequência desfavorável e desagradável na Justiça, porque ficou muito fácil suscitar questão constitucional, de modo que o recurso extraordinário inchou a tal ponto que o Supremo teve de estabelecer uma jurisprudência segundo a qual, para que o recurso extraordinário seja conhecido, é preciso que a ofensa alegada à Constituição seja uma ofensa direta; a Constituição tratou de tanta coisa que absorveu uma porção de matérias que não eram tratadas normalmente em nível constitucional nas nossas Cartas anteriores. Agora, se ela existe, é para ser cumprida. Todo e qualquer ramo do direito tem de ter uma necessária referência aos valores constitucionais que impregnam todo o tecido jurídico brasileiro.

RTDC: O senhor acredita que há um Direito Processual Civil brasileiro? Quais seriam as suas características?

JCBM: Existe um ordenamento processual civil brasileiro e começa a existir, de algum tempo para cá, uma doutrina que não é nem escola daqui, nem escola dali, mas que é a doutrina processual brasileira, hoje, diria eu, vista como relevante no plano internacional. O Direito Processual Civil brasileiro é algo respeitado. Não só a legislação, como também o trabalho doutrinário. Nós não somos mais olhados de cima para baixo. O Brasil tem certo peso no plano internacional nesta matéria, mais do que em outras. Eu posso dizer com tranquilidade, porque é a verdade objetiva.

RTDC: Existe uma diferença muito grande na influência que os processualistas brasileiros têm em países da língua portuguesa e em países da América Latina em relação ao que acontece na Itália, Alemanha e outros países?

JCBM: A nossa doutrina tradicionalmente era mais próxima da de alguns países europeus do que de outros países latino-americanos. Havia certo distanciamento entre o Brasil e os países hispano-americanos, que têm características diferentes em vários assuntos, por exemplo, no sistema de recursos, que dificilmente seria suscetível de uniformização. Mas, de algum tempo para cá, por obra do Instituto Ibero-Americano de Direito Processual, do qual já fui presidente durante quatro anos, depois de ter sido Secretário-Geral, são realizadas as chamadas Jornadas Ibero-Americanas de Direito Processual, de dois em dois anos, e isso nos aproximou muito. De uns 20 anos para cá, a situação de distanciamento vem-se atenuando.

Houve uma aproximação, tanto assim que trabalhos nossos são publicados em revistas argentinas, peruanas, colombianas, mexicanas e vice-versa. Hoje há um conhecimento mútuo muito maior do que há cerca de vinte anos. Com relação à Europa, nós sempre, é claro, nos abeberamos muito nas fontes europeias. Hoje há grande interesse pelos sistemas processuais de *common law*, sobretudo o americano. Alguns institutos têm sido aproveitados aqui como fonte de inspiração, como o caso das ações coletivas, em parte. Mas isso não significa que estejamos a deslocar-nos do campo a que historicamente pertencemos, para o campo anglo-saxônico. Isso não. Somos e acho que devemos ser sempre fiéis às nossas raízes, o que não nos impede de aproveitarmos os frutos que porventura outras árvores produzam.

RTDC: Qual a herança mais preciosa que os estudos sobre o Direito Processual Civil, realizados ao longo do século XX, legaram ao século XXI?

JCBM: A construção científica do direito processual foi obra, principalmente, do século XIX e da primeira metade do século XX. Nós já apanhamos uma disciplina cientificamente construída, com bases sólidas. Do ponto de vista técnico, o direito processual já tinha atingido a sua maioridade até meados do século XX. O que houve de novo daí para cá? Houve uma progressiva conscientização dos aspectos não técnicos, quer dizer, dos aspectos políticos, sociais, econômicos, culturais, do fenômeno processual, sem que isso implique (e seria absurdo) renegar as conquistas técnicas: ao contrário, temos de partir delas, porque sem uma boa base técnica nada se faz; primeiro, há que aprender a técnica. O que eu vejo de novo nos trabalhos processuais da segunda metade do século XX e deste começo de século XXI é isso: um alargamento de horizontes, no sentido de que se passou a perceber que o processo não é só técnico, embora seja basicamente uma técnica, e precisava ser considerado também por outros pontos de vista: o ponto de vista político, o ponto de vista social, cultural etc. Essa abertura é que é a característica atual. Isso você nota, por exemplo, na evolução da problemática da proteção: a proteção processual dos interesses chamados coletivos e difusos. Esse é um problema essencialmente político, no sentido mais alto da palavra. A defesa judicial da Constituição é outro aspecto. O direito processual abriu seus horizontes. O que não significa que ele devesse, e graças a Deus isso não aconteceu, desprezar a parte técnica, que deverá sempre ser olhada com muito respeito, porque é a base sobre a qual tudo assenta.

RTDC: Poder-se-ia dizer que houve uma aproximação maior com o direito material?

JCBM: Também. A consciência da instrumentalidade do processo ganhou intensidade.

Até meados do século passado, as construções científicas do processo ficavam pairando nas alturas, sem muita preocupação com o concreto; ao contrário, agora, a preocupação com o concreto é manifesta em grande parte dos trabalhos de direito processual. Mas a construção técnica foi absolutamente imprescindível e merece todo o nosso respeito, só que agora se cuida de aplicar essas armas, que foram bem forjadas, a problemas da vida concreta das sociedades.

RTDC: O senhor não acha que para esta questão da instrumentalidade, para o processualista, é imprescindível um conhecimento do direito material?

JCBM: Foi o que eu disse há pouco: o processualista não pode se dar ao luxo de ignorar o direito material. Às vezes, os escritores de direito material pensam que podem ignorar o processo, mas a recíproca nunca pode ser sequer admitida, nem por hipótese. O processualista tem de olhar para o que os outros estão fazendo, constante e permanentemente. Existem áreas imensas do direito material que eu desconheço, mas, pelo menos com a essência ou com a parte principal dos fenômenos do direito material, temos de lidar.

ENTREVISTA COM O PROFESSOR NATALINO IRTI[1]

RTDC: O que determinou a sua opção pelo direito? Foi uma escolha fácil ou o senhor teria pensado em outra carreira?

NI: Eu venho de uma família de advogados. Após certa hesitação entre estudos histórico-filosóficos e estudos jurídicos, a tradição doméstica venceu qualquer resistência.

RTDC: Como foi a sua formação universitária? É possível comparar a universidade de então com a atual, particularmente em relação ao método didático utilizado e a relação entre professores e alunos?

NI: Realizei meus estudos universitários em Roma. Estudei com Emílio Betti, que se tornou, até sua morte (1968), o meu incomparável mestre. A universidade de ontem e a universidade de hoje são mundos diversos. Uma movia-se ainda no mundo oitocentesco, aberto por Humboldt; a outra é posta diretamente a serviço do trabalho, e, portanto, é mais apta a fornecer instrumentos e habilidades técnicas, e não a educar o homem em sua irrepetível singularidade.

RTDC: A literatura, a poesia, as artes em geral, contribuíram para sua formação de jurista? Quais foram os autores que mais o marcaram ou influenciaram? Quais as leituras que recomendaria às novas gerações?

NI: Sempre tive e ainda tenho grande atenção pela literatura. É difícil indicar alguns autores, mas não posso deixar de referir o nome de um grande poeta como Giacomo Leopardi.

RTDC: O senhor escreveu certa vez: "Não escolhemos os nossos temas de estudo; encontramo-los como na vida encontramos pessoas, e a eles nos unimos por simpatia e coerência espiritual ou então os refutamos com zanga e impaciência". Isso se aplica igualmente à sua opção pelo direito civil em geral?

NI: A opção pelo direito civil está ligada à leitura da obra de Emilio Betti.

RTDC: O senhor crê que a universidade esteja realizando de forma adequada seu papel na formação jurídica? Há equilíbrio entre o caráter técnico e o humanístico, ou neste campo ainda se deve progredir?

---

[1] Entrevista concedida à *Revista Trimestral de Direito Civil – RTDC*, v. 18, abr./jun. 2004. Tradução de Danilo Doneda.

NI: Tenho a impressão de que a pesquisa científica está se movendo para fora da universidade. As relações entre técnica e humanismo são de difícil definição, sobretudo porque o humanismo continua sendo um conceito evasivo, ao passo que todos nós temos, mais ou menos precisa, a imagem da técnica.

RTDC: Como o senhor vê o cenário atual do ensino jurídico e quais são as perspectivas imediatas que se descortinam? O que determina o sucesso de uma instituição e o que pode determinar o seu progresso? Como promover a utilização racional das novas tecnologias, como a internet, para que se tornem instrumentos úteis para o ensino jurídico?

NI: Vejo o ensino como a transmissão de técnicas e categorias, que nos são legadas pelo passado. Estas são chamadas a medir-se, diariamente, com a contingência casual das normas. E, portanto, podem revelar-se ainda úteis ou então de todo insuficientes. A legitimidade de um único método e de um único sistema me parece obsoleta.

RTDC: Partindo do ponto de vista que atribui à Constituição o papel de centro unificador do sistema e de depositária das opiniões políticas da sociedade, qual a sua opinião sobre como o jurista deva proceder na eventualidade de um Estado que altere a Carta Fundamental, particularmente os seus princípios, desnaturando-a como uma longa Constituição de um estado social de direito ou abandonando o primado das situações existenciais sobre as patrimoniais?

NI: Não estou certo de ter compreendido bem a pergunta. Certamente que não podemos atribuir à norma constitucional a antiga posição do direito natural. Nem mesmo estas subtraem-se à historicidade e à vontade do homem.

RTDC: Qual é a importância das revistas jurídicas para a promoção científica contemporânea? Como deve comportar-se o editor para promover a difusão da cultura e quais são as principais dificuldades que se encontram neste campo?

NI: A importância das revistas está diminuindo. Os *sites* na internet estão tomando seu lugar. Elas podem sobreviver apenas como instrumentos de divulgação imediata ou então como sede para alta reflexão.

RTDC: O jurista que se ocupa do direito privado era – ou é – visto basicamente pelos seus pares como "mais conservador" em relação aos estudiosos do direito público. Houve qualquer mudança a este respeito?

NI: Não creio que os privatistas sejam mais "conservadores". Hoje também o direito privado é uma zona de perigo político e de risco científico.

RTDC: O atual direito constitucional, nas suas discussões científicas e na jurisprudência da Corte Constitucional, atribui um papel fundamental às noções de "proporcionalidade" e "razoabilidade". Como o senhor vê esta tendência? A ela poderia corresponder, no campo do direito civil, uma retomada dos estudos sobre o "abuso do direito"?

NI: Creio que a "proporcionalidade" e a "razoabilidade" sejam conceitos que mereçam um aprofundamento ulterior. Proporcionalidade: com base em quais termos, e segundo qual critério? Razoabilidade: com base em qual conceito de "razão"?

RTDC: São muitos os campos de colisão, na atualidade, entre a liberdade individual e outros valores fundamentais, como a dignidade e a integridade psicofísica: pessoas que se recusam a receber tratamentos médicos por motivos religiosos; doentes cujo sofrimento, aliado à pouca ou nenhuma esperança de cura, faz com que a morte seja um desejo negado pela medicina; programas na televisão nos quais os participantes submetem-se a situações degradantes. Seria dado ao Estado, à sociedade, enfim, ao direito, promover intervenções com o fim de garantir estes valores, mesmo contra a vontade de quem pretende dispor da própria dignidade ou integridade?

NI: Esta pergunta implica uma tomada de posição ao mesmo tempo filosófica e política. Não podemos, de um lado, esvaziar o Estado e, do outro, pedir a ele para dar um sentido às nossas vidas.

RTDC: No seu livro *Norma e luoghi*, lê-se que "a resposta à globalização reside na interestatalidade". O senhor acredita que as normas europeias sobre a proteção de dados pessoais – como exemplo, o código italiano para a proteção de dados pessoais – estejam em condições de efetuar a "capacidade de escolher metas", prioridade do direito mesmo diante da potência da técnica, como descreveu em seu *Dialogo su diritto e tecnica*?

NI: Também esta pergunta solicitaria uma resposta política. A "capacidade de escolher objetivos", diferentes dos objetivos da técnica, não indica outra coisa que não o primado – ou renascimento – da decisão política.

RTDC: Hoje, é normal encontrarmos empresas que monitoram as comunicações dos próprios empregados e que discriminam possíveis colaboradores em razão das suas próprias escolhas pessoais, como a orientação sexual ou religiosa. Como vê esta questão e outros comportamentos que contrastam com o direito à privacidade do trabalhador? Quais seriam os meios mais adequados dos quais o Estado contemporâneo dispõe para garantir uma adequada tutela dos direitos da personalidade?

NI: Noto que as perguntas oscilam entre a exaltação das liberdades individuais e o apelo ao Estrado. Mas como podemos dirigir-nos a esta instância superior, se a cada dia contribuímos a reduzi-la e demoli-la?

RTDC: Ao se ocupar dos problemas do mercado e do consumo de massa, da "decisão de preferir um objeto ao outro", o senhor acaba por identificar a autonomia dos privados como "poder de escolha sobre as coisas". Ainda no âmbito do direito dos grupos e das comunidades intermediárias, o senhor reconhece a autonomia privada em nossos dias, essencialmente, como uma "liberdade de associação". Não seria necessário acrescentar a estes aspectos uma visão mais "existencial" da autonomia, relacionada às escolhas individuais fundamentais, no sentido do livre desenvolvimento da pessoa humana?

NI: Não creio que o direito possa e deva ocupar toda a existência do homem. Quem, mesmo no nobre propósito de defender os indivíduos, evoca a tutela jurídica dos "valores existenciais", acaba inevitavelmente em uma espécie de totalitarismo jurídico e põe em perigo estes mesmos princípios.

RTDC: Como vê as tendências modernas da responsabilidade civil? Estamos caminhando rumo a um "direito dos danos ou dos acidentes" que atribui um papel privilegiado ao sistema de seguros? O senhor concorda com aqueles que veem consequências nocivas – como a deterioração do caráter moral da responsabilidade – no crescente recurso a uma responsabilidade que prescinde da consideração da culpa?

NI: O nosso tempo traz em si riscos inexpugnáveis. Em certo sentido, riscos sem autor, e, portanto, é previsível que o sistema de seguros reduza paulatinamente a incidência da responsabilidade pessoal.

RTDC: A reparação do dano moral ou extrapatrimonial deve assumir também um caráter punitivo? Quais os elementos que devem ser tomados em consideração na liquidação do ressarcimento neste tipo de condenação? Qual é a sua opinião sobre decisões como a que foi proferida em 2000 pela Corte de Cassação francesa e que beneficiou o jovem Nicolas Perruche pelo dano de "ter nascido", considerando o fato de que as graves doenças das quais sofre são fruto de diagnósticos equivocados feitos à época da gravidez de sua mãe?

NI: A decisão da corte francesa prova demais: deseja converter o destino em um tecido de responsabilidades. Outra forma de totalitarismo jurídico.

RTDC: Fala-se muito da importância do princípio da prevenção, principalmente em relação aos desastres ambientais e dos problemas como a contaminação do sangue humano e dos bovinos – sem deixar de lado os constantes progressos da biotecnologia e da ciência em geral. O senhor crê que a aplicação deste princípio deveria ser estendida a qualquer situação e a qualquer agente ou somente ao Estado? Como pode o direito colaborar para a viabilidade de um "progresso cauteloso"?

NI: A tutela do ambiente deriva de uma decisão política. Os governantes do mundo têm força para resistir à vontade de lucro das empresas?

RTDC: Uma das últimas barreiras ao pleno reconhecimento das uniões homossexuais – a impossibilidade de adotar crianças – começa a ser superada em alguns ordenamentos europeus, como o holandês. Como o senhor analisa esta nova possibilidade? Na sua opinião, a aceitação mais ampla destas relações gera somente o reconhecimento dos direitos individuais à não discriminação, ou então poderia comportar igualmente a atribuição do caráter familiar a estas entidades?

NI: O conceito de família não é imutável e a-histórico. Não vejo dificuldades para sua extensão.

RTDC: Como afrontar, na prática, a necessidade de reconhecer aos menores a ampliação de sua própria capacidade em relação, principalmente, às situações existenciais que lhes dizem respeito mais diretamente, como exemplo, o consentimento à própria adoção ou então o matrimônio entre portadores de síndrome de Down?

NI: Igualmente a capacidade de agir é um conceito histórico e mutável.

RTDC: Como analisa o impacto, no direito privado e no trabalho do jurista, da globalização, da tendência neoliberal voltada ao mercado e da formação de blocos econômicos? Como observa o processo de formação da União Europeia? É possível – e desejável – elaborar uma Constituição europeia e, nesse sentido, a Carta de Direitos Fundamentais da União Europeia pode ser considerada um primeiro passo?

NI: Afrontei estes problemas em meu livro *Norma e luoghi* e, ultimamente, em um ensaio publicado na *Rivista di diritto civile* intitulado "Le categorie giuridiche della globalizzazione".

RTDC: O seu *L'età della decodificazione* tornou-se, não somente na Itália, um texto clássico, estudado em diversos países de tradição romano-germânica, codificados, que viveram, aproximadamente, os mesmos problemas. O senhor ainda vê o ordenamento jurídico civilístico como um "mundo em fragmentos"?

NI: Hoje distingo na "descodificação" um perfil do niilismo jurídico do nosso tempo.

RTDC: Qual seria o melhor caminho para um país que, como o Brasil, observa um contraste entre os valores constitucionais e aqueles codificados? Um novo Código, diversos códigos temáticos, ou simplesmente uma interpretação sistemática e axiológica do ordenamento? Qual seria a técnica legislativa mais adequada para a solução dos problemas do homem contemporâneo? Princípios, cláusulas gerais ou conceitos jurídicos indeterminados? Em quais situações seria indispensável o uso de uma regulamentação casuística exaustiva?

NI: Não conheço bem os problemas do Brasil. Sugeriria "códigos temáticos", ou textos únicos, que consolidem normas dotadas de uma estabilidade qualquer.

RTDC: O que pensa a respeito de um possível Código para a Europa? O senhor poderia desenvolver esta sua afirmação: "Os fenômenos da descodificação e novelização, dos textos únicos e das leis especiais, a própria interrogação sobre 'A Europa dos Códigos ou um Código para a Europa?' resolvem-se no direito dos juristas: quer dizer, em uma nova e mais grave responsabilidade da ciência"?

NI: Eu me definiria um eurocético. Não vejo um evento fundador, que esteja em grau de ultrapassar a medida dos Estados nacionais. Vejo, isso sim, o domínio planetário da tecnoeconomia, mas isso não pode exprimir uma tábua comum de princípios europeus. Pode exprimir somente o valor das mercadorias.

RTDC: Quais seriam a herança e as esperanças mais preciosas que os estudos de direito civil realizados durante o século XX legaram ao século que se inicia?

NI: Não é tempo de esperanças. Vale mais a lucidez de um olhar que saiba verificar o que é que morre e o que sobrevive, o que é destinado ao crepúsculo e o que se encontra em plena aurora.

ENTREVISTA COM O PROFESSOR RICARDO LUIS LORENZETTI[1]

RTDC: Quais são suas lembranças sobre seus estudos universitários?

RLL: Minhas recordações são muito boas. Na Universidade do Litoral havia alguns professores espanhóis, que tinham chegado à Argentina, exilados da guerra civil espanhola, e eram pessoas de grande formação intelectual. Exerceram uma enorme influência sobre os estudantes naquele momento. Junte-se a isto o fato de ter estudado de 1974 a 1978, anos de grandes transformações sociais e culturais, e foi muito importante participar de todo o debate intelectual da época. Esta foi uma grande experiência para mim. Foi o nascimento de uma escola de direito baseada na compreensão dos problemas sociais vividos pelo país e que me permitiu compreender a ciência jurídica mais além da exegese e da dogmática tradicional, que predominava até então. Minha formação transcendeu em muito o estudo da legislação e os conceitos jurídicos e abarcou muitos aspectos da sociologia jurídica.

RTDC: Quais as diferenças entre as faculdades daquela época e as de hoje?

RLL: As diferenças não são muitas na vida interna das faculdades. Talvez a transformação mais importante é a crescente vinculação com o mundo. Hoje vivemos em uma sociedade globalizada e multicultural e isso reflete-se amplamente nas faculdades de Direito. Os estudantes viajam ao exterior, comunicam-se com outras culturas, voltam e contam suas experiências. Os professores também são menos provincianos e tudo isso cria um ambiente de grande abertura. Outra diferença é a relação entre a graduação e a pós-graduação, que atualmente é muito mais acentuada: a atividade de pós-graduação influi muito na graduação, o que é muito positivo.

RTDC: Qual deve ser o papel da universidade? Uma formação mais generalista ou mais especializante?

RLL: Creio que se trata de um processo que inclui tanto a formação geral como a especialização. Nos primeiros anos, deve ser necessariamente genérica a formação, porque o aluno deve aprender princípios gerais que o guiem na interpretação e

---

1 Entrevista concedida à *Revista Trimestral de Direito Civil – RTDC*, v. 19, jul./set. 2004. A *RTDC* agradece à Prof. Cláudia Lima Marques o precioso auxílio para a realização desta entrevista.

concreção da lei, que é comum em todas as disciplinas ou especialidades. Deve aprender a diagnosticar problemas, identificar os interesses, resolver conflitos, inseri-los no contexto social e econômico da época, entender seus antecedentes históricos e para isso necessariamente deve estudar filosofia, história, economia, teoria geral do direito e a parte geral dos grandes grupos de especialidades. Logo irá identificando seus interesses específicos e orientando-se em direção a eles, mas é um processo de formação contínua. As especialidades começam na segunda etapa da carreira de graduação, mas continuam na pós-graduação como um processo contínuo de formação.

RTDC: E na pós-graduação, o que precisa ser mudado?

RLL: Creio que a pós-graduação deve distinguir claramente os objetivos dos distintos níveis: um breve curso de atualização, o mestrado que outorga um título de especialista em determinada área e o doutorado acadêmico. Também é preciso distinguir as áreas destinadas à produção e à reprodução do conhecimento. Geralmente a pós-graduação foca neste último aspecto, mas é importante produzir o conhecimento mediante pesquisa. A pesquisa científica deve ser fortemente incentivada porque as faculdades de direito perderam seu papel de renovador intelectual da sociedade e, por isso, acredito que o doutorado acadêmico e a investigação de tese devem ser orientados para a produção de resultados específicos. Por exemplo, a faculdade pode produzir projetos de lei, contribuir em organizações não governamentais, no fornecimento de conteúdo para os meios de comunicação, isto é, influir intelectualmente nos centros de produção normativa e do discurso jurídico.

RTDC: Como foi sua formação filosófica? Quais foram suas principais influências?

RLL: Estudei principalmente de forma autodidata e de várias fontes. Os clássicos como Sócrates, Platão, Aristóteles, Hobbes, Kant, Espinoza, o existencialismo, a psicologia freudiana, Lacan, a linguística cartesiana, o empirismo lógico de Wittgenstein e Russel, o marxismo, a crítica cultural, a antropologia de Lévi-Strauss, a escola de Frankfurt, Habermas, Foucault, a crítica do conhecimento, Bachelard, o simbolismo. Enfim, acredito que a verdadeira formação surge da abordagem de uma multiplicidade de fontes que permitem ter uma visão ampla do problema filosófico e científico.

RTDC: Nas faculdades de Direito, hoje, qual a importância da Filosofia e da Sociologia?

RLL: Creio que a Filosofia e a Sociologia são muito importantes pelo tipo de transformações que está sofrendo a ciência jurídica. A crise dos grandes sistemas filosóficos influencia também os sistemas jurídicos e por isso estão em constante revisão. É essencial o conhecimento filosófico para entender alguns dos problemas centrais do direito. Por exemplo, a noção da pessoa, à luz da influência genética e da bioética, deve ser entendida como uma base filosófica.

RTDC: A literatura, a poesia e artes em geral contribuíram para a sua formação? O que recomendaria, neste sentido, para as próximas gerações?

RLL: Li muita literatura que não é somente um passatempo como também um deleite estético e uma forma de conhecimento. Neste último aspecto, é interessante observar que a literatura é um modo de antecipar muitos problemas, como ocorreu por exemplo com Huxley e Orwell com relação à sociedade do nosso tempo. Recomendaria que as faculdades indiquem leituras e, sobretudo, debates públicos sobre temas tratados na literatura, artes plásticas e cinema.

RTDC: O Brasil recentemente promulgou um novo Código Civil e a Argentina segue o mesmo caminho. Na Europa, discute-se a elaboração de um Código Civil europeu. Pode-se falar de um momento de recodificação? Que papel deve desempenhar um Código Civil hoje?

RLL: As codificações do século XIX tiveram por finalidade criar um sistema lógico fechado que permitiria resolver todos os problemas jurídicos, o que é muito difícil de conseguir atualmente. Neste sentido, vive-se um momento de "decodificação", no sentido que por mais que se ditem novos códigos civis, existe uma pluralidade de fontes que impede que estes cumpram a função de um sistema lógico fechado. É sempre necessário relacionar fontes: a constituição, novas leis especiais, tratados internacionais, novos costumes etc. Um código atual deveria ser um catálogo de princípios e regras gerais, as quais permitam raciocinar juridicamente, mas não deveriam conter regras específicas que são mais adequadas nas leis especiais setoriais. Na relação constituição – código – lei especial, o código é um grau de generalização intermediário.

RTDC: O projeto de Código Civil argentino é de 1998, portanto, mais atual do que o brasileiro, que datava de 1975. Que inovações do projeto argentino o senhor considera louváveis e que seriam exemplos para outros países? Em quais pontos o considera merecedor de críticas?

RLL: Creio que a unificação da legislação civil e comercial, a unificação da responsabilidade civil contratual e extracontratual, a inclusão dos direitos da pessoa, a flexibilização do regime patrimonial do matrimônio, a inclusão dos direitos reais atípicos são acertos. No que diz respeito às críticas ao projeto argentino, há aspectos da responsabilidade civil que não estão claramente definidos e motivaram muito debate e não há um limite preciso no que diz respeito às relações de consumo.

RTDC: Qual é o papel da Constituição Federal argentina nas relações privadas ou, em outras palavras, verifica-se no processo judicial argentino a aplicação direta dos princípios constitucionais nas relações privadas?

RLL: A aplicação direta dos princípios constitucionais nas relações privadas é uma prática muito difundida na Argentina. O direito às prestações de serviço de saúde tem sido aplicado para limitar restrições contratuais nos planos de saúde privados e para conceder prestações nos casos de necessidade extrema. O direito à segurança serviu para declarar a responsabilidade civil em casos não previstos na lei. O direito de réplica foi deduzido da Constituição, assim como alguns casos de ações coletivas. Enfim, são numerosos os exemplos e pode-se afirmar que é uma tendência consolidada na jurisprudência argentina.

RTDC: Seu livro *Comércio eletrônico* está para sair no Brasil. Sobre o tema, considerando que o senhor disponibiliza vários textos seus, na íntegra, em sua *homepage*, como analisa a problemática proteção do direito do autor na internet e o chamado *copyleft*?

RLL: Não é um problema relevante por duas razões: em primeiro lugar, os textos publicados na internet são parciais, e quem deseja ler a temática completa deve ir necessariamente ao livro, por isso não substituem o texto. Em segundo lugar, parece-me ser interessante prover alguns elementos àqueles que não têm acesso aos livros, principalmente por razões econômicas, sem prejudicar as editoras.

RTDC: As dificuldades pertinentes à reparação do dano moral vêm sendo bastante discutidas no Brasil. Como garantir a proteção da pessoa e seus direitos fundamentais e evitar uma banalização – e mercantilização – do instituto?

RLL: O problema central é que os bens "morais" não têm um valor patrimonial atribuído no mercado e, portanto, o que existe é um preço por equivalência. Não há preço pela dor nem pela perda da honra e, por isso, é estéril insistir na busca de uma perfeita equivalência monetária. O que se busca com a indenização do dano moral pode ser uma função de satisfação, quer dizer, prover a vítima de um bem que procure fazer esquecer a dor ou satisfazê-lo, sem que isso signifique a equivalência econômica. Em outros casos, o valor tem uma finalidade punitiva, relacionada mais ao responsável do que à vítima. Quando se criticam as indenizações monetárias porque elas mercantilizam os bens "espirituais", está-se afirmando que as satisfações estão fora do direito: a religião, o estoicismo, a ética. Mas a realidade é que a população procura soluções jurídicas e, neste caso, não se conforma em sofrer em silêncio. As pessoas consideram que isso é incongruente com o que acontece com todos os demais bens, que adquiriram um valor que se traduz em dinheiro. Em geral, as indenizações vão buscando um ponto de equilíbrio e a denominada "mercantilização" pode ser um problema de curta duração.

RTDC: O senhor vem defendendo uma conceituação jurídica de um fenômeno já reconhecido pelas teorias econômicas que são as chamadas "redes contratuais". Que vantagens decorrem de uma conceituação jurídica desse fenômeno? Em que pontos o senhor considera sua posição distinta de outras teorias semelhantes, como a dos "contratos conexos", defendida pelo Prof. Jorge Mosset Iturraspe, e outras mais tradicionais, como os "grupos de contratos" franceses e os "negócios coligados" italianos?

RLL: A noção de redes é mais coerente com o pensamento científico não jurídico, já que se utiliza amplamente tanto em biologia como na linguística, na teoria comunicacional e em muitas outras áreas. É um conceito que permite apreender a noção de sistema, que é muito mais ampla do que uma simples relação de contratos. Deste modo, podem-se explicar as relações intrassistemáticas (entre os integrantes da rede) e extrassistemáticas (da rede com terceiros) com muito mais clareza. Trata-se de noções com um grande potencial explicativo de situações muito atuais e reais.

RTDC: Em seu livro *Fundamentos do Direito Privado* (*Las Normas Fundamentales de Derecho Privado*), o senhor trata de maneira aprofundada de novos papéis assumidos pelo Direito Privado, especialmente considerando a tutela dos interesses coletivos e difusos. Qual o papel mais importante que o Direito Civil tem a desempenhar hoje?

RLL: O direito civil codificado nasceu como um limite ao poder estatal em defesa do indivíduo. O papel atual é a defesa da individualidade pessoal ante os grandes perigos que se corre. É importante estabelecer um espaço protegido (cerco), que impeça que o indivíduo seja dirigido externamente pelos grandes sistemas de informação, comunicação e todos os dispositivos culturais da sociedade global.

RTDC: A Economia é cada vez mais utilizada como instrumento de que se vale o jurista para compreensão dos fenômenos sobre os quais o Direito irá atuar, como instrumento de regulação. Em determinadas áreas da ciência jurídica, este manancial é indispensável, como exemplo, no Direito da Concorrência. Autores advertem, contudo, para a hegemonia de um racionalismo econômico sobre outras visões de mundo, tendo-se destacado nos últimos anos a doutrina denominada *Law and Economics* ou a análise econômica do Direito. Na sua opinião, como é possível a articulação entre Direito e Economia? Em que medida essa interlocução é possível, respeitadas a unidade e harmonia do sistema jurídico?

RLL: A questão exige distinguir entre o plano dos valores e o dos instrumentos. Os valores são temas do direito e, nesse sentido, têm prevalência sobre a economia; esta última não nos ensina nada sobre como resolver os conflitos com a justiça. No campo dos instrumentos, a economia pode acrescentar muita racionalidade e eficiência ao sistema jurídico e por isso o advogado deve conhecer economia. A racionalidade econômica tem um potencial esclarecedor sobre o funcionamento das condutas humanas nos campos em que ela se encontre orientada pelo interesse. Mas, fora desse âmbito de pertinência, não é possível também aplicar os critérios da ação racional maximizadora em comportamentos altruístas ou em condutas coletivas. Por isso, temos que conhecer economia, mas dentro do campo específico em que ela possa trazer benefícios, e recusá-la quando se trata simplesmente de ideologia encoberta.

RTDC: Como compatibilizar uma consideração acerca do custo dos direitos com o respeito às normas constitucionais e, especialmente, a proteção da pessoa?

RLL: A proteção da pessoa é um objetivo e um valor. O custo que essa proteção exige deve ser divulgado o mais amplamente possível na sociedade, e isso exige, conforme falamos antes, uma compatibilidade entre o enfoque jurídico e econômico.

RTDC: Em artigo publicado na *Revista do Consumidor* (La oferta como apariencia y la aceptation basada en la confianza. *Revista de Direito do Consumidor*, v. 35, p. 9-38, jul./set. 2000), o senhor ilustra a preocupação com a alta dos custos de transação, com a insólita imagem segundo a qual, para estar plenamente informado, o consumidor do serviço de transporte aéreo teria de "entrar no avião acompanhado de um engenheiro, um piloto e um advogado". A formulação permite concluir que, não sendo isto possível, o consumidor adquire um produto porque confia. E confia porque quer adquirir o produto. É possível estabelecer limites ao dever de informar? Até que ponto se pode exigir do fornecedor que revele informações "negativas" sobre o produto ou serviço?

RLL: A informação produz transparência no mercado e é essencial para seu bom funcionamento. Todo contrato é um acordo para prever o futuro e, portanto, requer previsão e para isto é necessário informação. As partes realizarão um acordo que preveja completamente todos os conflitos quando possuam informação sobre todos os eventos, que ocorrerão e quanto menos informação tenham, mais incompleto será o contrato e mais conflitos surgirão nesta relação. Por isso, o dever de informação é adequado dentro da estrutura institucional do mercado. Normalmente quem oferta é que tem o ônus de informar, porque é quem pode transmitir uma informação que já possui e, por isso, o faz com menor custo para a sociedade.

Se não fosse dessa forma, o consumidor teria que investir na busca de uma informação, que o ofertante já possui, e com isso se duplicariam os custos sociais da informação. Ocultar informação negativa tampouco é bom, inclusive para o ofertante. Para dar um exemplo simples, se o médico oculta do paciente os riscos de um tratamento, produzirá expectativas muito altas sobre a segurança deste tratamento e, por isso, qualquer inconveniente fará com que o consumidor questione. No entanto, quando a verdade é dita, as expectativas se reduzem e a relação será mais razoável e harmônica.

RTDC: O senhor é fundador e diretor da *Revista de Derecho de Danos*. Que papel deve desempenhar uma revista jurídica dos dias de hoje?

RLL: Uma revista jurídica deve promover o debate dos temas centrais da disciplina, convocando os melhores autores para que opinem e discutam sobre um tema.

Além disso, deve divulgar informação constante e atualizada sobre a jurisprudência, doutrina, direito comparado etc.

RTDC: A Argentina vem se recuperando de uma dramática crise econômica. Que impactos ela teve no plano do Direito? No seu ver, quais são as perspectivas para o futuro?

RLL: A crise argentina provocou um grande impacto no contrato social básico desta sociedade. Trata-se de buscar consensos sobre algumas regras básicas da sociedade, orientando os esforços do governo e da sociedade civil em torno deles. Neste momento, estou particularmente otimista de que, gradualmente, nosso país encontre uma saída a qual, necessariamente, deverá ser no contexto regional do Mercosul.

ENTREVISTA COM O MINISTRO SÁLVIO DE FIGUEIREDO TEIXEIRA[1]

RTDC: Quais são suas lembranças sobre seus estudos universitários? Quais foram os mestres que mais o influenciaram?

SFT: Formei-me em 1963 na Faculdade de Direito da Universidade Federal de Minas Gerais e aí mesmo cursei o doutorado. Durante o curso de graduação, convivi com muitos professores, de quem recebi imorredouras lições, não só jurídicas, mas também de valores pessoais. Fui aluno, por exemplo, do Professor Caio Mário, cuja didática admirável traduzia o encanto pelo conhecimento do Direito Civil.

Outro professor com quem tive aulas na Graduação foi Amílcar de Castro, exímio processualista, que muito contribuiu para o gosto pelo Processo Civil. Lembro-me de Lídio Machado Bandeira de Melo, com sua singular didática em Direito Penal, Wilson Melo da Silva, paraninfo da turma, João Eunápio Borges, no Direito Comercial, Darcy Bessone, jurista admirável, de muita profundidade, com estilo claro de expor.

Além deles, colhi preciosas lições em Lopes da Costa e em Benjamin Cardozo, que produziram obras notáveis na área do Direito Processual. Entre os mestres, fora da faculdade, incluo Edésio Fernandes e Athos Gusmão Carneiro, exemplos de magistrado, em quem vi a postura sóbria, serena e vertical recomendável a quem exerce essa nobre função. Por uma feliz coincidência, Athos e eu viemos a trabalhar juntos, na Quarta Turma do Superior Tribunal de Justiça.

RTDC: Quais as diferenças entre as faculdades daquela época e as de hoje? Qual deve ser o papel da universidade? Uma formação mais generalista ou mais especializante?

SFT: Na introdução à tese de doutoramento, que defendi na Universidade Federal de Minas Gerais, expus que "a universidade continua a ser, como em todas as épocas, a instância do novo, não apenas porque institucionalmente símbolo da excelência, que leva ao desenvolvimento científico, mas, sobretudo, por ser o centro cultural de fermentação das ideias renovadoras e instrumento de transformação da sociedade e convergência dos ideais dos que sonham com um mundo melhor, sem tantas desigualdades, violência e miséria, um mundo de paz, solidário, mais justo e feliz".

[1] Entrevista concedida à *Revista Trimestral de Direito Civil – RTDC*, v. 20, out./dez. 2004.

Ao saudar o Professor Antônio Augusto Cançado Trindade na Academia Brasileira de Letras Jurídicas, em maio de 2004, manifestei-me sobre o lamentável estado do conhecimento jurídico no Brasil. Na ocasião, referi-me à profusão das verdadeiras fábricas de diplomas, abertas, como sabido, com o beneplácito dos órgãos responsáveis. Como resultado, são lançados nas ruas, não raro, profissionais despreparados, as vezes inaptos até mesmo para redigir na língua portuguesa, e – os fatos não mentem – em grande proporção incapazes de passar no exame da Ordem dos Advogados do Brasil. Aliás, é o que mostram os elevados índices de reprovação dos bacharéis nesse exame.

Conforme ali também observei, é preocupante o levantamento divulgado pela Ordem dos Advogados no início deste ano, segundo o qual existem no Brasil 726 cursos de Direito, formando 70.000 bacharéis por ano! O número de faculdades aumentou em mais de quatro vezes num período de doze anos, e apenas 28% dos cursos de Direito foram considerados de boa qualidade. Sem dúvida, são dados inquietantes para o futuro das profissões jurídicas no Brasil.

De outro lado, dados recentes confirmam depender de análise nos órgãos competentes cerca de 450 pedidos de instalação de novas Faculdades de Direito. Esse elevado número de escolas não preocuparia, se apenas refletisse a intenção de cada brasileiro de conhecer melhor os seus direitos e seus deveres. Lamentavelmente, no entanto, acena-se para a juventude com uma profissão, com uma carreira, e essa promessa não é cumprida por aqueles que enxergam na atividade educacional das ciências jurídicas uma iniciativa empresarial como outra qualquer.

O que poderia parecer ampliação do acesso à universidade transformou-se, na verdade, em descaso pelo ensino do Direito no Brasil. Ninguém contesta – e os números ratificam – a carência do sistema educacional, que não atinge apenas a universidade, mas vem desde o ensino fundamental. Todavia, a autorização desmedida e sem critérios de abertura de novos cursos traz prejuízos gravíssimos para a formação de nossos profissionais, sobretudo na área do direito, em que juízes, advogados e membros do Ministério Público lidam com valores fundamentais da vida humana, a sobrelevar a importância e a responsabilidade da universidade.

Neste breve espaço, tenho a dizer, sobre o papel da universidade, que os cursos de direito devem primar pela construção substanciosa do conhecimento jurídico, aliada à preparação dos jovens para o exercício das várias profissões na área. Essa tarefa, nos dias de hoje, parece-me muito mais desafiadora do que décadas atrás. Afinal, as relações sociais tornaram-se mais complexas, a exigir dos profissionais atualização amiúde e aperfeiçoamento constante e permanente. Hoje, as demandas que reclamam solução ao Judiciário envolvem questões de elevada complexidade, a exigir sólida formação pessoal, acadêmica e profissional de todos que militam nos órgãos de Justiça.

RTDC: E após a graduação? Como o senhor vê hoje os cursos de pós-graduação? Em outra esfera, qual o papel que as escolas judiciais desempenham hoje na formação dos juízes?

SFT: Os cursos de pós-graduação tiveram também um aumento expressivo nessa última década, em parte para suprir as notórias deficiências da graduação, em parte para atender ao que se costumou chamar demanda de mercado, como se educação pudesse a ele reduzir-se, e, finalmente, em menor amplitude, para o efetivo aperfeiçoamento acadêmico. Cada um desses aspectos merece reflexões diferenciadas. O primeiro deles se insere no absurdo da profusão de cursos de direito de que falei há pouco. Já quanto aos objetivos de mercado e de aperfeiçoamento acadêmico, vejo que ambos podem conviver em harmonia.

É necessário, de um lado, aperfeiçoar o exercício das profissões jurídicas e para isso tem sido salutar a experiência dessas especializações. De outro lado, os cursos podem destinar-se ao avanço das pesquisas na área jurídica, a municiar o progresso na aplicação do direito. Nesse contexto, venho defendendo há tempos a criação da Escola Nacional da Magistratura, que todos queremos como ponto culminante de um sistema nacional de formação do juiz, para formular o novo modelo de julgador a que o país aspira – trabalhador, sério e sensível à realidade social, assim como seu continuado aperfeiçoamento profissional. A Escola ainda teria por missão servir de órgão de planejamento permanente e centralizador de experiências bem-sucedidas e ideias renovadoras e múltiplas, próprias de uma sociedade em evolução e plural, a exemplo do que ocorre em outros países. Aliás, o órgão hoje já é defendido por representantes de importantes setores da vida judiciária, entre os quais o Professor Sidnei Beneti, respeitado desembargador do Tribunal de Justiça paulista.

Minha experiência profissional e a observação da realidade da Justiça brasileira nas últimas quatro décadas deixaram-me convicto de que a criação da Escola Nacional de Formação e Aperfeiçoamento de Magistrados permitirá aprimorar a qualidade dos juízes brasileiros, preparando-os para exercer plenamente suas funções. Com efeito, a responsabilidade primeira pela adequada formação de juízes é do Poder Judiciário, ao qual, como sabemos, a Constituição cometeu tarefas muito mais abrangentes do que a mera dicção da lei. Em passagem feliz, acentua José Renato Nalini, uma das vozes mais respeitadas no tema, que o juiz do futuro precisará ser polivalente. Será harmonizador da sociedade, solucionador dos conflitos, arquiteto de uma comunidade fundada na pacífica solução das controvérsias. Sobre o tema, a propósito, manifestei-me na Academia Brasileira de Letras Jurídicas, por ocasião da homenagem ao Professor Cançado Trindade. Ali ressaltei a importância da formação dos juízes no cenário que se vem traçando na sociedade atual. Os conflitos de interesses, que antes se projetavam no plano estritamente individual, tomam novas feições, multiplicam-se e tornam-se cada vez mais complexos. O mundo globalizado e as constantes inovações tecnológicas, aliadas à contínua ampliação do acesso à Justiça, fruto saudável da maturidade democrática, impõem ao direito novas necessidades e crescentes responsabilidades. O juiz não pode mais aquietar-se passivamente ante a realidade, que está a exigir-lhe postura ativa e comprometida com o fortalecimento da cidadania.

Nesse contexto é que as confluências dos direitos fundamentais estão a exigir do Estado prestações materiais e positivas, a par dos interesses difusos e coletivos, da dinâmica das relações de consumo, da disciplina das condutas praticadas em redes de computadores e na internet, das relações contratuais internacionais, entre vários outros temas de vanguarda e também polêmicos, que começam a exigir do Judiciário pronta solução. Bastaria lembrar a tutela do meio ambiente, que o constituinte confiou não só ao Poder Público, mas também à sociedade, para reconhecer as responsabilidades das atuais gerações em relação à sua descendência. Os direitos transgeracionais reclamam um novo juiz. Para responder a essa demanda, torna-se imprescindível a formação inicial e continuada dos julgadores como parte de um planejamento permanente das atividades do Judiciário.

A formação do juiz ideal depende de condições físicas, mentais, humanas, vocacionais, morais e sociais. Depende também, e notadamente, de formação sólida e específica para o desempenho da função jurisdicional. O desenho final da Escola da Magistratura deve contar com as experiências brasileiras, ainda que incipientes, e, sobretudo, com os modelos de formação de outros países, como França, Portugal, Espanha, Canadá, Itália, Alemanha, Holanda, Japão, de cujas realidades poderemos nos valer para construir uma Escola adequada às necessidades brasileiras. Ela produzirá uma teoria sobre a Justiça humana, muito mais sensível às aspirações de uma cidadania imersa numa realidade complexa. Realidade paradoxal, pois de um lado estão o hedonismo, o consumismo, o egoísmo potencializado ao egoísmo desenfreado, mas, de outro, o clamor por uma convivência mais ética e mais fraterna. O juiz será o ponto de equilíbrio nesse caos valorativo, o propiciador do convívio fundado na dignidade humana e no respeito às diferenças. Os juízes, inquietos na sua vocação de transformar o mundo, aguardam a contribuição da comunidade jurídica, da intelectualidade e da lucidez pátria, para desenvolver o ambicioso projeto de reinvenção da Justiça. É com essa esperança e confiança que sonho com uma Justiça que possa cumprir sua verdadeira função e assim responder aos anseios da sociedade.

RTDC: O senhor integra o corpo editorial de diversos periódicos, e no próprio STJ sua atuação vem sendo marcada pelo estímulo à editoria jurídica. Quais os principais acertos das publicações jurídicas brasileiras hoje, e quais avanços precisamos ter em mente?

SFT: As publicações brasileiras na área do direito ganharam fôlego extraordinário de um tempo para cá, tornando muito mais fácil a divulgação das obras jurídicas. Se bem que essa facilidade tenha como consequência a publicação de livros de valor menor, é preciso render homenagem ao acesso que hoje temos a valiosas obras, sobretudo de autores jovens, cujo talento vejo refletido em livros e teses acadêmicas que as editoras se incumbem de divulgar.

De outro ângulo, a modernidade ampliou os meios de propagação. O que antes só se encontrava nos livros, muitas vezes de acesso difícil, hoje se busca pela internet no mundo todo. Lembro-me da dificuldade, por exemplo, há bem pouco tempo, de conseguir-se obra de autor estrangeiro, o que nem se compara à situação atual, em que a comunicação de país a país se faz instantaneamente e a custo baixo.

RTDC: A literatura, a poesia e artes em geral contribuíram para a sua formação? O que o senhor recomendaria, neste sentido, para as próximas gerações?

SFT: As artes, em especial a literatura, influenciaram-me como influenciam qualquer ser humano, já que nelas apuramos a sensibilidade e engrandecemos a mente, qualidades necessárias ao exercício de toda atividade em geral, e as de jurista e de juiz em particular. A leitura dos grandes autores deve ser um hábito a acompanhar-nos por toda a vida. Sempre haverá beleza a ser desvendada nas obras de Machado de Assis, Eça de Queiroz, Fernando Pessoa, entre tantos outros escritores que receberam a dádiva de unir a sensibilidade da alma humana à destreza e habilidade no trato da língua portuguesa. A percepção desses dois universos, além de prazerosa, propicia a cada um de nós belas histórias e apuro na linguagem, afinal, importantíssimo instrumento do trabalho do jurista e do juiz.

O que posso recomendar aos jovens é a leitura contínua e permanente dos bons autores. E faço-o tendo em conta, especialmente, a rapidez do progresso nas últimas décadas, que permitiu acesso instantâneo às informações por meio da internet. O mundo complexo e veloz que nos cerca deve servir de incentivo para nos aperfeiçoarmos sempre mais, sem perdermos a dimensão divina da natureza, que se nos torna mais sensível pelo contato com as artes em geral, em especial a literatura.

RTDC: O senhor conciliou sua função como magistrado com uma extensa carreira acadêmica. Como uma formação mais aprofundada influenciou suas decisões judiciais?

SFT: Não creio caber a mim avaliar se minha formação foi realmente aprofundada, mas creio que ela me ajudou a cumprir com muita dedicação e esforço a missão que me propus a desempenhar, seja na Magistratura, seja no Magistério.

RTDC: O senhor é ministro do STJ desde maio de 1989, portanto, acompanhou praticamente toda a trajetória do tribunal. O que mudou e o que deveria ter mudado?

SFT: O Superior Tribunal de Justiça nasceu com a nobre missão de uniformizar a interpretação da lei federal e a jurisprudência, o que, por si só, já se revelou um notável avanço. Mas é claro que ainda há uma nítida distinção entre o Judiciário que a sociedade reclama, e todos desejamos, e o Judiciário que aí está posto, que a todos descontenta, inclusive, e sobretudo, aos juízes, nos quais acabam por recair as críticas generalizadas, desconhecendo os jurisdicionados a real dimensão da problemática, quando temos um juiz para cada 25 a 29 mil habitantes (a média, na Europa, é de 1 para 7.000 a 10.000), quando o Supremo Tribunal Federal julga mais de 100.000 processos por ano (enquanto a Suprema Corte dos Estados Unidos julga menos de cem causas em igual período) e o Superior Tribunal de Justiça mais de 200.000, com um aumento anual de aproximadamente 20%, números de longe sem similar no plano internacional, sendo de acrescentar que igualmente supercongestionadas estão as instâncias ordinárias.

Evidentemente, todos reconhecem, há uma crise estrutural e também uma crise de método no Judiciário, que carece de um órgão de planejamento, coordenação e interação de suas atividades. É evidente também, ninguém nega, inexistir solução pronta e definitiva; propostas há às dezenas, das mais inviáveis às mais razoáveis, a depender de vários fatores para serem implantadas. A reforma está em curso, os debates permanecem acesos, já conquistamos importantes avanços. É com base neles que hoje acredito num futuro bastante promissor para a Justiça brasileira.

RTDC: Qual a sua opinião acerca da iminente reforma do Judiciário? Quais são seus pontos mais problemáticos e o que ela traz de positivo? Neste contexto, qual é a sua opinião sobre a súmula vinculante?

SFT: A necessidade da reforma parece hoje indiscutível. Questionam-se os métodos e a amplitude, mas não se nega haver notórias deficiências no Judiciário. Desde sua raiz histórica, com a Revolução Francesa e a Declaração da Independência dos Estados Unidos, quando ganhou o *status* de Poder, o Judiciário vem assumindo papel cada vez mais relevante nas sociedades. E nessa virada de milênio, é fundamental que se efetive como guardião da cidadania. Aliás, a Constituição de 1988 lhe dá esse perfil ao capitanear um rico acervo de leis de grande expressão social, quer em relação ao direito material, quer no que tange ao direito instrumental.

A influência e a expressão significativa desse Poder se refletem nos noticiários da mídia, que até pouco tempo o desdenhavam e também na economia mundial, cujos condutores hoje não se esquivam em dizer que a reforma do Judiciário, em termos globais, passou a ser prioritária e indispensável, sob pena de frustrar-se o próprio prosseguimento da reforma econômica. Influência, aduza-se, que, indo além, preocupa os detentores do Poder estatal até mesmo nas nações mais ricas e desenvolvidas, sujeitos, sob o amparo do *due process of law*, às decisões dos tribunais como qualquer cidadão comum.

É nesse amplo contexto que se inserem as várias tentativas de tornar ágeis e mais justos os julgamentos. Para essa tarefa, que todos sabemos longe de ser fácil, as discussões não podem restringir a um ou outro setor. Ao contrário, devem abranger as universidades, os governantes, os jurisdicionados, além, é claro, dos segmentos da comunidade jurídica. Ademais, o aperfeiçoamento virá com a continuidade e a permanência dos debates, a permitir soluções mais democráticas e viáveis.

A crise do Judiciário, na verdade, associa-se à crise de governo e de Estado que se observa em nível mundial, notadamente nos campos da saúde, da educação e da segurança, com questionamentos sobre o próprio modelo de organização social, dos regimes, sistemas e formas de governar. O Judiciário, nesse panorama, por suas características e dependência orçamentária, que se aliam a um modelo desprovido de modernidade e sem planejamento eficaz, reflete ainda com mais eloquência esse distanciamento, apresentando-se como uma máquina pesada e hermética, sem as desejáveis dinâmica, transparência e atualidade.

O Projeto de Reforma do Judiciário, em tramitação no Congresso Nacional, evidentemente, não suprirá todas as deficiências, que, aliás, ultrapassam o plano estritamente legislativo e alcançam a própria estrutura do Poder. Entretanto, as críticas que merece o Projeto não chegam a desqualificá-lo. Sabemos que as conquistas não vêm com a rapidez necessária. Neste momento, é de louvar-se a recente aprovação do texto pelo Plenário do Senado, apesar de ainda sujeito a alterações.

O que ressalto de positivo é a inclusão da Escola Nacional de Formação e Aperfeiçoamento de Magistrados, com a função precípua de formar o juiz brasileiro contínua e permanentemente. A Escola ganha maior destaque quando se sabe que os estudiosos a têm apontado como o maior fenômeno positivo surgido no Judiciário na segunda metade do século XX. E não poderia ser diferente. Se o Judiciário se torna essencial à convivência social, se o seu papel será cada vez mais importante neste século XXI, somente com juízes à altura dessa missão teremos o Judiciário que se pretende e com o qual todos sonhamos. Destarte, sobretudo quando cada vez mais jovens são os novos juízes no mundo do *Civil Law*, quando os sistemas jurídicos passam por profundas mudanças legislativas e uma nova mentalidade se reclama, torna-se imprescindível a adoção de boas escolas, nos moldes das ricas e admiráveis experiências que o mundo civilizado vem presenciando.

De um modo geral, vejo como salutares para a democracia os constantes debates sobre o tema, os quais, à proporção que se aprofundam, permitem que as sociedades mais evoluídas do nosso tempo passem a compreender melhor a participação judicial. O controle das atividades do Judiciário, por exemplo, acabou centralizando sob a reivindicação de um maior controle sobre os juízes, sob o manto de um Conselho Superior, esquecidos os mais exaltados que tal órgão, a exemplo do que se deu na Itália e em outros países europeus, nasceu exatamente para resguardar a independência dos juízes contra o autoritarismo e a prepotência dos eventuais detentores do Poder.

Externo ou interno, por um único órgão ou por vários, por magistrados apenas ou também por membros de outras instituições do sistema judiciário, ou, até mesmo, por cidadãos estranhos a este, o controle – antes de ser concretizado – exige mais apurada reflexão. O que não se pode aceitar, definitivamente, é o desvio das discussões para a trilha do cerceamento da liberdade, não se pode descuidar da precípua missão do Judiciário, qual seja, a de julgar conforme as leis e com independência, longe da conveniência e dos juízos próprios da política partidária.

Em conclusão, o Judiciário que todos almejamos exige investimentos, com recursos materiais e humanos, a levar em conta a remuneração dos que lhe prestam serviços, aspecto que, em relação à magistratura, tem especial relevo, considerando as limitações constitucionais e o estímulo indispensável para atrair as melhores vocações e os mais talentosos, além da tranquilidade mínima para o bom exercício da função.

Além disso e da adoção da Escola Nacional de Formação e Aperfeiçoamento de Magistrados e de um órgão permanente de planejamento e reflexão, que poderiam atuar separada ou conjuntamente (o mais recomendável, a exemplo do *Federal Judicial Center* norte-americano), pude registrar, em artigo sobre o tema, outras medidas, que abrangeriam as diversas instâncias e poderiam ter a iniciativa do Judiciário, como: a) aumento racional de juízes, levando em consideração os parâmetros internacionais e a nossa realidade; b) melhores critérios de recrutamento dos magistrados, priorizando nos concursos a vocação e a postura do candidato, integrando as escolas judiciais nesse processo seletivo; c) investimento no aprimoramento dos magistrados e no corpo dos seus demais servidores, utilizando-se das escolas judiciais e instituições congêneres; d) maior investimento no seu aparelhamento, após fixadas as diretrizes pelo seu órgão de planejamento e pelo Conselho Nacional; e) maior preocupação com a reforma da legislação processual, ajustando-a à realidade dos nossos tempos, repudiando o formalismo, tornando a execução mais prática e simplificando o sistema recursal, inclusive com a adoção do instituto do *certiorari* em se tratando de tribunais superiores, a exemplo dos modelos norte-americano e espanhol, de tão bons resultados, adaptando-o ao contexto brasileiro; f) a adoção de mecanismos hábeis à agilização dos processos, valendo-se, com esse objetivo, até mesmo da súmula vinculante no Supremo Tribunal Federal e nos Tribunais Superiores, com disciplina pertinente; g) especial atenção à primeira instância, aos juizados especiais e aos mecanismos alternativos de solução.

Em resumo, três são os ângulos a merecer prioridade: x) o político-institucional, com a criação do Conselho Nacional; y) o humano, com a criação de uma escola nacional de magistratura institucionalizada, na qual inserido um sistema de planejamento permanente; z) o operacional, voltado para os mecanismos de eficiência no funcionamento da máquina judiciária e na entrega da prestação jurisdicional.

RTDC: Há uma preocupação pública com a celeridade da prestação jurisdicional, e um dos pontos de maior discussão nesta área é o sistema recursal brasileiro. Quais os pontos que o senhor considera mais críticos e merecedores de reforma neste particular?

SFT: Entre as mais de dez leis resultantes de anteprojetos enviados ao Congresso Nacional no decorrer da década de 1990, a sistemática dos recursos no processo civil mereceu alterações em mais de uma oportunidade. Desde a Lei nº 8.950/94, que integrou ao texto do Código as normas relativas aos recursos extraordinário e especial e simplificou os procedimentos recursais, sobretudo quanto à interposição, tivemos a modificação das regras do agravo, por meio da Lei nº 9.139/95, a ampliação dos poderes do relator, vinda pela Lei nº 9.756/98, sempre visando à agilização do procedimento.

Em sequência aos objetivos da reforma, numa segunda etapa, foram aprovadas as Leis nºs 10.352/01, 10.358/01 e 10.444/02, que trouxeram alterações substanciais ao processo civil, como no procedimento sumário, na audiência de conciliação, na antecipação da tutela e na execução provisória. Em relação aos recursos, restringiram-se a possibilidade do reexame necessário e o cabimento dos embargos infringentes, além do aperfeiçoamento do recurso de agravo.

É claro que ainda há muito a avançar, como exemplo, no tocante ao engessamento das normas de cunho processual na Constituição, notadamente nas áreas da competência e do sistema recursal, e na própria organização judiciária brasileira, ultrapassada, hermética e sem criatividade. Daí a sugestão, que mencionei há pouco, de criar-se um órgão nacional de planejamento permanente do Judiciário, que teria, dentre outras funções, a de elaborar anteprojetos de lei, com cientificidade e em atenção às legítimas aspirações e necessidades da sociedade brasileira.

No campo mais amplo da celeridade da prestação jurisdicional, aquelas leis mais recentes receberam veto do Executivo quanto ao incentivo ao uso dos meios eletrônicos e à suspensão dos prazos contados em dias nos feriados e naqueles em que não houvesse expediente forense, de modo a facilitar a atuação dos advogados.

RTDC: E quanto ao processo de execução? O que precisa ser mudado nele?

SFT: Expressivas são as inovações no processo executivo, justificadamente um dos pontos mais criticáveis da nossa legislação. A primeira delas diz respeito à extinção da modalidade de execução fundada em título judicial por quantia certa. Na apresentação desse anteprojeto, sob a relatoria do Professor Athos Gusmão Carneiro, reconheceu-se a execução como o "'calcanhar-de-aquiles' do processo". Até agora, depois do longo contraditório no processo de conhecimento, quando obtida a prestação jurisdicional definitiva, com o trânsito em julgado da condenação da parte adversa, inicia-se novo ciclo.

Se o vencido não se dispõe a cumprir a sentença, haverá de iniciar o processo de execução, efetuar nova citação, sujeitar-se à contrariedade do executado mediante "embargos", com sentença e a possibilidade de sucessivos recursos. Só depois de tudo superado, poderá o credor iniciar os atos executórios propriamente ditos, com a expropriação do bem penhorado, o que não raro propicia mais incidentes e agravos. Conforme ali se ressaltou, há exagerado tecnicismo na dualidade entre o processo de conhecimento e o processo de execução. Autores como Alcalá-Zamora lembram a desnecessidade de romper-se a relação jurídica processual entre o que ele denomina a fase de conhecimento e a fase de execução, em prol da unidade da função do processo, que, lendo Lopes da Costa, visa restabelecer o império da lei e também satisfazer o direito subjetivo material.

"As teorias são importantes, mas não podem transformar-se em embaraço a que se atenda às exigências naturais dos objetivos visados pelo processo, só por apego a tecnicismo formal", afirmou-se. Com efeito, como salientou Couture, conhecimento e declaração sem execução é academia e não processo... Diante desse longo intervalo entre a definição do direito subjetivo lesado e sua necessária restauração, por pura imposição do sistema procedimental, chegou-se ao anteprojeto que trata do cumprimento da sentença, já aprovado pela Câmara dos Deputados. Eis as principais modificações:

a) a "efetivação" forçada da sentença condenatória será feita como etapa final do processo de conhecimento, após um *tempus iudicati*, sem necessidade de um "processo autônomo" de execução (afastam-se princípios teóricos em homenagem à eficiência e brevidade);

b) a liquidação de sentença é posta em seu devido lugar, como Título do Livro I, e se caracteriza como "procedimento" incidental, deixando de ser uma "ação" incidental; destarte, a decisão que fixa o *quantum debeatur* passa a ser impugnável por agravo de instrumento, não mais por apelação; é permitida, outrossim, a liquidação "provisória", procedida em autos apartados enquanto pendente recurso dotado de efeito suspensivo;

c) não haverá embargos do executado na etapa de cumprimento da sentença, devendo qualquer objeção do réu ser veiculada mediante mero incidente de "impugnação", de cuja decisão caberá agravo de instrumento;

d) o Livro II passa a regrar somente as execuções por título extrajudicial, cujas normas, todavia, se aplicam subsidiariamente ao procedimento de "cumprimento" da sentença;

e) a alteração sistemática impõe a alteração dos arts. 162, 269 e 463, uma vez que a sentença não mais "põe fim" ao processo.

Temos fundada esperança de que o anteprojeto, ainda sob apreciação do Congresso Nacional, dê às execuções de sentença uma sistemática mais célere, menos onerosa e mais eficiente, consentânea e adequada à nossa realidade e às exigências dos tempos atuais. Como se anotou, já tinham sido eliminadas, especialmente na Lei nº 10.444/02, as outras duas modalidades de processo executivo fundado em título judicial. Aprovado esse projeto, que recebeu o nº 3.253-b e já foi aprovado na Câmara dos Deputados, o sistema processual terá eliminado do seu ordenamento positivo também a terceira e mais importante modalidade (por quantia certa), de processo de execução fundado em título judicial, simplificando-o sobremaneira, uma vez que uma das notórias causas da morosidade na entrega da prestação jurisdicional, no Brasil, reside exatamente na autonomia dessa execução.

RTDC: Após mais de um ano de vigência, como o senhor vê a chegada do novo Código Civil? Do ponto de vista de sua aplicação no STJ, quais inovações o senhor aplaude e em que pontos considera este diploma ainda retrógrado?

SFT: O novo Código Civil passou por uma tramitação morosa, em mais de um quarto de século, e creio que terá importantes reflexos na ordem jurídica nacional e em nossa sociedade. Como assinalei em outra oportunidade, "a metáfora segundo a qual 'o Código Civil de um povo é a Constituição do homem comum', se não rigorosamente exata, espelha com fidelidade a sua importância no contexto de uma sociedade". Com efeito, editado no nascer de um novo milênio, quando tantas são as mudanças na realidade social e os avanços da ciência e da tecnologia, não é de negar-se ter vindo envelhecido em diversos aspectos como resultado de sua longa hibernação no Legislativo.

Apesar disso, muitos méritos hão a ser-lhe creditados. Dentre os pontos a merecer aplausos, está o esforço concentrado desenvolvido pelo Parlamento em sua última etapa, com a inestimável contribuição da doutrina. Outra virtude da nova lei, além de unificar o nosso Direito das Obrigações, afastando inclusive a ideia de codificar-se separadamente esse campo do Direito Privado, foi buscar compatibilizar o novo texto com a fragmentária legislação surgida no interregno que vai de 1964, data da apresentação do "anteprojeto

Orlando Gomes", até a sua aprovação em 2001, sendo de salientar-se, neste quadro, a edição de leis do porte do Estatuto da Criança e do Adolescente, a tentativa de disciplinar o instituto da união estável e, principalmente, o surgimento do Código de Defesa do Consumidor, que revolucionou o nosso direito, além do advento da Constituição de 1988, que deu ao nosso país um novo e avançado Direito de Família.

A par dessa compatibilização, o legislador brasileiro procurou também incorporar ao nosso direito positivo as conquistas já alcançadas pela doutrina de ponta e pela jurisprudência de vanguarda e melhor quilate, a exemplo dos avanços na área das relações familiares, da acolhida à teoria da desconsideração da personalidade jurídica e da "purificação ética dos contratos", com nítida e oxigenadora preocupação com o interesse social e a boa-fé.

O Código aprovado em 1916, e em vigência desde 1917 (para não se falar no Código Comercial de 1850), individualista na essência, socialmente conservador e economicamente liberal, já não respondia às necessidades de uma sociedade complexa, dinâmica e em constante mutação evolutiva, não refletindo os anseios por uma nova disciplina jurídica.

É neste contexto que surge o novo Código Civil, fruto dos estudos de uma Comissão Revisora criada em 1969 e presidida pelo jusfilósofo Miguel Reale, que adotou como diretrizes de trabalho: a) preservar, sempre que possível, o Código de 1916; b) não se limitar à mera revisão deste; c) aproveitar os trabalhos até então elaborados; d) unificar o Direito das Obrigações e não o Direito Privado; e) dar nova estrutura ao Código; f) somente inserir no Código matérias já consolidadas ou com elevado grau de relevância crítica, dotadas de plausível certeza e segurança; g) priorizar princípios essenciais e valores fundamentais da pessoa humana.

Três princípios foram confessadamente adotados pela Comissão de 1969: da socialidade, da operalidade e da eticidade.

Pelo primeiro, busca-se fazer prevalecer os valores sociais e coletivos sobre os individuais, dando à nova codificação um perfil bem diferente do anterior, moldado para uma sociedade então predominantemente rural.

Pelo segundo, procura-se dar exequibilidade, realização, efetividade, enfim, às normas civis materiais, afastando o culto à forma e ao academicismo, sob o fundamento de que não se deve tornar complexo o que deve ser simples e objetivo. Neste sentido, para exemplificar, o tratamento dado à distinção entre prescrição e decadência, elencados os casos daquela na parte geral e acopladas as normas da segunda aos respectivos preceitos.

Pelo princípio da eticidade, por seu turno, o novo Código dá especial ênfase a valores aos quais o Código de 1916 não deu relevo. O novo Código prioriza os valores da pessoa humana sobre o normativismo técnico-jurídico, valorizando a boa-fé, a equidade, a justa causa e outros critérios, ampliando a atuação do julgador, conferindo-lhe maior poder para realizar, no caso concreto, a solução mais justa e equitativa. Cuida-se aí, sem dúvida, do ponto mais alto do novo estatuto civil.

O legislador de 2001, por outro lado, introduziu também alterações na própria estrutura do novo Código, dividindo-o em duas partes: uma geral, em que dispõe sobre as pessoas, os bens e os fatos jurídicos; e outra, especial, a tratar, pela ordem, em cinco livros, do *Direito das Obrigações* (unificado), do *Direito de Empresa*, do *Direito das Coisas*, do *Direito de Família* e do *Direito das Sucessões*.

Em síntese, além de um sem número de inovações, muitas das quais de grande relevo para a ciência jurídica e para a sociedade brasileira dos nossos dias, e, sem embargo das múltiplas deficiências que o texto contém, e que todos esperamos sejam corrigidas legislativamente, o que vejo é que estamos a ingressar em uma nova etapa do Direito Privado brasileiro, com novas regras e a correção de muitas carências acumuladas ao longo do tempo, com a renovação de conceitos e princípios e a esperança de dias melhores, nos quais tenham maior proteção os direitos do cidadão e da pessoa humana.

Nesta moldura, na qual florescerá certamente uma nova e fecunda literatura jurídica, ao lado de teses e estudos de toda ordem, renasce a própria crença no Direito como instrumento de aperfeiçoamento da convivência social.

RTDC: Interessante decisão que o senhor relatou foi a referente à garantia por produtos adquiridos no exterior, mas de marcas que têm intensa presença no território brasileiro. O senhor vê o processo de globalização como potencial ameaça aos interesses dos consumidores?

SFT: As mudanças no mercado e na economia mundial trazem quase sempre pontos positivos e negativos. De um lado, o fenômeno da globalização ampliou o acesso das pessoas aos bens do comércio, assim como facilitou e agilizou o trânsito das mercadorias mundo afora. De outro lado, o consumidor vê-se às voltas com as dificuldades de acionar o fornecedor do produto ou serviço, que não depende mais de estabelecimento físico e próximo de casa, como antigamente se dava. Hoje se compra e se vende por via eletrônica, com significativas alterações no plano da responsabilidade civil e das regras de processo e de comércio. O direito, como um todo, acompanha as transformações sociais na velocidade possível, mas não atinge a mesma rapidez do mercado. Nesse panorama, cabe às vezes ao Judiciário ajustar a legislação vigente à situação concreta levada a julgamento.

Creio referir-se a pergunta ao caso da Panasonic, que exemplifica isso. Ao julgá-lo (REsp nº 63.981, *DJ* de 20.11.2000), assinalei que, "por estarmos vivendo em uma nova realidade, imposta pela economia globalizada, temos também presente um novo quadro jurídico, sendo imprescindível que haja uma interpretação afinada com essa realidade. Não basta, assim, a proteção calcada em limites internos e em diplomas legais tradicionais, quando se sabe que o Código brasileiro de proteção ao consumidor é um dos mais avançados textos legais existentes, diversamente do que se dá, em regra, com o nosso direito privado positivo tradicional, de que são exemplos o Código Comercial, de 1850, e o Código Civil, de 1916, que em muitos pontos já não mais se harmonizam com a realidade de nossos dias. Destarte, se a economia globalizada não tem fronteiras rígidas e estimula e favorece a livre concorrência, é preciso que as leis de proteção ao consumidor ganhem maior expressão em sua exegese, na busca do equilíbrio que deve reger as relações jurídicas, dimensionando-se, inclusive, o fator risco, inerente à competitividade do comércio e dos negócios mercantis, sobretudo quando em escala internacional, em que presentes empresas poderosas, multinacionais, com sucursais em vários países, sem falar nas vendas hoje efetuadas pelo processo tecnológico da informática e no mercado consumidor que representa o nosso país". Essa orientação prevaleceu por maioria de três votos a dois, a demonstrar que a temática suscita polêmica e continua em construção. Todavia, quanto à globalização e sua relação com os consumidores, bem sintetizou o Ministro Ruy Rosado de Aguiar, no mesmo julgamento, no sentido de que "a quebra das fronteiras para a venda há de trazer consigo a correspondente quebra das fronteiras para manter a garantia da qualidade do produto".

RTDC: E quanto ao dano moral? O STJ vem cumprindo seu papel como instância revisora das indenizações? Qual a sua visão a respeito do chamado "caráter punitivo" das indenizações por dano moral?

SFT: A intervenção do Superior Tribunal, nos casos de dano moral, vem se reduzindo aos casos de manifesto exagero na fixação do valor da indenização, que deve ser fixada, como se tem salientado, em termos razoáveis, não se justificando que a reparação enseje enriquecimento indevido.

O arbitramento, é certo, deve dar-se com moderação, proporcionalmente ao grau de culpa e à condição pessoal das partes envolvidas, devendo o julgador orientar-se pelos critérios sugeridos pela doutrina e pela jurisprudência, com razoabilidade, valendo-se de sua experiência e bom senso, atento à realidade da vida e às peculiaridades de cada caso.

A jurisprudência sobre dano moral evoluiu de episódios de exagero para o equilíbrio entre a punição de quem comete o dano e a retribuição da vítima, observando-se de um tempo para cá razoabilidade e proporcionalidade nos julgamentos.

RTDC: Outro tema muito rumoroso, que já mereceu sua atenção em importantes julgados, é o da prisão civil por dívida de natureza não alimentar. Como o senhor analisa a jurisprudência brasileira, neste momento, a respeito do tema?

SFT: O Superior Tribunal de Justiça contribuiu para o tema ao concluir pelo descabimento da prisão civil do devedor que descumpre contrato garantido pela alienação fiduciária. O voto condutor do acórdão, da lavra de um jurista notável, o Ministro Ruy Rosado de Aguiar, refletiu a sensibilidade e a preocupação com a realidade que se espera dos julgadores. A par do fundamento técnico de inexistir contrato de depósito naqueles casos, o que afastaria a exceção constitucional para a prisão civil, fundou-se o relator na grave situação dos estabelecimentos prisionais brasileiros e na existência de tratados internacionais, como o Pacto Internacional sobre Direitos Civis e Políticos e o Pacto São José de Costa Rica, ambos firmados pelo Brasil.

Na ocasião, em maio de 1999, depois de muito debate no Tribunal, como, aliás, na jurisprudência de todo o país, aludiu-se que esses tratados, no patamar hierárquico de lei ordinária, teriam derrogado a regra geral do art. 1.287 do Código Civil de 1916, equivalente em conteúdo ao art. 652 do novo Código Civil. Sem a adesão da maioria a esse fundamento, remanesceu vencedor o que expunha inexistir depósito.

Um ano e meio depois, o tema voltou a debate na Corte Especial do Tribunal, à vista da conclusão de julgamento sobre o mesmo tema no Supremo Tribunal Federal, em sentido contrário ao que já havíamos decidido. Evidenciou-se, então, a imprecisão do sistema formulado pelo constituinte de 1988 ao não distribuir com exatidão as competências das duas Cortes. Atualmente, permanecem duas posições antagônicas sobre o tema, cada uma oriunda de um Tribunal, o que, sem dúvida, gera incompreensão e descrédito perante os jurisdicionados.

RTDC: O TJRS passou a admitir o registro da união estável entre pessoas do mesmo sexo, após algumas decisões que a reconheciam em casos concretos. Como o senhor vê a união estável homossexual? Há perspectiva de mudança na jurisprudência dominante neste assunto?

SFT: A união estável homossexual é tema relativamente recente no direito brasileiro e deve ser tratada com serenidade e, sobretudo, sem preconceitos de nenhuma espécie. É preciso ter a mente arejada para perceber as mutações da sociedade, sem, evidentemente, usar-se o Judiciário para impor ou criar novidades no meio social.

Confio na aguçada sensibilidade dos juízes de todo o Brasil para perceber a evolução cultural da sociedade, com o que muito contribui a ampliação dos fóruns de debate sobre o tema da união entre pessoas do mesmo sexo, especialmente, como tenho visto, com integrantes dos vários segmentos da sociedade. Essas discussões, como é próprio do regime democrático, tornam mais maduras as soluções, tanto no plano legislativo quanto no jurisprudencial, e mais segura a aplicação da Justiça.

Sobre a tendência de modificação da jurisprudência, seria temerária qualquer previsão, ainda mais em assunto tão polêmico.

RTDC: O Direito de Família também sofre as repercussões dos avanços tecnológicos. É o caso, por exemplo, da popularização dos exames de DNA. Como o senhor analisa as diversas questões relacionadas a este assunto – como a eventual obrigatoriedade de submissão do suposto pai e o problema do custeio do exame pelo Estado, quando necessário à instrução probatória de investigações de paternidade?

SFT: Nenhum outro ramo do direito vem recebendo tantos influxos nem passando por tantas mutações. A ciência, nos últimos tempos, apresenta um quadro evolutivo de grande significação, sobretudo com o desenvolvimento dos estudos da pílula anticoncepcional, do DNA e das novas formas e possibilidades de fecundação, ensejando, inclusive, o surgimento de novos modelos de família e filiação. A um só tempo, outrossim, mudam-se os costumes sociais e transforma-se o comportamento na sociedade, que passou a adotar uma postura mais liberal e independente. Paralelamente a esses dois relevantes fatores, e em parte como reflexo dessas mudanças, surge uma nova legislação, quer em nível infraconstitucional, quer no próprio texto da Constituição, a abrigar os revolucionários princípios da igualdade jurídica dos cônjuges e dos filhos. Ganhou o Direito de Família um novo perfil, para o qual devem estar atentos os juristas e os operadores do direito.

Outro ângulo digno de nota relaciona-se com a postura do hermeneuta. A par dos tradicionais métodos de interpretação – literal ou filológico, histórico, comparado e lógico-sistemático –, a hermenêutica tem evoluído com marcante desenvoltura, dotando o intérprete de novos parâmetros exegéticos, incentivando-o a pautar-se, na aplicação da lei, por critérios mais eficazes, como o evolutivo, o teleológico e o axiológico, dentro da lógica do razoável (*logos del razonable*), a exemplo do que recomenda a norma do art. 5º da "Lei de Introdução", segundo a qual, na aplicação da lei, o juiz atenderá aos fins sociais a que ela se dirige e às exigências do bem comum.

Dentro desta nova moldura, em que inserido o Direito de Família, e orientado por métodos e critérios de hermenêutica que melhor refletem o avanço da ciência jurídica, cumpre ao juiz dar as causas sob sua apreciação e julgamento uma visão de vanguarda, a compatibilizar a segurança jurídica com os novos ventos que sopram impulsionados por novos fatores – legais, científicos e sociais.

Nesse contexto é que a jurisprudência do Supremo Tribunal Federal e do Superior Tribunal de Justiça assentaram a não obrigatoriedade de o pai submeter-se a exame de DNA e o seu custeio pelo Estado aos beneficiários da assistência judiciária gratuita.

RTDC: Uma de suas recentes iniciativas foi o desenvolvimento do programa "Eleitor do Futuro". Qual a importância que o senhor atribui a iniciativas como estas para a consolidação da democracia brasileira?

SFT: O "Eleitor do Futuro" tem como proposta a formação cultural e cívica de jovens com idade compreendida entre dez e dezesseis anos, que ainda não possuem o direito de votar, no intuito de mostrar-lhes que a política deve ser vista como uma atividade nobre, essencial à convivência social e ao fortalecimento da democracia e não uma arte de espertezas, como muitas vezes vemos apregoado e, infelizmente, praticado.

Em sentido mais amplo, o Direito Eleitoral, a despeito de contar com Cortes de Justiça no sistema constitucional, e até um Tribunal Superior exatamente para a proteção dessa jurisdição específica, não tem recebido o devido tratamento. Não obstante presente na Lei Maior, vê-se, por exemplo, que sua legislação infraconstitucional é manifestamente frágil e deficiente. Esse descaso com o Direito Eleitoral, estou convencido, leva a uma série de distorções, a começar pelo sistema partidário adotado. E exemplifico. O pluripartidarismo previsto na Constituição, como um dos postulados da democracia, a fim de não se voltar a tempos de tristes lembranças, quando existiam apenas dois partidos – um com favorecimentos oficiais e o outro com todas as dificuldades impostas à oposição –, criou partidos nanicos, siglas de aluguel, distantes das várias correntes de pensamento representativas dos segmentos da sociedade.

Outro aspecto a salientar-se são os procedimentos da Justiça Eleitoral, de pouca efetividade. Em uma representação, por exemplo, apresentada pelo Ministério Público, partido, candidato ou prejudicado, em determinado pleito, a Justiça Eleitoral conhece da postulação, dá sequência ao processo, apura o que se apontou irregular, aprecia a matéria de fato e de direito, profere decisões e, depois, como acontece muitas vezes, tem como certa a impunidade, porque a legislação, deficiente e "liberal", no pior sentido que essa palavra, de tanta nobreza em sua raiz, pode ensejar, proporciona prazos inexequíveis, quer pela prescrição, quer por mecanismos de manifesta procrastinação. O povo, sem conhecer as verdadeiras causas dessa impunidade, passa a atribuir a anomalia ao Judiciário, como se este fosse o responsável, trazendo descrédito ao Poder.

De outro lado, existem, e não poucos, os maus candidatos e dirigentes, que iludem a sociedade e não recebem as devidas punições, quer pela má disciplina legal, quer pelas suas brechas, quer pelas anistias de injustificável procedência. Não raro, o Judiciário recebe representações, processa, instrui, apura e até sanciona. Porém, no momento da execução, surge uma lei a anistiar os infratores.

É isso o que se quer da lei eleitoral? Será que, com a utilização desses mecanismos, se desprestigia apenas a justiça Eleitoral? A própria cidadania não estará igualmente sendo desconsiderada? Afinal, que cidadania é essa em que, por intermédio dos representantes constituídos pelo povo, se erige uma Justiça com a finalidade de lhe dar condições de escolher livremente os nossos mandatários e, depois, esse mesmo Parlamento anistia aqueles que a Justiça reconheceu culpados?

Muitas outras anomalias poderiam aqui ser trazidas à colação.

Se apontei apenas deficiências, gostaria também de assinalar algumas elogiáveis transformações no horizonte, que nos permitam refletir a respeito de mudanças que parecem estar começando a acontecer. Veem-se na mídia muitas críticas à urna eletrônica e à Justiça Eleitoral, que estaria usando aquele instrumento de forma açodada.

Recentemente, o Tribunal Superior Eleitoral encomendou um parecer à Unicamp que atestou em laudo unânime a confiabilidade dessa tecnologia. Logo depois, um dos partidos, que até então fazia restrições ao uso dessa urna, a declarou confiável. Não bastasse isso, outros países vêm reconhecendo a sua excelência e planejam utilizá-la. É motivo de orgulho o sistema informatizado de votação, e o exemplo para o mundo que é a urna eletrônica, a tornar remotos os casos de perpetuação dos mais poderosos no poder, mediante artifícios para vencer as eleições.

Outra sensível mudança prenuncia-se em relação aos que trabalham na Justiça Eleitoral, funcionários exemplares, porém, em sua maioria, cedidos por instituições ou requisitados de outros órgãos comprometidos com a disputa eleitoral, a exemplo das prefeituras municipais. É bem recente a iniciativa de realização de novos concursos destinados ao preenchimento de cargos próprios da Justiça especializada, com remuneração condigna. Estão sendo, de igual modo, ultimados estudos com vista à reorganização e à reestruturação dos seus quadros, com perspectivas de implantação em futuro próximo. Para ilustrar outra transformação no âmbito da Justiça Eleitoral, lembro que a imprensa sequer era autorizada a divulgar o patrimônio dos candidatos. Na atualidade, essas informações não só são deferidas sem maiores burocracias, como também colocadas à disposição de todos na internet, via *site* do TSE.

Mais um exemplo de significativo relevo para a Justiça Eleitoral está na introdução do art. 41-A na Lei nº 9.504/97, por força da Lei nº 9.840, de 28.9.1999, segundo o qual fica vedada a "compra" de votos, sob pena de multa e cassação do registro ou do diploma. A partir de 2001, quando as primeiras representações vieram ter ao Tribunal Superior Eleitoral, com invocação dessa norma, muitos acórdãos passaram a ser proferidos, cassando mandatos e determinando a execução imediata das decisões, independentemente da interposição de recursos. De outro lado, vários exemplos estão a sinalizar a mudança de orientação do Tribunal Superior Eleitoral, hoje com uma visão induvidosamente mais ativista, efetiva e eficaz.

Com efeito, além do reexame de sua jurisprudência em vários aspectos, da boa aplicação do referido art. 41-A e da utilização de um processo mais flexível, sem prejuízo do *due process of law*, o TSE, além de mais receptivo às consultas que lhe são dirigidas, cancelou seu criticado Verbete Sumular nº 17, e vem tratando com maior rigor os que se utilizam indevidamente da propaganda partidária e eleitoral, no rádio e na televisão, inclusive decotando horários em programas futuros. No âmbito da Corregedoria-Geral Eleitoral, mostra-se louvável o empenho na criação de uma Escola Judiciária Eleitoral, destinada ao aprofundamento dos estudos do Direito Eleitoral, ao aperfeiçoamento da própria Justiça Eleitoral e que sirva de Fórum adequado aos grandes temas nessa área especializada.

Todas essas experiências demonstram o relevo do Direito Eleitoral, sua imprescindível valorização no mundo contemporâneo e o papel da Justiça Eleitoral no fortalecimento da democracia.

RTDC: Que conselho o senhor dá aos novos juízes e àqueles que buscam ingressar na magistratura?

SFT: Ao dirigir-me aos juízes recém-nomeados para a magistratura mineira, quando eu completava dez anos de judicatura, procurei traçar as linhas fundamentais quanto à conduta do magistrado, "como carta de princípios, bússola ou tábua de conduta", apontando o juiz ideal como "honesto e independente, humano e compreensivo, sereno e dinâmico, firme e corajoso, culto e inteligente, justo sobretudo".

Naquela oportunidade, assinalei que "a honestidade, em seus matizes mais diversos, é postulado básico do sacerdócio que é a judicatura, não apenas porque a imparcialidade constitui um dos princípios basilares do due process of law, mas porque a probidade profissional deve constituir 'escudo invulnerável às paixões e aos interesses', mormente os pessoais".

Os juízes desonestos, e, seres humanos que são, são encontrados, por vezes, aqui e acolá, neste mundo alucinante de nossos dias, em que a voragem pelo poder e pela riqueza embota a sensibilidade dos homens e sepulta valores, trazem descrédito à Justiça e às instituições, além das perniciosas consequências pessoais. Por seu turno, a independência se constitui na maior arma do magistrado.

Se, pela independência jurídica, como bem expressou a Constituição de Weimar, os juízes não estão subordinados a ninguém e a nada, exceto à lei a que devem servir, não devemos nos esquecer da independência política, preceito democrático assegurado como garantia constitucional, através da qual se resguarda o magistrado das investidas circunstanciais do poder. Todo o processo judicial, como nos lembra este magnífico poeta do Direito que é o processualista e magistrado Eliézer Rosa, é um trecho amargo da vida humana, carregada de dores e sofrimentos. Embora a piedade e a Justiça tenham esferas bem distintas, cumpre reconhecer que a Justiça repassada de piedade é bem mais justa, como nos lembra Jiménez de Asúa, levando-se ainda em consideração que todas as pessoas sempre têm algo de raro e cheio de encanto.

Por outro lado, ao juiz não é permitido ser fraco e covarde. Sozinho e longe, muitas vezes, dos órgãos superiores, terá que arrostar perigos e enfrentar ameaças. A coragem do magistrado representa forte reserva moral da sociedade, considerando-se que o juiz não é só aquele que julga, mas também que ordena; é aquele, em suma, cuja decisão tem a eficácia de uma ordem. Como lapidarmente se esculpiu na *Oração aos Moços*, "a ninguém importa mais do que a magistratura fugir do medo, esquivar humilhações e não conhecer covardia. Todo o bom magistrado tem muito de heroico", não devendo recear soberanias, nem a do povo, nem a do poder.

Já se disse que da dignidade do juiz depende a dignidade do direito, e que este valerá o que valham os juízes como homens. "No dia em que os Juízes tiverem medo, nenhum cidadão poderá dormir tranquilo".

Não se deve confundir, entretanto, essa firmeza com a vaidade, pois é preferível humildemente emendar o erro que o manter. Nas palavras do Desembargador Edésio Fernandes, "o mecanismo judicial tem, avisadamente, como pressuposto básico, a falibilidade dos juízos humanos". "Não se confunda, também, coragem com prepotência, levando-se em conta que a serenidade é um dos traços predominantes do juiz, a quem não assentam os arroubos policialescos. Se a firmeza e a coragem do magistrado asseguram a paz social, é em sua serenidade que se espelha essa harmonia".

Não se pense que serenidade implica inércia. Se, por um lado, "o tempo se vinga das coisas feitas sem a sua colaboração", como prelecionou o maior processualista das Américas, Eduardo Couture, em seus magníficos *Mandamentos do Advogado*, não menos certo é que "justiça atrasada não é justiça, senão injustiça qualificada e manifesta", segundo a lição de Ruy. Outrossim, se a inteligência é dom de Deus, e já na antiguidade os juízes eram recrutados entre os mais sábios, a cultura é adquirida com esforço e dedicação, por meio de estudos, pesquisas, meditação e reflexão.

É da lavra do Professor Pietro Cogliolo, da Universidade de Gênova, na ênfase desse excepcional exemplo de juiz e mestre que é Amilcar de Castro, que para atividade tão elevada, como a do juiz, tornam-se necessários órgãos poderosos em robustez de mente e virtude de consciência: os magistrados não só devem ter a cotidiana honestidade moral, como também a mais árdua honestidade intelectual, isto é, a honestidade de compreender que, sem longos e grandes esforços mentais, ninguém se converte em sacerdote do direito.

Como a vida, e direito é vida, no dizer de Max Rumpf, ou ciência brotada da vida e destinada à própria vida, nas palavras do civilista Wilson Melo da Silva, o direito *cette vieille et toujours jeune chanson* se transforma a cada dia, o que nos impõe constante atualização. Não se confunda, porém, cultura com erudição, pois não é dessa que os juízes precisam, mas da cultura que se identifica com a verdadeira sabedoria.

Por fim, mais que comandante de um dos três Poderes da República, na sua área de competência, mais que aplicador da lei (e observa-se que, mais que pelas leis, o campo jurídico está disciplinado pelos princípios), o juiz, acima de qualquer outra virtude, e talvez como corolário de todas elas, deve ser justo, evocado aqui o próprio texto legal quando diz que "na aplicação da lei o juiz atenderá aos fins sociais a que ela se dirige e às exigências do bem comum. Para que sejamos justos, porém, é preciso que tenhamos fé: no Direito, como instrumento humano de realização da Justiça; na Justiça, como emanação divina para a harmonia social; em Deus, como Ser supremo e Criador de todas as coisas".

Passados quase trinta anos desde que proferi essas palavras, a sociedade de hoje se mostra mais complexa, com vertiginoso aumento da litigiosidade, além do despertar da cidadania, que está a exigir que o Judiciário se integre mais diretamente no processo social. Recentemente, na introdução ao livro *O juiz: seleção e formação do magistrado no mundo contemporâneo*, de minha autoria, salientei que "o Judiciário se mantinha como expectador equidistante dos embates políticos e econômicos. Hoje, descortina-se uma transformação nesse quadro, com o Judiciário sendo convocado a dele participar com uma postura mais ativista, como assinalam os pensadores e registra a mídia nos seus noticiários".

Para atender a essas novas necessidades, o Judiciário precisa "modernizar-se, aparelhar-se, tornar-se mais ágil, eficaz e eficiente". O primeiro passo é investir no ser humano, "notadamente naquele a quem o Estado confia a missão de julgar e realizar a Justiça".

ENTREVISTA COM O PROFESSOR CAIO TÁCITO[1]

RTDC: O que determinou sua opção pelo Direito? Foi uma escolha simples ou o senhor chegou, em algum momento, a pensar em seguir outra carreira?

CT: Meu avô, o Professor Manuel Alvares Sá Vianna, era titular de Direito Internacional Privado. Ele acabou influindo na minha opção.

RTDC: É verdade que o senhor já dava palestras antes de se formar na Faculdade de Direito?

(O entrevistado se levanta e retira da estante dois exemplares da revista *Atlantis*, editada pelo Instituto Lafayette em 1932, da qual era Relator-Chefe.)

CT: Esta é uma revista que publiquei no meu curso de ensino médio, no Instituto Lafayette. Assim como eu publiquei esta revista, eu fazia às vezes umas palestras com uns colegas. Não chegava propriamente a ser uma atividade acadêmica; era uma ocupação de um grupo de pessoas que tinham uma vocação de falar a respeito dos temas que estudavam.

RTDC: Poderia nos falar sobre sua formação acadêmica? Quais foram os professores que mais o influenciaram?

CT: Minha formação acadêmica foi feita na Faculdade de Direito da então Universidade do Estado da Guanabara, mais tarde Universidade do Estado do Rio de Janeiro, após a fusão dos dois estados. O professor de quem guardei maiores recordações foi Roberto Lyra, de Direito Penal, e de cuja intimidade participei, com valiosa influência em minha formação profissional e afetiva. Também me identifiquei com o Professor de Direito Internacional Oscar Tenório, que mantive sempre como amigo. Também se destacaram no meu curso jurídico o Professor Arnoldo Medeiros da Fonseca, de Direito Civil, e mais tarde o Professor Aliomar Baleeiro, de Direito Tributário. Guardo do meu tempo de aluno recordações excelentes do convívio com professores e colegas.

RTDC: Como começou sua carreira de professor? É verdade que sua primeira aula foi de Direito Penal?

CT: Minha carreira no magistério começou como assistente do Professor Roberto Lyra em Direito Penal. Daí minha aproximação inicial com a disciplina como professor, mesmo que, profissionalmente, sob este último aspecto, não se tenha prolongado.

---

[1] Entrevista concedida à *Revista Trimestral de Direito Civil – RTDC*, v. 21, jan./mar. 2005.

RTDC: E como o senhor ingressou no Direito Administrativo?

CT: Eu fui amigo do Professor Carlos Medeiros Silva, que era muito próximo da família. Ele era o titular de Direito Administrativo na Faculdade do Catete (Faculdade de Direito da Universidade do Estado da Guanabara, atual UERJ, então localizada no bairro do Catete), e comecei a colaborar com ele já na graduação. Depois que me formei, ele me nomeou para o cargo de auxiliar dele na disciplina, de modo que fui encaminhado quase sem opção (risos). Mais tarde, o Professor Carlos Medeiros foi Procurador-Geral da República, e eu fui subprocurador, acentuando-se a minha tendência ao Direito Administrativo.

RTDC: O que mudou no ensino daquele tempo para cá?

CT: O ensino do Direito se difundiu pela sucessiva criação de novas escolas e experiências de novos temas didáticos, embora ainda mereça evoluir.

RTDC: O senhor escreveu sobre a tríplice função da universidade brasileira: (i) difusão de conhecimento; (ii) criação de conhecimento; e (iii) prestação de serviços à comunidade. Na sua opinião, as universidades vêm desempenhando adequadamente este papel? O que ainda pode ser feito?

CT: A função da universidade não é apenas ensinar, mas educar o aluno para as várias alternativas profissionais, como advogado, juiz, consultor e membro do Ministério Público. A sua participação pode ainda assumir efeito político na orientação das atividades de governo. Algumas universidades atendem razoavelmente a essas finalidades.

RTDC: Em 1966, o senhor criou, no âmbito da então Universidade da Guanabara, o CEPED – Centro de Estudos e Pesquisa no Ensino do Direito, com a finalidade de aperfeiçoamento do ensino jurídico e realização de pesquisas e estudos especializados. Para tanto, o senhor buscou o apoio da Fundação Ford e da Fundação Getulio Vargas. Qual a importância da parceria entre a universidade pública e a iniciativa privada no atual cenário brasileiro?

CT: Após minha formação, encaminhei-me para o exercício profissional e a atividade do magistério. Nesta última, conquistei a cátedra de Direito Administrativo em concurso, após equivalente ingresso na qualidade de Professor Assistente. Nessa qualidade, promovi, em 1967, com o apoio da Fundação Getúlio Vargas e de instituições norte-americanas, como a USAID, um curso especial – o CEPED, Curso de Ensino e Pesquisa no Direito, que procurou aprimorar a técnica do ensino com a participação ativa de professores e alunos. A aproximação entre a Universidade Pública (bem como com a Universidade Privada) e a iniciativa privada parece-me essencial tanto para o financiamento do ensino como para a integração na metodologia do ensino. Entre nós, creio que ainda há muito a evoluir nesse terreno.

RTDC: Como surgiu a ideia de criar o CEPED?

CT: A ideia surgiu na nossa experiência de que o ensino estava um pouco desatualizado. A tecnologia não era suficiente para dar uma noção verdadeiramente completa. Então começamos a procurar fontes e encontramos, primeiro, a Fundação Getúlio Vargas e, depois, através da Fundação, esse contato com o direito americano. Foi uma espécie de importação da tecnologia deles, mas adaptada ao nosso sistema. Depois, eles aproveitaram a nossa experiência e melhoraram também o sistema americano, porque eles faziam sempre o estudo na base de um caso concreto e preexistente, e nós não;

construíamos um caso hipotético que tinha muito mais pertinência com as questões que estávamos querendo aprofundar. Então eles passaram também a adotar essa mecânica, não só o *leading case*, mas também o caso hipotético que servia de fundamento.

RTDC: O senhor enfrentou alguma resistência das estruturas tradicionais da Universidade à introdução destas novas técnicas?

CT: Não, pelo contrário, a UERJ sempre foi, de alguma forma, uma Universidade de liderança, tinha a expectativa de ser pioneira em certas coisas. E eu era Reitor, de modo que isso colaborou também.

RTDC: Hoje, há muitos cursos de especialização em diversas áreas do Direito. Há uma diferença evidente entre o perfil destes cursos e dos cursos de mestrado e doutorado?

CT: Os cursos de mestrado e doutorado eram uma fase superior à formação do estudante, e o que nós procurávamos, com o CEPED, através da nossa experiência, era melhorar o próprio curso da Faculdade, e não esperar que ele acabasse com a deficiência, para depois, no mestrado, corrigi-la. Naturalmente, um curso de especialização é um curso que dirige para a prática, tem um sentido mais direto de habilitação para o exercício da profissão. O mestrado e o doutorado já são uma adaptação desse conhecimento para o nível superior, com a finalidade de lecionar.

RTDC: Como o senhor relembra sua experiência na administração universitária? A sua posição de professor e educador chocou-se com a sua posição de administrador universitário em algum momento?

CT: Acho que há uma inter-relação natural entre uma coisa e outra. Não há incompatibilidade entre a posição de professor e a de reitor. Ao contrário, a posição de professor, para os que continuam a exercê-la – e eu continuei lecionando, mesmo quando fui reitor –, é uma forma de se aperfeiçoarem as experiências e poder colaborar, com mais eficiência, no progresso da Universidade. Claro que ocasionalmente os alunos se dirigiam a mim em sala de aula com apelos ao reitor... Mas aí eu tinha que trocar de roupa (risos).

RTDC: Havia, na época, interferência do governo militar na gestão da Universidade ou era uma gestão livre?

CT: Era uma gestão livre, não havia influência. Naturalmente, quando havia uma experiência de administração geral do governo, nós podíamos aproveitá-la ou até colaborar com ela, mas não era uma interferência no sentido de que o governo tomasse conta da Universidade. A Universidade sempre esteve sujeita à organização do governo, mas não especialmente por ser o governo militar. Na fase civil também havia uma comunicabilidade.

RTDC: O que, na sua opinião, determina o sucesso de uma instituição universitária e o que pode atrapalhar o seu desenvolvimento?

CT: A Universidade tem que ser voltada para a finalidade básica dela, que é dupla: formar e preparar para a formação, de modo que esta situação fica condicionando o sucesso da instituição universitária. O que pode atrapalhar é a falta de experiência de quem vai administrá-la e a falta de cooperação da maioria dos professores. Na UERJ, nunca aconteceu uma crise, mas em algumas universidades isso acontece.

RTDC: Na qualidade de Reitor da UEG, o senhor inaugurou, em março de 1976, o Campus Universitário Negrão de Lima, no Maracanã, combinando em um único espaço as diversas faculdades. Qual a importância, na sua visão, da unidade universitária e da interação entre as diversas faculdades, do fato de todas as faculdades estarem no mesmo local, diferente do que era antes, quando elas estavam separadas? Que tipos de problemas surgiam pelo fato de a UEG possuir, antes de 1976, um *campus* fragmentado? Por que era importante ter todo mundo concentrado no mesmo lugar?

CT: Porque a distribuição de carreiras diferentes numa universidade não quer dizer que elas não são interligadas. É útil que você faça escolhas no corpo docente de uma faculdade para complementar a outra, exercer atividade numa com a experiência de outra. Essa inter-relação é própria da Universidade. Ela nasce da conjugação de atividades individuais, digamos assim. No Rio de Janeiro, já havia uma vontade de fazer essa modificação, de ter aqui, além de uma Universidade Federal, uma verdadeira Universidade Estadual.

RTDC: O senhor foi, ainda, membro do Conselho Nacional de Educação. Como o senhor vê a atuação deste órgão no cenário educacional brasileiro?

CT: Eu fui até lá, também na esteira do Carlos Medeiros Silva. O Conselho Nacional de Educação é, até hoje, o grande centro de orientação do ensino superior. É ali que você vai buscar a coordenação, a inter-relação entre várias Universidades, de modo que ser membro desse Conselho dá muita experiência, aviva muito. Pelos defeitos de outras universidades que são levados ao Conselho, você vai aperfeiçoando a sua.

RTDC: Qual a sua opinião sobre os cursos a distância, que vêm se implementando nas universidades com o auxílio da informática? Pode ser uma solução para a democratização do ensino?

CT: Eu não tenho muita experiência nisso porque não tínhamos cursos a distância. Acho que curso a distância é importante, sobretudo, no interior, nas zonas de faculdades que atendem a regiões sem adaptação básica para o ensino. Então, o curso a distância supre e fornece condições para esta adaptação.

RTDC: É verdade que o senhor foi convidado para o Supremo Tribunal Federal e recusou o convite?

CT: Sim, tenho até hoje um bilhete do Luiz Galloti em que ele me disse assim: "Eu já não gostava de Brasília. Soube que você recusou, por causa dela, ir para o Supremo. Gosto menos ainda" (risos). Eu fui convidado, mas havia duas condições básicas para não ir para lá. Em primeiro lugar, eu tinha um filho com problemas de saúde, e lá o clima não era muito adaptado a ele. Talvez tenha sido essa a razão mais imediata. Ao lado disso, eu não via com muito interesse abandonar todas as atividades que exercia aqui. Eu era professor da UERJ, advogado – tinha um escritório de advocacia –, estava também na Light, e era membro da Procuradoria do INSS (antigo IAPC), tanto que tenho três aposentadorias (risos). Todas essas condições influíram para que eu não aceitasse o convite para o Supremo Tribunal Federal.

RTDC: Fala-se, cada vez mais, em uma crescente utilização pelo direito público de instrumentos privados, e em uma releitura do direito privado à luz das normas constitucionais, antes tomadas como campo exclusivo do direito público. Como o senhor vê as atuais relações entre o direito privado e o direito público?

CT: O direito público e o direito privado se inter-relacionam e ambos são admissíveis no curso jurídico. O ângulo científico de associação das duas áreas é, em certos casos, essencial ao conhecimento da matéria. Hoje, o que é um privatista? E o que é um publicista? A distinção é muito relativa. A atuação indireta do poder público ou as atividades das empresas que exercem atividade vinculada ao interesse público tanto pode ser uma atividade de direito público quanto de direito privado.

RTDC: Neste sentido, é crescente, mas ainda controversa, a utilização de arbitragem por concessionárias e permissionárias de serviços públicos, sociedades de economia mista e empresas públicas. Qual o seu entendimento nesta matéria?

CT: Entendo prematura, entre nós, a amplitude da arbitragem, notadamente nas entidades de serviço público, direto ou delegado, a par do conflito possível entre interesse público específico e a execução de sentença arbitral.

RTDC: O senhor já escreveu sobre a aplicação no direito administrativo da teoria da imprevisão, incorporada no art. 478 do Código Civil de 2002. Qual a sua opinião sobre o novo Código Civil, e sobre a técnica de codificação no atual cenário jurídico?

CT: O novo Código Civil, de 2002, operou significativa atualização nos institutos jurídicos da disciplina segundo a nova codificação. Nesse sentido, é significativa a sua ponderação sobre a teoria da imprevisão. O novo Código Civil está a pedir a atualização de normas de leis ordinárias, por ele cogitadas.

RTDC: O senhor já escreveu sobre o papel social do Estado e do choque entre este papel e a liberdade individual. O Conselho de Estado francês decidiu há não muito tempo que um anão não podia sujeitar-se a ser arremessado de um lado a outro de um bar, ainda que ganhasse para isso, porque a atividade violava a dignidade humana. Na sua opinião, o Estado deve atuar para garantir determinados valores, como a dignidade humana e a integridade psicofísica, mesmo contra a vontade individual das pessoas de cuja dignidade ou integridade se trata?

CT: Eu acho que ele deve se orientar por esses valores, de dignidade humana e integridade psicofísica. O próprio fato de ele se orientar por isso já está atualizando a vontade individual das pessoas, orienta as pessoas. Não acho que haja incompatibilidade entre a intenção da Administração Pública, através do Poder Judiciário, de influenciar nesse sentido, e de que isso seria contra a vontade individual das pessoas. As pessoas não têm motivo para não querer dignidade, não querer integridade.

RTDC: Qual a sua opinião sobre o corte de serviços públicos essenciais por falta de pagamento? Trata-se de medida inconstitucional?

CT: Isso é uma sanção. Na medida em que determinada prestação está condicionada a um financiamento indireto ou direto, é claro que a ausência disso vai ter que gerar algum efeito. Não digo que seja sistematicamente a suspensão; pode ser uma outra forma de sanção. De qualquer maneira, não é possível que a prestação desse serviço público, condicionado a uma colaboração do particular, possa ficar indiferente à omissão desse pagamento... O que é preciso acentuar é que a eventual ausência do financiamento, que pode ser até temporária ou extraordinária, motiva uma ação do governo para que se supra este pagamento, mas não deve importar necessariamente em uma interrupção do serviço. Esse serviço tem um benefício ao que recebe, mas em geral é um benefício coletivo, é uma atividade posta à disposição do público.

RTDC: O senhor é diretor da *Revista de Direito Administrativo*. Na sua opinião, qual o papel das revistas jurídicas no atual cenário brasileiro?

CT: Embora suspeito pela condição de diretor da *Revista de Direito Administrativo*, reputo relevante a participação delas, sobretudo na avaliação de novos preceitos constitucionais. O papel das revistas jurídicas está evidenciado pela habitual colaboração que oferecem aos estudiosos e aos operadores de direito.

RTDC: Como funciona o processo de seleção de artigos dentro da *RDA*? Como se separa o que será publicado do que não será?

CT: Eu não sei das demais revistas. Na *RDA*, é uma escolha minha. Agora, evidentemente, ao fazer essa escolha, eu levo em conta a repercussão que esse trabalho teve. A escolha dominante é na boa qualificação da divulgação desse estudo para o conjunto da evolução administrativa.

RTDC: O senhor revê pessoalmente todos os artigos que chegam?

CT: Sim, todos. Eu faço essa escolha pessoal.

RTDC: A *RDA* inspirou-se em algum modelo, nacional ou estrangeiro?

CT: Não, foi fundamentalmente feita para as necessidades brasileiras.

RTDC: Quais são as características de uma boa revista?

CT: Em primeiro lugar, uma boa qualidade da matéria. Em segundo, uma tendência de aproximar a comunicação da revista às questões que estão ocorrendo no momento atual. Além disso, acho que a frequência com que ela é publicada é uma coisa importante. Agora mesmo está saindo a *RDA* do trimestre passado. Estamos sempre atualizados, e na escolha que eu faço pessoalmente levo em conta a situação do mercado: se é mais ou menos constante, ou se há algum tema novo. Neste caso, a gente convida alguém para escrever um artigo sobre isso.

RTDC: Já se afirmou que o papel das revistas está diminuindo e que a tendência é sua substituição por *sites* de internet. O senhor concorda com esta ideia? Que males poderiam derivar desta suposta substituição?

CT: Bom, *site* da internet para substituir a revista... Eu confesso que não domino bem o assunto. Eu acho que há compatibilidade entre os dois. São dois modelos diferentes, inclusive porque a revista é uma disponibilidade permanente de matéria, ao passo que esse *site* é na medida em que ele vai ser consultado... Eu não uso muito *sites*, o meu filho Antônio Carlos é que me ajuda quando eu preciso. Eu acho que, entre nós, o uso da revista é muito mais frequente.

RTDC: O senhor atuou como advogado durante muitos anos. Que mudanças o senhor destaca entre o dia a dia do advogado naquele tempo e hoje?

CT: Acho que há, atualmente, um maior número de especialistas, inclusive porque está acontecendo muito de as próprias empresas terem as suas advocacias. Aquela prática comum do passado em que as empresas se serviam de diversos escritórios de advocacia não é tão constante hoje. O próprio desenvolvimento da atividade leva a empresa a ter um advogado próprio, estrutura própria, informação própria.

RTDC: O senhor advogava só em questões de Direito Administrativo ou em qualquer ramo do Direito?

CT: Não só em Direito Administrativo. Eu fui advogado da Light e de outras empresas também, e lidava com várias espécies de questões.

RTDC: A Light era conhecida por reunir célebres advogados. Como era o convívio naquele ambiente? Que colegas o senhor destaca como os melhores advogados?

CT: O Dr. Antônio Gallotti, irmão do Ministro Luiz Gallotti, que era presidente da Light, era um grande advogado, tanto que ele elaborou o projeto de levar para a Light os advogados mais destacados da época. Toda vez que havia um advogado destacado, ele arranjava um jeito e o levava para a Light. Era uma equipe de "primeira hora".

A minha escolha foi, em grande parte, para atender às concessões; eu já era atuante nessas causas com empresas concessionárias, e então o Gallotti me levou para lá. Trabalhei muitos anos na Light, com excelentes colegas. A Light possuía um sistema particular: não exigia que seus advogados ficassem lá o tempo todo. Havia plantões, uns ficavam só de manhã, outros só à tarde. Eles não queriam que deixássemos nossa advocacia, e inclusive gostavam que não fôssemos indiferentes a outros ramos do conhecimento. Dizia-se até que a Light tivera Rui Barbosa no seu quadro de advogados, sem nunca ter exigido que ele fosse lá, apenas para que não fosse advogado de causas contra a Light, por uma questão de ética.

RTDC: Muito conhecida é também sua atuação como parecerista. Trata-se de uma atividade intelectualmente desafiadora, devido à constante renovação das questões?

CT: Sim, as questões são novas; as necessidades do governo e dos particulares variam. O parecerista é exatamente procurado pelos particulares e pelo governo como uma forma de orientação; é o aproveitamento da experiência do parecerista. O parecerista é aquele que, não sendo advogado da organização, atende às consultas. Meus três volumes de *Temas de Direito Público* foram escolhas entre os meus pareceres.

RTDC: O senhor acha que a atividade do parecerista está mais próxima, hoje, da atividade do advogado ou do acadêmico?

CT: Eu acho que normalmente um bom parecerista é advogado. Ele recolhe da atividade de advogado um centro de informações muito grande. Ser só parecerista é, a meu ver, inconveniente. Ele fica com uma visão indireta das coisas. Há, inclusive, consultas que recebo que são tratamentos de determinadas causas; eu fico sendo advogado suplementar àquele que está cuidando da causa no foro. É como uma consultoria ao advogado. Por outro lado, o parecerista deve ser imparcial como o acadêmico. Uma coisa de que eu sempre fiz questão é a seguinte: eu em geral faço uma primeira ideia da consulta e digo ao cliente: "Olha, minha opção é essa, você quer o parecer assim mesmo ou não quer?". Às vezes, não interessa a ele o parecer contra, não é? Ou às vezes até ele quer... Isso gera uma atuação preventiva de eliminar as causas. No meu caso, acho que as duas coisas influenciam para que me convidem a dar um parecer; a experiência como advogado, que se divulga, e aquilo que já foi feito do ponto de vista científico, como professor, os trabalhos publicados e estudos que foram feitos interferem na minha escolha. Acho que a influência é mais a reputação que a pessoa tem em relação ao assunto específico da consulta.

RTDC: O que faz um bom parecerista?

CT: Um bom parecerista deve ter esse domínio dos problemas, através de sua experiência com casos concretos. E preciso que ele tenha já uma vivência em outros casos, na leitura, nos estudos etc., de modo que ele possa colocar esse domínio de conhecimentos à disposição de determinado cliente.

RTDC: Qual a sua opinião sobre o sistema de cotas para ingresso nas universidades públicas?

CT: Um conjunto de vagas já destinado a determinado grupo eu não acho boa ideia. Pode ser que seja útil em determinado momento no qual haja uma grande demanda de determinada categoria e não de outra. Eu acho que se pode fazer em certo momento uma opção para atender a determinada categoria, mas não que seja uma coisa permanente; não uma coisa reservada.

RTDC: O senhor tem mesa cativa no Jockey Club, onde se reúne com outros ilustres juristas, de vários ramos do Direito. Durante estes eventos, os senhores debatem questões jurídicas, técnicas, ou, ao contrário, evitam entrar em discussões jurídicas?

CT: Eu atualmente não estou mais com isso que vocês chamam de mesa cativa (risos); não tenho frequentado muito o Jockey. É uma forma de pessoas da mesma profissão, de atividades mais ou menos conhecidas umas das outras, estabelecerem uma convivência, trocarem impressões, perguntarem se o outro já teve casos iguais. É, digamos assim, uma disponibilidade generalizada para os frequentadores das experiências de cada um.

RTDC: O senhor teria alguma mensagem para as pessoas que estão começando no Direito?

CT: Acho que os jovens devem procurar se orientar na jurisprudência, mesmo que não sejam casos seus, procurar acompanhar pelo *Diário Oficial*, pelo Congresso, procurar, ir recrutando jurisprudência para futuros usos. Não esperar que aconteça um caso concreto, quando você for chamado, para só então se localizar. Na medida em que você tem a possibilidade de ter acesso às orientações do Poder Judiciário, sobretudo do Supremo Tribunal Federal, em questões que são notoriamente frequentes, acho que vale a pena fazer a pesquisa sem ser para o caso determinado, uma mobilização prévia de recursos para os casos que ocorram.

ENTREVISTA COM RUY ROSADO DE AGUIAR JÚNIOR[1]

RTDC: Quais são as principais lembranças dos estudos universitários e quais foram os mestres que mais o influenciaram?

RRAJ: Cursei a Faculdade de Direito da UFRGS, que é a Universidade Federal do Rio Grande do Sul. Na época da Faculdade, foi minha preocupação fazer um bom curso. Sempre achei que um bom curso de graduação é indispensável para o início da vida profissional e, especialmente, para a realização de algum concurso.

Na época, um dos professores que mais chamavam atenção dentro da Faculdade era o Professor Armando Câmara, que lecionava Filosofia do Direito. Além de filósofo católico, era exímio orador e eminente político. Naquele tempo, estava retornando do Senado Federal. Ele tinha sido eleito Senador em uma eleição em que concorreu e venceu João Goulart. Quando o Jango, dois anos depois, foi eleito Vice-Presidente, e, como tal, exercia a presidência do Senado, o Armando Câmara renunciou, com o seguinte argumento: se ele tinha vencido o João Goulart na eleição, não poderia ser presidido por ele no Senado. Então, voltou a dar aulas. Um outro professor que também chamava a atenção na época era o Professor Ruy Cirne Lima, considerado o nosso maior jurista. Falava baixo, parte da aula era em alemão ou em latim. A compreensão não era muito boa (risos). Mas ele impressionava pela qualidade intelectual. Escreveu um livro clássico sobre Direito Administrativo e, depois, uns três ou quatro outros, nos preparando para ler o manual.

Mais tarde, quando eu já era Desembargador, o Professor Clóvis do Couto e Silva organizou o Mestrado da UFRGS. Inscrevi-me para fazer o curso na área de direito das obrigações. É que na Faculdade eu lecionava Direito Penal, e me dedicava, na parte acadêmica, ao Direito Penal; mas, no trabalho, sempre lidei com o Direito Civil. Então, quando o Professor Clóvis resolveu instalar o curso de Pós-Graduação, decidi-me pelas Obrigações. Sempre tive a ideia de que o Direito das Obrigações seria um ramo do direito tão difícil quanto a teoria do crime no Direito Penal. Hoje cheguei à conclusão de que a teoria do crime é ainda mais complicada que o Direito das Obrigações... Também me influenciou nessa escolha a qualidade do mestre: o Professor Clóvis era um erudito,

[1] Entrevista concedida à *Revista Trimestral de Direito Civil – RTDC*, v. 22, abr./jun. 2005.

intelectual de altíssimo nível, homem de grande erudição, com admirável conhecimento do Direito antigo e do moderno, do Brasil e de outros países. Foi sob a orientação dele que estudei Direito Civil. Durante o curso e depois, até sua morte prematura, fui seu assistente, assim, assistia às aulas ao seu lado. Aprendi muito com ele.

RTDC: Qual foi o seu maior legado? Está em *A obrigação como processo*?[2]

RRAJ: Certamente, eu até disse isso em um prefácio... Ele não chegou a escrever um curso de Direito Civil, embora tivesse o propósito de reunir na sua tese *A obrigação como processo* as aulas que proferiu na França, sobre responsabilidade civil, e mais alguns ensaios para formar um compêndio. Mas não teve tempo. Deixou, além daquele livro, vários artigos, que foram recentemente reunidos sob a coordenação da Professora Véra Maria Jacob de Fradera, já editado um primeiro volume, e há material para outros dois ou três. Além desses escritos, o trabalho que realmente o marcou como professor foi a criação do Mestrado em Direito da UFRGS. Ele era inovador no campo das ideias, e suas lições influenciaram um grupo de jovens juristas, discípulos que formaram um conjunto homogêneo, que se destacou e hoje goza de merecido prestígio.

RTDC: Quais as diferenças entre as Faculdades daquela época e as de hoje?

RRAJ: Bem, em primeiro lugar, era um número muito reduzido de escolas. Havia uma qualificação maior, talvez pelo fato de que o professorado de um modo geral tinha mais tempo para se formar, para estudar. Os professores tinham uma formação europeia, de um modo geral, em nossos cursos. Na minha época, havia em Porto Alegre a Faculdade da Federal, a Faculdade da PUC, e mais três Faculdades no interior, sendo que a de Pelotas era Federal. Os professores tinham também uma preocupação maior quanto à formação. Hoje, com essa disseminação de faculdades, fica até difícil qualificar os professores. Em Brasília, nos últimos dois ou três anos em que eu estive lá, foram criados mais de dez cursos de Direito. Quem serão os professores desses cursos? Se nós não temos bons professores, não teremos bons cursos. Por outro lado, e isso é favorável, existe um maior número de cursos de Mestrado e Doutorado. No meu tempo não havia.

RTDC: O senhor fez concurso no Ministério Público logo depois da faculdade?

RRAJ: Sim, eu me formei em 1961 e fiz o primeiro concurso que houve logo depois. E fiquei no Ministério Público de 1963 até 1980, quando fui nomeado para o Tribunal de Alçada, pelo quinto constitucional.

RTDC: Nas faculdades de Direito, hoje, qual a importância da Filosofia e da Sociologia?

RRAJ: Acredito que o profissional do Direito, na medida em que estuda Filosofia e Sociologia com a preocupação de adquirir um conhecimento fundamental, vai ter melhores condições de exercer a sua profissão. Esse conhecimento nos auxilia todos os dias, pois mesmo que o preparo não apareça diretamente no trabalho, ele sustenta qualquer tipo de atividade do profissional do direito, seja juiz, seja advogado. Além do Direito, cursei também Filosofia, e essa complementação sempre me foi útil.

RTDC: O senhor tem algum escritor favorito?

RRAJ: Ah sim! Bom, lá no Sul nós temos o Érico [Veríssimo] (risos). No Brasil, Carlos Drummond [de Andrade], Vinícius [de Morais] também.

---

2 Referência à famosa obra de COUTO E SILVA, Clóvis Veríssimo do. *A obrigação como processo*. São Paulo: José Bushatsky, 1976.

RTDC: Em relação ao seu método de trabalho, como o senhor escreve? Há uma rotina?

RRAJ: Sempre trabalhei muito. Quando estava no STJ, por exemplo, levantava ao redor das 8 horas e trabalhava, normalmente em casa, durante todo o dia, até as duas horas, com a preocupação de escrever todos os meus votos, pois nunca fiz um voto que não tivesse sido por mim mesmo digitado. Na medida em que foi aumentando a quantidade de processos recebidos, a situação se tornou desesperadora. Só admitia que não fosse desta forma aqueles recursos repetidos, mas, assim mesmo, todos eles eram igualmente estudados e revisados.

Fazia isso para evitar que houvesse uma decisão incompatível. Então, mesmo quando não havia o trabalho de escrever, tinha que fazer a revisão, o que também leva tempo. Trabalhava diariamente, e trabalhava especialmente nos finais de semana. Aos sábados e domingos, o trabalho é ainda mais produtivo. Não havia chamadas telefônicas, nem compromissos, não tinha que sair para comparecer às sessões. Era um trabalho em que não havia parada. No meu último dia no STJ, quando estava indo para o Tribunal, pensei comigo mesmo: "sou um sujeito feliz, consigo sair daqui com saúde, depois de passar por uma situação que exige tanto desgaste".

RTDC: Além de sua atividade de magistrado, o senhor deu também uma contribuição grande para a doutrina, em especial com seu livro sobre a extinção do contrato por incumprimento do devedor.[3] Gostaríamos de saber o que mais desperta sua atenção na evolução deste tema, inclusive levando em conta a edição mais antiga e a recente reedição. E, nesse sentido, qual a importância da previsão expressa pelo novo Código Civil da cláusula geral de boa-fé objetiva, no art. 422?

RRAJ: Em relação ao livro, apenas tive que fazer uma adaptação entre o que havia antes e o que há agora. O novo Código Civil não disse muito com relação ao tema, e o que disse talvez não tenha melhorado, poderia ter dito mais com relação à extinção. Mas, com relação à boa-fé, sim, pois o Código veio a incluir uma cláusula expressa sobre a boa-fé, da forma como fez, de modo satisfatório, melhor até do que estava no Código de Defesa do Consumidor, melhor até do que está em outras legislações. Isso é importante para o Código Civil e para o Direito Privado, de um modo geral. É uma cláusula que vai ajudar a melhorar o nível das nossas sentenças, vai melhorar o nível da interpretação do próprio Código, acho que ela vai iluminar muito bem isso aí.

RTDC: Mas por ser uma cláusula geral e tendo em vista a nossa formação às vezes exageradamente formalista, não apegada a valores, o fato de trazer para o código cláusulas gerais como a da boa-fé objetiva e da função social do contrato, isso não pode trazer uma grande dificuldade na aplicação?

RRAJ: Ah, sim! Isto traz dificuldades, porque, em primeiro lugar, as pessoas ficam com certo receio quanto à insegurança que decorre da boa-fé, uma cláusula aberta que vai depender de verificação caso a caso. Por esses dias eu estava em São Paulo, ministrando uma palestra sobre isso. No final da palestra, ao sair, perguntei a uma professora da USP: "Você está preocupada, Professora?". Ela respondeu: "Não. Eu estou apavorada!" (risos). Porque, realmente, regras como essas podem terminar colocando nas mãos do magistrado uma decisão que não se pode prever antes como será, qual o conteúdo dela.

---

3 AGUIAR JÚNIOR, Ruy Rosado de. *Extinção dos contratos por incumprimento do devedor*: resolução. 2. ed. Rio de Janeiro: Aide, 2003.

RTDC: E o que o senhor disse para essa professora apavorada, com sua experiência de tantos anos de Superior Tribunal de Justiça?

RRAJ: Disse que essa cláusula geral depende da aplicação de uma nova técnica judicial, que não é essa que nós estamos acostumados a fazer em um sistema fechado, segundo o qual nele estão todas as normas de condutas, e o juiz simplesmente vai apanhar uma delas para aplicar ao caso. Esse trabalho de subordinação é um trabalho simples, é uma técnica que se pode fazer com muita facilidade e sem maior fundamentação. Basta ao juiz demonstrar que "a lei é esta, o fato foi aquele, a consequência deve ser essa". Agora não. A técnica é outra, isto é, o juiz tem diante de si uma cláusula geral que aceita um princípio, que por sua vez incorpora um valor. Então, se tem um princípio e um valor, e é só isso que ele tem, terá que estabelecer qual a regra de conduta daquele caso, de acordo com aquele princípio e valores, para preservar certos fins. Cabe ao juiz dizer qual deveria ter sido o comportamento da pessoa, na relação que está sendo julgada. E essa regra de conduta não é a que está na lei, é a que o juiz cria para o caso. Então, ele tem que ter consciência de que cabe a ele criar essa norma de conduta e, depois disso, passar para a fase da subsunção. Bem, para fazer isso, o juiz deve ter a consciência, em primeiro lugar, de que a cláusula geral funciona de um outro modo que não o da regra de conduta. Para aplicar a cláusula geral, e o Código Civil contém muitas delas (boa-fé, função social, abuso de direito, enriquecimento sem causa, onerosidade excessiva etc.), terá que fundamentar a sua decisão. Deverá explicar por que é que escolheu aquela regra de conduta e não uma outra, e para isso ele vai ter que ir ao sistema. Não só ao sistema de Direito Civil, como também ao sistema constitucional. E isso vai exigir do magistrado um trabalho maior de fundamentação e uma formação que lhe permita conhecer a realidade em que vive, apreender o que está expresso no sistema, quais os seus princípios, fins e valores, a fim de que possa criar algo que corresponda àquele fato, que seja criação sua, mas que não seja resultado do seu arbítrio, isto é, que decorra do sistema. Ele não pode fugir do sistema. Não poderá dizer que a parte teria que ter aquele comportamento ou outro, porque assim é do gosto dele, mas sim porque aquilo é o que decorre do ordenamento jurídico.

Assim, a cláusula geral cria essa insegurança, exigirá um trabalho maior dos juízes, e, também, dos advogados. O advogado deverá ter consciência disso para expor ao juiz todos os fatos que permitam, ao final, estabelecer uma regra que satisfaça seu cliente. O problema é saber se nós – que temos uma formação exegética, formalista – vamos ter condições de aplicar o Direito de um outro modo; porque isso exige operar o Direito com outro método. Confio muito nisso, vejo hoje que essa mocidade está sedenta disso e disposta a enfrentar o desafio.

Acredito na nossa magistratura, que está mais do que nunca disposta a se aperfeiçoar. Os juízes e os advogados, especialmente os mais novos, terão certamente condições de compreender essa nova realidade e cuidar da boa aplicação do novo direito. Para isso, a doutrina vai ajudar a abrir essas perspectivas e auxiliar a formação de profissionais para um novo modo de fazer Direito, que não é bem aquilo que nós sempre fizemos até hoje. O Brasil hoje conta com alguns centros de excelência acadêmica, de que é exemplo o Rio de Janeiro, cujos efeitos se fazem sentir no trabalho forense de todo o país. Não será, pois, essa nova exigência de ordem técnica que criará dificuldade para a boa aplicação do novo Código, com todas as suas virtualidades.

RTDC: E sobre a cláusula geral de função social do contrato, qual a sua percepção?

RRAJ: Acredito que sua aplicação vai ser mais difícil pela própria dificuldade de conceituação da função social do contrato e pelo fato de que, durante muitos anos, nós tivemos a função social da propriedade como uma expressão praticamente vazia no nosso sistema. Então, a mesma dificuldade encontrada em relação à propriedade vai existir relativamente ao contrato, e, talvez, esta cláusula não tenha o significado que ela poderia ter na nossa prática forense.

RTDC: O senhor tem falado também muito sobre a cláusula geral de vedação ao abuso de direito, do art. 187. O senhor pensa que foi correta a consideração feita pelo novo Código de que se trata de ato ilícito o ato abusivo do art. 187?

RRAJ: Acho que a lei fez bem ao dar uma definição. Se é isso ou aquilo, o legislador é que tinha que fazer a opção. E fez. Na medida em que disse que se tratava de um ato ilícito, superou uma grande dificuldade teórica e isso vai ajudar o intérprete. E o abuso sendo definido como ato ilícito não destoa da realidade, embora seja um ato ilícito diferente daquele do art. 186, que tem outros elementos. O Professor [José Carlos] Barbosa Moreira tem um trabalho sobre isso.[4] É um ato ilícito na medida em que se considera que há, na prática, violação ao direito do outro, e essa violação aconteceu, embora o seu autor tenha partido de uma posição inicial permitida. Por isso, foi boa a solução dada pelo Código. É certo que muita discussão poderá surgir em torno do assunto. Por exemplo, se o caso seria de anulação ou de rescisão, se o abuso também pode existir, quando não há direito subjetivo, e assim por diante. Mas nada disso elimina o avanço que significa o art. 187 do novo Código.

RTDC: Como o senhor confrontaria esse dispositivo do novo Código Civil com o art. 51 do Código de Defesa do Consumidor? Qual a técnica que o senhor prefere, a do Código de Defesa do Consumidor ou a do novo Código Civil?

RRAJ: Essa norma do novo Código Civil tem uma indeterminação que vai dificultar, de algum modo, a sua aplicação, e a técnica do Código de Defesa do Consumidor, optando por enumerar situações, traz facilidades ao intérprete: é mais fácil para as partes saber o que é permitido e o que não é, havendo o elenco. Mas aquela enumeração – que não é exaustiva – servirá à compreensão do que está lá no Código Civil. Penso que, no fundo, elas se complementam.

RTDC: O senhor foi Ministro do STJ de 1994 a 2003. Quais as experiências e casos que mais marcaram a sua trajetória na Corte?

RRAJ: Algumas decisões, alguns processos talvez tenham tido maior importância. Uma das situações foi a que se referiu à ineficácia da hipoteca relativamente aos adquirentes de imóveis pelo Sistema Financeiro da Habitação, porque veio resolver uma situação dramática que seria solucionada, de acordo com os padrões comuns, de forma absolutamente injusta, e que se mostrou, na prática, como algo muito útil para decidir muitas causas, em especial a situação da Encol, cuja falência criou dificuldade para centenas de adquirentes de seus imóveis. Então essa foi uma decisão que penso ter sido importante.

RTDC: Houve algum voto vencido seu de que o senhor lamentou não ter sido vencedor?

---

4 MOREIRA, José Carlos Barbosa. Abuso do direito. *RTDC*, v. 4, n. 13, p. 97-110, jan./mar. 2003.

RRAJ: Há muitos (risos). Eu tenho um amigo no Tribunal de Justiça do Rio Grande do Sul, o Desembargador Englert, com quem trabalhei durante muitos anos, que disse que eu iria escrever um livro com o título *Os meus votos vencidos no STJ*, e depois ia escrever um segundo livro, *Ainda os meus votos vencidos*, com novos argumentos. Mas eu nunca tive a menor preocupação em votar vencedor ou vencido. A minha obrigação era a de expor meu pensamento e ter a preocupação de não deixar passar, de nenhum modo, uma oportunidade sem expressar a minha ideia, estando sempre atento para isso. Isso era o suficiente para mim. Nunca tive intenção de convencer os outros juízes do meu pensamento. Expunha, podia eventualmente lutar pela ideia, mas, se vencido, não me preocupava.

Em algumas situações preferia, contudo, ter ficado no lado vencedor. Uma dessas situações foi a questão sobre o Sistema Financeiro da Habitação, com relação ao índice de aumento das prestações. Sempre sustentei que o índice de correção dos débitos dos mutuários do SFH deveria ser igual ao usado para a correção das outras dívidas. Assim como o banco pagava para a caderneta de poupança um índice de correção, esse mesmo índice deveria aplicar quando cobrava do seu mutuário. Se tu cobras com uma correção de 80% e pagas uma remuneração de 3%, a diferença é desproporcional. Uma outra decisão que também preferia ter visto vencer é aquela que permite ao devedor da alienação fiduciária quitar ou purgar a mora, independentemente do montante do pagamento anterior. O Tribunal, no entanto, recentemente, editou uma súmula, mantendo a exigência do mínimo de 40% já pago. Nova lei eliminou o requisito.

RTDC: Ministro, o senhor foi relator do Recurso Especial nº 467.184, de São Paulo, em que se decretou a separação de um casal sem a imputação de culpa a nenhuma das partes. Vemos que culpa foi resgatada agora no novo Código Civil, especialmente na questão dos alimentos, em que, se o cônjuge for o culpado, ele só poderá pleitear aquilo que é o indispensável à sua sobrevivência. E, no caso do divórcio, nota-se que o novo Código resgata essa noção de culpa em um sistema marcado por normas constitucionais sobre divórcio que não trazem essa discussão. Então, como o senhor vê o papel da culpa no nosso ordenamento jurídico?

RRAJ: No Livro das Obrigações, e também na Responsabilidade Civil, cada vez mais se deixa de lado o elemento culpa. Na separação e no divórcio, na medida em que se renova o exame da causa e se procura pelos motivos, estaremos criando uma dificuldade maior para o ambiente familiar, sem resolver coisa alguma. Então, a tendência – é o que penso – para a interpretação desse dispositivo do Código será a de diminuir a importância desse elemento subjetivo para a solução em caso de divórcio ou de separação. E ficaremos com um dado mais objetivo, que é também o sistema de predominância na Europa.

RTDC: O STJ, em parte, considerava que não se devia aplicar o Código de Defesa do Consumidor aos contratos celebrados anteriormente à sua vigência, mas começou a mudar, no sentido de admitir a aplicação do Código de Defesa do Consumidor em contrato anterior. Finalmente, o Código Civil brasileiro trouxe o art. 2.035, que determina que os efeitos dos atos jurídicos sejam alcançados pela lei nova. Há quem defenda a inconstitucionalidade deste dispositivo. Qual a sua posição a este respeito?

RRAJ: Essa ideia de que o estabelecido no contrato vale indefinidamente, mesmo quando vem uma lei nova, é uma reminiscência da supremacia da vontade – aquela ideia de que o homem livre estabelece o que quiser no seu contrato e, uma vez estabelecido, vale mais do que a lei futura possa determinar, mais do que o Estado, mais que uma futura Constituição. E como essa supremacia da vontade está um pouco enfraquecida – acredito que com razão – também nós temos que pensar nisso: a lei nova talvez seja melhor do que o determinado no contrato; a Constituição talvez decida melhor do que o contratado entre as partes, e com isso daríamos prevalência à nova lei, que presumidamente está mais bem adaptada à realidade atual. Assim, o que está no art. 2.035 do CC deveria ser aplicado imediatamente, isto é, os efeitos [do contrato] ocorridos agora devem ser regidos pela lei nova e não pela velha, mesmo porque há o artigo seguinte, que afirma que nenhuma avença há de prevalecer contra os preceitos de ordem pública. Bem, se encontrarmos um contrato que contrarie esta ordem, vamos deixar que ele permaneça como foi celebrado antes, apenas porque é ato jurídico perfeito? Então, o ideal é que os juízes tratem de apreciar os efeitos dos contratos de acordo com o novo Código. Vamos ter melhores sentenças e deixar que o Supremo resolva esse problema da inconstitucionalidade.

RTDC: Em 2002, houve um julgamento de um recurso especial que era um caso interessante sobre a interpretação da vontade do testador – aquele que, talvez, dentre os "personagens" do Código Civil, seja o menos debatido, o menos discutido. O julgamento foi sobre um testamento elaborado em 1975, no qual havia a disposição de que determinados bens abatidos da cota disponível deveriam pertencer aos filhos legítimos do neto do testador – os que viessem a nascer, inclusive. A discussão era entre um dos netos, que vinha do casamento do filho do testador, e outros dois que eram frutos de uma relação extramatrimonial. Em seu voto, o senhor considerou desnecessária a preocupação com a interpretação da vontade do testador, no sentido de saber se aquela expressão "legítimos" tinha sido utilizada no termo genuíno, próprio, ou se era utilizada no termo de "nascido do casamento", na linha de entendimento de que essa vontade do testador não deveria mais prevalecer, tendo em vista que a Constituição, no seu art. 227, §6º, tinha consagrado a igualdade.

A interpretação da vontade do testador não seria mesmo pertinente nesse caso? Será que se o testador tão somente tivesse determinado: "Deixo meus bens para João", o filho concebido no casamento, não prestigiando os outros filhos concebidos extramatrimonialmente, esta deixa não teria condições de prevalecer exatamente porque faz parte da cota disponível? E se o testador colocasse no testamento que deixava sua herança somente para os filhos do sexo masculino, por exemplo, fazendo uma discriminação odiosa, será que isso prevaleceria? A abertura da sucessão ocorreu na vigência da Constituição de 1988, daí o entendimento do seu voto. Mas surge o questionamento: será que cumprir o testamento considerando a palavra "legítimos" como concebidos do casamento não realiza um valor positivo no nosso ordenamento, tendo em vista que ele pode deixar a cota disponível para quem ele quiser?

RRAJ: Acho que nós temos que atender ao espírito da Constituição, e esta procurou estabelecer a igualdade entre as pessoas, e entre os filhos. Depois, devemos procurar limitar esse poder de disposição do testador, a autoridade do testador, essa orientação que permite que o testador faça discriminações, muitas vezes arbitrárias. Na medida em que se permitir que isso aí desapareça ou se amenize, parece-me que haverá mais igualdade, permitir-se-á que haja mais justiça. Então, pessoalmente, sempre que chamado a examinar tais questões, deixei de dar força para essas vontades discricionárias e, às vezes, arbitrárias, dependentes do humor da pessoa em certo dia – hoje testa e dá tudo; amanhã, faz novo testamento e retira tudo.

Então, quando chegou esse processo em que havia uma discriminação estabelecida com base em um conceito que hoje já não se aceita, pensei eu que a discriminação não poderia prevalecer. Esses exemplos da pergunta mais me convencem ainda. E se fosse o contrário? E se deixasse a herança somente para os filhos ilegítimos? Seria uma discriminação como qualquer outra, algumas são mais agressivas e outras menos, mas todas são discriminações. O julgador está sempre diante do caso concreto e ali percebe a injustiça de deixar para um e não para o outro só porque um veio de uma origem tida como "legítima" e o outro não.

RTDC: O senhor foi relator também de um processo em que a decisão ficou muito conhecida – um *habeas corpus* impetrado em favor de uma devedora que estava sujeita à prisão civil porque deixara de pagar uma dívida assumida com a aquisição de um táxi, dívida essa que se elevara, em menos de 2 anos, de R$18.000,00 para R$86.000,00. No seu voto, o senhor sustentou haver ofensa ao princípio constitucional da dignidade da pessoa humana, ao direito de liberdade de locomoção, à igualdade contratual, ao dispositivo da Lei de Introdução ao Código Civil sobre o fim social da aplicação da lei. E essa decisão, sem dúvida, insere-se na linha da chamada "Constitucionalização do Direito Civil", que para nós aqui é tão cara. Como o senhor vê essa tendência doutrinária da chamada "Constitucionalização do Direito Civil" ou da formulação do Direito Civil Constitucional? Qual a sua opinião sobre isso? E qual a sua opinião sobre a incidência direta da Constituição nas relações privadas, nessa mesma linha?

RRAJ: Acho que esta incidência ocorre, sim. Inclusive o próprio voto partiu dessa ideia de que se cuidou apenas de aplicar princípios constitucionais. Se fosse aplicar a lei, teria que manter a prisão civil. E, também, isso aí foi um caso excepcional, em que o Tribunal pôde tratar da Constituição e não da lei. Isto porque, no STJ, nós só podemos conhecer a questão infraconstitucional. Foi, pois, um caso excepcional em que o STJ pôde examinar um problema da aplicação da Constituição e eu estou de inteiro acordo com o discurso da "Constitucionalização do Direito Civil". Acho que isso só pode enriquecer o Direito Civil, na medida em que se abre para esses princípios e se insere, portanto, dentro do Estado Moderno que a Constituição de 1988 implantou. Aliás, nesta *Revista*, temos um centro de ensino e divulgação dessa ideia, a começar pelo Professor Tepedino.

RTDC: O que impressionou muito na sua atuação foi o fato de o senhor ter sido um dos primeiros magistrados a aplicar diretamente a Constituição, mesmo nas relações privadas, enquanto a tendência majoritária na doutrina era a de não a aplicar diretamente. E aí o senhor começou a fazer circular na jurisprudência do STJ os princípios da dignidade da pessoa humana, da solidariedade social etc. Isso nos impressionou pela afinidade da forma de aplicar diretamente. O senhor acha que falta aos magistrados aplicar diretamente a Constituição?

RRAJ: Certamente, e acho que todos os juízes podem fazer isso. Um dos passos à frente que a nossa magistratura e os próprios advogados devem dar é se preocupar com esses princípios constitucionais e cuidar de aplicá-los. Não só os princípios constitucionais, mas também os Tratados, que poucas vezes são lembrados e não são da nossa vida diária. Eu penso que o texto constitucional deve ter aplicação imediata, e isso enriquece a vida do processo.

RTDC: Muitas vezes dizem que este tipo de entendimento é acadêmico, até mesmo com tom pejorativo.

RRAJ: E na realidade é isso que enriquece a vida diária.

RTDC: Em conferência na EMERJ, em 2003, o senhor tratou da questão dos juros, abordando o polêmico art. 406. O senhor disse naquela ocasião que a questão sobre a taxa de juros aplicável permanecia em aberto. Sua impressão continua a mesma?

RRAJ: Penso que devemos aplicar a taxa de 12% que está no Código Tributário Nacional e o juiz pode, para impedir que o devedor tenha vantagens – como exemplo, ficar devendo para o seu credor e colocar o dinheiro numa aplicação mais vantajosa – usar um outro dispositivo do Código, o parágrafo único do art. 404, que permite ainda a aplicação de uma parcela, a título de indenização suplementar. Então, seria mais razoável ficarmos com a taxa certa de 12% e, caso a caso, também com esta taxa suplementar, desestimulando a inadimplência. Com isso, estaríamos, quem sabe, encontrando um meio termo para a solução deste problema, que é sério. Há todas aquelas críticas que são feitas em relação à taxa Selic: ela é muito alta, muito variável, é elaborada pelo próprio credor – no caso dos tributos, o Governo... A taxa Selic não é, enfim, conveniente. Então, seria conveniente, inclusive, que se decidisse sobre a constitucionalidade da aplicação da Selic sobre os créditos da Fazenda.

RTDC: Em outra conferência, feita no Conselho da Justiça Federal, o senhor comentou o art. 927 do Código Civil, especialmente o parágrafo único, que trata da responsabilidade objetiva, trazendo o que muitos veem como uma nova cláusula geral de responsabilidade objetiva independentemente da previsão de lei específica. A regra do Código de Defesa do Consumidor que prevê para os profissionais liberais a responsabilidade subjetiva ficaria superada, porque, afinal, os profissionais liberais desempenham atividades que, não raro, importam em "risco para os direitos de outrem"? Qual a sua opinião a respeito?

RRAJ: Não acredito que o profissional liberal teria responsabilidade objetiva a partir dessa regra, porque mesmo tal regra tem que ser interpretada com certa limitação, já que o taxista é um simples profissional que diariamente está no trânsito e pode causar acidentes. Se eu entendesse que um profissional com tais características responde objetivamente, então toda vez que um taxista causasse um acidente, ele seria responsável independentemente de culpa. Eu acho que não se pode dar essa extensão ao parágrafo único do art. 927, que tem que ser entendido em termos. Da mesma forma na questão do profissional liberal. O profissional liberal, só pelo fato de exercer certa atividade, não pode responder objetivamente pelo dano. Mesmo porque, de um modo geral, ele não assume uma obrigação de resultado, a sua obrigação é de meios. Está ali para agir com o cuidado devido, cumprindo a diligência exigível, mas não para responder sempre pelo dano, só porque ele existiu.

RTDC: Voltando ao parágrafo único do art. 927, qual o parâmetro para aferir essa responsabilidade objetiva? E qual o risco, portanto, que a fundamenta? Se nós lermos o artigo sem fazer uma ponderação a mais, todo aquele que exerce alguma atividade habitualmente que importe em risco aos direitos de outrem responde objetivamente. Qual o parâmetro para delimitar essa responsabilidade? Que tipo de risco é esse?

RRAJ: Em primeiro lugar, vamos excluir daqui a responsabilidade contratual – que normalmente é a responsabilidade do profissional. O médico, por exemplo, termina, de um modo ou de outro, celebrando um contrato pelo menos tácito. É que o art. 927 se refere ao ato ilícito (no *caput*, e o parágrafo único remete ao *caput*). Então, o dispositivo se refere ao ato ilícito absoluto e para ele é que devo encontrar espaço para a aplicação do art. 927. Com isso já excluiria dali todo o dano resultante de uma atividade contratual. No âmbito da responsabilidade extracontratual é que se poderia entender que esse sujeito que exerce sua atividade de um modo contínuo deve ter o cuidado necessário para evitar que aconteça o dano. Se o dano ocorre, posso deduzir que ele não teve o cuidado que era esperado daquele sujeito profissional e a partir e só com isso estabelecer a sua responsabilidade.

RTDC: Em relação ao parágrafo único do art. 927 – excluindo daí o táxi, que é uma questão específica – o senhor acha que seria razoável imaginar que uma atividade de risco, que se tem no trânsito, redunde em responsabilidade objetiva? Porque, na prática, o juiz antes da Constituição, antes do Código Civil, presumia a culpa. E era uma presunção em que o efeito era o mesmo, praticamente uma objetivação da responsabilidade. Quando o senhor deu o exemplo do táxi estava se referindo ao acidente do táxi em relação aos transeuntes ou ao próprio contrato do taxista com o passageiro?

RRAJ: Em princípio, ao pedestre, mas não excluo o dano ao passageiro, porque aí também haveria responsabilidade objetiva. Acho muito pesado atribuir genericamente responsabilidade objetiva a quem exerce ordinariamente atividade de risco, mesmo porque toda a atuação social implica certo risco.

RTDC: Ministro, qual a sua opinião sobre a súmula vinculante e o que poderia ser mudado no nosso sistema recursal?

RRAJ: A súmula não virá resolver o problema dos recursos aos tribunais superiores como se pensa, porque será elaborada depois de muito tempo. Vamos passar por anos de processos e, quando sobrevier a súmula, será tarde. Na verdade, melhor seria – diante da resistência que os magistrados sempre ofereceram – termos a súmula impeditiva, isto é, o magistrado ter a possibilidade julgar de qualquer modo, mas, se julgar de acordo com a súmula, não caberia recurso.

Quanto ao nosso sistema recursal, tem que ser alterado substancialmente. E, para isso, é preciso, em primeiro lugar, mudar a concepção que os advogados têm a respeito do processo, porque eles acham que, sem o recurso, ficam inibidos de fazer uma boa defesa dos seus clientes. Do mesmo modo, há que mudar a concepção dos tribunais, que tendem a conhecer de todo o tipo de recurso. Isto é: se sentem diminuídos na medida em que não puderem julgar determinadas matérias. Depois de mudar essas duas mentalidades – coisa que eu acho muito difícil – poderíamos partir para uma solução assemelhada à dos Juizados Especiais, em que há um recurso e, além disso, apenas, a uniformização de jurisprudência com efeito vinculante.

Hoje em dia, a parte que interpõe o recurso está obrigada a recorrer, isto é, o nosso ordenamento jurídico impõe ao advogado o recurso, porque, se não recorrer, ele estará prejudicando seu cliente. Ele não perde nada recorrendo. O recurso deveria ser algo a ser proposto pelo advogado à parte tendo em vista uma ponderação de custo-benefício, isto é: "nós vamos recorrer", "podemos ganhar com tais chances de vitória", "podemos perder", "vai custar tanto recorrer, isto é, se perdermos, sofreremos uma condenação, por exemplo, de mais 20% de honorários em favor da outra parte". Então, o interessado examinará se convém ou não correr o risco do recurso. A simples possibilidade de sofrer uma perda maior eliminaria um grande número de recursos. Outro ponto é procurar restringir, por exemplo, o agravo de instrumento. Hoje em dia, quem administra o processo não é mais o juiz da Vara, é o tribunal. Isto porque o juiz hoje não marca uma audiência, não defere uma prova, sem que a parte recorra, e isso incumbiu o tribunal de um trabalho que não tinha antes e inibiu o juiz de tomar a decisão sobre o seu processo. Mais razoável seria que essas questões fossem resolvidas no primeiro grau, apreciáveis pelo Tribunal quando do julgamento final, salvo algumas decisões excepcionais que causam danos fora do processo e mereceriam ser levadas ao tribunal imediatamente. Tudo o mais deveria sempre ficar como um simples protesto dentro dos autos. Para os tribunais superiores, os recursos deveriam ser aqueles que realmente envolvam um interesse relevante que justificasse o julgamento do tribunal.

RTDC: Que conselho o senhor dá aos novos juízes e àqueles que buscam ingressar na magistratura?

RRAJ: Hoje em dia, o que se espera do juiz, além da sua capacidade profissional e técnica, é uma disposição para o trabalho. Nós precisamos de um serviço que ofereça resultados, e para isso precisamos ter um juiz habilitado e capacitado intelectualmente. Estando preparado intelectualmente, ele também terá mais facilidade de trabalhar e terá maior disposição e gosto pelo trabalho. Ou seja, ele tem que estar consciente de que a sociedade espera dele uma boa prestação de jurisdição, e isso exige qualidade e uma prestação em tempo útil. Então, é isso: disposição para seu aperfeiçoamento pessoal e uma disposição para o trabalho. No começo eu dizia a vocês que fui fazer um curso de Mestrado em Direito Civil quando já era Desembargador, e quanto esse estudo me auxiliou para o exercício da minha função, permitindo maior rapidez e segurança no trabalho. É uma coisa impressionante! Daí porque, quanto mais o magistrado e o técnico de Direito, de um modo geral, se aperfeiçoarem, mais fácil será o trabalho para eles e mais segurança terão, e certamente poderão desenvolver um trabalho melhor. Há, ainda, um outro ponto. Hoje, mais do que nunca, a Justiça depende de bons.

ENTREVISTA COM JOSÉ DE OLIVEIRA ASCENSÃO[1]

RTDC: Quais são suas lembranças sobre seus estudos universitários?

JOA: Muito boas. Foram os cinco anos decisivos para a minha formação. Pasmo como em tão pouco tempo pude viver tantas experiências e adquirir a minha cultura de base.

RTDC: Quais as diferenças entre as faculdades daquela época e as de hoje?

JOA: Inúmeras. Realço a vontade de aprender, que se apaga na atual universidade massificada e de produção acelerada de diplomas.

RTDC: O senhor já teve experiências em instituições de ensino brasileiras. Fale-nos um pouco a este respeito. Quais as maiores semelhanças e quais as maiores divergências entre os alunos de Portugal e do Brasil?

JOA: Limito-me a dois pontos. Muito maior cordialidade do aluno brasileiro e distanciamento, mesmo que respeitoso, do português. Maior criatividade do aluno brasileiro e maior exigência de precisão mental do português.

RTDC: Quais foram os mestres que mais o influenciaram?

JOA: Cavaleiro de Ferreira (Direito Penal) e Gomes da Silva (Direito Civil), por aliarem no mais alto grau nível científico e qualidade humana. Nos estrangeiros, Welzel e Betti, com quem estudei.

RTDC: Qual deve ser o papel da universidade? Uma formação mais generalista ou mais especializante?

JOA: O verdadeiro ensino universitário deve visar à formação jurídica, o que é compatível com o ensino, em disciplinas de opção, de matérias especializadas, nomeadamente em ramos emergentes de Direito. A prática pode adquirir-se depois; a formação, se não for dada pela universidade, nunca mais se adquire.

RTDC: E na pós-graduação, o que precisa ser mudado?

JOA: A tendência de fazer da pós-graduação um supletivo do que se não aprendeu no curso geral. A pós-graduação deve ser uma comunidade de pesquisa.

RTDC: Como foi sua formação filosófica? Quais foram suas principais influências?

[1] Entrevista concedida à *Revista Trimestral de Direito Civil – RTDC*, v. 23, jul./set. 2005.

JOA: Algo escolar e muito autodidática. As correntes ontológicas foram sempre as que mais me interessaram.

RTDC: Nas Faculdades de Direito, hoje, qual a importância da Filosofia e da Sociologia?

JOA: A da Filosofia é diminuta, não obstante o bom nível de muitos mestres, nos dois países. A da Sociologia é mais sensível no Brasil, embora por vezes as orientações sejam desajustadas.

RTDC: A literatura, a poesia e artes em geral contribuíram para a sua formação? O que recomendaria, neste sentido, para as próximas gerações?

JOA: Muito. Recomendaria que não esquecessem que a formação só pode ser global, sob a ameaça de se cair no protótipo do idiota especializado.

RTDC: Como o senhor viu a introdução, no Código Civil brasileiro de 2002, de um capítulo sobre os direitos da personalidade? Há ali inovação de monta?

JOA: Deu-se um pequeno passo que aponta para um grande caminho. O florescimento de estudos sobre o tema deixa-nos otimistas. Abre-se a porta ao Direito da Personalidade, como o primeiro ramo do Direito.

RTDC: Dentre os dispositivos do referido capítulo do Código Civil brasileiro de 2002 sobre os direitos da personalidade, há o parágrafo único do art. 12 e o parágrafo único do art. 20, que estabelecem as partes legítimas que podem atuar na hipótese de violação a direitos da personalidade de uma pessoa já falecida. No Brasil, tais disposições têm gerado constantes debates sobre a natureza da atuação dos legitimados ali enumerados, uma vez que os direitos da personalidade são intransmissíveis. Como esta questão é tratada em Portugal, à luz da aplicação do art. 71º do Código Civil português?

JOA: Há posições muito variadas, pelo que me limito a expor a minha própria. Os direitos de personalidade não se transmitem. Os poderes atribuídos a familiares são funcionais, pois tutelam a memória da pessoa falecida. A estes podem acrescer, sem se confundirem, direitos pessoais próprios desses familiares, quando forem pessoalmente atingidos.

RTDC: Ainda no âmbito dos direitos da personalidade, muito se fala hoje de uma "superdimensão" da privacidade, que cada vez mais englobaria direitos ligados à identidade propriamente dita, afastando-se da ideia da reserva, do recato. Como o senhor enxerga a questão?

JOA: Concordo com a observação. Há uma indevida influência da *privacy* norte-americana, que ameaça encerrar-se num egoísta direito a não ser incomodado. A privacidade verdadeira defende valores essenciais da personalidade e só se compreende se tivermos em atenção que é inseparável da integração da pessoa numa comunidade solidária.

RTDC: Muito se discute, hoje, quanto à necessidade de uma compreensão das peculiaridades estruturais de cada ordenamento e da influência que estas exercem sobre os institutos. O senhor acha que a difusão da ideia de um "direito geral de personalidade" tende a encontrar, ainda, difusão, ou tende a ficar cada vez mais restrita ao direito alemão?

JOA: Receio que não se possa dizer que o direito geral de personalidade tende a ficar restrito ao direito alemão, porque há por outro lado a tendência para uma importação acrítica desta figura. Mas é inútil entre nós, uma vez que não há dificuldade em admitir que da fundamentação constitucional e ontológica na dignidade da pessoa humana deriva diretamente que os direitos de personalidade não são apenas os especificamente previstos na lei.

RTDC: No mesmo tom da pergunta anterior, a distinção entre os contratos de adesão e as cláusulas contratuais gerais são integralmente transponíveis e cientificamente relevantes para ordenamentos como o brasileiro, cujo direito positivo só se remete à primeira fórmula?

JOA: As cláusulas contratuais gerais podem substituir vantajosamente a categoria epigrafada "contrato de adesão". Têm, porém, pouco espaço no Direito brasileiro, que toma como categoria prioritária as cláusulas abusivas, sejam estas gerais, sejam específicas.

RTDC: Como o senhor tem assistido ao desenvolvimento dos chamados contratos eletrônicos? O senhor acha que a disseminação da espécie pode levar ao repensar sobre algumas questões atinentes ao contrato em geral, como a sua formalidade?

JOA: É um desenvolvimento importante. Leva a repensar muitas questões. Mais que a formalidade, em que o caminho é o da equiparação dos meios eletrônicos estáveis aos escritos, reflete-se em aspectos como o da determinação do momento de formação dos contratos.

RTDC: Como o senhor viu a mudança da Lei de Direitos Autorais no Brasil, ocorrida em 1998? Havia necessidade de mudança? Houve avanços conceituais que justificassem a mudança? E, por fim, já transcorrido um período considerável de vigência, os reflexos práticos foram positivos?

JOA: A mudança no domínio internacional dos direitos sobre bens intelectuais tem sido célere e há sempre melhorias a introduzir na lei interna. A atual lei inovou, e teve reflexos práticos positivos. Mas há ainda muito caminho a percorrer para chegar a um equilíbrio mais perfeito. Este não se reduz, porém, à mera questão de mudança de lei.

RTDC: Como o senhor analisa o problema das limitações aos direitos do autor? A atual legislação atinge satisfatoriamente o duplo objetivo de proteger o autor e promover o acesso às obras e o desenvolvimento artístico, cultural e científico, tutelando ainda de maneira adequada as hipóteses de uso privado?

JOA: É uma problemática que continua insatisfatoriamente equacionada. O direito de autor não é um direito absoluto, porque não há direitos absolutos. As limitações exprimem os interesses de vária ordem que devem ser conciliados com o do autor. Na prática, porém, vagueia-se muito ao sabor dos *lobbies*.

RTDC: Ainda neste âmbito, há lições que os ordenamentos romano-germânicos podem auferir da experiência do *fair use* no direito norte-americano?

JOA: Embora o *fair use* só se compreenda enquadrado no ordenamento norte-americano, baseia-se num entendimento muito profícuo da prioridade da justificação substancial para admitir ou excluir uma restrição. Os direitos romanísticos, pelo contrário, encerram-se cada vez mais na lógica primária do monopólio.

RTDC: Em sua obra *Direito Civil – Sucessões*, o senhor aduz que "os que defendem o princípio da legítima reagem contra o arbítrio que poderia representar a exclusão dos familiares e querem, portanto, proteger a família; os que defendem o princípio da liberdade de testar preferem ao arbítrio de uma escolha feita por lei, a escolha feita por um interessado, que é o testador. Parece que neste campo as restrições têm uma importância fundamental, e que o sistema é bom ou mau, atinge ou não os seus objetivos, consoante a situação de cada país". Recentemente, no Brasil, a partir do novo Código Civil, o cônjuge foi alçado a herdeiro necessário, passando a dividir a reserva hereditária com os descendentes e ascendentes, em disciplina similar à portuguesa. Esta foi uma inovação que gerou muitas críticas no Brasil. Assim, como o senhor vê a inclusão do cônjuge na categoria dos herdeiros necessários? Este sistema tem atingido os seus objetivos em Portugal?

JOA: A inclusão do cônjuge entre os sucessíveis necessários tem justificação, embora seja paradoxal que a situação deste seja tão frágil em vida e tão relevante pós-morte de um dos cônjuges, ironicamente, perguntei se o casamento não se estaria transformando numa instituição *mortis causa*. Em Portugal, houve um exagero na proteção do cônjuge sobrevivo que vicia o sistema.

RTDC: Ainda em sua obra *Direito Civil – Sucessões*, o senhor assinala que, quanto à situação doutrinária europeia, o "Direito das Sucessões é, como o Direito das Coisas e ao contrário do Direito das Obrigações, do Direito Comercial e do Direito Penal, por exemplo, um ramo relativamente abandonado da ciência jurídica". Pode-se dizer que o mesmo fenômeno de abandono do Direito das Sucessões se reproduz no Brasil, com a ressalva das recentes obras sobre o novo Código Civil. Que razões o senhor apontaria para este desinteresse doutrinário em relação ao Direito Sucessório?

JOA: Por um lado, há um maior dinamismo social, que traz à ribalta outros ramos. Por outro, há uma considerável estabilidade do Direito das Sucessões, que retira aos estudos que se lhe dedicam a nota da atualidade, fora dos períodos de alteração legislativa.

RTDC: No atual momento histórico, onde pode mais progredir o intercâmbio jurídico entre brasileiros e portugueses? Na academia, entre os julgadores ou no âmbito do Legislativo?

JOA: Entre os intérpretes, o que abrange os julgadores e a academia. O momento é particularmente propício, tendo-se atingido um grau de intercâmbio e de conhecimento mútuo talvez ímpar na história. Do ponto de vista legislativo, não foram ainda exploradas as potencialidades da Comunidade dos Países de Língua Portuguesa.

RTDC: Como o senhor vê o processo de integração europeia e seus reflexos sobre o Direito Civil português, aí compreendido o seu ensino?

JOA: Negativamente. Pretendem-se uniformizações no Direito Civil que esquecem que este traduz a ordem fundamental de um povo, e a ordem portuguesa não tem semelhança com a ordem alemã ou a britânica. A uniformização traz descaracterização. Por outro lado, a ânsia de uniformização leva a uma chuva de diretrizes casuísticas que ameaça transformar o ordenamento português, que era coerente, numa manta de retalhos.

RTDC: Quais são as heranças e as esperanças mais importantes que os estudos sobre o Direito Civil realizados durante o século XX deixaram para o século que acaba de começar?

JOA: Foi um século pujante. Desenvolveram-se várias linhas substanciais que permitem a superação do individualismo e a consolidação do sistema. Mas, como por outro lado, o hiperliberalismo e o economicismo se impuseram no último quartel do século XX, vamos assistir a embates decisivos, em que o próprio futuro da nossa civilização (sem hipérbole) estará em jogo.

ENTREVISTA COM EBERT CHAMOUN[1]

RTDC: Quais são suas lembranças sobre seus estudos universitários?

EC: Lembranças de tempos muito difíceis. Fui aluno do Colégio Universitário, ali na Praia Vermelha, onde, com um excelente professor de História da Filosofia, adquiri o gosto pelo estudo das letras clássicas, do latim, do grego, da filosofia. Depois da Faculdade Nacional de Direito e da Faculdade Nacional de Filosofia (aulas esparsas), cursos muito conturbados pela prestação do serviço militar, três anos para me tornar oficial da reserva, convocado durante a guerra por um ano ou mais, não me lembro, em São Gonçalo. Fui a prova de que se pode viver sem dormir. Recebi uma severa admoestação do Professor Matos Peixoto: "Quem é aquele soldado que dorme nas minhas aulas?". Tenho desse tempo fotografias fantasmagóricas e lembranças do Leblon onde morava, as plantações nativas de mamona e o mar em ressaca no portão de casa.

RTDC: Quais as diferenças entre as faculdades daquela época e as de hoje?

EC: Nas faculdades "daquela época" havia maior solenidade, seriedade, distância entre professores e alunos, professores consagrados em concursos públicos muito disputados, maiores exigências por parte destes, severidade no julgamento das provas. Prefiro depor acerca das semelhanças: sempre o interesse acentuado por parte dos alunos, naquela época e agora, quanto mais deles se exigia e se exige, mais dispostos a dar. Mocidade maravilhosa, em todos os tempos que vivi.

RTDC: Quais foram os mestres que mais o influenciaram? Como foi o seu convívio com o Professor San Tiago Dantas?

EC: Maior influência naquela turma privilegiada exerceu o Professor San Tiago Dantas, mestre em Direito Civil e em dar aulas, com a sua "figura austera, mas moça e simpática" que "impunha com a sua mera presença, silêncio, respeito, admiração, fluente, metódico, lógico, tornava fáceis as noções mais difíceis". O Professor San Tiago Dantas honrou-me com o seu convívio na Faculdade e fora dela. Avulta, na herança que dele recebi, o gosto pelas investigações de caráter dogmático, do direito positivo.

RTDC: Qual deve ser o papel da universidade? Uma formação mais generalista ou mais especializante? Como o senhor analisa o programa dos cursos de Direito?

[1] Entrevista concedida à *Revista Trimestral de Direito Civil – RTDC*, v. 24, out./dez. 2006.

EC: Desconheço os programas dos cursos de Direito. Conheci o meu, que sempre esgotei. Não hesito em dizer que a formação, na universidade, sem desconsiderar os princípios gerais, deve ser o mais possível "especializante", em atenção, sobretudo, à feição cada vez mais: "especializante" da vida profissional.

RTDC: Como o senhor iniciou a sua carreira no magistério?

EC: A carreira no magistério iniciei levado pelas mãos generosas do Professor San Tiago Dantas, na Faculdade de Direito da Pontifícia Universidade Católica. Fui contratado em 1949. Relevaram-me a mocidade e, após uma severa entrevista, assumi a cadeira de Direito Romano. Nessa Faculdade, em outras, e num livrinho ousado que escrevi, sempre acentuei a comparação entre o Direito Romano e o Direito Civil brasileiro, ensinando aquele na medida do interesse deste.

RTDC: Como o senhor descreveria a sua experiência docente na Universidade do Estado do Rio de Janeiro e na Pontifícia Universidade Católica do Rio de Janeiro? Quais são as melhores ou as mais significativas recordações?

EC: Uma experiência magnífica, o contato com os alunos, sempre muito interessados e disciplinados. No velho casarão do Catete, recordo-me das salas sempre cheias, da estima, embora distante, dos alunos, revelada em alguns paraninfados e homenagens. Censuraram-me, lembro-me, a linguagem barroca. De ambas as faculdades nunca faltei às aulas, salvo afônico, por doença. Dos alunos, assim como dos advogados no Tribunal, sempre recebi o tratamento mais respeitoso. Ex-alunos meus, havia colegas no Tribunal e no governo passado, vários ministros foram meus alunos, oriundos alguns do Instituto Rio Branco. E para acentuar a minha longevidade, não são raros os casos de haver sido professor de pai e filho.

RTDC: Discute-se com frequência os critérios ideais dos concursos universitários, por vezes excessivamente rigorosos ou, ao contrário, insuficientes para a seleção dos melhores candidatos. Qual a sua impressão sobre os tais concursos? Em sua longa experiência em Bancas Examinadoras de Concursos Públicos, o senhor destacaria alguns episódios interessantes, seja como candidato, seja como examinador?

EC: Nos concursos universitários de que participei, os programas eram pertinentes e suficientes para a seleção dos candidatos. Não eram excessivamente rigorosos, e eram compreensivos de toda a matéria. Sempre fui muito severo, ainda mesmo quando o concurso se fazia, *horres referens*, em sala fechada sem a participação do público, tendo sido muito hostilizado por causa das minhas notas. Severidade maior tive no preenchimento do cargo de juízes e sempre lamentei deixar de ser convocado. Solenidade como a que houve em concurso na Faculdade de Direito de São Paulo afigura-se necessária. Episódio interessante? Como examinador, fui acusado pelo candidato de dormir, quando ele fazia a defesa da tese. Acusação injusta, eu não estava dormindo, mas que o candidato era soporífero, era.

RTDC: É justa a impressão, transmitida às novas gerações, no sentido de que o senhor costumava ser muito rigoroso em bancas de concurso?

EC: Se ser muito rigoroso é exigir do aluno, ou candidato, o conhecimento da matéria, sem quaisquer outras considerações, sempre fui rigoroso, e muito. E não apenas em bancas de concurso, também no exercício das profissões, em particular na Corregedoria, como Desembargador. Sempre me pareceu que o rigor fosse um consectário do cumprimento do dever e lamento, dada a incompreensão, deixar de ser convidado.

RTDC: O senhor invocaria algum autor ou corrente de pensamento em sua formação filosófica? Quais foram suas principais influências neste campo?

EC: Apesar de haver cursado uma Faculdade de Filosofia e estudado com afinco a história da Filosofia, a única influência que tive proveio do estudo da Lógica Formal, em ordem a aprimorar o raciocínio jurídico científico.

RTDC: Nas faculdades de Direito hoje, qual a importância da Filosofia e da Sociologia?

EC: Ignoro qual seja a importância da Filosofia e da Sociologia nas Faculdades de Direito, e entendo que somente deva existir como cultura geral. O pensamento jurídico não deve ser desviado para outras considerações.

RTDC: Qual a importância do Direito Romano na formação do jurista brasileiro hoje, em um contexto de crescente intercâmbio de influências entre *common law* e *civil law*?

EC: Não obstante haver professado o Direito Romano e sempre acentuar, o que seria desnecessário, a importância do seu estudo e da sua aplicação prática, sua influência não deve ser exagerada, para o fim de coarctar os desenvolvimentos e as expressões do raciocínio jurídico. Pensar primeiro, livremente, depois escorar-se, se possível, na História.

RTDC: A literatura, a poesia e artes em geral contribuíram para a sua formação? O que recomendaria, neste sentido, para as próximas gerações?

EC: Para a minha formação, contribuía a boa leitura, o estudo do idioma. É inútil repetir que o quanto do conhecimento da língua depende do desenvolvimento do raciocínio e da sua expressão. A leitura, os bons autores, o estudo da gramática, o repúdio às influências estrangeiras na linguagem. O que recomendo para as próximas gerações é, pois, o estudo da língua pátria que, pela beleza e pureza, não tem igual. A contemplação das artes, particularmente da pintura, e da música, como elemento indispensável da cultura geral.

RTDC: O senhor integrou, no Tribunal de Justiça do Rio de Janeiro, uma Câmara que se notabilizou não apenas pela qualidade dos seus julgados, mas ainda pela celeridade com que eles eram proferidos, em comparação com outras Câmaras. Como se chegou a este resultado?

EC: Tive a honra e tenho o orgulho de haver presidido a 5ª Câmara do Tribunal de Justiça do Rio de Janeiro. Notabilizou-se porque eram os meus colegas operosos e competentes. Varávamos a noite para esgotar a pauta, as sessões começando na hora certa. Nenhum atraso em trazer a julgamento os processos distribuídos a cada um de nós. Participação ativa e reconhecida dos advogados e do Ministério Público. Repulsa às demonstrações de cultura, no exarar os votos, importante julgar, decidir, com justiça (apreço à lei, sobretudo) e brevidade. Espantei-me quando, numa reunião com amigos, alguém se acercou e sendo-me apresentado, exclamou: "5ª Câmara, a melhor do Brasil!". Soube que ele não é advogado.

RTDC: Quais as principais lições e recordações que o senhor trouxe de sua passagem pelo Tribunal?

EC: A atuação simultânea na Magistratura e no Magistério forçavam-me a admitir, por vezes, a relatividade de algumas lições, teorias, conceitos, a inteireza lógica do Direito como ciência estalavam em contato com a realidade judiciária. Expunha certas noções na Faculdade ciente, mas sem revelar, que não eram bem assim, não eram bem assim. Recordações da minha passagem pelo Tribunal? Muito trabalho, muito, sem fins de semana, sem folga. Fui censurado, por um colega, não haver em meus votos contribuições doutrinárias. Não sei se seria capaz de as dar, certo que jamais me atrasei, nem os meus colegas da 5ª Câmara se atrasaram em proferir os seus votos. Uma lição: o magistrado não pode atrasar-se, o atraso às vezes não tem remédio. Só deve aspirar a ser ou ser juiz quem tem a vocação muito acentuada! Uma recordação: quando assumi, corri à Secretaria para receber os processos que me seriam distribuídos, empunhando muitos (recebi uma herança maldita), perguntei: estão todos aqui? Sim, disse a secretária. Mas, quando eu me retirava: "mas há aquele armário ali, cheio, com os processos da Barra da Tijuca, que não se julgam". Eles foram julgados, eu como revisor, estudava-os ao mesmo tempo que recebia a distribuição normal. E, quando do julgamento, para fazer face às ameaças que recebia, pedi à secretaria que pusesse diante de mim os autos do processo. E a Corregedoria foi uma luta, atenuada pela participação excelente dos juízes auxiliares. A elaboração do Ementário, punir funcionários, as viagens constantes às Comarcas do interior, contrariar interesses e abolir hábitos estratificados e rançosos, por vezes, em vão, foram trabalhos insanos. Quando saí, disseram que a poeira havia abaixado.

RTDC: E a experiência no Departamento Jurídico da Light, considerado um extraordinário escritório de advocacia a seu tempo, integrado por juristas de elevada reputação, deixou-lhe significativas recordações? O senhor registraria algum episódio do convívio na Light e da experiência profissional ali vivida?

EC: Da chefia do Departamento Jurídico da Light guardo a melhor das recordações. A complexidade do trabalho e o peso da responsabilidade eram atenuados pelo convívio fraterno com excelentes profissionais de personalidades notáveis, como as de Luiz Antônio de Andrade, meu saudoso amigo, Raul e Ruy Ribeiro, sempre prontos a corrigir as minhas deficiências. Muitos desses ilustres colegas temperavam o rigor do trabalho com inexcedível bom humor. A minha saída da Light causou-me um trauma do qual nunca me recuperei. Um episódio jocoso: porque o pátio estava congestionado, o Luiz deixava fora o carro, mas de onde ele não se lembrava. Era preciso um funcionário procurá-lo na cidade.

RTDC: A atividade do intelectual é, normalmente, solitária, ao menos em grande parte do tempo; já no Tribunal, o Desembargador faz parte de um colegiado. É muito diferente esta dinâmica?

EC: Se a atividade intelectual é solitária, muito mais solitária é a atividade intelectual e profissional do juiz. Com a solidão, sem a participação em quaisquer atividades sociais, comemorações, festejos, reuniões, resguarda o magistrado a incolumidade de suas decisões. E um homem não social, ou sociável. E há, em público, o entrechoque das opiniões, das posições doutrinárias, dos votos, o qual se acende por vezes a ferir suscetibilidades e gerar estremecimentos. Parece que foi Ruy que disse que no Brasil não há diferença de opiniões que não degenere em rixa de personalidades. Não, é exagero, mas no Tribunal as diferenças defendidas nos votos frequentemente afastam os membros do colegiado, tornando o convívio apenas cerimonioso e respeitador. É o meu testemunho do Tribunal do meu tempo, muita distância entre os seus membros, tratamento cerimonioso, muita solenidade, poucos Desembargadores, grandes nomes, eu, o mais jovem dentre eles.

RTDC: Como o senhor analisa os concursos públicos para ingresso nas carreiras jurídicas, em especial para a magistratura? Cumprem a sua função?

EC: Os concursos públicos para ingresso na magistratura não há dúvida de que cumprem a sua função: é o testemunho que dou daqueles de que participei. O que eles não apuram, porque não podem, é a aptidão para o trabalho incessante e penoso. É assim que o melhor intelectual pode revelar-se num mau juiz.

RTDC: Como o senhor analisa a editoria jurídica no Brasil? Quais as principais carências do setor? Quais os livros, por aqui inéditos, o senhor acha que deveriam ganhar uma edição nacional?

EC: A editoria jurídica ressente-se, a meu ver, de falta de livros didáticos, publicados para o uso das escolas. Falta o rigor científico em algumas das obras recentemente editadas, acometidas pelo flagelo das citações, a que me referi num trabalho (que é uma primorosa exceção) do ilustre Professor José Roberto de Castro Neves. Cita-se o óbvio, de sorte que o leitor, sobretudo o aluno, supõe que nada há que não seja controvertido ou opinativo. Talvez por isso é que um ilustre jurista francês disse que as obras jurídicas nacionais estão muito aquém dos juristas nacionais. Mas pude ver, em *Comentários ao Novo Código Civil*, um excelente tratamento da matéria.

RTDC: Como o senhor viu a entrada em vigor do Código Civil de 2002 após mais de vinte e cinco anos de elaboração? Procede a crítica de que o Código nasceu velho?

EC: Malgrado certa suspeição minha e críticas que se renovam, e que são naturais ou razoáveis, não se pode deixar de saudar com entusiasmo a entrada em vigor do Código Civil. As suas inovações são notáveis e, em muitas delas, ainda não se atentou suficientemente, como acerca do equilíbrio das prestações contratuais. Pode ser razoável a crítica de que haja o Código nascido velho quando se tomam posições preconcebidas em matéria de maior conteúdo social. O Direito de Família, sobretudo. E há que se considerar desgraçadamente esse fenômeno, cada vez mais atual, da aceleração do tempo, do tempo objetivo, o tempo aumentando de velocidade porque a ciência e a tecnologia caminham a passos largos. *Tempus edax rerum*, cada vez mais depressa, de sorte que se torna inevitável o envelhecimento precoce de algumas normas escritas, até mesmo de alguns institutos do Direito. A velhice é inevitável, mais tarde ou mais cedo, malgrado os esforços da interpretação evolutiva.

O que se deveria evitar, entretanto, é o erro. E um erro foi cometido quando se dispôs acerca da multa imposta ao condômino inadimplente: ela, porque exígua, favorece o inadimplemento. O §1º do art. 1.336 resultou, nos termos da Resolução nº CN 01/2000, pelo Senado Federal, do parecer do relator parcial, segundo o qual "como ele bem lembrou, o art. 52, §1º, do Código de Defesa do Consumidor limita a dois por cento do valor da prestação o valor da multa de mora decorrente da falta de cumprimento de obrigação no seu termo. Impõe-se, portanto, a adequação do dispositivo à legislação superveniente". Ora, o Código de Defesa do Consumidor tem uma *ratio* absolutamente diversa da do Código Civil que, aliás, entraria em vigor posteriormente. Erro que a jurisprudência ainda não corrigiu, mas há de fazê-lo, tanto quanto possível, por exemplo, não aplicando o artigo às convenções anteriores, permitindo que as novas convenções fixem sanções diversas ou que as assembleias, com o quórum de 2/3, agravem as multas. Trata-se de sugestões, sem maior exame.

RTDC: O senhor foi o responsável pela versão inicial do livro de Direito das Coisas no Projeto do Código. Como se deu sua participação neste Projeto?

EC: Suponho que a maior parte das sugestões que fiz, constantes algumas da minha Exposição de Motivos, haja sido adotada pela douta Comissão, sob a presidência esclarecida do Professor Reale. A sugestões outras repudiadas na Comissão ou nos trabalhos legislativos posteriores é impossível referir-se aqui. Recordo-me apenas de que entendia que a Alienação Fiduciária, pela qual nutro uma particular antipatia, deve continuar sendo objeto de lei especial.

RTDC: Como o senhor vê a norma do §4º do art. 1.228, inserida pelo Professor Miguel Reale?

EC: Inconveniente. O problema desses agrupamentos urbanos ou favelas merece um tratamento político ou social antes de, por via judicial, tentar resolvê-lo pela regularização e assentamentos. E o preceito luta com várias imprecisões, a tornar exagerado o arbítrio judicial: extensa área, considerável número de pessoas, interesse social e econômico relevante.

RTDC: O senhor considera atual o princípio do *numerus clausus* dos direitos reais? Algum papel pode ser admitido à autonomia privada nesse âmbito?

EC: Se se definem os direitos reais como direitos oponíveis *erga omnes*, o *numerus clausus* aparece como consectário inarredável.

RTDC: Como o senhor avalia a constitucionalidade da norma do art. 1.276, §2º, que presume, de modo absoluto, a intenção do proprietário de abandonar a coisa, quando, cessados os atos de posse, deixar de satisfazer os ônus fiscais?

EC: Não vejo inconstitucionalidade. Irrelevante a intenção, bastaria a cessação total dos atos de posse para que o abandono se configurasse. A não satisfação dos ônus fiscais é um *plus* que justifica a presunção.

RTDC: No tocante à Parte Geral, houve uma ressistematização dos institutos da prescrição e da decadência, caracterizando a prescrição pela extinção da pretensão, o que foi objeto tanto de elogios como de críticas. Qual a sua posição?

EC: Tenho defendido, na cátedra, a tese de que a prescrição se vincula aos direitos subjetivos e a decadência aos direitos potestativos. A prescrição não extingue a pretensão, uma vez que é dado à parte contrária o poder de não a alegar e dispor-se ao cumprimento do dever.

RTDC: O abuso de direito foi tratado, no art. 187, como modalidade de ato ilícito. A seu juízo, essa previsão é apropriada?

EC: O abuso de direito foi tratado como espécie de ato ilícito talvez por exigência da técnica legislativa. Em verdade, ele não é ato ilícito, trata-se de categoria intermediária entre os atos lícitos e ilícitos.

RTDC: O Código traz algumas cláusulas gerais, como as relativas à função social e à boa-fé objetiva. O senhor considera positivo esse passo dado pelo legislador? Haveria risco para a segurança das relações jurídicas?

EC: Passo positivo, sem qualquer risco para a segurança das relações jurídicas. Invoca-se o *bonum arbitrum judicis*, inclinado para a relevância e consideração do caso concreto.

RTDC: Sobre a retrocessão nas desapropriações, em sua tese o senhor sustentou o caráter pessoal do instituto, tema que foi bastante controvertido na doutrina e na jurisprudência. Como o senhor lê o art. 519 do Código Civil?

EC: São compatíveis o direito do expropriado de obter perdas e danos quando o bem não teve o destino da desapropriação e o direito de preferência a que se refere o art. 519 do Código Civil no caso, já ventilado no art. 1.150 do Código anterior, de o Poder Público pretender alienar o bem objeto da desapropriação.

RTDC: Como o senhor analisa o conceito de justa causa, introduzido pelo Código Civil de 2002 no art. 1.848, *caput*, para a validade das cláusulas restritivas da propriedade apostas à legítima dos herdeiros necessários?

EC: O poder discricionário, de que cuidou o art. 1.723 do Código anterior, foi razoavelmente cerceado com a exigência da "justa causa" para a eficácia da cláusula de inalienabilidade aposta aos bens que integram a legítima. O testador não precisa apontar a causa, cabendo ao juiz apurá-la na consideração do caso concreto. E "justa causa" é a que existe no interesse do herdeiro previsão, *v.g.*, de incontinência por parte do herdeiro, na gestão habitual do seu patrimônio, revelada em atos reincidentes de malversação. Causa justa deve, portanto, ser a que protege o herdeiro. Afirmar que, com a qual o novo Código inovou, é uma restrição ao direito de propriedade do herdeiro é um erro lógico intolerável. O testador poderia ter alienado o bem, frustrando a expectativa de receber do herdeiro, poderia tê-lo gravado com servidão, hipoteca, sua faculdade de disposição é íntegra. Ao invés de exercê-la, manteve-o em seu patrimônio, declarando explicitamente que o reserva ao herdeiro, mas impedindo ou dificultando (sub-rogação) a alienação, no interesse deste.

RTDC: Quais são as heranças e as esperanças mais importantes que os estudos sobre o direito civil realizados durante o século XX deixaram para o século que acaba de começar?

EC: A esperança que alimento é de que a doutrina empreenda estudos desapaixonados em torno do Código Civil novo, desenvolvendo todas as suas indiscutíveis potencialidades e não deixando de aplaudir todas as suas melhores inovações, quando for o caso; e que o Poder Judiciário lhe dê a aplicação conveniente.

ENTREVISTA COM RONALD DWORKIN[1]

RTDC: Uma das bases da sua famosa distinção entre regras e princípios é que os conflitos entre princípios são resolvidos pela ponderação entre o "peso relativo" de cada princípio envolvido. Mais recentemente, alguns estudiosos vêm declarando que os conflitos de regras (especialmente regras que têm características mais abertas, como cláusulas gerais) também podem ser solucionados de acordo com esta técnica de ponderação. Qual a sua opinião a respeito?

RD: Trata-se, geralmente, de uma confusão. Muitas regras utilizam termos vagos e abstratos, como "razoável", e as pessoas pensam que decidir o que é razoável significa, de alguma maneira, ponderar as regras. Não significa; uma vez decidido o que é razoável (na maioria das vezes através da ponderação dos princípios norteadores), então, a regra pode ter aplicação ou não.

RTDC: Seu método de ponderar princípios tem sido oposto por alguns estudiosos (como Jürgen Habermas e Klaus Günther) ao método de Robert Alexy, usado principalmente pela corte alemã. Qual a sua opinião sobre o método do Professor Alexy?

RD: Eu não estou muito familiarizado com este método. Disseram-me que o Alexy colocou todos os princípios dentro de três categorias de importância. Isso me parece muito rígido. Mas não entendo que o Alexy discorde de mim em algum nível fundamental.

RTDC: Na sua visão, existe algum princípio que pode ser considerado superior aos demais princípios? Por exemplo, dignidade da pessoa humana é um princípio que deve prevalecer (ou deve frequentemente prevalecer) sobre outros princípios jurídicos?

RD: Defendo a importância fundacional de dois princípios: a igual importância intrínseca da vida humana e a responsabilidade pessoal de cada pessoa pela sua própria vida. Desenvolvi o tema em meu livro *Sovereign virtue.*[2]

RTDC: Nas suas palavras, um princípio é um modelo que deve ser observado "porque o princípio é uma exigência de justiça ou de equidade ou de alguma outra dimensão de moralidade". Como você vê o relacionamento entre direito e moral nos dias de hoje?

---

[1] Entrevista concedida à *Revista Trimestral de Direito Civil – RTDC*, v. 25, jan./mar. 2006.

[2] Publicado no Brasil sob o título *A virtude soberana – A teoria e a prática da igualdade* (Editora Martins Fontes).

RD: Tratei do tema no meu último livro *Justice in Robes*.[3]

RTDC: Qual é a sua impressão sobre a análise econômica do direito?

RD: O lado empírico ou positivo é usualmente muito útil. O lado normativo é simplista e confuso. Sobre o tema, veja meu artigo *Is wealth a value?*[4]

RTDC: Qual o peso da interpretação e da argumentação no processo de identificação de certa norma legal como uma regra ou um princípio?

RD: Isso raramente importa. Muitas vezes – como nas regras que usam palavras como "razoável" –, a diferença é somente formal. A distinção não tem importância fundamental, e eu encontrei um escasso uso dessa diferença após o meu primeiro artigo. Entretanto, importante ou não, a distinção é genuína como uma distinção formal ou lógica.

RTDC: Muitos estudiosos sustentam que *civil law* e *common law* estão convergindo. Você concorda com isso?

RD: Sim, particularmente através da influência do Direito Constitucional.

RTDC: Sua opinião sobre aborto foi mencionada em uma decisão recente da Suprema Corte brasileira, quando o Ministro Joaquim Barbosa expressamente referiu-se à sua obra para justificar a posição dele em favor do aborto dos fetos anencefálicos. Neste caso, a gravidez terminou naturalmente, mas há um caso similar pendente na mesma corte. Como você se sente ao ser lembrado mundialmente, em diferentes sistemas legais e sociedades, como uma referência neste tipo de assunto controvertido, e qual é a sua opinião acerca do problema em si?

RD: Eu fico, é claro, muito satisfeito quando minha opinião tem alguma influência nas cortes de outros países. Sobre aborto, recomendo a leitura do meu livro *Lifes dominion*.[5]

RTDC: Os ministros da Suprema Corte brasileira são solicitados a julgar milhões de casos todo ano. Esta realidade não é inconsistente com a ideia de que os ministros do STF sejam os juízes que concedam respostas às questões mais importantes e difíceis? O sistema adotado pela Suprema Corte americana é eficiente na reserva de seus ministros para estas decisões vitais?

RD: Sim, parece ser mais eficiente.

RTDC: Há uma função significativa para a dicotomia público-privado nos estudos de direito atual?

RD: No meu modo de ver, sim.

RTDC: Os estudantes de hoje, expostos à internet e à informação em massa, são, de alguma maneira, diferentes dos que você encontrou quando iniciou sua carreira como professor?

RD: Os estudantes são diferentes, não porque eles sejam formados pela internet, mas porque, no conjunto, estão mais bem educados em filosofia. Na América, agora, eles também parecem menos politizados.

---

3 *Justice in Robes* foi lançado em abril de 2006 nos Estados Unidos, pela Harvard University Press. Na obra, o Professor Dworkin analisa diversas dimensões de interação entre Direito e Moral, ressaltando sua importância na interpretação da lei e da Constituição. O autor examina ainda, criticamente, o pensamento de filósofos e juristas, como Richard Posner, Cass Sunstein, Isaiah Berlin, Antonin Scalia e Joseph Raz.

4 DWORKIN, Ronald. Is wealth a value? *In*: HANKS, Eva H.; HERZ, Michael E. *Elements of Law*. [s.l.]: Anderson Publishing, 1994.

5 Publicado no Brasil sob o título *Domínio da vida – Aborto, eutanásia e liberdades individuais* (Editora Martins Fontes).

RTDC: Qual é a importância da filosofia na formação do jurista? Os estudos de filosofia deveriam ocupar uma melhor função nas faculdades de direito?

RD: Sim. Este foi o debate contemplado pela minha palestra no Rio de Janeiro.[6]

RTDC: Quais são os professores que mais o influenciaram? E na sua formação filosófica, quem são suas grandes influências?

RD: As pessoas mais influentes na minha formação foram os filósofos: Quine, por exemplo; também Learned Hand, um juiz. Eu discordo fortemente de ambos, Quine e Hand.

RTDC: Literatura, poesia e artes contribuíram para a sua formação? O que você recomendaria, sobre este assunto, para a próxima geração?

RD: Que eles encontrem o que os entusiasme e que mergulhem nisso. Shakespeare esteve sempre perto do centro da minha vida.

RTDC: Vivemos em um país conhecido pela má distribuição de riquezas, miséria e violência. Qual a tarefa dos advogados e juízes neste cenário?

RD: Buscar maior justiça.

6 Trata-se da conferência magna proferida pelo Prof. Ronald Dworkin na abertura do I Congresso Internacional de Direito Constitucional da Cidade do Rio de Janeiro, realizado no auditório da EMERJ, em 28.11.2005.

ENTREVISTA COM FRANCISCO REZEK[1]

RTDC: Quais são suas principais lembranças dos estudos universitários e quais foram os mestres que mais o influenciaram?

FR: Fui estudante em Belo Horizonte entre 1960 e 1967. Terminei o curso científico no Colégio Arnaldo, e o projeto familiar era de que eu fizesse Medicina, como outros fizeram. Observei que não queria, que não era a melhor opção para mim, e tomei o caminho da Faculdade de Direito. Era um tempo duramente marcado pela sombra da Guerra Fria e, hoje sabemos disso, por um desperdício de energia da juventude da época nesse confronto de propostas que, afinal, se esvaziou, que com o tempo revelou sua falta de sentido.

Da época universitária guardo a lembrança de ter feito bons amigos, colegas e contemporâneos na Faculdade de Direito, na Casa de Afonso Pena. Tinha grande admiração por meus professores, por todos. Mas entre as melhores lembranças estão os dois diretores sucessivos do meu período: Alberto Deodato Maia Barreto, um fidalgo do Direito, uma grande personalidade vinda de Sergipe para enriquecer Minas Gerais. Era classificado como um conservador, o que contrastava com aquela juventude predominantemente de esquerda, mas isso não empanava sua liderança nem o fascínio que ele exercia sobre os estudantes da época. O segundo diretor foi meu conterrâneo e queridíssimo amigo Lourival Vilella Viana, professor de Processo Penal, um líder do corpo docente e uma âncora para os alunos. Mas tenho também lembranças destacadas de outros professores, desde o primeiro ano: Edgar Matta-Machado, de nossos mestres o que mais sofreu os efeitos do regime da época, e também Washington Albino, meu professor de Economia Política, um grande mestre, até hoje em pleno vigor. Também o professor Raul Machado Horta, notável constitucionalista do nosso tempo, que naquela época começava sua carreira. Nós, segundanistas de Direito em 1963, assistimos ao concurso em que ele ganhou a cátedra, e no qual estava, entre os examinadores, Josaphat Marinho. Houve outros nomes, mas estes ficaram mais firmemente marcados na lembrança.

RTDC: O senhor também teve aula com o Professor Darcy Bessone?

---

[1] Entrevista concedida à *Revista Trimestral de Direito Civil – RTDC*, v. 26, abr./jun. 2006.

FR: Darcy Bessone foi um mestre e grande amigo, que me deu a honra, muito tempo mais tarde, de prefaciar um livro dele. Mas não tive aulas regulares com ele, embora estivesse, como tantos estudantes da época, na área de influência de seu pensamento.

RTDC: E quem foi seu professor de Direito Internacional Público?

FR: Direito Internacional Público era a disciplina do professor Gerson de Britto Mello Boson. Tomei gosto pela matéria sob a regência dele, que foi o paraninfo da turma de 1966, de que fui o orador.

RTDC: Quais as diferenças, do seu ponto de vista, entre as faculdades daquela época e as de hoje? O senhor já disse um pouco sobre impessoalidade, mas e se tivesse que fazer um cotejo?

FR: Estudantes hoje são mais realistas. Não seria injusto dizer que havia na época mais idealismo, embora nem sempre bem administrado, embora nos perdêssemos com muita frequência em debates ociosos, em confrontos afinal desnecessários. Talvez um exemplo explique bem a diferença de clima entre a universidade dos anos 60 e a universidade de agora.

Não é raro encontrar-se, hoje, um estudante de Direito, ou de qualquer outra coisa na universidade, que diga que seu objetivo na vida é a realização pessoal, é o triunfo profissional, é o encontro de um lugar ao sol, é a prosperidade, o sucesso. Naquela época, isso soaria obsceno; hoje, não. Para todos os efeitos, o que menos nos importava era a questão do sucesso pessoal, do triunfo, sobretudo da prosperidade. Aquilo que entendíamos ser a causa pública tomava conta da nossa consciência e do nosso inconsciente. Não quero dizer que houvesse uma diferença de qualidade humana nas pessoas. Não. Mas o clima era outro. A maneira de se definirem prioridades, naquela época, era diferente da que se desenha no cenário de hoje.

RTDC: E esse idealismo o senhor acha que faz falta a essa juventude, tão preparada por assim dizer em termos de informações?

FR: Isso era um produto da época, era uma característica do nosso discurso. Não creio que os graduados de hoje façam menos pelo interesse coletivo dos que faziam os de então.

RTDC: A literatura, a poesia e artes em geral contribuíram para a sua formação? O que recomendaria, neste sentido, para as próximas gerações, em termos de formação não jurídica?

FR: Alguns dias atrás houve uma cerimônia na Reitoria da Universidade Federal de Minas Gerais, em que alguns ex-alunos eram honrados pela casa com uma homenagem. Eu estava ali como orador do pequeno grupo. O decano de idade era justamente o escritor Autran Dourado, e as homenagens póstumas eram a Hélio Pellegrino e Adão Ventura, este meu companheiro de geração, poeta de grande sensibilidade, que morreu precocemente. Ao longo daquilo que eu disse foi ressaltado esse aspecto da academia de Minas Gerais. O vínculo com a literatura, a poesia e a música é algo indescartável, geração após geração. Por acaso sou daquela safra que se chamou, na época, a dos jovens contistas e poetas mineiros. Éramos quase todos bissextos, e quase todos à sombra da Faculdade de Direito. Poucos ficaram no ofício, e com grande sucesso, como Sérgio Sant'Anna e Humberto Werneck. Outros, um pouco anteriores, como Silviano Santiago e Ivan Ângelo. Havia quem ironizasse dizendo que a expressão "jovem contista mineiro" era um pleonasmo: não havia um jovem mineiro na época que não fosse contista. Poucos ficaram na literatura, poucos a adotaram como roteiro de vida. Entretanto isso influenciou e marcou fortemente todos.

RTDC: E o senhor recomendaria isso, ou seja, um certo interesse, não necessariamente maior, mas um interesse especial, pela literatura, pela poesia, pelas artes, para as próximas gerações?

FR: Os juristas mais interessantes, em todas as épocas e em toda parte, estiveram de algum modo associados a algo que não o direito, a um domínio do gênero da literatura, da poesia da música, às vezes, da ciência. É fundamental que nossa vida não seja marcada pela ideia de que afora o direito não conhecemos nada. É sempre uma pena encontrar alguém com sólida formação jurídica, não só com densa cultura, mas também com enorme agilidade mental na formulação do raciocínio jurídico, que parece, no entanto, não conhecer mais nada neste mundo, de música, literatura ou poesia, mas também de história, de geografia, de botânica, do sistema solar, da teoria da relatividade, da psicanálise, de qualquer outra coisa. Quando o jurista pode ser definido como um homem de um livro só, por maior que seja a profundidade e densidade desse livro, isso é uma lástima.

RTDC: Ministro, o senhor foi bolsista do governo francês em 1967 e 1968, obtendo seu doutoramento na Universidade de Paris em 1970. Como vê os acontecimentos que agitaram o meio universitário francês da época? É possível um paralelo com as inquietações atuais, entre as quais poderiam ser citados os protestos antiglobalização, por exemplo?

FR: Sim. Em nosso país o movimento estudantil, em nome de um ideário político e de mudança social, precede o movimento operário ou qualquer outro. A tradição da política estudantil no Brasil é uma coisa inigualável. Chegando a Paris no final dos anos 60, o que nos chocava era ver que o estudante francês, por definição, parecia alienado de qualquer coisa que não fossem os seus estudos e, no inverno, os esportes de inverno. De repente, acontece uma explosão, desencadeada por talentos excepcionais como Daniel Cohn-Bendit, que mostrava desde então sua inteligência rara, sua liderança e sua sensatez política. No contexto de um movimento estudantil sem tradição nenhuma, eram todos amadores. Por isso houve erros, mas foi um grande acontecimento. Maio de 1968 foi um marco na história da civilização ocidental. E as consequências daquela pequena revolução não armada (senão por alguns paus, pedras e pedaços de asfalto) se fazem sentir até hoje. Não é à toa que ilustres autores usaram expressões como o ano que não acabou, referindo-se a 1968, e lembram sempre a marca daqueles acontecimentos nos rumos que a sociedade tomaria, a universidade primeiro, mas a sociedade como um todo tomaria a partir de então. Era originalmente um movimento pela reforma da universidade, pela mudança de determinados padrões autoritários e obtusos que caracterizavam não a busca do saber, ou a transmissão do conhecimento, mas a administração universitária. Era um protesto que acabou contagiando inúmeros outros inconformismos no seio da sociedade europeia da época. Maio de 1968 repercutiu no Brasil como em poucos outros lugares distantes. Aqueles acontecimentos mudaram profundamente o curso das coisas e inspiraram tudo que viria depois. Aquilo que Daniel Cohn-Bendit chamava de a esquerda era sempre a busca de arejamento, a busca de renovação. Ele era um líder de esquerda que considerava o comunismo, como então se praticava no Leste europeu, a coisa mais esclerosada que a mente humana poderia ter concebido. Enfim, prevalecia no movimento de 1968 essa ideia da esquerda como representativa, em qualquer época ou lugar, de uma luta pelo arejamento, pela abertura das janelas do espírito, pela renovação, com alto sentido ético e social, no sentido da correção de injustiças e desigualdades.

RTDC: O senhor, então, faria um paralelo daquele momento com o movimento de hoje...

FR: Acho que o Brasil está sofrendo hoje, exemplarmente, o fenômeno da esclerose da autodeclarada esquerda. Em vários sentidos. Por falta de agilidade nas ideias, por deslumbramento com o exercício do poder, por adoção das práticas mais nocivas que já se conheceram em matéria de política de poder.

RTDC: E o senhor acha que no cenário internacional haveria um certo espaço para ideias genuinamente nossas, de construção de instituições apartadas dessa realidade mundial?

FR: Acho que, dos piores males que hoje afligem o meio internacional, o Brasil não sofre. Estamos vivendo uma crise essencialmente doméstica, uma crise de quintal. Lá fora temos aqueles que respondem hoje pelo colapso do direito internacional, pela humilhação das Nações Unidas, em contraste com os que ainda prestigiam o Direito, que querem uma sociedade internacional melhor. Todos os que nos observam se dão conta de que este é um país realmente maduro, porque atravessa uma crise política dessas proporções sem fazer dela uma crise nacional. Não há crise social nem crise institucional. Já ouvi de analistas autorizados lá fora a afirmação de que estão fascinados por perceber que o Brasil chegou àquele estágio em que um país pode sobreviver sem governo. Com o que quer que aconteça com o governo, com o partido do governo ou com a frente política do governo, o país funciona. De resto, os setores menos politizados do próprio governo também funcionam de modo exemplar, seguindo as melhores regras de conduta, tomando as melhores decisões. Os agentes econômicos, as forças sociais, a sociedade civil, tudo contribui para que o país não sofra no conjunto as consequências da crise de uma liderança política e de um partido político que perdem sua credibilidade.

RTDC: Ministro, o senhor conciliou sua função como Procurador da República desde 1972, e depois como magistrado, com uma extensa carreira acadêmica. Como uma formação mais aprofundada de estudos e a vida acadêmica influenciaram suas decisões?

FR: Somos um país no qual, em determinados ramos do conhecimento, destacadamente em Direito e em Medicina, os estudantes universitários sabem (e não escondem o fato de que sabem) que aprendem melhor com quem faz alguma coisa fora da universidade. Não me parece que esses dois domínios sejam daqueles em que o estudante ganha com o professor dedicado exclusivamente à universidade. Mas, se essa atividade externa ajuda a melhor ensinar, por outro lado a sala de aula é aquele lugar onde o tempo todo nos desafiam, nos provocam, o único lugar onde nenhum temor reverencial faz com que os alunos deixem de nos ensinar aquilo que temos que aprender. Sobretudo no caso daqueles dentre nós que chegamos, por alguma razão, um pouco cedo a determinadas posições de autoridade, de poder. É o aluno em sala de aula que faz isso, que renova nosso constante e inevitável aprendizado, porque não conhece limites ao seu direito de perguntar, de provocar, de discutir e de contestar. Acho que todos ganham com essa simbiose.

RTDC: Qual o seu método de trabalho, ministro? Quando e como o senhor escreve, é disciplinado, tem um sistema próprio? E de todas as suas obras, qual considera a mais importante?

FR: Desde a infância fui pontual e disciplinado. Trabalhei sempre observando determinadas regras que têm a ver até mesmo com a ideia de preservar aqueles aspectos da saúde que sofrem desgaste por conta de certas atividades do ser humano. Por exemplo, nós consumimos a vista muito mais do que é razoável com o excesso de leitura. Aprendi muito cedo a, quando possível, optar pelo áudio. Inúmeras das minhas leituras nos últimos trinta anos foram feitas assim, ouvindo gravações. É claro que isso dificilmente se aplica à obra jurídica, a menos que eu próprio grave, para ouvir de novo aquilo que me interessa. Mas em geral compram-se (isso começou na Inglaterra há muitos anos, e hoje é disponível em toda parte) obras literárias e outras tantas em áudio, e se podem então fazer e renovar experiências sem desgaste visual, sem os desconfortos da leitura ótica. Tenho escrito pouco, tenho tido o cuidado de não me repetir e de não dizer senão aquilo que seja de algum modo original, interessante e útil. Em nenhuma hipótese eu escreveria pelo prazer de escrever. Mantenho meu *Manual de Direito Internacional Público* atualizado, e nunca quis reeditar o *Direito dos Tratados* porque entendi que é um trabalho que os interessados certamente já possuem, ou as bibliotecas pelo menos o têm. Tenho produzido alguma coisa no domínio monográfico, e visto publicar aquilo que meu trabalho me impôs, primeiro como Procurador da República, depois como Ministro do Supremo e finalmente como Juiz da Corte de Haia.

RTDC: O senhor escreve seus votos na sua casa ou no gabinete?

FR: Sempre que pude, ditei; e muitas vezes o voto foi oral, a partir de anotações mínimas.

RTDC: Mas ainda hoje?

FR: Ainda hoje. A gravação era feita em seguida e alguns tópicos eram corrigidos.

RTDC: E o senhor dorme pouco?

FR: Durmo tarde e acordo cedo, o que me causou algumas dificuldades na Haia. Os holandeses se recolhem muito cedo. Quando chegava na Haia a um restaurante às nove da noite, era visto como uma extravagância, um subversivo dos hábitos locais. Quando, chegando lá, constatei que terminavam o dia cedo, imaginei que começassem cedo também, mas era engano. Então têm alguma dificuldade em entrar pela noite fazendo alguma coisa, e também em começar a fazer alguma coisa ao romper do dia.

RTDC: O senhor foi Ministro do Supremo em dois períodos importantes: 1983 a 1990 e 1992 a 1997. Quais as experiências e casos que mais marcaram sua trajetória na corte? O que lhe vem à mente com essa pergunta?

FR: São tantas as coisas boas, que vou começar por descartar as duas únicas que me decepcionaram e aborreceram ao longo de anos. Primeiro, eu achava que não exatamente no Supremo Tribunal Federal, mas em toda a comunidade jurídica, em regra, consome-se mais tempo e consome-se mais papel do que seria estritamente necessário para exprimir certas ideias e para tomar certas decisões. Acho que não estamos mais em 1915, seria hora de adotar uma metodologia de trabalho que permitisse a tomada de decisões sensatas, corretas e justas, sem excesso de linguagem. Sinto que o jurisdicionado e seu advogado, no plenário do Supremo, não se satisfazem com o debate prolongado que presenciam, quando prefeririam que sua causa fosse decidida o mais cedo possível, numa fila que se tornou muito grande. O outro aspecto da vida do tribunal que me desgostava profundamente era o tempo que a suprema corte brasileira consumia resolvendo questões jurídicas engendradas pela própria máquina. Isso me parecia absolutamente impalatável. Estamos aqui, pensava eu, para resolver problemas criados no meio social, entre leigos, entre governantes e governados, entre particulares, contribuintes, famílias, sindicatos, e entre setores diversos da administração pública nos seus vários níveis. Mas eu sentia que – e talvez isso não tenho mudado muito – uma parte expressiva do tempo do tribunal era consumida com o debate e a solução de problemas que a própria máquina judiciária engendrava, como a questão do quinto e a questão da administração dos tribunais. Acredito que não era o único, mas devo ter sido aquele que mais deixou transparecer seu profundo desgosto por ver o Supremo perder tanto do seu tempo com a solução de problemas que não deveriam surgir, até porque as pessoas e instituições envolvidas deveriam entender melhor o direito e aplicá-lo sem criar conflitos que devessem ser levados à solução na suprema corte.

RTDC: Ministro, o fato de o senhor ter ido para a frente tão jovem – o senhor provavelmente terá sido um dos mais jovens na história da República, se não o mais jovem, o segundo mais jovem – dava-lhe de alguma maneira inibição diante dos mais antigos, ou o senhor se sentiu sempre à vontade na Casa?

FR: Não me dava nenhuma inibição perante os mais antigos, até porque entre esses encontrei meus melhores amigos e aqueles que melhor me acolheram na Casa. Já não encontrei mais ao entrar no tribunal meu mestre e amigo Bilac Pinto, que estava aposentado. Já não encontrei Xavier de Albuquerque, porque foi justamente sua vaga, por aposentadoria voluntária, que ocupei. O Ministro Oscar Corrêa foi uma das personalidades mais fascinantes que já passaram pelo Supremo, e foi talvez aquele que ao sair deixou o maior vazio nos corações. De repente, com a saída de Oscar, já não tínhamos mais o humor, a inteligência, a alegria, a energia que durante anos contagiaram a casa. Ele ironizava um provérbio segundo o qual o cargo de Ministro do Supremo é algo que não se postula e não se recusa, dizendo que a segunda parte é verdadeira (não se recusa), mas a primeira é controvertida... A esse respeito eu faria um comentário.

Somos um país cheio de valores, um país onde o número de personalidades capazes e merecedoras de ter um lugar no Supremo Tribunal Federal (embora seja um tribunal pequeno, no modelo da Suprema Corte americana) é muito grande. Mas só alguns vão, porque o número de lugares é muito limitado. E o que faz com que, dentro daquele amplo universo dos que poderiam, só alguns ali cheguem algum dia? São circunstâncias da vida, circunstâncias biográficas, vínculos, conhecimentos, reconhecimentos que variam infinitamente em sua natureza e significado. Todos nós chegamos lá conscientes de que, em determinado momento, o detentor do poder de decisão nos escolheu, como poderia ter escolhido outros brasileiros. Então, tudo é uma questão de saber se nos orgulhamos ou não de quem nos pôs lá, de quem encaminhou nossa indicação, nossa nomeação. No meu caso, fui indicado ao final do governo Figueiredo, numa época em que a decisão do Presidente era o que lhe propunha o ministro chefe da Casa Civil, João Leitão de Abreu. Tenho enorme satisfação por isso... Ele foi grande estadista exemplar em anos difíceis, e um grande magistrado enquanto esteve no Supremo.

RTDC: Ele tinha liberdade para essa definição, sem interferência?

FR: Sem interferência nenhuma. O Presidente Figueiredo fazia aquilo que ele achava correto e apropriado.

RTDC: Somente ele tinha esse poder de decisão?

FR: Algumas decisões foram tomadas na época à base de uma recomendação de pessoas da maior respeitabilidade, feita ao presidente e sobre a qual o presidente consultava seu chefe da Casa Civil. Se este concorresse com seu bom juízo de valor sobre aquela pessoa, estava decidido. Do Supremo o que mais ficou foram boníssimas lembranças, foi um fantástico aprendizado. Eu dizia, entretanto, com alguma frequência, que nós éramos um arquipélago, no sentido que Érico Veríssimo deu a essa palavra. Tínhamos origens diferentes, tínhamos recebido educações diferentes, tínhamos sobretudo metodologias diferentes de trabalho.

RTDC: Isso deve gerar uma tolerância...

FR: Exato. É preciso ser construtivo para fazer dessa convivência algo enriquecedor para todos. Mas, depois que entrei na Corte da Haia, foi que vim realmente a saber o que é um arquipélago. A metáfora que eu usava no Supremo era por conta de diferenças secundárias. Na Corte da Haia me dei conta de sermos realmente um arquipélago, e a razão fundamental é a seguinte: no Supremo Tribunal Federal somos onze pessoas diferentes no estilo, na metodologia de trabalho, nessa ou naquela concepção das prioridades do direito, e em outros aspectos menores do exercício da judicatura. Mas o que faz nossa unidade é a percepção de que servimos todos a uma mesma causa. Creio que é difícil dizer isso da Corte da Haia. Estimamo-nos muito, enquanto pessoas vindas de partes as mais distantes do mundo, temos uma convivência mais do que salutar, respeitamo-nos mutuamente, mas sabemos que não servimos todos a uma única causa. Nossas visões de mundo são diferentes, nossas concepções do direito internacional e de como ele deveria ser aplicado, e sobretudo de como ele deveria evoluir, são distintas. Nossas concepções em torno do binômio direito e poder na cena internacional contemporânea são diferentes. Nós não representamos uma mesma coisa na Haia, representamos valores, concepções e projetos diferentes. Aquilo que procurei representar na Haia certamente não teve muito a ver com o que representa minha colega inglesa e querida amiga, ou meu colega japonês e bom amigo. Exige-se de cada um de nós, na Haia, um grau elevado de compreensão das razões, das circunstâncias, e da própria natureza do mandato de cada um dos outros.

RTDC: É impressionante isso que o senhor está falando, porque, na verdade, o senhor representa o senhor mesmo, porque lá o senhor não tem compromisso com nação, ou não?

FR: Temos, no seguinte sentido: a Assembleia-Geral e o Conselho de Segurança das Nações Unidas, quando vão eleger um juiz da Corte da Haia, recebem currículos, examinam e comparam tudo. Mas as características pessoais dos candidatos não são o que realmente conta, até porque são muito uniformes. Nenhum país até hoje ofendeu as Nações Unidas apresentando um idiota como candidato. Sim, são carreiras diferentes, poucos são os que saíram da suprema corte do respectivo país, muitos vieram da diplomacia, outros, de funções de Estado estranhas ao Judiciário, há ex-ministros da Justiça, há ex-ministros do Exterior na Corte. Mas aquilo que realmente conta na eleição é a presunção de que o candidato representa não um determinado governo, mas representa o modo como a comunidade jurídica de seu país entende o direito internacional e projeta o destino da sociedade internacional. Neste sentido, uma candidatura brasileira seria sempre forte, quem quer que fosse a pessoa, e nesse sentido é possível dizer que representei, sim, um modo de pensar o direito (o que é para mim uma enorme satisfação), amplamente compartilhado por todos os juristas brasileiros. Aonde quer que eu vá, sinto isso. No meu tribunal de origem ou numa sala de aula, no foro comum e na Ordem, na advocacia do Estado e na dos agentes econômicos, existe entre nós um modo de entender o direito e de projetar o destino do direito na sociedade internacional, que é marcadamente brasileiro. Enfim, é verdade, nesse sentido, que representamos alguma coisa na Haia, mas que não são, absolutamente, governos.

RTDC: Ministro, vamos voltar rapidamente à sua experiência no Supremo Tribunal Federal e depois retomamos a experiência de Haia. O senhor foi relator no Supremo de um julgado muito importante, que foi o *Habeas Corpus* nº 71.373, do Rio Grande do Sul, que se tornou um precedente nacionalmente conhecido acerca da não obrigatoriedade de um suposto pai se submeter a exame de DNA em ação de investigação de paternidade. Naquela ocasião, restou vencido seu voto, que denegava a ordem e considerava correta a decisão do Tribunal do Rio Grande do Sul, que ordenava o exame. Essa matéria é muito cara a nós do Direito Privado. Trata-se, provavelmente, do primeiro caso em que a dignidade da pessoa humana serviu de critério para a solução de uma colisão de interesses no âmbito de relações privadas. A Professora Maria Celina Bodin de Moraes defendeu vivamente seu voto, ao argumento de que havia abuso de direito do réu. Passados dez anos daquele julgamento, como o senhor vê a questão?

FR: Era meu hábito, ao longo dos anos do Supremo Tribunal Federal, dizer que a maioria tem sempre razão e aceitar com placidez a condição de vencido. Neste caso, devo reconhecer que a maioria foi moderada, ao afirmar que não havia obrigação de submeter o indigitado pai ao exame de DNA, mas que ficava claro que a justiça tinha o direito de presumir, sem maiores considerações, a paternidade. Diante da recusa do réu, a paternidade se presume com segurança. Foi o que o Supremo disse e, do ponto de vista de muitos, entre os quais os ministros vencedores, isso era mais do que satisfatório. Meu voto vencido procurou, entretanto, enfatizar que isso não resolvia problema da busca da identidade, da verdade material quanto à identidade de um ser humano. Esse era o aspecto que deveria ser priorizado, a meu ver. A decisão da maioria deu-se em nome de um argumento que me pareceu frívolo: "O homem tem direito à sua integridade corporal". Que integridade corporal, santo Deus? Do que se precisa para fazer o exame de DNA de alguém? A interferência no corpo humano é menor do que a da mais tênue das vacinas... Como dizer que, em nome da integridade corporal, alguém não pode ceder um fio de cabelo para o exame? O que vejo aí é um intuito de obstruir a busca da verdade, o que não pode ser prestigiado pela justiça. Falou-se: ninguém pode ser obrigado a fazer ou deixar de fazer alguma coisa senão em virtude da lei. Mas é a lei que dá poderes ao juiz para determinar uma série de coisas no interesse do processo e da busca da verdade, uma série de coisas que não está especificamente prevista na própria lei. Não é bem a lei saída do Congresso que manda fazer ou deixar de fazer o exame, mas o juiz, autorizado pela lei a buscar a verdade. Pareceu-me então uma pena que o Supremo, por maioria, tenha desautorizado uma impecável decisão do Tribunal de Justiça do Rio Grande do Sul.

RTDC: O senhor teve o apoio do Ministro Sepúlveda Pertence, Carlos Mário Veloso e Ilmar Galvão. Foi um julgamento apertadíssimo do plenário. Hoje o STJ resolve a questão com a afirmação de que a recusa, por si só, revela-se como um forte indício de paternidade, o que deu ensejo, aliás, à Súmula nº 301. O que nos interessou muito foi a colisão de princípios no seio de uma ação que até então, para a doutrina tradicional, era considerada eminentemente de cunho privado. O seu voto permitiu que se considerasse também integrante da noção de ordem pública questões privadas. No julgamento de outro caso, sobre a admissibilidade de prisão civil de depositário infiel na relação fiduciária em garantia – *Habeas Corpus* nº 72.131, no Rio de Janeiro –, o senhor proferiu outro voto belíssimo, entendendo que não haveria conflito entre o art. 5º, da Constituição, e o art. 7º, da Convenção de São José da Costa Rica. O senhor disse que via na prisão do adquirente uma hipótese clássica quase que bíblica de prisão por dívida; prevaleceu, no entanto, a corrente contrária. O senhor acredita que decisões como essa colocam o Brasil numa posição inferior no plano internacional, apontando para um déficit em termos de proteção de direitos humanos?

FR: Acho que de modo geral as nossas posições na temática dos direitos humanos têm sido reconhecidas como corretas, exemplares mesmo. Isso aí foi um deslize, que não compromete o conjunto, mas foi o único caso em que, tendo ficado vencido, estive como estou até hoje convencido de que a maioria cometeu um erro clamoroso. Lembremos o contexto. Estávamos falando de algo que tem a ver com um dos maiores vícios do direito brasileiro. Vivemos num país onde a Constituição diz que não haverá prisão por dívida. Esta é a regra constitucional.

Excetuam-se duas hipóteses em que o constituinte autoriza o legislador ordinário a estabelecer algo que poderia ser chamado de prisão por dívida. Quando o alimentante omisso, aquele cujos dependentes estão sucumbindo, e que, podendo ajudá-los, não o faz, desobedecendo à ordem da justiça de assim agir, este, quando preso por essa espécie de dívida, configura uma situação que a Constituição tolera em nome de um relevante valor moral e social. A outra hipótese é a do depositário infiel, o depositário infiel propriamente dito, aquele a quem o juiz confia os bens da viúva e dos órfãos e que desaparece com tais bens, não honrando sua obrigação de restituir aquilo de que era apenas depositário. O legislador ordinário brasileiro, atendendo a determinados interesses, fez (em diversas investidas, porque não foi uma só) o que de mais insolente já se fez nesta república para solapar, por obra da lei ordinária, um preceito constitucional. Criaram-se falsas situações de depósito, falsas é o nome, qualificando como depositário infiel quem evidentemente não o é. O agricultor que de algum modo não tem como devolver o dinheiro ao banco e não tem como entregar o produto, situação comum, não é um depositário infiel e pode ser preso por dívida, num acinte à Constituição. O comprador fiduciário não é decididamente um depositário infiel; aquele que compra e, em determinado momento, pelas circunstâncias da vida, não pode continuar pagando nem tem a mercadoria para devolver. Tenho dito que essa é uma hipótese clássica, quase bíblica, de prisão por dívida. Ele não é um depositário infiel e, no entanto, pode ser encarcerado à conta da fraude colossal que o legislador ordinário perpetrou, no Brasil, contra sua própria Constituição.

Pois bem, o pano de fundo era esse, um dos fantasmas que assombram a consciência dos juristas brasileiros. Sobre esse cenário, surge a questão de saber como ficávamos depois que passou a viger para o Brasil a Convenção de San José da Costa Rica, que só abre uma exceção possível à proibição da prisão por dívida, no caso do alimentante omisso. Não há referência sequer ao depositário infiel propriamente dito, menos ainda ao falso depositário infiel. Era de entender-se que, desde o momento em que o Congresso brasileiro aprovou a Convenção de São José da Costa Rica, a segunda exceção deixou de existir. Ou seja, apesar da autorização da carta para que essa segunda hipótese excepcional existisse, passávamos a não mais admiti-la, ficando com uma única exceção ao princípio proibitivo da prisão por dívida, no caso do alimentante relapso. No entanto, a maioria resolveu dizer que a Convenção no particular não valia, não se aplicava, como se lesse na regra constitucional um comando imperativo, como se a Constituição dissesse: prenda-se, sempre, o depositário infiel. A Constituição não diz isso; ela abre uma possível exceção, e deixa à conta de o legislador ordinário trabalhar sobre a matéria. O legislador ordinário trabalhou durante anos sobre a matéria cometendo uma tropelia após outra, e um dia redimiu seus pecados quando aprovou o texto da Convenção de São José da Costa Rica. Tratou-se exatamente do exercício da liberdade que tem o legislador ordinário para mudar, sobretudo para melhor, o perfil da nossa ordem jurídica. O tribunal não entendeu assim, e penso que cometeu um erro lamentável.

RTDC: Essa questão é, de fato, muito atual: qual a extensão interpretativa que deve ser atribuída, no seu entender, ao art. 5º, §2º, em face desses tratados, como a Convenção de Costa Rica, que versam sobre direitos humanos?

FR: Eu via no §2º uma norma de difícil entendimento. Por um lado, sentia as consequências de ordem técnica da norma se interpretada em prol da tese expansionista. Isso significaria que o Congresso pode, pelo quórum ordinário que é o da aprovação de tratados, aditar coisas à Constituição. E talvez signifique até o oposto, a possibilidade de podar depois dispositivos incorporados à Constituição mediante denúncia do tratado, o que em princípio pode ser feito mesmo pela só vontade do Poder Executivo. Por outro lado, se víssemos as coisas com mais rigor e disséssemos naquela época que esses tratados não têm nível constitucional, então por que a regra está ali? Só para significar que não se negará determinado direito pelo fato de não figurar na lista constitucional e sim em tratado? Mas isso é de uma obviedade ululante, ninguém pensaria em dizer o contrário. O parágrafo não poderia estar ali só para dizer isso. Então é uma situação difícil, e não pode haver grande esperança em torno do que o Supremo venha a dizer a respeito, depois do que ele disse no caso do depositário infiel.

Na reforma do Judiciário editou-se o §3º, que liquidou o problema ao dizer que os tratados em questão terão estatura constitucional desde que aprovados pelo quórum correspondente ao da emenda à Constituição. Chamei isso de cláusula holandesa, porque lembra certa metodologia de incorporação de tratados adotada nos Países Baixos há muitos anos. Esse novo §3º do art. 5º da Carta estabelece que os tratados terão, sim, essa hierarquia superior se aprovados pelo quórum correspondente ao da emenda à Constituição. O novo parágrafo trouxe consigo um esclarecimento: o de que, até então, até dezembro de 2004, não era assim. A tese, digamos, mais pessimista era a verdadeira.

RTDC: Pois é, isso de certa maneira seria preocupante em relação aos tratados anteriores?

FR: Não, acho que com o §3º se resolveu o problema, até porque tenho uma tese a respeito do intervalo. Deve haver mais de um direito previsto em tratado que se incorporou à ordem jurídica brasileira entre outubro de 1988 e dezembro de 2004. Como ficam esses tratados introduzidos no intervalo? Eles têm ou não esse nível? Creio que têm, por força de um *upgrading* semelhante ao que ocorreu com o Código Tributário

Nacional. Desde o momento em que o §3º diz que os tratados sobre essa matéria terão essa estatura sob certa condição, e não faz nenhuma ressalva abjuratória do produto do intervalo, penso que o produto do intervalo foi alçado ao nível que se quer dar em definitivo à matéria.

RTDC: Ministro, o senhor participou ainda de outro importante julgamento, uma das poucas ocasiões em que o Supremo Tribunal Federal se manifestou de maneira mais profunda sobre o dano moral como instituto jurídico. Naquela ocasião – Recurso Extraordinário nº 172.720 –, o senhor qualificou o dano moral com um mal evidente, discutindo muito esse assunto, capaz de ser apreendido no caso concreto, recorrendo-se à vivência normal de cada um. Como o senhor vê o tratamento que as Cortes brasileiras dedicam hoje ao dano moral? O senhor concorda com a corrente que propugna a necessidade de se conferir às indenizações por dano moral um caráter punitivo?

FR: Deveria refletir melhor, mas em princípio não me parece má ideia. O que na ocasião foi decidido, e em todo caso é fundamental, é que os juízes sejam criteriosos para não inventar o dano moral ali onde o bom senso elementar não mostra que ele existe. Entendi, como outros membros do Tribunal entenderam na época, que aquele era um caso típico do que nossa Constituição qualifica como dano moral a reclamar uma compensação, para que não continuemos a ser o país da absoluta impunidade do industrial, do comerciante, daquele que oferece produtos e serviços ao público. De fato, este país fomentou durante décadas a cultura da irresponsabilidade do prestador de produtos ou serviços. Entre juízes e instituições públicas, prevalecia a cultura do "deixa disso". A atitude curial do juiz brasileiro diante desse tipo de reclamação era a da perplexidade: "O que é isso? Que sujeito extravagante, o que ele quer, afinal? Essas coisas acontecem", forjando com essa atitude a cultura da impunidade, da irresponsabilidade daquele que deveria atuar com mais correção no mercado, numa época de intensa competição, sobretudo. Pareceu-me que aquela decisão foi extremamente oportuna, e outras decisões foram tomadas do mesmo sentido, com igual correção. Tudo quanto deve ser observado é o limite da razoabilidade, para que não se transforme a teoria do dano moral numa hipotética panaceia que resolveria todos os nossos problemas de comportamento. Também não sou favorável aos exageros à americana...

Do nosso ponto de vista, alguns juízes associam muito aborrecimento ao dano moral, e muitas vezes seria difícil definirmos parâmetros a partir do qual seria o caso de se considerar, identificar o dano moral. O senhor acha que há liberdade do juiz de avaliar no caso concreto?

FR: Acho. E com a cadeia recursiva de que dispomos, é difícil um erro prevalecer.

RTDC: Há um outro julgado seu que despertou a atenção da opinião pública, referente à chamada farra do boi, de Santa Catarina – Recurso Extraordinário nº 153.531. O senhor vê alguma relação entre questões como esta e outras que, tal como o problema da mutilação da genitália feminina em algumas comunidades africanas, possibilitam que se invoquem noções de multiculturalismo para a defesa dessas práticas?

FR: Acho que o Estado de direito tem o dever de respeitar, até certo limite, as características porventura extravagantes de culturas minoritárias. Além desse limite, a função corretiva do Estado há de ser exercida. O caso específico da farra do boi me lembra o que enfatizei na 2ª Turma, quando o julgamos. Disse: temos nesta sala dois ou três ex-presidentes e o atual presidente da Justiça Eleitoral do Brasil; sabemos o que é

Santa Catarina dentro do concerto federativo. É o Estado modelo, com o número mais ínfimo de fraudes e de incidentes eleitorais; com a apuração eleitoral mais zelosa, rápida e segura. É estranho que justamente nesse Estado da Federação se promova – a pretexto de que é uma manifestação cultural – esse tipo de evento, com o apoio de autoridades locais – não todas. Alguém poderia ter criticado o fato de que a ação vinha de ativistas do Rio de Janeiro, que encontrariam perto de si melhores objetos de preocupação do que os distantes costumes catarinenses. Alguém poderia ter lembrado tantas prioridades pungentes no tratamento do ser humano, em tantos pontos do Brasil, perguntando por que aqueles cariocas estavam preocupados com os bois de Santa Catarina. Mas nenhum de nós tem o direito de ditar ao outro prioridades, ou de censurar no outro sua escolha daquele valor constitucional que ele quer fazer valer, pelo qual ele quer lutar. É direito de qualquer brasileiro, de qualquer organização, governamental ou não, selecionar uma norma da carta que entenda que está sendo ofendida, e atacar em juízo essa situação, e era o que aquele grupo estava fazendo, no exercício legítimo das prerrogativas da sua cidadania. Outra reflexão decorreu da maneira como a ação foi proposta contra o Estado. Os patronos dos autores não cometeram o erro de individualizar a Assembleia Legislativa ou o governador: acionaram o Estado, porque havia ali responsabilidades legislativas e executivas. Muitas vezes esse problema não é de fácil solução, mas no caso da farra do boi pareceu claro que não podíamos tratar como manifestação cultural tolerável algo que envolvia um grupo inexpressivo de catarinenses, maculando a exemplar imagem que o Estado tem a todos os títulos. Era hora, portanto, de o Judiciário dar uma resposta correta a quem queria fazer prevalecer a Constituição.

RTDC: Como foi sua transmissão para o Tribunal de Haia? Qual a importância da Corte Internacional de Justiça nos dias de hoje – nem sempre uma corte conhecida dos brasileiros na sua atividade? Quais as principais contribuições que a corte pode trazer para o mundo de hoje e quais as suas limitações intrínsecas?

FR: A Corte viveu nos meus nove anos de mandato o seu período mais interessante quanto à agenda. Um número maior de casos de particular relevo. Houve períodos na história da Corte que foram de calmaria total, os anos setenta, por exemplo, em que não havia quase nada na pauta. O número de feitos aumentou substancialmente a partir de 1995, e dentro desse aumento numérico surgiram casos de enorme interesse. Algum destaque para os pareceres consultivos. A Corte da Haia, diferentemente dos tribunais nacionais em geral, não tem apenas competência contenciosa; ela tem também uma competência consultiva, para responder a questões jurídicas formuladas pela própria ONU ou por alguma instituição autorizada pela Assembleia-Geral da ONU. O Conselho Econômico e Social consultou a Corte sobre o estatuto dos funcionários das Nações Unidas, no caso em que um relator especial da ONU estava sendo processado na Malásia por declarações que havia feito na sua qualidade de investigador das práticas judiciárias daquele país. Sabedores de que era improvável o sucesso de qualquer ação penal contra esse cidadão, que era também malaio, alguns descontentes intentaram contra ele ações civis, alegando que a imagem deles havia sido desgastada, e pedindo indenizações que montavam a mais ou menos doze milhões de dólares. Ora, o salário do secretário-geral das Nações Unidas, ao longo de todo um mandato de cinco anos, não chega a um milhão de dólares. Queria saber de onde um relator especial, em função temporária, quase simbólica, tiraria doze milhões de dólares para indenizar pessoas descontentes com comentários que ele havia feito sobre o funcionamento do Judiciário na Malásia.

O que a Corte afirmou foi que ele tinha imunidade à jurisdição penal e civil por declarações, ainda que inoportunas. Oportunas ou não, aquelas declarações haviam sido feitas dentro do exercício da função das Nações Unidas, ele gozava de imunidade por isso, e o governo malaio estava obrigado a fazer valer essa imunidade, sem usar do argumento de que os tribunais são independentes. Tratava-se, para o governo malaio, de fazer valer, com os meios de que dispõe para defender seus próprios interesses perante a justiça, a imunidade daquele funcionário das Nações Unidas. Outro parecer consultivo, a pedido da Assembleia-Geral, foi o referente ao muro na Palestina.

RTDC: O senhor foi o relator?

FR: Não, não há relator, todos leem tudo, todos estudam tudo, porque o número de processos é pequeno e permite isso. No caso do muro, a questão da Assembleia-Geral, muito bem colocada, não era saber se Israel tem o direito de construir um muro de proteção contra o terrorismo na fronteira, na chamada Linha Verde, e sim a questão de saber se Israel tem o direito de construir um muro que penetra o território palestino, como que para legitimar assentamentos ilegais. Foi a isso que a Corte respondeu, e respondeu dizendo o óbvio, o que está ao alcance de qualquer primeiranista de Direito. Tamanha era a previsibilidade do que a Corte diria sobre tal questão jurídica, que aqueles países que preferiam que isso não fosse dito não disseram nada sobre o mérito. Preferiram dizer que a Corte deveria valer-se do seu direito de não responder à Assembleia-Geral, sob o argumento de que a questão era mais política do que jurídica, ou sob o argumento de que a questão palestina já está na pauta do Conselho de Segurança e, portanto, deveria escapar à consideração judiciária. Esse processo foi especialmente interessante porque trouxe à barra da Corte da Haia a melhor advocacia internacional que se conhece. Pronunciaram-se por escrito vários Estados soberanos e instituições, alguns partidários de que a Corte não falasse, os outros partidários de que a Corte falasse e dissesse aquilo que era mais ou menos óbvio. Mas os advogados que foram à barra para sustentar oralmente, esses eram todos favoráveis à consulta e à decisão de mérito em favor da ilegalidade do muro e da causa palestina. Uma elite encabeçada pelos catedráticos de direito internacional de Oxford e de Cambridge, contando com o que há de mais notável no pensamento jurídico ocidental, de São Francisco da Califórnia a Paris, de Bruxelas a Berlim. Independentemente do próprio mérito do caso, foi um momento de grandeza na tribuna da Corte da Haia, porque nunca se viu uma advocacia internacional tão brilhantemente exercida.

RTDC: Que bonito! E como eles vão lá? As partes levam seus advogados?

FR: Eles são contratados e, nesse caso, foram quase todos contratados por valores simbólicos. São contratados por Estados soberanos que querem se fazer representar oralmente, às vezes também por organizações internacionais.

RTDC: Ministro, quanto à exequibilidade dessas decisões da Corte, há mecanismo específico. Como se dá essa eficácia?

FR: Quando não havia ainda um Judiciário internacional, e o contencioso internacional se resumia na arbitragem, dizia-se da sentença arbitral que ela é definitiva, porque não há recurso, ela é obrigatória, porque as partes consentiram em aceitar como lei o que o árbitro decidisse, porém ela é não executória, sua execução dependendo da boa-fé, da integridade das partes. Não há uma milícia internacional para dar mão forte ao árbitro em caso de recalcitrância. Pergunta-se: com o Judiciário internacional, destacadamente depois de 1945, com a Corte Internacional de Justiça, há algo diferente? Muito pouco. A sentença, o acórdão da Corte Internacional de Justiça são definitivos, obrigatórios e em princípio não executórios, senão pela boa-fé e pela integridade das partes, exceto no caso do art. 94 da Carta da ONU, ou seja, quando o Conselho de Segurança resolve politicamente entender que a rebeldia do Estado que não quer cumprir a decisão da Corte pode colocar em risco a paz e a segurança internacionais. Neste caso, o Conselho de Segurança pode fazer uso dos seus recursos, mesmo da força, para garantir o cumprimento da decisão. Nunca foi preciso. Houve dois únicos casos em que a parte condenada a fazer alguma coisa disse, a princípio, que não cumpriria, mas acabou por cumprir, de outra maneira.

RTDC: Como assim? Conte-nos.

FR: O primeiro deles foi o caso do Estreito de Corfu. A Albânia estava entre os inúmeros países não obrigados a aceitar a jurisdição da Corte, não signatários da chamada cláusula Raul Fernandes, que coloca os Estados signatários perante a Corte na mesma posição que nós pessoas temos ante os juízes e tribunais de onde estamos. A Albânia, como o Brasil e como tantos outros, não era signatária da cláusula Raul Fernandes no final da Segunda Grande Guerra, e não era obrigada a aceitar a jurisdição da Corte quando foi citada para uma ação movida pela Grã-Bretanha. Navios britânicos de passagem pelo Estreito de Corfu, na costa albanesa, em águas territoriais albanesas, bateram em minas, remanescentes da grande guerra. Houve explosões, duas ou três baixas humanas e prejuízos materiais. A Inglaterra processava a Albânia querendo indenizações, dizendo que o Estado é responsável pela segurança do seu mar territorial em tempo de paz. A Inglaterra não afirmava que a Albânia colocara aquelas minas, e ninguém suspeitava de que a Albânia as tivesse colocado, mas ela não limpara seu mar territorial e, portanto, haveria de responder pelos danos que as minas causaram aos navios ingleses. A Albânia contestou o mérito, arguindo inocência. A Corte então afirmou sua jurisdição e desencadeou o processo. Semanas depois, a Albânia resolveu recusar a jurisdição e a Corte disse que era tarde, que já estava instaurada a relação processual.

O governo albanês, que por inadvertência contestara o mérito sem declinar da jurisdição, agora já não podia mais fazê-lo. A Albânia foi então condenada, à revelia, a indenizar a Grã-Bretanha em certas somas, e os albaneses anunciaram que não pagariam. O Conselho de Segurança, instado pela Grã-Bretanha a aplicar o art. 94, recusou-se, entendendo não estarem em risco a paz e a segurança internacionais. Pouco tempo depois, operários romanos, fazendo escavações para uma obra pública no centro de Roma, encontraram caixas de madeira contendo partidas expressivas de ouro monetário, barras de ouro monetário. "Que ouro é esse?", todos se perguntam, e alguns historiadores logo respondem: "esse é o tesouro nacional da Albânia que Benito Mussolini confiscou e escondeu aí sabe-se lá por quê. A Grã-Bretanha voltou à Corte para mostrar que o ouro pertencia à Albânia, e porque pertencia à Albânia deveria ir para Londres, em execução do acórdão do caso do Estreito de Corfu...

O segundo caso foi o da Nicarágua, que processou os Estados Unidos por atividades militares em seu território. Os Estados Unidos, no mérito, não contestaram, deixando o processo correr à revelia. Quando a Corte os condenou a indenizar a Nicarágua por atividades militares e pelo patrocínio dos chamados "contras", o governo americano declarou que em face da condenação à revelia não tinha a intenção de executar imediatamente o acórdão. Mas, sob a forma da ajuda externa, foram em seguida transferidas à Nicarágua somas superiores ao valor da condenação...

RTDC: Na sua opinião, qual a maior contribuição do Direito Internacional para a contemporaneidade? Como vê o problema da eficácia dos direitos fundamentais e da crise a que o senhor aludiu do direito internacional?

FR: Este é um momento de eclipse do direito internacional. Nunca antes a relação sempre difícil entre direito e poder no plano internacional se definiu com tamanho sacrifício do direito e tamanha prevalência do poder. Estamos vivendo um momento que acredito que não gostaríamos de lembrar daqui a alguns anos, quando ele tiver sido superado. Numa correspondência do começo dos anos trinta, trocada entre Albert Einstein e Sigmund Freud, identificou-se como psicose coletiva aquilo a que os governantes, manipulando o medo, podem induzir seus povos, com argumentos que levam ao abandono de inúmeros valores, e facilmente ao abandono do direito. Não imaginaria que na era de Thomas Jefferson pudesse acontecer o que aconteceu ali nestes últimos anos. Sabemos que a regra jurídica não prevalece nos porões dos regimes autoritários, sabemos o que acontece de modo escamoteado, oculto, acobertado nos porões das ditaduras. Mas *Guantanamo* é um caso absolutamente sem precedentes: a zona de não direito assumidamente criada por uma histórica democracia, com a condescendência de sua Corte Suprema e de todas as suas outras instituições. Mal dá para acreditar que isso está realmente acontecendo, e que a isso já nos habituamos. Já nem temos mais energia para dizer às crianças, que assistem à televisão e veem certas cenas, que aquilo tudo é ilegal, uma brutalidade sanguinária, sem nenhum apoio no direito. Chamo isso de eclipse porque, apesar da enorme humilhação por que passa a Organização das Nações Unidas (que pretenderam transformar numa instituição humanitária, numa administradora das ruínas das guerras que a organização não consegue evitar), isso é uma situação temporária. Se por mais não for, será pela saturação que esse estado de coisas cria no espírito das pessoas, lá mesmo e no resto do mundo, nos países cúmplices das façanhas militares que mais brutalmente agrediram o direito internacional nos últimos anos, e nos demais países que a tudo presenciaram. A saturação chega a tal nível que alguma coisa tem de acontecer, no sentido de chamar à ordem os eleitores na hora em que devem manifestar pelo voto sua cumplicidade com certas práticas ou protestar, ou renovar o poder e pacificar sua consciência.

RTDC: Um dos temas que o senhor tratou mais profundamente, a reciprocidade no âmbito internacional, foi alvo de grande debate no Brasil por conta daqueles fichamentos dos turistas norte-americanos. Como o senhor vê o papel da reciprocidade no mundo de hoje, marcado por trocas muito intensas de todos os tipos entre os países e com as características que o senhor acabou de enumerar?

FR: O princípio da reciprocidade nas relações internacionais é de grande consistência lógica e moral, e orienta nossas relações internacionais há muito tempo. De vez em quando, o produto da estrita reciprocidade é algo que muitos brasileiros (no caso, a começar pelo governador do Rio de Janeiro, na época) consideram inapropriado, porque a estrita reciprocidade não condiz com a desigualdade das circunstâncias de quem faz a coisa e de quem responde. Pode haver razões para fazer determinada coisa, e não haver razões para responder a ela de modo absolutamente simétrico. Eu não me senti particularmente vexado por aquilo que se fez, no caso dos vistos. A regra da reciprocidade é um dos pilares da nossa diplomacia, e acho que não conviria desgastá-la.

RTDC: A guerra do Iraque pode ter significado um tremendo golpe para o direito internacional, com a prevalência da força bruta e do arbítrio em detrimento dos princípios que regem a sociedade internacional. Como o senhor vê a questão? O que mudou entre a guerra do Golfo da década de 90 e o atual momento? É possível que o Direito Internacional tenha sua disciplina fortalecida diante do fracasso da intervenção militar unilateral?

FR: Na guerra do início da década de 90, estávamos sob o pálio das Nações Unidas. Muitos países como o Brasil acharam que não era o caso de participar militarmente, e com razão. Mas os que na época empreenderam ação militar na área fizeram isso sob a autoridade das Nações Unidas, para corrigir um procedimento contrário ao direito. Agora as coisas foram completamente diferentes. Não se conseguiu sequer que alguma organização regional respondesse pela aventura militar no Iraque. E um aspecto incidental, mas que não deixa de ser extremamente penoso, é que essa força bruta é colossal, mas ao mesmo tempo é tecnicamente incompetente. A Otan provou no Kosovo sua incompetência, causando mais vítimas entre os supostamente protegidos do que entre aqueles que eram considerados agressores, causando mais danos à propriedade civil e a bens estrangeiros do que ao aparato militar dos sérvios. A aventura militar contra o Iraque atingiu extremos de brutalidade e, à revelia das Convenções de Genebra, fez vítimas entre crianças, mulheres, idosos, pessoas absolutamente fora de combate e incapazes de se defender. O sacrifício humano foi muito superior aquilo que seria necessário para perpetrar a ilegalidade da conquista e da ocupação. A ofensa brutal ao direito foi agravada por esse ingrediente perverso, a incompetência militar do agressor.

RTDC: O senhor vive atualmente na França, onde recentemente se proibiu o uso de véu e de outros símbolos religiosos nas escolas públicas. É possível ponderar a laicidade como valor existencial da República e o respeito ao sentimento religioso manifestado no uso de véu para muçulmanas? Como o senhor se posiciona diante dessa colisão?

FR: Sempre fui essencialmente republicano. Somos um país de maioria católica, de ampla maioria cristã, mas onde se sabe estabelecer a fronteira entre aquilo que é do domínio confessional de cada um e aquilo que é do domínio do Estado. Quanto ao uso específico do véu e aos problemas que o governo francês enfrentou à conta desse episódio, minha tendência é aprovar o primado dos valores republicanos. Acho que isso funciona em benefício até mesmo das comunidades afetadas. Inúmeras mulheres francesas de grande expressão intelectual e moral formaram à frente na condenação do véu uma imposição de certa cultura às mulheres que, por razões diversas, se acomodavam àquilo. Na realidade, sempre fui refratário a toda espécie de declamação do sentimento religioso, até porque não acredito muito na profundidade da fé daqueles que, em diversas religiões, são os mais espalhafatosos, quando não arrogantes, no discurso da sua religiosidade.

RTDC: Muitos de nossos leitores têm pesquisado e trabalhado em arbitragens. Nos últimos anos, o senhor tem participado de grandes arbitragens, de importantes arbitragens no plano internacional que têm surgido com mais força no Brasil. Como o senhor vê, pela sua experiência, digamos assim, o estado da arbitragem no Brasil e o futuro dela no panorama da nossa justiça?

FR: Acredito que o estado geral da arbitragem, no mundo todo, é de crescimento em ritmo acelerado, com ganho de prestígio e de consistência. No Brasil, principiante neste domínio, as coisas se afirmam com solidez, e o futuro da arbitragem é o mais promissor possível. Isso alivia o Poder Judiciário, acelera a solução de litígios e não fere nenhum princípio. Nunca acreditei que exista um princípio do monopólio da judicatura pelo Estado, e as raízes históricas da arbitragem se perdem na noite do tempo. Por tudo que sei, creio que a arbitragem no Brasil abre seu espaço de modo saudável. Tenho algumas preocupações no plano da arbitragem internacional relacionada com investimentos. Foi, aliás, algo em que trabalhei nos últimos anos. A Corte da Haia não apenas aceita, mas estimula mesmo a participação eventual dos seus juízes em processos arbitrais, sobretudo quando envolvem um Estado de um lado e uma empresa transnacional do outro – um quadro, portanto, que tem a ver com os interesses do Estado, mas que não tem acesso à Corte. O que me preocupa, no caso do centro de solução de conflitos relativos a investimentos, o *International Centre for Settlement of Investment Disputes* – ICSID, e em outros sistemas de arbitragem em matéria de investimentos, é a percepção de que alguns árbitros revelam tendência a tratar o investidor como se fosse um hipossuficiente diante do Estado. Há certa condescendência, em hipóteses avulsas, com o investidor em seu confronto com o Estado. Temos enfrentado também um problema de falta de coordenação no sistema visto como um todo, daí resultando decisões frontalmente desiguais em contextos idênticos. O exemplo mais grave é o dos chamados casos tchecos: um tribunal arbitral em Estocolmo e outro tribunal arbitral em Londres decidiram coisas inteiramente diferentes quanto à mesmíssima situação, quanto a investimentos feitos no mesmo país, nas mesmas circunstâncias. Isso desacredita o sistema. Outra coisa que preocupa, desde que foi decidido o caso *Loewen*, é aquela situação não frequente, mas às vezes ocorrente, em que o país receptor do investimento é um país mais poderoso economicamente do que aquele onde tem origem o investimento. O sistema revelou sua comovente imprestabilidade para bem resolver um caso em que o investidor era um empresário canadense e o investimento foi feito nos Estados Unidos da América. Uma decisão nada menos que escandalosa da justiça do estado do Mississipi foi, ao fim e ao cabo, convalidada pelo tribunal arbitral que deveria ter corrigido o impressionante exemplo de denegação de justiça no plano interno.

RTDC: Que conselho o senhor daria aos novos juízes e àqueles que buscam ingressar na magistratura?

FR: Penso que todos os operadores do direito em nome do Estado, os magistrados, os procuradores, os advogados do Estado, deveriam ter permanente consciência da indispensabilidade do direito; de que são eles os responsáveis por produzir no seio da sociedade a ideia dessa indispensabilidade, e a de que isso não é uma coisa ruim, mas bem o contrário.

RTDC: E se nós pudéssemos dizer a herança mais preciosa que o Direito Internacional, o Direito, oferece ao século XXI?

FR: É seu próprio sacrifício, seu próprio holocausto nesta virada de século, e a esperança, portanto, de que ele, o direito, volte a resplandecer no final deste eclipse, que não pode ser eterno.

ENTREVISTA COM RICARDO LIRA[1]

RTDC: Como foi sua formação acadêmica?

RL: Minha formação foi integralmente na nossa velha Faculdade de Direito do Rio de Janeiro. Fiz vestibular em 1950, e depois fiz o curso entre 1951 e 1955. A grande faculdade que existia à época era a Faculdade Nacional de Direito e tinha grandes mestres; basta mencionar a figura destacada do mestre San Tiago Dantas e de outros tantos. A Faculdade Nacional, contudo, era a faculdade oficial, e oferecia um ensino do direito influenciado pelo governo. A nossa Faculdade de Direito do Rio de Janeiro foi criada, em 1935, por alguns mestres – incluindo meu pai, que foi um de seus fundadores – justamente para ministrar um ensino livre do direito, um ensino independente. E a criação da nossa Faculdade não se deu sem dificuldades, tendo começado a funcionar na Associação Cristã de Moços, e só depois se transferindo para o casarão da Rua do Catete, e, apenas muitos anos mais tarde, para o *campus* atual da UERJ.

RTDC: Que professores mais o influenciaram?

RL: A nossa Faculdade de Direito tinha grandes mestres, como Ary Franco, Oscar Tenório, Homero Pires. A universidade era efetivamente extraordinária, mas vou lhes dizer uma coisa que não é injusta: os professores de hoje, a nossa faculdade de hoje, é melhor do que a faculdade que eu tive, porque os velhos professores conheciam bastante, mas eram homens já muito cansados, muito vividos, como Edgard Sanches, homem da economia política, ou o velho Marcílio de Lacerda, que tinha sido senador em 1922. Havia, porém, outros professores, mais jovens, como o extraordinário Benjamim de Morais, de Direito Penal – todos nós tínhamos no terceiro ano um namoro com o Direito Penal, mas nos casávamos depois com o Direito Civil ou com o Direito Público. Havia, ainda, o Professor Mattos Peixoto, primeiro ano de Direito Romano, que entrava em sala de aula, ia para o quadro-negro e escrevia: "*Senatusconsulto* não é gente!". Era rigorosíssimo; foi a única matéria em que fui à oral, porque em todas as outras passei

[1] Entrevista concedida à *Revista Trimestral de Direito Civil – RTDC*, v. 27, jul./set. 2006. A *RTDC* agradece ao Dr. Arlindo Daibert, Diretor do Centro de Estudos da Procuradoria-Geral do Município do Rio de Janeiro, por sua valiosa participação na realização desta entrevista.

por média, mas com o velho Matos Peixoto eu tive que ir à oral. A Faculdade era de muito bom nível, rigorosa, séria.

RTDC: Como foi sua atuação no movimento estudantil?

RL: Tive uma atividade acadêmica e político-universitária intensíssima, e, se o homem são as circunstâncias, as minhas circunstâncias sempre foram o direito e a política. Desde a minha tenra idade vivi cercado de uma biblioteca predominantemente jurídica, que pertencia ao meu pai. Ao mesmo tempo, ele foi uma espécie de chefe de polícia nacional. Foi Diretor do Departamento Federal de Segurança Pública (1945/1946), e, posteriormente, Chefe do Gabinete Civil da Presidência da República durante todo o Governo do Marechal Eurico Gaspar Dutra. E eu me interessava muito por política. Acompanhava toda a atuação de meu pai, o seguia. Aliás, queria ser político, e cheguei a trabalhar seis meses no governo, a convite do então Governador Carlos Lacerda, que praticamente era um alcaide; foi um grande alcaide... não que eu fosse um lacerdista, mas eu era um admirador, realmente, do Lacerda, que era um homem talentosíssimo. Jamais votaria nele para Presidente da República, porque ele era um homem muito enérgico na perseguição de seus desafetos. Não tinha a capacidade de perdoar que tinha o Juscelino Kubitschek. Mas o que eu queria dizer é que, desde a minha tenra idade, fui cercado pelas circunstâncias do direito e da política. Na faculdade, fui Presidente do Centro Acadêmico Luiz Carpenter, e a política estudantil naquele tempo era muito organizada. Havia o poder executivo, o poder legislativo e o tribunal universitário, que presidia as eleições universitárias. Depois de cada gestão, havia uma prestação de contas, normalmente, em uma assembleia geral de suma importância, em que a oposição tentava recusar aprovação às contas da situação. Havia uma luta política muito intensa. Evaristo de Morais, Evaristinho, era meu líder da maioria, e combinávamos previamente os discursos, para termos o domínio completo da vida política. Ele era como um irmão; tínhamos uma grande ligação, tanto que depois tivemos um escritório de advocacia juntos – ele tratando da parte penal e eu da parte civil –, fomos sócios a vida inteira. Infelizmente morreu cedo o Evaristinho...

RTDC: É verdade que vocês evitaram uma greve de bondes?

RL: É verdade. O líder da oposição era um rapaz comunista, talentosíssimo, o maior orador da faculdade, chamava-se José Theotônio Padilha Sodré. Era muito meu amigo, eu só tinha amigos, salvo um indivíduo mau-caráter da Paraíba, o Bezerra, com quem fui às vias de fato, e ele fugiu de mim. Mas o Sodré, não; o Sodré era muito meu amigo e um orador extraordinário. E, um dia, eu estava em casa com quarenta graus de febre, e o Evaristo me telefonou dizendo que o líder da oposição havia proposto que os estudantes paralisassem os bondes em frente à faculdade. Eu era contra aquilo: o universitário não tem que fazer arruaça, fazer greve; nós temos que ir às salas de aula, fazer reunião. Enfim, o que eu disse ao Evaristo foi: "Vamos ganhar tempo, vá dando a palavra aí aos estudantes para que se manifestem". E aquilo foi acontecendo, com discursos inflamados. As quatro e meia da manhã, o Evaristo me telefonou de novo e disse: "Mestre, aqui está ficando um pandemônio. Já não tem mais quem fale!". E eu disse: "Então, vamos aprovar a greve, vamos aprovar a greve!". E aprovamos a greve, porque, às seis e meia, às sete horas da manhã, já estavam todos dormindo, e acabou que não teve greve nenhuma.

RTDC: O senhor foi presidente do Centro Acadêmico quando a Faculdade de Direito do Rio de Janeiro se situava no casarão do Catete, muito próxima ao Palácio do Governo. Como era a relação dos estudantes com o governo?

RL: Era muito cerimoniosa e quase inexistente. Nós não tínhamos acesso ao Ministério da Educação, nada disso. A gente fazia comício contra o governo, fazia... mas não havia diálogo com o governo. O presidente era o Dr. Getúlio Vargas, em 1954, quando fui Presidente do Diretório. A repressão aos estudantes era forte. Eu era contra o Getúlio, e o Evaristinho, que era meu irmão, tinha uma opinião contrária à minha: era getulista. Lembro-me que quando eu soube do suicídio do Getúlio, liguei para o Evaristo. Nós tínhamos um jornal de campanha, e eu havia, dois dias antes, feito um manifesto violentíssimo contra o Getúlio, contra a sua política, contra o crime da Rua Tonelero, aquelas coisas todas; um manifesto violentíssimo. E eu disse ao Evaristo: "Vamos correndo para a Folha Carioca impedir a publicação do jornalzinho nosso de campanha e vamos refazer o manifesto, para dizer algo mais brando, para dizer que, apesar do desamor do Getúlio pela democracia, ele fora um grande estadista etc.". Daí, então, nós ganhamos a eleição.

RTDC: Qual é, na sua visão, o papel dos centros acadêmicos hoje dentro das universidades?

RL: Acho que é muito importante. Primeiro, acho que os centros acadêmicos são um instrumento de favorecimento da participação política dos alunos, no sentido de adquirirem essa concepção, digamos, do convívio com a política, da tolerância, da compreensão. Acho que o regime militar foi de uma habilidade imensa, quando criou o sistema de créditos, exatamente para acabar com as turmas, separando os grupos de estudantes e minando a política universitária. E por isso há uma crise política hoje. O jovem se desinteressou pela política, e a sociedade está se ressentindo exatamente quanto à qualidade daqueles que se dedicam à política. Então, acho que o instrumento do centro acadêmico funciona, sim, não só como um fator da fiscalização da qualidade do ensino jurídico, mas também como meio de preparação do jovem para o exercício da política verdadeira.

RTDC: Professor, como ocorreu seu ingresso na docência?

RL: Um ano depois que me formei, comecei a dar aulas de direito civil, como auxiliar de ensino. Dei aula de graça durante três anos. Depois passei a receber e fui prosseguindo no magistério. Fiz na habilitação à livre-docência uma tese sobre obrigações alternativas e obrigações com prestações facultativas. Uma tese muito pachorrenta, muito dogmática, um verdadeiro Mogadon jurídico. Mogadon é um remédio violentíssimo, que, quando eu tomava, dez minutos depois estava dormindo profundamente. Vocês podem ler dez páginas dessa tese, e a insônia vai embora. Tanto é assim que nunca a publiquei; só a publiquei na *Revista da Procuradoria*, porque não era uma publicação comercial. Eu achava que a tese não tinha interesse comercial, mas é uma tese dogmática, que me deu muito trabalho – aliás, posso dizer a vocês que, para mim, o direito civil é dividido em parte geral, obrigações e direito das coisas. Família e sucessões são agregados de direitos, socialmente muito importantes, mas dogmaticamente o que é fundamental são a teoria geral, o direito das obrigações e o direito das coisas. Em 1967, me tornei Professor Adjunto. Em 1979, fiz concurso de titularidade, quando já haviam acabado com a cátedra, extinta em 1967, e que, como vocês sabem, tinha a virtude de ser uma função vitalícia. Minha tese de titularidade foi sobre o direito de superfície, sustentando a volta do direito de superfície ao ordenamento jurídico brasileiro. Depois, sempre atuando academicamente em nível de docência, vim a ser vice-diretor da Faculdade de Direito de 1980 a 1984; fui vice-diretor do Professor Nilson Santana. Naquele tempo, estávamos naquele rumor de consequências do regime militar, e eu só aceitei ser vice-diretor sob algumas condições, como a reabertura do Centro Acadêmico. Nilson cumpriu plenamente sua palavra. E, depois disso, eu vim a ser diretor entre 1984 e 1988.

RTDC: Como foi esse período como diretor da Faculdade de Direito da UERJ?

RL: Quando eu era diretor, a minha sala permanecia sempre aberta. O aluno entrava à hora que queria e a minha mesa era toda lascada, toda velha. Meu vice-diretor, que era o João Marcello de Araújo Júnior, me perguntou: "Ricardo, você me dá licença de melhorar a minha sala?". E eu respondi: "Claro, João. Faça o que você quiser". Aí ele pegou um tapete oriental e criou uma sala toda enfeitada, e a minha permanecia ali, toda marginalizada, mas aberta. Não como acontece hoje em dia. Lembro-me que, uma vez, os alunos entraram todos juntos, porque estavam sendo reprovados por faltas em alguma matéria, e foi aquela confusão. Sempre fui, e ainda sou, contra essa presença obrigatória. Quem faz a presença é a qualidade do professor, inclusive na pós-graduação. O aluno é muito sensitivo; ele tem uma compreensão exata do que vale e do que não vale a pena. Então, abonamos todas as faltas.

RTDC: Foi como diretor que o senhor criou o programa de pós-graduação da UERJ?

RL: Exatamente. Foi em 1987, na direção, que eu tive a convicção absoluta da necessidade de fazermos a pós-graduação. Comecei a pensar primeiro se nós devíamos correr o risco de fazer diretamente uma pós-graduação *stricto sensu* ou iniciarmos com uma pós-graduação *lato sensu*, formando apenas especialistas. Pensei muito, depois consultei professores e colegas – a gente sempre toma as verdadeiras decisões na solidão, depois a gente vai consultar, quando pode, os colegas. Todos, porém, apoiaram-me nisso e em outra ideia que eu tinha, que era a de que nós tínhamos de fazer uma pós-graduação absolutamente pioneira, para provocar um certo impacto no cenário de pós-graduação nacional e para atender à finalidade de extensão da universidade. Já naquele momento eu estava muito preocupado com a questão urbana, sobretudo com a questão do assentamento de população carente, favelização, cortiços etc. Disse, então: "Vamos estudar as metrópoles, as megalópoles e os instrumentos jurídicos para controlar esse fenômeno do assentamento demográfico urbano". Assim nasceu a área de concentração em direito da cidade. Foi muito contestada, vocês não sabem a luta que foi. Do ponto de vista acadêmico, muitos professores criticaram a ideia. Diziam: "Ricardo, isso não é Direito, não tem ligação com a área jurídica". Foi o que ouvi, por exemplo, do meu mestre, amigo e grande figura, o Professor Novelli, que era bastante conservador, e evidentemente um pensamento conservador não aceitava bem tal imbricação da Faculdade de Direito com esse fenômeno sócio-político de importância. Mas, ao final, conseguimos demonstrar que um curso de pós-graduação para estudar esses problemas urbanos prestaria um importante serviço à comunidade, como até hoje vem acontecendo.

RTDC: O senhor chegou a ser candidato a reitor?

RL: Fui. Naquele tempo, a Faculdade de Direito vivia muito isolada na universidade. Em um belo dia, o então Reitor Charles Fayal de Lyra precisava acabar com uma greve de professores e havia feito uma proposta a ser votada pela associação docente. Aí ele me telefonou e disse: "Ricardo, eu queria o apoio da Faculdade de Direito para nós acabarmos com a greve". Ao que eu lhe disse: "Tudo bem. De quantos professores o senhor precisa lá na assembleia?". E ele respondeu: "Quantos o senhor puder levar". Então, convoquei todos os professores da Faculdade de Direito. Entramos na assembleia, todos de terno cinza ou azul-escuro e gravatas pretas. Votamos a aprovação da proposta do reitor, acabamos com a greve e fomos embora. A partir de então, ficamos conhecidos como os "engravatados do sétimo andar", e restamos completamente isolados. Diante disso, tínhamos que solucionar a situação: aceitei, então, ser candidato a reitor, porque, embora eu soubesse que não ganharia por falta de estrutura, sabia que seria importantíssima essa campanha, esse procedimento, para mostrar ao restante da universidade que os professores da Faculdade de Direito não comiam criancinhas, que eram normais. Lembro-me de que fui fazer discurso às quatro horas da manhã no Hospital Pedro Ernesto: é uma política desastrada, é uma pequena campanha de vereador, com debates sem fim. Mas esse empenho na reitoria foi um início da presença da Faculdade de Direito no concerto universitário.

RTDC: Como o senhor vê a Faculdade de Direito hoje?

RL: Vejo como graves alguns fatos que estão acontecendo, inclusive na área de pós-graduação. A Faculdade de Direito está vivendo um momento muito delicado que é o momento da política afirmativa. Eu sou favorável à política afirmativa, considerando que não se vai aperfeiçoar nem melhorar o ensino fundamental dentro de vinte ou cinquenta anos. Enquanto isso, é necessário empreender uma política afirmativa, admitindo-se a entrada de pessoas que vêm das escolas públicas ou que são descendentes de afro-brasileiros, entre outros. Mas acho que mais importante que dar a matrícula é dar uma bolsa, é criar políticas de assistência por algum órgão de fomento. Alguns desses alunos vão até desnutridos para a sala de aula. Se a universidade entra em greve e a faculdade fecha as portas, eles não têm sequer como consultar livros, porque não têm dinheiro para comprá-los. Da mesma forma, muitos não têm dinheiro para o transporte até a faculdade. Nessas condições, estou muito preocupado com o risco de sofrermos uma queda de qualidade do ensino, não apenas na graduação. Como representante da área de direito na Capes, eu conheci bem vários programas e, evidentemente, conheci também a repercussão na graduação. Nossa faculdade é muito respeitada nacionalmente. É a melhor faculdade hoje no Estado do Rio, e, em outros estados, nossa graduação é conhecida e nossa pós-graduação é altamente reconhecida. Precisamos estar atentos a estes problemas.

RTDC: Professor, o que determina o sucesso de uma instituição universitária? E o que deve ser feito para seu desenvolvimento?

RL: Olha, o que eu acho que determina, fundamentalmente, o sucesso de uma instituição universitária é a realização constante de concursos públicos, para o provimento dos cargos docentes. Na UERJ, não fui eu quem iniciou esse movimento, pois já o promovia o mestre Oscar Dias Corrêa. Mas dei uma ênfase muito forte aos concursos. Estimulei muito a livre-docência, que é um instituto interessante, e consistia em um exame tão rigoroso quanto a titularidade, mas sem concorrência para preenchimento de vagas. Fiz 36 concursos de habilitação à livre-docência na época em que fui diretor e abri vários concursos para Professor-Auxiliar. Lembro-me, por exemplo, do disputado concurso para auxiliar de Direito Civil, com 19 candidatos, em que o Gustavo Tepedino entrou em primeiro lugar. Então, acho que o fundamental é o concurso público, e depois um acervo de biblioteca, e, enfim, a pós-graduação. É evidente que a universidade deve estar inserida na realidade social em que vive. Não gosto do modelo de pós-graduação de alguns Programas, com disciplinas como direito civil aprofundado, direito penal aprofundado e assim por diante, reproduzindo a graduação. Acho que, na pós-graduação, se deve partir para uma concepção nova e a inovação é fundamental para as instituições de ensino. A pós-graduação, para mim, é um *locus* de liberdade, no sentido de que o pós-graduando tem o direito de errar.

RTDC: Os cursos de pós-graduação a distância podem ser uma solução para a democratização do ensino?

RL: Talvez nisso eu seja um pouco cético, um pouco conservador. Eu sou muito contra o ensino a distância, porque, para mim, pelo menos a apuração da qualidade do ensino deve ser feita presencialmente. Mas, ainda que seja assim, ainda que se tenha a apuração presencial, eu tenho muitas dúvidas quanto a esta administração do ensino à distância, sem uma troca efetiva de ideias pessoalmente, feita através da internet, ou por *e-mails*. Eu acho que o diálogo nunca é um diálogo franco e aberto, de modo que eu tenho muitas restrições sobre isso. Sei que na Espanha as experiências são enormes e já conversei com uma professora daqui mesmo, no Brasil, que me assegurou que estes cursos estão começando, de alguma forma, a vingar, mas eu confesso a vocês que sou conservador nesse ponto, e vejo com muita cerimônia o ensino a distância.

RTDC: Qual é, na sua opinião, a importância para o estudante do direito do conhecimento relativo a outras áreas, como filosofia, história ou sociologia?

RL: Acho fundamental! Você não pode ter o domínio das causas determinantes do Direito sem contar com o conhecimento interdisciplinar em história, sociologia e ciências sociais em geral. O direito egípcio e o direito da Mesopotâmia evoluíram de forma diferente em função do processo de vazão do Nilo e do processo de vazão do Tigre. No Nilo, a cheia era regular, e isso causava um determinado comportamento na população que estava em torno do Nilo; já o Rio Tigre, na Mesopotâmia, tinha uma vazão completamente desregulada, e isso causava consequências no comportamento do grupo, na consciência popular, com reflexos na área do direito. Isso apenas para vocês verem como é fundamental para o conhecimento do direito o domínio das causas determinantes da sua produção. Tenho realizado palestras demonstrando a diferenças das causas determinantes do Código Civil brasileiro de 1916 e do Código Civil de 2002. Você vê a importância das circunstâncias históricas e mesológicas que importaram na adoção de cada uma dessas codificações.

RTDC: No período em que o senhor foi presidente do Instituto de Advogados Brasileiros (IAB), abriu as portas para o debate acerca de correntes consideradas críticas ou alternativas. Qual é a sua opinião sobre o direito alternativo?

RL: Eu fiz, é verdade, um belo seminário sobre direito alternativo. Convidei, na época, um psicanalista do Maranhão, talentosíssimo, mas era quase incompreensível, para os dogmáticos do Direito, o que ele queria dizer... Tive um certo namoro com o direito alternativo, mas isso foi antes das cláusulas gerais, dos conceitos jurídicos indeterminados, quando havia leis muito detalhadas que mal deixavam espaço aos processos de integração e mesmo de criação do Direito. Muitas vezes, havia situações em que se invocavam a analogia, os costumes e até os princípios gerais, mas isso não assegurava uma solução adequada e justa à questão concreta. Hoje, parece-me que essas cláusulas gerais nada mais são que uma nova solução para este problema, e uma solução muito mais perfeita dogmaticamente do que aquela que se buscava com o direito alternativo. Daí a razão do meu namoro com o direito alternativo antes de surgirem as cláusulas gerais no novo Código Civil. Aí já havia me desquitado do direito alternativo.

RTDC: Em uma palestra sua na Itália, posteriormente publicada, o senhor exaltou o socialismo democrático. Na sua opinião, ele continua vivo?

RL: Está vivo. Está em construção na alma e no espírito dos homens. É uma construção demorada. Mas acho que a solução é por aí. A solução é pelo socialismo democrático, de forma a assegurar, a cada um, um mínimo de condições essenciais de vida. Estamos vivendo um momento muito complicado, e sinto que a universidade tem uma importância muito grande na solução desses problemas. A cada um de acordo com as suas necessidades vitais. Não temos explorado convenientemente as atribuições da universidade. Universidade é ensino, pesquisa e extensão. Entendo que não temos trabalhado muito essa área da extensão. É justamente através desse trabalho de extensão que você vai realmente produzir a transformação social. A UERJ, por exemplo, realiza um trabalho que é pouco conhecido, mas muito interessante na comunidade da Mangueira. Promove ainda a chamada "UERJ sem muros". Enfim, existem trabalhos muito positivos, muito úteis. Acredito piamente nessa função transformadora da universidade.

RTDC: Professor, na sua opinião, a promulgação do Código Civil de 2002 era realmente necessária ou teria sido melhor reformar, paulatinamente, o Código Civil de 1916?

RL: Vou lhes dizer que eu estava entre aqueles que não viam, no momento, a necessidade da promulgação do Código Civil de 2002 – não entre aqueles que eram excessivamente contra, como alguns eminentes juristas que chegaram a sustentar a inconstitucionalidade do Código Civil, por inobservância dos princípios básicos, fundantes da República, como a dignidade da pessoa humana, a redução da marginalidade, a eliminação da pobreza. Se eu tivesse poder de decisão sobre esse assunto, não editaria um Código Civil no momento em que este foi editado. O Código de 1916, somado à legislação extravagante e à jurisprudência, estava dando para resolver os problemas existentes. O Brasil não estava deixando de progredir com o ordenamento civil constituído pelo Código de 1916, legislação extravagante e jurisprudência, mas a gente hoje, amadurecendo, começa a sofrer a aplicação do Código de 2002 e sente que o novo diploma não deixa de ser útil. Houve a integração de alguns institutos, dos direitos da personalidade, da onerosidade excessiva. Eu gostava muito do Mestre Miguel Reale. Era uma figura extraordinária, por quem tive e tenho um respeito muito grande. Estive com o Mestre Miguel Reale exatamente no momento em que ele estava editando o texto final do Código. Estava a caminho de Brasília, para adaptar o texto do Código, fazendo aquelas modificações finais por conta da Constituição de 88, porque a Constituição Federal de 88, no fundo, veio refletir no plano constitucional todas aquelas situações que já estavam definidas na legislação extravagante. Não sei se há 15 anos, mas há quase 15 anos o projeto de Código Civil estava paralisado, não andava e, de repente, da noite para o dia, surge o Código em uma posição de centralidade, de alguma forma reunindo, em uma só codificação, as normas básicas do direito civil. Há problemas, como o da reprodução assistida, clonagem e tudo o mais, que são muito prematuros e ainda não poderiam mesmo estar no Código. Eu, de fato, não o teria promulgado, porque acredito que o direito civil estava razoável com o Código de 1916, complementado pela legislação extravagante e pela jurisprudência. O Brasil não estava deixando de progredir por causa do Código anterior.

RTDC: Como o senhor vê a incorporação pelo Código Civil da resolução por onerosidade excessiva e a possibilidade de revisão contratual, sustentada por alguns autores com base no art. 317?

RL: A única forma desse contrato vitimado pela onerosidade excessiva ser preservado, como vocês sabem, é o réu-credor oferecer uma proposta fechada. Acredito que esta proposta tem que ser absolutamente fechada, porque o juiz não pode negociar pelas partes. Então, se o autor da ação, devedor, concordar com essa proposta fechada, conserva-se o contrato, mas, se não houver um acordo, a única solução que você tem no Código, no Código italiano também, é a resolução do contrato. O devedor não pode entrar com um pedido subsidiário, dizendo que ele quer a modificação do contrato e, se não for possível, sua resolução. Muita gente se equivoca nisso. Esse discurso do art. 317 só se aplica quando a onerosidade excessiva é decorrente da quebra do nominalismo da moeda. Se vocês verificarem bem o art. 317, vão ver que este dispositivo está submetido aos dois artigos acima, em que se fala de nominalismo, da alteração do valor corrente da moeda, como ocorreu no caso da dolarização, em que o STJ optou por uma solução salomônica. Quando existe uma alteração no valor corrente da moeda, você então pode, nos termos do art. 317, fazer uma alteração no contrato, mas não naqueles casos de pura e simples aplicação do instituto da onerosidade excessiva. Sobre esse problema do art. 317, você encontra muitos comentaristas fazendo confusão. O autor da ação – isto é, o devedor prejudicado pela onerosidade excessiva – não poderá, subsidiariamente, pedir ao juiz a resolução do acordo ou a modificação do contrato. Isso é o que nos diz o teor do dispositivo que regula, *in genere*, a onerosidade excessiva. Acho que, de *lege ferenda*, deveria ser modificado o ordenamento, mas, infelizmente, como está posta a questão, do jeito que está, não se tem como pleitear a resolução subsidiariamente, porque o Código é literal e taxativo. Acho que muitas vezes o que interessa ao devedor é a preservação do contrato. Então, há muitos anos, escrevi um artigo, antes do Código, exatamente sustentando que não havia aquela colocação no Código brasileiro. Eu estava fazendo um estudo genérico sobre a onerosidade excessiva e, de repente, houve um aumento das prestações da casa própria, não lembro bem como foi. Aí escrevi um artigo sustentando essa possibilidade, da modificação do contrato, para se diminuírem os efeitos da onerosidade excessiva, mas com o decorrer do Código, e acompanhando o Código italiano de 1942, não vejo como isso possa fazer-se atualmente.

RTDC: E o que o senhor acha dos princípios e cláusulas gerais que foram incorporados no Código Civil de 2002?

RL: Eu acho extraordinário! Alguns autores foram críticos, sustentado que o Código fez esta incorporação, mas também não trouxe parâmetros de especificação, por exemplo, para a função social do contrato. Creio que o Código representa, nesse sentido, um crédito de confiança ao Poder Judiciário brasileiro. Entendo que princípios e regras legais são espécies de um gênero, que são as normas. Essa questão é muito simples, na minha concepção. Pensei muito nisso. Acho que, no princípio, não existe subsunção.

E na regra você tem a subsunção. Você vai pegar a realidade e vai acoplar aquela parte prevista na regra. Há regras completamente concretizadas. Agora há determinadas regras que não estão completas, e um exemplo disso, a meu ver, é o §4º do art. 1.228 do Código Civil.

RTDC: A propósito, como o senhor entende os §§ 4º e 5º do art. 1.228 do Código Civil? Na sua opinião, tais dispositivos podem ser aplicados aos bens públicos?

RL: Eu acho que podem, atendendo até mesmo ao princípio da função social da propriedade. Não há inconstitucionalidade nenhuma aí, porque, embora estes parágrafos não tragam aspectos procedimentais, eu acho que você pode perfeitamente interpretá-los e dizer simplesmente que cabe ao juiz da própria ação reivindicatória fixar uma data, fazer uma perícia e estipular um valor para o imóvel no qual aquele número de pessoas construiu aquela obra. E então aquelas pessoas pedem ao juiz para serem mantidas ali, repelindo a reivindicação. Diante do depósito da indenização, o juiz deve repelir a pretensão reivindicatória e estabelecer a propriedade a favor daqueles indivíduos, e essa sentença será levada ao Registro de Imóveis. Então a indenização é prévia, porque não há ainda sentença do juiz. Na desapropriação, há um caráter punitivo que é dado pela indenização compulsória. É uma desapropriação que tem por título o decreto judiciário. É uma novidade decorrente do princípio da função social da posse.

RTDC: Diante do modelo contemporâneo de contrato, é possível afirmar hoje que o direito de escolha, nas obrigações alternativas, se sujeita também aos novos princípios do direito contratual? O optante pode praticar uma escolha que pareça evidentemente iníqua ao outro contratante?

RL: Essa multiplicidade de prestações está disjuntivamente posta para que o devedor ou o credor, conforme quem tenha a titularidade da escolha, possa escolher uma delas. Em princípio, qualquer das duas vai atender ao princípio do equilíbrio. A escolha não se extingue porque uma delas se tornou excessivamente onerosa, mas, por conta de outros princípios, pode ocorrer seu eventual perecimento.

RTDC: Qual é a natureza jurídica do contrato de ocupação remunerada da loja, celebrado entre o lojista e o empreendedor do *shopping center*?

RL: Eu acho que, à luz da lei predial urbana, é um contrato de locação com certas especificidades, como o décimo terceiro aluguel, as sanções para que o indivíduo conserve sua produtividade etc. O próprio art. 54 da Lei de Locação Predial Urbana minimiza essas dúvidas todas. Acho que é uma locação específica por conta da especificidade do *shopping center*. Depois daquele seminário, realizado há muitos anos, em que Orlando Gomes sustentava a atipicidade do contrato, e Caio Mário da Silva Pereira, a sua natureza locatícia especial, essa questão ficou superada, já que esta última posição restou consagrada na Lei de Locação Predial Urbana.

RTDC: Professor, como o senhor vê a posição assumida pelo Código Civil de 2002 no sentido de consagrar à representação um capítulo especial na parte geral do Código Civil, mas continuar associando a representação voluntária exclusivamente às normas da parte especial?

RL: Acho que foi um avanço, porque doutrinariamente nós tínhamos um problema. Partíamos para aquelas construções de representações sem mandato. Eu acho que o Código veio abrir o caminho para você, então, ter essa possibilidade de representação em situação renovada. É um dado precioso!

RTDC: Qual é a sua visão a respeito da "súmula vinculante"?

RL: Sou radicalmente contrário à súmula vinculante. Sem ela, faz-se um convite nobilíssimo ao juiz no sentido de procurar a riqueza do caso concreto, de lhe oferecer dados novos, de modo que eu confesso que, apesar da falta de celeridade do Judiciário, que a todos incomoda, sou contrário à súmula vinculante. Nos Estados Unidos, a Suprema Corte escolhe os casos que vai julgar. No Brasil, os ministros julgam por ano uma enormidade de casos. Acho sinceramente que ainda não me convenci, de sua importância, apesar dos benefícios que a súmula vinculante vai trazer para a celeridade. Celeridade não é um dado fundamental. Qualquer justiça, ainda que um pouco tardia, é justiça. Prefiro não sacrificar o problema de um exame detido da causa, pela atribulação do magistrado, sobretudo porque vocês sabem que eu sou uma pessoa que tem pavor das súmulas do STJ. Sinceramente, acho que há alguns absurdos ali capazes de causar perplexidade.

RTDC: E como o senhor vê hoje a relação do Poder Executivo com o Poder Judiciário, em especial com o Supremo Tribunal Federal?

RL: Olhe, eu não vejo com muita simpatia, não. Fiquei estarrecido quando vi o ex-presidente do Supremo Tribunal Federal sair dos seus cuidados, e dirigir-se à Câmara dos Deputados, discutindo majoração de vencimentos, por sinal, com um Presidente da Câmara que viria a ser cassado. Sou do tempo em que você não ouvia uma só palavra de um ministro e muito menos de um presidente do Supremo Tribunal Federal. Eles não se pronunciavam publicamente. E pode ser que seja um erro meu, mas o comportamento do Ministro Nelson Jobim foi de um político. Ele foi ali um político, de modo que eu, sinceramente, vejo como altamente inconvenientes essas intercessões entre o Executivo e o Poder Judiciário, sobretudo com o Supremo Tribunal Federal.

RTDC: As perguntas estão girando em torno desse importante papel do Judiciário. E o senhor disse há pouco que o novo Código é um crédito de confiança ao juiz em função de seus preceitos abertos. O senhor acha que o Judiciário está preparado para analisar questões tão relevantes, como as que decorrem de políticas públicas?

RL: Eu acho que vai dar problema, sobretudo porque, não sei se vocês estão de acordo, acho que, no Brasil, o jovem entra na magistratura muito cedo, apesar dessa fase que chamam de "vitaliciamento". Dia desses fui fazer uma palestra numa Escola da Magistratura, não me lembro sobre o que foi, mas os juízes estavam nessa fase de vitaliciamento. Meninas de 22 anos de idade, de 23 anos, são juízas. Acho que pode ser que, com o tempo, a sociedade vá pagar um certo tributo sobre esta fé que está sendo concedida e creditada, mas acho que, depois disso, as coisas vão se colocar no lugar. Inclusive acredito, não sei se vocês também estão de acordo, que nós nos formamos muito cedo. No Brasil, escolhe-se a carreira muito cedo. Nós tivemos talvez a felicidade de escolhermos a carreira que nós queríamos, estamos muito satisfeitos, mas existem problemas até de ajustamento, por força de razões psicossociais. Acho que, primeiro, o indivíduo deveria sair da faculdade de direito mais tarde, mais maduro, e acho que os juízes deveriam chegar à magistratura também mais adultos. São tantas moças e rapazes jovens! É uma juventude impressionante. Por exemplo, em matéria de família, a situação familiar é muito delicada, a situação parental é muito complicada, e às vezes você vê juízes de família tão jovens! Moças que não têm maturidade, que não viveram aquele problema. Nós nos formamos sem nunca ter emitido uma nota promissória, sem nunca ter sido personagem de uma letra de câmbio ou prestado um aval, sem nunca ter celebrado um contrato de locação, quer dizer, acho que o Poder Judiciário depende muito das universidades. Nós, na faculdade de direito, estamos preparando gente boa. Tenho vários ex-alunos que já são promotores, já são juízes. São profissionais da melhor qualidade, do ponto de vista dogmático e do ponto de vista da preparação profissional, o que não quer dizer que eles estejam emocional e psiquicamente preparados.

RTDC: Sobre esse papel do Poder Judiciário, o senhor acha que a magistratura pode se beneficiar de um controle externo? O senhor vê com bons olhos a questão do Conselho Nacional de Justiça?

RL: Eu vejo com bons olhos, se não houver excessos, se limitarmos o controle estritamente à função administrativa, como a questão do nepotismo. Eu acho que o Conselho Nacional de Justiça tem até atuado bem. Eu tinha um certo receio, mas o Conselho tem se portado com uma certa discrição. Não estão praticando excessos. Veja essa coisa do nepotismo, isso é um absurdo. Eu conheço um desembargador, já aposentado, cuja mulher era assessora dele e nunca foi ao tribunal, é um absurdo. E depois aquele problema da troca, você não nomeia um parente, mas o seu colega nomeia o seu filho...

RTDC: O aluno que sai da faculdade de direito está preparado para ser um homem público?

RL: Eu acho que esse problema decorre um pouco dessa transmutação que houve na estrutura de ensino com o sistema de créditos. Com isso se tirou a pretensão do estudante de participar na vida pública. Acho que o nosso governo conseguiu liquidar eventuais vocações, quando transferiu a capital para Brasília e instituiu o sistema de créditos. Na minha época, eu tinha aula com deputados, ministros... O esvaziamento do Rio de Janeiro foi brutal, até a Bolsa de Valores foi para São Paulo. E a fusão? A fusão foi um desastre! Pior que a fusão só a desfusão. A vida social, cultural e política do Rio de Janeiro, desde a minha época, perdeu muito. E a vida política em geral também. Tenho acompanhado as sessões do Senado, sessões da Câmara e lhes digo que há senadores e deputados semianalfabetos. Eles não têm a menor noção de nada, são de nível muito baixo. Nas universidades, não se cria um núcleo que acompanhe esse trabalho, quer dizer, que critique essa atividade política, que ponha o dedo na ferida.

RTDC: Seria importante para melhorar a faculdade, as universidades em geral, que os professores tivessem dedicação integral com uma remuneração mais digna para trabalhar?

RL: Eu tenho muitas dúvidas sobre isso, e vou dizer uma coisa: entendo que essa atuação do professor fora da faculdade traz uma certa oxigenação e a aula fica muito mais rica. Talvez o ideal fosse ter um sistema em que você pudesse ter 30% de professores exclusivos e 70% de professores sem exclusividade. Este percentual com dedicação exclusiva ao meio universitário também é muito importante, mas é bom ter professores com experiência como magistrados, como advogados, porque você traz essa prática para a sala de aula. Tive, na Procuradoria do Estado, uma atividade muito intensa na advocacia estatal, e foi para mim uma época muito importante. Havia, na ocasião, os chamados sete homens de ouro do Tribunal de Justiça do Rio de Janeiro, grupo no qual se incluía também uma mulher, e eles mandavam no Tribunal.

Um dia tive uma ação deles contra o Estado. Eles ficaram lá, do lado do presidente, interferindo na atuação do presidente. Eu tinha na Procuradoria dois colegas, uma moça e um rapaz, extraordinariamente preparados, muito bem preparados para o concurso, mas não advogavam. Então, esses dois rapazes, quando iam para a tribuna sustentar, tremiam como vara verde. Nunca sofriam tanto como quando eram chamados para sustentar, porque não tinham a vivência da prática da advocacia. Isso é importante. A vida advocatícia confere um tirocínio que muitas vezes pode ser imensamente útil ao exercício da magistratura.

RTDC: Muito conhecida é também sua atuação como parecerista. Trata-se de uma atividade intelectualmente desafiadora ou, ao contrário, o senhor já conhece sempre a resposta das perguntas apresentadas?

RL: Não. É uma atividade muito gratificante, e que eu exerço com muita satisfação. Tive, por exemplo, um caso muito interessante, em 2003, em que dei um parecer sobre a superfície no espaço aéreo. Está publicado na *Revista Forense*. O caso era o seguinte: há em Ipanema, próximo à Rua Joana Angélica, a Rua Redentor, toda arborizada, uma rua maravilhosa. Bem em frente à Rua Redentor, você tem uma clínica de três velhos médicos, e, ao lado da casa, uma incorporadora estava fazendo uma obra. A incorporadora queria comprar a casa, mas os velhinhos não queriam vender. E aí me procuraram com uma solução que envolvia superfície: a incorporadora queria comprar toda a área em cima da casa. Não que ela fosse construir em cima da laje, porque evidentemente não seria possível, mas a incorporadora faria uma construção por trás da casa, e esses apartamentos ficariam com uma vista privilegiada, com frente para a Redentor. Então, eu dei um parecer. É uma atividade muito gratificante.

RTDC: Como é que o senhor vê essa relação do parecerista com o advogado?

RL: Mudou muito. Às vezes, acontecia, antigamente, de o sujeito usar uma palavra, uma expressão, um argumento, e o advogado por causa disso não podia usar o parecer. Na minha experiência, a atividade de parecerista é muito boa porque você fica sem aquela vinculação de acompanhar o processo. Você dá o parecer por trás do problema, dá a solução do problema, se for possível. Eu só dou parecer convencido da minha colocação, e você então tem que se desvincular. Para você, desapareceu o problema e ficou ali uma colocação interessante. O meu relacionamento com os advogados tem sido muito produtivo e muito bom. É preciso ter uma certa compreensão dos problemas do advogado.

RTDC: O que representa para o senhor o título de Professor Emérito, que lhe foi atribuído pela Universidade do Estado do Rio de Janeiro?

RL: Quando você chega aos 73 anos, são poucas as circunstâncias da vida que podem lhe trazer alguma alegria, ou alguma tristeza, porque você já está envelhecido. Então, poucas coisas me trazem alegria, e uma das coisas que me trouxe uma alegria impressionante foi quando o Conselho Universitário me outorgou o título de Professor Emérito. Foi com imensa alegria que o recebi e vou lhes dizer o seguinte: acho que foi, sem falsa modéstia, um reconhecimento ao profundo trabalho e dedicação que eu dei à faculdade e que ainda dou. Darei aula até quando tiver saúde, se me tolerarem.

RTDC: Professor, qual é a sua recomendação para as novas gerações de professores e advogados?

RL: Certa ocasião – não sei onde está isso –, eu me meti a fazer os dez mandamentos do advogado. Acho que os conselhos que eu dava ali eram os seguintes: primeiro, atenção aguda. É preciso estar em sintonia muito fina com o problema que você está investigando. Depois, a localização da lei, seguida de sua interpretação. O próximo passo é uma análise da doutrina, um estudo permanente e para isso você tem que estudar o caso com absoluta profundidade. E o professor também, eu acho que o professor tem que ter um quê logicamente democrático, e permitir a qualquer momento o aluno interrompê-lo, fazer uma pergunta, e isso para mim é altamente produtivo. Eu nunca tive problemas com isso. Eu tenho não sei quantos anos de magistério, mas sempre com essa visão altamente democrática, no sentido de fazer a exposição, e se o aluno tem uma dúvida, ele levanta o braço, eu dou a palavra a ele, ele levanta e a gente discute. Eu acho isso importante. Eu comecei a dar aula com 23, 24 anos. Nesse início, todos os outros professores eram mais velhos do que eu. Então, para eu dar uma aula de 50 minutos, eu estudava sábado e domingo, mas também adquiria um domínio total da lei, da doutrina e da jurisprudência. Não havia a possibilidade de eu ser apanhado de surpresa. Meu pai deu aulas até duas semanas antes de morrer; eu tive que buscá-lo em Brasília, ele dava aula na UnB. Nesta época, ele já não estava mais em condições de dar aulas, mas ele tinha mania de dar aula mesmo assim. É importante a gente fazer o que gosta, com unhas e dentes, e muita garra. Herdei do meu querido e saudoso pai o amor, o prazer e a dedicação no exercício do magistério do Direito.

RTDC: Professor, para encerrar esta entrevista, que trechos ou passagens, das Artes, das Ciências e da História, o senhor considera memoráveis?

RL: Entre as passagens do homem na Terra, as que mais marcaram foram: na História Sagrada, as vidas de Jesus Cristo, Maria e José; na Ciência Política, o verdadeiro tratado que é o longa-metragem *Ensaio de uma Orquestra*, de Fellini, em que os músicos se rebelam contra o regente, instala-se o caos, e o maestro termina recuperando a ordem. No Cinema, *O Evangelho Segundo São Mateus*, do cineasta comunista Pier Paolo Pasolini, que retrata um Cristo absolutamente humano. Na Música Erudita, *A Décima Sinfonia*, de Gustav Mahler (Adaggeto). Na Música Popular, *Valsinha*, de Chico Buarque de Holanda e Vinicius de Moraes, um poema musicado. Na Poesia, *O Guardador de Rebanhos*, de Fernando Pessoa, sob o heterônimo Alberto Caeiro, e as *Máscaras*, de Menotti del Pichia. No Direito, área de minha eleição, *Os Programas de Direito Civil*, de Tito Fulgêncio, editados em 1920, pela Imprensa Oficial do Estado de Minas Gerais. Na Pintura, o tríptico de Jerome Bosch, *O Jardim das Delícias*. Na Arquitetura, um prédio inteligente, construído há alguns anos em Brasília, em forma poliédrica na entrada da Zona Norte Hoteleira, da Capital Federal. Na Literatura, o livro *Bandeirantes e Pioneiros*, de Vianna Moog. Na Filosofia, o episódio da "Caverna", no Livro VII, da *República*, de Platão.

ENTREVISTA COM CARLOS MÁRIO DA SILVA VELLOSO[1]

RTDC: O que determinou sua opção pelo Direito? Ter um pai juiz influenciou a sua escolha?

CV: É certo que o fato de o meu pai ser juiz influenciou minha opção pelo Direito. Ainda menino, pela sua mão protetora, visitava eu os fóruns, assistia às audiências, ele lia para mim uma ou outra sentença que lhe parecia interessante. Ademais, nutria eu pelo meu pai uma grande admiração. Posso dizer que o seu exemplo de juiz me fez juiz. Afora isso, desde cedo sentia forte atração pelo Direito. Queria ser advogado, lia todos os livros sobre o tema, sobre o júri. Ainda antes de entrar para o ginásio, li as defesas de Ferri sobre crimes passionais. Enfim, era patente a minha vocação para o Direito.

RTDC: Poderia nos falar sobre sua formação acadêmica? Quais foram os professores que mais o influenciaram?

CV: Vários professores exerceram forte influência sobre mim. No Ginásio Santo Antônio, de São João del Rei, MG, dos frades franciscanos, muito me influenciou o Frei Felicíssimo, professor de francês, homem bravo, professor muito exigente. Ainda ali, o Professor Mário Mourão, professor de português, homem probo, também muito exigente. Frei Beno, professor de latim, ensinou-nos a concretizar o ideal. "Aquela estrela", dizia ele, apontando para o céu, "há de ser minha. Se vocês lutarem por isso, vão conseguir conquistá-la", concluía.

Confesso que consegui muito do almejado, muitas conquistas realizei, tendo presente o conselho de Frei Beno. No curso clássico, no Colégio Estadual de Minas Gerais, em Belo Horizonte, 1955 a 1957, foi muito grande a influência que recebi do Professor Arthur Versiani Velloso, professor de filosofia. A influência foi tal que o meu primeiro curso foi o de filosofia pura na UFMG, curso, entretanto, que não concluí, porque a vocação pelo Direito falou mais alto. Na Faculdade de Direito da UFMG, os professores Orlando de Carvalho, Paulo Neves, Valle Ferreira, Raul Machado Horta, Caio Mário da Silva Pereira e Darcy Bessone exerceram grande influência na minha formação jurídica.

RTDC: Quais as diferenças entre as faculdades daquela época e as de hoje?

[1] Entrevista concedida à *Revista Trimestral de Direito Civil – RTDC*, v. 28, out./dez. 2006.

CV: Naquela época, tínhamos professores notáveis, alguns eram sumidades do Direito. Hoje, as universidades estão sendo sucateadas e basta ter um título de mestre para ser professor. Os cursos de pós-graduação desovam mestres e doutores em grande número, muitos deles "doutores" de anedotas, como naquela modinha dos anos 60. É claro que temos hoje, ainda, grandes mestres. Mas temos perto de mil faculdades de Direito, que funcionam como empresas, das quais os alunos são os clientes. E, tratando-se de sociedade empresarial, o cliente sempre tem razão. Mas temos, ainda, algumas boas escolas, com mestres de verdade.

RTDC: Qual deve ser o papel da universidade? Uma formação mais generalista ou mais especializante?

CV: Os cursos de graduação devem ministrar formação generalista. Esta é a regra. O que não impede, entretanto, que sejam explorados pendores. A partir, por exemplo, dos dois últimos períodos, poderia o aluno ser encaminhado para áreas específicas que chamaria de exploradoras de pendores. Isso sem prejuízo do curso regular.

RTDC: O senhor conciliou sua função como magistrado com uma extensa carreira acadêmica. Como uma formação mais aprofundada influenciou suas decisões judiciais?

CV: Penso que a carreira acadêmica é muito proveitosa para o juiz. E a recíproca também é verdadeira. Explico: o juiz tende a formar ilhas de conhecimento a partir dos casos concretos que surgem. Já o professor que é somente professor, vale dizer, homem do direito puro, é como se fosse um nefelibata, fora da realidade do mundo, jurista sem laboratório. Então, se o juiz é professor, se o professor é juiz, realiza-se uma formação eclética muito proveitosa. A atividade acadêmica foi boa para a minha atividade de juiz. Ela me proporcionou aprofundar-me na teoria, presente, entretanto, o fato, a realidade, que impedia a prolixidade.

RTDC: O senhor tem larga experiência em comissões de concurso para ingresso nas carreiras jurídicas. Em sua opinião, os concursos públicos têm alcançado os seus objetivos ou há algo que precisaria ser modificado ou aperfeiçoado nos critérios de seleção dos candidatos?

CV: Penso que sim, mas é preciso reconhecer que há concursos e concursos. Sustento, também, que somente o concurso não basta. O concurso deveria ser para ingresso na Escola da Magistratura, segundo o padrão francês: dois anos na Escola, aprendendo a ser juiz, recebendo uma bateria de disciplinas teóricas e realizando a prática da magistratura em juizados e tribunais e também na Administração Pública, aprendendo o que é administração pública.

RTDC: Qual conselho o senhor daria aos novos juízes e àqueles que buscam ingressar na magistratura?

CV: Estudem muito, estudem o Direito, pesquisem a jurisprudência e a doutrina aplicáveis ao caso, estudem bem os autos e procurem entender que dentro deles pode estar a vida de alguém. Entendam que o patrimônio material e, principalmente, o patrimônio moral, a honra, de alguém está nas mãos do juiz. Então, é preciso estudar o caso seriamente, refletir, certo o juiz de que deverá ele subordinar-se apenas a sua ciência e a sua consciência. Deve o juiz refletir antes de decidir, mas que essa reflexão não o leve a "sentar-se no processo", como se diz, no foro, a respeito do juiz tardinheiro, que tem medo de decidir. Juiz tardinheiro é erva daninha, que desmoraliza a justiça.

RTDC: Como o senhor recebeu as alterações das Leis nºs 11.276/06 e 11.277/06 ao Código de Processo Civil, a primeira determinando que o juiz não receberá o recurso de apelação quando a sentença estiver em conformidade com súmula do STF ou do STJ, e a segunda dispondo que, quando a matéria controvertida for unicamente de direito e no juízo já houver sido proferida sentença de total improcedência em outros casos idênticos, poderá ser dispensada a citação e proferida sentença, reproduzindo-se o teor da anteriormente prolatada?

CV: Constituem remédio contra a mazela da lentidão da justiça. Temos que raciocinar tendo em vista a realidade. É preciso acabar com a lentidão da justiça, com a demora no prestar a tutela judicial, que justiça que tarda costuma não ser justiça, já dizia Ruy.

RTDC: O senhor foi ministro do STF de 1990 a janeiro de 2006. No âmbito do direito privado, quais as experiências e casos que mais marcaram a sua trajetória na Corte?

CV: Os casos que mais marcaram a minha magistratura no STF situam-se, mais, no direito público. De uma feita, decidimos um conflito entre a coisa julgada e o preço justo para a indenização de bens desapropriados. Sentença e acórdão fixaram a indenização sem deferir a correção monetária. Tratava-se de um grande terreno rural. Na execução, a indenização, sem a correção monetária, mal dava para a compra de um par de sapatos. E o Poder Público apegava-se à coisa julgada, que afastara a correção monetária. Mas a Constituição determina o pagamento de preço justo, e preço justo é o corrente no mercado. Votei, então, pela realização de nova avaliação, sustentando que, ocorrendo conflito entre duas garantias constitucionais, prevalecerá aquela que melhor realiza a liberdade pública, dado que o escopo da Constituição é tornar efetivas as liberdades públicas. Acresce que a observância da coisa julgada importaria em confisco. O Tribunal mandou, então, que se realizasse nova avaliação.

O STF arbitrou o *impeachment* do Presidente Collor. Foram vários os mandados de segurança. Aquele foi um momento de rara importância para o Supremo que tornou possível o funcionamento harmonioso entre os Poderes Executivo e Legislativo. Foi, no mundo, o primeiro *impeachment* de um Presidente da República. A minha participação foi intensa, dado que me tornei relator de todos os casos. Afora esses casos, registro que praticamente todas as formulações de políticas públicas da responsabilidade do Executivo e do Legislativo passaram pelo Supremo. Toda a legislação sobre a privatização passou pelo crivo do Tribunal. Foram momentos importantes na vida dos seus juízes. Tivemos, também, inúmeros casos de direito privado, no campo do direito de família, por exemplo, questões importantes. Todavia, as questões de direito privado dizem respeito, de regra, a meia dúzia de pessoas, pelo que não cabem, em princípio, numa Corte Constitucional, mesmo num Estado, como o nosso, de Constituição analítica, que cuida de quase todo o direito.

RTDC: Em 21.9.1989, no âmbito do Superior Tribunal de Justiça, o senhor concedeu medida liminar, em mandado de segurança impetrado pela Siguim Editora, através do advogado Nilo Batista e do Professor Gustavo Tepedino, diretor de nossa Revista, contra a apreensão do semanário *Pasquim*, levada a efeito por ordem do então ministro de Justiça, Saulo Ramos, com base no art. 63 da Lei nº 5.250/67, a chamada Lei de Imprensa. Com a liminar, liberou-se a circulação do semanário carioca, que trazia controvertida vinheta envolvendo o Sr. Paulo Maluf, àquela altura candidato à Presidência da República. Esta decisão foi histórica, demonstrando que as comunicações sociais devem estar pautadas pela liberdade de expressão e pela democracia. Como foi àquela altura a atuação do Superior Tribunal de Justiça e do Supremo Tribunal Federal contra atos atentatórios aos então novos ditames constitucionais, inscritos na Carta de 1988, realizados em claro resquício do anterior período de autoritarismo?

CV: Lembro-me bem do caso. O Sr. Paulo Maluf, em entrevista aos jornais, dada em Belo Horizonte, verberando os crimes contra as pessoas, teria dito: "Estupra, mas não mata". O jornal *Pasquim*, atento a tudo, glosou o dito, na primeira página, numa charge inteligente. O ministro da Justiça mandou apreender toda a edição. O mandado de segurança, impetrado pelos professores Nilo Batista e Gustavo Tepedino, pedia a liberação do jornal. Deferi, então, a liminar. Lembro-me de que asseverei que a concessão da liminar implicaria concessão definitiva da segurança. Indeferida a liminar, a segurança estaria indeferida. Porque mesmo que a segurança viesse a ser deferida um ou dois meses depois, o jornal teria se tornado uma velharia. Depois de analisar a questão da liberdade de imprensa, que a Constituição consagra, invoquei Frankfurter a afirmar, na Suprema Corte norte-americana, que é preferível errar em favor da liberdade do que errar contra a liberdade. O ministro da Justiça foi, então, ao Supremo, pedindo a suspensão da liminar. O presidente daquela Corte, o Ministro Néri da Silveira, em longa decisão, denegou o pedido de suspensão, ratificando, portanto, o decidido por mim. Não tenho dúvida em afirmar que a atuação do antigo Tribunal Federal de Recursos – este em momentos cruciais da nossa vida política –, do STJ e do STF foi de grande relevância para a redemocratização. Ressalto a atuação do antigo TFR, porque atuou, este, repito, em momentos cruciais da nossa vida política. Recomendo a leitura do livro *A censura e o TFR*.

RTDC: Fala-se, cada vez mais, em uma crescente utilização pelo direito público de instrumentos privados, e em uma releitura do direito privado à luz das normas constitucionais, antes tomadas como campo exclusivo do direito público. Como o senhor vê as atuais relações entre o direito privado e o direito público?

CV: O direito privado e o direito público vivem um grande momento. A constitucionalização do direito privado é uma realidade. Os estudos, nesse campo, do Professor Gustavo Tepedino, do Professor Luiz Edson Fachin, dentre outros eminentes juristas, são exemplares. O publicista não prescinde dos princípios do direito privado, porque cada vez mais esses princípios incorporam-se ao direito constitucional positivo, cada vez mais o publicista necessita desses princípios para tornar realidade a Constituição. De uma feita, a um privatista – eminente privatista, aliás, mas empedernido privatista –, disse eu, para seu consolo, que poderia ele visualizar a questão sob ângulo favorável ao direito privado, que poderia ele afirmar que estaríamos assistindo não à publicização do direito privado, mas à privatização do direito público. Mas acrescentei: no bom sentido, claro.

RTDC: Logo após a sua aposentadoria, em 8.2.2006, o Plenário do STF julgou o RE nº 407.688/SP e, por maioria, entendeu possível a penhora do único imóvel residencial do fiador, em decorrência de dívidas oriundas de fiança estabelecida em contrato de locação, uma vez que a exceção prevista no inc. VII do art. 3º da Lei nº 8.009/90 não estaria em contradição com o art. 6º da CF, com a redação dada pela EC nº 26/2000. De fato, prevaleceu o entendimento de que a penhora do único imóvel residencial do fiador estaria em consonância com o mencionado dispositivo constitucional, "já que é modalidade de viabilização do direito à moradia – o qual não deve ser traduzido, necessariamente, como o direito à propriedade imobiliária ou o direito de ser proprietário de imóvel – porquanto, atendendo à própria *ratio legis* da exceção prevista no art. 3º, VII, da Lei nº 8.009/90, facilita e estimula o acesso à habitação arrendada, constituindo reforço das garantias contratuais dos locadores, e afastando, por conseguinte, a necessidade de garantias mais onerosas, tais como a fiança bancária". Em diversas decisões o senhor sustentou posicionamento diverso, entendendo que o inc. VII, do art. 3º, da Lei nº 8.009/90 não havia sido recebido pela EC nº 26, de 2000, com base no princípio isonômico e no velho brocardo latino que enuncia que onde existe a mesma razão fundamental, prevalece a mesma regra de direito. Quais considerações o senhor faria ao argumento de que o inc. VII, do art. 3º, da Lei nº 8.009/90 seria uma modalidade de viabilização do direito à moradia, facilitando e estimulando o acesso à habitação arrendada?

CV: Estivesse eu no Supremo Tribunal Federal quando do julgamento do RE nº 407.688-SP e teria eu lutado pela prevalência do meu ponto de vista, do meu entendimento, que a pergunta faz perfeita resenha. A decisão, com a vênia dos colegas que divergiram do meu entendimento, constitui retrocesso, o que se diz sem quebra do respeito devido à Corte. A regra é que os direitos fundamentais, os direitos inscritos na Constituição, as garantias constitucionais, devem ter a máxima eficácia. Ora, quem realiza essa máxima eficácia das liberdades públicas são os juízes, os tribunais. Por isso, o *Justice* Hugo Black proclamou, na Suprema Corte norte-americana, que os tribunais são fortalezas dos direitos. A EC nº 26, de 2000, consagrou a moradia como direito fundamental. Reconheceu, portanto, uma realidade. E reconheceu esse direito fundamental num país onde faltam moradias, onde muitos habitam as ruas, como porcos, ocupam fétidos barracos em favelas. Permitir a prevalência da odiosa exceção inscrita no inc. VII do art. 3º da Lei nº 8.009, de 1990, ali inscrita pela força do *lobby* do mercado imobiliário, não presta obséquio ao tribunal que deve ser e é tribunal constitucional, que, primeiro que tudo, deve fazer prevalecer a Constituição, e a Constituição é, principalmente, documento garantidor de direitos. O argumento de que o inc. VII, do art. 3º, da Lei nº 8.009/90, seria uma modalidade de viabilização do direito à moradia, facilitando e estimulando o acesso à habitação arrendada, é falacioso. Esse foi o argumento do *lobby* do mercado imobiliário. A verdade é que, modernamente, a fiança é peça de museu, substituída pelo seguro imobiliário. Vivemos, aliás, a época dos seguros privados. O locador que admite como fiador um pobre-diabo que tem no seu cadastro um único bem, que é a sua humilde moradia, é um perfeito idiota. Agora vejam: quem tem apenas uma casa e habita essa mesma casa tem a garantia de que essa casa não será penhorada. Essa é a regra, regra, entretanto, que não prevalece no caso de alguém que tem apenas uma casa, que habita essa casa, mas que teve a infelicidade de ser fiador de um inquilino que não paga os aluguéis. A regra vale para uns e não vale para outros, estando todos, entretanto, em situação idêntica. O velho brocardo latino de sabedoria universal, que enuncia que onde existe a mesma razão fundamental prevalece a mesma regra de direito, foi deixado de lado, *data venia*.

RTDC: O que o senhor acha da previsão do Projeto de Lei nº 4.497/2004, que altera dispositivos do CPC, no sentido de admitir a penhora de imóvel considerado bem de família, se este tiver valor superior a mil salários mínimos, caso em que, apurado o valor em dinheiro, a quantia até aquele limite será entregue ao devedor, sob cláusula de impenhorabilidade?[2]

CV: Se esse projeto de lei virar lei, quem vai ganhar serão os mercadores de imóveis, o mercado imobiliário. O que são mil salários mínimos? Hoje, R$350.000,00, importância que corresponde a uma habitação de classe média, classe sofredora, que devia ser prestigiada. Os grandes homens, os grandes prestadores de serviços, são oriundos da classe média. Temos que prestigiar o bem de família, o que ocorre na legislação dos países civilizados, onde não tem vez o capitalismo selvagem. Eu não sou contrário ao capitalismo. Até penso que o mercado, regularmente disciplinado pelo Estado, é que cria riquezas, cria empregos, paga impostos, faz felizes as pessoas. Mas repito: o mercado deve ser regulado pelo Estado, uma certa intervenção estatal é necessária. Porque muita vez a lei natural da economia é embaraçada justamente pelo seu destinatário, o capitalista. É preciso, então, fazer com que as leis naturais da economia sigam desembaraçadas, o que é tarefa do Estado. É assim nos Estados Unidos da América, a pátria do capitalismo. Ali, os trustes, os cartéis, são fortemente combatidos. Voltemos ao tema: a história do bem de família, no direito brasileiro, inspirou-se no *homestead* do direito norte-americano, que é a casa destinada à moradia da família, isento de penhora. O bem de família – a casa destinada à moradia desta – segundo o Professor Álvaro Vilaça Azevedo, não foi criado "no sonhar de um gabinete, mas, pelo contrário", ele é fruto do "contínuo batalhar nas trincheiras da advocacia", que acrescenta: "Como é triste ver ruir o templo de uma família. E como se o direito estivesse de olhos vendados, como que a admitir que, na ordem axiológica, na ordem de seus valores, houvesse a inspiração de um comodismo autorizando a ordem, a segurança, a paz social, frias de conteúdo humano, sem se cogitar da justiça, valor mais alto, quase impossível de se alcançar, mas meta" do direito. Na verdade, o que precisamos é fortalecer o bem de família e não, por artes e manhas de um mercado selvagem, torná-lo inócuo.

---

2 O Projeto de Lei nº 4.497/04 foi convertido na Lei nº 11.382, de 6.12.2006, publicada no *Diário Oficial* de 7.12.2006. O dispositivo que admitia a penhora de imóvel considerado bem de família, se este tivesse valor superior a mil salários mínimos, foi vetado pelo presidente da República.

ENTREVISTA COM GENEVIÈVE VINEY[1]

RTDC: Como foi sua vivência universitária? Quais suas lembranças da época da graduação em Direito?

GV: Só tenho lembranças maravilhosas. Tive a sorte de entrar na universidade numa época em que muitos professores eminentes davam aulas. Estudei na Faculdade de Direito de Paris antes de sua divisão. Era fascinante. Lembro de ter sido conquistada na primeira aula, sobretudo pelo direito civil e pelo direito constitucional. Tive muita sorte porque os maiores civilistas da época davam aulas na Faculdade de Direito de Paris. O direito civil dominava, era muito mais importante do que as outras matérias. Tive muitos professores notórios, como o Professor Vidal, o Professor Rodière e o Professor Timbal, que era um grande historiador do direito, profundo conhecedor da França medieval, e ao mesmo tempo constitucionalista. Em direito comercial, tive Léon Mazeaud; em direito civil, Henri Mazeaud; ambos grandes mestres. Apaixonei-me logo pelo direito, apesar de não ter a mínima noção do que se tratava antes de entrar na universidade. Lembro-me também do Professor Chevalier, que me deu aula durante o doutorado. É uma pessoa de uma inteligência rara. Bem mais tarde, depois da tese, conheci André Tunc. Trabalhamos juntos em *A indenização das vítimas nos acidentes de trânsito* (*L'indemni-sation des victimes d'accidents de la circulation*). Ele me influenciou muito depois da *agrégation*.[2]

RTDC: Quais são as obras jurídicas ou literárias que marcaram este período de primeiro contato com o direito e com a vida universitária?

GV: Na época, líamos os ensaios de René Savatier e de Ripert. Trata-se de um gênero literário que não existe mais hoje como exemplo, *As metamorfoses econômicas e sociais do atual direito civil* (*Les métamorphoses* économiques *et sociales du droit civil d'aujourd'-hui*), de Savatier, que os estudantes liam muito, e também *A regra moral nas obrigações civis* (*La règle morale dans les obligations civiles*), de Ripert. Além disso, o que mais me marcou nos primeiros anos foi a descoberta da leitura dos acórdãos. No início, eu não

---

1 Entrevista concedida à *Revista Trimestral de Direito Civil – RTDC*, v. 29, jan./mar. 2007.

2 No magistério francês, a *agrégation* consiste no concurso público mediante o qual o candidato é definitivamente admitido no corpo de professores da universidade.

entendia nada. Pouco a pouco, acostumei-me com a técnica. A aprendizagem da leitura dos acórdãos, à primeira vista, árduos e difíceis, é fascinante.

RTDC: No início dos seus estudos em Direito, a leitura da jurisprudência mostrava-se mais importante do que a leitura da doutrina?

GV: Para dizer a verdade, tudo era bastante misturado, porque líamos os acórdãos, mas, sobretudo, os comentários doutrinários aos acórdãos. São os comentários que nos permitiam entender o sentido das decisões. No direito francês, o caráter pouco explícito da jurisprudência é compensado pela abundância dos comentários elaborados pela doutrina. Aliás, os magistrados alegam que, em certos casos, os comentários vão muito além do que eles realmente quiseram dizer!

RTDC: Quais as diferenças entre as Faculdades daquela época e as de hoje?

GV: A maior diferença é que as universidades se multiplicaram depois dos eventos de maio 68. Houve uma explosão do número de estudantes e muitas universidades foram criadas, frequentemente sem os meios para oferecer um ensino completo. Hoje em dia, chegou-se a um estado de flagrante desigualdade entre as universidades. Algumas possuem um corpo docente importante, recursos consideráveis e garantem um ensino de qualidade. Outras fazem o que podem, com poucos professores e um quadro de funcionários limitado. Estas universidades só conseguem oferecer qualidade de ensino nos primeiros anos, pois depois os diplomas mais especializados são conferidos sem grande rigor. Em outras palavras, não há igualdade na França entre as universidades em nível de ensino. Contudo, na França, os diplomas são nacionais, isto é, todos têm o mesmo valor, independentemente da universidade que os tenha emitido. Isto é um problema muito grave, porque universidades pouco equipadas estão entregando esses diplomas.

RTDC: Quais foram os outros impactos dos eventos de maio 68 sobre o ensino do direito na França?

GV: Os eventos de maio 68 não tiveram uma profunda influência sobre o método de ensino em si. A aula magistral (aula-conferência) foi questionada, mas não foi reformulada, porque os estudantes não quiseram. Por outro lado, muitas alterações foram efetuadas no método de avaliação dos alunos. Esta não se faz mais com uma prova única; ao invés disso, temos o que chamamos de avaliação contínua, realizada por professores assistentes ao longo do curso. O ensino depende, portanto, mais dos conhecimentos adquiridos durante todo o ano do que da prova final. No que diz respeito à grade curricular, a reforma se traduziu na diversificação das disciplinas, o que era necessário. Muitas matérias surgiram, como o direito comunitário e o direito bancário. Mais recentemente, os programas de pós-graduação foram reformulados. Hoje, temos o master, que leva dois anos para ser cursado. O doutorado também se desenvolveu muito. Costumava-se fazê-lo em dois ou três anos. Hoje demanda tranquilamente cinco anos. Representa, portanto, um trabalho muito maior do que na época em que estudei.

RTDC: Quais são os principais méritos e as principais deficiências do sistema francês de ensino jurídico?

GV: A primeira falha grave diz respeito ao sistema de bibliotecas. Muitas vezes, os estudantes não têm acesso aos livros porque as bibliotecas são insuficientes, sobretudo em Paris. A biblioteca Cujas, por exemplo, é mal abastecida. É o maior defeito das universidades parisienses. Felizmente, as faculdades possuem salas de trabalho com muitos livros, mas desprovidas de documentação mais especializada. Temos internet agora, mas as bibliotecas continuam deficientes em relação ao que vemos, por exemplo, na Alemanha, na Inglaterra e na Bélgica. Acho também que existem problemas na grade curricular. O direito comparado ainda não ocupa um lugar suficiente, embora isto já esteja mudando. Agora, em todos os cursos, ensina-se o direito estrangeiro. Há cursos e diplomas de pós-graduação em direito comparado. Além disso, temos progredido em razão de os estudantes irem estudar no exterior, mas a situação geral ainda me parece insuficiente. Há ainda outras deficiências: o sistema de avaliação não é bom. É muito escolar e, portanto, não estimula a pesquisa. Aliás, a falta de biblioteca contribui para isto. É um ensino que tende a ser escolar demais pela falta de meios. O número de estudantes é outro problema, trata-se de um ensino de massa. Algumas universidades criadas depois de 68, como a Dauphine, propõem um ensino em pequenos grupos. Na verdade, é a única universidade que adotou este sistema, aliás, mais orientado para a administração do que para o direito.

RTDC: O modelo seguido pela Dauphine procurou se aproximar do sistema de trabalho americano realizado em pequenos grupos, com mais seminários?

GV: A intenção foi esta e acho que funciona bem, mas o direito tem um lugar limitado. A Dauphine ensina o direito, obviamente, mas são as matérias de administração e economia que predominam. A universidade procurou, de fato, seguir o modelo americano de trabalho em pequenos grupos. Funciona bem, mas não é exatamente como nas universidades anglo-saxãs, como em Cambridge ou em Oxford, onde o professor é consultado pelo punhado de estudantes que ele orienta.

RTDC: E as qualidades deste sistema?

GV: As qualidades são menos evidentes (risos). É um ensino coerente, que é dado com muita segurança pelos professores. Ele teve o mérito de acompanhar as mudanças de matérias através da criação constante de novos cursos.

RTDC: Quais são as disciplinas fundamentais para a formação de um bacharel em direito?

GV: As disciplinas essenciais são as disciplinas propriamente jurídicas: direito civil, direito constitucional, direito administrativo, direito comercial. São as bases do direito. Aqui, devo ressaltar uma outra deficiência do sistema francês: a distinção entre diplomas de direito público e diplomas de direito privado. Acho que é um erro fundamental cometido depois de 68, logo no momento em que o direito público e o direito privado estavam se encontrando. É uma consequência infeliz dos eventos de 68 e um grave defeito do sistema francês atual. Obviamente, a separação não é sempre feita da mesma forma em todas as universidades. É muito radical em Paris I e Paris II. É menos nítida em outras universidades que continuam a aprofundar o tronco comum entre o público e o privado.

RTDC: Há quem queira introduzir essa separação no Brasil.

GV: Não façam isso, seria uma pena!

RTDC: E em relação à interdisciplinaridade, por exemplo, as matérias como história, sociologia, filosofia?

GV: Infelizmente, a história perdeu sua importância no ensino do direito na França. Acho que era natural, na medida em que tantas outras matérias passaram a ser ensinadas. Não é verdade em todas as faculdades. Em Paris I, por exemplo, a história tem um papel pequeno. A faculdade oferece poucas aulas de direito romano e de história do direito. Eles foram em parte substituídos pelo direito comparado e pela filosofia do direito.

RTDC: Para aqueles que vão se dedicar ao direito civil, a senhora pensa que a sociologia, a filosofia e a história têm sua contribuição a dar?

GV: Penso que sim. Para a sociologia, temos Jean Carbonnier, que lançou a sociologia jurídica, mas a sua obra não teve continuação. Temos um sociólogo, François Terré, mas que está agora aposentado e, a meu ver, não se aprofundou em sociologia tanto quanto Carbonnier.

RTDC: A senhora acha que o projeto de Carbonnier sofreu alguma resistência por parte do meio jurídico?

GV: Não houve resistência, ele simplesmente não teve continuação. Poucos juristas se dedicaram o suficiente para continuar o movimento. Carbonnier tinha muito talento e soube integrar a sociologia ao ensino do direito, já que ele era sociólogo e jurista. Hoje em dia, a sociologia do direito é ensinada por sociólogos que não são juristas ou são juristas um tanto à margem, e, portanto, são menos convincentes.

RTDC: A senhora vê alguma explicação para a falta de continuação do projeto de Carbonnier?

GV: Não saberia dizê-lo. Se há uma explicação é a *agrégation*. Na prática, para se tornar professor pela porta da frente, porque há também as portas dos fundos, é preciso fazer a *agrégation*. O concurso se tornou muito formalista. Os estudantes precisam escrever uma tese sobre uma matéria considerada tradicional: os contratos, um pouco a responsabilidade civil, mas menos, uma bela matéria de direito comercial ou de direito penal, mas sempre matérias tradicionais. Infelizmente, as matérias consideradas novas, como direito do meio ambiente, direito comunitário, sociologia do direito, esses direitos mais especializados são considerados não demonstrativos de qualidades sérias de jurista.

RTDC: É purista?

GV: Sim, é purista. Deve ser uma das razões para a falta de continuação do projeto de Carbonnier, e é possível que não houvesse ninguém com gosto pela sociologia. O espírito dos sociólogos é diferente do espírito dos juristas. O que é claro é que poucos sociólogos do direito são oriundos das faculdades de direito.

RTDC: A senhora pode falar-nos de seu percurso acadêmico?

GV: Ele é muito simples. Em primeiro lugar, fiz o que se chama *licence* na França, depois, o doutorado e, ao mesmo tempo, estudei ciências políticas. Eu trabalhei como advogada em escritórios de advocacia que atuavam junto à Corte de Cassação. Fiz a *Conférence des Avocats au Conseil*, que era o concurso exigido para se tornar advogado perante a Corte de Cassação. Fui professora assistente. Passei no concurso da *agrégation*. Era o caminho normal e clássico, sem complicações.

RTDC: Como se forma um grande jurista?

GV: Não saberia responder a essa pergunta. Não se forma um grande jurista. Ele próprio se forma, acumulando experiências.

RTDC: No Brasil, a senhora é conhecida especialmente por suas obras no campo da responsabilidade civil. Como se deu seu encantamento por essa área do direito?

GV: Foi por acaso. Quando quis fazer minha tese de doutorado, meu diretor de tese, o Professor Rodière, me propôs o declínio da responsabilidade individual. Gostei do tema e continuo gostando. Mas, se, anos depois, Jacques Ghestin não tivesse me pedido para assumir a parte do seu *Tratado* relativo à responsabilidade civil, talvez eu tivesse me dedicado a uma outra matéria. Na época, eu me interessava muito pelo direito do trabalho, estudei e ensinei matérias de direito do trabalho. No entanto, por conta do *Tratado*, eu investi muito no estudo da responsabilidade civil durante anos, e foi o que me orientou nessa direção. É verdade também que eu tinha adorado, durante a faculdade, o meu curso de direito civil sobre a responsabilidade. Não foi, portanto, doloroso!

RTDC: Talvez a responsabilidade civil seja mais difícil do que outras matérias porque esteja fundamentada em conceitos complexos como o dano, a culpa e o nexo de causalidade...

GV: Tudo é difícil! Parece areia. Percebemos que é uma matéria útil porque os danos pedem cada vez mais reação. É impossível não se interessar por esta matéria. Isto dito, é verdade que ela dá também uma impressão de ilusão. Suas fronteiras são extremamente difíceis de perceber porque são ligadas a muitas outras disciplinas: o seguro, os fundos de indenização, até mesmo a seguridade social. São fronteiras confusas. A matéria em si muda constantemente, o que, no entanto, a torna ainda mais interessante. Ela acaba englobando outras áreas, como o direito penal, que é a sanção de muitas outras regras. É ligada ao conjunto do direito civil, é bastante central, e fascinante por isso.

RTDC: Certos autores acreditaram, e ainda acreditam, que o direito da responsabilidade civil se transformará um pouco em direito dos seguros, isto é, acreditam que os seguros ocuparão um pouco o lugar da responsabilidade civil. A senhora acredita nesta tendência, já acreditou nela? Acha que ela se confirmará?

GV: Acho que é preciso ser prudente. Em caso de acidente corporal, o seguro tem um papel fundamental e às vezes absorve a responsabilidade ou com esta compete. É nítido na área dos acidentes de trânsito, dos acidentes com amianto, e todos os acidentes que deram lugar a regulamentações específicas. Nestes casos, o direito da responsabilidade é um pouco posto de lado e o direito dos seguros prevalece. Por outro lado, não é verdade na área do direito dos negócios, da concorrência, da imprensa e até das grandes catástrofes industriais, que continuam no âmbito do direito da responsabilidade. Não penso que o seguro ainda ameace a responsabilidade. Não sei o que acontecerá daqui a um século, mas, por enquanto, ela continua desempenhando o seu papel. Há muito tempo se vê que ela é rivalizada, mas ela se mantém. Acabei de ler uma tese sobre o dano em massa e a autora levanta o problema seguinte: a responsabilidade pode responder ao desafio do dano em massa? A autora conclui que sim, pois, apesar de todas as deficiências, ela pode responder a este desafio, desde que se tenha em consideração a dimensão do dano e as necessárias adaptações daí decorrentes. A autora compara então com as possibilidades apresentadas pelos seguros, como os seguros diretos, e diz que estes teriam muito mais inconvenientes do que a responsabilidade renovada.

RTDC: O direito da responsabilidade – também chamado direito dos danos – é a área mais dinâmica do direito. Está sempre evoluindo e modificando o estudo do direito. A senhora concorda com a afirmação? Quais seriam as razões que explicam esse forte dinamismo?

GV: Será que é o mais dinâmico, ou o que for mais modificado? Não sei dizer. É verdade que, em relação aos contratos, houve mudanças mais consideráveis. O contrato é uma matéria, pelo menos no direito francês, relativamente estável há anos, muito embora se registre algumas transformações, sobretudo no que diz respeito ao direito do consumo, da concorrência. O direito da responsabilidade talvez tenha mudado mais que outros, apesar de que, nas suas principais componentes, são sempre os mesmos dados de base: a culpa, o fato gerador e a causalidade. Isto é constante, mas os elementos variam em função da realidade. Acho que todas as matérias são assim. O direito da família mudou radicalmente. O direito das sucessões está começando a mudar, na mesma direção do direito da família. O direito da propriedade também mudou totalmente.

Não percebemos tanto a mudança talvez porque não pensamos tanto no assunto. Os direitos reais mudaram totalmente. A própria noção de direito oponível a todos (*erga omnes*) se modificou. Os direitos da personalidade surgiram e se parecem agora com o direito da propriedade, no sentido que são oponíveis a todos. Tudo isso mudou porque a realidade e as necessidades evoluíram. Não sei se a responsabilidade mudou mais do que outras matérias. Talvez, em relação ao direito romano, ela tenha evoluído mais do que os outros ramos... A responsabilidade não existia no direito romano. É uma matéria recente. Não era uma matéria importante na época da promulgação do Código Civil (francês), e acho que isso é verdade em todos os direitos da época.

Recentemente li o livro do centenário do Código Civil, que data do início do século 20. Não há artigo sobre a responsabilidade, apesar de Saleilles, Josserand e a teoria do risco já existirem. Há artigos sobre os contratos, muitas outras coisas, mas nada sobre responsabilidade. Não era considerada uma matéria importante. De certa forma, a responsabilidade evoluiu. Ela sempre evoluiu porque se construiu ao longo do século 20. Muitas vezes, fala-se nos princípios clássicos da responsabilidade que teriam, em seguida, evoluído, mas, na realidade, é uma matéria contemporânea. Nunca houve verdadeiros princípios clássicos de responsabilidade. Ela sempre evoluiu. O direito dos acidentes construiu retrospectivamente um direito clássico que provavelmente não é autêntico.

RTDC: Num esforço para prever o futuro, a senhora pensa que chegaremos a uma estabilização desses princípios de responsabilidade ou ainda estamos longe dessa estabilização?

GV: Não creio que esteja estabilizado.

RTDC: Mas também não estamos próximos...

GV: Não acho que estejamos próximos de uma estabilização, mas talvez os princípios em si o estejam. Continuaremos falando de causalidade, de dano e de culpa daqui a um século, mas não tenho certeza de que esses conceitos serão totalmente esclarecidos.

RTDC: Qual a importância da jurisprudência no direito de responsabilidade civil?

GV: É muito importante porque não há textos, ou muito poucos, ou então textos especializados. Na França, é a jurisprudência que faz quase tudo, assim como em outros países. A responsabilidade civil é uma matéria muito jurisprudencial. Tem a jurisprudência judiciária, mas tem também a jurisprudência administrativa,[3] na área médica, por exemplo, para os hospitais, e em muitas outras áreas. É essencialmente jurisprudencial.

RTDC: Qual a sua avaliação sobre os atuais trabalhos sobre a criação de um direito privado comum no âmbito da União Europeia?

---

[3] No direito francês, as causas envolvendo a Administração Pública são submetidas ao Judiciário Administrativo.

GV: Participei de grupos europeus e posso dizer que é muito difícil, porque as tradições são diferentes, sobretudo a tradição da *Common Law*. Os ingleses são muito restritivos em relação à responsabilidade. Eles têm um sistema de seguro diferente, baseado no seguro direto. São as pessoas expostas ao risco que devem contratar o seguro e se garantir. A responsabilidade só pode existir em casos limitados. Quando falamos em abrir as torneiras, os ingleses ficam apavorados. O ponto de vista francês protege mais as vítimas. Somos bastante antinômicos e temos grandes dificuldades para nos entender. Os outros países também têm tradições diferentes. Os alemães, também tradicionalistas, têm um direito de responsabilidade complicado com o ilícito acrescido à culpa, que, por sua vez, tem um caráter relativo. Enfim, eles têm um outro sistema.

RTDC: É estranho porque é sempre a responsabilidade civil que ilustra as diferenças entre os países, enquanto poderíamos pensar que seria o direito da família, por exemplo.

GV: É verdade. Em termos de responsabilidade civil, acho isso difícil. Os grupos dos quais eu participei redigiram textos em que a responsabilidade é o menor denominador comum. Conseguimos concordar sobre pequenas coisas banais e básicas, sem força. Isto nos dá a sensação de que não serve para nada! No início, todo mundo fica entusiasmado, mas o entusiasmo desaparece logo. Em relação aos contratos, é muito mais interessante. Os princípios que são encontrados pelos grupos, como o grupo Lando, são muito interessantes. Conseguimos chegar a acordos com certa facilidade, mas nunca é tarefa simples.

RTDC: A senhora acredita então que não estamos próximos do surgimento de um direito comum europeu da responsabilidade civil?

GV: Não sei, mas se a Comissão Europeia quiser impor um direito comum, é possível que aconteça. Preciso ser prudente, mas, por enquanto, não acredito que a Comissão seja competente para propor um código das obrigações e um código da responsabilidade. Mas uma organização como a Comunidade Europeia sempre estende suas competências, como qualquer órgão por definição. Houve várias moções do Parlamento Europeu pedindo a criação de um código europeu das obrigações. É possível que seja feito, mas é algo difícil de negociar e isto provocaria muitos descontentamentos porque as tradições dos países são diferentes. A Europa é o continente mais complicado para proceder a este tipo de reforma, porque as tradições são muito ancoradas, o que não é o caso da América do Norte, e talvez da América do Sul que conheço menos. Tanto a América do Norte como a do Sul têm uma cultura comum que permitiria unificar o direito das obrigações. A América do Norte é mais *Common Law* e a América do Sul mais *Civil Law*, enquanto na Europa há todo tipo de tradição. O direito germânico, francês e inglês têm tendências diferentes. Acho que os franceses poderiam se entender mais facilmente com os americanos do que com os ingleses.

RTDC: O direito alemão e o direito francês influenciaram vários países. Por outro lado, a influência recíproca entre a França e a Alemanha não é tão aparente.

GV: Isso é devido em grande parte às guerras. Antes da primeira guerra mundial, havia uma grande simbiose entre os juristas franceses e alemães, mas as guerras pararam este processo. Aubry, Rau e Saleilles, por exemplo, se inspiravam no direito alemão. As influências eram realmente recíprocas. O direito comparado nasceu na França da comparação com o código civil alemão. Seu estudo lançou o direito comparado. As guerras e o fato de que os franceses aprenderam menos a falar alemão depois das guerras provocaram uma ruptura. Hoje em dia, no Leste da França, alguns juristas franceses lidam com o direito alemão, mas são exceções. Alfred Rieg era um germanista, e agora temos Claude Witz e uma jurista germanista que ensina em Lyon, Frédérique Ferrand, mas são poucos. A *Common Law* é mais ensinada porque os jovens franceses falam mais inglês do que alemão. Para mim, a *Common Law* é menos assimilável para os franceses. Seria mais útil para o direito francês olhar em direção à Alemanha. Talvez isso volte, mas, por enquanto, há uma falha de compreensão entre os dois países.

RTDC: Dentre suas obras publicadas, o *Déclin de la responsabilité individuelle* (*Declínio da responsabilidade individual*) é a mais difundida entre os brasileiros e a mais citada entre os doutrinadores nacionais. Como a senhora descreve esse declínio? Quais são os principais fatores que explicam esse movimento?

GV: O movimento de declínio é, na realidade, uma fórmula. Na época em que falei nele, tratava-se essencialmente da influência do seguro, que fazia com que a responsabilidade não recaísse mais sobre um patrimônio individual. Tentei descrever as consequências dessa transformação. Hoje em dia, isso tomou proporções diferentes tendo em vista o desenvolvimento dos fundos de indenização, mas continua na mesma direção. A maior parte dos danos não depende somente do patrimônio individual. Os danos precisam ser garantidos pela coletividade de uma forma ou de outra, seja através de um seguro ou de um outro tipo de garantia. Esta era minha questão principal. E, obviamente, tem uma influência direta na responsabilidade em si. Se um seguro é obrigatório, a tendência do juiz será acioná-lo. Sabendo que o risco está coberto, o juiz será mais favorável à noção de responsabilidade do que se não for esse o caso.

RTDC: Às vezes, dizem que este declínio da responsabilidade individual significaria o próprio declínio da responsabilidade civil, na medida em que as pessoas não precisariam mais se preocupar com seu comportamento porque os danos produzidos seriam assegurados de qualquer maneira.

GV: É o que se diz, mas não acho que seja verdade. Primeiro, porque muitas vezes o seguro não é completo. Ele tem cláusulas de exclusão. Corre-se um risco mesmo quando há um seguro. Depois, porque o fato de ser declarado responsável, para um profissional, por exemplo, não é indiferente. Creio que é sentido como uma pena. Não acho que o seguro neutralize totalmente a responsabilidade. Ele a neutraliza no caso de acidentes puramente fortuitos, mas é a única área em que isso é verdade. O seguro tem uma influência nas funções reparatória e profilática da responsabilidade civil, mas não é determinante. Penso que diminui suas funções, mas sem anulá-las.

RTDC: A senhora acha então que isso não prejudica a solidariedade social, o princípio de precaução?

GV: Já escutei dizer isso em relação ao comportamento das pessoas, mas sou bastante cética no que diz respeito a esta influência. Talvez seja verdade para algumas pessoas negligentes por natureza, mas não se causa um dano por prazer e ser declarado responsável é sempre arriscado. Pode ter incidências pecuniárias, mas é possível também ordenar a cessação da atividade. Há várias maneiras de reparar *in natura* que prejudicam a pessoa. Não creio que isto anule estas funções. Obviamente as condenações se tornam menos duras.

RTDC: Os dois grandes movimentos que chamamos a socialização de um lado e a proliferação dos seguros poderiam contribuir para a diminuição da judicialização do direito da responsabilidade civil?

GV: É verdade que o número de transações tende a aumentar. Uma das contribuições da Lei Badinter de 1985 sobre os acidentes de trânsito é a oferta obrigatória de indenizações, que deve ser feita pela companhia de seguros, num prazo determinado, com sanções caso isso não seja cumprido. A oferta gera um processo de transação durante o qual a vítima é protegida. Esta deve ser informada a cada etapa do andamento do processo. Ela pode ser assistida por um médico etc. Este procedimento de oferta obrigatória e de transação foi estendido para outras áreas, como para as vítimas da delinquência, as vítimas do amianto, para os fundos de indenização, os acidentes médicos. A Oniam, a organização encarregada dos acidentes médicos, é obrigada a fazer uma proposta para a vítima. Esta precisa preencher um questionário detalhado dentro de um prazo estabelecido para que a transação seja efetuada. O desenvolvimento das transações é uma coisa boa, mas tem um inconveniente. Muitas vezes, as vítimas ficam vulneráveis mesmo quando são protegidas. Não é raro constatar que elas precisam de um verdadeiro acompanhamento e de um advogado para que elas possam se defender. Constatamos também que o valor das indenizações é menor que o valor atribuído pelos tribunais. Isto não significa que seja pior para as vítimas, porque o que elas conseguem nos tribunais, em cinco ou seis anos, conseguem muito mais rapidamente através de uma transação. O desenvolvimento da conciliação é um caminho fundamental, cada vez mais usado.

RTDC: A senhora sempre defendeu a ideia de um direito dos acidentes. O que é o direito dos acidentes, uma nova área do direito ou uma especialização do direito da responsabilidade?

GV: O direito dos acidentes poderia ser um ramo do direito de indenização que seria independente da responsabilidade, um pouco o que são, hoje, os fundos de indenização. Atualmente na França, temos um grande número de fundos de indenização criados à medida que se tornam necessários quando há acidentes específicos e para os quais existe um seguro obrigatório. Um novo tipo de acidente acontece e um novo fundo de garantia é criado. Foi o que aconteceu com as transfusões de sangue contaminado com HIV, para as vítimas da delinquência e as vítimas do amianto. Fundos de garantia foram criados e depois se percebeu que era preciso agrupá-los. Recentemente, agruparam-se os fundos de garantia automobilística com outros fundos de garantia, mas são direitos que permanecem separados. Na minha opinião, o direito de acidente corporal merecia um tratamento global, com regras de indenização que seriam as mesmas para todos os acidentes corporais. Isto é o direito dos acidentes. É um direito anexo da responsabilidade, que seria derivado da responsabilidade, mas que seria mais parecido com o direito da seguridade social.

RTDC: Ele seria parecido com o direito da seguridade social, mas ainda teríamos regras de indenização e de responsabilidade no direito dos acidentes.

GV: Sim, seria uma indenização integral, e a regra de indenização seria a mesma que para a responsabilidade, mas seria, sobretudo, nas condições do direito à reparação que se tornaria independente. Seria um direito mais comandado pelos danos do que pelo fato gerador.

RTDC: Quando precisaria criar um direito dos acidentes? É necessário identificar os acidentes mais comuns, mais perigosos? Quais seriam os critérios usados?

GV: É mais fácil para o legislador quando existe uma estrutura asseguradora, porque ele consegue ver onde o seguro existe e pode então criar um regime particular para este tipo de acidentes. Precisamos achar algo mais coerente, que englobe qualquer acidente corporal. Critérios de acidentes corporais precisam ser encontrados, e os acidentados, cuja integridade física foi atingida, submetidos a um regime comum.

RTDC: Em sua conferência no Congresso Internacional de Direito Civil-Constitucional, realizado no Rio de Janeiro, em setembro de 2006, a senhora falou sobre a irreversibilidade dos danos em relação aos danos ambientais. Essa irreversibilidade dos danos poderia implicar uma responsabilização antecipada?

GV: Existe um dano quando a natureza foi transformada de maneira irreversível. Isso pode acontecer, mas é muito raro, porque a natureza costuma se regenerar. Às vezes, uma espécie animal ou vegetal desaparece completamente. É por isso que alguns dizem que, neste caso, já que é irreversível, é preciso antecipar a responsabilidade.

RTDC: E o princípio de precaução?

GV: O princípio de precaução não é exatamente isso. Ele remete à incerteza e intervém quando não se tem certeza científica quanto ao risco. Diante da dúvida, deve-se agir logo ou esperar a confirmação do risco? Esta é a questão fundamental formulada pelo princípio da precaução. Como se vê, não é o mesmo que agir quando há um risco certo. Muitas vezes, invocou-se o princípio de precaução de forma equivocada. Foi o caso do amianto, sabidamente perigoso há muito tempo. O princípio de precaução, neste caso, foi desviado. O princípio de precaução vê-se, com exatidão, no caso da "vaca louca". No início, ninguém sabia se a doença era transmissível ou não, mas, mesmo diante da dúvida, houve uma forte intervenção para evitar uma epidemia muito grave, o que evitou consequências irreversíveis e muitas mortes.

RTDC: A aplicação do princípio de precaução no direito da responsabilidade civil na França trouxe consequências sociais de extrema relevância. Qual o lugar que esse princípio deve ocupar no direito da responsabilidade civil?

GV: Na verdade, eu acho que o princípio de precaução ainda não teve importância para o direito da responsabilidade civil, mas muitas publicações preveem que ele venha a ter. Muitas teses e trabalhos foram escritos acerca das possíveis consequências do princípio de precaução. O princípio de precaução foi evocado na Justiça administrativa, não no contencioso da responsabilidade, mas no contencioso da anulação de atos administrativos, isto é, a respeito da concessão de autorização para a comercialização de produtos, especialmente os farmacêuticos. O Conselho de Estado já disse que o princípio da precaução justificava a intervenção do Estado no mercado. E, agora, ele admite este princípio e o aplica. Ele foi consagrado pela Constituição francesa na Carta do Meio Ambiente como princípio constitucional a ser observado na formulação das políticas públicas. São as políticas públicas que devem aplicar o princípio de precaução.

Por outro lado, no contencioso da responsabilidade civil, a Corte de Cassação nunca consagrou explicitamente o princípio da precaução. Mas, em 7.3.2006, dois acórdãos muito importantes consagraram a obrigação de vigilância a respeito da responsabilidade de um fabricante de um remédio chamado Distilbène. Não sei se este produto foi usado no Brasil. É um remédio que foi usado nos anos 70 pelas mulheres grávidas para evitar abortos espontâneos. Ele provocou, nas filhas dessas mulheres, cânceres mortais do útero que se revelaram 30 anos mais tarde. Os efeitos desastrosos do remédio foram se revelando aos poucos, entre eles, malformações, e até hoje não se sabe quais serão as consequências para as gerações seguintes. O fabricante é conhecido, mas o problema é que, quando o remédio foi colocado no mercado, quando foi autorizado, todo mundo pensava que era um medicamento banal. A Corte de Cassação aceitou o raciocínio da *Cours d'Appel* (Tribunal de Recursos), que tinha levantado opiniões de especialistas emitindo dúvidas em relação à eficácia do remédio e a sua inocuidade. A Corte de Cassação disse que, por conta dessas dúvidas, o produtor tinha a obrigação de vigiar os efeitos do remédio. Por ter faltado a esta obrigação de vigilância, o fabricante foi considerado responsável.

RTDC: A diretiva da Comunidade Europeia sobre os acidentes de consumo prevê o risco do desenvolvimento?

GV: A diretiva europeia deixou os países livres de excluí-lo da responsabilidade ou não. Finalmente, todos os países admitiram que fosse exoneratório, aliás em função da pressão dos industriais. Na França, foi uma história inacreditável porque, no início, durante as negociações, os franceses insistiram para que o princípio de precaução não fosse uma causa de exoneração, porque, no direito francês anterior, não o era, precisava que fosse exterior para exonerar. Finalmente, os franceses conseguiram que fosse opcional. Depois, para a aplicação das diretivas, houve pressões. Consumidores e profissionais se enfrentaram durante 14 anos. No final, como todos os outros países tinham introduzido a diretiva com a exoneração do risco de desenvolvimento, os franceses foram obrigados a fazer o mesmo por razões de concorrência, alegando que a indústria farmacêutica francesa afundaria. Não era, aliás, um bom argumento, porque os alemães tinham uma lei especial que afastava o risco do desenvolvimento como causa de exoneração da responsabilidade... Mas como é forte a concorrência entre a França e a Alemanha. Em todo caso, o debate nacional foi muito malconduzido.

RTDC: Por que o debate acerca do lugar da conduta culposa no direito da responsabilidade civil suscita fortes reações?

GV: O debate é menos intenso hoje em dia. Todo mundo concorda que há casos de responsabilidade sem culpa, e não é mais um debate central. Todos também reconhecem que há responsabilidades por culpa, e que a culpa conserva sua utilidade e seu lugar, sobretudo no âmbito do direito dos negócios ou da imprensa. É um debate que se acalmou, na França pelo menos, mas ele já foi acalorado.

RTDC: Como os tribunais franceses identificam o dano suscetível de reparação? A senhora acha que há atualmente uma proliferação preocupante das hipóteses de dano? Podemos falar em um fenômeno de vitimização social que leva as pessoas a solicitar cada vez mais indenizações?

GV: É verdade no âmbito dos danos morais. Existe agora uma inflação de demandas por danos morais. Recentemente, assistimos ao caso de uma pessoa que, ainda solteira, tornou-se paraplégica. Esta pessoa se casou e teve filhos, que pediram perdas e danos pelo prejuízo moral de ter tido um pai paraplégico. O pedido foi negado, mas ilustra bem o fenômeno da vitimização. Tivemos outros casos parecidos. Por exemplo, aquele de pessoas que pediram perdas e danos pela morte do cão!

RTDC: A senhora já sustentou que a "penalização" da responsabilidade civil, por meio dos danos punitivos, possui uma eficácia maior do que a aplicação dos instrumentos sancionatórios do direito penal? Por que se dá este fenômeno?

GV: Acho que o direito penal continua sendo o instrumento de sanção por excelência, mas existem áreas em que o direito penal não funciona porque o princípio da igualdade das penas é muito rígido. Em particular, em setores como no direito da imprensa ou no direito da concorrência desleal, onde não se sabe ao certo como avaliar o prejuízo, a extensão do dano pode ser muito menor do que o lucro que o autor do dano espera obter com esta atividade. É o que se chama culpa lucrativa. Acontece muitas vezes na imprensa que alguém, deliberadamente, publique uma enormidade sobre uma pessoa, pois sabe que o lucro com a publicação da informação vai superar o valor da multa a ser paga. Neste caso, o direito penal não funciona porque é rígido demais.

Por outro lado, as perdas e os danos de caráter punitivo, neste caso, confiscariam o lucro ilícito. É verdade também para o direito do consumidor. É comum um fabricante vender um produto acima de seu preço ou colocar na sua garrafa de refrigerante uma quantidade menor de líquido, e vender milhões de garrafas. O direito penal geralmente não multa por garrafa e, portanto, não funciona corretamente. O direito civil funciona melhor. É mais flexível, podendo o juiz conceder perdas e danos com caráter punitivo. O problema de conceder perdas e danos com caráter punitivo é que é preciso tomar precauções para não sancionar excessivamente. Acho que é preciso cautela, pois em certos casos a sua aplicação é muito delicada. Nos casos de erros muito graves, funciona bem como uma verdadeira punição, como no caso Ford nos Estados Unidos. A Ford construiu carros com tanques de gasolina debaixo dos motores, e alguns se incendiaram. Tudo isso para baixar o preço dos carros em 50 ou 100 dólares. O juiz concedeu perdas e danos com caráter punitivo.

RTDC: Nos Estados Unidos, existe uma *class action*, uma ação coletiva...

GV: Muitas vezes, faz-se uma ligação entre perdas e danos com caráter punitivo e ação coletiva. Na realidade, acho que são duas coisas diferentes. É verdade que nos Estados Unidos os dois são praticados e que muitas vezes se pedem, por meio das *class actions*, perdas e danos com caráter punitivo. Sou a favor tanto da *class action* como das perdas e danos com caráter punitivo, mas são duas coisas que devem ser separadas, pois o argumento geralmente invocado contra a *class action* é o caráter punitivo das perdas e danos e, por outro lado, contra as perdas e danos com caráter punitivo se diz que elas acabariam introduzindo as *class actions*. É preciso dissociar as duas coisas. São duas reformas úteis, mas que não estão necessariamente ligadas.

RTDC: Como é possível quantificar os danos no caso da concorrência desleal?

GV: Quando há um lucro ilícito, é fácil calcular o proveito, por exemplo, quando um fabricante vendeu um produto que não tinha a qualidade anunciada. Existem parâmetros de quantificação. O produto é confiscado, é o que eu chamo de perdas e danos com caráter punitivo confiscatório. Não se trata de indenização. Toma-se o lucro daquele que teve um lucro ilícito. É dissuasivo. Muitas vezes, para o consumidor, não representa um dano grave e não é, portanto, importante indenizar, mas é importante tirar o lucro daquele que o obteve de forma ilícita. Neste caso, acho fácil quantificar.

Por outro lado, é muito mais difícil quantificar quando o erro é muito grave e provocou um perigo considerável. É tão difícil quanto calcular danos morais, com a ideia de fazer pressão no comportamento. É o juiz que decide, mas limites precisam ser estabelecidos. Alguns direitos estrangeiros falam no dobro ou no triplo das perdas e danos indenizatórios, não mais que isso. É arbitrário, mas não mais que as outras soluções. De qualquer maneira, é importante aprofundar esse estudo. Como limitar as perdas e danos com caráter punitivo de maneira razoável? Sei que a Corte Suprema americana anulou condenações porque não eram razoáveis, eram desproporcionadas.

RTDC: A responsabilidade médica é uma das áreas mais delicadas do direito da responsabilidade civil. A prova da conduta culposa do médico e do nexo de causalidade é de difícil alcance por parte da vítima. As presunções de culpa e de causalidade serviriam como uma forma de minimizar estas dificuldades em benefício da vítima?

GV: Em relação às presunções, é verdade, mas é uma matéria muito difícil. Tudo depende da natureza do erro. No que diz respeito ao erro técnico, a causalidade é de difícil comprovação em razão da falta de informação. Presume-se sempre que há uma perda de chance, que não era possível fazer de outra maneira já que não havia informação. Neste caso, a causalidade não traz nenhum problema sério. Para o erro técnico, presunções de causalidade foram estabelecidas no direito francês assim como em outros países, porém sempre de modo restrito, em áreas bem específicas, sobretudo nas transfusões de sangue. No caso do sangue contaminado com HIV, a vítima precisa trazer a prova de que fez uma transfusão e que foi contaminado com HIV posteriormente. Concede-se, então, a inversão do ônus da prova, cabendo ao banco de sangue provar que não havia fatores propícios que poderiam estar na origem da contaminação.

RTDC: Em relação a esta flexibilização do nexo de causalidade, a senhora pensa que o raciocínio dos tribunais é suficientemente judicioso ou, ao contrário, se mostra arbitrário?

GV: Acho que é aplicado de maneira razoável, porque já existem decisões que dizem claramente que a vítima não tinha trazido provas suficientes ou que o autor tinha invertido o ônus da prova comprovando fatores pessoais da vítima. Parece-me equilibrado, que está funcionando bem.

RTDC: Uma última pergunta: há uma tendência à especialização entre os profissionais do direito. A senhora vê isso como algo preocupante?

GV: Não penso que devamos nos preocupar com esta tendência. É verdade que os estudantes acham que precisam de uma especialização, que terão com ela uma posição vantajosa no mercado de trabalho. Os empregadores, no entanto, gostam dos generalistas e sempre nos dizem que deveríamos ensinar aos estudantes os princípios gerais do direito e que eles adquirirão as técnicas na profissão. Um equilíbrio é necessário. É normal darmos matérias técnicas e de especialização aos estudantes. Seria, contudo, uma pena fazê-lo no início dos estudos. Pelo menos dois anos de formação geral, com matérias jurídicas, são necessários. O ideal seria que fossem matérias realmente fundamentais e que deixássemos de lado pequenas matérias que não têm muita consistência. Depois desses dois ou três anos de formação de base, os estudantes poderiam se familiarizar com conhecimentos mais especializados. Isso os ajudaria a entender o quanto é preciso, sempre, se aprofundar no estudo do direito.

ENTREVISTA COM ANTÓNIO PINTO MONTEIRO[1]

RTDC: O senhor poderia nos falar sobre a sua formação acadêmica? Quais foram os professores que mais o influenciaram e quais as suas melhores recordações dos tempos de aluno da Faculdade de Direito?

APM: A minha formação escolar foi na Guarda, no Liceu Nacional da Guarda. Em 1970 cheguei a Coimbra, onde me licenciei em Direito, ao fim de cinco anos, em 1975. Tive excelentes professores. Os professores que mais me marcaram, em diversas fases, lembrando-me agora do meu primeiro ano: Castanheira Neves, Canotilho... No segundo ano tive Mota Pinto, Orlando de Carvalho. Tive Rogério Soares, Pereira Coelho, Ferrer Correia; tive enfim grandes mestres. De alguns deles, muitos já falecidos, recordo com bastante saudade. O Prof. Mota Pinto foi um dos professores que mais me marcou. As melhores recordações tenho como aluno da Faculdade de Direito... Há uma recordação marcante na minha vida acadêmica, que foi em 1974, o "25 de Abril". Eu estava no quarto ano da Faculdade, quando se deu aquela que é conhecida fora de Portugal como a "Revolução dos Cravos" Isto foi uma coisa, vocês não fazem ideia... Eu nunca pensei poder viver por dentro uma revolução. A gente conhece as revoluções pelos livros. Naquele caso, não. Foi realmente uma mudança total de regime. Ainda me recordo bem... Foi a noite de 24 para 25 de abril, eu andava com uns colegas meus, passamos de carro, à noite, fazíamos vida noturna, às três da manhã, quatro da manhã, num local onde estavam policiais. Vimos que aquilo era muito movimentado, mas não nos passou pela cabeça... Qual não foi a minha surpresa quando, no dia seguinte, pela manhã, entra uma pessoa no meu quarto e diz-me: "Houve um golpe de Estado! Houve uma revolução!". E eu, que me tinha deitado há pouco, pensei que estava a sonhar. "Eu estou a sonhar, deixa-me em paz!" (risos). E a pessoa, que era funcionário público, dizia: "Eu sou funcionário público! O que vai ser de mim?" (risos). E vi que, pela aflição dela, aquilo era capaz realmente de ser verdade, e me levantei. Enfim, estávamos todos de olhos arregalados, quer dizer, ninguém acreditava que fosse possível. Fui para a Faculdade, onde, tal como eu, os outros colegas estavam uns a olhar para os outros, e depois fui para a festa. O "25 de Abril" apanhou-me no meu quarto ano da Faculdade, e

[1] Entrevista concedida à *Revista Trimestral de Direito Civil – RTDC*, v. 30, abr./jun. 2007.

foi marcante viver uma revolução por dentro, uma revolução *sui generis*. A "Revolução dos Cravos", aquela imagem de um soldado fardado, com uma metralhadora, e no cano da metralhadora uma criança de pés descalços a pôr lá um cravo, percorreu o mundo. Foi uma festa, foi uma alegria, foi um povo que estava amordaçado e que de repente veio para a rua festejar a liberdade. Isto foi um momento marcante na minha vida acadêmica.

RTDC: O que determinou a sua opção pelo Direito? Foi uma escolha simples, ou o senhor chegou em algum momento a pensar em seguir outra carreira?

APM: O que determinou minha opção pelo Direto foram dois fatores. Por um lado, a minha tendência para as humanidades. Eu não gostava de ciências, tinha um espírito, claramente, para as humanidades. Português, Filosofia, História eram as disciplinas, no secundário, que mais me agradavam. Por um lado, então, já possuía esta inclinação para as disciplinas que tinham mais que ver com a formação jurídica. Depois, uma outra influência: tenho um irmão mais velho, que por acaso acaba de ser convidado para ser Procurador-Geral da República em Portugal. Ele era Ministro do STJ, o Superior Tribunal de Justiça. Este meu irmão tinha se formado em Direito. Portanto, em casa, sou o irmão mais novo, ele é o irmão mais velho, e é natural que houvesse uma influência. Optei pelo curso de Direito e nunca me arrependi. Sinto-me muitíssimo bem como um homem de Direito. Portanto, foi uma opção feliz. Quero dizer, quando um jovem escolhe um curso ou outro, quantas vezes é uma aposta, e mais tarde ele se arrepende? No meu caso, não. Foi realmente uma aposta feliz, e eu dei-me bem com o Direito.

RTDC: Como começou a sua carreira de professor e o que determinou a sua opção, especificamente, pelo Direito Civil?

APM: A minha carreira como professor em Coimbra começou como a dos outros colegas. Tem que ver com o processo de recrutamento dos professores. Nós temos, no termo de cada curso, em regra, um concurso para assistente-estagiário, ao qual concorrem os interessados. Os melhores alunos concorrem. Depois, os mais bem classificados são contratados. Começa aí a vida universitária. O primeiro posto, o primeiro passo, portanto, é como assistente-estagiário no âmbito de um concurso público, que a Universidade abre, publicado no jornal oficial. Depois há todo um percurso acadêmico. A pessoa é contratada como assistente-estagiário, tem que fazer o mestrado. Feito o mestrado, é contratado como assistente. Depois, mais tarde, tem que fazer o doutoramento, aí é contratado como professor-auxiliar. Depois tem ainda um concurso documental, mais tarde, para ser contratado como professor-associado. Depois há uma nova prova pública, que é chamada Agregação. São dois dias de provas públicas, e a pessoa fica então como professor-agregado. Depois há um novo concurso documental para professor-catedrático, e é o topo da carreira. Por que é que eu fui para Direito Civil? Por gosto. Porque, como estudante, tinha gostado muito da Teoria Geral do Direito Civil, uma cadeira do segundo ano da faculdade e que incide sobre a parte geral do Código, e de uma outra disciplina, o Direito das Obrigações. Eu já então manifestava o meu gosto pelo Direito Civil. Contratos, sobretudo, e a Responsabilidade Civil, porque o Direito Civil não se limita a essas áreas; tem também todo o Direito da Família, o Direito das Pessoas e o Direito das Sucessões. Mas, para mim, a parte mais aliciante do Direito Civil são os Contratos e a Responsabilidade Civil, e, portanto, foram estas disciplinas do meu tempo de estudante, sobretudo a Teoria Geral do Direito Civil e o Direito das Obrigações, que criaram em mim o gosto pelo Direito Civil.

RTDC: E como o senhor vê hoje o ensino universitário jurídico português?

APM: Vejo com apreensão e com expectativa, porque Portugal e a Europa estão num momento difícil. A Declaração de Bolonha pretende, para mais facilmente haver um reconhecimento de títulos na Comunidade Europeia, uniformizar realmente todo o ensino, de Direito e não só. Ora, essa Declaração de Bolonha tem levado, em alguns casos, à redução do número de anos do curso. O curso, que tem sido de cinco anos, em Portugal, vai ser reduzido para quatro anos, em alguns casos, para três. Receio que, a propósito ou a pretexto de Bolonha, o ensino universitário seja invadido por critérios de facilidade. O ensino secundário em Portugal, infelizmente, já foi prejudicado muito há alguns anos, e temo que, a pretexto de Bolonha, esses critérios e essas facilidades venham a entrar também no ensino universitário, que neste momento está numa fase de mudança, com toda a instabilidade e expectativa que os movimentos de mudança acarretam. Nós mesmos, em Coimbra, durante todo este ano que passou, fizemos um conselho científico extraordinário por mês, para discutir Bolonha. O conselho científico, formado por todos os professores-doutores, reúne-se ordinariamente todos os meses. É claro que tem também aspectos positivos. Há a possibilidade, com esta reforma, de atualizar disciplinas. Por exemplo, o Direito do Consumidor não é uma disciplina que esteja sendo lecionada na graduação. Pois bem, com esta reforma, é natural que, dentre as disciplinas de opção, venha a surgir – eu já fiz uma proposta nesse sentido –, o Direito do Consumidor, como disciplina de opção. Haverá um núcleo de disciplinas obrigatórias, que todos os alunos têm de frequentar; são obrigatórias, identificam um curso, dão identidade a um curso. Há faculdades que ligam pouco às disciplinas históricas, por exemplo, ao Direito Romano. O Direito Romano faz parte da formação jurídica, é uma disciplina que deve manter-se no primeiro ano. Nós entendemos que Coimbra não pode perder isto; é uma marca distintiva, numa universidade clássica. Coimbra vai indicar quais são as disciplinas, qual é o tronco comum obrigatório para todos. E, depois, haverá outras disciplinas de opção, que cada um escolhe em função do gosto que tem ou da atividade profissional que pretende exercer. Cada um, depois, formata o seu curso de acordo com a sua vontade e em conformidade com o seu gosto. Nós chamamos isso de "autoformatação". Estou a falar na graduação. Depois temos, numa outra fase, a pós-graduação. Quer o mestrado, propriamente dito, quer o doutoramento, quer as pós-graduações que os senhores chamam *lato sensu*. Nós temos inúmeras ofertas de mestrados: mestrado em Direito Civil, Direito Comercial, Direito Penal, Direito Constitucional etc. Na pós-graduação *lato sensu*, que são cursos de especialização, nós temos uma variedade enorme. Temos um curso de Direito da Comunicação, estou à frente dele; um curso de Direito do Consumidor, também estou à frente dele; um curso de Direito Biomédico, cursos de Direito da Medicina, Direito do Trabalho, Direito do Desporto, Direito Bancário, Direito do Ambiente... Isso são novas áreas, e que cada um pode frequentar, na pós-graduação, especializando-se. E até mesmo neste figurino agora de Bolonha, eu quase que diria, a graduação, cada vez mais, é a formação jurídica geral. Isso significa que se tende a concentrar na graduação aquilo que é fundamental para a formação jurídica do estudante.

RTDC: O senhor poderia falar um pouco mais sobre a sua experiência à frente dos Institutos, notadamente o Instituto de Direito da Comunicação, da Universidade de Coimbra, e os progressos que foram conquistados nessa experiência bastante pioneira?

APM: Com gosto. Esse foi um importante passo que a Faculdade de Direito deu. O Instituto Jurídico da Comunicação foi fundado em 1991. Em cursos, parece que é o segundo mais antigo. O mais antigo era o curso de Estudos Europeus, fundado por um colega meu, Prof. Manuel Lopes Porto. A partir daí, muitos outros cursos na pós-graduação e institutos têm sido criados. O IJC trata dos problemas da comunicação no sentido amplo, abrangendo o direito da comunicação social, as telecomunicações, o audiovisual, a informática e a publicidade. Esqueci-me de dizer uma coisa há pouco. Ainda vai a tempo! Sabem qual é a porcentagem de alunos brasileiros nos mestrados da Faculdade de Direito de Coimbra? Setenta por cento. Isto levou já a um desdobramento, porque os mestrados funcionam em regime de seminário, com poucos alunos. Nas pós-graduações *lato sensu* há também muitos brasileiros, mas não há as limitações de número de alunos; é uma sala de aulas como na graduação. Os alunos sentam-se, o professor fala, os alunos tiram apontamentos, fazem perguntas, é o ensino clássico, tradicional. Nos mestrados funciona o regime de seminário, ou seja, não é o professor a falar e os alunos a tomar apontamentos e a fazer perguntas. São os alunos a escolher um tema, e cada um faz um *paper*, um trabalho, sobre o tema que cada um escolheu, e há diálogos à volta da mesa, e há um número máximo por cada vertente: Direito Civil, Direito Comercial, Direito Penal, Direito Constitucional etc.; cada vertente tem o máximo de quinze alunos. Tendo em conta a procura tão intensa pelos mestrados, nomeadamente pelos colegas brasileiros, nós já desdobramos as mais procuradas. Há, portanto, Direito Civil I e Direito Civil II; Direito Comercial I e II, para, precisamente, acolher tanta gente que nos procura. E mesmo assim é uma pequena parte, porque cada um tem quinze alunos no máximo. Não são grandes grupos. Mas tudo isto está em fase de mudança, com a declaração de Bolonha.

RTDC: Como o senhor compararia o aluno brasileiro com o aluno português em Coimbra?

APM: O aluno brasileiro facilmente se ambienta. O brasileiro em Portugal se sente tão bem como eu no Brasil, como em casa... E penso que esse sentimento é recíproco. As pessoas estão à vontade, é a mesma língua. Há muitas afinidades, muita proximidade. Até mesmo o individualismo que se verifica no brasileiro, esse individualismo é bem português, é bem lusitano. Conta-se a história de um general romano que um dia perguntou, em relação aos lusitanos: "Quem é que é o povo que não se governa nem se deixa governar?" (risos).

Portanto, há realmente uma grande proximidade. E há muitos brasileiros lá na Universidade de Coimbra, na Faculdade de Direito, muitos mesmos... No meu centro de Direito do Consumo, temos o *Estudos de Direito do Consumidor*, uma publicação anual, com colaborações vossas, do Brasil, magníficas. Neste último número, que acabei de publicar, temos lá um artigo do Prof. Luiz Edson Fachin e da Profa. Judith Martins-Costa. No número anterior, tenho lá também um da Profa. Judith Martins-Costa. Todos os números têm sempre colaborações de colegas brasileiros. Portanto, esses institutos, esses centros de investigação, são simultaneamente institutos de ensino, mas também de investigação, com uma produção científica própria que vai enriquecer a produção científica da Faculdade de Direito, e têm meios de financiamento próprios. Era aí que eu queria chegar. Além de todas as vantagens de especialização, de investigação, há também o autofinanciamento. Naturalmente, o Estado não chega para tudo, as universidades são públicas. A Universidade de Coimbra vive do dinheiro do Estado. Os tempos são de vacas magras... E, por isso mesmo, nós conseguimos, com esses institutos, criar um autofinanciamento. Por exemplo, no Instituto Jurídico da Comunicação, além do que os alunos pagam, temos patrocínios. Eu tenho tido comigo a PT Comunicações, que tem sido o patrocinador principal, e ainda empresas de telecomunicações, de comunicação social, do mundo da informática, do mundo do audiovisual... Há um conjunto de empresas que patrocina o Instituto Jurídico da Comunicação. E é importante, também, não só pelo financiamento, mas também porque é uma forma de as empresas nos poderem dar conta de seus problemas, quer dizer: nós temos autonomia científica total, nenhuma empresa interfere na nossa vida, mas o que nós podemos é, dialogando com elas, perceber quais são as necessidades práticas. Conhecer a vida! É uma forma de a empresa e a universidade se relacionarem, em vez de ser a universidade um universo teórico divorciado da vida. Trazemos a vida até nós! E isso é uma forma não só de ajudar a sobrevivência econômica do instituto, como de nós nos associarmos às empresas do setor, à vida prática, à vida real daquele setor de atividade. Claro que cada instituto tem o seu modelo... No instituto em que temos o curso de Direito do Consumidor já não é assim, as empresas já não financiariam, não é verdade? (risos). Aí o patrocínio que eu tenho é do Instituto do Consumidor, um instituto público que nos dá um subsídio que nos tem permitido aguentar e fazer essa publicação, *Estudos de Direito do Consumidor*. Cada um vai encontrando a sua forma de financiamento.

RTDC: Isso permite que as propinas[2] sejam baixas...

APM: Embora sejam, digamos, mais elevadas do que na graduação, porque aí é o ensino público, e o ensino público não é cem por cento gratuito, mas é tendencialmente gratuito, as propinas aí são muito baixas.

RTDC: O senhor falava agora do Centro de Direito do Consumo, que é outro centro que o senhor preside, e isso nos remete, claro, à sua atividade muito intensa nos últimos anos, militando na área do Direito do Consumidor, que o levou inclusive a presidir a comissão que redigiu o anteprojeto do Código de Consumo Português. Pediríamos que o senhor nos falasse um pouco dessa experiência.

APM: Tem sido uma experiência interessante. Essa comissão existe há dez anos. Somos muito preguiçosos (risos). Só agora é que entregamos o anteprojeto. Eu constituí essa comissão há dez anos, e o grande entusiasta político dessa comissão foi aquele que é hoje o atual primeiro-ministro de Portugal, o senhor engenheiro José Sócrates, que era na altura Secretário de Estado adjunto da Ministra do Ambiente. A Defesa do Consumidor estava nessa época no Ministério do Ambiente. Fui nomeado o encarregado dessa tarefa, e depois tive carta branca para constituir a comissão; para convidar os vários colegas que compõem a comissão. E a minha preocupação foi ter ali sensibilidades diversas, quer dizer, de mundos diferentes. Sou um universitário, tenho comigo também outro universitário, o Dr. Paulo Mota Pinto, de Coimbra; tenho comigo outros universitários, o Prof. Augusto Silva Dias, da Faculdade de Direito de Lisboa; o Dr. José Tavares de Sousa, do Porto; a Profa. Maria da Glória Garcia, da Universidade Católica de Lisboa. Mas tem também, para além desta componente universitária, um juiz, um

---

2 (Lus.) Quantia que se paga em escolas e universidades por abertura de matrícula ou outros procedimentos acadêmicos.

desembargador da Relação de Lisboa, o Dr. Manuel Tomé, portanto um magistrado, juiz desembargador, e tenho também uma magistrada do Ministério Público, uma Procuradora-Geral adjunta do Tribunal Central Administrativo de Lisboa. Não quis fechar ao ambiente universitário, quis também ter pessoas da magistratura, que conhecem os problemas concretos. Tenho comigo também o Dr. Mario Tenreiro, que é Chefe de Unidade da Comissão Europeia em Bruxelas, todas as diretivas de Defesa do Consumidor até há pouco tempo passaram por ele; e uma posição-chave da Comissão Europeia em Bruxelas. Para além disso, tenho como assessores a Dra. Cristina Portugal, advogada, e o Dr. Paulo Duarte, também advogado. Eu fiz uma opção de início. Qual foi? Mencionei essa gente toda, falei de pessoas da universidade, falei de pessoas da magistratura, e de advogados, e não mencionei ninguém das associações de Defesa do Consumidor. Não quisemos ninguém. Com isso, prescindi de gente de qualidade, que teria ajudado... Estive sempre aberto às associações de Defesa do Consumidor, sempre dialogando com elas... Agora, na comissão, não quis. As associações de Defesa do Consumidor são um lado da questão; são um lado do rio; do outro lado do rio estão os profissionais. Se eu trazia um, os profissionais diriam: "E nós?".

Se eu trazia uns e outros, aquilo pareceria até um parlamento. Quis evitar coisas desse tipo. A comissão é uma comissão técnica, formada por juristas apenas; sem nenhuma das partes envolvidas, nem os consumidores, as associações representativas dos consumidores, nem os profissionais, porque senão penso que teríamos sido prejudicados... Bom, todos nós temos a nossa vida, e não deixamos de a ter. Eu não deixei de vir ao Brasil fazer conferências quando me convidaram amavelmente; não deixei de dar as minhas aulas na Universidade de Coimbra; de publicar os meus livros; de estudar; de investigar... Continuei a minha vida, e a mesma coisa fazem os outros colegas meus. Isso para vos dizer o quê? Que isto é um *plus*; isto foi um acréscimo. As reuniões plenárias da comissão são aos fins de semana, ou em Lisboa, ou em Coimbra, com o sacrifício da nossa vida pessoal e da nossa vida familiar. Eu não posso, durante a semana, reunir-me com os colegas. Uns são do Porto; outros são de Lisboa; outros são de Coimbra. Extremamente difícil encontrar um local e uma hora. Portanto, são sacrifícios.

E por que é que demoramos tanto tempo? Porque também não tínhamos um prazo... E houve uma grande instabilidade política e de governo em Portugal. Nesses dez anos, eu conheci vários governos, vários titulares da pasta da Defesa do Consumidor. E a primeira coisa que eu fazia sempre que um novo governo tomava posse era escrever-lhe e dizer assim: "Eu presido uma comissão do Código do Consumidor. Primeira pergunta: está o atual governo interessado num Código do Consumidor? Segunda pergunta: se estiver, conosco ou com outros?" (risos). Tinha de fazer sempre essa pergunta. O governo mudava. Respondia sempre: "Sim, senhor, estamos interessados, e estamos interessados convosco". De modo que conheci, ao longo desses dez anos, vários governos e vários titulares da pasta da Defesa do Consumidor, fossem do Partido Socialista, que é o partido que está atualmente no governo, e com quem começou, fossem do Partido Social-Democrata, que esteve noutros governos nesses dez anos e que sempre nos apoiou também. Terminamos agora o anteprojeto; entregamo-lo no passado dia 15 de março [de 2006], simbolicamente Dia Mundial dos Direitos do Consumidor, numa cerimônia oficial em Lisboa. Entregamo-lo para debate público.

Foi sempre um propósito meu. Esteve durante quatro meses em debate público, de 15 de março até 15 de julho. Quis sempre esse debate público para poder permitir a todo cidadão, a todo consumidor, a todo profissional, toda associação de consumidores, todo universitário, que se pronunciasse, criticasse, fizesse sugestões. Esse projeto superou todas as expectativas. Para além dos debates públicos que tivemos em vários locais, na Universidade de Coimbra e de Lisboa, no Centro de Estudos Judiciários em Lisboa, no Magistrado, na Ordem dos Advogados em Viseu, em Coimbra, com a Câmara Municipal de Coimbra, para além dos debates públicos organizados por outras entidades, em que me convidavam, como presidente da Comissão, para intervir ou outro colega também da Comissão; para além desses debates públicos, ultrapassam o milhar, de páginas de contributos; dezenas e dezenas de pessoas singulares, pessoas jurídicas, associações de consumidores, centros de arbitragem, associações profissionais, universitários que contribuíram e que criticaram, inclusive do Brasil... Tenho do Brasil um *e-mail* que me foi enviado de alguém, pronunciando-se sobre o anteprojeto, sugerindo uma alteração; tenho de uma empresa alemã, emitindo a sua opinião sobre o nosso anteprojeto, fazendo sugestões... Superou todas as expectativas. São, como vos digo, de mais de mil páginas os contributos que recebemos. Já me reuni com a comissão duas vezes em Lisboa e com o Governo. Lembro a pergunta que eu fiz: "Está o Governo português interessado em prosseguir, ou não?... Se não está, não vamos ter o trabalho, agora, de ler isto tudo"... "Está interessado? Então nós continuamos". "Sim, senhor, estamos interessados", e, portanto, nós agora estamos a reformular todo o trabalho. A nossa ideia é até ao fim do ano apresentar, em função desses contributos, uma versão reformulada do anteprojeto. Depois, o Governo terá um percurso político-legislativo que já nos ultrapassa a nós. Se tudo correr bem, em 2007 o Código do Consumidor talvez possa ser aprovado.

RTDC: A sua exposição, aqui no Brasil, em 1999, na Conferência Nacional da OAB, sobre os contratos de adesão e as cláusulas contratuais gerais, teve uma recepção muito boa aqui, principalmente pela maneira de distinguir didaticamente a questão dos contratos de adesão nas cláusulas contratuais gerais, e pela sua divisão didática também entre os planos da formação do controle processual dos contratos de adesão. Como é que essa questão está sendo vista no anteprojeto?

APM: A lei portuguesa das Cláusulas Contratuais Gerais é uma belíssima lei. É uma lei tão boa que nós, no anteprojeto do Código do Consumidor, não havíamos de estragá-la, não é? Agarramo-nos nela e colocamo-la no anteprojeto, quase tal e qual. Há apenas uma ligeira modificação, uma coisa que nos parece uma melhoria técnica, uma norma que previa uma ação inibitória. Nós incluímos isso cá atrás, naquele elenco em que se consideram fora do contrato as cláusulas cujo dever de comunicação e de informação não tinham sido cumpridos. Nós apontamos para essa solução também para as cláusulas proibidas numa ação inibitória. Pensamos que é uma medida mais eficaz. Mas isso é um detalhe... Portanto, praticamente na íntegra, a Lei das Cláusulas Contratuais Gerais foi para o anteprojeto do Código do Consumidor. Já agora digo-vos uma coisa. Não sei se isso não será muito técnico... É o seguinte: a lei portuguesa é uma lei de 1985, foi alterada em 1995 e depois de novo em 1999. Isto por quê? É uma lei de 1985 e é anterior à diretiva. A diretiva sobre as cláusulas abusivas é de 1993. Quando uma diretiva é aprovada, coloca-se o problema de saber se é necessário fazer alguma coisa, ou não, para a transpor. Se o Direito português não estiver em conformidade com a diretiva, será alterado. A diretiva tem de ser transposta. Bom, a lei portuguesa é até mais desenvolvida, é mais perfeita do que a diretiva, o que é normal, porque as diretivas são compromissos políticos, e como instrumentos normativos elas não são tecnicamente de grande prioridade. Era uma lei até mais completa, mas de todo havia umas pequenas coisas que era necessário alterar. Foi alterada em 1995. Mas não se mexeu nessa questão das condições gerais do contrato, cláusulas contratuais gerais, contratos de adesão, porque a diretiva pretende aplicar-se a todos os contratos de adesão, e a lei portuguesa, tal como a antiga lei alemã, parece que só se aplicaria aos contratos de adesão que tivessem na sua base cláusulas contratuais gerais. A Comissão Europeia inclinou-se para julgar que Portugal havia transposto mal a diretiva de 1993, por causa de a diretiva querer aplicar-se a todos os contratos de adesão, e a lei portuguesa parece que só se aplicava a contratos de adesão que tivessem sido celebrados com base em condições gerais, em cláusulas contratuais gerais. Isso levou a uma alteração relativamente à lei de 1999, e essa alteração foi uma alteração pouco feliz. Não foi feita pela mesma comissão de 1985 e 1995, mas sim por uma outra entidade, e foi uma alteração tecnicamente pouco feliz. Nós recuperamos a qualidade da lei e eliminamos essa alteração de 1999.

RTDC: Ainda, por fim, no âmbito do anteprojeto, há uma curiosidade nossa aqui em saber se e em que medida foi regulada a questão da publicidade.

APM: Esse é um ponto em que nós vamos agora mexer, nesta discussão. A maior parte dos contributos que tivemos foi nessa área. Em Portugal, existe uma lei da publicidade que se chama Código da Publicidade. Quando fizemos o projeto do Código do Consumidor, pareceu-nos que o Código da Publicidade deveria ser incluído no Código do Consumidor... Repare que Portugal está na União Europeia, há muitas diretivas da Comunidade Europeia sobre a publicidade, e, portanto, essas diretivas de alguma forma já estavam transpostas no Código da Publicidade, uma lei ordinária. E nós inserimos o Código da Publicidade, o tal que existe neste momento em Portugal, que está em vigor; inserimo-lo e integramo-lo no anteprojeto do Código do Consumidor. Não a Lei da Concorrência, porque ainda há a Lei da Concorrência. Claro, pode ser uma contradição; podem dizer assim: "Por que uma coisa e não outra?". A tarefa de delimitar o âmbito de aplicação do Código do Consumidor é a tarefa mais difícil. Seremos sempre criticados por tudo e por nada. Para lhe dar uma ideia, sabe quantos artigos tem o anteprojeto do Código de Defesa do Consumidor? Tem 708, divididos em quatro títulos. Fomos criticados por vários lados, por ser excessivo, por ser demasiado grande... Outras entidades nos criticaram, dizendo que a maior parte dos contratos de consumo não está cá! E mencionam uma série de contratos. Eu digo assim: "Somos criticados por ter tantos artigos, e ainda nos dizem que falta cá a maior parte dos contratos!". E se metêssemos cá também a Lei da Concorrência, veja aí onde é que isto chegava! A tarefa de delimitação das matérias foi das mais difíceis. Por que esta matéria e não aquela? O Ministério da Economia em Portugal, numa fase anterior, criticou-nos, aludindo a matérias que não deveriam estar no Código do Consumidor. Perguntavam-nos isso: "Por que é que não estão cá também os hotéis? Tudo o que diga respeito ao estabelecimento hoteleiro, por que é que não está cá?". Temos cá as viagens turísticas organizadas... Entendo que deve vir pra cá só aquilo que é regulamentação que tenha que ver com o consumidor. A regulamentação administrativa não deve estar aqui. Sabe qual é o critério que eu segui para me defender? Vinham para aqui as matérias, por um lado, aquelas em que a Comissão Europeia tem legislado em dar diretivas para a Defesa do Consumidor. São diretivas que a Comissão Europeia tem na área de Defesa do Consumidor. Por outro lado, aquilo que é pacífico na Defesa do Consumidor, cláusulas contratuais gerais, responsabilidade do produtor, tudo isso que ninguém duvida tenha que ver com o Código de Defesa do Consumidor. A publicidade já não é uma matéria que tem que ver só com a Defesa do Consumidor. Poderíamos incorporá-la no Código do Consumidor, ou não. Não tem que ver apenas com o consumidor. Integramo-la no Código do Consumidor, mas com poucas alterações, tal como ela está em vigor. Não tínhamos orientações para mudar e, portanto, fizemos algumas, mas não fizemos grandes alterações. Esta é uma das partes que mais vem merecer a nossa atenção, porque é uma parte em que tivemos muitos contributos das associações de publicidade, *marketing*... Uma parte que agora vai ser muito revista, presumo eu. E, por último, há uma diretiva comunitária que tivemos em consideração e que é a diretiva sobre práticas comerciais desleais, em que estas coisas estão muito misturadas e que tivemos que transpor e que vamos agora ter de resolver...

RTDC: Os chamados "serviços essenciais" são tratados especificamente?

APM: São tratados também. Na parte dos contratos. A Lei dos Serviços Públicos Essenciais, uma lei que está em vigor em Portugal, é uma lei da Assembleia da República; é uma lei de 1996, a Lei 23/96. Esta é uma matéria que está aqui também. Está na parte dos contratos. A lei portuguesa define quais são os serviços públicos essenciais: fornecimento de água, energia elétrica, gás e telefone. Nós integramos essa Lei dos Serviços Públicos Essenciais aqui na parte dos contratos. É claro que aí também há umas observações, umas críticas. Como eu digo, é o que está em vigor em Portugal, e foi isso que passou para o Código, mas neste momento há quem entenda que outros serviços públicos essenciais devam ser incluídos, por exemplo, serviços postais, serviços de transportes... Há realmente quem entenda que devemos ir mais longe.

RTDC: Professor, vamos passar o rumo da conversa para as cláusulas limitativas e de exclusão de responsabilidade civil. A primeira pergunta é em relação à função dessa espécie de cláusula. As cláusulas limitativas originalmente foram criadas para funcionar como um fator de equilíbrio no contrato, mas hoje são comuns, na prática contratual, principalmente em novos contratos, como os complexos contratos de empreitada, cláusulas limitativas funcionando, na verdade, para transferir todos os riscos do negócio para apenas uma das partes. Poderíamos dizer então que a função dessa cláusula, hoje, está sendo, de certa forma, um pouco desvirtuada?

APM: Desde sempre, todos os instrumentos da autonomia privada foram como que uma lâmina de dois gumes: têm um lado positivo e um lado perigoso. O grande desafio é combater os abusos sem anular as vantagens que tem o exercício da autonomia privada. Eu acredito na autonomia privada, acredito que a possibilidade de autodeterminação do homem é muito importante. Agora, eu não sou ingênuo nem ignoro o mundo atual em que nos inserimos... A autonomia privada não pode ser vista como uma autonomia da vontade liberal. A autonomia privada está ao serviço da personalidade humana e tem limites de ordem vária. A procura da justiça material, da justiça social e da solidariedade social leva à consagração de vários limites ao exercício da autonomia privada. Mas temos de partir de um princípio: a autonomia privada é um valor em si mesmo, embora deva conciliar-se com outros importantes valores da ordem jurídica: a boa-fé, a função social do contrato, a justiça material, real, a exigência de solidariedade social. Tudo isso limita a autonomia privada, mas não deve anulá-la. Agora passamos para os problemas das cláusulas. As cláusulas surgem, todas elas, como fruto da autonomia privada, da capacidade de autodeterminação do homem. Elas são perigosas, podem converter-se em instrumentos abusivos. Por isso mesmo é que a ordem jurídica deve estar atenta para controlar esses abusos. Há confusões. A cláusula limitativa da responsabilidade é isso mesmo; limita a responsabilidade, e podemos ir até mesmo à mais grave de todas: a cláusula de exclusão de responsabilidade. A responsabilidade traduz-se na obrigação da indenização. Se eu sou responsável, sou obrigado a indenizar o dano causado. Verificam-se todos os requisitos da responsabilidade civil, mas isso não anula os outros direitos que o credor tem... Mesmo que haja uma cláusula de exclusão da responsabilidade que seja válida, o credor mantém outros direitos. Tem o direito de exigir o cumprimento do contrato, porque a obrigação faz parte do contrato. Uma coisa é a pessoa obrigar-se, excluindo a responsabilidade, e outra é nem sequer a obrigação fazer parte do contrato, uma situação bem mais grave... Mas na cláusula de exclusão da responsabilidade, ou limitativa da indenização, num caso e noutro, a obrigação é assumida pelo devedor, faz parte do contrato, pelo que, se ele se recusar a cumprir, o credor pode exigir o cumprimento do contrato, sua execução específica... Pode resolver o contrato, libertando-se do vínculo; pode invocar a exceção de não cumprimento do contrato, num contrato bilateral, dizendo assim: "Eu não cumpro enquanto não cumprires pelo teu lado..."; pode, em suma, exercer uma série de direitos, mesmo que tenha aceitado uma cláusula de exclusão de responsabilidade e que ela seja válida. O único direito prejudicado se a cláusula for válida é o direito à indenização. Este é o primeiro ponto. Segundo ponto: estas cláusulas limitativas da indenização são nulas em caso de dolo ou culpa grave, e só são válidas em caso de culpa leve. Por outro lado, há domínios em que elas devem ser proibidas de todo em todo: na Defesa do Consumidor...

RTDC: Também nas questões trabalhistas?

APM: Exatamente. Há um acórdão muito interessante do Tribunal Constitucional Português, não sei se o conhecem... Uma pessoa recebia uma pensão de reforma pelos correios, através de vale postal, e um dia não recebeu a pensão, o vale postal. Reclamou, foi aos correios, os correios disseram: "Isto não é nada conosco". E porque os serviços do Estado não lhe pagaram a reforma, a pessoa em causa foi aos serviços do Estado, que disseram: "Nós pagamos". Andou de um lado para o outro, até que os serviços do Estado lhe comprovaram que haviam pago com um recibo comprovativo de terem enviado o vale postal. Então os correios verificaram que o vale postal tinha se extraviado. Com isto passaram-se seis meses, e a pessoa veio a receber essa importância seis meses depois. O que fez este consumidor? Resolveu reclamar. "Eu recebo hoje uma importância que deveria ter recebido seis meses atrás... Quero uma indenização pelo atraso". O que fizeram os correios? Recusaram-se a pagar essa indenização. Por quê? Porque havia uma norma do Estatuto dos Correios que dizia textualmente o seguinte: "A responsabilidade dos correios em caso algum abrangerá lucros cessantes". Perante essa norma, o nosso consumidor foi para tribunal. E a primeira instância entendeu, com base nessa norma, absolver os correios. "Em caso algum a responsabilidade dos correios poderá abranger lucros cessantes", e entendeu que isto era um lucro cessante, portanto, um benefício que ele deixou de obter em virtude da lesão. Não fosse o atraso, teria obtido a importância há seis meses, e há seis meses valia mais do que vale hoje.

O que faz o nosso consumidor? Recorre para o Tribunal Constitucional, pedindo que fosse julgada inconstitucional esta norma, é uma norma jurídica do Estatuto dos Correios, e o Tribunal Constitucional julgou inconstitucional. Se, nas relações normais, de Direito Civil, Direito Privado, essas cláusulas são válidas e só são nulas no caso de dolo ou culpa grave, nas relações de consumo elas devem ser totalmente nulas. Por quê? Porque está na Constituição que é uma incumbência prioritária do Estado português a Defesa do Consumidor. Ora, a Defesa do Consumidor faz parte da ordem pública do Direito Civil, e, portanto, atenta contra a ordem pública esta norma do Estatuto dos Correios. Portanto, aí está um regime especial nas relações de consumo. Mas há outros setores das relações de consumo. O Código Civil português tem um artigo em que diz também que, no contrato de transportes, quando estejam em causa os danos sofridos pela pessoa, os danos pessoais no transporte de pessoas, essas cláusulas de exclusão de responsabilidade são nulas. São sempre proibidas quando estejam em causa danos pessoais. Agora, se estiverem em causa danos patrimoniais, aplica-se o regime geral: só são válidas em caso de culpa leve, sendo nulas em caso de dolo ou culpa grave. Mas deixe-me só dizer: claro que, nesses setores especiais, haverá que ver em primeiro lugar se há um regime especial que se lhe aplique, ou por força de uma regra especial que exista ou, senão por força de uma regra especial, por força de cláusulas gerais cuja concretização deverá ser feita em face destas especialidades da situação.

RTDC: A cláusula penal e a cláusula limitativa da responsabilidade seriam aplicáveis também ao caso de um terceiro violador do direito de crédito ou no caso da prestação que foi cumprida, mas ao ser cumprida causou um dano àquele credor?

APM: São questões muito interessantes e complexas... Em primeiro lugar, em relação ao concurso de responsabilidade. Há aí duas questões. Uma delas, o concurso de responsabilidade. Isto é, há fatos que constituem simultaneamente um ilícito contratual e um ilícito extracontratual. Esse ponto que referiu, da violação positiva do contrato: num contrato de transporte uma pessoa vai de ônibus e tem um acidente, e tem danos, danos patrimoniais, danos na bagagem, danos na pessoa, de ferimentos, danos pessoais... Bom, pergunta-se: que tipo de indenização pode exigir? Que responsabilidade é esta, contratual ou extracontratual? Dir-se-á: é simultaneamente contratual e extracontratual. Contratual porque não há o cumprimento do contrato de transporte. Quando uma pessoa celebra um contrato de transporte, a relação que existe é uma relação de transporte, uma relação contratual, e há mau cumprimento do contrato de transporte. Quando se celebra um contrato de transporte não se pretende apenas entrar aqui e sair além... Não. A pessoa pretende obviamente ser transportada incólume. Se tiver havido um acidente, pôr-se-á o problema da responsabilidade contratual. Cumprimento defeituoso do dever de segurança que não foi cumprido, cumprimento defeituoso do contrato de transporte. Portanto, responsabilidade contratual. Ao mesmo tempo, dir-se-á: mas neste caso há também responsabilidade extracontratual. Foi lesado um direito absoluto, o direito à vida, o direito à integridade física, o direito de propriedade, em relação à bagagem que a pessoa transporta... São direitos absolutos e, portanto, a lesão a estes direitos faz incorrer o lesante em responsabilidade extracontratual. Daí o problema de saber se é permitido ao lesado, à vítima, escolher entre a via contratual ou a via extracontratual. Não é pacífico isto. A jurisprudência alemã diz claramente que sim. A jurisprudência francesa diz que não. Quando há, dizem eles (os franceses), o dever genérico de *neminem laedere*, de não prejudicar outrem, é absorvido pela responsabilidade contratual. A jurisprudência alemã defende a posição contrária: o lesado pode optar pela via contratual ou extracontratual e, mais que isso, podem cumular na mesma ação regras de uma e outra, com uma só indenização, evidentemente, mas o lesado podendo escolher a via que mais lhe convier. Por exemplo, convém-lhe mais regras da responsabilidade contratual no que concerne ao ônus da prova da culpa, porque a lei presume a culpa do devedor e, portanto, invoca esta regra, mas pode lhe convir mais já uma outra regra da responsabilidade extracontratual, e então recorre à regra da responsabilidade extracontratual.

RTDC: Até porque, se optar pela responsabilidade extracontratual, não estaria sujeito aos limites impostos pela cláusula limitativa de responsabilidade...

APM: Isto é o que vamos ver... (risos). Isto é outra pergunta... Mas a observação é pertinente. Em Portugal, esta questão não foi resolvida expressamente pelo Código, mas o legislador histórico perspectivou o problema. O Prof. Vaz Serra, autor do anteprojeto nesta parte, levantou a questão e pronunciou-se favoravelmente à tese da opção e do cúmulo. Não ficou no Código isso. Por quê? Não porque tenha escapado ao legislador. Nos trabalhos preparatórios o estudo foi feito. Não ficou no Código porque o legislador português entendeu que não estava habilitado a intervir. E aquilo que se chama, na metodologia, uma "lacuna voluntária". Há questões, por vezes, em que o problema não está suficientemente discutido, e mais vale não fazer nada do que fazer asneira. Quando não se faz nada, há todo um espaço em branco que o juiz pode aproveitar para resolver, para decidir, de acordo com cláusulas gerais, com princípios da ordem jurídica. Quando a lei existe, o juiz tem que aplicar a lei. Se ela é má, conduz a más soluções. Portanto, quando as questões não são suficientemente discutidas e amadurecidas para se poder fazer uma lei razoável, o legislador opta por não intervir, preferindo deixar o espaço em branco para que ele possa ser preenchido com todas as possibilidades que a jurisprudência tem. Foi o que aconteceu em Portugal. E há vários acórdãos que permitem que o autor cumule na mesma ação regras de uma e de outra. Na prática, a jurisprudência tem aceitado essa posição de que o lesado pode escolher a via que lhe convier. A doutrina dominante, onde eu me insiro, vai no sentido de serem permitidos o cúmulo e a opção. Assim, perguntar-me-ão, e lá vamos à questão: se o lesado pode escolher as regras de uma e de outra, dirá assim: "Bom, eu aceitei uma cláusula limitativa da indenização, só que devia pedir cem, mas, como é um fato simultaneamente extracontratual, não vou para a contratual, vou para a extracontratual", e aí não há limitação. Não estou de acordo com isso.

Isto é quase como um *venire contra factum proprium*. Ele aceitou, partindo do princípio de que a cláusula seja válida, se não o for, acabou, a cláusula é nula. São as regras gerais da responsabilidade civil que valem. Ele pede uma indenização nos termos gerais. Agora, se a cláusula for válida, é como que um *venire contra factum proprium*. Então eu aceito limitar, aceitei validamente, e agora sirvo-me desta habilidade e vou por outra via pedir a responsabilidade extracontratual. O fundamental aqui é saber qual é o dano que as partes previram, quer dizer, ele pode ter limitado validamente a indenização e ter direito a uma indenização integral se o dano que sofreu for diferente. Agora, se o dano sofrido pelo lesado tiver sido aquele, exatamente aquele, que foi perspectivado na cláusula, e se a cláusula for válida, então eu entendo que esta limitação tem a ver com o montante da indenização, independentemente da fonte. Seja contratual, seja extracontratual. Porque senão, como eu digo, se a cláusula é válida, não podemos permitir esta *contradictio*, esta possibilidade de ir por um lado ou outro.

RTDC: E no caso do terceiro ofensor?

APM: Esta é a segunda questão. Eu tenho também entendido aqui o seguinte: a cláusula, quer a cláusula penal, quer a cláusula limitativa, quer a cláusula de exclusão, tem eficácia entre as partes. É a eficácia relativa do vínculo contratual. Se houver um terceiro, ele é alheio, ele não está vinculado pela cláusula. Se for realmente um terceiro... Imagine que a pessoa que causa o dano é empregada do devedor. Aí o devedor é responsável pelos atos desta pessoa que utiliza no cumprimento da obrigação. Se eu, para cumprir a obrigação, preciso de alguém, sou responsável por este alguém. E se eu, devedor, tiver excluído validamente a responsabilidade desta pessoa, então o credor só pode pedir a indenização dentro do que estipulamos na cláusula. Quem causa o dano é um terceiro, mas é por conta do devedor, e, portanto, o devedor é responsável por atos desta pessoa como se fossem atos praticados pelo próprio. Se, portanto, o terceiro de quem o devedor se serve estiver incluído na cláusula, se a cláusula de exclusão ou a cláusula limitativa tiver visado a esta hipótese, então a indenização será nos termos que as partes tiverem acordado. Agora imagine uma situação diferente: um contrato entre "A" e "B", de exclusão de responsabilidade de "A" perante "B", e há um "C" que sofre o dano. "C" estará limitado? "C" é vítima, não tem nada a ver com a relação entre "A" e "B". O contrato é entre "A" e "B", e há uma cláusula de exclusão de responsabilidade de "A" perante "B". Mas quem sofre o dano é "C", portanto, a cláusula de exclusão não tem nada; o "C", lesado, pode pedir a indenização nos termos gerais e não é abrangido pelo âmbito desta cláusula.

RTDC: Professor, de acordo com o art. 413 do Código Civil brasileiro, a cláusula penal pode ser reduzida se o montante da penalidade for manifestamente excessivo tendo-se em vista a natureza e a finalidade do negócio. Na sua opinião, nos casos em que a cláusula penal se mostrar excessiva, o juiz pode reduzi-la de ofício, ou isto seria uma interferência indevida no contrato? No Brasil esta questão é controversa.

APM: E é natural... Esta é uma norma muito importante na ordem jurídica brasileira. No vosso Código anterior, de 1916, só tinha o velho princípio de que a redução seria proporcional ao cumprimento parcial, a única situação que o Código de 1916 previa. Hoje, não. Essa norma do art. 413 prevê a redução quando forem penas manifestamente excessivas. Está na linha do Código alemão, o BGB; está na linha do Código Italiano; do Código Civil português, do Código Civil suíço. Está, portanto, na boa linha. Por outro lado, mesmo quando tiver havido cumprimento parcial, a redução deixou de ser proporcional e passa a ser também por equidade. Estamos numa época em que se fazem contratos com um sentimento de impunidade; é uma forma de as partes se calcularem, defenderem os seus pontos de vista, os seus interesses. Um autor alemão, Medicus, diz que o problema maior da disciplina da cláusula penal é esse: combater os abusos. Porque ela se presta a abusos. Esse art. 413 é uma norma muito importante para combater esses abusos. Agora a questão que me coloca diretamente: deve o tribunal intervir oficiosamente, ou só a pedido? Essa questão tem respostas diferentes no direito comparado. O Direito alemão, o BGB, diz textualmente: "A pedido do devedor". O Código Civil alemão só permite a redução pelo juiz quando o devedor pedir.

RTDC: O juiz não pode se manifestar?

APM: Não pode de ofício. Está isso no BGB. O Código Civil francês, primeiramente, não previa a redução da pena quando fosse manifestamente excessiva. Não se esqueçam de que o Código Civil francês, o Código Napoleônico, é de 1804, e só previa a redução proporcional em caso de cumprimento parcial. Entretanto, em 1975, foi alterado, e de novo em 1985. Em 75, foi permitida a redução das penas quando estas fossem manifestamente excessivas, e em 85 voltou a haver alteração do art. 1.152, número 2 do Código Civil francês, e nessa alteração acrescentou-se: "... mesmo oficiosamente". Portanto, em França, o juiz pode reduzir *ex officio*, oficiosamente, cláusulas penais manifestamente excessivas. Repara que á a situação oposta. Na Alemanha, via Código Civil, só a pedido do devedor; na França, hoje, desde 1985, diz o Código Civil: "Pode pedir oficiosamente". Em Portugal e na Itália, os Códigos Civis são totalmente omissos.

RTDC: Como no Brasil...

APM: Não sei se é como no Brasil... Essa é a minha dúvida. E eu já lhe digo o que penso. Em Portugal, eu entendo que não deve o tribunal intervir oficiosamente; só a pedido do devedor, embora esse pedido não tenha que ser expresso. Basta que o devedor, no processo, reaja; dê a entender ao juiz que reputa a pena manifestamente excessiva. Tem que ser a pedido do devedor, portanto, mas não tem que ser um pedido expressamente formulado. No Brasil eu tenho dúvidas. Por quê? Porque o vosso art. 413 diz: "O tribunal deve reduzir". Parece que é um dever do tribunal. E, como dever, parece que na lei brasileira, no vosso atual art. 413, haverá indícios, e indícios não decisivos, meros indícios, que não existem em Portugal nem na Itália, de que...

RTDC: ...de que talvez possa ser de ofício.

APM: Ainda que do ponto de vista processual isto possa ser bastante complicado... Como digo, o verbo "dever" dá indicações nesse sentido; é um indício. Mas repito: talvez não seja a melhor solução. No Direito português, eu defendo outra posição, porque a lei no Código Civil diz "pode"...

RTDC: Professor, se o devedor atrasar o cumprimento da prestação principal, e no contrato as partes tiverem que estipular uma cláusula penal moratória, poderá o juiz, no caso de um atraso mínimo, reduzir o valor dessa cláusula penal moratória a um valor quase irrisório?

APM: A pena só deve ser reduzida quando for manifestamente excessiva. Não pode o juiz reduzir a pena sempre que ela seja ligeiramente superior, senão é anular a cláusula penal. Como eu disse há pouco, a cláusula penal é um importante instrumento da autonomia privada. Tem função coercitiva, compulsória, indenizatória. Ora, a cláusula penal só pode cumprir as suas funções se a intervenção do juiz for excepcional. E eu acho que é excepcional, na opinião da vossa lei, quando for manifestamente excessiva. O que significa excessivo? É um juízo de valor, em que devem entrar em consideração vários fatores: a diferença certa entre o montante do dano e o montante da pena, a diferença de valor, mas também a boa ou a má-fé das partes, o grau de culpa do devedor, e um aspecto muito importante do vosso art. 413: a natureza e a finalidade do contrato e da pena. O tribunal tem de atender à finalidade do contrato, à finalidade da pena, à natureza de um e de outro, para ver se as partes só quiseram calcular indenização ou quiseram criar um instrumento compulsório, uma sanção. Neste caso, a intervenção do juiz é menor do que no outro caso. Mas, de todo modo, o pressuposto para o juiz intervir é que a pena seja manifestamente excessiva. É um juízo de equidade que eu tenho de fazer em função das circunstâncias do caso concreto.

RTDC: O senhor aludiu anteriormente às suas atividades como professor, participando de comissões, revistas, como parecerista, enfim, toda uma série de atividades, e uma obra pujante, sempre crescente. Nós aqui, brasileiros, sempre nos impressionamos muito com o volume da produção portuguesa, das teses principalmente, e isso sempre nos remete a imaginar, com relação aos professores portugueses, como é que se dá a questão do método de trabalho. Como é que o senhor construiu para si um método de trabalho, como é que adapta as suas diferentes atividades na sua vida quotidiana?

APM: É a tradição da casa, quer dizer, isso é assim no Direito; é assim em Coimbra e, eu diria, também em Lisboa. É a tradição das Faculdades de Direito em Portugal. Quando cada um de nós abraça a vida acadêmica, vê as teses que há no passado e diz assim: "Isto é o que me espera..." (risos). Mas agora está mais fácil. Como eu disse há pouco, estamos numa fase de mudança, e mesmo hoje os mestrados já não são o que eram antigamente, e o doutoramento também tende a diminuir.

RTDC: Qual o prazo máximo para o doutorado em Coimbra?

APM: Teoricamente, oito anos. Mas há um outro curso, que a Faculdade de Direito de Coimbra já criou e que se chama "Programa de Doutoramento", em que há um ano para a parte escolar e depois mais três para a dissertação. É uma alternativa ao sistema tradicional. As tais teses de doutoramento que vêm, como a minha, são do sistema tradicional, em que a pessoa até pede prorrogações... O doutoramento antigo era um sistema de isolamento, sem parte escolar. A pessoa escolhe uma tese, tem um orientador, mas cada um trabalha solitariamente durante anos e anos e anos. Hoje, para se combater o que de menos positivo há nesse trabalho solitário, criaram-se, em alternativa ao sistema tradicional, sistema que se mantém, os tais "Programas de Doutoramento", um doutoramento mais simples.

RTDC: Os títulos se equivalem?

APM: Os títulos se equivalem. Temos lá brasileiros também nesses "Programas de Doutoramento". E um curso que abre normalmente de dois em dois anos, ou de ano e meio em ano e meio... Mas tudo isso está sendo repensado por causa de Bolonha.

RTDC: E a questão do seu método de trabalho?

APM: Cada um tem o seu método. O método é como aquele grande poema do Antônio Machado: "No hay camino, se hace el camino al andar". Cada um de nós faz o seu caminho andando. Eu nunca tive aulas de método. Nós hoje temos uma coisa lá em Coimbra, no mestrado, que chama "Oficina Juris". São colegas meus que dão conselhos a jovens que ainda não têm a experiência de investigação numa tese. Como se faz uma investigação, como se faz uma tese, como não se faz uma tese... Eu e os meus colegas somos autodidatas nesse sentido. Nós saímos de uma graduação, de um curso que deve ser como aqui no Brasil, em que a atitude do estudante é passiva; o estudante recebe as aulas, tem os livros em casa e estuda os livros, e depois reproduz. É o método tradicional. Saímos de uma graduação assim, e depois para o mestrado, em que temos de escrever tese, e o doutoramento, em que temos de escrever tese, e a gente não sabe investigar... Eu nem conhecia as revistas que havia lá. Isso é um processo de aprendizagem. Quem está num bom centro, como é o meu, Coimbra, está favorecido. Nós temos uma biblioteca que tem tudo; as melhores revistas do mundo inteiro. Vocês encontram lá as vossas revistas brasileiras, como encontram as norte-americanas, alemãs, italianas, francesas...

RTDC: Encontra a *RTDC* também, a *Revista Trimestral de Direito Civil*...

APM: Claro que sim! (risos). Eu os desafio a, quando forem lá, não a encontrar... Lá há a chamada "Sala das Revistas", uma sala em que os últimos números das várias revistas do mundo, que a Faculdade assina, estão expostos. São centenas... Até da China... Desde que escritas em inglês... Se forem escritas em mandarim é mais complicado... (risos). Portanto, estando num bom centro de investigação, a vida está muito facilitada. E cada um define o seu método. Como é que eu hoje faço? Há uma fase de leitura. Não são dois momentos nem duas fases estanques: leitura agora e escrita depois. Não. Faz-se muita investigação quando já se está a escrever. O conselho que eu dou é que a pessoa, logo que tenha lido bastante, e pensado bastante, comece logo a escrever, porque é no momento da escrita que se vai concretizando... E há muita investigação que se faz quando se está a escrever. Há muita investigação que se fez e que não se aproveita... Eu tenho resmas e resmas de fotocópias que fiz na Alemanha e que nunca cheguei a aproveitar, porque pensava que iria tratar desses temas e depois não tratei. Em contrapartida, houve muita outra investigação que eu tive de fazer e não tinha pensado que iria fazer. Costumo eu dizer: só quando se está a coser é que nós verificamos que não temos toda a linha... (risos). Falta-nos linha, mas só quando estamos a coser é que nos damos conta disso. O conselho que eu dou é começar a escrever o mais cedo possível. E, para haver uma unidade, o outro conselho que eu dou: não fazer por partes.

Só passar ao segundo depois de o primeiro estar perfeito – não! A pessoa deve fazer um rascunho, um borrão, uma coisa só para si, como se fosse um diário, em que começa da introdução e acaba nas conclusões. É uma primeira versão para não se mostrar a ninguém. No caminho, quando há leituras a fazer, até pode escrevê-las a meio e dizer: "Hei de voltar aqui! Tenho muitas leituras a fazer! Hei de fazer aqui uma nota!", mas continua para a frente, com o que já tem, com o que sabe, até ao fim, para ver onde é que leva, para saber se aquilo que está no princípio deve realmente ficar no princípio... Essa visão completa só se tem quando se chega ao fim, da introdução às conclusões. Na segunda versão que se vão tapar os buraquinhos todos, que se vão fazer as tais leituras. Isto permite já uma visão sistemática e que a obra tenha uma unidade. Uma tese deve ser como um romance: com unidade. Como se fosse um romance policial, que a gente tem o criminoso, mas só no fim é que se descobre! Se for um bom romancista, pega-nos na mão e vai nos dando indícios, pistas, para a gente descobrir. Mas deve haver enredo, para cativar o leitor. Estamos numa época em que a gente lê cada vez menos, por isso é importante que as coisas sejam claras e o leitor possa acompanhar o raciocínio da pessoa.

RTDC: O senhor citou há pouco um episódio que não poderia deixar de ser levantado aqui, que foi a sua passagem pela Alemanha, estudando com o Professor Canaris. O que o senhor poderia dizer a esse respeito?

APM: É uma tradição também de Coimbra. Hoje também de Lisboa, mas mais de Coimbra. O nosso Código Civil, tal como o vosso, é da tradição germânica. Para além disso, na doutrina há uma grande influência da ciência jurídica alemã na ciência jurídica portuguesa – na universidade, claro. O advogado geralmente não lê em alemão... Na nossa vida acadêmica, é difícil encontrar quem não leia em alemão. Claro que se pode fazer uma boa tese sem se ler em alemão, mas quem domina o alemão tem acesso a uma literatura jurídica riquíssima. A ciência jurídica alemã é uma ciência de grande qualidade, a jurisprudência alemã é uma jurisprudência de grande qualidade. Para mim, foi importante. Eu estive oito meses, em 1987-88, na Alemanha, na Universidade de Munique, estudando com o Professor Canaris. Depois disso voltei a estar lá na Universidade, quando preparei a Agregação, no âmbito das minhas provas para professor catedrático, e fiquei lá três meses. E vou lá com relativa frequência. Agora em agosto estive lá num seminário com o Professor Canaris. Vou também como turista, para matar as saudades...

RTDC: Como o senhor vê o futuro do Direito português especificamente, em face não só dos desafios da harmonização comunitária, mas também às questões econômicas, à integração?

APM: É difícil responder a essa pergunta. Como eu dizia há pouco, adivinhar o futuro no âmbito do Direito do Consumidor é complicado, ainda mais nesse âmbito vastíssimo que me coloca. Portugal está integrado na União Europeia. A tendência, no âmbito da União Europeia, é cada vez mais no sentido de uma maior harmonização. Isso significa que o Direito português tenderá, tal como os outros direitos, a um modelo de aproximação entre todos. Essa é a linha da União Europeia. Por um lado, através de um número cada vez maior de diretivas. As diretivas inicialmente eram diretivas mínimas, isto é, o que a Comunidade Europeia pretendia, através de uma diretiva, era consagrar determinados objetivos mínimos, deixando a cada estado-membro a liberdade para, ao transpor a diretiva, o fazer por seus próprios meios, com a sua própria cultura jurídica. Isso leva a problemas vários, porque há um estado que resolve ficar num ponto, porque há patamares mínimos, e há outro, mais amigo do consumidor, que vai além desse patamar mínimo. Isso prejudica a harmonização e prejudica, no âmbito do comércio internacional, da concorrência internacional, as empresas do estado mais eficiente.

Um estado mais amigo do consumidor cria mais obrigações às empresas. Assim, as empresas, no comércio internacional, estão em desvantagem para com as outras empresas de outro estado, menos amigo do consumidor e, portanto, com menos exigências. Isso faz com que, atualmente, a tendência siga para as diretivas de harmonização plena. Aí cada vez fica menos espaço de atuação para o estado-membro, cada vez há maior aproximação do Direito conquistado via Bruxelas, por via das diretivas comunitárias. Mas isso tem também o seu aspecto negativo. As diretivas nem sempre têm grande rigor, nem sempre têm grande qualidade, são muitas vezes feitas por funcionários, por técnicos, são compromissos políticos entre países de diferentes experiências e culturas. O grande debate hoje dá-se entre os países do *Common Law* – Inglaterra, países nórdicos – e os países de Direito continental – Portugal, Alemanha, Itália, França, Espanha. Há um frente a frente para ver se há aproximações, se há pontes entre os países de influência continental e os países do *Common Law*. Aquilo que para um inglês é facilmente compreensível, para um italiano, um espanhol, um português e um alemão não é, e vice-versa. Às vezes, fica-se encantado com o que se passa na União Europeia, muito bem... Mas é um mundo de dificuldades. As diretivas causam problemas tremendos. Eu diria: tudo depende do que for a União Europeia. A União Europeia continua o seu caminho ou desaparece do mapa? É uma questão política. Eu diria que a tendência, no futuro, seja para uma aproximação, cada vez maior, entre os vários direitos. Por isso mesmo, há vários grupos de trabalho na área do direito dos contratos, na área do Direito Civil. Os mais otimistas falam de um Código Civil Europeu, embora isso seja uma tarefa de longo prazo. Os mais realistas falam de um Código Europeu dos Contratos. Isso é mais facilmente realizável, mas, mesmo assim, demorará o seu tempo. Portugal está inserido neste movimento; está incluído nestes grupos de trabalho. Eu próprio faço parte de três grupos de trabalho.

RTDC: Num exercício de futurologia, como o senhor vê o futuro de Coimbra? E, por fim, o que o senhor vê como a principal herança da sua geração de civilistas para as próximas gerações de civilistas?

APM: O futuro de Coimbra... Coimbra é uma cidade tipicamente universitária, vive da Universidade, pouca indústria tem, é uma cidade de estudantes. Os grandes polos de Coimbra nesse momento são a Universidade, por um lado, e o hospital da Universidade, por outro. O maior movimento de manhã, na hora de ponta, é de carros para o hospital da Universidade e carros para a Universidade (risos). No que respeita ao Direito... Até 1913, havia uma faculdade de Direito apenas, que era em Coimbra. Em 1911, foi fundada a Universidade de Lisboa, e em 1913 a Faculdade de Direito da Universidade de Lisboa. Depois disso passou a haver duas faculdades, Coimbra e Lisboa. Hoje, há para aí mais de trinta. Públicas são cinco: Coimbra, Lisboa Clássica, Lisboa Nova, Porto e Braga, a Universidade do Minho. Eu sei que no Brasil isso não é nada... Tem é para aí mais de mil cursos... Bom, isto tudo, por um lado, retirou os alunos de Coimbra... Antes eram Coimbra e Lisboa. Há quem fale hoje que a Universidade de Coimbra tende a tornar-se uma Universidade das Beiras. Beira é a região onde Coimbra está inserida. Mas isso não é verdade. Nós temos alunos de todo o país, de Norte a Sul, é claro que com incidência maior das Beiras, já que Coimbra está nessa zona. Mas tem gente de todo país, e mais, e mais! Temos gente de todo o mundo! Temos alunos brasileiros, temos alunos da Europa no âmbito do Programa Erasmus, temos alunos inclusive chineses! Doutorou-se em Coimbra, agora em julho, uma chinesa da Universidade de Macau. Longe de pensar que Coimbra se regionalizou. Pelo contrário: Coimbra continua uma universidade aberta ao mundo, recebendo estudantes de todo o mundo. E temos o orgulho de ter muitos brasileiros.

RTDC: Para encerrar, a herança do senhor como civilista...

APM: É difícil falar de mim e dos meus colegas e da herança que vamos deixar... Não vou pronunciar-me em relação àquilo que vou deixar. Isso pertencerá aos meus alunos, aos meus discípulos... O que eu posso dizer, neste fim, é que tivemos uma herança valiosíssima. Eu recebi uma herança de mestres incomparáveis no Direito Civil. Todos os professores de Coimbra: Antunes Varela, Mota Pinto, Orlando de Carvalho, Manuel de Andrade, Ferrer Correia, Pereira Coelho, Rui de Alarcão. Todos grandes, grandes, grandes mestres de Direito Civil! Tivemos, portanto, uma herança magnífica, valiosíssima. Perante uma herança destas, tão valiosa, é difícil nós deixarmos aos vindouros algo parecido. Fomos muito beneficiados deste riquíssimo patrimônio jurídico que nos foi legado pelos nossos mestres. Daí que seja grande a nossa responsabilidade perante os vindouros! Mas serão estes a julgar-nos...

ENTREVISTA COM ALFREDO LAMY FILHO[1]

RTDC: Professor Lamy, o que o senhor guardou de tantas mudanças que presenciou, no Brasil e no direito?

ALF: O que eu tenho para dizer a vocês é o seguinte: quem viveu como eu, que estou com 88 anos, viveu num mundo inteiramente diferente. Eu assisti ao mundo mudar dentro do país. O mundo mudou, sem dúvida nenhuma, a partir da Revolução Industrial. E essa Revolução chegou atrasada aqui no Brasil. Nós vivíamos aqui uma fase absolutamente "da terra". Tudo era questão de você ter "terra", e isso era um pouco do feudalismo do qual a gente só se libertou posteriormente e pouco a pouco. Mas eu fui assistindo... Apareceu o rádio lá no interior... Eu me lembro do meu pai, que comprou um rádio, e a gente ficava até as onze horas, esperando o sinal. Eu vi isto! E eu digo a vocês: o que era a vida? Ah! Era ótima! Evidentemente, eu estou falando isso porque vocês me perguntaram aqui como é que foi a minha formação. Minha formação foi isto. Antigamente, o mais velho era um sujeito formidável, porque o velho tinha vivido aquelas situações. Com a mudança, o velho passou a ser um sujeito imprestável. Porque o mundo mudou! E está mudando, e continua mudando, em todos os aspectos e numa velocidade de que, no momento, nós dificilmente nos damos conta. E, no Brasil, o homem vivia só da terra, e o mercado era do produtor, do dono da terra. "Deu laranja? Ótimo!". A laranja cai de preço, a laranja aumenta de preço...

RTDC: Com o advento da indústria, tudo se modifica...

ALF: Há um livro do genro do Carlos Marx, Paul Lafargue, chamado *O direito à preguiça*. Achei o livro fantástico, porque eu não tinha percebido, na minha cabeça, que a máquina acabou com o direito à preguiça. Enquanto você planta na terra e fica esperando, você não tem o que fazer. Por um lado, temos essa revolução; por outro lado, a revolução do mercado. Por quê? Porque a indústria passou a produzir, e o mercado, que antes era do produtor, passou a ser do consumidor. Então, essa inversão dos termos do mercado mudou tudo. O domínio do capital nasce da máquina. Antigamente, nas civilizações antigas, eram os jovens que construíam os castelos. Construíam coisas formidáveis com impostos, e tudo em função da terra e da briga pela terra. Com a invenção da máquina,

[1] Entrevista concedida à *Revista Trimestral de Direito Civil – RTDC*, v. 31, jul./set. 2007.

a Inglaterra acabou logo com a escravidão, porque era mais barato. Outro dia eu estava lendo um livro que achei muito interessante, e dizia que aqueles países nórdicos todos, que têm um solo muito pedregoso, foram os primeiros a acabar com a escravidão. Quando eles descobriram a ferradura, o boi ficou muito mais barato do que o escravo. É o tipo do negócio em que a gente não para pra pensar. A mudança exige da gente um repensar das coisas, porque senão você não compreende o mundo.

RTDC: Como foram seus primeiros estudos?

ALF: Eu considero que a etapa básica da educação é o ginásio. Por quê? Porque é a hora em que o garoto está ficando gente e despertando os sentidos. É a hora de fazer relações e criar suas grandes opções, para tomar suas grandes decisões. E um grande professor faz uma grande turma. Eu acho o ginásio, e não o colégio primário, a coisa fundamental. É o ginásio, que a mim me marcou de uma forma extraordinária, e não só por causa dos esportes. Tínhamos lá quatro anos de regata, que é um negócio agradável.

RTDC: O senhor era campeão de regatas?

ALF: Não, eu nunca remava. Nunca tive físico de remador. Participava apenas como patrão, corria e fazia natação. Corria todo tipo de corrida. Corria, caía na água e vinha embora nadando, nadando sem parar...

RTDC: O senhor nasceu e estudou em Campos. Em qual colégio?

ALF: No Liceu de Humanidades de Campos, cujos professores eram todos aprovados no Colégio Pedro II daqui. Eram grandes professores. Foram cinco anos que marcaram a minha vida. Eu achava extraordinária a maneira como eles davam aula, a maneira como nos faziam os desafios.

RTDC: E lá o senhor participou do movimento estudantil?

ALF: Bom, movimento estudantil, propriamente dito, não. Eu tive aquelas participações de garoto, porque todo mundo fazia parte de um mundo relativamente pequeno. Era uma cidade do interior que tinha bonde elétrico, foi a primeira a botar luz elétrica aqui na América do Sul, lá chegavam os navios negreiros, mas depois não cresceu...

RTDC: E as influências, os interesses não jurídicos da sua juventude... O senhor participava, na época, de grêmios literários?

ALF: Ontem eu apanhei um livro que eu li na quinta série, chamado *Vários estilos*. Esse livro despertou para mim um mundo. Depois eu vi que eles adotavam esse livro no Colégio Santo Inácio. Eu sabia passagens de cor. Um livro extraordinário. Uma compilação feita com uma inteligência muito grande... O autor colocou lá tudo quanto era coisa interessante. "Um poleá que a viu, espantado e tristonho, / Um poleá lhe perguntou: / – "Mosca, esse refulgir, que mais parece um sonho, / Dize, quem foi que te ensinou?" [*A mosca azul*, poema de Machado de Assis]. Eu estou relendo aquele volume e me reencontrando com a minha infância. Um livro que me marcou... Evidentemente eu adoro literatura. Tenho as coleções todas: Balzac, Dostoiévski, Eça de Queiroz. E meus filhos também adotaram a mesma coisa, quer dizer, todos eles já leram esses livros...

RTDC: E a sua vinda para o Rio?

ALF: Fiz o ginásio, e do ginásio vim fazer exame para a faculdade de Direito. Entrei no ginásio com dez anos, e saí com quinze.

RTDC: O senhor podia entrar com quinze anos na faculdade, pulando direto do ginásio?

ALF: Direto para a faculdade... Fui o mais moço da minha turma. Fiz a Faculdade Nacional de Direito, que era a grande faculdade. Não pagava. Era uma faculdade como o Liceu de Campos, que era público.

RTDC: E o senhor viveu numa república?

ALF: Sim, era uma república, uma minipensão, com todo tipo de pessoa.

RTDC: O senhor se lembra quais foram os professores que o marcaram nesse período da faculdade?

ALF: Eu tive grandes professores. Basicamente, eu estudei durante cinco anos com o Philadelpho Azevedo, que foi ministro do Supremo... O Nelson Hungria era o mais interessante, porque ele dava uma aula muito agitada. Direito penal é sempre uma aula mais agitada. Introdução à Ciência do Direito quem dava era o Hermes Lima, e Economia quem dava era o Leônidas de Resende. Pois é, eu fui aluno do Leônidas de Resende.

RTDC: O senhor chegou a ser aluno de San Tiago Dantas?

ALF: Não, não cheguei a ser... Ele era professor antes, na escola de Belas-Artes... Ele era admirável, mas falava em tom de voz monocórdio... Mas eu tive uma relação enorme com o San Tiago. Frequentei sua residência. Eu dava algum palpite, e ele dizia assim: "Como diz o Lamy...", aí ele dizia aquilo que eu quis dizer, mas de uma forma tão inteligente, que eu me julgava formidável... Era ele repetindo a pergunta que eu tinha feito... Era realmente o maior conversador...

RTDC: Bem, e o direito comercial propriamente dito?

ALF: Em direito comercial, propriamente dito, confesso a você que eu não estava lá muito interessado... Estava havendo uma revolução no Brasil, no setor dos serviços públicos. O Getúlio tinha deflagrado um processo de seleção de serviços públicos, e eu estudei muito direito administrativo... Eu realmente estava interessado naquilo... Mas você me pergunta: "Mas como é que foi parar em comercial?". Eu fui parar em comercial porque me indicaram para ser assistente de um professor, o catedrático de comercial, Gudesteu Pires. Ele tem um livro de direito comercial, de sociedade por ações. Quando ele me chamou, eu disse: "Professor, eu não sei nada de comercial". E ele respondeu: "O senhor faz uma coisa: vai lá, assiste terças e quintas às aulas, e sábado, eu tenho que ir a Belo Horizonte, e o senhor repete as aulas". Eu imaginei, com vinte e poucos anos, o ridículo que era eu chegar lá para repetir, sem saber nada de comercial, a aula que o professor deu... Ele deu ato de comércio, eu me lembro muito... E ele começava: "Ato de comércio. O que é ato de comércio?". E aí falava. E eu pensando: "Vou fazer um papel ridículo...". Fui para a Revista Forense e peguei todos os índices sobre ato de comércio. Quando chegou o sábado, eu mostrei a cara e disse: "Olha, meus amigos, eu não vim aqui para dar aula, não. Vim fazer uma conversa de porta de foro". Aí comecei: "Vejam vocês o caso do sapateiro... Pediram a falência do sapateiro porque ele comprava sola para vender com lucro. Está dentro do ato de comércio? Ele pode abrir a falência?". Aí começou a discussão... Era uma turma que tinha Hélio Jaguaribe, Serpa Filho, sei lá mais quem, e eu tinha vinte e poucos anos...

RTDC: E não parou mais...

ALF: Pois é... Quando chegou o fim do ano, o professor me pediu: "O senhor pode vir aqui?". Ele era diretor do Banco do Brasil. Eu fui lá, e ele disse assim: "Ô, Lamy, eu estou informado de que há mais gente nas suas aulas do que nas minhas". E ele continuou: "Me disseram também que o senhor leva umas fichas azuis... Eu posso ver as suas fichas?". Eu disse: "Pode". Eu tenho aquelas fichas até hoje. São fichas de jurisprudência. Casos. *Cases*. Ele viu aquele negócio todo e disse: "Está muito bom. Não tenho nada a dizer". Aí quando chegou mais adiante ele me chamou lá de novo e disse: "Olha, Lamy, eu tenho que voltar para Belo Horizonte, de maneira que o senhor fica no meu lugar". Bom, eu fiquei como assistente e depois me tornaria titular da cadeira. Logo depois de virar assistente, eu me casei, e levei um livro de direito comercial para estudar em plena lua de mel... Minha mulher nunca me perdoou por isso. Até hoje fala nisso... (risos).

RTDC: São quantos anos de casamento?

ALF: Nós temos sessenta anos de casados. Essa minha mulher é minha alma gêmea. Eu falava português errado, colocava um pronome errado, ela me corrigia. Eu aprendi com ela muitas coisas. Ela corrigia os filhos à mesa. Com seis filhos, os pais têm que sentar no meio da mesa, porque, se você sentar na cabeceira, quando o feijão chega lá, já está frio... Ela é que educou os meus filhos, vou ser franco. Ela é que andava com os filhos para cima e para baixo... Mas, voltando à PUC, acabei trabalhando muitos anos lá e fui criado nesse ambiente religioso: Padre Franca, Padre Veloso, os reitores da PUC. Trabalhei para eles. Lembro-me do regimento da PUC... Fomos eu e o Clóvis Paulo da Rocha levados lá para o Sumaré, para aquela casa de retiro... Nós passamos três dias lá fazendo o regimento, o estatuto da universidade. O Clóvis era um sujeito encantador. Fizemos o negócio. Depois, o padre Veloso disse: "Lamy, nós temos que indicar um professor para fazer Escola Superior de Guerra. Vamos indicar você". Lá fui eu para a Escola Superior de Guerra. Engraçado o negócio... Lidei com aqueles milicos todos. Nunca tinha visto milico na minha frente, assim, nem na minha família, na política, não conhecia ninguém... Mas foi muito interessante entrar em contato com eles...

RTDC: Professor, voltando um pouco, como é que o senhor escolheu fazer uma faculdade de direito?

ALF: Eu escolhi fazer uma faculdade de direito por uma razão muito simples: eu adorava júri, parece mentira... Então eu ia assistir aos júris do interior. Júri do interior é um negócio que tem torcida, você está a favor ou contra. É impressionante. Eu me lembro muito, eu ficava entusiasmado. Havia dois advogados lá, um deles vinha sempre bêbado para trabalhar. Eu me lembro de um dia: ele foi defender um camarada que tinha matado um vizinho. E ele disse que não havia sido seu cliente que matou e que nada estava provado. E ele completou: "Agora, se tivesse matado, tinha inteira razão, por causa disso, disso e disso". Aí o promotor disse: "Vossa Excelência me dá licença? Afinal de contas, é negativa de autoria ou é justa causa? Porque Vossa Excelência dá uma no casco e outra na ferradura...". Aí o advogado disse: "Como é que eu posso fazer, se Vossa Excelência não para com as patas!". Achei aquilo o máximo, todos acharam graça, bateram palmas, e absolveram o homem. Ele era um grande advogado... Isso tudo marcou a minha vida. E eu disse: "Vou estudar direito". Meu pai ficou na maior decepção, porque ele queria medicina.

RTDC: Os seus próprios filhos, cada um seguiu a sua própria carreira...

ALF: Cada um dos meus filhos seguiu o seu caminho com inteiro aplauso meu. Um foi ser médico e o outro, o terceiro, fez teste vocacional lá na PUC. Eu, como pai, fui lá para falar com a professora. Ela disse: "Inteligência seu filho tem. Pode fazer qualquer coisa". E eu disse: "Vou colocá-lo para fazer medicina...". Ela: "Não, medicina, não, porque ele vai levar a doença dos doentes para casa...". E é verdade... Ele levaria a doença do doente pra casa... Você veja, por contraste, a tranquilidade desse meu outro filho mais velho, que é médico. Ele, diretor da UTI do Hospital de Ipanema, chegou um dia lá em casa bastante cansado. Eu disse: "Como é que você suporta um negócio desses? Ali só entra gente para morrer...". E ele: "Não, papai. O índice de mortalidade lá é muito bom". Eu digo: "Quanto é?". E ele: "50%". E eu digo: "Quer dizer que, de cada dois que entram, morre um?". "Não", disse ele. "De cada dois que entram, a gente salva um". Ele deu uma resposta que me deixou sem resposta.

RTDC: E quanto ao outro filho? Aquele que, ao contrário, levaria a doença para casa?

ALF: Este é engenheiro. Aliás, uma boa figura... Doutor em engenharia... Foi ser engenheiro e me chamou para assistir à defesa de tese. Ele me chamou, e eu disse: "Ô, Carlos, você é o primeiro filho que me chama para assistir à defesa de tese...". Mas esse foi o maior jogador de futebol do seu tempo. Deveria ter sido profissional. A minha filha é doutora em física e titular de física da Universidade de São Paulo. Outro filho defendeu tese em psicologia. Cada um seguiu um caminho diferente...

RTDC: O seu neto, contudo, seguiu a advocacia...

ALF: Sim, o Marcelo. Ele havia feito concurso para a Faculdade Nacional de Economia. Estava no terceiro para o quarto ano, e um dia me disse: "Vovô, sabe de uma coisa? Do que eu gosto mesmo é direito". Agora você imagina: eu com seis filhos, nenhum tinha ido para o direito... E disse na hora: "Marcelo, está fechado! Vá em frente!". Quando a minha filha soube da escolha do Marcelo, só faltou me bater. "Papai, você o desvia!", "Eu desvio?! Ele chegou aqui e me disse que gostava de direito!". Ele largou a faculdade de economia, fez novo vestibular, foi para a UERJ, cursou a UERJ e depois foi para os Estados Unidos. Ele tinha uma vantagem porque fez o primário nos Estados Unidos, de maneira que fala inglês sem sotaque... Ele hoje é advogado em São Paulo e em Nova Iorque, e é muito bom.

RTDC: O que o senhor recomendaria, e acredito que o senhor tenha influenciado também na opção do seu neto, ao jovem recém-formado, brasileiro, que queira se especializar como advogado de empresa?

ALF: Como advogado de empresa, eu acho que hoje recomendaria os Estados Unidos mesmo...

RTDC: E a Europa?

ALF: Todo o problema do direito europeu está muito vinculado à seguinte questão: o direito comercial foi criado pelo comerciante. Então, o fato de inexistir um código, como nos Estados Unidos, facilita a criação de hábitos, e os hábitos criam as normas às quais você obedece. Isso acontece nos Estados Unidos, mas não acontece nem na França nem na Inglaterra. Não acontece também no resto da Europa. Eu recebo revistas francesas e italianas... Há lá um grande movimento de universalização, mas não nos setores de S.A., com ações sem valor nominal, por exemplo, ações escriturais... Um dia nós recebemos um sujeito da Inglaterra que me pediu para fazer um livro, que ele queria verter para o inglês. Ele estava curioso acerca da lei brasileira. Por quê? O que é que há com a lei brasileira? A lei brasileira é uma lei boa.

Antigamente havia o Decreto-Lei nº 2.627. Era uma lei, digamos assim, na base do Código Comercial francês. Era uma lei que para o Brasil dava certo. Não havia praticamente empresa aberta. Tínhamos a Bolsa... Essa lei servia para os comerciantes brasileiros, industriais brasileiros, que negociavam. A Europa, durante esse período de pós-guerra, estava em reconstrução, estava fechada e toda destruída, sem exportação, sem intermediação comercial... Vocês não são testemunhas disso... O que interessava eram os Estados Unidos. E isso fez a grandeza americana e nos ajudou a entrar em contato com eles. Outro dia eu estava lendo um livro de cerca de 1870, em que o autor acusava violentamente o direito comercial francês, que dava liberdades de constituição de sociedades em comandita por ações. "Isto", ele diz, "é a abertura do portão da fraude". Porque a noção que eles tinham, a noção que se tinha, e não sei se se tem ainda, é a noção de que o fato de você lidar com o dinheiro alheio, que um sujeito lhe entrega e você pode fazer o que você quiser com ele, pode levar à fraude. Quando eu compro uma ação, o que é que eu estou fazendo? Estou dando um dinheiro a um camarada, para ele usar como quiser, sem precisar me pagar juros, e podendo correr riscos. Ora, isto é um negócio extraordinariamente agradável para um sujeito... (risos).

RTDC: Não é uma maneira muito lisonjeira de se ver a sociedade anônima...

ALF: Os especialistas dizem que houve duas grandes mudanças no mundo: quando o homem passou a trabalhar em grupo, porque antes ele não passava de um predador, que saía, caçava e comia, e, quando nasceu a máquina, precisou juntar dinheiro. Então o direito se desenvolveu em direção a um negócio genial. Se o sujeito parar para pensar o que é a sociedade por ações... A gente não se dá muito conta de que o comércio vai construindo o seu mundo a pouco e pouco, e pouco se lixando para aquilo que vem, por exemplo, do direito romano. Na Idade Média, eles construíram três ou quatro coisas básicas. A primeira foi o título de crédito. Por que o título de crédito? Havia muitas cidadezinhas na Itália, e cada qual tinha a sua moeda. O sujeito tinha que viajar, e havia assaltos. E como havia assaltos! Mais do que aqui. Então eles depositavam o dinheiro numa casa bancária, que dava as letras de câmbio, ou seja: "Pague na moeda daí esta quantia daqui". Evidentemente, esse problema da cessão de direito é um problema e tanto, porque nós sabemos que ninguém pode ceder mais direito do que tem. Então o que é que acontecia? Se eu estou devendo cinco e o papel diz dez, o papel vale cinco. Eu não posso ceder mais direito do que eu tenho. O que é que eles fizeram?

Objetivaram o direito, transformando-o em papel-moeda. Essa foi uma das grandes revoluções feitas pelo direito nesse século. Mas essa revolução, curiosamente, não nasceu assim na cabeça do comerciante. Foi sendo feita aos poucos. Um dos primeiros títulos que aparecem para ser negociado foi o título de empréstimo entre cidades, destinado à reconstrução. Quando foi criada a "Companhia das Índias Ocidentais", era necessária uma fábula de dinheiro. Aquilo era um desafio extraordinário. Eles descobriram um mundo novo. O que tinha de riqueza lá dentro... A Holanda, país pequenininho, chamou os armadores, que estavam acostumados a enfrentar o risco do oceano, e disse: "Vamos fazer!". E a "Companhia das Índias Ocidentais" nasceu ali. Curiosamente, havia já a Bolsa. Aliás, a palavra "Bolsa" vem de um sujeito chamado Monsieur de la Bourse, que criou a Bolsa de Valores lá na Bélgica. Então, o título era negociado. E eles fizeram isto para quê? Para liberar a "Companhia das Índias Ocidentais" das ações propostas contra os sócios. Repare bem, quando eles partiram para a "Companhia das Índias Ocidentais", o que é que existia no mundo? Sociedade em nome coletivo. O sujeito é sócio e está devendo. O credor executa, e no dia seguinte a sociedade está liquidada. Quanto à "Companhia das Índias Ocidentais", no fim de sete anos, suspenderam a negociação de títulos.

O mundo era outro. "Temporal não sei onde!", e o título caía. "Não, não tem temporal, não!", e o título subia. E aí houve uma coisa curiosa em termos de sociedade anônima. Foi proibida na Inglaterra e na França, por mais de cem anos, a sociedade por ações. Nos Estados Unidos, aparece a *Corporation* em 1811. E aí, com a invenção da máquina, a máquina começou a fazer dinheiro. E em vez de você colocar o dinheiro num banco, uma coisa boa era o banco colocar uma ação. Por quê? Porque não tem vencimento, eu posso usar o dinheiro, não tem prestação de contas e eu não pago juros. É o que o sujeito pediu a Deus, não é? (risos).

RTDC: Sem dúvida...

ALF: O capitalismo precisava disto, da sociedade por ações, e a pressão para a liberação da sociedade por ações foi grande. Começou com o Código Comercial francês, e nos Estados Unidos fizeram a cultura da sociedade por ações. Eles fizeram a sua grandeza através disso. Mas começaram as falcatruas, e eles partiram para uma série de leis estaduais. Nessa altura você tem então o seguinte: o instrumento básico, o título de crédito, a ação transformada em título de crédito, podendo ser negociada em Bolsa. Não é uma cessão de direito; eu vou lá, compro um papel, e é aquele papel que vale. Eu não sei quem foi o dono, porque não me interessa. O papel vale por si. Isso é um negócio inventado pelo comerciante na Idade Média. Título de crédito, letra de câmbio, nota promissória... E é um negócio genial. Agora, coisa mais genial ainda é o sujeito dizer assim: "Mas uma sociedade com tanta gente... Como é que nós vamos seguir a lei? Qual Código Civil?". O contrato exige, para ser alterado, a anuência de todos os sócios; partiu-se, então, para a lei da maioria. Quer dizer, você poder alterar o contrato por maioria... A possibilidade de a sua ação ser independente facilita a vida da sociedade, que não é acionada pelo erro dos sócios. Tudo isso nos leva ao que Ripert disse: "Nós estamos vivendo a era da sociedade por ações". Por quê? Tudo o que hoje está em volta de nós não é propriamente sociedade; é sociedade por ações. O poder de controle é um poder novo, um poder que está se opondo hoje ao poder do Estado. Antigamente, as grandes obras eram feitas pelo Estado, que conseguia dinheiro através do imposto. Qual o instrumento alternativo, não sendo o Estado, para se arranjar dinheiro? A sociedade por ações. Um universo inteiro gira em torno desse negócio: arranjar dinheiro. Eu diria, acrescentando Ripert, que, mais do que a "era da sociedade anônima", nós estamos vivendo a "era da empresa". Você acende uma luz, há uma empresa por trás. Para fazer um transporte, há uma empresa por trás. Para eu me comunicar pelo telefone, há uma empresa por trás. O que é isso? O universo está vivendo em função da empresa. Isso é genial, e me entusiasma muito. É o direito do mundo que está mudando. E mudando permanentemente.

RTDC: E qual a importância do debate sobre a função social da empresa?

ALF: Eu podia responder para você com uma frase: "O poder que uma empresa tem deve ser pago em termos de responsabilidade social". A empresa, hoje, dominou a sociedade. Champaud diz isso: "Nos dias de hoje a sociedade está vivendo em torno de duas instituições: a empresa e a família". A responsabilidade social decorre de a empresa saber que está inserida numa sociedade para a qual ela deve prestar contas. Uma empresa não deve exercer um poder cego de só fazer lucros. Ela tem deveres sociais, deveres em relação aos empregados. Aliás, isso já começa a aparecer; as empresas já começam a criar vantagens para os empregados. Mas não pode criar demais, como fez a Alemanha, que criou uma lei formidável: toda sociedade por ações tem que eleger um empregado para ser diretor também, para fazer e acontecer. Resultado: a Alemanha hoje tem 60 mil sociedades por ações e tem 600 e tantas mil sociedades por cotas...

RTDC: Como o senhor vê a relação do Código Civil com o direito societário? Qual a sua percepção sobre o tratamento jurídico do direito empresarial dentro do Código Civil de 2002?

ALF: Eu acho o seguinte: o Código Civil não trouxe novidade nenhuma ao direito empresarial. Copiou o direito italiano e copiou mal, no meu modo de entender. Não foi uma coisa feliz. Tinha gente boa, mas não foi uma coisa feliz. Há várias coisas ali que estão, realmente, fora do ponto...

RTDC: Qual é a sua opinião sobre o art. 50 do Código Civil, que trata da desconsideração?

ALF: Esta desconsideração da personalidade jurídica já se fazia aqui no Brasil. Há várias décadas. A primeira sentença foi do irmão do Bilac Pinto, que era juiz aqui. O irmão do Bilac Pinto deu uma sentença sobre um sujeito que tinha problemas numa sociedade por ações. Era ele sozinho que estava à frente do negócio, e é isso que diz o Código Civil de hoje. Quando se confundem as coisas, ou seja, quando uma pessoa usa a sociedade como fraude, só há a pessoa por trás da sociedade, mas ela diz: "Não, a responsabilidade é da sociedade...", nesses casos o juiz pode desconsiderar. E houve vários julgados desconsiderando a personalidade jurídica. Há um livro muito bom sobre o problema da desconsideração, *A dupla crise da personalidade jurídica*, de um autor do Paraná, José Lamartine de Oliveira. O livro dele é muito bem feito, ele faz várias análises, foi tese de concurso. Todas as vezes em que você usa, frauda a sociedade fingindo que você tem uma sociedade, mas que é você que está fazendo, a personalidade jurídica é desconsiderada. Mas isso é decisão do juiz, caso a caso. E o Código Civil ficou nisso.

Outro dia um sujeito me procurou. Ele tinha uma cota, e o juiz disse que ele era responsável pela indenização de não sei quanto para um camarada. Esse sujeito nunca mais vai ser cotista de coisa nenhuma... Isso lá é maneira de organizar uma sociedade por cotas? A revista *The Economist*, no fim do ano 2000, fez uma edição que eu achei admirável, onde apontava a limitação de responsabilidade como uma das grandes contribuições do milênio. Não houvesse a limitação da responsabilidade, e estavam destruídas as sociedades por cotas e a por ações. E muitas vezes o juiz, quando decide, não tem a menor noção de que ele está queimando um instrumento, o que é da maior gravidade, que é a sociedade por cotas. Eles não têm consciência de que estão destruindo a sociedade por cotas, destruindo a limitação da responsabilidade, e isso, para consertar, vai ser difícil. Eu lembro que, quando saiu a Lei das S.A., passou a ser limitada. Achou que era melhor ser limitada. Hoje, as limitadas estão se transformando em sociedade por ações...

RTDC: Onde também há institutos que alguns consideram entraves, como o conselho fiscal, particularmente após a reforma de 2001...

ALF: Conselho fiscal há na Europa inteira, mas, nos Estados Unidos, não têm conselho fiscal. E não têm conselho fiscal porque o conselho fiscal, muita vez, é o instrumento da minoria para tomar dinheiro do majoritário. Quer dizer, um instrumento de chantagem. A tese do Fábio Konder Comparato sobre o poder de controle diz isso muito bem. O próprio Trajano de Miranda Valverde, quando fez o Decreto-Lei nº 2.627, já disse isso: "conselho fiscal é um negócio que é desmoralizado e não vale nada". Qual é, rigorosamente, a função do conselho fiscal? É saber se o sujeito agiu, e está dentro da lei, e mais nada. Ele não pode opinar sobre atos de gestão. Agora, evidentemente, ele vai querer estar ciente dos atos de gestão. Eu estou falando com tanto entusiasmo, que até parece que sou 100% a favor das S.A. Não é bem assim... Mas hoje o comandante das grandes empresas é um político, no comando de homens e colocação de homens diante de situações de mudança. As empresas são grandes ou são pequenas, mas a importância do gestor, do controle, não pode ser minimizada. Não se devem criar grandes ingerências da minoria; quando a minoria entra para especular, está correndo menos riscos do que os outros, que são os controladores. Eu não estou defendendo o controlador. Todos nós, advogados desse setor, já recebemos sujeitos que querem fazer e acontecer, que têm poder de barganha, e a empresa cede à chantagem. A Lei nº 10.303 emendou a Lei nº 6.404, e emendou pessimamente: o conselho fiscal, do jeito que fizeram, permite que o sujeito possa tudo sozinho, porque não é mais um órgão colegiado. Mudou-se a natureza do conselho fiscal, que deixou de ser sempre um órgão colegiado para ser composto por três sujeitos escolhidos dessa ou daquela forma, e que vão fazer o jogo, digamos assim, do cada um por si. "Pega a sua arma e vai fazer a sua guerra sozinho...". Isso perturba a sociedade por ações. Melhor que o conselho fiscal seja sempre um órgão colegiado, porque no órgão colegiado, pelo menos, prevalece a lei majoritária. Demagogicamente se pode dizer: "Eu sou a favor da minoria". Eu digo: "Eu também sou". Só que, se eu for sempre a favor da minoria, eu torno impossível o funcionamento do negócio. Aí ninguém mais quer ser sócio...

RTDC: Como o senhor avalia a atuação do nosso Judiciário hoje?

ALF: Eu fico lembrando... Negócio de velho é muito chato... (risos). Eu achava aquele Supremo, que tinha o Philadelpho, o Orosimbo Nonato, o Hannemann Guimarães, uma coisa de deuses, deuses lá falando... E eu ia para lá assistir aquelas sessões... Depois que foi para Brasília, aquele Supremo ficou menor, sabe? É o preço que se está pagando, possivelmente, no interesse do Brasil, mas é um preço alto.

RTDC: E a arbitragem hoje no Brasil?

ALF: Eu sou favorável. Eu sou árbitro oficial lá da Bolsa de São Paulo. Por que a arbitragem? Porque não vemos o nosso Judiciário funcionando com a eficiência com que gostaríamos que funcionasse. Então hoje você entra com uma ação que só vai ser decidida daqui a dez anos. Quer dizer, os advogados passaram a cobrar por mês... Essa demora não é só no processo. Não é só o juiz que não está fazendo; são as leis que dão recursos demais. Ah, mas aí o sujeito diz: "A justiça tem de ser perfeita!". Sim, mas, pelo amor de Deus, que acabe rápido! Isso é o mais importante.

RTDC: E como o senhor vê a atuação da CVM?

ALF: Vejo bem. O que eu tenho visto são pessoas esforçadas querendo acertar. Podem divergir numa questão, numa coisa ou outra, eu mesmo já divergi algumas vezes, mas realmente são bons. Foram selecionados, depois fizeram um curso comigo, com o Bulhões, com vários de nós. Tinha gente muito boa. O chefe do jurídico era muito bom, o Paulo Aragão, que eu acho ótimo.

RTDC: A Bolsa do Rio não funciona mais, mas pelo menos a CVM continua no Rio. Como o senhor vê este movimento, as empresas indo do Rio de Janeiro para São Paulo?

ALF: O Rio de Janeiro virou subúrbio de São Paulo. O centro financeiro está todo em São Paulo, como o centro financeiro dos Estados Unidos está em Nova York. É a Bolsa de Nova York. O centro financeiro está na City, em Londres. Por isso é que eu não sei até quando ficará a CVM aqui no Rio de Janeiro. Não sei...

RTDC: O que o senhor acha que poderia ser feito para o Rio retomar a sua posição?

ALF: Voltar a ser capital, porque levaram daqui a capital. Destruíram o Rio de Janeiro e não nos deram compensação nenhuma. Qual é a compensação que deram? Levaram o Rio de Janeiro. Levaram para Brasília tudo o que foi possível...

RTDC: Também nessa discussão sobre o momento atual brasileiro, há uma quantidade enorme de recentes ofertas públicas iniciais de ações de companhias abertas, ou seja, aumento de capital. O senhor acha que esse movimento seria algo circunstancial, ou algum amadurecimento do mercado?

ALF: Acho bom isso. Primeiro temos que começar. Agora, podemos nós, que vivemos embaixo, digamos assim, de um Código Civil, de leis econômicas duras, ao contrário dos Estados Unidos... Podemos nós adotar o sistema americano de mercado? A França até hoje não chegou lá. É um processo controlado. A França e a Alemanha não chegaram lá. A Espanha faz uma força danada, e está chegando. Aliás, há bons livros, bons estudos espanhóis sobre direito espanhol de sociedade por ações. Tomara que isso seja produtivo. Agora, será que é? Vamos esperar um pouco para ver. De repente isso começa a funcionar...

RTDC: Qual a sua opinião sobre pulverização de controle? Há grande receio por parte do empresariado quanto a possíveis tomadas do controle, o chamado *hostile takeover*...

ALF: Esse problema do *takeover* existe em toda parte. Se você tem uma sociedade anônima, se não lhe interessa mais, pode vender, e vende e perde a empresa, entendeu? O controlador da sociedade aberta não vendeu. É um preço que o sujeito paga para ter a vantagem da sociedade por ações, de ter o dinheiro dos outros ali à disposição. A pulverização, quando é completa, também não é difícil haver *takeover*. Lá nos Estados Unidos, eles estão voltando ao controle. Estão comprando pouco a pouco, pouco a pouco, pouco a pouco. Não vão naquelas ofertas de *takeover*, não. Vão *takeorvando, petit a petit*. Depende do empreendimento. A General Motors, por exemplo... Se eu vou fazer o *takeover* da General Motors, não dá. Então tem que pulverizar mesmo, para arranjar o dinheiro.

RTDC: Quais são os principais obstáculos, no seu modo de ver, ao crescimento do mercado de capitais brasileiro? Que medidas talvez legislativas, políticas, serão necessárias para que o mercado de capitais possa crescer ainda mais?

ALF: O mercado não nasce do dia para a noite; não nasce filho da lei. O mercado nasce do processo da economia, mas isso não nasce do dia para a noite. Essa Lei das S.A. tem trinta anos, e agora é que estão descobrindo a lei... Isso se faz pouco a pouco. Você tem que habituar o sujeito a investir, a botar dinheiro numa ação em vez de botar dinheiro no banco. Agora, vale a pena botar o dinheiro numa ação? Aí então entra aquele problema gravíssimo: como é que eu vou fazer a defesa da minoria? Os Estados Unidos, depois de um longo tempo, disseram: "Olha aqui, nada melhor para sanear do que a luz do sol". Ou seja, transparência. A desonestidade na sociedade por ações advém da pessoa que tem o comando. Lá nos Estados Unidos, houve um caso clássico... O sujeito explorava petróleo no Alasca. E um dia recebeu a notícia: "Descobrimos o petróleo!".

Aí mandou comprar ações lá em São Francisco, porque a Bolsa de São Francisco fecha duas horas depois da Bolsa de Nova Iorque... O presidente se suicidou, os outros sujeitos foram para a cadeia...

RTDC: O senhor sempre fala sobre a influência do direito americano, além de fazer referência aos outros sistemas. Como é que o senhor vê a importância do estudo comparado?

ALF: Acho que dificilmente você hoje estuda direito sem fazer direito comparado... O mundo de hoje é muito mais integrado. Veja, por exemplo, a internet. O que é a internet? Intercomunicação e universalização. E está havendo hoje no mundo todo a universalização das leis mercantis, porque o comércio é, por si, por natureza, feito no mundo inteiro, e a desigualdade e a diferença de legislação atrapalham o processo comercial. Essa universalização começou a ser sentida no Brasil, começou a ser sentida no meio do meu tempo. Por quê? Quando acabou a guerra, a Europa impôs a sua própria reconstrução. Então, nós, que éramos filhos da França, eu sou descendente de francês, na minha casa todo o mundo falava francês, vivemos uma mudança substancial no mundo. Com a derrota da França, a Europa entrou num processo de reconstrução, e todo o processo comercial e industrial passou a centrar-se nos Estados Unidos.

RTDC: Aliás, fala-se muito hoje, por influência americana, da importância dos estudos de direito da economia, relacionados à análise econômica do direito...

ALF: Por uma razão muito simples: a prevalência do direito empresarial, que tem um fundamento de economia. Assistimos hoje à evolução do direito no sentido do direito empresarial, porque a empresa está dominando tudo. Dependemos da empresa para tudo. O problema da empresa coloca os juristas em presença de um dos fenômenos mais desafiantes da evolução do direito; quer dizer, o surgimento na vida jurídica de um conceito novo, que é o direito empresarial, e isso eu acho uma coisa fascinante. Vocês serão testemunhas disso. Eu já estou me despedindo...

RTDC: O capitalismo pós-moderno, globalizado, para se consolidar e se manter, necessita de um instrumento jurídico diverso do das sociedades por ações? Ou seja, qual seria o próximo passo, depois da sociedade por ações?

ALF: Ah, isso são eles que vão criar... Não sou eu... Para quem vive na vida negocial, as coisas vão surgindo naturalmente. Você fez uma operação, deu certo, outra também dá certo... E depois vira lei.

RTDC: O senhor disse que o mercado não nasce da noite para o dia e disse também que pouco a pouco as operações vão se consolidando e virando lei. A Lei das Sociedades Anônimas brasileiras cumpriu também um papel indutor...

ALF: Claro que cumpriu, mas tinha que ser indutor. Ação sem valor nominal? O comerciante brasileiro nunca tinha ouvido falar nisso... Debênture conversível? Não sabia o que era... Todas essas coisas que nós colocamos na Lei das S.A. são, eu quase diria, um depoimento das dificuldades que nós, como advogados, estávamos sentindo ao negociar com estrangeiros. Como é, então, que nós fizemos? Montamos a lei no seguinte sentido: "Olha aqui, todas as novidades são alternativas que a pessoa, se quiser, adota". Se você quisesse continuar do jeito que estava, você podia continuar do jeito que estava. Agora, se você quiser ter ações sem valor nominal, se quiser abrir a companhia para a Bolsa, ah, bom... Aí a coisa mudou. Toda lei de S.A. está montada assim: repetição do Decreto-Lei nº 2.627 e tudo o que foi possível manter para as sociedades fechadas. Para as sociedades abertas que vão para a Bolsa, aí a lei é dura...

RTDC: E como o senhor analisa retrospectivamente a feitura desta lei? A Lei nº 6.404 já tem, hoje, uma longevidade quase comparável à do Decreto-Lei nº 2.627...

ALF: É verdade... Foi assim: em um determinado momento, o Caio Tácito, que era o diretor da Faculdade de Direito da UERJ, me chamou, porque ele havia decidido patrocinar um curso para advogados de empresas. Um professor dos Estados Unidos veio dar aulas aqui. Era um bom professor, aprendeu a falar português, dava aulas em português. Nós estávamos seguindo a linha de San Tiago Dantas, que realmente, como eu disse, foi um dos homens que me impressionaram na vida, com quem eu lidei muito... Ele fez um discurso sobre a reforma no ensino do direito, mostrando que o famoso direito "coimbrão", a maneira "coimbra" de ensinar direito, precisava ser ultrapassada, em nome da eficácia do *case*, do caso concreto que se vai discutir... Evidentemente, eu fiquei no maior entusiasmo, porque eu sempre achei que isso era fundamental no direito: você sentir que o direito não é uma criação teórica; que ele tem que resolver um problema para um lado e para o outro. Esta é a criação do Ceped, que foi o Centro de Estudos do Ensino do Direito da UERJ, na Fundação Getúlio Vargas. Nós fizemos aquilo durante sete anos, e depois paramos, porque foi uma loucura. O sujeito botava no jornal: "Precisa-se de advogado, de preferência aquele que tiver cursado o Ceped". Enchia de gente, e políticos pedindo não sei o quê, e eu disse para o Caio: "Olha, eu não aguento isso. Vamos parar por aqui", e realmente acabamos com o curso no fim de sete anos. Agora, as turmas que passaram lá tinham muita gente boa...

RTDC: Foi uma revolução, não?

ALF: Sim... Aí, em 1971, o Reis Veloso me pediu para eu fazer um projeto de lei de S.A. E pediu por causa, digamos assim, do Ceped. Eu fiz. Mas no meio da coisa eu recebi um telefonema dele. E ele disse: "Olha, o Miguel Reale não deixou. Disse que está ele fazendo a lei, e não precisa mais fazer, não". Eu disse: "Está bem". E ele: "Agora então eu gostaria que você escrevesse um trabalho sobre por que se fazer uma lei de S.A.". O Instituto dos Advogados fez um debate sobre esse trabalho. Vieram de São Paulo três professores. Isso foi em 1971. Quando tomou posse o Geisel, o Mário Henrique Simonsen, professor do nosso Ceped, nomeou o Bulhões e eu para fazer o trabalho.

RTDC: Uma bela dupla...

ALF: Eu achei o máximo que podia acontecer, porque o Bulhões Pedreira, do ponto de vista do contencioso, é o maior advogado que eu conheci até hoje. Nunca vi ninguém, realmente, com a capacidade do Bulhões. Eu achava o Zé Luiz uma figura, mas nós brigávamos muito... Ele dominava o problema fiscal como ninguém, dominava direito empresarial, e ainda tinha mania de sociologia. Ele tem vários trabalhos de sociologia, admiráveis, mas não publicou nada, não quis publicar. Não sei se a viúva vai publicar agora... Eu já tinha dado muitas aulas, já tinha feito o Ceped, quer dizer, eu tinha a noção teórica, talvez até mais do que o Zé Luiz, mas eu jamais teria a inteligência do Zé Luiz como advogado prático. Acho o Bulhões Pedreira o maior advogado que eu conheci. Tenho a melhor impressão dele, guardo a maior lembrança dele, que era um cara bom e tinha vergonha de ser bom. Ele fazia caridade, mas não deixava ninguém saber. Tinha uns pobres que ele atendia, tinha umas pessoas a quem ele fazia o bem. Ele tinha vergonha de ser bom... Coisa engraçada, o Zé Luiz morreu numa terça-feira, eu passei a tarde trabalhando com ele numa sexta-feira, lá no Copacabana Palace. E quando chegou no sábado de manhã o Bulhões me liga. "Lamy, sabe de uma coisa? Eu vou acelerar o livro...". Aí eu pensei: o Zé Luiz está achando que vai morrer, porque o médico disse para ele que ele ia morrer. Disse que o doutor deu para ele três meses de vida. Eu fui perguntar para o meu filho, e ele, com bom humor, disse: "Papai, todo médico americano dá um prazo curto, porque se ele der um prazo longo e o sujeito morrer antes, a família vem em cima"... De maneira que ele dá um prazo curto. E eu brinquei com o Bulhões. "Bulhões, nós estamos salvos. Deram um prazo a você de três meses, mas você não vai morrer, não". Mas ele acabou morrendo dentro dos três meses...

RTDC: Se o senhor fosse reescrever a Lei das S.A., o senhor mudaria alguma coisa hoje? Reescrever a original, não a modificada...

ALF: Não. A original eu não mudava nada. Parece mentira... Um negócio que tem trinta anos... Eu não mudaria nada.

RTDC: Há uma pergunta que sempre fazemos: qual a herança mais preciosa que o direito oferece ao século XXI?

ALF: A Lei das S.A. (risos).

ENTREVISTA COM SERGIO BERMUDES[1]

RTDC: Sergio, quais são as suas lembranças da juventude em Cachoeiro de Itapemirim e quais os fatores que o levaram a decidir pelo direito?

SB: Eu vou começar lembrando B. Lopes: "Recordo: um largo verde, uma igrejinha, / Um sino, um rio, um pontilhão e um carro / De três juntas bovinas, que ia e vinha / Rinchando alegre, carregando o barro" [Bernardino da Costa Lopes (1859-1916), *Berço*]. Cachoeiro foi mais ou menos isso. A cidade onde eu nasci. Havia um rio que separava a cidade, e a cidade ficava em um vale muito quente. São as maiores reservas de mármore do mundo. Infelizmente, o nosso mármore não é tão compacto quanto o de Carrara... E em Cachoeiro me criei. Fiz tudo o que uma criancinha tinha que fazer: caí da árvore, levei palmada, fui mordido por cachorro no quintal do vizinho ao roubar uma manga, enfim...

Entrei na escola primária no tempo em que era feio ser canhoto. Então a professora tirava uma meia e colocava na minha mão esquerda, e eu escrevia com a direita, o que me deu um problema: até hoje, se a pessoa me mandar ir para a direita, subitamente, eu tomo a esquerda. Eu tenho que fazer um processo: a mão do relógio é a esquerda; logo, a direita é a outra. Sem relógio eu me confundo consideravelmente. Então, estudei no Liceu de Cachoeiro. A cidade era pobre. A cidade era pobre porque o Espírito Santo, naquela época, era o segundo estado mais pobre da Federação, depois do Piauí.

Minha mãe era professora primária. Meu pai, advogado e professor no Colégio Estadual Escola Normal Muniz Freire. Deixei o primário e fui fazer o ginásio. Comecei a fumar. Os meus cigarros foram descobertos, conquanto muito bem escondidos no oco do bidê... Os bidês são ocos, então eu colocava o maço de cigarros embaixo do bidê, mas não sei por que mamãe achou... Naquele tempo se usava apanhar, e eu recebi umas cintadas do meu pai, que me levou para o escritório dele, para que eu não fumasse. Continuei fumando.

Comecei como *boy* do escritório do meu pai. As taxas eram recolhidas por meio de selo. O Espírito Santo era paupérrimo. Então os selos eram baratíssimos. Para pagar a taxa judiciária e outras taxas, você tinha que encher páginas e páginas de selo, e ia

[1] Entrevista concedida à *Revista Trimestral de Direito Civil – RTDC*, v. 32, out./dez. 2007.

inutilizando um a um. Você tinha que inutilizar o selo, para o selo não ser usado de novo. Eu fazia "mandados". Naquele tempo não se falava "recado", não se falava em *boy*. Falava-se "mandado". Mandado consistia em levar papel, reconhecer firma numa procuração, ir ao contador... E todos eram pessoas conhecidas. Muitas vezes o meu pai, que tinha um daqueles carros americanos, o menos comercializado dos carros americanos, viajava àqueles municípios do sul do Espírito Santo, e me deixava tarefas. "Não se esqueça de obter um 'junte-se' do Dr. Arli nesta petição!" (era um juiz substituto). "O prazo termina hoje!". Então eu ficava num estado de nervos... Eu comentava: "Vou ao Dr. Arli com a petição".

Passei por um advogado, que disse: "Ele vai pôr junte-se conclusos'". Aprendi o significado de "junte-se, conclusos". Só que com o Dr. Arli nada ia "concluso" a ele. Ficava só no "junte-se"... Muitas vezes eu despachei com um juiz pronto para tirar uma soneca. Eu conhecia o juiz, o filho do juiz, a gente vivia brincando na casa do juiz... E ele despachava na cama mesmo, em cima do travesseiro. Eu ouvia papai conversando com os clientes, eu folheava os processos, eu assistia aos júris.

Naquele tempo, os júris faziam a festa em Cachoeiro e em todas as cidades do interior do Brasil. Era um dia excepcional na cidade. As pessoas iam, mas não entendiam bem o que estavam ouvindo, e gostavam ainda assim de ouvir. Sabiam o resultado. Não é que o júri fosse jogo de cartas marcadas; é que as pessoas moravam ali. Então elas sabiam perfeitamente quem tinha matado, porque tinha matado, se devia ser condenado, se devia ser absolvido...

Mas se fazia o júri na esperança de se mudar, na última hora, a convicção de alguém. Hélio Tornaghi gostava de contar este caso: um grande advogado aqui do Rio foi fazer um júri, acho que em Vassouras. Defesa brilhante, mas o réu foi condenado: sete a zero. Estava ele na estação, tomando um café com leite, à espera do trem, quando os jurados foram cumprimentá-lo. E disse um deles: "Doutor, nós nunca vimos uma defesa tão bem feita!". Ele respondeu: "Olha, eu não aceito zombaria! Eu perdi, vocês condenaram meu cliente por sete a zero, e vêm me cumprimentar pela defesa?". E eles: "Não, doutor! Isso não! Nós somos daqui! Nós sabemos que ele matou mesmo! Não é isso! Não tem nada a ver com a sua defesa! A sua defesa foi bonita!". Eram as coisas do interior...

No Espírito Santo, não havia negócios de vulto. A atividade econômica era a pecuária, e muito acanhada. Então, um contratozinho aqui, outro contrato ali; chegou a cerca para cá, puxou a cerca para lá; deixou os porcos entrarem na várzea. "Vamos tirar os porcos da várzea!", comprou um cavalo, deu manta... Sabem o que é manta? Passar a perna. Vender um cavalo de cigano, quer dizer, arrumar um cavalo, e depois o comprador adquirente começar a descobrir que o cavalo mancava, que o cavalo era caolho, que era roncolho... Eram essas coisas primitivas. Um dia será preciso fazer uma memória disso... Os recursos eram muito poucos. Ninguém recorria, para não se indispor com o juiz. Era um desrespeito você recorrer. Excepcionalmente, você recorria, mas explicando ao juiz... Eu fui estudar História do Processo, estudar a *suplicatio*... Surge a *suplicatio* quando são proibidas as apelações das sentenças dos prefeitos do Pretório, porque eles faziam justiça em nome do Imperador. Então, se eles faziam justiça em nome do Imperador, não havia sentido em permitir recursos. Então, o que é que fazem as pessoas? Elas começam a engendrar meios e modos de reformular a sentença. Surge então a *suplicatio*, uma súplica, um pergaminho que a pessoa dirige, e dizendo o seguinte: "O Sr. Juiz é muito bom, mas eu sou um desgraçado, eu não soube expor o meu direito e levei, por isso, o Sr. Juiz a cometer esse erro que me arrasa". Um dia o Imperador se comoveu com a exposição, viu que o juiz dele tinha feito ou uma patifaria ou um erro colossal, não importam os motivos, e ele acolheu o pedido. A partir desse dia se institucionalizava o recurso, a *suplicatio*, que é mãe do agravo ordinário português, que é pai do nosso agravo de instrumento, que é pai do nosso agravo retido.

Também não se falava em corrupção. Uma ou outra vez, diziam: "Lá em Vitória existem dois desembargadores que recebem 'presentes', e um deles tem uma namorada que exerce grande influência sobre ele...". Mas não se falava sobre corrupção. E a gente morava em Cachoeiro. Vitória era tão distante... Estrada de barro... A capital do Estado era a sede do poder. A jurisdição se esgotava em Cachoeiro. Meu pai não queria que eu fosse advogado, embora ele fosse advogado. E advogado de êxito. E por que é que ele não queria? Porque naquela época o direito e a advocacia eram muito malvistos. As grandes profissões eram medicina e engenharia. Admitiam-se veterinária e odontologia. Admitia-se arquitetura junto à engenharia. Mas direito... Ninguém pensava em direito. Tanto é que nós saímos de Cachoeiro para fazer direito no Rio. Por quê? Porque não havia faculdade de direito em Cachoeiro. A Faculdade de Direito de Vitória era muito precária, e Cachoeiro nunca deu bola para Vitória. Nós sempre gravitamos em torno do Rio de Janeiro.

Então, as pessoas saíam de Cachoeiro, as que podiam, e iam morar nas repúblicas, que hoje não existem mais, que são os chamados apartamentos de estudantes. Nesses apartamentos se juntavam estudantes até de profissões diversas. Eu tive dois colegas de república. Foi ali na Rua Conde de Baependi. Um deles, Fernando Morcef, considerado um dos maiores ecocardiografistas do mundo, e outro, Humberto Guerra, diretor de um hospital em Memphis. Lembro-me que tive hepatite, e todo dia eles me apalpavam meticulosamente, até que eu descobri que eles não estavam querendo saber do meu estado; eles estavam me apalpando para aprender como é que é, o que é que eles iriam encontrar lá, num fígado hepatitoso...

Papai era contra a minha opção pela advocacia. Ele era contra porque ele via as dificuldades com que ele lutava. Era fácil tirar o diploma. "Tirar" o diploma... Olha a expressão. Era fácil "tirar" o diploma de advogado. A advocacia era uma profissão dos vencidos. Só duas pessoas da minha geração vieram para o Rio fazer direito. Os outros foram fazer medicina e engenharia, com as suas variantes. O embaixador Donatelo Grieco conta que, quando foi dizer ao pai dele, o político Agripino Grieco, que ia fazer diplomacia, o pai disse: "Meu filho, quem não dá para nada vai fazer direito. Agora, quem não der nem para isso vai fazer diplomacia!". Era o conceito: quem não desse para nada ia fazer direito. E, no meu caso, que tinha sido um aluno destacado, tido como brilhante, foi uma decepção. Foi um encabulamento. Eu costumo dizer aqui no escritório, e não é um exagero: os meus pais, diante do anúncio de que eu iria fazer direito, tiveram a reação de choque e vergonha que os pais de uma moça de uma fazenda do início do século teriam diante da notícia de que ela estava grávida. Foi um negócio pavoroso, quase uma sensação de opróbrio na faixa social que a gente frequentava. Eu posso dizer isso. Meu pai está aí vivo. Ele não se lembra, mas isso mostra o desespero de uma pessoa que me amava profundamente.

Eu fui morar nos Estados Unidos, ainda no curso secundário, quando não havia caneta esferográfica, Bic ou de outra marca. Havia a velha caneta-tinteiro. Então iam as minhas cartas, e a minha mãe dizia que a minha carta tinha que ser dada por último ao meu pai, porque ele começava a chorar, as lágrimas caíam no papel, e ninguém podia mais ler aquilo. E o meu pai fez o seguinte: depois de todos os apelos e todas as ameaças; quando ele viu que não me vencia, ele disse assim: "Muito bem, você então vai fazer direito em Vitória. E eu vou lhe arrumar um emprego aqui no balcão da prefeitura de Cachoeiro". Bom, eu dei uma resposta muito atravessada ao meu pai e vim para o Rio. Minha mãe me deu um dinheiro que ela tinha das economias dela, coitada, e eu desembarquei aqui na Praça XV de Novembro, com uma mala na mão e um frango assado recheado com farofa na outra. E fui dividir um apartamento no Edifício Rajah, que é uma "favela" aqui na praia de Botafogo, com um rapaz de Cachoeiro, que hoje está em Londrina, no Banco do Brasil.

O Rio de Janeiro, para mim, era o Rio de Janeiro... Não havia televisão em Cachoeiro. Eu já tinha morado nos Estados Unidos, em um intercâmbio cultural, graças aos esforços da minha professora de inglês no Liceu de Cachoeiro, mas eu morei num lugar pequeno nos Estados Unidos, no Estado de Iowa. Mas o Rio de Janeiro era o ideal de todo o mundo e uma realidade inacessível. Eu morava em Botafogo e tinha que arranjar emprego. Então arranjei emprego de professor de inglês no curso Yázigi, que estava surgindo no Méier, na Rua Silva Rabelo, ônibus linha 455. Eu tinha que pegar o ônibus 455 (Méier-Forte) no Aterro, às três horas, para começar a minha aula às seis e meia. Era uma série de ruas, porque não havia essas vias expressas, até que, quando você via a estação do Engenho Novo, você dizia: "Pronto, estou chegando ao Méier", às vezes, levando horas e horas, num ônibus quentíssimo, abarrotado, as janelas fechadas, porque as mulheres não queriam despentear o cabelo... Uma coisa pavorosa. Só os ônibus dariam um livro...

Então, eu fui fazer vestibular, e naquela época se exigiam documentos. Por exemplo: atestado de boa conduta. Então eu trouxe de Cachoeiro um atestado. Eram três necessários: um atestado firmado pelo prefeito, outro pelo bispo e outro pelo juiz. Fiz habilitação. Recusados. E eu fui lá: "Por quê?". Não tinham os endereços dos atestantes. O Dr. Nicanor era o subsecretário da faculdade; o Mário César Silva, que era o secretário, de férias na época do vestibular, saía, e ele assumia... Eu fui lá me inscrever, na inscrição do vestibular para a UEG, Universidade do Estado da Guanabara, e não aceitaram. E eu, desesperado, disse: "Como é que eu faço?". E eu fui ao CALC, o Centro Acadêmico Luiz Carpenter. Disseram: "Vá aqui ao lado. Seu Alberto e os dois garçons assinam". Já tinham mimeografado a fórmula do atestado. Seu Alberto e os garçons assinaram. Seu Alberto tinha o maior interesse em captar aquele futuro cliente... Assinaram, eu reconheci firma, com o endereço dos atestantes. Rua do Catete... O meu era 243, o deles devia ser 241... E com isto entrei na faculdade, graças à intervenção do glorioso CALC...

E não foi a última, foi a primeira vez que o CALC me salvou. Então veio o vestibular, com português, inglês, sociologia e latim como eliminatória. Português, inglês e sociologia se estudavam por conta própria. Havia os cursinhos, mas eu não conhecia ninguém aqui no Rio... Passei esse tempo todo trancado dentro de casa, estudando latim, decorando as Catilinárias... Você decorava! Aquilo é estupidez! Aquilo ninguém sabia! Mas latim, na nossa faculdade, era classificatório. Isto é, ele apenas servia para classificar os aprovados. Então foram três meses estudando latim. Eu conhecia as quatro Catilinárias praticamente de cor. Quer dizer, lendo, eu podia traduzir... Bom, eu conheci uma moça chamada Assunta, que era de Volta Redonda e que estava sempre acompanhada da mãe dela. Naquela época, as moças eram pudicas... Ela veio com a mãe porque não ficava bem uma moça vir sozinha... A mãe era uma senhora muito simpática, com uma bengala, tinha tido um acidente... E eu a conheci e conversava com ela e era a única pessoa que eu conhecia. Até que saiu o resultado, e nós tínhamos sido aprovados, tanto ela como eu. Eu disse: "Bom, agora é ir para casa e caprichar no latim...". E ela disse: "Que latim?". E eu falei: "Prova de latim". "Não tem!". E eu digo: "Por quê?". "Não tem. Havia 135 vagas; só 126 foram aprovados!". Eu digo: "Meus Deus!". O estudo tinha sido em vão...

E outra coisa: eu fui prestar vestibular e levei uma vaia, porque eu fui de terno, terno escuro, que aliás era o único que eu tinha... Terno preto, camisa branca, gravata... O vestibular, para mim, era uma ocasião solene... E eu assisti à primeira manifestação de vaidade de um dos homens mais vaidosos que eu conheci em toda a minha vida. Roberto Lyra, professor de Direito Penal. Mais tarde eu iria descobrir: ele tinha um fetiche por ser paraninfo, e isso ao ponto de se transferir da cadeira de Direito Penal para Processo Penal, que não tem nada a ver com Direito Penal, na verdade, ou tem pouquíssimo, e isso tudo para ficar no quinto ano, mais próximo da formatura... Ele era titular, ou catedrático, como se diz. E o que significava ser paraninfo? Ser paraninfo significava fazer um discurso no Teatro Municipal, porque as turmas se formavam no Teatro Municipal. Eu ia colar grau no dia 18.12.1969, e aquilo era agendado com muita antecedência, meses de antecedência. Todas as faculdades formavam ali. Acontece que, na hora da missa, de manhã, na Candelária, a missa de bênção dos anéis, disseram-me: "Não vai haver nada...". Costa e Silva havia morrido. "Então não vai haver a solenidade. Está cancelada a formatura no Teatro Municipal". Eu digo: "Mas, meu Deus do céu! Como é que cancelaram aquilo? Ninguém vai dançar Carnaval!". "Não, mas há a banda... Não se pode tocar música nenhuma!". Eu digo: "A música que vai ser tocada é o Hino Nacional!". "Mas não pode. O Brasil está de luto e não pode haver formatura". Eu era presidente da Comissão de Formatura, e me desesperei. Não havia mais lugar no Municipal para a formatura. Dois anos antes você agendava. Todas as grandes faculdades se formavam lá. Medicina, direito, odontologia, todo mundo se formava no Municipal. O que é que eu fiz? Eu fui ao reitor da universidade, que era o João Lira Filho, irmão do general Aurélio Lira Tavares, que fora ministro do Exército, depois membro da Junta Militar e depois embaixador em Paris. E o João Lira então me deu uma carta manuscrita. Ele usava letra verde, caneta de tinta verde para se distinguir. Não precisava disso para se distinguir... Uma carta para o diretor do Municipal, dizendo nesses termos: "O assunto que lhe vai levar o meu amigo Sergio Bermudes é meu, e também da Universidade do Estado, a nossa! A nossa! E, portanto, peço-lhe que lhe dê todas as prioridades. Um beijo na testa do seu velho amigo, João Lira Filho". Foi exatamente isso. Eu fui lá, o homem era especialista em Shakespeare... E ele disse: "Não tem como, é impossível". Então, pensando, eu digo: "E se nós nos formarmos de manhã? Pode ser de manhã?". Ele disse: "Pode!". Então, a nossa turma colou grau às dez horas da manhã do dia 22.12.1969, porque não tinha outra vaga e porque no dia 18 nós não pudemos fazer. O Municipal ficou fechado porque morrera o Presidente Artur da Costa e Silva.

RTDC: Fale mais de sua chegada ao Rio. Foi bem acolhido no Rio de Janeiro?

SB: Eu vinha do interior. Eu morava no Rajah e morei no Rajah até depois do primeiro ano da faculdade. E é claro que nessas alturas você procura o gueto... Havia uma grande quantidade de cachoeirenses no Rio. Era com eles que eu me relacionava. Mas eu comecei a fazer relações... Veio a Semana do Calouro. Então eu vi que aquela era uma oportunidade de eu me lançar. Na Semana do Calouro havia uma noite de oratório. Eu sabia que eu era um orador razoável, então fiz um discurso. Mas foi recusado porque vinha escrito... Então deram o primeiro lugar a um sujeito do Partido Comunista. Houve uma gritaria na faculdade, uma revolta... Tanto é que o jornal da faculdade, *Política Universitária*, que normalmente publicava apenas uma notícia do discurso, veio publicando o meu discurso na íntegra. Eu fui desclassificado porque eu fiz um discurso escrito. Aliás, os discursos naquela faculdade nunca me levaram muito longe... Eu fui candidato a orador da turma, e eu também não consegui... Não gostaram do meu discurso...

Eu convivia com as pessoas, eu ia muito à Biblioteca Roberto Lyra. Roberto Lyra era uma figura em torno da qual girava a faculdade. Ele era o dono da faculdade, como dizia Hélio Tornaghi: "Aquela faculdade tem dono". Ele era o dono da faculdade. Ele manejava os professores e o diretor. Tudo dependia dele. Por exemplo, o Professor Luiz Legaz Lacambra, famoso filósofo espanhol, esteve no Brasil e o Paulino Jacques o convidou para fazer uma palestra na faculdade. Roberto Lyra não deu autorização para que ele usasse o Salão Nobre. O Salão Nobre era tão acanhado... Então, o máximo que se conseguiu foi que algumas cadeiras do Doutoral fossem retiradas e levadas para a sala do Paulino Jacques, a sala onde a gente fazia o primeiro ano. E, ali, naquela sala de aula que era meio pobre, o Luiz Legaz Lacambra, cansadíssimo, fez a sua palestra. Tudo porque o Roberto Lyra não autorizou o uso do Salão Nobre.

Então eu fui conhecendo gente, conhecendo lugares... Um dia combinamos eu e a Marina Almeida Rego, uma colega minha do primeiro ano, de irmos à casa dela pegar um ponto para fazer uma apostila. O que havia na faculdade eram apostilas... Você datilografava numa Remington um estêncil. E esse estêncil, que era uma espécie de folha de um papel, assim, semiplastificado, era preso a um rolo impressor, coberto, engraxado com tinta, e aí você rodava, e ia soltando o papel de um modo muito primitivo, mas as folhas saíam impressas. Eis o que eram os estênceis. Então, Marina Almeida Rego disse: "Olha, você vai à minha casa apanhar a matéria". Ela me deu o endereço. Eu chego lá... Eu nunca tinha visto, só no cinema... Como no verso de Augusto dos Anjos: "Sou uma sombra! / Venho de outras eras..." [*Monólogo de uma sombra*, Augusto dos Anjos]. E ainda: " ...e as ametistas e os florões e as pratas..." [*Vandalismo*, Augusto dos Anjos]. Uma coisa lindíssima. E eu disse a ela: "Mas que lindo o seu apartamento!". E ela disse: "Não é meu; é da minha avó". E eu disse: "Mas que lindo! Que linda vista!". E ela disse: "Você não sabe, isso aqui é um dos endereços mais chiques do Rio, é a Av. Rui Barbosa...". Mal sabia eu que um dia eu iria morar na Av. Rui Barbosa...

RTDC: No âmbito dessas suas lembranças da faculdade, quais os professores que mais o marcaram?

SB: Os professores... O curso jurídico, já naquele tempo, ainda era pior do que é hoje. E hoje nós todos sabemos que é muito deficiente... Você tinha professores que davam a velha aula... A maioria deles dava uma aula desinteressante, para uma turma um pouco mais ou menos desinteressada. E mesmo daqueles professores que tinham alguma coisa com que contribuir você não tirava nada deles se você não os avaliasse. Por exemplo: Paulino Jacques, professor de Introdução à Ciência do Direito. Primeiro ano da faculdade, primeira aula. Ele a certa altura pergunta: "Que é a verdade?". Ele era gaúcho, um homem imponente, uns óculos escuros, porque ele tinha um problema no canal lacrimal, e as lágrimas caíam, e ele enxugava as lágrimas, e limpava com o lenço, e limpava a mesa com o lenço, e enxugava o rosto com o lenço. Era uma confusão tremenda. Vaidosíssimo.

"Que é a verdade?". Eu era tímido, era um mocorongo, mas não era ignorante: nem Jesus Cristo respondeu a essa pergunta... "É um todo-posicional teorético!", diz ele. O que é um "todo-posicional teorético"? É claro que os alunos não tinham condição de compreender um "todo-posicional teorético"! Será que é verdade que seja um "todo-posicional teorético"? Eu só compreendi anos e anos depois. Eu, advogado, e Evaristo de Moraes, que havia examinado o Paulino para a cátedra, diz: "Ele é descontrolado, ele é desarrumado, mas ele sabe muita filosofia do direito". Se eu tivesse sabido disso... Eu fiquei muito amigo de Paulino depois. Fui assistente dele num ano em que ele deu aulas de Teoria Geral do Estado, substituindo Afonso Arinos.

Então, como eu não tinha ocasião de avaliar o Paulino Jacques, eu hauri muito pouco, porque a aula dele era uma aula desinteressante. Ele falava para si próprio. Isso me lembra outra coisa: eu, já jovem professor de Processo Civil, encantado com Processo Civil, soube que no Rio de Janeiro havia um ex-aluno de Chiovenda. Eu liguei para ele e disse: "Eu posso conhecê-lo?". "Pois não". Dr. Armando Redig de Campos, um *gentleman*, de quem mais tarde eu vim a ser amigo. Eu disse: "Dr. Armando, o senhor foi aluno do Chiovenda?". "Dele e de Vivanti". E eu disse: "De Chiovenda... Como era Chiovenda?". Ele disse: "Um chato, intragável, insuportável. Ficava de cabeça baixa, falando para si próprio, e a turma era dividida em duas partes: quem estava atrás e não ouvia e quem estava na frente e não entendia. E Vivanti, um cabotino". Eu digo: "Mas por quê?". "O Vivanti começou a aula dizendo o seguinte: 'Vamos estudar o Direito Comercial italiano. E o que é o Direito Comercial italiano? Sou eu. Cesare Vivanti'". Muito bem. Mais tarde, quem elogiou o Paulino Jacques foi o Carlos Cossio, o pai da teoria egológica do direito. Eu fui visitá-lo em Buenos Aires para levar um presente do Paulino. Eu sabia quem era o Cossio, um grande filósofo. Cheguei, o Cossio estava sozinho, ele mesmo abriu a porta. Sentamos, conversamos. Depois ele perguntou se eu sabia jogar pingue-pongue. Eu não entendi a pergunta, mas disse: "Ok, sei". Ele disse: "Eu estou com vontade de jogar pingue-pongue. Então vamos lá para mesa". Então fiquei jogando pingue-pongue com o Carlos Cossio... E depois ele disse: "Você gosta de títulos de crédito? Você acha interessantes títulos de crédito?". "Hum, é claro que sim...". Não sabia se era para dizer que sim ou que não. Ele ia fazer uma palestra sobre títulos de crédito. Um filósofo ia falar sobre títulos de crédito na Associação Comercial de Buenos Aires. E me levou. Mas que palestra! Que coisa fantástica! Que coisa belíssima ele fez!

Mas, voltando ainda a Carlos Cossio... Ao falar em Paulino, ele disse: "O Paulino é um mapa-múndi da filosofia do direito. Não há autor que o Paulino não conheça...". E, de fato, se você pegar o livro dele, *Do conceito do direito*, que é a tese dele para cátedra, você vê que o Paulino é, de fato, um sabedor, mas ele não sabia transmitir aquilo, ele não era um didata. Nem sempre o melhor sabedor é o melhor didata. Esse foi o primeiro professor. Outro professor que eu tive se sentou, começou a aula, não disse o próprio nome, e disse apenas o seguinte: "Há o 'ser' e o 'dever-ser'". Essa é a primeira frase do primeiro capítulo da suas *Instituições de Direito Romano*, Ebert Chamoun, de quem mais tarde, muitos e muitos anos, eu me tornei amigo íntimo. Ontem mesmo briguei um pouco com ele... O Chamoun está com 87 anos agora. Ele foi paraninfo de sucessivas turmas de Direito Civil, sem dúvida nenhuma um civilista de grandes méritos. Foi convidado a escrever o livro *O Direito das Coisas*, no Novo Código Civil. O Chamoun foi um professor notável. Em cinco anos eu não faltei às aulas. Eu só vi o Chamoun escrever no quadro uma única vez. Uma aluna disse que tinha dificuldade em compreender Brinz. Ele então pegou o giz e escreveu "Brinz". Num professor, o uso da língua é primoroso. Ele é conciso, preciso, extremamente claro, não tem variantes, não tem momentos, não tem êxtases e não tem agonias, se você quiser ficar entre os extremos: agonia e êxtase. A linguagem dele é plana, e ele é extremamente objetivo. Um outro professor diria o seguinte: "Um motorista viu o transeunte atravessando a rua. Ele viu, ele vê, ele conseguiu ver, mas acontece que ele pisou no freio, mas o freio não respondeu, ou então não deu tempo... Que é que aconteceu? Coitado... O motorista acabou atropelando...". Chamoun dizia assim: "O motorista vê o transeunte. Pressiona os freios. Atropela". Isto é a síntese "chamouniana". O Chamoun foi o melhor professor que eu tive na faculdade. Foram cinco anos sem assistente, dando aula de Direito Civil. Romanista, num ano em que o Direito Romano tinha desaparecido da faculdade. Na verdade, desapareceu do currículo jurídico. Isto é, supostamente Direito Romano e Direito Civil eram ensinados conjuntamente. Não havia uma cadeira mais de Direito Romano, e a reforma, aliás, nesse particular, foi certa. Mesmo o Chamoun, professor admirável para mim, padece de muitos defeitos. Ele não dá ideia de que possa haver opiniões diferentes, ele não fala na existência de uma doutrina, ele não cita nomes, não dava ideia da existência de grandes nomes do direito civil, nem daqui nem de fora. Eu acho que nos cinco anos de curso jurídico ele só falou em Brinz e em Jhering. E não falou em mais ninguém... Ah, falou uma vez em Clóvis Beviláqua, para criticar a definição dele que eu tinha dado. Porque uma ou outra vez ele parava e fazia indagações. E ele me perguntou: "E nulidade?". Eu disse: "Nulidade é a declaração de que a determinados atos não se prendem os efeitos normalmente produzidos por atos semelhantes". E ele disse: "Definição horrível!". E eu disse: "É de Clóvis Beviláqua...". Ele disse: "Clóvis Beviláqua era um excelente jurista. Entretanto, neste momento, neste momento, não sabia, não pensava no que dizia". Mais ou menos como Philadelpho Azevedo, que começa a definição de casamento assim: "Casamento é o vínculo entre duas pessoas unidas por um amor num momento imorredouro...", e por aí vai... O Chamoun era muito linear na exposição, mas era um professor brilhante.

Havia outros professores... Flávio Novelli. Teoria Geral do Estado e depois Direito Constitucional. Reacionaríssimo. Fazia questão de humilhar as pessoas que se mostrassem contra a ditadura. Tudo isso ocorria em plena ditadura... Diz o provérbio: "Eu temo o homem de um livro". Eu, depois que conheci o Novelli, dizia: "Eu temo o homem de seis livros". Porque ele só citava seis autores, e repetidamente, fosse qual fosse o tema. Era, de qualquer maneira, um bom expositor. Além disso, os outros professores eram simplesmente catastróficos.

Eu tive aula com o Amílcar Falcão no primeiro semestre do terceiro ano. Era um professor notável, mas morreu. E o último, o professor de medicina legal, Nilson

Amaral Santana, era também um professor notável. Coisa curiosa: medicina legal é uma matéria que nós não podemos dizer que se insira realmente num currículo jurídico, mas tive a sorte de, no Rio de Janeiro, ter dois grandes professores. Hélio Gomes, um grande professor, autor de livros de medicina legal, que depois se deixou... Enfim, se desleixou... E, depois dele, Celso Cezar Papaleo, na Federal, e Nilson Amaral Santana, na nossa faculdade, que era ainda a Universidade do Estado da Guanabara.

RTDC: Que cotejo você faria entre as universidades daquele tempo, com essas críticas e esses problemas, e a de hoje, onde você leciona?

SB: Que cotejo eu faria? Os tempos eram diferentes, as turmas eram muito mais tímidas. Nós vivíamos na ditadura. Quer dizer, havia uma maior participação política, seguramente porque se vivia sob uma ditadura. Os estudantes participavam mais intensamente e se informavam da situação política. Hoje eu não vejo isso na faculdade onde eu ensino, o que me deixa muito preocupado. Eu faço alguns testes, desde os mais elementares, que mostram o desinteresse da turma. Eu pego uma palavra, por exemplo, "incipiente". E de propósito eu uso a palavra cinco, seis, sete, oito, nove vezes durante a aula, mas com exagero. Quando estou prestes a terminar, eu pergunto: "O que é 'incipiente'?". Não sabe. "E você? O que é 'incipiente'?". Não sabe. "Vocês me ouviram falar essa palavra. Por que é que não fazem a pergunta? É por quê? É a vergonha de perguntar?". E também o desinteresse... Não há o empenho, o compromisso da formação. E eu vejo isso aqui no escritório também. Por mais que a gente diga aos nossos estagiários que eles nos prestam um serviço excelente e que eles estão aqui para se servirem de nós, no sentido de haurirem de nós o que nós pudermos dar a eles para uma formação, o que a gente vê? A minha porta está permanentemente aberta aos estagiários. O estagiário então entra, a porta está aberta, e a presunção é a de que ele possa ficar. Quando ele não pode ficar, a gente pede a ele que se retire. E, para facilitar a comunicação, o tratamento de "senhor" é rigorosamente proibido. Não há opção. O estagiário é obrigado a nos chamar a todos de "você", salvo ao Desembargador Loretti, que é um homem de outro tempo e ficaria um pouco chocado, ao Desembargador Paulo de Toledo, do escritório de São Paulo, e ao Ministro Sepúlveda Pertence, que agora é nosso colega de escritório.

O que me choca muito na faculdade é o desinteresse. E eu fico me perguntando: a culpa será nossa? Nós, professores, não estamos sabendo suscitar esse interesse? Ou nós estamos malogrando um trabalho de catequese? É aquela história: cumprirei eu o meu trabalho, a minha função, se eu simplesmente der uma aula da melhor maneira possível? Quer dizer, dentre todas as maneiras com que se pode dar uma aula, será que a maneira como eu dou é suficiente? É uma briga que eu tenho com o Chamoun. Chamoun diz: "Os alunos babam ignorância...". Sim, eles babam ignorância, mas a gente não pode se conformar com isso! Nós estamos lá para ser uma espécie de "babador" deles, e evitar que eles babem. É um problema profundo. A gente não discute nas reuniões de professores. Nem há reuniões de professores. As reuniões irritam profundamente. Aqueles professores que se acham superiores, que acham que os filósofos... Nunca leram nada de filosofia. Eles pegam um autor, repetem aquilo, fazem uma confusão tremenda e se adoram uns aos outros. Eu me lembro de Jacques Anatole France, sobre um pseudofilósofo que falava e escrevia dificílimo, e o Anatole dizia: "Il est profund, pas que il est misteriuex". Quanto menos você entende, mais você admira... Havia um sujeito que dizia assim: "Módulo deôntico". E todo o mundo: "Módulo deôntico...". Lembra-me muito o Pacheco, do Eça de Queirós. Um sujeito que é absolutamente medíocre, mas o sujeito: "Módulo deôntico...". Para quem quer saber o que é "módulo deôntico", é o "todo-posicional teorético" lá do Paulino Jacques. O aluno continua tendo, isso é natural em qualquer faculdade do mundo, a preocupação de passar. Rubem Braga dizia que nada melhor para fazer um sujeito ateu do que um bom colégio salesiano. Pois bem, nada melhor para fazer um sujeito descrente do direito do que uma boa faculdade de direito.

A minha sobrinha Mônica, no primeiro ano, chega em casa e diz: "Eu preciso fazer um trabalho para a faculdade". "Sobre o quê?". "Direitos reais em Roma". Eu disse: "Ô, minha filha, nem seu professor sabe o que são direitos reais em Roma, se é que ele sabe o que sejam direitos reais...". Uma menina, primeiro ano, direitos reais no direito romano... Vamos discutir os nossos métodos. Será que nós estamos cumprindo o dever? Você veja, por mais que você estimule, você tem aí uma seleção natural. Há umas pessoas que se interessam e outras que não se interessam. Eu neste momento estou tendo aqui uma experiência comovedora. É um rapaz distintíssimo, que chegou para mim e disse: "Eu tenho dificuldades de escrever, eu não sei escrever. O que é que eu faço?". "Eu vou lhe dar a receita que um professor do liceu francês uma vez deu a um rapaz que o procurou com o mesmo problema. Ele disse: 'Você pega a seleta francesa e copie todo dia uma página da seleta francesa'". "E dá certo?". É claro que essa cópia acendeu o gênio que ali dormia, e hoje há páginas dele na seleta francesa. Chateaubriand. Chateaubriand era péssimo aluno. Então esse aluno está copiando *O quinze*, de Rachel de Queirós, e está adorando. Eu disse: "Agora tu vais copiar *O quinze*, uma página só para não cansar. Mas tem que copiar caprichado, e traz, e eu faço correção... E ler todo dia, pelo menos uma linha, tem que ser todo dia, uma linha que seja, mas tem que ser todo dia, de Vila dos confins, de Mário Palmério". Resultado, ele acabou *Vila dos confins* em dois meses! Nunca tinha lido um livro...

A maioria dos nossos colegas está empenhada em que o aluno diga na prova (isso é um caso de banimento...) a definição que ele tem de "ação rescisória", de "norma jurídica cogente"! Tem que ser a definição, porque se não for a definição... O professor não pode fazer esse tipo de pergunta! Você tem que fazer a pergunta que faça o menino raciocinar! Esse é um problema sério. Bom, havia maior participação política, mas eu não creio que houvesse maior cultura. Naquela época se dizia que duas pessoas poderiam ficar estremecidas porque um era positivista e outro era jusnaturalista. Não! Não, não era bem isso. Depende da militância política. A militância política levava à assunção, até por imitação, por mimetismo, de uma posição filosófica. "O jusnaturalista é reacionário". "Mas por que é que o jusnaturalista é reacionário?". "Você sabe. Pega o dicionário. É claro que é! Olha o Gustavo Corção!". Então, você começa a querer definir a causa pelo efeito, ou definir o todo pela aberração do todo. Positivismo jurídico. Se você pergunta o que é positivismo, o sujeito sabe que é uma coisa que ele deve ser, mas não sabe muito bem o que seja. É claro que havia sempre debates, mas hoje também há. Eu tenho rapazes aqui primorosos.

O que existe hoje na faculdade é uma falta de informação. Isso que me desespera: como nós vamos estimular os nossos alunos? O que fazer? Roberto Lyra, de cuja vaidade eu falei, tinha umas considerações muito interessantes. Você não pode levar criança para beber água em cachoeira. Afoga a criança. O didata tem que selecionar e se fazer entendido, senão é perda de tempo. E tem que estimular. Como fazer isso? Muito difícil...

RTDC: O senhor não ficou tentado a seguir o Direito Civil?

SB: Eu iria ser professor de Direito Civil, eu me preparei o tempo todo. Eu era estagiário num escritório. Eu já tinha me aclimatado ao Rio de Janeiro. Eu comecei a fazer política estudantil. Um colega meu de turma, um rapaz que eu conheci no diretório, me convidou para estagiar. Ele queria fazer Itamaraty e me convidou para estagiar num escritório onde ele estagiava, mas com um compromisso: se ele fosse reprovado, eu sairia e ele retomaria o estágio. Eu aceitei esse compromisso. E ele infelizmente foi reprovado. E eu então fui me despedir do dono do escritório. E ele disse que não, que não aceitava que eu saísse. E eu disse: "Eu não posso fazer isso com o Marcelo. Eu prometi ao Marcelo que ele voltaria". E ele disse: "Eu não estou dizendo que o Marcelo não volta. Eu estou dizendo é que você não sai". Foi a primeira vez que eu tomei um porre. Aqui no Real Peixada, na Praça XV. Cerveja! Porre! Que pileque! Mas eu dizia... tu eras um aluno de Ebert Chamoun. Eu não faltava às aulas de direito civil. Eu pretendia ser professor de direito, até de medicina legal... Então, Paulino Jacques me convidou para integrar a banca do vestibular da nossa faculdade. Eu já formado, e como assistente dele. Banca de sociologia. Eu fui integrado à banca, e a banca era composta do Professor Pedro Lins Palmeira, professor de Processo Civil. Havia a política do Médici de aumentar a ferro e fogo o número de vagas nas universidades, e a Faculdade Brasileira de Ciências Jurídicas, uma faculdade aqui da Praça da República, tinha o pior corpo discente, mas o melhor corpo docente, e pagava muito bem.

O professor é sempre um prejudicado. Eu me lembro que o Mauro Cappelletti veio dar uma aula na Gama Filho, e eu consegui que dessem a ele, por aquela aula, quinhentos dólares. Mauro Cappelletti não conseguiu acreditar que a aula que ele acabara de dar lhe rendera quinhentos dólares! Uma aula... Porque o professor, no mundo todo, é um pedinte. Bom, Jarbas Passarinho quintuplicou o número de vagas e de turmas, e essas turmas foram oferecidas aos seus professores. E o Pedro Lins Palmeira, que era professor de Processo Civil, aceitou ficar com três turmas de Direito Civil. Mas ele sabia que não ia dar conta daquelas turmas nem gostava de dar aula de Direito Civil. Então, lá na correção de provas... Nós passamos um mês corrigindo provas de vestibular... Ele me perguntou se eu queria dar aulas de Direito Civil. Eu disse: "Claro que quero!". "Eu tenho acesso na Faculdade Brasileira de Ciências Jurídicas". Eu não sabia que faculdade era aquela, mas eu ia dar aula em qualquer faculdade do mundo! Então me preparei para ser professor de Direito Civil. Fui para Marataízes, passar uns dias, voltei, ligo para o Palmeira, e o Palmeira diz: "Temos novidades" digo: "O quê?". "Eu achei bom não ficar com as turmas de Direito Civil, mas você vai dar aulas de Processo Civil, porque eu vou me afastar um pouco, e você vai dar aulas, contanto que...", ele dizia: contanto que ele recebesse. Eu fechei o negócio. Mal sabia eu que ele não ia dar aulas mais porque as turmas reagiram contra ele, e estavam criando um problema para uma faculdade, que era assim um pouco... algo flexível na aprovação dos alunos... Ele era um professor seríssimo! Mas os alunos fizeram um movimento para afastá-lo da faculdade. Ele foi afastado, e o Hélio Tornaghi, diretor da faculdade, disse a ele que o manteria formalmente como professor se ele arranjasse um substituto. Ele arranjou um substituto. Fui eu. No dia que ele falou em Processo Civil, eu tinha os três livros do Amaral Santos, *Primeiras linhas de direito processual civil*; os três do Gabriel Resende Filho: tinha o Código de Processo Civil; era estagiário; e sabia contar prazo... O Dr. Dario de

Almeida Magalhães morreu achando que Processo Civil era a arte de contar prazo... Ele tem uma carta para mim, em que diz: "Nunca estudei Processo Civil, igual ao meu pai, que foi professor e tal, mas nunca perdi um prazo!".

RTDC: Já existia a obra do Frederico Marques?

SB: Já existia, mas eu não tinha... Então comecei a dar aulas e comecei a estudar a sério. E o Pedro Palmeira, que era um homem que tinha uma dicção pavorosa e era meio andrajoso, teve um problema seríssimo, familiar, no Recife. Para vocês saberem o quanto ele conhecia de Processo: havia uma vaga para a cátedra de Processo Civil na Nacional de Direito. Um candidato: Desembargador Guilherme Estelita, que era o livre-docente na matéria, que era o regente da cadeira e que era o desembargador do Tribunal de Justiça. Ele tinha uma tese de litisconsórcio, *Do litisconsórcio no direito brasileiro*. Desse tamanho... Pedro Palmeira veio com uma pequena tese: *Da intervenção de terceiros no processo*. Bom, ele veio para o Rio para concorrer com Guilherme Estelita. Ele era de tal maneira superior, que a banca não teve coragem de dar o primeiro lugar ao Guilherme Estelita. Deu o lugar ao Palmeira. Naquele tempo, as bancas tinham um pouquinho de vergonha...

Gilberto Amado conta isso no livro *A minha formação no Recife*: que a cátedra de Direito Civil estava vaga e houve o concurso; um concurso todo feito para dar o primeiro lugar a um sujeito lá do Recife. Aparece, entretanto, o Professor Gondim Filho, avô da Regina Gondim, e cujo pai era o Gondim Neto. Aparece o Gondim Filho, que veio do interior e com uma dicção horrível. Ele ainda falava: "De maneiras que...". Isso o Gilberto Amado conta. Mas a superioridade do Gondim Filho era tão grande que a banca não teve coragem de negar o primeiro lugar a ele. Ele se tornou professor catedrático. E foi preterido para a redação do projeto de Código Civil. Entrou o Beviláqua, que, como ele dizia, com aquele sotaque, "era apenas professor catedrático de legislação comparada!".

Pedro Palmeira era um profundo conhecedor de processo civil, e gostava de falar sobre processo, sobre os autores, sobre as polêmicas, e mostrar as posições. E eu então comecei a estudar, a ler os livros que ele recomendava. E ele disse: "Você tem que ler o Amaral Santos com atenção, porque é um livro muito bem-posto, muito bem escrito. Cuidado com o João Monteiro, porque João Monteiro é um praxista". E ele foi me orientando. Até que cheguei a Frederico Marques. Mal sabia eu que seria íntimo amigo, do Frederico Marques, que morreu chamando por mim, coitado... Ele morreu dizendo que eu tinha prometido que ia levá-lo aos Estados Unidos, porque ele ia se curar. Nós éramos grandes amigos... E eu me tornei processualista por acaso. Uma espécie assim de *aberratio ictus*... Eu tinha o Amaral Santos, tinha o Gabriel Resende Filho, tinha o Código de Processo Civil, tinha sido estagiário no Foro, e porque havia uma vaga. Isto é como se faz um processualista... E comecei a entrar na confraria... Não eram muitos processualistas, e o papa do Processo era, sem dúvida nenhuma, Alfredo Buzaid.

RTDC: E como foi que se iniciou e se desenvolveu a sua importante relação com a PUC-Rio?

SB: Eu estava na Faculdade Brasileira de Ciências Jurídicas, onde eu fui dar aulas e acabei convivendo com esse brilhante corpo docente. Mas eu estava insatisfeito porque o corpo discente era um pouco insatisfatório. Eram pessoas velhas, funcionários que queriam subir de letra no serviço público, policiais querendo um título universitário, faculdade pessimamente instalada... Eu me sentia muito pouco realizado. Até que um dia eu recebo uma ligação. Padre João MacDowell, tio de Samuel MacDowell de Figueiredo, meu colega de escritório, era o reitor da PUC. Então, almoçando com ele na casa dele, e na casa da irmã dele, em São Paulo, ele me disse: "Eu sempre quis que você fosse professor da PUC...". E eu disse: "É a PUC que não me quer...". Ele disse: "Não... Fale comigo". Assim eu fui convidado a ser professor de Processo Civil na PUC.

RTDC: Impressiona muito, na sua atividade como advogado, o fato de você, muito jovem, já se ter tornado muito famoso. Com trinta anos, já era um advogado conhecido no Rio de Janeiro. Como aconteceu esse sucesso assim tão precoce?

SB: Dizem que quando um paranoico cruza com um momento certo da história, dá De Gaulle; quando cruza com um momento errado, dá Jânio Quadros... O que aconteceu foi o seguinte: eu fui muito atuante na luta contra a ditadura. E mais: eu fui membro do Conselho Federal da Ordem dos Advogados, representando o meu Estado, o Espírito Santo. E a Ordem dos Advogados do Espírito Santo me convidou para ser delegado dela ou conselheiro, aqui no Rio. Ser membro do Conselho, naquela época, era notável. Eu convivi com as maiores personalidades.

RTDC: Você tinha quantos anos?

SB: Eu nasci em 1946. Em 1976, eu tinha 30 anos. Eu entrei no Conselho em 1974... Eu tinha 28 anos. Aliás, hoje é aniversário do Código de Processo Civil: 18 de setembro (de 2007).

RTDC: E quem participava desse Conselho?

SB: Victor Nunes Leal, Heleno Fragoso, Caio Mário da Silva Pereira, Sobral Pinto, Miguel Seabra Fagundes, Eduardo Seabra Fagundes, Raymundo Faoro. Essas eram as pessoas do Conselho. Eram grandes e se tornaram grandes: pessoas de quem eu me tornei amigo... O Conselho funcionava em plenário, em três turmas, a primeira, a segunda e a terceira. A terceira: só para matérias de finanças e contas da Ordem, o Tribunal de Contas da Ordem... A segunda: as matérias que a gente chamava de "criminal", ação disciplinar etc. E a primeira era inscrição, punição de advogados...

O presidente era Heleno Cláudio Fragoso, e Heleno ficou muito meu amigo... Um sujeito elegante, professor catedrático... Esse era um intelectual, um jurista! Um dia, lá em casa... Naquele tempo a gente tinha tempo de se reunir, de bater papo... Um dia Heleno disse: "Eu nunca vi as *Ordenações Afonsinas*...". Heleno é um homem muito alto... Eu disse: "Você está sentado em cima dela". Ele disse: "O quê?". Eu disse: "Você está sentado em cima!". Ele disse: "Como?". Curiosamente, ele estava sentado na estante em cuja prateleira estavam as *Ordenações Afonsinas*. Ele pegou, foi para um canto lá dentro e ficou olhando. Heleno se babava completamente. Eu disse: "Heleno, eu vou fazer uma coisa que eu nunca fiz com ninguém. Porque é você. Eu vou lhe emprestar o volume dois. O volume penal é o dois, das *Ordenações Afonsinas*". Ele levou o calhamaço com ele na sexta-feira. No domingo, às dez horas da manhã, ele disse: "Olha, vou passar aí pra lhe devolver. Já li tudo!". Bom, estreitamos nossos vínculos. Ele era um homem de pouco falar. Não era um homem simpático. Era um homem muito introvertido. E era, como eu disse, um jurista. Ele gostava de discorrer sobre temas de direito, especialmente Direito Penal; gostava de conversar e de ser desafiado.

Um dia eu fui a Buenos Aires, e quando voltei tinha uma ligação dele, pedindo que eu o procurasse com urgência. E ele me disse: "Olha, morreu o jornalista Vladimir Herzog". Eu já tinha visto nos jornais. Foi instaurado um inquérito policial-militar, mas o inquérito peca pela origem, porque a portaria manda instaurar o inquérito para determinar as causas do suicídio do jornalista Vladimir Herzog! E não da morte! Então, já ficou determinado que é suicídio, agora vamos ver a causa do suicídio dele... Obviamente, o Ministério Público Militar pediu o arquivamento do inquérito. "Mas a família quer, precisa de uma satisfação. Ela acha que não pode ficar assim... Mas eles são judeus e não querem dinheiro... Então, você tem alguma solução?". E eu pensei e disse: "A solução é propor uma ação meramente declaratória". "Victor Nunes Leal disse que não cabe". Eu disse: "Como é que não cabe? É claro que cabe! A ação está aí, é para a existência de relações jurídicas! Claro que cabe!". Márcio Lobo da Costa disse: "Não cabe. Não entra, que não cabe!". "Mas, meus Deus! Eu queria que me dissessem por que não cabe! O que eu quero? A declaração de uma relação jurídica entre a viúva e os filhos do Vladimir Herzog, consistente na obrigação da União de indenizá-los pelos danos materiais, pelos danos morais, materiais e morais, sofridos em decorrência da prisão arbitrária, das torturas e da morte de seu marido e pai. Prepara uma declaração aí".

RTDC: Não pediram uma indenização?

SB: Não! Eles não queriam, porque o antissemitismo em São Paulo é muito exacerbado, e Clarice não queria que dissessem que ela era uma judia querendo ganhar dinheiro em cima do marido. Propusemos a ação em 1976. Veio o exército escondendo. Eles deturparam a citação de Pontes de Miranda. Eu fiz um levantamento, na réplica. Eu levantei toda a doutrina existente, estrangeira e brasileira. Todas elas, todos os autores dizendo do cabimento da ação meramente declaratória, para declarar a existência de um vínculo obrigacional, uma obrigação. E veio o juiz, Márcio José de Morais, e mandou acolher o pedido.

RTDC: Foro de São Paulo?

SB: Foro de São Paulo. Sétima Vara Federal de São Paulo.

RTDC: Foi capa na *Veja*...

SB: Foi capa na *Veja*. Foi menção no *New York Times*. Eu fui "Páginas Amarelas". E o negócio propagou-se, e eu fiquei conhecido por isso. E uma causa puxa a outra. Dr. Dario de Almeida Magalhães me convidou para ser advogado de Raphael, filho dele. Depois começou a me convidar para atuar nas causas dele. E as coisas vão se multiplicando.

RTDC: Na sua opinião, o que é necessário, hoje, para se ser um bom advogado?

SB: É necessário, hoje e sempre, conhecer Teoria Geral do Direito. Quem conhece Teoria Geral do Direito, especialmente Teoria Geral do Direito Civil, conhece tudo, ou pode conhecer tudo. Quem não conhece isso não conhece nada. Antes de Direito Constitucional e Direito Administrativo, você tem que conhecer os princípios básicos da Teoria Geral do Direito e da Teoria Geral do Direito Civil. Depois você precisa conhecer as instituições jurídicas, e depois se dedicar ao segmento da sua especialização. Se você vai fazer advocacia contenciosa, você não pode ser só um jurista, quer dizer, um conhecedor de direito. É claro que você tem que ser um conhecedor de direito, porque na postulação você muitas vezes tem que ensinar o juiz, para que o juiz julgue.

Esse é o grande problema, porque o Judiciário é um serviço público, e ele existe para julgar as questões que normalmente ocorrem. O Judiciário é um Judiciário das questões possessórias, das questões de família, das questões tributárias, das questões da fazenda pública. Mas para os grandes contratos o Judiciário não está apetrechado, nem é a função dele estar apetrechado. Ele existe, e precariamente. O Brasil tem um terço dos juízes de que necessita. Ele existe para exercer a função de um serviço público. Essa concepção de que a Justiça é um serviço público pode levar também a melhorar a Justiça...

Na advocacia contenciosa, o advogado tem que lidar com o adversário e tem que lidar com o cliente, que faz o fogo interno, *friendly fire*. Isso é um aspecto psicológico muito interessante... O cliente, na surdina e inconscientemente, estabelece quase que uma emulação com o advogado. Então ele tende a chegar ao advogado e dizer: "Você está errado naquilo que você fez". Eu digo: "Por que é que eu estou errado?". "Porque me disseram que não é assim". De vez em quando, nesse campo, você tem umas coisas muito interessantes. Eu estava dando aula, então uma menina diz assim: "Está errado!". Eu digo: "Por que, Margareth, que está errado?". "Porque no livro do... No livro não disse assim, não...". Eu digo: "Por quê?". "Não, eu estive lendo... Eu li o... O Moacyr Amaral dos Santos diz que não é isso, não...". Eu disse: "Então está errado o que eu falei?". "Está. Porque o Moacyr Amaral dos Santos disse...". Então você veja: o livro, porque está escrito, porque está impresso, vale mais do que a palavra. O livro é um fetichismo. Eu mesmo faço os alunos cultuarem o livro.

Ao longo dos anos de magistério, você vai aprendendo uma coisa. Por exemplo, a turma ficar em silêncio... Eu na primeira aula digo: "Meus amigos, entre professor e aluno, deve haver uma intimidade. Então eu logo vou dizendo a vocês que eu tenho uma neurose, que já foi tratada por psiquiatras do mundo inteiro, e nenhum deles me curou. Essa neurose... Eu não fico agressivo, eu não choro, eu não grito. Mas se alguém falar enquanto eu estiver falando eu paro de falar. É a única manifestação desta minha neurose. Eu estou falando, a pessoa falou: eu paro". Graças a isso: silêncio absoluto. Bom, mas então, a questão da advocacia... Na advocacia contenciosa, você está lutando com adversidades permanentes: a adversidade do juiz despreparado, a adversidade do tribunal despreparado e da Justiça em geral. A advocacia contenciosa é uma advocacia muito pesada. Agora, você tem que conhecer. Se você faz o contencioso civil, você tem que conhecer o cível. Ninguém pretende que o advogado seja um jurista, que viva num céu de puríssimas essências, mesmo porque a realidade científica é uma e a realidade prática ou a realidade fática é outra.

Eu me lembro muito bem disso. Eu estava na faculdade, quando apareceu lá no escritório onde eu trabalhava uma ação de nulidade de um contrato, de nulidade de uma fiança, porque ela tinha sido dada por uma mulher casada, sem a outorga. E eu disse: "É, de fato, é nula essa fiança". O advogado com quem eu trabalhava disse: "Não, senhor! É nula coisa nenhuma!". Eu disse: "É nula". "Coisa nenhuma! Esse sujeito é um pilantra! Tem cartas dele mostrando que ele sabia dessa fiança. Ele estimulou essa mulher a dar essa fiança! Tem testemunha disso...". Ele foi para juízo. O escritório onde eu trabalhava, que era o escritório que tinha sido do Ministro Oscar Saraiva, foi para o juízo, e ganhamos a causa.

Dr. Dario de Almeida Magalhães, que no meu juízo foi o maior advogado do contencioso que o Brasil teve em todos os tempos, pelo conjunto de qualidades, dizia: "O advogado não pode escrever livro". Talvez para superar a frustração de ele nunca ter escrito nenhum... Mas ele dizia: "O advogado não pode estar comprometido. Ele tem que defender o seu cliente", numa época em que a admissibilidade de certos recursos extraordinários estava condicionada à contrariedade de uma súmula... Havia várias decisões do Supremo Tribunal Federal a nosso favor, e contra o que decidiram em acórdão, que foi contra nós. Mas não havia súmula. Então, o Dr. Dario disse: "Não! Mas claro. Súmula é uma proposição. Mas, se existe jurisprudência, existe súmula!". Então, nós consertamos isso. A súmula era uma mera proposição. A proposição era o enunciado da súmula, mas a súmula, tal como é usada, é o conjunto, é a jurisprudência.

RTDC: E conseguiram?

SB: O Dr. Dario disse assim: "Nós tentamos qualquer coisa, né?".

RTDC: O Dr. Dario foi maior que Rui Barbosa?

SB: Foi maior que Rui Barbosa. Como advogado, não há dúvida nenhuma. O Dr. Dario, do ponto de vista da eficiência, da prática, do empenho, foi maior que Rui Barbosa, não há dúvida nenhuma.

RTDC: Sergio, você dedicou seu livro de estudos e pareceres a três pessoas. Dario de Almeida Magalhães, Victor Nunes Leal e Evandro Lins e Silva. Você já falou sobre o Dario. E o Victor Nunes e o Evandro? O que é que você falaria?

SB: O Victor foi dos homens mais perfeitos que eu conheci. Um homem humilde e grandioso na sua percepção do direito dos homens, das coisas, da fenomenologia jurídica. Ele tinha um coração imenso, uma capacidade de organização, como ninguém tinha. Ele era meticuloso na análise de cada questão que enfrentou como jurista e como advogado, e isso talvez o tenha matado... Victor era um homem extremamente tenso. Ele, enquanto falava ao telefone, tomava notas de toda a conversa, para, em palavras dele, "o dia em que o cliente se voltar contra mim, porque, mais cedo ou mais tarde, o cliente se volta contra a gente...". Victor era um homem com uma sincera sensação de humildade. Disso eu conto um fato. O grande livro dele, o clássico *Coronelismo, enxada e voto*, foi traduzido para o inglês. Victor nunca leu, nunca examinou, nunca abriu a tradução, porque tinha vergonha! Isso mostra até uma personalidade algo deformada... Quando o Victor ficou mal da vesícula e teve de ser operado, eu insisti, todos insistimos, para que ele fosse para o exterior se operar, porque se sabia que a situação dele, de vesícula, não era das situações comuns. Nós quisemos que ele fosse, ele resistiu galhardamente. Sabe por quê? Porque ele se achava humilde demais para merecer ser operado por um grande centro... Operou-se aqui, em maio de 1985, no Hospital dos Servidores do Estado, e morreu de infecção hospitalar e de complicações da vesícula... Eu só vi o Victor se jactar de uma coisa, uma coisa muito interessante. Ele se achava uma poeira humana, ele se achava convictamente isso. Ele não se envaidecia quando se mostrava um acórdão dele... Só se jactou, uma vez, de uma coisa: sabia abrir champanhe melhor do que ninguém. Uma noite, nós abrindo champanhe, eu tinha ganho uma caixa de champanhe, então gelei, e fomos lá para casa, e ele disse: "Não, quem tem que abrir sou eu, porque a única pessoa que sabe abrir bem champanhe sou eu". E de fato abria! E nós, encantados com o fato de Victor Nunes Leal conseguir dizer que ele era o melhor em alguma coisa! Então, a capacidade que ele tinha de compreender as pessoas, graças à compreensão que ele tinha da fenomenologia jurídica, e a capacidade também de compreender a adaptação dessa fenomenologia jurídica aos fatos... Moldar o direito aos fatos e às necessidades da administração da justiça. Victor foi um gênio. Eu lamento muito não ter aproveitado mais...

RTDC: É verdade que você começou na Ordem com ele?

SB: Quando eu entrei na Ordem, ele também estava... Foi quando começou... Com o Pertence também... Começou aí... O Faoro tomou posse, me chamou, eu era uma espécie de secretário dele, e disse assim: "Olha", com aquele jeitinho gaúcho, de usar o pronome "tu", mas concordando com a terceira pessoa: "Se tu entrar aqui para falar de funcionária prenha". Olha o jeito gauchão: "Eu te dou um chute na bunda e te jogo lá na Baía de Guanabara. Tu não me venha com problema de funcionário! Tu resolve como tu quiser. E outra coisa: nós vamos ter esse armário aqui. O armário chama CAF. Quando eu escrever CAF, é esse armário aqui". Eu digo: "Faoro, o que é CAF?". Ele disse: "Cozinhando em água fria". Quando a gente não queria resolver um assunto, punha lá... "E mais: carta de Sobral não se abre; se empilha". Eu digo: "Por quê?". Ele: "Você já viu Sobral escrever alguma coisa para elogiar alguém? Salvo quando a gente morre, aí ele escreve à viúva. Carta de Sobral é sempre para aporrinhar, para aborrecer. Então, não abra!". A gente não podia, era proibido! O Faoro era louco, mitômano. Um sujeito fantástico. O Faoro dizia assim, no Pleno: "Senhor presidente, eu peço vista dos autos". Aquilo que o Nelson Jobim fazia para o Fernando Henrique eu fazia para o Faoro! O Faoro me chamou um dia e disse assim: "Olha, tu vai lá. Dá um jeito de falar com o Victor. Tu vai pedir ao Victor para ser meu conselheiro, que eu quero uma aproximação com ele. Quando eu tiver um problema eu quero me abrir com ele. Eu quero me aconselhar com ele. Tu vai dar um jeito de falar com o Victor. Tu é amigo dele. Tu é amigo dele e vai falar". "Ô, Faoro. Pois não". Chamei o Victor para almoçar onde a gente costumava almoçar. Conversa vai, conversa vem...

O Victor me chamava de cardeal. Era uma brincadeira. Ele dizia que eu era o Richelieu do Raymundo Faoro. Era nada... Estava mais para cachorro do Faoro... O Victor: "Que é, cardeal?". Eu falei: "Ministro...". E ele: "Que é, cardeal?". Eu disse. E ele disse: "Cardeal, eu soube que um mineiro contou a outro que Jango dizia que, quando a gente acorda a gente devia tomar banho, fazer a barba, botar roupa, calçar o sapato, meia, calça, camisa, gravata. Ficar pronto, porque, se precisassem da gente, a gente já estava pronto. O outro mineiro disse: 'Ó, esse conselho não é bom, não'. 'Por quê?' 'Jango foi deposto!'". Então ele concluiu: "Eu não posso ser conselheiro do Faoro, porque eu fui deposto...". Victor nunca conviveu com a deposição dele, com a aposentadoria dele no Supremo. Agora, quando se vê quem é Victor. Ele se comia por dentro e morreu com quarenta e tantas úlceras nervosas do estômago, mas por fora ele era controlado. Ele era ministro do Supremo, ele era chamado no Supremo de "o Rui espacial", porque ele renovou o Supremo. A súmula é dele, as revistas são dele, a introdução da máquina xerox no Supremo é dele. Um dia ele entrou na Xerox. Estavam planejando junto com ele a implantação de um sistema novo, e marcaram na casa do Victor, à noite. E o Victor sabia que, muito possivelmente, ia se aposentar. Havia notícias de Brasília. Então, ele conversando com o sujeito da Xerox, com o rádio ligado baixinho, e ele podendo ouvir o rádio, conversando... De repente, da presidência da República: "O presidente da República aposentou os ministros Victor Nunes Leal, Hermes Lima e Evandro Lins e Silva". Diz o Victor para o diretor da Xerox: "Doutor Fulano, se o senhor quiser, nós podemos continuar essa conversa, mas em termos teóricos...". Aí o sujeito disse: "Mas como assim?". Ele disse assim: "Eu não sou mais ministro do Supremo Tribunal Federal. Eu acabei de ouvir aqui na Hora do Brasil que eu fui aposentado...". Diz que o homem da Xerox teve um acesso de choro...

RTDC: E Evandro Lins e Silva?

SB: Evandro Lins e Silva era um outro tipo de pessoa. Inteligentíssimo. Não era um jurista. Nunca foi um grande sabedor de Teoria do Direito, nem de Direito Penal, mas tinha uma capacidade de absorção, uma lógica... E tudo isso aliado a uma capacidade muito grande de luta e a uma capacidade de compreender... Poucas vezes eu vi quem pudesse se indignar tanto e no dia seguinte aparecer tão compreensivo diante das fraquezas humanas. Evandro tinha uma capacidade de perdoar e de entender... Era um sujeito de uma acuidade, de uma vivacidade, de uma lógica, de uma capacidade de sintetizar e de deduzir notável.

Nós fomos designados na Conferência da Ordem de Manaus. Eduardo César Fagundes designou: Seabra Fagundes, o pai dele; Fábio Konder Comparato; José Paulo Sepúlveda Pertence; Victor; Evandro e eu para redigirmos as declarações de Manaus. Então, chegamos lá, nos reunimos, Evandro, não sei por quê, se atrasou um pouco. Então, nós estávamos lá, bacharéis em conversa de bacharéis. Éramos incapazes... Não saía uma frase... Chegou Evandro e disse: "Bom, como é que está a carta? Ah, dá licença...". Ele escrevia a lápis. Pegou um lápis, um papel, uma folha de papel, sentou... Num minuto, estava pronto!

Agora na Declaração de Curitiba. Faoro me liga e diz: "Te veste, que eu estou precisando de ti". "Sim, Faoro". "Vamos tomar um táxi". Ele disse assim para o táxi: "Companheiro, tem um lugar onde a gente possa tomar um café com leite, uma mesa recuada, limpa, sem ser perturbado por ninguém? Mas um lugar simples". O cara nos levou. "Que é que houve?". Ele disse: "A Declaração de Curitiba...". O Faoro era autoritário... Já estava pronta! Era só para eu ler e discutir com ele. Ele redigiu sozinho, e tudo o que eu fiz foi sugerir uma vírgula.

RTDC: A presidência do Eduardo Seabra Fagundes foi depois do Faoro. E eles não se davam muito bem?

SB: Não se davam porque o Faoro era um paranoico. Nós éramos amicíssimos. O Faoro era maluco, o que não impedia que fosse um homem de gênio... Mas então, voltando aqui: esse fato histórico não está contado por ninguém. Vem a Anistia.

Eu trabalhei muito na Anistia com o Teotônio Vilela. Antes há esse episódio: estávamos o José Paulo Sepúlveda Pertence, Dalmo de Abreu Dallari, Teotônio e eu... O Dalmo era paulista, uma bela pessoa... Ele disse: "Eu tenho aqui um projeto de Lei de Anistia que abrange todos os casos. Só vão ficar desamparados uns quatro ou cinco...". Teotônio deu um soco na mesa e disse: "Me respeita, ô, homem!". O projeto dele atendia a todos, mas deixava uns quatro ferrados... Bom... Vem a Anistia. Evandro foi a Victor e disse: "Nós devemos requerer a volta ao Supremo". Era um grupo muito fechado: Pertence, Victor Nunes Leal, Alberto Venâncio Filho, Evandro Lins e Silva, Eduardo Seabra Fagundes e eu... Basicamente, éramos esses. E havia sempre um visitante. Às vezes, por exemplo, Raphael de Almeida Magalhães. Outras vezes, José Geraldo Grossi, mas o grupo era esse. Então Evandro queria requerer a volta ao Supremo, junto com o Victor. Aquela luta tremenda. Eu tenho uma carta para o Evandro em que eu lembro disso. Ele disse: "Não, Evandro. O que eu podia dar ao Supremo eu já dei. Então, não faz sentido ir lá para ficar mais uns dois ou três ou quatro anos". Ia fazer setenta anos. Não tem sentido ele ir e não dar nenhuma contribuição nova. E Evandro se indignava, mas não tinha coragem de ir sozinho... Bem, não é que ele tinha coragem ou não tinha. Ele era um homem decidido. Mas ele também compreendia, deixava-se sensibilizar pelas razões de Victor Nunes Leal. Então, acabou não requerendo a volta ao Supremo. E depois ele mesmo adotou a posição do Victor... E isso é Evandro Lins e Silva! Ele disse: "É claro! Nós não podemos ir. É claro! Não podemos ir. Já imaginou? O sujeito que está lá, ainda, que me conhece... Sei lá...".

Era Elói da Rocha. "Os outros não me conhecem, vão votar? E nós vamos nos submeter...". Ele passava a defender a posição que ele criticava. Esse era o grande criminalista. Com todo o empenho, com empenho de pai, com zelos de pai. Evandro era uma pessoa fantástica. E, além disso, era vaidosíssimo. Carlos Castelo Branco dizia: "Vaidade infantil". Mas era uma vaidade infantil visível, uma vaidade que não fazia mal a ninguém. Era uma vaidade simpática... Era infantil no momento em que se expunha... Ele mesmo ria da vaidade dele. Por exemplo, ele não admitia ter perdido uma causa. É coisa curiosa... Homens grandiosos, como Evandro... "Ministro, qual é a sua maior derrota?". "Uma vitória, uma vitória". "Como é isso, uma vitória?". "Sim, eu acusei, o sujeito foi condenado, se suicidou na prisão...". Claro que ele tinha tido derrotas... Ele fez uma reconciliação póstuma com Carlos Lacerda. Eles eram amigos, amigos a vida toda. Depois, em debate que ficou famoso na televisão, Carlos Lacerda foi crudelíssimo com ele, perguntando se ele era comunista, quando Carlos Lacerda sabia que Evandro não tinha sido. Ele, Carlos, comunista, tentou aliciar o Evandro, e não conseguiu. Então Evandro mandou um bilhete para Carlos Lacerda, depois do debate, dizendo o seguinte: "Carlos, você, no debate, se degradou ao último patamar da indignidade humana. Evandro". Ele então faz uma reconciliação póstuma com Carlos Lacerda mediante uma carta à Dona Letícia, que era contemporânea deles. E a carta mostra apenas o seguinte: que ele compreendia que Carlos Lacerda era um homem impetuoso. Então ele absolve o Lacerda! Evandro era um homem que tinha necessidade de absolver! Em função da carta, ele se aproximou da Dona Letícia, e começaram a namorar... Evandro e Letícia, a viúva do Carlos Lacerda! Septuagenários... Esse é Evandro Lins e Silva. Eu tive o privilégio de poder ser espectador de tudo isso, desses homens todos, que foram homens grandiosos, e as pessoas vão se esquecer deles. Quer dizer, quanta coisa deles há de ficar...

RTDC: E a sua amizade com o Mauro Cappelletti?

SB: Vamos lá. José Carlos Barbosa Moreira um dia me convida para ir à casa dele... Zé Carlos sempre gostou de pronunciar os nomes das pessoas, ele e Gilka, mulher dele, com o maior esmero, contrariando a regra de Eça de Queirós: "Falemos patrioticamente mal as línguas alheias!". Então, num congresso na Colômbia, diz Gilka: "Querido, você viu o Fernaaando?". "Não, querida, ainda não vi o Fernaaando...". Aí chega o Fernaaando: "Que tal, José Carlos, que tal? *Buenos días*! *Qué tal*?". Era Fernando de la Rúa, que viria a ser presidente da Argentina e que tem um livro tão fraquinho e fininho sobre terceiros...

RTDC: Era amigo de vocês?

SB: Não, meu nunca foi. Mas muito amigo de Zé Carlos. Zé Carlos cultiva, manda livro, recebe, agradece... Bom, mas um dia Zé Carlos me convida para ir à casa dele. Disse que iria o Cappelletti. "Meus Deus do céu, vou conhecer o Cappelletti...". Chego lá, Mauro e Mima, mulher dele, muito simpáticos, e começamos a conversar. E ele veio de novo, e aí veio mais uma terceira vez. E ele estava na Califórnia, e eu fui visitá-lo uma vez. Eu o visitei três vezes na Califórnia. Duas ele me levou para dar aula... A amizade foi naturalmente se desenvolvendo... Até que um dia Mauro me disse: "Olha, eu vou deixar a Mima. O que é que você acha?". E eu escrevi uma longa carta a ele.

RTDC: Em que língua você escreveu?

SB: Em inglês. O meu italiano não é bom. Eu prefiro o inglês. O Mauro, é claro, professor em inglês nesse tempo, falava muito bem inglês. E tinha uma pinimba com os advogados americanos! Parecia que tinha uma vozinha embutida, que dizia assim: advogados americanos, e ele dizia: "Arrogant and ignorrrant!". Então ele disse: "Olha, eu gostei de uma moça, uma aluna minha, uma alemã que se chama Natascha". E aí fiz uma carta. Uma carta longuíssima. E ele me escreveu uma carta de volta dizendo apenas o seguinte: "Eu tenho uma pasta chamada *Thesaurus Vitae*, onde eu ponho tudo o que me calou profundamente. A sua carta foi arquivada nessa pasta". E não me disse mais nada. Tempos depois ele disse que vinha ao Rio com a Natascha. Estava formalizada a separação.

Conhecemo-nos, saímos, arranjei hotel, depois veio uma segunda vez, e vinha sempre. Ele vinha muito ao Brasil. A Gama Filho convidava, o pessoal do Paraná convidava, e ele vinha sempre. Uma mágoa que ele levou do Brasil: foi o único país onde ele não teve um título de Doutor *Honoris Causa*. A gente estava sempre conversando, e ele me ligava assim a cada quinze dias. Mas um dia eu passei uns dois ou três meses sem ligar, e quando eu liguei a Natascha disse: "Olha, está havendo um problema curioso. O Mauro está com depressão". E eu disse: "Que depressão? Como é?". Ela disse: "Ele chega em casa, por exemplo, e não sabe sair do carro...". Eu disse: "Como é que é?". "E, ele vinha dirigindo, entrava na garagem e não sabia mais sair do carro..." Eu digo: "Que coisa esquisita... E que mais?". "Outro dia ele chegou em casa dizendo que o carro tinha sumido, tinham roubado. De repente alguém liga dizendo que o carro estava do lado da estação, de janelas abertas...". E eu liguei para o meu neurologista em Boston, Phil Kirshner. Eu o conheci por causa de um aneurisma na carótida interna, isto em 1985. Me deu um trabalho terrível... Comecei a ter convulsões epiléticas que me perseguiram durante um longo tempo... E por isso tive um neurologista em Boston, de quem fiquei muito amigo. Eu liguei para o Phil. E ele: "Esse seu amigo pode me ver?". Eu digo: "Não, porque ele está em Florença". Ele disse: "Não pode vir a Boston?". E eu digo: "Mas isso é grave?". E ele – por telefone!, juro a vocês, por telefone! – disse assim: "Sergio, isso não é depressão, não". Eu digo: "Que é que é?". Ele disse: "É Alzheimer". Eu conversei com a Natascha, e na ida para Stanford ele parou em Boston. Não deu outra coisa: confirmou o diagnóstico. E o Phil, conversando, disse: "Olha, faça com que seu amigo viaje e aproveite as coisas...". E eu me lembrei de São Domingos Sávio. Perguntaram: "Se você estivesse jogando bola e soubesse que ia morrer, o que é que você faria?". Ele disse: "Eu continuaria jogando bola". Então, a felicidade de Mauro era trabalhar e estudar, então era só deixá-lo trabalhar e estudar...

RTDC: E quando isso começou, ele estava no auge das capacidades? Estava produzindo?

SB: Estava no auge das capacidades... Ele já tinha feito o testamento dele, diante do qual eu levei uma surpresa, quando ele deixou a Mima e foi viver com a Natascha. Eles decidiram não se casar, mas ele fez um testamento, deixando inclusive um benefício para ela. Bom, isso tudo nos aproximou muito... Ela veio com o Mauro, fez questão de vir com o Mauro para o Brasil. Ficaram um mês e vinte dias lá em casa. E o Mauro Cappelletti ia perdendo a compreensão das coisas. Mas ele, me vendo trabalhar... e eu fazia de propósito... ele gostava de ficar sentado aqui... Ou então ele ia para a cozinha.

Dona Lalá dizia: "*Professore*, me dá a faca". E ele dava a faca. É um negócio comovedor... O Mauro Cappelletti... O José Paulo Sepúlveda Pertence diz que o mundo fez dois juristas na segunda metade do século XX: Hans Kelsen e Mauro Cappelletti. E ele ali, servindo de instrumentador, por assim dizer, da cozinheira, apenas para ficar ágil. E foi assim, até que a Natascha pôs uma questão delicadíssima: "Devo ficar com ele, ou devo deixá-lo?". Uma coisa terrível. Ela com metade da idade dele; ele com sessenta e seis; ela com trinta e três. "Até onde?", ela perguntava. "Até onde se pode esperar de mim que me dedique a um homem que não está mais me reconhecendo? E que não me reconhecerá mais...". E ela ainda dizia: "É o problema do companheirismo, da integração inerente ao casamento...". Eu então disse a ela: "Deixe-o, deixe-o". Então se organizou de ele ficar num apartamento dele em Verona, onde mora a irmã, Marta, com duas enfermeiras senegalesas, que, sob a fiscalização de Marta, se revezavam na assistência a ele. Ele não entendendo mais nada. Nesse ínterim, ele morreu. O último sinal de alguma compreensão que ele teve é que se mandava no aniversário dele um bolo. E ele dizia assim: "Ah, que vela...". "*Tanti auguri*, Mauro!". Aí ele respondia, ele ria... "Parabéns pra você...". E deixou um pequeno apartamento nos Alpes para as duas irmãs, um apartamento em Verona e mais duzentos mil dólares. Bom, os direitos autorais dele não dão grande coisa... Um homem publicado em quarenta e sete editoras diferentes... E direito autoral você sabe como é... Quem dá é Paulo Coelho e... Como é que é? Como era feliz o meu cajueiro... Uma coisa assim...

Bom. Mauro tinha dois grandes amigos... Porque Mauro não era uma pessoa de trato fácil, não! Vamos ser honestos. Mauro tinha dois grandes amigos na Itália. Vittorio Denti, que ele reputava o maior processualista italiano, e Paolo Barile. O Denti era de fato um sujeito brilhantíssimo, uma pessoa amável, doce, meiga, simpaticíssima, italianíssimo... O Barile, professor de Direito Constitucional, foi inclusive ministro da Justiça. Depois que o Mauro morreu, tive então uma surpresa: quem era o testamenteiro de Mauro? Paolo Barile, e eu. Enfim, a realização que eu tenho é de ter tido o privilégio de conviver com esses homens majestosos. Sem ser igual a eles, sem me comparar a eles, eu tive o prazer de vê-los de fora, mas com toda a intimidade, como alguém vendo alguém numa sala de cirurgia, mas com liberdade para falar o tempo todo.

RTDC: Qual o seu posicionamento, de uma maneira geral, sobre as recentes reformas do Processo Civil?

SB: Egas Moniz de Aragão decidiu não ler as leis de reforma, para não se irritar. José Carlos Barbosa Moreira leu as leis, mas a cada leitura ele teve um espasmo. Você veja o seguinte: a reforma é feita sob o lema da efetividade do processo. A reforma é feita para tornar a lei mais efetiva, quer dizer, fazer com que a lei repercuta na sociedade. Quando Calamandrei escreveu que a lide era um fenômeno social, Carnelutti teve uma reação muito violenta, dizendo que não era nada disso... Trinta e um anos depois ele concordou com Calamandrei.

A lide é um fato social, o conflito é social; não é jurídico. O conflito ocorre lá, ele vem ao Judiciário, o Judiciário o trata, e aí sim ele vira um fato jurídico, e depois ele é devolvido como um fato social. É uma conturbação social a lide ocorrente ou iminente, e um fato social propício a ser classificado, pelo menos em termos teóricos... E então, essas reformas todas querem mudar a lei; querem aperfeiçoar a lei. O grande problema é que o legislador não tem senso de oportunidade nem de conveniência. Ele não tem uma visão do Brasil e da realidade brasileira. A lei deve ser mudada, mas só deve ser mudada quando é indispensável. Por quê? Porque toda vez que você muda a lei, você atrapalha o advogado que está lá no interior, que milita sozinho, que não tem com quem conversar, e há aí uma grande faixa de advogados... E o legislador se entusiasma e passa a legislar e a meter a borduna em tudo quanto é lugar. E não tem nenhum cuidado com a língua... Não se trata de um requinte, mas é claro que o texto bem escrito se faz melhor entender. Então o legislador escreve: " ...querendo embargar... querendo impugnar...". Ora, obviamente, se não quisesse não impugnava... "Querendo" é linguagem de praxista, linguagem de sebenta. Mas o legislador, então, faz essas coisas.

Agripino Grieco dizia de *Casa grande & senzala*: "É um livro bem pensado e mal escrito; pensado na casa grande e escrito na senzala...". As reformas são boas, são bem-intencionadas, mas são desnecessárias. Em grande parte, desnecessárias, e o legislador não é meticuloso. Porque legislar é muito difícil! Eu dou um exemplo só, para a gente não se perder aqui em exemplos. Na execução de título extrajudicial, os embargos não são opostos depois da penhora, não. Recebe-se a citação. O oficial de justiça recebe o mandado em duas vias. Ele cita o devedor; depois ele vai fazer a penhora. Mas o prazo para que o devedor embargue se conta a partir da juntada do mandado de citação, que ele tem que embargar em quinze dias. Entre as matérias que ele pode alegar nos embargos... Aliás, ele pode alegar qualquer matéria... Está a penhora viciosa, a penhora irregular, a penhora nula. Acontece que no prazo não houve penhora ainda. Então, como é que você faz? Você embarga, e depois o que é que você faz? Você tem que embargar de novo. Você cria, você passa a ter aí uma ação suplementar. Quer dizer, o exemplo é pequeno, mas mostra que o legislador podia ter evitado essas coisas...

O legislador não tem uma visão federal, e também não tem uma visão prática. Ele chega e põe assim: "Se o arrematante não pagar o preço da arrematação nem o seu fiador, perde-se a caução em favor do exequente". Mas a caução pode ser um grande prêmio, a caução pode ser altíssima! Mexer no sistema de recursos... É claro que você precisa mexer no sistema de recursos, mas o grande problema é a precariedade da jurisdição. De tanto menos recursos você terá necessidade quanto melhores forem as decisões. E o Judiciário, hoje, anda muito longe de ser um Judiciário razoável. Os processos se avolumaram... Chamoun diz que a corrupção está no nosso sangue. Não se trata de corrupção, mas de descompromisso com a jurisdição, quer dizer, descrença na seriedade daquilo que se está fazendo.

RTDC: Nota-se isso mais hoje do que no passado?

SB: Essa comparação: "Mais hoje do que no passado"... Eu acho que não é bem isso. Eu acho que hoje, é claro, a clientela se ampliou, quer dizer, o país cresceu, os litígios, por isso, cresceram também, e os processos que vão ao Judiciário cresceram também.

RTDC: Se tivesse que sublinhar algum aspecto, ou o principal aspecto, de alteração do Processo Civil em todos os seus anos, entre a iniciação ao Processo Civil, que você escreveu, e o Processo Civil de hoje... Você ressaltaria algum aspecto?

SB: Sem dúvida nenhuma! A eliminação de formalidades desnecessárias... Desde o julgamento, conforme o estado do processo, até quanto ao aproveitamento de atos processuais, independentemente das formas. Na Conferência da Associação Internacional de Direito Processual, que houve em Coimbra, apresentou-se uma tese, uma coligação entre dois professores: o alemão Dagmar Coester-Waltjen e o belga Marcel Storme.

E eles deram como exemplo de norma bem escrita o art. 244 do Código de Processo Civil brasileiro, que diz simplesmente: "Quando a lei prescrever determinada forma, sem cominação de nulidade, o juiz considerará válido o ato se, realizado de outro modo, lhe alcançar a finalidade". Essa ideia domina o processo contemporâneo. O tribunal, por exemplo, numa apelação de sentença terminativa que não julgou o mérito, poder julgar desde logo o mérito, ao invés de mandar para o juiz... A possibilidade de indeferimento do recurso, ou de provimento do recurso pelo próprio relato...

RTDC: Em 2000, você escreveu um artigo no infelizmente extinto *site No mínimo*, chamado "Tá danado!", no qual alertava acerca dos problemas de banalização e arbitrariedade no tocante à reverberação do dano moral. Qual é a sua visão da aplicação do instituto do dano moral hoje? A tendência é de maior uniformidade e segurança, ou caminhamos para uma "indústria do dano moral"?

SB: Eu acho que não. Eu acho que, graças ao trabalho, à denúncia dos advogados e ao trabalho do Superior Tribunal de Justiça, foi contida a propagação da "indústria do dano moral". O Superior Tribunal de Justiça teve que ter como questão federal, adaptando a Constituição à realidade social, a estipulação da indenização, exatamente para conter esses desvarios, esses descalabros todos. Se eu começasse a contar o caso de indenização que eu tenho, como advogado... Eu tenho um caso em que uma empresa, uma cliente minha foi condenada a indenizar danos morais a uma agropecuária pagando indenização de um bilhão de reais!

RTDC: Isso em primeiro grau?

SB: Em primeiro grau. Um bilhão de reais. O Ministério Público, mas especialmente os advogados, foram pela denúncia de situações calamitosas. Pela denúncia dessas situações levadas à opinião pública eles conseguiram sensibilizar o Judiciário. E também, mas fundamental, foi e tem sido a ação do Superior Tribunal de Justiça, que nunca hesitou em afrouxar os critérios rígidos de admissibilidade para evitar essas práticas terríveis.

RTDC: Falando desta experiência de escrever para a internet... Qual a importância da internet no desenvolvimento de opiniões em torno das questões tratadas pelo direito dos tribunais, quer dizer, de que maneira hoje conviver com a mídia?

SB: Sem a internet você não se atualiza no que diz respeito à atividade dos tribunais. O sujeito cursa as informações sobre processos. Eu, quando era estagiário, tinha que sair da Rua Buenos Aires, onde era o escritório, correr o Foro, naquele prédio amarelo, na Rua Dom Manuel, que, só por curiosidade, se chamava Rua da Marmelada, porque ali havia uma fábrica de marmelada. Então, você veja o seguinte: você tinha que fazer cópia a mão... Você não tinha xerox ainda. Os documentos você deixava no fotógrafo para fazer as fotocópias. Hoje a internet coloca você presente em vários lugares. Você acompanha seus processos sem embargo da necessidade absoluta de um advogado... Você acompanha seus processos no *site*, onde quer que eles estejam. E o grande problema, se eu puder dizer, é que o cliente também acompanha... Ele acompanha e lê com olhos de quem não sabe ler...

RTDC: Você é também um grande escritor de literatura! Seu livro, *As uvas da raiva*...

SB: Eu, Shakespeare, Eça de Queirós... Muitos estagiários, achando que era obrigatória a leitura, passaram a chamar de *A raiva das uvas*...

RTDC: Mas, afinal, para um processualista, um homem das lides forenses, tão envolto em processos difíceis e questões técnicas, de onde vem essa inspiração para escrever as crônicas que compõem a obra?

SB: Salvatore Satta deixou um livro, um romance de sucesso: *La Veranda*. Mauro Cappelletti deixou um livro de poemas, até dedicado a mim e ao Zé Carlos... A tradução brasileira é *Centelhas*. Então, por que eu na literatura?... São umas brincadeiras, são crônicas que comentam as coisas... O grande livro que eu queria escrever é o livro que nunca vai ser escrito, porque... É uma coisa curiosa... Não me veio a ideia...

RTDC: Ainda está em tempo...

SB: Não me chega a inspiração...

RTDC: Todos sabemos que você é um cultor de literatura, poesia, arte em geral... Esse humanismo que a gente percebe em você certamente contribuiu para a sua formação jurídica. O que você recomendaria, nesse sentido, às próximas gerações, em termos de formação?

SB: Sem literatura você não caminha um passo! Sem literatura você não penetra o hermetismo dos livros de doutrina jurídica, doutrina médica, doutrina de engenharia. A literatura é a vida; é a vida transformada; é a vida contada através da arte.

RTDC: Que livro você levaria para uma ilha deserta?

SB: Se eu tivesse um livro só, um evangelho, eu levaria *Crime e Castigo*.

RTDC: Fale um pouco para os estudantes sobre a sua atualização do Pontes de Miranda. Como funciona esse trabalho de atualização e que importância tem a obra de Pontes para as novas gerações de leitores?

SB: Para lhes dar mais uma faceta de Victor Nunes Leal... O Victor gostava de tiradas, e ele dizia o seguinte: "O Brasil, o direito brasileiro tinha uma característica. Seus dois maiores juristas: um morreu louco e o outro nasceu louco. Teixeira de Freitas: morreu louco. Pontes de Miranda: nasceu louco". Pontes, como pessoa, era um mitômano. Ele atribuía foros de veracidade a um mundo a que era indiferente a sua genialidade jurídica. Eu li os dezoito volumes do *Comentários ao Código de Processo Civil*. Só perco para o José Carlos Barbosa Moreira, que leu os sessenta volumes do *Tratado de Direito Privado*. Uns dez do *Tratado de Direito Privado* eu li. Pontes foi um estudioso do direito até a última hora. Pontes tinha uma concepção da fenomenologia jurídica... Ele compreendia o direito como um todo. E ele sabia pensar, ele sabia construir... A dialética é um ponto altíssimo, porque ele forma o seu raciocínio por meio de ideias que, na cabeça dele, vivem duelando umas com as outras. Ele tem independência. Ele não recua, ele não é "Jeca Tatu", ele não fica com medo da coisa dita em língua estrangeira. Ele diverge de quem tiver para divergir. Você vai notando umas coisas curiosas em Pontes... Primeiro, ele só cita Carnelutti para divergir de Carnelutti e dizer que Carnelutti está errado. É raríssimo você encontrá-lo concordando com Carnelutti. E por quê? Porque Carnelutti, jurista de *Diritto e Processo*, tem uma crítica violentíssima ao livro de Pontes, *Tratado da Ação Rescisória*, dizendo que era uma importação desordenada de conceitos tedescos e italianos. Carnelutti era um desaforado...

Mas Pontes de Miranda conseguiu ver e conseguiu imaginar. Tanto é que a solução que não está em outros autores, você vai ver, está nele. Você pode até discordar, mas está nele. Ele pensou e ele imaginou. Porque os juristas brasileiros, ele diz no prefácio dos *Comentários ao Código de Processo Civil*, parece que escrevem para os estudantes... É o que ele diz. Os juristas brasileiros tentam ser claros, e recuam diante da opinião dos mestres consagrados. "Se o sujeito é italiano, as opiniões dele valem mais do que as minhas, porque ele é impresso na Itália, em italiano, um livro muito bonito, enquanto eu sou brasileiro, e é óbvio que eu não posso logicamente estar na altura do italiano...". Aí você vai ler as coisas dos italianos, é claro que tem coisas muito bem escritas e muito bem fundadas, e tem coisas... Aquilo que Agripino Grieco chamava de "disparates de todos nós".

Muito bem, mas Pontes enfrenta qualquer autor: corrige, diverge, segue... Ele tem um fetiche pelos praxistas. Agora eu estou falando do Pontes como processualista. Ele tem um fetiche pelos praxistas. Ele gosta dos praxistas portugueses. E ele mesmo confessa isso, dizendo: "Às vezes parece que eles até adivinharam...". Agora, uma coisa curiosa: Pontes não conhece História do Processo Romano. Ele tem noções elementares com as quais ele trabalha, pouco, inclusive. Mesmo ele podendo trabalhar. Agora, um homem para produzir o que ele produziu... Ele não tem cuidados com a forma nem receio de cair em contradição e de errar. Porque se tivesse esse receio ele não teria produzido o que ele produziu. Então o pessoal diz: "Mas Pontes era mitômano?...". Era. E contam-se aquelas histórias... Zé Carlos mesmo conta do Pontes de Miranda contar que estava com os originais de um livro na praia. Vinha um vento e levava os originais; de repente vinha outro vento e repunha os originais na mão dele. Ele não sabia que isso era mentira. Ele acreditava, porque o mitômano acredita naquilo que fala, ao contrário do mentiroso, que sabe que dois e dois são quatro e ele diz que são cinco. O mitômano acredita que dois e dois são cinco, ou que às vezes possam ser cinco...

O velho Borsoi dizia que havia um linotipista especializado em Pontes de Miranda, porque ele era um bagunceiro. Ele fazia notas pequenas, intrometia lá e cá, e dizia o velho Borsoi que sessenta por cento do *Tratado de Direito Privado* foi mandado para a editora manuscrito... Agripino Grieco diz que Castro Alves foi a convulsão de um século. Pois bem, Pontes de Miranda, no direito, foi a convulsão de um século. Ele não tem tempo para burilar; ele vai adiante...

RTDC: E isso torna mais difícil a atualização...

SB: Isso torna mais difícil a atualização... E o que é que eu fiz? As normas a que ele alude, para efeito de atualizar, para efeito meramente elucidativo, Lei 5 mil e não sei quanto... eu não atualizo, porque senão não dava tempo... Outro problema de atualizar Pontes de Miranda: nos *Comentários ao Código de Processo Civil*, ele tomou como matriz os comentários dele ao Código de Processo Civil de 1939. E às vezes ele não se adverte para o fato de que a sistemática do Código atual é outra, e ele então traz os comentários do Código de 1939 para os *Comentários*... A primeira edição dos comentários ao atual Código tem lá: "Sanções do decreto-lei", que é introdução aos *Comentários do Código de Processo Civil* de 1939, que era decreto-lei. No atual código, não é decreto-lei; é uma lei. Na primeira edição, depois, a Forense corrigiu.

Agora, você fica encantado como é que uma pessoa sabia tanto! Como é que ele pensa! O homem pensa! Ele não se preocupa em ser muito explícito nem didático. Ele tem páginas lindíssimas, e tem outras páginas da mais grosseira mistificação. Por quê? Você vai descobrindo que Pontes de Miranda é um homem, apesar de ser um gênio...

RTDC: Não podemos deixar de perguntar a sua opinião sobre o Supremo Tribunal Federal brasileiro de hoje. Se algum ministro ou ex-ministro, depois da geração do Ministro Victor Nunes Leal, você destacaria na Corte Suprema...

SB: Sem dúvida nenhuma, José Paulo Sepúlveda Pertence. José Paulo Sepúlveda Pertence foi um admirável ministro do Supremo Tribunal Federal. Eu acho que ele compreendeu a função de juiz do Supremo Tribunal Federal. As decisões dele foram dadas com inteligência e com extrema argúcia, sem falar no que ele fez enquanto chefe do Judiciário brasileiro, como presidente do Supremo. Por exemplo: não ter agenda para receber o Fujimori, porque o Fujimori fechou a Corte Suprema do Peru. Então, Pertence, em sinal de solidariedade, e em sinal de protesto, não o recebeu. E foi um grande administrador. Mas, além disso, ele é um homem que compreende a Constituição, e por isso a aplicou bem, a interpretou bem e tem votos memoráveis. José Paulo Sepúlveda Pertence, entre os que saíram.

O Supremo, hoje... A composição do Supremo, hoje, é muito boa. Ele tem um ministro que é admirável: Gilmar Mendes. Sendo o Supremo uma corte constitucional, não faz mal que haja excelentes constitucionalistas na corte, e Gilmar Mendes é um admirável constitucionalista. Entrou um homem no Supremo que vai ser um dos maiores ministros talvez da história do Supremo Tribunal Federal: Carlos Alberto Menezes. Ele está se preparando para ser ministro do Supremo Tribunal há muitos e muitos anos. Ele tem um conhecimento de direito constitucional... Eu me empenhei o quanto pude... Bem, me empenhei... Eu sou uma mera torcida... Mas me empenhei o quanto pude pela nomeação dele. Acho que nós vamos aplaudi-lo muito.

E você tem lá pessoas... Carlos Brito. Vamos tomar um homem como Carlos Brito, que é um pouco tímido. O Carlos não é um jurista luzidio. Entretanto, o Carlos tem uma concepção ampla do que seja o Brasil. Ele compreende o país, ele compreende a função a ser exercida no país. Eros Roberto Grau teve um voto recente muito interessante, e ele diz o seguinte: "Senhor presidente, eu não estou aqui para prestar contas a Hans Kelsen; eu estou aqui para aplicar a Constituição do meu país a uma realidade fática, extremamente complexa e variada". Eu acho Eros também um outro ministro primoroso.

Hoje o Supremo está com uma boa composição. Cármen Lúcia [Antunes Rocha] ainda vai mostrar que é muito mais do que ela tem se mostrado até agora. Ela é uma moça um pouco arredia, mas vai adiante. Marco Aurélio tem a sua característica de, inclusive, semeando a discórdia, fazer com que as lições sejam aprimoradas... Pela discussão, pela divergência. Eu gosto muito do Marco Aurélio. Ellen Gracie é muito amiga. Ellen é disciplinada. Ela foi uma excelente juíza no Rio Grande do Sul. Ela é metódica, e isso é muito bom. Para que uma corte funcione como um todo, é preciso ter juízes assim. O Ministro Celso de Mello... Eu prefiro não falar dele, porque eu divirjo da maneira como ele vê o Supremo e vê a função, embora seja um homem muito trabalhador. Outro juiz, este é majestoso! E este também entrará para a história como um dos maiores ministros do Supremo. É o Cezar Peluso. Esse é admirável. Ele é um notável professor. Ele foi um notabilíssimo desembargador. Num consenso unânime, o melhor desembargador do Tribunal de Justiça de São Paulo, como vem se mostrando no Supremo Tribunal Federal. O Ministro Lewandowski... Bem, ainda está muito cedo para que se faça um julgamento sobre ele. Mas então... Eu hoje tenho muito entusiasmo pelo Supremo Tribunal Federal e também pelo Superior Tribunal de Justiça, que é um tribunal que tem funcionado num país tão diverso, em que a jurisdição apresenta desafios... Eu tenho um caso em que, se o Superior Tribunal de Justiça não atuasse, ia subsistir a condenação de uma pessoa jurídica a pagar treze bilhões de reais, indenizando um prejuízo que, na época, em 1998, equivalia a sessenta e nove salários mínimos... É um negócio muito duro! E o STJ é que segurou...

RTDC: Qual a herança mais preciosa que o direito oferece ao século XXI?

SB: O direito não é um sistema só de garantias; é um sistema de esperança. Paradoxalmente, o direito se vai finando... A gente percebe isso até topicamente. Está no direito se tornar desnecessário, porque ele vai acabar realizando uma sociedade tão perfeita, que não haverá mais necessidade de normas de convivência ou de organização. Essa situação nós todos vamos contemplar lá de cima, mesmo já velhos... O direito é uma vela que vai se finando à medida que vai fazendo luz... De vez em quando temos que reler *Dom Quixote*... Cervantes reclamando, gabando a justiça de outrora e criticando a justiça de hoje, do momento em que ele escrevia... Mas a justiça tem se aprimorado, e o direito tem se sofisticado. Ele tem mecanismos para reagir contra as suas imperfeições, e isso ele vem fazendo da maneira paciente. É claro que nós temos que lutar pela realização do direito, temos que fomentar a luta do direito contra si mesmo... Mas a mensagem que eu vejo no direito, embutida em cada instituição jurídica, é sempre uma mensagem de esperança.

ENTREVISTA COM ARNALDO SÜSSEKIND[1]

RTDC: Como foi a sua formação acadêmica? Quais foram os mestres que mais o influenciaram?

AS: Eu fui da Faculdade Nacional de Direito da Universidade do Brasil; hoje Universidade Federal. No meu tempo tinha esse nome: Faculdade Nacional de Direito da Universidade do Brasil, e era a única faculdade do Rio de Janeiro de direito, razão pela qual todos os grandes professores estavam lá. No meio do curso, ela se mudou do Catete para o antigo Senado, onde está até hoje. E, então, um grupo de desembargadores, Ary Franco, Oscar Tenório e outros, criou uma faculdade particular, ali no Catete, que depois se transformou na UERJ. Voltando à sua pergunta, eu tive grandes professores. Philadelpho de Azevedo, professor de direito civil e, na ocasião, inclusive, juiz da Corte de Haia. Nelson Hungria, em direito penal; Hermes Lima, em introdução à ciência do direito; Leônidas de Resende, em economia política. Eram aulas ótimas. O Leônidas era comunista e suas aulas, geralmente, eram aplaudidas. No Direito internacional privado, o nosso Haroldo Valladão. Estes foram, a meu ver, os principais professores. Havia outros bons professores, nas várias matérias. No direito do trabalho, inicialmente, era o Irineu Machado, que morreu no meio do curso, e o Joaquim Pimenta, docente de direito administrativo, passou para o direito do trabalho. Então, meu professor, na realidade, de direito do trabalho foi o Joaquim Pimenta, autor, inclusive, do prefácio do meu primeiro livro: *Manual da Justiça do Trabalho*. Por esses nomes vê-se que grandes professores eu tive...

RTDC: Como foi a sua opção pelo direito do trabalho?

AS: Deu-se naturalmente. Quando eu passei para o quarto ano – naquela época não tinha esse negócio de crédito; eram cinco anos – quando eu passei do terceiro para o quarto ano, meu pai, que era desembargador e amigo do Dr. Francisco Barbosa de Resende, presidente do Conselho Nacional do Trabalho, conseguiu um lugar para mim, de contratado. Auxiliar de escrita. Foi assim que eu entrei no Conselho Nacional do Trabalho: como auxiliar de escrita. O auxiliar de escrita é, hoje, o escriturário. Logo

[1] Entrevista concedida à *Revista Trimestral de Direito Civil – RTDC*, v. 33, jan./mar. 2008. A *RTDC* agradece ao advogado Diogo Medina Maia sua participação neste encontro.

que Barbosa Resende me viu, conversou comigo e disse: "Você está em que ano da faculdade?". Eu disse: "Quarto ano". "Então você vai fazer parecer". Embora eu não pudesse assinar... Ele me botou na Procuradoria, e eu comecei a fazer pareceres. Os casos mais fáceis mandavam para mim... Depois que eu me formei, em 1939, em janeiro do ano seguinte, houve um concurso para assistente jurídico extranumerário da União. Eu participei, fui muito bem classificado, e fiquei como assistente jurídico no próprio Ministério do Trabalho. Em 1940, passei a assistente jurídico. Em 1941, o Getúlio criou a Justiça do Trabalho. Como assistente jurídico, no Conselho Nacional do Trabalho, eu dava pareceres nos casos de avocatória. O que é isso? Antes da Justiça do Trabalho, havia a possibilidade de a parte que perdeu nas Juntas, ou no Conselho Nacional do Trabalho, requerer ao ministro a avocatória do processo. E o ministro, então, com uma penada, podia mudar a decisão. Era tudo dentro do Ministério do Trabalho. Eu, como assistente jurídico, lotado já no gabinete do presidente do Conselho Nacional do Trabalho, é quem dava o parecer para as avocatórias. Então o Ministro Waldemar Falcão ficou conhecendo os meus pareceres. Naquela época, não eram os partidos que indicavam os cargos, dividindo: "Esse cargo é do tal P... Esse é do P tal... não sei o quê...". Então, o que é que houve? O Ministro Waldemar Falcão me chama e diz: "Eu aprecio muito os seus pareceres. Falei ao Dr. Getúlio, que considerou de a justiça nomear o senhor para chefiar uma das Procuradorias do Trabalho mais importantes, que é a de São Paulo. O senhor aceita?". Eu disse: "Claro".

RTDC: O senhor tinha quantos anos na época?

AS: Eu tinha 23 anos. Naquela ocasião não havia clássico nem científico, então você se formava com 21 anos. Eu tinha 23, e fui para São Paulo chefiar a Procuradoria Regional do Trabalho e ajudar na instalação da Justiça do Trabalho, porque nós fomos nomeados em janeiro de 1941 para a instalação da Justiça do Trabalho, que deveria se dar em 1º.5.1941. Então, os chefes da Procuradoria das oito regiões (não eram por Estado, não; eram oito regiões), junto com o delegado regional do trabalho de São Paulo, Luiz Mezavillee, tratavam da instalação da Justiça do Trabalho. E havia uma comissão que orientava, aqui no Rio de Janeiro, a instalação, presidida pelo Barbosa de Resende e tinha como elemento principal o Procurador Geraldo Faria Batista, que é quem realmente orientou toda a instalação da Justiça do Trabalho. Em 1º de maio foi instalada a Justiça do Trabalho, mas eu já não estava mais em São Paulo. Por quê? Porque houve um procurador de primeira categoria, junto ao Conselho Nacional do Trabalho, o Dr. Seabra, que foi nomeado para o Ipase, e eu então fui nomeado interinamente para o lugar dele, de procurador regional do Trabalho fui para junto do Conselho Nacional do Trabalho. De maneira que eu preparei, sim, mas não assisti à instalação da Justiça do Trabalho em São Paulo, porque eu já estava no Conselho Nacional do Trabalho. A minha, vamos dizer, vocação para o direito do trabalho decorreu disso: desde o quarto ano do direito eu fiquei envolvido no direito do trabalho.

RTDC: O senhor participou, ainda bastante novo, da comissão responsável pela elaboração da consolidação das leis do trabalho. O senhor tinha 24 anos... Como foram os trabalhos dessa comissão e o que a CLT representou na época para o Brasil?

AS: É muita coisa a contar, realmente... O Ministro Alexandre Marcondes Filho, político de São Paulo e lá um grande advogado comercialista, foi nomeado ministro do Trabalho, Indústria e Comércio. Naquele tempo, eram poucos os ministérios.

O Ministério do Trabalho cuidava de trabalho, previdência, indústria, comércio, propriedade industrial e migração... Hoje, cada um desses seria um ministério, ou dois, talvez... Hoje é tanto ministério, que ninguém sabe de cor todos os ministérios e todos os ministros... Mas eram só onze ministérios naquela época. Então, voltando ao Marcondes Filho, ele, paulista, convidou a mim, porque eu era o procurador de São Paulo, embora interinamente estivesse no Conselho Nacional do Trabalho, para ser um dos assessores-chefe dele no gabinete. Não é chefe de gabinete. Para cada um desses seis setores ele tinha um assessor-chefe, e um, dois ou três assistentes. Eu fiquei como assessor-chefe da parte de direito do trabalho. Ele resolve fazer a consolidação das leis do trabalho. Getúlio autorizou, e ele me chama e me conta o que houve. "Vamos fazer então a portaria e os nomes...". De saída ele quis fazer, num texto único, a consolidação das leis do trabalho e da previdência social. Então, fomos designando, fomos falando em nomes... E quando termina ele diz: "Mas falta um...". E eu, com a caneta na mão: "Quem?". "Arnaldo Süssekind". Eu disse: "Eu?!". E ele retrucou: "Algum desses trabalha comigo diariamente? É meu assessor? Pode me representar na comissão? Pode dizer o que é que está acontecendo? Essa pessoa é você". A razão, portanto, de eu ter entrado na comissão da CLT foi o fato de eu ser assessor-chefe do gabinete do ministro do Trabalho na parte do trabalho.

Logo na primeira reunião, e quem falou em nosso nome foi o Oscar Saraiva, consultor jurídico do Ministério do Trabalho, nós mostramos ao ministro que não era possível fazer uma consolidação do trabalho e da previdência. Campos de incidência diferentes, princípios diferentes... Não havia possibilidade, e ele ficou convencido de que devia separar. Falou ao Getúlio, que concordou, e então separou-se. A comissão elaboradora do anteprojeto da CLT ficou formada por Oscar Saraiva, consultor jurídico do Ministério do Trabalho; Luiz Augusto Rego Monteiro, diretor do Departamento Nacional do Trabalho; José de Segadas Viana, diretor da Divisão de Organização e Assistência Sindical; Dorval Lacerda, da Procuradoria; e eu. Nós cinco fizemos o anteprojeto.

Então aconteceram coisas interessantes. Logo de saída nós dissemos: "não podemos somar as leis dos três períodos anteriores a 1942". Que períodos? De 30 a 34: decretos legislativos; de 34 a 37, leis do Congresso Nacional; de 37 até aquela data, decretos-leis. Nós estávamos no chamado Estado Novo. Então mostramos que não era possível juntar isso, embora harmonizando, quebrando arestas, porque um texto, um ordenamento sistematizado, tem de começar com uma introdução que diga quem é empregador, quem é empregado, quais são os princípios fundamentais, por exemplo. Havia uma lei, de 1935, sobre rescisão do contrato de trabalho, mas não havia uma lei sobre contrato de trabalho... O Conselho e as Juntas estavam aplicando a normativa do contrato de locação de serviços, do Código Civil, forçando um pouco a mão. Era necessário, portanto, um capítulo bem grande sobre o contrato de trabalho, não apenas sobre a rescisão, mas abrangendo normas gerais, alteração, suspensão, interrupção etc. Havia uma lei sobre salário mínimo, mas não havia uma lei dizendo o que é o salário... Salário-comissão, salário-percentagem, salário mensal, salário-utilidade, enfim, vários tipos de salário... Então Getúlio autorizou a complementação da CLT, mas com uma condição: como estávamos na fase do decreto-lei e nada iria ser discutido na Câmara e no Senado, ele gostaria de saber, de ter a explicação das novidades.

Os capítulos novos, que nós sugerimos, ele gostaria que fossem explicados. Como eu era o assessor do ministro, quem ele levava? Eu. Então, a gente chegava no Palácio do Catete para despachar, eu ficava na sala de espera, conversando com o oficial de gabinete dele, Sá Freire Alvim, que depois foi governador da Guanabara, até que ele me chamava. Conversávamos, eu explicava, Getúlio fazia perguntas, eu respondia. Eu primeiro fazia uma pequena síntese. Aí ele fazia perguntas. E assim foi, até a publicação do anteprojeto, quando Getúlio resolveu manter a mesma comissão para o projeto final, menos o Oscar Saraiva. Por quê? Porque a comissão de previdência estava atrasada. Aliás, não saiu; então ele passou o Saraiva para a comissão de previdência. O projeto final ficou sendo feito apenas pelos procuradores Rego Monteiro, Segadas Viana, Dorval e eu.

RTDC: O Getúlio, pessoalmente, era muito interessado no tema? Ele se envolvia com a discussão mais técnica?

AS: No tema do trabalho, sim. O presidente tinha muito interesse por esse assunto. Mais de uma vez ele falou nisso: "Nós estamos em plena guerra. O que é que a Comissão acha que vai acontecer com o direito do trabalho?". Eu falei: "Nós nunca discutimos isso...". Mas nós lembrávamos da Primeira Guerra Mundial. O Tratado de Versalhes elencou os direitos do trabalhador e criou a Organização Internacional do Trabalho. Eu não sabia se a futura Liga das Nações, porque não havia ainda a ONU, iria mexer no direito do trabalho, mas possivelmente algumas reivindicações, algumas coisas, iriam surgir, como realmente surgiram. O presidente, contudo, não se envolvia em discussões técnicas. Eu fazia uma pequena exposição, dizendo, por exemplo: "Presidente, o capítulo sobre contrato de trabalho visa a definir o que é o contrato, portanto, o que é o empregado. Tem discussões nesse sentido... Nós vamos manter, objetivamente, o empregado vinculado à empresa, não ao dono da empresa etc.". Fazíamos uma síntese... E ele fazia algumas perguntas. Dizia: "Está bem, está ótimo. Muito bem, muito bem". De maneira que assim se deu. Foi assinada em 1º.5.1943 a CLT. No dia 10 de novembro entrou em vigor, e o Ministro Marcondes Filho me diz: "O presidente quer falar com você. Quer fazer um agradecimento...". Aí me leva ao Palácio. O presidente agradeceu então a minha participação, as minhas explicações, e quando eu me despedi, ele apertou a campainha, veio o ajudante de ordens, e ele disse assim: "Me chama o fotógrafo do Palácio...". Veio o fotógrafo do Palácio. "Vamos marcar esse nosso encontro". Eu não sei o que é que eu falei, ou ele falou, mas nós dois saímos rindo aqui na foto. Eu tinha já 25 anos. Aí está a história da CLT até a sua publicação. A importância dela é fantástica, porque antes nós tínhamos algumas leis, que não formavam um ordenamento, não havia definições, princípios, e aí passamos a ter um ordenamento completo. De maneira que a influência da CLT foi muito grande, e tão grande que está em vigor até hoje, com muitas alterações, para se manter sempre no caminho... Eu presidi, no tempo do Presidente Geisel, uma comissão de revisão.

RTDC: O senhor pode falar um pouco sobre essa comissão, que contou também com a participação do Dr. Délio Maranhão, de quem o senhor era declaradamente um grande amigo?

AS: O Délio Maranhão, a meu ver, foi o melhor jurista da Justiça do Trabalho. Não digo isso porque era amigo dele, não... Eu conheci o Délio Maranhão quando fomos eleitos juntos para o diretório acadêmico da faculdade de direito. Eu, pelo terceiro ano; ele, pelo quinto ano. Ele era da turma da Alzirinha, filha do Getúlio... Desde então a minha amizade com ele foi muito grande. Nós nos entendíamos muito bem e fizemos livros juntos. Nós temos as *Instituições de Direito do Trabalho*. Na verdade, o Dorval Lacerda já havia feito um livro conosco: *Direito Brasileiro do Trabalho*. Depois, na segunda edição, ele estava doente... E acabou falecendo cedo, de câncer... Então eu convidei o Délio para o lugar dele. O Délio aceitou, mas disse: "Vamos mudar o nome do livro. Eu não quero estar no livro com o nome que era do Dorval...". Então lançamos as *Instituições de Direito do Trabalho*, que está na 23ª edição. Eu, Segadas e Délio.

Ambos já morreram. O Délio era uma figura fantástica. Tão apreciado pelos seus colegas que, quando se aposentou, nós demos à Biblioteca do Tribunal Superior do Trabalho o nome de Biblioteca Délio Maranhão, salientando que a injustiça de jamais ele ter chegado a ministro do Tribunal Superior do Trabalho fazia com que nós colocássemos o nome dele na biblioteca. E ele esteve para ser nomeado ministro do Tribunal Superior do Trabalho. É uma história interessante...

O Juscelino Kubitschek teve aquele problema de maioria absoluta. E o Sobral Pinto, advogado dele, ganhou a questão, sustentando a desnecessidade da maioria absoluta. O Juscelino, então, chamou o Sobral Pinto – isso tudo me foi contado pelo Délio – e o convidou para ministro do Supremo, e o Sobral, com aquela ética dele, fantástica, disse: "Eu não posso aceitar. Eu acabo de ganhar uma questão sua, e isso seria um pagamento... Mas o senhor quer praticar um ato de justiça?". "Qual seria?". "Há vaga no Tribunal Superior do Trabalho, porque foi assinada uma lei ampliando para mais quatro..." – na ocasião não eram ministros... – "...mais quatro juízes no Tribunal Superior do Trabalho, e na PUC, eu conheço bem o Dr. Délio Maranhão, sem dúvida, uma grande cultura jurídica. Gostaria que o senhor o nomeasse". "Pois não. Vou nomeá-lo". E o decreto dele foi feito, mas aí o líder... Essa história é interessante. É conhecida, mas eu acho que nunca foi publicada... O líder da maioria do governo na Câmara vai ao Juscelino e diz: "Nós estamos com um problema: é que o Deputado Fulano de Tal, de Minas Gerais, ficou como primeiro suplente, e ele é o relator do Orçamento. É nosso amigo. É interessante que o senhor nomeie alguém que tenha sido eleito deputado por Minas Gerais, para algum cargo, para que ele assuma como primeiro suplente". Aí o Juscelino mandou rasgar o decreto do Délio e nomeou o Ministro Starling Soares, que foi chefe de polícia dele, em Minas Gerais. Uma pessoa muito boa, mas não era ligado ao direito, de modo geral. E o Délio não foi nomeado...

RTDC: E a sua história no TST, como é que surgiu?

AS: A minha história no TST foi a seguinte: eu era Ministro do Trabalho e Previdência do governo Castelo Branco, primeiro presidente da Revolução. Em determinado dia, despachando com ele, o presidente me diz: "Há uma vaga, de ministro, no Tribunal Superior do Trabalho – causada pela morte do ministro Delfim Moreira Filho –, e o meu chefe de gabinete civil, que é o Luís Viana Filho, me informou que o senhor possivelmente gostaria de estar lá. Eu lhe pergunto: 'O senhor gostaria de ir para esse lugar, de ministro?'". Eu pensei e disse assim: "Presidente, o senhor está perguntando a um coronel se ele quer ser promovido a general...". Ele disse: "Já entendi. O lugar é seu. Mas eu não vou mexer agora no ministério...". Isso foi mais ou menos em março, abril de 1965... "Teremos eleição para governador em novembro, de maneira que eu só vou nomeá-lo depois de novembro". Então, eu estava nomeado "de boca", mas não estava nomeado. Quando chegou novembro, ele me chamou... "Ministro...", naquele tempo, era ministro mesmo, despachava toda semana com ele, levava as coisas, explicava, ele assinava... Hoje parece que a maioria dos ministros encaminha os papéis para a Casa Civil, e o negócio é todo reexaminado... Mudou. Ele me chama e pergunta: "Olha, vou mexer no ministério. Continua com a intenção?". "Continuo". "Então, pode arrumar as suas coisas". Aí ele nomeou Peracchi Barcelos, do Rio Grande do Sul, para ministro do Trabalho, e virando-se para mim, teve um gesto muito elegante: "Olha, para que não pensem que eu o estou demitindo e nomeando outro, o senhor vai fazer o seguinte: vá à Câmara, o Peracchi Barcelos já sabe que vai ser convidado, e você vai oficialmente levar o meu convite a ele, volta com ele ao Palácio e, antes de vir aqui, passe na Sala de Imprensa e comunique que o senhor está sendo nomeado para o Tribunal Superior do Trabalho e que o presidente o incumbiu de convidar o seu sucessor". Você veja o cuidado dele, muito elegante... E assim ele foi designado, e eu fui para o Tribunal Superior do Trabalho, onde me senti um peixe dentro d'água. Eu nunca fui político...

RTDC: Qual a sua opinião sobre esse Projeto de Lei nº 1.987, de 2007, que tem o objetivo de realizar uma nova Consolidação das Leis do Trabalho?

AS: Esse projeto está parado. E eu acho que o caso não é o de se fazer uma nova consolidação, e sim modificar a CLT naquilo que é preciso ser modificado. Mas a principal modificação não se pode fazer ainda, porque o art. 8º da Constituição mantém aquela estrutura toda do sindicalismo do Estado Novo: unidade sindical compulsória, imposto sindical, representação única da categoria, os sindicatos formando uma pirâmide e acabando em confederações de grupos. As centrais sindicais, paradoxalmente, dirigem o movimento sindical, mas, pela Carta Magna, não são entidades sindicais. Estão sendo tratadas como tal, mas não são; são entidades civis. No meu entender, a CLT deve ser revista, e a primeira coisa a se rever seria a mudança da parte sindical. A Justiça do Trabalho, como todas as Justiças, está precisando de um código de processo, ou de normas processuais, que dificultem mais os recursos, porque nós estamos chegando a um absurdo. O Tribunal Superior do Trabalho, que é a última instância, um único tribunal, está recebendo cerca de 200 mil processos por ano, não consegue julgar tudo e julga apressadamente. Quer dizer, não é possível que essa legislação se mantenha dessa forma. E o que acontece na Justiça do Trabalho acontece em outros ramos da Justiça também. A Justiça está toda hipertrofiada. Depois se fala mal da Justiça, mas ela está hipertrofiada porque tem clientes demais. Dir-se-ia: então vamos criar mais varas, mais tribunais... Não resolve. O que resolve é uma legislação mais rígida para os recursos, não se admitindo todos os recursos e prestigiando-se mais as sentenças de primeira instância. A sentença de primeira instância é aquela que o juiz profere tendo contato direto com as partes.

É preciso prestigiar mais, a meu ver, essas sentenças, essas decisões. Não permitir recurso ordinário em qualquer matéria. Em matéria processual há muito o que fazer. E isso de um modo geral, tendo repercussão na CLT, é claro. Outras matérias da CLT que a meu ver devem ser alteradas: fazer uma harmonização maior entre as normas imperativas decorrentes da intervenção estatal e a possível flexibilização dessas normas. Não é admitir a flexibilização de qualquer norma. A meu ver, a flexibilização deve ser regulada, sempre, com a participação sindical, mas não admitida em qualquer hipótese, e sim em alguns casos. Eu tenho até textos que uma vez mandei como sugestão para o Ministério do Trabalho, e agora, quando do novo ministro, mandei outra vez, mas não sei se foram para a gaveta, se estão sendo lidos, ou se foram para a cesta...

RTDC: Além dessa questão mais material da flexibilização e da questão processual, que o senhor mencionou, o direito do trabalho sempre foi marcado, no Brasil, por uma forte ênfase na conciliação e na composição amigável de conflitos, tendência que hoje se estende a outros ramos do direito. Qual a influência do direito do trabalho nesse fenômeno?

AS: A influência foi importante graças ao êxito da conciliação, que termina, vamos dizer, com o litígio, poucas horas depois que começa o julgamento. Grande vantagem. O exemplo frutificou, a começar pela legislação sobre alimentos, sobre direito de família... E daí foi crescendo. Hoje, o instituto da conciliação está sendo realmente impulsionado até pela presidente do Supremo Tribunal Federal, Ministra Ellen Gracie. Ela tem feito palestras e reuniões no sentido de que se abram espaços para a conciliação.

RTDC: E sobre essa ampliação da competência da Justiça do Trabalho na Ementa Constitucional nº 45? Qual a sua opinião sobre essa ampliação? Ela é mesmo necessária?

AS: Houve uma ampliação bem extensa... A meu ver, mais ampla do que deveria. O primeiro problema é que a Justiça do Trabalho passou a tratar da relação de trabalho, que é o gênero, de um modo geral, do qual a relação de emprego é uma espécie... Achei isso ótimo, porque a relação de trabalho contempla várias formas de prestação de serviços que não se configuram numa relação de emprego, porque não há aquela subordinação jurídica do trabalhador ao empregador, mas que é forma de trabalho. Achei importante o fato de que a Justiça do Trabalho passe a se inteirar disso, até porque a tendência universal é aplicar certos direitos, conceder certos direitos às partes contratantes de uma relação de trabalho. Daí a importância da distinção entre relação de trabalho e relação de consumo, porque a relação de consumo não é um vínculo jurídico de trabalho, e, portanto, deve continuar a ser tratada na forma do estatuto que consolidou. E a relação de trabalho envolve sempre um prestador de serviço e uma empresa, ou um terceiro. De maneira que a tendência é esse prestador ter alguns direitos. Como, aliás, ocorre com o representante comercial. O que eu achei exagerado na ampliação da competência foi o alargamento da competência da Justiça do Trabalho para casos de Previdência.

RTDC: Ao mesmo tempo que a emenda ampliou a competência da Justiça do Trabalho, de certa forma ela restringiu o dissídio coletivo. Como é que o senhor vê a figura do dissídio coletivo hoje, depois dessa operação?

AS: Eu vejo esta alteração como inconstitucional. Você dirá: "Mas uma emenda constitucional pode ser inconstitucional?". Pode, claro. Isso já disse Pontes de Miranda. Todos os grandes juristas mostram que a Constituição tem cláusulas pétreas, tem princípios fundamentais que não podem ser contrariados. Você tem no art. 5º da Constituição um inciso que declara que, a toda lesão ou ameaça de lesão, a pessoa tem direito a postular o pretenso direito no Judiciário. Então eu pergunto: uma categoria, ou empregados de uma empresa (tanto faz toda a categoria ou apenas uma empresa), tem um acordo coletivo ou uma convenção coletiva, que regula os seus salários e que vigora por um ano... Ora, é evidente que, implementado esse tempo de um ano, os trabalhadores de uma empresa, se não tiverem por acordo um reajuste, vão ser prejudicados. Há uma lesão ao direito deles, o direito de ter os seus salários reajustados, de acordo com a inflação, ou até com outras vantagens. Eu considero inconstitucional essa proibição. Eu acho que o sindicato, não conseguindo o acordo, tem o direito de ingressar na Justiça do Trabalho com o dissídio coletivo. Há uma decisão, do Tribunal Regional do Trabalho de

São Paulo, nesse sentido, e eu nos meus livros também tenho sustentado isso. No meu *Direito Constitucional do Trabalho*, cuja 4ª edição estou preparando, eu também sustento isso. Tem direito.

RTDC: No âmbito dessas reformas, houve a discussão sobre o julgamento de dano moral decorrente da relação de trabalho. Qual a sua opinião sobre essa figura? Qual a contribuição que o direito do trabalho pode dar, também, não só à passagem dessa figura, que a princípio está mais no direito civil do que no direito do trabalho, e o que é que o direito do trabalho também pode somar ao estudo dessa figura?

AS: O dano moral resulta de um princípio que foi difundido no direito civil, mas pouco a pouco a Justiça do Trabalho foi considerando que também há dano moral por atitudes do empregador, ou do seu preposto, que devem constituir um litígio da Justiça do Trabalho. E o art. 7º da Constituição, nos seus incisos, em um deles declara que o empregador, ao exigir serviços, no caso de acidente, inclusive de acidente de trabalho, pode provocar dano moral ou material. De maneira que se consolidou essa possibilidade dentro da Justiça do Trabalho. O dano moral, é claro, é muito comum na relação de trabalho, porque é a ofensa do empregador ao empregado, ou do empregado ao empregador. No cotidiano da relação surgem muitos casos...

RTDC: E a figura, muito discutida hoje, do assédio moral? O senhor acha que ela já é comprometida pela legislação vigente, ou deveria haver uma mudança?

AS: O assédio moral é uma das espécies de dano moral. O dano moral tanto pode ser um xingamento, pode ser a colocação do empregado numa situação vexatória, como pode ser, e acontece muito, o assédio sexual...

RTDC: Não haveria necessidade, como alguns defendem, de cunhar uma figura autônoma?

AS: Não. Eu acho que isto está dentro do dano moral.

RTDC: Como é que o senhor vê a questão da privacidade no ambiente de trabalho – o caso, por exemplo, de o empregado ser revistado no ambiente de trabalho, ou às vezes não fisicamente revistado, mas monitorado por câmeras?

AS: Isso é regulamentado em alguns países. Por exemplo, na Espanha, a lei explicitamente regula a matéria. Aqui no Brasil, a jurisprudência é que está estabelecendo os parâmetros. O que tem prevalecido, e a meu ver, está certo. Em determinadas atividades, uma revista se justifica. Essa revista deve atender a vários pressupostos. Ela não pode ser feita manualmente, mesmo uma mulher em outra mulher. Ela tem de ser feita com certo critério. Primeiro, o sindicato deve ter o direito de ter um representante no local. Deve ter direito, o que não quer dizer que, não colocando um representante, a revista seja nula. Ele deve ter o direito de escolher, dentre os empregados, um representante, para que a revista seja feita na presença dele. Há mecanismos, hoje, muito sofisticados, e você pode fazer uma revista sem tocar na pessoa. Portanto, resumindo, a revista, a meu ver, se justifica em alguns casos. Nesses casos em que se justifica, há que tomar cuidado total para que não se ofenda moralmente o empregado. Isso, em alguns países, é regulamentado. Eu citei a Espanha, mas há outros. No meu livro, eu cito vários.

RTDC: O Supremo, recentemente, considerou aplicável aos servidores públicos a lei de greve. Como é que o senhor acha que funciona essa extensão para os servidores?

AS: Foi uma decisão sábia, porque o Legislativo teve vinte anos para regulamentar a matéria. Não regulamentou. O governo não mandou projetos. Então, tipicamente, caberia aqui o chamado mandado de injunção. E nesse mandado de injunção o Supremo Tribunal Federal suplementou a omissão dos dois outros poderes, o que é típico para mandados de injunção. E mandou estender o direito, no que couber, aos funcionários públicos. No que couber, porque a extensão não é total. Está na hora, portanto, já agora, de ser feita uma lei dispondo sobre a greve no serviço público, com os cuidados que se devem ter. Inclusive a Organização Internacional do Trabalho tem súmulas de jurisprudência do Comitê de Liberdade Sindical e da Comissão de Peritos na Aplicação de Convenções no sentido de que é legítima, em alguns casos, a proibição da greve. Então, o projeto de lei que regulamentar a matéria pode proibir o direito de greve em algumas categorias, em algumas atividades, por exemplo, médico de hospital. A lei no Brasil não está sendo muito respeitada. Dá-se um jeito, e tal... A verdade é essa, e temos que assistir à greve de pessoas que não podem fazer greve. Eu fui magistrado. Magistrado não pode fazer greve... Foi, portanto, oportuno o mandado de injunção. Isso vai forçar a regulamentação, e na regulamentação pode haver casos de proibição.

RTDC: Outro acontecimento recente no direito do trabalho foi a Medida Provisória nº 388/2007, que regulamentou o trabalho aos domingos e feriados, nas atividades de comércio em geral, alterando a Lei nº 10.101/2000, limitando a possibilidade de trabalho aos feriados à autorização por meio de convenção coletiva de trabalho. O senhor vê nessa alteração legislativa o reflexo de uma tendência de fortalecimento das entidades sindicais profissionais?

AS: Não. A intenção dessa lei foi possibilitar o funcionamento de determinados ramos do comércio em dias em que era proibido esse funcionamento. Agora, para não dar uma licença, um *laissez faire* amplo, condicionou a acordo com os sindicatos da categoria, porque o sindicato da categoria é quem pode fazer, através de acordos coletivos, regras normativas, o que seria o caso, de acordo com a outra parte, é claro. De maneira que há um prestígio, realmente, do sindicato nisso, mas a intenção não foi prestigiar o sindicato. A intenção foi favorecer o comércio nesses dias.

RTDC: O senhor acha que o Brasil está dando um passo em direção à ratificação da Convenção nº 87 da OIT, que trata da ampla liberdade sindical?

AS: É considerada a convenção mais importante da OIT. O Brasil ratificou seis convenções, das sete consideradas fundamentais por um congresso que foi feito mais recentemente, juntando chefes de Estado, menos a 87. Enquanto estiver em vigor o art. 8º da Constituição, o Brasil não pode ratificar. Seria um ato inconstitucional. Porque a Convenção nº 87 dá plena liberdade aos grupos de trabalhadores, ou de empregadores, que estejam vinculados por uma atividade idêntica, similar ou conexa, de se juntarem no sindicato que quiserem, sob a forma que quiserem, e ainda que outro sindicado exista. É a liberdade sindical coletiva. A liberdade sindical contempla três aspectos: 1) a liberdade sindical individual, que é o direito do trabalhador, ou do empresário, de ingressar no sindicato da sua escolha, se houver mais de um, ou de não ingressar em sindicato nenhum; 2) a coletiva, que é essa a que eu me referi, de organizar sindicatos com a estrutura que o grupo entender ser a melhor para ele, e sem impor imposto sindical, essas coisas todas. A OIT admite o *canon* da participação, isso é como eles chamam lá, eu vou explicar depois; e 3) a liberdade sindical institucional, que concerne ao funcionamento do próprio sindicato. E eu dizia que a OIT admite o *canon* de participação, que existe já na Inglaterra, na Espanha, na Colômbia etc. De cabeça, assim, eu não posso dizer todos os nomes, mas é um grupo razoável de países. É o seguinte: quando o sindicato, ainda que haja pluralidade sindical, obtém vantagens para os seus associados, para que essas vantagens se estendam aos não associados, o sindicato tem o direito de cobrar dos não associados um *canon* de participação, isto é, uma contribuição. E isso é admitido pela OIT.

Agora, você veja, o art. 8º impõe a unidade sindical. Só pode haver um sindicato por categoria. Tem que ser um só por categoria... Além disso, não pode ser de empresa. Por exemplo, uma empresa do porte da Vale do Rio Doce. É uma empresa que funciona no Brasil todo. Por que não pode haver um sindicato dos empregados da Vale do Rio Doce? Seria muito mais forte, muito melhor para os trabalhadores, do que ter vinte e tantos sindicatos que têm de negociar com a direção da Vale. E há o sindicato dos engenheiros, o sindicato dos mecânicos, o sindicato dos ferroviários, o sindicato dos portuários, o sindicato disso, o sindicato daquilo... E para fazer um acordo coletivo é uma dificuldade. Adota-se o seguinte princípio: primeiro, faz-se com os dois ou três sindicatos mais fortes. Feito isso, então, chamam-se os outros e diz-se que a empresa está de acordo nas mesmas coisas, e não aceita arranjo diferente, para se evitarem os descompassos dentro do seu quadro de pessoal... Um sindicato das empresas resolveria tudo isso. De maneira que eu sou favorável, em primeiro lugar, à modificação do art. 8º, para depois ratificarmos a Convenção nº 87. Ratificar de qualquer maneira, como já se falou, não é possível, seria inconstitucional.

RTDC: Como é que o senhor vê, nessa trajetória, a relação do direito civil com o direito do trabalho?

AS: O direito civil no novo Código deixou de ter um caráter individualista para ter um caráter social. Houve sem dúvida essa mudança. Eu tenho uma carta do saudoso mestre Miguel Reale elogiando um artigo que eu escrevi para o *Jornal do Comércio*, mostrando que o Código Civil adotou vários princípios que eram compatíveis com o direito do trabalho. De maneira que a aplicação e a influência, hoje, do Código Civil nas relações de trabalho são imensas. Há o princípio da boa-fé, vários princípios, que de cabeça eu não teria possibilidade de referir, mas eu referi nesse artigo. E Reale assinalou então que eu tinha compreendido bem o novo Código Civil: que ele tem caráter social, e não individualista, como o anterior código, que se inspirou na legislação que veio do Código Napoleão. E realmente há vários institutos no Código Civil que são pertinentes a uma relação mais social.

RTDC: Uma pergunta sobre as suas *Instituições de Direito do Trabalho*, cuja primeira edição foi publicada há cinquenta anos, se tornou um marco teórico e já vai para a 23ª edição...

AS: Que eu pretendo seja a última....

RTDC: E sobre isso, a pergunta: por que essa decisão? Que razões o levaram a essa decisão?

AS: As *Instituições de Direito do Trabalho* contemplam todo o direito do trabalho, inclusive o processual. Elas, inicialmente, foram feitas pelo Délio, pelo Segadas e por mim. Délio e Segadas já faleceram. Eu revejo, atualizo uma parte, do Segadas, parte sindical, convenção coletiva, o Dr. Lira Teixeira atualiza a outra parte, e a parte do Délio Maranhão. As modificações que vêm se sucedendo fazem com que pouca coisa reste daqueles que pioneiramente trataram da matéria. Além disso, eu tenho outros livros que contemplam todo o direito, de maneira que eu achei que estaria na hora de acabar, fazer a última edição. Eu já entreguei o primeiro volume, vou terminar o segundo volume brevemente. E da matéria toda eu tenho o *Curso de Direito do Trabalho*, e vou ampliar esse curso. A quarta edição, bem ampliada, do *Direito Constitucional do Trabalho*, estou fazendo no momento.

RTDC: Uma pergunta tradicional de encerramento, assim como a primeira. Na sua opinião, qual a herança mais preciosa que o direito, no caso, o direito do trabalho, especificamente, oferece para este século XXI?

AS: A herança dependerá do que vai acontecer ainda. Isto é: se a relação de trabalho gênero, compreendendo várias espécies, independentemente da relação de emprego, começar a ter vantagens decorrentes de lei, compatíveis com os vínculos estabelecidos na espécie de relação de trabalho. Há uma contribuição, que eu reputo ter sido uma das mais importantes, mas que não é de agora: configurou-se passo a passo: embora o empregador seja uma pessoa física ou jurídica, os direitos e obrigações se relacionam diretamente com a empresa. Isso foi uma novidade da CLT, tendo em vista uma tendência doutrinária que estava começando a se estabelecer, e que o direito fiscal na mesma hora adotou, a Previdência adotou... Enfim, está havendo um alargamento do seu conceito. De modo que, embora o sujeito de direito seja o dono, a empresa, a sociedade, o indivíduo, os direitos nascem, se desenvolvem e terminam em função da empresa. Isto significa: pode-se mudar o dono, mas as relações feitas pela empresa permanecem. Essa para mim foi a influência mais positiva da CLT e do direito do trabalho no progresso da ciência jurídica.

ENTREVISTA COM ANTONIO JUNQUEIRA DE AZEVEDO[1]

RTDC: O que determinou a opção do senhor pelo direito?

AJA: Freud explica. Meu pai era fazendeiro, mas havia sido formado em direito, embora nunca tenha exercido a profissão. Meu pai contava sempre casos de seu tempo de estudante na Faculdade do Largo de São Francisco. Eu tinha um irmão mais velho que seguiu a profissão de fazendeiro; acho que a mim restou acompanhar o pai na escolha secundária. Além disso, na minha inocência daqueles anos, eu pensava que, estudando direito, encontraria a Justiça.

RTDC: Quais são as lembranças de seus estudos universitários? Quais são as principais diferenças entre a faculdade naquela época e as de hoje?

AJA: As minhas lembranças estritamente acadêmicas não são muito boas; os professores eram muito distantes dos alunos, faltavam às aulas, não eram intelectualmente estimulantes, embora com bom domínio da palavra, e eram muito vaidosos. O que havia de diferente, em relação aos alunos de hoje, era a preocupação dos meus colegas com a política nacional e internacional. Os estudantes de hoje são mais "profissionais", isto é, mais preocupados com o curso, parecem também mais angustiados com um direito que se tornou muito complexo.

RTDC: Quais foram os mestres que mais o influenciaram no campo do Direito? E no tocante a sua formação filosófica, quais foram suas principais influências?

AJA: Sempre tive uma empatia pessoal com o Professor Gofredo Telles Júnior, que, no meu tempo, tinha uma posição filosófica clássica, aristotélico-tomista; somente muitos anos mais tarde é que veio a ter uma posição de esquerda. No meu modo de entender, o professor mais brilhante que tive foi o Professor Reale, com cujas ideias muitas vezes não concordava. Dotado de oratória fácil e culta, e ainda que seu pensamento nunca tenha tido a radicalidade dos grandes filósofos, era um professor cujas aulas se poderia lastimar perder. Quanto à minha própria formação filosófica, lembro-me que, quando entrei na Faculdade, vindo de colégio de jesuítas (no estilo antigo), foi para mim uma revelação saber pelo Professor Ataliba Nogueira (Teoria do Estado) que existia um pensamento político anarquista. Nada de Estado!

[1] Entrevista concedida à *Revista Trimestral de Direito Civil – RTDC*, v. 34, abr./jun. 2008.

Desde então, tenho atração (a palavra certa seria outra) por essa ideia. Por outro lado, em ética, a filosofia que adotei durante muitos anos, com fundamento no *Dos Deveres* (*De Officiis*) de Cícero, foi a dos estoicos. Hoje, ainda gosto de ler sobre ética, mas tenho a convicção de que seus fundamentos são resultantes da evolução e biológicos; daí também leituras atuais sobre a mente, o cérebro, a formação da memória, o lugar da consciência no cérebro, além dos livros de pré-história e de etologia (estudo do comportamento dos animais). Também leio muito sobre religião em geral (hinduísmo, religiões antigas, budismo etc.), mas com muito mais intensidade, religião cristã (católica), inclusive leio semanalmente o *Osservatore Romano*. Estou, porém, convencido de que a religião cristã não é um moralismo, nem mesmo tem na moralidade seu campo essencial. A moral é biológica em seus fundamentos e a religião cristã é a revelação da pessoa divina, Jesus. A moral trata de comportamento, direitos e deveres etc.; a religião do Cristo vivo trata da salvação. Uma é natural, resulta das "espécies" animais na natureza, em grupos de, no mínimo, três "emergências" da evolução – a "primeira emergência", a vida, que fixa o imperativo categórico da defesa da própria vida (é o ser que deve ser; a vida é valor ontológico, que justifica a autodefesa, a sobrevivência; é o *quod natura omnia animalia docuit*, de Ulpiano); a "segunda emergência", um sistema nervoso aperfeiçoado, apto a decidir e que determina as normas básicas próprias dos animais superiores, inclusive o homem (solidariedade grupal e direito ao prazer); e a "terceira emergência", que dá as regras exclusivas do *homo sapiens*, formuladas pela razão de igualdade e pela compaixão universal. A outra, a religião cristã, é sobrenatural; não trata de direitos e deveres, e sim, do Amor. O Amor é o milagre. E o milagre é o sobrenatural entrando na natureza. A Verdade, na religião, é uma pessoa, e não um conjunto de proposições e preceitos.

RTDC: A literatura, a poesia e as artes contribuíram para sua formação? O que recomendaria, neste sentido, para as próximas gerações?

AJA: Minha formação literária foi fundamentalmente francesa; lia, quando na faculdade, os poetas Baudelaire, Verlaine, Rimbaud, além dos parnasianos brasileiros, Olavo Bilac, Raimundo Correa e principalmente Vicente de Carvalho, que estudou na faculdade. Até hoje gosto muito desses poetas. Acho que naquele tempo deveria ter dado mais valor aos romancistas americanos; o único que li com mais intensidade foi Fitzgerald. Em todo caso, li com prazer Guimarães Rosa e, com menos volúpia, outros grandes nomes (Euclides da Cunha e Machado de Assis, por exemplo). Não seria mau que os estudantes de hoje lessem um pouco de Nietzsche, na *Vontade de Poder*, e Richard Rorty, para abalar o conformismo intelectual, além, como já disse, fora do campo literário ou filosófico, livros sobre a ciência da mente e religião.

RTDC: Quais as principais recordações dos seus primeiros anos após a graduação em direito, e o seu ingresso na advocacia?

AJA: Essas recordações são muito ruins, a dificuldade era imensa. Eu não tinha nenhum parente próximo nas profissões jurídicas. Vaguei por vários escritórios, sem muita orientação. Passemos adiante.

RTDC: Como se deu sua opção pelo direito civil, e de que forma seus estudos iniciais na área do Direito Processual Civil, com o tema da conexão de causas, sob orientação de Luís Eulálio de Bueno Vidigal, influenciaram seu modo de pensar o Direito Civil?

AJA: Além dos dois professores já citados (Gofredo e Reale), na minha formação acadêmica houve mais dois professores que me marcaram, especialmente por força de relações pessoais: os professores Luís Eulálio de Bueno Vidigal e Silvio Rodrigues. O Professor Luís Eulálio era juridicamente muito culto, além de divertidamente irônico no trato pessoal. Ele, ao contrário de muita gente ignorante dos tempos atuais, dava muito valor ao direito civil. Eu me recordo de estar andando com ele, na praia da Baleia, no nosso litoral norte, e termos interrompido a caminhada para que ele cumprimentasse um conhecido; nesse tempo, eu começava a dar aulas de direito civil e ele me apresentou para esse seu conhecido, dizendo: "Esse moço também é professor, está dando aulas na matéria mais importante do curso de direito, o direito civil. O direito civil é a espinha dorsal do direito". O Professor Silvio Rodrigues, por sua vez, era muito inteligente e engraçado nas conversas informais; só me deixou alegrias. Após minha defesa de tese de doutor em processo civil, veio a reforma da USP, em 68 (salvo engano de memória); por força da nova organização da Universidade, em departamentos, a secretária da Faculdade, Dra. Adrenadir, me chamou à sua sala, como deve ter feito com todos os professores, e disse que eu deveria optar entre o departamento de processo e o departamento de direito civil. Na verdade, já então eu achava que o direito civil era matéria mais nobre que processo (que me perdoem os processualistas), pelo tempo que possui de elaboração doutrinária e pelo seu enraizamento na vida social; assim, optei pelo direito civil.

RTDC: O senhor foi diretor da Faculdade de Direito do Largo de São Francisco durante a primeira metade da década de 1990. O que representou esta passagem na sua trajetória acadêmica?

AJA: Representou o maior orgulho da minha vida profissional. A Faculdade de Direito do Largo de São Francisco é um patrimônio do Brasil; ela faz parte da nossa identidade como nação. Sem as pessoas que por lá passaram a história brasileira ficaria completamente desfalcada. Além dos grandes nomes dos alunos e professores do Império – entre os primeiros, Castro Alves, Rui Barbosa, Joaquim Nabuco, Rodrigues Alves, Afonso Pena, todos eles, por exemplo, alunos e colegas na Faculdade, em 1868, e, entre os últimos, Antonio Joaquim Ribas, José Bonifácio, o Moço, Leôncio de Carvalho etc., há os juristas da República, inclusive professores estrangeiros como Ascarelli e Liebman. Foram ao todo dez presidentes da República e mais de 40 governadores do Estado, que por lá passaram. Na minha gestão, fiz o prédio anexo, com verba obtida por meu antecessor, e a passarela que une os dois prédios, o tradicional e o anexo.

RTDC: Hoje o senhor ocupa o cargo de diretor *pro tempore* da Faculdade de Direito de Ribeirão Preto da USP, tendo sido um grande entusiasta de sua fundação e da ideia de atribuir-lhe uma grade curricular diversa da tradicionalmente adotada pelas demais Faculdades de Direito Brasil afora. Quais são suas perspectivas a respeito desse projeto mais recente?

AJA: É uma nova realização, em que, como em muitas outras atividades, vou sendo empurrado por gente mais ativa do que eu. Minhas perspectivas são a de um curso jurídico especial, eis que os dois primeiros anos serão de período integral. A grade curricular é mais moderna que as usuais, sem sobrecarregar em matérias, como direito processual, sobre as quais houve excesso, e incluindo disciplinas recentes como direito ambiental, bioética e direito do consumidor. Vamos ver o que vai dar.

RTDC: Para o senhor, a universidade deve ser especializante ou generalista?

AJA: No meu entendimento, a resposta está no próprio nome de "universidade", unidade na diversidade; a universidade, por definição, é generalista. Todavia, uma instituição dentro da universidade, como é a Faculdade de Direito, pode se aprofundar em campos específicos, no caso, o direito. Por outro lado, uma Faculdade de Direito como é a da USP, universidade pública, pode ter por objetivo a formação do jurista "todos os azimutes". Já uma faculdade particular pode se dedicar a uma finalidade mais limitada, por exemplo, ter um perfil de aluno voltado para a atividade empresarial, ou outro, voltado para as atividades jurídicas públicas, e assim por diante. O que acho importante é que todas tenham de início algum estudo filosófico e principalmente, hoje, o estudo de uma ética fundada na biologia, que impeça a retórica tradicional do jurista sobre dignidade da pessoa humana, direitos fundamentais, numa visão pré-darwiniana. Conforme a evolução, há, como já disse, um *continuum* entre as primeiras formas de vida e as últimas (*homo sapiens*). Na visão retórica, pelo contrário, há um abismo entre os homens e os animais, o que não é verdade. Na visão tradicional, o animal é coisa, mas alterações recentes no Código Civil austríaco, no alemão e no suíço, incluíram artigos que proclamam, com correção, que o animal não é coisa. Infelizmente, foi um erro de Kant proclamar, em trecho sempre repetido como genial, nos *Fundamentos da Metafísica dos Costumes*, que o homem tem dignidade e tudo o mais tem preço. Está errado; a vida em geral não tem preço. Darwin, que veio depois de Kant, demonstrou que há um *continuum* na natureza, que é mutável. O erro de Kant se explica historicamente. O que não se compreende é a posição pré-darwiniana do jurista brasileiro, mais de cem anos depois de Darwin! Os juristas brasileiros são pré-darwinianos.

RTDC: Suas teses de livre-docência e titularidade sobre o negócio jurídico permanecem ainda hoje como as grandes obras de referência sobre o tema no Brasil. Depois de tanto tempo após publicadas, e com a roupagem que o Código Civil de 2002 trouxe à matéria, quais são os problemas mais instigantes a serem atualmente estudados pelo civilista a respeito dos negócios jurídicos?

AJA: O negócio jurídico é a estrada real para o conhecimento do direito. Nele, confluem o valor de liberdade, valor individual, para as escolhas que cada um de nós queira fazer em sua vida, e o valor social, valor coletivo, de movimentação ou de ativação da vida em sociedade. O negócio jurídico é, ao mesmo tempo, uma categoria abstrata, fruto de razão intelectual, e um modelo concreto de comportamento, profundamente enraizado nos costumes dos povos. É maravilhoso. Erram aqueles que, como Natalino Irti e Galgano, tendem hoje a considerar o negócio jurídico como um categoria ultrapassada – "historiográfica", no qualificativo da inteligência crítica de Natalino Irti – porque, até mesmo do ponto de vista prático, tendo em vista o dinamismo da vida social contemporânea, são inúmeros os atos ainda não tipificados pelo legislador e que necessitam de regras gerais; essas regras somente podem ser as do negócio jurídico; por exemplo, os novos atos inventados pelas pessoas no campo da bioética, das relações familiares e, principalmente, dos acordos de ordem econômica (contratos coligados, contratos atípicos, cláusulas especiais etc.). Na Alemanha, em Portugal e no Brasil, o negócio jurídico está no Código Civil e auxilia a doutrina e a jurisprudência na procura de soluções para os conflitos de interesse. Foi uma pena que o Código Civil italiano, tão útil sob outros aspectos, não tivesse incluído normas gerais próprias de todos os negócios; afinal, os juristas italianos tinham uma vastíssima produção sobre a categoria de que estamos falando (Scialoja, Fadda e Bensa, Betti, Cariota Ferrara, Stolfi, Scognamiglio, G. B. Ferri etc.).

RTDC: O senhor foi um dos primeiros doutrinadores nacionais a divulgar o papel da boa-fé objetiva nas relações contratuais. Como o senhor vê a sua invocação hoje no direito brasileiro? Há excesso, ou banalização?

AJA: Meus caros entrevistadores, eu gostaria de ter sido um dos primeiros doutrinadores a divulgar o papel da boa-fé objetiva, mas acho que não fui. Também não acho que esse papel seja próprio do Professor Clóvis do Couto e Silva, como dizem os gaúchos. Na verdade, havia uma antiguíssima tradição da boa-fé objetiva no direito comercial, com afirmações legislativas de alvarás régios do tempo de Dom João V! Ademais, havia também a previsão da boa-fé objetiva, para a interpretação contratual, no velho Código Comercial de 1850. No Anteprojeto das Obrigações, de 1941, havia previsão expressa da boa-fé objetiva. Pelo menos dois dos autores desse Anteprojeto, Hahnemann Guimarães e Philadelpho Azevedo, escreveram, nessa época, alguma coisa sobre a boa-fé objetiva em artigos sobre o Anteprojeto. O que eu acho que aconteceu foi que, a partir das considerações de Clóvis do Couto e Silva, das disposições do Código de Defesa do Consumidor e das minhas exposições, o assunto tomou um vulto que até antão não tinha; acho que correspondia a uma necessidade de introdução da ética – aqui, principalmente a ética da "3º emergência" – nos contratos, que até então eram considerados de maneira excessivamente formal. Nos dias atuais, realmente há algum excesso no apelo à boa-fé objetiva; isso pode trazer prejuízo aos negócios empresariais, pela insegurança que pode provocar. A boa-fé objetiva nos contratos tem três funções, conforme meu entendimento: função interpretativa, função supletiva e função corretiva. Especialmente esta última, que permite ao juiz interferir no que acordaram as partes, a boa-fé deve ser aplicada com muita cautela nos negócios entre empresas; a função corretiva é mais adequada aos contratos existenciais.

RTDC: O senhor tem desenvolvido ideias a respeito de uma nova dicotomia contratual, a distinguir os contratos entre existenciais e de lucro. Quais seriam os critérios a balizá-la e de que modo o senhor acredita que esta classificação pode auxiliar na resolução dos conflitos concretos?

AJA: Justamente, estou propugnando por uma nova dicotomia contratual – contratos existenciais e contratos de lucro, a dicotomia do séc. XXI – porque essas duas categorias contratuais não devem ser tratadas de maneira idêntica na vida prática. Os contratos existenciais têm basicamente como uma das partes, ou ambas, as pessoas naturais; essas pessoas estão visando a sua subsistência. Por equiparação, podemos também incluir, nesse tipo de contrato, as pessoas jurídicas sem fins lucrativos. Ora, as pessoas naturais não são "descartáveis" e os juízes têm que atender às suas necessidades fundamentais; é preciso respeitar o direito à vida, à integridade física, à saúde, à habitação etc., de forma que cláusulas contratuais que prejudiquem esses bens podem ser desconsideradas. Já os contratos de lucro são aqueles entre empresas ou entre profissionais e, inversamente, se essas entidades ou pessoas são incompetentes, devem ser expulsas, "descartadas", do mercado ou da vida profissional. No caso desses contratos de lucro, a interferência dos juízes perturba o funcionamento do mercado ou o exercício das profissões; o princípio *pacta sunt servanda* tem que ter aí maior força. Infelizmente, nessa entrevista, não temos possibilidade de desenvolver esse tema em toda a sua riqueza, especialmente nas situações limítrofes como as de pessoas naturais, que, mesmo fora do exercício profissional, visam lucro, ou as de empresas muitos pequenas etc. Outro ponto interessante seria a exposição analítica das diferenças de efeitos entre as duas categorias de contrato, por exemplo, quanto à boa-fé, quanto à função social, quanto ao dano moral (a nosso ver, cabe dano moral nos contratos existenciais, mas não nos contratos de lucro) etc.

RTDC: Em parecer de grande repercussão – "Princípios do novo direito contratual e desregulamentação do mercado", publicado na *RT* 750 –, o senhor destaca a utilização da função social do contrato para justificar a responsabilização do terceiro que interfere na relação contratual, a chamada tutela externa do crédito. Posteriormente, o senhor manifestou outras reflexões sobre o tema. Qual é sua opinião hoje sobre o significado e alcance do art. 421 do Código Civil?

AJA: Hoje, tenho uma ideia muito clara do art. 421 do Código Civil (não sei até quando). A meu ver, é uma cláusula geral que deve ser um instrumento operacional para os órgãos decisórios. O artigo inicialmente, isto é, no primeiro Anteprojeto, era fascista; dizia que a liberdade de contratar somente seria exercida em razão e nos limites da função social. Felizmente o advérbio "somente" foi suprimido; ficou a expressão "em razão da função social" que, se for entendida como não excludente da função individual, não oferece dificuldades. Por outro lado, como instituto jurídico, todo contrato, por mais insignificante que seja, por exemplo, a compra de um pequeno objeto, têm a dupla função, individual e social, entendida a primeira como um ato de liberdade e autodeterminação, e a segunda como dando dinamismo à coletividade. Todavia, esse caráter próprio do instituto não é o que tornaria o art. 421 operacional; se o artigo fosse entendido somente assim, não teria ele utilidade, seria apenas uma proclamação doutrinária. A aplicação vem quando se considera a função concreta de cada contrato, e não a abstrata do instituto "contrato". A função concreta, dita também "causa final concreta" própria de cada contrato, é que, então, poderá tornar ineficaz ou (i) o contrato que perde sua razão de ser (base do negócio) ou (ii) o que fica com finalidade antissocial (contra o meio ambiente, por exemplo) ou (iii) o que vai contra os direitos humanos (especialmente, neste último caso, se contrato existencial). Por outro lado, não penso que esse art. 421 introduza mais um caso de nulidade, além dos que estão enumerados na Parte Geral do Código. Por outras palavras, há todo um sistema de nulidades que permanece íntegro; muitas nulidades são assim previstas justamente porque são hipóteses contrárias à função social. Essas nulidades estão tipificadas, por exemplo, os atos contrários à lei imperativa, com motivo determinante ilícito, simulados, de objeto ilícito etc. A previsão da função social no art. 421 deve servir no plano da eficácia, e não no anterior, que é o plano da validade; do contrário, o sistema de nulidades explodiria, seria a "banalização", no sentido que o meu entrevistador utilizou na pergunta sobre a boa-fé.

RTDC: Na *RTDC* 19 o senhor defendeu em um ensaio a instituição de uma categoria denominada dano social. O que deve ser mudado no tocante à reparação do dano moral?

AJA: Não há propriamente, na minha sugestão, uma alteração sobre o tema do dano moral. Minha ideia é a de introdução de um novo caso de dano, ao lado dos outros, que é o dano de rebaixamento da qualidade de vida de uma população (dano social).

Também não se trata do chamado dano coletivo, ou relativo a bens coletivos, como as lesões a interesses difusos ou as agressões ao meio ambiente; esses bens são defendidos pelo Ministério Público. O que digo, e é o óbvio, mas que até agora ninguém disse, é o seguinte: determinados danos individuais, patrimoniais ou morais, causam também dano à coletividade. A lesão, o dano-evento, é a uma pessoa, mas o ato repercute por ricochete em prejuízo de uma comunidade.

Veja, por exemplo, o que está ocorrendo em São Paulo com a morte da menina Isabella; não é apenas a menina e parentes próximos que sofreram a lesão: são inúmeras as pessoas que se comoveram com o fato. O que os juristas não reconhecem até agora é o dano por ricochete coletivo; é esse o dano social. É verdade que existe o direito penal para cobrir uma parte dessas lesões, mas uma indenização civil ainda não existe para o dano social. Às vezes, uma empresa causa dano a um consumidor; esse dano é pequeno, mas pode introduzir uma insegurança para muitos outros consumidores e esse outro dano, social, fica sem condenação. No fundo, estou defendendo uma espécie de *punitive damages* à brasileira, porque, no nosso sistema, a indenização da responsabilidade civil deve servir para reparar o prejuízo, e não para punir (art. 944 do Código Civil); aliás, aqui, de fato, não se trata de punição, ainda que assim seja sentida pelo causador do dano. Do ponto de vista objetivo, a condenação que pleiteamos é uma indenização para o dano à sociedade; é a reparação da repercussão da lesão individual para a qualidade de vida coletiva. Essa qualidade de vida foi rebaixada e o autor da lesão deve pagar por ela.

RTDC: Por ocasião da promulgação do Código Civil, o senhor apontou diversas insuficiências e desatualizações – além de demonstrar uma opinião crítica quanto à própria oportunidade de uma recodificação. Passados mais de cinco anos de sua vigência, qual é sua opinião acerca dos seus efeitos?

AJA: Eu continuo a achar que, no começo deste milênio, o Código Civil deveria ter sido muito mais debatido do que foi. Poderíamos ter cogitado de uma reforma atualizadora do velho Código, como fizeram os franceses e recentemente os alemães e, se era para fazer um código novo, poderíamos ter feito os estudos com códigos temáticos, como fizeram os holandeses. Não há dúvida de que o Código atual é mais moderno do que o Código de Beviláqua; afinal, há quase cem anos entre um e outro; todavia, são coisas diferentes o Código Civil e o direito civil. O atual Código Civil não é muito mais atual do que era o direito civil que existia no ano 2000; ele apenas consolidou muito do que estava esparso na legislação. Nesse ponto, pela consolidação, houve vantagem, mas não me parece que o nosso Código Civil seja efetivamente um Código do século XXI.

RTDC: O senhor tem demonstrado certa resistência à tese da incidência direta dos direitos fundamentais em relações privadas nas hipóteses não lacunosas, ou seja, quando já existe norma infraconstitucional a regular o litígio. Qual seria, nesta visão, o empecilho para a incidência direta?

AJA: De fato, entendo, em primeiro lugar, que a Constituição deve ser aplicada diretamente às relações privadas, quando houver lacuna da legislação ordinária. Em segundo lugar, pela posição hierarquicamente superior da Constituição, uma lei ordinária infraconstitucional, se contrária à Constituição, é expulsa do sistema – e, naturalmente, a Constituição é aplicada em seu lugar. Esses dois casos não parecem oferecer controvérsia. Agora, se uma lei ordinária não é inconstitucional e está em vigor, parece-me que é um absurdo o juiz aplicar o que ele entende por Constituição, saltando por cima da lei;

afinal, ele não tem a representatividade democrática do legislador. Se a lei ordinária foi elaborada pelo legislador, é ela que representa a vontade do povo na concretização da Constituição. Aliás, é preciso acabar com esse neopositivismo constitucional que idolatra a Constituição e não percebe que a Constituição, embora normativamente superior às demais normas, não passa de uma peça no conjunto dinâmico que é o sistema jurídico. O sistema jurídico é composto de vários elementos, além das normas; considerando que as normas devem ser interpretadas, é preciso ter em mente que também a doutrina, a jurisprudência, os tribunais, os advogados, os promotores etc., todos fazem parte do sistema. Mais ainda: o sistema jurídico é um sistema de segunda ordem, porque está em função do sistema maior que é o sistema social. Sob esse aspecto, a analogia que pode ser feita é com o sistema nervoso, no corpo humano ou animal; o direito é como esse sistema nervoso, é complexo e está em função do sistema maior. A função do direito é prevenir e dirimir conflitos e essa atividade, a jurídica, precisa ser exercitada com muito respeito para com a delicadeza dos neurônios. Se uma lei ordinária não é inconstitucional, não deve haver, no sistema, aplicação direta da Constituição; poderá, e deverá, haver aplicação indireta, se, por exemplo, a lei ordinária tiver cláusulas gerais ou conceitos jurídicos indeterminados, quando serão eles "pré-enchidos" pelas normas constitucionais.

RTDC: Em 1975, o senhor escreveu um importante artigo intitulado "O direito civil tende a desaparecer?". O senhor acha que este trabalho foi mal interpretado? Na sua opinião, qual a grande herança que o direito civil deixou no século XX e quais são suas perspectivas hoje?

AJA: Francamente, eu não sei nem se o artigo referido na pergunta foi importante nem se foi mal interpretado. O que sei é que naquele tempo havia um demônio dominador chamado "Estado". O Estado interferia em tudo e desconhecia seu próprio papel de instrumento para a sociedade e o indivíduo. Para mim, o Estado é um mal necessário. Como disse antes para o negócio jurídico, e agora repito para o direito privado, os dois grandes pilares do direito privado são a liberdade individual e a função social. Isso é muito diferente de tudo que é estatal. Naquele tempo, havia uma tendência de absorção da sociedade e do indivíduo no Estado. "Agora, não há mais direito privado, tudo é direito público", dizia um célebre e autoritário político (Lênin). Pois eu, hoje, diante dos novos tempos, me vingo, dizendo, com exagero semelhante: "Agora, não há mais direito público, tudo é direito privado".

ENTREVISTA COM ARNOLDO WALD[1]

RTDC: No *site* da UFF, consta que o senhor é brasileiro por opção, tendo nascido na Bélgica. O fato de o senhor ter nascido na Europa teve algum tipo de influência marcante na sua vida e nas suas escolhas profissionais?

AW: O fato de ter nascido na Europa não teve maior influência na minha vida pessoal ou profissional. A minha ligação com a cultura francesa decorreu de ter estudado no Liceu Francês, no Rio de Janeiro, numa época em que tínhamos excelentes professores, alguns de nível universitário, que vieram ao nosso país como refugiados de guerra. Paulo Ronai, tradutor de Balzac, Robert Bréchon, que se celebrizou posteriormente como estudioso de Fernando Pessoa, ladeavam filósofos, geógrafos e sociólogos franceses que lecionavam ou frequentavam o liceu. Foi também a época em que me familiarizei com a literatura e a filosofia francesa, que deram ensejo à publicação dos meus primeiros artigos, em 1948, no *Correio da Manhã*, que era, então, um dos mais importantes jornais do país.

RTDC: Quais são suas principais lembranças dos estudos universitários? Como foi ser redator-chefe da revista *A Época*?

AW: Na minha fase de estudante, o Direito sofria uma influência política importante. Os professores de Direito e os advogados tinham um grande engajamento. Na faculdade, tive a vantagem de conviver com San Tiago Dantas e Arnoldo Medeiros da Fonseca, que foram meus professores e dos quais me tornei assistente em 1955. Foram professores que tinham uma compreensão muito mais ampla da ciência jurídica, querendo fazer do Direito, ao mesmo tempo, uma ciência pura e um elemento importante de preparo do advogado para o exercício profissional. San Tiago desenvolveu estudos sobre a educação jurídica [DANTAS, San Tiago. A educação jurídica e a crise brasileira. *In*: DANTAS, San Tiago. *Palavras de um professor*. 2. ed. Rio de Janeiro: Forense, 2001. p. 51], que foram o ponto de partida de toda uma revolução didática que ocorreu aos poucos e que teve sequência no Ceped, nos anos 60, e hoje na Fundação Getúlio Vargas, no IBMEC, e nas escolas que estão tentando juntar o estudo teórico, a perspectiva coimbrã da velha tradição portuguesa, com o sistema do *case* do Direito anglo-americano. Arnoldo Medeiros da Fonseca foi o primeiro brasileiro a presidir a União Internacional

---

[1] Entrevista concedida à *Revista Trimestral de Direito Civil – RTDC*, v. 35, jul./set. 2008.

de Advogados, e também trabalhei com ele no seu escritório, cuja sucessão pediu-me que assumisse em 1957, quando se afastou por motivo de doença. Podemos dizer que, na época – como hoje –, a faculdade de Direito não preparava o estudante para o exercício da profissão, que era uma segunda experiência que o advogado tinha que adquirir nos escritórios, nos estágios etc. Mas já se sentia a necessidade de uma revisão do ensino jurídico, que aliás foi objeto de vários estudos, e que deram ensejo até a um seminário, que organizei em 1967, no Instituto dos Advogados do Brasil, e que iniciou a evolução das discussões em torno do ensino jurídico pela sociedade brasileira. Foi um seminário no qual, ao lado dos professores Miguel Reale, Caio Tácito e José Pereira Lira (pai do Professor Ricardo Cesar), Lamy Filho, Alfredo Buzaid e outros juristas, desenvolvi a ideia de um ensino mais dialogado, que tivesse maior conhecimento da prática e da jurisprudência. Esse seminário reuniu professores do país inteiro e alguns juristas estrangeiros e teve os seus anais publicados pelo IAB [WALD, Arnoldo; ROCHA, Roberto Paraiso (Org.). *Seminário Ensino Jurídico Análise e Reforma*, 1, 1969. Rio de Janeiro: Instituto dos Advogados do Brasil, 1969].

A Faculdade Nacional de Direito era considerada, na época, a melhor do país e tinha como professores os maiores juristas nos vários campos: Hahneman Guimarães, Arnoldo Medeiros da Fonseca e San Tiago Dantas, em direito civil; Demóstenes Madureira de Pinho e Oscar Stevenson, em direito penal; Hermes Lima, em introdução; Francisco Campos, em filosofia do direito; e Haroldo Valladão, em direito internacional privado. O nível geral dos estudantes era muito *bom*. *A* Época era a revista da Faculdade que dirigi, durante dois anos, e foi a minha primeira experiência no setor. Tinha artigos de professores, alunos e até de Ministros do Supremo Tribunal Federal, abrangendo não só matéria jurídica, mas também estudos de críticas literária e de filosofia.

RTDC: Quais as diferenças, do seu ponto de vista, entre as faculdades daquela época e as de hoje?

AW: Nos anos 1950, as turmas eram menores e a presença feminina mais reduzida, não passando em geral de 10%. A vida social e esportiva da Faculdade era intensa. Por outro lado, o universitário do século XXI tem muito mais informação, embora tenha lido menos. É mais pragmático e se prepara de modo mais específico para o exercício da profissão. Atualmente, os institutos, como o IDC e outros, completam a atividade universitária, ensejando boas experiências para os alunos, que mais facilmente conseguem fazer intercâmbio com as universidades e até obter bolsas de estudo para completar sua formação nos mais diversos países. Também o número de doutores era mais reduzido e não havia mestrado, de modo que o curso e a defesa de tese do doutor se realizavam em dois anos. Mas só faziam o doutorado os estudantes que se interessavam pela carreira universitária.

RTDC: Os seus filhos escolheram estudar direito e atualmente trabalham com o senhor. Como foi esse processo e como é essa experiência?

AW: Os meus quatro filhos se formaram em direito, e tenho o prazer de estar trabalhando com três deles, uma moça e dois rapazes. Sem negar que o ambiente familiar possa influenciar a escolha da profissão pelas novas gerações, devo lembrar que, no meu caso, o meu primogênito decidiu estudar engenharia, e só no quinto ano pensou em ser advogado, tendo, pois, concluído os dois cursos. Os três irmãos mais jovens não quiseram fazer um percurso tão longo e decidiram diretamente cursar a Faculdade de

Direito. São todos advogados do século XXI, que se especializaram, mas mantiveram e desenvolveram a cultura geral do direito, sem a qual nenhum verdadeiro advogado pode progredir. Conviver com os filhos no trabalho, numa forma de verdadeira parceria com respeito mútuo, é uma experiência rica e agradável, que inclusive incentiva o profissional a se manter ativo numa fase em que poderia afastar-se das obrigações cotidianas da advocacia.

RTDC: Como se iniciou e qual a importância da sua relação com a UFF? E com a UERJ?

AW: Sendo procurador do Estado em virtude do primeiro concurso, realizado em 1962, e professor tanto na Faculdade Nacional de Direito (FND) quanto na Faculdade de Direito da então Universidade do Estado da Guanabara (hoje UERJ), tive que optar, para ficar com dois cargos públicos, quando houve a modificação da estrutura da faculdade estadual. Como era docente-livre na Nacional, preferi ficar na UERJ (então UEG), na qual já era catedrático. Quando mudei para São Paulo, já tendo trinta anos de ensino, decidi aposentar-me e tive a alegria de ter como sucessor um eminente e brilhante jurista, muito dedicado à faculdade, que é o Professor Gustavo Tepedino. Ficaram-me de ambas as faculdades excelentes lembranças, e tenho, pelas duas escolas, muito amor e carinho, pois na FND me formei e comecei a ensinar e na UERJ lecionei por cerca de três décadas. Ambas são, pois, parte integrante da minha vida profissional e afetiva.

RTDC: O senhor fez o seu doutorado em Paris?

AW: Não, não fiz o meu doutorado em Paris. Em 1950, estando no Rio de Janeiro, o Professor René David conversou com San Tiago Dantas e Valladão a respeito de um concurso que estava sendo realizado pelo Instituto de Direito Comparado de Paris para estudantes da América Latina interessados na matéria. Fui incentivado a fazer uma monografia de direito comparado utilizando a biblioteca da faculdade. Tendo conseguido o primeiro lugar, ganhei uma bolsa de estudos e uma medalha da *Association Henri Capitant*. Adiei a viagem até o fim do curso, e o DASP publicou o meu trabalho, que se referia à influência do direito francês sobre o direito brasileiro no campo da responsabilidade civil. E, em 1954, passei um semestre trabalhando em Paris no Instituto de Direito Comparado e participando de reuniões do Comitê Internacional de Direito Comparado da Associação Internacional de Ciências Jurídicas e da Academia de Direito Comparado e preparando simultaneamente a minha tese de doutorado para a Faculdade Nacional de Direito, que defendi em 1956. Os meus estudos em Paris me deram o ensejo de conhecer os mestres da época, como Georges Ripert, René Savatier, os irmãos Mazeaud, Joseph Hamel e outros que lecionavam, a maioria deles, em Paris, mas alguns continuavam nas cidades onde tinham iniciado a sua vida (era o caso de Savatier, que fui visitar em Poitiers).

RTDC: O senhor destacou-se não apenas como jurista e professor de direito civil, mas também como ilustre advogado. Na sua opinião, o que é necessário, hoje, para ser um bom advogado?

AW: Além de uma boa cultura jurídica, o advogado do século XXI deve entender os mecanismos econômicos e sociais, que condicionam os direitos do cliente, e o contexto no qual os negócios se realizam ou a causa deve ser defendida. Precisa também, e essencialmente, de qualidades morais como a independência e a coragem profissional, que é "a dignidade sob pressão" (Hemingway). Cabe-lhe racionalizar a posição do cliente, ao qual não deve nem pode obedecer cegamente. Se é necessária e válida a presunção de estar certo o cliente, trata-se de presunção *juris tantum*, que deve ser verificada em cada caso. Uma vez aceita a causa, a paixão do advogado é importante, mas o seu comportamento deve ser equilibrado, cabendo-lhe atender aos princípios da confiança e da lealdade, do respeito ao Judiciário e aos colegas, que não deve ser confundido com a timidez ou a subserviência. O advogado deve ser criativo, mas submeter a sua imaginação ao teste da viabilidade, embora possa, e até deva, em certos casos, inovar e vencer preconceitos ou mitos superados.

RTDC: Quais foram os casos mais importantes de que o senhor participou?

AW: É difícil escolher, numa vida profissional de mais de meio século, os casos mais importantes, pois alguns o foram do ponto de vista da jurisprudência criativa, outros pelo contexto histórico, e ainda terceiros, pelo que representaram como marcos para a vida profissional. Elencarei, inicialmente, decisões, em processos nos quais funcionei, que mudaram ou formaram a jurisprudência nacional e examinarei em seguida sumariamente alguns outros casos de repercussão nacional.

Como advogado consegui a primeira decisão que:

a) concedeu medida liminar em *habeas corpus*; [Decisão do STM de 31.8.64 no *Habeas Corpus* nº 27.200, referido pelo STF no HC nº 41.296. *RTJ*, 33/597.]
b) admitiu, com consagração pelo STF, a impetração por terceiro de mandado de segurança contra sentença judicial da qual cabia outro recurso com efeito suspensivo, tratando-se de impetração por quem não participou no feito (RE nº 80.191); [*RTJ*, 87, p. 96-134, e meu artigo na *Revista dos Tribunais*, n. 517, p. 31.]
c) reconheceu a irresponsabilidade dos bancos depositários dos recursos pela diferença de correção monetária do Plano Collor (Súmula nº 725);
d) deu provimento ao conflito de atribuições para cassar decisão judiciária que constituía usurpação da competência do Conselho Monetário Nacional (CA nº 35 do STF); [*RTJ*, 130, p. 485-515.]
e) reconheceu o direito do concessionário à indenização pelos prejuízos que lhe foram causados por plano econômico (RE nº 183.180-4); [*RDA*, 224/392.]
f) admitiu a validade e o efeito vinculatório da cláusula compromissória, dispensando o compromisso arbitral; [*Revista de Direito Bancário, do Mercado de Capitais e da Arbitragem*, São Paulo, n. 7, p. 335, e *Revista de Arbitragem e Mediação*, São Paulo, n. 11, p. 222, out./dez. 2006.]
g) reconheceu a incompetência da justiça brasileira para anular decisão proferida em processo arbitral cuja sede era no exterior. [*Revista de Direito Bancário, do Mercado de Capitais e da Arbitragem*, São Paulo, n. 21, p. 412, jul./set. 2003, *Revista de Arbitragem e Mediação*, São Paulo, n. 5, p. 159, abr./jun. 2005.]

Como teses gerais que acabaram vencendo nos tribunais, cabe lembrar as seguintes:

a) a correção monetária das indenizações; [RE nº 79.663-SP e WALD, Arnoldo. A correção monetária na jurisprudência do Supremo Tribunal Federal. *Revista dos Tribunais*, São Paulo, n. 524, jun. 1979, p. 26.]
b) a validade da correção cambial como índice para reajuste de valor das tarifas; [AgRg na Suspensão de Liminar nº 57-DF (2004/0004599-1). Decisão de 1º.7.2004.]
c) a existência e os efeitos dos contratos conexos considerados pela jurisprudência "verdadeiros irmãos siameses";

d) a responsabilidade da União Federal pelas cartas de conforto dadas pela Sunaman aos banqueiros credores dos estaleiros navais;

e) a definição da "sentença final" nas desapropriações como sendo a que transfere a propriedade do bem, após o pagamento integral da indenização.

A maioria desses casos deram margem a comentários e artigos que salientaram a sua importância em diversos campos do direito. Também no campo da arbitragem, pude funcionar em casos importantes, seja pela repercussão, seja pelas questões técnicas suscitadas ou pelo seu pioneirismo.

RTDC: O senhor atuou como conselheiro da OAB Federal durante grande parte do período da ditadura. Como foi defender os direitos humanos e o devido processo legal em meio a tantas violações aos direitos fundamentais?

AW: Na OAB, além de ter defendido os direitos individuais numa fase difícil da advocacia, tanto no STM quanto no STF, fiz vários votos e propostas para a expansão da atividade do advogado no direito societário, para defesa das prerrogativas dos advogados, e para a organização das sociedades de advogados, sem permitir a mercantilização da profissão. Foi muito enriquecedora para mim a estreita colaboração que tive, sucessivamente, com os vários presidentes do Conselho, entre os quais Miguel Seabra Fagundes, Laudo de Camargo, Ribeiro de Castro e Raimundo Faoro.

RTDC: Tendo o senhor atuado em diversas arbitragens, qual o seu posicionamento sobre o fortalecimento progressivo deste procedimento? Que mudanças ele traz para o nosso ordenamento?

AW: Luto pela implantação e pelo fortalecimento da arbitragem há mais de vinte anos e represento o Brasil na CCI desde o início do século. Penso que se trata de um importante instrumento de solução de conflito tanto para as pequenas causas (consumo, questões trabalhistas) como para os grandes litígios comerciais e administrativos, como tem sido reconhecido pelos nossos tribunais e, mais recentemente, pela AGU. É um meio de completar as lacunas do direito nas áreas em que está menos desenvolvido e um modo pacífico de resolver os problemas, sem alarde, confidencialmente, num ambiente de cordialidade, submetendo as divergências a especialista com o tempo disponível para decidir as controvérsias.

Em doze anos, fizemos uma verdadeira revolução em favor da arbitragem, com o apoio dos tribunais e o entusiasmo de advogados e professores. Trata-se, agora, de fortalecer e democratizar ainda mais a arbitragem para que nela possa funcionar maior número de jovens advogados. E a função dos professores e dos Conselhos da OAB e das Câmaras de Arbitragem, pelas suas comissões próprias. A arbitragem permite soluções rápidas e flexíveis e tem importância ainda maior para os países em desenvolvimento, que necessitam de muitos recursos para a sua infraestrutura e cuja justiça ainda não é especializada. Não obstante os esforços recentes, ela continua sendo relativamente lenta. Se o tempo da justiça não consegue ser o da economia, a arbitragem é um meio de conciliar os ideais jurídicos e os valores de nossa civilização com as novas necessidades decorrentes da tecnologia, do progresso industrial e do crescimento econômico.

RTDC: Qual a sua opinião sobre o Supremo Tribunal Federal brasileiro?

AW: Tivemos, ultimamente, um importante progresso, dando novo ritmo às decisões e criando novas técnicas que se coadunam com a economia de massas. Nos dez últimos anos, foram reformulados os processos da ADI e da ADC e surgiu a ADPF, fortalecendo-se, outrossim, a reclamação constitucional. Estamos colocando o Supremo Tribunal Federal em condições de acompanhar o desenvolvimento nacional, dando segurança jurídica ao país. Os ministros não estão mais numa torre de marfim, mas procuram acompanhar os problemas nacionais, dando-lhes a adequada solução inclusive no caso de omissões do Legislativo ou de usurpação de competência pelo Executivo. Os países em desenvolvimento necessitam de uma justiça que não mais seja "minimalista", aceitando os desafios políticos quando ocorre uma lesão de direito. É o que o STF tem feito em julgamentos como a omissão legislativa em relação ao direito de greve dos funcionários públicos, no tocante à fidelidade partidária e, mais recentemente, em relação a certas medidas provisórias. A comparação com o passado deve ser feita examinando as condições e necessidades que existiam em cada momento, e, neste sentido, o nosso STF continua sendo aquele referido por Aliomar Baleeiro, que funciona como freio ou acelerador do legislador, fixador de políticas públicas, defensor dos direitos sociais e garantidor da segurança jurídica.

RTDC: Qual a sua opinião sobre o polêmico tema da utilização das células-tronco para fins terapêuticos, hoje em discussão no Supremo Tribunal Federal brasileiro?

AW: A utilização das células-tronco para fins científicos e terapêuticos é uma conquista do nosso século e um imperativo categórico que a Justiça deve reconhecer. Ao Estado cabe garantir a saúde do cidadão e dar-lhe os meios adequados para evitar e combater as doenças, mitigando os seus efeitos, no plano individual e coletivo. A pesquisa científica deve ser incentivada e não pode sofrer barreiras por motivos ideológicos. O voto do Ministro Carlos de Britto é uma lição de direito e de interpretação constitucional. É também uma aula de moral e de solidariedade humana.

RTDC: Há algum Ministro ou ex-Ministro cuja atuação o senhor destacaria na Corte Suprema?

AW: Os atuais Ministros são os dignos sucessores de Vitor Nunes Leal, Orozimbo Nonato, Nelson Hungria, Aliomar Baleeiro, Bilac Pinto e tantos outros. Cada um deles, na sua área específica de vivência e de acordo com o seu temperamento, dá à Corte Suprema o melhor do seu talento e de sua dedicação. Deve-se, aliás, reconhecer que o STF tem tido uma atuação de independência e transparência na interpretação construtiva da Constituição que honra os tribunais brasileiros. Pelo fato de estarem na Presidência e Vice-Presidência do STF, assim representando toda a Corte Suprema, além de suas qualidades intelectuais e pessoais, poderia citar os Ministros Gilmar Mendes e Cezar Peluso.

RTDC: Dentre suas diversas teses vencedoras no Supremo Tribunal Federal, destaca-se aquela relativa à caracterização e à eficácia dos contratos coligados, em controvérsia atinente a contratos de fornecimento de combustíveis para postos de gasolina coligados a comodatos. A matéria foi relatada pelo Ministro Moreira Alves no RE nº 78.162. Essas discussões tão palpitantes de direito privado deixaram de ocorrer no seio do Supremo? Perdeu com isso o direito civil brasileiro?

AW: Não acho que tais discussões tenham deixado de ocorrer. Ao contrário, nos últimos três anos, tivemos julgamentos em que a discussão alcançou o mais alto nível tanto em relação às matérias técnicas quanto às políticas. Basta lembrar, entre outros casos recentes, o julgamento da tablita, o da política tarifária, o da fidelização partidária e a recente liminar concedida na ADI referente à inconstitucionalidade da MP, entre outros.

Em numerosos acórdãos, as matérias de direito privado foram exaustivamente estudadas, mas é preciso reconhecer que a competência para elas passou, em grande parte, para o STJ, não obstante existir uma constitucionalização do direito civil reconhecida pela doutrina e pela jurisprudência.

RTDC: Tornou-se célebre a sua tese de doutorado sobre *A Cláusula de Escala Móvel*, apresentada à Congregação da Faculdade Nacional de Direito. Qual a influência da economia sobre o direito civil, e qual deve ser, na sua opinião, a postura do jurista em relação ao mercado?

AW: A economia e o direito são complementares. É preciso que o advogado e o julgador façam a análise econômica tanto nos contratos quanto na responsabilidade civil, para que possam respectivamente completar os seus arrazoados e suas decisões. Mas conhecer a economia não significa que as soluções econômicas devam prevalecer. O direito disciplina a economia, como também atua em outras áreas da vida social. Na sociedade de riscos na qual vivemos, é preciso que a norma jurídica e a sentença judicial sejam eficazes, e, para tanto, o conhecimento econômico é importante em determinados casos. Já escrevi a este respeito que cabe, todavia, não exagerar o papel da economia em relação ao direito. A introdução da noção de eficiência no direito é condição *sine qua non* do progresso econômico e da boa aplicação da Justiça. O que não se pode fazer é submeter o Direito à Economia. Queremos uma justiça eficiente, no tempo e na qualidade, mas não uma justiça que esteja exclusivamente a serviço da economia, sacrificando os direitos individuais ou desrespeitando os contratos. Entendemos que Economia e Direito se complementam, pois "o direito sem o mercado é a imobilidade ou paralisia da sociedade", enquanto "o mercado sem o direito é o caos" (Alain Minc).

A função do jurista e do magistrado necessita, todavia, evoluir. O Professor George Stigler entende que os economistas se distinguem dos juristas, pois os primeiros olham para o presente e o futuro, enquanto os advogados e juízes se concentram no passado, pretendendo restabelecer o *status quo ante*. Essa afirmação não corresponde à verdade. Ao direito cabe garantir o ressarcimento das vítimas que sofreram a lesão ou os danos já ocorridos, mas deve também construir o futuro estabelecendo normas de condutas e utilizando a conciliação e a decisão judicial ou arbitral como instrumentos de paz e de convivência harmoniosa entre os homens e as empresas. Podemos, pois, concluir que economistas e juristas, embora falando línguas e utilizando técnicas diferentes, se identificam pelas suas metas e pelos seus ideais, pois reconhecem que, na hierarquia dos valores, o da justiça precede o da eficiência econômica. Mas a justiça deve ser eficiente e humana, garantindo não só a legalidade, como também a segurança jurídica, pois ambos os princípios têm o mesmo valor constitucional, como bem salientou o Ministro Gilmar Mendes.

RTDC: Sua atuação no âmbito do direito monetário, especialmente no tocante à utilização judicial da correção monetária, foi determinante em um período particularmente difícil da economia brasileira. Como o senhor viu o processo de desindexação da economia ao longo dos anos noventa e como vê os dispositivos do Código Civil de 2002 (arts. 315-318) sobre o tema?

AW: A correção monetária é, como a cortisona, um remédio para doenças sérias. O melhor é não precisar dela, pois a inflação ou desapareceu, ou ficou em nível aceitável pela sociedade. A respeito dela escreveu Roberto Campos, em prefácio do livro que escrevi com Mario Henrique Simonsen e Julian Chacel, que o Brasil, não podendo alcançar a virtude (ausência de inflação), ao menos conseguiu neutralizar o vício (pela correção monetária). É possível que estejamos alcançando a virtude (estabilização monetária) e não precisemos mais do remédio (correção) para neutralizar o vício (inflação). Assim mesmo, em determinados casos e especialmente em contratos internacionais ou de prazos longos, a correção monetária prevista pelas partes pode evitar a necessidade de, no futuro, aplicar a teoria de imprevisão cujos resultados, pela sua natureza, são imprevisíveis.

RTDC: Seu livro de *Direito das Sucessões* é dedicado também aos seus pais. O senhor pode nos falar um pouco sobre a influência que eles tiveram na sua escolha pelo direito?

AW: Meu pai se formou em direito, embora não tenha praticado a advocacia, ele e minha mãe tinham um sentido profundo da justiça e uma indignação diante das injustiças. Com eles aprendi, desce cedo, que era preciso defender os direitos fundamentais do indivíduo, com coragem e tenacidade, e que de nada adiantavam decisões judiciais inócuas, pois a Justiça devia ser eficiente e, na medida do possível, rápida e acessível a todos. Ensinaram-me que, na vida social, não há maior desordem do que a decorrente da injustiça. A preocupação, que se revela, desde os meus primeiros artigos e estudos a respeito da responsabilidade civil e do mandado de segurança, reflete essas preocupações da geração que nasceu no início do século XX e que viu duas guerras mundiais.

RTDC: O ministro do Supremo Tribunal Federal, Gilmar Mendes, o professor Diogo Leite de Campos e o jurista Ives Gandra Martins lançaram o livro *A Evolução do Direito no Século XXI – Estudos em Homenagem ao Professor Arnoldo Wald*. Como foi receber uma homenagem como esta?

AW: Foi com grande emoção que recebi a homenagem organizada pelo Ministro Gilmar Mendes e pelos Professores Ives Gandra Martins e Diogo Leite de Campos, todos amigos de longos anos, com os quais tive o prazer e a alegria de conviver e de trabalhar em várias fases da minha vida. A escolha dos colaboradores de várias gerações, nacionalidades e especializações me sensibilizou e a leitura dos vários artigos me deu uma verdadeira felicidade, tanto pelos ensinamentos neles constantes como pelas referências generosas a trabalhos meus ou à minha vida profissional. Embora possa haver um pouco de vaidade do professor e advogado, que alcança o meio século de atividade profissional, ela me parece perdoável no caso, pois impregnada de amizade e tendo a procura da verdade, no campo jurídico, ou seja, da Justiça, como diretriz comum, entre os organizadores da obra, os autores dos artigos e o homenageado.

RTDC: O Professor Pontes de Miranda fez um prefácio para um de seus livros. Qual a contribuição do Professor Pontes de Miranda para sua vida acadêmica?

AW: Conheci e admirei Pontes de Miranda pela sua universalidade, pelo seu conhecimento global, pela sua obra na qual todos os assuntos foram tratados minuciosa e claramente. Quando decidi publicar o meu curso, ele teve a bondade de fazer o prefácio, que, disse-me ele, devia ser curto, mas preciso, como o livro didático. Em cerca de quarenta anos, o direito civil brasileiro mudou muito e a minha obra acompanhou as mudanças, mas mantenho o prefácio que o mestre dos mestres fez para o então jovem professor que era seu discípulo e seu amigo.

RTDC: O senhor foi presidente da CVM no ano de 1998: como foi essa experiência?

AW: Foi uma experiência rica, embora realizada numa fase difícil da economia nacional em virtude da inflação galopante que tivemos na época. Permitiu a abertura do nosso mercado de capitais, com a política da conversão de dívidas em investimentos, trazendo ao Brasil, e especialmente para o capital das sociedades, participações duradouras e estáveis de empresas estrangeiras. Mudamos, assim, toda a estrutura da Bolsa, que anteriormente não deixava de ser um pouco paroquial. Foi também a época na qual regulamos o mercado incentivado, fizemos os primeiros passos para a privatização e elaboramos o projeto da ação civil pública específica para as infrações da legislação do mercado de capitais (Lei nº 7.913/89). Foi assinado, na ocasião, o primeiro convênio entre a CVM e a SEC (*Security Exchange Commission*) norte-americana para combater as fraudes e facilitar a circulação de ações entre os dois países. Muitos sonhos daquela época levaram tempo para amadurecer e se transformar em realidade. Mas, quando, hoje, vejo a Bovespa fazer a sua fusão com a BMF para alcançar, conforme os critérios escolhidos, o terceiro ou quarto lugar, no *ranking* mundial, entendo que o tempo gasto na minha gestão não foi perdido e, no longo prazo, deu bons frutos.

RTDC: Qual o seu método de trabalho acadêmico? De todas as suas obras, qual considera a mais importante?

AW: Tenho trabalhado em artigos e livros e feito palestras, participando de seminários e de bancas examinadoras. Já fui mais ativo no plano acadêmico e atualmente tento encontrar um equilíbrio entre o trabalho científico, a vida profissional do advogado e um relativo lazer que tenho aproveitado adequadamente. Os livros que escrevemos são como filhos em relação aos quais a preferência é proibida. A maioria dos meus trabalhos foi de natureza didática ou de divulgação do nosso direito no exterior. Alguns estudos são mais científicos e têm relativo pioneirismo.

RTDC: Qual a herança mais preciosa que o direito oferece ao século XXI?

AW: O fim do século XX apresenta um enorme e rápido progresso tecnológico, que nos levou a uma crise generalizada ou, ao menos, a mudanças em todos os campos. O direito estava atrasado em relação aos fatos, e vivíamos num caos jurisprudencial e num clima de inflação legislativa. Coube ao início do século XXI pôr a casa em ordem, com um novo Código Civil, uma revisão processual, uma reorganização dos tribunais e um esforço para restabelecer o papel tanto da ética quanto do Estado de Direito. O desenvolvimento implica, algumas vezes, a necessidade de abandonar técnicas e conceitos que se tornaram obsoletos. É a destruição criativa, que se faz na economia, e que estamos fazendo no direito. Quando se passa de um mundo de dogmas e de verdades consideradas absolutas para um universo dominado pelo relativismo, em todos os campos, cabe ao direito aceitar e, algumas vezes, promover as mudanças das suas técnicas e dos seus institutos, mantendo, todavia, os princípios essenciais, os valores de nossa civilização e os pilares do Estado de Direito.

É uma função mais difícil para o jurista, que não pode mais ser um dogmatista puro, mas ao qual não é lícito abandonar o respeito ao sistema do direito vigente. A construção e a interpretação, ao mesmo tempo corajosas e prudentes, se impõem, especialmente numa ciência, como o direito, que sempre foi conservadora e na qual se preferem a continuidade à ruptura e a evolução à revolução. Fazemos, assim, nossas as afirmações de Michel Albert, Jean Boissonnat e Michel Camdessus quando escrevem:

"o legado mais temerário que o século XX deixou ao XXI é, nesse campo, a total incoerência entre um mercado cada vez mais globalizado e o imenso déficit do direito mundial, inclusive no que diz respeito aos direitos sociais. É esse déficit que deve ser combatido, notadamente pelo aprendizado do domínio desse processo histórico exclusivamente mecânico e fora do controle que é hoje a globalização". [ALBERT, Michel; BOISSONNAT, Jean; CAMDESSUS, Michel. *Notre foi dans ce siècle*. Paris: Arléa, 2002. p. 121.]

Devemos, pois, construir o direito adequado para, no campo social e econômico, adaptar as técnicas jurídicas às novas necessidades e aos desafios do nosso tempo, ou seja, como já afirmei há quarenta anos, chegou a hora de elaborarmos o direito do desenvolvimento.

ENTREVISTA COM CÉLIO BORJA[1]

RTDC: O senhor é dono de uma notável biografia, que passa pelas mais diversas áreas e momentos históricos. Quais foram suas principais influências? Quais autores, quais figuras mais marcaram sua formação, interferindo, direta ou indiretamente, nas suas atitudes, no seu pensamento e na sua atuação profissional?

CB: Herdei a fisionomia moral de meu pai: fidelidade estrita aos próprios deveres e respeito sacrossanto à liberdade alheia; e um arraigado sentimento liberal em política. Paciência comigo mesmo, compreensão e abertura para os demais. De minha mãe, a ternura pela família e o bom gosto, que não consigo imitar. Influíram na formação de minhas ideias a filosofia grega, a patrística cristã, aprendida na convivência com os monges de São Bento, a civilização e a cultura de Roma, primeiro, e, depois, o direito romano, que para mim é, até hoje, a fonte mais alta do conhecimento jurídico. A primeira juventude foi de obsessiva leitura de obras históricas; *Cartas de Inglaterra* de Ruy Barbosa mostrou-me a importância do homem de Estado que se prepara para governar e administrar seu país. Ruy conquistou-me para o direito público, quando subsequentemente li suas obras jurídicas. Nabuco foi um deslumbramento. Zacarias de Góes e Vasconcellos, um exemplo. Teria que mencionar muitíssimos outros, entre brasileiros e estrangeiros.

RTDC: Como se deu a opção pelo Direito? Como o senhor conciliou a atividade jurídica com a política, ao longo das últimas décadas?

CB: Minha decidida opção foi pelo direito-ciência, próprio do professor, e, secundariamente, pelo direito-arte, aplicado a situações concretas. Claro, quando me tornei advogado e legislador, deixei-me conduzir pelos encantos da aplicação do direito. Como parlamentar, sempre me comportei e fui visto pelos colegas como jurista. Como o direito sempre teve precedência, sofri as restrições decorrentes, mas ganhava a confiança geral quando se queria sobrepor objetividade e isenção ao voluntarismo dos interesses de partido.

RTDC: Que papel tiveram a literatura, a poesia, o cinema, as artes em geral, a ciência política, em sua formação pessoal e acadêmica?

[1] Entrevista concedida à *Revista Trimestral de Direito Civil – RTDC*, v. 36, out./dez. 2008.

CB: A literatura – muita poesia memorizada na juventude brota espontaneamente dos lábios do velho, com ou sem motivo aparente; muito cinema, vida em movimento que aviventa a vida que nos livros só se mostra estática ou em instantâneos; o romance, retrato da alma humana; as artes plásticas clássicas, espelho do corpo, e a impressionista e a moderna que sugerem estados d'alma; a música erudita e popular, a folclórica, ajustaram-se à índole contemplativa que me é inata e à paixão pelo Brasil vivíssima ainda. A filosofia primou sobre a política; esta não consigo, até hoje, classificar como ciência, se não no sentido aristotélico ciência e arte deônticas do bem comum. Quando iniciei minha formação acadêmica, levava esta bagagem. Ela permeou toda a minha vida.

RTDC: O senhor pode nos falar sobre sua história acadêmica, sobre as possíveis semelhanças e diferenças que enxerga em relação ao estudo e ensino do Direito ontem e hoje, levando-se em conta todas as alterações de panorama e paradigmas que se verificaram e se têm verificado?

CB: Para ser breve, hoje, o direito é sobretudo arte ou mesmo técnica, e cada vez mais ocupa-se empiricamente de uma casuística, que ora se reproduz servilmente, ora libera o intérprete para a criação de regras quase-impressionistas, produzidas por convicções e sentimentos pessoais. Antes, com todas as deficiências conhecidas, o ensino jurídico tinha em mira a ciência do direito, que se foi depurando dos elementos pré ou metajurídicos, e firmando-se em fontes, método e objeto próprios.

RTDC: Atuando sob diferentes papéis – militante (desde fins da década de 40), professor, deputado, Ministro do STF e da Justiça –, o senhor esteve nos mais variados ambientes e instâncias, em diferentes momentos e convivendo com diferentes protagonistas, sempre com vistas à construção da democracia. Como o senhor avalia o papel do Direito nesse processo? Como o senhor vê a relação entre direito e política, entre direito e democracia?

CB: Devo precaver-me contra a tentação de superestimar a influência do direito no estabelecimento do Estado democrático. Mas, se ele não for de direito, dificilmente ou nunca será democrático. A liberdade, que é o atributo essencial desse regime, tem por garantia a fraternidade, que Maritain denominou amizade cívica, indutora da igualdade, ou seja, da liberdade; somos iguais porque somos amigos e semelhantes e porque estamos todos submetidos à mesma condição e à mesma lei. A moral é a substância da política. Ciência deôntica, do *dever-ser*, a moral política nos submete ao dever supremo do serviço do bem comum. O bem particular da pessoa, da família, das associações, dos círculos menores é que é lesado quando é preterido o bem comum que a todos compreende.

RTDC: Conte-nos um pouco a respeito da atividade do jurista e do político, de como se pode ou deve conciliá-las, sobre as diferentes dinâmicas que as norteiam. Como se dá o papel da oratória, da eloquência e do silêncio das letras na atuação do deputado na tribuna e do juiz no tribunal? Que diferenças o senhor vê entre a atuação da tribuna da Câmara e do plenário do STF?

CB: Não me recordo de perceber-me dividido entre o direito e a política, a tribuna parlamentar e a cátedra do Supremo Tribunal Federal. As diferentes espécies de conhecimento foram-se arrumando na minha cabeça e no meu coração, terminando por constituir uma única visão do mundo. Quando iniciei a judicatura, deveres morais e jurídicos já estavam harmonizados. Fui depurando ao longo da vida a paixão sutil das ideologias e curvando-me aos deveres. Fui vítima, no meio acadêmico e jurídico, do preconceito oriundo da suposição de o exercício de mandatos políticos ter esmaecido meu conhecimento e minha experiência do direito e desvirtuado minha qualidade de jurista. Sofri calado. Valeu a pena esperar.

RTDC: Como o senhor analisa a relação entre Legislativo e Judiciário?

CB: A separação de poderes não é politicamente útil apenas. O é também funcionalmente. Separar a produção da norma jurídica da sua interpretação e aplicação coativas evita a lei feita para o caso. Assim como vincular à lei o seu aplicador, reservando a equidade para o preenchimento das lacunas, assegura que ninguém será julgado exclusivamente segundo o livre entendimento do juiz (*Judge's good conscience*), seja ele bom ou mau. Como poderes constitucionais da nação, Legislativo e Judiciário se subordinam a dois imperativos: independência e harmonia, sem embargos da intercorrência de atribuições judiciais no Legislativo (*impeachment*) e normativas e administrativas no Judiciário (súmulas e autogoverno). Contudo, nem a súmula é norma jurídica, mas norma técnica de interpretação, nem a administração própria de cada um permite-lhe intervir na dos outros poderes.

RTDC: O senhor é um conhecido entusiasta da monarquia, que estudou a vinda da família real portuguesa para o Brasil. Há alguma figura daquela época que o senhor destacaria? Por qual razão?

CB: Nenhum brasileiro que conheça objetiva e desapaixonadamente a história do nosso país desconhece a contribuição do período monárquico para a instauração, no Brasil, de instituições políticas fundadas na liberdade das pessoas e na soberania, independência e dignidade do povo e do Estado. A liberdade de imprensa advinda com o Decreto de D. João VI, que aboliu a censura prévia e assegurou a liberdade de informação; a garantia da liberdade pessoal, por ato do Príncipe Regente D. Pedro, que proibia a prisão de qualquer pessoa sem culpa formada e ordem do Juiz territorialmente competente, atestam o compromisso liberal do Império do Brasil. Ninguém representa melhor essa vocação do que o Imperador D. Pedro II, firme defensor da liberdade de publicar e informar, mesmo quando pessoalmente atingido ou em sua família.

Sob seu reinado, institui-se a Presidência do Conselho de Ministros (Decreto Alves Branco – 1847) e, assim, o sistema parlamentar de Governo. Sem embargo da longa e difícil Guerra do Paraguai, não se adiou uma eleição para a Câmara de Deputados, o Senado ou Assembleias Provinciais. Ninguém melhor do que D. Pedro II representa a liberdade no Brasil, porque porfiou por conservá-la e ampliá-la, com sacrifício do próprio trono.

RTDC: Conte-nos um pouco de sua experiência quanto à atuação como Ministro do STF. Quais os fatos, os julgados mais marcantes? Como foi atuar no Tribunal Supremo na época em que se reiniciavam os anos de democracia?

CB: A atitude do Supremo Tribunal Federal foi e continuou sendo a mesma, antes e depois dos governos militares: invariavelmente julgou segundo a Constituição e as leis feitas por outros poderes, nunca por ele mesmo. Até o advento da Constituição de 1988, o Supremo exercitava prevalentemente a *appealate jurisdiction* e, eventualmente, a jurisdição constitucional, quase sempre por via incidental. Costumava ser assim, mesmo depois da Emenda nº 16, de 1966, que criou a ação direta de inconstitucionalidade. Embora à maioria, se não à totalidade, dos seus Ministros desagradasse a ideia de uma corte constitucional política, o Supremo Tribunal nada reivindicou do poder constituinte de então; mas abraçou suas novas atribuições com devoção, votando-lhes maior interesse, mais atenção e tempo do que aos demais atos de sua competência. Pessoalmente, compartilhei a mesma orientação dos meus colegas.

RTDC: Como o senhor recepcionou as muitas mudanças do período no âmbito do STF, especialmente com o advento da Constituição de 1988? Como o STF as recepcionou?

CB: Recebi-as com interesse, assim como os demais juízes da Corte. Não nos iludimos com a pirotecnia, mas mantivemos o espírito alerta para o lento e difícil processo de ordenação legislativa e jurisprudencial dos novos institutos e para os riscos da falta de visão e de ponderação. Afinal, graças à elaboração doutrinária para a qual concorreram também os Juízes do Supremo e o esforçado trabalho jurisprudencial, as novas instituições floresceram e já dão frutos.

RTDC: O senhor testemunhou e mesmo participou de momentos políticos marcantes, inclusive de grave crise institucional, como o golpe militar de 1964 (quando era deputado pela UDN) e o *impeachment* de Fernando Collor (quando era ministro da Justiça). Como conjuga aquelas crises e momentos políticos – inclusive uma longa ditadura – com o atual panorama político, social e econômico atual? Com relação à atividade de jurista, quais os novos desafios? Quais as questões a serem enfrentadas hoje? Quais as heranças e as lições desse passado recente?

CB: "Viver es ver volver", dizia o grande Azorin. Quem viveu muito, como eu, sabe que as novidades de um regime ou de um sistema político alteram pouco a realidade jurídica. O direito é muito antigo e muito bem fundado. Tendo adquirido alguma experiência política, ser que não só o direito privado, mas também o público não se abala tanto quanto esperam os fautores dos novos ordenamentos. Mais vale, penso eu, a fidelidade à lei, como no impedimento do Presidente Collor, que sinaliza para os seus sucessores que eles não são irremovíveis. Os novos panoramas, político, social, econômico, não caíram do céu, mas vêm sendo divisados laboriosamente ao longo de 20 anos. O que me encheu a alma de indivisível alegria foi a revogação dos atos institucionais (1979), que coroou um esforço paciente e persistente de restituir o Brasil à sua vocação de liberdade, que é a melhor herança de nosso passado e transcende formas políticas e ilusões ideológicas.

RTDC: Como foi participar de momentos como o *impeachment* de Collor, na perspectiva de quem esteve bem perto dos acontecimentos, como Ministro da Justiça?

CB: Participei desse episódio como ele deve ser vivido por um Ministro da Justiça: como garante das instituições livres que o povo brasileiro deu a si próprio. Em nenhum momento confundi essa minha responsabilidade com a veleidade de ser advogado do Presidente, mas exclusivamente do Brasil.

RTDC: O senhor passou por diferentes Constituições, até a de 1988 – a "Constituição Cidadã" –, e por diferentes momentos políticos e sociais do país. Como avaliar a evolução constitucional, ou do direito constitucional, do país? Essa evolução esteve acompanhada de um avanço também em outras esferas, como a do direito civil?

CB: Como disse, o direito privado, mas sobretudo o civil, são antiquíssimos e tão solidamente concebidos e clausulados que pouco se abalam com mudanças políticas. Suas disposições são influenciadas e inspiradas nas transformações da vida social, oriundas da própria dinâmica e das novas aspirações dos indivíduos e dos grupos. A sociedade transpira seus desejos, comunica-os por osmose, pouco grita, quase nunca teatraliza, mas, constantemente, se renova, como as células do corpo humano. O que o gênio político e o jurídico podem fazer é pressentir essas aspirações e dar-lhes forma. É o que vem ocorrendo com o direito civil. Coube-me, como Presidente da Câmara dos Deputados, em 1975, designar Relator Geral do projeto do Código Civil o saudoso colega e amigo Tancredo Neves. Foram necessários quase 20 anos para que o projeto se convertesse em lei, sucedendo a um monumento da língua portuguesa e do direito brasileiro, que é o Código Civil de 1916.

RTDC: Como deputado federal, o senhor provavelmente acompanhou a tramitação do projeto do novo Código Civil no Congresso – ao menos seu início. Que avanços e retrocessos o senhor aponta nesse diploma? O senhor vê problemas na tardia promulgação? E o que dizer de sua relação/integração com a Constituição de 1988? O senhor vislumbra uma mudança de foco?

CB: Como professor, minha especialidade é o direito constitucional. Contudo, não simpatizo com o movimento de constitucionalização do nosso direito comum, porque nisto pressinto uma ressurgência do autoritarismo antiliberal, de tipo positivista, que envenenou as instituições republicanas ao opor o progresso social e econômico, que seria a nova ideologia dos militares republicanos, ao primado da liberdade, objetivo da monarquia. No barco da efetividade da Constituição, descubro um clandestino: a supressão da autonomia privada e do direito subjetivo, em favor do direito objetivo, não à maneira de Duguit, mas das autocracias populistas modernas: nelas só existem deveres e o direito de cumpri-los sob as penas da lei. Há, sim, uma mudança de foco, a meu ver, para pior. Valem-se seus propugnadores, por vezes, de intenções piedosas que, em toda parte, degeneraram em crueldade e barbárie.

RTDC: Nos últimos anos, tem-se visto levar a efeito um processo de modernização do Judiciário, e também de organização. Qual a importância desse processo? Pode-se dizer que é um caminho sem volta? Que impacto teve, nesse sentido, a Emenda Constitucional nº 45, de 2004? Ainda há muito a ser feito?

CB: Não vejo por que razão a modernização do Judiciário deva ter volta. Erra-se, sem dúvida, e isto é inevitável; o erro será corrigido no próprio curso desse processo. Como nos versos de Antonio Machado, "se hace camino al andar".

RTDC: Sua obra abarca temas os mais diversos, com foco no direito constitucional e na política, passando, por exemplo, pela questão do controle de constitucionalidade, imunidade tributária, federalismo, direitos dos aposentados, reforma do Poder Judiciário. Há algum tema específico sobre o qual o senhor tem dedicado especial atenção, ou para o qual o senhor deseja chamar maior atenção?

CB: Penso muito na doutrina do precedente judicial que se está formulando. A literatura que surge a tal respeito inspira-se em fontes americanas, embora a origem mais nobre, as formulações doutrinárias e jurisprudenciais mais precisas e mais solidamente fundamentadas sejam as da doutrina inglesa do precedente. Embora preciosa a tradição da Suprema Corte dos Estados Unidos, de afirmar como *binding*, não a *ratio decindendi*, mas o *ruling* de seus acórdãos, ela é totalmente contrária à letra e ao espírito da Constituição de 1988 e da consagrada aplicação que aqui se dá à separação de poderes, que, aliás, não é norma da Constituição americana.

RTDC: Como o senhor avalia o papel do advogado ontem e hoje?

CB: Desvirtua-se a missão do advogado quando se inculca ser ele, acusador dos infratores e juiz da sociedade, não o curador da humanidade, como se prometia no meu antigo compromisso de bacharel em direito. Trata-se de uma aberração, que me entristece, assim como a arrogância da Ordem dos Advogados, fazendo-se oráculo do que é certo em qualquer campo da atividade humana. Um pouco de compostura, circunspeção e modéstia não fariam mal à nossa classe.

RTDC: O senhor aposentou-se como Ministro do STF antes da chamada Reforma do Judiciário, trazida pela Emenda Constitucional nº 45, de 2004, que trouxe diversas alterações. Como o senhor avalia as atribuições dos Ministros de hoje? Como o senhor vê o papel do Judiciário, em termos gerais, diante dessa mudança de perspectiva e de regras?

CB: Os ministros do Supremo estão, hoje, mais bem assistidos, por *staff* mais numeroso e egresso de cursos jurídicos conceituados. O aparelhamento do Tribunal é moderno e eficiente. O maior número de processos é compensado por essas novidades, pela coordenação dos fluxos, pela simplificação e automação dos procedimentos. Não me agrada, como aposentado, sugerir o que quer que seja aos que estão com a mão na massa e suportam as pressões das partes, em particular, e a da sociedade, em geral; esta, desesperando do Executivo e descrente do Legislativo, tem no Judiciário o santo das causas impossíveis. Permito-me, apenas, manifestar uma perplexidade: fundamentar decisões quaisquer em argumentos pré ou metajurídicos abre a porta para os juízos de oportunidade e conveniência e escancara a porta do arbítrio judicial.

RTDC: O jornalista político Villas Boas Corrêa diz que o senhor "ensina como é possível caminhar abrindo caminhos sem se arranhar nos espinhos" (http://www.senado.gov.br/sf/noticia/senamidia/historico/1999/3/zn031019.htm). Com aproximadamente 60 anos de atuação como jurista, político, acadêmico, numa longa trajetória marcada por suas convicções de democrata, liberal, legalista e defensor da transição do arbítrio para espaços de liberdade, que conselho(s) e esperanças o senhor daria aos juristas, acadêmicos e políticos de toda geração, em especial aos futuros juristas, em cujos corações e mentes residem os embriões da política e do direito, para que continuem caminhando e abrindo caminhos?

CB: Aos novos juristas, lembro que o direito é ciência, não apenas arte ou técnica. O jurista não é operador de máquinas, mas investigador da legitimidade dos atos humanos à luz da razão e da experiência histórica; é formulador de normas e pacificador de litígios. A ciência do direito funda-se em postulados: I. *pacta sunt servanda*: o que a vontade das partes ou do legislador estipula deve ser obedecido; II. a vontade da lei e a das partes deve ser conforme à justiça (razoabilidade, proporcionalidade). Quanto ao direito-arte, tenho como válido, ainda hoje, o compromisso que prestei quando recebi o grau de bacharel em direito: o advogado nunca abandona a causa da humanidade.

ENTREVISTA COM ANA PRATA[1]

RTDC: A professora poderia nos falar um pouco sobre sua escolha pelo direito e seus anos de formação acadêmica?

AP: Bom, isto é mesmo informal, não é? Então eu conto rigorosamente a verdade. Eu não escolhi o direito. Eu fui mais ou menos forçada a escolher o direito, porque o que eu queria era fazer um curso de línguas e literaturas portuguesa e francesa. Quando tomei essa decisão, o meu pai, que tinha feito letras e depois tirou direito a seguir, porque senão não vivia, não tinha emprego minimamente remunerado, ficou em pânico. Ficou em pânico quando eu disse que iria para letras. Depois de dois ou três dias de grande discussão e complicação, eu fiz um acordo com ele, uma transação, em sentido técnico-jurídico: eu faria direito e a seguir, letras. De modo que para mim o direito não foi uma escolha; foi um compromisso que eu assumi. *It was a job*. Eu fiz o direito sem interesse, sem frustração, sem decepção, porque eu não ia à espera de nada. Era uma coisa que eu tinha dito que faria, e fiz. Estudei o necessário para não ficar reprovada nunca, mas eu não gostava. Aquilo não era a minha vida, não era o meu futuro, aquilo não me interessava rigorosamente. E, de fato, a seguir, quando acabei o curso, já estava casada, já tinha dois filhos, já tinha um emprego. E tinha me inscrito em letras, e comecei o curso de letras. E, entretanto... isto foi no ano letivo de 1973-74, só para terem uma ideia de como eu sou velha! Entretanto, deu-se o "25 de Abril". E, de fato, havia filhos, emprego, estágio de advocacia, curso de letras e a animação inerente àquele período. Alguma coisa tinha de ficar para trás... O que ficou foi o curso de letras. Tenho o primeiro ano feito.

Fiz estágio de advocacia com o Dr. Jorge Sampaio. Foi um período magnífico da minha vida. Nunca fiz de fato advocacia em sentido próprio. Em bom rigor, eu só tinha de fazer as peças processuais. Ele me dava as peças. Foi um período felicíssimo, uma animação. Foi nessa altura, a seguir ao "25 de Abril", que a Faculdade de Direito desmantelou completamente. Uma grande parte dos professores foi saneada, e os que restaram se solidarizaram com aqueles que tinham sido saneados pelos estudantes. De modo que a faculdade ficou sem ninguém que ensinasse. Eu nem sabia disso, nem tinha nada que ver com o assunto. Até que houve um homem, que é o José Sousa Brito, que

[1] Entrevista concedida à *Revista Trimestral de Direito Civil – RTDC*, v. 37, jan./mar. 2009.

nunca se doutorou, foi conselheiro do Tribunal Constitucional há alguns anos e dá aulas na Faculdade de Direito da Universidade Nova de Lisboa como professor convidado. Ele e mais duas ou três pessoas. É um homem moderado.

Começaram a tentar reorganizar a faculdade, a tentar repor a faculdade de pé. E o que aconteceu foi que foram ter com o Jorge Sampaio. Nomeadamente, o José Sousa Brito foi ter com o Jorge Sampaio, e o Jorge Sampaio disse: "Eu?! Dar aulas?! Não. Há a Ana...". Eu gosto muito do Jorge Sampaio, e acho que em alguma medida é uma amizade retribuída. Tudo o que eu fazia, na opinião dele, era genial. As coisas mais banais ele achava geniais. E eu: "Eu?! Direito?! Ensinar?! Mas ensinar o quê?". Isto foi num período em que ainda não tinham saído todos os professores. O professor-doutor Jorge Sampaio tinha sido o meu professor de direito das obrigações. Ele é um magnífico civilista. Foi uma pena que, julgo que por razões pessoais, se distanciou não só do ensino como da investigação. Eu tinha gostado muito das lições dele. E eu disse: "Não sei, só se for obrigações...". Eu não conhecia mais nada.

Quando chegou a altura de ir mesmo para a faculdade, já não havia o Professor Jorge. Já não havia ninguém. Portanto, fiquei no mato sem cachorro. Eu ainda disse ao José Sousa Brito: "Ouça, Sousa Brito, eu não tenho competência para isso, eu não sei nada disso". "Estuda", disse ele. E é verdade. O direito tem essa coisa magnífica. Pode-se aprender sem mestre, não é verdade? É uma questão de a gente estudar. Portanto, foi assim que começou a minha atividade profissional. Dois ou três anos passados, eu percebi que, por um lado, gosto muito de ensinar, e o que eu queria fazer era ensinar, coisa que não me ocorreria também de modo algum. Por outro lado, há quem diga que o direito das obrigações tem muito o que ver com a matemática, e eu sempre fui muito boa aluna em matemática. Há uma lógica, de fato, no direito das obrigações. Comecei a achar graça daquilo. E fiquei a dar aulas na faculdade. Depois abriu um curso de mestrado. Eu nem sequer teria nota de licenciatura, nunca, para ser assistente da faculdade. Eu nem sabia a minha média de curso quando acabei o curso! Não fazia ideia nenhuma nem me interessava! Tinha feito o curso! Era o que eu tinha dito que faria. Fiz.

Houve um primeiro curso de mestrado, inscrevi-me. E foi com um relatório de uma das disciplinas desse mestrado que eu fiz um texto muito grande que nunca publiquei. Isto está à espera de um dia eu conseguir constituir um grupo pluridisciplinar de investigação. Fiz um estudo sobre o regime de arrendamento urbano em Portugal desde a implantação da República, desde 1910 até aquela atualidade. Foi em 1976, 77, 78, já nem sei bem... Mas isto está lá à espera de que eu arranje um economista, um sociólogo etc. Isto em Portugal é mentira; quer dizer, nem os juristas trabalham com gente de outras áreas do conhecimento. Depois, há outro textinho, feito para a disciplina de direito constitucional, e este acabei por publicar, que é *A tutela constitucional da autonomia privada*. A Constituição portuguesa era recente, e deu-me prazer escrever. Eu gosto muito de fazer as coisas por prazer. Dou aulas por prazer, e quando escrevo gosto de fazer isso também por prazer.

RTDC: Quando o direito, que antes era um compromisso, passou a ser também um prazer?

AP: Foi dois anos depois de começar a ensinar, quer dizer, ensinar é uma presunção... Porque tive de estudar, comecei a perceber que gostava de dar aulas; comecei a perceber que o direito das obrigações, olha, tinha a sua graça! E pronto! Logo depois fiz o mestrado e publiquei a dissertação de mestrado, que também me deu muito prazer escrever. Consegui meter lá questões que não tinham nada a propósito. Isso eu faço sempre. Meto, nem que seja a martelo. Portanto, fiz o mestrado e continuei a dar aulas. Gostei muito de dar aulas. Eu gostava muito do sistema pedagógico e de avaliação da Faculdade de Direito da Universidade de Lisboa. Eu, entretanto, tive um acidente muito, muito grave em setembro de 1985, no qual ninguém sabe por que é que eu não morri. O que estão a ver agora aqui, e a ouvir, é uma impossibilidade científica. Medicamente não há explicação, tendo o cérebro no estado em que eu tenho o meu, para eu estar viva. Não se percebe como é que eu consegui sobreviver. Consegui é uma maneira de dizer, porque eu acho que nunca me hei de resignar a ter sobrevivido aquele acidente. Tinha morrido belissimamente, estava em coma. Era uma morte lindíssima. Eu só me conformo pensando que Deus e o Diabo discutiram o destino, e nenhum deles me queria, e então resolveram adiar o assunto por mais uns tempos. Foi difícil, foi muito difícil, muito difícil recuperar a identidade. Eu sou uma pessoa a conjugar no pretérito perfeito.

E no meio disto houve alterações políticas na faculdade e correram comigo e com alguns outros professores, e eu fiquei sem saber o que havia de fazer. Dei aulas numa universidade privada. As universidades privadas em Portugal são inenarráveis. Não sei se têm algum paralelo com as do Brasil. E a certa altura comecei a escrever um artigo. Sim, para ver se já era capaz. Era um artiguinho sobre o regime do contrato de promessa, que tinha sido alterado, realterado, e aquilo tudo, quer o regime, quer o que os vários autores escreviam, era um disparate pegado. Comecei a escrever um artigo sobre uma figura que me era absolutamente familiar. O contrato de promessa era uma coisa óbvia, como é óbvia para a generalidade dos juristas portugueses. Quando comecei a escrever, comecei a pensar, que é uma coisa que eu não faço muito... É muito raro, é muito raro. Eu sou uma pobre mulher, não sou muito dada a reflexões. Mas, quando escrevo... Então, que figura é essa do contrato de promessa? As partes estão de acordo sobre a celebração de um contrato. Têm todo o conteúdo contratual acordado, e não fazem o contrato. Fazem um pré-contrato, que tem tudo do contrato, e depois fazem um outro contrato, mas o outro contrato não é uma mera reprodução deste; é um contrato diferente. Mas isto não tem pé nem cabeça! Qual é a função, ou a causa-função, de cada um destes contratos? Mas o que é isto? E na altura lembro-me de que perderam provavelmente, e espero que não percam a obra, um dos maiores privatistas portugueses, que foi o Professor Batista Machado, que era um homem que participava do domínio da genialidade, em formação permanentemente atualizada, de uma humildade, de uma simplicidade... Era realmente uma figura espantosa. E lembro-me de que estabeleci com ele, por acaso, uma conversa. Ele vivia no Porto. Tive essa sorte. E, quando andava nessa coisa do contrato de promessa, eu costumava dizer todos os dias: "Ah, tenho que ligar ao Batista Machado, eu tenho de ir ao Porto falar com ele sobre isto, porque isto não faz sentido". Um dia, de manhã, manhã para mim é sempre um bocadinho assim a partir das 10h30m, 11h, isto é, quando eu abro o olho, e não me falem antes disso. Eu sou noturna, das 2h às 3h está tudo muito bem. De manhã, não. Um dia, de manhã, por assim dizer, levantei-me, e tal, e a minha filha disse-me: "Morreu o Batista Machado. Ouvi ontem na rádio, à noite". Tinha morrido. Morreu com 60 anos. De modo que eu fiquei muito órfã. Realmente era espantoso.

Acho que em toda a minha vida foi a única pessoa com quem eu conversei de direito, porque ele me fazia o favor, quero dizer, não fazia por favor, era a maneira de ser dele: falar comigo como se eu fosse igual a ele. E a conversa sobre o direito era sempre estimulante, era sempre de aprendizagem. Até parecia que eu pensava... Bom, mas, como eu tinha pegado naquilo do contrato-promessa, e como eu sou muito teimosa e muito determinada, então comecei a estudar. Comecei a ler os italianos, os alemães, os clássicos, e o artigo foi se transformando num livro. À certa altura eu decidi que iria apresentar este texto como tese de doutoramento. Bom, a par umas peripécias que não importam muito narrar, apresentei, e tive um júri. Para mim era claríssimo, até porque ninguém tinha feito segredo, eu ainda não tinha entregado a tese: o Professor Ascensão, o Professor Menezes Cordeiro e o Teixeira de Sousa, que eram o pai e as crias, tinham anunciado, mas tinham dito isso publicamente, não a mim, mas tinham dito publicamente que me chumbariam, que me reprovariam no doutoramento. Portanto, eu tinha a noção clara de que tinha um júri de sete pessoas em que eu tinha de ter unanimidade de fato, porque havia três que, independentemente de conhecerem o texto, já tinham anunciado que votariam pela reprovação. Houve um elemento do júri que era de fora, o Professor Mário Júlio de Almeida Costa, que votou também pela reprovação, por razões que não interessam muito.

De fato, o meu texto é muito crítico da lei, e a lei era de autoria dele. E eu sou um bocadinho bruta quando crítica... Sou pouco *polite*... Portanto, houve unanimidade de quatro na minha reprovação, com três votos de vencido. E fui reprovada no doutoramento. Mas eu gostava de ensinar. E a seguir abriu a faculdade de direito pública no Porto, e eu fui para o Porto, como assistente. Já tinha começado a escrever uma nova tese sobre a responsabilidade do Estado por atos de gestão privada. Um tema, portanto, que não era só civil, porque, como me disse o Professor Antunes Varela: "Ouça. Não tenha ilusões. Isto de professores de direito constitui uma máfia. A senhora não tem mais hipótese alguma de se doutorar". E eu combinei com o Professor Freitas do Amaral, que foi muito solidário comigo de fazer uma coisa que permitisse entrarem no júri pessoas de direito público. Fui viver para o Porto. Por grande pressão e grande amizade do Professor Freitas do Amaral, e porque o problema do contrato de promessa, apesar de eu ter escrito um livro sobre ele, ainda não tinha ficado muito claro na minha cabeça, acabei por repegar este tema, o contrato de promessa, numa perspectiva essencialmente funcional. E fiz uma outra tese ainda sobre o contrato de promessa. Fiz esse doutoramento no Porto. Aí correu muito bem. E foi bom. Até a prova foi divertida. Foi tudo divertido.

Depois voltei para Lisboa. Eu pagava, tinha pagado, e não era pouco, para trabalhar no Porto, porque arrendei um apartamento. Tinha casa em Lisboa porque tinha uma empregada, e vivia, portanto, um pouco por conta do meu ex-marido. Ex, agora. Na altura, não... E ele detestava que eu estivesse no Porto. Quando fiz o doutoramento, a Faculdade de Direito da Universidade Nova já tinha sido constituída. O Professor Freitas do Amaral muitas vezes tinha falado comigo: "Logo que se doutorar, vamos para a Nova". Fez-me um convite formal. Eu não tinha de fato vontade nenhuma de ir para a Nova. Além do mais, gostei muito, muito do Porto, da cidade e do ambiente dos estudantes. Nunca tive estudantes como no Porto nem nunca mais terei na minha vida alguns como no Porto. Mimavam-me que era um espanto! Eram realmente de muito boa qualidade. O Porto é uma cidade menor, com menos solicitações para os jovens.

Mas eu achei que não tinha legitimidade, no momento em que havia uma escola pública em Lisboa a dizer-me: "Venha", para dizer: "Não. Fico no Porto", e dizer ao meu ex-marido: "Continuas a sustentar-me mais um bocadinho...". De modo que voltei para Lisboa. Fui para a Nova, onde estou, e esta é assim a história da minha vida, não muito abreviada...

RTDC: A senhora mencionou algumas questões muito indicativas, pelo menos aparentemente, do seu método: o gosto pela literatura, a diversão que constitui o ato de escrever, uma tendência mais notívaga... Como é o seu método de trabalho para escrever? E escrita em si é algo realmente prazeroso? O ato de escrever desperta uma reflexão que nem sempre surge espontaneamente?

AP: Nem sempre a escrita me dá prazer, mas procuro, tanto quanto posso, que seja também um tempo de prazer. Neste momento estou a escrever umas lições de obrigações, e não estou a divertir-me muito... Mas acho que, quando tiver uma primeira versão, e imprimir e ler e começar a estudar melhor alguns aspectos, começo de fato a me divertir. Método de investigação: eu sou absolutamente medieval. Até agora, em todas as coisas que escrevi, nas que estão publicadas e nas que não estão, basicamente, sobretudo coisas monográficas, eu faço primeiro leituras, até conseguir circunscrever o objeto, e perceber quais são os problemas. E faço fichas de leitura. Provavelmente agora passarei a fazê-las no computador. Ainda não sei como é que se fazem no computador... Eu já não sei escrever a mão... Fazia-as a mão. Tenho as fichas por temas. Isso evidentemente faz perder muito tempo. Fazia-me perder um tempo imenso... Depois, no entanto, recuperava o tempo, porque tinha as fichas de leitura, com as páginas e com as indicações todas. Onde a coisa começa a divertir-me é quando começo já a escrever, e depois já uso diretamente as leituras que faço, no sentido de que me despertam para esta questão ou para aquela, e me ponho então a pensar nisto ou naquilo. De resto, quanto ao horário de trabalho, o dia começa por volta de 12h30, 13h. A noite vai por aí adiante...

RTDC: E o gosto antigo que a professora mencionou pela literatura e pelas influências que compõem esse quadro?

AP: Isto mantém-se completamente...

RTDC: Isto se transporta de algum modo para o seu trabalho?

AP: Não sei. Eu não gosto de falar sobre mim desse ponto de vista. Eu acho que tenho uma maneira de escrever muito peculiar. Aliás, nós, em Portugal, no direito português, chamamos às "pessoas físicas" "pessoas singulares". E eu costumo dizer que dentro das pessoas singulares eu sou bastante singular. Eu acho que a minha maneira de escrever me reflete muito, isto é, acho que os meus textos não precisam de assinatura, em geral, para estarem assinados. Além do mais, sou bastante bruta, sou bastante inconveniente... Isto tem um enorme preço: a maior parte dos meus colegas, e não é só em Lisboa, e não só na Nova e na Clássica nem em Coimbra e no Porto, a maior parte, naturalmente não a totalidade, me detesta completamente. Ficarão retribuídos... Não há aqui amores ou desamores não correspondidos... A coisa está bem.

Gosto muito de literatura. Uma das coisas que eu acho que é pior do ponto de vista profissional é que, no tempo livre, realmente não me passa pela cabeça ler livros de direito. Mas nem um segundo! Leio livros, leio romances, leio poesias, vou ao teatro, vou ao cinema, vou à música. Com os amigos, naturalmente. Com os netos... Tenho uma caterva de netos! Quatro. Sou, portanto, tetravó. Se estou a trabalhar, estou a trabalhar. Se não estou a trabalhar, vou pegar num livro de direito?

RTDC: A senhora acha que, para o jurista em geral, esse conhecimento da literatura é importante? Crê que desenvolve uma sensibilidade maior para as coisas? Temos observado uma formação cada vez mais técnica, as pessoas a dispensar o conhecimento das artes e da literatura. Antes, havia aquele jurista mais completo. Hoje, ao contrário, a formação é muito técnica...

AP: Eu não sei se isso é assim. Eu acho que uma pessoa culta é sempre melhor do que uma pessoa inculta, mas, para além dessa clivagem, eu não sei se, para o jurista enquanto profissional do direito, haja alguma vantagem em possuir cultura literária, ou cultura cinematográfica, ou cultura musical. Não faço ideia. O meu gosto pela literatura vem de muito, muito cedo. Ler para mim sempre foi a atividade preferida, desde muito pequena. Comecei a ler muito cedo, antes do que é habitual. Nunca vi televisão, nunca achei graça nenhuma em televisão. Isto mantém-se, agravado. Ficam a saber, que são todos muito jovens, que a idade não piora ninguém. Não. A idade transforma-nos apenas numa caricatura daquilo que somos. Portanto, ficamos exatamente como éramos, a traço grosso. Tudo fica acentuado. O mal fica pior; o bom ficará melhor. Mas não estejam assustados com o envelhecimento. Se calhar, nem pensam que algum dia envelhecerão... Estão em idade em que esta hipótese nem se coloca.

Eu acho que o meu gosto pela literatura tem muito que ver com o meu interesse pelas pessoas, que é a única coisa que realmente me interessa. Também tem muito que ver com a forma literária. Eu gosto do Camilo Lírico, e não me interessa nada a história. É o único autor que me faz rir às gargalhadas! E gargalhar é uma coisa que não me é habitual. O mesmo se passa, eu vou dar exemplos portugueses, naturalmente, com a Agustina Bessa-Luís, que é uma sentenciosa, que diz imensas parvoíces que não têm pé nem cabeça, e tudo aquilo com ar muito categórico. Não me interessa nada! Não tem importância. Mas escreve que é de perder o fôlego. E disso eu gosto muito.

Para além deste aparte, digamos, mais estético, gosto muito dos clássicos brasileiros, e descobri há três anos e meio, quando da última vez em que estive no Rio, o Rubem Fonseca. Eu não gosto muito de coisas curtas: contos, não. Li o *Agosto*, e fiquei... Para além desta parte puramente estética da língua, o que realmente eu acho que me faz gostar da literatura, do teatro até mais do que do cinema, é o interesse pelas pessoas. É a única coisa interessante. Todo o resto até pode interessar transitoriamente, durante um período. O contrato de promessa... Imaginem lá! Ou a responsabilidade pré-contratual... Outro dia, anteontem, fiz uma pequena intervenção em Porto Alegre para um grupo de estudantes da pós-graduação, e havia uma senhora que dizia que queria saber o que é que eu achava de uma coisa qualquer, complicadíssima, acerca do comércio eletrônico. Eu não achava nada, eu não sabia nada daquilo. E a senhora explicava. Era doutoranda. Ela sonhava com o "tribunal digital". "Oh, minha senhora... A sua vida não deve ser assim muito feliz... Sonhar com o tribunal digital parece-me realmente um bocadinho triste...". Eu não sonho com a responsabilidade civil ou com o contrato de promessa, ou algum tema destes... Não. Eu não sonho com isto. Interesso-me verdadeiramente pelas pessoas.

RTDC: A senhora falou nas pessoas. Antes de passarmos para as questões mais pontuais, os temas propriamente jurídicos, como é que a professora compara os estudantes de hoje, com os estudantes da sua época de estudante e de quando começou a lecionar? Qual o impacto das recentes mudanças do ensino jurídico português?

AP: Nos estudantes eu não vejo diferenças essenciais. Aquela conversa de que antigamente é que era bom, e agora está tudo pior, isto não sei. Não fiz nenhum estudo sociológico. Trata-se de uma observação que reflete um conhecimento puramente empírico da realidade humana, dos estudantes, daquela pequena mostra que são aqueles com quem tenho contato. Não vejo que haja essencialmente diferenças significativas. Eu costumo dizer que, tendo gente que saiba português e matemática, do direito nós tratamos. Em geral, sabem pouco português, e matemática também. Isto é pensamento abstrato. Mas também aprendem. Aprendem! E mais: dizer que os jovens não se interessam pela arte é mentira! Puxemos um bocadinho pelo melhor, e eles vêm. Para puxar pelo pior, basta o que há na sociedade. O que acontece é que realmente as solicitações são para o pior. E eu digo isto porque sou a pessoa encarregada, e eu faço isso com grande prazer.

RTDC: Então a senhora acha que é papel do professor "puxar" o aluno para o que há de melhor?

AP: Acho! Eu sou encarregada das atividades culturais da faculdade. Nunca há um professor que vá! Nós temos dois atores que vão dizer poesia de quinze em quinze dias na faculdade, e não há professor que assista. Ao teatro nunca foram! Mas há muitos alunos que respondem. Isso faz parte do meu papel de professora. Eu sou assim entre a professora e a mãe, com o lado bom e o lado mau. Sou muito atenta a cada um deles. Conheço-os... Mas eles sabem que, comigo, não esperam facilidade. Não. Trabalho é trabalho, conhaque é conhaque. Tenho muitos amigos, antigos estudantes com quem tenho relações de amizade, realmente, e de igualdade. Alguns mais jovens, outros menos, mas, quando chega a hora da avaliação, eu exijo de mim e exijo deles.

RTDC: Indo agora para os temais mais pontuais e começando por uma de suas obras mais conhecidas aqui, *A tutela constitucional da autonomia privada*, a professora já mencionou um pouco a influência do próprio ambiente... E em termos propriamente de autores e marcos teóricos, o que mais a influenciou naquele momento?

AP: Os italianos, como é evidente... Já não me lembro. Isto já foi há tantos anos... Pietro Barcelona... Também o Stefano Rodotà... Já não sou capaz, já não me lembro... Ah, há uma outra coisa que é trágica: não me falem dos livros que eu publiquei, porque eu não sei. São os únicos filhos que, uma vez no mundo, não penso mais neles.

RTDC: Não pensa?!

AP: Nem um minuto! E se me vêm dizer: "Porque escreveu isso...", "Ah, escrevi? É porque eu estava convencida nessa altura disto". Escrevi o que pensava na altura, e eu sei lá agora o que é que escrevi! Conversar sobre os livros?! Discutir?! Eu?! Eu sei lá o que é que eu escrevi! Lembro-me que Professor Ascensão me disse, há muitos anos, já na faculdade, quando estávamos a entrar para uma reunião: "Ontem à noite estive a ler aquele texto...". Estava a começar a falar, e a minha resposta: "Fez muito bem, senhor professor!". Virei-lhe as costas... Se ele disse isso, isso correspondia à realidade. Eu parto do princípio de que sim. Nunca parto do princípio de que as pessoas estão a mentir. Pelo visto, eu escrevi uma coisa que não era completamente tola... Mas ele deve ter sido uma das cinco pessoas em Portugal que olhou para *A tutela constitucional da autonomia privada*. Aquilo não se vendeu! Aquilo ninguém viu! A Almedina disse-me: "Senhora Doutora, isto não se vende...". Na altura foi diretamente para o lixo porque não se reciclava papel. O livro anda lá na vida dele. É um filho que está no mundo.

É com ele, não é comigo. Ninguém se interessou por aquela criança. Paciência, problema dele, não era problema meu.

RTDC: Gostaríamos de discutir a atualidade de alguns temas que foram tratados pela senhora. As cláusulas de não indenizar, por exemplo. Afora o aspecto estrutural, e indo além do aspecto constitucional, de um ponto de vista puramente jurídico, economicamente falando, a professora enxerga, hoje, uma grande vantagem na utilização macroeconômica, se é que a gente pode usar esta expressão, destas cláusulas? Elas causam um impacto positivo na alocação dos riscos, e seu uso deve ser incentivado?

AP: Eu continuo convencida de que, do ponto de vista econômico e do ponto de vista social, as cláusulas de afastamento, de exclusão da responsabilidade, sobretudo contratual, são, do meu ponto de vista ideológico, indesejáveis. Naturalmente é um ponto de vista ideológico, porque esta história de que os juristas pairam acima da ideologia suponho que é mais invenção ainda do que as histórias da Carochinha. Pode ter se passado, agora isto não existe. Continua-se a ensinar isto, a dar-se esta conversa aos estudantes... A doutrina seria assim formada por umas eminências que não têm ligação nenhuma, nem ideologia, nem interesse econômico, nem nada. Pronto, são uma espécie de divindades... Eu considero que, econômica e socialmente, é um alvo a abater. Penso que juridicamente é um disparate. No entanto, no direito português, e relativamente à situação que existia quando eu escrevi o texto, houve um recuo. Há um decreto-lei de 1985. Primeiro era só o das cláusulas contratuais gerais. Depois, foi estendido em 1999 à generalidade dos contratos de adesão, e, no elenco das cláusulas proibidas, estão as cláusulas de exclusão e limitação da responsabilidade quando o devedor atua com dolo ou culpa grave, apenas. Portanto, a minha tese, por assim dizer, é indefensável hoje, porque não faz sentido que uma lei especial, mais protetora de um dos contraentes, do aderente, proíba as cláusulas que excluem a responsabilidade do estipulante apenas em caso de dolo ou culpa grave, se o regime geral fosse o da proibição, independentemente do grau de culpa. Portanto, do ponto de vista do direito constituído, em Portugal houve um recuo.

RTDC: A senhora, portanto, enxerga como uma falácia a "desideologização" do direito... O crescimento do recurso, sobretudo em procedimentos arbitrais, à *lex mercatoria*, princípios *Unidroit*, tem contribuído para a criação de uma espécie de sobredireito, um direito próprio...

AP: *Soft Law*...

RTDC: Como a senhora enxerga isso?

AP: Não enxergo. Não sei o que isso é. Eu sou de fato muito medieval. Eu ouço falar, mas, como vos disse, eu não leio livros de direito. A não ser em função das coisas que tenho mesmo que fazer, ou quando faço parte de uma banca. É raríssimo fazer parte de alguma banca... Ou quando estou a escrever qualquer coisa... Sei que isto existe, mas não tenho uma percepção clara sequer da realidade, da extensão, da importância, independentemente da valoração, da dimensão, se calhar. Não tenho essa percepção.

RTDC: Sobre o que a senhora está escrevendo no momento?

AP: Estou a escrever umas lições de obrigações. Gostava muito de estudar a responsabilidade civil, a responsabilidade civil extraobrigacional, porque acho que o regime de responsabilidade civil é um disparate, de uma ponta a outra. E combinei de fazer uma intervenção sobre responsabilidade civil, e acabei comprando o Código Civil brasileiro agora em Porto Alegre. Queria olhar para o Código Civil brasileiro, para ver um pouco o regime de responsabilidade civil no direito brasileiro que, por um lado, tem coisas muitíssimo mais avançadas, e coisas desgraçadas, pior que o regime português, que já é lamentável. Quando comprei o livro de direito em Porto Alegre, eu não estava a pensar em responsabilidade civil nenhuma, no direito brasileiro ainda menos. Não estava a pensar. Eu estava a comprar, nem sequer, portanto, estava muito preocupada com a compra de livros atualizados, doutrina já posterior ao Código Civil de 2002. Agora estou interessada.

RTDC: Nesse rapidíssimo primeiro contato com o Código Civil, a senhora lembra algumas das disposições que mais lhe chamaram a atenção?

AP: Acho ótimo que o Código não fale em imputabilidade, porque acho que isto é um decalque do direito penal, e é bom que isto desapareça do direito civil. O que me deixou estarrecida, na olhadela, foi a disposição, não me lembro do número do artigo, que permite a redução... Há uma redução na obrigação de indenizar. Parágrafo único. Exatamente: se houver excessiva desproporção entre o grau de culpa e o dano... E o dano! Como se alguma vez houvesse ligação entre o grau de culpa e o dano! Quer dizer, entre o dano, que tem uma relação causal com a causa que o gerou, portanto, com o ato. Agora, o grau de culpa e o dano?! Quer dizer, se eu já acho uma aberração o artigo 494 do Código Civil português, que permite aos juízes a redução de montante... Enfim, não fala em desproporção entre a gravidade da culpa e o dano. Esta pareceu-me uma tragédia. Outra, que tem que ver com a culpa do lesado, mais uma vez... A gravidade das culpas do lesante e do lesado, do agente, do autor do dano.

RTDC: Da concorrência de culpa?

AP: Do lesado. É uma disposição louca! Também! Ali devemos estar com um problema que é um problema de causalidade. Há um ato do lesado, que contribui causalmente, ou para a causação mesmo, ou para o agravamento do dano. Agora, o que é que isto tem que ver com o grau da culpa do lesado? Mais, com o grau da culpa do agente? Este paradigma da culpa, da culpa enquanto juízo ético, moral... A culpa, pecado civil justificativo de castigo, de sanção... Estava eu ali, e apanho com o parágrafo único do primeiro artigo sobre obrigação de indenizar com a concorrência de culpa do lesado... Ai, valha-me Deus! Ai, Deus meu!

Depois, outra coisa que eu não cheguei a perceber muito é a referência aos danos morais que eu encontrei... Isso eu preciso estudar! Eu nem sequer percebi bem a sistemática do Código... E eu costumo ensinar aos meus estudantes que eles devem estudar em primeiro lugar o índice da Constituição, do Código Civil, do Código de Processo Civil... Um código é isso mesmo: é uma organização sistematizada de normas. Perceber qual é a lógica. E eu nem sequer tive tempo para estudar isso, mas a única referência que eu vi aos danos morais está nos atos ilícitos, se não me engano... E uma dúvida que me ficou... Foi assim, a olhar... O que é isto? Não me pareceu, assim, à primeira vista, das ideias mais felizes... Mas, como eu digo, não estou a dar opiniões sobre o regime brasileiro. Era o que me faltava aqui agora armar-me em professora e pôr-me a falar de uma coisa que eu não conheço. Foram assim umas olhadas... Professor muito velho tem esta coisa... A coisa começa a cheirar-nos. Isto não tem que ver nem com o contexto, nem com a inteligência, nem com inspiração divina. E não me digam que isto é das coisas boas da idade, porque a idade não tem nada de bom. Tirando os netos...

RTDC: A jurisprudência em Portugal é fiel ao regime de responsabilidade civil que está no Código?

AP: Quanto à responsabilidade civil, a minha opinião é de que em Portugal ninguém sabe nada de nada, mas estão todos satisfeitíssimos na sua ignorância, contentíssimos, felizes que nem crianças no parque de recreio. De fato, tirando o estudo do Professor Jorge, que foi a primeira tentativa, e única, relativamente séria, e tímida, porque ele não era suicida como eu, não há nada de jeito sobre responsabilidade civil em Portugal. A lei é uma tragédia, e depois as interpretações são ainda piores do que a lei. A jurisprudência portuguesa é pior do que a pobre mulher que eu sou. Pior do que qualquer pobre mulher. Pensar é que não pensam nada! Não estou a fazer nenhum juízo. Primeiro, estou a generalizar estupidamente, sendo que, quando estou a generalizar, faço sempre esta salvaguarda. Esta generalização, como qualquer uma, é estúpida. Há exceções, evidentemente. Na maioria dos casos, a jurisprudência é uma câmara de eco da doutrina. Mas, em matéria de responsabilidade civil, eu nunca fiz um estudo mais profundo de jurisprudência. Tenho que fazer, porque quero estudar responsabilidade civil. Estudar jurisprudência em Portugal... Ler decisões do Supremo Tribunal de Justiça é pior do que ler exames de estudantes! Muito pior, porque já não se lhes ensina nada! Ao estudante ainda há uma esperança de que a gente consiga ensinar-lhe alguma coisa.

Eu gosto muito de ensinar, preferentemente na graduação. Porque gosto muito de gente que está comigo para aprender. Não me deem graduados em direito, seja qual for o grau, porque estão convencidos de que sabem, e já não há nada que se lhes meta na cabeça, não há nada sequer que estejam dispostos a ouvir. Eu não quero meter-lhes na cabeça o que eu penso. Quero que eles pensem por si. Aliás, eu gosto muito de lecionar para o primeiro ano, de começar, com Introdução, e uma das coisas que eu ensino logo aos estudantes, e repito é que há uma diferença entre graduado em direito, seja qual for o grau, seja licenciatura, seja mestrado, seja doutoramento, e um jurista. As vezes até coincidem...

Em matéria de responsabilidade civil, em outras matérias, em qualquer caso, como lhe digo, fazer estudos de jurisprudência em Portugal não é das minhas atividades preferidas. Não. Não me dá qualquer prazer. Eu acho que tem muito a perspectiva do juiz, em especial, de primeira instância. Vamos lá olhar para isto. "Qual é a função mais justa?". Nós ajeitamos a argumentação. Encontramos sempre três linhas num autor que a gente pode citar para justificar, e também se não justificar não tem importância nenhuma. Há acórdãos que eu acabo de ler e penso: "É estupidez. Não há nada que seja humano que seja perfeito. Portanto, não se pode ser tão perfeitamente estúpido nem tão perfeitamente ignorante. Eu gostava de saber quanto é que lhe pagaram para escrever isto! Não é possível! É que não dá para acreditar que isto seja só ignorância e estupidez...".

RTDC: Isto é em todas as áreas?

AP: Direito civil, em geral... Mas em matéria de responsabilidade civil, é o completo "olhômetro". Provavelmente, em muitos casos, aquilo não tem pé nem cabeça do ponto de vista jurídico, pelas melhores razões. Pelas melhores, do ponto de vista ético, da solidariedade social, seja lá de que ponto de vista for. A lei presta-se a isso, porque os regimes não têm coerência interior. A doutrina é o que lhes dá na cabeça, e depois repetem as coisas do Vaz Serra, do Varela, que depois vêm requentadas, e andamos nisso. Por isso é que eu acho que gostaria realmente de estudar responsabilidade civil.

RTDC: E o processo de codificação consumerista em Portugal? Conversamos com o Professor Pinto Monteiro, há dois anos, e ele fez uma exposição do estado em que se encontrava...

AP: O Professor Pinto Monteiro sabe muito mais disso, infinitamente mais, do que eu. Eu, propriamente em relação ao regime da Lei de Defesa do Consumidor, não a tenho presente. Portanto, não falo dela. Não sei o que falo se me puser a falar... Agora, temos uma proliferação de diplomas legais de tutela do consumidor, por força da transposição de diretivas europeias... Eu diria que a multiplicação de leis de proteção do consumidor é diretamente proporcional à sua completa inoperância. São muitos diplomas...

RTDC: Normas específicas...

AP: São normas específicas, muito bem diz. Tão específicas, tão técnicas, que definitivamente não há ninguém que saiba o que é que aquilo quer dizer, nem os protegidos, nem os potenciais autores de infração das normas. Aquilo é para descumprir! Obviamente nem é possível conhecer tanta legislação. E, desse ponto de vista, ninguém me perguntou a opinião, e eu não estou a dar opinião... A entrada para a União Europeia eu não sei para que é que serviu... Sim, porque a verdade é que as Diretivas também são Diretivas alteradas para Diretivas alteradas, para Diretivas alteradas para Diretivas alteradas, para Diretivas alteradas para Diretivas alteradas... E depois é o Decreto-lei que transpôs a Diretiva alterada para o Decreto-lei... Eu admiro enormemente quem sabe proteção do consumidor em Portugal.

RTDC: Para o estrangeiro, então, é mais difícil...

AP: Ah, desistam! Pensem noutro assunto qualquer do que olhar para o direito português. Aquilo não é direito. São listas de legislação! Para emoldurá-las, pô-las nas paredes...

RTDC: Isto está sendo um problema europeu hoje, não é? Qualquer um dos países que compõem a comunidade...

AP: Pode ser que aquilo, em alguns Estados com outro nível cultural, com outro nível de associativismo consumidor, pode ser que aquilo tenha alguma eficácia, porque em Portugal, não... Já ser portuguesa é um erro que eu espero corrigir. Há quase vinte anos que eu tenho o projeto de renunciar à nacionalidade. Não é para ser nacional de outro Estado; é para não ter concidadãos; ser apátrida. Não estou a brincar; estou a falar a sério! Eu não tratei disso, mas hei de tratar, hei de estudar o estatuto do apátrida, para saber se posso continuar a dar aulas. Isto é o que eu não quero que possa acontecer: ter de deixar de dar aulas, sendo apátrida. Se pudesse, decidia logo! Eu não quero ser portuguesa. Aliás, não gosto nada que me tratem por professora, porque, como dizia um grande professor de Coimbra, de há muitos anos, que eu não conheci pessoalmente... Em Coimbra não era tradição chamar aos professores de professor. Era o "Senhor Doutor". Em Portugal, como vocês sabem, os licenciados são tratados por "Doutor", e, portanto, quando teimavam em chamar-lhe "Professor", ele dizia: "Não, não...". "O senhor não é professor?". "Não, não... Eles é que dizem que são...". Eu também acho que sim: eles é que dizem que são professores... De maneira que eu preferia não ter pares. Além de não ter concidadãos, não ter pares. Sou ímpar, pronto! Não sou melhor nem pior. Não sou igual! Sou diferente. Não há aqui nem mérito nem demérito.

ENTREVISTA COM HUMBERTO THEODORO JR.[1]

RTDC: Professor, o que determinou sua opção pelo Direito? Foi uma escolha simples ou o senhor chegou, em algum momento, a pensar em seguir outra carreira?

HTJ: O sonho de meu pai, velho escrivão judicial, era ver-me advogado e, se possível, juiz. Confesso, porém, que, na adolescência, minha inclinação era para a engenharia, graças a meu sucesso escolar com a matemática e a física. Quando, aos 18 anos, consegui aprovação em concurso do Banco do Brasil, vi que não haveria como conciliar o curso de engenharia com minha vida de bancário. O curso de direito, tão incentivado por meu pai, tornou-se a opção certa.

RTDC: Conte-nos um pouco sobre a sua formação acadêmica. Quais foram os professores que mais o influenciaram? Quais as suas melhores recordações dos tempos de aluno da faculdade de direito?

HTJ: Não foi nada fácil enfrentar simultaneamente o trabalho burocrático do Banco do Brasil e o curso de graduação em direito em Uberaba. Trabalhando em outra cidade, nem sequer conseguia a frequência escolar suficiente para a aprovação nas provas normais de fim de ano. Malgrado as boas notas sempre obtidas, tinha de me submeter, a cada começo de ano, a exames de segunda chamada, orais e escritos. Tirava férias antecipadas no banco para melhor preparar-me para as provas acumuladas. Disso resultou que durante sete anos não pude desfrutar de férias de lazer. Não obstante minha baixa frequência às aulas, conseguia sempre as melhores notas e desfrutava de excelente consideração dos professores. Dos mestres, dois exerceram destacado papel na minha formação jurídica – os Desembargadores Lamartine Campos e Ruy Gouthier de Vilhena. Por eles fui estimulado e acolhido na magistratura, quando, depois de sete anos de formado, resolvi tornar-me um juiz de direito.

RTDC: Ainda sobre a sua história acadêmica, quais são as possíveis semelhanças e diferenças que o senhor enxerga em relação ao estudo e ensino do Direito daquela época e hoje, levando-se em conta todas as alterações de panorama e paradigmas que se verificaram e se têm verificado?

---

[1] Entrevista concedida à *Revista Trimestral de Direito Civil – RTDC*, v. 38, abr./jun. 2009.

HTJ: O estudo de direito na década de 1950 era puramente teórico. Não havia aulas de prática forense e as oportunidades de estágio eram escassas. As lições concentravam-se na exegese do direito positivo. Não estimulavam a criatividade e pouco fomentavam o juízo crítico dos institutos jurídicos, àquele tempo dominados por excessivo conservadorismo. Minha capacidade de testar e compreender a funcionalidade e deficiências do nosso ordenamento se aprimorou muito mais no Banco do Brasil do que propriamente na faculdade. É interessante lembrar que durante todos os anos do curso de direito prestei serviços na Carteira Agrícola, onde participava da análise e pactuação de milhares de financiamentos, renovados a cada ano, que envolviam grande variedade das técnicas do direito das obrigações e das diferentes modalidades de garantias reais e fidejussórias. Antes mesmo de graduar-me em direto, já convivia com a intimidade do departamento jurídico do banco e me afeiçoava a uma literatura doutrinária que ultrapassava, e muito, aquela manuseada na faculdade.

RTDC: O que, na sua opinião, determina o sucesso de uma instituição universitária e o que pode atrapalhar o seu desenvolvimento?

HTJ: O sucesso de uma instituição universitária depende de sua integração na vida da comunidade a que serve. A formação universitária deve se dar em função de enfrentar os problemas e desafios da sociedade e seu papel é tanto mais exitoso quanto consiga fornecer a ela profissionais e técnicos capazes de melhorar o nível socioeconômico. Isto, naturalmente, não se logra pela via singela do pragmatismo imediato. O universitário não pode ser um autômato. Tem que ser preparado para pensar e criar. Sem essa formação, a entidade educacional não passará de escola técnica ou profissionalizante.

RTDC: O senhor é membro efetivo da Academia Mineira de Letras Jurídicas. O que isso representa na sua vida?

HTJ: Uma academia é instituição destinada a reunir e prestigiar quem, de fato, se sobressai nas atividades artísticas e científicas. A um só tempo, é uma homenagem para os que a integram, uma oportunidade de intercâmbio e aprimoramento entre eles, e um veículo para divulgação de seus nomes e de suas obras. É, para mim, uma honra e uma grande satisfação ser membro da Academia Mineira de Letras Jurídicas e poder participar dos eventos que patrocina a bem da comunidade interessada no aprimoramento jurídico.

RTDC: O senhor tem uma produção acadêmica enorme. Como se dá o processo de redação de seus livros e artigos? O senhor possui alguma rotina de criação e redação? O senhor costuma desenvolver pesquisas com seus alunos?

HTJ: Sem método tudo fica mais complicado. Desde os tempos do ginásio, aprendi a ter horários programados, a dormir e levantar cedo. Para mim as primeiras horas do dia são as mais produtivas. À noite, minha capacidade de leitura e compreensão se reduz bastante. Utilizo muito a paz bucólica. Sempre que posso, afasto-me do tumulto da cidade e refugio-me na casa de campo, onde consigo a concentração que facilita elaborar meus escritos.

RTDC: Sua obra abarca temas os mais diversos, com foco no direito processual e no direito civil. Há algum tema específico sobre o qual o senhor tem dedicado especial atenção no momento, ou para qual o senhor deseja chamar maior atenção?

HTJ: O que já há algum tempo vem ocupando, mais frequentemente, meus ensaios é o cuidado de aproximar, cada vez mais, o estudo do direito processual do enfoque da instrumentalidade ante o direito material. Evitar que o processo seja visto como um fim em si mesmo e ressaltar sua missão institucional que deve ser identificada na busca de dar efetividade ao direito material nas situações de crise de sua observação espontânea, tudo isto sem sujeição a formalismos estéreis e dentro do menor dispêndio de tempo e gastos: eis meu grande ideário de estudioso do processo e do direito civil. Iluminado pelo conceito italiano de "processo justo", o estudo atual do direito processual se situa no âmago das instituições constitucionais do moderno Estado Democrático de Direito. A instrumentalidade, nesse clima, não é compreendida apenas como serviço prestado ao ordenamento jurídico substancial. É vista, sobretudo, na missão de fazer atuar concretamente, na pacificação dos conflitos, os direitos e princípios fundamentais que a Constituição proclama e, mais do que isto, ordena sejam aplicados de maneira efetiva.

RTDC: Na sua opinião, a promulgação do Código Civil de 2002 era realmente necessária ou teria sido melhor reformar, paulatinamente, o Código Civil de 1916, como o fizeram os processualistas em relação ao Código de Processo Civil?

HTJ: Os dois povos responsáveis pela era da codificação do moderno direito civil – França e Alemanha – têm demonstrado que a evolução dos institutos jurídicos não reclama novos Códigos. Basta atualizá-los pontualmente, preservando sua estrutura básica e evitando simples alterações redacionais que, quase sempre, em lugar de aprimorar os textos, acabam por polemizá-los desnecessariamente. Penso que, em regra, o melhor caminho para modernizar o direito positivo prescinde de remodelação textual das leis antigas, e melhor se harmoniza com o princípio da segurança jurídica quando alcançada por meio da hermenêutica evolutiva, no plano dialético da jurisprudência e da doutrina. As rupturas bruscas operadas no ordenamento jurídico positivo, quando não indispensáveis, contribuem para polêmicas desnecessárias, gerando mais instabilidade do que aprimoramento do sistema.

RTDC: O que o senhor acha dos princípios e das cláusulas gerais que foram incorporadas no Código Civil de 2002?

HTJ: Os anseios éticos têm dominado as preocupações normativas no atual Estado Democrático de Direito. Os princípios e cláusulas gerais são o instrumento utilizado para permear a ordem jurídica de maior carga de justiça e equidade. É preciso, todavia, muita cautela para evitar que a busca do justo anule a segurança jurídica, sem a qual é impensável o Estado de Direito. Para legislar por meio de princípios e cláusulas gerais, é necessário traçar parâmetros e limites para que as pessoas possam compreender, previamente, aquilo que as vincula, restringe e franqueia no exercício da autonomia individual. É indispensável que a gerência da pessoa e seus relacionamentos seja presidida por confiança no ordenamento jurídico. Cláusulas gerais excessivamente abertas e utilizadas de maneira indiscriminada em nada contribuem para o desenvolvimento dos ideais do Estado Democrático de Direito. Cláusulas que servem para tudo, no dizer de conspícuo civilista português, na verdade, não servem para nada. Somente contribuem para desestabilizar o sistema normativo e incentivar o autoritarismo judicial.

RTDC: O senhor dedicou alguns estudos à atribuição de um conteúdo autônomo ao princípio da função social do contrato, concentrando-se na sua chamada "eficácia externa". Como o senhor vê as interpretações que vêm sendo dadas, doutrinária e jurisprudencialmente, ao disposto no art. 421 do Código Civil?

HTJ: Utilizar a função social para desnaturar, ideológica e arbitrariamente, a natureza obrigatória do contrato, não corresponde, a meu ver, à teleologia do art. 421

do Código Civil de 2002. Os novos princípios foram inseridos no direito das obrigações não para anular os princípios clássicos fundados na autonomia da vontade e na força obrigatória do contrato, mas para acrescê-los de outros que convivam e se harmonizem com os antigos, enriquecendo-os com meios de aprimoramento equitativo. Transformar o emprego da função social para promover uma justiça assistencial ou caritativa, segundo penso, nada tem a ver com o papel que ao contrato cabe desempenhar no ideário do Estado Democrático de Direito.

RTDC: Como o senhor vê as últimas reformas no processo de execução? Ainda há muito a ser feito?

HTJ: As reformas do processo de execução correspondem ao ponto alto da meta de efetividade da tutela jurisdicional. Processo civil sem mecanismos executivos eficientes não satisfaz ao ideal do "processo justo" tão caro ao moderno Estado Democrático de Direito. A remodelação da execução de sentença e dos títulos extrajudiciais inspirou-se no propósito de proporcionar, ao credor injustiçado pelo inadimplemento, remédios mais eficazes para abreviar o acesso aos bens da vida a que tem direito inconteste. Não creio, porém, que simples modificações de regras procedimentais consigam pôr em prática os desígnios do legislador reformista. A demora e insuficiência crônicas dos serviços judiciários têm raízes muito mais profundas, que se ligam ao aparelhamento e à gestão daqueles serviços. Há muito a se fazer nesse plano e essa remodelação administrativa não se consegue por meio de simples e pontuais reformas do Código de Processo Civil.

RTDC: A seu ver, como a concepção de abuso de direito pode ser aplicada no âmbito do direito processual?

HTJ: As mais corriqueiras manifestações de abuso do direito no âmbito processual se dão por meio da litigância de má-fé (ações, defesas e recursos contrários a direito e promoção de diligências inúteis com o evidente intuito procrastinatório). O Código de Processo Civil arma o juiz de poderes enérgicos e eficientes para o pronto combate à litigância temerária, como o indeferimento da petição inicial e de toda e qualquer diligência desnecessária, bem como o deferimento de medidas de antecipação da tutela, o julgamento antecipado da lide, a denegação de recursos inadmissíveis, a aplicação de multa etc. O que, entretanto, se nota é que esses poderes nem sempre são adequadamente utilizados, o que acaba por estimular as praxes abusivas pela impunibilidade.

RTDC: Na sua opinião, qual o impacto da atual crise econômica na execução dos contratos?

HTJ: O contrato, antes de fenômeno jurídico, é naturalmente um fenômeno econômico. Se a economia entra em crise, esta repercute imediatamente sobre os contratos pendentes, gerando onerosidades excessivas, inadimplementos inevitáveis etc. As revisões da equação contratual e das condições de seu cumprimento geram ações de delicada composição. Há, porém, nos novos princípios contratuais esposados pelo atual Código Civil, mecanismos de reajuste a que se pode recorrer para realizar a justiça contratual e o reequilíbrio econômico do negócio.

RTDC: O senhor já escreveu sobre o papel da arbitragem como meio de solução de controvérsias. Como o senhor imagina que se dê, nos próximos anos, a evolução da arbitragem no Brasil?

HTJ: A arbitragem vem sendo progressivamente adotada nos relacionamentos empresariais, em que desempenha papel relevante. Entretanto, não creio, devido às tradições culturais de nosso povo, que se amplie para outros campos do direito, pelo menos em volume que se possa ter como significativo.

RTDC: Nos últimos anos, tem-se visto levar a efeito um processo de modernização do Judiciário, e também de organização. Qual a importância desse processo? Pode-se dizer que é um caminho sem volta? Que impacto teve, nesse sentido, a Emenda Constitucional nº 45, de 2004? Ainda há muito a ser feito?

HTJ: Sem dúvida, a modernização do Judiciário é o que a sociedade mais deseja e espera. É por demais sabido, contudo, que essa modernização não se logra apenas com reformas de leis processuais. O problema mais grave dentro da "crise da justiça" situa-se no plano da organização e gestão dos serviços judiciários, de sorte que seu enfrentamento há de ser feito segundo as técnicas da ciência da administração e não à luz de textos meramente normativos. Nesse sentido, a Emenda Constitucional nº 45, ao atribuir ao Conselho Nacional de Justiça a competência para "zelar pela observância do art. 37" (CF), está assinalando que àquele Órgão Administrativo caberá desempenhar a política nacional de eficiência dos serviços judiciários, e não apenas se limitar ao plano da legalidade. Dessa maneira, a instituição do Conselho Nacional de Justiça é apenas o primeiro grande passo da longa caminhada em busca do aprimoramento da administração judicial brasileira.

RTDC: Como foi a sua experiência do TJMG?

HTJ: Estive no TJMG há mais de 20 anos, numa época em que nem sequer se conhecia o apoio da informática aos serviços daquela Corte. De um tribunal de cerca de trinta juízes chegou-se ao atual contingente de mais de cem desembargadores, com adoção de muitas e melhores formas de apoio e organização. De qualquer forma, vivi no Tribunal um momento de grande enriquecimento moral e intelectual, sem embargo de as rotinas de trabalho serem, àquele tempo, bem mais precárias que as de hoje.

RTDC: O senhor foi o atualizador da obra de Orlando Gomes. Quais são as principais dificuldades do trabalho de atualização? Qual o significado da obra de Orlando Gomes para os estudantes e estudiosos de hoje?

HTJ: Atualizei o *Curso* do Professor Orlando Gomes com o firme propósito de não alterar o texto original e, muito menos, o pensamento do autor. Toda informação que pudesse representar alguma modernidade em termos de legislação ou jurisprudência foi colocada sob a forma de notas de rodapé ou de final de item. Com isso, pude preservar a inteireza da obra, mesmo para aqueles que só viessem a conhecê-la depois da morte do autor. O valor da contribuição doutrinária de Orlando Gomes é enorme, haja vista muitos dos rumos adotados pelo Código Civil de 2002 já se acharam delineados e projetados pelo notável civilista, muito tempo antes. Daí que, mesmo sendo escrito em época anterior ao Código vigente, seus ensinamentos conservam-se atuais, em quase tudo que se relacione com o direito privado. Foi um pensador para além de seu tempo.

RTDC: Como o senhor avalia o papel do advogado ontem e hoje? E do consultor?

HTJ: O papel do advogado sempre foi da mais alta relevância social e política. Não é sem razão que a Constituição de 1988 resolveu qualificá-lo como figura "indispensável à administração da justiça" (art. 133), conferindo, ainda, à OAB, por meio de seu Conselho Federal, legitimação para as ações de controle direto da constitucionalidade das leis ou atos normativos federais (arts. 102, I, e 103, VII).

ENTREVISTA COM ANTÓNIO MANUEL HESPANHA[1]

RTDC: Quais são suas lembranças sobre seus estudos universitários?

AMH: Cursei Direito em Coimbra. Mais por vontade do meu pai do que minha, que preferia ser arquiteto; ainda hoje considero a sua Faculdade "a minha Escola". Aprendi lá o que era a plena dedicação ao trabalho académico; o rigor desse trabalho; o cosmopolitismo das leituras. Mas não aprendi tanto – e onde se aprenderia isso, numa Faculdade do Direito? – o carácter apenas virtual, e, de qualquer modo, socialmente enraizado, do direito. Esse fechamento dogmático não me fez muito mal, porque eu já desconfiava que a "vida" no direito não era a "vida" da "vida".

RTDC: Quais foram os mestres que mais o influenciaram?

AMH: Nessa altura, Francisco Pereira Coelho, um grande civilista, amável e sábio; Eduardo Correia, um penalista brilhante, homem de cultura e de sólida formação jurídica (fora aluno do grande penalista alemão E. Metzger). Mas, como lia bastante e fiquei a trabalhar como doutorando na área de história, li então muitos dos grandes teorizadores não jurídicos de então, A. Gramsci, L. Althusser e N. Poulantzas, Michel Foucault (a *Arqueologia do saber* continua a ser uma fonte de inspiração metodológica permanente), P. Bourdieu e muito linguísticas e analistas do discurso. Afinal, o direito é feito de textos, não é, embora nem todos os juristas se deem conta disso, aparentemente

RTDC: Quais as diferenças entre as faculdades daquela época e as de hoje?

AMH: Eram muito mais formais, em todos os sentidos. O ensino era autoritário, o Estado português também o era; mas isso nem tem muito a ver com o autoritarismo do ensino do direito. A dogmática (a fita "ciência jurídica") era de esse autoritarismo se reproduzir. O mundo que não estava nos livros (de direito) não era mundo, como os juristas sempre tinham dito (*quod non est in libris* [*ou in actis*] *non est in mundo*). Isto está a mudar (apenas posso dizer assim). Mas está ainda por construir um novo paradigma que reintegre a vida no direito. Note-se que o que falta para que isto aconteça é uma teoria que dê conta do que como isso se faz, não a bendita ligação da escola à prática, que coloca o ensino do direito a reboque de qualquer coisa que cheire à "prática jurídica", processos, sessões de tribunais ou sua simulação, engajamento – seja ele qual for – em

[1] Entrevista concedida à *Revista Trimestral de Direito Civil – RTDC*, v. 39, jul./set. 2009.

lutas sociais –, sejam elas quais forem. Mas esta teoria a que me refiro tem, antes de tudo, que conhecer muito bem a(s) estrutura(s) das práticas.

RTDC: Qual deve ser o papel da universidade? Uma formação mais generalista ou mais especializante?

AMH: O assunto tem sido muito discutido na Europa, a propósito do "sistema de Bolonha'". Este propõe um ensino voltado para a profissão. Mas, num mundo em que os perfis profissionais mudam todos os dias, um ensino profissionalizante é um ensino que prepare para continuar sempre a aprender. É, antes de tudo, um ensino (crítico, reflexivo) de grandes teorias explicativas. Acho uma grande falta de perspicácia e de profundidade entender as coisas doutro modo.

RTDC: E na pós-graduação, o que precisa ser mudado?

AMH: A pós-graduação deve ser o momento em que a universidade dá contas à sociedade acerca da sua capacidade para responder às questões comunitárias, sobretudo às mais prementes em cada país. Não é isso, infelizmente, o que se desenha, com a internacionalização da investigação. Pelo contrário, reforça-se a dependência das periferias às temáticas que interessam aos centros; e as grandes questões de cada país – designadamente dos periféricos – ficam de fora desse *jet set* das questões científicas "de excelência".

RTDC: Como foi sua formação filosófica? Quais foram suas principais influências?

AMH: Tenho uma boa formação católica de infância e juventude, embora não seja religioso. As minhas primeiras leituras "duras" foram dos neomarxistas dos meados da década de sessenta e de M. Foucault, bem como de P. Bourdieu. Na História, lia os autores da Nova História. Em, na História do Direito, tive a sorte de fazer parte de um pequeno grupo (inicialmente, P. Grossi, B. Clavero, J.-M. Scholz, P. Schiera) que mexeu muito na maneira de fazer História do Direito, nomeadamente, para o Antigo Regime. A nossa divisa era libertar a História das leituras e apropriações do presente. Isto ainda hoje faz sentido, porque o trabalho não está completo.

RTDC: Nas Faculdades de Direito hoje, qual a importância da Filosofia e da Sociologia?

AMH: Depende das faculdades. Seja como for, fazer Sociologia (ou mesmo Filosofia do direito) não é apenas tomar o direito como objeto de um método sociológico ou filosófico. É, antes, fazer com que os saberes interajam, com que os sociólogos e filósofos entendam, por dentro, o direito, antes de começarem a falar sobre ele. O direito não é "o simples objeto" de outros saberes, tratado por estes com a metodologia monótona aplicada a outros saberes. O que se pretende é um verdadeiro trabalho hermenêutico; compreender os sentidos originais dos institutos, categorias e processos do direito e retraduzi-los nos termos dos saberes sociológico e filosófico, dinamizando estes.

RTDC: O senhor grifa a importância da História do Direito como um saber crítico, problematizador, capaz de destacar a espessura e autonomia do passado e reconhecer que as soluções jurídicas são sempre contingentes a determinados contextos. O senhor acredita que as disciplinas de História nos cursos de Direito vêm desempenhando adequadamente este papel?

AMH: Não, com honrosas excepções. A História do Direito ainda é, frequentemente, erudição vazia de sentido, consagração da tradição ou uma grande chatice que, porém, tem que ser ensinada e aprendida.

RTDC: No Brasil, há uma tendência a conferir ao Direito Romano uma disciplina autônoma, destacada da disciplina de História do Direito, que é ministrada aos alunos iniciantes, antes mesmo de um contato inicial com o Direito Civil, Penal e Constitucional. Esta é uma prática pedagógica benéfica ou prejudicial, no seu ponto de vista?

AMH: Se os alunos levarem isso a sério, pode ser muito prejudicial. Mas os jovens de hoje já são muito sabidos, mesmo sem conhecerem nenhum romano, já entenderam que eles estão mais fora do mundo do que o velho pai do Homer Simpson. O direito romano pode fornecer uma boa oficina de antropologia jurídica, tal como fazia Aldo Schiavone, em Roma.

RTDC: A literatura, a poesia e as artes em geral contribuíram para a sua formação? O que recomendaria, neste sentido, para as próximas gerações?

AMH: Leio bastante, mas mais ensaios do que ficção. Em contrapartida, sou um amante de cinema e um grande apreciador de artes plásticas. Acho que tudo o que excita a imaginação para pensar diferente, tudo o que nos treina para ver mais e mais complexo, é muito bom. As novas (e as atuais) gerações o que devem fazer é não se entregarem ao senso comum, refletirem sobre o que não é, e podia ser, e porque é que não é. Não se deixarem cegar pela falsa evidência das coisas claras.

RTDC: O senhor é professor visitante em diversas universidades estrangeiras, inclusive de tradição jurídica anglo-saxã. Há uma tendência à convergência entre a *Common Law* e o Direito de Família romano-germânica?

AMH: Há quem cultive isso. Não sou um entusiasta. O direito é um produto cultural "local" enraizado em muitas outras práticas também "locais". Não se pode desfazer estes conglomerados e pensar que o enxerto isolado de uma das suas práticas vai fazer sentido. Gosto, por exemplo, da ideia de que há um modelo social europeu (e um modelo jurídico agarrado a ele). Que é redistributivo, solidário, algo holista e rotineiro, mas que não deixa os doentes morrerem na rua, que conhece o crime de omissão do socorre, em que a expropriação se faz apenas por utilidade pública, em que as leis e a justiça são feitas pelo Estado em nome do povo. Por muitos mitos que haja no meio de tudo isto – e há –, prefiro isto a outros modelos, igualmente cheios de mitos e que, para além do mais, casam mal com o nosso fundo cultural mais fundo.

RTDC: Qual o seu método de trabalho? Quando e como o senhor escreve, se é disciplinado, se tem um sistema próprio? E de todas as suas obras, qual considera a mais importante?

AMH: Sou disciplinado. Trabalho muito. Mas divirto-me muito com o trabalho e com as situações correntes da vida corrente. Em princípio sou ativista e otimista, embora os tempos não estejam muito para otimistas.

RTDC: Seu *Panorama histórico da cultura jurídica europeia* termina com a análise do pós-modernismo jurídico, em reação às tendências generalizadoras e racionalizadoras da modernidade, caracterizado pelo relativismo radical e pela heterogeneidade e conflitualidade de paradigmas. Estas posições não podem surtir ainda mais problemas do que a própria modernidade, tal como certo ceticismo, ou mesmo cinismo, com relação ao papel transformador do Direito? O que esperar do Direito no século XXI?

AMH: Esse meu livro tem já mais de uma década, na sua inspiração originária. Hoje estou mais próximo do último livro que escrevi – um livro de introdução ao direito, *O caleidoscópio do direito. O direito e a justiça nos dias de hoje* (Almedina, 2007; esgotado, mas em breve reeditado e bastante revisto). Acho que neste livro sou muito mais cuidadoso ao explicar-me. A dissolução dos valores da modernidade – como o papel dirigente da constituição ou os projetos de uma engenharia social emancipadora por meio do direito – realmente não é mais um sustento teórico sustentável. Mas, em contrapartida, precisamos encontrar novas formas de *accountability* para o Direito e para a justiça, em nome de um nome para a democracia – que pode ser estabilização, correspondência com as expectativas de todos, ponderação de todos os interesses e pontos de vista. A ideia de que *everything works*, sem regulação, sem soluções realmente e geralmente consensuais, já mostrou os resultados. Não vale a pena imaginar como seria. Já se viu, por muito, que os ideólogos teimem em arranjar subterfúgios e escapatórias! A minha grande preocupação, neste momento, é ajudar a pensar como é que – sem ficcionar que se podem trazer de volta à vida coisas que já morreram (a regulação exclusivamente estadual, o primado global e forçoso da constituição etc.) – podemos restabelecer uma sociedade regulada a favor da generalidade das pessoas, neste sentido, uma sociedade democrática.

ENTREVISTA COM AVELÃS NUNES[1]

RTDC: Qual era o contexto social e histórico ao início de sua vida universitária?

AN: Presumo que não pretendem que eu faça aqui um estudo histórico sobre o Portugal de finais dos anos 50 do século XX. Além do mais, porque sabem que me falta para tanto a bagagem de historiador. O que direi a seguir corresponde à visão que tinha do seu país um rapazinho de 17 anos que há pouco saíra de Pinhel, sua terra natal, uma cidadezinha de província, no interior rural da Beira Alta, perto da fronteira espanhola de Fuentes de Oñoro. Um rapazinho pobre, neto de moleiro e de pastor (ambos analfabetos) e filho de um alfaiate e uma costureira (neste caso, ambos com cinco anos de escolaridade básica). Como em muitas localidades do País, em Pinhel só havia luz eléctrica a partir do anoitecer. Para ouvir os relatos radiofónicos dos jogos de futebol (todos de dia, porque não havia estádios iluminados), só no rádio do táxi da terra, que prestava esse importantíssimo "serviço público" (interrompido quando, para desgraça nossa, alguém o chamava para uma viagem). Na casa dos meus pais (como na maioria das casas da minha terra) não havia água canalizada, nem ligação ao saneamento básico, nem eletricidade (já eu estava licenciado em Direito quando o meu pai fez a ligação à rede eléctrica, usando a sua inteligência e a sua habilidade). Já estudante universitário, estudava e lia à noite, em férias, à luz de candeeiro de petróleo.

Outra característica de povo emigrante que os portugueses sempre foram deixou marcas na minha família: três irmãos do meu pai tinham emigrado para SP; dois irmãos da minha mãe emigraram para o RJ, onde o meu próprio pai tentou a sorte em 1953. Não tendo conseguido emprego, regressou a casa (onde tinha deixado a mulher e quatro filhos) cerca de seis meses depois, porque teve a sorte de uma das minhas tias de SP lhe ter pago a viagem de regresso. Como em Pinhel só havia ensino secundário até ao 5º ano, tive que vir para Coimbra frequentar o 6º e o 7º anos, que davam entrada na Universidade. Devo ao Diretor do Colégio da minha terra ter convencido os meus pais a deixarem-me sair para continuar os estudos, garantindo-lhes que me conseguiria uma bolsa de estudos que me permitiria viver em Coimbra sem quaisquer encargos para eles.

[1] Entrevista concedida à *Revista Trimestral de Direito Civil – RTDC*, v. 40, out./dez. 2009.

Ele cumpriu a promessa, e eu passei a viver de bolsas de estudo desde os meus 15 anos (1955) até que concluí a Licenciatura em Direito (1962).

A viagem para Coimbra (no início de outubro de 1955) foi a minha primeira viagem de comboio (só quatro ou cinco anos mais tarde vi o mar pela primeira vez) e terá sido a sétima vez que saí da minha cidade natal (antes, tinha saído três vezes, na camioneta da carreira, para fazer exames oficiais, e três vezes, de automóvel, em atividades de desporto escolar, num raio máximo de 50 km).

A minha terra teria então uns 3.000 habitantes, que viviam em regra pobremente, salvo uns poucos membros da aristocracia rural, já bastante decadente e a perder estatuto econômico e social. Mas ainda com poder e estatuto para conseguir que a piscina municipal abrisse de manhã (só no verão, claro) apenas para os meninos e meninas dessa pequena elite, abrindo na parte da tarde para o povo em geral (e, de tarde, os membros da elite não se misturavam com o povoléu). Como em todo o país, a agricultura era a atividade dominante, envolvendo cerca de 40% da população ativa. O obscurantismo e a pasmaceira marcavam o "clima" que se respirava.

Alguns factos marcaram, porém, a minha experiência de vida. Um primo direto meu (Mário Canotilho), quase 20 anos mais velho do que eu, era advogado em Pinhel. Eu sabia (porque em minha casa se falava disso) que ele tinha sido preso pela polícia política (PIDE), no último ano do Curso de Direito em Coimbra, por ser militante (clandestino) do Partido Comunista Português (PCP). Era um homem respeitadíssimo, como advogado e como pessoa. E eu adorava esse meu primo-irmão-amigo-camarada. Nas minhas férias grandes (enquanto estudava em Pinhel), ia para o escritório dele (onde trabalhava outro militante do PCP), para poder escrever a máquina e aprender essa "arte". Para além das conversas a que tinha acesso (e que ouvia embevecido), podia ler o único jornal diário antissalazarista que se publicava em Portugal, o *República*, que o Mário assinava, e ia espreitando um ou outro livro "proibido" que ele tinha nas estantes do escritório.

Outro marco nas minhas memórias relaciona-se com o facto de a oficina de alfaiate do meu pai ser fronteira à casa onde viviam os pais de outro pinhelense que era, na altura, funcionário do PCP na clandestinidade (o escultor e pintor José Dias Coelho, que viria a ser assassinado pela PIDE, à queima roupa, numa rua de Lisboa, em dezembro de 1961) e de uma senhora casada com outro dirigente comunista na clandestinidade (Carlos Aboim Inglês). Dada a situação dos pais, a filha de José Dias Coelho vivia com os avós em Pinhel e passava horas na oficina do meu pai a fazer desenhos.

Por outro lado, a Espanha ficava ali ao lado e as consequências da Guerra Civil fizeram-se sentir nas terras da fronteira. Eu nasci em 1939. Mas conheci o Julián, um espanhol que se refugiara por ali, vivendo pacatamente de uns trabalhos de eletricista. As pessoas diziam, em surdina, que ele tinha fugido da Guerra. Ao invés, havia um "senhor" da tal aristocracia arruinada, filho de um general salazarista, que tinha combatido como voluntário nas hostes franquistas, e que alguns apontavam como herói. O povo não o levava muito a sério, porque nunca se lhe conheceu uma profissão digna desse nome.

As sequelas da Guerra Civil na Espanha e da Segunda Guerra Mundial acentuaram as dificuldades econômicas de um país atrasado e refém do fascismo como era o Portugal salazarista. O racionamento vigorou durante vários anos. Guardo até hoje na minha memória a modéstia da vida em casa dos meus pais, mesmo no que toca à alimentação. E recordo-me vivamente da caderneta com as senhas picotadas do racionamento, que davam direito, semana a semana, a uma determinada dose de arroz, de massa, de açúcar, de bacalhau, de azeite, que eu ia com a minha mãe "aviar" na loja do Sr. Ernestinho. Mais amargas são as lembranças dos dias em que ia para a porta da padaria (antes de ir para a escola, mesmo no inverno, com temperaturas negativas) à espera de vez para comprar o pão a que tínhamos direito, sendo que, alguns dias, já não havia pão quando chegava a minha vez. E eu tinha de ir para a escola com uma caneca de "café de cevada". Poucos anos depois, a minha mãe começou a fazer o pão em casa, que era cozido num forno comunitário. Era um pão de centeio de que ainda hoje tenho saudades. Só se comia alguns dias depois de cozido, porque "o pão assente funde mais", dizia a minha mãe, sabendo bem do que falava. Mas vi muitas vezes os trabalhadores dos campos das aldeias almoçar um pedaço de pão centeio e um tomate ou uma cebola que colhiam na horta vizinha (na melhor das hipóteses, um pouco de carne gorda de porco, que tinha sido cozida para temperar o caldo de batata, couve e feijão). E à noite, quando chegavam a casa, a ceia era uma malga de caldo.

A vivência da minha família não andava longe da vida da grande maioria das famílias portuguesas, muitas, tenho a certeza, vivendo ainda muito pior do que nós. O retrato que fica, em pinceladas leves, é o retrato do quotidiano do Portugal sob a bota de Salazar já vem como entrou a política na minha vida. Só se eu perdesse a memória ou traísse as minhas origens poderia deixar de estar do lado dos trabalhadores e dos pobres na luta de classes.

Já em Coimbra, comecei a ouvir falar de acontecimentos marcantes, em Portugal e no estrangeiro, alguns ocorridos naqueles anos, outros um pouco antes. Ouvi falar do campo de concentração do Tarrafal (Cabo Verde) e de vários homens de esquerda (a maior parte comunistas) que para lá foram enviados: regressaram alguns a Portugal em 1946, na sequência da derrota do nazifascismo, mas o último dos que lá ficaram (Francisco Miguel, dirigente comunista) só foi transferido para uma cadeia portuguesa em 1953. Ouvi falar da demissão de vários professores universitários por motivos políticos. Ouvi falar das greves que, apesar de ilegais e fortemente reprimidas, se iam sucedendo por todo o país, pela melhoria de salários e pela jornada de 8 horas de trabalho (em vez do trabalho de sol a sol, como era corrente nos campos). Ouvi falar do assassinato, pelas forças policiais, de Catarina Eufémia, uma jovem ceifeira comunista, grávida de seis meses, quando encabeçava um grupo de grevistas no Alentejo do latifúndio. Já eu andava na Universidade, o cantor José Afonso dedicou-lhe uma canção ("Chamava-se Catarina/ O Alentejo a viu nascer [...]/ Baleizão a viu morrer/ Ficou vermelha a campina/ Do sangue que então brotou/ Quem viu morrer Catarina/ Não perdoa a quem matou").

Vivi em Coimbra a mobilização dos estudantes das universidades portuguesas contra um decreto-lei do Governo (1956) que queria amordaçar ainda mais o movimento associativo estudantil. Participei da euforia do processo eleitoral para Presidente da República em que a oposição ao fascismo salazarista se uniu à volta do General Humberto Delgado (1958). Tive conhecimento, por papéis que passavam pelo escritório do meu primo Mário Canotilho, do fuzilamento de trabalhadores portuários em Bissau (Guiné) e de terem sido lançados ao mar a partir de aviões alguns trabalhadores africanos de S. Tomé e Príncipe (1959). Tive conhecimento da fuga do Forte de Peniche de vários dirigentes comunistas, entre os quais Álvaro Cunhal (janeiro de 1960). Exultei, como todos os antifascistas, com a tomada do navio Santa Maria, por um grupo comandado pelo Capitão Henrique Galvão, que viria a ser acolhido no Brasil, onde aportou, frustrada a tentativa de desembarcar em Angola. Assisti, desesperado, ao início da guerra colonial em Angola (1961) e respirei de alívio por quase não ter morrido ninguém quando a chamada "Índia portuguesa" foi libertada por tropas da União Indiana, apesar da palavra de ordem de Salazar para os poucos militares que lá se encontravam ("mortos ou vitoriosos"). Alvorocei-me com a notícia da tentativa de insurreição levada a cabo por militares e civis antifascistas com o assalto frustrado ao quartel de Beja (primeiro de janeiro de 1962).

Mas é claro que a vida dos jovens portugueses daquele tempo foi também marcada por acontecimentos internacionais que anunciavam vitórias das forças progressistas. Soube-nos bem a vitória do Egipto de Nasser (que nacionalizara o Canal de Suez), com o apoio da URSS, sobre a coligação Inglaterra-França-Israel (1956). Foi com enorme alegria que recebemos a vitória da guerrilha em Cuba (1959). Foi com deslumbramento que acompanhámos a notícia do envio para o espaço de um satélite soviético com a cadela Laika lá dentro, e foi com espanto e exaltação que vivemos os dias do primeiro voo de uma nave espacial tripulada por um homem (Yuri Gagarine, em abril de 1961). Ainda em 1961, ficámos preocupados com a intervenção militar americana em Cuba (invasão da Baía dos Porcos, apesar da derrota das forças americanas) e ficámos revoltados com o assassinato de Patrice Lumumba no Congo (ex-belga). A guerra colonial alastrava nas colónias portuguesas, e muitos jovens iniciaram o caminho do exílio para não combaterem essa guerra injusta e contra o sentido da história. Eu próprio comecei a programar essa possibilidade (em 1961/62), juntamente com um meu colega (então militante do PCP), que acabaria mesmo por exilar-se. Tive a sorte de conseguir anular (com "cunha" de um sargento!) a convocatória para o Exército para cumprir o serviço militar obrigatório (agosto/1962). Esta "vitória" permitiu-me concluir a licenciatura em Direito e vir a ser incorporado na Marinha, em 1963.

A Marinha era uma arma mais liberal, que oferecia condições muito melhores. No final da recruta, a PIDE informou a Escola Naval de que eu não dava garantias de poder servir como oficial ao serviço da Pátria. Um oficial antissalazarista deu-me esta informação, acrescentando que o Comandante da Escola tinha mandado arquivar o processo e que, se fosse no Exército, seria enviado para uma Companhia disciplinar para cumprir o serviço militar como soldado raso (conheci um licenciado em Direito e um licenciado em Medicina a quem aconteceu isto mesmo). Acabei por ter a sorte de ser colocado no Ministério da Marinha, no Terreiro do Paço, onde passei dois anos e sete meses, evitando os caminhos do exílio. Deixem-me recordar-lhes outro episódio que muito me marcou.

Quando entrei para a Universidade (outubro de 1957), amigos meus (gente de esquerda) que estavam alojados numa residência de estudantes pertencente à Mocidade Portuguesa (organização que pretendia imitar as organizações de juventude da Itália e da Alemanha) aconselharam-me a ir para lá, porque a renda era muito barata, podíamos tomar banho de água quente e fria sempre que quiséssemos e ainda nos lavavam e passavam a ferro a roupa. Naquela altura, os quartos particulares eram caros em Coimbra e só era permitido um banho por semana (em algumas casas nem havia casa de banho e muitos estudantes tinham de tomar banho em local público existente nos Hospitais da Universidade). As condições eram atrativas e eu mudei-me para essa residência, pertinho da Faculdade de Direito e da cantina onde iria comer, como bolseiro. Pois bem. Algum tempo depois, o Diretor do Centro Universitário da Mocidade Portuguesa (um professor universitário) convocou-nos para uma reunião em que nos falou das próximas eleições para escolher o Presidente da República e nos propôs que assinássemos um texto de apoio ao candidato do regime. Fiquei gelado e esmagado com aquela cilada. Mas não consegui reunir as forças necessárias para dizer que não assinava. Saí da reunião humilhado, amargurado e destruído. Tinha a noção de ter traído a minha consciência e os meus valores; envergonhava-me por me ter deixado encurralar na armadilha; revoltava-me contra a minha fraqueza; mas não conseguia deixar de compreender as dificuldades daquele jovem (ainda não tinha feito 18 anos), sozinho perante a vida, consciente de que, se perdesse a bolsa, tinha de regressar a casa, e, tomado pelo medo, sucumbiu à chantagem.

Passados 50 anos, continua a doer-me o fato de não ter sido capaz de dizer que não. Mas confesso que continuo a ter a mesma compreensão por aquele rapaz pobre, obrigado a decidir em condições tão dramáticas. Quero acreditar que, não tendo sido um herói, também não foi um vilão. A violência fascista manifesta-se também deste modo. E eu fui vítima dela. Tal como acontece muitas vezes com as vítimas da violência sexual, também eu falo em público deste episódio pela primeira vez. O que é certo é que, a partir desse momento, prometi a mim mesmo que não cairia noutra. E mobilizei-me para assumir mais responsabilidades no domínio da cidadania, tendo participado em todas as manifestações de rua e em todos os comícios integrados na campanha do General Humberto Delgado. A minha inserção na vida da cidade justificaria que, dois anos mais tarde, quando um irmão meu chegou à Universidade e concorreu a uma bolsa de alimentação, o responsável por esse pelouro (um professor universitário) lhe tenha dito (sem vergonha nenhuma na cara!) que ele não iria ter bolsa, porque eu os tinha enganado: julgávamos que ele era um dos nossos – disse ele ao meu irmão. Esta é também uma das caras do fascismo.

No último ano do meu curso, participei ativamente no movimento associativo estudantil, tendo sido Diretor da Via Latina, órgão da Associação Acadêmica de Coimbra então proclamado *Jornal de Todos os Estudantes Portugueses*, até que o governo salazarista o suspendeu por tempo indeterminado, em maio de 1962. Para fazer sair cada número do jornal era preciso reunir material que dava para três números: a censura cortava o resto, já em provas tipográficas, o que nos custava muito dinheiro. Mesmo assim, o jornal manteve-se financeiramente, porque tínhamos uma rede de antigos estudantes de Coimbra por todo o País, que recebia exemplares e os vendia em bom número. Também por esta razão a Via Latina era um inimigo (do fascismo) a abater: a nossa contestação chegava a toda a parte. Mas nunca conseguimos publicar uma só linha sobre a guerra colonial. Um dia, soubemos da morte em combate em Angola de um colega nosso da Faculdade de Direito. Lembrei-me então de pedir a um amigo dele desde a escola primária que escrevesse a notícia sobre a morte do nosso colega. Esperava que ele lamentasse e chorasse a morte do amigo. E foi o que ele fez, naturalmente. O tenente da censura não achou nada de subversivo naquela prosa e autorizou a publicação do texto. Os "chefões" da censura em Lisboa não gostaram nada que ele fosse publicado e (disse-o depois o tenente, criticando-me por o ter enganado) chamaram todos os nomes ao pobre tenente por não ter morto a notícia a golpes de lápis vermelho. O Reitor convocou-me ao gabinete para me criticar duramente pela publicação de tal texto: era inadmissível que, na circunstância, não se dissesse uma palavra para glorificar aquele jovem que heroicamente tinha dado a vida pela Pátria, e era ainda menos admissível que, quando o melhor da juventude portuguesa se batia em África pela defesa da integridade da Pátria, a Via Latina se colocasse ao lado dos que, num claro gesto de traição à Pátria, defendiam o abandono das "províncias ultramarinas" (assim chamava o salazarismo às colónias portuguesas). Fiz-me de inocente, é claro, e disse que, perante a notícia daquela morte, tinha feito o que ele próprio (reitor) faria: pedi ao melhor amigo do colega falecido que fizesse a notícia sobre a morte do amigo.

Para compensar esta nossa frustração, valia-nos, naqueles anos tristes, o canto de um estudante-cantor de Coimbra de quem fui amigo, o Adriano Correia de Oliveira, que por essa altura começou a cantar, com música de José Afonso, um velho poema (*Menina dos olhos tristes*) redescoberto por se adaptar muito bem àqueles tempos: "Menina dos olhos tristes/ O que tanto a faz chorar/ O soldadinho não volta/ Do outro lado do mar/ Anda bem triste o amigo/ Uma carta o fez chorar [...]/ A lua que é viajante/ É que nos pode informar/ O soldadinho já volta/ Está quase mesmo a chegar/ Vem numa caixa de pinho / Do outro lado do mar/ Desta vez o soldadinho/ Nunca mais se faz ao mar". E o Adriano levou a sua canção por todo o País, lavrando assim o nosso protesto contra a guerra colonial. Deixem-me recordar o Adriano, estudante de Direito (não muito assíduo), militante comunista desde a juventude, um menino grande, com um coração do tamanho do seu metro e noventa bem folgado. Ele foi o primeiro cantor de resistência saído da canção tradicional de Coimbra, cantando por toda a parte que "Mesmo na noite mais triste/ Em dia de solidão/ Há sempre alguém que resiste/ Há sempre alguém que diz não". Tinha uma voz de festa e de luta o Adriano. Uma voz amarga e doce: amarga, para denunciar e zurzir os crimes do fascismo, doce para anunciar que também para o povo português amanhã há de ser outro dia. Morreu, estupidamente, quando tinha pouco mais de quarenta anos.

RTDC: O que determinou a opção do senhor pela Faculdade de Direito da Universidade de Coimbra?

AN: A opção por Coimbra era natural por parte de um jovem oriundo da região do País onde eu nasci. Para além de Coimbra, só havia Universidade em Lisboa e no Porto, em ambos os casos mais longe da minha terra natal. Acresce que a Universidade de Coimbra tinha então (e acho que continua a ter) uma atração muito especial. Creio que o mais importante é perceber como é que eu vim para a Universidade. Os meus pais nunca tinham pensado nessa possibilidade, porque não tinham rendimentos que permitissem alimentar esse sonho. Como filho mais velho de cinco, poderia ter aprendido o ofício de alfaiate (o meu pai abriu oficina própria aos 17 anos), ajudando a economia familiar. Mas os meus pais queriam melhorar a vida dos filhos. Por isso me puseram no Colégio lá da terra, para fazer o 5º ano do ensino secundário e concorrer para um qualquer lugar de funcionário público. Depois de uns anos à espera de vez no orçamento familiar, foi o que acabaram por fazer três dos meus irmãos. Um outro acabaria também por ir para a Faculdade de Direito, onde tirou o curso como estudante-trabalhador.

Devo ao Diretor do Colégio de Pinhel o meu destino de universitário. Entendeu ele que eu tinha capacidade para tirar um curso superior e que era uma pena ficar-me pelo 5º ano. Falou com os meus pais e disse-lhes que podiam mandar, no ano seguinte, a minha irmã para o Colégio, pagando quando pudessem. E insistiu em que eu deveria continuar os estudos, prontificando-se a arranjar-me uma bolsa que os dispensasse de qualquer despesa comigo. E assim aconteceu.

Vim para Coimbra (e não para o Liceu da Guarda, mais perto de casa) porque era aqui que ele tinha as amizades que lhe permitiram concretizar o plano que gizara. A minha vinda para Coimbra foi um "escândalo" lá na terra. O Diretor do Colégio era monárquico, mas não frequentava os locais de reunião da "elite" local. De todo o modo, uns tantos representantes desta "elite" procuraram-no para lhe perguntar a razão por que ele me protegia e não fazia o mesmo com os filhos deles. Segundo ele próprio me contou, foi esta a resposta do Diretor: "Querem mesmo saber? Pois muito bem: porque ele é inteligente e os vossos filhos são burros". Um ano depois de estar em Coimbra (no 6º ano do ensino secundário), tive uma nota elevada na disciplina de Filosofia, de que era professor um homem de grande reputação em todo o País (um homem de formação marxista, aliás). E o Dr. João Teles (assim se chamava o Diretor do Colégio de Pinhel) disse-me, muito convencido: "Por esse caminho, ainda hei de te ver professor da Universidade".

Querem saber porque escolhi Direito? Por uma razão muito prosaica. Na verdade, eu deveria ter feito um curso de Ciências, porque era bom aluno a Matemática e a Física. No exame nacional do 5º ano do ensino secundário, obtive 20 valores (a nota máxima) a Matemática. Acontece que, na hora da escolha, o meu primo Mário Canotilho me aconselhou a escolher Direito. Porque os cursos de Ciências obrigavam à presença física dos alunos nas aulas e o curso de Direito podia então frequentar-se em regime de aluno voluntário. Os alunos ordinários eram obrigados a frequentar as aulas e prestavam provas no fim do ano; os alunos voluntários não eram obrigados a frequentar as aulas, mas tinham de fazer duas provas escritas durante o ano, sendo admitidos a exame final se obtivessem dez valores (na escala de zero a vinte) naquelas duas provas. Estava claro: se eu não conseguisse obter (ou manter) a bolsa de estudos de que precisava para me manter em Coimbra, poderia regressar a casa, arranjar um emprego e tirar o Curso de Direito como aluno voluntário. Num curso de Ciências não teria esta possibilidade. Assim nasceu a minha vocação para o Direito. A verdade é que gostei do curso e nunca me senti penalizado por não ter tirado outro.

Um fator alheio à minha vontade acabaria por ditar também que a minha carreira de professor na Faculdade de Direito tenha sido feita na área das Ciências Econômicas e não em qualquer das áreas jurídicas. Conclui o meu Curso em outubro de 1962 e obtive, isolado, a melhor classificação atribuída nesse ano. Mas não fui convidado para assistente (era por convite do Conselho Escolar que então se iniciava a carreira académica). Confesso que não liguei muito a isso, porque nunca me levei muito a sério e nunca pensei que, naquele Portugal salazarento, um pé rapado como eu pudesse chegar a professor da Universidade. O que eu queria era ser magistrado: ser juiz era algo que me fascinava. E concorri para a Magistratura, devendo ser, naquele tempo em que os magistrados ganhavam mal, o candidato mais classificado de há muitos anos. Mas não fui colocado interinamente, nem fui admitido a concurso. Por razões políticas, claro está. Mantive a minha bolsa de estudo da Fundação Calouste Gulbenkian e inscrevi-me no Curso de Pós-Graduação em Ciências Jurídicas, começando a preparar uma dissertação sobre *O direito de exclusão de sócios nas sociedades comerciais*. Alguns meses depois, fui chamado a cumprir o serviço militar obrigatório.

No ano letivo seguinte, a Faculdade resolveu convidar para assistente um amigo meu (que é hoje um importante banqueiro), que concluiu o curso com classificação inferior à minha. E foi colocado na Secção de Ciências Econômicas. Mal tomou posse, falou com o Professor (um homem de esquerda, antissalazarista) e deu-lhe conta de que toda a gente falava do fato de eu não ter sido convidado, o que, dadas as minhas classificações, não tinha precedente na Faculdade, deixando a ideia de que eu tinha sido "esquecido" por razões políticas. O professor ficou muito espantado, disse que o meu curso tinha "sujeitos de categoria", mas que ele tinha a ideia de ser um curso de gente que trabalhava pouco. E acrescentou que tomaria nota. E tomou. De tal forma que, no Conselho Escolar do fim desse ano letivo, quando se analisavam os currículos dos alunos que tinham concluído o curso com classificações que justificassem o convite, ele lembrou o meu nome e defendeu que eu fosse convidado antes de quaisquer outros, porque deveria ter sido convidado logo em outubro de 1962.

Conselho votou que assim se fizesse e o Professor Teixeira Ribeiro, que era o professor mais antigo da Faculdade e tinha o direito de escolha, propôs que eu fosse contratado para a Secção de Ciências Econômicas. E assim foi decidido, em novembro de 1965, tendo eu aceito o convite. A PIDE – que já tinha vetado a minha entrada para a Magistratura e tinha tentado que eu fosse "condenado" a cumprir o serviço militar como soldado raso – tinha, porém, outros projetos para a minha vida e vetou a celebração do contrato, em fins de novembro de 1965. Concluído o serviço militar, casado e com um filho, precisava dar um rumo à minha vida. Procurei o Diretor da Faculdade, Doutor Afonso Queiró, um homem do regime. Como eu esperava (por aquilo que conhecia dele e da Faculdade), garantiu-me que eu acabaria por ser contratado, ou ele deixaria de ser Diretor da Faculdade. E ofereceu-me uma bolsa de estudo de montante equivalente ao vencimento líquido de um segundo-assistente, até que a oposição da PIDE fosse ultrapassada. Interessado agora em seguir a carreira universitária e confiado no empenho pessoal e no peso político do Doutor Afonso Queiró, aceitei a proposta. Instalei-me em Coimbra (abril de 1966) e comecei a trabalhar, retomando os estudos da tese sobre o direito de exclusão de sócios, que tinha interrompido em 1963. A PIDE e o Ministério da Educação acabaram por ceder, em dezembro de 1966. Tomei posse como segundo-assistente da Faculdade de Direito de Coimbra em janeiro de 1967.

RTDC: Como foi a sua formação filosófica? Quais foram suas principais influências?

AN: Eu creio, muito sinceramente, que a maior influência, no plano filosófico, *i.e.*, no que se refere à concepção da vida e do mundo, foi a minha própria vida. Uma vida que vivi como adulto praticamente desde que guardo memória dela, partilhando com os meus pais os problemas, as dificuldades e até as discussões (quantas vezes noite dentro, pensavam eles que eu dormia). Uma vida difícil (compensada pelo carinho que nos unia e pelo projeto de uma vida melhor por que os meus pais sempre lutaram, à custa de enormes sacrifícios pessoais), no seio de um casal com cinco filhos (eu sou o mais velho) e com baixos rendimentos. Uma vida cuja infância decorreu numa terra com o ambiente que atrás deixei caracterizado. Uma vida vivida do lado dos trabalhadores pobres. A minha avó paterna, quando morreu, tinha o meu pai (o mais novo de seis filhos de um pastor de cabras de uma aldeia perdida nos confins do mundo) uns seis meses. Foi então (por volta de 1920) que emigraram para SP os três irmãos mais velhos de meu pai, que deveriam ter, segundo os meus cálculos, 15, 14 e 13 anos. Quem criou o meu pai foi a madrinha de baptismo, trabalhadora rural, analfabeta, que não tinha filhos e vivia na cidade de Pinhel. Acompanhei muito esta minha madrinha, com quem aprendi o mais rigoroso código de valores do mundo rural: a par de um grande orgulho, o sentido da sua condição social e o imperativo de trabalhar sempre. Muitas vezes a ouvi contar que, quando nova, trabalhara muitas vezes 16 horas por dia, de modo a ganhar duas jornas (salários) num só dia. Desde que eu me lembro e até para aí aos 90 anos, ela ia, pendularmente, ao "rebusco" da azeitona. Eu explico: depois de os proprietários apanharem a azeitona, havia pessoas que percorriam depois os olivais para apanhar a azeitona que tinha ficado no chão ou não tinha caído das oliveiras. A minha madrinha era uma das dessas pessoas, que assim conseguia azeite para casa (o azeite era caro para os pobres). E trabalhou, como assalariada rural e em trabalhos domésticos, praticamente até morrer, com 92 anos de idade. Cedo percebi e interiorizei que o povo trabalhador era o meu povo e que o lado do trabalho era o meu lado na estrutura social e nas lutas sociais. Creio que fui marxista antes de ouvir falar de Marx, e nisto não vai, evidentemente, nenhum mérito meu.

Enquanto estive em Pinhel, a escola da vida foi a minha verdadeira escola. Chegado a Coimbra, encontrei no Liceu uns dois amigos com quem comecei a partilhar leituras e conversas sobre textos de Marx e de Estaline (não as grandes obras, mas publicações avulsas de pequenos textos). Aprendi muito com as aulas e as leituras sugeridas pelo meu professor de filosofia do 6º e 7º anos do ensino secundário: deram-me uma visão materialista da vida, mas não havia nelas qualquer sinal de marxismo (apesar da formação marxista do professor). Dei-me conta pela primeira vez do modo de pensar e de analisar a realidade, dentro dos quadros do marxismo, com o estudo da História da Literatura Portuguesa dos Drs. Óscar Lopes e António José Saraiva (militantes do PCP: o 1º, professor do ensino secundário no Porto; o 2º, professor da Faculdade de Letras de Lisboa, obrigado a exilar-se). Não falavam de Marx nem o citavam, evidentemente (sinal dos tempos!), mas pensavam como marxistas, e – percebi isso mais tarde – ajudaram a formar a minha cabeça.

Quando entrei na Faculdade, nenhum dos professores poderia dizer-se marxista e Marx era raramente referido, e sempre para o desvalorizar, quase sem crítica. A cadeira de Direito Constitucional não estimulava, então, qualquer leitura sobre ciência política ou sobre teoria do estado. No 2º ano do Curso, porém, o Doutor Rogério Soares ia um pouco mais longe nas aulas de Direito Corporativo. Levava mais a sério a crítica de Marx e citava um livro cuja leitura marcou, para muitos de nós, o contacto com a problemática marxista: O *Processo Histórico*, de Juan Clemente Zamora. Ainda no 2º ano, no âmbito da disciplina de Economia Política, comecei a ler um autor que ainda hoje continuo a ler com gosto e proveito: Maurice Dobb, professor de Economia Política de Cambridge. Marxista, usava e citava Marx e raciocinava como marxista na análise da evolução do capitalismo e no estudo crítico dos autores da Economia Política clássica. Por influência dele comecei a visitar as obras de Marx e comecei a pensar como marxista, certo de que há uma teoria da história e de que essa teoria é a teoria marxista, não como dogma, mas como princípio de enquadramento da realidade e método de análise dela. E confirmei o que "sabia" desde muito novo: as classes sociais existem, a luta de classes também, o estado é um estado de classe. A disciplina de Direito e Administração Ultramarina (do 3º ano do Curso) conduziu-me à leitura empenhada de muitos trabalhos sobre o colonialismo. E muitos dos autores que li tinham formação marxista, ajudando-me a ver o problema colonial sob esta óptica.

Apesar dos anos de chumbo do fascismo em Portugal, creio ser correto afirmar que, naqueles anos, os escritores, os artistas plásticos, os ensaístas, os críticos literários e os críticos de arte, os artistas em geral, o pessoal do teatro, a intelectualidade no seu todo eram, na sua grande maioria, gente de esquerda, muitos deles militantes do PCP ou com alguma ligação a ele, ou com formação marxista. Por isso, a leitura dos nossos romancistas neorrealistas e das duas revistas de melhor qualidade (a *Seara Nova* e a *Vértice*) era para os jovens daquele tempo um processo de relacionamento intelectual e estético com o marxismo. Li, é claro, como os jovens estudantes do meu tempo, alguma literatura existencialista, embora deva confessar que nunca me entusiasmou por aí além. Uma outra escola foi a frequência, como sócio, do Clube de Cinema de Coimbra, que organizava regularmente ciclos de cinema em que o neorrealismo italiano e os realizadores progressistas de todo o mundo tinham lugar marcado. Paralelamente, o Clube distribuía pelos sócios um guia de leitura dos filmes que passava (quase sempre organizados pelo Doutor Orlando de Carvalho) e organizava colóquios sobre os principais filmes ou autores. Sobre a importância do movimento cineclubista, basta dizer que, para a PIDE, ser sócio de um Clube de Cinema era sinal de que se era, pelo menos, simpatizante do PCP.

Regressado a Coimbra, pouco depois de ser contratado com assistente da Faculdade, comecei a assinar duas revistas marxistas: a italiana *Critica Marxista* e a francesa Économie *et Politique*. No início dos anos 1970, comecei um período muito rico como membro da redacção da revista *Vértice*, uma revista mensal criada em Coimbra por jovens ligados ao PCP, no início da década de 1940. Era uma revista de inspiração marxista, mas nunca se assumiu como revista partidária e buscava e acolhia colaboração de autores antifascistas, mesmo que não fossem marxistas. Até 1974, nunca foi possível assumir publicamente a sua orientação ideológica, conhecida de todos, incluindo a PIDE e a censura. Dizia-se revista de cultura e arte e revista do racionalismo moderno. Foi quase sempre um enorme prazer trabalhar (militantemente, é claro) no coletivo daquela redação, onde aprendi muito, sobretudo a não ser dogmático e a cultivar as virtudes do debate em coletivo.

RTDC: Quais são suas principais lembranças dos estudos universitários e quais foram os mestres que mais o influenciaram?

AN: Eu diria que as melhores e mais importantes lembranças dos meus tempos de estudante universitário referem-se à vida fora das aulas (a outra universidade, como sempre digo aos meus alunos). Naqueles anos, as disciplinas de Direito Público tinham menos projeção do que hoje no plano de estudos da Faculdade e os programas e métodos de abordagem não eram particularmente atraentes. Nada de entusiasmante se passava nessas áreas, nem elas estimulavam leituras que me tivessem marcado. No que se refere à atividade letiva, guardo muito boas recordações das aulas do Doutor Francisco Pereira

Coelho, nomeadamente em Direito de Família, nas quais o Professor tinha a coragem de defender pontos de vista (sobre o papel da mulher e sobre o divórcio, *v.g.*) que contrariavam abertamente o obscurantismo fascista. Marcaram-me as aulas práticas que o Doutor José Joaquim Teixeira Ribeiro deu ao meu Curso do 3º ano, na disciplina de Finanças, sobre os modelos de desenvolvimento, comparando o desenvolvimento capitalista com os modelos adoptados na URSS e na China.

Uns meses mais tarde, em junho de 1960, Teixeira Ribeiro proferiu uma conferência no Instituto de Altos Estudos Militares intitulada "Capitalismo e Socialismo em um Mundo Só", que viria a publicar no *Boletim de Ciências Económicas* (revista especializada da Faculdade de Direito de Coimbra por ele fundada). Em síntese, defendia ele que "o socialismo realizado mostra ser uma técnica eficiente de desenvolvimento de países pobres [...], pois é uma técnica que reproduz, potenciado, o esquema de acumulação do primitivo capitalismo industrial; na verdade, também este restringiu, e ao máximo, os consumos das classes trabalhadoras para aumentar os investimentos; só com a diferença de ter respeitado os consumos das outras classes, enquanto o socialismo os eliminou, o que, para o mesmo nível de rendimento, se traduz em maior formação de capitais". A leitura deste texto deu-me a alegria de saber que era possível, naquelas condições, defender o socialismo na Faculdade de Direito de Coimbra.

No entanto, não tenho dúvidas em afirmar que o Professor que, nesta qualidade, mais me influenciou foi um professor cujas aulas não frequentei, porque ele faleceu no ano em que deveria ter sido aluno dele, pouco depois do início das aulas, que ele já não deu. Falo do Doutor Manuel de Andrade, professor de Direito Civil e de Direito Processual Civil, que todos em Portugal, creio eu, consideram o maior e mais influente jurista português do século 20. Dizem que não eram exemplarmente pedagógicas as aulas dele, mas escrevia primorosamente e ensinava a pensar o direito e a buscar a justiça com uma arte inigualável, à margem de qualquer dogmatismo. Outro professor de quem não fui aluno nas salas de aula, mas que foi decisivo na minha formação (como na formação de muitos estudantes de Coimbra da minha geração), foi o Doutor Orlando de Carvalho, que ensinava Cidadania, e Literatura, e Cinema, Teatro e Filosofia, de dia e de noite, nas tertúlias dos cafés, nas Repúblicas de Coimbra, no Clube de Cinema de Coimbra, nos colóquios e conferências, nas manifestações de rua e em todas as ações de luta contra o fascismo. E que, evidentemente, ensinou Direito na Faculdade de Direito de Coimbra. Quando entrei na Faculdade como segundo-assistente, foi ele que me avisou: "Faça-se respeitar tal como é. Construa o seu próprio estatuto. Não se esqueça de que, para isso, é preciso, muitas vezes, pisar os terrenos do adversário". Esta uma lição que me acompanhou ao longo dos anos.

RTDC: Quais as diferenças, do seu ponto de vista, entre as Faculdades daquela época e as de hoje?

AN: Numa Universidade como a minha, que completou há pouco 719 anos, as coisas mudam muito lentamente. Para o bem e para o mal. Não conheço bem um universo suficientemente alargado de Faculdades de Direito para poder falar em termos gerais. Tendo como padrão a Faculdade de Direito de Coimbra, eu creio que a matriz da "Escola" se mantém. Pretendemos ser uma Escola de Direito, mas também uma Casa de Cultura e uma Casa de Liberdade, onde cada um tem o direito de pensar pela sua própria cabeça e onde se respeita a liberdade de aprender e de ensinar, hoje consagrada constitucionalmente. Mas é justo dizer que a Faculdade, mesmo durante o fascismo, fazia seu título de nobreza não deixar ninguém de fora por razões políticas. Talvez por isso, quando chegou a Revolução de Abril (1974), do corpo docente da Faculdade, para além dos salazaristas, saíram militantes para quase todos os partidos políticos que então foram legalizados (Partido Comunista e Partido Socialista) ou foram constituídos (Partido Popular Democrático e Centro Democrático e Social).

No meu tempo de estudante, eram poucas as raparigas que estudavam Direito, até porque lhes estava vedado o acesso às carreiras da Magistratura e da Diplomacia, por exemplo. E poucas eram as advogadas que trabalhavam sozinhas em escritório próprio. Hoje há muito mais alunas do que alunos, e o peso relativo das mulheres está já a sentir-se no corpo docente: muitos dos mais jovens são mulheres. Apesar de só termos uma professora catedrática, são já várias as professoras doutoradas. Nas Magistraturas (Judiciária e MP), os novos magistrados são, maioritariamente, mulheres. O número de alunos mantém-se há vários anos um pouco abaixo dos três mil e não estamos interessados em que ele aumente muito. Mas tende a aumentar o peso dos alunos que frequentam cursos de mestrado e de doutoramento, o que implica um outro modo de estar na Faculdade, quer por parte dos professores, quer por parte dos estudantes.

O elenco das disciplinas nos cursos conferentes de grau académico não mudou significativamente. Mas hoje a importância das disciplinas de Direito Público é bastante mais acentuada do que quando eu fui estudante da Faculdade. O mesmo se passa, talvez em menor escala, com as disciplinas da área de Penal, das Ciências Empresariais e da Filosofia e Metodologia do Direito. Em Coimbra, a cultura dominante da Escola continua a ser a de que o ensino deve visar essencialmente a uma preparação teórica de alto nível, deixando a preparação profissional para o Ordem dos Advogados, para o Centro de Estudos Judiciários, os Cursos de Formação de Notários e Conservadores, os centros de formação de diplomatas. Creio que não fazemos um ensino divorciado da vida (as teorias são sempre uma tentativa de explicar e racionalizar a realidade), mas acreditamos que "não há nada mais prático do que uma boa teoria" e, como Faculdade clássica, procuramos orientar os nossos estudantes não para a análise exegética das leis, mas para a busca da justiça, enquadrando o Direito e as suas soluções com o estudo da História, da Filosofia e das Ciências Econômicas, em diálogo permanente com as literaturas jurídicas mais importantes em todo o mundo (alemã, italiana, francesa, espanhola, em certas áreas também a inglesa e norte-americana, e, nos últimos anos, a literatura brasileira).

Na minha óptica, os nossos cursos são generalistas. E eu creio que este é o bom caminho. Nas Universidades não se pode aprender tudo: já é muito se os que se formam numa Faculdade de Direito aprenderem a raciocinar como o devem fazer os (bons) juristas. Na Faculdade de Direito de Coimbra, não preparamos advogados, nem magistrados, nem administradores. Formamos juristas. O ensino profissionalizante (e de especialização e atualização, no quadro da aprendizagem ao longo da vida) faz-se em múltiplos Cursos de Pós-Graduação que não conferem grau acadêmico, neles se ensinando o Direito do Consumo, o Direito da Integração, o Direito da Comunicação, o Direito do Ordenamento do Território, do Urbanismo e do Ambiente, o Direito da Banca, Bolsa e Seguros, o Direito da Regulação, o Direito da Medicina, o Direito da Farmácia e do Medicamento, o Direito dos Menores e da Terceira Idade, o Direito Penal Económico, o Direito das Empresas etc.

Há quem advogue que as faculdades de Direito devem produzir técnicos com base num ensino de orientação profissionalizante, para corresponder às exigências concretas do mercado de trabalho. Porque os jovens começam a trabalhar mais cedo; porque tais cursos ficam mais baratos ao estado; porque só assim se podem produzir os especialistas exigidos pelo mercado.

Há mesmo quem defenda que, em vez de Faculdades de Direito, deveria haver escolas específicas para formar técnicos (especialistas) preparados para iniciar imediatamente, à saída da "fábrica", o exercício de cada uma das várias profissões jurídicas: escolas para advogados, para magistrados, para embaixadores, para conservadores e notários, para técnicos de administração etc. Em nome da especialização, outros defendem (e aqui ou ali já se pratica) a ideia de que as Faculdades de Direito devem formar licenciados especializados em Direito Público, em Direito Privado, em Comércio Internacional, em Direito Econômico etc. Por mim, entendo que a função das Faculdades de Direito é a de formar juristas com sólida formação teórica orientada e sustentada culturalmente e não a de formar "técnicos".

Sei bem que no Brasil o estágio para a advocacia está integrado nos planos de estudo das Faculdades de Direito. Esta solução talvez seja explicável por razões históricas que desconheço e que não consigo descortinar. Considero, porém, que o estágio para a advocacia é um corpo estranho na Escola (e porque não fazer na Escola o estágio para a magistratura e para conservadores e notários?) e é uma amputação às competências e responsabilidades da Ordem dos Advogados. Exercendo esta, por delegação do estado, poderes públicos de regulação da profissão de advogado, não se compreende que fique fora da sua exclusiva esfera de responsabilidade e competência o estágio por ela exigido para a inscrição na Ordem e para o exercício da profissão.

Penso, por outro lado, que esta solução provoca efeitos perversos e desvios graves na preparação dos alunos. Com a ilusão de que, logo a partir do 2º ou 3º ano, já sabem o essencial, começam a fazer de advogados, nisso investindo energias e tempo que fazem falta para o aprofundamento teórico no estudo das várias disciplinas e para a atenção devida às disciplinas formativas e de enquadramento (que são, talvez, as que imprimem carácter ao ensino universitário), as disciplinas de História, de Economia, de Filosofia, de Metodologia etc., com o (falso) fundamento de que elas não são de qualquer utilidade para o exercício da advocacia. Persisto na ideia de que à Universidade cabe formar juristas plenos (diria juristas de projeto), com preparação teórica de nível elevado, juristas com formação científica que os habilite a compreender, na perspectiva do Direito, as mutantes situações da vida.

Após um longo trabalho de reflexão, esta foi a proposta do chamado Lademburger Manifest, que orientou a reforma do ensino jurídico na Alemanha, em 2000. Esta é, aliás, a tradição secular na Europa desde a Idade Média. Especialmente a partir do período de formação e afirmação dos estados modernos na Europa, as Faculdades de Direito vêm formando juristas aptos para o efetivo exercício de várias atividades (magistrados, conselheiros dos monarcas, advogados, embaixadores, administradores, políticos etc.), para as quais recebem na Escola não tanto conhecimentos técnicos especializados, mas uma certa *forma mentis*, um certo modo de equacionar os problemas, de arrumar as ideias, de articular argumentos, de construir soluções.

Nos nossos dias, creio que estas são as vantagens dos cursos de banda larga, mais adequados para formar "juristas de geometria variável", com elevado grau de mobilidade profissional, preparados para se adaptar às novas realidades da economia e da sociedade, para construir soluções condizentes com estas realidades e para manter uma permanente atitude crítica perante a vida e perante o Direito. A preparação teórica destes juristas dá-lhes uma grande capacidade de atualização ao longo da vida; a sua caixa de ferramentas resiste muito mais ao desgaste do tempo do que os conhecimentos dos técnicos especializados num qualquer saber fazer, rapidamente ultrapassados, como os equipamentos que manejam (códigos, legislação avulsa, estruturas organizativas), pela velocidade das mudanças que caracterizam o nosso tempo. Também por esta razão vale a pena defender que as Faculdades de Direito devem continuar a ser Casas de Cultura e Casas de Liberdade, onde a preocupação dominante seja a de formar juristas com formação e preocupações humanistas, juristas-cidadãos, capazes de afirmar e defender os valores do Direito e da Justiça, os valores inerentes à dignidade do homem, à dignidade de cada um dos homens e mulheres de carne e osso que constituem a nossa espécie.

Todos sabemos, com efeito, que os juristas têm sido, ao longo dos tempos, gente respeitada e gente odiada, gente protegida e gente perseguida, conforme os regimes e as sociedades defendem e protegem os valores do Direito ou optam por secundarizá-los ou aniquilá-los. Uma Escola-Casa-de-Cultura que forme juristas plenos nos termos que atrás expus é hoje talvez mais necessária do que nunca, porque são hoje muitos os perigos de morte do direito, pelos mesmos caminhos e com os mesmos argumentos que levariam à morte da política económica e a justificariam. Nas Faculdades de Direito, o ensino deve continuar a ser um ensino "alimentado" pela investigação desenvolvida na própria Escola por professores, investigadores e estudantes. Esta é a única forma de garantir aos estudantes uma formação teórica moldada pelo espírito científico, um ensino que não seja meramente exegético e repetidor do que já está dito.

Pela minha parte, rejeito o sistema dualista de que por vezes se fala, distinguindo universidades de ensino e universidades de investigação. A Universidade é uma instituição que fornece ensino ancorado na sua própria investigação. A atitude pedagógica fundamental deve consistir na ideia-base de que a frequência da Universidade não visa aprender tudo, porque a Universidade não pode (nem faria sentido querer) ensinar tudo. A Universidade deve, sobretudo, ensinar aos seus estudantes as regras do pensamento científico, a exigência da humildade científica e da honestidade intelectual, do rigor conceitual e do rigor na expressão das ideias. A Universidade deve ensinar os estudantes a pensar (no nosso caso, a pensar os problemas que se colocam ao Direito tal como o fazem os juristas). A Universidade deve incutir nos seus estudantes o espírito crítico, a rejeição de todos os dogmas, a necessidade de pôr permanentemente em causa as ideias consagradas, e deve fornecer-lhes a caixa de ferramentas adequada a estas exigências.

De há dois ou três anos a esta parte, a adaptação dos cursos universitários ao chamado Processo de Bolonha provocou também algumas alterações na organização e no modo de funcionamento das Faculdades de Direito, em Portugal e em toda a Europa comunitária. O ensino organiza-se em ciclos: o 1º ciclo, cuja duração é, em Portugal, em quase em todas as Faculdades, de quatro anos (mas é de três anos em outros países) conduz à licenciatura; o 2º ciclo (de um ano ou um ano e meio) conduz ao grau de mestre; o 3º ciclo (três/quatro anos) permite a obtenção do grau de doutor. O ensino faz-se com base em semestres letivos e em disciplinas semestrais. Com o objetivo de assegurar a comparabilidade, a compatibilidade e a mobilidade dentro do espaço europeu de ensino superior, adoptou-se o sistema de créditos ECTS (*European Credit Transfer System*), correspondendo a cada semestre, em regra, 30 unidades de crédito e a cada unidade de crédito ECTS cerca de 25-30 horas de estudo, de modo a ter em conta não apenas a carga letiva, mas também o restante trabalho requerido por cada disciplina, nas aulas e fora delas (preparação de trabalhos, visitas de estudo, participação em colóquios etc.).

Esta estrutura curricular e a duração (mais curta) do Curso de Licenciatura estão a obrigar alunos e professores a trabalharem mais e a consagrarem mais tempo à preparação das disciplinas. Cada semestre tem de corresponder a um período letivo entre 12 e 13 semanas, o que obrigou a reduzir as férias e o tempo dedicado unicamente à avaliação de conhecimentos. Acresce que os princípios de Bolonha obrigam a colocar o aluno no centro da relação pedagógica, valorizando mais a aprendizagem levada a cabo pelos estudantes do que o ensino ministrado pelos professores. Mas esta lógica pressupõe um sistema quase tutorial e condições para algo muito próximo da avaliação contínua. Para levar Bolonha a sério, eram necessárias mais salas de aula, mais professores (com mais elevada qualificação académica e com mais tempo de dedicação à Escola), bibliotecas mais bem apetrechadas, mais salas de leitura. Para isto é necessário, além de outros elementos, mais dinheiro ao dispor das Faculdades. Ao invés, as Universidades públicas estão a ser asfixiadas financeiramente. Compreende-se, perante o que digo, que me inclua entre os que receiam que a experiência de Bolonha venha a revelar-se negativa. Oxalá me engane.

RTDC: Nas Faculdades de Direito de hoje, qual a importância da Economia Política, bem como da Filosofia e da Sociologia?

AN: Apesar de conhecer (ou de presumir conhecer) razoavelmente a realidade do ensino do Direito no Brasil, não me sinto à vontade para me pronunciar sobre este ponto tendo em vista essa realidade. Direi apenas que me parece haver algum espaço para a Filosofia do Direito e para a Sociologia do Direito (neste ponto, talvez até mais do que em Portugal, onde as mais importantes Faculdades de Direito descuram a Sociologia do Direito). Creio não errar ao dizer que as Ciências Económicas têm pouco espaço no ensino do Direito no Brasil (aspecto que tenho notado, ao verificar algumas dificuldades de formação nesta área por parte de alunos meus brasileiros aqui em Coimbra). A minha Faculdade foi pioneira (talvez em termos europeus) na introdução de uma disciplina de Economia Política no plano de estudos da Faculdade, que aconteceu em 1836, no diploma que criou a Faculdade de Direito de Coimbra, na sequência da dissolução das duas Faculdades que até então se dedicavam aos estudos jurídicos (a Faculdade de Leis e a Faculdade de Cânones).

Na minha óptica, justifica-se um espaço alargado para as Ciências Econômicas nas Faculdades de Direito, se não queremos limitá-las a um ensino reducionista, estritamente orientado para a formação de "técnicos" mais ou menos "especializados", sem a preocupação séria de inserção profunda dos formandos na cultura do nosso tempo e de desenvolvimento da sua capacidade crítica e de criação. Num mundo caracterizado pela evolução acelerada das descobertas científicas e pela rapidez vertiginosa da sua aplicação nas atividades produtivas, os "técnicos" demasiado "especializados" depressa se transformariam em "peças de museu", com grandes dificuldades em compreender o que se passa à sua volta, em acompanhar o ritmo da vida moderna e em corresponder às exigências do mercado de trabalho. Nestas condições, impõe-se uma visão culturalista e humanista do ensino universitário, que o torne capaz de produzir licenciados dotados de uma boa preparação científica e cultural que lhes permita a fácil adaptação à permanente e intensa transformação do mundo em que se inserem, a compreensão do sentido profundo dessa transformação e a capacidade de intervenção no respectivo processo, para que o mundo dos homens possa ser um mundo digno do homem.

Em Portugal, como já disse, as Faculdades de Direito não preparam os seus licenciados especificamente para o exercício de qualquer atividade profissional, seja ela a de magistrado, advogado, notário ou qualquer outra a que têm acesso os licenciados em Direito. Apesar das posições que, nos últimos trinta/quarenta anos, vêm sendo conquistadas pelos licenciados em Economia, em Finanças e até em Engenharia, os licenciados em Direito continuam a ter acesso relativamente privilegiado a postos de trabalho – e a postos de direção ao mais alto nível – na carreira diplomática, na administração pública, na atividade empresarial, no sector financeiro, na vida política e nos organismos internacionais de que Portugal é membro. O reconhecimento desta realidade – que, a meu ver, não pode deixar de traduzir a especial qualificação dos licenciados em Direito para o exercício de tais funções – implica que as Faculdades de Direito se esforcem por oferecer aos seus alunos um conjunto de disciplinas que, para além de lhes proporcionarem uma sólida preparação jurídica, os familiarizem com os temas fundamentais da teoria económica e do pensamento económico e com os grandes problemas económicos do nosso tempo. Penso que uma preparação com esta amplitude é hoje uma exigência fundamental para o exercício da advocacia e da magistratura, para o trabalho nas polícias de investigação (a crime-econômica é a que rende mais, e é a mais difícil de investigar), para a atuação no contencioso de muitas empresas, para o desempenho de funções na administração pública, na diplomacia, em organismos internacionais.

Creio que não é este o momento nem o local oportuno para abordar uma questão tão complexa como a que diz respeito às relações entre economia e direito. E receio que me falte conhecimento para abordar com rigor esta matéria. Mas talvez se justifique deixar algumas considerações gerais, a propósito da pergunta que fizeram. Poderá considerar-se demasiado simplista a concepção segundo a qual "as normas do direito civil se limitam a exprimir em forma jurídica as condições económicas da sociedade" (Engels), ou a afirmação de que "o direito evolui antes de mais sob a ação das necessidades económicas" (Duguit), e dir-se-á reducionista a visão dos que veem o direito como "a veste formal na qual se tornam abstratas e cristalizam as formas económicas" (B. Cavallo e G. Di Plinio). Creio, porém, que já colherá aceitação generalizada a ideia segundo a qual o Direito é um fenómeno social que só pode ser explicado e compreendido através do conhecimento e da análise dos fatores econômicos, políticos e sociais que estão na sua génese e que condicionam a sua aplicação. Assim como se aceitará sem dificuldades que as transformações no domínio da economia exercem influência nas soluções consagradas no plano jurídico, igualmente será pacífica a aceitação de que o ordenamento jurídico exerce, por sua vez, influência sobre o comportamento dos agentes económicos e da economia como um todo, atuando como elemento conformador do sistema económico e influenciando a evolução deste: a compreensão do direito é facilitada pelo conhecimento da realidade económica em que ele opera, mas a compreensão desta realidade econômica (objeto da ciência económica) só se atinge conhecendo o quadro institucional no seio do qual se desenrola a vida econômica.

Também nesta perspectiva epistemológica se justifica, creio eu, o ensino da Economia Política ("a ciência do mundo moderno", "a rainha das ciências sociais") nas Faculdades de Direito. Assim se justificará também que o ensino da Economia Política nas Faculdades de Direito deva atribuir particular importância aos elementos institucionais ligados ao funcionamento da economia, nomeadamente às instituições políticas e jurídicas (ao papel do Estado e do Direito). Com toda a sua autoridade de economista e de professor de economia, Schumpeter aconselha que se ensine "uma economia que inclua uma análise adequada da ação do governo e dos mecanismos da vida política e das filosofias que nela são dominantes", porque pensa que uma economia política assim entendida "será provavelmente muito mais satisfatória para o principiante". Talvez possamos dizer que nas Faculdades de Direito deve ensinar-se uma Economia para juristas e não uma Economia para economistas, tendo bem presente que a "cabeça" dos juristas é diferente da "cabeça" dos economistas, o que significa que é diferente o seu modo de pensar a realidade. Como se escreve num pequeno livro sobre *A Ciência Econômica* (elaborado sob a responsabilidade de Oskar Lange e editado sob a égide da Unesco), entendo que, "para enfrentar as realidades futuras, os economistas deverão fazer entrar elementos socioeconômicos, no sentido mais lato do termo, na corrente principal da investigação teórica, [...] assumindo-se a ciência económica como uma ciência mais social, que não é mais do que a economia política no sentido próprio desta expressão". Entendo que a Economia Política não deve confundir-se com uma "técnica" e muito menos com uma técnica esotérica e não acredito que os problemas da economia possam ser resolvidos pela "economia técnica". As realidades econômicas, o processo económico em toda a sua complexidade, devem ser analisados no contexto social, político e jurídico em que se inserem.

Como professor de Economia Política numa Faculdade de Direito, tenho procurado ser fiel à ideia de que a ciência econômica é uma ciência histórica ("ciência que estuda processos históricos" – Schumpeter), sem esquecer que ela é, simultaneamente, uma disciplina teórica. Foi precisamente Schumpeter quem salientou ter sido Marx "o primeiro economista de grande classe a reconhecer e a ensinar sistematicamente como a teoria econômica pode ser convertida em análise histórica". Aprendi esta lição com Marx. Com Marx, com Schumpeter e com outros autores, defendo que "o tema da Economia é essencialmente um processo histórico continuado". (Schumpeter). Entendo, por outro lado, que a Economia Política, enquanto ciência social, não deve reduzir-se a uma teoria pura, "impressionante pela sua lógica sem falhas", mas que descura os fatores humanos, que dificilmente cabem numa equação matemática, e que dá por vezes "a sensação de um deserto de pedras e de gelo, de um mundo sem homens". Como Jean Marchal – a quem pertencem as palavras que acabo de transcrever –, rejeito uma perspectiva que "substitui o homem verdadeiro pelo *homo economicus* simplificado e o estudo sociológico e histórico por uma investigação de pura lógica aplicada às coisas econômicas", perseguindo o ideal de "uma ciência económica que aspira, como a economia marxista, a abarcar o homem total, mas que, em conformidade com a tradição saída do Renascimento, queira encarar os fenómenos sem preconceitos".

E não me impressiono com o argumento de que, deste modo, faço um ensino com carga ideológica. Tenho para mim que o professor – e principalmente o professor universitário – não pode nem deve despir-se das suas ideias, das suas concepções científicas e filosóficas. Ao planificar os seus cursos, o professor tem que selecionar as questões a abordar. Neste ato de seleção está logo presente uma opção com uma carga valorativa e normativa indiscutível. Como escreve Samuelson, a verdade é que "todas as teorias [...] distorcem a realidade pelo facto de a simplificarem extraordinariamente", e um processo semelhante de simplificação-distorção está presente na ação do professor ao organizar o seu curso, valorizando uns temas e deixando outros de fora. Estas escolhas são, claramente, "formas de expressão do nosso interesse no mundo; são, na sua própria base, valorações" (Gunnar Myrdal). É possível que todos sejamos vítimas de autoengano ideológico. Mas creio que a consciência disto mesmo nos ajudará a reduzir os perigos de certas ilusões e a assumir as nossas responsabilidades intelectuais, deixando claros os nossos pontos de partida, especialmente perante os alunos, aos quais devemos uma atitude de permanente rigor, sobretudo na análise das nossas ideias e do nosso modo de pensar. Os "ideólogos" mais perigosos são os que se consideram imunes às ideologias e aos valores, proclamando-se, beatificamente, cientistas objetivos, acima das ideologias.

A liberdade do professor de investigar e de ensinar é uma exigência fundamental do ato pedagógico. Mas igualmente fundamental é a liberdade de aprender por parte dos estudantes, o que significa que a liberdade de ensinar e a liberdade de aprender constituem um todo indivisível. Uma não pode existir sem a outra: a liberdade de ensinar não pode anular a liberdade de aprender, tal como esta não pode anular aquela. Sem a liberdade do professor não pode existir a liberdade dos alunos. Do mesmo modo, se os alunos não forem livres de defender os seus pontos de vista, é porque a liberdade não existe, e, portanto, também não existe a liberdade do professor.

RTDC: Como ocorreu a polémica com Jan Tinbergen, primeiro Prêmio Nobel da Economia?

AN: Eu tinha trinta anos quando tal ocorreu, vivendo os portugueses sob a ditadura fascista, na altura sob a "chefia" de Marcelo Caetano. Tinha entrado há pouco tempo para a Redação da revista *Vértice*, a que já me referi atrás. A Redação constituía um coletivo de trabalho e de análise e discussão dos textos pedidos ou enviados para publicação na revista. E, em regra, cada membro da Redação coordenava grupos de trabalho constituídos por jovens estudantes universitários interessados por atividades culturais (e atividades políticas...). Eu coordenava uma meia dúzia de jovens que constituía a Secção de Assuntos Econômicos e Sociais.

Numa das reuniões, propus que um ou dois desses jovens analisassem uma entrevista que Jan Tinbergen, recém-galardoado com o Prémio Nobel da Economia, tinha concedido ao último número de uma publicação da província (mas com boa circulação no país, por ser antifascista), o semanário *Jornal do Fundão* (nº de dezembro/1969). A entrevista foi concedida a um português que trabalhava na Holanda e que (presumo) terá sido aluno (de doutoramento) de Tinbergen. Nela se refletia com clareza o pensamento da social-democracia europeia da época. E o desafio que lancei àqueles jovens foi o de fazerem a análise crítica, à luz do marxismo, das opiniões defendidas por Tinbergen. Algum tempo depois, foi discutido na Secção o texto elaborado pelos jovens estudantes. Toda a gente interveio com críticas e sugestões. Como de costume, eu fui o último.

E terei aprofundado um pouco mais a crítica ao texto, por não salientar convenientemente algumas diferenças, que me pareciam importantes, entre o pensamento marxista e o pensamento reformista social-democrata.

Finda a discussão, concluiu-se que era necessário reescrever o texto. E os jovens entenderam que deveria ser eu a fazê-lo, com o argumento de que bastava passar ao papel o que tinha acabado de dizer na reunião. Aceitei a "ordem" e escrevi o texto despretensioso, que foi publicado na *Vértice* (julho de 1970). Para grande surpresa minha, Ian Tinbergen (a quem o português que acima refiro – o Dr. M. F. Pereira Ramos – terá dado a conhecer o textinho que escrevi na *Vértice*) entendeu que o meu comentário à sua entrevista era merecedor de uma resposta sua. E escreveu um texto com este sentido, publicado no nº de abril/1971 do *Jornal do Fundão* ("O essencial do socialismo"). É claro que os meus companheiros da redação de *Vértice* logo me intimaram a responder ao artigo de Tinbergen. E eu não tive outro remédio se não aceitar. Satisfeito, porque um Prémio Nobel tinha entendido que valia a pena "conversar" comigo sobre temas de Economia.

Assustado, por temer que não estivesse à altura das circunstâncias: para além das minhas obrigações académicas, teria tempo e capacidade para preparar uma resposta que não me envergonhasse e prestigiasse a *Vértice*. Assustado (e angustiado) também porque sabia que a *Vértice*, como todas as publicações periódicas, estava sujeita à censura prévia. O texto que escrevesse teria, pois, de passar pelo crivo da censura, que era, no caso da nossa revista, particularmente dura. Para conseguirmos publicar um número tínhamos de preparar material que daria para dois ou três números, tal o volume dos cortes do lápis vermelho da Comissão de Censura de Lisboa (o governo fascista não confiava nos burocratas que em Coimbra exerciam a função de polícias do espírito). Era difícil, por vezes desesperante, escrever para a censura. O esforço para escapar à tesoura dos censores nota-se no recurso (visível no texto) a algumas formulações redundantes (às vezes, poderão parecer "ingênuas"), na busca recorrente da autoridade de certos professores, no subentendido de uma ou outra observação crítica, no ar vago de certas conclusões, na referência indireta a certos autores ou a certos livros. Mas as marcas maiores ficavam dentro de nós, que sofríamos aquele vexame.

Por outro lado, a censura impunha que os textos fossem enviados para Lisboa já em provas tipográficas, isto é, já com o encargo financeiro de uma grande parte dos custos da produção industrial da revista. Era mais uma arma do salazarismo para asfixiar as publicações desafetas ao regime. Como revista militante que era, a *Vértice* não podia sucumbir (e não sucumbiu, apesar das inúmeras dificuldades por que passámos). Mas cada um de nós tinha a clara noção de que nem valia a pena tentar abordar certos temas e sabia que não podia carregar nas tintas dos textos que íamos escrevendo, porque cada corte na censura era mais uma dificuldade na vida da revista. Por essa altura, a Comissão de Censura cortava, regularmente, uma boa parte dos textos assinados com o meu próprio nome. Usei um ou outro pseudônimo, um deles foi o nome do meu avô paterno (Joaquim Martinho), falecido há alguns anos, analfabeto como nascera. Na primeira nota de crítica à entrevista de Tinbergen, resolvi assinar apenas A. A.

O Dr. M. F. Pereira Ramos parece não ter tomado consciência desta minha circunstância, sublinhando, com algum desagrado (ao apresentar a resposta de Tinbergen à minha notinha crítica), o facto de eu ter assinado simplesmente A. A. Nunca o conheci pessoalmente. Espero que ele não tenha pensado tratar-se, da minha parte, de um gesto de sobranceria, desprezando a importância do tema ou o facto de poder conversar com um Prémio Nobel. Pelo contrário: o tema interessava-me bastante (e continua a interessar-me), e não é todos os dias que temos oportunidade de conversar em público com um Prémio Nobel. O disfarce do nome foi apenas mais uma artimanha para conseguir que os textos saíssem nas páginas da *Vértice*, trazendo para o espaço público uma conversa que não era uma conversa privada. Pensando bem, talvez o entrevistador do Prof. Tinbergen tenha percebido as minhas dificuldades, porque a verdade é que foi de uma grande generosidade para com A. A., classificando aquela minha primeira nota como "trabalho interessantíssimo", "uma crítica profunda às ideias de Tinbergen", e considerando-a merecedora de ser lida e eventualmente criticada por uma personalidade do gabarito do seu entrevistado.

Devo à exemplar humildade científica do Prof. Jan Tinbergen e à sua grandeza de homem simples (são assim as pessoas excepcionais) a honra de ver um autor tão prestigiado (tinha acabado de receber o Prémio Nobel) disposto a gastar um pouco do seu tempo para responder à prosa humilde do Sr. A. A. (assim me tratou Tinbergen). No tempo livre das minhas obrigações de jovem docente da Faculdade de Direito de Coimbra, fui escrevendo o texto de "Resposta a Tinbergen sobre o essencial do Capitalismo e do Socialismo". Como era de esperar, a censura cortou alguns trechos. E eu reclamei. Invoquei que era um debate entre universitários, que eu ensinava aquelas matérias nas minhas aulas... O Diretor da censura respondeu-me, pondo em evidência a natureza subversiva da problemática abordada, escandalizado com o facto de nas universidades portuguesas se ensinarem tais coisas!

Mas o facto é que em 1969 os estudantes da Universidade de Coimbra tinham levado a cabo lutas fortíssimas contra a universidade autocrática e salazarista, contra o fascismo e contra a guerra colonial, lutas que terminaram com uma greve a exames que contou com a adesão de cerca de 90% dos estudantes da academia coimbrã. O reitor e o ministro da educação tiveram de ser substituídos. Neste contexto, entendemos nós, a redação da *Vértice*, que valia a pena arriscar nos protestos junto da Comissão de Censura de Lisboa (entretanto, sob Marcelo Caetano, a censura tinha-se "travestido" de exame prévio...). Valeu a pena, porque os textos acabaram por sair na revista (nºs de Nov./Dez./1971 e Jan./Fev./1872), ainda com cortes, mas menos do que inicialmente assinalados pelos censores.

Em 1972, resolvemos publicar um livro com os textos todos, integrando nos meus os cortes da censura, o que não os libertou, é claro, do estilo e do tom a que essa obrigava as suas vítimas. O livro (*Do Capitalismo e do Socialismo*) foi incluído na Colecção Textos Vértice, que publicávamos em parceria editorial com a Atlântida Editora, uma casa que, entretanto, desapareceu do panorama editorial coimbrão e português. Em 2008, graças à amizade do meu Colega Orides Mezzaroba, Presidente da Fundação Boiteux (da Faculdade de Direito da Universidade Federal de Santa Catarina), tive a honra e a alegria de ver o livro publicado no Brasil, com prefácio de outro colega, Gilberto Bercovici (Editora Fundação Boiteux, Florianópolis, 2008). Quero crer que continuam atuais os temas sobre os quais tive o privilégio (puramente acidental) de ter "conversado" com o Prémio Nobel Jan Tinbergen. E creio que vale a pena continuar a refletir sobre eles. Naquela altura, os sociais-democratas europeus consideravam ofensa suprema a acusação que lhes era feita pela esquerda marxista e comunista de que eles se limitavam à gestão leal do capitalismo. Hoje, este equívoco terá passado à história, porque são os próprios dirigentes dos partidos socialistas e sociais-democratas europeus a considerarem-se defensores do capitalismo (e até do neoliberalismo) no que toca à produção e do socialismo no que toca à distribuição. Dir-se-á que esta equação é uma espécie de quadratura do círculo, se levarmos a sério o que, desde os fisiocratas, nos ensina a teoria econômica: que as relações de distribuição não podem separar-se das relações de produção. Mas não vamos abrir aqui este debate...

RTDC: Como foi sua experiência, no campo da política pública da educação da Revolução dos Cravos em Portugal, em face do histórico e marcante 25 de Abril?

AN: Com a Revolução dos Cravos (25 de Abril de 1974), chegou ao fim uma longa noite de 48 anos. Estava desde setembro/1973 em Paris a preparar a minha tese de doutoramento. Vim a Portugal ver a festa. E já não regressei, "mobilizado" que fui para integrar o 1º Governo do Portugal liberto do fascismo. Esse foi o meu trabalho, até setembro de 1975, responsável pelo Desporto e Ação Social Escolar, numa primeira fase, e, depois, pelo Ensino Superior e Investigação Científica. Esta experiência constituiu para mim um raro privilégio. A educação foi das áreas mais agitadas, naquele período em que as mudanças foram profundas e rápidas na sociedade portuguesa. O sistema de ensino superior foi profundamente afetado, desde logo porque os estudantes afastaram (sanearam, como se dizia então) um bom número de professores.

Mas houve também uma remodelação profunda dos planos de estudo e dos programas das disciplinas e uma alteração radical nas estruturas de governo das Universidades e das Faculdades, aumentando o peso dos estudantes nestas estruturas. O Ministério procurava acompanhar a realidade, mas não conseguia comandá-la ou controlá-la. A luta política à volta do Ministério da Educação era enorme. Um partido político dito pró-chinês (MRPP) ganhou algum peso junto da juventude. A ele estiveram ligados jovens que hoje são dirigentes da direita (o exemplo mais significativo talvez seja o do atual Presidente da Comissão Europeia, Durão Barroso, que na altura era um dos dirigentes da ala mais radical daqueles "comunistas pró-chineses"). Na minha ideia, deve ter sido um dos veículos da intervenção da CIA nos assuntos internos da revolução portuguesa. Seja como for, esses jovens conseguiram lançar a confusão em muitas escolas (universitárias e não só). Toda a gente queria fazer coisas diferentes e coisas voltadas para o futuro. Todos os dias surgiam novas ideias e novos projetos. Da nossa parte, no Governo, esforçamo-nos sempre por manter um diálogo vivo com os novos responsáveis (tão novos nestas andanças como os que estávamos no Governo). Durante todo esse tempo, raro era o dia em que conseguia almoçar antes das duas ou três horas da tarde, nunca jantávamos antes das dez/onze da noite, reunindo depois no Ministério, noite fora, com grupos de trabalho encarregados de nos ajudarem a preparar as medidas que pretendíamos levar à prática. Saíamos muitas vezes do Ministério às três/quatro horas da manhã, para estar no gabinete, infalivelmente, às nove horas. Trabalhou-se muito (os militares do MFA eram conhecidos como os homens sem sono), mas com uma enorme alegria.

Durante a minha permanência no Governo, conheci muita gente, incluindo alguns dos militares que derrubaram o governo fascista de Marcelo Caetano. Fiquei a admirar alguns e a conhecer o oportunismo e as manhas de outros. Como participava muitas vezes nos Conselhos de Ministros, tive a oportunidade de conhecer o Dr. Álvaro Cunhal

(Secretário-Geral do PCP) e de apreciar as suas excepcionais qualidades de inteligência e de cultura política. Honro-me de ter mantido relações com ele nos anos que se seguiram, até a sua morte, uma vez que a minha modesta atividade política como cidadão sem filiação partidária se tem desenvolvido no espaço em que atua o Partido Comunista. Conheci também o Primeiro Ministro indicado pelo MFA, a partir do 2º Governo, o General Vasco Gonçalves. Ficámos amigos chegados até o fim da sua vida, o que me permitiu conhecer bem a grandeza de um homem que queria ajudar a construir, para o seu povo, uma Pátria socialista e que acreditou que seria possível realizar este sonho. Era um homem simples, de uma enorme humildade, que se transformou num mito, porque se agigantava perante os adversários e defendia como um gigante os interesses dos trabalhadores.

Não tenho dúvidas de que foi amplamente positivo o que se fez nesse período de euforia, desde a fixação de um salário mínimo, até a legalização do movimento sindical e dos partidos políticos, à Reforma Agrária e às nacionalizações (banca e seguros, siderurgia, transportes, energia, indústria química, metalomecânica pesada). Foi maravilhoso de ver a alegria, a inteligência, a capacidade de organização, a solidariedade contagiante dos trabalhadores rurais do Alentejo, proclamando que não queriam ser proprietários da terra, queriam apenas a terra para poderem trabalhá-la. Foi grandiosa a mobilização dos trabalhadores das empresas e sectores nacionalizados na defesa das suas empresas. Parecia que o socialismo estava ali mesmo, ao nosso alcance. Talvez tenhamos perdido a noção de que o tempo tem o seu tempo e de que o tempo da História não se mede pelo tempo das nossas vidas individuais. Por mim, é quase certo que não viverei outro tempo assim. Com a queda do último Governo presidido pelo General Vasco Gonçalves, regressei, pacatamente, a Coimbra e à Faculdade de Direito. Durante o período conturbado da contrarrevolução, senti-me "obrigado" a dedicar boa parte do meu tempo e das minhas energias a atividades cívicas que foram adiando o meu doutoramento. É bem certo, como escreveu Fernando Pessoa, que "a vida é o que fazemos dela".

RTDC: A relação com o Brasil sempre esteve presente em sua vida acadêmica e universitária?

AN: Até pensar no doutoramento, o Brasil só fazia parte da minha vida imaginada. Não sei explicar porquê, mas pensava muito como seria a vida dos meus tios e primos no Brasil: como seriam as casas em que viviam, qual o seu estatuto na vida, que valores cultivavam, se sentiriam saudades da terra natal, se se lembrariam de nós. Estes sentimentos e o desejo de um dia ir ao Brasil avivaram-se depois da visita que um dos irmãos da minha mãe (que emigrou para o RJ com 13 anos) fez a Pinhel, em 1952/53, uns 50 anos depois de ter partido. Após o regresso ao Brasil, escrevia cartas pungentes, chorando de saudades. Até que em 1953, animado por esse meu tio, o meu pai tentou a sorte no Rio. A sorte não lhe sorriu: não encontrou emprego, e regressou a casa, uns seis meses depois, porque uma das irmãs que viviam em SP lhe pagou a viagem de regresso a casa, como atrás refiro. Então, comecei a ter saudades do Brasil como se lá tivesse nascido e dele me tivesse afastado. Tinha saudades do Brasil, apesar de nunca lá ter estado!

Fiquei satisfeito quando, ao preparar o doutoramento, acabei, sem dar por isso inicialmente, a estudar o Brasil e um pouco da história do seu povo, desde os anos de

1930 até ao fim do consulado de Delfim Netto. Quando conheci Celso Furtado (durante uma visita a Coimbra do Presidente José Sarney, sendo Celso Furtado Ministro da Cultura), ele me perguntou quando e onde tinha eu estado no Brasil. Respondi-lhe que nunca lá tinha ido. "Como é possível" – perguntou ele – "ter escrito o livro mais completo que conheço sobre a economia latino-americana sem nunca ter estudado no Brasil?". Uns segundos depois, acrescentou: "agora percebo por que nos compreendeu tão bem: viu-nos de longe".

Entretanto, em 1985, tive a sorte de ser indicado pela minha Faculdade para fazer a oração de elogio académico de Tancredo Neves durante a cerimónia do seu doutoramento *Honoris Causa* na Universidade de Coimbra, por ocasião da visita que fez a Portugal pouco depois de ser eleito Presidente do Brasil. Nele saudei o reencontro feliz de dois povos que souberam conquistar a liberdade; nele saudei o democrata que, já depois de ter sido eleito, apelara publicamente a "um apoio total aos que lutam pela democracia no Chile"; nele saudei a esperança (que continuo a alimentar) de que, para o povo brasileiro, "amanhã há de ser/ outro dia [...] quando o galo insistir/ em cantar /água nova brotando/ e a gente se amando/sem parar". Até hoje, considero que este foi um dos momentos mais felizes da minha vida acadêmica. No final da cerimónia, sentado ao meu lado nos cadeirais da Sala dos Capelos, muito cansado, mas feliz, segredou Tancredo Neves: "Valeu a pena ter chegado aqui só para viver este momento". Mal adivinhava eu o que iria acontecer-lhe pouco tempo depois.

Acabei por visitar o Brasil apenas uns anos mais tarde, como relato em outro ponto desta entrevista. Com grande pena minha, já tinham morrido todos os meus tios. Presidia então o Conselho Diretivo da Faculdade de Direito de Coimbra e empenhei-me em fazer da aproximação com o Brasil e da cooperação com as nossas congêneres brasileiras a primeira prioridade das nossas relações externas. Sem querer reivindicar qualquer mérito especial para mim, fiquei feliz quando, alguns anos depois, verificámos que grande parte dos professores de Coimbra iam regularmente ao Brasil e que colegas brasileiros nos visitavam com mais frequência do que antes e apurámos que cerca de metade dos nossos de mestrado e de doutoramento eram brasileiros.

O Brasil deu-me grandes amigos, dos melhores que tenho. Graças à sua amizade, comecei a ser convidado para fazer cursos e palestras em Universidades por todo o País, de norte a sul, para além de outros convites que muito me honram, para participar em duas Conferências Nacionais da OAB, em cursos de várias Escolas da Magistratura e do MP, na Comissão de Avaliação Trienal dos Cursos de Pós-Graduação em Direito a convite da Capes (2001, 2004, 2007). Tenho publicado artigos em várias revistas e tenho editado alguns livros no Brasil. Alguns desses amigos excederam-se ao conseguirem fazer de mim Professor *Honoris Causa* da Ufal e Doutor *Honoris Causa* da UFPR. O Brasil é uma das minhas grandes paixões. Sinto que o sangue brasileiro é sangue do meu sangue.

RTDC: Quais os estudos de Economia Política, dentre a vasta produção de sua autoria, que o Professor destacaria?

AN: Estão a pôr à prova a minha dose de vaidade. Receio que acabem por concluir que ela é maior do que os meus méritos. Mas como resistir ao feio pecado de falarmos sobre nós próprios, numa entrevista em que nos pedem isto mesmo? Só cometendo o pecado ainda mais feio de dizer que não a um convite honroso de amigos a quem muito queremos e que muito admiramos. Não falarei, porém, dos méritos ou deméritos de nenhum dos meus trabalhos, destacando-os apenas por aquilo que eles significaram para mim e para a minha vida acadêmica.

O meu primeiro livro foi *O direito de exclusão de sócios nas sociedades comerciais*, editado em 1968 em Coimbra pela Livraria Almedina. Foi a minha tese de mestrado. Creio que me saí bem (a edição esgotou-se rapidamente, e com o dinheiro dos direitos de autor adquiri o meu primeiro automóvel, em segunda mão), e os pontos de vista que nela defendia influenciaram a jurisprudência dos tribunais portugueses, até que a legislação foi alterada, consagrando as soluções que eu propugnava. Anos mais tarde, por ocasião da minha primeira visita a Curitiba (1996 ou 1997), foi-me apresentado o Prof. Alfredo de Assis Gonçalves Neto, que me disse do seu gosto em me conhecer pessoalmente, porque "conversava" comigo frequentemente através da minha tese, quer como professor de Direito Comercial quer como advogado nesta mesma área. Pensando que se referia à minha tese de doutoramento sobre *O Modelo Brasileiro de Desenvolvimento*, perguntei-lhe que interesse tinha uma tese de Economia para um advogado e professor de Direito Comercial. Respondeu-me ele que se referia à minha tese sobre exclusão de sócios, que era, no Brasil, a "bíblia" a que todos recorriam nesta matéria. Fiquei tão estupefato quanto satisfeito pela notícia. E também como que envergonhado, de consciência pesada, por ter abandonado aquele "filho" à sua sorte, verificando que, afinal, mesmo abandonado pelo "pai", ele lutara e continuava a lutar por um lugar na vida, mesmo longe do torrão natal.

Depois deste episódio, ouvi, em outras ocasiões, referências elogiosas a essa minha tese, por parte de professores, advogados e magistrados brasileiros. Até que um dia a conversa deu lugar à ação. Estando em SP, procurou-me um jovem que preparava o seu doutoramento na USP para me falar do quanto devia à leitura daquela minha tese e da atualidade dela no seu País. A tal ponto que me propôs que eu a editasse no Brasil, oferecendo-se para tratar da edição brasileira. Apanhado de surpresa, não fui capaz de me defender da argumentação cerrada que fez em favor da sua proposta. Talvez convencido de que assim "matava" a questão, pus uma condição: a de ele fazer um prefácio a explicar por que razão valia a pena, tantos anos depois, ressuscitar aquele cadáver. A verdade é que o Prof. Renato Ventura Ribeiro fez o prefácio e a Editora Cultural Paulista editou o livro em 2001. O Prof. Renato Ventura Ribeiro faleceu há pouco, em condições dramáticas. Evoco aqui, carinhosamente, a sua memória.

Outro livro que deixou marcas na minha vida foi o já referido *Do Capitalismo e do Socialismo*. Pelas razões que invoquei: o acaso proporcionou-me a alegria de poder dialogar com um laureado com o Prémio Nobel. Acresce que, se não erro no diagnóstico, o livro teve algum êxito junto do público leitor, com todas as limitações daqueles tempos salazarentos. Creio que o livro foi muito lido e discutido pela juventude universitária, o que é particularmente gratificante para um professor.

Ainda a propósito deste meu livro, permitam-me que conte uma história que ajuda a caracterizar o ambiente da minha Faculdade e a "cultura" que a caracterizava, mesmo quando a Pátria era "lugar de exílio" para muitos dos portugueses. O Doutor Antunes Varela era o Ministro da Justiça quando fui impedido de me candidatar à Magistratura. Conheci-o pessoalmente quando ele retomou ao seu lugar de Professor da Faculdade de Direito de Coimbra após vários anos de ministro do governo de Salazar. Pois bem. Ele leu o meu livrinho, apesar de eu não lhe ter oferecido, por não ser um trabalho "acadêmico" e por recear que ele tomasse a oferta como provocação. E a verdade é que o Doutor Antunes Varela, agora professor da Faculdade de Direito de Coimbra e nesta qualidade, escreveu-me uma carta em que, para além de outras referências elogiosas, concluía deste modo: "Apesar da ideologia coletivista que o perpassa de princípio ao fim, este livro honra o seu autor e a Escola que o formou". Este antigo ministro de Salazar entendia, enquanto professor da Faculdade de Direito de Coimbra, que uma obra marxista honrava não apenas o autor, mas também a Escola que o formou. Deixo esta história como homenagem à minha Faculdade, de que gosto de recordar assim: plural, tolerante, aberta ao diálogo, respeitadora da diferença.

Não posso deixar de referir aqui um livro que me tornou conhecido em todo o País, nos anos imediatamente anteriores e posteriores à Revolução dos Cravos (25.4.1974). Refiro-me a *Os Sistemas Econômicos* (Coimbra, Almedina, 1973). Com o início da guerra colonial, a repressão agravou-se em Portugal. Em 1969, os estudantes da Universidade de Coimbra, em protesto contra o regime, contra a guerra e contra a ditadura, fizeram greve a exames, com uma adesão superior a 90%. O governo abanou e o ministro da tutela foi substituído. Uns tempos depois, o novo ministro anunciou reformas que sofreram forte contestação dos sectores mais à direita dentro da Universidade. Num artigo publicado no *Boletim da Faculdade de Direito de Coimbra*, em que analisava criticamente os aspectos políticos destas reformas, o Diretor da minha Faculdade manifestava a sua preocupação de que elas viessem a entregar a Universidade a uns tantos hábeis agentes da subversão política, sublinhando que, no contexto de um País a braços com uma guerra no Ultramar, começavam já, especialmente no domínio das ciências sociais e da cultura, a manifestar-se certos abusos de alguns docentes, que já utilizavam as cátedras como tribunas de propaganda ideológica, especialmente marxista.

Entendi – creio que corretamente – que a conversa (também) era comigo. E decidi publicar, numa outra revista da Faculdade (o *Boletim de Ciências Económicas*, de que sou atualmente Diretor), com a concordância do Diretor de então, um capítulo sobre os sistemas econômicos das minhas lições de Economia Política em que era clara a influência marxista. Foi este texto que depois foi publicado como livro. Estávamos em meados de 1973. Não me aconteceu nada, como eu esperava, aliás. A publicação do livro não foi, pois, nenhum ato de heroísmo. Quis apenas assumir as minhas responsabilidades. Este livro foi usado como apoio às minhas aulas ao longo dos anos (continua hoje a ser usado na minha Faculdade, embora numa versão atualizada). Mas foi utilizado como livro de texto em muitas escolas secundárias portuguesas e em várias instituições de ensino superior (nos cursos de Direito, História, Economia, Ciências Sociais). Em sucessivas reimpressões, foi lido por milhares de pessoas, incluindo operários, alguns dos quais ainda hoje me procuram (no fim de conferências, de colóquios ou de sessões políticas em que participo) para me dizerem que leram *Os Sistemas Econômicos* e que aprenderam muito com ele, por ser um livro acessível, mesmo a quem não é muito letrado. É indescritível a alegria e a comoção que me invadem quando ouço estas palavras.

Há cerca de vinte anos, num jantar de encerramento de uma campanha política em que participei ativamente, veio um jovem (dos seus 30 anos) falar comigo para se apresentar como meu antigo aluno e para me dizer mais ou menos o que segue: "Pode não acreditar, mas o que lhe vou dizer é a pura verdade. Eu era oriundo de uma família que não simpatizava com o salazarismo, e eu presumia-me uma pessoa de esquerda;

quando cheguei à Faculdade, li e reli *Os Sistemas Econômicos*. Pensei no que li e decidi que deveria inscrever-me no Partido Comunista. E assim fiz. Lá continuo até hoje". É bem certo que os autores (e os professores) nem sequer desconfiam das influências (positivas ou negativas) que os seus livros podem ter junto dos leitores.

Para cúmulo da minha alegria, vim a saber que este meu livro teve leitores (e admiradores) mesmo no Brasil. Comecei a conhecer o Brasil por Curitiba, onde fui pela primeira vez (1997?), a convite do meu querido Amigo Prof. Luiz Edson Fachin, para participar num Colóquio de homenagem ao Professor Francisco Muniz. Na véspera do Colóquio, conheci o filho deste (o Juiz Fábio Muniz), que, a certa altura da conversa solta, me disse, sem saber com quem falava (e sem saber sequer que eu estava entre os convidados para participar no Colóquio), que devia ao pai o ter-lhe indicado um dos livros que mais o marcara, do qual sabia páginas e páginas de cor e que continuava a ser para si livro de cabeceira, *Os Sistemas Econômicos*, do Professor de Coimbra, António José Avelãs Nunes. Quando me perguntou se eu conhecia este autor e eu me identifiquei, foi uma cena delirante: ele, satisfeito por me conhecer pessoalmente; eu, contentíssimo por ter conhecido aquele admirador.

Um outro trabalho que não posso deixar de referir é a minha tese de doutoramento, editada em 1984: *Industrialização e Desenvolvimento – A Economia Política do "Modelo Brasileiro de Desenvolvimento"*. Comecei a trabalhar nela em setembro de 1973, pensando estudar a relação entre inflação e desenvolvimento. Mas a verdade é que as duas faces desta problemática me conduziram rapidamente ao Brasil, o maior laboratório de qualquer destes dois problemas. Esta "descoberta" do Brasil for para mim um encantamento e razão de muita revolta, pela história do povo brasileiro que fui conhecendo por dentro. Acabei-a, com o título que acima refiro, em julho de 1973, porque, entretanto, a revolução passou por Portugal e eu andei metido nela durante uns anos: no Governo, primeiro; na contestação à contrarrevolução, depois. Prestei provas de doutoramento em 3.5.1984. Pois bem. Apesar das "portas que abril abriu" (Ary dos Santos), neste maio, dez anos depois de abril, fatores de ordem política quase ditaram a minha reprovação. Na tese defendia, em síntese, que o único desenvolvimento digno desse nome é o "desenvolvimento do povo, pelo povo e para o povo". E concluía perguntando se um tal desenvolvimento poderá ocorrer no quadro do capitalismo. Terminava deste modo as mais de mil páginas da tese: "Por nós, defendemos que a via socialista é aquela que permite a mais eficaz mobilização dos recursos disponíveis para a prossecução dos objetivos enunciados, garantindo uma distribuição mais igual de sacrifícios e benefícios. Acreditamos, com Teixeira Ribeiro (Catedrático de Coimbra com quem sempre trabalhei), que o socialismo realizado mostra ser uma técnica eficiente de desenvolvimento de países pobres". Talvez por isso, um dos membros do júri votou a minha reprovação, alegando na sua declaração de voto que eu era um cientista comprometido, pelo que não tinha lugar na Universidade. Assim mesmo, dez anos depois da Revolução de Abril. Parece mentira, mas é verdade. Alguns dos que fizeram a Revolução, oferecendo a liberdade aos portugueses, sofreram por isso mais do que eu.

A investigação para a tese deu-me um enorme prazer. Pela alegria da descoberta de grandes autores latino-americanos, nomeadamente os ligados à Cepal, que puseram de pé e conseguiram reconhecimento e prestígio para a primeira construção teórica no domínio da ciência econômica (o estruturalismo latino-americano) elaborada fora, à margem e em certa medida contra os grandes centros produtores da ideologia dominante. Estes autores puseram em evidência o "falso sentido de universidade" (Raul Prebisch) das teorias elaboradas nos países dominantes, prontas a ser "exportadas, juntamente com as armas", para os países em desenvolvimento, "impedindo-os de encontrar qualquer saída para a sua situação insuportável" (Joan Robinson). Entre esses autores, sobressai a figura maior de Celso Furtado, que foi o grande orientador da minha tese, apesar de só anos mais tarde o ter conhecido e apesar de a minha perspectiva de análise não ser exatamente coincidente com a dele. Graças à minha tese, correspondi-me com ele, antes de o conhecer pessoalmente e recebi dele elogios generosos sobre o meu trabalho (elogios que me fizeram sentir como se tivesse ganho o prémio Nobel). Continuo a respeitá-lo como um grande Mestre, lúcido, culto, rigoroso, semeador de ideias e de pistas de investigação. Esta tese deu-me ainda outras alegrias: a de ter sido editada no México pelo Fondo de Cultura Econômica, por proposta da própria editora; e, mais recentemente, a de ter sido editada no Brasil pela *Quartier Latin*, com prefácio de Celso Furtado (o último escrito do grande jurista/economista, que aqui recordo, carinhosamente e respeitosamente).

Um outro livro que considero relevante no meu percurso acadêmico é *O Keynesianismo e a Contrarrevolução Monetarista* (Coimbra, Almedina, 1991). Ele é o resultado de uma investigação prolongada e aturada (que começou quando preparava o doutoramento) pelos caminhos da mais importante controvérsia que atravessou a ciência económica ao longo do século XX. Acho que esse trabalho me forneceu quadros teóricos que me têm ajudado na análise da evolução do capitalismo nos últimos anos. Um trabalho a que me sinto muito ligado é o que resultou da lição de síntese que, nos termos da lei, tive de proferir no âmbito das provas públicas para obtenção do título de agregado, editado pela Almedina em 1996: *Noção e Objeto da Economia Política*.

Segundo as praxes da Faculdade de Direito de Coimbra, seria arguente da lição de síntese o professor (agora catedrático da minha Faculdade) que tinha querido reprovar-me no doutoramento por eu ser um "cientista comprometido". Entendi, por isso, ser meu dever deixar claro que eu era mesmo um cientista comprometido, para ser julgado como tal. Na minha lição (cujo texto completo ofereci antecipadamente ao arguente), defendi a tese de que a Economia Política surgiu como "ciência da burguesia", comprometida com a ação da burguesia revolucionária no sentido de acelerar a desagregação da ordem feudal e de erguer a nova ordem burguesa, do mesmo modo que a teoria económica marxista (enquanto Crítica da Economia Política) se assumiu como "ciência do proletariado", comprometida com a transformação do mundo, empenhada em "dar à classe operária a consciência das condições e da natureza da sua própria ação" (Engels). Defendi que a ciência económica sempre esteve, desde as origens, comprometida com um determinado projeto de sociedade. Foi assim com os fisiocratas, com Adam Smith e com David Ricardo. Foi assim com Karl Marx. Foi assim com Keynes, cuja obra teórica visou, confessadamente, salvar o capitalismo da derrocada que parecia iminente, perante as ondas de choque da Grande Depressão e os horrores do nazifascismo, já por demais notórios. Nela fiz uma crítica cerrada do paradigma marginalista, dos seus pressupostos ideológicos, da sua pretensa neutralidade científica, da sua concepção de "economia pura", de "ciência físico-matemática", "com o mesmo grau de certeza que possui a mecânica racional". Procurei mostrar a sua incapacidade para compreender o capitalismo, e critiquei a sua recusa em analisar o poder, as estruturas do poder, as relações de poder. Defendi que o mercado é, como o estado, um produto social, uma instituição política, e não um mecanismo natural. Para concluir que a ciência econômica é uma ciência política, comprometida com valores.

Pois bem. Exprimindo-se por voto secreto (prática estranha na comunidade universitária, que deveria primar pela transparência, mas legalmente consagrada na altura), o júri deliberou aprovar-me por unanimidade, ou seja, com o voto favorável do professor que votara a minha reprovação no doutoramento por eu ser um "cientista comprometido" e que foi efetivamente o arguente da minha lição. A apresentação desta lição e a publicação deste livro deram-me o conforto de verificar que tinha chegado ao topo da carreira universitária conseguindo aquilo que me propusera: usar plenamente a liberdade de investigar e de ensinar; não abdicar nunca deste direito essencial à função de professor; ocupar o meu lugar na Universidade sem renegar as minhas ideias. Compreendi então o alcance último destes versos das Odes de Ricardo Reis: "A realidade / Sempre é mais ou menos / Do que nós queremos / Só nós somos sempre / Iguais a nós próprios".

Destaco ainda o livro *Neoliberalismo e Direitos Humanos*. Porque ele resultou de um convite-desafio do meu Colega e Amigo Jacinto de Miranda Coutinho, que, em abril de 2002, me intimou a participar num Seminário por ele organizado em Oñati (País Basco espanhol), no Instituto Internacional de Sociologia Jurídica (15 e 16.7.2002), sobre *Politicas Neoliberales y Derechos Humanos*. Porque ele foi editado, em Portugal, pela Editorial Caminho (a Editora de José Saramago, a qual estive ligado desde a sua origem, por razões de afinidade ideológica) e, no Brasil, pela Editora Renovar, do meu amigo Osmundo Lima. E porque creio que o consegui escrever num tom acessível ao grande público (esta é sempre a minha maior ambição). Penso que se justifica uma referência à *A Constituição Europeia – A Constitucionalização do Neoliberalismo* (Coimbra Editora/Revista dos Tribunais, 2006), livro que me escrevi para eu próprio me esclarecer sobre o que estava em causa no debate sobre a chamada constituição europeia e que me serviu também para intervir neste debate, procurando desmascarar o "golpe de estado ideológico" que ela representava e a sua natureza de constituição dirigente do neoliberalismo, de constituição-fim-da-história, com a qual se queria encerrar um ciclo da construção europeia, "o ciclo da mentira política institucionalizada, da hipocrisia, do ilusionismo e da abdicação generalizada da vontade", e chamando a atenção para as responsabilidades que tem neste processo a social-democracia europeia, "uma esquerda que não tem outro projeto para além da construção europeia, a Europa" , uma esquerda que, para ser credível e não "assustar" os mercados (que, pelos vistos, são muito assustadiços), defende e pratica "uma política ainda mais à direita do que a direita" (George Sarre, ex-dirigente do PS francês, que votou *não* no referendo que ditou a "morte" da dita constituição).

Agrada-me referir também *Uma Introdução* à *Economia Política* (São Paulo, Quartier Latin, 2007), livro que organizei a pedido de um Colega da FDUSP, o Prof. Gilberto Bercovici, com o objetivo de ele o indicar como livro de texto aos seus alunos. Quero referir, por fim, um livro editado em 2008 pela Almedina, no qual reuni alguns textos que considero interessantes e que me serviu para homenagear a minha mãe no dia em que ela completou 93 anos. Chamei-lhe *Uma Volta ao Mundo das Ideias Econômicas*. Será a Economia uma Ciência?

RTDC: Quais são as responsabilidades de ser Vice-Reitor de uma das maiores universidades de Portugal e da própria Europa, como é o caso da Universidade de Coimbra?

AN: Não sei se a Universidade de Coimbra será uma das maiores (ou das melhores) Universidades da Europa. É, sem dúvida, uma das mais antigas, criada em 1290 pelo rei-poeta D. Dinis. E, por ter sido criada por carta régia, não tendo sido nunca uma Universidade da Igreja Católica, é capaz de ser a mais antiga Universidade Pública da Europa. Mas, com os nossos vinte mil e poucos alunos, não estamos no lote das maiores. Gostaríamos de estar entre as melhores e trabalhamos para isso. Os mais conceituados *rankings* nesta matéria colocam-nos umas vezes em 1º lugar no conjunto das Universidades de língua portuguesa, outras vezes, em 2º lugar, a seguir à USP.

Mas creio que a Universidade de Coimbra é uma das mais identitárias em todo o mundo, no sentido de os seus antigos estudantes se identificarem com ela como verdadeira *Alma Mater*. Deixem-me contar uma história, bonita demais para que eu a não partilhe convosco. Uma das tradições coimbrãs é a de os cursos que lá se formam se reunirem periodicamente em Coimbra, para visitarem a Universidade e conviverem uns com os outros. Pois bem. Há cerca de um ano, um destes cursos pediu uma audiência ao Reitor para o cumprimentar e nele saudar a Universidade onde concluíram o seu Curso de Direito há setenta anos! Isto é Coimbra.

Creio que o capital de prestígio da UC justificará também que a mais antiga, maior e mais influente rede de Universidades Europeias tenha o nome de *Coimbra Group*. A mesma razão explicará que, em novembro de 2008, cerca de cinquenta Universidades brasileiras (as mais importantes e representativas, entre Universidades Federais, Estaduais e Confessionais) tenham formalizado em Coimbra, no ambiente solene da Sala dos Capelos, a constituição do Grupo de Coimbra de Universidades Brasileiras, com o propósito de, à volta da velha *Alma Mater* que todas reconhecem como tal, desenvolver e aprofundar relações de amizade e cooperação no plano da investigação científica, da organização de cursos de dupla titulação, da mobilidade de professores e estudantes.

Dito isto, compreenderão que eu goste da minha Universidade e que me sinta honrado por poder servi-la como Vice-Reitor. É um lugar que ocupo por razões de amizade e de solidariedade para com o atual Reitor. Por temperamento e por formação, encaro estas funções como um serviço, no qual ponho o melhor de mim mesmo. Isto tem um preço, que não é pequeno: certa secundarização (que não pode evitar-se) das responsabilidades ao nível da investigação e da docência. Mesmo assim, só nestes dois últimos anos não dei aulas (os vice-reitores estão dispensados de serviço docente), e tenho conseguido publicar alguns trabalhos.

Nestes últimos tempos, a Universidade teve que elaborar novos Estatutos, em função de nova lei de enquadramento do ensino superior, entretanto promulgada. Pessoalmente (e creio que serei acompanhado pela maioria dos universitários portugueses), entendo que se andou para trás no que toca à democracia nas Escolas e a uma gestão democrática e participada na gestão delas. E tenho as maiores dúvidas de que as coisas tenham melhorado, mesmo numa perspectiva tecnocrática, as condições da gestão universitária. Neste mesmo período de tempo, tivemos de reestruturar todos os nossos Cursos para os adaptar ao sistema de Bolonha, com três ciclos de estudo e uma nova "filosofia" no que se refere às relações pedagógicas. Não vos vou maçar com os problemas que têm sido discutidos (e continuam a ser discutidos) na controvérsia, por vezes acesa, sobre o chamado Processo de Bolonha. O mais preocupante, sobretudo para quem tem responsabilidades na gestão universitária, é que todas estas mudanças, que exigiriam reforço das dotações orçamentais, vêm sendo executadas num quadro de asfixia financeira resultante de uma quebra das verbas do orçamento de estado, em termos reais, desde 2005, que anda à roda dos 25%.

Para quem gosta da Universidade e nela se realiza profissionalmente, em regime de dedicação exclusiva, o difícil não é gerir a Universidade e resolver os problemas que surgem todos os dias, procurando enquadrar as soluções encontradas numa óptica de desenvolvimento estratégico da Universidade. O difícil é ultrapassar as dificuldades que os governos nos criam (quando eles não são parte da solução, mas são parte – importante! – do problema). Difícil é também gerir os "narizes de cera" de muitos universitários, uns porque pensam que o mundo gira à volta do seu umbigo, outros porque encaram o seu título universitário como um título de nobreza do qual esperam rendas sem trabalho nem contrapartida de serviço à Universidade, outros ainda porque fazem da Universidade um palco para os seus jogos palacianos, com as pequenas traições e os pequenos favores que os caracterizam.

RTDC: Qual a herança mais preciosa que o estudo do Direito ofereceria para o século XXI? O que o estudo da Economia Política pode proporcionar como herança para as futuras gerações?

AN: O século XX regista a seu crédito avanços enormes no progresso científico e tecnológico, na consolidação das instituições democráticas, na proteção dos direitos do homem, na luta contra o colonialismo e o racismo. Mas ele é também o século que carrega a seu débito duas monstruosas guerras mundiais e vários outros conflitos regionais que não terminaram até hoje; as mais ignominiosas práticas de crimes contra a humanidade; o aprofundamento intolerável da desigualdade entre pessoas e entre povos; a exclusão social que hoje atinge uma percentagem elevadíssima da humanidade. Este início do século XXI tem acentuado gravemente as dificuldades, os desequilíbrios e os perigos, em resultado do galope da globalização neoliberal e da acentuação do "império americano", constituído, como todos os impérios, à margem da lei e da ética e contando com a covardia dos únicos que poderiam fazer-lhe frente (a Europa, em 1º lugar). Este mundo da globalização neoliberal é um mundo em que, no dizer do Nobel Amartya Sen, "o sol nunca se põe no império da Coca-Cola". E todos percebemos do que se trata. Mas gostaria de deixar claro que, a meu ver, a globalização, tal como ela se apresenta, não é o resultado inevitável de uma qualquer revolução tecnológica. A globalização neoliberal não é um produto técnico deterministicamente resultante, sem alternativa possível, do progresso científico e tecnológico. É antes um projeto político, levado a cabo de forma consciente e sistemática pelos poderes dominantes, enquadrado pela doutrina neoliberal, que constitui a sua "filosofia inspiradora, a sua matriz paradigmática, a chave da sua compreensão".

A globalização é um fenômeno complexo, que tem no terreno da economia a área estratégica da sua projeção (com a liberalização dos movimentos de capitais e o incremento da atividade especulativa, fatores poderosos de instabilidade dos mercados financeiros, das economias e das sociedades), mas que se apresenta sob múltiplos aspectos, de ordem filosófica, ideológica e cultural. Enquanto fenómeno ideológico e cultural, ela traduz a afirmação decisiva dos "aparelhos ideológicos" como instrumento de domínio por parte dos produtores da ideologia dominante, a ideologia do pensamento único, a ideologia da massificação dos padrões de consumo e dos padrões de felicidade, a ideologia que impõe a "sociedade de consumo" como paradigma de desenvolvimento, a ideologia que pretende anular as culturas e as identidades nacionais. É um tempo complexo este que vivemos, que nos coloca perante situações novas, para as quais não se descortinam soluções conhecidas e provadas nem respostas simples e fáceis. Ter clara consciência disto mesmo não deve entender-se como sinal de fraqueza ou de pessimismo, antes como condição indispensável para podermos chegar à definição de uma estratégia de progresso, de paz e de felicidade, neste tempo de riscos e de incertezas, que o cientismo não conseguiu apagar. Não é possível recusar hoje a ideia de que o desenvolvimento há de colocar o Homem no centro de tudo. A necessidade da defesa dos direitos do homem é talvez a única certeza que podemos afirmar, no fim de um século tão contraditório e no início de outro, a nascer tão carregado de ameaças.

O Direito Civil, como direito das pessoas e como direito destas à vida, à identidade, à liberdade e à dignidade, carece, pois, de ser aprofundado como o direito fundamental das sociedades humanas. Por outro lado, ao menos depois da Declaração Universal dos Direitos do Homem (1948), creio que temos de sublinhar que não pode definir-se qualquer hierarquia entre direitos civis e políticos e direitos econômicos, sociais e culturais, uns e outros consagrados hoje nas constituições mais modernas, entre as quais a Constituição Cidadã do Brasil. A indivisibilidade destes direitos é o alicerce indispensável da universalidade dos direitos do homem, compatível com todas as culturas que acolham o princípio da igual dignidade de todos os seres humanos. Este é o quadro dentro do qual temos de empreender a reflexão sobre o Direito, o seu ensino e a sua prática. Está hoje em causa toda a estrutura da comunidade internacional, os fundamentos da sua organização institucional, os métodos e os objetivos da sua ação. Está em causa o Direito Internacional. Mas estão em causa também o Direito Público de cada estado e o estado nacional, porque está em causa o paradigma clássico do estado nacional e da soberania nacional. Daí a importância crescente dos estudos de Direito Público, de Direito Internacional, da Filosofia do Direito, da Ciência Política e da Filosofia Política.

É preciso que o novo quadro regulador da convivência internacional e da realização da justiça material se inspire nos valores da justiça, se construa dentro do Direito e se realize através do Direito. De contrário, valerá a lei do mais forte, que é quase sempre o menos escrupuloso e o menos sensível aos valores éticos que constituem a essência da humanidade. É preciso que a Humanidade (ou a Comunidade Internacional), "tornada categoria jurídica há apenas cinquenta anos" (Mireille Delmas-Marty), se faça ouvir através de uma voz que não seja a dos grandes conglomerados internacionais e proclame, defenda e pratique valores que não sejam mera cobertura para os interesses destes poderosos e perigosos agentes globalizadores. Enquanto produto social, o Direito é cada vez mais marcado pela importância da economia na nossa vida coletiva. O próprio estado tornou-se "estado econômico" e o direito deixou de parar à porta das fábricas. No elenco das disciplinas cultivadas nas Faculdades de Direito, aumenta o número das que se ocupam da problemática econômica. Não só as disciplinas de Economia Política, de Finanças, de Direito Fiscal, mas também as disciplinas de Direito Público da Economia, Direito Industrial, Direito Bancário, Direito da Bolsa, Direito dos Seguros, Direito

Internacional Económico, a par de disciplinas mais clássicas, como o Direito Comercial, o Direito das Empresas, o Direito do Trabalho, o Direito da Segurança Social, e de outras mais recentes, como o Direito da Informática, o Direito da Propriedade Intelectual e o Direito das Telecomunicações, por exemplo.

A subversão de valores introduzida pela chamada sociedade de consumo trouxe para o primeiro plano um novo ramo de direito, o Direito do Consumo (ou Direito dos Consumidores). Perante o poder totalitário das poderosas estruturas que comandam os mercados e transformam as necessidades das pessoas em puros pretextos para ganhar cada vez mais dinheiro à custa dos "consumo-dependentes", compreende-se que o Direito do Consumo tenha surgido – à semelhança do Direito do Trabalho, marcado desde o início pelo princípio do *favor laboratoris* – como direito de defesa dos consumidores. Creio que por aqui passará também a construção da democracia no século XXI. Mas todos concordaremos que as questões ligadas à problemática do ambiente (ou às condições da vida) são das questões mais importantes que hoje se colocam à humanidade e, portanto, também ao Direito. Os bens postos em causa pela poluição não são bens que possam deixar-se entregues à lógica do mercado. A vida não pode transformar-se numa "mercadoria" cuja sorte fique à mercê das "leis" cegas do mercado. Creio que a preservação da vida humana exige cada vez mais uma sociedade diferente da que hoje conhecemos, um tipo de desenvolvimento radicalmente diferente deste *senseless cancerous growth* (W. Weisskopf), um sistema econômico, social e político que rejeite em absoluto a "mercantilização da vida" (R. Heilbroner) e que assuma como meta um paradigma de desenvolvimento que não identifique o mais com o melhor. Os problemas do ambiente são um dos efeitos perversos da dita sociedade da abundância, no seio da qual morrem todos os anos milhões de pessoas vítimas da fome e de doenças derivadas da fome, o que faz desta sociedade uma sociedade antropofágica, em estado de permanente guerra civil, que todos os anos faz tantos mortos como os que fez a Segunda Guerra Mundial. No entanto, todos sabemos que se a fome existe (e até vai aumentando) não é porque os meios naturais, humanos e técnicos disponíveis não permitam a produção de alimentos suficientes para alimentar todos os habitantes do nosso planeta. O problema é outro. E creio que tem sentido a resposta de Amartya Sen quando defende que o facto de haver pessoas que passam fome – e que morrem de fome –, apesar da abundância de bens, só pode explicar-se pela falta de direitos e não pela falta de bens. O problema fundamental não é, pois, a escassez, mas a organização da sociedade.

E neste capítulo o papel dos juristas (dos juristas-cidadãos) é fundamental. Mais fundamental ainda se fizermos, como o faz o liberal Ralph Dahrendorf, em comentário a este ponto de vista de Sen, a seguinte pergunta: "Porque é que os homens, quando está em jogo a sua sobrevivência, não tomam simplesmente para si aquilo em que supostamente não devem tocar, mas que está ao seu alcance? Porque é que o direito e a ordem podem ser mais fortes que o ser ou não ser?". A esta, vale a pena acrescentar uma outra pergunta formulada pelo mesmo autor: "O que seria preciso para modificar as estruturas de direitos, de modo a que mais ninguém tivesse fome?". A própria pergunta parece encerrar a ideia de que é necessário modificar as estruturas de direitos (i.e., as estruturas do poder económico e do poder político). Se assim é, temos de assumir que as ciências sociais – e também o Direito, talvez sobretudo o Direito – não podem deixar de fora da análise o poder, as relações de poder e as estruturas do poder. Trata-se, a meu ver, de afirmar o Direito como instrumento de conformação do poder e de limitação do poder e como instrumento de transformação social e de realização dos valores da justiça material.

Nestes tempos de globalização, os defensores do "mercado livre", da liberalização e da desregulamentação desenvolvem esforços sistemáticos no sentido de criar e de proteger espaços blindados por fronteiras artificiais, muito mais invioláveis e intransponíveis do que as fronteiras dos estados nacionais soberanos que eles dizem coisa do passado. Refiro-me, é claro, aos chamados paraísos fiscais, paraísos legais ou paraísos judiciários, espaços sem lei, sem impostos, sem polícia, sem tribunais. Esta realidade quase virtual – mas efetiva e poderosa –, que tão gritantemente interpela o Direito e os seus valores, constitui uma das contradições mais chocantes deste nosso mundo globalizado. Trata-se de verdadeiros estados mafiosos ou de "reservas" criadas por medida para garantir refúgio seguro, em nome da liberdade e do mercado, a capitais especulativos de todo o tipo, muitas vezes oriundos de (e promotores de) negócios escuros e criminosos. Neste mundo à margem da lei, os ganhadores são precisamente os que não respeitam qualquer lei, nomeadamente as estruturas do crime organizado e do terrorismo internacional. O esquema é conhecido e poderia ser desmantelado. Em nome da liberdade do capital, não o querem os senhores do mundo. Por isso muitos vêm denunciando "a natureza liberticida das 'liberdades' do capital" e vêm chamando a atenção para os perigos do "fascismo de mercado". O americano Paul Samuelson, homem do *establishment*, Prêmio Nobel e tudo, é um destes autores. Pouco depois do abalo de 11.9.2002, um jornalista português (liberal na política e na economia), escrevia numa crónica sua mais ou menos isto: "dizem que o mundo se vai mobilizar para o combate ao terrorismo internacional; quero ver se vão acabar com os paraísos fiscais, pelos quais passa o grande crime organizado e o grande terrorismo; se nada for feito neste domínio é porque não querem acabar com o terrorismo internacional". A verdade é que os "paraísos fiscais" continuam paraísos, enquanto o resto do mundo está cada vez mais um inferno dificilmente suportável. Os interesses que estão por detrás desses espaços sem lei permanecem sobre os valores inerentes à dignidade do Homem. É horrível esta conclusão, mas não sei como evitá-la.

Está hoje na moda a ideia de que o mercado (o mecanismo dos preços) é o único instrumento com base no qual se podem analisar e explicar não só os fenômenos econômicos, mas todos os fenómenos sociais (a opção por casar ou não casar, as opções de voto etc.). É, de facto, uma autêntica mercantilização da vida, reduzindo a própria vida humana a um problema de preços que o mercado resolve espontânea e naturalmente, da única forma racional (e justa). As leis eternas do "mercado", ditas de validade absoluta e universal, impõem-se a tudo e a todos, aspirando a substituir o Direito, como se fossem elas próprias uma espécie de direito natural, como naturais se pretende que sejam o mercado e as suas "leis naturais". Por mim, continuo a entender que David Miliband tem razão quando sustenta que, "longe de serem "naturais", os mercados são políticos". Contra a moda do neoliberalismo, é preciso compreender que o mercado não é um puro mecanismo natural de regulação automática da economia e de afetação eficiente, neutra e justa (porque o que é natural é justo, como se pensava no século XVIII) de recursos escassos. O mercado deve antes considerar-se, como o estado (e o Direito), uma instituição social, um produto da história, uma criação histórica da humanidade, uma instituição política (*hoc sensu*) destinada a regular e a manter determinadas estruturas de poder. Aproveitando a embalagem, arrisco mesmo afirmar que, como o estado e o direito, o mercado é uma instituição de classe.

A doutrina neoliberal tem vindo a repor as concepções individualistas do homem e da sociedade, considerando esta o mero somatório dos indivíduos que a compõem, todos livres e iguais em direitos (como vieram proclamar as revoluções burguesas), sem tomar em consideração os grupos, as classes e as organizações sociais em que os homens se dividem e se agrupam. Nós sabemos que todos somos iguais, mas que uns são mais iguais do que outros; e sabemos que todos são livres, mas alguns não têm as condições mínimas para exercer (muitas vezes nem sequer para reconhecer) a liberdade que em abstrato lhes é atribuída. Nós sabemos qual o significado do contratualismo enquanto solução para todos os conflitos de interesses e fonte de direito "livremente" criado pelos homens enquanto sujeitos de direito. Adam Smith, um dos pais fundadores do liberalismo, teve o mérito e a coragem intelectual de ser o primeiro a mostrar que o contrato de trabalho assalariado não poderia considerar-se um contrato como os outros, porque são muito diferentes os poderes das duas partes contratantes. E conclui (mais ou menos nestes termos) que quem não entender isto é tão ignorante do mundo como deste assunto.

Mas hoje são notórias as tentativas de regressar ao contratualismo (sob a capa da desregulamentação, da redução da presença do estado, da libertação da sociedade civil e de tantos outros *slogans* publicitários), como se pudéssemos esquecer a velha e sábia máxima de Lacordaire: "entre o forte e o fraco, entre o rico e o pobre é a lei que liberta e a liberdade que oprime". Em linguagem popular, basta recordar a parábola da panela de barro e da panela de ferro... E vem-se avançando mesmo no sentido da privatização da justiça, nomeadamente através do recurso sistemático à arbitragem por parte dos grandes operadores econômicos. Mas também através de outras práticas, muitas vezes associadas aos grandes escritórios (sociedades de advogados) onde trabalham duramente muitos jovens (estagiários uns, jovens advogados outros). São profissionais que fazem repetitivamente o mesmo tipo de trabalho, como se fossem computadores capazes de introduzir, num programa-tipo, as alterações aconselhadas pela especificidade do caso concreto. Raramente contactam com o cliente e não têm voz ativa na fixação dos seus próprios honorários, em função do trabalho desenvolvido. Ora eu creio que estas são condições incompatíveis com a advocacia enquanto profissão liberal. Estes trabalhadores (muitas vezes sem contrato de trabalho, em geral obrigados a ritmos de trabalho muito intensos e muito mal pagos) não gozam do estatuto que caracteriza o advogado; talvez não devessem estar inscritos na OA, mas num sindicato de trabalhadores prestadores de serviços por conta de outrem. O livre exercício da advocacia, condição indispensável para garantir o primado do Direito, é incompatível com a proletarização dos que a exercem. Tanto quanto posso avaliar, esta "subversão" é ainda mais preocupante quando pensamos nas sociedades de consultoria, em que trabalham licenciados em direito juntamente com outros profissionais (economistas, engenheiros, contabilistas, especialistas em *lobbying* etc.). Estes escritórios, fora do controlo da OA, substituem-se aos advogados no exercício de tarefas e funções tradicionalmente reservadas a advogados. Eles são uma das peças da engrenagem que vem trabalhando para reduzir a própria "justiça" à condição de mercadoria, "produzindo-a" sob formas mais rápidas, mais baratas e mais expeditas na resolução de conflitos de interesses, em prejuízo da sua ponderação e solução segundo as regras e os princípios do direito e da equidade, ao serviço do ideal da justiça.

Não sei se respondi à vossa pergunta, apesar do espaço que ocupei. O que procurei dizer é que, neste tempo de grande desespero, mas também de grande esperança, é maior do que em qualquer outro tempo a responsabilidade social dos juristas e das Escolas que os formam. Estas têm de estar preparadas para ensinar os seus alunos a compreender as forças que fazem girar o mundo. E eu creio que a verdade não anda muito longe da conhecida afirmação do *Manifesto Comunista*: a história da humanidade até os nossos dias é a história da luta de classes.

ENTREVISTA COM STEFAN GRUNDMANN[1]

RTDC: Professor Grundmann, o senhor é doutor em direito e filosofia. Quais os civilistas e filósofos que mais influenciaram o seu pensamento?

SG: Entre os civilistas, são vários, mas talvez o mais importante seja Josef Esser. Ele escreveu um tratado de direito civil, mas é sobretudo a sua monografia que me interessa: *Pré-concepção e escolha dos métodos na criação do direito* (*Vorverständnis und Methodenwahl in der Rechtsfindung*). A ideia-chave é que ninguém pode julgar neutralmente, sem preconcepção. Ele não diz "prejuízo", diz "preconcepção". A ideia é que cada um pode dar conta da sua preconcepção e torná-la mais pública, formulando-a assim: "Esta é a minha preconcepção sobre este assunto, e eu julgaria assim ou assim/assado". E tudo isso tem uma influência enorme no direito. Os *Critical Legal Studies*, nos Estados Unidos, são mais ou menos baseados nessa monografia dos anos 70. Precisamos conceitualizar, ser mais transparentes quando falamos de direito e dizer: "Essa é a minha preconcepção, tenho isso como base e julgo assim ou assado". Esclarecer os outros acerca da preconcepção quer dizer também fazer um discurso diferente. Não dizer: "Mas isso, logicamente, é assim!". Mas dizer: "De acordo com essa preconcepção, eu chegaria a esta solução". Isso, para mim, é muito importante. E a segunda pergunta: quais são os filósofos que me influenciaram? São muitos, sem dúvida. Sou, sem dúvida, aristotélico, mas também kantiano, num certo sentido. Quanto aos filósofos mais recentes, eu diria, talvez, que o que mais me influenciou foi o Jean-François Lyotard. Ele escreveu um livro que se chama *Le Différend*. Não é simplesmente "diferença", mas um conceito que está entre "diferença" e "briga". A ideia-chave é que, em nosso mundo pluralista, em nosso mundo de diferentes verdades, não podemos dizer: "Há um sistema e ele é assim". Temos de aceitar, e isso é o primeiro passo, as inúmeras "diferenças" e também as "brigas", e saber distinguir: as "diferenças" são aquelas que ainda podem ter um discurso; as "brigas" às vezes têm de ser decididas, mas não chegam sempre a uma solução entre posições divergentes. E a ideia mais importante para mim nisso tudo é que isso não é nada ruim. O Lyotard é muito aberto e muito sincero, e ele diz, com a sua base nietzschiana, que tudo isso também é uma fonte de grande dinamismo. Esta ideia

[1] Entrevista concedida à *Revista Trimestral de Direito Civil – RTDC*, v. 41, jan./mar. 2010.

é muito importante para a nossa situação jurídica, com as suas muitas fontes diferentes, como na Europa, com o direito nacional, o direito dos privados etc. Todas essas fontes configuram discursos diferentes. Não formam um sistema só, um sistema claro, com uma norma-chave, a partir da qual tudo pode ser deduzido, como diz Hans Kelsen. O Lyotard é um pensador que admite haver quebras nos sistemas e isso, a meu ver, se ajusta muito bem ao modo como é o mundo hoje. E o mundo é o objeto do direito.

RTDC: Professor, o senhor tem intensa atividade acadêmica e vasta produção científica, dentre as quais se destacam publicações com importantes juristas estrangeiros. Qual o seu método de trabalho? Quando e como o senhor escreve no seu dia a dia?

SG: Há uma coisa que faço sempre quando escrevo: desligar completamente telefones, *e-mails*, tudo. Normalmente, gosto muito de escrever cedo da manhã ou tarde da noite. Não tanto durante o dia. Consigo escrever durante duas ou três horas, às vezes duas vezes ao dia, mas não mais. Por opção. Para mim não é possível escrever continuamente. O que normalmente faço é ler muito antes e depois já não consulto os livros ou os artigos. Tenho uma ideia boa da matéria, mas escrevo completamente sem notas, porque tenho a impressão de que, se seguir sempre a literatura já existente, não crio novidades. Ao final, verifico de novo o que os outros disseram, integrando tudo no texto e refletindo sobre o estado da doutrina hoje.

RTDC: De todas as suas obras, qual a que considera a mais importante?

SG: Isso é difícil de responder. Tenho uma obra que já foi publicada em inglês e que tem muita ressonância, porque trabalho muito no contexto europeu. Mas há uma outra que considero quase mais importante. Chama-se Direito europeu dos contratos. É uma obra que saiu pela primeira vez em 1999 e saiu agora na segunda edição. E esta obra transformou algumas diretivas existentes em uma matéria, sistematizando-as. O título, *Direito europeu dos contratos*, não existia até esse momento, o que acabou por dar um pouco de estrutura, de sistema, a tudo isso. Há também uma edição de artigos de outros professores, que eu coordenei e que tem o título *Criação de sistema e lacunas no sistema no direito privado europeu* (*Systembildung und Systemlücken im Europäischen Privatrecht*). No meu livro, eu digo, por exemplo, que o direito europeu dos contratos para o mercado comum é um direito sobretudo de transações empresariais. Isso é importante para o mercado comum, mas é também importante a ideia de que as regras no direito europeu dos contratos são principalmente regras de informação e não tanto de substância. Essa é a obra que abriu toda uma matéria que continuo a estudar e a discutir.

RTDC: Além da vasta produção jurídica, o senhor tem ainda livros sobre arquitetura de Roma e arquitetura moderna e pós-moderna. É também admirador da obra de Oscar Niemeyer. Qual o ponto de contato entre a arte e o direito? Como foi a experiência de participar recentemente de um programa de TV, falando acerca de poesia no direito?

SG: É verdade que gosto muito da arquitetura pós-moderna, mas admiro principalmente a moderna: Le Corbusier, Oscar Niemeyer, que vi em Brasília pela primeira vez. Mas diria que há mais relação entre o direito, o que faço no direito, e a arquitetura pós-moderna. E o que expliquei agora, sobre *Le Differend*, de Lyotard, um dos textos-chave do pós-modernismo, não só tem grande importância para o direito, mas também, evidentemente, para a arquitetura, porque a arquitetura moderna é uma arquitetura que sublinha as formas fechadas, claras, a forma pesada e ao mesmo tempo leve. Então, este grande dinamismo é um idioma muito expressivo. O pós-modernismo, por sua vez, é muito mais cético. Nós quebramos as formas, inserimos um pouco de arquitetura muito antiga, algumas colunas, e isso tudo constitui uma reação, mas ao mesmo tempo constitui também a expressão de que a arquitetura não pode configurar somente um sistema. Ela possui quebras entre os sistemas. Isso é um paralelismo bastante evidente e que tem repercussões no direito. Um dos meus artigos, também muito importante para mim, chama-se *Pluralismo de métodos* e demonstra como, no direito, uma economia igual seria o oposto de uma teoria econômica e também sociológica. O direito europeu e o direito nacional e todas essas quebras não permitem um sistema fechado, mas vários pedaços de sistema que se harmonizam entre si da melhor forma possível.

Quanto ao programa de TV, a poesia no direito... Eu gosto muito do direito também como fenômeno linguístico e como parte da história das ideias. Isso é atraente também para um público mais abrangente. Há um jurista, que faz sobretudo filmes e livros, o Alexander Kluge, que me pediu para fazer um filme com ele. O direito tem uma coisa que é desconhecida muitas vezes: o direito foi uma ciência-chave para línguas, sobretudo em Berlim. Quando foi criada a Universidade de Berlim, em 1810, vários juristas acabaram por exercer uma influência grande sobre a linguística e a filologia. O grande Wilhelm von Humboldt, que foi jurista e fundador da Universidade, teve a ideia de que diferentes línguas propiciam um modo de pensar diferentemente. Ele foi o criador da linguística comparada. Por quê? Porque trabalhou tanto com a língua como com o direito. E tem um personagem paralelo – e isso tem a ver com poesia – que é o Savigny, o primeiro jurista da Faculdade de Direito. Ele teve dois alunos, os irmãos Grimm, que pesquisaram e organizaram todas as histórias populares, e ao mesmo tempo estudaram e refletiram, e com isso criaram a filologia alemã. Eles foram os primeiros professores, em toda a Alemanha, que, sendo juristas de formação, falaram também das ideias da literatura jurídica em consonância com as ideias das obras literárias.

RTDC: O senhor falou da linguística comparada. Quais são a necessidade, a utilidade e os principais perigos embutidos no recurso ao direito comparado? No Brasil, muitas vezes, o direito comparado é utilizado sem método, como se para fazer "direito comparado" bastasse citar artigos do BGB, por exemplo, sem a análise da jurisprudência, sem a análise da doutrina, sem muita preocupação. Queríamos ouvir a sua opinião sobre a necessidade, a utilidade e os perigos.

SG: A necessidade do direito comparado tem evidentemente aumentado com a superação das fronteiras, com a globalização. Há muito trabalho a ser feito no sentido da harmonização no nível europeu. E, normalmente, o direito comparado constitui, para isso, uma das bases. Como as ciências jurídicas são mais normativas, e não só pragmáticas, mas buscam também a valoração, o direito comparado é muito útil. Agora, no método do direito comparado, se um jurista só olha para o código e não para a jurisprudência, isto não é o direito comparado como o direito é no outro país. Isso é evidente, embora não seja respeitado. O direito comparado quer dizer o direito como verdadeiramente é aplicado no outro país. Agora, tomando-se também o bom método, o direito estrangeiro como é verdadeiramente no outro país, ainda assim o direito comparado, nos seus meandros, apresenta um grande perigo. E isso é que os comparatistas olham muitas vezes para o direito sob uma "perspectiva de ave" muito sumariamente e criam conceitos bastante gerais. Tantas vezes observamos que os comparatistas sabem menos do que aqueles que fazem sobretudo direito interno sobre o caso preciso, digamos, os detalhes e pormenores. Isto é um problema. E isto se revela muito bem no Quadro Comum de Referência, que representa um pouco a ideia do Código Europeu, mais ou menos como um primeiro modelo. E o grupo que o fez era sobretudo formado por comparatistas. E eles optaram por colocar em muitas ocasiões somente uma cláusula geral, o que não dá resposta aos problemas concretamente, mas apenas genericamente. E isso eu acho que seja um perigo se verdadeiramente as nossas leis do futuro forem feitas sobretudo por comparatistas. Faltaria aí esta precisão da dogmática interna do país. Não temos muitos comparatistas que gostam também de matérias mais técnicas, como o direito financeiro e a teoria interdisciplinar, que tem a ver com isso. Então, o comparatista é importante, sim, mas para a legislação do futuro não é suficiente. São necessárias outras perspectivas: uma, a dogmática; a outra, o modernismo, o pragmatismo, as questões modernas com um forte conhecimento acerca de teorias interdisciplinares.

RTDC: O senhor é professor titular de uma das maiores universidades da Alemanha, a Humboldt, em Berlim, e é fundador da Humboldt European Law School. Qual a diferença entre esse curso, oferecido pela Humboldt, e a formação jurídica clássica?

SG: A formação jurídica clássica fala sobretudo de um direito: às vezes também da teoria do direito, da metodologia, da história do direito, mas de um direito, pelo menos nos grandes Estados europeus. E fala, sobretudo, de casos decididos por juízes que se defrontaram com casos já acabados e que agora têm de apresentar a solução para um caso já fechado, que já aconteceu e não pode ser modificado, mas só decidido. Isso tudo é importante, mas no nosso tempo a visão de outros direitos, de outros sistemas jurídicos, é também importante, por ser capaz de criar uma geração de juristas europeus, escolhendo-se, nesse processo, três sistemas jurídicos exemplares. É isso o que fazemos na European Law School: o direito alemão, o direito francês e o direito inglês. E o estudante completa o curso com a formação num desses sistemas e também com formação nos dois outros, por exemplo, em direito privado, ele frequenta um ano em cada país, tomando tudo isso como uma comparação entre esses sistemas, e essa comparação apresenta vários aspectos metodológicos. Além disso, temos também escritórios que colaboram conosco. Uma vez que estas três noções já estão em jogo, uma vez que fazemos esta comparação entre sistemas jurídicos, é muito mais fácil também defrontar-se com um outro problema jurídico, ou seja, a criação para o futuro, a criação de um contrato, de uma sociedade, de uma lei. Então, não é só julgar o passado, mas criar alguma coisa para o futuro. Essa é a metodologia da European Law School. Em resumo, estamos contentes com o que temos, mas queremos também complementar o estudo com alguns aspectos de direito comparado, com a comparação de soluções e criação, pois o momento criativo servirá para futuros casos e futuras soluções.

RTDC: O senhor é professor visitante em diversas universidades estrangeiras, como a King's College, de Londres, e a Oxford University. Há uma tendência à convergência entre *Common Law* e *Civil Law*? Qual o papel da *Common Law* na formação do direito privado europeu?

SG: Eu diria que há, sim, uma convergência, mas não só entre *Common Law* e *Civil Law*, mas também entre diferentes sistemas jurídicos de *Civil Law*. E isso tem a ver com uma maior harmonização, que leva os Estados à convergência, mas também muito mais com a ampla circulação de ideias. Eu acho um pouco exagerado sempre falar de *Common*

Law e de *Civil Law*. São vários sistemas presentes: os sistemas escandinavos, que têm um certo caráter; o sistema italiano, com um outro caráter; o francês; o alemão... Talvez o alemão, o francês e o inglês tenham uma certa importância ainda maior. Talvez. Mas, digamos que esse discurso entre diferentes sistemas jurídicos na Europa não se divide entre *Civil Law* e *Common Law*.

Agora, qual o papel do *Common Law* na formação do direito privado europeu? Vários papéis, eu diria. O *Common Law* contribui muito para o discurso europeu por causa do seu estilo, que é pragmático, onde os casos são importantes. Mas isso também acontece na Alemanha, por exemplo, que, porém, é um sistema mais baseado na ideia de boa-fé e da proteção de partes mais fracas. Ao mesmo tempo, o Reino Unido, com o *Common Law*, tem que ser capaz de convencer os outros. E muitas vezes é mais convincente uma solução inglesa, tão boa como a solução europeia, como exemplo, no caso da diretiva sobre *takeover*, aquisição de controle, em que o Reino Unido apresentou uma solução muito boa, que acabou sendo adotada no nível europeu. Isso acontece mais nas matérias críticas e importantes para o Reino Unido, sobretudo sociedade e finanças, e menos em outras matérias, como o direito dos consumidores. Aqui, outros países têm mais influência.

RTDC: Como o senhor vê o direito privado europeu hoje? A Europa tem realmente uma base jurídica comum, que nos permita falar de um "direito europeu"?

SG: Isso é um processo. Eu diria que em várias matérias, sobretudo contratos e sociedades, talvez um pouco na área do trabalho também e de processo civil. Já temos tantas diretivas e regulamentos que podemos dizer que temos princípios e um sistema nesse conjunto de regras, embora seja um sistema fragmentado. Isso se revela através das publicações, como a que coordenei em 1999. Temos, sem dúvida, uns cinquenta livros que abordam questões de sistema no direito privado europeu. Mas, ao mesmo tempo, o Quadro Comum de Referência, que citei como um possível modelo para o Código Europeu, provém de duas fontes. Uma dessas fontes é a sistematização do que já temos como harmonização no direito europeu. Então, eu diria que se compararmos com o que tínhamos há dez, vinte anos, claramente temos hoje muito mais sistema, muito mais direito comum. Mas se compararmos com um verdadeiro Código Europeu, e, como vocês sabem, eu diria um Código Europeu dos Contratos, não temos ainda um quadro completamente sistemático, não temos ainda uma base verdadeiramente comum, porque ela está bastante fragmentada. Então, ainda há passos a serem dados, mas já chegamos a um certo ponto avançado neste caminho.

RTDC: O senhor tem muitos escritos sobre sistema no direito privado europeu. Pode-se falar em sistema no direito privado europeu?

SG: Já respondi a isso em parte, mas digamos que, em 1999, a ideia quase unânime era a de que harmonização queria dizer somente "harmonizar um pouco aqui, um pouco ali", mas de modo completamente fragmentado e assistemático. Depois de 1999, e desta série de palestras coordenadas no livro *Criação de sistema e lacunas no sistema*, bem como da tese de habilitação sobre *Sistema no Direito Europeu dos Contratos*, de Karl Riesenhuber, que foi meu orientando, o sistema no direito privado europeu mostra-se mais evidente. Eu diria que se podem distinguir princípios bem detalhados nas matérias de contratos, sociedade e trabalho.

RTDC: O senhor também já escreveu sobre a arquitetura do Código Civil Europeu, com especial destaque para o direito contratual e o societário. A qual resultado o senhor chegou? É viável e realística a elaboração de um Código Civil Europeu? O que fala a favor e contra a codificação? O Brasil promulgou recentemente um novo Código Civil, e a Alemanha reformou o BGB. Estamos vivendo um momento de recodificação?

SG: Estamos vivendo, sim. Disso tenho certeza. Mas no nível nacional a coisa funciona diferentemente do nível europeu. O modelo nacional tem de apresentar regras para tudo. Então, é muito normal que uma codificação do direito privado queira criar uma codificação para todo o direito privado. Isto não é o caso do direito europeu, porque no direito europeu ainda temos como matéria subsidiária os direitos nacionais que podem suplementar o direito europeu, onde existem lacunas. Então, se para o direito europeu a pergunta é: "Precisamos verdadeiramente de um instrumento comum para toda a comunidade europeia?", a segunda pergunta deve ser: "Somos capazes de criar tal instrumento?". Se tomarmos estas duas perguntas e falarmos seriamente sobre o assunto, estou certo de que a melhor coisa a fazer seria criar só um Código Europeu dos Contratos. Porque os contratos são uma matéria na qual as pessoas agem considerando as leis, tomando-se o direito em consideração. Isso não é o caso de muitas outras matérias, e muitas outras matérias são mais locais. Os contratos são possivelmente internacionais. E mesmo assim é difícil codificar em nível europeu todo o direito dos contratos. E se isso já é difícil, melhor então tentar fazer isso bem e não pôr tudo lá dentro, pois assim não chegaremos a criar um novo direito contratual. Essa minha postura pode sugerir a ideia de que sou cético, mas é completamente o contrário. Eu sou muito otimista em relação a um Código Europeu, mas com limites justos. E por quê? Porque, para criar uma comunidade europeia também em pensamento, é muito importante termos esse ponto de referência para todos. E se há um código, há ainda as leis nacionais. Todos falam das mesmas coisas, dos mesmos problemas. Por isso tudo eu acho ainda que o Código Europeu deve ser opcional, quer dizer, as partes podem optar se verdadeiramente querem aplicá-lo. Isso apresentaria a grande vantagem de ajudar os legisladores nacionais a aceitar esse código, porque a França não vai abandonar o *Code Civil*, a Inglaterra não vai abandonar o *Common Law*. Mas todos podem aceitar, talvez, um bom Código Europeu dos Contratos sobre uma base opcional. E depois decidimos qual é o sucesso do projeto. Mas será, de todas as formas, uma codificação que dará o modelo. Se a codificação for boa, também dará peso e representatividade à Europa, mais peso e representatividade do que dão isoladamente o direito alemão, o italiano ou o grego.

RTDC: Quais as mais importantes inovações discutidas no processo de elaboração do Código Europeu?

SG: Há inovações metodológicas e de conteúdo. A inovação metodológica mais importante talvez seja a de criar um código opcional. Temos já um exemplo de código opcional no direito dos contratos, que é a Convenção de Viena sobre a Compra e Venda, mas esta convenção só se aplica em casos internacionais. Agora, se criarmos um Código Europeu dos Contratos com chances de sucesso, sem dúvida que a condição de ele ser um instrumento opcional seria insuficiente. Teria de ser um código opcional que pudesse ser escolhido também por partes em casos puramente domésticos. E este código teria que abarcar não só os contratos comerciais, mas também os contratos com consumidores e toda a regulamentação da proteção das diferentes partes "fracas" e dos terceiros.

Enfim, todo um conjunto de direito dos contratos. Se esse código for aplicável também no direito interno, possuindo uma variedade de regras muito maior, a modelagem de como serão as opções se tornará muito mais difícil. Não se pode dizer somente que as partes podem optar, pura e simplesmente, por aplicar o Código Europeu. Muitas vezes é o contrário: as partes têm de escolher e optar dentro deste código. Pode ser também que partes do Código tenham que ser aplicadas imperativamente. Então, todo esse dilema acerca de quando se aplica o Código e quando as partes podem optar deferentemente é um desafio novo, cuja solução ainda não encontramos. Agora, quanto ao conteúdo, há evidentemente muitas invenções ou desenvolvimentos novos. E cada um vai dizer: "isso é mais importante" ou "aquilo é mais importante". No Quadro Comum de Referência, eu diria que as regras de informação são muito importantes, porque também são importantes na harmonização que já temos. Mas ao mesmo tempo eu diria que muitas inovações e muitas discussões modernas estão ausentes do Quadro Comum, no "projeto" de Código Civil Europeu, tal como está agora. Teriam que ser integrados ainda os contratos de longo prazo, as redes de contratos, a relação entre autonomia privada e regulamentação, ordens de regulamentação etc. Esses são exemplos que no Quadro Comum não têm um papel muito importante, mas são inovações que devem ser feitas agora para o direito dos contratos moderno.

RTDC: Até que ponto o direito europeu tem sido influenciado pelo direito privado alemão?

SG: A resposta é mais ou menos aquela que dei quando falamos de *Common Law* e *Civil Law*. Também o direito alemão, quando convincente, tem um papel relevante. O alemão é somente a terceira língua, depois do inglês e do francês. Então, o pensamento alemão, em língua alemã, não tem um papel tão importante por causa da língua. Mas, ao mesmo tempo, a Alemanha, sendo um país com grande poder econômico, tem uma influência importante, sim. Mas repito: o direito alemão tem esta influência só quando é também convincente quanto ao conteúdo.

RTDC: O direito alemão tem sido fortemente influenciado pelas diretrizes europeias, principalmente na área do direito do consumidor. Em quais outras áreas isso também ocorre?

SG: Eu diria que no direito do consumidor a Alemanha já tinha antes muitas das regras das atuais diretivas. A Alemanha exerceu muita influência sobre a harmonização europeia nessa matéria e não vice-versa. Eu diria que há outras matérias nas quais as diretivas europeias influenciaram muito a Alemanha. A matéria mais importante talvez seja o direito dos mercados de capitais. Nós não tínhamos antes um direito dos mercados de capitais desenvolvido. Tudo isso é europeu, e agora também alemão. Também no direito do trabalho há várias coisas que vieram da Europa. O direito do consumidor, no entanto, talvez não seja o melhor exemplo de uma matéria onde a Alemanha recebeu mais da Europa do que deu. Aqui, ela influenciou bem mais o direito europeu.

RTDC: Até que ponto a jurisprudência alemã tem se deixado influenciar pelas decisões do Tribunal Europeu? O método da interpretação conforme as diretivas tem sido realmente aplicado pelo Judiciário alemão?

SG: A interpretação conforme as diretivas é uma interpretação que busca conformar o direito nacional à interpretação que a Corte Europeia dá à diretiva. Muitos dos acórdãos da Corte Europeia, que estabeleceram esse instituto da interpretação em conformidade com a diretiva, são baseados em casos alemães, e muitos tribunais alemães fizeram a referência à Corte Europeia. Nem sempre, portanto, é a Corte Suprema, o BGH, que decide, mas também essa Corte frequentemente faz referência à Corte Europeia, cada vez mais, principalmente na matéria dos contratos. Têm muitos casos importantes nos quais o BGH faz referência e depois, quando obtém a resposta da Corte Europeia, o BGH também a segue.

RTDC: O método de trabalho das cortes alemãs influenciou muito o Tribunal Europeu?

SG: A Corte Europeia, digamos, adota um estilo que muitas vezes se caracteriza por estar baseado na jurisprudência francesa. O que quer dizer: tem um estilo que não explica muito, que decreta mais, mas os argumentos são expostos de modo bastante breve. Normalmente, em um acórdão, a fundamentação tem de três a cinco páginas. O último acórdão da Corte Constitucional alemã sobre o Tratado de Lisboa tinha 150 páginas, mais ou menos. É uma exceção, mas digamos que normalmente os acórdãos dos tribunais superiores alemães apresentam umas 20, 25, 30, às vezes até 50 ou 100 páginas. Então, eles explicam muito mais. Por outro lado, a Corte Europeia tem os pareceres dos advogados gerais, o *advocate general*, os quais são muito mais extensos, e a Corte quase sempre segue esses pareceres. E aí o estilo fica muito mais parecido com o de um acórdão alemão, com muito mais citações e discussões sobre as diferentes opiniões doutrinárias, inclusive em diferentes Estados. Se considerarmos tudo isso, levando em conta também que em cerca de 90% dos casos a Corte segue o parecer dos advogados gerais, a resposta é sim. No conjunto, sim. Não é tão diferente o modo de fundamentar um acórdão no nível europeu e no nível alemão.

RTDC: O senhor ressalta sempre a importância de as cláusulas gerais serem mais bem utilizadas no processo de interpretação e aplicação do direito. A jurisprudência, contudo, realizou uma profunda transformação no direito das obrigações alemão, através do chamado aperfeiçoamento judicial do direito, utilizando-se principalmente da cláusula geral da boa-fé objetiva. Quais os riscos existentes na aplicação desse mecanismo? Em sua opinião, quais são os limites da criação judicial do direito? Isso é de fato uma questão de separação de poderes, como defende o filósofo alemão Bernd Rüthers?

SG: A cláusula geral tem um papel muito mais importante no direito alemão do que no dos outros países da comunidade europeia. Isso se deve ao fato de que a Alemanha sofreu muito com a crise econômica de 1929. Esse foi o momento do nascimento da cláusula geral, sobretudo do §242, a boa-fé. Os tribunais usaram muito esse conceito para remediar as consequências mais duras daquela crise. Já nos anos 30, um professor alemão falou a respeito da "fuga para as cláusulas gerais". Isto já era uma crítica, que tem vários aspectos. Um aspecto é o colocado pelo Professor Justus Hedemann, que disse: "Isto não é dogmática adequada, é mais uma crítica de como deve agir um bom jurista". A crítica do Bernd Rüthers é outra. Ele diz que as cláusulas gerais ajudaram a interpretar a lei durante o período do nacional-socialismo, de modo que, sem alterar a lei, se podia aplicar a filosofia dos nacional-socialistas também no direito positivo. E para ele, um grande pensador do direito alemão, o Karl Larenz, é o exemplo mais horrível, porque o Karl Larenz nessa época teve muito a ver com o regime...

A questão é um pouco mais sutil, mas há claramente este problema com o Karl Larenz. Hoje, o que criticamos sobretudo é a questão da repartição ou da legitimidade entre diferentes poderes. Legislar somente com cláusulas gerais significa não decidir os pormenores, e muitas vezes nem as linhas gerais de uma solução, dando esta incumbência ao juiz. Mas há países onde os juízes também tomam decisões amplas e não se diz que esses países sejam menos democráticos. O Reino Unido certamente não é pouco democrático na sua história. Mas a cláusula geral evidentemente produz o efeito de o juiz ter que decidir mais, e o legislador, menos. No nível europeu, eu diria que, como não temos uma comunhão de ideias assim tão coerente como no direito nacional, a cláusula geral é mais problemática, porque o juiz ou a Corte Europeia não têm esta comunhão de ideias e opiniões comuns, como têm, digamos, o *House of Lords* e a *Court de Cassation*, em Paris. Então, em nível europeu, o recurso à cláusula geral instaura um problema de segurança jurídica.

RTDC: No Brasil, discute-se intensamente sobre a boa-fé objetiva, que teve relevante papel na Alemanha no processo de aperfeiçoamento jurisprudencial do direito, por meio do qual a jurisprudência criou importantes institutos jurídicos, como a quebra da base do negócio, a responsabilidade pré-contratual, a categoria dos deveres laterais de conduta e da relação obrigacional sem dever da prestação, surgida com um simples contato negocial. Todas essas figuras encontram-se agora positivadas expressamente no BGB. Como o senhor vê a aplicação da boa-fé objetiva em outras áreas do direito privado, como exemplo, no direito das coisas ou no direito de família? A eficácia da boa-fé se processa de forma diferente nessas áreas?

SG: Na Alemanha, a distinção entre boa-fé objetiva e boa-fé subjetiva é primordial. A boa-fé objetiva não requer qualquer elemento subjetivo. Então, só o fato de pôr em perigo a outra parte ou terceiro já justifica a aplicação da boa-fé objetiva. A boa-fé objetiva foi aplicada tipicamente no direito alemão em transações de massa, transações que se processam em grandes números no mercado. Mas há casos muito excepcionais. Por exemplo, a boa-fé objetiva foi a base do início do controle das cláusulas gerais abusivas. Agora, em relação ao direito das coisas, há um exemplo onde a boa-fé objetiva teve um papel importante: o direito das garantias, a ordem entre as diferentes garantias, sejam reais ou pessoais. Neste caso, a boa-fé serviu de base para limitar o direito dos credores de se reservarem garantias demais, criando assim riscos para outros credores e limitando a liberdade do devedor. Ali tínhamos uma ordem objetiva do mercado, criada pela aplicação da boa-fé objetiva. No direito de família, eu diria que normalmente se aplica a boa-fé subjetiva. O direito das famílias é sempre composto de casos individuais e não de massa, e aqui o aspecto subjetivo é muito mais importante.

RTDC: O magistrado brasileiro vem abandonando paulatinamente o método interpretativo positivista, fundado sobretudo no pensamento kelseniano, em busca de uma interpretação sistêmica, calcada principalmente no diálogo entre o Código Civil e a Constituição, em cujo processo as cláusulas gerais adquirem grande relevância. Qual a importância, atualmente, do pensamento de Hans Kelsen para a teoria jurídica alemã e europeia?

SG: Hans Kelsen é ainda bem conhecido na Alemanha, sem dúvida. Na Áustria, ainda mais, mas não na Europa toda. Talvez na Itália, sim, mas os ingleses não o conhecem e os franceses pouco citam Kelsen. Para o direito europeu, a ideia de que tudo emana de uma norma de base e que existe um sistema de normas, de regras, é muito minoritária. Normalmente se diz que temos pelo menos dois sistemas. Sim, o direito europeu é superior ao direito nacional, mas ao mesmo tempo o sistema nacional convive a seu lado e isso se demonstra no modo como as cortes constitucionais julgam os casos, como o Tratado de Lisboa ou Tratado de Maastricht. Eles dizem que o tratado tem de respeitar também os limites constitucionais do nível nacional. Há, portanto, dois sistemas, um ao lado do outro. Temos ligações entre os dois sistemas, mas já não é a ideia de uma regra que seja a base de tudo e o resto que se adapte a esta norma ou regra fundamental. Entre a Constituição e o direito privado, a relação também não é assim. Nós falamos sobretudo de eficácia indireta da Constituição no direito privado e neste caso também a Constituição não pode ser considerada regra de base, que tudo decide. Também o direito privado tem a sua lógica à parte, influenciada pela Constituição, mas não tão diretamente, como descreve Hans Kelsen.

RTDC: Uma das suas principais áreas de pesquisa é a relação entre economia e direito. Qual a sua opinião sobre a chamada análise econômica do direito? Como essa teoria tem sido recepcionada na Alemanha e na Europa?

SG: Esta teoria é evidentemente menos importante na Alemanha e menos ainda em outros países da Europa do que nos Estados Unidos. Nos Estados Unidos, eu diria que um bom artigo para uma revista de qualidade não pode ser feito sem uma análise econômica. Esse método tem hegemonia, ao menos em certas matérias. Isso não é evidentemente o caso na Alemanha e menos ainda em outros países. Talvez o Reino Unido dê também uma grande importância à análise econômica. O que eu pessoalmente acho interessante na análise econômica é conhecermos modelos de valorização de regras, modelos coerentes e com uma grande teoria. Ao mesmo tempo, esta teoria é abstrata demais. Os modelos têm de fazer presunções que não são a realidade. E, por isso, eu diria que a análise econômica é interessante como inspiração para a valoração do jurista, que tem de conhecer quais são esses modelos, mas, ao mesmo tempo, a análise econômica não obriga o jurista a seguir esses resultados. Ele tem que levar isso em consideração, mas tem que ter sua opinião baseada na vida como verdadeiramente é e não em presunções que talvez restrinjam a verdade ou a realidade.

RTDC: Em sua opinião, qual o impacto da atual crise econômica na execução dos contratos? Como o direito privado pode se proteger dos efeitos catastróficos das crises econômicas?

SG: Isso é uma palestra toda, de duas horas pelo menos... Em resumo, eu diria que a crise mostrou que nós temos que discutir o direito dos contratos e o direito das sociedades mais conjuntamente. Os contratualistas têm de saber o que a ciência do direito societário discute, porque muitas ideias desta matéria entram também no direito dos contratos. Mas em ambas as matérias, que são as matérias em que a crise econômica teve a sua raiz, o que esta crise demonstra é que a discussão tem que ser internacional; tem que ser interdisciplinar; tem que falar do modo como se criam as regras e tem que levar em consideração os efeitos dos contratos, bem como das sociedades sobre terceiros. O modo como se cria uma regra pode ser, por exemplo, através de entidades privadas, como as empresas de *rating*. Em entidades privadas, os conflitos de interesse são diferentes, são maiores tipicamente, e isso se revela muito bem no caso das empresas de *rating*, que fizeram essas regras, mas, ao mesmo tempo, eram também consultoras dos contratos ou dos títulos e que depois os avaliaram. Um claro conflito de interesses. E assim temos que ver quem faz qual regra, se isso pode ser ou não pode ser etc. Então, a crise econômica, num certo sentido, demonstra que a ciência jurídica, nas matérias afetadas, tem que se tornar ainda mais aberta.

RTDC: No Brasil, começa-se a questionar a efetiva utilidade de se adotar a teoria da violação positiva do contrato como terceira espécie de inadimplemento, ao lado da mora e do inadimplemento absoluto, uma vez que estas figuras, associadas a uma releitura funcional do conceito de adimplemento, já abarcariam as hipóteses que se pretende disciplinar por meio da referida teoria, inclusive a violação de deveres laterais. A violação de deveres laterais, no curso da relação contratual, está submetida à mesma disciplina, por exemplo, quanto à possibilidade de execução específica e prescrição, do que a violação do dever de prestação?

SG: O núcleo dessa pergunta é se o sistema "individual", de diferentes tipos de violação, seria preferível ao sistema de se ter uma regra geral para a violação do contrato. Eu claramente sou a favor da nova regra. Aliás, organizei com um dos grandes juristas alemães, Dieter Medicus, a primeira conferência sobre a reforma, a única que foi positiva, pois as outras conferências depois foram muito, muito críticas. Mas esse é na verdade o modelo da diretiva sobre compra e venda, e a Lei de Reforma do Direito das Obrigações de 2002 teve de transpor esta diretiva para o direito nacional. Mas esse modelo, ao fim das contas, já tinha sido adotado na Convenção de Viena sobre Compra e Venda. Então, a Convenção de Viena criou este tipo, uma direção, uma regra para a relação, só pequenos pormenores em que ainda temos um tratamento diferente. Depois a diretiva reproduziu este modelo, e o direito alemão agora o adota como um modelo geral, não só para a venda, mas para contratos em geral. E isso é o único passo em que o direito alemão vai além da diretiva, porque aplica este modelo a todos os contratos. Agora, por que este modelo é melhor? Era absurdo ter uma prescrição de seis meses a trinta anos. E isso dependendo de a questão ser só mora ou defeito. Normalmente o cliente, o comprador, se pergunta: "recebi o que contratei ou não recebi?". E o interesse é tão coerente e uniforme, que eu diria que, em linha de princípio, é bom ter uma regra, uma sanção bastante uniforme à violação desta expectativa.

RTDC: Gostaríamos de lhe pedir uma mensagem para as novas gerações de juristas brasileiros, em termos do direito do porvir, do futuro.

SG: A mensagem é que vivemos num tempo extremamente interessante, porque as ideias no mundo inteiro circulam cada vez mais facilmente. É fácil para as pessoas, mas também para as ideias influenciarem ou serem formadas em outros países e com outros estilos. Isso, a meu ver, é muito importante para o direito, porque o que vejo no último século, com os grandes códigos, é que o jurista se limitava demais só à interpretação do seu código. E isso é uma coisa não completamente técnica, mas acaba por excluir muitos aspectos. O papel do jurista na sociedade tem de ser mais amplo. Tem de considerar as soluções de outros países, mas também teorias de outras ciências. E com a internacionalização e o crescimento da importância também da harmonização, por exemplo, na Europa, aumentam demais as chances de uma ciência jurídica que contenha estes outros ingredientes, outros aspectos. Portanto, a chance de alcançarmos essa ciência jurídica é muito maior hoje. É este o papel do jurista no nosso mundo: fazer com que este tempo de hoje constitua um passo realmente interessante.

ENTREVISTA COM ÁLVARO VILLAÇA AZEVEDO[1]

RTDC: Quais são suas lembranças sobre seus estudos universitários? Quais as diferenças entre as faculdades daquela época e as de hoje, e quais foram os mestres que mais o influenciaram?

AVA: Meus estudos universitários, iniciei-os na Faculdade de Direito da Universidade Presbiteriana Mackenzie, onde me formei em 1960, em sua segunda turma. Sempre fui muito estudioso e gastava muito tempo em estudos e pesquisas nas Bibliotecas, principalmente da Faculdade de Direito do Mackenzie e da Universidade de São Paulo. Eu, no primeiro ano, calouro ainda de cabeça raspada, dava aulas de latim e de português no Cursinho Pré-Jurídico João Mendes Júnior, preparatório para os vestibulares de Direito, por mim criado. Eu dava essas aulas nas dependências da Faculdade, com autorização do então Diretor, Professor Jorge Americano, que foi o primeiro da Faculdade de Direito Mackenzie, cursinho esse direcionado principalmente aos vestibulares dessa Faculdade. No Mackenzie, os professores, à época em que a cursei, eram quase os mesmos que os das Arcadas, porque a Faculdade Mackenzie foi fundada por um grupo de professores da USP. Os professores do Mackenzie eram muito rigorosos, sendo necessária muita pesquisa para o acompanhamento do Curso. Eu fazia parte do Departamento de Publicações do Centro Acadêmico e auxiliava na obtenção do material de aulas junto aos professores, para a publicação das apostilas. Fazia a revisão dos textos de grandes professores que acabaram editando seus cursos, como foi o caso do Professor Silvio Rodrigues, então somente professor do Mackenzie; como também do Professor Edgard Magalhães Noronha, do Professor Filomeno Joaquim da Costa, do Professor Teófilo Cavalcanti, do Professor Manoel Augusto Vieira Neto, do Professor João de Deus Cardoso de Mello, do Professor Miguel Reale e do Professor Jorge Americano.

Nesse ambiente universitário, realizei meus primeiros estudos, também frequentando como ouvinte algumas aulas no Largo de São Francisco. A época em que realizei meus estudos acadêmicos, as três Faculdades de Direito muito boas e respeitadas eram a São Francisco, a Mackenzie e a PUC, havendo entre elas muito intercâmbio cultural, artístico e esportivo, com o desempenho de uma rivalidade sadia, às vezes uma,

[1] Entrevista concedida à *Revista Trimestral de Direito Civil – RTDC*, v. 42, abr./jun. 2010.

outras vezes outra ocupando o primeiro lugar na avaliação. Hoje, há outras faculdades, permanecendo intocáveis a São Francisco, a Mackenzie e a PUC. Desponta, atualmente entre as faculdades, a da Fundação Armando Alvares Penteado – FAAP, a qual tenho a honra de dirigir desde sua criação, há dez anos, ostentando sempre qualidade de excelência. Por outro lado, entre os professores citados, o que mais me influenciou foi Manoel Augusto Vieira Neto, o Vieirinha, que incentivou minha carreira docente, convidando-me para ser seu assistente na Cadeira de Direito Civil na Faculdade de Direito Presbiteriana Mackenzie, em que exerci o cargo de Diretor. Fui, assim, o primeiro diretor antigo aluno dessa Faculdade, pelo lustro de quatro anos, de 1989 a 1992.

Depois de formado continuei estudando e pesquisando no Curso de Pós-Graduação da Faculdade de Direito do Largo de São Francisco (FD – USP), por aproximadamente cinco anos, defendendo quatro teses de especialização e a de doutorado em 1972, com o tema Bem de Família.

RTDC: A literatura, a poesia e as artes em geral contribuíram para a sua formação? O que recomendaria, nesse sentido, para as novas gerações?

AVA: Eu sempre fui muito ligado à literatura, à poesia e às artes em geral, especialmente à música. Além de me interessar pela literatura, destacando entre meus autores prediletos Machado de Assis, escrevi alguns fascículos de poesia, a partir dos dezesseis anos, escritos principalmente entre 12.6.1953 e 17.11.1973, à flor da juventude rebelde, traçando nessas folhas, sob métrica parnasiana, cânticos de dores e de amores, com realidade e imaginação, que fazem o espírito do poeta vagar entre o céu e a terra, com a verdade sublimada, no equilíbrio da linha do horizonte, onde o azul celeste se confunde com o azul do mar. Essa obra poética é marcada pela exaltação à natureza, pelos temores da vida, à sombra da morte, que me levaram à morada do amor e dos sonhos, em busca dos ideais de perfeição. A métrica e a rima fluem nos versos, naturalmente, com a música que talhou em meu espírito o sentimento dos compassos e dos ritmos, que são parte da minha vida.

Em certo momento de minha vida, sofri um pouco a influência do modernismo, tentando soltar-me da métrica e das rimas, mas sempre preso a esses antigos pendores naturais, em que os sons melhor se amoldavam nas medidas que vestem o sentimento, que faz vibrar o estro e cantar a lira. Assim, o moderno não me fez bem, o que me fez voltar ao parnasianismo. Outros versos se fizeram, além desses dez anos de produção, e se perderam e não foram encontrados na poeira do tempo; todavia, a minha alma de poeta vibra forte e me ensinou a viver os sonhos, pois neles encontra-se a luz do absoluto e do eterno, que resvala e ilumina a relatividade das coisas deste mundo. Esse livro foi editado em 1996 e está sendo reeditado, atualmente, pela Editora Atlas, de São Paulo.

Quanto às artes em geral, sempre vivi em meio delas a apreciar quadros e esculturas, no Brasil e no exterior, nas cidades e nos museus. Casei-me com Evelina, que se tornou uma artista plástica, que tem emprestado obras que figuram nas capas dos meus livros de Direito e no de Poesias. Por outro lado, a música acompanhou-me, durante toda a vida, até o presente, sendo apreciador do *jazz* e do samba, tendo sempre tocado bateria em vários conjuntos musicais, desde o tempo de estudante. Às novas gerações eu recomendo muita leitura, de boas obras, inclusive de poesia, preenchendo os momentos difíceis da existência com um pouco de sonho e de pesquisa.

RTDC: Qual deve ser o papel da universidade? Uma formação mais generalista ou mais especializante?

AVA: O papel das universidades e das entidades de ensino jurídico é importantíssimo na formação do ser humano, com uma visão humanística do mundo, sensível à experiência do passado e às novas mudanças do progresso. O papel das entidades de ensino jurídico é o da formação de humanistas, que compreendam os problemas sociais, para tentarem resolvê-los, aplicando o Direito na solução dos casos concretos. Assim, devem essas entidades de ensino jurídico apresentar, pelo menos durante seus três ou quatro anos iniciais, um estudo que possibilite uma formação geral, para evitar o surgimento de improvisadores, que aplicam o Direito de forma alternativa e sem comprometimento com a Ciência Jurídica, com a melhor pesquisa e com a realidade, em um clima de segurança jurídica. Sim, porque os Códigos devem ser repositórios desses princípios que comandam o comportamento humano, de respeito à pessoa, aos animais e ao meio ambiente.

A tendência é a de que se cuide nos Códigos de matéria principiológica e nos Estatutos de matérias específicas, técnicas e com mutações que acompanhem o ritmo dos acontecimentos, com aspectos de modernidade. Os princípios, portanto, devem ser antigos, com a segurança de que serviram a várias gerações, como é o caso do princípio, *res perit domino*, que encontra fundamento no Código de Hamurabi e que é o cerne do Direito Obrigacional. No final do Curso de Direito, devem ser ministradas matérias optativas, de especialização. Assim, entendo que, sem um bom suporte teórico e prático das matérias fundamentais, não haverá condição de formar-se um bom especialista.

RTDC: Qual é a importância do ensino do Direito Romano na Faculdade de Direito?

AVA: O Direito Romano privado, que objetiva as relações das pessoas, vivendo em sociedade, impôs-se aos sistemas jurídicos dos povos, principalmente por seu conteúdo ético, lógico e prático, na solução dos problemas cotidianos. A essência lógica do sistema romano passou a integrar as normas das nações, a ponto de criar-se, em algumas delas, um sistema próprio, de feição romanística. Podemos dizer, desse modo, que os países da América Latina podem enquadrar-se nesse sistema romanístico, que se destaca, ao lado dos sistemas orientais e do da *Common Law*. Mesmo no sistema da *Common Law*, presente na Grã-Bretanha e nos Estados Unidos da América do Norte, em que a conduta se rege por um conjunto de normas consuetudinárias, que se vão tornando obrigatórias pelas decisões dos tribunais, não foge ele à influência romana, em face dos costumes que foram assimilados por essas civilizações anglo-americanas.

Todavia, é preciso resistir à improvisação das decisões judiciais desapegadas do sistema romano escrito, porque acarretam a indecisão e a insegurança sociais, em verdadeiro desequilíbrio dos princípios axiológicos jurídicos. Com a tendência natural dos países latino-americanos de solidificarem seus sistemas legislativos, com fundamento no Direito Romano, cresceu de vulto e de importância a necessidade de que seja esse Direito ensinado em suas Faculdades de Direito, ao lado das disciplinas fundamentais da Ciência Jurídica. É possível falar-se, ao seu turno, em sistema jurídico latino-americano, pois ele se forma sob base segura do Direito Romano, que está presente nos projetos de codificação do Direito Civil na América Latina. O mesmo acontece nos países europeus de tradição romanística. Sem dúvida alguma, podemos dizer que, no Brasil, sobressaem, nesse trabalho de pré-legislação, os juristas Augusto Teixeira de Freitas e Clóvis Beviláqua. Citem-se, no mesmo sentido, as contribuições de Andrés Bello, no Chile, e de Damácio Vélez Sarsfield, na Argentina.

Entretanto, o sistema jurídico latino-americano não é homogêneo, pois o Direito Romano, que a ele se incorporou, passou, antes disso, por vários países, sofrendo variadas influências. Acrescente-se que, no Brasil, nosso trabalho de codificação civil, desenvolvido, inicialmente, por Augusto Teixeira de Freitas e, depois, principalmente, por Coelho Rodrigues e por Clóvis Bevilaqua, está gravado do mais puro Direito Romano, que tende a manter-se como base do Direito Privado brasileiro. Sim, porque os projetos do Código Civil brasileiro têm seguido, quase que integralmente, essa mesma orientação. Assim, aconteceu com o Projeto de 1965, fundado no Anteprojeto apresentado por Orlando Gomes, e com o Anteprojeto de 1972, que se converteu no Projeto de Lei nº 634 em 1975, nº 634-B, depois de aprovada sua redação pela Câmara dos Deputados, em 1984, ingressando no Senado da República sob nº 118, onde recebeu redação final em 1997, resultando, a final, no Código Civil de 2002. A Comissão elaboradora e revisora desse último Anteprojeto de 1972 foi composta por professores com sólida formação romanística, destacando-se dois romanistas, seus integrantes, José Carlos Moreira Alves e Ebert Vianna Chamoun. Nossos manuais de Direito Privado mencionam, a cada passo, fundamentação no Direito Romano, para melhor entendimento do Direito Atual. Diante do panorama brasileiro, até este ponto traçado, não tenho dúvidas de que a tendência é a de permanecer o sistema romanístico em nossa legislação, sendo, entretanto, necessário fortalecer o ensino do Direito Romano. Por todas essas razões e pelas fortes tradições de seus países, não podem os romanistas europeus e, principalmente, os da América Latina deixar de lutar pela manutenção do Direito Romano, como disciplina obrigatória em seus currículos jurídicos. Com isso, estará assegurada a qualidade do ensino do Direito.

RTDC: Qual o seu método de trabalho? Quando e como o senhor escreve, se é disciplinado, se tem um sistema próprio? E de todas as suas obras, qual considera a mais importante?

AVA: Desenvolvo meu trabalho na Advocacia, há mais de cinquenta anos, procurando produzir minhas petições e meus arrazoados no período noturno e em parte da madrugada; de vinte anos para cá, em meu escritório residencial, tendo em minha casa, aproximadamente, dez mil livros. Nesse escritório tenho, no período da tarde, atendido clientes, no âmbito da consultoria e da orientação em negócios e nos processos. O grande número de meus clientes é de advogados, que buscam essa orientação ou a minha participação em casos de seus clientes elaborando peças escritas em contratos, acordos ou nos respectivos processos. Nesses casos, geralmente, figuro com meu escritório, advogando com o escritório do advogado consulente. Isso vem acontecendo, há mais ou menos, vinte anos.

Esse método de elaboração da parte escrita favorece-me nesse meu trabalho, no escritório de minha casa, onde tenho minha Biblioteca, possibilitando-me o exercício da advocacia, a realização de pareceres e consultorias, também a empresas, sobrando tempo para a elaboração de meus livros e artigos, bem como para a preparação de temas e pesquisas sobre minhas palestras e conferências no Brasil e no exterior. Em certas épocas chego a realizar, em São Paulo e em outras cidades brasileiras, três palestras, em média, por semana.

Há dez anos desenvolvo, também, meu trabalho acadêmico na Faculdade de Direito da Fundação Armando Alvares Penteado (Faculdade de Direito da FAAP), continuando minha atuação como professor titular aposentado da Faculdade de Direito da Universidade de São Paulo (Faculdade de Direito – USP), há pouco mais de dois anos, lecionando no Curso de Pós-Graduação e participando de bancas de concursos, orientando, ainda, mestrandos e doutorandos.

Quanto à disciplina no trabalho, ela é indispensável, principalmente agora em que tenho atualizado livros em suas novas edições como, recentemente, o *Dever de Coabitação – Inadimplemento*, a *Teoria Geral das Obrigações e Responsabilidade Civil*, a *Teoria Geral dos Contratos Típicos e Atípicos e o Bem de Família* (6ª ed.) e o livro de poesias *Travessia*. Estou empenhado, ainda, presentemente, na elaboração da Parte Geral do Código Civil, seguindo na complementação do meu Curso de Direito Civil. Entre meus vinte e dois livros produzidos, reputo a *Teoria Geral das Obrigações e Responsabilidade Civil* o mais importante (já em 11ª ed.).

RTDC: A sua tese de doutorado teve como tema o bem de família, instituto que sofreu diversas transformações desde então (1972). Como o senhor recebeu o verbete nº 364 da súmula do Superior Tribunal de Justiça, que estendeu o benefício do bem de família às pessoas solteiras, separadas e viúvas?

AVA: Ao defender minha tese de doutoramento, na Faculdade de Direito da Universidade de São Paulo, com a monografia *Bem de Família*, em 18.10.1972, tive como objetivo a completa reestruturação desse instituto jurídico, oferecendo na oportunidade um esboço de anteprojeto de lei (conforme *Bem de Família*, Ed. Revista dos Tribunais, 5ª ed., 2002, p. 233 a 237 – com trinta e dois artigos).

A Lei nº 8.009, de 29.3.1990, dispondo sobre a impenhorabilidade do imóvel residencial e de bens móveis, em algumas circunstâncias, acabou por acolher, em parte, minha proposta doutrinária de criação de um bem de família legal, por imposição do próprio Estado com normas de ordem pública, e não pelo particular como pautado no Código Civil, que cuida do bem de família voluntário. Embora incompleta, essa Lei nº 8.009/1990 surgiu em boa hora, na salvaguarda da família brasileira. Com a minha ideia global de que o bem de família móvel ou imóvel, capaz de garantir a sobrevivência da família de direito e de fato, não fica adstrito somente ao bem imóvel residência, pois nem toda família possui bem imóvel ou móveis capazes de sua proteção, como os que guarnecem sua residência. Eu sempre entendi que o bem de família legal móvel deve ser um somatório de bens, retirado no momento da execução patrimonial do devedor, capaz de mantê-lo e sua família. Por outro lado, o verbete nº 364 da súmula do Superior Tribunal de Justiça foi por mim muito bem recebido, quando estendeu o benefício do bem de família às pessoas solteiras, separadas ou viúvas.

Embora tenha ocorrido decisão do Superior Tribunal de Justiça (Min. Rel. Sálvio de Figueiredo, 4ª Turma, por maioria de votos, em 29.8.1995), não favorecendo o devedor solteiro, que reside solitariamente, entendi diferentemente desse posicionamento, pois eles não podem ser alijados da proteção da lei. Cada pessoa, ainda que vivendo sozinha, deve ser considerada família, em sentido mais estrito. Assim manifestei-me no meu livro *Bem de Família* (cit., 5ª ed., de 2002, p. 173 e 174), citando outros julgados do Superior Tribunal de Justiça, principalmente o que entendeu que o sentido social da norma protege a pessoa solteira, casada, viúva, desquitada (separada), ou divorciada (Min. Rel. Luiz Vicente Cernicchiaro, 6ª Turma, v.u., em 19.8.1999), inclusive o celibatário.

RTDC: Em sua opinião, as entidades familiares previstas na Constituição brasileira constituem *numerus clausus*?

AVA: Ressalte-se, primeiramente, que a Constituição de 1967, emendada em 1969, por seu art. 175, consignava que a família era constituída pelo casamento, tendo direito à proteção dos Poderes Públicos. Esse texto não podia continuar a existir, pois a proteção à família (instituição) era reconhecida ante o instituto (contrato) de casamento, como sendo o único a legitimá-la. Ante esse absurdo, propus ao Relator da Constituinte de 1988, então Senador Bernardo Cabral, que fosse reformulado esse texto, sugerindo a inclusão no Projeto de Constituição Federal de 1988, que ele referisse, tão somente, que "A família, base da sociedade, tem especial proteção do Estado", o que ocorreu, dando-se, assim, força à instituição familiar, independentemente do contrato que a fez nascer (casamento, concubinato puro, à época, união estável, depois, casamento religioso etc.). Todavia, outras sugestões ocorreram que forçaram a discriminação dos modos de constituição de família, que se relacionam nos quatro parágrafos do atual art. 226 da Constituição Federal. Eu sempre fui contrário a essas discriminações, pois não compete ao Estado dizer como o povo deve constituir suas famílias. Assim, nesse art. 226, mencionam-se, como constituindo família, o casamento civil, o religioso com efeito civil, que na verdade é civil, a união estável, todos já regulamentados, a comunidade formada por qualquer dos pais e seus descendentes, bem como outras que se formem na sociedade.

Tenha-se presente, ainda, que a Constituição de 1988, mencionando em seu *caput* que a família é a "base da sociedade", tendo "especial proteção do Estado", nada mais necessitava o art. 226 de dizer no tocante à formação familiar, podendo o legislador constituinte ter deixado de discriminar as formas de constituição da família. Sim, porque ao legislador, ainda que constituinte, não cabe dizer ao povo como deve ele constituir sua família. O importante é proteger todas as formas de constituição familiar, sem dizer o que é melhor. O homem é um ser gregário, que necessita viver em família, cujo modo de constituição ele escolhe, firmando-se um costume admitido em sua coletividade, que vai transpondo gerações. Esse anseio popular, embora nasça de um contrato de convivência, é algo que ultrapassa a noção de instituto jurídico, é um organismo institucional, que se fundamenta no Direito Natural. O Direito Humano deve intervir, somente, para evitar lesões, locupletamentos indevidos, fazendo reinar a responsabilidade, ainda mais fortemente, nas convivências livres. A união estável, concubinato puro, não adulterino e não incestuoso sempre encontrou esse apoio institucional na figura antiga do casamento de fato.

Entretanto, não estendeu essa mesma Constituição ao casamento religioso, como entendo correto, os efeitos do casamento civil, para recuperar sua antiga dignidade ante o Estado. Limita-se ela, por seu art. 226, §2º, a dizer, da mesma forma que a anterior, que "o casamento religioso tem efeito civil, nos termos da lei". Esta (Lei nº 1.110, de 23.5.1950), entretanto, só admite tal efeito quando pré ou pós-existe a habilitação para o casamento civil. Nesse caso, o casamento religioso adquire a forma de casamento civil, não é mais casamento religioso. Assim, tanto o casamento civil como o religioso, com suas formalidades próprias, devem existir, em meu entender, automática e independentemente. O casamento religioso, desse modo, deve vestir-se com as formalidades dos estatutos das respectivas religiões. A união estável precisava ser regulamentada, e foi, primeiramente, pela Lei nº 8.971, promulgada em 29.12.1994, que concedeu direito aos companheiros, no tocante a alimentos e à sucessão; e a Lei nº 9.278, de 10.5.1996, baseada em projeto de minha autoria, que regulamentou a união estável (concubinato puro), para que não existam abusos entre os conviventes, que devem ser livres na convivência, mas responsáveis.

Por todas essas razões, não há como admitir-se essa discriminação do citado art. 226 como sendo *numerus clausus*, mas sim como situações meramente enunciativas. Por outro lado, embora não possa ser admitida como união estável, nos moldes constitucionais e de direito civil, a união homossexual vem sendo reconhecida por algumas decisões de nossos Tribunais e por parte de nossa Doutrina, como família. Se tal situação consolidar-se, terá de ser admitida, mesmo com repulsa de grande parte da sociedade e de nossos legisladores. De minha parte, não haverá oposição. Cada um vive como entende melhor, respeitada a dignidade da pessoa humana. Todavia, melhor que esse modo de convivência seja regulamentado, principalmente quanto a seu regime patrimonial e previdenciário, para que exista liberdade, mas com responsabilidade dos parceiros, evitando-se enriquecimentos sem causa e falta de proteção, em detrimento do respeito ao ser humano.

RTDC: No trabalho *Estatuto da União Estável*, o senhor defendeu que a presunção do art. 5º da Lei nº 9.278/96 era *iuris tantum*, pois a união poderia ser conturbada, de tal sorte, por um dos concubinos, que restasse comprovada sua completa ausência de colaboração, como exemplo, a vida irresponsável, de má conduta ou de prodigalidade, por vícios de embriaguez, jogo, entre outros. Essa posição ainda pode ser sustentada diante do disposto no art. 1.725 do Código Civil, que determina a aplicação do regime da comunhão parcial de bens às relações patrimoniais decorrentes da união estável, no que couber?

AVA: Realmente, como disse, com apoio em Antônio Chaves, no meu livro do *Concubinato ao Casamento de Fato* (Ed. Cejup, Belém, 2ª ed., p. 64 e 65), deve haver entre os conviventes uma vida de colaboração, responsável, de boa conduta e ausente de prodigalidade, de vícios, como jogo, embriaguez, entre outros. Essa mesma situação é exigida em qualquer sociedade, inclusive na matrimonial. Todavia, os conviventes ou cônjuges, às vezes, mantém esse estado de coisas, por muito tempo. O normal é que, não se dispondo um convivente a ajudar na recuperação do outro, diante de algum problema ou adversidade de sua vida, a convivência torna-se insuportável, com essa quebra de dever de convivência, levando à separação do casal. Cada um escolhe seu tipo de vida, respeitando seus próprios sentimentos. Desse modo, se o convivente conseguir superar a adversidade criada pelo outro, não poderá alegar inexistência de vida em comum.

Essa posição sempre pode e poderá ser sustentada, como quebra de dever de convivência ou dever conjugal, podendo ocorrer até ilícito mais grave com causação de dano moral compensável economicamente com a parte do culpado. Assim, também diante do art. 1.725 do Código Civil, que, em verdade, cuida, não de comunhão parcial de bens, mas de condomínio com cotas iguais ou desiguais conforme pactuado. Sim, porque comunhão é condomínio. Só que o condomínio em matéria de casamento é de mãos juntas (comunhão), não podendo ser desfeito durante o casamento, senão com a vontade conjunta dos cônjuges, já que o regime de bens é instituído por norma de ordem pública. É impossível, portanto, existir regime de comunhão parcial de bens (regime de casamento) em união estável (de fato). Por tal razão, ele só cabe, em princípio, para admitir o condomínio dos bens adquiridos onerosamente, durante a união estável, salvo se existir contrato escrito, em sentido contrário.

Aliás, essa regra do art. 1.725 do Código Civil é oriunda do esboço do projeto de união estável, de minha autoria, feito um ano e meio antes da Constituição Federal de 1988, quando eu cogitava do instituto sob o nome de concubinato puro (não incestuoso e não adulterino), nos seguintes termos de seu art. 10: "Os bens móveis e imóveis, adquiridos por um ou por outro ou por ambos os concubinos, na constância do concubinato e a título oneroso, são considerados frutos do trabalho e da colaboração comum, passando a pertencer a ambos, em condomínio, e em partes iguais salvo estipulação contratual escrita, em contrário". Essa matéria foi inserida na Constituição Federal no §3º do art. 226, como união estável, tendo sido esse parágrafo regulamentado pela Lei nº 9.278, de 10.5.1966, especialmente no art. 5º, depois incorporada ao art. 1.725 do Código Civil. Esse art. 5º ainda falava em condomínio.

RTDC: O senhor é autor de um dos principais estudos no Brasil que abordam o tema da tipicidade contratual. Essa matéria mereceu algum tratamento na lei ou consideração jurisprudencial? Destaque um ou dois trabalhos seus que tenham sido utilizados pela lei ou Jurisprudência.

AVA: Desde meu trabalho de especialização, na Faculdade de Direito do Largo de São Francisco, em 1965, venho alertando sobre a necessidade da regulamentação dos contratos atípicos, promovendo sua classificação. O atual Código, além de regulamentar novos tipos de contrato, antes atípicos, como a corretagem, assegura, em seu art. 425, que "É lícito às partes estipular contratos atípicos, observadas as normas gerais fixadas neste Código". Não saiu desse estágio a legislação quanto aos contratos atípicos. Quanto à Jurisprudência, ressalto, nesse espaço, que o Superior Tribunal de Justiça vem admitindo meu pensamento segundo o qual o contrato ou o elemento típico, quando somado a outro contrato ou elemento típico ou, mesmo, atípico, em um contrato, ou quando somados contratos ou elementos atípicos em um contrato, a convenção desnatura-se, e esse conjunto de contratos ou de elementos mistos compõe uma nova contratação, uma e complexa, com todas as suas obrigações formando algo individual e indivisível. O mesmo acontece com a figura singular atípica, com suas obrigações, que não se enquadram, em sua unidade, nas contratações típicas, reguladas na lei.

Assim, pelo meu critério de localização dos contratos atípicos, pelas obrigações (conforme meu livro *Teoria Geral dos Contratos Típicos e Atípicos*, Ed. Atlas, São Paulo, 3ª ed., p. 139 e seguintes), não é possível, por exemplo, que um contrato de locação (*do ut des*), com duas prestações de dar, abrigue obrigações de fazer ou de não fazer, como é o caso do contrato de unidade em *shopping centers*; daí porque este contrato não é de locação, mas atípico misto, valendo todas as suas obrigações como um todo monolítico. Descumprida uma delas, rescinde-se o contrato todo.

Também o mesmo Superior Tribunal de Justiça, baseando-se nessa minha ideia (citando meu livro *Direito Privado – 3: Casos e pareceres*, Cejup, Belém, 1989, p. 85), admitiu: "o negócio em foco possui afinidades com diversos institutos jurídicos (doação, condomínio, fideicomisso, propriedade resolúvel e sociedade), mas com eles não se confunde em virtude de sua individualidade própria" (ver JSTJ e TRF, Lex, 62, p. 160, participando do julgamento, além do Relator Min. Barros Monteiro, os Mins. Antônio Torreão Braz, Dias Trindade, Fontes de Alencar e Sálvio de Figueiredo). Esse foi o caso da sociedade perpétua de *experts* do jornalismo criada por grande jornalista de São Paulo e admitida como válida.

Por outro lado, destaco que meu entendimento de que deveria existir um desquite automático pela falta de coabitação, uma espécie de dessuetude, defendido na minha dissertação de livre-docência na Faculdade de Direito da Universidade de São Paulo, em 1976, vingou com a adoção do instituto do divórcio direto, automático, na Constituição Federal de 1988, no §6º do seu art. 226, ideia também, e quanto ao divórcio, do então Senador Nelson Carneiro, ideia que acabou não se consagrando na chamada Lei do Divórcio (Lei nº 6.515, de 1977). Assim, atualmente, basta a comprovada separação de fato do casal, por mais de dois anos, que qualquer dos cônjuges ou ambos pode pedir o decreto do divórcio, somente provando o decurso desse prazo. Aí está reconhecido o *divortium bona gratia* do Direito Romano, da Novela 22, Capítulos IV a VII, do Imperador Justiniano. A ruptura da sociedade conjugal (separação automática) já tinha sido reconhecida antes, na Lei nº 6.515, de 1977, no seu art. 5º, §1º.

Destaco, ainda, a posição por mim assumida, em face da prisão civil por dívida do depositário infiel na alienação fiduciária em garantia, regulada pelo Dec.-Lei nº 911/69 (cf. minha tese defendida na Faculdade de Direito da Universidade de São Paulo, *Prisão Civil por Dívida*, para obtenção do título de Professor Titular, em 1993, Ed. Revista dos Tribunais, São Paulo, em 2ª ed. esgotada, 2000, p. 122 a 125). Evidencio que não cabe a prisão contra o depositário designado pela lei, porque ele é, em verdade, proprietário do bem fiduciado. Cheguei, então, à conclusão, respaldada pela Jurisprudência, que nega a equiparação do devedor fiduciante ao depositário infiel, de que a legislação citada acolhe sistema de dois pesos e duas medidas, pois, ante a perda da coisa fiduciada, sem culpa do devedor fiduciante, o credor fiduciário não sofre as consequências desse perdimento, recebendo seu crédito, por outro meio. Todavia, sofre essa perda patrimonial o devedor fiduciante, o que jamais poderia ocorrer, dado que essa esdrúxula legislação o considera depositário do mesmo objeto.

Para executar sua garantia, portanto, o fiduciário credor é proprietário; para sofrer a perda do bem fiduciado, sem culpa do devedor fiduciante, é este quem sofre referida perda! Aliás, o que é verdadeiro absurdo, pois, sendo o fiduciante devedor considerado depositário, jamais poderia sofrer essa perda patrimonial, aplicando-se o princípio de que a coisa perece para o dono (*res perit domino*). A conclusão, portanto, é de que não existe, na alienação fiduciária em garantia, a figura do depositário, pois, em verdade, o alienante (fiduciante) é o proprietário, porque, desde o início negocial, sofre ele o risco da perda do objeto. Ninguém pode ser condenado, portanto, como depositário infiel, se correr o risco da perda da coisa; isto porque, reafirme-se, o depositário deve guardar bem alheio, e não bem próprio.

RTDC: Passados já alguns anos de vigência do Código Civil, qual é sua avaliação sobre o atual diploma e sobre seu impacto na doutrina e na jurisprudência?

AVA: A presença segura do atual Código Civil já vem sendo sentida na doutrina e na jurisprudência. Trazendo o Código princípios jurídicos de garantia secular, como normas jurídicas, preenche sua necessidade de ser um corpo principiológico, que deve pairar sobre os estatutos. Assim, principalmente como a função social da propriedade e do contrato e a boa-fé objetiva, com o corolário dos princípios da informação e da colaboração contratual. O atual Código abandonou o sistema individualista do Código anterior, dando mais destaque aos direitos coletivos. Alguns pontos perigosos do Código Civil existem; ressalto dois no âmbito de responsabilidade civil, que deverão ser objeto de parcimoniosa aplicação: a redução equitativa da indenização ante a excessiva desproporção entre a gravidade da culpa e o dano (parágrafo único do art. 944), que não abarca a indenização global do dano; e a obrigação de reparar o dano quando a atividade normalmente desenvolvida implicar risco para direitos de outrem (parágrafo único, segunda parte do art. 927). Essa abertura pode gerar, eventualmente, direito alternativo conforme interpretação mais liberal do aplicador da lei.

Venho pregando, também, a eliminação de teoria da imprevisão do art. 478 do nosso Código (inclusive no Exterior, em Roma e em Lisboa). Com essa teoria, torna-se impossível a admissão do fenômeno inflacionário, como desequilibrador das relações jurídicas, dada a sua previsibilidade. Aliás, tudo é previsível e, com isso, estaríamos impossibilitados de contratar seguramente, vendo, muitas vezes, com o desequilíbrio econômico nas relações jurídicas, a descaracterização de contratos comutativos, para aleatórios, com sérios riscos a um ou a ambos os contratantes, com quebra do princípio do enriquecimento sem causa. Lembro que a Itália acolheu a teoria da imprevisão, não tendo isso acontecido com Portugal. Muitas outras situações no atual Código merecem nossa atenção e cuidado, até que se assente seguramente com a melhor interpretação. Ao nosso Código, entretanto, prestei, com os italianos romanistas, e a convite destes, em Roma, em janeiro de 2003, com a realização de uma palestra, grande homenagem a esse nosso Código, tão festejado em Roma, como o primeiro do Terceiro Milênio.

RTDC: O senhor recentemente escreveu sobre arbitragem. No Brasil, qual sua avaliação sobre o papel que a arbitragem tem desempenhado na solução dos conflitos de interesses?

AVA: Escrevi sobre arbitragem, principalmente, em uma das lições do meu já citado Curso de Direito Civil (*Teoria Geral dos Contratos Típicos e Atípicos*), em que destaquei minha preocupação, muito antiga, ante o acúmulo de processos, em nossos Tribunais, e a necessidade de um meio rápido e racional de solução de problemas. Eu sempre disse aos meus alunos que a arbitragem é a forma ideal para solução dos conflitos patrimoniais, no futuro. E o futuro chegou. Hoje contamos com a Lei nº 9.307, de 23.9.1996, que ampliou e modernizou as regras insuficientes que plasmavam, nos Códigos Civil de 1916 e de Processo Civil. A grande dificuldade atual é a de incutir no espírito do brasileiro que a arbitragem, ao lado da mediação e conciliação, é o meio mais rápido de fazer justiça, evitando anos de conflitos no Judiciário.

Posso dizer que a arbitragem, no Brasil, já vem desempenhando grande papel na solução dos conflitos de interesses. Deve restar claro, nesse passo, que a lei faculta, não impõe, às partes esse meio arbitral de composição de lides e que as regras, nesse procedimento arbitral, são idênticas para as partes, que as escolhem livremente. O risco de ser contrária ou favorável à decisão arbitral é o mesmo originado do julgamento pelo Poder Judiciário. Em caso de ilicitudes, vícios e irregularidades, o Poder Judiciário sempre estará presente para evitar ou reparar as lesões, ou para reprovar o inadimplemento das obrigações arbitrais. As convenções arbitrais nascem dos acordos dos interessados, tendo seus limites na lei, para evitar, como visto, que a liberdade contratual possa, por excesso de uma parte, escravizar a outra. O tempo, certamente, confirmará essa modalidade de realização de justiça, que estará servindo, ao lado do Poder Judiciário, como meio seguro da composição de interesses. Esse é o caminho: ou as partes resolvem elas mesmas os seus conflitos, por acordo, ou delegam esse mister a terceiros (árbitros ou juízes).

RTDC: Quais são as heranças e as esperanças mais importantes que os estudos sobre o Direito Civil realizados durante o século XX deixaram para o século XXI?

AVA: A experiência que restou do século XX, como alerta e orientação para o século XXI, é que a grande preocupação, no futuro, deve ser com a preservação da dignidade da pessoa humana, prestigiando, ainda mais, seus direitos de personalidade. Devemos observar, portanto, que o direito vai perdendo seu caráter individualista, para inserir-se no contexto social, com a preocupação da salvaguarda dos direitos coletivos, para que os homens se integrem em uma comunidade, respeitando-se, à natureza e aos animais. O mundo deverá ser mais solidário e vestido com comportamentos de boa-fé e de ética. Afora a meta do Direito que deve ser buscada, o direito deve ser justo, estando a justiça presente nas relações jurídicas, sendo meio de entendimento entre os homens. Por isso estamos nesse mundo, para depurar-nos, aperfeiçoando nossos sentimentos e nossas vicissitudes.

ENTREVISTA COM NILO BATISTA[1]

RTDC: Professor, o senhor poderia nos falar sobre sua formação acadêmica? Quais foram suas principais influências? Quais autores, quais figuras mais marcaram sua formação, interferindo, direta ou indiretamente, nas suas atitudes, no seu pensamento e na sua atuação profissional?

NB: Eu fui bacharel em Direito pela Universidade Federal de Juiz de Fora, do já não tão próximo ano de 1966, e vim para o Rio de Janeiro porque queria fazer carreira acadêmica. Eu vim para o Rio fazer doutorado. Poderia ter a honra de ser um colega de vocês hoje, e certamente estaria em melhor situação do que estou, mas já não havia vaga no doutorado do Direito Privado, de maneira que eu sou um penalista meio casual. Havia vaga em Penal, e eu falei: "Paciência, o Senhor não pode ter a mesma generosidade com todo mundo...". E ali me impressionaram dois grandes professores com quem eu tive contato. Desde logo, o Professor Heleno Fragoso, que foi meu professor de História do Direito Penal, para quem eu fiz um trabalho sobre a Lei das Doze Tábuas, associado ao processo social... Heleno Fragoso me impressionou muitíssimo. Ele trabalhava uma dogmática ainda bem ortodoxa. Proibição da negação... Menos a terceira lei, a polêmica estética... Ele era muito informado. E o Professor Roberto Lyra, para quem eu fiz um trabalho sobre o complexo industrial-militar no Vietnã, sobre uma economia dinamizada pela beligerância, para aproveitar o conceito dele de "macrocriminologia". Roberto Lyra rompia limites metodológicos. Ele trabalhava "pena de açoite", pensando no escravismo, nas Ordenações, no Código de 1830. E ele de repente buscava a descrição de um açoitamento em Júlio Ribeiro. Liberdade no uso das fontes... Ele me impressionou. E Heleno Fragoso também. Foram duas pessoas que me impressionaram e que foram decisivas, dos quais eu fui aluno direto. A partir daí eu fui me encaminhando... E tentei aprender alemão. Quando eu fiz o mestrado, eu até estava conseguindo ler, porque me dei conta da importância daquela contribuição, apesar de tudo o que vinha junto, de tudo o que era silenciado... Aliás, é fantástico que, no pós-Guerra, a academia, o pensamento penalístico alemão, estivessem discutindo as firulas da teoria do delito. Eles tinham coisas importantes de política criminal para discutir, mas fazia parte do ocultamento...

[1] Entrevista concedida à *Revista Trimestral de Direito Civil – RTDC*, v. 43, jul./set. 2010.

Heleno Fragoso me mostrou a importância da dogmática e, ao mesmo tempo, ele foi o cara que me convenceu de que esse modelo nosso... Enfim, um professor como você [Gustavo Tepedino], que é um finíssimo jurista e tem um pé na realidade social. Como eu também, que procuro essa dupla militância... Eu não invejo o modelo europeu, não. Eu acho que isso aí vivifica um pouco a academia...

RTDC: Direito profissional e Direito acadêmico...

NB: Claro! Dá muito mais trabalho. Infartos precoces... Mas eu não troco isso por aquela torre de marfim metafísica, frequentemente ridícula, que é um trabalho acadêmico descomprometido... Naquela livre-docência que eu fiz na UERJ, aquele trabalhinho meu que tem uma sobrevida inacreditável, muitas edições (*Introdução Crítica ao Direito Penal Brasileiro*)... e eu nunca parei para revisá-lo... O que é que eu fiz ali? Não trabalhei com esse conceito de uma sociedade unitária que nos impingem na faculdade de Direito. É impossível trabalhar o Direito a partir de uma teoria social de consenso. Por isso mesmo o produto penalístico do funcionalismo sistêmico é terrível. Acaba no Direito Penal do inimigo. Eu posso até entender que, na sociedade de classe média europeia, o sujeito possa querer isso. Mas aqui, onde o sangue está escorrendo no meio da rua? Se você não procurar, para se fundamentar, uma teoria do conflito... E não precisa ser a marxista, que é a que mais me satisfaz, mas pelo menos um Darendorf... Mas querer trabalhar com ideias sistêmicas aqui? E os subprodutos teóricos disso, no Direito Penal, são trágicos, são legitimadores de extermínios, de chacinas, de massacres.

Então, eu caminhei por aí, e também caminhei no sentido do que Marx dizia: a História é a única ciência verdadeira. Isso para mim está muito comprovado. Se fizermos uma pergunta, uma pergunta de Direito Penal: "O que é a culpabilidade?". Em 1905, a resposta é uma; em 1935, a resposta é outra; em 1965, a resposta (estou falando da resposta certa, quer dizer, a resposta que está ao alcance da constituição teórica da ocasião) será ainda outra. E hoje essa resposta está problematizada por outras coisas também, todas verdadeiras a seu tempo. E, para desvendar isso, só conhecendo o processo. Esse trabalho que eu apresentei lá, quando tive a honra de suceder a Heleno Fragoso, apontava para isso: nós, juristas, temos o direito de contar a História, não só uma História de superfície, a História dos legisladores, dos verdugos e dos juízes, mas uma História dos sistemas penais, que abranja todo o processo social de criminalização. E do mesmo jeito eu acho que a política criminal tem de deixar essa dependência histórica que a estiolou, da dogmática jurídico-penal, e tem de se aproximar da Ciência Política. É ali onde está a questão do poder punitivo.

Maquiavel, quando está trabalhando o principado instituído por conquista, diz: temos de eliminar a estirpe do príncipe deposto. Isso é feito por um tribunal. Fiz no meu mestrado um estudo sobre autoria e participação, que é mais reconhecido até do que ele merece... Andei então pela dogmática. Acho importante a dogmática, acho a dogmática necessária. Andei pela História, e continuo andando pela História... O primeiro Direito Penal econômico é o do capitalismo mercantil. Se você pega a nossa última lei, a lei revogada, e pega o século XVI, estava tudo pronto. Os materiais, as matrizes do Direito Penal falimentar estavam prontos. E no século XVI ainda havia em Salamanca alguém que sustentasse aquilo que tinha levado a uma Constituição de Constantino proibindo o credor de impedir o sepultamento do devedor. Isso existiu... É uma coisa que está aí nesse território comum. Nós temos esses territórios comuns... Os crimes patrimoniais, o debate sobre a natureza sancionadora ou constitutiva do Direito Penal.

RTDC: E quais as suas melhores recordações dos tempos de aluno da faculdade de Direito? A faculdade de Direito foi importante na sua formação?

NB: Ah, de todos nós... Os bons tempos, não é? Se soubéssemos o que vinha depois, ficávamos lá sempre... Tenho muito boas recordações, muitos colegas admiráveis, muitas atividades... Não há tempo como esse, a juventude.

RTDC: O que determinou a sua opção pelo Direito? Foi uma escolha simples, ou em algum momento pensou em seguir outra carreira?

NB: Ou bem eu seria advogado, ou bem eu seria dramaturgo. Tinha muito interesse por dramaturgia. Cheguei a cursar três cadeiras de dramaturgia aqui. Enquanto eu fazia o meu doutorado, eu pensava em voltar para Juiz de Fora, porque eu queria ser professor... E voltei, e fiz um concurso em 1971, e fui aprovado em primeiro lugar para professor assistente de Direito Penal na Universidade Federal de Juiz de Fora. Mas não fui nomeado porque era advogado de presos políticos... Foi a única discriminação que eu sofri. Não é nada comparado ao que tantos brasileiros sofreram... Mas essa eu sofri. Daí a minha carreira ficou toda atrapalhada. Se eu tivesse entrado como assistente em 1971, eu teria sido titular logo depois. Mas fui ser professor titular praticamente sexagenário.

RTDC: Então a carreira de professor começou quando?

NB: Começou aí. Os professores progressistas de Direito Público, na ditadura, não tinham lugar na universidade pública. Heleno Fragoso era livre-docente na Nacional, e num belo dia, em 1969, o ano dispensa apresentações... ele foi notificado de que estava dispensado, que não havia mais turma para ele. Então, na verdade, eu começo a dar aulas na Cândido Mendes, para onde Heleno foi em seguida, porque ele me convidou para ajudá-lo quando foi meu professor no doutorado.

RTDC: Que loucura...

NB: É uma virtude do Cândido Mendes ter feito isso: ele abrigou muita gente, porque não havia lugar para os professores de esquerda de Direito Público. E o Heleno Fragoso ficou velho, continuou a dar aulas lá, mas eu fui ajudá-lo. Acompanhei-o, carregava a pasta dele... E fui então contratado na Cândido Mendes. Então, na realidade, eu sou professor há 39 anos. Quando o Cândido quis fazer um programa de mestrado, por causa das novas exigências, ele me pediu, então eu fui um professor de quarenta horas durante cinco anos. Enquanto ele bancou esse belo projeto, eu tive de lutar contra toda uma burocracia, uma "burocracia" regulamentar... Capes... Aqueles mesmos que estão sempre ali... Entra governo, sai governo, porque o Direito não é político, não é verdade?...

RTDC: E o que mudou no ensino, de lá para cá? Mudaram os professores, mudaram os alunos? Como é que o senhor faria um cotejo entre aquele período de 69, 70, na universidade, e hoje?

NB: Oxigenou muito! A faculdade de Direito mudou para melhor. Abandonamos o positivismo, que está sendo derrotado. Ainda há bastiões aparentemente inexpugnáveis, mas acho que o positivismo está, sim, sendo derrotado. Embora nem sempre dessa derrota apareçam coisas muito importantes... Às vezes aparece um funcionalismo rastaquera... No meu tempo, a referência civilística na nossa cidade era o Professor Gondim... Hoje temos homens como você [Gustavo Tepedino]. Olha o panorama do Direito Privado, tão importante, tão decisivo, tão metodologicamente central... Todo o mundo tem que passar por isso ali: por um conhecimento do que a gente pode chamar ainda, eu suponho, de Parte Geral do Direito Civil, ou pelo menos de certos conceitos, o conceito de ato e de negócio jurídico, de capacidade, por exemplo... O sujeito que não tem isso, em qualquer lugar que ele estiver, mesmo no Direito Público, está mal... Hoje temos você (Gustavo Tepedino), que é uma referência; temos o Luiz Edson Fachin, que é um finíssimo civilista... E no Direito Penal também. Tivemos o Heleno Fragoso, Aníbal Bruno... Eu olho para trás, mas quando eu olho vejo que a posição da qual eu olho não é um bom ângulo, porque eu não conheço os processos específicos, mas eu li e ouvi. Teixeira de Freitas e a questão escrava... O cara não bota nada! Aquilo é permitir um vale-tudo, porque nós não tivemos regulamentação. Ele deixava para depois um código negro que nunca existiu... E na consolidação não botava, porque era um assunto... Muitos penalistas também cometeram o mesmo pecado. Eu olho para trás, eu vejo até, a despeito da contradição, José de Alencar trabalhando a propriedade...

Enfim, eu não sou louco de falar de propriedade na sua frente... [risos]. Mas a expansão do mercantilismo tinha determinado... A vontade tinha começado a ganhar um calibre maior, porque a velha tradição... A expansão do capitalismo explica essas alterações... jogadas aqui no universo do nosso escravismo colonial dependente... Em suma, eu acho que o Direito Penal melhorou, sim. Temos aqui Heitor Costa Jr., Juarez Tavares, João Mestieri. Tem uma geração aqui no Rio, em São Paulo, Realinho [Miguel Reale Jr.]; Alberto Silva Franco, Ricardo Andreucci; em Porto Alegre, Salo de Carvalho; e Curitiba, Juarez Cirino dos Santos, René Dotti, Jacinto Coutinho... No Paraná há uma ótima geração...

RTDC: E as universidades? Mudaram o seu papel institucional? Será que as faculdades de Direito continuam desempenhando o seu papel adequadamente? O que teria de importante a ser mudado?

NB: Se formos falar na faculdade de Direito brasileira, temos que mencionar os projetos acadêmicos, ou os projetos pedagógicos. Há umas escolas que apostam mais numa formação profissionalizante, como o modelo FGV, por exemplo. Está-se formando um tipo de jurista que vai ter ali um tipo de trabalho, um tipo de horizonte... Outras escolas têm uma ambição diferente, um projeto pedagógico diferente, porque apostam numa formação mais crítica. Aliás, após essa crise neoliberal, dispensar o Estado ficou impossível. Aquela arrogância do discurso neoliberal, só no hospício ela pode sobreviver agora com aquela intensidade. Naquela conjuntura o Estado estava sendo reduzido a nada, salvo o Estado penal, que crescia em proporção geométrica à redução do Estado previdenciário; crescia criando funcionários para a equação hegemônica de poder na conjuntura neoliberal. Então, de certa forma, está fazendo a mesma coisa que Olinda e São Paulo faziam para o Império brasileiro, ali com os seus conselheiros, os seus deputados, os seus agentes políticos, os seus funcionários...

RTDC: E o movimento estudantil?

NB: Ele experimenta agora um renascimento. Ele foi muito importante naqueles anos. Ele foi importante na resistência democrática à ditadura, e depois ao pensamento único, ao neoliberalismo, a esse senso comum que é a mídia e que dominou tudo. Mas agora, de uns anos para cá, há um renascimento. O movimento estudantil volta a interessar, para o bem e para o mal. Do meu ponto de vista, só para o bem! O único mal que eu vejo são as vezes uns garotos que vão cumprir uma tarefa e têm que ser reprovados... E fazem um curso em oito anos, para cumprir a tarefa. Como o pessoal da Juventude Socialista: o sujeito está com 39 e ainda está na JS. É um pouco assim. Mas eu acho que melhorou agora. Eu participei de um encontro regional, fazendo a conferência de abertura lá na nossa UERJ, e havia ali mil e quinhentos alunos discutindo o Estado policial.

RTDC: Mil e quinhentos alunos?!

NB: Mil e quinhentos alunos. Fiz um discurso para eles intitulado: "Os acadêmicos de direito e a questão criminal".

RTDC: O senhor foi muito atuante durante a ditadura militar brasileira como advogado de presos políticos. Na sua opinião, o que evoluiu de maneira mais significativa em relação ao direito dos presos desde aquela época até os dias atuais?

NB: Foi um retrocesso. Nós vivemos hoje um momento muito ruim no que diz respeito a isso. A tortura continua. Quando nós nos fundamos como nação, nós nos fundamos no apogeu do poder punitivo doméstico, uma vez que o escravismo supõe poder punitivo doméstico. Vocês conhecem isso muito bem, porque vocês conhecem os poderes do *pater*: o poder do branco proprietário, aqui no Brasil. Esse era o poder punitivo mais importante do Império. O outro era complementar. E é um poder punitivo que interfere diretamente na produção. Não é aquele que está descrito, mesmo na teoria econômica marxista, como uma coação extraeconômica, que leva o sujeito desprovido dos meios de produção a vender a sua força de trabalho na condição que for, porque senão ele vai passar fome. Não é isso.

Eu escrevi um pequeno texto chamado "Pena pública e escravismo", trabalhando um caso de 1879, em Vassouras, de uns escravos que mataram um feitor. Já havia escassez de mão de obra escrava, o tráfico atlântico tinha sido interrompido na metade do século, em 1850, e só havia um tráfico interprovincial da decadência do açúcar, no Nordeste, para o café florescente aqui no Sudeste. E os escravos mataram um feitor. Eram cinco escravos. Combinaram assim: se o feitor bater... E o feitor estava batendo. E as últimas palavras do feitor foram: "Então isto é tudo o que vocês têm feito?". E um dos escravos veio com a foice e... E o delegado fazia perguntas assim: "Mas quando você bateu o feitor estava vivo?". E o escravo dizia: "Ah, eu acho que estava...". E o delegado: "Mas você tem certeza?". O esforço comovente do delegado e do promotor para salvar aqueles escravos... Nesse artigo até eu digo: "Escravos baratos, baraços prestos". Ali, escravos caríssimos... Vamos salvá-los!

Esse poder punitivo doméstico vai sobreviver como cultura, como prática, até como estética, principalmente na República Velha, antes do dr. Getúlio começar a institucionalizar um projeto nacional. Isso se demonstra. Na fronteira agrícola da borracha, no início do século XX, você tinha um assalariado mais barato do que um escravo. Aqui, na greve de 1906, naquela fábrica ali em Laranjeiras, o feitor usava marmelinho para estimular a produção... Esse poder punitivo doméstico se representa hoje na indústria do controle do crime. A chamada "segurança privada", hoje, envolve muito mais gente, relacionamentos muito maiores, muito mais complexos do que a pública. Para não falar da indústria da hospedaria punitiva, em que já tem quatro estados entrando. Claro! Nos Estados Unidos, as ações das empresas que exploram penitenciárias privadas integram o Índice Nasdaq. Quando a Califórnia votou o *three strikes law*, certamente as ações das companhias subiram. Então, é claro que essas companhias estipendiam até professores de Direito, porque penas longas representam penas mais lucrativas.

Ou seja, vivemos uma situação terrível. Nesse momento, no Espírito Santo, tem gente dentro de contêiner! Essa mentalidade punitiva que se instalou entre nós nos últimos quinze anos produziu isso: nós passamos de cento e poucos mil presos para quase quinhentos mil! Sem que tivesse havido nenhum efeito nos indicadores, porque isso se descola também do econômico e entra no simbólico. Foi o que aconteceu nos Estados Unidos nos anos 90. Nos anos 90, os indicadores estavam estáveis. Não obstante, o encarceramento subia, porque tinha havido esse descolamento. Todo mundo que não é do ramo atribui isso à Tolerância Zero. A única coisa que a Tolerância Zero fez, com certeza, e que se pode afirmar, foi ter aumentado a violência contra negros pobres em Nova lorque. Porque as quedas foram nos Estados Unidos todos, e por cinco fatores, segundo Loïc Wacquant, grande sociólogo, que trabalhou com Bourdieu e que é professor em Berkeley e também em Paris. Vou dizer os dois primeiros. Um é a redução da participação demográfica da população entre 15 e 24 anos. O pessoal lá, em algum momento antes, passou a produzir menos em termos de espécie humana... Outro é o pleno emprego dos anos Clinton. Há mais três outros fatores que representaram uma redução na estabilização. Mas continua a subir... O próprio Giuliani não se mete muito nisso. Faça uma pergunta direta a ele sobre isso. Ele sabe que a discussão não é boa para ele lá. Mas aqui... Como dizia Nelson Hungria acerca da Europa e da nossa dependência: quando a Europa acende fogo, nós aqui soltamos fumaça... Não sei se respondi à sua pergunta...

RTDC: Respondeu. Deu um peso social à nossa História política e cultural...

NB: Tentei entreter os seus leitores...

RTDC: Muito impressionante, porque essa violência doméstica, e simbólica também, se dá no Direito Privado em todas as horas, como a violência familiar, contra a mulher, contra as crianças, os adolescentes...

NB: Estamos vivendo um tempo em que se aposta na pena. Só que a pena é a pior maneira de... eu nem vou dizer de solucionar, mas de decidir um conflito. No Direito Civil, vocês solucionam conflitos. Com a reparação, com a restituição, na integridade, com a execução forçada...

RTDC: Sim, mas nessa tônica já se temem danos punitivos. As pessoas têm essa mentalidade...

NB: Claro! A pena é o mais infecundo! É o mais infecundo modelo de solução de conflitos. Primeiro, porque ela exclui a vítima. Para a pena pública ser inventada, foi preciso que a vítima fosse expropriada do seu conflito e ele fosse entregue a um procurador, que, na sua origem, era sobretudo fiscal, porque, enfim, o rei se enriqueceu muito no processo histórico de acumulação que desaguou nos Estados nacionais, para evitar que a Europa fosse hoje um pontilhado mapa feudal. A Inquisição foi uma grande angariadora de rendimentos. Os bens ficaram. E a pena é imposição de sofrimento. A vítima não tem nenhuma satisfação, salvo uma satisfação questionabilíssima, que é o prazer com o sofrimento alheio. Esse prazer hoje é quase um culto, alimentado diariamente pelo senso comum criminológico. A vítima passou a ocupar uma posição de formulação. Isso é estudado hoje por jovens criminólogos: os novos papéis que são atribuídos à vítima na realidade social dos sistemas penais.

RTDC: E há algum fato em especial que o senhor se recorde que tenha se passado durante o período da ditadura, principalmente relacionado aos direitos humanos?

NB: Há muitos fatos importantes na ditadura. Eu não sei se puxo pela minha memória de advogado, ou de quem simplesmente estava ali. Se eu puxar pela memória de advogado, eu vivi alguns momentos profissionais muito diferenciados. Eu talvez pudesse dizer que aquela defesa que eu tive de fazer na doença do Heleno Fragoso, que estava trocando a válvula do coração do já morto Stuart Angel com a Zuzu Angel ali, vestida como a Senhora Carrar, com as duas filhas, Hildegard e Ana Cristina, e sabíamos todos que naquela altura estávamos julgando um morto, mas talvez um dos momentos mais tensos (e eu até escrevi uma vez sobre ele) foi a defesa do José Roberto Gonçalves de Rezende.

Ele era filho de um desembargador do Tribunal de Justiça de Minas Gerais. Imagina como ficou quando soube o que é que tinha sido feito com o filho dele. Ele morreu há quatro anos. Era um brasileiro valente, bonito. O José Roberto podia ser condenado à pena de morte, porque tinha sido morto um agente da Polícia Federal, cujo nome eu também me lembro: Irlando Régis de Souza, aqui na Rua Cândido Mendes. E aí eu descobri, conversando sobre a vida dele, que ele estava apenas há seis meses na resistência. Seis meses... Ele dirigia o carro de transbordo. Ele ficou esperando na rua, na Cândido Mendes, o embaixador alemão veio, entrou no porta-malas... Pode não ser muito diplomático, mas os anos eram difíceis para todo mundo. Foi na Cândido Mendes.

Uns quinhentos metros acima da Casa da Suíça, onde tem uma escadaria. Ali foi o ponto, e o aviso foi um tiro na luz. E fecharam o carro do embaixador, o Irlando meteu a mão na arma, atiraram nele. E o José Roberto podia ser condenado à pena de morte. E aí eu descubro que o José Roberto tinha uma vida completamente normal... Era um filho de desembargador, estudava Direito, tinha trancado a matrícula porque se apaixonou por uma moça de sociedade lá em Belo Horizonte, tinha um filho, e o casamento não ia bem. Ele era um trabalhador, um trabalho que arranjaram para ele, uma coisa num cartório; foi examinador do Detran... E ele conta umas coisas do filho... O filho tentando fazer um macarrão, e ele chegando em casa... enfim, eu tinha uma história que eu sabia que, para um tribunal militar, ia bater na veia, porque tinha uns condimentos de *Amor de Perdição*. Parecia um bolero. Eu fui falar com ele, e disse: "Você vai me desculpar, mas eu vou botar tudo isso no meu argumento. Eu vou contar a tua tragédia pessoal, a tua infelicidade amorosa, porque eu acho que eu vou atrair com isto simpatias". Ele falou: "Você não pode fazer isso! Eu fiz uma escolha, e eu quero pagar pela escolha". Isso me doeu, e eu abri os livros de Ética. No texto que eu escrevi sobre isso, eu me lembro de uma frase que eu botei: "Se ele não queria que eu entrasse no destino dele, como é que ele queria entrar no meu argumento?". Ele podia estar pronto para morrer, mas eu não estava absolutamente pronto para acompanhá-lo numa bela manhã, na frente de um pelotão de fuzilamento. Ninguém seria executado, mas ninguém sabia disto ainda. Se eu soubesse que ninguém ia ser executado, eu diria: "Perfeitamente!". Eu pensei, conversei com o pai, e não preciso dizer que o pai falou: "Por favor!"; e a mãe: "Pelo amor de Deus, faça tudo o que o senhor acha que deve fazer! Não ouça aquele menino!". Mas ele era o cliente. Isso foi um drama de consciência que eu tive. "Olha aqui!". E eu então escrevi que eu estava contando aquilo tudo contra a vontade dele. Distribuí os meus memoriais, e não me arrependo. Terminado o julgamento... Era ali na Praça da República... um juiz militar, que eu acho que era o Peri Bevilaqua... Era um ambiente muito bom. Ele falou para mim: "Aquele rapaz queria se matar". Eu não iria a tanto... Pegamos uma pena de 12 anos...

RTDC: Maravilha de história...

NB: Eu era um jovem advogado, e isso aí foi uma bala. Esse caso foi uma briga de consciência...

RTDC: Posso imaginar... Fazendo uma ponte então com a luta pelos direitos humanos naquela época e hoje...

NB: Eu fui um dos fundadores da Comissão de Direitos Humanos da OAB. E descobrimos um aparelho, em Petrópolis, de tortura. Eu estava junto com a Inês Etiene Romeu, grande brasileira, e chamamos todo mundo. Descobrimos a casa, e chegou lá um alemão. Eu, hoje, lembrando, tenho até pena dele... Estava lá a imprensa toda: "O senhor alugou essa casa para alguém nos anos 70?". Ele alugou a casa para o DOI-CODI... E aquela foi uma casa de torturas, e a Inês foi torturada lá. Isso foi primeira página nos jornais todos. A bomba tem muito a ver com uma resposta a isso. Teve gente que não gostou nem um pouco... Participei muito.

RTDC: Esclarecendo os leitores: a carta-bomba endereçada ao [Eduardo] Seabra Fagundes [então presidente da OAB] ou a bomba lá do RioCentro?

NB: Não... Aquela bomba que foi para a Ordem...

RTDC: ...Aquela em que abriu a carta a secretária do Eduardo Fagundes [dona Lyda Monteiro da Silva]...

NB: A bomba foi endereçada para o Seabra Fagundes.

RTDC: Como o senhor avalia a atuação da mídia brasileira diante de crimes de grande repercussão pública? De que forma é possível compatibilizar o direito à informação e o sigilo das investigações a respeito dos direitos humanos?

NB: A mídia é uma catástrofe. Eu vou lhe dar um texto meu sobre a mídia, que se chama a *Mídia e sistema penal no capitalismo tardio*. Uma das características do capitalismo tardio é a especial vinculação entre o sistema penal e a imprensa, incondicionalmente legitimante e ligada aos grandes negócios de telecomunicações. A mídia é um desastre... E ainda procura assumir funções executivas dentro do sistema penal... Um exemplo disso é o programa *Linha Direta*, em que a TV Globo procura corrigir as insuficiências do sistema penal. Eu sou a favor de restrições, a exemplo de outras legislações. A mídia não informa; ela deforma. Ela não é absolutamente neutra perante os conflitos criminais. Não existe debate... Todo discurso legitimante da pena é bem aceito e incorporado aos noticiários, crônicas e editoriais. A pena representa o rito sagrado de solução de conflitos. Alguém se recorda da última vez que a promulgação de uma lei criminalizante foi objeto de crítica pela imprensa? Você já ouviu a família Bonner dizer assim: "Foi concedido um *habeas corpus* porque a prisão era ilegal"? Já ouviu isso?

RTDC: Não.

NB: *Habeas corpus* dado pelo Supremo é apresentado como "expediente"! O *habeas corpus* é um remédio para a ilegalidade. O credo criminológico da mídia é um discurso que impregnou o jornalismo. Quando o jornalismo deixa de ser uma narrativa com pretensão de fidedignidade e assume função investigatória ou reconstrução dramatizada do caso, passa a atuar politicamente. No meu tempo, a Zona Sul era um lugar progressista. Hoje é um lugar de fascismo social, onde há todos os piores preconceitos, todo esse olhar fascista sobre a pobreza. A Zona Sul hoje é um negócio lastimável. A mídia tem toda uma responsabilidade na formação desse senso comum criminológico, e aposta na punição. A mídia neoliberal tem que esconder a política. A História não tinha acabado?

Então a política já estava sendo escondida assim. Meio ambiente: esconde a questão política aqui. Violência de gêneros: esconde a questão política aqui. A pena escondeu. Qual é a crônica das instituições? Qual é a crônica do Congresso Nacional? Um boletim policial. Tudo é avaliado por isto. Você não discute a reforma agrária. Você não discute a tragédia fundiária brasileira. Você discute se teve legítima defesa, se teve furto, se teve crime contra a segurança nacional... É um absurdo! A política está escondida atrás da questão criminal. Então nós temos que nos conformar com as representações jurídico-penais dos conflitos sociais. E só. Isso é um empobrecimento!

RTDC: Fazendo uma ponte disto com a questão política e com a sua experiência: além da sua vasta formação acadêmica, a sua atuação como advogado e professor, o senhor exerceu papel de relevo no cenário político fluminense. O senhor foi chanceler da Universidade do Rio de Janeiro, governador do Estado e até secretário... Lembro-me bem: o senhor, secretário, me dando uma carona [Gustavo Tepedino], com a sua maestrina, a estudar música, no final de um dia...

NB: Celinha Vaz...

RTDC: ...e fugir, depois de uma briga danada, dizendo: "Vamos comigo!", e entramos no carro. "Vamos que eu estou atrasado! Vou para aula de harmonia". Mas então: o que é que ficou dessa experiência na política? Se tivesse que fazer um corte assim na sua vida como advogado, professor, pensador, intelectual, e de repente vários anos na política e com várias ideias de transformação social. Como é isso? Como está elaborado isso na sua cabeça?

NB: A passagem pela vida pública é sempre uma experiência muito importante. E se dependesse de mim, você [Gustavo Tepedino] estava no Supremo Tribunal Federal; você tinha uma experiência pública à altura do seu merecimento, da sua competência, porque é sempre muito interessante estar dentro do público. E no meu caso eu fui um abençoado, porque eu pude ser um assessor do Leonel Brizola, que é uma personalidade comovente e impressionante da política brasileira, um grande personagem. Eu pude me reinserir, porque eu entrei em 1962-63, quando ainda estava em Juiz de Fora, no PTB. O Partido Comunista e o PTB fizeram uma aliança que se destinava a dar sustentação às reformas de João Goulart, antes de o léxico neoliberal emascular essa palavra: "reforma". Naquele tempo era reforma mesmo. Foi um tempo em que o Hércules Correia, que era um grande quadro do Partido Comunista, foi candidato pelo PTB aqui no Rio. Foi muito bom, foi muito importante. Mas é muito duro.

Você tem que travar muitas batalhas quando está na vida pública. Você não tem saída. Mas é uma experiência muito enriquecedora. E eu lamento essa campanha intensa de desmerecimento do público que a mídia faz, exatamente porque os bons negócios nas comunicações precisam reprimir o público. O público é sempre... Um avião privado caiu num aeroporto privado: teve escândalo? Não. Num avião da TAM, que é uma empresa, enfim, que não é pública, mas está submetida à fiscalização pública, tem uma turbulência: já estão criminalizando a turbulência! Você vê que a pena está tomando tudo! Tem que ter um culpado pela turbulência. Então vamos admitir? É inadmissível? Existe um radar para turbulência? Eu sei que existe um radar que pega os CBs (*Cumulus nimbus*, um tipo de nuvem que as aeronaves devem evitar). Tem um CB ali na rota, pisca uma coisa vermelha, e muitas vezes estamos voando e nem percebemos o comandante contornar o CB. Agora, turbulência tem um radar? Já estão criminalizando a turbulência. A pena dominou o cenário. Houve uma morte, tem que ter um culpado! O acaso, o fortuito ou, para ir para o Direito Marítimo, a fortuna do mar também mata! Hoje a gente vê um crime, e se tem um resultado lesivo a um interesse, a um direito, tem que haver um culpado, uma responsabilidade! Este processo de desmerecimento do público desestimula... Eu acho que os nossos alunos deviam pensar em ter um horizonte nas carreiras públicas também, da vida pública também. É ali que você realmente muda.

RTDC: A sua experiência na vida pública não se ressente um pouco do fato justamente da sua formação humanista não ser bem uma formação da lógica dos políticos, uma lógica diferente?

NB: Eu escrevi um longo texto antes de 1986. Antes disso, Heleno Fragoso escrevera sobre "identificação dactiloscópica", que era obrigatória e era uma humilhação, porque em um cidadão que já está no registro geral você pode fazer a anotação, você pode conferir a identidade apenas pela carteira de identidade. "Eu sou esse aqui". Puxa a carteira, e acabou. Mete o registro, ele está respondendo a esse inquérito. Para que repetir? Era um pequeno ritual humilhante. E o sistema penal se alimenta disso, e há muito tempo... Alimenta-se desses rituais, e o corpo do indiciado é um objeto histórico. Heleno Fragoso, com aquele talento, aquele gênio, escreveu sobre isso. Eu escrevi nas pegadas dele. E outras tantas pessoas escreveram... Eu assumi em 1986, e fiz uma resolução: quem foi identificado criminalmente não seria identificado de novo. Está lá a minha resolução. Resolvi o problema, pelo menos no âmbito da cidade do Rio de Janeiro. Baixei uma resolução e resolvi. Isso depois foi parar na Constituição. O primeiro ato administrativo foi meu.

RTDC: Que bacana!

NB: Então, olha a diferença. Eu estava escrevendo, o Heleno escrevia, todos os professores menos conservadores escreviam...

RTDC: Então a experiência pública permitiu de alguma maneira, em diversos momentos, a complementação...

NB: Claro! Baixei uma resolução, e pronto!

RTDC: Mas e a política de direitos humanos? Não era associada pela mídia conservadora e fascista, ainda hoje, como algo que favorece o crime?

NB: Sim.

RTDC: Isso não é revoltante?

NB: Ainda outro dia isso fez parte das comemorações dos quarenta anos do Golpe pelo *O Globo*, com todos os velhos requisitos: um joguinho da seleção brasileira contra um time fraco, Galvão Bueno, a mesma câmara de eco, tudo o mesmo... Difícil é explicar o que acontece em Vitória, em Brasília, em São Paulo, onde nós estivemos muito... Eu repetiria tudo! Repetiria tudo! Segurei, sim, o freio da polícia. Olha o número de mortos pela polícia, no nosso tempo, e olha hoje, essa vergonha! Mil e quinhentos mortos pela polícia. Sem contar os desaparecidos, porque a polícia mata e esconde, joga o corpo fora... Estou falando da violência policial oficial. Mil e quinhentos. Significa que todo dia a polícia mata quatro caras, e ainda tem gente que pede a pena de morte! Qual o tribunal do mundo que executa quatro caras por dia? Nem no Terror! Pega as memórias dos Sanson, aquela família de carrascos franceses. São seis volumes. Nem no Terror você tinha quatro por dia um ano inteiro.

RTDC: Não sei se é a mídia ou a população que aplaude a pena de morte...

NB: A classe média. Se você for no Morro do Alemão comigo, verá que aqueles moradores lá não aplaudem, não. A classe média fascistizada aplaude. Tem um estudo, que foi feito pelo Ilanud, até o Márcio [Thomaz Bastos] estimulou, que prova que a Lei de Crimes Hediondos não mudou nada, salvo impor condições, a meu ver inconstitucionais, como o Regime Disciplinar Diferenciado (RDD)... Você não pode deixar um cara isolado um ano, dois anos. Isso é tortura.

RTDC: O Márcio Thomaz Bastos, ministro da Justiça?

NB: Sim, ele de alguma forma favoreceu a realização dessa pesquisa. Dez anos de experiência. É um fracasso. Começa a observar a questão da Lei Seca. Teve mais acidente este ano, nas festas, ou na Semana Santa, do que no ano passado. Quando isso é noticiado, começa-se a procurar um dado pontual para esconder o fracasso da prevenção pela pena. Aí, em São Paulo, numa cidade do interior, mudou, e tal sociólogo prova o que quiser, não é? Especialmente com a crise ético-metodológica, porque a sociologia agora resolveu fazer a governabilidade do sistema penal, ao invés de observar e descrever as atrocidades do poder punitivo. O poder punitivo tem que ser controlado pelo Direito Penal, para que nenhuma decisão ilegal, inconstitucional, irracional, passe. A Lei de Crimes Hediondos não adiantou nada. Não afetou nenhuma das incidências criminais. Nada diminuiu por causa desses crimes hediondos. Então, o que é que nós estamos fazendo? Aumentando a perversidade no planeta. Isso, sem dúvida. Aumentando o sofrimento punitivo. E nos regozijando com isso? Será que estamos no caminho?

RTDC: Desculpa. A Lei Seca, que alusão o senhor faz?

NB: Já morreu um motociclista com um tiro nas costas... Você criar uma lei que permite a você botar polícia em contato físico com o corpo. Isto é uma fonte de conflitos. Obrigar o cara a fazer prova contra ele mesmo. É o contrário do sistema penal do Estado previdenciário, e isso só podia ter vicejado nele... Por exemplo, entre outros, o conceito de privacidade... Um sistema penal invasivo, um sistema penal *Big Brother*. A vigilância era uma subfunção da investigação. Agora é ao contrário. Agora, a vigilância é um pressuposto da investigação.

RTDC: E o que se deveria fazer em termos de sistema penal? O senhor teria um caminho, hoje?

NB: Muito difícil politicamente. Tenho um texto com sugestões concretas, intitulado *Alguns Princípios para a Reforma da Justiça Criminal*. Parte do seguinte, vou ler: "Certo dia de janeiro de 2003, recebi um telefonema do meu prezado colega e amigo Ministro Márcio Thomaz Bastos, que me pedia que redigisse e lhe encaminhasse, dando-me o prazo de uma semana, alguns princípios para uma reforma na justiça criminal. Cumpri a tarefa, e aí está um texto repleto de esperanças que até o presente momento não se realizaram, e os sinais legislativos que vieram a lume sugerem que jamais se realizarão". Por exemplo, a prisão. Se fosse possível eleger um princípio para a execução penal seria o *numerus clausus*. Qual é a minha proposta?

Uma comissão integrada pelo juiz de execução, pelo promotor de execução, pelo defensor público, pelo representante da OAB, o setor sanitário, o Conselho Regional de Medicina, de modo que, anualmente, na primeira quinzena de dezembro, haveria a habilitação das vagas das prisões, estabelecendo a capacidade máxima dos estabelecimentos penitenciários (da segurança máxima até a casa de albergado). Eles falariam sobre todas as prisões: "Bom, nessa prisão aqui podem caber 400 presos".

Duplica se for o caso. Esquece aquele direito de ter a vaga sozinho. Isso não existe lá... Bota um beliche, para dar um mínimo de dignidade. Bota um beliche e temos então vagas para 800 presos. "Perfeitamente. Aqui cabem 800 presos". Então, chega-se a uma totalidade disso aqui: 9.840 presos. Se você prendeu 9.841? Ele vai entrar aqui? Seguindo o princípio do *numerus clausus*, sai um daqui, passa para cá, e aqui sai um e vai um para a rua: o preso mais próximo da liberdade, levando-se em conta as condições subjetivas e objetivo-legais. Se o Estado quer nos manter numa dependência dele, ele tem que construir uma dependência com um padrão mínimo de decência. Amontoar num contêiner, como nesse momento acontece no Espírito Santo... Num contêiner! Sinceramente, eu não sei como isto pode se compadecer, eu não vou nem dizer com a Constituição... Isso é imoral! O único caminho é o caminho do *numerus clausus*.

RTDC: Nessa ordem de ideias da criminalização, da importância da pena, e não só na questão do Direito Penal, do Estado policial, temos visto hoje, com certo disfarce sob o ponto de vista político-urbano, o chamado "choque de ordem" da Prefeitura. Como o senhor vê essa faculdade?

NB: Esse processo que ocorreu e que eu chamei, aqui brincando, de "a fascistização da classe média" foi realmente... Nós temos um olhar sobre a pobreza que é um olhar que recorre à velha tradição, que vem de Delfos, do miasma, que é aquela coisa como se fosse um estado permanente de impureza... Nossa cidade é na verdade duas cidades. Você ainda pode visualizar isto. Concentra aí: Lapa, você chega até a Vila Mimosa, a cidade aquilombada e do lado de cá a cidade de Pereira Passos, o nosso Haussmann. Quebra cortiço! Vacina! Destrói Cabeça-de-Porco! E vem a primeira favela no morro de Santo Antônio... A palavra "favela" ainda não estava disponível. A primeira favela é autorizada. Teve um decreto municipal, que autorizava usar materiais para construir os barracos para o pessoal expulso do Cabeça-de-Porco... A Inspetoria Geral de Higiene... Barata Ribeiro, cujo pai foi o último degredado... Estava em degredo em Guarapuava... Era um falsário. Aliás, um personagem e tanto... Cândido Barata Ribeiro. Tem um estudo sobre os últimos degredados... E a outra cidade, a cidade europeia. A cidade europeia e a cidade aquilombada. Essa distinção é de Gizlene Neder.

Os pobres se escondendo por aqui. Santa Teresa foi um quilombo. Lapa. Coisa que vai até o Mangue. E do lado de lá a cidade europeia. Avenida Central. Até pardal, passarinho parisiense, o Pereira Passos trouxe... Como se nós aqui precisássemos de pardal! Não tenho certeza se é um dado histórico, mas eu ouvi isto, e fez tanto sentido... A nossa europeização... E esta aqui, no terceiro quarto do século XIX, era a maior cidade africana do mundo... Na África você não tinha uma cidade com tanta concentração de negros como no Rio de Janeiro. O Brizola tinha essa percepção das coisas, enquanto outros partidos, digamos, do campo progressista, tão respeitáveis quanto, ficaram com chatíssimas assembleias coletivas de classe média, onde não havia povo. Esse olhar sobre o povo como impureza... Mary Douglas estuda a pureza. Você botou pureza, termina daquele jeito lá... Então hoje nós temos um pouco esse olhar fascista. Há um fascismo social que foi dinamizado pelo empreendimento neoliberal, pela sua política criminal genocida e pela cobertura que, em nome da ordem neoliberal, esteve completamente na mídia... Tudo o que é público toma pau. Aqui o pessoal ainda não se deu conta, mas já começou a acabar... O Estado já está voltando...

Nós temos que estar atentos a esse equilíbrio... Não sei como é que esse passo vai ser dado, mas nós temos que estar atentos... Só que aqui, como sempre, nós vamos seguir um pouco na dependência, porque a força política à qual estive associado, hoje, é completamente derrotada. Mas há umas derrotas que são uns orgulhos, não é? E já começa... Eu saí do PDT em 2006... Outro dia, na briga do PDT, tinha uma matéria no *Jornal do Brasil*, onde pela primeira vez a política criminal de Leonel Brizola, comprometida com os direitos humanos e com a contenção da violência institucional, era referida positivamente. Pela primeira vez eu vi, dentro do meu ex-partido, alguém apresentar a nossa política como um argumento... No meio acadêmico, todo mundo sabe. Só quem não é exatamente do meio...

RTDC: Recentemente, o filme *Tropa de Elite* retratou a rotina de violência no Rio de Janeiro, violência esta, muitas vezes, perpetrada por agentes do próprio Estado. Qual a sua avaliação sobre a atuação da polícia carioca? Hoje, talvez, historicamente, é possível recuperar a credibilidade do cidadão na Polícia Militar? De que forma?

NB: Pelo que eu passei, pela minha experiência, eu não boto a polícia na primeira linha. O responsável é quem apoia a política de profissionalização. A sociologia colaboracionista aprova. Acha que é muito bom você chamar um cara e dar-lhe carta branca... O problema não é o [José Mariano] Beltrame. O Beltrame é apenas um delegado de polícia entusiasta do Mossad, entendeu? O governador do Estado é responsável por liberar uma política genocida como esta. A responsabilidade política é dele. A polícia acaba sendo recrutada nos mesmos segmentos sociais onde são recrutados os... Já não direi os suspeitos de sempre, as classes sociais suspeitas de sempre... Eles também vêm de lá. Essa política é também ruim para eles, que morrem mais e passam por todo tipo de coisa. O negócio das milícias... Deixaram aquilo rolar. Acharam que podia ser. Há uma política sobre drogas que é um enorme fracasso. O bloco da União Europeia rachou com os Estados Unidos, o Canadá já rachou em nível continental. É evidente que essa política de tentar um controle de drogas ilícitas pelo proibicionismo só aumentou tudo o que ela pretendia diminuir. E ainda criou outras coisas.

Aumentou o consumo, porque a proibição pode ser estudada como mercadoria. A proibição é uma mercadoria. A pena é uma mercadoria. Num programa de mestrado que tentei montar para a UFRJ, eu sugeria uma disciplina chamada "Economia da proibição e da pena". A proibição cria um mercado paralelo fantástico, no qual vamos estar aqui, nós, os latino-americanos, os camponeses pobres que milenarmente plantam a coca, que é um superprodutor... Isso é geopolítico... A maior compradora de coca da Bolívia é a Coca-Cola. Mas a Coca-Cola pode... Um Red Bull, numa modalidade que era o Red Bull Cola, acaba de ser suspenso porque não faz o tratamento que nem a Coca-Cola... Está numa agência de notícias europeia.

Aumentou o consumo, aumentou o comércio, aumentou a corrupção, aumentou a violência, porque tudo isso é um instrumento fantástico de aterrorização social. Para os sistemas penais, coisas ilícitas são um achado, porque permitem um tipo de intervenção fantástico. A Inquisição sabia disso. Uma coisa ilícita que esteja aqui permite à polícia entrar aqui a qualquer momento, sem precisar de ordem judicial. Imagina isso para a aterrorização das populações pobres, periféricas... A política criminal de drogas é um grande fracasso. A maconha, na minha opinião, só não está liberada porque afetaria a balança comercial, do Hemisfério Norte para cá... Não há motivo real, segundo relatórios norte-americanos, para essa proibição. Que coisa é essa? A maior autoridade na medicina de um país diz: "Isso aqui faz menos mal do que tabaco". E a autoridade legal diz: "Não! Isso aqui, não! As drogas, e tal...". Que história é essa? Um enorme fracasso. Fui eu que fiz o *habeas corpus* preventivo que viabilizou a Marcha da Maconha.

RTDC: Isso foi uma coisa bacana, não é? Como foi essa experiência para os dias de hoje?

NB: Eu não andei na Marcha, naturalmente... Já passei dessa idade... (risos).

RTDC: Historicamente o senhor sempre foi muito sensível às organizações sociais. Eu mesmo [Gustavo Tepedino] já fiz um trabalho de um mandado de segurança...

NB: Você fez um mandado de segurança fantástico, de apreensão do *Pasquim*. Você me obrigou a assinar com você, mas o merecimento foi todo seu...

RTDC: A Marcha da Maconha foi bonita, não é? Tem mais um subproduto disso, que é a própria maconha com péssima qualidade. É um perigo! Os jovens...

NB: Um dos efeitos do proibicionismo é esse! A qualidade das drogas. E por quê? Por causa da política de drogas morrem quatro garotos pobres todo dia no Rio de Janeiro. Por causa da criminalização das drogas. O neoliberalismo, o capital financeiro, esse capitalismo de barbárie, ele avança sobre tudo. Ele pega o flanelinha, a prostituta... As estratégias de sobrevivência da pobreza são criminalizadas. A pirataria, por exemplo. Como é que, com toda essa tecnologia, se pode evitar a pirataria? Um garoto pobre vai fazer aquilo e vai vender para os outros. É inevitável! O Direito Autoral está indo para o ralo. Vamos repensar tudo, porque, com essas tecnologias disponíveis, não adianta a lei. Como disse Welzel: "Não adianta uma lei determinar que a mulher dê à luz em seis meses". São as estruturas lógico-objetivas, as estruturas do ser...

RTDC: Em um dos artigos que o senhor escreveu para a EMERJ, o tema era o controle externo do Poder Judiciário. O senhor acredita que a Emenda Constitucional nº 45 tenha sido uma evolução para o controle efetivo do Poder Judiciário? Como vê essa questão hoje?

NB: Não acho. Fui contra. Acho que aquilo foi uma etapa da reforma do Estado no nível do Judiciário. Foi ainda dentro do projeto neoliberal. Não me convenço, e acho que potencialmente temos uma coisa aí muito conflitiva, de ter criado uma espécie assim de "poder-xerife" sobre os tribunais de justiça dos Estados. Isso, potencialmente, do ponto de vista da República, não me agrada nem um pouco. No contexto em que veio, também não me agrada nem um pouco... Na engenharia neoliberal, resolver conflitos recorrendo ao Direito Romano não é algo confiável. Eles querem substituir por um outro tipo de discurso, de eficiência, de custo-benefício... E nós temos o bom hábito de procurar uma tradição ali... Porque isso dá legitimidade. Nós não estamos inventando o troço...

Quando, na Grécia, aquela força da vingança privada é desapropriada pela cidade, o cara tem que esperar que uma assembleia reconheça que houve um crime, para que ele possa dar seguimento à vingança. Isso pede um tempo. O processo foi criado para se colocar um tempo entre o crime e a pena. E esse tempo, muitas vezes, é um tempo extenso. Supõe um amadurecimento. Linchamento, não. Linchamento é na hora. Hoje *O Globo*, na primeira página, chama linchamento de "reação coletiva". Havia um pessoal assaltando lá em baixo, deram um tiro, mataram o assaltante: "reação coletiva".

Uma pesquisadora mostrou, num *O Globo* de três ou quatro dias atrás, a relação entre desemprego e morte. Mais desemprego na juventude: mais jovens mortos.

O Globo colocou, no lugar de desemprego, "ociosidade". Com os pobres é ociosidade; não é desemprego. A classe média fascista dando tiro na cabeça do assaltante lá em baixo é "reação coletiva"; não é linchamento. Há casos em que a prescrição vira quase que uma ofensa, como se a prescrição não tivesse cidadania jurídica. A prescrição funda-se no seguinte: conforme o fato de que se trate, passado um determinado tempo, você não encontra mais aquele autor. Você encontra outro sujeito. Foi aquele, mas anos atrás... Sequer a vítima tem mais interesse... E o caso às vezes não andou... Chegou na delegacia, o delegado falou: "Que feijoada!" ("feijoada" é gíria na delegacia para um assunto assim...). Chegou no promotor, o promotor falou: "Ah, meu Deus... Resolve isso lá...". Devolveu. Chegou num ponto... Porque não era um assunto importante. E o interessado, também, se quisesse muito, ia bater na porta do promotor: "Por favor! Ouve a testemunha tal". A vítima também faz... Então ficou aquilo ali, o caso... Chegou um tempo em que está prescrito! Isso ocorre! O Direito se ocupa disso! Como dizia von Liszt: "Isto não é nenhuma força mística do tempo, não!". Isto está cumprindo objetivos sociais. O homicídio prescreve em vinte anos. Mas me diga uma coisa: depois de vinte anos, procura o sujeito que matou, e você não o encontra mais. Encontra outra pessoa. Sou também completamente contra essa ideia de imprescritibilidade que está circulando no Direito Penal internacional... É querer o juiz brincar de Deus.

RTDC: Qual a sua opinião sobre a atuação do Supremo no caso do Cesare Battisti? Antônio Fernando Souza manifestou-se...

NB: Eu dei parecer nesse caso. O meu fundamento para o Battisti era o seguinte...

RTDC: Deixa-me ler o que o procurador-geral falou: "a mera circunstância do refúgio ter sido concedido por decisão do Ministro da Justiça, no exercício da atribuição recursal, e não por deliberação do Conare (Comitê Nacional para Refugiados), não constitui dado distintivo relevante capaz de justificar que esse Tribunal, só por isso, adote conclusão diversa daquela estabelecida na Extradição 1008".

NB: Antonio Fernando Souza está certo. Nós concedemos refúgio. Como é que vamos entregar o Cesare Battisti? Quem concede refúgio é o Executivo...

RTDC: O refúgio não está associado a sofrimento de Estado de exceção?

NB: Refúgio é uma decisão soberana que o Poder Executivo toma a partir de informações que ele coleta. E o Battisti é um preso político. E ainda foi condenado por um crime político antes desse, cujas informações o governo italiano sonegou... Em 1979, eu fiz um artigo para dizer que a tortura não estava abrangida pela Lei da Anistia. Publiquei. O Ênio Silveira publicou na *Encontros*, da Civilização Brasileira. Lutei ali. Passaram-se trinta anos. Então teria que processar todos os Procuradores Gerais da República por prevaricação. A polícia toda, todos os chefes de polícia. E você nessa circunstância não pode mudar a interpretação. Isso é uma violação indireta do princípio da legalidade. Durante trinta anos ficou claro que torturadores estavam anistiados. Como é que agora vem alguém e diz: "Ah, não... Resolvemos mudar, porque nós somos legais, nós somos os jovens...". O que é isso? Isso viola o princípio da legalidade.

RTDC: No caso do Battisti, o senhor deu o parecer no sentido do respeito à decisão soberana do refúgio?

NB: Não. O meu parecer tem outro fundamento. Os crimes pelos quais ele está sendo acusado lá, os homicídios, são anteriores à nossa Lei de Anistia. Nós anistiamos o mesmo fato. É um fato que está anistiado no Brasil.

RTDC: Então, isonomia...

NB: Sim. Isso é um princípio. Essa correspondência é um princípio básico da extradição. Se o fato não é punido num dos dois países, não dá.

RTDC: A sua posição foi com relação à extradição. Não se dar a extradição a ele... E paralelamente...

NB: Eu tenho uma posição que não estava sendo questionada. Eu fui por um lado que não estava sendo tocado. Eu fiz uma comparação com um torturador. Houve um general francês que esteve aqui ensinando tortura naqueles tempos, por causa da experiência com a Argélia. E lançou um livro, e nesse livro ele conta sobre a tortura aqui. Conta, inclusive, de uma moça que já estava irreconhecível e que acabou morrendo.

RTDC: Há trechos interessantes em seu parecer. Uma analogia, feita no final, com a Olga Benário Prestes, e nós pensamos na Itália como um Estado democrático. O senhor poderia comentar isso?

NB: É um Estado democrático sob ameaça, porque o reconhecimento do fascismo na Itália é um fato conhecido de todos. O Berlusconi estava pensando em separar... Imigrantes não poderem entrar em ônibus... Uma coisa assim... *O Globo* não noticia isso... São os aliados dele... Informar-se, no Brasil, é difícil... Esse cara é um fascista. Num momento do parecer, eu digo: "E logo agora, quando os Camisas Pretas experimentam uma...". Eu dei o parecer pelo seguinte: o torturador francês, se ele viesse aqui lançar o seu livro, a sua tradução brasileira, e o Juiz Baltasar Garzón, que não pode ver uma câmera piscando... Ele despacha o que tiver de despachar para aquela câmera continuar piscando, seja colocar na ilegalidade o movimento basco, seja prender o Pinochet, seja prender Cristo, se Cristo passasse ali... O juiz implacável! Depois são todos candidatos a deputado... Como aqui... Como eu dizia, o meu argumento é o seguinte: se o general francês vier aqui... Vamos que a moça, essa que ele matou, seja uma espanhola, e ele chega aqui e tem uma ordem do Baltasar Garzón... Não podemos prender, porque ele está anistiado pela Lei de Anistia. Como é que nós vamos entregar o Battisti? Aquele Henning Albert Boilesen, que financiava a Oban? Ele foi justiçado... Tempos difíceis, né? Em plena rua de São Paulo, a rapaziada o costurou de tiro. Gostava de ver torturar aquele cara, sabia? Ele financiava a Oban e gostava de ver tortura. E um belo dia, alguém, que eu não tenho a menor ideia de quem tenha sido, costurou ele de cima a baixo. Aquilo está anistiado. O tenente do Vale da Ribeira, que foi capturado lá pela guerrilha, o pessoal do Lamarca... Queria avisar para as forças regulares onde é que ele estava... Tadinho. Era um garoto também. Foi morto. Coisas da guerra... Os caras foram anistiados. Como é que nós vamos entregar o Battisti? Para não falar que é uma delação premiada de um cara que já tinha colocado em outra pessoa... Como é que vamos entregar o Battisti? Vamos admitir que ele tenha matado lá o açougueiro que colaborava, o sargento fulano... Como é que a gente vai entregar, se nós anistiamos esses mesmos crimes aqui?!

RTDC: Umas questões rápidas sobre as nossas relações entre Civil e Penal. Logo após a entrada em vigor do Novo Código Civil, há um artigo seu denominado "Cartas civilistas", publicado na *RTDC*. O senhor trouxe à tona o debate acerca do caráter constitutivo ou sancionador do Direito Penal. Como enxerga essa discussão atualmente?

NB: Para mim é sancionador, independentemente da autonomia conceitual. Aquelas coisas móveis. O tijolo... Como é que se chama? Por acessão? É isso? "Imóvel por acessão"? Desculpe, o tijolo, para nós, e coisa móvel. Aquilo vai ser coisa móvel. Temos estes ajustes, mas o Direito Penal é sancionador. E eu acho que, se eu fosse preparar um anteprojeto de crimes patrimoniais, eu procuraria exatamente trabalhar isto da maneira mais afinada possível com os conceitos-chave do Direito Privado, sejam eles das coisas, sejam eles obrigacionais. Temos de unificar isso o máximo possível.

RTDC: E o senhor acha que houve alguma alteração conceitual por força da mudança do Código Civil de seis anos atrás? É possível verificar alguma modificação conceitual, trazida por esse novo diploma, que teve de alguma maneira implicação prática para o Direito Penal nesses anos?

NB: A partir do Código Civil, não tenho nenhuma dúvida de que o fundamento da licitude das lesões cirúrgicas é o consentimento. A partir do art. 15...

RTDC: Era a próxima pergunta. Sobre o art. 15 do Código Civil, que diz que "ninguém pode ser constrangido a submeter-se, com risco de vida, a tratamento médico ou a intervenção cirúrgica".

NB: Superando um velho debate, que passava por um tosco e invasivo exercício de direito dos médicos... Como se o médico fosse te pegar, olhar assim e dizer: "Espera aí! Você! Me desculpe!", e te cortar... Acabou aquilo. E tirou dos limites da necessidade também, que são muito radicais, muito extremos. É o consentimento do sujeito, e aí a questão vai ficar: os suprimentos do consentimento. A necessidade vai ser subsidiária. Hoje nós temos mais tranquilidade teórica, por exemplo, neste campo... A licitude das lesões cirúrgicas, porque você, graças ao art. 15... Eu estou dando um exemplo... Você para ali no consentimento, e subsidiariamente... Eu posso não poder consentir, mas uma hemorragia aguda você pode intervir sem o meu consentimento, pela necessidade. Então ficamos assim.

RTDC: De maneira geral, como o senhor vê a interdisciplinaridade entre o direito civil e o direito penal, em especial no que diz respeito à responsabilidade civil? É possível aproximar a sanção penal de um sistema parecido com a responsabilidade civil (cada vez mais objetivo, trazendo a noção de dano injusto)?

NB: Vem acontecendo... Está até acontecendo, porque há em curso uma objetificação, como há uma expansão do Direito Penal. Só que isso é muito perigoso... Aliás, a expansão não é do Direito Penal, não! É do poder punitivo. Conceitualmente essa distinção nos ajuda. O que se expande é o poder punitivo. As sanções civis são completamente racionais. Mas a pena não passa de imposição autorizada e medida de sofrimento. A pena pública exclui o protagonismo da vítima. A vítima participa processualmente da configuração da sanção civil. Mas é apenas uma espectadora da sanção penal. Mas a tendência é criminalizar mais e mais conflitos. É assim que os crimes são inventados. Os crimes não existem na natureza, ao contrário do que os positivistas achavam. Os crimes são criações políticas. Todo deputado hoje acha que... veja essa última do sequestro-relâmpago... Não precisava nunca daquilo. Aquilo é uma besteira. Não precisava. Aquilo é só uma coisa que atrapalha. Já estava. Ele vai fazer a campanha dele no ano que vem baseado naquilo. Tem gente que faz uma campanha inteira... O Amaral Neto fez uma campanha inteira em cima da pena de morte.

RTDC: Uma vida inteira...

NB: Há umas figuras parlamentares que são assim... Era a CPI das Drogas. Ninguém aguentava mais falar de drogas. Aí passou para a pedofilia, que é o novo... Uma coisa aí da presa fácil... O novo mote sob o qual nós podemos... O cara oferece para problemas até reais soluções completamente irreais, que, como a pesquisa do Ilanud mostrou, não resolvem nada. Mas a coisa é um bode expiatório. Então a pessoa acha que com aquilo está resolvido. Nós temos que jogar a pena para a lata de lixo. Ela vai para a lata de lixo. Um dia... Por que não? Método infecundo. Primeiro, porque ela não soluciona, porque não tem duas partes. Falta ali a alteridade. A lesão à vítima foi substituída pelo caráter infracional da conduta. Então a lesão não é que ele me cortou o dedo. A lesão é que ele infringiu a lei. Isso é uma coisa que começa a ser construída do século XIII para cá. Por exemplo, a invenção da infração, que vai produzir aquilo que Foucault chamou de "personagem novo", o procurador, vai ajudar na arrecadação de recursos materiais, porque a justiça criminal foi muito rendosa... Então, na Idade Média... Na Idade Moderna também. Até o século XVIII, inclusive. E depois ainda ficam umas coisinhas assim, uns confiscos. E, quando o poder punitivo avança, ele avança dessubstancializando o delito. Crimes de perigo abstrato. Daqui a pouco você vai criminalizar o ato preparatório, a posse de coisas. Dali a pouco você está criminalizando a vontade, a intenção... É uma coisa perigosa. Para o Estado de Direito democrático, é o maior risco que nós estamos correndo aqui.

RTDC: Nessa linha de interdisciplinaridade também, a Lei de Falências... O senhor tem um texto sobre falências. Quais as principais inovações trazidas pela nova Lei de Falências, no que diz respeito ao Direito Penal falimentar?

NB: Eu estudei esses crimes no meu *Lições de Direito Penal Falimentar*. Para mim, o pior defeito da lei é ter estendido a condição objetiva de punibilidade, que sempre foi "a falência" para a recuperação judicial. Passou a valer como. Eu até tenho aqui uma coisa de que você [Gustavo Tepedino] vai gostar, para até não parecer que eu só falo mal das Organizações Globo verbalmente. Sobre a condição objetiva de punibilidade.

RTDC: Verbalmente não vai ser mais, porque nós vamos publicar isso... [muitos risos].

NB: Vou ler para vocês, está na página 53: "A nova legislação brasileira endossaria estruturalmente estes argumentos. Se as possibilidades da recuperação (extrajudicial ou judicial) se antepõem à falência precisamente pelos múltiplos inconvenientes que decorrem da quebra do comerciante, a condição de punibilidade circunscrita à decretação da falência estaria cumprindo exatamente a função de impedir que um promotor de justiça estouvado, com a TV Globo a reboque, interviesse sobre a já abalada credibilidade da empresa recuperanda, na contramão dos interesses que a lei pretendeu tutelar (fomentando os danos que ela quis evitar e aprofundando a crise de liquidez que ela almejou ver superada). Outorgar à sentença que homologa a recuperação extrajudicial ou defere a recuperação judicial o status de condição objetiva de punibilidade, ao lado da sentença que decreta a falência, viabilizará iniciativas criminais potencialmente capazes de perturbar gravemente o procedimento de recuperação empresarial, acelerando quebras que talvez fossem evitáveis. O aprimoramento da nova lei, no campo do direito penal falimentar, deverá começar por uma reforma no artigo 180, para que apenas a sentença que decretar a falência seja considerada a condição objetiva de punibilidade".

RTDC: Essa é uma relação direta...

NB: O cara pega, e aí vem, e se já está aberto... Se o crime dele já pode ser investigado, para que é que eu vou fazer a recuperação? Se já vai entrar o crime... Ele já está desacreditado...

RTDC: O senhor acha que a nova lei, de maneira geral, criminalizou mais essa situação do falido...

NB: Ela tende a isso e comete vários deslizes. Eu dei uma passada bem minuciosa nela. Eu interrompi o segundo volume do meu *Direito Penal Brasileiro*, aquela tradução que eu faço do Raul, a tradução brasileira [BATISTA, Nilo; ZAFFARONI, E. Raul; ALAGIA, Alejandro; SLOKAR, Alejandro. *Direito Penal Brasileiro*. Rio de Janeiro: Revan, [s.d.]. v. I], achando que eu iria gastar só uns quatro meses, mas gastei oito meses, gastei quase um ano. Mas estudei. Cada crimezinho está bem estudado ali no *Lições de Direito Penal Falimentar*. Tanto quanto eu consegui...

RTDC: Dentro de sua ampla obra em Direito Criminal, política, questão dos direitos humanos, controle do Poder Judiciário, Direito Falimentar etc., há algum tema específico sobre o qual gostaria de chamar a atenção? Alguma questão que está na sua mente, dos temas que o senhor escreveu?

NB: Se eu tivesse que pegar uma coisa, eu diria o seguinte: transdisciplinaridade. Em primeiro lugar, nós precisamos conversar mais entre nós. Tenho essa impressão, depois de quase quarenta anos de magistério. E também temos que romper o autismo do discurso jurídico. Nós temos que dialogar mais com a História, com a Ciência Política, até mesmo com as Ciências Sociais. Temos que procurar nos fundamentar numa teoria social que incorpore o conflito. Nós vivemos no conflito. Se não houvesse conflito, nós podíamos ir para casa. Como é que nós vamos trazer para a nossa base pedagógica uma teoria social de consenso, de estruturação social, de harmonia? Nada disso. Uma teoria do conflito, uma teoria conflituada.

Esse é o grande problema nosso, porque nós não trabalhamos, nas nossas teorias gerais, com um conceito de sociedade dividida em classes. Na verdade, os alunos saem da faculdade e encontram toda a sociedade dividida em classes. Trabalhamos com um conceito de Estado que paira acima dos conflitos sociais. Isso não é verdade! Porque existe uma classe que ocupa o Estado. A gente olha, e essa classe é a classe outrora proprietária de escravos no Império.

Na Nova República, ela era a oligarquia agroexportadora. E se olharmos bem vamos encontrar, hoje, os netos daquela oligarquia dando as cartas no capitalismo vídeo-financeiro e comunicacional. Um deputado que é relator de um caso diz assim: "Eu estou me lixando para a opinião pública". Todo juiz deveria dizer isso antes de dar uma sentença. Eu não sei quem é o deputado, não conheço, não tenho a menor afinidade com ele, mas eu gostaria que todo juiz que vai julgar uma causa dissesse isso: "Estou me lixando para a opinião pública". Muitas vezes eu vejo é o contrário. Eu vejo que ele está reverenciando a opinião pública. E isso é que me parece um absurdo. Por causa dessa frase, porque a opinião pública é uma divindade, há uma campanha, e correm atrás dele, vai repórter atrás dele, alugou uma casa, com advogado, a mulher, isso e tal... E o cara é devassado, porque disse isso: "Estou me lixando para a opinião pública". Eu adoraria que todos os juízes da nossa Corte Suprema... Adoraria ouvir o Joaquim Barbosa dizer: "Estou me lixando para a opinião pública"

RTDC: Essa ADIN nº 130 da Lei de Imprensa... Eu [Gustavo Tepedino] achei que jogou para a torcida, na minha opinião, porque na verdade tinham sido recepcionadas muitas normas inconstitucionais, no caso *O Pasquim*, em que nós atuamos juntos em 1979, e o Saulo Ramos, que hoje se diz tão democrata, havia recolhido *O Pasquim*. Na sua opinião, até nas questões de direito de resposta...

NB: Mais do que isso.

RTDC: Na sua opinião, hoje, em Lei de Imprensa, o que foi feito? Qual a sua avaliação?

NB: Minha avaliação é que foi uma certa lambança do tribunal, que eu acho que deu muita atenção à chamada opinião pública, que frequentemente não passa de "opinião publicada". Eu não acho a decisão correta. Vou dizer, se não tivessem metido lá o artigo quinto, no dia de hoje, um delegado pegava o jornal e lia: "Quem foi quê?...", e pegava a fonte, porque o sigilo de fonte estava na lei. Até 1988 estava só na Lei de Imprensa. E não consideraram isso. Agora, pior do que isso... A Lei de Imprensa continha... Essa lei não era apenas uma lei da ditadura; ela tinha outros componentes. Tinha uns componentes nacionalistas, como a proibição de nacionalização dos meios de comunicação, por exemplo... Se quiser eu tenho um texto sobre isso [Lei da Censura e Lei da Imprensa] no *Punidos e Mal Pagos*.

RTDC: Quero.

NB: Uma das coisas boas e que é um orgulho nosso é a chamada "responsabilidade sucessiva". O que é a responsabilidade sucessiva? É uma invenção legislativa brasileira que, para fomentar a liberdade de imprensa, exclui os crimes praticados através dela do regime geral da autoria e da participação, para que só responda o autor do artigo. Esse texto [Lei da Censura e Lei da Imprensa] é um trabalho de juventude...

RTDC: Esta deve ser uma edição recente. Eu acho que eu fui ao lançamento... Tenho uma foto com o senhor...

NB: Eu começo assim: "Na sala da Faculdade, o professor da Turma A pergunta aos alunos: 'O que pensam vocês de uma lei que estabelece censura sobre espetáculos e diversões públicas? (art. 1º, §2º); de uma lei que enseja castigar a divulgação de fatos verdadeiros (art. 16); de uma lei que pune quem vagamente ofende a moral pública e os bons costumes (art. 17); de uma lei que, caso alguém impute a certos dignitários a prática de um crime, e, por eles processado, deseje provar que sua imputação era verdadeira, ou seja, que o dignitário realmente praticara aquele crime, não permite tal prova seja produzida (art. 20, §3º); de uma lei que faculta ao Ministro da Justiça determinar, independentemente de ordem judicial, a apreensão da edição de um jornal se nele vislumbrar o incitamento à subversão da ordem ou ofensa à moral pública e aos bons costumes (art. 63)?'".

RTDC: Saulo Ramos é que fez isso...

NB: "Os alunos respondem em coro: 'Essa lei é insuportavelmente autoritária; é uma autentica lei da censura'. Na sala ao lado, o professor da Turma B pergunta aos alunos: 'O que pensam vocês de uma lei que assegura a manifestação do pensamento e a difusão de informações ou ideias independentemente de censura? (art. 1º); de uma lei que garante exclusivamente a brasileiros a propriedade, controle e orientação intelectual e administrativa de empresas jornalísticas (art. 3º, e parágrafos); de uma lei que protege o sigilo da fonte e impede que seja por esse motivo o jornalista molestado (art. 7º e 71); de uma lei que estabelece jamais constituir abuso a crítica inspirada pelo interesse público ou a exposição de doutrina ou ideia (art. 27, incisos VIII e XIX); de uma lei que circunscreve ao autor da matéria [...]'. Também em coro os alunos respondem: 'Essa lei é admiravelmente democrática, além de nacionalista; é uma verdadeira lei de imprensa" (p. 139, *Punidos e Mal Pagos*). E aqui eu volto ao que eu estava falando. É a mesma lei. Nas duas salas de aula o professor estava falando da mesma lei.

RTDC: Qual seria a sua recomendação para as novas gerações de juristas que queiram seguir a carreira acadêmica no Direito Criminal? O senhor sugere algum curso de pós-graduação específico? Que conselho daria ao novo jurista de hoje? Ou que pretende ser um novo jurista, um estudioso.

NB: Que ele abra os olhos para a realidade social do sistema penal, para ele ver como as coisas funcionam na realidade, para ele não se deixar iludir, para ele não ser uma espécie de "marido enganado" do sistema penal, para ele procurar conhecer a realidade. E a realidade estatística não mente. A Inquisição moderna teve como alvo um gênero: as mulheres. Quase 90% das vítimas da Inquisição moderna são mulheres. Então, não tinha dúvida: as mulheres eram o alvo da Inquisição moderna. Estava havendo aí um acerto de contas, não só da tradição judaico-cristã da impureza da mulher. Afinal de contas, não fosse ela aparecer com a maçã... E a tradição judaico-cristã da impureza da mulher, como dizia um inquisidor no meio do século XV: *femina* vinha de *fé* e *minus*, porque tem menos fé do que o homem. Como também um acerto de contas da apropriação da sexualidade pelo Direito Canônico... Aquilo foi um negócio... Nunca na extensão houve... Muitos direitos antigos tentaram intervir na sexualidade, mas nenhum como esse, a produzir tanto efeito... Até hoje, não é? Nenhum Direito botou na ilicitude tudo o que não fosse conjunção carnal intramatrimonial procriativa, na qual o prazer tinha um sabor de resíduo ilícito, salvo, por razões explicáveis, a opinião de Abelardo... [risos]. Não podemos negar. O sistema penal estava contra as mulheres naquele momento. Aqui, por mais que se tente destacar as prisões de brancos para transmitir a impressão de que o sistema penal é igualitário, é só entrar numa penitenciária e ver quem são os alvos do sistema penal do neoliberalismo. São os inúteis da economia. Igual ao que tinha acontecido quando o mundo feudal foi superado por um novo mundo urbano, pelo cercamento, pela mudança no estatuto da exploração da terra, que degenerou nessa situação capitalista. O Grande Cerceamento... As estratégias da pobreza nos séculos XVI e XVII na Inglaterra... O pai da Elizabeth, Henrique VIII, no reinado dele, enforca mais de 70 mil ladrõezinhos. É por causa disso que Thomas Morus escreve a *Utopia*. Ele tenta descobrir um sistema penal menos... Os inúteis da nova economia, do cercamento, das ovelhas... Porque aí o gado vai ocupando a terra, e não se precisa mais do sujeito ali... Esses caras precisavam de comer... um ganso, uma perna de alguma coisa... Roubar no bosque uma turfa para fazer um fogo, uma coisa assim. Forca, forca, forca! Os inúteis da nova economia, do que era a nova economia, estão sendo criminalizados. Os desempregados inempregáveis... Imagina que destino é esse... Se ele vai vender um cigarro de maconha para um sobrinho nosso, para um filho nosso que vai lá comprar, ele toma um tiro do pessoal do Bope. Se ele faz um CD pirata para vender, vem a Guarda Municipal. Se ele quer comercializar os pastéis que a tia faz na praia, chega o choque de ordem. Quando ele tenta ser um flanelinha, é preso. Olha que filme de terror!

ENTREVISTA COM ANTÔNIO CELSO ALVES PEREIRA[1]

RTDC: Vamos começar com Minas Gerais. Professor, que influências Minas Gerais trouxe em seus pensamentos e em sua obra de maneira geral?

AC: Minas Gerais e, especialmente, Peçanha, minha cidade natal, são fontes de inspiração absoluta, exercem definitiva influência em minha vida. Afinal, quem nasce em Minas desfruta de situação especial, porque, você sabe, formamos uma nacionalidade dentro da nacionalidade brasileira. Somos um povo particularíssimo, que povoou vales, montes e montanhas no turbilhão de uma forte onda migratória, determinada pela mineração, que, à época, despovoava o reino de Portugal. Somos o resultado da miscigenação de índios, portugueses, africanos e judeus. Uma linda mestiçagem. Nossos ancestrais foram garimpeiros, mineradores, frades, aventureiros de toda a espécie, e, em meio a isso, muita gente boa, honesta e trabalhadora. Sabemos que, quem caça ouro, cata ou faísca diamantes e pedras preciosas, vive do sonho. E, em razão disso, que o sonho povoa as nossas vidas, apesar de, paradoxalmente, termos os pés no chão. Quem vive de sonho, vive de paixão. Então, paixão e sonho são presenças constantes em minha vida. Cresci ouvindo histórias, observando exemplos de pessoas preocupadas em viver de forma correta, discreta e laboriosa. Presenciei muito sofrimento, injustiças, lágrimas e abandonos, ao lado de alegrias e conquistas de toda a ordem. Portanto, em relação às minhas influências, afirmo que, em todas as atividades às quais me dedico, como professor, escritor, advogado e indivíduo, minhas circunstâncias estão em mim, e, como tal, procuro ser fiel às ricas lições de vida da gente e da terra mineira.

RTDC: E como o Direito entrou na sua vida?

AC: O Direito entrou na minha vida por necessidade. Digo isso sem nenhuma preocupação. Ainda cursando o ginasial, percebi minha vocação para as Ciências Humanas. Fiz o segundo grau sob um modelo que, hoje, lamento, não mais existe: o Curso Clássico. Meu desejo era me formar em História e me dedicar à pesquisa e ao ensino dessa disciplina. Entretanto, precisando ganhar a vida, e, diante das dificuldades de profissionalização imediata como historiador, abandonei o curso de História e fui estudar Direito. Logo me interessei pelo Direito Internacional e pelas Relações Internacionais.

[1] Entrevista concedida à *Revista Trimestral de Direito Civil – RTDC*, v. 44, out./dez. 2010.

São disciplinas afins com a História. Pensando bem, apesar de minha frustração pelo abandono do curso de História, acho que acabei acertando, porque, hoje, tenho enorme encantamento em estudar Direito. Gosto profundamente do que estudo, pesquiso e ensino como professor de Direito Internacional e de Relações Internacionais.

Entretanto, não abandonei os estudos históricos. Durante o ano de 1975, como "bolseiro" do Ministério dos Negócios Estrangeiros de Portugal, fiz, na Universidade de Lisboa, um curso de pós-graduação em História Diplomática, sob a orientação do Professor André Gonçalves Pereira, um dos grandes nomes do Direito Internacional europeu. Vejo o Direito como uma Ciência Social. Trabalho com uma disciplina que é muito contestada por velhos e modernos detratores, voluntaristas e realistas. O Direito Internacional é Direito e é um saber profundamente diferente dos outros ramos da Ciência Jurídica. Por suas características, por seus sujeitos, pela natureza de suas fontes, trata-se de um direito diferente, específico e fundamental para a vida contemporânea. Nada hoje é estritamente nacional. Todas as atividades humanas estão, de uma forma ou de outra, vinculadas à vida internacional. O Direito Internacional regula tudo. A economia e o comércio internacionais, os transportes, a saúde, o trabalho, a cultura, a ciência e a tecnologia. A emergência dos Direitos Humanos e a consagração do indivíduo como sujeito de DI humanizaram nossa disciplina, que caminha na direção de um direito da Humanidade, marcado por normas cogentes e pela existência de tribunais internacionais, cuja atuação amplia as limitações da soberania estatal, como guardiões que são do DI e da ordem pública mundial. O que dizer do papel vital desempenhado pelas Organizações Internacionais intergovernamentais – ONU, Unesco, OMS etc., no mundo contemporâneo?

RTDC: Na sua formação, qual é a grande lembrança dos cursos universitários, em termos de mestres daquela época?

AC: Tive grandes professores. Pela influência que exerceram em minha formação, cito quatro, entre outros grandes mestres, os Professores Oscar Dias Corrêa, Afonso Arinos, Haroldo Valadão e Pedro Calmon, meus mestres no Curso de Doutorado na antiga Faculdade Nacional de Direito, intelectuais brilhantes, dedicados, generosos, com visão universal e grande cultura humanista. Do Professor Oscar Corrêa falo com emoção, saudade e muita gratidão. Não posso deixar de mencionar duas outras grandes influências em minha formação. Desta feita, meus mestres de História e Filosofia no Curso Clássico do tradicional Colégio Marconi, hoje Colégio Municipal de Belo Horizonte, Lincoln Bessa e Arthur Versiani Velloso, respectivamente.

RTDC: É possível fazer um paralelo, no seu ponto de vista, entre as faculdades daquela época e as de hoje?

AC: Em vários aspectos, avançamos muito. Principalmente com o aumento da oferta de cursos superiores e a universalização da educação básica, embora esta, hoje, apresente grandes deficiências, especialmente nas escolas públicas municipais e estaduais. Nos Colégios privados, como Santo Agostinho, Santo Inácio e São Bento, e nos públicos de Aplicação, os alunos recebem excelente formação. Antigamente, só a elite chegava às universidades. Quem não estava nesse estrato social precisava de muito esforço, força de vontade e obstinação, para vencer obstáculos, preconceitos e limitações para ingressar na universidade. No meu tempo, eram oferecidas, em Minas Gerais, no máximo, cem vagas anuais em Direito nas duas únicas universidades: a Federal e a PUC

Minas. Não havia faculdades isoladas. Nas outras áreas era, mais ou menos, a mesma situação. Realmente, era muito difícil o acesso aos cursos de Direito.

A educação básica, naquela época, era mais completa, melhor. No Clássico, por exemplo, estudávamos Latim e Filosofia, aprofundávamos os estudos de História do Brasil e Geral, de Gramática e Filologia, Inglês e Francês, além das ciências exatas, cujos conteúdos programáticos eram, entretanto, em grau de dificuldade, menores do que acontecia no então chamado Curso Científico. Outro aspecto que, hoje, propicia ao aluno obter melhor formação está na possibilidade de se estudar em boas bibliotecas, recorrer às modernas ferramentas pedagógicas, como os computadores, máquinas que, no meu tempo de estudante, estavam entre as parafernálias da ficção científica. Na minha época, se eu quisesse consultar qualquer livro, devia comprá-lo pelo reembolso postal ou importá-lo por intermédio de livreiros importadores... Custava uma fortuna. O indivíduo que tem recursos, atualmente estudando Direito, compra via internet, na Amazon ou em outros sítios, a obra que quiser. De outra forma, ainda pela internet, pode baixar livros raros e entrar nas grandes bibliotecas do mundo, além das facilidades para viajar, conhecer outras sociedades, de entrar em contato com colegas de outros países, de participar de congressos e conferências, e de pesquisar o que lhe interessar.

Quando assumimos a direção da Faculdade de Direito da UERJ, eu e o Professor Gustavo Tepedino, implantamos uma estrutura de pesquisa na Faculdade. Antes, por lá, nada existia nessa matéria. Isso beneficiou muita gente. Foi a partir dessa estrutura que consolidamos e ampliamos o então recém-criado Programa de Pós-Graduação em Direito, hoje um dos melhores do país. Neste momento, o curso de graduação da UERJ, posso garantir, é muito melhor do que era anos atrás, por causa, exatamente, dessa série de vantagens que a vida contemporânea oferece aos alunos. Vivemos agora em um mundo marcado pela virtualidade e pela simultaneidade. Um mundo em que a velocidade dos acontecimentos é incrível e propicia aos indivíduos acompanhar os avanços científicos e tecnológicos e se beneficiar desse processo. Em razão disso, precisamos e temos todas as condições para formar, cada vez melhor, nossos alunos. Segundo o filósofo e cientista político francês, Paul Virilio, vivemos numa *dromologia*, neologismo por ele criado, significando o estudo do efeito da velocidade na sociedade contemporânea. Disso resulta uma equação interessante, proposta por ele: conhecimento mais acesso aos canais de informação, mais velocidade, é igual a poder. Resumindo: o ensino do Direito nos tempos atuais, considerando cursos de qualidade como o da UERJ, é melhor do que o oferecido no passado. A lamentar, no caso, a proliferação de Cursos de Direito, que, em sua grande maioria, não oferecem qualidade, formam mal e pessimamente.

RTDC: O Professor mencionou a sua passagem como Diretor da Faculdade de Direito da UERJ, que depois se estendeu para um mandato como Reitor da universidade. Como foi essa experiência?

AC: Começo pela reitoria. Foi muito difícil, contudo, altamente gratificante. Enfrentei dificuldades, greves, ferrenha oposição dos movimentos cujos candidatos a reitor foram por mim derrotados, problemas com o financiamento da Universidade, enfim, nada que não esperasse, pois são obstáculos oriundos da natureza do cargo. Agora, dirigir uma faculdade como a UERJ é uma honra, uma alegria, um privilégio. Eu só fui Reitor porque fui diretor da Faculdade de Direito. Ser diretor de uma Faculdade do porte da nossa é um título que acrescenta muito para qualquer profissional do Direito.

Fui muito feliz como diretor. Tive a felicidade de contar com a colaboração do então vice-diretor, meu querido amigo Gustavo Tepedino, que me sucedeu na direção e fez uma das mais importantes e competentes administrações da história da nossa Casa.

Voltando à reitoria, reafirmo que, para mim, foi um desafio constante e permanente. Primeiro, porque a UERJ é uma grande Universidade. Está entre as dez melhores do país. Contudo, aparece como instituição muito politizada, como todas as suas congêneres daqui e de além-mar. A universidade, sabemos, é uma corporação. Formou-se assim, nos primeiros séculos da Baixa Idade Média. Às vezes, o espírito corporativista se manifesta de modo radial, e o resultado não tem sido dos melhores para o avanço da instituição. O grande problema da Universidade brasileira reside no seu financiamento. No caso da UERJ, o Estado não repassa, em sua totalidade, o orçamento aprovado pela Assembleia Legislativa. O reitor é um chato pidão, que vive de pires na mão, lutando pela liberação do orçamento. Pelo menos, até o tempo em que fui reitor era assim. São grandes as dificuldades para atualizar os laboratórios e as bibliotecas e para oferecer melhores condições de trabalho aos professores e funcionários. Não sei como está hoje. Espero que haja melhorado. De todo modo, repito, foi uma experiência muito gratificante, pelo que conseguimos fazer. Ampliamos consideravelmente o número dos cursos de pós-graduação e criamos novos cursos de graduação. Foram realizadas obras estruturais em várias unidades e nos diversos *campi* espalhados pelo Estado. Construímos, na Ilha Grande, com verba da Capes, um dos mais modernos centros de estudos ambientais do país. Concluímos o Teatro Odilio Costa Filho, reformamos a Capela Ecumênica, a Concha Acústica e o chamado Teatrinho. Avançamos, apesar das dificuldades. Não me arrependo.

RTDC: Ainda nessa linha, o que é necessário para construir uma Faculdade de Direito de excelência e como desenvolver a pesquisa jurídica nos programas de pós-graduação?

AC: É uma receita fácil de ser prescrita e aviada. Começa pelo recrutamento de professores altamente qualificados, selecionados por concurso público de provas e títulos. Da mesma forma, bons alunos e instalações adequadas, ou seja, bibliotecas, laboratórios, salas de aula com um mínimo de conforto. Enfim, as condições materiais fundamentais. Não tem mistério. Contudo, não podemos nos esquecer que uma boa Faculdade de Direito não deve apenas oferecer ensino técnico de qualidade. Deve, sobretudo, formar o cidadão compromissado com a liberdade, a democracia e os direitos humanos. Não se faz um bom curso, em qualquer área do conhecimento, se não forem oferecidas aos professores e alunos condições mínimas de pesquisa. A formação de pesquisadores deve começar na graduação, por meio dos programas de iniciação científica. Os órgãos de fomento à pesquisa, como a Capes, o CNPq e a FAPERJ concedem bolsas de iniciação científica, medida que representa importante incentivo ao aluno de graduação que quer ser pesquisador. Por outro lado, é importante salientar que não há pós-graduação sem pesquisa de qualidade. Um bom curso de pós-graduação exige, também, inserção internacional, intercâmbio de professores e alunos entre as grandes universidades do país e do mudo, enfim, troca de experiências, conhecimentos e complementação cultural.

RTDC: O Professor mencionou anteriormente que há uma democratização maior do ensino, em relação ao que havia no passado, e mencionou também a internet como um fator que pode trazer maiores facilidades aos alunos. Juntando esses dois fatores, o Professor acredita que o ensino a distância pode ser uma tendência positiva para a universidade?

AC: Pode desde que esse ensino a distância seja feito com muita responsabilidade, obedecendo a rigorosos padrões de qualidade. Um curso presencial de qualidade, por exemplo, exige boas aulas, verificações constantes do aprendizado e rigor nas correções dos testes. Nos cursos a distância, esses condicionantes devem ser observados com cuidado ainda maior. Para isso, há a exigência de tutores qualificados científica e tecnicamente, ou seja, com condições para bem ensinar e, da mesma forma, manejar, com eficiência, as modernas tecnologias da informação.

RTDC: O Professor tratou da importância que a faculdade de Direito pode ter para a formação de seus alunos como humanistas. Como foi a sua formação como humanista? Quais foram as suas influências oriundas das artes, da literatura?

AC: Como afirmei anteriormente, uma boa Faculdade de Direito deve formar bons operadores do Direito, bem como cidadãos comprometidos com seu povo, e que, ao lado da formação técnica de qualidade, necessita oferecer programas de estudos complementares de cunho cultural, filosófico e sociopolítico. Lamentável a retirada do latim do currículo da educação fundamental e média. Disciplinas como Filosofia do Direito, Antropologia, Ciência Política, História, Direito Romano, Latim e Inglês deviam ser obrigatórias nos Cursos de Direito. Algumas delas são hoje oferecidas como disciplinas eletivas, ou optativas, o que, no caso, pouco acrescentam. Sou favorável ao aumento dos cursos de Direito para seis ou sete anos, pelo menos nas universidades públicas. Devemos nos lembrar que um médico leva, no mínimo, sete anos para se formar.

De minha parte, busquei melhorar minha formação universitária como autodidata. Desde jovem, tomei amor pela leitura. Quando fiz treze anos, minha mãe, professora primária em Peçanha, grande leitora, me deu de presente *A Ilustre Casa de Ramires*. A partir daí, li toda a obra do Eça e dos grandes mestres portugueses. Machado de Assis e os principais autores brasileiros me foram apresentados posteriormente aos portugueses. Creio que foi lendo Alexandre Herculano que me veio o pendor para a História. Li também autores franceses, como Anatole France, Balzac, Alexandre Dumas, que eram populares em Minas. O *Curso Clássico* me abriu os horizontes para a Filosofia. Como já me referi anteriormente, tive um grande professor de Filosofia, Arthur Versiani Velloso. Foi ele quem me levou aos clássicos gregos, a Santo Agostinho e a Tomás de Aquino e seus seguidores. Essas leituras da juventude me permitem hoje revisitar os clássicos com melhor conhecimento e melhor proveito.

RTDC: Dentro dessa interdisciplinaridade que o senhor mencionou, qual seria a importância do diálogo entre o Direito Internacional e o Direito Civil?

AC: Vivemos hoje uma integração cultural sem precedentes na história da humanidade. Em consequência disso, caminhamos para uma integração cada vez maior de todos os conhecimentos. Aliás, esta questão não é de hoje, é tema recorrente na cultura ocidental. A interdisciplinaridade, necessária para complementar o aprendizado, trabalha com a evidência das proximidades e das articulações entre os saberes, propiciando a integração que, hoje, há entre o público e o privado. Desapareceu, há muito tempo, a distinção clássica entre essas duas esferas. No Direito Internacional contemporâneo, por exemplo, os melhores autores não trabalham mais em termos de Direito Internacional Público e Direito Internacional Privado; discutem o Direito

Internacional. O reconhecimento da subjetividade internacional do indivíduo levou à abertura de um processo que redundará, proximamente, na inclusão de outros sujeitos de Direito Internacional, como as empresas transnacionais. A internacionalização de todas as atividades humanas, facilitada pelos avanços nos transportes e nas tecnologias da informação, estabeleceu uma inquestionável interface entre o Direito Internacional e os outros ramos da Ciência Jurídica. Assim, é permanente e estreito o diálogo do DI com o Direito Civil. Como exemplo, podemos citar as constantes transformações no Direito de Família, derivados de inúmeros tratados celebrados nos últimos tempos versando sobre variados temas do Direito Civil.

RTDC: É de se pensar, diante desta última resposta, que há, claramente, uma evolução do papel do Direito Internacional, mas, ao mesmo tempo, existe a capacidade humana de criar novos problemas e trazer de volta problemas antigos. Nesse sentido, há uma questão na França, e na Europa de modo geral, com os ciganos, o que tem sido muito noticiado. Isso, de certo modo, ilustra essa recorrência de problemas, ou como o Direito, por mais que evolua, não consegue acomodar muito bem certos sujeitos de direito, para usar a terminologia que o senhor usou?

AC: Foi ótimo tocar nesse assunto. Trata-se de grave problema, do ponto de vista social e do Direito Internacional dos Direitos Humanos. Insere-se na velha questão do necessário respeito aos direitos das minorias e dos grupos chamados vulneráveis, sobre os quais temos hoje um vasto *corpus juris* internacional, ratificado pelos principais Estados do mundo. A globalização, com seu viés excludente, criou sérios obstáculos à circulação de pessoas. Os países da União Europeia, que, nos tempos das vacas magras, se viram obrigados a incentivar a migração dos seus nacionais para as antigas colônias, agora, apelando para as velhas teses consubstanciadas no nacionalismo e nas razões de Estado, erguem barreiras de todo o tipo para conter os "novos bárbaros" para impedir a entrada de pessoas oriundas dos países que, em passado recente, foram, como colônias, explorados por eles à exaustão. A Espanha, por exemplo, deporta até passageiros em trânsito e, em volta de Ceuta e Melilla, seus enclaves no norte da África, construiu cercas eletrificadas para impedir a entrada de "estranhos" em seu território. Nesse caso, a iniciativa espanhola pode ser comparada à atitude neomedieval dos Estados Unidos e de Israel, países que ergueram muros na fronteira do México e da Cisjordânia, respectivamente. O governo francês, por sua vez, quer tirar os ciganos do país. Dizem que são pessoas nocivas, que representam, historicamente, grupos sociais muito particulares, com cultura própria, portanto, inassimiláveis. Isto viola regras jurídicas consagradas pela própria União Europeia e a vasta normativa internacional de proteção das minorias. O próprio presidente da União Europeia, Durão Barroso, contestou, de forma veemente, a posição xenófoba das autoridades francesas.

RTDC: Além das instituições como a ONU, o senhor mencionou a Comunidade Europeia hoje. Como o senhor vê o papel desses blocos e, em relação ao Mercosul, que balanço é possível fazer?

AC: O associativismo entre Estados é um fenômeno que prosperou a partir do sucesso da União Europeia. O processo de integração da Europa levou sessenta anos para se consolidar. Mesmo assim, existem os chamados "eurocéticos", cuja doutrina político-econômica se assenta na desconfiança, ou na descrença, acerca do futuro da União Europeia. O Mercosul é um bloco de formação recente, que apresenta sérios problemas estruturais, oriundos de sua própria constituição. Congrega como membros o Brasil, a Argentina, o Paraguai, o Uruguai e agora a Venezuela. Como Estados associados, Bolívia, Chile, Peru, Equador e Colômbia. Os membros efetivos configuram sociedades em estágio de desenvolvimento bastante desigual, circunstância que torna difícil a coesão do bloco. Trata-se de um processo de integração muito incipiente, em fase ainda de união aduaneira, portanto, precisa de tempo para consolidar-se.

RTDC: Mudando radicalmente de assunto, qual a sua opinião sobre o Supremo Tribunal Federal brasileiro? Há algum ministro, ou ex-ministro, que o senhor queira destacar, em relação ao próprio Direito Internacional?

AC: Por força do ofício, acompanho o trabalho do STF. Seus ministros são juristas da mais alta competência. A Faculdade de Direito da UERJ, ao longo de sua história, tem sido honrada com a presença de um ou mais dos seus professores no quadro de membros da nossa Corte Suprema. Atualmente são dois: ministros Joaquim Barbosa e Luiz Fux. Em relação ao Direito Internacional, quero salientar os altos conhecimentos da matéria por parte do Ministro Celso Mello.

RTDC: Queríamos que o senhor falasse um pouco da sua ligação com a literatura. Como isso entrou na sua vida? Quais foram as suas principais influências nesse sentido?

AC: Dizem que todo mineiro é contista, gosta de escrever. Nós mineiros somos influenciados pela natureza, por nossas montanhas, por nossa formação sociocultural e política. Gostamos de contar caso, e, como já disse, sonhar. Assim, construímos mundos paralelos, experimentamos fugas, elegemos fantasias, escamoteamos frustrações, mágoas e sofrimentos. No meu caso, cresci ouvindo histórias, atento às narrativas e exemplos de alegrias e lágrimas de amores feitos e desfeitos, enfim, participando e observando o universo mágico das comunidades penduradas nos morros. Nos pequenos burgos do interior de Minas, os problemas são os mesmos das cidades pequenas de qualquer outro país. São espelhos de *Macondo* e de *Amacord*. As pessoas vivem sem muita esperança, sem possibilidades de evoluir na vida. Então, o caminho, a saída é o sonho. O que fiz, como romancista, foi captar essas fantasias, traduzir mágoas, louvar amores, lamentar perdas, enfim, projetar a trajetória de pessoas em sua ambiência familiar e política, a vida em toda a sua intensidade nas velhas e coloniais cidades mineiras. Vivi a infância e a juventude no nordeste mineiro, na confluência dos rios Doce e Jequitinhonha, região muito pobre, talvez a mais pobre de Minas Gerais e a mais intrinsecamente mineira, porque ali nasceu Minas Gerais. Escrevi três romances. Estou tentando acabar outro, mas não consigo de jeito nenhum, porque não tenho tempo.

RTDC: E a vida na universidade? Dá um romance também?

AC: Claro que dá. A vida acadêmica é muito rica. É composta por gente de toda espécie, professores, alunos, funcionários e público em geral. Quem quiser escrever um bom romance tendo como fundo a vida acadêmica encontrará, no dia a dia da universidade, material de sobra para realizar a empreitada.

ENTREVISTA COM OSCAR DIAS CORRÊA[1]

No presente volume, a Seção Diálogos com a Doutrina homenageia e destaca depoimento do consagrado jurista Professor Oscar Dias Corrêa (1º.2.1921-30.11.2005), Ministro do Supremo Tribunal Federal, Ministro de Estado da Justiça, Professor Titular de Ciência das Finanças e ex-Diretor da Faculdade de Direito da Universidade do Estado do Rio de Janeiro, cuja trajetória é fonte de inspiração para todos.[2]

Oscar Dias Corrêa

Meu nome completo é Oscar Dias Corrêa, nasci no dia 1º.2.1921, em Itaúna, Minas Gerais. Filho de Manoel Dias Corrêa e Maria da Fonseca Corrêa. Meu pai é de Moreira de Cônegos, Portugal. Tenho até um livro sobre ele, que considero a melhor obra que escrevi: *Manoel Dias Corrêa, um brasileiro nascido em Portugal*.

Meu pai veio para o Brasil aos 11 anos, aqui para o Rio de Janeiro. Não sei como acabou indo para Itaúna, onde encontrou minha mãe, se casaram, constituíram família. Aí nascemos eu e mais quatro irmãos. Todos de boa formação cultural: José, advogado, muito bom advogado. Paulo, psicanalista, excelente psicanalista. Minha irmã Hilda, que morreu muito jovem, mas que estudava pintura e música. E Mário, médico, professor emérito da Universidade de Minas Gerais.

Comecei no Grupo Escolar Augusto Gonçalves em Itaúna, escola pública, excelente, excelentes professoras – eram mulheres –, a minha Professora Eslira Nogueira teve grande influência na minha formação cultural.

No mais, minha formação se deu com meu pai. Ele tinha uma grande vocação política e eu, aos 9 anos de idade, em 1929, já lia discursos proferidos na Câmara dos Deputados, pelo Deputado João Neves da Fontoura, por exemplo: eu ficava em pé, em frente ao balcão, e meu pai ficava do lado de fora com três ou quatros amigos; eu lia os discursos como se fosse o próprio João Neves: "Sr. Presidente, peço a palavra. Tem a palavra o nobre Deputado João Neves da Fontoura...". Aí eu começava o discurso. Entre esses amigos, havia o Dr. Joaquim Augusto Pereira Lima, excelente advogado, que me

[1] Entrevista concedida à *Revista Trimestral de Direito Civil – RTDC*, v. 45, jan./mar. 2011.

[2] O texto foi extraído do sítio da Faculdade de Direito da Universidade do Estado do Rio de Janeiro.

corrigia. Quando eu errava o tom ou prosódia, ele me corrigia: "por favor, Oscar, não é assim, é assim...". Então, aos 9 anos, eu comecei a fazer discursos dos outros...

Aos 11 anos, publiquei um texto no jornal *Estado de Minas Gerais*, "A galinha dos ovos de ouro", aquele velho conto. E o que eu escrevi foi escolhido, e daí em diante... Com 18 anos, ganhei coragem e comecei a falar e publicar em todo lugar, e acabei na Academia de Letras. Coitada da Academia!

Para ser um bom orador, primeiro, acho que se deve ter o dom. Eloquência é uma espécie de dom. É claro que se pode adquirir, mas é muito mais fácil quando a gente já nasce com inclinação. Tenho a impressão de que nasci com inclinação, modéstia à parte, e me prevaleci disso a vida toda. A minha vida toda foi fazer discursos. E se eu contar os discursos que fiz, talvez seja mais tempo do que os meus dias de casado, apenas 57 anos... Há algumas coisas que me marcaram muito: participei do concurso nacional de oratória, em 1943, representando Minas Gerais, e ganhei. Nesse mesmo ano, participei do concurso nacional de monografias da Ordem dos Advogados, e ganhei também. Então, foi muito engraçado, porque na hora em que recebi o primeiro prêmio – do concurso de monografias – bateram muitas palmas; mas quando eu ia receber o de oratória, o auditório veio abaixo: "é o mesmo, é o mesmo...". Foi uma gritaria... E eram advogados... Mas ficaram entusiasmados em ver o mesmo menino...

Em 1943, tinha 22 anos. Foram os dois episódios que me marcaram muito: recebi três mil cruzeiros de prêmio pelo concurso de monografias e dois mil pelo de oratória. E com esses cinco mil abri meu escritório de advocacia e comprei uma máquina portátil Hermes Baby, que eu usava no escritório.

Ah, a opção pelo Direito veio do berço. O fato de eu, menino ainda, entrar nesse esquema de leitura de discursos, e o meu pai me estimulando... Porque meu pai foi o homem mais inteligente que conheci. Ele não tinha formação cultural, mas qualquer coisa que se dissesse, ele apreendia, com lucidez e rapidez inacreditáveis. Era um homem sem cultura, mas de formação intelectual das melhores, porque qualquer coisa que você dissesse, imediatamente, ele processava.

A opção pelo Direito foi natural. Eu não podia ser médico: não tinha vocação para sondar as insondáveis falhas da natureza humana... Então o Direito, esse apego à liberdade, à noção de lei, de justo... Além do mais, o vulto que mais me impressionou na vida foi Rui Barbosa, e como Rui era o meu – vamos dizer, como hoje – ícone, como o Rui era meu símbolo, e era advogado, e sobretudo era a eloquência, me decidi... A definição de eloquência do Rui é uma das coisas mais bonitas que há. Veja-se: é "o privilégio divino da palavra, a evidência alada, a inspiração resplandecente, a verdade em erupção, em cachoeira, ou em oceano, com as transparências da onda, as surpresas do vento, os reflexos do céu e os descortinos do horizonte". É a definição de eloquência com a própria eloquência.

Eu tinha que ser advogado, não podia ser outra coisa. Eu me lembro de tudo, do meu primeiro dia, na Faculdade: encontrei, por exemplo, o Carlos Castelo Branco (o Castelinho); Rondon Pacheco, depois Governador de Minas; Armando Rolemberg, depois Ministro do Tribunal Superior de Justiça, só para lembrar três. Lembro-me de todos eles, como o Sebastião de Oliveira Sales, nosso orador da turma.

Entrei na Universidade no Pré-Jurídico, em 1937. É o Clássico de hoje. O Pré-Jurídico, aliás, era muito melhor: você já entrava no curso preparatório da Faculdade de Direito, com as disciplinas de Economia, Sociologia, História do Direito, Filosofia do Direito e, com isso, desde logo no estudo de matérias que eram base, fundamento do estudo do Direito. Hoje não: você vai ter matérias que não vai encontrar nunca na sua vida.

Por coincidência, esse ano de 1937 foi, precisamente, o ano do golpe do Getúlio. Nós, na Escola, nos posicionamos todos, 100%, contra o Getúlio. Aconteceu então um episódio muito interessante: o professor de História de Civilização era um grande orador, muito bom expositor, Ildefonso Mascarenhas da Silva. Era irmão do Geraldo Mascarenhas, secretário particular de Getúlio. E ele, uns dias antes do golpe, dando aula, disse: "Se algum dia nesse país atentarem contra a liberdade, eu serei o primeiro a me revoltar". Resultado: quando, uns dias depois, houve o golpe, pensamos: o irmão dele está lá, ele não vai falar nada. Fui, então, incumbido de interpelá-lo, se ele não dissesse nada contra o golpe. Mas ele chegou na sala: "Consumou-se contra a liberdade nesse país o maior atentado...". E espinafrou o Getúlio... Saiu carregado.

Meus professores foram todos muito bons, grandes professores. O professor de Filosofia, Carlos Campos; o professor de Penal, Francisco Brant; de Comercial, Lincoln Prates; de Direito Civil, Villas-Boas, que foi Ministro Supremo, por aí você vê.

Nunca fui homem de especialidade. Penso que a especialidade atrapalha a vida do estudioso porque ele acaba sabendo cada vez mais sobre cada vez menos, e esse conceito é velho. Gosto de Direito, como Direito, todo o Direito. Não só Direito Civil, ou Comercial, ou Penal, Tributário, Constitucional ou Internacional... Gosto de Direito. A minha vida toda é essa.

Qualquer revista que chegue, imediatamente corro os olhos; não digo que leio todos os artigos, mas conforme o tema qualquer que seja, eu estudo. Tenho dado parecer sobre Direito Tributário, Penal, Civil, Comercial, Constitucional, quer dizer, Direito estudo e tenho boa vocação para entender, qualquer que seja a área.

Estudei de 1937, no Pré-Jurídico, até 1939, e de 1939 a 1943 fiz o curso na Faculdade de Direito da Universidade de Minas Gerais, hoje Universidade Federal de Minas Gerais...

Fiquei em Minas advogando, depois veio a campanha política em 1945, com o Brigadeiro Eduardo Gomes, entrei na campanha, acabei candidato a Deputado Estadual e, contra a expectativa geral, inclusive a minha, me elegi. Eleito Deputado Estadual em 1946, participei em 1947 da Constituinte de Minas Gerais.

Depois, em 1951, me candidatei, de novo, a Deputado Estadual, e em 1955 a Federal, em 1959 a Federal, 1963 Federal, Deputado até 1967, quando, extintos os Partidos Políticos, pelo AI 2, não mais me candidatei, abandonando a vida pública.

Sempre advogando e, mais ainda, aqui no Rio, no caso da UERJ, eu era Deputado Federal quando Aliomar Baleeiro teve que se ausentar e me pediu que o substituísse no doutorado da UERJ, no Catete, em 1957.

Fui para a Faculdade de Direito por que eu já era professor catedrático de Economia, da Federal de Minas Gerais desde 1951, e em 1957 ganhei o concurso para catedrático da Faculdade de Ciências Econômicas da Universidade do Brasil, hoje Federal do Rio de Janeiro. Minha história política já está nas *Memórias* que a Assembleia Legislativa de Minas Gerais publicou...

Os alunos da UERJ sempre foram os melhores, pelo menos do Rio de Janeiro. Posso dizê-lo com autoridade porque fui professor da Federal, professor do Bennet, professor em Brasília, de modo que conheço muito bem o alunado. Aliás, quero dizer que se há alguém que se pode vangloriar de ter tido sempre o melhor relacionamento com os alunos, sou eu. Na minha aula, se fazia "blague" eles participavam; se parava, ficavam sérios: obedeciam ao comando do professor.

Há um episódio muito engraçado: eu era diretor da UERJ, já no Maracanã, diretor com o Caio Tácito, Reitor, e muito amigo de João Lyra Filho e de Oscar Tenório, dois grandes reitores e professores. Estávamos no prédio novo e eu exercia o comando, vamos dizer, firme, sem autoritarismo, mas com autoridade. Por exemplo: para preservar o prédio, o Caio determinou: "Não se preguem cartazes nas paredes dos prédios", apenas nos painéis para isso localizados. Os alunos pregavam. Na hora do recreio, eu saía com o bedel e os ia arrancando e entregando ao bedel. Dizia: "quem quiser reagir, reaja comigo, como diretor da Faculdade". Quando foi no fim do ano, o orador da turma fez o discurso de formatura. E fazia alusões ao autoritarismo do diretor. Naquele tempo, o aluno mandava para o diretor o discurso, para tomar conhecimento. Ele mandou o discurso, eu li, devolvi-o, e ele disse: "O Sr. não vai rever o discurso?". Respondi: "Não, senhor. Aqui é uma Faculdade de Direito, e não há censura. O Sr. diga o que quiser, mas pode ouvir o que não quer". Resultado: preparei um discurso de uma página. Na hora da formatura, ele foi para a tribuna, leu o discurso e foi aclamado pelos colegas, em ovação espetacular. Estava presente, eu me lembro, como patrono, o Raimundo Faoro, que foi Presidente da Ordem dos Advogados. Ele ficou muito constrangido. Disse-lhe: "Faoro, não se preocupe". Quando o aluno acabou, falou Faoro e eu fui encerrar a sessão. Dei uma bordoada correta ao discurso... Sabe o que aconteceu? Bateram palmas e me carregaram, do mesmo jeito... Quer dizer, eles queriam o direito de falar, mas estavam dispostos a ouvir. Foi um clima de entendimento. Deve ter sido por volta do final da década de 1970, por que em 1982 eu fui para o Supremo e parei de dar aula.

Mas eles vinham, reclamavam de mim... Um dia estava no gabinete quando chegou uma turma que queria falar comigo: "Perfeitamente, mande entrar". Aí um começou a falar e disse assim: "que esse troço". Imediatamente ponderei: "Jovem, a palavra 'troço' não é para ser dita por um estudante de Direito, em frente ao seu diretor. Corrija a linguagem". Ele estava sentado e havia também alunas, e obtemperei: "Levante-se. Como eu estou recebendo os senhores de pé, o Sr. se levante, quando nada, em homenagem às senhoras e senhoritas presentes".

Agora, quando me pediam providências, eu dizia: "Vocês têm razão, vou mandar fazer". Ou "Não tem razão, não faço". Pronto, acabou. Resultado: o clima era um clima de liberdade com ordem e autoridade. Enquanto em outras faculdades havia greve, bagunça e até quebra-quebra, na UERJ não havia coisa nenhuma. Um jornal uma vez escreveu: "Na UERJ não se faz greve, por quê?".

Quando os alunos tinham qualquer reclamação, dirigiam-se ao diretor, e sendo a Faculdade de Direito, é a que se adianta. Se tinham razão eu acolhia; se não tinham recusava por isso, isso e aquilo. Eles se convenciam e iam embora. Mas em tudo o que pediam com razão eram atendidos. Por exemplo: reclamavam de um professor. Se eu achasse que o professor não tinha razão, chamava-o e dizia: "o Sr. está fazendo isso, isso, isso. E está errado por isso, isso, isso. Corrija-se". Ponto.

Nessa época havia, eu não digo embate, havia discordâncias. Divergências. Mas todas elas eram tratadas com respeito e inteligência. Chegavam a mim e diziam:

"Professor, nós queríamos reclamar disso, disso, disso". Eu dizia: "Vocês têm razão nisso, não tem nisso, tem nisso, vou tomar tais, tais providências".

Tenho a impressão de que as maiores reclamações eram contra professores que não cumpriam o dever. Costumo dizer que é mais fácil dirigir alunos do que professores. Adotei um sistema (minha mulher dizia que foi a maior demonstração de importância que eu tive na vida): toda vez que um professor faltava à aula, o bedel me informava. E eu saía da diretoria, ia para a sala de aula e dizia: "o professor não pôde vir. Os senhores estão estudando o quê? Qual matéria? Então vamos dar a aula...". Dava aula de Direito Civil, Comercial, Tributário, Penal, com o Código na mão!

Como professor de Economia, preparava as aulas, levava notas, e admitia perguntas a qualquer momento. O aluno fazia a pergunta, e eu procurava responder. Era um clima de entendimento, respeito, cordialidade, e vou dizer uma coisa: em todas as faculdades em que lecionei, nos piores momentos – eu era diretor da Faculdade de Economia da Federal quando os alunos se rebelaram no "Teatro da Arena", que era dentro da Faculdade de Economia –, eu mantive a ordem.

O Ministro da Educação chegou, e eu lhe disse: "O Sr. Ministro me desculpe, estou aqui no meu gabinete, o Sr. veio porque quis, não me comunicou. O Sr. vai enfrentar os alunos. Se precisar de mim, me chame". Aí ele começou a discutir com os alunos, e eles começaram a vaiá-lo. Então mandou me chamar. Cheguei e disse apenas o seguinte: "Ministro, o Sr. quer dar por encerrada a sua participação?". Ele disse: "Quero". "Está encerrada a participação do Ministro. Os senhores se mantenham onde se encontram. Quem fala é o Diretor da Faculdade". Pronto. Porque eles sabiam que eu não faria nenhuma violência, mas não admitiria nenhuma desordem. E se eles se reuniam numa sala, por exemplo, para debater temas políticos, contra a determinação do Diretor, eu ia para lá e me sentava ao lado. "Se os Srs. querem debater, eu também quero debater. Já que os Srs. querem diálogo, o diálogo não é de um só, é de dois, então eu também quero diálogo". "Então nós vamos embora, vamos embora". Exatamente o que eu queria...

Na UERJ, no meu tempo, não me lembro de nenhuma invasão... Nada disso. De repressão me lembro na Federal. Na Federal vi duas ou mais repressões, até episódios muito engraçados, mas são da Federal...

Dar aula é muito bom, corrigir prova é a pior coisa do mundo. Porque acontece, às vezes, que alguns alunos tomam nota das questões na aula, erradamente, e aquilo passa de um para o outro. Então a gente começa a corrigir a prova e vê uma resposta absolutamente insustentável. A gente pensa assim: "será que ensinei isso?". Aí vem a segunda prova, igual, a terceira, igual. Aí eu costumava fazer o seguinte: estava no meio do maço das provas, passava para o fim, e aí encontrava uma prova boa, que me animava. Corrigir prova é a maior angústia de professor, quando ele percebe que, às vezes, o que ele ensinou não foi apreendido ou foi mal apreendido, então começa a se culpar: "não são eles que não entenderam, eu é que falei mal". Isso angustia... Mas o nível das provas, em geral, era bom. Com algumas piores eu fazia o seguinte: dava a nota nas provas a lápis, levava para a sala de aula e as comentava, sem citar nomes, obviamente: "esta prova é muito boa por isso, isso, isso. Esta está ruim por isso, isso, isso". Às vezes, havia exame oral. E na hora do oral eu perguntava: "Fulano, o Sr. fez a prova?". "Fiz". Eu estava com a prova na frente. "Boa ou má?". "Não estava boa não, professor, não estava muito bem não". "Quanto vale sua prova?". "Ah, professor, vale cinco, seis". Nunca me aconteceu que a nota que eu tinha dado a lápis era inferior à do aluno, nunca!

Dei aula, por exemplo, na Escola da Magistratura até o ano retrasado. O número de mulheres é muito maior que o de homens e elas são muito interessadas. Muito, vamos dizer assim, marcadamente interessadas em aprender, estudar e vencer na vida. E a mulher é muito mais determinada que o homem.

Dei aula de Economia em Faculdade de Direito, é um tipo de aula. Na Faculdade de Economia, a aula é diferente, o enfoque é outro. Na Faculdade de Direito, dou um enfoque de economia em face das leis, o relacionamento Economia – Direito.

Mas quando fui diretor, não dava aula, aí não era possível, não havia como. Os maiores desafios nessa minha gestão de diretor do curso de Direito da atual UERJ eram na instalação da Faculdade de Direito no novo *campus*. Vim logo depois do Flávio Novelli, grande figura, de quem fui vice-diretor. E o grande problema era que a Faculdade de Direito estava começando a se instalar no Maracanã. Tinha de assegurar ordem em tudo. Havia muitos problemas que não tinham sido detectados. À medida que o tempo foi passando, eles foram surgindo e exigindo solução.

Para mim, a melhor coisa que fiz na Faculdade foi criar o serviço de assistência judiciária, o escritório. Os alunos vieram a mim, alguns alunos, inclusive a Dra. Rosângela, que era aluna àquela época. Então, criei o Escritório, naquele tempo, uma salinha pequenininha. Tenho a impressão de que era no corredor da Faculdade: eu saía do Gabinete, andava naquela passarela, à esquerda, e tinha uma salinha. Pois bem, isso hoje é um trabalho imenso, atende a uma população carente incomensurável...

Eles tinham razão, ao querer aprender a advogar. Não havia nada melhor para isso do que o escritório de advocacia, dentro da Faculdade, onde havia inclusive a possibilidade de contatar qualquer professor que eles quisessem. Qualquer problema que surgisse no escritório, era só eles saírem dali, irem à sala de aula, pegar o professor e submeter-lhe o problema. Era uma grande solução, proposta pelos alunos, não invenção minha. Eles é que propuseram. Resultado: no primeiro ano começou bem, depois explodiu.

Fui diretor da Faculdade e também era do Conselho Universitário. O Conselho era harmônico, equilibrado, o reitor era o Caio Tácito, figura admirável, das melhores deste País, um dos melhores juristas nacionais. A Faculdade sempre teve muito bons diretores, como o Flávio Bauer Novelli, o Nilson Santana, de modo que todos muito firmes, a linha era praticamente a mesma que eu adotei. Em toda a Universidade imperava um clima de entendimento, respeitoso entre alunos e professores. O aluno sabia que podia contar com o diretor se tivesse razão e não contar se não tivesse.

Nunca fui convidado para paraninfo, por um motivo muito simples: primeiro, era professor do primeiro ano. Economia é no primeiro ano. Depois de mim vinham os grandes professores no segundo, no terceiro, no quarto e no quinto, estes, em geral, os mais requisitados. E a minha disciplina, Economia, não era disciplina fundamental no ensino do Direito. Pelo menos os alunos a consideravam assim, além, é claro, das deficiências do professor...

Hoje a Economia é obrigatória em tudo, mas naquele tempo a Economia, vamos dizer, era a Economia científica no seu início. Eu começava com Adam Smith, Marx, até chegar a Keynes, que era o último autor mais importante. John Maynard Keynes.

Apresentava a Economia com a influência no Direito, mas não tinha a importância de hoje, em que o fato econômico e o fato político andam de tal maneira mesclados que um deles atua intensamente sobre o outro. Tanto a Economia sobre a política, como o político sobre o econômico.

Havia muitos alunos que eram marxistas. Como sempre fui antimarxista, adotava uma tese definitiva: no primeiro dia de aula de Economia, eu dizia o seguinte: "sou antimarxista, antissocialista, anticomunista. Só não sou anarquista porque não posso. Meu desejo era ser anarquista, mas como a sociedade não dispõe ainda de condições para ser anarquista, sou neoliberal, neocapitalista. Então, vou dar para os senhores as primeiras noções e quem não concordar reclame ou cale-se para sempre", costumava brincar. Às vezes levava um texto do Marx para a aula – mandei há pouco para a biblioteca da Universidade da minha cidade – da coleção das obras completas do Marx, que eram 40 volumes! Em francês. Eu lia, em francês, e brincava: "como o meu francês é muito ruim, vou traduzir para o português". Traduzia e dizia: "isso quer dizer isso, isso, isso, eu sou contra por isso, isso, isso. Alguém discorda? Discorde ou cale-se para sempre". Resultado: calei para sempre os socialistas da turma...

Eu era um professor, não digo duro, mas exigente. Aluno não quer professor mole, não quer professor que não exige. Esse professor bonzinho não interessa ao aluno. Aluno não gosta de professor bonzinho; quer um professor que o obrigue a estudar e aprender, é sua autodefesa. Eu usava terno e gravata, usei toda a vida. E uma vez aconteceu um episódio muito interessante: eu passei na sala de aula de um professor, a porta estava aberta e ele estava sentado sobre a mesa, com a camisa aberta, e um daqueles medalhões espalhafatosos. Entrei, pedi licença ao professor e aos alunos: "Com licença, tenho um recado para o professor". E baixinho, quase ao seu ouvido: "desça da mesa, feche a camisa e comporte-se". E fui embora. O professor chega lá, com a camisa aberta, peito de fora, com um bruto de um medalhão, sentado em cima da mesa, só falta puxar um charuto! Resultado: perde a autoridade.

Posso dizer o seguinte: na Faculdade de Direito da UERJ, não tinha bagunça, era organizada, era constante nos deveres. A UERJ era a melhor faculdade de Direito do meu tempo no Rio de Janeiro. O auditório com o meu nome... eu costumo dizer que é a maior homenagem que recebi. Lembro-me da solenidade: o Diretor Antônio Celso me convidou para ir à Faculdade, eu não sabia o que era, e cheguei lá com minha mulher... De repente vi aquela sala com o meu retrato na parede. Enorme. Inapagável. Foi um susto, uma emoção muito grande: fui pego completamente desprevenido.

Acompanho ainda a Faculdade de Direito, mas de longe. De longe pois não tenho podido manter contato com os novos professores; e o último diretor com quem convivi foi o Celso Mello. Costumava ir a algumas solenidades. A partir daí perdi contato. Participei de muitas bancas examinadoras. Era um examinador rigoroso. A minha crítica às teses sempre foi impiedosa. Costumava dizer: "vou bater no candidato e ele reaja o melhor que puder, sem se esquecer de que eu dou a nota". Sempre fazia uma crítica muito pesada, apesar de respeitosa, mas dura, no sentido de arguir ponto por ponto. E exigia respostas... Em compensação, quando o examinando reagia bem eu ficava satisfeito, podia dar boa nota.

Na Federal ocorreu um episódio quase dramático. Fui examinar um candidato a professor de Economia, que apresentara uma tese sobre o fundamento do valor. Era uma tese muito bem impressa. Comecei a lê-la, li a primeira frase, e pensei: "eu já li isso". Li a segunda: "eu já li isso", li a terceira, "eu já li isso". Então, parei, fui à estante ver qual era o livro que eu lia mais sobre a matéria. Peguei o livro e comecei a ler.

E encontrei a primeira frase, vamos dizer, na página 36. A segunda na página 32, e fui assim com boa parte da tese. Cheguei na defesa da tese, e comecei o exame: "Sr. Professor, vou ler o texto em francês da sua tese e V. S. acompanhe em português, por que a sua tese é cópia do livro tal, em pontos diversos que vou citar. A primeira frase é da página tal, a segunda frase é da página tal...", e fui por aí afora... E ele: "Mas eu conheço o livro...". "Ora, V.S. tanto conhece o livro que o copiou". Foi um negócio constrangedor já que o pai dele, que era professor catedrático, uma grande figura, estava presente. Mas o que eu podia fazer? Como examinador, era impiedoso.

Na UERJ, examinei em muitos concursos e bancas. Por exemplo, examinei o Flavio Novelli, para catedrático de Direito Financeiro. Foi muito engraçado... O Novelli é uma grande figura, e a tese era muito boa, mas a minha obrigação era provocá-lo. Pois a filha dele ficou com raiva de mim, embora lhe tivesse dado dez em todas as provas... Ela disse: "Eu não perdoo o senhor. O senhor deu dez, mas bateu muito no meu pai...".

Lembro também da minha própria arguição em Minas Gerais, em 1951, para professor catedrático de Economia na Faculdade de Direito da UMG. Eu estava concorrendo com três candidatos ilustres, muito mais titulados do que eu. A mais interessante das arguições foi a do Professor Cardoso de Melo Neto, que fora governador de São Paulo e era não só importante, como respeitado. Ele disse informalmente: "Oh, menino, vamos fazer um negócio?". Respondi: "Professor, com o Sr. eu faço qualquer negócio". Ele: "Eu faço perguntas e você responde". Porque o usual é o examinador falar durante meia hora e o candidato responder em meia hora. "Professor, com o Sr. faço qualquer negócio, o Sr. pode perguntar tudo que o Sr. quiser". Resultado: ele fez a primeira pergunta, eu respondi. Fez a segunda pergunta e eu dei a resposta imediatamente. A terceira era mais difícil, então citei vários autores em favor da minha tese. Ele atalhou: "Você quando não pode chutar em gol passa a bola, hein?". "Pois é, professor, porque eu quero é o gol. E se não for eu, que seja um companheiro meu". Resultado: foi um exame descontraído: ele tinha me dado nota cinco em títulos – eu tinha poucos títulos em vista dos outros candidatos –, mas me deu dez nas outras provas. Ganhei o concurso.

Acho que é muito importante a memória de uma Faculdade para que as outras possam se mirar nela e ver como deve ser feito. É muito bom que a experiência dos outros seja contada e que a gente possa tirar uma construção nova dessa experiência. Um conselho para o aluno que está entrando: estude, estude, leia, leia, incansavelmente. Leia tudo. O advogado tem que saber todas as coisas humanas, as artes e as ciências (*omnium rerum atque artium scientiam*). Advogado tem que saber de tudo. Quando um advogado é chamado pela firma para uma consultoria qualquer, a primeira coisa que faz o diretor ou gerente é conversar com ele.

E nessa conversa o menos que aparece é matéria jurídica: "O que o Sr. está achando da situação atual, o que o Sr. está vendo?". Então, se o advogado não está informado do que está se passando, e das coisas que ocorrem, ele é mal visto: este homem está desatualizado da realidade, como é que pode estar atualizado no Direito? Costumo dizer que sou capaz de conversar com qualquer pessoa, sobre qualquer assunto, do torneio de tênis à luta de boxe, do jogo de futebol à filosofia do Direito. Qualquer assunto. O que o aluno tem que fazer é ler tudo: tem que ler jornal, tem que ler Direito, um pouco de Filosofia, com um pouco de Economia. E, no mais, tudo que cair sob os olhos, podendo, leia, porque é lendo que se aprende.

ENTREVISTA COM DIEGO CORAPI[1]

RTDC: O senhor cursou a Faculdade de Direito na Università di Roma, La Sapienza, no início da década de 1960. Quais são suas principais lembranças dos estudos universitários e quais foram os mestres que mais o influenciaram?

DC: Entrei como estudante na Faculdade de Direito da Universidade de Roma – La Sapienza em 1958. Era a época na qual a Itália, destruída pela Segunda Guerra Mundial, estava se transformando de um país agrícola e pobre em um país industrializado e rico (ainda que mantendo fortes diferenças econômicas e sociais entre as suas diversas regiões). A Universidade estava se abrindo às exigências de crescimento social dos jovens e de suas famílias. Isso era demonstrado pela ampliação do número de estudantes, os quais, porém, ansiosos sobretudo pela obtenção do diploma de graduação, do "pedaço de papel", bilhete de ingresso para um emprego mais qualificado e para uma afirmação social, não se preocupavam em frequentar as aulas e compareciam à Universidade apenas para os exames. A Universidade se transformava, assim, em um *esamificio*, na expressão italiana. A Faculdade de Direito da La Sapienza era um caso típico: turbilhões de estudantes no primeiro ano, muitos abandonos nos anos sucessivos, poucos estudantes que se dedicavam aos estudos em exclusivo.

Eu pertencia a este grupo de estudantes e, apesar da dispersão causada pelas multidões, conseguíamos acompanhar constantemente aulas e seminários. Os nossos professores também foram envolvidos por essa transformação. Herdeiros de uma elevada tradição de estudos, mantida até mesmo diante de contingências econômicas e da opressão do regime fascista, sentiam e faziam ser sentida por nós, estudantes, a abertura rumo ao novo, consagrada pela Constituição da República italiana de 1948. Eram mestres que continuavam a obra dos seus mestres.

Estudiosos do direito civil, como Emilio Betti (talvez o mais ligado à dogmática da geração precedente), Francesco Santoro-Passarelli (cuja obra *Dottrine generali del diritto civile* continua sendo uma obra-prima de síntese na reconstrução do sistema), Rosario Nicolò (geniais os seus escritos, mas poucos, porque absorvido pela profissão de advogado); estudiosos de direito comercial, como Tullio Ascarelli (fiquei fascinado

[1] Entrevista concedida à *Revista Trimestral de Direito Civil – RTDC*, v. 46, abr./jun. 2011.

pela sua personalidade, mas infelizmente só pude seguir o seu curso por poucos meses antes da sua morte), Giuseppe Ferri (menos brilhante nas aulas, mas talvez ainda mais robusto que Ascarelli na reconstrução do direito comercial como expressão da empresa)...; estudiosos inovadores do direito administrativo, como Massimo Severo Giannini, Aldo Sandulli, Giuseppe Guarino; um estudioso do processo, como Salvatore Satta, capaz de nos fazer compreender o drama da vida por meio dos atos processuais (e descoberto postumamente como grande romancista, com a obra *Il giorno del giudizio*); um penalista como Giuliano Vassalli, que nos estudos do seu campo transmite a herança das análises nítidas e profundas do seu pai, o ilustre civilista Filippo Vassalli; e os históricos, como Edoardo Volterra para o direito romano e Francesco Calasso para o ressurgimento do direito romano no medievo (aquilo que, entre nós, se denomina "História do Direito Italiano")...; um homem de cultura e retidão moral como Arturo Carlo Jemolo, que nos explicava o significado do direito canônico e do relevo jurídico das instituições religiosas no nosso tempo... Cesare Cosciani que, sem o dogmatismo exclusivista da análise econômica do direito, importada mais tarde dos Estados Unidos, impunha o rigor da reflexão econômica no estudo da ciência financeira, necessário também a nós, juristas... dentre esses mestres, inesquecíveis não somente como estudiosos, mas como pessoas que nos comunicaram sua experiência de vida, dois foram particularmente importantes para mim: Giuseppe Ferri e Gino Gorla. Giuseppe Ferri foi o orientador da minha monografia de graduação (*tesi di laurea*), tendo sugerido que eu direcionasse minha pesquisa ao tema da natureza jurídica do direito de autor, com base em uma doutrina alemã do século XIX (Otto von Gierke) que o configura como direito unitário, expressão da personalidade, superando-se, assim, a abordagem da obra como bem imaterial objeto de um direito equiparável ao direito de propriedade. Naquela época (estávamos em 1962), a tese podia parecer teórica, mas hoje resulta extraordinariamente precursora à luz da comparação, no plano doutrinário, com o *copyright* da *common law*, como direito de exclusividade monopolística do qual a obra é o ponto de referência, mas não o objeto, e, no plano econômico e social, com a evolução tecnológica que tornou impossível o controle da difusão da obra e requer a elaboração de diferentes formas de tutela jurídica (as *new properties* e os *creative commons*).

Depois da graduação, passei, sempre sob a orientação segura de Giuseppe Ferri, ao estudo do direito societário, que resultou em um volume sobre os estatutos das sociedades por ações (publicado em 1971). Foi um trabalho exaustivo do qual agora, passados trinta anos, consigo ver claramente o fio condutor: o contrato plurilateral associativo, como estrutura que permite regular a sociedade, ao mesmo tempo, como relação negocial entre os sócios e como organização reconhecida como sujeito de direitos próprios. Sempre sob a orientação de Giuseppe Ferri, iniciei-me na carreira acadêmica, primeiro como assistente junto à La Sapienza e, mais tarde, como professor de Direito Comercial das universidades de Macerata e Salerno.

No meio-tempo, porém, havia encontrado a outra personalidade de mestre que me influenciou profundamente: Gino Gorla. Como todo bom jurista da sua geração, ele havia se formado sob a doutrina pandectista, mas já nos seus primeiros ensaios manifestava uma inquietude nos confrontos da interpretação dogmática do direito. Decisivo foi, para ele, o contato com a *common law*. Por meio do método casuístico e da comparação, a sua obra fundamental sobre o contrato penetrou na íntima estrutura das tradicionais categorias civilistas. Os seminários por ele organizados com a participação dos estudiosos das mais prestigiosas universidades estrangeiras, como John Henry Merryman da Universidade de Stanford (Califórnia), tornou-nos conscientes de que, além da comparação diacrônica (histórica), também aquela sincrônica era indispensável para compreender os ordenamentos, os institutos e as normas jurídicas.

A aquisição do método comparatístico e o conhecimento do sistema jurídico dos Estados Unidos foram, mais tarde, fundamentais para o prosseguimento dos meus estudos e pesquisas. Depois de um período com John Merryman na Universidade de Stanford, pude publicar um volume sobre associações temporárias de empresas, baseado em uma análise das relações de *joint ventures*, como relações de colaboração e, portanto, associativas *lato sensu*, distintas das verdadeiras e próprias sociedades. Os estudos conduzidos nos Estados Unidos me levaram também a compreender os mecanismos das *corporations*, o papel do capital financeiro, o *market for corporate control*, os *take-over bids* e o *insider trading*, ainda antes que a análise econômica do direito invadisse o campo com seus inaceitáveis postulados sobre o *homo economicus* como medida de toda relação. Preparado por esse conhecimento mais consciente do significado do capitalismo na sociedade, consegui, de fato, resistir à efêmera moda de considerar o direito função somente da eficiência, e não sobretudo da justiça.

RTDC: Quais as diferenças, do seu ponto de vista, entre as faculdades daquela época e as de hoje?

DC: As diferenças são notáveis. Na Itália mudou a sociedade civil e mudou também a Universidade. Uma primeira forte transformação se realizou nos anos 1970, quando se permitiu o acesso a qualquer universidade italiana dos diplomados em qualquer tipo de escola secundária (assim, por exemplo, também os diplomados em escolas técnicas, como os agrimensores e os diplomados em guia de turismo tiveram acesso à faculdade de direito). O número dos estudantes se multiplicou. As universidades tornaram-se *esamifici* (isto é, fábricas de exames): durante o ano acadêmico eram previstas muitas sessões de exames e os estudantes não frequentavam as aulas, mas se preparavam para os exames estudando de modo mnemônico.

A ampliação da população estudantil era inevitável e constitui certamente um progresso para a sociedade italiana que havia se desenvolvido economicamente. Foi acompanhada de motivações ideológicas, típicas do período de 68: a instrução é para todos, o saber deve ser socialmente compartilhado. Propiciou também momentos de lassidão, que de resto as estruturas, inadequadas para responderem à massa de estudantes, aquiesceram de forma mais ou menos consciente. As Faculdades de Direito mantiveram o papel de Faculdades *bonnes à tout faire*, isto é, continuaram a formar a instrução elementar para o acesso a diversas profissões, não somente aquelas tradicionais de juiz, advogado e notário. Mas – como disse – no interior das Faculdades se criou uma cisão entre, de um lado, o núcleo de estudantes que continuavam a preparar-se segundo os métodos tradicionais e, de outro, uma legião de estudantes que estavam ali apenas para superar os exames e sair da universidade o mais rápido possível.

Somente algumas Faculdades, ajudadas por sua própria tradição e prestígio, conseguiram manter o bom nível dos cursos. Outras, especialmente aquelas mais novas, nem sempre conseguiram. A Faculdade de Direito de La Sapienza, em virtude de sua tradição e da seleção do corpo docente, que continuava sendo muito rigorosa, estava entre aquelas que conseguiram preservar o nível elevado. Ao preço – porque infelizmente tudo em nossa vida tem um preço – de permanecer talvez excessivamente ancorada ao passado, na estruturação dos cursos como um todo e, sobretudo, em suas estruturas organizacionais.

Nos anos mais recentes, no entanto, este conservadorismo se revelou uma tábua de salvação porque permitiu resistir a uma ulterior mudança: a divisão dos cursos em diploma curto (*laurea breve* – depois dos primeiros três anos) e diploma completo (*laurea magistrale* – depois dos últimos dois anos). Esta divisão pode talvez ser adequada no caso dos cursos oferecidos por outras Faculdades (como exemplo, engenharia), que apresentam características de especialização distintas; é, contudo, inteiramente incongruente no campo do direito, em que o programa de ensino é unitário e seu estudo não pode ser subdividido em diversos níveis. E, de fato, poucos anos depois a ideia foi abandonada e as Faculdades de Direito voltaram ao tradicional curso unitário.

RTDC: Qual deve ser o papel da Universidade? Uma formação mais generalista ou mais especializada? Como o senhor analisa o programa dos cursos de Direito?

DC: As considerações sobre as diferenças entre as Faculdades de ontem e de hoje já permitem compreender qual é para mim o papel de uma Universidade e em particular de uma Faculdade de Direito. Se, como creio, o estudo do direito deve oferecer ao menos uma *forma mentis*, um modo de raciocinar que permita entender o seu papel como instrumento para a realização da justiça e paz social, a formação do jurista não pode ser nem absolutamente generalizante nem absolutamente especializada.

Por um lado, o ensino somente especializado, ainda que de matérias atuais e relevantes, não tem qualquer valor formativo se não é fundamentado em método que interligue a matéria, individualmente considerada, ao sistema ou à função própria do direito. Por outro lado, o ensino somente de doutrinas gerais corre o risco de se tornar abstrato e não contribuir para o sentido concreto da missão do jurista na sociedade. Na realidade, ontem como hoje, o estudo do direito deve ser global. Trata-se então de articular um currículo que possa oferecer a visão integral do fenômeno jurídico mediante o estudo, de um lado, dos institutos e dos métodos de interpretação, e, de outro, de sua concreta aplicação.

É verdade que as fontes do direito se multiplicaram, a produção e a aplicação do direito se estenderam, não é mais a era da codificação. Mas por maioria de razão tem-se necessidade de uma orientação baseada em princípios, regras, institutos fundamentais. Um nosso grande Presidente do Conselho de Estado (Franco Piga) dizia que para ser bom administrativista há que ser antes de tudo um bom civilista, porque é o estudo das doutrinas gerais do direito civil que fornece as bases para a compreensão dos institutos e das normas, ainda mais necessárias no direito administrativo, que se desenvolveu na Itália (como em outros ordenamentos de tradição jurídica da *civil law*) fora de um enquadramento codificado. Hoje impera em muitas Faculdades um ensino nacional. Propicia-se aos estudantes livros sempre mais amplos e minuciosos, com a exposição de miríades de leis e decretos. Entende-se que seja necessário oferecer uma informação completa em todos os detalhes e especializada.

No entanto, não acredito que este tipo de ensino seja útil; ao contrário, acredito que seja danoso. Perde-se no detalhe e perde-se o sentido de um instituto, de uma norma, e por vezes, de um inteiro setor do direito positivo. Pode ser que – como revelou há tempos o meu grande amigo Natalino Irti – estejamos vivendo na era da descodificação. Os códigos (em particular o Código Civil) teriam perdido o papel central na interpretação e aplicação do direito. Não se pode negar, de fato, que, no campo das relações econômicas, o direito de empresa, de um lado, e o direito do consumidor, de outro, tenham assumido papel autônomo em relação ao direito civil tradicionalmente baseado no código. Mas esta articulação exige por isso mesmo um esforço ainda maior de reconstrução sistemática. Exatamente aquele tipo de reconstrução que um estudo especializado e sobretudo os programas que objetivem exclusivamente transmitir noções não estão em grau de oferecer.

RTDC: E na pós-graduação, o que precisa ser mudado?

DC: Nos cursos de pós-graduação, a meu ver, deve-se prestar mais atenção ao tema de estudo e de pesquisa objeto da tese final. Os que participam desses cursos frequentemente repetem apenas a experiência dos estudos feitos durante o curso de graduação. O empenho e a qualificação deveriam ser muito mais intensos. Ou, como na França, se poderiam distinguir dois tipos de curso de pós-graduação: um orientado ao estudo mais aprofundado de institutos e normas, outro direcionado para a orientação profissional.

RTDC: A literatura, a poesia e as artes em geral contribuíram para a sua formação? O que recomendaria, neste sentido, para as próximas gerações?

DC: A formação literária assim como o estudo e a sensibilidade para a arte certamente contribuíram para minha formação. Especialmente importante foi minha predileção pela história, mas também pela economia e pelas ciências sociais em geral. Creio que o estudo histórico é realmente indispensável para a compreensão dos fenômenos jurídicos atuais, simplesmente porque somos feitos da nossa história e o direito é um produto dessa história. Creio ser também essencial o conhecimento linguístico, da própria língua materna e do latim, mas também de línguas estrangeiras: o alemão, que criou no século XIX o vocabulário de nosso direito civil e o inglês, que, por outro lado, criou um vocabulário próprio para definir institutos e regras da *common law*.

RTDC: O senhor destacou-se não apenas como jurista e professor, mas também como ilustre advogado. Na sua opinião, o que é necessário hoje, para ser um bom advogado?

DC: Hoje, como ontem, para ser um bom advogado é necessário ter probidade moral e intelectual. Decisivos são, pois, a sensibilidade social, o interesse pelos fatos da vida e saber depreender dos acontecimentos submetidos ao direito os elementos essenciais que o qualificam juridicamente. É preciso certa intuição psicológica para compreender situações vividas e sofridas na pele. Paixão e empenho também são requeridos. Não basta preparação específica em uma ou mais disciplinas, embora isso seja necessário, mas sem abdicar da probidade moral e intelectual, e do *Fingerspitzgefühl* para o direito. Mesmo aqueles advogados extremamente especializados e que têm por isso grande sucesso profissional (e econômico) desenvolvem uma atividade que nunca é repetitiva.

Mas, insisto, é mister haver também probidade moral e intelectual: o miserável estado no qual caíram as instituições políticas e sociais do meu país nestes últimos anos torna mais urgente esse reclamo. Qual "direito" podemos ensinar aos jovens se os exemplos que oferecem aos jovens os que detêm altas responsabilidades são deploráveis?

Que me perdoem o desabafo, mas seria hipócrita se não tocasse neste lamentável aspecto da atual situação de meu país (a não só *d'eli*). A esperança está nas próximas gerações e nos exemplos que deixaremos a eles.

RTDC: Quais foram os casos mais importantes de que o senhor participou?

DC: Foi importante, na minha atividade profissional, a participação por muitos anos em agências reguladoras independentes com função de fiscalização, como a Consob (Comissão Nacional para as Sociedades por ações e a Bolsa) e o Isvap (Instituto para a Vigilância sobre Seguros Privados), que foram instituídas e começaram a operar plenamente a partir dos anos 80 do século passado. A definição de suas funções e de seus poderes impôs a revisão dos institutos e das regras de direito comercial. A participação na organização e nas atividades da Consob (como consultor) e do Isvap (como membro do conselho) foi, portanto, uma experiência que acrescentou muito para minha atividade profissional.

Mas, ao lado desta atividade, aduzo uma outra, com características muito diversas, referente aos contratos empresariais: a participação nas negociações de contratos internacionais para grandes obras. Esta experiência me levou por todo o mundo: no Irã colaborei na celebração do contrato para o grande porto de Bandar Abbas com o governo do Xá, e na sua renegociação, após a revolução dos Aiatolás. Na hoje extinta República Democrática alemã, participei das trabalhosas negociações de um contrato para a realização de uma usina siderúrgica. Em Israel, colaborei na organização de uma estrutura ítalo-israelita para realizar obras na Nigéria.

Nos Estados Unidos, estive em Illinois, no mês de fevereiro, a trinta graus abaixo de zero, para resolver um conflito entre empresas que participavam da construção de uma planta industrial. Estive na Turquia para negociar as condições do contrato para a autoestrada Istambul-Ankara; na Argentina para definir as relações com o governo após a falência de uma cooperativa habitacional. Estas experiências de negociações e discussões na prática fizeram crescer a minha sensibilidade para a definição concreta das questões jurídicas e me ajudaram enormemente na fase seguinte da minha atividade profissional, dedicada principalmente ao contencioso diante dos juízes comuns e arbitrais. Foi também muito interessante a participação como *expert* de direito italiano junto a cortes de *common law* no Canadá, nos Estados Unidos e no Reino Unido.

A necessidade de apresentar de modo acessível, a pessoas formadas em uma tradição jurídica distinta, institutos e regras próprios da *civil law*, me obrigava a um exercício de análise comparatista de grande sutileza. O litigator, isto é, o advogado que se dedica exclusivamente ao contencioso, como ocorre no mundo anglo-saxão, deve adquirir uma particular sensibilidade para avaliar as questões de direito, mas também, e sobretudo, para avaliar os fatos e as provas dos fatos. As particularidades do procedimento de *common law*, a sua oralidade, o caráter formalmente *adversary* e, nos Estados Unidos, a presença do júri, têm como consequência uma forte especialização do litigator. Na Inglaterra, até poucos anos atrás, os *barristers* eram os únicos a poder exercer o mister da defesa diante dos tribunais e constituíam uma categoria absolutamente distinta dos outros operadores do direito, os *solicitors*.

No nosso mundo, ligado à tradição romano-germânica, a distinção de papéis entre os advogados não é tão absoluta. A estrutura sistemática dos nossos ordenamentos (com os códigos arquitraves do sistema) e, ao mesmo tempo, o processo (de matriz canônica) baseado sobre uma formação progressiva da prova conduzida diretamente pelo juiz, fazem com que, também na formação do litigator, deva estar presente um conhecimento do modo pelo qual as questões de mérito são colocadas no quadro do sistema, e que, portanto, seja necessária uma experiência direta também com as fases não contenciosas da vida do direito.

Um conhecimento completo se consegue, então, na experiência dos árbitros, onde se é chamado frequentemente a assumir diversos papéis: defensor do requerente ou do requerido, árbitro ou juiz. A perspectiva diversa que cada um destes papéis oferece conduz a uma experiência completa do "mistério do processo" (assim o definia Salvatore Satta), isto é, ao modo pelo qual se alcança a "verdade processual" e a sentença. Foi assim certamente para mim: a experiência de árbitro ou de defensor em procedimentos arbitrais foi e ainda é um aspecto fundamental para o meu crescimento profissional. Foi particularmente relevante, por razões óbvias ligadas à minha formação comparatista, a experiência das arbitragens internacionais, na qual as diversas tradições e mentalidades dos juristas se encontram, e se desencontram, mas devem chegar a uma síntese. A arbitragem internacional é, neste sentido, o instrumento para o desenvolvimento de regras próprias do comércio internacional (a chamada *lex mercatoria*).

RTDC: Tendo o senhor atuado em diversas arbitragens, qual o seu posicionamento sobre o fortalecimento progressivo deste procedimento?

DC: Penso que seja um desenvolvimento positivo. Tanto no que diz respeito às arbitragens de direito interno, importantes ainda para alguns setores típicos do direito do consumidor (note-se que os EUA começaram a recorrer à arbitragem para as *class actions*), quanto no que tange às arbitragens no comércio internacional. Atenção, porém, porque estamos falando de arbitragem em sentido estrito, isto é, de um verdadeiro julgamento que decide uma controvérsia a partir de uma decisão de caráter jurídico ou, ainda, equitativa, mas sempre de uma decisão. A arbitragem deve ser distinguida dos outros métodos de resolução de litígios, que se aproximam a uma conciliação que deliberadamente ignora o resultado da questão jurídica. Ainda que esses procedimentos sejam importantes neste atual momento de crescimento descomunal dos processos judiciais em todos os países, seu papel é diferente: não respondem a uma demanda de justiça, mas de resolução de litígios socialmente inútil e prejudicial.

RTDC: Qual o seu método de trabalho acadêmico? De todas as suas obras, qual considera a mais importante?

DC: Meu método de trabalho acadêmico é composto por pesquisas algo rapsódicas no início, especialmente quando eu tento ler e perceber as questões que determinado tema explicita. A análise comparativa é a base do meu trabalho e isso resulta na exploração de diferentes campos. Atualmente, meu pensamento está preso ao tema da personalidade jurídica das sociedades acionárias e das consequências que são extraídas da metafórica equivalência entre pessoas físicas e jurídicas (Ascarelli ironicamente a definia *l''omone*). Basta pensar no desenvolvimento de grupos de sociedades e seu significado no financiamento da economia para ver o quanto há para estudar de suas estruturas jurídicas que têm permitido o desenvolvimento do capitalismo. Aqui está, então, a necessidade de compreender como essas estruturas são racionalizadas com base em uma análise econômica, mas, por outro lado, há também a necessidade de se examinar o significado da pessoa jurídica no direito público e constitucional, confirmando que a análise comparativa supera a tradicional distinção direito público-privado.

Paro por aqui: é fácil compreender que as minhas pesquisas se nutrem de grandes e numerosas curiosidades. Obviamente, luto depois para convertê-las em resultados definitivos. A mais importante das minhas obras é sempre aquela que ainda tenho que terminar de escrever. Hoje é a revisão e a edição das minhas lições ditadas pelo curso de direito comparado, que durante tantos anos tenho realizado nas diversas universidades em que lecionei. Os alunos gravaram e transcreveram minhas aulas, as quais estou revendo e ajustando. Parece-me, portanto, que o texto escrito não tem a vivacidade da exposição oral e isto me traz problemas.

Constrangido por esta entrevista a repensar meu trabalho, retorna-me à mente com nostalgia a ansiedade, mas também o entusiasmo (um pouco presunçoso), com que trabalhei em duas monografias (já mencionadas), as quais apresentei no concurso da Faculdade: uma sobre *estatuto das sociedades por ação* e outra sobre *joint ventures*, ambas com ideias inovadoras, resultado de minha paixão pela análise comparativa.

RTDC: O senhor, que, além de Professor do Istituto di Diritto Privato Comparato da Facoltà di Giurisprudenza dell'Università di Roma – La Sapienza, é Professor Visitante do Centre for the Advanced Study of European and Comparative Law (Oxford), da Temple University (Filadelfia), das Universidades de Paris I e II, Paris-Dauphine, Aix Marseille, Louvain-La Neuve e San Paolo e Membro da Académie Internationale de Droit Comparé, como vê o intercâmbio de experiência jurídica entre os diversos países?

DC: O intercâmbio de experiência jurídica entre diversos países não é novidade. Na história do direito do Ocidente, a partir do século XII, com o renascimento do direito romano e a criação do direito canônico e posteriormente com o desenvolvimento dos direitos nacionais ao final do revolucionário período do Iluminismo, de formas diversas, tem sempre havido uma troca de experiência na formação dos juristas e na elaboração e aplicação das leis. A novidade é que, nos últimos tempos, o intercâmbio não apenas se intensificou, mas também sua finalidade não é mais tanto aquela de aprender técnica e teoria a serem eventualmente importadas, mas aquela de compreender o fundamento das diversas regras e instituições a fim de harmonizá-las aos princípios próprios da civilização jurídica comum ao ocidente e agora também aos direitos fundamentais considerados universais.

RTDC: Qual o papel do direito comparado na formação do jurista? Trata-se de disciplina obrigatória na Itália?

DC: A nova perspectiva dos intercâmbios de experiência jurídica a que acabei de me referir demonstra que a análise do direito comparado é essencial ao estudo que o intercâmbio pretende promover e à finalidade que se pretende alcançar. O estudo do direito comparado é por isso essencial para a formação do jurista. Na Itália, essa disciplina é considerada obrigatória em muitas faculdades, mas, mesmo naquelas em que não é prevista como obrigatória, é ministrada e vem adquirindo relevância.

RTDC: Qual o papel do direito comparado no direito interno de países como o Brasil? E na União Europeia?

DC: Creio que também no Brasil o ensino dos métodos e da finalidade do direito comparado tornou-se essencial. Como tive a oportunidade de observar em meu artigo sobre recente trabalho de Arnoldo Wald acerca das tendências atuais do direito brasileiro, o ordenamento jurídico brasileiro superou a fase de dicotomia entre o direito estudado e ensinado e aquele vivido e aplicado em concreto. O Brasil possui um ordenamento complexo que está evoluindo e que, apesar do legado de sua matriz europeia, sofre a influência estadunidense e, sobretudo, coloca agora na base do ordenamento a necessidade de resolver as concretas questões da economia e da própria sociedade. Considero que para isso é fundamental a interação entre a norma constitucional, a lei ordinária, os códigos e a jurisprudência.

O direito comparado nesse novo contexto não é mais simplesmente "viagem cultural" à Europa para conhecer as novidades mais importantes e se preparar para a função de jurista de forma alienada às demandas da vida de seu país. Direito comparado no Brasil hoje é também e sobretudo a análise muito complexa e muito completa das questões da vida social e econômica. O confronto com as soluções de outros ordenamentos tem o único fim de abordar tais questões do modo mais correto e eficaz.

Na verdade, na União Europeia, o direito comparado é, há tempos, considerado subsídio indispensável à elaboração e aplicação do direito comunitário. Apenas a comparação permite compreender e distinguir instituições e normas expressas em línguas diversas e interpretadas em contextos diversos. Apenas o direito comparado, superando a inevitável divergência dos institutos e normas por meio da criação de uma linguagem nova, permite definir e resolver as questões que se colocam. Noções novas surgem de tal forma elaboradas que têm relevância e aplicação, em um primeiro momento, apenas no direito comunitário, mas depois inevitavelmente acabam por influenciar também o direito interno dos países-membros da União Europeia.

RTDC: Como o senhor vê a chamada unificação do direito obrigacional no Código Civil brasileiro de 2002?

DC: A minha primeira reação à unificação foi de grande aprovação, na qual talvez tenham participado um pouco de preguiça intelectual e uma ponta de orgulho nacional. A Itália (na esteira da Suíça), com o Código Civil de 1942, já havia implementado esta modificação. Essa é uma parte integrante da nossa cultura jurídica e o novo Código Civil do Brasil retomou muitas das soluções adotadas pelo nosso Código Civil. Mais recentemente, porém, o desenvolvimento de um direito do consumidor, que mesmo na Itália encontrou espaço em um distinto "Código do Consumo" e, por outro lado, o desenvolvimento do direito societário e dos contratos entre empresas distinto do direito das obrigações civis, fez-me refletir sobre a real integração do direito das obrigações e sobre a real subsistência de um único sistema codicístico. Por isso, parece-me que o verdadeiro elemento unificador do direito das obrigações no Brasil deveria ser buscado não na formal unidade da singular fonte codicística, mas sobretudo na presença de unitários princípios fundamentais de relevo constitucional (penso por exemplo no artigo do Código Civil que afirma a "função social" do contrato).

RTDC: Qual a herança mais preciosa que o direito oferece ao século XXI?

DC: A herança mais preciosa que recebemos da história do direito do século passado é aquela da afirmação do direito como fundamento da vida social e econômica. Entendo o direito como um complexo de regras que almejam a justiça e a paz social e, portanto, como regulamentação baseada em valores fundamentais. Daí a essencialidade do reconhecimento do valor de cada ser humano como "pessoa", como sujeito ao qual são reconhecidos "direitos inalienáveis", direitos esses em que se reconhece a sua "dignidade". Este reconhecimento, que já aconteceu nas Constituições de diversos Estados e que – como agora confirmado – envolve repercussões diretas sobre instituições da vida civil, deve, todavia, no contexto globalizado da sociedade humana, tornar-se universal, enquanto fundamento imprescindível do nosso futuro. A Declaração Universal dos Direitos do Homem, proclamada pela Assembleia das Nações Unidas em 1948, constitui um passo importante nessa direção, assim como a Convenção Europeia para a Proteção dos Direitos do Homem e das Liberdades Fundamentais, firmada em Roma em 4.11.1950. A Carta de Nice incorporou o princípio da "dignidade" de cada ser humano como fundamento dos ordenamentos europeus, e a Corte Europeia dos Direitos do Homem, sediada em Estrasburgo, é seriamente empenhada na sua tutela judiciária. Destes desenvolvimentos nutre-se a esperança para o futuro.

ENTREVISTA COM FRANCISCO AMARAL[1]

RTDC: Quais são as lembranças de seus estudos universitários? Quais são as principais diferenças entre a faculdade naquela época e as de hoje? Como o senhor vê a proliferação de cursos jurídicos?

FA: Inicialmente agradeço o honroso convite para participar deste diálogo que a *RTDC*, um dos mais conceituados órgãos de divulgação da ciência jurídica brasileira, vem promovendo com a doutrina do nosso país, enriquecendo o debate e assim contribuindo para o desenvolvimento do pensamento jurídico brasileiro, na área do direito civil. Quanto às interessantes perguntas que me fazem, passo a responder.

Tenho ótimas recordações dos meus estudos universitários. Foram muito importantes, eu diria até decisivos para a minha vida, no aspecto pessoal, intelectual e profissional. Graduar-me em Ciências Jurídicas e Sociais pela Faculdade Nacional de Direito, em 1967, sempre representou, para mim, uma grande conquista. O curso de direito foi um período maravilhoso (cinco anos) de novas relações, descobertas surpreendentes, marcando uma fase de grande influência na construção do conhecimento e do meu futuro pessoal e profissional.

As diferenças entre a Faculdade daquela época e as de hoje resultam da diversidade das circunstâncias históricas, políticas e sociais. A Faculdade sempre foi um centro de reflexão e debate sobre a realidade brasileira, além da formação jurídica que proporcionava. Hoje é uma instituição maior e mais complexa na sua organização e mais acadêmica no seu funcionamento. O número de alunos era menor, todos os professores catedráticos tinham assistentes, presentes nas aulas, e os alunos chegavam à faculdade bem preparados, com uma postura séria e interessada. A assistência ao estudante era maior, pois contava com um restaurante que muito ajudava os estudantes carentes de recursos, como eu, e um serviço gráfico que reproduzia a matéria dos professores que não tinham livro de sua autoria. Com a massificação do ensino, o alunado é hoje mais heterogêneo, com alunos excepcionalmente brilhantes e bem preparados, e outros que trazem para a universidade as deficiências dos níveis inferiores de ensino.

[1] Entrevista concedida à *Revista Trimestral de Direito Civil – RTDC*, v. 47, jul./set. 2011.

Quanto à proliferação dos cursos jurídicos em si, penso que esse fato resulta de duas circunstâncias, ou melhor, de dois problemas nacionais ainda não resolvidos: a) a incapacidade do Estado de estender a todos os brasileiros, que têm o direito de acesso ao ensino em todos os graus e em todos os ramos do conhecimento garantido pela Constituição da República, a possibilidade de contar com o ensino público e gratuito. Dessa incapacidade resulta a indispensável participação do ensino privado; e b) a deficiência do ensino fundamental e do ensino médio, com honrosas exceções, na escola pública, que resulta na insuficiente formação da juventude para o ingresso no ensino público de nível superior. É, assim, natural, que o jovem chegue à universidade, que é a última fase do processo formal de construção de conhecimento, com deficiências que deveriam ter sido supridas nos níveis inferiores de ensino, e que as faculdades, principalmente as particulares, não conseguem ou não querem sanar, o que compromete o nível do alunado, a reputação da escola e a futura contribuição social do formando. Sendo crescente a demanda pelo ensino superior, devido não só à necessidade imperiosa de quadros profissionais para atender aos desafios da sociedade contemporânea, como também pelo prestígio social que o título proporciona, é natural que se verifique uma proliferação dos cursos jurídicos no Brasil, muito rentáveis na sua maioria, mas que não podem ser responsabilizados, sozinhos, pelas distorções que marcam atualmente o ensino público brasileiro.

RTDC: O que determinou opção do senhor pelo direito e, especificamente, pelo direito civil?

FA: Minha opção pelo direito impôs-se quando eu, trabalhando como repórter de jornal, fui encarregado de cobrir as atividades do tribunal de júri. Acompanhando as sessões que eram diárias, seduzi-me pelo trabalho dos advogados, sua cultura geral, seu raciocínio jurídico, e, principalmente, sua capacidade argumentativa, a demonstrar o papel do advogado no processo de realização da justiça, tudo aquilo que Tom Hanks, no seu papel de advogado dispensado do escritório em que trabalhava, por ser aidético, também revelou anos mais tarde e de modo mais brilhante, no filme *Filadélfia*. Até então, meu grande interesse era pela história, mas, depois de assistir à atuação do tribunal de júri que, por sinal, depois de formado, jamais realizei, decidi fazer o curso de direito.

Quanto ao direito civil, a disciplina que cursei na Faculdade Nacional de Direito era de Direito Civil e Romano, a cargo de um professor catedrático, o Prof. Vandick Londres da Nóbrega, também catedrático de latim. Suas aulas sempre contavam com uma introdução histórica, romana, que muito me interessava, corroborando a afirmação de Savigny, segundo a qual o direito, particularmente, o civil, é essencialmente, história. Outra circunstância favorável à minha dedicação futura ao direito civil foi o fato de ter sido nesse ramo do direito, que obtive as melhores notas, com média final de curso de 9,5, o que não se verificou nas demais matérias.

RTDC: Qual a importância da filosofia e da sociologia nas faculdades de direito?

FA: São matérias importantes para a compreensão do fenômeno jurídico e, consequentemente, para a formação do jurista. À primeira, compete o estudo da natureza e do fundamento do direito, sendo no seu âmbito que se discutem, hoje, os mais contraditórios temas jurídicos, de natureza teórica e prática. A sociologia, ciência de formação recente, tem por objeto a dimensão social do direito. Estuda as relações entre o direito e a sociedade, compreendendo a influência dos fatores sociais (políticos, econômicos, culturais, morais), as funções que o direito desempenha e a eficácia das regres jurídicas, sugerindo ao legislador o direito que deve ser. Estuda tanto a influência da sociedade sobre o direito quanto a deste sobre a sociedade. Com esse entendimento, propus, quando diretor da Faculdade Nacional de Direito (1994/1998), um novo projeto pedagógico que, aprovado, incluiu essas matérias nos primeiros períodos do curso, juntamente com a história, a fim de proporcionar ao alunado um conhecimento também metajurídico. Penso que uma Faculdade que não as tenha no currículo proporcionará apenas uma visão restritiva do direito, dogmática-positivista, formadora de técnicos, não de juristas, em detrimento de uma formação hermenêutica-crítica que o pensamento contemporâneo recomenda. Também por essa razão, sempre defendi que a Faculdade Nacional de Direito integrasse o Centro de Filosofia e Ciências Sociais, por sua afinidade com a filosofia, a sociologia e a história, não o Centro de Ciências Jurídicas e Econômicas, onde parece ter uma função meramente instrumental, próprio do positivismo vigente à época da estruturação da UFRJ.

RTDC: Quais foram os mestres que mais o influenciaram no campo do Direito? E no tocante à sua formação filosófica, quais foram suas principais influências?

FA: No curso de direito, os professores que mais me influenciaram foram Pedro Calmon, Hélio Tornaghi e Evaristo de Morais Filho. Pedro Calmon era um notável orador. Dotado de grande erudição, suas aulas, que deveriam ser de Teoria Geral do Estado, de que era titular, viravam, com frequência, aulas de história do Brasil e da nossa Faculdade Nacional de Direito, o que maravilhava seus alunos. Era homem de grande cultura, membro da Academia Brasileira de Letras. Por seu mérito, foi agraciado com o título de Doutor *honoris causa* da Universidade de Coimbra, uma das mais antigas da Europa, fundada em 1290, e de grande influência na formação cultural das primeiras elites brasileiras, no século XIX. Foi um dos principais oradores do seu tempo. Hélio Tornaghi, professor de Processo Penal, era, no dizer de seus colegas professores catedráticos, um homem de excepcional talento. De grande cultura literária e filosófica, e dotado de especial didática, era profundo admirador de João Ribeiro, gramático e escritor que sempre recomendava. Quando nos orientava no estudo do direito, sempre me dizia, "leia os clássicos, vá às fontes", pois os juristas brasileiros, na sua grande maioria, nada mais fazem do que os repetir. Evaristo de Morais Filho era quem mais atenção despertava. Professor do direito do trabalho, fugia, com frequência, do seu tema para nos deliciar com aulas de Sociologia, de que também era professor na Faculdade de Filosofia.

Já na pós-graduação, no mestrado que fiz na USP, destacaria Limongi França e Goffredo Telles Junior. Rubens Limongi França era um grande professor de Direito Civil, principalmente do processo de formação histórica dessa matéria, o que muito contribuiu para que eu dele me aproximasse, e depois me tornasse seu grande amigo. Goffredo da Silva Telles, notável orador, expunha com clareza inexcedível sua vasta cultura teórica e filosófica. Posteriormente, e já no magistério universitário, Orlando Gomes, que me distinguiu com sua amizade pessoal. Suas indicações, em matéria civil, foram, para mim, fundamentais e decisivas. Grande jurista e sociólogo, sugeriu-me Norberto Bobbio, de grande influência futura. Apresentou-me também aos clássicos do direito civil de sua época, Manuel de Andrade, Federico de Castro, Castan Tobeñas, Francesco Santoro-Passarelli, Franz Wieacker, Von Thur, Henri de Page...

Quanto às influências filosóficas, muitas foram as leituras, a maior parte em função do direito, sua formação histórica, fundamentos e realização prática. Os autores que mais frequentei foram, e são ainda, em temas específicos, Aristóteles, Cícero, Vico, Kant, Hegel, Savigny, Tobias Barreto, Perelmann, Alexy, Habermas, Engisch, Larenz, Canaris, Gadamer, Dworkin.

Nos últimos tempos, identifiquei-me muito com os temas da filosofia prática aristotélica, e o pensamento de Joseph Esser, Martin Kriele e Castanheira Neves, juristas-filósofos que, partindo da crítica às teorias positivistas e relacionando o direito com a filosofia e a sociologia, interpretam-no à luz dos valores e princípios, superando o tradicional normativismo e considerando a interpretação jurídica como atividade criadora e não mais como simples exegese do texto legal, defendendo, assim, a reabilitação da razão prática no âmbito do direito.

RTDC: A literatura, a poesia e as artes contribuíram para sua formação? O que recomendaria, neste sentido, para as próximas gerações?

FA: O jurista é a pessoa preparada para dar respostas jurídicas aos conflitos de interesses na sua sociedade. Deve conhecer, portanto as ideias dominantes na sua cultura e as práticas sociais do seu povo, sem descurar, evidentemente, as exigências que o processo de globalização impõe quanto à ciência de outros direitos. Esse conhecimento inclui as manifestações artísticas do seu meio. A literatura, a poesia e as artes são, como o direito, manifestações do *ethos* dominante, da realidade que as inspira. A literatura é mais reflexão, a poesia, mais emoção, ambas com muita afinidade com o direito, tanto na inspiração (a realidade social) quanto na expressão (a linguagem). Recorde-se que todo processo jurídico começa com uma história, uma narrativa, que um interessado faz ao advogado, ao juiz, à autoridade policial ou administrativa competente, narrativa essa que vai suscitar uma específica retórica e ser objeto de uma interpretação, expressa na sentença final. Na história da cultura, encontram-se grandes juristas que se revelaram como grandes escritores, principalmente nos campos do direito penal e processual, onde os interesses e as paixões se revelam com mais intensidade.

E, por isso, comum reconhecer-se no direito uma atividade literária, que reflete os dramas e as grandes emoções da existência humana. Não é por outra razão que as relações entre direito e literatura têm sido objeto de estudos específicos que, no mundo anglo-saxão, constituem uma disciplina específica, "Direito e literatura".

RTDC: Fale um pouco sobre sua trajetória acadêmica.

FA: Entrei na Faculdade em 1963, fazendo um exame vestibular que tinha provas escritas e orais, inclusive de latim, classificando-me entre os primeiros 25. Eram 200 alunos por ano, não havia períodos, e a época era de grande efervescência política. Estávamos em 1963, governo de João Goulart, o que me privou de ter como professor o grande Hermes Lima, chamado a exercer as funções de primeiro ministro. Havia grande interesse pela política, exercida em nível elevado, com alunos de grande cultura e notáveis dons de oratória. Esse interesse despertava outro, o da cultura geral, o que nos levava a uma leitura constante. Eu passava o dia na Faculdade assistindo às aulas pela manhã e estudando à tarde na biblioteca. Como não tinha recursos próprios nem uma família que me sustentasse, dependia do restaurante da Faculdade onde almoçava e jantava. O meu primeiro ano foi dedicado à realidade brasileira, no intuito de conhecer o processo histórico da nossa formação social, cultural e jurídica. Além dos indispensáveis livros e apostilas de introdução aos diversos direitos, devorei as obras de Gilberto Freire, Sérgio Buarque de Holanda, Caio Prado Junior, Viana Moog, Fernando de Azevedo, Celso Furtado, Jorge Amado, e o, naquela época, indefectível, primeiro volume de *O Capital*, de Karl Marx.

No meu quarto ano, hoje sétimo e oitavo períodos, ganhei, num processo que selecionou estudantes de direito em todo o Brasil, um curso na Faculdade de Direito da Universidade de Harvard, durante o mês de julho. Foi uma experiência maravilhosa. Pude melhorar o meu inglês, depois negligenciado, e tive a oportunidade de conhecer e ouvir o grande sociólogo da época, o americano David Riesman, autor de um *best-seller* da época, o livro *The lonely crowd*, que despertou em mim o interesse pela sociologia. Voltando ao Brasil, comecei a estagiar como solicitador (nome dado aos estudantes dos dois últimos anos, autorizados pela OAB a praticar alguns dos atos privativos dos advogados) em um escritório de advocacia, e a ganhar um salário que me garantia a subsistência. Já no final do curso, obtive uma bolsa de estudos do governo italiano para fazer um curso de especialização em sociologia do direito, em Roma. Naquele tempo, não havia cursos de mestrado ou doutorado na Itália, apenas de especialização, alguns mais profundos, aliás, do que o atual mestrado nosso. Esse curso compreendia um ano de aulas e outro de pesquisa e elaboração de uma tese. Feito o primeiro ano, de presença obrigatória, resolvi voltar para o Rio e continuar trabalhando no escritório de advocacia, com a intenção de fazer, simultaneamente, o trabalho de Roma. Isso porque a bolsa recebida, que era pequena, não era concedida nas férias, e eu não dispunha de recursos que me permitissem ficar na Europa durante as férias de verão. Essa decisão revelou-se acertada, sob o ponto de vista profissional, mas não deu certo no aspecto universitário. A advocacia era uma atividade muito absorvente e não me dava condições pessoais de fazer as duas coisas. Conclusão, o Brasil perdeu um sociólogo e ganhou mais um advogado.

No meu curso de sociologia em Roma, estudei, como leitura básica e obrigatória, entre outras obras, Max Weber, *Economia e Sociedade* e *Metodologia das ciências sociais*, e Scheller, *Sociologia do conhecimento*, em traduções italianas dos respectivos originais alemães. Foi um período extremamente rico e proveitoso em matéria de enriquecimento científico e cultural, um aprendizado inesquecível. Regressando ao Rio de Janeiro, tive conhecimento de que abrira o curso de mestrado na USP. Candidatei-me, fui aprovado, e fiquei sob a orientação do Prof. Limongi França. Já concluindo os créditos do mestrado, abriu-se a pós-graduação na nossa Faculdade Nacional de Direito, e eu pedi transferência, vindo a fazer aqui o curso de doutorado. Depois de formado fui convidado a dar aulas de Sociologia do Direito, Direito Comercial e Direito Civil em diversas Faculdades e em cursos preparatórios para concurso, até 1988, quando fiz concurso para professor adjunto da Nacional, onde permaneço até hoje, com exclusividade. A par dessa atividade, sempre advoguei, o que era essencial para a minha manutenção econômica, minha e de minha família, e muito proveitosa para a minha docência, pela experiência decorrente da prática jurídica. Na Faculdade, já como professor concursado, fiquei responsável pelas disciplinas de Direito Romano e Direito Civil (todo o curso), com duas turmas pela manhã e duas à noite. Registre-se que naquele tempo as turmas, principalmente as da noite, já eram imensas, e as salas de aulas não dispunham de microfones, o que implicava grande esforço e dedicação dos professores.

Além da docência, exerci também funções administrativas. Fui chefe de departamento, membro da congregação, diretor da Faculdade, membro do Conselho do Centro de Ciências Jurídicas e Econômicas, representante dos professores titulares no Conselho Universitário, presidente da Comissão de Legislação e Normas etc.

RTDC: O senhor tem inúmeras obras publicadas. Qual é o seu método de trabalho? Como escreve e o que o inspira?

FA: Trabalho geralmente ao final da tarde e à noite, depois de resolvidos, ou enfrentados, os problemas diários da profissão, hoje mais de consultoria jurídica. Com exceção das obras didáticas (livros, cadernos didáticos), a maioria de meus artigos decorre das conferências ou aulas proferidas a convite, ou colaborações solicitadas para livros ou revistas jurídicas. Trabalhos resultantes de minha própria iniciativa são mais raros e versam sobre temas de natureza histórica, no âmbito do pensamento e da cultura luso-brasileira, e de natureza teórica e metodológica, atinentes à realização prática do direito, particularmente nesta fase de mudança do paradigma tradicional. Procuro assim refletir sobre os desafios da sociedade contemporânea, a sociedade do conhecimento e da informação, que exigem novas estruturas jurídicas de resposta, em face da superação de categorias tradicionais do direito, e um novo pensamento no campo da interpretação jurídica, tema fundamental no quadro da metodologia de realização do direito.

RTDC: A sua obra *Direito civil: introdução* é referência para os alunos que se iniciam no direito. Não tem planos de escrever manuais para os demais cursos de direito civil?

FA: Até 1994, quando fui eleito diretor da Faculdade Nacional de Direito, acompanhava as turmas de direito civil, do primeiro até o oitavo período. Acumulei material suficiente, penso eu, para escrever um curso inteiro de direito civil, naturalmente obra de natureza puramente didática e de divulgação. Já como diretor propus, a exemplo do que ocorre nas faculdades de direito europeias, que os professores de direito civil se especializassem e aprofundassem em cada uma das tradicionais áreas do direito privado: teoria geral, obrigações, contratos, direitos reais, família e sucessões. Coerentemente com essa decisão, pareceu-me temerário escrever um curso completo, pois correria o risco de não lhe dar a necessária consistência.

Sendo hoje a sociedade e o direito extremamente complexos, uma obra didática sobre todo o curso de direito civil implicaria riscos de eventual superficialidade, no meu caso pessoal, a comprometer o nome da instituição a que eu orgulhosamente pertencia. Tomem-se, como exemplo, os principais tratados de direito civil hoje dominantes no meio jurídico europeu, principalmente Alemanha, França e Itália. São todas obras coletivas, não havendo nenhum civilista de renome que tenha a pretensão de escrever, sozinho, um tratado, dada a extensão e, principalmente, a profundidade, do direito civil contemporâneo. Preferi, assim, dedicar-me à teoria geral, inclusive das obrigações, aprofundando o livro que já publicara anteriormente. Devo dizer, porém, que embora me tenha dedicado a escrever sobre teoria do direito civil, num livro cujas sucessivas edições exigiram grande trabalho de atualização, isso não impede que eu ainda escreva sobre outro campo de direito civil, dependendo, como tudo na vida, das circunstâncias do momento.

RTDC: Para o senhor, qual deve ser o papel do curso de graduação em direito? Uma formação mais generalista ou mais especializante?

FA: Uma formação que contemple as duas tendências. Considero o direito uma ciência prática, destinada a prevenir e a resolver conflitos de interesses. O conflito é o objeto do direito e da justiça. Se considerarmos que o jurista é dotado de uma formação especial para exercer essa prática, que exige grande conhecimento, prudência, experiência e um especial tipo de raciocínio, o jurídico, chegaremos à conclusão de que o curso de graduação deve fornecer, nos primeiros períodos, uma sólida preparação teórica, que habilite o estudante a desenvolver o seu raciocínio jurídico, e nos demais períodos, uma sólida formação prática, que o habilite a realizar o direito, na solução dos problemas que a vida social suscita.

RTDC: E na pós-graduação, o que precisa ser mudado?

FA: A crise atual do direito civil, na sua estrutura, nas suas categorias históricas, na metodologia de sua realização, exige uma reflexão teórica e filosófica sobre a mudança de paradigma que hoje se verifica, com a superação das chamadas teorias de ontem, o jusracionalismo, o positivismo-normativista e o realismo jurídico. Ora, a pós-graduação é o *locus* privilegiado para essa reflexão crítica e para uma nova fundamentação teórica que legitime um novo direito, *rectius*, uma nova prática jurídica.

RTDC: Qual é o papel hoje do Direito Romano? Qual sua influência sobre o código civil vigente e sua aplicação? Como ele deve ser ensinado nos cursos de graduação?

FA: O direito romano é um verdadeiro laboratório. Revela como surgem, evoluem e desaparecem as regras e os institutos jurídicos. Mostra-nos que o direito, particularmente o civil, não surge como simples invenção de quem tem o poder. Nasce da vida em sociedade, mais propriamente da ética social dominante, como verdadeira prática social típica, que evolui para uma ciência, conjunto de decisões, conceitos e leis orientadoras dessa prática. Separado da religião, da moral e dos costumes, uma das primeiras grandes criações do gênio jurídico dos romanos, resulta de um longo processo de formação histórica e jurisprudencial, fundado em ideias gerais dominantes, os chamados valores jurídicos, e tem na pessoa a sua causa determinante. O ser humano é reconhecido, assim, o único ser feito de passado. Nesse processo histórico, o direito romano é a primeira e decisiva fase, constituindo-se em elemento básico da cultura ocidental. Sua presença neste é manifesta no direito civil brasileiro, como herança da colonização portuguesa. No Código Beviláqua, dois terços dos seus dispositivos eram de origem romana, proporção que diminui no Código de 2002, considerando-se a incorporação, neste, do direito empresarial. Por sua importância histórica e científica, por sua contribuição ao pensamento jurídico europeu e brasileiro, deve ser levado em consideração nesta fase de mudança de paradigma.

Quanto ao seu ensino no curso de graduação, deve-se levar em conta o seu valor formativo e o método de realização prática. O seu valor formativo reside, principalmente, no seu espírito, no sentido de uma ordem superior de princípios, que legitimavam as suas construções jurídicas, e que eram fundamentalmente a justiça e a liberdade, a dignidade da pessoa humana (*humanitas*) a boa-fé, e ainda a sua naturalidade, no sentido de contrário a formulações abstratas, e a sua concreção, no sentido de que o direito nascia como resposta a exigências práticas e concretas, do que resultou a tipicidade de alguns institutos, como nos direitos reais e nos contratos. A sua perfeição técnico-jurídica manifesta-se no fato de serem dele as categorias, os conceitos fundamentais, as estruturas que vieram a constituir a linguagem jurídica medieval, moderna e contemporânea. Deixou-nos os conceitos-chave em matéria de família, obrigações, direitos reais e sucessões. Quanto ao método de realização do direito, hoje um dos principais temas da reflexão jurídica, deixou-nos o exemplo dos seus juristas, que se valeram do método problemático, retórico ou tópico. O seu pensar jurídico orientava-se para questões concretas, para cuja solução o jurista devia criar a norma adequada à especificidade de cada situação e elaborar a construção jurídica aplicável ao caso. Creio que no magistério universitário deve-se dar ênfase a esse espírito, reduzindo a preocupação com o ensino estritamente dogmático, responsável, aliás, pela diminuição do interesse pelo estudo desse direito histórico. Ressalte-se que a maioria das faculdades de direito da América Latina ensina o direito romano, sendo muito atuante a Associação Ibero-Americana de Direito Romano, que reúne juristas espanhóis e das nações da América Latina de língua espanhola.

Também nos Estados Unidos é significativo o número de Faculdades de Direito que ensinam o direito romano. Mas esse interesse não é só no ocidente. A Faculdade de Direito e de Ciências Políticas de Pequim traduziu, na última década, o *Digesto* de Justiniano, o Código Civil italiano e o nosso Código Civil de 2002, considerado este a última manifestação da presença do direito romano no direito ocidental. Registre-se ainda a existência, na Universidade de Brasília, da URBS – União dos Romanistas Brasileiros, que congrega um grande número de professores e juristas brasileiros dedicados ao direito romano. Deve-se, porém, reconhecer que a experiência jurídica romana interessa hoje apenas aos juristas que cultivam uma concepção histórica do direito, e não aqueles, em grande maioria, que têm uma visão técnica e instrumental do direito, aparentemente mais adequada à solução dos problemas da sociedade contemporânea, a sociedade da ciência e da revolução tecnológica.

RTDC: O senhor se graduou, se doutorou pela Faculdade Nacional de Direito da UFRJ, onde hoje é professor titular, uma das mais tradicionais do país. Qual deve ser, para o senhor, o papel da Universidade?

FA: Vejo a Universidade como um centro de formação profissional, nas diversas áreas do conhecimento, e de transmissão de cultura, e também de reflexão e crítica sobre o saber do nosso tempo. Não deve, porém, manter-se isolada da sociedade a que serve, mas sim integrar-se em um projeto global de mudança econômica, política e social do nosso país.

RTDC: O senhor tem diversos estudos no âmbito do direito comparado, especialmente atuante no âmbito luso-brasileiro. Qual é a importância da comparação jurídica hoje?

FA: O direito comparado é um dos mais destacados setores da ciência jurídica contemporânea, ao lado da teoria do direito e da dogmática jurídica. Sua finalidade é estudar os ordenamentos jurídicos contemporâneos. Isso porque a globalização econômica e a mundialização da cultura puseram em destaque a pluralidade e a diversidade dos sistemas jurídicos nacionais e, consequentemente, os problemas de natureza política, jurídica e cultural nas suas relações. O direito comparado contribui para o conhecimento dos elementos e institutos desses sistemas, e das soluções por eles elaboradas para os problemas da vida jurídica e social, contribuindo, assim, para a formação jurisprudencial do direito e para a harmonização dos direitos nacionais. Contribui ainda para a melhor realização judicial do direito de cada país, assim como também para a realização de reformas legislativas e o estabelecimento de relações internacionais de cooperação.

RTDC: Seu estudo pioneiro sobre o intrincado tema da irretroatividade das condições é ainda hoje uma referência fundamental. O Código Civil de 2002 mudou alguma coisa neste ponto?

FA: Creio que não. O espírito é o mesmo e as disposições do Código atual correspondem às do Código Beviláqua.

RTDC: De maneira, geral, como o senhor vê o advento deste Código? Um progresso ou regresso?

FA: Eu vejo o novo Código Civil sob uma perspectiva diversa da seguida pela grande maioria dos civilistas brasileiros, ainda fiéis ao pensamento da modernidade, dogmática-positivista, que considerava o código um sistema fechado e completo, próprio do pensamento da codificação (século XIX). Embora fiel à ideia de sistema, tema de grande interesse, mas sobre o qual a ciência jurídica brasileira ainda não se debruçou, salvo honrosas exceções, o Código atual inova na sua estrutura e nos seus fundamentos, apresentando-se não só como um conjunto de preceitos, mas também de valores e princípios que se revelam sob a forma de cláusulas gerais e conceitos indeterminados, o que lhe dá a natureza de um sistema aberto e flexível. Nesse aspecto, é irrelevante a alegada incompletude que o pensamento tradicional lhe tem atribuído, coerentemente com o espírito do paradigma positivista da modernidade.

A primeira e grande inovação é a inclusão de princípios no quadro das fontes de direito civil, o que influi decisivamente na metodologia de sua realização, pois sugere ao intérprete não mais uma atividade meramente exegética do texto legal, mas sim uma atividade criadora, por meio de um novo raciocínio jurídico. O Código pode conduzir, assim, a uma revolução copernicana na atividade metodológica, no sentido de substituir o tradicional pensamento sistemático, lógico-dedutivo e exegético, típico do pensamento dominante na época do Estado de Direito (século XIX), em que a interpretação se distinguia da aplicação da regra, por um novo pensamento, problemático, prático, axiológico e dialético, próprio do pensamento jurídico contemporâneo, pós-moderno. Nesse aspecto, considero o Código um sistema apto a provocar uma possível revolução metodológica no campo da realização do direito civil brasileiro, um progresso, portanto.

RTDC: Alguns ditos excessos da chamada "constitucionalização do direito civil", especialmente após o advento do Código Civil de 2002, têm sido objeto de crítica. Quais seriam as restrições do senhor quanto a esta metodologia? Qual deve ser o papel da Constituição na interpretação e aplicação do direito civil?

FA: A "constitucionalização do direito civil" remonta ao processo histórico e cultural de "constitucionalização" do direito europeu, iniciado em 1919 com a Constituição da República de Weimar que, pela primeira vez, inseriu princípios e regras de direito privado em seu texto.

Essa tese acentuou-se no segundo pós-guerra, quando nações profundamente atingidas, como Itália e Alemanha, não encontrando nos seus Códigos Civis o instrumento adequado para a sua reconstrução política, jurídica e social, recorreram à Constituição para garantir os direitos individuais, organizar o Estado e a vida social, com a disciplina dos institutos fundamentais do direito civil, a pessoa, a família, a propriedade. A Constituição assumia, consequentemente, uma posição central no ordenamento jurídico, processo que alguns juristas europeus denominaram de constitucionalização do direito, e do que a Constituição italiana de 1948 e a Constituição de Bonn de 1949 se tornaram os grandes modelos. Registre-se, porém, que esses textos constitucionais eram pós-codificação civil, pois surgiam na vigência de códigos civis paradigmáticos. Desse processo de "constitucionalização" resultava que a lei maior passava a ser também a lei básica do direito privado, embora diversa a matéria e a natureza das relações jurídicas a regular. Os principais institutos de direito civil adequavam-se aos postulados, princípios e orientação da Constituição da República, do que resultava não se poder conhecer o direito civil sem conhecer a Constituição. Esta seria, consequentemente, fonte direta do direito privado, incidindo nas relações de direito civil, pelo que a interpretação deste se faria também a partir do texto constitucional.

Essa tese foi trazida para o Brasil, mais especificamente São Paulo, na década de 70, por ilustre civilista italiano, o Professor Pietro Perlingieri, que tive a honra de conhecer na Faculdade de Direito da USP, quando veio divulgar o curso de especialização em direito civil da Universidade de Camerino do qual era coordenador. Esse eminente professor propunha a releitura do Código Civil e a sua interpretação à luz da Constituição, considerada como enunciadora dos princípios essenciais do sistema, papel tradicionalmente desempenhado pelos Códigos. Embora não se verificassem em nosso país as circunstâncias políticas e históricas do pós-guerra europeu, havia um processo de descodificação decorrente de profusa legislação especial que apontava para o "ocaso" do Código Civil e criava condições para a emergência da Constituição como fonte primária do sistema jurídico. E foi o que ocorreu. A Constituição de 1988, pós-regime autoritário, com a pretensão de regular toda a vida jurídica nacional, apresentava-se como um texto amplo e detalhado que reconhecia a pessoa humana como valor básico da ordem jurídica brasileira e acolhia os institutos fundamentais do direito privado. Compreende-se que assim fosse, pois o país saía de um regime político autoritário que não respeitava os direitos humanos na sua plenitude, justificando a aprovação de um texto constitucional que se iniciava, aliás, com um capítulo dedicado aos direitos e garantias fundamentais da pessoa, de aplicação imediata.

Reservas a essa tese levantam-se, porém, com a entrada em vigor do novo Código Civil brasileiro, de 2002, importante ato legislativo que merece a atenção da teoria jurídica brasileira. Diversamente do que ocorreu no direito europeu, em que as constituições do pós-guerra foram pós-codificação civil, no nosso país deu-se o contrário, o novo Código Civil é posterior à Constituição, com os efeitos que isso produz no que respeita à matéria privada contida no texto constitucional. Trata-se de um novo sistema jurídico, autônomo e independente, com uma estrutura dotada de importantes princípios, cláusulas gerais e conceitos indeterminados, o que lhe dá o caráter de sistema aberto e flexível, a modificar o processo tradicional de sua interpretação jurídica.

Sob o ponto de vista dogmático e normativo, o novo Código apresenta-se como a lei básica, embora não global, do nosso direito privado, ao estabelecer, no seu art. 1º, que "Toda pessoa é capaz de direitos e deveres na ordem civil". Significa isso que a ordem civil é a fonte primária para a solução dos conflitos decorrentes da violação desses direitos e respectivas pretensões, sem contrariar, obviamente, a Constituição, mas não a partir do texto constitucional. Tudo isso implica que o Código, eleito como fonte primária da matéria civil, como se deduz do seu art. 1º, é também a fonte direta para a sua interpretação jurídica, dada a sua condição de sistema unitário e autônomo e a natureza da matéria que disciplina. Reforça esse entendimento uma regra de natureza processual. A Constituição da República dispõe competir ao Superior Tribunal de Justiça julgar, em recurso especial, as causas decididas, em única ou última instância pelos Tribunais Regionais ou pelos Tribunais dos Estados, do Distrito Federal ou Territórios, quando a decisão recorrida contrariar tratado ou lei federal, ou negar-lhes vigência (CR, art. 105, III, "a"). Ora, tratando-se de matéria privada, a lei federal por excelência é o Código Civil, ou uma lei especial, não a Constituição da República.

É de reconhecer-se, assim, que o novo Código Civil, por sua autonomia sistêmica, pela especificidade da matéria que disciplina, pelos valores que realiza e pelos princípios que o enriquecem, é a mais importante fonte de direito para as relações de natureza privada, merecendo acurada atenção por parte não só dos práticos mas também dos teóricos do direito, que nele encontram um instrumento de mudança, particularmente no que diz respeito à interpretação e à metodologia de realização prática, em que o tradicional método lógico-dedutivo, típico do positivismo jurídico, tem reduzida utilidade. O novo Código, mudando o quadro das fontes do direito privado, muda também o processo de sua realização prática, cabendo ao jurista interpretar essas fontes para criar a norma adequada, de acordo com a Constituição, que passa a ser uma fonte indireta. Por tudo isso, a Constituição, que era o centro do ordenamento jurídico brasileiro, a fonte direta também do direito privado, até o advento do Código Civil, deve ser objeto de uma nova leitura, para ser atribuída a condição de fonte indireta, embora reconhecida sua superior posição no ordenamento jurídico brasileiro.

Minha reserva crítica à tese da constitucionalização do direito civil decorre, assim, da desconsideração do novo Código Civil, um sistema autônomo de conteúdo específico, que é a fonte primeira do direito privado, por suas próprias disposições legais. Dessa autonomia decorre que a interpretação da matéria civil deve fazer-se à luz dos princípios e regras do Código, sem contrariar, evidentemente, os princípios e regras da normativa constitucional. Essa desconsideração revela, ainda, o que é grave, a persistência de uma concepção positivista-normativista do direito, patente na defesa da incidência das normas constitucionais nas relações civis, o que é próprio da teoria sistêmica kelseniana, totalmente contrária ao espírito do novo Código, aberto aos valores éticos e ao mundo dos fatos, como é próprio do debate jurídico-filosófico contemporâneo.

RTDC: O senhor acompanhou diversas turmas ingressarem e percorrerem o curso de bacharelado em direito. Que conselho o senhor dá aos novos estudiosos do direito e àqueles que pretendem seguir carreira nesta área?

FA: Penso que o segredo do sucesso profissional reside no fato de estarmos preparados para as oportunidades que a vida oferece e que, num país como o nosso, são muitas. Estar preparado implica, principalmente no campo do direito, um estudo permanente, muita leitura e boa organização mental. Nesse processo de construção do conhecimento, há que levar em conta o famoso dito de Montaigne: "Il vaut mieux une tête bien formée que une tête pleine" ("É melhor uma cabeça bem-feita que uma cabeça cheia"). Quer-se com isso dizer que mais importante do que acumular um conhecimento teórico e conceitual, muitas vezes estéril, é saber organizá-lo segundo princípios que orientem o raciocínio jurídico, o raciocínio apto a prevenir ou resolver problemas no campo do direito, realizando os valores supremos da justiça e da dignidade da pessoa humana.

ENTREVISTA COM PAULO LUIZ NETO LÔBO[1]

RTDC: O que determinou sua opção pelo Direito? Foi uma escolha simples ou o senhor chegou, em algum momento, a pensar em seguir outra carreira?

PL: Quando ingressei no então curso colegial, o gosto pelo estudo da língua portuguesa, de idiomas estrangeiros, de história, de geografia humana, de literatura em geral e pela leitura de obras sobre temas políticos, filosóficos e sociais determinaram minha opção pelo campo das ciências sociais aplicadas e, consequentemente, pelo direito. Nesse período de minha vida, entre os quatorze e dezoito anos, lia compulsivamente e me preparei para o vestibular, sabendo exatamente o que queria: ser um profissional de direito e, paralelamente, continuar atuando como professor, cuja atividade passei a exercer desde os quinze anos, como meio de vida, em virtude das modestas condições financeiras de meus pais, e também como realização pessoal prazerosa, que me tem acompanhado até hoje.

RTDC: Professor, o senhor poderia nos falar sobre sua formação acadêmica? Quais foram suas principais influências? Quais autores, quais figuras mais marcaram sua formação, interferindo, direta ou indiretamente, nas suas atitudes, no seu pensamento e na sua atuação profissional?

PL: Ingressei no curso de direito da Ufal no ano de 1968, em período politicamente conturbado, no auge da ditadura militar. A reação ao regime mobilizava os estudantes, o que tornava um desafio a dedicação aos estudos. Mas a formação política inevitável, dessa época, muito contribuiu para que eu passasse a ver o direito sob a ótica da mudança social, da solidariedade, dos direitos humanos e da justiça social, sob cujo crivo pus meus estudos, inclusive da dogmática jurídica, notadamente do direito civil, ao qual dediquei minhas preferências. Tive a ventura de ser conduzido, desde o segundo ano do curso, às obras e ao modelo científico de Pontes de Miranda, pelas mãos do então jovem Professor Marcelo Lavenère Machado, que veio a ser, posteriormente, presidente nacional da OAB. Liguei-me, também, a outro refinado estudioso de Pontes de Miranda, o Professor Marcos Bernardes de Mello, de quem fui monitor da disciplina direito civil. Além da alta qualidade científica de Pontes de Miranda, atraíram-me em suas

[1] Entrevista concedida à *Revista Trimestral de Direito Civil – RTDC*, v. 48, out./dez. 2011.

obras as preocupações com a solidariedade social, marcando o tempo de superação do individualismo jurídico. Após a graduação, minha formação acadêmica deve muito aos professores e juristas notáveis do curso de mestrado em direito privado da UFPE, na década de setenta do século passado, que me revelaram novos horizontes teóricos e ampliaram a compreensão do direito, especialmente Lourival Vilanova (teoria geral e da constituição), Nelson Saldanha (história do direito), Cláudio Souto (sociologia do direito), Torquato Castro e José de Oliveira Ascensão (direito civil). No doutorado em direito civil, realizado na USP na década de noventa, ressalto a contribuição que recebi de grandes professores e doutrinadores, como Antônio Junqueira Azevedo, Álvaro Villaça, Tércio Sampaio Ferraz, Fábio Comparato, Limongi França, Eros Grau.

RTDC: Quais as suas melhores recordações dos tempos de aluno na faculdade de direito?

PL: Naqueles tempos politicamente sombrios, as melhores recordações são da salutar disputa acadêmica com colegas dedicados, dos anos que atuei como monitor de direito civil, que contribuíram para aumentar o interesse pela vida docente, da participação no movimento estudantil (prejudicada pelo tempo que dedicava à paralela vida do trabalho) e do estágio profissional em escritório de advocacia desde o segundo ano, do qual posteriormente me tornei sócio.

RTDC: O que mudou no ensino do direito daquele tempo para cá? Os professores mudaram? E os alunos?

PL: As mudanças são e foram inevitáveis. É o curso da vida. O ensino do direito mudou para melhor, deixando para trás a improvisação, o autodidatismo, a retórica gongórica, a ausência de compromisso acadêmico. Da década de setenta para cá se implementou e se consolidou o sistema de pós-graduação em sentido estrito (mestrado e doutorado), que profissionalizou a carreira docente e elevou a qualidade da produção intelectual. Em 1994 foram aprovadas as novas diretrizes curriculares para os cursos jurídicos, trazendo para nossa área a necessidade e viabilidade de projeto pedagógico, os critérios de qualificação docente, as infraestruturas mínimas, a articulação do ensino com a pesquisa e a extensão, a obrigatoriedade da prática jurídica e inovações como as atividades complementares. Como nem tudo são flores, esse período criativo viu o crescimento espantoso de novos cursos jurídicos, instalados à margem de critérios de qualidade, com notável deficiência do corpo docente. Os cursos jurídicos foram e ainda são os principais escoadouros dos que buscam ascensão social, ao invés de profissionalização de qualidade. Os melhores cursos continuam atraindo os melhores estudantes, nem sempre vocacionados para o direito. Mais preocupante é o distanciamento da habilidade de leitura das novas gerações de estudantes, nesses tempos de cultura audiovisual e de cultivo de habilidade de memorização de dados superficiais, levando, consequentemente, à redução da reflexão crítica, do raciocínio jurídico, da argumentação consistente, da produção criativa de soluções para novas demandas.

RTDC: Como começou sua carreira de professor? O que determinou sua opção pelo Direito Civil?

PL: Desde a adolescência, o magistério surgiu como vocação. Fui beneficiado pela grande carência de professores nessa época, no ensino ginasial, o que levava à dispensa das titulações pedagógicas formais. Durante a graduação universitária, o direito civil significou para mim o desafio a ser vencido, diante de sua trajetória milenar e do fascínio de desvendar os conceitos, categorias e princípios dessa parte do direito que é a mais próxima das relações humanas cotidianas. Também era instigante pugnar pela superação do conservadorismo que o revestia, para que ele revelasse sua face humanista e de direito de todo o povo e não apenas dos mais ricos. No ano seguinte ao de minha graduação em direito, a Ufal abriu concurso público para a classe inicial da carreira docente da Faculdade de Direito, no qual obtive o primeiro lugar, tendo sido o mais jovem professor de direito a ingressar nessa universidade. Dediquei-me com afinco, tendo sido frequentemente escolhido paraninfo ou agraciado com honra ao mérito pelas turmas. Exerci a docência universitária entre 1973 e 2005, quando me aposentei para assumir o cargo de Conselheiro do CNJ. Nesse período, além da docência de direito civil, envolvi-me na administração acadêmica, tendo sido chefe de departamento, coordenador do curso de direito, diretor de faculdade (duas vezes), chegando a disputar a reitoria da universidade. Apesar do exercício das atividades acadêmicas e profissionais, jamais negligenciei a produção intelectual que se manteve constante, principalmente no âmbito do direito privado. Também mantive regular colaboração com o programa de pós-graduação em direito da UFPE, desde 1994 até hoje, ministrando a disciplina direito civil-constitucional, que contribuiu para aprofundar vocações docentes e de pesquisa nessa área.

RTDC: Além de professor universitário, o senhor já foi Presidente da Associação Brasileira do Ensino do Direito, membro do Comitê de Direito da Capes-MEC, Consultor do CNPq e da Capes, fundador da Associação Nacional dos Docentes de Ensino Superior, membro da Comissão de Especialistas do Ensino do Direito, da Secretaria de Ensino Superior do MEC, da Comissão de Direito do Exame Nacional de Curso do Ministério da Educação, coordenador da Comissão de Consultores *ad hoc* da Secretaria de Ensino Superior do MEC etc. Com base nessas experiências, diga-nos o que, a seu ver, determina o sucesso de uma instituição universitária e o que pode atrapalhar o seu desenvolvimento.

PL: Em primeiro lugar, a qualificação dos docentes, os quais devem ser favorecidos para obtenção de títulos de mestres e doutores em instituições do Brasil e do exterior. Em segundo, a remuneração condigna dos docentes. Em terceiro, a manutenção de condições de trabalho que favoreçam o compromisso com a dedicação à atividade docente (ensino, pesquisa e extensão). Em quarto, a produção intelectual de docentes e discentes. Em quinto, o cumprimento efetivo do projeto pedagógico, que exprima a identidade do curso e sua real inserção na comunidade. Em sexto, a existência de infraestrutura necessária, principalmente acervo bibliográfico adequado e o núcleo de prática jurídica. Permeando tudo, a participação real dos discentes no processo de ensino/aprendizagem.

RTDC: Que papel tiveram a literatura, a poesia, o cinema, as artes em geral, a ciência política, em sua formação pessoal e acadêmica?

PL: Decisivo. Os gregos antigos já tinham percebido que a formação integral da pessoa não era apenas a escolar ou técnica. A "Paideia", para além da "pedagogia", exigia a inserção do cidadão na vida pública, ou política, e a formação artística. Das artes em geral, a que mais influiu em minha formação foi a boa literatura brasileira e universal, principalmente a prosa. Costumo dizer aos meus alunos que, se não têm paciência para a gramática da língua portuguesa, o melhor caminho para o bom manejo de nosso idioma é a leitura das obras de Machado de Assis, Eça de Queiroz e Graciliano Ramos (ou outros grandes autores de sua preferência, a exemplo de Clarice Lispector e Chico Buarque de Holanda). A música erudita e a bossa nova (que marcou minha geração) são companheiras constantes. Atualmente, minhas leituras, fora do direito, estão concentradas na filosofia, na literatura e nas ciências sociais em geral.

RTDC: O senhor foi Procurador do Estado de Alagoas por muitos anos, chegando a ser até mesmo Procurador-Geral. O que o senhor recomendaria para os jovens estudantes que estão pensando em seguir carreira como procurador?

PL: A advocacia pública tem atraído muitos profissionais talentosos, o que é bom para a sociedade. Nela não se aplica inteiramente a ética da parcialidade, pois não há patrocínio de cliente determinado, ou do governante, mas da fazenda pública, que é de toda a sociedade. Tampouco o patrocínio de causa de interesse da fazenda pública ou a assessoria ou consultoria jurídica da administração pública é compatível com a ética da isenção, que se espera do magistrado, pois há o lado que patrocina ou representa ou o interesse público, que deve ter primazia. Talvez, o que melhor deva dirigir a conduta do advogado público seja a harmonização do que Max Weber denominou ética da convicção e ética da responsabilidade; aprendi que uma sem a outra leva a desvios. Ainda que não se exija do advogado público voto de pobreza, não é o destino de quem deseje ganhar dinheiro, esperando-se dele que aja de acordo e seja defensor dos princípios republicanos na administração pública, sujeita constantemente aos ataques da corrupção, do clientelismo e do corporativismo.

RTDC: O senhor foi Conselheiro Federal da OAB, de 1987 a 1998; Conselheiro Seccional da OAB – Seção Alagoas, de 1979 a 1987; Presidente e Relator da Comissão do Conselho Federal da OAB que elaborou o projeto do Estatuto da Advocacia e da OAB, de 1991 a 1992; Presidente da Comissão de Ensino Jurídico do Conselho Federal da OAB, desde sua criação, em 1991, até 1998; Membro Honorário da Comissão de Ensino Jurídico do Conselho Federal da OAB, de 1998 a 2001; Membro do Conselho Consultivo da Escola Nacional de Advocacia etc. Por conta da sua participação ativa na OAB, o senhor foi até homenageado pelo Projeto Memória OAB, do Conselho Federal da OAB. Na sua opinião, como tem atuado a OAB? Qual é o papel da OAB na vida dos advogados e na sociedade em geral?

PL: A OAB, desde sua criação no início dos anos trinta do século passado, tem tido atuação institucional relevante, não se atendo apenas a questões corporativas. Foi notável sua resistência aos regimes ditatoriais, como baluarte das liberdades públicas. Nenhuma outra instituição profissional alcançou o nível de reconhecimento popular obtido pela OAB, cujos dirigentes sempre evitaram contaminá-la com suas convicções políticas e ideológicas pessoais. Esse reconhecimento foi projetado na Constituição que assegurou à OAB a legitimidade singular de representar diretamente ao STF para declaração de constitucionalidade ou de inconstitucionalidade de leis, de representar a sociedade nos concursos públicos para admissão às carreiras da magistratura e do Ministério Público, de representar a sociedade na indicação de membros de órgãos do Poder Judiciário. A advocacia particular é o ministério privado de verdadeira função pública, exigente de respeito à sua independência. A OAB teve de se adaptar às mudanças ocorridas no exercício profissional, razão porque o Estatuto de 1994, de cuja comissão elaboradora fui presidente e relator, teve de contemplar, além do advogado particular, o advogado público, o advogado empregado e o modelo de sociedade de advogados que preserve sua natureza não empresarial.

RTDC: Professor, o senhor atuou, nas duas primeiras composições (2005-2007 e 2007-2009), como membro do Conselho Nacional de Justiça – CNJ, um órgão regulador que tem sido bem ativo. Como o senhor vê a participação do CNJ na reforma do Judiciário?

PL: Fui eleito pelo Conselho Federal da OAB, que recebeu da Constituição a representação da sociedade civil organizada, cabendo-lhe indicar dois dos quinze conselheiros em cada mandato de dois anos. O CNJ foi uma das mais importantes inovações da Emenda Constitucional nº 45/2004, incumbido do controle administrativo, financeiro e administrativo da magistratura nacional. Todo poder sem controle pode degenerar em abusos e desvios de condutas, distanciando-se do conceito de autoridade legitimada. Nos Poderes Legislativo e Executivo há um sistema popular de controle, ainda que periódico, mediante a eleição dos governantes e dos parlamentares; se não satisfizerem, o eleitor poderá não mais elegê-los. No Poder Judiciário brasileiro, todavia, o juiz é recrutado mediante concurso público e permanece no cargo até aposentar-se. A resistência foi muito grande por parte da magistratura, que temia interferências externas em suas atividades. Antes mesmo de instalar-se em 14.6.2005, o CNJ sofreu dura arremetida da associação dos magistrados brasileiros (AMB), que ajuizou ação direta de inconstitucionalidade contra as normas constitucionais que o criaram, alegando que feriam o princípio federativo e a separação dos poderes, o que não foi aceito pelo STF. O CNJ, logo após iniciadas suas atividades, foi descoberto pelos cidadãos e pelos próprios magistrados, que passaram a enviar-lhe propostas para melhoria do desempenho do Judiciário e reclamações contra juízes e tribunais. Uma das mais importantes deliberações foi a que determinou o fim do nepotismo no Judiciário – proposta de minha iniciativa – para a exoneração de parentes e familiares dos magistrados, ocupantes de cargos e funções de confiança, porque tal prática feria diretamente o art. 37 da Constituição, especialmente os princípios da moralidade e da impessoalidade. O país assistiu à exoneração de mais de três mil parentes e familiares de magistrados em nossos tribunais, na execução inicial da medida. Outras decisões importantes foram o código de ética da magistratura, a regulamentação do teto remuneratório, a definição de critérios objetivos para promoção por merecimento, a difusão da conciliação e da mediação, a implantação do processo judicial eletrônico e a fixação de metas para redução da morosidade processual.

RTDC: Dentre as suas diversas obras, o senhor escreveu a coleção Direito Civil, com os livros *Parte Geral, Obrigações, Contratos, Coisas, Famílias* e *Sucessões*. Quais foram os desafios enfrentados na construção da aludida coleção? Que conselhos o senhor daria àqueles que pretendem escrever Manuais de Direito Civil, voltados em especial para a graduação em Direito?

PL: Compromisso sincero e efetivo com a pesquisa, boa dose de humildade intelectual, pois a soberba é incompatível com a ciência, e paciência com o tempo, pois é necessária a acumulação de estudos e muita reflexão crítica. Pontes de Miranda disse que, para "honestamente se versar, hoje, o direito privado brasileiro, precisa-se de preparação de alguns decênios, quer pela necessidade de se meditarem milhares de obras, quer pela assoberbante jurisprudência que se amontoou". Outra recomendação é afastar-se da tentação da ciência de repetição, ou seja, das bem costuradas obras de citações, que aparentam erudição e pouco há de trabalho criativo. Luiz Alberto Warat dizia, com seu jeito irônico e metafórico, que há dois tipos de juristas: o costureiro, hábil na ordenação do que outros criaram, e o estilista, que produz seu próprio conhecimento. No Brasil, infelizmente, predominam manuais superficiais, resumos e sinopses ou até mesmo compilações de decisões de tribunais, que estimulam a preguiça mental e a ilusão da simplicidade, de conteúdo quase sempre insuficiente ou equivocado.

RTDC: Professor, se o senhor achasse a lâmpada mágica que concede três desejos, mas por alguma constrição mística os desejos apenas pudessem dizer respeito ao Direito de Família. O que o senhor desejaria mudar no Direito de Família? Lembre-se de que são apenas três desejos...

PL: Participei de um grupo de juristas, a convite do Instituto Brasileiro de Direito de Família – IBDFAM, da elaboração do anteprojeto do Estatuto das Famílias, que tramita na Câmara dos Deputados como PL nº 2.285/2007, que inova inteiramente essa matéria, com dezenas de grandes mudanças. Mas, dentro do limite da pergunta, penso que as três mais importantes mudanças legais seriam: a) reconhecimento de todas as entidades familiares socialmente existentes, sem restrições de direitos; b) distinção clara, para se evitar as contradições jurisprudenciais, entre registro de nascimento, reconhecimento voluntário de filho, investigação de paternidade ou maternidade, impugnação da filiação; c) consagração definitiva da socioafetividade, superando-se a confusão entre direito da personalidade à origem genética e direito à filiação.

RTDC: Em sua opinião, quais seriam as vantagens de se aprovar uma lei própria para o Direito de Família, que o retirasse do Código Civil, como é a proposta do Estatuto das Famílias?

PL: Não mais se justifica que matérias relativas às relações fundadas na afetividade, na comunhão de vida, na solidariedade familiar, estejam agrupadas na mesma lei que trata, essencialmente, do patrimônio e de sua circulação, além das empresas. O Código Civil se transformou em uma camisa de força, impondo regras comuns às relações existenciais e patrimoniais. Essa convivência forçada não mais corresponde aos valores e princípios que regem a família contemporânea. O direito de família continuará sendo parte do direito civil, pois não é a lei que define a autonomia científica ou didática dos ramos do direito. O Código Civil de 2002 é uma codificação de direito privado que não exaure todo o complexo conjunto normativo do direito civil brasileiro, o qual também contempla as normas fundamentais da Constituição, os Estatutos ou microssistemas (como o ECA e o do Idoso) e leis especiais, que continuam a ser editadas. Os processos e procedimentos oriundos das relações familiares exigem especificidades, em estreita conexão com o direito material, o que recomenda sua articulação em um mesmo estatuto legal.

RTDC: Está em trâmite na Corte do Superior Tribunal de Justiça o julgamento do incidente de inconstitucionalidade sobre a sucessão hereditária no âmbito da união estável (art. 1.790). Qual a sua opinião sobre o assunto? Casamento e união estável deveriam ser equiparados quanto aos seus efeitos no campo da sucessão hereditária?

PL: Entendo como de grande relevância o incidente de inconstitucionalidade do art. 1.790. A doutrina jurídica especializada é severamente crítica dessa norma desarrazoada que avilta o *status* constitucional da união estável, que o STF considerou gênero, do qual são espécies as modalidades heterossexual e homossexual, na decisão sobre a natureza familiar da união homoafetiva. Também agride ao bom senso: por que a celebração do casamento deve originar direitos tão díspares, quando o cônjuge ou o companheiro morrem, confrontando-se dois casais com o mesmo tempo de vida em comum? Um é herdeiro necessário, outro não. Um herda se não houver descendentes ou ascendentes, outro se não houver parente colateral até o quarto grau. Um detém o direito à habitação do único imóvel residencial, o outro não. Essas discriminações faziam sentido antes de a união estável ser elevada pela Constituição à dignidade de entidade familiar. Quando a Constituição determina que a lei deve facilitar a conversão da união estável em casamento, não reduz uma à antessala do outro, mas sim que a legislação não dificulte essa faculdade, em respeito à autodeterminação do casal. Se este quiser permanecer em união estável, não deve ser sancionado com redução de direitos sucessórios.

RTDC: O Superior Tribunal de Justiça, diante do art. 1.829, I, do Código Civil, em mais de uma oportunidade, manifestou entendimento no sentido de se utilizar a suposta vontade dos nubentes em relação à escolha do regime de bens como critério interpretativo para definir o sentido e o alcance do aludido dispositivo. Assim, decidiu-se que o cônjuge casado no regime da separação total convencional de bens não é herdeiro em concorrência com os descendentes e, ainda, que, no regime da comunhão parcial de bens, o cônjuge sobrevivente, quando em concorrência com os descendentes, deve suceder apenas sobre os bens comuns, que seriam aqueles sobre os quais os cônjuges teriam admitido a participação do outro tendo em vista a eleição do regime da comunhão parcial de bens. O senhor concorda com esse viés interpretativo? Em outras palavras, no âmbito da sucessão legítima, poder-se-ia definir o sentido e o alcance da lei com base numa suposta vontade do autor da herança, extraída da escolha do regime de bens do casamento?

PL: A sucessão concorrente é uma das inovações problemáticas do Código Civil de 2002. Parece que tem por fito contemplar o núcleo familiar mais estreito, segundo a tendência observada no direito ocidental, para a sucessão hereditária, modificando o foco da preferência dos parentes para o cônjuge, que passou a ser herdeiro necessário e herdeiro concorrente com os descendentes e ascendentes. A redação empregada pelo Código para essa matéria tem provocado divergências profundas de opiniões doutrinárias e jurisprudenciais, com consequentes variações para as participações nos bens deixados. Estou convencido que fazer depender a sucessão concorrente do regime matrimonial de bens foi um grande equívoco do legislador. Para conjurar essa controvérsia, que instaurou grave insegurança jurídica, o IBDFAM elaborou anteprojeto de lei, que tramita como projeto de lei (nº 508, de 2007), estabelecendo simplesmente o direito do cônjuge ou companheiro à concorrência com os descendentes ou ascendentes, sem qualquer relação com o regime de bens adotado.

RTDC: Qual o papel hoje da filiação socioafetiva? Fala-se muito na paternidade socioafetiva como um critério para manutenção ou desconstituição de vínculo jurídico já existente. No entanto, dito critério poderia ser utilizado como fundamento para constituir um vínculo de paternidade, sem que tenha havido a adoção?

PL: No direito brasileiro, a filiação socioafetiva, ou seja, a que se constitui na convivência familiar duradoura, fora da origem genética, ocorre em uma de três situações: ou pela adoção, ou pela concepção derivada de inseminação artificial heteróloga, ou em virtude da posse de estado de filho. Nenhuma dessas modalidades pode ser revertida. A controvérsia tem se localizado nas situações de posse de estado de filho, principalmente quando se constata que o pai ou a mãe registrais não são os genitores biológicos. A socioafetividade é uma construção doutrinária brasileira consolidada e com aceitação generalizada no STJ. Os fundamentos utilizados pelo STJ correspondem aos que se encontram difundidos pela doutrina especializada brasileira. Em primeiro lugar, abandona-se a exclusividade da fundamentação biológica da filiação; em segundo lugar, a verdade socioafetiva tem tanta importância quanto a verdade biológica; em terceiro lugar, não se pode destruir o estado de filiação, constituído na convivência familiar duradoura, em prol da origem biológica; em quarto lugar, não há vício de consentimento em quem registra conscientemente uma pessoa como seu filho, até porque a lei não exige a origem biológica para fins de registro. Há muito tempo, obras de antropologia, de outras ciências sociais e de psicanálise, já tinham chamado a atenção para o fato de que é só após a passagem do homem da natureza para a cultura que se torna possível estruturar a família. O termo "socioafetividade" conquistou as mentes dos juristas brasileiros, justamente porque propicia enlaçar o fenômeno cultural com o fenômeno normativo.

RTDC: Está em trâmite na Corte do Superior Tribunal de Justiça o julgamento do incidente de inconstitucionalidade sobre a sucessão hereditária no âmbito da união estável (art. 1.790). Qual a sua opinião sobre o assunto? Casamento e união estável deveriam ser equiparados quanto aos seus efeitos no campo da sucessão hereditária?

PL: Entendo como de grande relevância o incidente de inconstitucionalidade do art. 1.790. A doutrina jurídica especializada é severamente crítica dessa norma desarrazoada que avilta o *status* constitucional da união estável, que o STF considerou gênero, do qual são espécies as modalidades heterossexual e homossexual, na decisão sobre a natureza familiar da união homoafetiva. Também agride ao bom senso: por que a celebração do casamento deve originar direitos tão dispares, quando o cônjuge ou o companheiro morrem, confrontando-se dois casais com o mesmo tempo de vida em comum? Um é herdeiro necessário, outro não. Um herda se não houver descendentes ou ascendentes, outro se não houver parente colateral até o quarto grau. Um detém o direito à habitação do único imóvel residencial, o outro não. Essas discriminações faziam sentido antes de a união estável ser elevada pela Constituição à dignidade de entidade familiar. Quando a Constituição determina que a lei deve facilitar a conversão da união estável em casamento não reduz uma à antessala do outro, mas sim que a legislação não dificulte essa faculdade, em respeito à autodeterminação do casal. Se este quiser permanecer em união estável não deve ser sancionado com redução de direitos sucessórios.

RTDC: O Superior Tribunal de Justiça, diante do art. 1.829, I, do Código Civil, em mais de uma oportunidade, manifestou entendimento no sentido de se utilizar a suposta vontade dos nubentes em relação à escolha do regime de bens como critério interpretativo para definir o sentido e o alcance do aludido dispositivo. Assim, decidiu-se que o cônjuge casado no regime da separação total convencional de bens não é herdeiro em concorrência com os descendentes e, ainda, que no regime da comunhão parcial de bens, o cônjuge sobrevivente, quando em concorrência com os descendentes, deve suceder apenas sobre os bens comuns, que seriam aqueles sobre os quais os cônjuges teriam admitido a participação do outro tendo em vista a eleição do regime da comunhão parcial de bens. O Senhor concorda com esse viés interpretativo? Em outras palavras, no âmbito da sucessão legítima, poder-se-ia definir o sentido e o alcance da lei com base numa suposta vontade do autor da herança, extraída da escolha do regime de bens do casamento?

PL: A sucessão concorrente é uma das inovações problemáticas do Código Civil de 2002. Parece que tem por fito contemplar o núcleo familiar mais estreito, segundo a tendência observada no direito ocidental, para a sucessão hereditária, modificando o foco da preferência dos parentes para o cônjuge, que passou a ser herdeiro necessário e herdeiro concorrente com os descendentes e ascendentes. A redação empregada pelo Código para essa matéria tem provocado divergências profundas de opiniões doutrinárias e jurisprudenciais, com consequentes variações para as participações nos bens deixados. Estou convencido que fazer depender a sucessão concorrente do regime matrimonial de bens foi um grande equívoco do legislador. Para conjurar essa controvérsia, que instaurou grave insegurança jurídica, o IBDFAM elaborou anteprojeto de lei, que tramita como projeto de lei (nº 508, de 2007), estabelecendo simplesmente o direito do cônjuge ou companheiro à concorrência com os descendentes ou ascendentes, sem qualquer relação com o regime de bens adotado.

RTDC: Qual o papel hoje da filiação socioafetiva? Fala-se muito na paternidade socioafetiva como um critério para manutenção ou desconstituição de vínculo jurídico já existente. No entanto, dito critério poderia ser utilizado como fundamento para constituir um vínculo de paternidade, sem que tenha havido a adoção?

PL: No direito brasileiro, a filiação socioafetiva, ou seja, a que se constitui na convivência familiar duradoura, fora da origem genética, ocorre em uma de três situações: ou pela adoção, ou pela concepção derivada de inseminação artificial heteróloga, ou em virtude da posse de estado de filho. Nenhuma dessas modalidades pode ser revertida. A controvérsia tem se localizado nas situações de posse de estado de filho, principalmente quando se constata que o pai ou a mãe registrais não são os genitores biológicos. A socioafetividade é uma construção doutrinária brasileira consolidada e com aceitação generalizada no STJ. Os fundamentos utilizados pelo STJ correspondem aos que se encontram difundidos pela doutrina especializada brasileira. Em primeiro lugar, abandona-se a exclusividade da fundamentação biológica da filiação; em segundo lugar, a verdade socioafetiva tem tanta importância quanto a verdade biológica; em terceiro lugar, não se pode destruir o estado de filiação, constituído na convivência familiar duradoura, em prol da origem biológica; em quarto lugar, não há vício de consentimento em quem registra conscientemente uma pessoa como seu filho, até porque a lei não exige a origem biológica para fins de registro. Há muito tempo, obras de antropologia, de outras ciências sociais e de psicanálise, já tinham chamado a atenção para o fato de que é só após a passagem do homem da natureza para a cultura que se torna possível estruturar a família. O termo "socioafetividade" conquistou as mentes dos juristas brasileiros, justamente porque propicia enlaçar o fenômeno cultural com o fenômeno normativo.

RTDC: E se aquela lâmpada mágica, em vez do Direito de Família, lhe desse a oportunidade de alterar, excluir ou acrescentar três dispositivos do Código de Defesa do Consumidor?

PL: Tenho fortes reservas à modificação do CDC, essa grande conquista da cidadania brasileira. O CDC procurou reforçar o conteúdo humanista nessas relações, presumindo a vulnerabilidade jurídica do consumidor, protegendo-o dos abusos dos fornecedores e dos efeitos negativos da sociedade de consumo. A pressão dos interesses econômicos contrariados pode convencer o legislador a suprimir ou reduzir alguns de seus preceitos, que implicam custos, em virtude dessa necessária proteção. Se esse risco fosse superado, e atendendo aos limites da pergunta, as mudanças para melhor que gostaria de ver no CDC seriam: a) a regulação explícita das condições gerais dos contratos, que são predispostas unilateral e uniformemente pelo fornecedor, que determinam o conteúdo da grande maioria dos contratos da atualidade; b) a regulamentação da situação de superendividamento do consumidor, um dos trágicos efeitos da sedução da publicidade e da criação artificial de demandas de consumo, cujos riscos não são assumidos pelos fornecedores de produtos e serviços; c) a proteção do consumidor nos contratos eletrônicos.

RTDC: O senhor, ao tratar da onerosidade excessiva, dedica um item especial ao caso paradigmático da liberação do câmbio em 1999, assim como, ao tratar dos juros, analisa a controvérsia existente acerca da aplicação da taxa Selic. De maneira mais ampla, quais são – e quais devem ser – as relações entre direito e economia?

PL: A relação entre direito e economia sempre foi de proximidade, desde que cada sistema não interfira no outro. Ultimamente tem havido, no meio acadêmico e nos tribunais brasileiros, certa tendência de se aceitar a colonização do direito pela lógica econômica do mercado. Divirjo profundamente dessa orientação. Os valores e princípios jurídicos (por exemplo, dignidade da pessoa humana, solidariedade social, valores sociais da livre-iniciativa) não podem ser condicionados aos princípios e valores da economia, pautados nas relações de custo e benefício, de eficiência e de maximização da riqueza. A análise econômica do direito, ainda que não assumida expressamente, tem ingressado, lamentavelmente, em algumas decisões judiciais. Duas decisões são paradigmáticas do perigo da adoção de seus postulados, inclusive pela desconsideração do princípio da dignidade da pessoa humana, que elas acarretaram: a primeira é a decisão do Supremo Tribunal Federal no caso da penhorabilidade da residência do fiador, a segunda é a decisão do STJ admitindo o corte de energia elétrica pela concessionária, sem decisão judicial. No primeiro caso, o argumento central é o desestímulo à construção civil, acarretando custo social. Os votos minoritários mantinham a impenhorabilidade, sob o argumento do princípio da dignidade da pessoa humana. Também foi esse o fundamento da minoria, no STJ. Como se vê, na colisão entre o princípio jurídico e o princípio econômico, este prevaleceu sobre aquele. Mas a fuga do raciocínio jurídico para o raciocínio de natureza econômica fez com que o STF esquecesse a aplicação da razoabilidade, por que não só existe na legislação do inquilinato uma forma de garantia que é a fiança; a legislação prevê mais três modalidades: o seguro locatício, a caução, que pode ser em dinheiro ou em outros bens móveis, e a cessão fidejussória de ações e quotas de fundos de investimento. Entre a garantia do direito ao crédito do locador e a garantia da moradia e da sobrevivência digna da família do fiador, eu fico com esta. No caso do corte de energia elétrica, a maioria no STJ vale-se de argumento típico de análise econômica, ainda que não assumido expressamente, porque envolve também os custos sociais: se algumas pessoas não pagam a energia, os outros que são adimplentes terão que pagar esses custos rateados. O argumento é sedutor, mas o resultado para mim é tão trágico quanto a decisão do STF com relação ao fiador, pois o corte atinge indistintamente o mau pagador e o pagador circunstancialmente inadimplente, como em um dos casos julgados pelo tribunal, relativo a uma pessoa pobre e muito doente.

RTDC: Em seus estudos de obrigações e contratos, percebe-se um esforço recorrente em dar conta com cuidado científico das novidades trazidas pelo princípio da boa-fé objetiva. O senhor acha que os tribunais e a doutrina têm incorporado estas novidades com o devido cuidado ou há uma "banalização" da boa-fé objetiva?

PL: A boa-fé objetiva, como qualquer outro princípio jurídico, é norma jurídica que impõe deveres jurídicos (deveres gerais de conduta); no caso, de lealdade, de confiança, de proteção da relação negocial. A boa-fé objetiva tem espaço merecidamente destacado em minhas obras sobre obrigações e contratos. Na minha vida profissional de advogado forense e de parecerista, a boa-fé esteve e está sempre presente, como diretriz e farol luminoso de defesa e solução dos casos. O princípio jurídico é exigente de operação hermenêutica mais sofisticada, porque seu conteúdo é ditado pelo caso concreto. Mas está longe de se constituir em carta branca para o arbítrio judicial, pois seu suporte fático (ou hipótese normativa) está previsto explicitamente na norma. O que difere o princípio de ouras normas jurídicas é o grau de determinação do conteúdo, que nele é mais aberto, justamente para permitir a consideração do caso concreto. A banalização, se existe, é fruto do desconhecimento de suas características por quem invoca o princípio ou quem o aplica. O princípio jurídico veio para ficar, pois é muito mais rico e adaptável às mudanças sociais que a rigidez das normas de conteúdo determinado, que opera mediante o automatismo da subsunção.

RTDC: E no tocante ao dano moral? O senhor acha que o caminho que vem sendo trilhado é de um progressivo maior rigor científico, na linha de seus estudos sobre direitos da personalidade, ou a tendência atual é de banalização?

PL: O dano moral é consequência de lesão aos direitos da personalidade de alguém. Em minhas pesquisas, todas as situações enquadráveis como danos morais, julgadas pelos tribunais, estão relacionadas a direitos da personalidade, que são inerentes à pessoa humana e, como tais, indisponíveis, intransmissíveis, irrenunciáveis. A desconsideração desse critério objetivo e científico tem levado a decisões contraditórias ou inseguras, fundadas no sentimento ou na dor moral do ofendido. Como disse em trabalhos publicados sobre essa matéria, os direitos de personalidade oferecem um conjunto de situações definidas pelo sistema jurídico, inerentes à pessoa humana, cuja lesão faz incidir diretamente a pretensão aos danos morais, de modo objetivo e controlável, sem qualquer necessidade de recurso à existência da dor ou do prejuízo. A responsabilidade opera-se pelo simples fato da violação (*damnu in re ipsa*); assim, verificada a lesão a direito da personalidade, surge a necessidade de reparação do dano moral, não sendo necessária a prova do prejuízo. Desde seu surgimento no direito brasileiro, como categoria própria, os danos morais (ou não patrimoniais) têm recebido implacável rejeição de muitos, que não se conformam com suas especificidades, primeiro pela negação e, depois de sua consagração na Constituição, pela acusação de banalização, de "indústria" dos danos morais, exigindo-se a imposição de limites ou de tarifação prévia. Essas reações veiculam os interesses contrariados de grupos econômicos poderosos, que desejam ficar livres das consequências dos danos que suas atividades provocam. Porém, os danos morais não retrocederão ao estágio pré-Constituição, pois expandiram-se para proteger também a pessoa jurídica, mediante o instituto da equiparação, e o meio ambiente, cujo titular é o povo.

RTDC: Qual futuro o senhor vê para o Direito Civil?

PL: Refundando-se constantemente, como tem ocorrido nos últimos anos, abrindo-se em interlocução com outros saberes, jurídicos ou não, adaptando-se à mudança social, tendo consciência de seu papel específico, que não é mais o de repositório de fundamentações supletivas de outras partes do direito, o direito civil tem assegurado sua indeclinável função de ordenamento essencial das relações pessoais cotidianas. O direito civil acompanha cada pessoa, antes mesmo de seu nascimento (nascituro) até as consequências jurídicas do fim de sua existência (sucessão). O grande marco de renovação dos estudos e da própria concepção de direito civil foi a inversão da primazia que se dava ao patrimônio, em prol da pessoa. O sujeito de direito apresenta-se em toda sua dimensão ontológica e não apenas como polo de relação jurídica. No Brasil, contribuição relevante tem dado o direito civil constitucional nessa direção.

ENTREVISTA COM MARIA HELENA DINIZ[1]

RTDC: Quais as lembranças de seus estudos universitários? Quais as principais diferenças entre e a faculdade naquela época e as de hoje? Como a senhora vê a proliferação de cursos jurídicos?

MHD: Lembranças daqueles anos dourados provocam em mim uma grande e doce saudade. Filha de advogado, no verdor dos anos, meu interesse pelo direito logo se manifestou e a "paixão" pela PUC-SP nasceu por ocasião de minha inscrição para o vestibular. Meu ingresso na faculdade de direito se deu numa época de crise, permeada de frequentes passeatas e greves realizadas pelo ardor universitário, e, ante esse "turbilhão" as aulas ministradas no "prédio velho" da rua Monte Alegre, eram vez por outra suspensas. Meus tempos de estudante, apesar desses percalços, foram muito felizes. Tive o privilégio de conviver com colegas maravilhosos e com grandes mestres.

Aqui presto uma homenagem, não só a todos os meus professores da PUC-SP e da USP (onde cursei a pós-graduação), artífices de ouro, que souberam plantar a semente da cultura, da esperança e da honradez, deixando sua marca pelo exemplo e eticidade e, mais do que dar sólida formação jurídico-humanística, ensinaram a grandeza da dedicação do ensino, despertando em mim a vocação para o magistério, mas também aos meus queridos colegas que cumprem sua vocação nos mais variados setores, pela sincera amizade e pelos alegres momentos, que juntos passamos na universidade.

Na minha época estudantil, as faculdades tinham um relevante papel na intelectualidade dos alunos, apesar de o ensino ser teórico e da pedagogia centralizada no professor, que dava aula-conferência. Hoje o ensino volta-se ao aluno, pois além das aulas, há estudo dirigido e seminário, aliando a teoria à prática. Mas a mercantilização e proliferação dos cursos jurídicos podem fazer com o que o advogado perca *status*.

RTDC: Qual deve ser o papel da universidade? Uma formação mais generalista ou mais especializante? E na pós-graduação, o que precisa ser mudado?

MHD: A universidade deve dar aos seus alunos formação, concomitantemente, generalista e especializante, formando advogados com preparo técnico-jurídico. Isto

[1] Entrevista concedida à *Revista Trimestral de Direito Civil – RTDC*, v. 49, jan./mar. 2012.

porque os advogados precisam exercer sua profissão com responsabilidade, competência, probidade, honradez e autodisciplina.

O advogado deve ter, além do conhecimento do direito, eticidade, agilidade de raciocínio, capacidade argumentativa, elegância no agir e no falar, respeito aos valores humanos, dedicação ao trabalho e coragem para enfrentar desafios em sua luta pela justiça e para repensar uma opinião, cedendo espaço à verdade encontrada na reflexão mais profunda. Por isso a faculdade de direito deve preparar o futuro advogado para a vida, fazendo com que siga o provérbio lusitano: "semeia, cria e terás alegria", e tendo sempre em mente as palavras do meu professor de ontem, de hoje e de sempre, Prof. Dr. Goffredo Telles Jr., de que: "o direito como o amor, tem sua fonte original no coração dos homens". A pós-graduação (nível mestrado e doutorado), além de informação, deve dar ao aluno formação sólida e profunda em relação à área jurídica escolhida, despertando, no futuro mestre ou doutor, gosto pela pesquisa; persistência; paciência; firmeza; coragem para expor fundamentadamente suas ideias; equilíbrio emocional; sabedoria sem arrogância; consciência do dever cumprido; respeito pela opinião alheia; audácia ao defender suas teses; apego à lisura intelectual; fé em si mesmo. Daí a necessidade de obrigatoriedade das disciplinas de teoria geral do direito e filosofia do direito nos cursos de pós-graduação.

RTDC: Qual a importância da Teoria Geral do Direito, da Filosofia e da Sociologia nas faculdades de direito?

MHD: Enorme é a importância dessas disciplinas para o estudo de direito e para a formação do futuro advogado, mestre ou doutor. A ciência jurídica parte de noções fornecidas pela Teoria Geral do Direito, como as de fonte jurídica, relação jurídica, fato jurídico, sujeito de direito, norma jurídica etc., e das diretrizes hermenêuticas, que traça, úteis para a aplicação do direito, por indicar técnicas interpretativas, meios de preenchimentos de lacunas e critérios para solução de antinomias reais e aparentes. A Teoria Geral do Direito, ao fixar tais noções jurídicas, constitui-se verdadeiro denominador comum para o estudo dos diversos ramos jurídicos e serve de guia seguro ao jurista, ao aplicador e ao advogado.

A filosofia do direito ocupa-se de três problemas fundamentais: o da essência do direito, investigando-o para defini-lo e delimitar seu conceito; o do conhecimento do direito, analisando os pressupostos, os caracteres do objeto e o método do saber científico-jurídico e o dos valores do direito, indicando seu fundamento e sua finalidade, cuidando da questão da justiça em todas as suas dimensões.

A sociologia jurídica é a ciência que, por meio de técnicas de pesquisa empírica, estuda relações recíprocas existentes entre a realidade social e o direito, abrangendo as relações jurídicas fundamentais, a tipologia jurídica dos grupos particulares e das sociedades globais, a ação da sociedade sobre o direito e a atuação do direito sobre a sociedade. Estuda, portanto, como se forma e transforma o direito, verificando qual é sua função no seio da coletividade e como influi na vida social. Leva em conta os fatos sociais relacionados à norma jurídica, procurando mostrar como os homens se comportam, efetivamente, em relação às normas jurídicas.

Pela abrangência dessas disciplinas fácil é perceber quão grande é sua utilidade para a formação do advogado e do jurista.

RTDC: Quais foram os mestres que mais a influenciaram no campo do direito?

MHD: Ao optar pela Teoria Geral do Direito e Filosofia do Direito, segui os passos de dois grandes mestres e amigos, almas repletas de humilde majestade: o saudoso Prof. Dr. Goffredo Telles Jr. (um mito do direito) e Prof. Dr. Tércio Sampaio Ferraz Jr., que me deram sólida formação jusfilosófica e exerceram grande influência em minha carreira profissional. Não posso esquecer do Prof. Dr. Miguel Reale, não mais presente neste mundo, mas sempre presente no meu coração, alma da cultura jusfilosófica do Brasil, que, abrindo as portas de sua residência, possibilitou minha participação em admiráveis colóquios realizados por ele, Leonardo Van Acker, Tércio Sampaio Ferraz Jr., Celso Lafer, dentre outros. Nesses encontros culturais pude sentir toda a grandeza de sua pessoa e a juventude luminosa de sua alma. Este pensador não se encerrou numa "torre de marfim", foi um intelectual que deixou sua marca na história da jusfilosofia: a teoria tridimensional do direito e um legado; o Código Civil de 2002. Por isso sempre ocupará uma posição ímpar na Filosofia do Direito e no Direito Civil. Em todas as minhas obras, grande é sua influência. Com seu tridimensionalismo jurídico me conduziu à análise integral do fenômeno jurídico, unidade que apresenta as dimensões normativa, valorativa e fática, abrangendo nesse processo o fundamento, a vigência e a eficácia tão relevantes em relação aos problemas da hermenêutica jurídica. Assim na consideração dinâmica do direito, analiso a norma sem abstrair os fatos e os valores objetivos.

No âmbito do direito público, enveredei pelos meandros do direito administrativo, pois tive o enorme privilégio de pertencer à equipe do Prof. Dr. Celso Antônio Bandeira de Mello, nos cursos de especialização. A este caríssimo professor, jurista de escol, de quem muito se orgulha a comunidade dos doutos, devo o amor que tenho à ciência jurídica e a vocação para o magistério, pois, ainda estudante de direito, fiz minha primeira exposição numa de suas aulas. E, publicamente, a ele deixo registrada, nesta oportunidade, a minha enorme gratidão pela mão sempre estendida nos momentos mais difíceis de minha vida, pelos anos de tão sincera amizade e pela confiança que depositou em mim. O estilo pedagógico e a forma cordial de tratar os alunos, herdei de dois grandes e saudosos mestres que, pela sua cultura jurídica e humanística, abriam o coração: Prof. Dr. Oswaldo Aranha Bandeira de Mello e Prof. Dr. Waldemar Mariz de Oliveira Junior (paraninfo de minha turma), professores carismáticos, amados pelos alunos pela excepcional didática, pela simplicidade na exposição e pelo magnetismo pessoal. Se, como dizem, a saudade é a presença na ausência, a doce memória desses mestres permanece guardada em meu coração. No direito privado, o direito civil ganhou minha preferência, graças a um dos maiores civilistas de sua época: Prof. Dr. Washington de Barros Monteiro, que deu seu nome a minha turma. Professor por vocação, conhecedor profundo do direito civil, homem probo e extraordinário, jurista emérito e desembargador notável que, pelo esplendor de sua vasta cultura jurídica, tanto dignificou o Poder Judiciário e as instituições a que pertenceu. Todos os meus mestres da PUC-SP e da USP me deram cultura jurídica e me ensinaram a grandeza do magistério. Como Isaac Newton, eu diria: *sou uma anã: se vi um pouco mais longe, foi porque subi em ombros de gigantes*.

RTDC: A literatura, a poesia e as artes contribuíram para sua formação? O que recomendaria neste sentido, para as próximas gerações?

MHD: Cresci num ambiente familiar repleto de amor, paz, solidariedade e incentivo. Precoce foi meu contato com a literatura, assim que aprendi a ler, aos dois anos e meio de idade, ganhava um livro de papai todos os sábados. E quando ingressei no curso de direito, comecei a formar uma biblioteca, que hoje possui 20 mil obras jurídicas e jusfilosóficas, sem contar com as 3 mil de ficção e de poesia. Grande foi a influência de meus pais no gosto que tenho pela leitura e pelo direito. Com eles aprendi a apreciar a beleza da vida, das artes e da natureza. Nos períodos de folga, procuro garantir minha higiene mental, fazendo caminhadas; praticando natação; desenvolvendo meu lado artístico: pintando telas, porcelanas e tecidos; inventando uns "quitutes", pois sou uma *gourmet* de "mão cheia". O jovem deveria aprimorar cada vez mais seus conhecimentos para desenvolver seus pendores. Deveria voltar sua atenção para a leitura de obras mais profundas, assistir a bons filmes e a peças teatrais interessantes, que forcem a reflexão, visitar exposições de artes, frequentar concertos musicais etc.

RTDC: Fale um pouco de sua trajetória acadêmica.

MHD: Fiz cursos de especialização em: Filosofia do Direito e Teoria Geral do Direito, tendo como mestre Lourival Vilanova; Direito Administrativo (PUC-SP); Direito Processual Civil (PUC-SP); Direito Municipal (USP) e Direito Público (USP – abrangendo Direito Constitucional, Teoria Geral do Estado, Direito Tributário e Direito Administrativo). Cursei a pós-graduação na USP e na PUC-SP, tendo, nesta última, obtido os graus de mestre e doutora em Teoria Geral do Direito e Filosofia do Direito (área de concentração), frequentando como disciplinas complementares: Direito Constitucional Comparado; Tipos de Estado Moderno; Direito penal e Direito Civil.

No magistério superior optei, no início, pela Teoria Geral do Direito e Filosofia do Direito, matérias que ministrei alguns anos na graduação e que leciono até hoje nos cursos de pós-graduação (nível mestrado e doutorado) da PUC-SP. Na seara do direito público, acabei dando seminários de direito administrativo, por ter feito parte, durante alguns anos, da equipe do Prof. Dr. Celso Antônio Bandeira Mello, nos cursos de especialização da PUC-SP.

O direito civil chamou minha atenção, por ser o direito comum a todas as pessoas, regendo sua capacidade, seu estado, suas relações obrigacionais, patrimoniais, familiares e sucessórias, regulando as ocorrências do dia a dia. E foi nessa área que conquistei, na PUC-SP, a livre-docência e a titularidade por concurso de títulos e provas. Leciono essa matéria na graduação da PUC-SP e no curso de especialização em Direito de Família (Cogeae). Na pós-graduação, ministro aulas de Direito Civil Comparado, além de ser coordenadora do Núcleo de Pesquisa em Direito Civil Comparado.

Passei por muitas dificuldades em minha carreira universitária, mas os obstáculos foram vencidos, pois em meu caminho, além do apoio de meus alunos, cruzaram almas generosas como as dos Profs. Drs. Celso Antônio Bandeira de Mello, Tércio Sampaio Ferraz Jr., Adilson de Abreu Dallari, Michel Temer, Paulo de Barros Carvalho, Marcelo Figueiredo, Roque Carrazza e as dos saudosos e muito queridos Profs. Drs. Oswaldo Aranha Bandeira de Mello, Geraldo Ataliba, Goffredo Telles Jr., Hermínio Alberto Marques Porto (patrono de minha turma), Waldemar Mariz de Oliveira Jr., Washington de Barros Monteiro. Sem eles não teria alcançado o ideal acalentado. A eles meu profundo agradecimento.

RTDC: A senhora tem mais de quarenta obras publicadas. Qual é o seu método de trabalho? Como escreve e o que a inspira?

MHD: De todas as atividades que tenho, a mais gratificante é a de ensinar aos alunos, ajudando-os para alcançar o ideal por eles almejado. As conquistas de meus queridos e sempre lembrados alunos constituem a minha maior alegria. Minha maior ambição sempre foi o magistério e escrever foi uma consequência disso. Transmitir ensinamentos, preparando os jovens para a construção do Brasil de amanhã é o maior incentivo que um escritor-pesquisador pode alcançar para aguentar o ritmo de sua dedicação.

Em regra, pesquiso, pessoalmente, o ano inteiro e leio textos doutrinários e jurisprudenciais, marcando e separando o que for mais interessante. Reservo as férias para redigir, em manuscrito, minhas obras. E como sou "jordanense" por opção, sempre que posso vou a Campos do Jordão para descansar um pouco, ganhar fôlego e tomar um "banho" de espiritualidade, buscando maior inspiração e refúgio na tranquilidade e na beleza exuberante das florestas e das flores da serra.

Como escritora, bastante árdua foi minha trajetória. Difícil foi a publicação dos primeiros livros, grande foi a peregrinação pelas editoras. A edição da primeira obra foi paga integralmente pelos meus pais. O sucesso veio logo e com ele realizei um sonho: ser escritora da Saraiva, que hoje publica todas as minhas obras. Sinto-me gratificada com a confiança em mim depositada pela Editora Saraiva e com a aceitação de minhas obras pelos leitores. Esse é o maior estímulo que tenho para continuar escrevendo. Agradeço o apoio que tenho recebido do Sr. Jorge Eduardo Saraiva, do Dr. Luiz Roberto Curia e da sua fabulosa equipe de preparação de livros.

RTDC: A sua atuação profissional e acadêmica é marcada pelo trânsito entre várias áreas do direito, todas extremamente bem-sucedidas. Elas representam faces divergentes ou convergentes de uma pessoa? Se a senhora fosse hoje um recente bacharel, prestes a iniciar estudos de pós-graduação, para onde direcionaria seu interesse?

MHD: Se fosse recém-formada, acredito que percorreria os mesmos caminhos, porque a teoria geral do direito e a jusfilosofia abrem portas, apuram o raciocínio e permitem livre trânsito por todos os ramos jurídicos e eu sempre gostei tanto do direito público como do privado, o que me ajudou muito na elaboração do *Dicionário jurídico*, que abrange verbetes de todas as áreas jurídicas. Por isso representam faces convergentes de uma mesma pessoa, pois o conhecimento das várias áreas de direito, que não se excluem, mas se complementam, auxilia no emprego da técnica interpretativa sistemática e a compreensão do ordenamento jurídico como um todo.

RTDC: Vivemos em um país marcado pela desigualdade social, pela banalização da violência e pela concentração de renda combinada com bolsões de miséria. Qual é a responsabilidade do operador do direito?

MHD: A desigualdade social, a violência urbana e doméstica, a concentração de renda combinada com bolsões de miséria constituem, infelizmente uma triste realidade, que vem tirando o sossego da população e pode decorrer de vários fatores: educação insuficiente; inversão de valores; uso de drogas; falta de condições de subsistência; desemprego; incapacidade de autoquestionamento; afastamento da religião; irresponsabilidade; desestruturação social; desrespeito aos direitos alheios etc.

Os operadores do direito pouco poderão fazer para melhorar essas situações, visto que as resolvem apenas para os litigantes.

É preciso: uma tomada de consciência de todos; uma vigorosa reação ético-jurídica; prudência objetiva por parte dos governantes; realização de reformas legislativas que acatem a legalidade, a Constituição Federal, o direito adquirido, o ato jurídico perfeito, a coisa julgada e respeitem a dignidade do ser humano, ideia – força que move o Estado Democrático de Direito. Para que tenhamos um Brasil plenamente desenvolvido, que tanto sonhamos e queremos, será necessário que haja uma reforma de longo prazo que, sem agredir, aponte caminhos viáveis e justos que possam mudar os destinos do País, como: criação de condições de trabalho; melhor gerenciamento de verbas públicas; concessão de incentivos fiscais a empresas que auxiliarem na proteção do meio ambiente; uso de verbas para viabilizar a realização de uma política educacional mais eficaz; maior investimento na família, na saúde e no serviço sanitário; atuação estatal preventiva para garantir a segurança da população.

Enfim, urge deixar de lado a "miopia" na condução da coisa pública. Estado e sociedade devem atuar com responsabilidade, em busca de um clima favorável ao desenvolvimento nacional. É preciso preparar, com atitude altruísta, um caminho para a humanização e o retorno à consciência, voltada ao respeito absoluto aos valores consagrados pela Carta Magna e os direitos fundamentais do cidadão.

RTDC: Passados dez anos, como a senhora vê o Código Civil de 2002? Quais os pontos críticos e quais as maiores conquistas?

MHD: O Código Civil de 1916 foi um diploma de seu tempo. Obra monumental que retratou a transição do direito individualista para o social. Mas a realidade se impôs, certos fatos não mais podiam ficar adstritos a esquemas legais, que a eles não mais correspondiam. Várias de suas normas, apesar de vigentes, perderam sua eficácia social, pois muitos acontecimentos vieram a alterar os fatos sociais: a propriedade, com cunho individualista, passou a ter função social efetiva; maior ingerência judicial nos negócios; franca decadência da enfiteuse e do regime dotal; publicização de certos conceitos do direito de família; necessidade de maior atenção aos efeitos da união estável; acolhimento da herança do companheiro; inclusão de normas sobre o divórcio; introdução de novidades pela CF/88 etc. Por isso surgiu o projeto de Miguel Reale, que, após 26 anos de tramitação no Senado e na Câmara dos Deputados, revogou o Código Civil de 1916. O Código Civil de 2002 procurou acolher transformações sociais ocorridas para acatar as aspirações da nova era.

O Código Civil de 2002, passados dez anos de sua vigência, contém muitos méritos por ter possibilitado a efetivação de seu aspecto mais paritário e de sua preocupação com o sentido social, tendo por diretrizes os princípios da razoabilidade, socialidade, eticidade e operabilidade. Entretanto, em muitos pontos, levanta questões polêmicas e apresenta antinomias reais dependentes de pronunciamento doutrinário e jurisprudencial. Muitos criticam o Código Civil vigente por não traçar normas sobre experiência científica em seres humanos; efeitos da reprodução humana assistida; homoafetividade; transexualidade; contratos eletrônicos; medidas socioeducativas aplicadas à criança e adolescente etc. Mas, pelas suas peculiaridades, esses temas devem ser disciplinados por normas especiais por trazerem muitas consequências e por pertencerem a outros ramos do direito, como biodireito, direito virtual etc.

O Código Civil vigente traçou normas gerais definidoras de instituições e de suas finalidades, reservando, no que andou bem, os pormenores de questões polêmicas e de temas específicos às leis especiais, que são mais idôneas para atender às variações das exigências sociocontemporâneas, e deu espaço em vários pontos à construção da doutrina e jurisprudência. Representa um esforço para atualizar e modernizar o direito civil, que se encontrava preso a normas contrárias ao espírito da época. O Código Civil atual é obra legislativa de grande importância, embora não seja perfeita, pois nenhuma obra humana o será. Pretender isso seria uma utopia. Suas conquistas são bem maiores que seus pontos críticos, entre tantas, podemos citar: a tutela civil dos direitos da personalidade; a perfeita distinção entre prescrição e decadência; a contemplação da transação e do compromisso no título relativo às modalidades contratuais; a imposição da idade de 18 anos para a maioridade civil; a idade núbil de 16 anos tanto para homem como para mulher; a igualdade de deveres e de direitos entre os cônjuges; a distinção entre impedimentos matrimoniais e causas suspensivas; o estabelecimento de novo critério para a guarda de filhos; a disciplina da guarda compartilhada; substituição do pátrio poder pelo poder familiar. Enfim, houve uma certeira substituição de dispositivos legais que não mais atendiam à realidade social.

RTDC: Como a senhora analisa a unificação das obrigações civis e empresariais?

MHD: Certas circunstâncias, como fatores socioeconômicos oriundos de guerras, o avanço tecnológico, a expansão da produção e circulação de bens, o processo da democratização da riqueza, fizeram com que negócios próprios de comerciantes passassem a integrar o cotidiano da população, surgindo uma forte tendência de uniformização das obrigações civis e mercantis, já que o Código Comercial de 1850, no art. 121, dispunha que as disposições do direito civil para os contratos em geral seriam aplicáveis aos contratos comerciais. E, além disso, havia entendimento doutrinário de que aquela unificação poderia dar-se sem qualquer afronta à tradição, em razão da transformação operada no direito comercial e da necessidade da remodelação de seus institutos, sob o enfoque de conceitos modernos, baseados no progresso econômico-social. Por tais motivos, o Código Civil de 2002 unificou o direito obrigacional e consagrou a teoria da empresa.

O Código Civil de 2002 é, tão somente, uma lei que contém a base e não a normatização integral do direito privado, que não foi unificado. Não se deu, entendemos, uma comercialização do direito civil nem um civilismo do direito comercial. A unificação do direito obrigacional não eliminará a vida mercantil e muito menos a atividade empresarial. Nem mesmo a autonomia do direito comercial ficará comprometida, pois passou a ser uma "nova" disciplina, montada na unificação do direito obrigacional, identificando-se como direito de empresa. O direito empresarial é uma nova visualização do direito comercial. Por tal motivo, não vislumbramos qualquer necessidade de um projeto de um novo Código Comercial.

RTDC: As cláusulas gerais de boa-fé e função social do contrato vêm sendo utilizadas com cada vez mais frequência pela jurisprudência. Há um perigo de banalização destes princípios? No seu entendimento, qual o significado e alcance destes dispositivos?

MHD: O poder de autorregulamentação das partes contratantes, condensado no princípio da autonomia da vontade, envolve liberdade contratual, determinante do conteúdo da avença e da criação de contratos atípicos, e liberdade de contratar, alusiva à de celebrar ou não o contrato e à de escolher o outro contratante. Tal poder está limitado pela supremacia da ordem pública, pela função social do contrato (CC, art. 421) e pela boa-fé objetiva (CC, art. 422).

O art. 421 é um princípio geral de direito, ou seja, uma norma generalíssima que contém uma cláusula geral. Como a lei não define a locução "função social do contrato", poderá ela ser interpretada de vários modos. No nosso entendimento, dever-se-á interpretar os arts. 421 e 422 conjugadamente. A liberdade contratual deve estar voltada não só à solidariedade, à justiça social, à produção de riqueza, ao equilíbrio das prestações, aos valores jurídicos, sociais, econômicos e morais, aos bons costumes etc., mas também atrelada aos valores de boa-fé e probidade (CC, art. 422), que se ligam à interpretação do contrato e ao interesse social de segurança das relações jurídicas, visto que os contratantes deverão agir com honestidade, lealdade, probidade (integridade de caráter), denodo e confiança recíproca, tanto na formação e na execução, como na extinção do contrato.

Não vemos nenhum risco de banalização, desses princípios, ante o fato de serem frequentemente utilizados pelos aplicadores do direito, por serem imprescindíveis para a efetivação da justiça contratual, como diz Jean-Luc Aubert, e por estarem ligados ao princípio constitucional do respeito à dignidade da pessoa humana, dando tutela jurídica aos contratantes para que, com sua conduta ético-jurídica (CC, art. 422), atendam à função social do contrato (CC, art. 421).

RTDC: No tocante ao chamado biodireito, o Código Civil limitou-se a tratar dos efeitos da inseminação artificial. Andou bem neste ponto? O que mais já mereceria a intervenção do legislador nesta área?

MHD: O século XX foi o século da vida por melhorar, com as descobertas científicas, a saúde da espécie humana e por valorizar o ser humano em seus direitos, mas deixou à humanidade um legado repleto de dilemas ético-jurídicos em virtude de fatos como: o avanço irreversível da biologia molecular e da engenharia genética; o Projeto Genoma Humano; as novas e poderosas intervenções terapêuticas; o risco do eugenismo etc. O biodireito não pode ficar de viés diante dessa realidade e do fato de os conceitos jurídicos terem ficado ultrapassados. É preciso, para evitar a coisificação do ser humano, que haja: adaptação do direito ao estado atual das situações inusitadas provocadas pelo progresso biotecnológico; imposição de uma ética para a era biotecnológica, que seja preservada pelo direito; avaliação segura das atividades e das consequências oriundas da prática biotecno-científica; substituição do imperativo técnico-científico "posso fazer" pelo "devo fazer": exigência de respeito à dignidade da pessoa humana.

Deveras, com os transtornos causados por experiências científicas em seres humanos; com os surpreendentes resultados da engenharia genética na reprodução humana assistida; com a possibilidade de modificação do patrimônio genético da pessoa; com a alarmante degradação do meio ambiente, como se poderia ter uma sadia qualidade de vida e uma preservação dos direitos fundamentais das futuras gerações, sem diretrizes indicadas pelo biodireito?

O *glamour* destas novas descobertas científicas poderá, pelo seu uso abusivo, dar azo a demandas jurídicas por danos morais, patrimoniais e até mesmo sociais. Realmente, os avanços tecnológicos, o anúncio de resultados inusitados da biologia molecular e da engenharia genética, as novas práticas biomédicas oriundas do descobrimento do DNA dão ensejo à exploração econômica ante o irresistível fascínio de desvendar os mistérios que desafiam a argúcia da ciência e geram problemas ético-jurídicos voltados à reprodução humana, às tecnologias conceptivas, à maternidade, à paternidade, à filiação, ao uso de material embrionário, ao patenteamento da vida etc.

O Código Civil de 2002 (norma geral) apenas tratou de um dos efeitos da reprodução humana medicamente assistida: a presunção de filiação. Deixou de abordar outras questões como: condições jurídicas, físicas e psicológicas para a doação de material fertilizante; proibição de experimentos de engenharia genética, de manipulação genética de embriões; fixação de limites para a embriologia; imposição de responsabilidade civil e penal aos participantes da criação de seres humanos em laboratórios; estipulação de controle estatal da fertilização assistida pelo Judiciário; destino de embriões excedentes; solução de conflito de maternidade ou de paternidade etc.

Por isso, de boa política legislativa seria a elaboração de um Código Nacional de Bioética (norma especial), pois resoluções do Conselho Federal de Medicina não resolvem tudo. Esse Código deve indicar até onde a ciência pode chegar sem agredir o ser humano, servindo de guia na solução das questões polêmicas geradas pela biotecnologia, tendo como paradigma a dignidade da pessoa humana. Esse seria, no mundo jurídico, o maior desafio para século XXI.

Fazemos, devido à atualidade e grande importância do tema, enquanto não advier uma minudente e rigorosa legislação especial, um apelo à classe médica, ao aplicador do direito e ao legislador para uma profunda reflexão sobre a reprodução humana assistida com mais absoluta responsabilidade e à sociedade não só para que acate o princípio da dignidade humana e o do superior interesse de criança nascida por meio de biotecnologia, como também para que invista mais num programa em favor da adoção, inclusive, pré-natal, e menos em projetos de fertilização assistida, pois parece-nos que seria mais importante salvar uma criança órfã do que um casal sem filho. "O sentimento que criou a adoção, muitas vezes, é maior do que qualquer resultado de laboratório, por mais espetacular que ele pareça", como afirma Genival Veloso de França, que aqui aplaudimos.

ENTREVISTA COM FLÁVIO BAUER NOVELLI[1]

No presente volume, a Seção Diálogos com a Doutrina homenageia e destaca depoimento do consagrado jurista Professor Flávio Bauer Novelli, ex-Procurador-Chefe da Procuradoria Geral do Estado do Rio de Janeiro, Professor Titular de Ciência das Finanças da Universidade do Estado do Rio de Janeiro e Ex-Diretor da Faculdade de Direito da Universidade do Estado do Rio de Janeiro, cuja trajetória é fonte de inspiração para todos.[2]

Flávio Bauer Novelli

Como sabe, chamo-me Flávio Bauer Novelli. Nasci em Itu, Estado de São Paulo, a 12.7.1925. Meu pai era Luiz Gonzaga Novelli, natural da Itália, da cidade de Montazzoli, situada na região montanhosa do Abruzzo, de onde veio para o Brasil, com 11 anos de idade, tendo aqui chegado, no porto do Rio de Janeiro, em companhia de sua mãe e de uma irmã, em 1888. Vieram encontrar-se com meu avô, que já havia vindo cerca de dois anos antes e que logo depois viria a contrair aqui febre amarela, mal de que faleceu. Minha avó, Francisca Santergini Novelli, com os dois filhos, agora órfãos de pai, Rafaela, a mais velha, e meu pai, foram forçados, por circunstâncias de ordem econômica, com o falecimento do chefe da família, a dirigir-se para o interior. Na Itália, já haviam exercido atividade agrícola. Dirigiram-se, pois, para o interior do Estado de São Paulo, cidade de Itu, onde voltaram a exercer temporariamente essa atividade em modesta escala, tendo mais tarde meu pai se transferido para o comércio varejista, profissão que exerceu durante toda a sua vida, naquela mesma cidade, onde veio a falecer, em março de 1939.

Minha mãe era, pelo lado paterno, de origem alemã, eis que seus ascendentes eram procedentes da Baviera, tendo chegado ao Brasil mais ou menos por essa época, dirigindo-se ao Rio Grande do Sul. Meu avô e um irmão trabalhavam como tropeiros, fazendo viagens do Rio Grande do Sul à cidade de Sorocaba, no interior de São Paulo. E assim, após vários anos, meu avô terminou por estabelecer-se também na cidade

[1] Entrevista concedida à *Revista Trimestral de Direito Civil – RTDC*, v. 50, abr./jun. 2012.

[2] O texto foi extraído do sítio da Faculdade de Direito da Universidade do Estado do Rio de Janeiro.

de Itu. Tendo meu pai chegado a Itu e devendo ainda terminar seus estudos de nível secundário, tornou-se aluno do Colégio São Luiz, dos padres jesuítas na mesma cidade. Tempos depois, casou-se em primeiras núpcias com Vicentina Vieira Novelli e desse casamento nasceram treze filhos, após o que enviuvou e, passados dois ou três anos, veio a casar-se, em segundas núpcias, com minha mãe, Eudora Bauer Novelli, filha do citado Felipe Bauer. Fui o primeiro filho das segundas núpcias, tendo nascido, a seguir, mais sete filhos; portanto, vinte e um ao todo.

Em Itu, ao atingirmos a idade escolar, vários irmãos já haviam deixado nossa casa, casados ou estudando fora. Fui aluno, no curso primário, do Externato São José das Irmãs dessa ordem, onde ingressei, aos seis anos, já alfabetizado por meu pai, que me ensinou as primeiras letras e foi meu primeiro professor de francês e de alguma coisa de italiano. Nunca admitiu, porém, que em nossa casa se falasse outra língua que não o português, língua que, aliás, conhecia e falava muito bem. Escrevia com correção, até com elegância, com uma bela caligrafia.

Depois do curso então chamado primário, preparei-me para o curso ginasial em outro colégio, também particular, do Professor Ezequiel Mesquita, o chamado Externato São Paulo, onde fiz o curso de admissão ao ginásio. Fui, pois, admitido no Ginásio Convenção de Itu. Era uma boa escola oficial, onde cursei até o primeiro ano clássico. À essa época (1939), já então órfão de pai, deram-se alguns transtornos em minha vida de adolescente. Fui... vamos dizer assim, levado a deixar a cidade, por razões de ordem pessoal e vim para o Rio de Janeiro, sozinho, com 17 anos, onde residia um irmão meu. Vim, porém, com o compromisso de que não residiria com ninguém da família. Vim para morar sozinho, trabalhar e estudar.

Portanto, aos dezessete anos, chegado ao Rio de Janeiro, passei a morar num quarto de serviço de um pequeno apartamento, na rua Bento Lisboa, no Catete, que não existe mais. Nesse quartinho, morei por três anos. Ao mesmo tempo, trabalhava como auxiliar, mensageiro, na rua Uruguaiana, da Companhia Adriática de Seguros. Seguia, então, o curso clássico no externato do Colégio Pedro II, na rua Larga. Ali terminei meu curso secundário, em 1944.

No início de 1945, prestei os exames para a Faculdade de Direito do Rio de Janeiro, que era, então, instituição particular, fundada por um grupo de professores em 1935, com o nome de Faculdade de Direito do Rio de Janeiro. Fui admitido no exame vestibular de 1945, dez anos, portanto, depois da fundação da Faculdade. A opção pelo curso de Direito não foi uma opção fácil. Não só não desejava formar-me em Direito, como alimentava, mesmo, certa prevenção em relação à advocacia, prevenção essa que resultara de circunstâncias desagradáveis que meu pai atravessara quando da sua juventude, aqui no Rio de Janeiro, em virtude da atuação de um profissional inescrupuloso. Disso resultou ter eu alimentado, durante bom tempo, remoto preconceito em relação à profissão forense.

Não pretendia, assim, ingressar no curso de Direito, embora tivesse sido um bom aluno, tanto no curso ginasial, quanto no clássico, e tivesse me distinguido pelo amor ao estudo da língua portuguesa e à história geral, tanto que, em junho de 1939, quando estava no segundo ano do ginásio, em 21.6.1939, ao comemorar-se o centenário do nascimento de Machado de Assis, fui escolhido para fazer uma palestra sobre Machado no Ginásio Estadual Convenção de Itu, pelo professor de português, Dr. Salatiel Vaz de

Toledo. Li, então, uma enorme conferência de mais de quarenta ou cinquenta páginas, depois de ter lido praticamente toda a obra de Machado de Assis, na edição da Editora Jackson em trinta e um volumes.

Li, portanto, praticamente tudo o que de Machado estava publicado, não só prosa como poesia, não só os romances, como os contos e as crônicas. Estava empolgado, fascinado por Machado de Assis. Aliás, tive duas fascinações literárias a essa época: uma foi Machado, e a outra, Euclides da Cunha. Atormentei minha mãe durante um dia inteiro para que ela me comprasse *Os Sertões*. Só consegui o livro, porque a minha irmã Yolanda, já casada, esteve em nossa casa e, sabendo da minha importunação a mamãe, me deu o livro como presente de aniversário naquele ano de 1939. Até pouco tempo atrás, ainda tinha essa edição, assim como um outro livro, que ainda hoje está em minha estante – *A vida de Disraeli*, de André Maurois. Cresci com essas preferências literárias e também sob uma perdurável influência artística, a das obras do pintor ituano Almeida Júnior, sem dúvida um dos maiores pintores brasileiros.

Esse homem teve uma infância paupérrima; autodidata, ele mesmo fabricava os seus pincéis, com pelos de rabo de cachorro. Tendo tido ele a oportunidade de apresentar um quadro aqui no Rio de Janeiro, e tendo chegado esse trabalho ao conhecimento do Imperador Pedro II, tendo em vista o seu mérito como artista, recebeu uma bolsa de estudos e foi estudar em Paris com um pintor impressionista na época com grande prestígio, Pierre Puvis de Chavannes.

Em Paris, executou alguns quadros notáveis, dos quais alguns estão no Museu Nacional de Belas Artes. Almeida Júnior foi não só um artista de primeira grandeza, mas, a despeito da influência impressionista, especialmente de Puvis de Chavannes, seu mestre, foi talvez, nada obstante, o primeiro pintor nacionalista, pelos temas que escolheu. Há um quadro célebre, no Museu do Ipiranga, em São Paulo, que é a "Partida da Monção", quadro particularmente belo e de caráter impressionista pelo trato dado à reprodução da paisagem. Almeida Júnior foi realmente um homem excepcional, que acabou assassinado em cidade próxima de Itu, Piracicaba, onde vivia um romance proibido. O marido da jovem o aguardou no saguão do hotel onde ele se hospedara e o apunhalou. Foi uma vida breve e romântica, mas de grande significado pelo seu valor artístico. Há um quadro célebre dele em nosso Museu Nacional de Belas Artes, *O repouso do modelo*. Figura um pintor de certa idade, reproduzindo um modelo em romântico nu não frontal.

Tive, pois, duas, não sei se propriamente vocações, pelo menos inclinações bem fortes, uma, a pintura, e outra, a música. Minha família do lado alemão era de músicos. Meu tio-avô fora regente de orquestra e compositor. Nos ensaios da orquestra em sua própria casa executava muita música sacra, inclusive a por ele composta, especialmente para as festas da Semana Santa e outras festas de Igreja em Itu. Cresci nesse ambiente musical. Minha avó era organista da Igreja Matriz e foi na minha infância professora de piano. Cresci nesse ambiente musical e artístico e não contava para mim, senão com uma dessas opções: seria certamente músico ou pintor. Mas a vida me mostrou que não poderia ser assim... apesar do meu amor pela música.

Provavelmente muito mais do que qualquer outra coisa, a música era uma paixão da juventude. A realidade, porém, era outra. A vida real e as necessidades de todo dia exigiam soluções mais práticas e prontas, de modo que não tive outra opção e fiz uma escolha sob forma de exclusão: o que era menos aborrecido. Não apreciava particularmente as ciências exatas, especialmente matemática. Pareceu-me não restar outro caminho senão o Direito.

Tinha certa formação clássica, porque havia sido por algum tempo aluno em seminário dos jesuítas. Tive ali uma formação de dois anos e pouco, estudando latim, grego, história, o que me interessava muito. Esse seminário era o Colégio Anchieta em Nova Friburgo. Mas abandonei-o ou fui levado a abandoná-lo, porque meus superiores atinadamente perceberam que eu não tinha vocação religiosa alguma. Era, vamos dizer assim, estranho à vida da comunidade jesuíta. Assim, deixei o Seminário e voltei para minha casa. Logo depois, meu pai viria a falecer.

Ingressei, pois, como dizia, na Faculdade em 1945 e me formei em 1949, em ato de formatura absolutamente anormal, porque 1949 foi o ano de centenário de nascimento de Rui Barbosa, ocorrido a 5.11.1849. Nossa turma denominava-se turma Rui Barbosa e um decreto do governo estabeleceu que as turmas das faculdades de Direito, naquele ano, celebrariam as suas solenidades de formatura na data do centenário de nascimento de Rui, que se tornou assim nosso patrono. Continuava um tanto alheio ao curso, à formatura, e, embora não tivesse sido mau aluno, minhas preferências pessoais e o meu gosto pela língua e pela história continuavam a interessar-me.

Permaneciam ainda as preferências do curso ginasial, no qual o meu professor de português, Dr. Salatiel Vaz de Toledo, deixara marcas importantes. No curso de Direito, as disciplinas pelas quais eu me sentia mais atraído eram as que se ligavam à Administração Pública: o Direito Administrativo e o Direito Público em geral. Nunca cheguei a interessar-me vivamente pelas matérias de Direito Privado. A constar que meu professor de Direito Penal foi o mestre Roberto Lyra, que me fascinou pela sua eloquência, pela sua capacidade, erudição, pelo entusiasmo, pelo raro dom da oratória. Enfim, foi um professor que me marcou muito. Ele me repetia sempre: "Você tem que ser penalista, porque tem nome de penalista". Há um penalista italiano importante de nome Novelli. Nunca desejei, porém, estudar seriamente Direito Penal. Como disse, as disciplinas pelas quais o meu interesse era mais pronunciado eram as do Direito Público, especialmente Direito Constitucional, Direito Administrativo e, posteriormente, as disciplinas ligadas também à atividade financeira estatal: Ciências das Finanças, Direito Financeiro e, finalmente, o Direito Tributário. A influência que exerceu sobre mim a personalidade de Aliomar Baleeiro foi muito grande, mas esta já se deu no curso de Pós-Graduação, sendo realizado na mesma Faculdade de Direito o curso de Doutorado, nos anos de 1957 e 1958, onde tive o privilégio de ser contemporâneo, entre outros, de Célio Borja e de Amílcar de Araújo Falcão.

No curso de doutorado, vim a ter como professores, entre outros, Aliomar Baleeiro, Afonso Arinos de Melo Franco, Oscar Dias Corrêa, João José de Queiroz, este último, ministro do Tribunal Federal de Recursos. O Professor Queiroz era um publicista, especialista em Teoria Geral do Estado e que também exerceu influência profunda sobre a minha formação. Há uma razão para eu ter feito o doutorado. Sabia que não seria nunca um bom advogado. Podia dizer que era mesmo um advogado contrariado. Não sentia atração alguma pela carreira forense. Divisei como única saída tornar-me professor de Direito. Exerceria, assim, uma atividade criativa, porquanto o professor é, de certo modo, um criador e um formador de consciências. De certo modo, há até mesmo, na atividade do magistério, um certo viés artístico. De algum modo, o mestre conforma a mente e o espírito do seu aluno, de sorte que achei que a saída para mim só podia ser o magistério. Com isso, comecei a me preparar logo para ser professor. Tentei uma bolsa de estudos no exterior. Não consegui, porque a vaga para o curso de Direito na Universidade de Roma foi transformada numa vaga para o curso de cinema em Cine Città.

A essa altura, estava convencido de que minha verdadeira vocação no campo jurídico só poderia realizar-se na perspectiva do magistério, mais precisamente no ensino do Direito Administrativo. Apaixonei-me pelo Direito Administrativo e, assim, comecei a ler principalmente os administrativistas italianos e mais tarde Otto Mayer, Giese, Antoniolli, além de outros mestres alemães, e também Kelsen, Merkl, Zanobini, M. S. Giannini e muitos outros ainda. O meu caminho, agora, sem dúvida, era o magistério jurídico. Comecei, assim, a lecionar Direito Administrativo em 1953, num curso instituído pela Previdência Social, até vir a ser convidado pelo Professor Temístocles Brandão Cavalcanti, professor titular de Direito Público da Universidade Federal do Rio de Janeiro, para ser seu assistente. Tanto que a minha primeira experiência no magistério oficial, como professor em Faculdade, foi na Universidade Federal do Rio de Janeiro, ao mesmo tempo em que lecionava, já desde 1955, na então Faculdade Católica de Petrópolis a mesma disciplina.

Na atual UERJ, vim a terminar o doutorado em 1958, mas só consegui ser nomeado professor substituto em março de 1963. O primeiro a convidar-me para lecionar foi o Professor Afonso Arinos de Melo Franco, que estava necessitado de um assistente na cadeira de Direito Constitucional. Depois disso é que o Professor Baleeiro... em 1965 ou 1966, tendo se candidatado a um cargo de deputado estadual pelo Estado do Rio de Janeiro e, precisando de substituto na cadeira de Ciência das Finanças, me convidou para substituí-lo enquanto cumpria o mandato. Foi assim que ingressei como professor de Ciência das Finanças, em que prosseguiria minha carreira, interrompendo o ensino de Direito Constitucional. E foi em virtude dessa aproximação com o Professor Aliomar Baleeiro e da amizade que daí despontou, que vim a fazer o meu primeiro concurso para titular. Já dispunha então do título de Livre-Docente em Direito Administrativo, obtido em 1962, na Faculdade de Economia da Universidade Federal do Rio de Janeiro, mediante aprovação de uma banca examinadora composta dos professores Temístocles Brandão Cavalcanti, Djacir Menezes, Miguel Seabra Fagundes, Caio Tácito e Alcino de Paula Salazar, que, na época, era Secretário de Justiça do Rio de Janeiro.

Aprovado nesse concurso, recebi o título de livre docente, em 1962, e, desse modo, o meu segundo título de doutor em Direito. *Os Direitos Públicos subjetivos e o poder da Polícia* foi a tese que, na Faculdade de Direito da UERJ, apresentei ao Professor Caio Tácito, no curso de Doutorado. Como acontecia com as teses naquele tempo, dela se fez uma edição limitadíssima, mimeografada, da qual não sei se existe algum exemplar na biblioteca da Faculdade, onde certamente pode ser encontrada a minha tese de Docência da Federal, *A eficácia do ato administrativo*, e a minha tese para o concurso de Professor Titular. Tendo vagado a cadeira de Economia Política por morte do titular, o Professor Nélio Reis, o Professor Aliomar Baleeiro me disse: "é a oportunidade de você ser professor titular já, agora! Escreva uma tese e se inscreva!". Não tinha estudos mais amplos de Economia Política, mas a sugestão de Baleeiro era indiscutível, quase uma ordem. A cadeira de Direito Financeiro estava ocupada por um titular, meu colega de doutorado, o eminente e jovem Professor Amílcar Falcão, grande amigo com quem discutia interminavelmente, não sobre Direito Tributário, mas sobre música. Ele era ardoroso admirador e apreciador de Wagner e eu, ardorosíssimo apreciador de Brahms. Discutíamos, assim, interminavelmente. O de que menos tratávamos era o Direito Tributário. Assim, inscrevi-me, por artes do destino, no concurso para Professor Titular de Economia Política.

Quando estávamos a um mês do encerramento das inscrições, inscreveu-se também o professor catedrático de Economia da Federal, o Professor Djacir Menezes, que havia sido meu examinador nas provas da Livre-Docência e Direito Administrativo. Minha tese não se aventurava no campo da economia pura, mas sustentava, no prefácio, a opinião de que o estudo da Economia no curso jurídico não devia ser de pura Economia Política, Economia Matemática, mas de ciência econômica enquanto ligada ao Direito. Levei a questão econômica para o campo sociológico, abordando o problema das estruturas sociais e desenvolvimento econômico. Essa tese é um trabalho da juventude e representa o que de melhor pude fazer àquela altura. Estudei tanto quanto pude o difícil problema das estruturas, quer ponto de vista psicológico, do ponto de vista sociológico, do ponto de vista econômico. O tema estava em grande voga àquele tempo, tendo dominado o campo das Ciências Sociais e da Economia.

Estudei seriamente o tema, como disse, procurando relacionar as estruturas e o desenvolvimento econômico, considerado, este, como modificação estrutural. Foi esse, em resumo, o trabalho que apresentei. Acontece que o Professor Djacir Menezes, contra a expectativa geral, apresentou como tese um trabalho muito sucinto, colocando a questão sob a rigorosa perspectiva do cálculo econômico. Não sei se por motivo pessoal de saúde ou, enfim, por qualquer outra razão de ordem particular, o Professor Djacir veio a desistir do concurso.

Tornei-me, assim, candidato único, o que, é claro, não deixou de ser muito propício para a minha pretensão acadêmica. A banca examinadora foi presidida pelo Professor Aliomar Baleeiro e constituída, ainda, pelo Reitor da UERJ, o Professor João Lira Filho, pelo Professor Oscar Dias Corrêa, pelo Professor da Universidade Federal de Minas Gerais, Alberto Deodato, e pelo Professor Amílcar Falcão, que já era titular da Faculdade de Direito. Fui aprovado, mas, no interregno entre a aprovação e a posse, veio a falecer o Professor Amílcar Falcão, em 6.1.1967. Diante disso, o Professor Aliomar Baleeiro disse: "Olha, Novelli, a Faculdade precisa de você lecionando Direito Tributário e Financeiro". Desse modo, preparei um memorial e requeri a minha transferência, tendo em vista a evidente correlação das matérias: Direito Financeiro e Economia Política. Foi instituída uma comissão de professores e essa comissão deu parecer favorável a que eu fosse transferido da cadeira de que era professor titular, Economia Política, para a cadeira de Direito Financeiro. Foi assim que vim a suceder ao Professor Amílcar Falcão. E foi assim que fiz todo o curso do meu magistério na UERJ. Desde 1968, era Diretor da Faculdade de Direito, o Professor Caio Tácito, e eu, seu Vice-Diretor. Mas, ainda nesse mesmo ano, ou em princípios de 1969, não me lembro bem, o Reitor João Lira Filho nomeou o Professor Caio Tácito Vice-Reitor. E eu, como Vice-Diretor da Faculdade, passei à direção, em substituição ao Professor Caio Tácito. Terminado o mandato em 1972, fui reconduzido, de modo que vim a exercer a direção da Faculdade até março de 1976.

Foram tempos difíceis... Havia muita agitação política, porque os estudantes estavam empolgados pela oposição à ditadura militar. Por outro lado, a Reitoria da universidade era muito rigorosa em fazer respeitar a disciplina e conter as manifestações internas. Era um trabalho delicado e difícil, que me trouxe preocupações e aborrecimentos. Mantinha, por um lado, boas relações com o corpo discente e, por outro lado, não podia deixar de atender às instruções da Reitoria da Universidade enquanto Diretor da Faculdade. Isso me trouxe contrariedades, dificuldades, de ordem política e administrativa, mas de um modo geral fui bem-sucedido. Os alunos me consideravam um diretor rigoroso, disciplinador e, por vezes, rígido. Daí o fato de o Professor Oscar Corrêa, gracejando, dizer que, como Diretor, eu era muito mais alemão do que italiano. Fomos, por duas ou três vezes, surpreendidos com a polícia dentro da Faculdade. Praticamente fora dissolvido de fato o Centro Acadêmico Luiz Carpenter – CALC, e os seus arquivos, ao que me consta, foram destruídos ou desapareceram.

Com tudo isso, conseguimos manter boas relações com o corpo discente, tendo em vista a situação excepcional que o país atravessava. De um lado, tínhamos um regime militar autoritário e, de outro, uma juventude já bastante politizada que, de forma radical ou não, se opunha a essa situação política. De modo que, principalmente no ambiente de uma Faculdade de Direito, tal situação implicava problemas delicados de disciplina. Foi esse um período realmente agitado, que exigiu da Direção paciência, compreensão, vigilância e, principalmente, certa tolerância, uma vez que os alunos eram, na sua maioria, jovens idealistas que estavam exercendo aquilo que entendiam ser os seus legítimos direitos de livre manifestação do pensamento e que, segundo sua opinião, estavam sendo cerceados e ofendidos pela situação dominante. Isso trouxe, é claro, dificuldades e divergências, que nos obrigaram em certas circunstâncias a adotar providências disciplinares, mas afinal, com prudência, logramos manter a paz e a ordem na vida acadêmica.

Naquele tempo, os colegiados das faculdades e da Universidade eram formados quase tão somente de professores. O corpo docente é que praticamente constituía esses órgãos. Havia uma participação direta do corpo discente na universidade, mas essa era pouco significante; e tinha reduzido peso como força política. No âmbito da própria Faculdade, havia um representante nos departamentos e a isso se reduzia a representação do corpo discente. A Faculdade era, na prática, dirigida pelo corpo docente, pelos professores, pelos mais velhos. Não havia, a rigor, direta participação efetiva corpo discente.

Como disse, tive como vice-diretor, na época, o Professor Oscar Dias Corrêa. No primeiro mandato, aquele que exerci em substituição ao Professor Caio Tácito, ou seja, como diretor em exercício, não se designou vice-diretor. No segundo mandato, é que o indicado como vice-diretor foi o Professor Oscar Dias Corrêa e que, afinal, veio a suceder-me na direção em 1976. No entanto, cheguei ainda a fazer a mudança da Faculdade de Direito do Catete para o Maracanã. Acontece que a Faculdade não parecia particularmente interessada na mudança, pois gozávamos de uma ampla autonomia na sede do Catete, em razão mesmo de ser um centro à parte, quase completamente desligado dos outros órgãos da universidade. Em razão disso, quer do ponto de vista administrativo, quer do ponto de vista orçamentário, ou disciplinar, dispúnhamos de relativa autonomia. A Faculdade era quase como se fosse uma universidade autônoma.

Não foi, portanto, sem alguma resistência e até com algum desgosto que nos mudamos para o campus onde, ao lado de outras unidades, ficamos sujeitos a um poder central imediato e direto, exercido pela administração do campus e pela própria Reitoria. Mais dia menos dia a mudança finalmente se efetuou, tendo a Faculdade ficado localizada no sétimo andar do edifício principal.

A mudança foi realizada por trabalhadores de firmas especializadas, ajudados por alguns funcionários da Universidade. Não houve, certamente, participação alguma de professores ou de alunos. Materialmente a mudança se fez, portanto, com elementos estranhos à Faculdade, sendo que funcionários desta somente prestaram alguns serviços auxiliares. A essa época já terminara o meu mandato, após breve prorrogação, em razão da própria mudança e, logo a seguir, transmiti a direção ao meu sucessor, que já assumiu a administração da Faculdade no *campus* do Maracanã.

Durante o magistério, por anos a fio, não tive a ajuda de assistentes. Dava todas as aulas para as numerosas turmas da manhã e da noite. Eram turmas enormes e, durante longo tempo, não obtive da Reitoria a designação de um só assistente. Só ao final, quando já na direção, é que eventualmente, e de forma não continuada, consegui o auxílio de um ou dois assistentes. Mas, ainda como diretor, continuei lecionando. Acumulava a função administrativa da direção e a função didática.

Lecionei na Universidade Federal até também essa época, 1990. Em concurso público de provas e títulos, habilitei-me ao cargo de Procurador, na Procuradoria Geral do Estado, que exerci de 1965 até 1982, quando me aposentei. Lecionei também em outras instituições: no Curso Rio Branco, para a formação de diplomatas, na Fundação Getúlio Vargas e em faculdades particulares, Cândido Mendes, hoje universidade, Estácio de Sá, na Faculdade Bennet de Direito, na Faculdade Santa Úrsula. Enfim, houve ocasião de estar lecionando em três, quatro instituições ao mesmo tempo. Posso dizer, portanto, que a minha vida se resumiu ao magistério. Praticamente só o magistério, excetuando o período em que fui Procurador do Estado do Rio de Janeiro, quando também exerci a chefia da Procuradoria Tributária da Procuradoria-Geral.

Um bom professor de Direito deve, é claro, amar o ensino e a sua própria disciplina. Tem que gostar de ensinar. Por isso mesmo se diz que o professor não se faz: nasce professor ou não será nunca verdadeiro professor. Além de escrever e publicar minhas teses, atualizei várias obras jurídicas. Em homenagem à memória de Amílcar Falcão, atualizei dele, *A Introdução ao Direito Tributário* e *O fato gerador da obrigação tributária*. Atualizei ainda o *Direito Constitucional* em 2 volumes, do Marcelo Caetano. Atualizei, enfim, as obras de Aliomar Baleeiro: *Direito Tributário Brasileiro, Uma introdução à Ciência das Finanças* e *Limitações Constitucionais ao Poder de tributar*. Dediquei, portanto, grande parte de meu tempo à tarefa de rever e atualizar. Quanto à minha produção, além das teses, escrevi um bom número de artigos e estudos, publicados principalmente na *Revista de Direito Público e Ciência Política* da Fundação Getúlio Vargas, na *Revista de Direito Administrativo,* na *Revista de Direito Tributário,* na *Revista dos Tribunais* de São Paulo, na *Revista da Procuradoria-Geral do Estado do Rio de Janeiro.*

Já o artigo "Norma constitucional inconstitucional?" foi publicado em várias revistas: na *Revista da Faculdade,* na *Revista de Direito Administrativo,* na *Revista Forense,* na *Revista dos Tribunais* e mais uma outra. Esse título foi tomado por empréstimo a uma conhecida monografia do Professor alemão Otto Bachof. A tradução portuguesa é exatamente "Norma constitucional inconstitucional". Como pode dar-se o problema da inconstitucionalidade de uma norma constitucional? Tomei a liberdade de servir-me do título, adaptando-o à situação que entendia comentar. Tratava-se de uma emenda à Constituição de 1988, de número 3, que, a meu ver, não era inconstitucional e que, no entanto, foi assim julgada pelo Supremo Tribunal Federal. Escrevi, então, esse trabalho em virtude da minha discordância quanto ao mérito da decisão, e intitulei o trabalho "Norma constitucional inconstitucional?", acrescentando, pois, a interrogação. Não que entendesse inadmissíveis normas constitucionais inconstitucionais, mas porque considerava que não fosse inconstitucional aquela determinada norma constitucional. Admitindo a possibilidade de uma norma de emenda à Constituição ser contrária à Constituição, e admitindo até a tese de Otto Bachof, o professor alemão, distingue entre normas constitucionais de natureza fundamental, normas básicas da Constituição que podem ser contrariadas por normas "secundárias" da mesma Constituição. Essa é, em resumo, a tese do Professor Otto Bachof. Não participo inteiramente dessa opinião.

Entendo não ser possível fazer-se uma distinção dessa ordem, porque para admitir, dentro da mesma constituição, normas constitucionais que tenham formalmente maior validade que outras, há que admitir que algumas normas são dotadas de uma verdadeira supraconstitucionalidade, o que me parece em princípio insustentável. Entendo que há a possibilidade de normas constitucionais inconstitucionais quando se trate de normas de emendas constitucionais, porque o poder de emenda não se confunde com o poder originário de fazer a constituição. É um poder derivado, subordinado, secundário, não originariamente constitucional. É um poder constituído pela própria Constituição. E quem vai exercer esse poder, conferido pela própria Constituição, pode violar a constituição. Entendo, assim, que pode haver normas constitucionais inconstitucionais; não, porém, na própria constituição originária, mas em suas emendas. Mas essa tal Emenda nº 3, essa não era, a meu ver, inconstitucional, e o Supremo, no entanto, considerou-a assim, equivocadamente, *data venia*.

Claro que a opinião então predominante era francamente conforme à da jurisprudência do Supremo. E evidente. Nada obstante, a meu ver, a estrutura, a fundamentação lógica do meu trabalho parece difícil de contestar-se. Do ponto de vista estritamente lógico-jurídico, abstraída qualquer conotação de outra ordem, ainda entendo que o Supremo se equivocou quando proferiu aquela decisão.

Continuo apaixonado pela música, pela pintura, pelo desenho. Ouço muito. Não só ouço como eu gosto de acompanhar a audição, lendo as partituras de orquestra. Já fui muito a concertos. Hoje o Rio de Janeiro é uma cidade inóspita, não se pode mais sair à noite. Praticamente estamos confinados. Na música popular brasileira, gosto principalmente de Antônio Carlos Jobim e mais alguns poucos, principalmente por certas coisas que fizeram a partir de 1960. É, em regra, música de alta qualidade. Contudo, isso nem sempre acontece, de modo que a música popular brasileira não é, por vezes, um fator educativo. Acho que ela tem, no entanto, grandes méritos. Quanto à música brasileira erudita, é claro, não se discutem grandes compositores. Alberto Nepomuceno, Henrique Oswald e, acima de todos, Heitor Villa-Lobos. Claro, Carlos Gomes foi o primeiro a projetar o Brasil no exterior. Você sabe que a ópera *O Guarani* teve a sua *premiére* no Teatro La Scala de Milão, e foi reputada por Giuseppe Verdi como importante criação artística, aquela época. É uma ópera composta segundo o estilo então dominante. E tem mais: em relação aos compositores italianos contemporâneos seus, Carlos Gomes tem certa particularidade, em decorrência de alguma influência germânica, especialmente de Richard Wagner. Por isso, historicamente, Carlos Gomes é, sem dúvida, um compositor importante. Não apenas pelo *O Guarani* que é a sua ópera mais conhecida e executada, mas inclusive por outras obras, como *Lo Schiavo*, *Condor* etc., desde a primeira ópera dele que foi representada aqui no Rio de Janeiro para o imperador, *A noite do castelo*, e que representou a passagem de ida para terminar seus estudos na Itália, onde conheceu grandes compositores e viveu num ambiente musical de primeira importância, do ponto de vista artístico.

Mesmo quando percebia salário mínimo, conseguia separar uns mil réis para assistir aos concertos da Orquestra Sinfônica Brasileira, que nessa época se realizavam na cidade, num cinema da Cinelândia. A Orquestra Sinfônica era dirigida por um ótimo regente, Eugen Szenkar, que foi fundador, orientador, o mestre que praticamente criou a Orquestra. A OSB foi uma criação de Eugen Szenkar. Nunca deixei de frequentar os concertos, e daí também minhas discussões com Amílcar Falcão sobre música.

A Faculdade de Direito da UERJ significou e ainda significa muito para mim. Primeiro, porque ali me formei. Segundo, porque se não iniciei ali meu magistério, foi na UERJ que me preparei para ele, especialmente no curso de pós-graduação, aquele notável doutorado em que tive a honra de estudar com grandes mestres como Baleeiro, Oscar Dias Corrêa, Afonso Arinos de Melo Franco, João José de Queiroz, Edgard Sanches, Caio Tácito e outros ainda. E tive por colegas também grandes juristas brasileiros: Amílcar Falcão, Célio Borja. Assim como alunos, hoje juristas renomados, por exemplo, Luiz Fux, que está no Supremo Tribunal Federal, Paulo Braga Galvão, Luís Roberto Barroso, Carlos Roberto Siqueira Castro e muitos e muitos outros. Tive um sem número de alunos, alguns milhares deles. As turmas eram muito numerosas e eu lecionei em várias faculdades. Há, portanto, um número quase incalculável de ex-alunos, durante estes 53 anos de magistério.

Dei aulas no curso de pós-graduação da UERJ já em 1967 ou 1968, voltando a lecionar aí em 1995, até o início de 2005, quando não obtive que meu contrato de Professor visitante fosse renovado. Enquanto isso, lecionava em outras instituições, em nível de pós-graduação *stricto sensu*, como nos cursos das Universidades Gama Filho, Cândido Mendes e Estácio de Sá. Durante os períodos letivos, todo o meu tempo é dedicado a ministrar ou preparar aulas ou a estudar e escrever. Tenho dois ou três trabalhos sobre a mesa, e a Editora Renovar manifestou interesse em reeditar meus trabalhos menores publicados em várias revistas jurídicas.

A minha esposa, Doris Hoedemaker Novelli, era descendente de ingleses e holandeses, e me deu duas filhas: Maria Cristina e Maria Luisa, ambas formadas em Direito, embora não exerçam a profissão. Tenho quatro netos, um deles formado em Direito, que também não exerce a profissão. Outro neto é artisticamente conhecido pelo nome de Eduardo Valente, sobrenome de seu pai. Ele já foi premiado em Cannes com um curta, e obteve depois, em concurso, bolsa para especialização em Paris e concluir a pós-graduação em Cinema na USP. Está preparando agora um longa-metragem que deve apresentar na França dentro do programa da bolsa de estudo. Já recebeu vários prêmios aqui no Brasil, e, talvez, seja o neto que mais se pareça comigo, porque tem inegável vocação artística no campo da direção de cinema.

Há três anos faleceu minha esposa Doris, o que representou uma enorme perda para mim. Depois disso, resido nesse apartamento sozinho, mas continuo a estudar. Pretendo terminar ainda dois trabalhos: um sobre imunidades tributárias, assunto sobre o qual já fiz quatro ou cinco palestras, e um estudo sobre as medidas provisórias, assunto ainda muito controvertido e, a meu ver, até agora, insuficientemente estudado, ou melhor, estudado sem uma visão mais ampla e aprofundada quanto à própria natureza jurídica dessa medida legislativa.

ENTREVISTA COM LUIZ GASTÃO PAES DE BARROS LEÃES[1]

RTDC: Quais fatores influenciaram a opção do senhor pelo Direito e, em especial, pelo Direito Comercial?

LGPBL: As lembranças mais remotas de minha infância são uma sequência de quatro armários envidraçados, em torno de uma mesa de estilo manuelino, repletos de livros de direito que transbordavam sobre o assoalho, perfeito campo de batalha para os meus soldados de chumbo. Era o escritório de meu pai em nossa casa na rua Haddock Lobo, 1446, em São Paulo, imóvel que não mais existe. Meu pai era advogado e creio que, no final das contas, esse é o fator que me influenciou de forma decisiva na opção pelo direito. Na mocidade andei de namoro com a arquitetura e me preparava para prestar o vestibular no Rio de Janeiro, onde morávamos. Assisti na época a uma conferência demolidora de Max Bill, um escultor alemão, sobre a arquitetura moderna brasileira, mas não me convenci dos seus argumentos e continuava a me preparar para o vestibular. Fui, porém, persuadido a mudar de rumo por meu pai que, para tanto, invocou razões de ordem pragmática que para nós, que vivíamos modestamente, pesavam muito: ao bacharel em direito se abre um leque de oportunidades profissionais, inexistente no meio artístico. Pois víamos a arquitetura essencialmente como arte. Sou assim um advogado por prudente orientação paterna. Já a opção pelo direito comercial me seria sugerida pelo Professor Oscar Barreto Filho, com quem trabalhei no meu primeiro emprego. Funcionava também conosco o Professor Antônio Roberto Sampaio Dória, alma irmã, praticamente da mesma idade e já então grande cultor do direito, e prematuramente falecido. Mais tarde, a convivência com o Professor Sylvio Marcondes e Mauro Brandão Lopes aumentou essa minha inclinação.

RTDC: Quais são suas principais lembranças dos estudos universitários e quais foram os mestres que mais o influenciaram?

LGPBL: Como morávamos no Rio de Janeiro, em Laranjeiras, entrei na então Faculdade de Direito do Estado da Guanabara, no Catete. Tive professores extraordinários que, além de magníficos oradores, eram grandes escritores, como Afonso Arinos de Melo Franco, professor de Constitucional, e Aliomar Baleeiro, que lecionava Ciência das

[1] Entrevista concedida à *Revista Trimestral de Direito Civil – RTDC*, v. 51, jul./set. 2012.

Finanças e era o autor de um livro saborosamente bem escrito, *Limitações Constitucionais ao Poder de Tributar*. Tinha um assistente talentosíssimo, Amílcar de Araújo Falcão. Civil era dado por Homero Pires, que sempre aproveitava a ocasião para falar de Ruy Barbosa, seu ícone, e por Oscar Tenório, diretor da Faculdade. Direito Romano era ministrado pelo Professor José Carlos de Matos Peixoto, um velhinho simpático com quem me cruzava na sala de leitura da Biblioteca Nacional, onde o via mergulhado em grossos alfarrábios. Introdução à Ciência do Direito era ensinada pelo Professor Benjamim de Oliveira Filho, e Direito do Trabalho, por Nélio Reis, todos com ótima didática. Foi com esses mestres, enfim, que apreendi a gostar do direito, sempre incentivado, é claro, por meu pai. Não me lembro do meu professor de Direito Comercial. Já no curso de pós-graduação, na FADUSP, os professores Oscar Barreto Filho e Sylvio Marcondes foram influências decisivas, inclusive no trato de questões empresariais.

RTDC: O senhor pode nos falar sobre sua história acadêmica, sobre as possíveis semelhanças e diferenças que visualiza em relação ao estudo e ensino do Direito ontem e hoje, levando-se em conta as alterações de panorama e paradigmas que se verificaram e se têm verificado?

LGPBL: Como fiz pós-graduação e carreira acadêmica na Faculdade de Direito da USP, observei que reinava uma leve diferença no estudo e no ensino do direito na Faculdade de Direito da Guanabara, na qual me formei, mas que, no fundo, era apenas de superfície. À época, a Faculdade de São Paulo começava a dar ênfase às aulas práticas, desconhecidas pela sua congênere do Rio. Comecei a lecionar dando aulas práticas. Se bem que, a rigor, como asseverava o Professor José Frederico Marques, exímio advogado, as aulas na graduação deveriam fornecer aos alunos, fundamentalmente, base teórica e massa crítica, já que a prática os alunos adquiririam após a formatura, na vida profissional. O que sempre me pareceu sensato. As alterações de paradigmas que se têm verificado à vista dos novos panoramas socioeconômicos são, quando bem examinadas, desdobramentos desse alicerce básico. Muitas dessas alterações já eram, aliás, e continuam a ser suscetíveis de cursos monográficos, ao menos ao nível de pós-graduação nas faculdades.

RTDC: Qual deve ser o papel da Universidade? Uma formação mais generalista ou mais especializante? Como o senhor analisa o programa dos cursos de Direito?

LGPBL: Em síntese, penso que o papel da Universidade, no campo do direito, deve ser generalista, estabelecendo, porém, grades curriculares dinamicamente atualizadas. Era o que, de resto, prevalecia quando lecionava na USP, o que, segundo sou informado, continua a ocorrer. Entrei na compulsória há mais de seis anos, de modo que talvez não esteja inteiramente a par do que acontece nas circunstâncias atuais.

RTDC: E na pós-graduação, o que precisa ser mudado?

LGPBL: Na minha época, a pós-graduação na USP, tal como estruturada, me parecia adequada. Extremamente maleável, permitia que os departamentos, por sugestão dos professores, estabelecessem cursos semestrais ou anuais sobre assuntos cuja demanda era identificada pela doutrina e pelos tribunais, de tempo em tempo alterados. Muitas vezes eram cursos concebidos para serem transformados em livros pelos professores. Lembro-me de um curso ministrado na pós-graduação sobre ato e atividade negociais no segundo semestre de 1990. A primeira aula foi publicada na *RDM* e recentemente reproduzida pelo Ministro Gilmar Mendes, num repositório sobre doutrinas essenciais em direito civil por ele editado, o que muito me honrou. Nesse curso, a teoria se misturava sempre com problemas de natureza prática. Não vejo o que mudar.

RTDC: Como o senhor descreveria sua obra *Poemas e Circunstâncias*?

LGPBL: Um pecado, talvez venial, com o agravante de ter sido cometido na maturidade. Prefiro o meu livrinho *Exercícios de Memória*, em prosa civilizada. Atenuante, nos dois casos, é que ambos os livros não foram comercializados. Tenho, no entanto, inveja do meu amigo Louis Begley que, em recente artigo, se qualificou como "avocat au barreau de New York et écrivain".

RTDC: A literatura, a poesia e as artes em geral contribuíram para a sua formação? O que recomendaria, neste sentido, para as próximas gerações?

LGPBL: A literatura, a poesia e as artes em geral contribuíram muito para a minha formação. Sou desde menino um leitor compulsivo, nas línguas a que tenho acesso, de poesia e ficção. A literatura é fundamental para o exercício do direito e sempre recomendei a meus alunos a leitura dos clássicos da língua (Eça, Machado) como elemento indispensável para saber escrever. Lembro-me que na Columbia Law School havia um curso sobre a presença do direito nos grandes romances da literatura universal. Ademais, tenho o gosto físico pelo livro de papel; sou um ente guttemberguiano. Infelizmente, não cheguei ainda aos *ebooks*. Nem sei bem se invejo um neto de 12 anos que não larga o Kindle, mesmo na praia.

RTDC: De todas as suas obras, qual o senhor considera a mais importante?

LGPBL: Não diria mais importante, pois não tenho livro importante, mas o *Mercado de Capitais & Insider Trading* seria aquele de que não me envergonho. Ou talvez o *Pareceres*, em dois volumes. Como estão esgotados, posso deduzir que houve uma boa recepção.

RTDC: O senhor, além de professor, é advogado. Na sua opinião, o que é necessário, hoje, para ser um bom advogado?

LGPBL: Sou um modesto advogado; com certa presunção, poderia talvez dizer que sou um bom parecerista. Para tanto disponho de uma razoável bagagem teórica e senso comum para entender os fatos. *Ex facto oritur ius*, diziam nossos maiores. Não tenho, porém, uma receita pronta para recomendar a quem pretenda exercer a profissão com proficiência. Diria honestidade, respeito pelos fatos e estudo cuidadoso. Todos os colegas, aliás, sabem disso.

RTDC: O senhor, em 1966, escreveu o *Ensaio Sobre Arbitragens Comerciais*, publicado pela RT. Tendo o senhor atuado em diversas arbitragens, qual o seu posicionamento sobre o fortalecimento progressivo deste procedimento?

LGPBL: É a solução ditada pelo bom senso para a realização de uma justiça relativamente célere e, via de regra, equilibrada porque, quando contam com árbitros experientes, resta afeiçoada à realidade dos fatos. Nesse sentido, a excessiva processualização da arbitragem, a que muitas vezes recorrem os advogados na defesa dos interesses de seus clientes, é um mal que deve ser evitado, já que os árbitros estão comprometidos com o bom resultado que o mecanismo extrajudicial de solução de litígios deve proporcionar aos contendentes.

RTDC: Na sua opinião, qual a herança mais preciosa que o Direito Comercial oferece ao século XXI? Quais mudanças o senhor acha que ainda precisam ser feitas no âmbito do Direito Comercial?

LGPBL: O direito comercial surgiu, fragmentariamente, na Idade Média, pela imposição dos fatos em ambiente jurídico avesso às regras do jogo mercantil. Nasceu corporativo e consuetudinário, afeito à realidade mercantil, transigindo, ao depois, com o objetivismo da teoria dos atos de comércio, sem nunca se afastar da *praxis*, até se consolidar como direito da empresa. Ainda que desapareça, parcial ou totalmente, como código autônomo. O desaparecimento, total ou parcial, do código comercial e a unificação da matéria obrigacional, inscrevendo o direito das empresas no âmbito do direito das obrigações, consagrado pelo Código Civil de 2002, não compromete a autonomia substancial do direito comercial, que se encontra preservada.

RTDC: Qual a sua opinião sobre o Projeto de Código Comercial?

LGPBL: Além de ser desalentador, pela imprecisão com que utiliza princípios e conceitos já consolidados no direito pátrio, o projeto em apreço navega decisivamente contra a maré. Ao justificar, na exposição de motivos, a estrutura do que constituiria o Código Civil de 2002, o Professor Sylvio Marcondes advertiu que, ao imprimir ao código a caracterização de "lei básica, mas não global, do direito privado", procurou "não dar guarida senão aos institutos e soluções normativas já dotados de certa sedimentação e estabilidade, deixando para a legislação aditiva a disciplina de questões objeto de fortes dúvidas e contrastes, em virtude de mutações sociais em curso, ou na dependência de mais claras colocações doutrinárias, ou ainda quando fossem previsíveis alterações sucessivas para adaptações da lei à experiência social e econômica". Em suma, para usarmos o título da obra de Natalino Irti, estamos na "idade da decodificação".

Sob esse prisma, o fenômeno da proliferação da legislação especial de direito privado até reforça a centralidade do Código Civil, que se torna, destarte, o ponto de referência obrigatório para o desate de eventuais contradições entre as leis especiais. A autonomia dogmática e científica do direito comercial resta preservada e não é comprometida. Pouco sensato, portanto, falar em um novo código comercial.

ENTREVISTA COM JOSÉ ALEXANDRE TAVARES GUERREIRO[1]

RTDC: Quais são as lembranças de seus estudos universitários? Quais são as principais diferenças entre a faculdade naquela época e as de hoje? Como o senhor vê a proliferação de cursos jurídicos?

JATG: Cursei direito em São Paulo entre 1963 e 1967, numa época marcada por politização extremada e absorvente. Como já trabalhava, sentia agudamente a distância entre o ensino jurídico e minha curiosidade pré-profissional. A integração entre o ensino jurídico e a experiência somente seria parcial, em algumas cadeiras. Apesar disso, a formação intelectual, percebo agora, era bastante profunda e me traria grande proveito, ao longo da vida. Essas preocupações com a formação intelectual do aluno de direito, com os princípios e com a cultura jurídica, parecem que hoje estão rarefeitas, devido (a) à superficialidade de cursos que proliferam de maneira desmedida e (b) à obsessão com a prática profissionalizante elementar.

RTDC: O que determinou a opção do senhor pelo direito e, especificamente, pelo direito comercial?

JATG: Optei pelo direito comercial sem pensar muito. Minha especial atenção se dedicava ao direito penal e ao processo penal. Para atender a necessidades profissionais, que se ofereceram a mim, acabei trabalhando, a partir de 1965, com sociedades anônimas, campo em que acabei me especializando, juntamente com certa vivência nas demais áreas do direito comercial. E hoje, apesar dessa longa trajetória no campo mercantil, ainda conservo a curiosidade e, algumas vezes, a prática em modalidades de atuação no campo penal, em sentido estrito e no campo do processo administrativo sancionador.

Em 1965, logo após a entrada em vigor da Lei de Mercado de Capitais (Lei nº 4.728/75), atendi a um empresário do Nordeste que precisava organizar uma sociedade de capital autorizado, para agilizar o fluxo de recursos oriundos de incentivos fiscais para sua empresa na Bahia e me perguntou se eu sabia como funcionava uma sociedade de capital autorizado. Respondi que sim, embora essa modalidade societária tivesse sido regulada havia poucos meses, na lei – e eu, evidentemente, não sabia como era exatamente seu funcionamento. Liguei para o Prof. Penalva, no Rio, que escrevera sobre a nova lei

[1] Entrevista concedida à *Revista Trimestral de Direito Civil – RTDC*, v. 52, out./dez. 2012.

e ele igualmente não sabia muito sobre a sociedade de capital autorizado. Decidi-me a decifrar o "enigma". Procurei redigir um estatuto (pioneiro), com a assistência do Dr. Morello, que foi um grande advogado e presidente da Junta Comercial em São Paulo. E assim saiu a sociedade, que teve arquivados seus atos em SP, no Rio e em Salvador, e com o que passei a trabalhar para outros empresários em situação semelhante – e acabei mergulhando nesse ramo de atividades, meio por sorte, meio, talvez, por predestinação. Anos mais tarde, escrevi um livro sobre as sociedades de capital autorizado, agora já sob a Lei nº 6.464/76.

RTDC: Qual a importância da filosofia e da sociologia nas faculdades de direito?

JATG: Na década de 60, era preocupação dominante, mas fortemente mergulhada em radicalismos ideológicos, com grandes exceções, naturalmente. Em matéria de sociologia, entretanto, passei em branco e só vim a reencontrar o tema na década de oitenta, já em plena pós-graduação.

RTDC: Quais foram os mestres que mais o influenciaram no campo do Direito? E no tocante à sua formação filosófica, quais foram suas principais influências?

JATG: Durante o curso de direito, admirei muito os grandes comercialistas, em especial Carvalho de Mendonça e Miranda Valverde. Depois, as figuras de San Tiago Dantas, Fábio Konder Comparato e José Luiz Bulhões Pedreira passaram a merecer minha maior atenção, ao lado de Clóvis Bevilaqua, sempre uma grande inspiração.

RTDC: A literatura, a poesia e as artes contribuíram para sua formação? O que recomendaria, neste sentido, para as próximas gerações?

JATG: A literatura sempre foi uma paixão, talvez muito mais a prosa que a poesia. Aprendi a escrever com Euclides da Cunha e com o Padre Vieira, bem como a cultivar o estilo claro na prosa jurídica com Clovis e Carvalho de Mendonça. Cedo passei a gostar de Dante e de Shakespeare, apesar de não serem prosadores e, mais tarde, de Aldous Huxley e Graham Greene, além de Balzac.

RTDC: Fale um pouco sobre sua trajetória acadêmica.

JATG: Minha trajetória acadêmica sempre se orientou pela necessidade de transferir experiências para os alunos, bem como de lhes passar conselhos sobre "como estudar" e não sobre "o que estudar", na esteira de Levy Strauss. Nunca me passou pela cabeça uma consagração acadêmica, mas apenas o respeito dos alunos e colegas. Igualmente, a crítica sempre me acompanhou, na academia, mas sempre, creio eu, no sentido de construir a mentalidade dos alunos no sentido de uma visão menos sectária e mais universalista. Chamei sempre a atenção para o direito comparado, menos pela demonstração de erudição e mais pela necessidade de confrontar outras experiências com a nossa. Daí ter sempre estimulado o estudo de línguas em meus alunos, para lhes permitir uma visão concreta da realidade de nosso tempo. A noção da "experiência jurídica" sempre foi, para mim, uma constante.

RTDC: O senhor tem inúmeras obras publicadas. Qual é o seu método de trabalho? Como escreve e o que o inspira?

JATG: Trabalho e escrevo muito, mas publico relativamente pouco, sempre a partir da ideia de que mais importante que publicar é manter as questões em estado de crítica constante, aderindo aos fatos e evitando, quase sempre, a teorização fora da experiência concreta. Escrevo a partir de necessidades do tempo, nem sempre por necessidade profissional. Tenho centenas de páginas escritas, que talvez um dia publicarei, se necessário ou útil. Hesito em publicar minha vasta produção de pareceres, pois na maior parte eles são datados e referidos a casos específicos. Hoje, talvez possa mudar de ideia, sob a influência de colegas e alunos que reclamam a publicação de meus escritos das últimas décadas, devidamente atualizados e editados.

RTDC: O senhor é bacharel, mestre e doutor pela Faculdade de Direito da USP, onde hoje é professor, uma das mais tradicionais do país. Qual deve ser, para o senhor, o papel da Universidade?

JATG: A universidade tem uma missão social num país em transformação, que se mostra diversa da missão tradicional. A abertura para o mundo é essencial à universidade brasileira e, em muitos casos, essa abertura se vem fazendo com sucesso. Acima de tudo, a universidade deve ser um local de intenso trabalho, em que as realidades possam ser analisadas em profundidade, com grande respeito aos fatos, mas igualmente com agudo espírito crítico. Devemos formar gerações aptas a competir com gerações de estudantes de outros países, como hoje se vê na arbitragem, por exemplo, e nas questões societárias mais complicadas, fortemente influenciadas pela experiência de outros sistemas jurídicos. A universidade deve afirmar nossa cultura jurídica, mas deve preparar os estudantes para os confrontos inevitáveis do mundo contemporâneo.

RTDC: Para o senhor, qual deve ser o papel do curso de graduação em direito? Uma formação mais generalista ou mais especializante?

JATG: A graduação deve ser o núcleo do ensino, focando nos princípios e sistemas. A especialização deve ser introduzida nos últimos semestres do currículo, mas sem prejuízo de uma completa análise do sistema de direito positivo e de suas inter-relações internas. A pós-graduação deve preparar para a especialização com ênfase na experiência. Não se pode imaginar uma graduação exclusivamente profissionalizante, nem cursos de pós-graduação que apenas reproduzam a graduação de modo erudito – a pós-graduação deve se desdobrar em um intenso estudo do direito comparado e, ao mesmo tempo, das experiências contemporâneas do mundo, em confronto com as nossas.

RTDC: E, na pós-graduação, o que precisa ser mudado?

JATG: Na pós-graduação, o ensino do direito necessita de um forte influxo da experiência do direito comparado, mas sempre de forma atualizada e efetivamente aplicada à realidade brasileira.

RTDC: O senhor participa com frequência de arbitragens. Como o senhor tem visto a evolução desta prática no Brasil? Qual é o papel a ser desempenhado pela arbitragem em nosso ordenamento? O que precisa ser mudado?

JATG: A arbitragem desenvolveu-se muito no Brasil e está experimentando um processo de mudança de gerações. Nos grandes procedimentos, que requerem muitos advogados, e naqueles que envolvem interesses brasileiros e transacionais, nos quais a versatilidade é necessária, bem como o multilinguismo, ainda há relativa escassez de profissionais e de estruturas adequadas. Nisso, exatamente, deve focar a missão das faculdades, inclusive com a celebração de convênios com entidades no exterior que possam contribuir para a formação de contingentes de advogados brasileiros treinados nessa atividade. Já começa a tomar corpo entre nós uma "cultura arbitral". Mas, ainda persiste certa ligação entre prática arbitral e prática processual tradicional, o que muitas vezes prejudica/complica o trabalho na arbitragem. Da mesma forma, ainda existe certa morosidade em procedimentos arbitrais (problema que não é apenas nosso). E, por fim, certa preocupação em levar a arbitragem, em certos casos, à revisão pelo Judiciário. Tudo isso se resolve mediante estudo especializado, a que a universidade deve se devotar, como modalidade de especialização.

RTDC: De maneira, geral, como o senhor vê o advento do Código Civil de 2002 no tocante às regras que ele traz para o direito empresarial? A unificação do direito obrigacional e o livro *Do direito de empresa* são progressos ou regressos? E o atual projeto de novo Código Comercial é oportuno?

JATG: Sou cético quanto à viabilidade de um novo Código Comercial. A dualidade de sistemas (civil e comercial) somente se justifica em setores específicos e principalmente quando há dualidade de sistemas judicias (tribunais civis e tribunais do comércio). Além disso, o direito das empresas, historicamente, é rebelde à codificação – e sabemos disso desde o século XIX, quando nosso velho Código de 1850 começou, logo após sua entrada em vigor, a demonstrar a incompatibilidade entre a movimentação das empresas e a ideia de Código. Acho que nosso sistema positivo, não fixado em qualquer Código, mas disperso em várias leis setoriais, funciona bem. Se não funciona, não é por falta de um eventual Código. Não se reclama uma total reviravolta em nosso direito comercial. Ninguém quer isso, inclusive em razão dos custos que essa codificação (inútil) acrescentaria ao funcionamento de nossa já custosa atividade empresarial. O Código Civil de 2002 pode ser reformado no que tange ao chamado "direito de empresa", por meio de lei ordinária, que nos devolva a simplicidade das sociedades limitadas, por exemplo. É uma questão de prioridades.

Em primeiro lugar, a segurança do direito não é dom de um Código, mas da estabilidade das instituições e do bom fluxo da arbitragem e da jurisdição do Estado. Em segundo lugar, de uma intervenção necessária no descalabro em que se converteu a educação jurídica no Brasil. Temos que ficar de olhos abertos para ver o que se passa no mundo e trazer para perto de nossa cultura jurídica uma difícil modernidade do direito. Gerações de novos mestrandos/doutorandos na USP e membros de uma nova comunidade que milita no direito das empresas dão-me esperança de uma salutar renovação. Falo apenas no direito comercial, evidentemente, ou seja, na realidade que, nos últimos quarenta e poucos anos, me vem ocupando.

RTDC: Como o senhor avalia a regulação da alienação do poder de controle no direito brasileiro? Os minoritários são efetivamente protegidos? O *tag along*, no modo como previsto no art. 254-A da Lei das S.A., é suficiente?

JATG: O assim chamado controle compartilhado ou disperso acabou rompendo com a crença segundo a qual todos os empresários brasileiros seriam apegados às maiorias estáveis e aritmeticamente definidas. Mas isso veio a suceder apenas em determinados modelos de empresas, em razão da confiança inspirada na eficiência e funcionalidade das regras do direito das sociedades, bem como na importância da transparência e informação sobre as próprias empresas, tornadas, na prática, verdadeiramente imperativas. A viabilidade de projetos empresariais complexos assenta, hoje, em grande parte, na estabilidade e eficiência da gestão, ao lado do desenvolvimento da confiança de investidores (de capital ou de risco) nos sistemas de controle e supervisão. Nesse particular, a Lei nº 6.404, de 1976, ainda fornece estruturas sólidas, que permitem todo tipo de formas para as empresas (desde as *holdings* mais singelas até as *corporations* mais sofisticadas, com múltiplos níveis e espécies de interesses). São poucas as necessidades de mudança na lei – principalmente quando se considera que as realidades contemporâneas ainda estão em rápida mutação, de tal sorte que as reformas legislativas, poucas, aliás, somente devem ser feitas quando as situações estiverem mais bem definidas. Já caminhamos no sentido do estabelecimento de mercados de dívidas, abrindo caminho com novos regimes de debêntures, e trabalhamos nesse sentido. Desenvolvemos, por outro lado, uma verdadeira "cultura" do *tag along*, como uma espécie de compensação aos acionistas não controladores pela eventual falta de liquidez de suas ações – algo que se deve às dimensões de um mercado concentrado e relativamente diminuto. Deve-se marchar, no entanto, para ampliar esse mercado e para tornar as regras de tutela da informação e das minorias acionárias mais eficientes e estáveis. É um longo caminho, mas já se começou a trajetória.

RTDC: As agências administrativas passaram a desempenhar um papel importante em diversos setores do ordenamento. Como o senhor vê a atuação da CVM e do Cade nas relações empresariais? Há excessos?

JATG: A atuação da CVM tem sido balizada por uma constante preocupação com as possibilidades dos abusos das maiorias e das administrações. Mas, para se chegar a um estágio de equilíbrio nas relações societárias, é preciso conter excessos do Poder Público, que acontecem em determinadas esferas de atuação, mas ao mesmo tempo o que se espera é que o sistema processual (e a prática da arbitragem), mas sobretudo a educação societária, possam fornecer respostas rápidas e eficientes, no sentido da tutela do mercado e dos acionistas. O diálogo da CVM com o setor privado e o desenvolvimento das experiências de "governança corporativa" caminham no sentido correto. Nem sempre se alcança o consenso em curto prazo, mas será o consenso o objetivo do amadurecimento dos empresários em relação a seus conflitos eventuais com os interesses das empresas e de todos aqueles que delas participem.

ENTREVISTA COM JÜRGEN BASEDOW[1]

RTDC: Professor Basedow, como professor visitante de várias instituições fora da Europa, como a Universidade de Nova York e a Universidade de Xi na Jiaotong, na China, qual papel o senhor atribui ao Direito Comparado no mundo de hoje?

JB: O Direito Comparado é primeiramente um método, e não um objeto de estudo. É um método que pode ser útil para toda e qualquer área do direito. Penso que ele ajuda a ampliar a compreensão do direito em si mesmo – e esta é a maior razão de ensiná-lo aos alunos. O Direito Comparado também é muito importante na elaboração de reformas legislativas. Além disso, auxilia na uniformização e unificação das leis, o que é difícil de atingir sem se fazer antes uma comparação. E pode também servir como auxílio para magistrados que julgam matérias ainda não apreciadas nos tribunais de seus respectivos países.

RTDC: As universidades brasileiras geralmente não têm um curso de Direito Comparado para os estudantes de graduação. Nas universidades alemãs, o Direito Comparado é ensinado aos estudantes de graduação?

JB: Quando falamos em estudantes de graduação, acho que temos em mente os estudantes de direito antes do primeiro exame estatal de direito. Para estes, o curso de direito comparado é eletivo, não é obrigatório na maioria das universidades.[2] Os estudantes têm a possibilidade de escolher uma área do direito como matéria eletiva para este exame estatal – e uma das áreas normalmente oferecidas pelas faculdades de direito na Alemanha é direito comparado combinado ao direito internacional privado – às vezes até mesmo direito processual civil internacional ou direito econômico internacional. Mas direito comparado e direito internacional privado frequentemente estão ligados. Para os estudantes que escolhem esta área de especialização, há cursos de direito comparado em todas as faculdades.

---

1 Entrevista concedida à *Revista Trimestral de Direito Civil – RTDC*, v. 52, out./dez. 2012. Esta entrevista foi concedida no Max Plank Institute for Comparative and International Private Law, em Hamburgo, na Alemanha, instituto do qual o Professor Jürgen Basedow é diretor.

2 Nota do editor: na Alemanha, os estudantes de Direito passam por dois exames estatais até se habilitarem para a carreira jurídica.

RTDC: O senhor acha que, atualmente, conhecer o Direito Comparado é essencial para os advogados europeus?

JB: Sim! E não apenas para os advogados europeus. Vivemos na era da globalização, das fronteiras abertas, em que pessoas, bens, capital, tudo pode se deslocar livremente de um continente para outro. Como isso pode funcionar sem conhecimento do sistema legal onde isto acontece? Então, penso que, num sentido bastante geral e mesmo além da área de direito privado, o direito comparado é absolutamente necessário!

RTDC: E esse conhecimento do Direito Comparado lhe parece importante mesmo nos países nos quais não ocorre formalmente um processo tão intenso de harmonização legal, como exemplo, nos países do Mercosul?

JB: Eu penso que o Mercosul, que foi objeto de estudos do Instituto Max Planck durante anos, tem sido muito promissor. Pode ser menos promissor atualmente por razões políticas, mas basicamente não creio que haja uma alternativa para os projetos de harmonização legal. Sejam chamados Pacto Andino, Mercosul, Área de Livre Comércio das Américas (Alca), ou qualquer nome que lhes seja dado. Penso que os sistemas legais precisam acompanhar os fatos e os aspectos práticos da globalização da economia e da sociedade. E, para alcançar tais transformações legais, o direito comparado afigura-se indispensável. Então, penso que, no contexto latino-americano, o direito comparado é realmente muito importante. Em áreas do direito nas quais já há uma estrutura legal globalizada, por meio de tratados e convenções internacionais, como o direito marítimo, o direito da aviação civil ou o direito de propriedade intelectual, é óbvio que é necessário conhecer o sistema legal das jurisdições estrangeiras em que essas convenções internacionais são aplicadas. Não se pode simplesmente esperar que sejam aplicadas da mesma forma que o seriam na sua jurisdição. O Brasil não é um país contratante na Convenção das Nações Unidas para a Venda Internacional de Mercadorias (*United Nations Convention on Contracts for the International Sale of Goods* – CISG), mas pode vir a se tornar um dia. De qualquer modo, esta Convenção é uma dessas estruturas globais. Existem agora quase oitenta países que ratificaram a Convenção, entre eles quase todos os países europeus, bem como Estados Unidos, Rússia e China, grandes potências comerciais. Esses países aplicam em seus tribunais a CISG nas suas exportações para o Brasil. Então, para as empresas brasileiras, e para os advogados que as aconselham, é realmente necessário saber sobre a CISG e a forma como ela funciona nos países estrangeiros.

RTDC: O senhor é um dos diretores do Max Planck Institute for Comparative and International Private Law, que recebe professores e pesquisadores de todo o mundo. Em sua opinião, qual é a importância de um instituto como o Max Planck para o desenvolvimento da ciência jurídica na Alemanha e em outros países do mundo?

JB: O Instituto foi constituído há quase noventa anos como Instituto Kaiser-Wilhelm em Berlin, com uma perspectiva exclusivamente alemã. Problemas práticos de direito internacional após a Primeira Guerra Mundial e a limitação dos professores de direito civil alemão à interpretação da lei alemã foram alguns dos fatores que tornaram necessário olhar para além das nossas fronteiras legais. Atualmente, esse instituto não se considera unicamente um centro de pesquisa para a Alemanha, mas para a Europa e para o mundo todo. Somos um ponto de encontro para estudiosos do direito de todos os lugares. O senhor deve ter notado que há aqui pessoas da China, Coreia, Irã, Nova Zelândia e tantos outros lugares. Penso que já vale por si reunir acadêmicos que trabalham numa mesma área para discutir temas de interesse comum. Este é um lugar onde se pode fazer isto. É claro que também temos outras obrigações. Uma delas é fornecer informações úteis para o Governo alemão ou para a Comissão Europeia quando da preparação de uma nova lei. Outra é o aconselhamento em casos específicos de direito estrangeiro, quando os tribunais alemães precisam aplicar direito estrangeiro – nestes casos, elaboramos pareceres especializados para esses tribunais. Além disso, é claro, elaboramos as pesquisas que consideramos necessárias. O senhor deve ter visto a nossa *Enciclopédia Max Planck de Direito Privado Europeu*, que é limitada à Europa por causa da atual situação da Europa, e não porque este Instituto esteja limitado à Europa. Temos um grupo de pesquisa do direito islâmico; temos pessoas se especializando em direito chinês ou japonês – e também em direito latino-americano. Estamos tentando abarcar em um mesmo lugar tantos sistemas legais quanto possível.

RTDC: O senhor acha que o Instituto Max Planck poderia servir como modelo para institutos de pesquisa em outros países – como o Brasil, por exemplo –, respeitadas, claro, certas peculiaridades? O senhor conhece alguma iniciativa nesse sentido em algum outro lugar do mundo, e o que acha que seria essencial para se criar um espaço de diálogo efetivo entre culturas legais diferentes?

JB: Existem alguns institutos similares ao Max Planck, e alguns deles foram de fato criados a partir do molde do Max Plank. Mas todos têm um inconveniente, que é o fato de serem demasiadamente orientados para a prestação de serviços para os governos e tribunais. É o caso da Suíça, da Coreia, da Holanda. É muito difícil conseguir acadêmicos brilhantes se o escopo principal do instituto é o serviço. É preciso garantir liberdade acadêmica. Caso contrário, essas pessoas ficarão por um ano ou dois, e depois irão embora. Então, tentamos dar-lhes essa liberdade acadêmica, para que possam se concentrar nos projetos de pesquisa de sua escolha. Depois de alguns anos, eles terão adquirido todas as qualificações para seguir a carreira acadêmica e poderão ser professores. Penso que este é um modelo, sim. O foco deveria ser a função da pesquisa, ao invés da prestação de serviço.

RTDC: Qual o papel e a importância da Academia Internacional de Direito Comparado (*Académie Internationale de Droit Comparé*), da qual o senhor é membro permanente e secretário-geral? A Academia influenciou ou contribuiu de alguma forma para alguma reforma específica na Europa ou no exterior?

JB: A Academia Internacional de Direito Comparado foi criada após a Primeira Guerra Mundial – em 1924 – como uma associação correspondente, juntamente com a *Académie de Droit International de La Haye*, a qual organizava anualmente os cursos de verão. A Academia Internacional de Direito Comparado não é uma instituição projetada para ajudar governos na Europa, ou em outros lugares, na preparação de normas legais. Isso não exclui a possibilidade de que o trabalho da Academia possa ser útil nesse sentido. O objetivo principal, no entanto, é reunir pesquisadores do direito, especialistas em direito comparado provenientes do mundo todo. Não é uma instituição europeia. Tivemos grandes congressos de duração semanal em todas as partes do mundo. Há muitos anos houve um congresso em Caracas, na América do Sul. Há alguns anos tivemos uma conferência que durou meia semana, no México.

O último grande congresso foi em Washington, DC. A última pequena conferência foi em Taipei (em Taiwan, na República da China). Estamos realmente tentando nos estender pelo mundo todo. Houve congressos na Austrália também. A ideia é sempre a de juntar especialistas em direito comparado de tantos países quantos forem possíveis para que possam juntos deliberar sobre um tema específico. Nas conferências de uma semana de duração, cobrimos cerca de trinta temas, desde direito público até teoria geral do direito, direito civil, direito comercial, até direito da informação eletrônica e de computação, e daí em diante. Geralmente o esquema consiste em haver um relator geral para cada tema e relatores nacionais que elaboram relatórios nacionais em resposta a um questionário preparado pelo relator geral. Se tudo funciona a contento, esses relatórios são publicados em volumes temáticos e, alguns anos depois, os participantes se reencontram.

RTDC: O senhor foi o Decano (*Dekan*) da Faculdade de Direito de Augsburg de 1993 a 1994. Quais deveriam ser os objetivos principais de uma faculdade de direito atualmente, em sua opinião? Deveríamos nos concentrar na preparação técnica ou no pensamento crítico, ou combinar ambos? Sociologia, filosofia e outras disciplinas não legais estão perdendo importância nas faculdades de direito em razão da contínua especialização do direito. Isso também acontece na Alemanha?

JB: Para compreender minha resposta é preciso primeiramente levar em consideração o fato de que o decano, na Alemanha (*Dekan*), tem uma função diferente daquela exercida pelo diretor, por exemplo, nos Estados Unidos (*dean*). Não sei a função exata do diretor no Brasil. Aqui, na Alemanha, o decano até alguns anos era simplesmente a pessoa que representava a faculdade. Sua principal função era representar, atuar como moderador em reuniões da faculdade e presidi-las, e fazer algum trabalho administrativo. O decano não tinha a função de guiar toda a faculdade. Esta é uma diferença em relação ao *dean* americano. A segunda diferença é que as faculdades alemãs precisam preparar os alunos para o exame estatal, não para um exame realizado por um único professor de determinado curso ao final do período letivo, mas um exame estatal cuja banca consiste de cinquenta por cento de profissionais praticantes do direito e cinquenta por cento de professores. O conteúdo do exame não é conhecido com antecedência. Não se pode garantir, por exemplo, que no exame será exigido o mesmo conteúdo que foi oferecido em um curso específico de direito contratual, no qual foram discutidas determinadas questões. Não, o exame estatal será completamente anônimo. Isso faz com que as faculdades de direito alemãs dependam muito do conteúdo usualmente exigido nos exames estatais. Os exames estatais são primariamente exames de prática do direito. O estudante recebe um caso e precisa esboçar uma solução para ele. Aplicar os princípios do Código Civil, do Código Penal, e assim por diante. Isso não exclui a apreciação das matérias fundamentais a que o senhor se referiu, como sociologia do direito e análise econômica do direito. Mas há limites para isso. Penso que as faculdades de direito alemãs tentam dar peso a estas áreas de fundamentação, mas eu diria que os estudantes acham muito mais importante saber algo sobre direito imobiliário.

RTDC: Quais são as principais diferenças, se é que existem, entre as universidades alemãs hoje em dia e aquelas do tempo em que o senhor era estudante de direito? Houve uma mudança significativa no método alemão de ensinar direito? Por exemplo, os estudos de caso são mais usados atualmente do que costumavam ser no passado?

JB: No estudo do direito, na Alemanha, sempre houve um diálogo com a prática legal. Quer dizer, os professores de direito alemão tendem a assumir uma postura crítica em face das decisões do tribunal federal, mas eles não ensinam direito sem levar em consideração o que foi decidido pelos tribunais. Eu sei que isso acontece em alguns países, mas, na Alemanha, sempre houve esse diálogo. E, uma vez que temos esse exame estatal, no qual magistrados fazem parte da banca, seria suicídio para um candidato ignorar a jurisprudência do Supremo Tribunal em questões relevantes. A outra parte da questão é: o que foi mudado? Quando eu era estudante de graduação, havia bem pouca orientação por parte da faculdade. Uma das maiores tarefas do estudante era a de encontrar seu caminho em meio aos cursos oferecidos em sua faculdade e talvez em outras faculdades relacionadas. Eu costumava percorrer os catálogos de cursos que achava estimulantes. Às vezes, ia à faculdade de economia ou à faculdade de filosofia para lá assistir a alguma aula. Isso mudou completamente. Os estudantes estão como que vestidos com uma camisa de força, praticamente desde o primeiro dia de aula. Eles recebem no início do semestre a grade de horários com as aulas que devem assistir, e lhes é dito que é importante não perder nem uma única aula, já que há um forte incentivo em se fazer o primeiro exame estatal após quatro anos de estudos. Não sei qual o termo em português para esse fenômeno, mas, em alemão, chamamos de *Verschulung*. Parece-se mais com uma escola do que com uma instituição acadêmica, na qual se poderia escolher todo tipo de coisas interessantes de diferentes áreas.

RTDC: O senhor é uma autoridade internacional em direito da concorrência e regulamentação antitruste. Qual é a importância da análise econômica do direito como disciplina nesse campo do direito?

JB: A relevância da análise econômica do direito para as diferentes áreas do direito é variada. Existem áreas para as quais ela é virtualmente irrelevante. Em outras áreas, todos pensam em termos de economia. E antitruste é certamente uma dessas áreas. Uma segunda questão, talvez, seja o fato de que análise econômica do direito, da forma como tem sido ensinada em várias escolas, tem um veio bastante liberal. Constrói-se sobre a ideia de um *homo economicus* absolutamente consciente de tudo e que escolhe a solução que mais o beneficia.

Sabemos hoje que isso é somente uma parte da verdade. Em primeiro lugar, existem muitas pessoas que não têm essa capacidade intelectual de escolher as soluções que tragam benefícios. Em segundo lugar, existem áreas em que se chega à melhor solução por via de consideração de questões complementares. Lembro-me de que, quando estudei análise econômica do direito em Harvard, o Professor Shavell, que era um dos principais autores nessa área, frequentemente nos explicava soluções que eram bastante contrárias àquelas da escola de Chicago. E ele explicava e defendia tais soluções com argumentos econômicos. Então eu penso que, no fundo, a economia é uma outra forma de expressão para determinadas ideias sob avaliação. Pode-se usar esse meio de expressão em uma direção ou em outra, com argumentos diferentes que serão apropriados a diferentes áreas. Então, eu não criticaria a análise econômica do direito em geral, mas tentaria olhar atentamente para a área de interesse que está sendo discutida. Eu mesmo publiquei um livro sobre análise econômica no direito internacional privado. Em antitruste, não se pode abrir mão da análise econômica do direito. De outra forma, como se poderia definir um mercado? Como se poderia definir dominância num mercado se não se pensar em termos de uma estrutura de critérios econômicos ou modelos econômicos?

RTDC: O senhor é editor de um livro sobre direito iraniano de família e sucessões e suas aplicações nos tribunais alemães. Em sua opinião, como os tribunais alemães estão lidando com as diferenças interculturais?

JB: A base para a discussão dessa questão, claro, é o direito internacional privado. Se o direito internacional privado de um país é baseado no princípio do domicílio, o princípio da residência definitiva, então haverá nos tribunais desse país quase que exclusivamente a aplicação da sua própria lei – não a aplicação da lei estrangeira. Os tribunais poderão dar relevância a determinadas ideias dentro da estrutura da sua própria lei, mas não estará realmente aplicando a lei islâmica. Isso é diferente na Alemanha, onde o direito internacional privado segue essencialmente o princípio da nacionalidade. Então, quando iranianos chegam aqui (na Alemanha), ou pessoas da Síria, do Afeganistão, ou de qualquer lugar, suas questões familiares serão regidas pela lei de seus países de origem. E as leis do Oriente Médio frequentemente se remetem, nas questões de família e sucessões, à lei religiosa, à lei islâmica. Então, nossos tribunais se deparam com a questão da aplicação da lei islâmica há muitos anos. Eu diria que a principal dificuldade estará sempre na aplicação ou na invocação cautelosa da ordem pública nacional. Não se deveria nunca dizer: bem, no Egito, ou em Omã, existe o divórcio unilateral, o repúdio, então, nunca poderíamos aceitar isso na Alemanha. Obviamente não aceitamos o repúdio na Alemanha. Especialmente se um dos cônjuges é alemão. Mas o que acontece no caso de um homem de Omã que repudia sua esposa de Omã, em Omã, e depois um deles vem para a Alemanha, e pretende se casar novamente? Devemos dizer: bem, esse repúdio ocorrido em Omã é nulo de pleno direito, nós não reconhecemos isso – então aquele homem continua casado e não pode contrair novo casamento, porque isso seria bigamia? Não. Penso que isso seria contra o espírito internacional. A aplicação da ordem pública tem que levar em conta a relação de proximidade entre o caso em análise e o nosso próprio ordenamento jurídico. De fato, essa é a forma como lidamos com essas questões. Há muitos tribunais que são bastante cautelosos ao impor nossas próprias ideias na área de família e de sucessões.

RTDC: E o chamado "direito privado europeu"? O senhor acha que haverá um Código Civil europeu nos próximos anos? Qual sua visão do processo de criação de um Código Civil europeu?

JB: Eu estive entre aqueles que, ainda nos primórdios, apoiaram o desenvolvimento de uma "europeização do direito privado". Mas não haverá um Código Civil europeu. Não se entendermos um código no sentido em que estamos acostumados, a partir dos códigos civis existentes, incluindo direito de família, direito de sucessão, direito imobiliário. Estas três áreas apenas, juntas, compreendem mais de cinquenta por cento do Código Civil alemão. Nunca haverá, não enquanto vivermos, um código civil europeu abrangendo todas essas áreas. Mas isso não exclui a possibilidade de termos leis comuns europeias, digamos, primeiramente em áreas menores de direito contratual – por exemplo, na área da compra e venda de mercadorias agora mesmo foi feita uma proposta junto à Comissão Europeia. O próximo passo pode ser um outro estatuto comum na área de contratos de seguros, e talvez em outros contratos mais tarde. Numa etapa mais avançada, isto poderia levar à codificação de uma parte geral de direito contratual europeu. Penso que este seria um desenvolvimento provável, um desenvolvimento passo a passo, mas não se deveria criar um objetivo utópico, que não será alcançado.

RTDC: Como autoridade no campo do direito marítimo, o senhor também escreveu sobre prevenção e compensação da poluição marinha. Este é um tema de forte apelo no Brasil atualmente, especialmente no Rio de Janeiro, onde temos uma elevada concentração da indústria petrolífera nacional. Temos todas essas discussões acerca de acidentes ambientais relacionados à indústria do petróleo. Em sua opinião, o direito europeu tem instrumentos efetivos para lidar com estas questões? Qual é o estado do direito europeu com relação a isto? Acha que ele é satisfatório?

JB: Um aspecto da questão é que a Europa tem extensas faixas litorâneas e tráfego marítimo intenso. Então, a questão da poluição marinha tem sido forte desde o final dos anos sessenta, talvez, quando os primeiros grandes acidentes com navios petroleiros aconteceram, como Torrey Canyon, Amoco Cadiz, e mais recentemente Erika, Prestige e outros. Foram acidentes que realmente poluíram partes extensas da linha costeira na França, na Espanha, na Inglaterra. Também tivemos um acidente de proporções menores no Norte da Alemanha. Então este é realmente um problema sério para a Europa, porque nossa indústria se alimenta do petróleo e dos produtos químicos que chegam por via marítima. Isso é um lado do problema, que é a prevenção, e o outro é a questão da responsabilidade. Não são completamente independentes um do outro, mas não se pode acreditar que a responsabilidade, unicamente, criará incentivos suficientes para a prevenção. E preciso que haja prevenção a partir de mecanismos de direito público. Eles já existem até certa medida. Quero dizer, existem convenções internacionais que não são apenas europeias, mas que têm significado e alcance global. As abreviações são Solace (*Safety of Life at Sea*, 1984) e Marpol (*Marine Pollution*, 1983). Talvez isso tenha que ser ainda mais fortalecido. E os países geralmente contam com a jurisdição exclusiva do Estado de bandeira, no que diz respeito à segurança das embarcações.

Existe agora uma tendência que tenta possibilitar a jurisdição do Estado de porto, ou o controle do Estado de porto. É possível que, com os anos, haja um aumento das regulamentações nacionais ou europeias. Isso seria prejudicial ao transporte marítimo internacional, é claro. É uma questão delicada atingir um equilíbrio entre, de um lado, um comércio marítimo irrestrito, e, de outro, a prevenção da poluição marinha nas áreas litorâneas que são primariamente afetadas. E a questão da responsabilidade é diferente. Novamente temos convenções internacionais. Não estou a par da posição do Brasil a este respeito, mas também estas convenções têm um caráter universal, não somente europeu. A CLC sobre poluição por petróleo (*International Convention on Civil Liability for Oil Pollution*), por exemplo, tem vários Estados contratantes por todo o mundo. Além disso, há a chamada Convenção de Recursos (*Fund Convention*), também sobre poluição por petróleo. O acidente que aconteceu no Brasil, e que causou algum ruído recentemente – foi, é claro, um acidente que não estava no escopo de nenhuma dessas convenções, porque não foi um acidente de transporte marítimo, e sim um acidente de plataforma de extração, a qual aparentemente não estava corretamente instalada, ou algo assim. Penso que provavelmente a comunidade internacional – e eu diria que isso deve ser realmente feito pela comunidade internacional, não somente pela Europa – deveria reforçar a regulamentação dessas operações de extração. Tivemos aquele acidente no Golfo do México, e agora esse, no litoral do Brasil. Os efeitos desses acidentes podem ser desastrosos. Não vejo grandes diferenças nos interesses dos Estados. Ninguém pode estar interessado em promover a exploração barata de recursos petrolíferos e, após alguns anos, ter todo o litoral poluído.

RTDC: Entre seus diversos livros e trabalhos, qual o senhor considera o mais importante?

JB: Minhas publicações têm a forte tendência de sugerir mudanças de diretrizes em certas áreas. Também tenho publicações acerca da interpretação de leis já existentes, mas muito frequentemente faço propostas e tenho feito assim desde minha tese de doutorado. Muitas dessas propostas foram implementadas pela legislação alemã ou pela legislação europeia. Isto pode ser dito ao menos a respeito dos meus dois estudos acadêmicos principais. Um deles foi sobre o reconhecimento de sentenças estrangeiras de divórcio e minhas posições foram, em essência, acatadas na reforma ocorrida na Alemanha em 1988. Já a minha *Habilitationsschrift* (tese de habilitação) foi sobre o tema do contrato de transporte. A minha proposta era de que deveria haver um direito geral de transportes, não leis segmentadas para cada ramo de transportes, mas uma norma geral de transporte de bens. E isso foi exatamente o que aconteceu em 1988. Outras propostas foram feitas no contexto da desregulamentação. Aí novamente eu diria que ao menos mais de cinquenta por cento das minhas propostas foram seguidas. É difícil dizer o que eu considero mais importante...

RTDC: Quais foram os professores e autores, alemães ou estrangeiros, que mais influenciaram a sua vida acadêmica e o seu pensamento jurídico?

JB: Passei alguns anos da minha educação em países estrangeiros e em instituições estrangeiras. Ao mesmo tempo, alguns professores especialmente aqui em Hamburg influenciaram bastante meu pensamento: Konrad Zweigert, Bernd Stein, Hein Kötz, Ernst-Joachim Mestmäcker. Também houve pessoas de outros países. Trabalhei durante um ano junto a um professor francês – um grande especialista em direito marítimo, Rene Rodière. Ele exerceu grande influência sobre mim. Outro professor francês da área de direito internacional privado, Paul Lagarde – eu lhe devo muito. Ele é a inspiração para um modo de pensar caracterizado pela clareza e, ao mesmo tempo, por uma mentalidade decididamente europeia, que é o modo como penso o direito internacional privado ainda hoje. Nos EUA, sofri influência do professor que já mencionei, Steven Shavell, em relação à análise econômica do direito. Detlev Vogts foi outro professor de Harvard, com quem fiz o curso de direito internacional público. Ele, de alguma forma, abriu minha perspectiva, que era de direito internacional privado, para a sua área de direito internacional. Então, como se vê, houve várias influências, e uma coisa que recomendo para os jovens acadêmicos é que se beneficiem da influência intelectual do maior número possível de pessoas, no maior número possível de países.

RTDC: A última pergunta seria justamente essa: o que o senhor recomendaria aos estudantes e professores brasileiros que querem seguir o rumo do direito comparado?

JB: Viajem para o estrangeiro o mais cedo possível. Tentem ver a lei como um empreendimento internacional, global, ao invés de nacional. E escutem todos os professores notáveis que puderem encontrar.

Esta obra foi composta em fonte Palatino Linotype, corpo 10
e impressa em papel Offset 75g (miolo) e Supremo 250g (capa)
pela Gráfica Forma Certa.